2025

에듀윌
유통관리사
2급 한권끝장

핵심이론 + 5개년 기출

합격자 수가 선택의 기준!

YES24 24년 11월
월별 베스트 기준
베스트셀러 1위

YES24 수험서 자격증 경제/금융/
회계/물류 유통관리사
베스트셀러 1위

최신 3개년
기출해설
무료특강

28개월 베스트셀러 1위!
개편 출제기준 & 최신법령 완벽 반영

초단기 합격PACK
1 [무료특강] 최신 3개년 기출해설 무료 제공
2 [별책부록] 최빈출 180제 제공

eduwill

에듀윌 유통관리사

2급 한권끝장

최빈출 180제

5개년 기출
완벽 분석

eduwill

SUBJECT 01 유통·물류 일반관리

001

재고관리 관련 정량주문법과 정기주문법의 비교 설명으로 옳지 않은 것은?

구분	정량주문법	정기주문법
① 표준화	표준 부품을 주문할 경우	전용 부품을 주문할 경우
② 품목수	많아도 된다	적을수록 좋다
③ 주문량	고정되어야 좋다	변경 가능하다
④ 주문 시기	일정하지 않다	일정하다
⑤ 구매 금액	상대적으로 고가 물품에 사용	상대적으로 값싼 물품에 사용

일반적으로 정량주문법(정량발주법, Q시스템)은 기본적으로 가격과 중요도가 낮은 품목에 적용되는 반면, 정기주문법(정기발주법, P시스템)은 가격과 중요도가 높은 물품에 적용된다는 특징이 있다.

002

아래 글상자 내용은 기업이 사용하는 경영혁신 기법에 대한 설명이다. ( ) 안에 들어갈 용어로 가장 옳은 것은?

> (   )(은)는 기업이 통합된 데이터에 기반해 재무, 생산소요계획, 인적자원, 주문충족 등을 시스템으로 구축하여 관리하는 것을 말한다. 이 기법은 전반적인 기업의 업무 프로세스를 통합·관리하여 정보를 공유함으로써 효율적인 업무처리가 가능하게 한다.

① 리엔지니어링
② 아웃소싱
③ 식스시그마
④ 전사적자원관리
⑤ 벤치마킹

위의 글상자의 내용은 전사적자원관리(ERP)에 대한 설명이다. 전사적자원관리는 생산, 판매, 구매, 인사, 재무, 물류 등 통합 데이터를 기반으로 기업 업무를 관리하는 정보 시스템을 의미한다.

003

아래 글상자 ㉠과 ㉡에서 설명하는 유통경로 경쟁으로 옳게 짝지어진 것은?

> ㉠ 동일한 경로 수준상의 서로 다른 유형을 가지는 기업들 간 경쟁
> ㉡ 하나의 마케팅 경로 안에서 서로 다른 수준의 구성원들 간 경쟁

① ㉠ 수직적 경쟁, ㉡ 수평적 경쟁
② ㉠ 업태 간 경쟁, ㉡ 수직적 경쟁
③ ㉠ 경로 간 경쟁, ㉡ 수평적 경쟁
④ ㉠ 업태 간 경쟁, ㉡ 경로 간 경쟁
⑤ ㉠ 수직적 경쟁, ㉡ 경로 간 경쟁

㉠ 업태 간 경쟁: 동일한 경로 수준상의 서로 다른 유형을 가지는 기업들 간 경쟁으로, 슈퍼마켓과 편의점 간의 경쟁을 예로 들 수 있다.
㉡ 수직적 경쟁: 하나의 마케팅 경로 안에서 서로 다른 수준의 구성원들 간 경쟁으로, 도매상과 소매상 간의 경쟁 또는 생산자와 소매상 간의 경쟁이 있다.

004

아래 글상자 ㉠, ㉡, ㉢에 해당하는 중간상이 수행하는 분류 기준으로 옳게 짝지어진 것은?

> ㉠ 구매자가 원하는 소규모 판매 단위로 나누는 활동
> ㉡ 다양한 생산자들로부터 제공되는 제품들을 대규모 공급이 가능하도록 다량으로 구매하여 집적하는 활동
> ㉢ 이질적인 제품들을 색, 크기, 용량, 품질 등에 있어 상대적으로 동질적인 집단으로 구분하는 활동

① ㉠ 분류(sorting out), ㉡ 수합(accumulation), ㉢ 분배(allocation)
② ㉠ 분류(sorting out), ㉡ 구색 갖춤(assorting), ㉢ 수합(accumulation)
③ ㉠ 분배(allocation), ㉡ 구색 갖춤(assorting), ㉢ 분류(sorting out)
④ ㉠ 분배(allocation), ㉡ 수합(accumulation), ㉢ 분류(sorting out)
⑤ ㉠ 구색 갖춤(assorting), ㉡ 분류(sorting out), ㉢ 분배(allocation)

㉠ 분배 또는 배분(allocation): 유통과정상에서 도매상은 소매상이 원하는 단위로 소매상에게, 소매상은 소비자가 원하는 단위로 소비자에게 연속적으로 나누어 제공하는 것이다.
㉡ 집적 또는 수합(accumulation): 도매상은 소매상을 위해, 소매상은 소비자를 위해 다양한 생산자로부터 제공되는 제품들을 대규모 공급이 가능하도록 다량으로 구매하여 모으는 활동(pick-up)을 의미한다.
㉢ 분류 또는 등급분류(sorting out): 다양한 생산자들로부터 공급된 이질적 제품들의 색, 크기, 용량, 품질 등에 있어 상대적으로 동질적인 집단으로 구분하는 것이다.

005

고객 서비스 특성에 따른 품질평가요소에 대한 설명으로 옳은 것은?

① 유형성(tangibles): 서비스 장비 및 도구, 시설 등 물리적인 구성
② 신뢰성(reliability): 고객의 요구에 신속하게 서비스를 제공하려는 의지
③ 반응성(responsiveness): 지식과 예절 및 신의 등 직원의 능력에 따라 가늠되는 특성
④ 확신성(assurance): 고객에 대한 서비스 제공자의 배려와 관심의 정도
⑤ 공감성(empathy): 계산의 정확성, 약속의 이행 등과 같이 정확하고 일관성 있는 서비스 제공

선지분석
② 신뢰성(reliability): 계산의 정확성, 약속의 이행 등과 같이 정확하고 일관성 있는 서비스 제공
③ 반응성(responsiveness): 고객의 요구에 신속하게 서비스를 제공하려는 의지
④ 확신성(assurance): 지식과 예절 및 신의 등 직원의 능력에 따라 가늠되는 특성
⑤ 공감성(empathy): 고객에 대한 서비스 제공자의 배려와 관심의 정도

006

유통경로에서 발생하는 유통의 흐름과 관련된 각종 설명 중 가장 옳지 않은 것은?

① 소비자에 대한 정보인 시장 정보는 후방흐름기능에 해당된다.
② 대금지급은 소유권의 이전에 대한 반대급부로 볼 수 있다.
③ 소유권이 없는 경우에도 상품에 대한 물리적 보유가 가능한 경우가 있다.
④ 제조업체, 도·소매상은 상품 소유권의 이전을 통해 수익을 창출한다.
⑤ 제조업체가 도매상을 대상으로, 소매상이 소비자를 대상으로 하는 촉진전략은 풀(Pull)전략이다.

제조업체가 도매상을 대상으로, 소매상이 소비자를 대상으로 하는 촉진전략은 푸시(Push)전략이다.

007

MRO(Maintenance, Repair, Operation)의 구매 특성에 대한 설명으로 가장 옳지 않은 것은?

① 인력과 비용의 효율성을 위해 구매대행업체를 이용하기도 한다.
② 작업현장에서 임의적인 구매가 많아 이에 대한 통제가 원활하게 이루어지지 않고 있다.
③ **대형장비, 기계 등 기업에서 제품을 생산하는 데 핵심적인 설비를 포함한다.**
④ 부정기적인 구매로 인해 수요예측에 따른 전략적 구매계획의 수립이 어렵고, 이에 따라 재고유지비용이 많이 발생한다.
⑤ 적게는 수천 가지에서 많게는 수만 가지 품목을 대상으로 하기 때문에 이를 관리하기 위해 많은 비용이 발생한다.

MRO는 Maintenance(유지), Repair(보수), Operation(운영)의 약자로, 생산 활동과는 직접 관련이 없으나 그것을 위한 생산시설의 유지와 보수 등에 필요한 모든 소모성 자재와 간접 재화, 서비스 등을 말한다. 따라서 대형장비, 기계 등 기업에서 제품을 생산하는 데 핵심적인 설비는 MRO에 해당하지 않는다.

008

도·소매물류를 7R을 활용하여 효과적으로 관리하는 방법에 대한 설명으로 가장 옳지 않은 것은?

① 적절한 품질의 제품을 적시에 제공해야 한다.
② **최고의 제품을 저렴한 가격으로 제공해야 한다.**
③ 좋은 인상으로 원하는 장소에 제공해야 한다.
④ 적정한 제품을 적절한 양으로 제공해야 한다.
⑤ 적시에 원하는 장소에 제공해야 한다.

7R의 Right Price는 저렴한 가격이 아닌 적정한 가격이다.
도소매물류의 7R(Right)
• Right Quality(적정한 품질)
• Right Quantity(적정한 수량)
• Right Commodity(적정한 제품)
• Right Time(적정한 납기)
• Right Place(적정한 구매처, 거래처)
• Right Price(적정한 가격)
• Right Impression(적정한 인상)

009

아래의 글상자에서 설명하고 있는 동기부여 전략으로 옳은 것은?

> • 자신의 업무와 관련된 목표를 상사와 협의하여 설정하고 그 과정과 결과를 정기적으로 피드백한다.
> • 구체적인 목표가 동기를 자극하여 성과를 증진시킨다.
> • 목표가 완성되었을 경우 상사와 함께 평가하여 다음 번 목표 설정에 활용한다.

① **목표관리 이론**　② 직무충실화 이론
③ 직무특성 이론　　④ 유연 근로제
⑤ 기대 이론

목표에 의한 관리(MBO: Management By Objectives)는 드러커 & 맥그리거가 주장한 이론으로, 측정 가능한 비교적 단기목표 설정과정에 평가자인 상급자와 하급자가 협의를 통하여 목표를 설정하고 설정된 목표와 실적을 주기적으로 평가하는 관리기법을 의미한다.

010

유통경로에서 발생하는 각종 현상에 관한 설명으로 가장 옳지 않은 내용은?

① 유통경로의 같은 단계에 있는 경로 구성원 간의 경쟁을 수평적 경쟁이라고 한다.
② 제조업자는 수직적 마케팅 시스템을 통해 도소매상의 판매 자료를 공유함으로써 효율적 재고관리, 경로 전반의 조정 개선 등의 이점을 얻을 수 있다.
③ **가전제품 도매상과 대규모로 소매상에 공급하는 가전 제조업자와의 경쟁은 업태 간 경쟁이다.**
④ 이미지, 목표고객, 서비스 등 기업전략의 유사성 때문에 수평적 경쟁이 생기는 경우도 많다.
⑤ 유통기업은 수직적 경쟁을 회피하기 위해 전방통합, 후방통합을 시도하기도 한다.

가전제품 도매상과 대규모로 소매상에 공급하는 가전 제조업자와의 경쟁은 수직적 경쟁에 해당한다.

011

상인도매상은 수행기능의 범위에 따라 크게 완전기능도매상과 한정기능도매상으로 구분한다. 완전기능도매상에 해당되는 것으로 옳은 것은?

① 현금으로 거래하며 수송서비스를 제공하지 않는 현금 무배달도매상
② 제품에 대한 소유권을 가지고 제조업자로부터 제품을 취득하여 소매상에게 직송하는 직송도매상
③ 우편을 통해 주문을 접수하여 제품을 배달해주는 우편주문도매상
④ 서로 관련이 있는 몇 가지 제품을 동시에 취급하는 한정상품도매상
⑤ 트럭에 제품을 싣고 이동판매하는 트럭도매상

서로 관련이 있는 몇 가지 제품을 동시에 취급하는 한정상품도매상은 완전기능도매상에 해당한다.
완전기능도매상은 제품의 소유권을 획득하고 판매와 촉진 외에도 경영자문, 시장정보제공, 위험부담, 금융, 운송, 보관, 수량 조절, 구매와 구색 갖춤 등 제조업자가 도매상에게 기대하는 유통과 관련된 거의 모든 기능을 수행하는 도매상이다.

012

마이클 포터(Michael Porter)의 산업구조분석모형(5-Forces Model)에 대한 설명으로 옳지 않은 것은?

① 공급자의 교섭력이 높아질수록 시장 매력도는 높아진다.
② 대체재의 유용성은 대체재가 기존 제품의 가치를 얼마나 상쇄할 수 있는지에 따라 결정된다.
③ 교섭력이 큰 구매자의 압력으로 인해 자사의 수익성이 낮아질 수 있다.
④ 진입장벽의 강화는 신규 진입자의 진입을 방해하는 요소가 된다.
⑤ 경쟁기업간의 동질성이 높을수록 암묵적인 담합가능성이 높아진다.

공급자의 교섭력이 높아질수록 시장 매력도는 낮아진다.

013

유통경영환경에 대한 설명으로 옳지 않은 것은?

① 거시환경은 모든 기업에 공통적으로 영향을 미치는 환경이다.
② 과업환경은 기업의 성장과 생존에 직접적 영향을 미치는 환경으로 기업이 어떤 제품이나 서비스를 생산하는 가에 따라 달라진다.
③ 인구분포, 출생률과 사망률, 노년층의 비율 등과 같은 인구통계학적인 특성은 사회적 환경으로 거시환경에 속한다.
④ 제품과 종업원에 관련된 규제 및 환경 규제, 각종 인허가 등과 같은 법과 규범은 정치적, 법률적 환경으로 과업환경에 속한다.
⑤ 경제적 환경은 기업의 거시 환경에 해당된다.

제품과 종업원에 관련된 규제 및 환경 규제, 각종 인허가 등과 같은 법과 규범은 정치적, 법률적 환경으로 거시적 환경(STEP)에 속한다.
과업환경은 공급자, 소비자, 경쟁자, 언론매체, 지역사회, 협력업체, 정부 등을 의미한다. 미시적 환경은 내부경영환경과 과업환경을 함께 이야기하며, 기업의 경영 활동에 직접적인 영향을 미친다. 소비자, 경쟁자, 공급자 및 종업원 등이 미시적 환경을 구성한다.

014

중간상이 있음으로 인해 각 경로 구성원에 의해 보관되는 제품의 총량을 감소시킨다는 내용이 의미하는 중간상의 필요성을 나타내는 것으로 가장 옳은 것은?

① 효용창출의 원리   ② 총거래수 최소의 원칙
③ 분업의 원리   ④ 변동비 우위의 원리
⑤ 집중준비의 원리

집중준비의 원리(집중저장의 원칙)는 중간상이 존재함으로써 사회 전체가 원활한 소비를 위해 저장해야 할 제품의 총량을 줄일 수 있다는 것이다. 이는 도매상의 존재 이유를 설명하는 원리라 할 수 있다.

015

아래 글상자의 ㉠, ㉡, ㉢에서 설명하는 유통경로의 효용으로 옳게 짝지어진 것은?

> ㉠ 소비자가 제품이나 서비스를 구매하기에 용이한 곳에서 구매할 수 있게 함
> ㉡ 소비자가 제품을 소비할 수 있는 권한을 갖는 것을 도와줌
> ㉢ 소비자가 원하는 시간에 제품과 서비스를 공급받을 수 있게 함

① ㉠ 시간효용, ㉡ 장소효용, ㉢ 소유효용
② ㉠ 장소효용, ㉡ 소유효용, ㉢ 시간효용
③ ㉠ 형태효용, ㉡ 소유효용, ㉢ 장소효용
④ ㉠ 소유효용, ㉡ 장소효용, ㉢ 형태효용
⑤ ㉠ 장소효용, ㉡ 형태효용, ㉢ 시간효용

㉠ 장소효용: 소비자가 제품이나 서비스를 구매하기에 용이한 곳에서 구매할 수 있게 함
㉡ 소유효용: 소비자가 제품을 소비할 수 있는 권한을 갖는 것을 도와줌
㉢ 시간효용: 소비자가 원하는 시간에 제품과 서비스를 공급받을 수 있게 함

016

제3자 물류에 대한 설명으로 가장 옳은 것은?

① 거래 기반의 수발주 관계
② 운송, 보관 등 물류 기능별 서비스 지향
③ 일회성 거래 관계
④ 종합 물류 서비스 지향
⑤ 정보 공유 불필요

제3자 물류란 화주가 그와 대통령령으로 정하는 특수 관계에 있지 아니한 물류 기업에 물류 활동의 일부 또는 전부를 위탁하는 것을 의미한다.
①, ②, ③, ⑤는 물류아웃소싱에 대한 설명이다.

017

보관 효율화를 위한 기본적인 원칙과 관련된 설명으로 가장 옳지 않은 것은?

① 위치표시의 원칙 – 물품이 보관된 장소와 랙 번호 등을 표시함으로써 보관 업무의 효율을 기한다.
② 중량특성의 원칙 – 물품의 중량에 따라 보관 장소의 높낮이를 결정한다.
③ 명료성의 원칙 – 보관된 물품을 시각적으로 용이하게 식별할 수 있도록 보관한다.
④ 회전대응 보관의 원칙 – 물품의 입출고 빈도에 따라 장소를 달리해서 보관한다.
⑤ 통로대면 보관의 원칙 – 유사한 물품끼리 인접해서 보관한다.

⑤는 동일성 및 유사성의 원칙에 대한 설명이다.
통로대면 보관의 원칙은 창고 내에서 제품의 입고와 출고를 용이하게 하고 효율적으로 보관하기 위해 통로를 마주보게 보관함으로써 창고 내의 흐름을 원활하게 하기 위한 원칙이다.

018

제품의 연간 수요량은 4,500개이고 단위당 원가는 100원이다. 또한 1회 주문비용은 40원이며 평균 재고 유지비는 원가의 25%를 차지한다. 이 경우 경제적 주문량(EOQ)으로 가장 옳은 것은?

① 100단위   ② 110단위
③ 120단위   ④ 1,000단위
⑤ 1,200단위

$$EOQ = \sqrt{\frac{2 \times 연간\ 수요량 \times 주문당\ 소요비용}{연간단위\ 재고비용}}$$
$$= \sqrt{\frac{2 \times 4,500 \times 40}{100 \times 0.25}} = 120단위$$

019

공급사슬관리에 관련된 내용으로 옳지 않은 것은?

① Lean은 많은 생산량, 낮은 변동, 예측 가능한 생산 환경에서 잘 적용될 수 있다.
② Agility는 수요의 다양성이 높고 예측이 어려운 생산 환경에서 잘 적용될 수 있다.
③ 재고 보충 리드타임이 짧아 지속적 보충을 하는 경우는 Kanban을 적용하기 힘들다.
④ 수요 예측이 힘들고 리드타임이 짧은 경우는 QR이 잘 적용될 수 있다.
⑤ 적은 수의 페인트 기본 색상 재고만을 보유하고 소비자들에게 색깔 관점에서 커스터마이즈된 솔루션을 제공하는 것은 Lean/Agile 혼합전략의 예가 된다.

재고 보충 리드타임이 짧아 지속적 보충을 하는 경우 JIT(Just In Time)에서 활용하는 칸반시스템(Kanban System)을 적용하기가 매우 용이하다. 생산 통제 수단인 칸반은 낭비 요인인 재고, 잉여활동, 대기시간 등을 제거하고 적시에 필요한 제품을 필요한 수량만큼 생산하기 위한 목적으로 활용된다.

020

유통경로 성과를 측정하는 변수 중 정량적 측정변수로 가장 옳지 않은 것은?

① 새로운 세분 시장의 수, 악성 부채 비율
② 상품별, 시장별 고객 재구매 비율
③ 브랜드의 경쟁력, 신기술의 독특성
④ 손상된 상품 비율, 판매 예측의 정확성
⑤ 고객 불평 건수, 재고 부족 방지비용

브랜드의 경쟁력, 신기술의 독특성은 구체적인 수치로 측정하기 어려운 정성적(Qualitative) 측정 변수에 해당한다.

021

6시그마(6 Sigma)를 추진할 경우 각 단계별 설명으로 가장 옳지 않은 것은?

① 정의 – 고객의 요구사항과 CTQ(Critical To Quality)를 결정한다.
② 측정 – 프로세스 측정 방법을 결정한다.
③ 분석 – 결함의 발생 원인을 규명한다.
④ 개선 – 제품이나 서비스의 공정능력을 규명한다.
⑤ 관리 – 지속적인 관리를 실시한다.

식스시그마 DMAIC의 개념

단계	내용
정의 (Define)	고객들의 요구사항과 품질의 중요영향요인(CTQ; Critical To Quality), 즉 고객만족을 위해 개선해야 할 중요부분을 인지하고 이를 근거로 개선작업을 수행할 프로세스를 선정하는 단계
측정 (Measure)	CTQ에 영향을 미치는 프로세스에 대하여 그 업무과정에서 발생하는 결함을 측정하는 단계
분석 (Analyze)	결함의 형태와 발생 원인을 조사하여 중요한 직접적 및 잠재적 변동원인을 파악하는 단계
개선 (Improve)	결함의 원인을 제거하여 문제나 프로세스를 개선하는 단계
통제 (Control)	개선효과 분석, 개선프로세스의 지속방법을 모색하는 단계

022

권력의 원천과 그 내용에 대한 설명 중 가장 옳지 않은 것은?

① 강압적 권력은 권력 행사자가 권력 수용자를 처벌할 수 있다고 생각한다.
② 합법적 권력은 일반적으로 비공식적 지위에서 나온다고 볼 수 있다.
③ 보상적 권력은 급여 인상, 승진처럼 조직이 제공하는 보상에 의해 권력을 가지게 된다.
④ 전문적 권력은 특정 분야나 상황에 대한 높은 지식이 있을 때 발생한다.
⑤ 준거적 권력은 다른 사람이 그를 닮으려고 할 때 생기는 권력이다.

합법적 권력은 일반적으로 기업에서 개인에게 주어진 공식적 지위에서 나온다.

023

자본구조(Capital Structure)에서 타인자본(부채)의 하나인 장기부채(고정부채)의 종류로 옳지 않은 것은?

① 사채
② 예수금
③ 외국차관
④ 장기차입금
⑤ 장기성지급어음

단기부채는 1년 이내에 갚아야 하는 채무로 유동부채를 의미한다. 예수금은 유동부채이다.

024

독자적인 상품 또는 판매·경영 기법을 개발한 체인본부가 상호·판매방법·매장운영 및 광고방법 등을 결정하고, 가맹점으로 하여금 그 결정과 지도에 따라 운영하도록 하는 형태의 체인사업으로 옳은 것은?

① 직영점형 체인 사업
② 프랜차이즈형 체인 사업
③ 임의 가맹점형 체인 사업
④ 조합형 체인 사업
⑤ 유통업상생발전협의회 체인 사업

「유통산업발전법 제2조 6호」
프랜차이즈형 체인사업: 독자적인 상품 또는 판매·경영 기법을 개발한 체인본부가 상호·판매방법·매장운영 및 광고방법 등을 결정하고, 가맹점으로 하여금 그 결정과 지도에 따라 운영하도록 하는 형태의 체인사업

025

SCM상에서 채찍효과(Bullwhip Effect)를 방지하기 위한 방법으로 옳지 않은 것은?

① EDI(Electronic Data Interchange) 활용
② 벤더와 소매업체 간의 정보교환
③ VMI(Vendor Managed Inventory) 활용
④ 일괄주문(Order Batching) 활용
⑤ S&OP(Sales and Operations Planning) 활용

채찍효과란 공급사슬에서 반복적으로 발생하는 수요의 왜곡현상을 말한다. 채찍효과의 발생 원인으로는 다단계 수요예측, 긴 리드타임, 결품방지를 위한 과잉주문, 일괄주문 등이 있다. 이를 해결하기 위해서는 업체들 간 정보를 공유하고 짧은 리드타임을 가지며 일괄주문보다는 실시간주문을 해야 한다.

026

최근 국내외 유통산업의 동향과 추세에 대한 설명으로 옳지 않은 것은?

① 소비 양극화에 따라 개인 가치에 부합하는 상품에 대해서는 과도한 수준의 소비가 발생하고 관심이 적은 생필품은 저가격 상품을 탐색하는 성향이 증가하고 있다.
② 소비자의 멀티채널 소비 증가로 유통업체의 옴니채널 구축이 가속화되고 있다.
③ 복합쇼핑몰, 카테고리 킬러 등 신규업태가 탄생하고 업태 간 경계가 모호해지고 있다.
④ 업태 간 경쟁 심화에 따라 이익보다는 매출에 초점을 둔 경쟁이 심화되고 있다.
⑤ 모바일과 IT기술 확산에 따른 리테일테크(Retail+Tech) 발달이 가속화되고 있다.

최근 국내외 유통산업에서 업태 간의 경쟁이 심화되며 매출보다는 이익을 얻고 유지하는 것이 중요하게 되었다.

027

아래 글상자 내용 중 소비자를 위한 소매상의 기능으로 옳은 것을 모두 고르면?

> ㉠ 새로운 고객 창출
> ㉡ 상품 선택에 소요되는 비용과 시간을 절감할 수 있게 도와줌
> ㉢ 소매 광고, 판매원 서비스, 점포 디스플레이 등을 통해 상품 관련 정보를 제공
> ㉣ 할부 판매
> ㉤ 재고 유지
> ㉥ 배달, 설치

① ㉠, ㉡
② ㉡, ㉢, ㉤
③ ㉢, ㉤, ㉥
④ ㉡, ㉣, ㉤, ㉥
⑤ ㉡, ㉢, ㉣, ㉥

㉠ 새로운 고객 창출, ㉤ 재고 유지는 제조업자를 위해 수행하는 소매상의 기능에 해당한다.

028

아래 글상자는 소매점의 경쟁력 강화를 위한 한 유통물류기법에 대해 설명하고 있다. 해당 유통물류기법으로 가장 옳은 것은?

> 고객이 원하는 시간과 장소에 필요한 제품을 공급하기 위한 물류 정보 시스템이다. 수입의류의 시장잠식에 대응하기 위해, 미국의 패션 의류업계가 섬유업계, 직물업계, 의류 제조업계, 의류 소매업계 간의 제휴를 바탕으로 리드타임의 단축과 재고 감축을 목표로 개발·도입한 시스템이다.

① QR(Quick Response)
② SCM(Supply Chain Management)
③ JIT(Just-In-Time)
④ CRM(Customer Relationship Management)
⑤ ECR(Efficient Consumer Response)

QR은 수입의류의 증가로 경쟁력을 잃은 미국의 패션의류업체들이 경쟁력을 회복시키기 위한 전략으로 수입의류가 가지는 가격 경쟁력에 대하여 고객 서비스에 초점을 둔 것이다.

029

기업 수준의 성장전략에 관한 설명으로 가장 옳지 않은 것은?

① 기존시장에서 경쟁자의 시장점유율을 빼앗아 오려는 것은 다각화전략이다.
② 신제품을 개발하여 기존 시장에 진입하는 것은 제품개발전략이다.
③ 기존제품으로 새로운 시장에 진입하여 시장을 확대하는 것은 시장개발전략이다.
④ 기존시장에 제품계열을 확장하여 진입하는 것은 제품개발전략이다.
⑤ 기존제품으로 제품가격을 내려 기존시장에서 매출을 높이는 것은 시장침투전략이다.

기존시장에서 경쟁자의 시장점유율을 빼앗아 오는 것은 시장침투전략에 해당한다.

030

포터(M. Porter)의 가치사슬 분석에 의하면 기업 활동을 본원적 활동과 보조적 활동으로 구분할 수 있는데, 이 중 보조적 활동에 속하지 않는 것은?

① 경영 혁신
② 서비스 활동
③ 인적자원관리
④ 조달 활동
⑤ 기술개발

서비스 활동은 본원적 활동이다.
보조적 활동은 조달, 기술개발, 인사, 재무, 기획 등 현장활동을 지원하는 제반업무를 의미한다.

031

여러 재무 비율들 간의 상호관계를 이용하여 경로 성과를 평가하는 방법을 전략적 이익모형(Strategic Profit Model)이라고 한다. 전략적 이익모형의 시사점으로 옳지 않은 것은?

① 모형에 의하면 기업의 중요한 재무적 목표는 순자본 투자에 대한 충분한 수익률을 올리는 것이다.
② 모형은 목표투자수익률을 달성하기 위해 다른 기업들이 채택한 재무전략들을 평가하는 데 유용한 기준이 된다.
③ 모형은 경로 성과를 높이는 데 있어 경영의사 결정의 주요 영역들 즉 자본 관리, 마진 관리, 재무 관리들을 제시한다.
④ 자본, 마진, 재무 계획들 간의 관계를 잘 활용하는 기업은 높은 수익을 올릴 수 있다.
⑤ 모형은 수익성 향상을 위한 3가지 가능한 방법들을 제시하는데, 자산회전율을 낮추거나, 이익마진을 감소시키거나, 레버리지 효과를 낮추는 것 등이다.

전략적 이익모형은 수익성 향상을 위한 3가지 방법들을 제시하는데, 자산회전율을 높이거나, 이익마진을 증가시키거나, 레버리지 효과를 높이는 것 등이다.

032

아래 글상자 내용 중 물류아웃소싱의 성공 전략을 모두 고른 것은?

> ⊙ 물류아웃소싱 목적은 기업의 전략과 일치해야 한다.
> ⓒ 물류아웃소싱이 성공하려면 반드시 최고경영자의 관심과 지원이 필요하다.
> ⓒ 물류아웃소싱의 궁극적인 목표는 현재와 미래의 고객 만족에 있음을 잊지 말아야 한다.
> ⓔ 물류아웃소싱은 지출되는 물류비용을 정확히 파악하여, 비용 절감 효과를 측정하도록 해주어야 한다.
> ⓜ 물류아웃소싱의 주요 장애 요인 중 하나는 인원 감축 등에 대한 저항이므로 적절한 인력 관리 전략으로 조직구성원들의 사기 저하를 방지해야 한다.

① ㉠
② ㉠, ㉡
③ ㉠, ㉡, ㉢
④ ㉠, ㉡, ㉢, ㉣
⑤ ㉠, ㉡, ㉢, ㉣, ㉤

일반적인 아웃소싱과 달리 물류아웃소싱은 장기적인 관계를 구축하는 3PL이라고 할 수 있다. 따라서 3PL의 특징인 ㉠~㉤ 모두 물류아웃소싱의 성공 전략으로 볼 수 있다.

033

경로상에서 재고 보유에 따른 위험을 어느 경로 구성원이 부담하느냐에 따라 적절한 서비스의 제공, 제품 분류 작업의 이행, 경로 구성원 사이의 적절한 이윤 배분 등이 이루어진다고 설명하는 이론은?

① 기능위양 이론
② 연기-투기 이론
③ 거래비용 이론
④ 커버리지 이론
⑤ 체크리스트 이론

연기-투기 이론은 경로 구성원들 중 누가 재고 보유에 따른 위험을 부담하는가에 따라 경로구조가 결정된다는 이론이다. 경로 구성원들은 재고의 부담을 가능한 한 연기하거나 투기에 의해 적극적으로 재고를 부담하는 방법 중의 하나를 선택해야 하는데 이에 따라 경로 길이가 달라진다는 것이다.

034

소매업태 발전에 관한 이론 중 소매차륜(수레바퀴) 이론에 해당하는 내용만을 나열한 것은?

> ⊙ 가격이나 마진이 아니라 상품 믹스의 변화에 초점을 두고 있다.
> ⓒ 소매 기관들이 처음에는 혁신적인 형태에서 출발하여 성장하다가 새로운 개념을 가진 신업태에 그 자리를 양보하고 사라지게 된다.
> ⓒ 진입단계-성장단계-쇠퇴단계의 세 단계로 구성되어 있다.
> ⓔ 한 소매 기관이 출현하여 사라지기까지의 전 과정에 대해 설명하는 이론으로 두 개의 서로 다른 경쟁적인 소매업태가 하나의 새로운 소매업태로 합쳐지는 현상을 설명한다.
> ⓜ 고서비스·고가격과 저서비스·저가격 소매기업 사이의 경쟁이 선호 분포의 중심을 향해 이동하여 기존의 서비스·가격 수준을 제공해주는 소매 기관은 없어지게 된다고 설명한다.

① ㉠, ㉡
② ㉡, ㉢
③ ㉢, ㉣
④ ㉣, ㉤
⑤ ㉠, ㉢, ㉤

소매수레바퀴 이론(소매차륜 이론)에 대한 내용은 ㉡, ㉢이다.
㉠은 소매 아코디언 이론, ㉣과 ㉤은 변증법적 이론에 관한 내용이다.

035

유통경로의 전방 흐름기능만으로 올바르게 짝지어진 것은?

① 협상, 소유권, 주문
② 금융, 주문, 시장 정보
③ 협상, 금융, 위험 부담
④ 촉진, 물리적 보유, 소유권
⑤ 대금 지급, 금융, 위험 부담

물리적인 보유와 소유권 및 촉진 등의 흐름은 전방 흐름이라 할 수 있다. 후방 흐름은 주문이나 판매 대금의 결제와 같이 최종 소비자로부터 '소매상 → 도매상 → 생산자'로의 흐름을 말하며, 협상과 금융, 위험 부담기능 등은 양방향 흐름에 해당한다.

036

기업의 재무제표에 관련된 설명으로 가장 옳지 않은 것은?

① 재무상태표: 일정 시점 현재 기업의 자산, 부채, 주주 지분의 금액을 제시
② 손익계산서: 일정 기간 동안 수행된 기업 활동의 결과로서 주주 지분이 어떻게 증가, 감소하였는지 보여줌
③ 현금흐름표: 일정 기간 동안 수행된 기업의 활동별로 현금 유입과 현금 유출을 측정하고 그 결과 기말의 현금이 기초에 비해 어떻게 변동되었는지 나타냄
④ 이익잉여금처분계산서: 주주총회의 승인을 얻어 확정될 이익잉여금 처분 예정액을 표시함
⑤ 연결재무제표: 한 기업의 현금흐름표, 대차대조표, 손익계산서의 내용을 하나의 표로 작성하여 정리한 재무제표

연결재무제표는 모기업과 관계있는 관계기업들의 현금흐름표, 재무상태표, 손익계산서의 내용을 하나의 표로 작성하여 정리한 재무제표를 뜻한다.

037

BCG 매트릭스와 관련된 설명으로 옳지 않은 것은?

① 시장 성장률과 상대적 시장 점유율의 높고 낮음을 기준으로 작성한다.
② 개의 영역은 시장은 커지고 있으나 경쟁력이 떨어져 수익을 올리지 못하는 상태다.
③ 현금 젖소는 시장이 더 이상 커지지 않으므로 현상 유지 전략이 필요하다.
④ 물음표의 영역은 경쟁력이 확보될 수 있는 부분에 집중 투자하는 전략이 필요하다.
⑤ 별의 영역은 많은 투자 자금이 필요하다.

② 개의 영역은 시장이 감소하고 있고 경쟁력이 떨어져 수익을 올리지 못하는 상태이다.
③ 현금 젖소(Cash Cow)의 경우 시장성장률이 낮은 것이지 더 이상 커지지 않는 것은 아니다.

038

시장 커버리지 전략 중 하나인 선택적 유통과 관련된 설명으로 가장 옳은 것은?

① 가능한 한 많은 소매점에서 제품이 취급되는 것을 원하는 유통 방법이다.
② 공격적인 유통이 가능하므로 집중적 유통이라고도 한다.
③ 해당 점포는 지역 내의 독점권을 갖게 된다.
④ 집중적 유통과 전속적 유통의 중간 형태를 띠는 경로 커버리지 전략이다.
⑤ 고객이 제품이나 서비스를 탐색하는 데 많은 노력을 기꺼이 하는 경우에 적합한 방법이다.

①, ②는 개방적(집중적) 유통경로에 대한 설명이고, ③, ⑤는 전속적 유통경로에 대한 설명이다.

039

자재소요계획(MRP; Material Requirement Planning) 시스템에 대한 설명으로 옳지 않은 것은?

① 중간재 및 조립품 생산 공정에 적합한 기법이다.
② 생산 프로세스에서 발생하는 문제점을 파악하는 데 도움을 제공한다.
③ 생산 관리에 있어 원자재 주문 프로세스를 효율화할 수 있다.
④ MRP 입력 정보에는 주일정 계획, 자재 명세 파일, 재고 기록 파일 등이 있다.
⑤ 생산라인 중단을 방지하기 위해 재고를 최고 수준으로 유지하는 데 도움을 준다.

MRP는 일정 정도의 재고보유를 인정하는 생산관리 및 재고관리시스템이지만 재고를 최고 수준으로 유지하려는 시스템은 아니다. 재고는 적정 수준을 유지하는 것이 중요하다.

040

기업이 선택할 수 있는 주요 수송 수단인 철도, 육로(트럭), 해상 운송, 항공, 파이프라인을 상대적으로 비교했을 때 가장 옳지 않은 것은?

① 해상 수송은 광물이나 곡물을 수송하는 데 경제적이다.
② 철도 수송은 전체 수송에서 차지하는 비중이 감소하는 추세이나 육로의 정체 현상으로 재활성화 될 가능성이 있다.
③ 파이프라인 수송은 단위당 비용, 속도, 이용 편리성 측면에서 상대적으로 우수하다.
④ 항공 수송은 신속하지만 단위 거리당 비용이 가장 높다는 단점이 있다.
⑤ 육상 수송은 자체적인 운송뿐만 아니라 선박이나 항공과 결합해서 널리 활용된다.

파이프라인 수송은 단위당 비용은 상대적으로 다른 운송 수단에 비하여 유리하지만 속도, 이용 편리성 측면에서 상대적으로 불리하다.

041

유통경로상의 갈등에 대한 내용으로 옳지 않은 것은?

① 상호의존적 관계가 높을수록 구성원들 간의 갈등이 발생할 가능성이 높아진다.
② 유통업체의 규모에 따른 힘이 감소하면서 유통경로 내 갈등은 거의 사라진 상태다.
③ 영역(역할) 불일치로 인한 갈등은 상권 범위 혹은 각 경로 구성원이 수행할 역할에 대한 구성원 간의 견해 차이에 의해 발생할 수 있다.
④ 경로 구성원들이 상대방의 목표를 존중하지 않고 간섭할 때는 목표 불일치로 인한 갈등이 나타날 수 있다.
⑤ 프랜차이즈에서 가맹점이 본부에 상권 보장을 요구할 때 나타나는 갈등은 영역 불일치로 인한 경로 갈등이다.

최근 유통업체의 리테일 파워가 커지면서 유통경로 내 수직적 갈등이 증폭되고 있으며, 업태 간 경쟁도 증가하고 있다.

042

아래 글상자에서 설명하는 현대적 리더십은?

- 리더는 부하들에게 자신의 관심사를 조직 발전 속에서 찾도록 영감을 불러일으킬 수 있게 하고 비전을 제시함
- 리더는 부하들로부터 존경받고 신뢰를 받음
- 이 리더십의 구성 요소는 이상적 영향, 영감적 동기부여, 지적 자극, 개별적 배려임

① 카리스마 리더십
② 상호거래적 리더십
③ 변혁적 리더십
④ 민주적 리더십
⑤ 코칭 리더십

변혁적 리더십은 조직을 활성화시키고 변혁시키는 일을 성공적으로 해내는 리더십으로 변화에 능동적으로 적응하고 변화를 유도하는 유형이다. 종업원에 대한 지적 자극, 영감적 동기, 비전 제시, 카리스마를 소유하며 도전을 용납할 수 있는 리더, 조직의 생존을 가능하게 할 리더, 개방된 마인드를 소유한 리더 등을 그 특징으로 한다.

043

물류 환경의 최근 변화에 대한 설명으로 가장 옳지 않은 것은?

① 적정 물류 서비스에 대한 고객의 욕구가 점점 증가하고 있다.
② 빠른 배송, 짧은 리드타임 요구 등 시간 단축의 중요성이 커지고 있다.
③ 조직들의 통합화보다 개별화의 움직임이 더 커졌다.
④ 아웃소싱을 통한 물류비 절감 효과가 커졌다.
⑤ 물류 기업 및 물류시장의 경쟁 범위가 글로벌화되었다.

최근 국·내외적으로 글로벌 경쟁이 치열해짐에 따라 개별 조직화되었던 유통망들이 정보화를 통해 통합화되는 경향을 보이고 있다.

044

공급사슬 관리상의 채찍효과가 일어나는 원인으로 가장 옳지 않은 것은?

① 가격할인을 통해 일시적으로 수요량이 증가한 것을 인지하지 못하고 주문을 할 때
② 인기가 높은 제품을 판매하기 위해 소매상이 실제 수요보다 과대 주문을 할 때
③ 주문을 할 때 긴 리드타임의 안전재고까지 포함해서 주문할 때
④ **공급사슬을 통합해서 수요 예측을 한 구성원이 담당할 때**
⑤ 공급사슬의 구성원이 증가하여 단계가 늘어날 때

유통경로 구성원들의 개별적인 수요 예측이 아니라 통합되고 집중화된 수요 예측을 통해 채찍효과를 해결할 수 있다.

045

아래 글상자 ( ) 안에 들어갈 조직의 유형을 순서대로 옳게 나타낸 것은?

> (가)은 책임과 권한이 병행되고, 모든 사람들이 한 명의 감독자에게 보고하며, 조직의 상부에서 하부로 전달되는 의사소통의 흐름을 가진 조직을 말한다.
> (나)은 한시적 개별 프로젝트에 사람을 임명하는 데 유연성이 있다. 조직 내의 협력과 팀 활동을 촉진시킨다는 장점이 있지만, 비용이 많이 들고 복잡하다는 단점도 있다.

① (가) 라인-스태프 조직, (나) 교차기능 자율경영팀
② (가) 라인 조직, (나) 교차기능 자율경영팀
③ **(가) 라인 조직, (나) 매트릭스 조직**
④ (가) 라인-스태프 조직, (나) 매트릭스 조직
⑤ (가) 교차기능 자율경영팀, (나) 라인-스태프 조직

- 라인 조직은 책임과 권한이 병행되고, 모든 사람들이 한 명의 감독자에게 보고하며, 조직의 상부에서 하부로 전달되는 의사소통의 흐름을 가진 조직을 말한다.
- 매트릭스 조직은 프로젝트 조직과 기능별 조직의 연합 형태로, 조직 내의 협력과 팀 활동을 촉진시킨다는 장점이 있지만, 비용이 많이 들고 복잡하다는 단점도 있다.

046

물류와 고객 서비스에 대한 내용으로 가장 옳지 않은 것은?

① **재고 수준이 낮아지면 고객 서비스가 좋아지므로 서비스 수준의 향상과 추가 재고 보유비용의 관계가 적절한지 고려해야 한다.**
② 주문을 받아 물품을 인도할 때까지의 시간을 리드타임이라고 한다면 리드타임은 수주, 주문 처리, 물품 준비, 발송, 인도 시간으로 구성된다.
③ 리드타임이 길면 구매자는 그 동안의 수요에 대비하기 위해 보유 재고를 늘리게 되므로 구매자의 재고비용이 증가한다.
④ 효율적 물류 관리를 위해 비용과 서비스의 상충(Trade-Off)관계를 분석하고 최상의 물류 서비스를 선택할 수 있어야 한다.
⑤ 동등 수준의 서비스를 제공할 수 있는 대안이 여럿 있을 때 그 중 비용이 최저인 것을 선택하는 것이 물류 관리의 과제 중 하나이다.

재고 수준이 낮아지면 재고 관리비용은 감소하지만 고객 주문에 대응하는 서비스는 낮아지게 된다. 따라서 서비스 수준의 향상과 추가 재고 보유비용의 관계가 적절한지 고려해야 한다.

047

제품의 단위당 가격이 4,000원이고, 제품의 단위당 변동비가 2,000원일 때, 이 회사의 손익 분기점은 몇 개일 때인가? (단, 총 고정비는 200만원이다.)

① 100개   ② 500개
③ **1,000개**   ④ 5,000개
⑤ 10,000개

$$손익분기점 판매량(Q_{BEP}) = \frac{총고정비}{단위당 가격 - 단위당 변동비}$$
$$= \frac{2,000,000원}{4,000원 - 2,000원} = 1,000개$$

048

재고관리에 대해서 옳게 기술한 것을 모두 고르면?

> ⊙ 재고에 관한 비용은 재고 유지비용, 주문비용, 재고 부족비용 등 3가지가 있다.
> ⓒ 재고 품절로 인하여 발생하는 손실을 비용화한 것이 재고 유지비용이다.
> ⓒ 주문비용은 구매나 생산 주문을 하는 데 직접 소요되는 비용으로 수송비, 하역비, 검사료 등을 포함한다.
> ② 파이프라인 재고는 운반 중인 제품이나 공장에서 가공하기 위하여 이동 중에 있는 재공품 성격의 재고를 의미한다.
> ⓜ 이자비용, 창고 사용료, 창고 유지관리비는 주문비용에 속하지만, 재고 감손비용은 재고 유지비용에 포함된다.

① ⓒ, ⓒ
② ⓒ, ②
③ ⊙, ⓒ, ⓜ
④ ⊙, ⓒ, ②
⑤ ⊙, ⓒ, ⓜ

ⓒ 재고 품절로 인하여 발생하는 손실을 기회비용 개념으로 비용화한 것은 판매기회 상실에 따른 기회비용인 재고 부족비용이다.
ⓜ 이자비용, 창고 사용료, 창고 유지관리비 및 재고 감손비용 모두 재고 유지비용에 포함된다.

049

수직적 마케팅 시스템의 계약형 경로에 해당하지 않는 것은?

① 소매상 협동조합
② 제품 유통형 프랜차이즈
③ 사업형 프랜차이즈
④ 도매상 후원 자발적 연쇄점
⑤ SPA 브랜드

SPA는 제조업체가 유통 분야까지 확장된 기업형 VMS에 해당한다. 수직적 마케팅 시스템(수직적 유통경로)은 중앙에서 계획된 프로그램에 의해 수직적 유통경로상의 경로 구성원들을 전문적으로 관리·통제하는 네트워크 형태의 경로 조직을 가진다. 그 형태로는 기업형 VMS, 계약형 VMS, 관리형 VMS 등이 있다.

050

물류에 대한 내용으로 옳지 않은 것은?

① 수송비는 제품의 밀도, 가치, 부패가능성, 충격에 의 민감도 등에 영향을 받는다.
② 선적되는 제품양이 많을수록 주어진 거리 내의 단위당 운송비는 낮아진다.
③ 수송거리는 운송비에 영향을 미치는 요인으로 수송 거리가 길수록 단위 거리당 수송비는 낮아진다.
④ 재고의 지리적 분산 정도가 낮기를 원하는 기업은 소수의 대형 배송센터를 건설하고 각 배송센터에서 취급되는 품목들의 수와 양을 확대할 것이다.
⑤ 수송비와 재고비는 비례관계이기 때문에 이들의 비용의 합을 고려한 비용을 최소화하며 고객서비스 향상을 충족하는 것은 중요하다.

수송비와 재고비는 상충관계(Trade Off)이기 때문에 이들의 비용의 합을 고려한 적정비용을 고려하는 것이 물류 서비스 측면에서 중요하다.

SUBJECT 02 상권분석

051

상권(trade area)에 대한 내용으로 올바르게 열거된 것은?

> ㄱ. 한 점포가 고객을 흡인할 수 있는 지역의 한계범위(geographic area)만을 지칭하는 말이다.
> ㄴ. 지역상권(general trading area), 지구상권(district trading area), 개별점포 상권(individual trading area) 등 계층적으로 분류될 수 있다.
> ㄷ. 상권은 단순한 원형의 형태로만 구분하는 것이고, 아메바와 같이 정형화되지 않은 형태로 되는 경우는 없다고 본다.
> ㄹ. 한 점포뿐만 아니라 점포집단이 고객을 유인할 수 있는 지역적 범위(geographic area)를 의미하기도 한다.
> ㅁ. 전체 점포고객을 대상으로 상권에 포함할 수 있는 고객비율에 따라 1차, 2차, 한계상권으로 구분할 수 있다.
> ㅂ. 고객밀도는 상권 내의 인구밀도와 밀접한 관련이 있어 새로 개발되는 신도시의 경우 인구밀도가 높아 기업에게 좋은 상권이 될 수 있다.

① ㄱ, ㄴ, ㄷ, ㄹ
② ㄴ, ㄷ, ㄹ, ㅁ
③ ㄱ, ㄷ, ㅁ, ㅂ
④ ㄷ, ㄹ, ㅁ, ㅂ
⑤ ㄴ, ㄹ, ㅁ, ㅂ

ㄱ. 상권은 한 점포 또는 점포들의 집단이 고객을 흡인할 수 있는 지역적 범위를 의미한다.
ㄷ. 상권은 보통 원형으로 파악하지만 아메바 형태처럼 정형화되지 않은 경우도 있다.

052

상권분석 방법은 규범적 모형(normative methods)과 기술적 방법(descriptive methods)으로 구분될 수 있다. 이 중 기술적 방법에 포함될 수 있는 하나는?

① 공간적 상호작용모델
② 중심지 이론
③ 유추법
④ 라일리(Reilly)의 소매인력이론
⑤ 컨버스(Converse)의 소매분기점

유추법(analog method)은 상권분석 방법 중 기술적(서술적) 방법의 하나로 유사점포법 또는 아날로그법이라고도 한다.

053

넬슨(R. L. Nelson)이 제시한 입지선정에 있어 8가지 원칙에 대한 설명 중 가장 올바르지 않은 것은?

① 잠재력은 현재 관할 상권 내에서 취급하는 상품, 점포 또는 유통단지의 수익성확보 가능성을 분석하는 것이다.
② 누적흡인력은 점포, 학교, 문화시설, 행정기관 등이 많이 몰려있어 고객을 끌어들일 수 있는 가능성을 분석하는 것이다.
③ 경쟁회피성은 경쟁점의 입지, 규모, 형태 등을 감안하여 고려대상 점포가 기존점포와 경쟁에서 우위를 확보할 수 있는 가능성을 분석하는 것이다.
④ 상권접근성은 접근가능성이라고도 하며, 상호보완관계가 있는 점포가 근접하고 있어 고객이 자기점포로 흡입될 가능성을 분석하는 것이다.
⑤ 성장가능성은 인구증가, 소득수준 향상으로 시장규모나 자점, 유통단지의 매출액이 성장할 가능성을 분석하는 것이다.

상호보완관계가 있는 점포가 근접하고 있어 고객이 자기점포로 흡입될 가능성은 누적적 흡인력이라고 한다. 즉 동일하거나 유사한 상품들을 판매하는 소매점들이 분산되어 있을 때보다 밀집해 있을 때 소비자를 끄는 힘(흡인력)이 더 큰 것을 의미한다.

054

소매입지별 유형에 대한 설명으로 옳지 않은 것은?

① 도심입지의 경우 충분한 잠재고객과 동일업종군의 분포, 접근성 등을 감안하여 입지를 선정하는 것이 좋다.
② 산업별 입지의 경우 상업입지, 공업입지, 농업입지 등으로 나누어 입지를 결정하게 된다.
③ 노면 독립입지의 경우 경쟁업체가 많고 가시성도 낮을 뿐만 아니라 영업시간 등의 제한이 있어 고객 편의성을 높이기 어렵다.
④ 복합용도건축물은 다수의 용도를 수용할 수 있고, 물리적, 기능적 규합과 통일성 있는 개발이 필요하다.
⑤ 쇼핑센터는 도심 밖의 커뮤니티 시설로 계획되기도 하며, 우리나라에서는 번화한 상점가를 의미하기도 한다.

노면 독립입지는 다른 업체들과 지리적으로 떨어져서 교외지역에 독립하여 입지하는 것이다. 독립입지는 높은 가시성, 낮은 임대료, 직접 경쟁업체의 부재, 고객을 위한 보다 큰 편의성, 넓은 주차공간, 다른 점포와의 시너지효과 부재를 특징으로 한다.

055

입지의 유형을 분류한 것이다. 입지의 유형과 설명이 올바르게 짝지어지지 않은 것은?

① 적응형 입지 – 거리를 통행하는 유동인구에 의해 영업이 좌우되는 입지
② 목적형 입지 – 고객이 특정한 목적을 가지고 이용하는 입지
③ 생활형 입지 – 아파트, 주택가의 주민들이 이용하는 입지
④ 집재성 입지 – 배후지의 중심지에 위치하는 것이 유리한 입지
⑤ 산재성 입지 – 동일 업종이 모여 있으면 불리한 입지

집재성 입지는 동일 업종이 서로 한 곳에 모여 있어야 유리한 입지이다. 즉 집적 효과를 얻을 수 있는 입지로 가구점, 중고 서점, 전자제품 판매점, 관공서 등이 이에 해당한다. 배후지의 중심지에 위치하는 것이 유리한 입지는 집심성 입지이다.

056

입지 분석에 사용되는 각종 이론들에 대한 설명 중 가장 옳지 않은 것은?

① 공간상호작용모델은 소비자 구매행동의 결정요인에 대한 이해를 통해 입지를 결정한다.
② 다중회귀분석은 점포성과에 영향을 주는 요소의 절대적 중요성을 회귀계수로 나타낸다.
③ 유추법은 유사점포에 대한 분석을 통해 입지후보지의 예상매출을 추정한다.
④ 체크리스트법은 특정입지의 매출규모와 입지비용에 영향을 줄 요인들을 파악하고 유효성을 평가한다.
⑤ 입지분석이론들은 소매점에 대한 소비자 점포선택 행동과 소매상권의 크기를 설명한다.

다중회귀분석은 종속변수(결과변수)인 '점포성과'에 영향을 주는 요소 즉, 여러 독립변수들의 변화를 통해 종속변수의 결과를 예측하는 기법이다. 다중회귀분석에서는 독립변수가 둘 이상이므로 회귀계수는 상대적 중요성을 나타낸다.

057

BPI(Buying Power Index), SAI(Sales Activity Index), RSI(Retail Saturation Index) 등 상권을 평가하는 방법들에 대한 설명으로 가장 옳은 것은?

① BPI는 다른 지역과 비교한 특정 지역 내의 1인당 소매매출액을 측정하는 방법이다.
② SAI는 시장의 구매력을 측정하는 지표로 인구, 소매매출액, 유효소득의 세 가지 비율을 이용하여 계산한다.
③ BPI를 계산하는 공식은 (지역의 특정제품 소비자 수 × 지역의 특정제품 소비자 1인의 평균구매액) / (특정지역 내에서 그 제품에 할당된 총판매면적) 이다.
④ RSI를 계산하는 공식은 (총소매매출액 중 그 지역이 차지하는 비율) / (총인구 중 그 지역이 차지하는 비율)로 계산하며, 이 지수의 숫자가 높을수록 시장구매력은 크다.
⑤ RSI는 특정상권 내에서 주어진 제품계열에 대한 점포면적당 잠재수요를 측정하는 방법이다.

소매포화지수(RSI 또는 IRS)는 신규점포에 대한 시장 잠재력을 측정하는 방법이다.

058

소매포화지수의 설명으로 옳지 않은 것은?

① 소매포화지수는 한 지역시장에서 기존의 점포만으로 고객욕구를 충족시킬 수 있는 상태를 나타내준다.
② 소매포화지수는 미래 신규수요까지 반영함으로써 미래시장 잠재력을 측정할 때 유용하게 사용할 수 있다.
③ 특정상권에서 소매포화지수 값이 적어질수록 점포를 출점할 때 신중한 고려가 필요하다는 의미이다.
④ 소매포화지수를 계산하는 데 중요한 자료는 특정상권의 가구수와 특정상권의 가구당 소매지출액이다.
⑤ 소매포화지수는 경쟁의 양적인 면만 강조되고 경쟁의 질적인 면은 반영하지 못하는 한계가 있다.

소매포화지수는 현재의 잠재수요를 측정하는 것으로 미래의 신규수요는 반영하지 못한다는 한계를 지니고 있다.

059

아래의 내용 중 크리스탈러(Christaller)의 중심지 이론과 관련된 설명으로 적절하지 않은 것은?

① 중심지는 배후거주지역에 대해 다양한 상품과 서비스를 제공하고 교환의 편의를 도모하기 위해 상업 및 행정기능이 밀집된 장소를 말한다.
② 중심지 간에 상권의 규모를 확대하기 위한 경쟁이 발생되어 배후지가 부분적으로 중첩되는 불안정한 구조가 형성될 수 있다.
③ 최대도달거리란 중심지가 수행하는 유통서비스기능이 지역거주자들에게 제공될 수 있는 최대(한계)거리를 말한다.
④ 상업중심지의 정상이윤 확보에 필요한 최소한의 수요를 발생시키는 상권범위를 최소수요 충족거리라고 한다.
⑤ 중심지가 한 지역 내에서 단 하나 존재한다면 가장 이상적인 배후상권의 형상은 정육각형으로 형성될 것이다.

크리스탈러의 중심지 이론에서 중심지가 한 지역 내에서 단 하나만 존재한다면 가장 이상적인 배후상권의 형상은 원형으로 형성된다.

060

'뉴턴의 만유인력'을 원용한 '소매인력법칙'을 제안한 사람으로 '두 도시의 중간에 위치하는 지역에 대하여 두 도시의 상권이 미치는 영향력의 범위는 두 도시의 크기에 비례하고 두 도시까지의 거리의 제곱에 반비례한다'라고 주장한 사람은?

① 크리스탈러(W. Christaller)
② 컨버스(P. Converse)
③ 애플바움(W. Applebaum)
④ 허프(D. Huff)
⑤ 레일리(W. J. Reilly)

뉴턴의 만유인력에 기초하여 소매인력법칙을 제안한 사람은 윌리엄 레일리(W. J. Reilly)이다. 레일리의 소매인력법칙은 두 경쟁도시가 그 중간에 위치한 소도시의 거주자들을 끌어들일 수 있는 상권 규모는 인구에 비례하고, 각 도시와 중간도시 간의 거리의 제곱에 반비례한다는 것으로 거리와 인구라는 두 가지 변수를 이용하여 상권의 경계를 확정하는 모형이다.

061

레일리(Reilly)의 소매인력법칙과 관련한 설명으로 옳지 않은 것은?

① 뉴턴(Newton)의 중력법칙을 상권분석에 활용한 것이다.
② 도시규모가 클수록 주변의 소비자를 흡인하는 매력도가 커진다고 가정한다.
③ 쇼핑 시 주변도시의 매력도는 이동거리의 제곱에 반비례한다고 가정한다.
④ 광역상권의 경쟁상황에서 쇼핑센터의 매출액 추정에도 활용할 수 있다.
⑤ 거리, 인구뿐만 아니라 매장면적, 가격 등 최소한의 변수를 활용할 수 있다.

윌리엄 레일리(W. Reilly)의 소매인력법칙에서 매장면적이나 가격은 고려하는 변수가 아니다.
소매인력법칙은 거리와 인구라는 두 가지 변수를 이용하여 상권의 경계를 확정하는 모형으로 상권 규모는 인구에 비례하고, 각 도시와 중간도시 간의 거리의 제곱에 반비례한다.

062

Christaller의 중심지 이론에서 그 이론을 전개하기 위해 제시한 전제조건으로 옳지 않은 것은?

① 소비자는 자신의 수요를 충족시키기 위해 최근린(最近隣)의 중심지를 찾는다.
② 모든 방향에서 교통의 편리한 정도가 동일하다.
③ 중심지는 그 배후에 행정, 서비스 기능을 수행하기 위해 고지대에 입지한다.
④ 평야지대에 인구가 균등하게 분포되어 있다.
⑤ 운송비는 거리에 비례하고 운송수단은 동일하다.

크리스탈러의 중심지 이론에서 지표공간은 평야지대처럼 균질적 표면으로 되어 있고 중심지는 같은 지표공간에 입지한다고 가정한다.

063

이론적 상권분석 모델에 대한 설명으로 옳지 않은 것은?

① Reilly 모델에서는 작은 도시의 구매력이 큰 도시로 흡인된다는 것을 각 도시까지의 거리제곱에 비례하고 도시인구에 반비례한다는 것으로 설명하였다.
② Converse 모델은 소매인력의 제 2법칙이라고도 하며 각 도시에 상대적으로 흡입되는 구매력 정도가 동일한 분기점을 구할 수 있다.
③ Huff 모델에서 매장면적과 거리저항에 대한 가중치를 매번 계산하여 부여하는 것은 소비자의 상업시설 선택에 영향을 미치는 정도가 상품과 지역에 따라서 일정치 않기 때문이다.
④ 유추법은 일반적으로 CST 분석을 토대로 이루어지고 있으며 신규점포뿐만 아니라 기존점포에서도 활용할 수 있다.
⑤ 독일 Christaller의 중심지 이론에서는 상업중심지로부터 가장 이상적인 배후상권의 모양이 육각형이며, 정육각형 형상을 가진 상권은 중심지거리의 최대도달거리와 최소수요충족거리가 일치하는 공간이라고 하였다.

레일리(J. W. Reilly)의 소매인력법칙은 두 도시 간 상거래의 흡인력은 두 도시의 크기(인구 또는 상점 수)에 비례하고, 두 도시간의 거리의 제곱에 반비례한다는 이론이다.

064

지리정보시스템(GIS)의 활용으로 과학적 상권분석의 가능성이 높아지고 있는데 이와 관련한 설명으로 적합하지 않은 것은?

① 컴퓨터를 이용한 지도작성(mapping)체계와 데이터베이스관리체계(DBMS)의 결합이라고 볼 수 있다.
② GIS는 공간데이터의 수집, 생성, 저장, 검색, 분석, 표현 등 상권분석과 연관된 다양한 기능을 기반으로 한다.
③ 대개 GIS는 하나의 데이터베이스와 결합된 하나의 지도 레이어(map layer)만을 활용하므로 강력한 공간정보 표현이 가능하다.
④ 지도레이어는 점, 선, 면을 포함하는 개별 지도형상(map features)으로 주제도를 표현할 수 있다.
⑤ gCRM이란 GIS와 CRM의 결합으로 지리정보시스템(GIS) 기술을 활용한 고객관계관리(CRM) 기술을 가리킨다.

GIS는 여러 겹의 지도 레이어를 활용하여 상권의 중첩(overlay)을 표현할 수 있다.

065

사람들은 눈 앞에 보여도 간선도로를 건너거나 개울을 횡단해야 하는 점포에는 접근하지 않으려는 경향이 있다. 이런 현상에 대한 설명으로 가장 옳은 원칙은?

① 사람이 운집한 곳을 선호하는 집합의 원칙
② 득실을 따져 득이 되는 쪽을 선택하는 보증실현의 원칙
③ 위험하거나 잘 모르는 길을 지나지 않으려는 안전추구의 원칙
④ 목적지까지 최단거리로 가려고 하는 최단거리 추구의 원칙
⑤ 자신의 자아이미지에 가장 합당한 공간을 추구하는 자아일치의 원칙

③의 내용은 안전추구의 원칙에 대한 설명으로 안전중시의 원칙이라고도 한다.

066

대형소매점을 개설하기 위해 대지면적이 1,000m²인 5층 상가건물을 매입하는 상황이다. 해당 건물의 지상 1층과 2층의 면적은 각각 600m²이고 3~5층 면적은 각각 400m²이다. 단, 주차장이 지하1층에 500m², 1층 내부에 200m², 건물외부(건물부속)에 300m² 설치되어 있다. 건물 5층에는 100m²의 주민공동시설이 설치되어 있다. 이 건물의 용적률로 가장 옳은 것은?

① 210%   ② 220%
③ 240%   ④ 260%
⑤ 300%

용적률은 부지 대비 건물 전체의 층별 면적합의 비율이다. 용적률을 계산할 때 지하층의 바닥면적은 포함시키지 않으며, 또 지상층의 면적 중에서 주차용으로 쓰는 것은 포함시키지 않는다. 따라서 문제의 용적률을 계산하면 아래와 같다.

용적률 = $\frac{(600 \times 2 + 400 \times 3 - 200 - 100)m^2}{1,000m^2} \times 100\% = 210\%$ 이다.

067

점포를 건축하기 위해 필요한 토지와 관련된 설명으로서 옳지 않은 것은?

① 획지란 인위적·자연적·행정적 조건에 따라 다른 토지와 구별되는 일단의 토지이다.
② 획지는 필지나 부지와 동의어이며 획지의 형상에는 직각형, 정형, 부정형 등이 있다.
③ 각지는 일조와 통풍이 양호하지만 소음이 심하며 도난이나 교통피해를 받기 쉽다.
④ 각지는 출입이 편리하며 시계성이 우수하여 광고 선전의 효과가 높다.
⑤ 각지는 획지 중에서도 2개 이상의 가로각(街路角)에 해당하는 부분에 접하는 토지이다.

획지는 필지나 부지와 다른 개념이다.
획지는 인위적(인위적인 경계)·자연적(산·하천 등)·행정적(지목·지번 등) 조건에 의해 다른 토지와 구별되는 가격 수준이 비슷한 토지를 말한다.
반면 필지란 하나의 지번이 붙는 토지의 등록 단위를 말하며(지적법 제2조 3호) 토지 소유자의 권리를 구분하기 위한 표시이다.
부지는 구조물의 지반이 되는(또는 될 예정인) 토지를 말한다.

068

상권분석을 위해 다음의 작업을 이용하여 유추법을 사용하였다. 작업의 순서로 알맞은 것은?

> ㄱ. 유사한 기존점포 선정
> ㄴ. 유사점포의 상권범위 파악
> ㄷ. 유사점포의 단위거리별 매출정보 분석
> ㄹ. 신규점포의 각 지역(zone)별 예상매출액 분석

① ㄱ → ㄴ → ㄷ → ㄹ   ② ㄱ → ㄷ → ㄴ → ㄹ
③ ㄴ → ㄷ → ㄹ → ㄱ   ④ ㄴ → ㄹ → ㄱ → ㄷ
⑤ ㄴ → ㄹ → ㄷ → ㄱ

애플바움(W. Applebaum)이 개발한 유추법은 자사의 신규점포와 특성이 비슷한 유사점포를 선정하여, 그 점포의 상권범위를 추정한 결과를 자사의 신규점포에 적용하여 신규입지에서의 매출액을 측정하는 데 이용하는 방법이다.

069

다수의 점포를 운영하는 체인점 등에서 비교적 활용도가 높은 회귀분석(regression analysis)의 기본적 특성이나 적용과정에 대한 설명으로 내용이 옳지 않은 것은?

① 실무적으로는 유사한 거래특성과 상권을 가진 점포들의 표본을 충분히 확보하기 어렵다는 문제점을 지닌다.
② 모형의 독립변수들이 서로 독립적이고 상호관련성이 없다고 가정하는 회귀분석의 기본 특성을 고려해야 한다.
③ 단계적 회귀분석(stepwise regression)기능을 사용하면 다중공선성의 문제를 해결하는 데 도움이 될 수 있다.
④ 다양한 변수를 체계적으로 고려하여 각 변수들이 점포의 성과에 미치는 상대적인 영향에 대해 계량적으로 설명할 수 있다.
⑤ 루스(Luce)의 선택공리를 적용하였으므로 허프(Huff)모델과 같이 확률선택모형으로 분류하기도 한다.

회귀분석은 수집된 자료에 기초하여 분석하는 모형이므로 서술적 모형으로 분류한다.

070

지도작성체계와 데이터베이스관리체계의 결합으로 상권분석의 유용한 도구가 되고 있는 지리정보시스템(GIS)의 기능에 대한 설명으로 옳은 것은?

① 버퍼(buffer) - 지도상에서 데이터를 조회하여 표현하고, 특정 공간기준을 만족시키는 지도를 얻기 위해 조회도구로써 지도를 사용하는 것이다.
② 주제도(thematic map) 작성 - 속성정보를 요약하여 표현한 지도를 작성하는 것이며, 면, 선, 점의 형상으로 구성된다.
③ 위상 - 지리적인 형상을 표현한 지도상에 데이터의 값과 범위를 할당하여 지도를 확대·축소하는 등의 기능이다.
④ 데이터 및 공간조회 - 어떤 지도형상, 즉 점이나 선 혹은 면으로부터 특정한 거리 이내에 포함되는 영역을 의미하며, 면의 형태로 나타나 상권 혹은 영향권을 표현하는 데 사용될 수 있다.
⑤ 프레젠테이션 지도작업 - 공간적으로 동일한 경계선을 가진 두 지도 레이어들에 대해 하나의 레이어에 다른 레이어를 겹쳐 놓고 지도 형상과 속성들을 비교하는 기능이다.

GIS 소프트웨어를 사용하여 데이터베이스를 조회하고 속성정보를 요약하여 표현한 지도를 주제도라고 한다.

071

동일하거나 유사한 업종은 서로 멀리 떨어져 있는 것보다 가까이 모여 있는 것이 고객을 유인할 수 있다는 입지 평가의 원칙으로 옳은 것은?

① 보충가능성의 원칙
② 점포밀집의 원칙
③ 동반유인의 원칙
④ 고객차단의 원칙
⑤ 접근 가능성의 원칙

동일하거나 유사한 업종은 가까이 모여 있는 것이 고객을 유인하는 데 유리하다는 것은 동반유인의 원칙 또는 누적적 흡인력이라고 한다.

072

특정 지역에 다수의 점포를 동시에 출점시켜 매장관리 등의 효율을 높이고 시장점유율을 확대하는 전략으로 가장 옳은 것은?

① 다각화 전략
② 브랜드 전략
③ 프랜차이즈 전략
④ 도미넌트 출점전략
⑤ 프로모션 전략

특정 지역에 다수의 점포를 동시에 출점시켜 매장관리 등의 효율을 높이고 시장점유율을 확대하는 전략은 도미넌트 출점전략이다.
도미넌트 출점전략의 장점으로는 물류 및 점포관리의 효율성 증대, 상권 내 시장점유율의 확대, 경쟁점의 진입 차단, 브랜드 인지도 개선 및 마케팅 효과 개선 등을 들 수 있다. 그러나 자기잠식과 같은 문제로 단위점포의 매장면적을 키우기 어렵다는 단점이 있다.

073

소비자들이 유사한 인접점포들 중에서 선택하는 상황을 전제로 상권의 경계를 파악할 때 간단하게 활용하는 티센 다각형(Thiessen polygon) 모형에 대한 설명으로 옳지 않은 것은?

① 근접구역이란 어느 점포가 다른 경쟁점포보다 공간적인 이점을 가진 구역을 의미하며 일반적으로 티센 다각형의 크기는 경쟁수준과 역의 관계를 가진다.
② 두 다각형의 공유 경계선상에 위치한 부지를 신규 점포부지로 선택할 경우 이곳은 두 곳의 기존 점포들로부터 최대의 거리를 둔 입지가 된다.
③ 소비자들이 가장 가까운 소매시설을 이용한다고 가정하며, 공간독점 접근법에 기반한 상권 구획모형의 일종이다.
④ 소매 점포들이 규모나 매력도에 있어서 유사하다고 가정하며 각각의 티센다각형에 의해 둘러싸인 면적은 다각형 내에 둘러싸인 점포의 상권을 의미한다.
⑤ 다각형의 꼭짓점에 있는 부지는 기존 점포들로부터 근접한 위치로 신규 점포 부지로 선택 시 피하는 것이 유리하다.

다각형의 꼭짓점에 있는 부지는 기존 점포들로부터 멀리 떨어져 있는 위치로 신규 점포 부지로 선택하는 것이 유리하다.

074

아래 글상자의 내용 가운데 상권 내 경쟁관계를 분석할 때 포함해야 할 내용만을 모두 고른 것으로 옳은 것은?

> ㉠ 주변 동종점포와의 경쟁관계 분석
> ㉡ 주변 이종점포와의 경쟁구조 분석
> ㉢ 잠재적 경쟁구조의 분석
> ㉣ 상권 위계별 경쟁구조 분석
> ㉤ 주변 동종점포와의 보완관계 분석

① ㉠
② ㉠, ㉡
③ ㉠, ㉡, ㉢
④ ㉠, ㉡, ㉢, ㉣
⑤ ㉠, ㉡, ㉢, ㉣, ㉤

상권 내 경쟁관계의 분석에는 업태 내, 업태별 경쟁구조 분석, 잠재경쟁구조 분석, 위계별 경쟁구조 분석, 동종점포와의 경쟁 및 보완관계 분석 등이 포함된다.
특히 잠재경쟁구조 분석을 위해서는 업태 내 경쟁 분석과 업태별 경쟁 분석, 위계별 경쟁구조 분석, 경쟁·보완관계 분석이 모두 시행되어야 한다.

075

두 도시 A, B의 거리는 12km, A시의 인구는 20만 명, B시의 인구는 5만 명이다. Converse의 상권분기점 분석법에 따른 도시 간의 상권경계는 B시로부터 얼마나 떨어진 곳에 형성되겠는가?

① 3km
② 4km
③ 6km
④ 8km
⑤ 9km

컨버스(Converse)의 제1법칙에 의하면 A시 상권의 한계점
$D(A) = \dfrac{d}{1+\sqrt{\dfrac{P(B)}{P(A)}}}$ 이다.

여기서 d는 두 도시 간의 거리, P(A)와 P(B)는 각 도시의 인구이다. 주어진 자료를 대입하면 A시로부터 분기점까지의 거리

$D(A) = \dfrac{12km}{1+\sqrt{\dfrac{50,000}{200,000}}} = 8km$이다.

따라서 B시로부터 분기점까지의 거리는 12km − 8km = 4km이다.

076

이새봄씨가 사는 동네에는 아래 표와 같이 이용 가능한 슈퍼마켓이 3개가 있다. Huff모델을 이용해 이새봄씨의 슈퍼마켓 이용확률이 가장 큰 점포와 그 이용확률을 구하라. (단, 거리와 점포크기에 대한 민감도는 −3과 2로 가정하자. 거리와 매장면적의 단위는 생략)

	A 슈퍼	B 슈퍼	C 슈퍼
거리	2	4	2
점포면적	6	8	4

① A 슈퍼 60%
② B 슈퍼 31%
③ A 슈퍼 57%
④ B 슈퍼 13%
⑤ C 슈퍼 27%

수정 허프(D. Huff)모형은 '소비자가 어느 상업지에서 구매하는 확률은 그 상업 집적의 매장면적에 비례하고 그곳에 도달하는 거리의 제곱에 반비례한다'는 것이다. 이를 토대로 각 점포의 효용을 구하면 다음과 같다.

	A 슈퍼	B 슈퍼	C 슈퍼
거리	2	4	2
점포면적	6	8	4
각 점포의 효용 (계산 시 민감도 고려)	$\dfrac{6^2}{2^3} = 4.5$	$\dfrac{8^2}{4^3} = 1$	$\dfrac{4^2}{2^3} = 2$

A 슈퍼의 이용확률 = $\dfrac{4.5}{4.5+1+2} = 60\%$

B 슈퍼의 이용확률 = $\dfrac{1}{4.5+1+2} = 13\%$

C 슈퍼의 이용확률 = $\dfrac{2}{4.5+1+2} = 27\%$이다.

077

Y아파트 단지 주변에 X상점가가 있고 주위에 A백화점이 진출하였다고 가정할 때, 수정 허프모델을 사용하여 Y아파트 고객이 A백화점에 내점하리라고 예상되는 고객수는 얼마인가? (단, 거리와 점포면적에 대한 모수는 각각 -2와 1임)

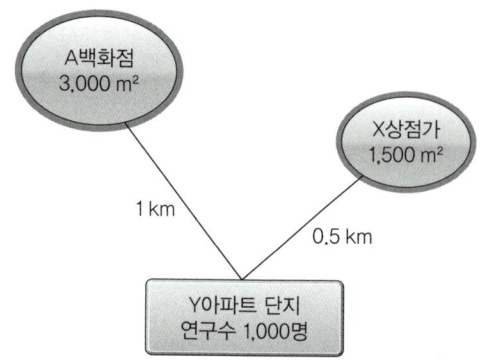

① 약 570명
② 약 330명
③ 약 450명
④ 약 280명
⑤ 약 500명

수정 허프모델은 소비자가 어느 상점에서 구매하는 확률은 그 상점의 매장면적에 비례하고 그 곳에 도달하는 거리의 제곱에 반비례한다는 이론이다.

A백화점의 효용 = $\frac{3{,}000m^2}{1^2}$ = 3,000이고,

X상점가의 효용 = $\frac{1{,}500m^2}{0.5^2}$ = 6,000이다.

따라서 Y아파트의 인구 중 $\frac{1}{3}$ 은 A백화점, $\frac{2}{3}$ 는 X상점가를 찾게 된다.

078

단일점포를 운영할 때와는 달리, 여러 소매점포를 체인화하는 과정에서는 모든 점포가 골고루 잘 운영되도록 하는 점포망 구성이 중요한 과제가 된다. 이러한 점포망 분석에 적용하기 가장 적절한 기법은?

① Huff모델
② 근접구역법
③ 체크리스트법
④ 입지할당모델
⑤ 점포공간매출액비율법

여러 개의 점포를 체인화하여 운영하는 경우 각 점포 간의 거리를 고려한 점포망 구성이 중요한 과제가 되는데 이를 설명하는 기법 중 하나가 입지할당 또는 입지배정모델이다.
입지할당모델은 수요균형 제약조건하에서 각 구역의 수만큼 점포를 선정하고 점포마다 할당된 기본 공간 단위와 점포 사이의 거리의 합이 최소가 되도록 구역을 설정하는 모형이다.

079

확률적 상권분석 기법들이 이론적 근거로 활용하고 있는 Luce의 선택공리와 관련이 없는 것은?

① 레일리(Reilly)의 소매중력모형
② 허프(Huff) 모형
③ 수정 허프(Huff) 모형
④ MCI 모형
⑤ MNL 모형

루스의 선택공리에 이론적 근거를 두고 개발된 것이 확률적 점포선택 모형이다. 확률적 점포선택 모형에는 루스(Luce) 모형, 허프(Huff) 모형, MNL 모형, MCI 모형 등이 있다.

080

상권분석 방법들 중에서 특정 입지의 매력도를 점수로 평가할 수는 있지만 매출액을 추정하기 어려운 방법은?

① 체크리스트법
② 유추법
③ 허프 모델
④ 수정 허프 모델
⑤ 회귀분석법

체크리스트(checklist)법은 상권의 규모에 영향을 미치는 요인들을 수집하여 이들에 대한 평가결과를 점수화하여 시장잠재력을 측정하는 방법이다.
상권의 범위에 영향을 미치는 요인을 크게 상권 내의 제반입지의 특성, 상권의 고객 특성, 상권의 경쟁구조로 구분하여 분석하므로 특정 입지의 매력도를 점수로 평가할 수는 있지만 구체적인 숫자로 매출액을 추정할 수는 없다.

081

Huff 모델과 MNL 모델에 대한 설명으로 옳지 않은 것은?

① Huff 모델과 MNL 모델은 모두 상권분석 기법 중에서 확률적 모형에 해당된다.
② 두 모델은 일반적으로 상권을 소규모의 세부지역(zone)으로 나누는 절차를 거친다.
③ Huff 모델과 달리 MNL 모델은 점포의 이미지 등 다양한 영향변수를 반영할 수 있다.
④ MNL 모델은 점포의 객관적 특성보다는 소비자의 주관적 평가자료를 활용한다.
⑤ MNL 모델은 상권분석을 할 때마다 변수의 민감도 계수를 추정하는 절차를 거치게 된다.

MNL(MultiNomial Logit) 모델은 상권 내 소비자들의 각 점포에서 개별적인 쇼핑에 대한 관측 자료를 이용하여 각 점포에 대한 선택확률은 물론, 각 점포의 시장점유율 및 상권의 크기를 추정하는 모델이다.

082

고객을 유인하고 쇼핑센터를 활성화하기 위해 쇼핑센터 개발자는 하나 혹은 복수의 대형소매점을 앵커스토어(anchor store)로 입점시킨다. 쇼핑센터의 유형별로 적합한 앵커스토어의 유형을 연결한 것으로서 가장 옳지 않은 것은?

① 파워센터형 쇼핑센터 - 회원제 창고형 소매점
② 지역센터형 쇼핑몰 - 할인형 백화점
③ 초광역센터형 쇼핑몰 - 완전구색형 백화점
④ 근린형 쇼핑센터 - 의류전문점
⑤ 테마/페스티벌센터형 쇼핑몰 - 유명한 식당

핵점포 또는 앵커스토어는 상권이 넓고 다수의 고객을 유인할 수 있는 영업력이 강한 점포, 또는 쇼핑센터의 중심점포를 말한다. 근린형 쇼핑센터의 앵커스토어는 슈퍼마켓이나 드럭 스토어로, 편의품에 중점을 둔다.

083

중심성지수는 전체 상권에서 지역이 차지하는 중심성을 평가하는 한 지표이다. 중심성지수에 대한 설명으로 가장 옳지 않은 것은?

① 한 지역의 거주인구에 대한 소매인구의 비율이다.
② 지역의 소매판매액이 커지면 중심성지수도 커진다.
③ 지역의 소매인구는 소매업에 종사하는 거주자의 숫자이다.
④ 다른 여건이 변하지 않아도 거주인구가 감소하면 중심성지수는 커진다.
⑤ 중심성지수가 클수록 전체 상권 내의 해당지역의 중심성이 강하다고 해석한다.

지역의 소매인구는 1인당 평균구매액에 대한 그 지역의 소매판매액의 비중을 의미한다.
중심성지수는 소매업의 공간적 분포를 파악하기 위해 이용되는 개념으로

중심성지수 = $\dfrac{어떤\ 지역의\ 소매인구}{그\ 지역의\ 거주인구}$ 이다.

여기서 소매인구 = $\dfrac{그\ 지역의\ 거주인구}{1인당\ 평균구매액}$ 이다.

소매판매액에 변화가 없어도 그 지역의 거주인구가 감소하면 중심성지수는 상승한다. 중심성지수는 상업인구가 거주인구와 동일할 때 1이 되고, 상업인구가 많으면 많을수록 1보다 큰 값이 된다.

084

동선(動線)에 대한 내용으로 옳지 않은 것은?

① 동선이란 고객들의 이동궤적을 의미하는데 자석(customer generator)과 자석을 연결하는 선으로 나타나기도 한다.
② 경제적 사정으로 많은 자금이 필요한 주동선에 입지하기 어려운 점포는 부동선(副動線)을 중시한다.
③ 접근동선이란 동선으로 접근할 수 있는 동선을 말한다.
④ 복수의 자석이 있는 경우의 동선을 부동선(副動線)이라 한다.
⑤ 주동선이란 자석과 자석을 잇는 가장 기본이 되는 선을 말한다.

복수의 자석이 있는 경우의 동선을 복수동선(유희동선)이라고 한다.

085

공간균배의 원리에 의한 상점의 분류에 대한 내용으로 가장 옳지 않은 것은?

① 집심성 점포는 배후지의 중심지 입지가 유리한 상점이다.
② 집심성 점포로 분류되는 것에는 백화점, 고급음식점, 영화관 등을 들 수 있다.
③ 집재성 점포로 분류되는 것에는 가구점, 기계점 등을 들 수 있다.
④ 산재성 점포는 같은 업종이 좁은 지역에 서로 가까이 있어야 유리한 상점이다.
⑤ 국부적 집중성 점포는 어떤 특정 지역에 같은 업종끼리 국부적 중심지에 입지해야 유리한 상점이다.

같은 업종이 좁은 지역에 서로 가까이 있어야 유리한 경우는 집재성 점포이다. 산재성 점포는 서로 떨어져서 입지해야만 바람직한 경우를 말한다.

086

아래의 (a)~(c)는 쇼핑센터의 테넌트 믹스와 관련된 내용들이다. 각각이 의미하는 바를 〈예시〉에서 찾아 순서대로 올바르게 나열한 것은?

(a) 상업시설의 일정한 공간을 임대하는 계약을 체결하고 해당 상업시설에 입점하여 영업하는 임차인
(b) 원래는 백화점을 일컫는 말이지만 최근에는 주로 전문점 빌딩 등의 스페셜리티 센터(speciality center)에 배치되어 흡인력이 높은 임차인
(c) 일반적으로 쇼핑센터의 성격이나 경제성에 가장 큰 영향력을 가진 대형 소매업으로서 쇼핑센터 가운데서도 매장면적을 최대로 점하여 일반에게 지명도가 높은 유명기업의 점포를 말함

〈예시〉 가. 앵커스토어 나. 테넌트 다. 트래픽 풀러

① 나-가-다
② 가-나-다
③ 다-나-가
④ 나-다-가
⑤ 다-가-나

(a) 상업시설의 일정한 공간을 임대하는 계약을 체결하고 해당 상업시설에 입점하여 영업하는 임차인을 테넌트(tenant)라고 한다.
(b) 전문점 빌딩 등의 스페셜리티 센터(speciality center)에 배치되어 흡인력이 높은 임차인을 트래픽 풀러라고 한다.
(c) 쇼핑센터 가운데서도 매장면적을 최대로 점하여 간판역할을 하는 점포(예를 들면 백화점과 같은 점포)를 앵커스토어(anchor store)라고 한다.

087

상권분석을 위한 중심지 이론과 관련이 없는 것은?

① 정육각형 모양의 상권
② 최소수요 충족거리(threshold)
③ 최대도달거리(range)
④ 개별점포의 효용(utility)
⑤ 크리스탈러(W. Christaller)

개별점포의 효용(utility)을 강조하는 것은 허프(D. Huff)의 확률모형이다.

088

아래 내용은 다음 중 어느 소매출점 유형의 특징인가?

> 점포확보를 위한 비용은 상대적으로 낮은 편이고 지속적 영업이 가능하지만, 입지여건이나 하드웨어 조건이 열악할 가능성이 높다.

① 건물매입출점　② 건물임차
③ 기존점포 인수　④ 부지임차후 신축
⑤ 부지매입후 신축

점포확보를 위한 비용이 상대적으로 낮은 편이고 지속적 영업이 가능한 것은 기존점포를 인수하는 경우의 특징이다. 그러나 기존의 점포의 운영자가 그 점포를 넘긴다면 입지여건이나 하드웨어 조건이 열악할 가능성이 높다.

089

상품구매를 위해 점포를 방문한 소비자를 대상으로 상권분석에 필요한 자료를 수집하는 방법으로 알맞게 짝지어진 것은?

① 점두조사법, 고객점표법
② 방문조사법, 고객점표법
③ 방문조사법, 내점객조사법
④ 내점객조사법, 점두조사법
⑤ 고객점표법, 내점객조사법

점포를 방문한 소비자를 대상으로 상권분석에 필요한 자료를 수집하는 방법으로는 점포 앞을 지나는 사람들을 대상으로 실시하는 점두조사법과 점포 안에 들어온 내점객을 대상으로 하는 내점객조사법 등이 있다.

090

점포의 상권은 다양한 관점에서 경쟁분석이 이루어져야 하는데 이 중 적합하지 않은 것은?

① 상권의 위계별 경쟁구조 분석
② 업태별, 업태 내 경쟁구조 분석
③ 배후상권, 목표상권 고객 분석
④ 잠재경쟁구조 분석
⑤ 동종점포 간 경쟁 및 보완관계 분석

배후상권, 목표상권 고객 분석은 경쟁분석의 범위에는 포함되지 않는다.
경쟁분석은 위계별 경쟁구조 분석, 업태별, 업태 내 경쟁구조 분석, 경쟁 및 보완관계 분석, 잠재경쟁구조 분석 등이 포함된다.

SUBJECT 03 유통마케팅

091
고객 가치를 극대화하기 위한 고객관계관리(CRM)의 중심 활동으로 가장 옳지 않은 것은?

① 신규 고객 확보 및 시장점유율 증대
② 고객 수명 주기 관리
③ 데이터 마이닝을 통한 고객 분석
④ 고객 가치의 분석과 계량화
⑤ 고객 획득/유지 및 추가 판매의 믹스 최적화

기본적으로 고객관계관리(CRM)는 기존 고객의 생애가치(CLV)를 극대화하여 고객 이탈을 방지하는 동시에 신규 고객의 창출도 중요하게 다룬다. 이를 위해 신규 고객 확보 및 시장점유율 증대보다는 고객점유율의 증대가 중요한 지표에 해당한다.

092
유명 브랜드 상품 등을 중심으로 가격을 대폭 인하하여 고객을 유인한 다음, 방문한 고객에 대한 판매를 증진시키고자 하는 가격결정 방식은?

① 묶음가격결정(Price Bundling)
② 이분가격결정(Two-Part Pricing)
③ 로스리더가격결정(Loss Leader Pricing)
④ 포획가격결정(Captive Pricing)
⑤ 단수가격결정(Odd Pricing)

로스리더가격결정이란 일반 판매가보다 훨씬 저렴한 가격으로 판매하여 고객들을 매장 안으로 유도한 뒤 그 고객들에게 다른 상품을 판매하여 이득을 얻으려는 소매가격전략을 말한다.

093
아래의 글상자 안 ⊙과 ⓒ에 해당하는 소매업 변천 이론으로 옳은 것은?

> ⊙은(는) 소매업체가 도입기, 초기 성장기, 가속 성장기, 성숙기, 쇠퇴기 단계를 거쳐 진화한다는 이론이다.
> ⓒ은(는) 제품구색이 넓은 소매업태에서 전문화된 좁은 제품구색의 소매업태로 변화되었다가 다시 넓은 제품구색의 소매업태로 변화되어간다는 이론이다.

① ⊙ 자연 도태설(진화론), ⓒ 소매 아코디언 이론
② ⊙ 소매 아코디언 이론, ⓒ 변증법적 과정
③ ⊙ 소매 수명주기 이론, ⓒ 소매 아코디언 이론
④ ⊙ 소매 아코디언 이론, ⓒ 소매업 수레바퀴 이론
⑤ ⊙ 소매업 수레바퀴 이론, ⓒ 변증법적 과정

⊙ 소매 수명주기 이론은 한 소매 기관이 출현하여 사라지기까지 일반적으로 도입기, 성장기, 성숙기, 그리고 쇠퇴기를 거친다는 생애주기 이론이다.
ⓒ 소매 아코디언 이론은 소매점 업태가 다양한 상품 구색을 갖춘 점포로 시작하여 시간이 경과함에 따라 점차 전문화되고 한정된 상품 계열을 취급하는 소매점 형태로 변화하고, 이는 다시 다양하고 전문적인 제품 계열을 취급하는 소매점으로 진화해가는 것을 가정하는 이론이다.

094
아래 글상자에서 설명하는 점포 레이아웃 형태로 옳은 것은?

> ⊙ 기둥이 많고 기둥 간격이 좁은 상황에서도 점포 설비 비용을 절감할 수 있음
> ⓒ 통로 폭이 동일해서 건물 전체 필요 면적이 최소화된다는 장점이 있으며 슈퍼마켓 점포 레이아웃에 많이 사용됨

① 격자형 레이아웃　② 자유형 레이아웃
③ 루프형 레이아웃　④ 복합형 레이아웃
⑤ 부띠끄형 레이아웃

격자형 레이아웃(그리드형 배치)은 동일하게 규격화된 내부 비품들을 사용하기 때문에 비용을 절감할 수 있는 반복적인 직사각 형태의 배치를 하여 공간의 효율성을 극대화할 수 있다. 기둥이 많고 기둥 간격이 좁은 상황에서도 설비비용을 절감할 수 있으며, 통로 폭이 동일하므로 건물 전체에서의 필요 면적이 최소화된다.

095

유통마케팅 성과 평가에 대한 설명으로 가장 옳지 않은 것은?

① 유통마케팅 성과측정 방법은 크게 재무적 방법과 마케팅적 방법으로 나눌 수 있다.
② 재무적 방법은 회계 데이터를 기초로 성과를 측정한다.
③ 마케팅적 방법은 주로 고객들로부터 수집된 데이터를 이용하여 성과를 측정한다.
④ 마케팅적 방법은 과거의 성과를 보여주지 못하지만 미래를 예측할 수 있다는 장점이 있다.
⑤ 재무적 방법과 마케팅적 방법을 상호보완적으로 활용하여 측정하는 것이 효과적이다.

유통업의 성과 평가 도구로는 크게 재무적 방법과 마케팅적 방법 등을 사용하고 있다. 재무적 방법과 마케팅적 방법을 병행하여 사용하여야 신뢰성 있는 평가 결과를 도출할 수 있다.

096

아래 글상자의 상황에서 A사가 선택할 수 있는 분석 방법으로 가장 옳은 것은?

> 공기청정기를 판매하는 A사는 다양한 판매 촉진을 통해 매출 부진에서 벗어나고자 한다.
> 가격 인하와 할인 쿠폰 행사 그리고 경품 행사가 매출 향상에 효과적인가를 판단하기 위해 각 판촉 방법당 5개 지점의 자료를 표본으로 선정하여 판촉 유형이 매출에 미치는 효과 여부에 관한 조사를 실시하기로 했다.

① 요인분석(Factor Analysis)
② 회귀분석(Regression Analysis)
③ 다차원척도법(MDS, Multi-Dimensional Scaling)
④ 표적집단면접법(FGI, Focus Group Interview)
⑤ 분산분석(ANOVA, ANalysis Of VAriance)

분산분석(ANOVA)은 3 이상의 독립적인 집단들 간에 특정 변수의 평균값이 서로 차이가 있는지를 검정하는 통계 기법에 해당한다.

097

마케팅 커뮤니케이션 수단들에 대한 설명으로 가장 옳지 않은 것은?

① 신뢰성이 높은 매체를 통한 홍보(Publicity)는 고객의 우호적 태도를 형성하기 위한 좋은 수단이다.
② 인적 판매는 대면 접촉을 통하기 때문에 고객에게 구매를 유도하기에 적절한 도구이다.
③ 판매 촉진은 시험적 구매를 유발하는 데 효과적인 도구이다.
④ 광고의 목적은 판매를 촉진하기 위한 것이라면, 홍보는 이미지와 대중 관계를 향상시키는 데 목적이 있다.
⑤ 광고는 시간과 공간의 제약은 없으나 다른 커뮤니케이션 수단들에 비해 노출당 비용이 많이 소요된다는 단점이 있다.

광고는 시간적, 공간적 제약이 있으며, 다른 매체와 비교해 고객 1인당 비용이 높지 않다.

098

최근 우리나라에서 찾아볼 수 있는 소매경영환경의 변화로 가장 옳지 않은 것은?

① 소비자의 편의성(Convenience)추구 증대
② 중간상 상표의 매출 증대
③ 온라인채널의 비약적 성장
④ 하이테크(Hi-Tech)형 저가 소매업으로의 시장통합
⑤ 파워 리테일러(Power Retailer)의 영향력 증대

최근 우리나라 유통환경은 하이테크형에서 하이터치(High-Touch)형으로 변화하고 있다.

099

유통시장을 세분화할 때 세분화된 시장이 갖추어야 할 요건으로 가장 옳지 않은 것은?

① 세분화된 시장의 크기나 규모, 구매력의 정도가 측정 가능해야 함
② 세분시장별 수익성을 보장하기 위한 시장성이 충분해야 함
③ 마케팅 활동을 통해 세분화된 시장의 소비자에게 효과적으로 접근할 수 있어야 함
④ 자사가 세분화된 시장에서 높은 경쟁우위를 갖고 있어야 함
⑤ 세분시장별 효과적인 마케팅 믹스가 개발될 수 있어야 함

효과적인 세분시장의 요건은 측정가능성, 충분한 규모의 시장, 접근가능성, 내부적으로 동질적, 외부적으로 이질적, 신뢰성과 유효타당성 등이다.

100

아래 ㉠과 ㉡에 들어갈 성장전략으로 알맞게 짝지어진 것은?

	기존 제품	신제품
기존 시장	㉠	
신시장		㉡

① ㉠ 시장침투전략, ㉡ 제품개발전략
② ㉠ 시장침투전략, ㉡ 다각화전략
③ ㉠ 시장개발전략, ㉡ 제품개발전략
④ ㉠ 시장개발전략, ㉡ 다각화전략
⑤ ㉠ 수직적통합전략, ㉡ 신제품전략

관련이론 | 앤소프(I. Ansoff)의 제품·시장확장 그리드

	기존 제품(업태)	신제품(업태)
기존 시장	시장침투전략	제품개발전략
신시장	시장개발전략	다각화전략

101

아래 글상자에서 설명하는 머천다이징 전략으로 가장 옳은 것은?

- 식료품 종류만 취급하던 슈퍼마켓에서 가정용품을 함께 취급함
- 약국에서 의약품과 함께 아기 기저귀 등의 위생용품과 기능성 화장품을 동시에 판매함
- 책을 판매하는 서점에서 오디오, 가습기 등의 가전제품을 함께 판매함

① 크로스 머천다이징(Cross Merchandising)
② 탈상품화 머천다이징(Decommodification Merchandising)
③ 스크램블드 머천다이징(Scrambled Merchandising)
④ 선택적 머천다이징(Selective Merchandising)
⑤ 집중적 머천다이징(Intensive Merchandising)

스크램블드 머천다이징은 소매상이 소비자 입장에서 상품 품목을 고려하여 취급 상품을 조합해 재편성하는 것이다.
식료품점에서 가정용품을 함께 취급하거나 약국에서 의약품과 위생용품을 함께 판매하는 것은 소비자 입장을 고려한 판매전략인 스크램블드 머천다이징에 해당한다.

102

단품관리(Unit Control)의 효과로서 가장 옳지 않은 것은?

① 매장 효율성 향상
② 결품 감소
③ 과잉재고의 감소
④ 명확한 매출 기여도 파악
⑤ 취급 상품의 수 확대

단품관리의 효과로는 매장 효율성 향상, 품절(결품) 방지, 책임 소재의 명확성, 매장면적 관리에 따른 생산성 증가 등이 있다.

103

편의점이 PB상품을 기획하는 이유로 가장 옳지 않은 것은?

① 편의점은 대형마트나 슈퍼마켓보다 비싸다는 점포 이미지를 개선시킬 수 있다.
② PB상품이 NB상품에 비해 점포차별화에 유리하다.
③ 소량 구매 생필품 중심으로 PB상품을 개발하여 매출을 높일 수 있다.
④ PB상품이 중소 제조업체를 통해 납품될 경우, NB상품을 공급하는 대형 제조업체에 비해 계약조건이 상대적으로 유리할 수도 있다.
⑤ NB상품보다 수익률은 낮지만 가격에 민감한 소비자 욕구에 부응할 수 있다

PB상품은 NB상품보다 원가가 낮고 상대적으로 마진율이 높게 책정되며, NB보다 다소 낮은 가격에 제공되므로 충성도가 높고 가격에 민감한 소비자 욕구에 부응할 수 있다.

104

구매시점광고(POP)에 대한 설명으로 가장 옳지 않은 것은?

① 구매하는 장소에서 이루어지는 광고로서 판매 촉진 활동에 대한 효과 측정이 용이하다.
② 스토어 트래픽을 창출하여 소비자의 관심을 끄는 역할을 한다.
③ 저렴한 편의품을 계산대 주변에 진열해 놓는 활동을 포함한다.
④ 판매원을 돕고 판매점에 장식 효과를 가져다주는 역할을 한다.
⑤ 충동적인 구매가 이루어지는 제품의 경우에는 더욱 강력한 소구 수단이 된다.

POP광고는 구매하는 장소에서 이루어지는 광고로서 판매 촉진 활동에 대한 효과 측정이 곤란하다는 단점이 있다.

105

상품의 진열 방식 중 상품들의 가격이 저렴할 것이라는 기대를 갖게 하는 데 가장 효과적인 진열방식은?

① 스타일, 품목별 진열
② 색상별 진열
③ 가격대별 진열
④ 적재 진열
⑤ 아이디어 지향적 진열

적재 진열은 창고형 마트와 같은 곳에서 통조림, 라면 같은 제품을 높이 쌓아 놓고 판매하는 방식이다. 해당 방식은 제품의 가격이 저렴할 것이라는 기대심리를 자극한다.

106

소매상은 점포 특성에 맞게 상품구색의 폭(좁음, 넓음)과 깊이(얕음, 깊음)를 결정해야 한다. 아래 글상자에서 소매점 유형과 상품구색을 타당하게 연결한 항목만을 모두 옳게 고른 것은?

> ㉠ 편의점 – 좁고 얕은 구색
> ㉡ 전문점 – 좁으나 깊은 구색
> ㉢ 소규모 종합점 – 넓으나 얕은 구색
> ㉣ 백화점 – 넓고 깊은 구색

① ㉠, ㉡
② ㉢, ㉣
③ ㉠, ㉡, ㉢
④ ㉡, ㉢, ㉣
⑤ ㉠, ㉡, ㉢, ㉣

상품구색의 폭(넓이)은 제품계열의 다양성을 나타내고, 깊이는 제품계열의 전문성을 나타내는 용어이다.
편의점이 가장 좁고 얕은 구색을, 백화점이 가장 넓고 깊은 구색을 나타낸다. 한편 전문점은 좁고 깊은 구색을 나타내는 업태에 해당한다.

107
촉진믹스전략 가운데 푸시(Push)전략에 대한 설명으로 옳지 않은 것은?

① 제조업체가 최종 소비자들을 대상으로 촉진믹스를 사용하여 이들이 소매상에게 제품을 요구하도록 하는 전략이다.
② 푸시전략 방법에서 인적판매와 판매촉진은 중요한 역할을 한다.
③ 판매원은 도매상이 제품을 주문하도록 요청하고 판매지원책을 제공한다.
④ 푸시전략은 유통경로 구성원들이 고객에게까지 제품을 밀어내도록 하는 것이다.
⑤ 수요를 자극하기 위해서 제조업체가 중간상에게 판매촉진 프로그램을 제공한다.

푸시 전략은 제조업자가 유통상인들을 대상으로 하는 촉진전략을 의미하며, 주로 인적판매와 판매장려금 지원 등의 방법을 활용한다.

108
아래 글상자의 ⊙과 ⓒ을 설명하는 용어들의 짝으로 옳은 것은?

> ⊙ 특정 상품을 가로로 몇 개 진열하는가를 의미하는 것으로, 소비자 정면으로 향하도록 진열된 특정 상품의 진열량
> ⓒ 점포 레이아웃이 완료된 후 각 코너별 상품군을 계획하고 진열 면적을 배분하는 것

① ⊙ 조닝　　ⓒ 페이싱
② ⊙ 페이싱　　ⓒ 조닝
③ ⊙ 레이아웃　　ⓒ 조닝
④ ⊙ 진열량　　ⓒ 블록계획
⑤ ⊙ 진열량　　ⓒ 페이싱

페이싱(Facing): 상품이 소비자에게 노출되는 페이스의 수
조닝(Zoning): 그룹핑한 품목을 어느 위치에 배치할 것인가를 결정하고, 그룹핑한 제품군을 매출액과 연관성 등에 따라 공간 할당을 정하는 절차

109
할인가격정책(high/low pricing)에 대한 상시저가정책(EDLP: Every Day Low Price)의 상대적 장점으로 가장 옳지 않은 것은?

① 재고의 변동성 감소
② 가격변경 빈도의 감소
③ 평균 재고수준의 감소
④ 판매인력의 변동성 감소
⑤ 표적시장의 다양성 증가

표적시장의 다양성 증가는 High-Low price의 장점이다.

110
머천다이징(Merchandising)에 대한 설명으로 옳지 않은 것은?

① 머천다이징은 우리말로 상품 기획, 상품화 계획 등으로 불린다.
② 머천다이저(Merchandiser)는 소매점의 특정 카테고리의 상품을 담당하고 있다. 그렇기 때문에 머천다이저를 카테고리 매니저라 부르기도 한다.
③ 머천다이징은 유통업체만의 고유 업무로 고객의 니즈에 부합하는 상품을 기획하여 판매하며 제조업체, 서비스업체에는 해당되지 않는다.
④ 머천다이징은 구매, 진열, 재고, 가격, 프로모션 등 광범위한 활동을 포함한다.
⑤ 머천다이징의 성과를 평가하는 대표적인 지표 중 하나는 재고총이익률(GMROI)이다.

머천다이징은 일종의 마케팅 활동으로 유통업체 뿐 아니라 제조업체와 서비스업체 등 넓은 분야에서 활용된다.

111

점포를 설계하기 위해서 점검해야 할 사항으로 가장 옳지 않은 것은?

① 많은 고객을 점포로 들어오게 할 수 있는가?
② 매장의 객단가를 높일 수 있는가?
③ 적은 인원으로 매장 환경을 유지할 수 있는가?
④ 검수 및 상품 보충과 같은 작업이 원활하게 이루어질 수 있는가?
⑤ 고객 동선과 판매원 동선을 교차시켜 상품 노출을 극대화할 수 있는가?

레이아웃의 원칙으로 고객이 편안하고 자유롭게 쇼핑할 수 있도록 하고 혼잡도를 줄이기 위해서 고객 동선과 종업원 동선의 교차 지점을 최소화해야 한다.

112

소비자가 점포 내에서 걸어다니는 길 또는 궤적을 동선(動線)이라고 한다. 이러한 동선은 점포의 판매전략 수립에 매우 중요한 고려 요소이다. 동선에 대한 일반적 설명으로 옳지 않은 것은?

① 소매점포는 고객동선을 가능한 한 길게 유지하여 상품의 노출기회를 확보하고자 한다.
② 고객의 동선은 점포의 레이아웃에 크게 영향받는다.
③ 동선은 직선적 동선과 곡선적 동선으로 구분되는데, 백화점은 주로 직선적 동선을 추구하는 레이아웃을 하고 있다.
④ 동선은 상품탐색에 용이해야 하고 각 통로에 단절이 없어야 한다.
⑤ 동선은 상품을 보기 쉽고 사기 쉽게 해야 하고 시선과 행동에 막힘이 없게 해야 한다.

백화점의 동선 또는 레이아웃은 직선적인 것보다는 자유롭고 비대칭적인 자유형 레이아웃을 선호한다.

113

표적시장선정에 대한 설명으로 가장 옳지 않은 것은?

① 세분시장들에 대한 평가가 수행된 뒤 기업은 어떤 시장을 공략할지, 몇 개의 세분시장을 공략할 것인가의 문제를 해결하는데, 이를 표적시장 선택이라고 한다.
② 비차별적 마케팅은 세분시장 간의 차이를 무시하고 하나의 제품으로 전체 시장을 공략하는 전략이다.
③ 비차별적 마케팅 전략을 구사하는 기업은 소비자들 간의 차이보다는 공통점에 중점을 두며, 다수의 구매자에게 소구(訴求)하기 위해 다양한 마케팅 프로그램으로 시장을 공략한다.
④ 차별적 마케팅은 여러 개의 표적시장을 선정하고 각각의 표적시장에 적합한 마케팅 전략을 개발하여 적용하는 전략이다.
⑤ 집중 마케팅 전략은 기업의 자원이 한정되어 있는 경우에 주로 사용된다.

비차별적 마케팅 전략은 하나의 표적시장을 설정하고 여기에 하나의 마케팅 믹스를 적용하는 전략으로, 다양한 마케팅 프로그램으로 공략한다는 표현은 옳지 않다.

114

가격전략에 대한 설명으로 옳지 않은 것은?

① 수요탄력성이 낮은 경우 고가전략을 사용한다.
② 진입장벽이 낮은 경우 저가전략을 사용한다.
③ 성장률 및 시장점유율 극대화를 위해서는 고가전략을 사용한다.
④ 원가우위를 통한 생존 전략을 목표로 하기 위해서는 저가전략을 사용한다.
⑤ 가격-품질 연상 효과를 극대화하기 위해서 고가전략을 사용한다.

성장률 및 시장점유율을 극대화하기 위해서는 저가격전략인 시장침투 가격전략을 구사하여야 한다.

115

고객생애가치(CLV: Customer Lifetime Value)에 대한 설명으로 가장 옳은 것은?

① 업태에 따라 고객생애가치는 다르게 추정될 수 있다.
② 고객생애가치는 고객과 기업 간의 정성적 관계 가치이므로 수치화하여 측정하기 어렵다.
③ 고객생애가치는 고객이 일생동안 구매를 통해 기업에게 기여하는 수익을 미래가치로 환산한 금액이다.
④ 고객생애가치는 고객점유율(customer share)에 기반하여 추정할 수 있다.
⑤ 고객의 생애가치는 고객의 이용실적, 고객당 비용, 고객 이탈가능성 및 거래기간 등을 통해 추정할 수 있다.

고객 한 사람이 평생 자사의 상품을 구매한다고 가정했을 때의 매출액 혹은 이익을 고객생애가치라고 하며, 고객이 한 기업의 고객으로 존재하는 전체 기간 동안 기업에게 제공할 것으로 추정되는 재무적인 공헌도의 총합계를 말한다. 이는 고객의 이용실적, 고객당 비용, 고객 이탈가능성 및 거래기간 등을 통해 추정할 수 있다.

116

고객관계관리에 대한 설명으로 옳지 않은 것은?

① 시장점유율보다는 고객점유율에 비중을 둔다.
② 고객 획득보다는 고객 유지에 중점을 두는 것이 바람직하다.
③ 상품 판매보다는 고객 관계에 중점을 둔다.
④ 획일적 메시지보다는 고객 요구에 부합하는 맞춤 메시지를 전달한다.
⑤ 고객맞춤전략은 고객관계관리에 부정적인 영향을 미친다.

고객맞춤전략은 목표고객을 세분화함으로써 특정 고객층만을 공략하는 고객관계관리(CRM)의 기법을 말한다. 이는 기업이 고객생애가치를 관리하는 차원에서 기업에게 장기적이고 긍정적인 영향을 미칠 수 있다.

117

소매수명주기 이론에서 단계별 소매상의 전략으로 옳지 않은 것은?

① 도입기에는 이익수준이 낮아 위험부담이 높기 때문에 투자를 최소화한다.
② 도약기에는 시장을 확장하고 수익을 확보하기 위한 공격적인 침투전략을 수행한다.
③ 성장기에는 성장유지를 위해 투자수준을 높이며 시장위치를 선점하는 전략을 수행한다.
④ 성숙기에는 소매개념을 수정하여 성숙기를 지속시키기 위한 전략을 수행한다.
⑤ 쇠퇴기에는 자본의 지출을 최소화하며 시장에서의 탈출을 모색한다.

소매수명주기 이론은 도입기-성장기-성숙기-쇠퇴기로 구성되며, 시장 확보를 위한 공격적인 침투전략은 성장기의 특징이라 할 수 있다.

118

아래 글상자에서 설명하는 용어로 옳은 것은?

> 구매하는 제품에 대하여 비교적 저관여 상태이며 제품의 각 상표 간 차이가 뚜렷한 경우에 보이는 소비자들의 구매 행동이다. 이러한 경우 소비자들은 자주 상표를 전환한다.

① 다양성 추구 구매행동 ② 타성적 구매행동
③ 부조화 감소 구매행동 ④ 복잡한 구매행동
⑤ 비계획적 구매행동

제품의 관여도가 낮고 상표 전환이 빈번한 경우 소비자는 다양성을 추구하는 구매행동을 보이고, 관여도가 낮으나 상표 전환이 적은 경우 소비자는 습관적 구매행동 경향을 보인다.

119

아래 글상자에서 ㉠~㉣에 해당하는 용어를 순서대로 올바르게 나열한 것은?

> (㉠) 척도는 대상을 규명하고 분류하는 숫자들을 의미하며, (㉡) 척도는 응답자가 질문의 대답들 간의 상대적 정도를 표시할 수 있게 해주는 척도이다. 한편 (㉢) 척도는 대상 간 격차를 비교할 수 있고, 이 때 0점은 임의적으로 사용할 수 있다. 마지막으로 (㉣) 척도는 절대영점(기준점)을 고정시켜 응답자 간의 절대적 격차를 규명하고, 원래 응답들을 비교할 수 있다.

① ㉠ 명목 – ㉡ 서열 – ㉢ 비율 – ㉣ 등간
② ㉠ 명목 – ㉡ 서열 – ㉢ 등간 – ㉣ 비율
③ ㉠ 명목 – ㉡ 비율 – ㉢ 등간 – ㉣ 서열
④ ㉠ 서열 – ㉡ 등간 – ㉢ 명목 – ㉣ 비율
⑤ ㉠ 서열 – ㉡ 명목 – ㉢ 비율 – ㉣ 등간

명목 척도: 현상의 속성이 어떠한 유형으로 구분되는지만을 알려줌
서열 척도: 사용되는 수가 유형의 구분은 물론 대상의 순위 정보까지 알려줌
등간 척도: 사용되는 수가 집단, 순위 및 동등간격이라고 하는 3종류의 정보를 제공
비율 척도: 사용되는 수에 집단, 순서, 동일간격의 3종의 정보뿐만 아니라 절대 0점을 기준으로 한 가장 많은 정보를 제공하며, 사칙연산이 가능

120

상품의 유형에 관한 설명으로 옳지 않은 것은?

① 편의품은 소비자들이 구매 욕구를 느낄 때 별다른 노력을 기울이지 않고도 구매할 수 있어야 한다.
② 선매품의 경우 구매 전 제품 간 비교를 통해 최적의 구매가 발생한다.
③ 고급 향수, 스포츠카 및 디자이너 의류는 전문품에 해당한다.
④ 선매품에는 가구나 냉장고 등이 포함되며, 편의품에 비해 구매 빈도가 그다지 높지 않다.
⑤ 전문품은 상대적으로 고가격이기 때문에 지역별로 소수의 판매점을 통해 유통하는 선택적 유통경로 전략이 유리하다.

선택적 유통에 유리한 상품군은 선매품이다. 전문품은 전속적 유통경로 전략을 이용한다.

121

아래 글상자의 ㉠과 ㉡에 들어갈 용어를 순서대로 올바르게 나열한 것은?

> – (㉠)은(는) 신제품 개발을 위해 투자된 자금의 조기 회수를 꾀하는 가격 정책으로, 대량 생산으로 인한 원가 절감 효과가 크지 않은 조건에서 유리하다.
> – (㉡)은(는) 신제품을 시장에 도입하는 초기에 저가격을 책정하여 빠른 속도로 시장에 진입해 많은 구매자를 신속하게 끌어들여 높은 시장점유율을 확보하는 전략이다.

① ㉠ Skimming Pricing Policy
   ㉡ Penetration Pricing Policy
② ㉠ Skimming Pricing Policy
   ㉡ Two-Party Price Policy
③ ㉠ Penetration Pricing Policy
   ㉡ Bundling Price Policy
④ ㉠ Penetration Pricing Policy
   ㉡ Two-Party Price Policy
⑤ ㉠ Two-Party Price Policy
   ㉡ Captive Pricing

㉠ 스키밍 가격(Skimming Price): 독점력을 바탕으로 초기에 높은 가격을 매긴 다음 시간이 흐름에 따라 점차 가격을 낮추는 가격 정책
㉡ 시장침투 가격(Penetration Price): 처음에는 매우 낮은 가격을 설정한 다음 시간이 흐름에 따라 점차 높은 가격을 책정하는 가격 정책

122

패러슈라만(Parasuraman) 등이 제시한 서비스 품질(SERVQUAL)의 5가지 차원에 해당하지 않는 것은?

① 유형성(tangibles)
② 편의성(convience)
③ 반응성(responsiveness)
④ 확신성(assurance)
⑤ 공감성(empathy)

SERVQUAL 5차원: 유형성, 반응성(응답성), 확신성, 공감성, 신뢰성

123

아래 글상자의 기업(V사)이 자사의 여러 브랜드에서 공통적으로 사용한 시장세분화 방법으로 가장 적합한 것은?

> 글로벌 패션기업 V사는 진(jean) 이외의 여러 패션 브랜드를 보유하고 있다. 아웃도어 사업부에 속해 있는 NF는 열혈 야외 마니아층, 특히 추운 날씨에 야외 활동을 즐기는 고객층을 위해 최고급 장비 및 의복을 제공한다. 스포츠웨어 사업부에 속한 N은 항해와 바다에서 모티브를 얻어 제작된 고급 캐주얼 의류를 즐기는 사람들에게 초점을 맞춘다. 그리고 V는 스케이트 신발 전문 브랜드로 시작되었으며, R은 서핑을 모티브로 한 신발과 복장 전문 브랜드로 포지셔닝되어 있다. 즉, 소비자들이 어떤 삶을 영위하든 V사는 이들의 라이프 스타일에 맞춘 패션 제품을 제공한다.

① 지리적 세분화
② 인구통계학적 세분화
③ 행동적 세분화
④ 생애가치 세분화
⑤ 심리묘사적 세분화

고객의 라이프스타일에 맞춰 시장을 세분화한 것은 심리묘사적 세분화에 해당한다.

124

다음 글 상자의 ○○홈쇼핑이 실행한 마케팅 조사 기법은?

> ○○홈쇼핑은 지속적인 매출 감소 원인을 파악하고자, 우량고객 10명을 대상으로 조사를 실행하였다. 훈련받은 사회자의 진행을 통해 고객들은 자유롭게 여러 주제에 대하여 토론하였다. 자사와 경쟁사 홈쇼핑의 상품, 방송, 배송 등에 대해 전반적인 평가를 받았고 또한 고객들이 생각하는 매출 개선 방안도 제안받았다.

① 민속학적 조사
② 서베이 조사
③ 실험 조사
④ 표적 집단 면접 조사
⑤ 전문가 조사

표적 집단 면접법은 사회자의 진행 아래 6~12명의 참여 패널이 주어진 주제에 맞게 토론하는 방법으로 FGI법이라고도 한다.

125

판매 촉진 전략에 대한 설명으로 옳지 않은 것은?

① 판매 촉진은 제품이나 서비스의 판매를 촉진하기 위한 단기적 활동을 말한다.
② 판매 촉진은 기업이 설정하는 목표에 따라 소비자, 중간상, 판매원 등을 대상으로 실시한다.
③ 소비자 판촉에는 가격 할인, 무료 샘플, 쿠폰 제공 등이 포함된다.
④ 대개 중간상 판촉은 소비자 판촉에 비해 비교적 적은 비용이 든다.
⑤ 영업사원 판촉은 보너스와 판매경쟁 등을 포함한다.

도매상 또는 소매상인들에 대한 판촉은 광고와 같은 소비자에 대한 판촉에 비해 큰 비용이 든다.

126

중간상의 협조를 얻기 위한 제조업자의 촉진 수단에 해당하지 않는 것은?

① 거래 할인
② 판촉 지원금
③ 쿠폰
④ 기본 계약 할인
⑤ 상품 지원금

중간상에 대한 촉진 수단의 대표적인 방법은 판촉 지원금, 인센티브, 공제, 거래 할인 등이며 쿠폰 제공은 기업에서 소비자에게 제공하는 가격형 촉진 수단에 해당한다.

127

고객관계를 강화하기 위한 고객관리전략으로 가장 옳지 않은 것은?

① 잠재가능고객 파악 및 차별적 프로모션 실행
② 구매 후 고객관리를 통한 관계 심화
③ 고객충성도의 주기적 측정 및 관리
④ 적극적이고 체계적인 불평관리
⑤ 고객이탈을 방지하는 인센티브 제공

고객관계관리는 잠재 고객보다도 기존 고객의 이탈을 방지하고 장기적인 관계를 구축하려는 노력에 해당한다고 할 수 있다.

128
매장 배치와 관련하여 옳은 설명만을 묶어놓은 것은?

> (가) 매장의 전면부는 통행하는 소비자들의 시선을 끌어야 한다.
> (나) 매장 전면부의 통로에는 진입 고객의 위험성을 줄이기 위해 충동성이 있는 제품들은 진열하지 않는다.
> (다) 매장 앞에는 입간판을 놓아서 지나가는 사람들이 볼 수 있도록 한다.
> (라) 점포 내에서 가장 잘 팔리는 물건은 점포의 입구 쪽이나 가장 끝 쪽에 진열한다.
> (마) 매장 내 배치의 기본 원칙은 고객이 원하는 상품을 신속히 발견하고, 최대한 빠른 시간 내에 매장을 떠날 수 있게 하는 것이다.

① (가), (나), (다)
② **(가), (다), (라)**
③ (나), (다), (라)
④ (나), (다), (마)
⑤ (다), (라), (마)

(나) 매장 전면부에는 고객의 주목을 위해 충동성이 있는 제품 진열이 좋다.
(마) 배치의 기본원칙은 고객이 매장에 머무르는 시간을 극대화하는 것이 중요하다.

129
풀(pull)과 푸시(push) 전략에 대한 설명으로 가장 옳지 않은 것은?

① 풀과 푸시 전략은 제조업체들이 이용하는 가장 기본적인 촉진 전략으로 소구 대상이 서로 다르다.
② 풀 전략은 제조업체가 최종 소비자들을 상대로 촉진 활동을 하여 소비자들로 하여금 중간상에게 자사제품을 요구하도록 하는 것으로, TV광고를 예로 들 수 있다.
③ 푸시 전략에는 가격할인, 수량할인, 인적판매, 협동 광고 등이 있다.
④ **산업재의 경우에는 풀 전략, 소비재의 경우에는 푸시 전략이 중요하다.**
⑤ 많은 제조업체들은 풀 전략과 푸시 전략을 병행해서 사용한다.

소비재의 경우 소비자들이 유인될 수 있도록 광고를 통한 풀 전략을, 산업재의 경우 인적 판매 등의 푸시 전략을 이용한다.

130
아래 글상자 내용이 설명하는 판매촉진 기법은?

> - 비가격 판매촉진 방법 중 하나
> - 상품의 이미지를 향상시키고 호감을 심어주기 위해 사용
> - 판촉물로 자사의 로고가 새겨진 무료 선물이나 상품을 제공

① 견본품
② 컨테스트
③ **프리미엄**
④ 시연회
⑤ 쿠폰

소비자에게 혜택을 주는 판매촉진활동의 하나로서, 가치 있는 것을 소비자들에게 추가적으로 제공하는 활동은 프리미엄(Premium)이다.

131
백화점 운영 방식 유형을 거래 조건, 재고 부담, 소유권 등을 기준으로 구분할 때 설명이 옳지 않은 것은?

① **백화점 내 점포의 소유권이 백화점에 있으면 직영 매장이고, 입점업체에 있으면 임대 매장이다.**
② 직매입 매장은 백화점이 제조업체나 벤더업체 등 납품업체로부터 상품을 매입하여 운영하는 매장이다.
③ 특정 매입 매장을 운영하는 납품업체는 판매가 이루어 지지 않은 상품을 모두 재고로 떠안아야 하며 상품 판매는 백화점의 명의로 이루어진다.
④ 임대갑 매장은 전형적인 임대차거래에 의한 매장으로 백화점 입점 시 적정액의 임대 보증금을 지급하고 임대료로 월정액의 임대료를 지급하는 매장이다.
⑤ 직매입과 특정 매입 매장은 직영 매장에 해당하고, 임대갑 매장과 임대을 매장은 임대 매장으로 구분한다.

임대 매장은 임대갑 매장과 임대을 매장으로 이들은 모두 매장 소유권이 백화점에 있다.

132

아래 글상자 (가)와 (나)에 들어갈 용어가 순서대로 옳게 나열된 것은?

> - 마트에서도 (가) 매대의 매출이 다른 매대에 비해 3~4배 정도 더 높다.
> - 고객이 점원의 도움 없이 스스로 물건을 고르는 매장이라면 매대는 입구의 (나)에 두는 것이 좋다.

① (가) 중앙(center), (나) 왼쪽
② (가) 중앙(center), (나) 오른쪽
③ (가) 엔드(end), (나) 양쪽
④ (가) 엔드(end), (나) 오른쪽
⑤ (가) 엔드(end), (나) 왼쪽

(가) 엔드 매대는 매대의 양쪽 끝부분으로 접근성과 노출이 좋아 매출이 다른 매대에 비해 3~4배 정도 더 높다.
(나) 라이트업(Right Up) 진열 방식을 의미하는 것으로, 고객이 점원의 도움 없이 스스로 물건을 고르는 매장이라면 매대는 입구의 오른쪽에 두는 것이 좋다.

133

마케팅 믹스 전략에 대한 설명으로 가장 옳지 않은 것은?

① 소매상의 상품 전략은 표적 시장의 욕구를 충족시키기 위해 상품 믹스를 개발하고 관리하는 것이다.
② 대형 유통업체의 PB(Private Brand)출시는 상품 전략 중에서 상표 전략에 속한다.
③ 가격 전략에서 특정 소매상이 시장 점유율을 증대시키고자 한다면 고가격 전략을, 이익 증대가 목표라면 저가격 전략을 수립한다.
④ 촉진이란 소비자가 특정 소매상이나 상품을 인지하고 구매하도록 유도하는 활동을 말한다.
⑤ 광고와 인적 판매, 판촉, 홍보는 대표적인 촉진 방법이다.

가격 전략에서 특정 소매상이 시장 점유율을 증대시키고자 한다면 경쟁사보다 저가격 전략을, 이익 증대가 목표라면 고가격 전략을 수립하는 것이 좋다.

134

경쟁의 유형에 대한 설명으로 옳게 짝지어진 것을 모두 고르면?

> 가. 수평적 경쟁의 예로 자동차 제조사 간, 배관 공급업자 간, 혹은 슈퍼마켓 간의 경쟁을 들 수 있다.
> 나. 업태 간 경쟁은 동일한 경로 수준에서 다른 형태의 기업 간 경쟁을 의미한다.
> 다. 최근 업태 간 경쟁은 전통적인 매장 위주의 판매점들 사이에서만 발생한다.
> 라. 수직적 경쟁은 소매상과 도매상 간, 도매상과 제조업자 간, 혹은 제조업자와 소매상 간의 경쟁을 의미한다.
> 마. 경로 간 경쟁이란 불완전한 경로 간의 경쟁을 의미한다.

① 가, 나, 다
② 가, 나, 라
③ 나, 다, 라
④ 나, 다, 마
⑤ 다, 라, 마

다. 최근 업태 간 경쟁은 전통적인 매장뿐만 아니라 온·오프라인 간에도 발생하고 있다.
마. 경로 간 경쟁이란 수평적, 수직적 경쟁을 의미한다.

135

표본 추출 유형에 대한 설명으로 옳지 않은 것은?

① 단순 무작위 표본 추출법에서는 모집단의 모든 원소가 알려져 있고 선택될 확률이 똑같다.
② 층화 표본 추출 방법은 모집단이 상호 배타적인 집단으로 나누어지며, 각 집단에서 무작위표본이 도출되는 방식이다.
③ 편의 표본 추출 방식은 조사자가 가장 얻기 쉬운 모집단 원소를 선정하는 방식이다.
④ 판단 표본 추출 방식은 조사자가 모집단을 상호 배타적인 몇 개의 집단으로 나누고 그 중에서 무작위로 추출하는 방식이다.
⑤ 할당 표본 추출 방식은 몇 개의 범주 각각에서 사전에 결정된 수만큼의 표본을 추출하는 방식이다.

④는 층화 표본 추출 방식에 대한 설명이다.

136
재고투자수익률(GMROI)에 대한 설명으로 가장 옳지 않은 것은?

① Gross Margin Return On Inventory Investment 를 의미한다.
② 상품의 총이익을 그 상품의 평균재고금액으로 나눈 값이다.
③ 평균재고금액은 매입원가, 소매가격 또는 시장가격을 사용하여 계산한다.
④ 상품의 재고회전율보다 총마진율이 재고투자수익률에 미치는 영향이 항상 더 크다.
⑤ 상이한 품목, 상품계열, 부문(department)들의 성과를 비교하는 데 사용할 수 있다.

$$GMROI = \frac{총이익}{재고투자액} = \frac{매출액}{재고투자액} \times \frac{총이익}{매출액}$$
$$= 재고회전율 \times 매출액총이익률(총마진율)$$

재고회전율과 총마진율이 함께 영향을 미침을 재고투자수익률 계산 공식으로부터 알 수 있다.

137
제품 관리 및 서비스 관리에 관한 설명으로 가장 옳지 않은 것은?

① 쇠퇴기에는 이익극대화를 위해 브랜드를 리뉴얼하고 취약 상품의 보완에 힘쓴다.
② 핵심 제품(Core Product/Benefit)으로서의 화장품의 편익은 아름다움, 노화 방지, 아토피 개선 등을 들 수 있다.
③ 예약 시스템 도입은 서비스의 소멸성 특성과 관련이 있다.
④ 신제품 브랜드 전략에서 다른 종류의 신제품에 기존 브랜드를 이용하는 것은 카테고리 확장(Category Extension)에 속한다.
⑤ 성장기에는 브랜드를 강화하고 집약적 유통으로 확대한다.

①은 성숙기의 제품 관리 정책에 해당한다.
쇠퇴기에는 철수를 위한 회수 및 리마케팅 전략을 구사하며, 취약 제품의 보완보다는 포기를 선택하는 것이 바람직하다.

138
다음 글상자 안의 A대형마트가 사용한 전략은?

> A대형마트는 추석을 맞이하여 4인 가족 단위의 명절 선물 세트를 출시함과 동시에 1인 가구의 증가 추세에 힘입어 혼자서 술 마시고 밥을 먹는 사람들(소위 '혼술, 혼밥족') 전용의 명절 선물세트를 출시했다.

① 캐즘 전략
② 원가우위 전략
③ 집중화 전략
④ 차별적 마케팅 전략
⑤ 포지셔닝 전략

글상자의 내용은 여러 개의 표적시장을 선정한 뒤 세분된 각각의 표적시장에 적합하고 차별화된 제품 및 마케팅 믹스 전략을 개발하는 것으로 이는 차별적 마케팅 전략에 해당한다.

139
만일 특정 제조업체가 도매상을 거쳐 소매상에게 유통하는 구조이고, 도매상이 3개, 소매상이 10개일 경우, 총 거래의 수는 몇 개인가?

① 13
② 14
③ 20
④ 30
⑤ 33

총 거래 수: 3 + 3 × 10 = 33개

140
소매점의 상품기획에 대한 설명으로 가장 옳지 않은 것은?

① 상품 카테고리를 기준으로 다양성, 전문성, 상품 가용성을 계획한다.
② 상품 관리에 대한 재무 목표의 설정을 포함한다.
③ 구색에 포함된 품목들의 품질 향상 방안을 포함한다.
④ 지속성 상품이 아닌 유행성 상품의 구색 편성은 상품기획에 해당하지 않는다.
⑤ 시장 상황 및 매출 상황을 고려한 판매 전략을 포함한다.

지속성 상품뿐만 아니라 유행성 상품의 구색 편성은 소매믹스 중에서 상품기획에 해당한다.

SUBJECT 04 유통정보

141
( ) 안에 들어갈 용어로 옳은 것은?

> ( )은(는) 원래 봉화나 화톳불 등 위치와 정보를 수반한 전달수단을 가리키는 말이었고, 사전적 의미로는 등대 · 경광등 · 무선 송신소 등이지만 21세기 초부터는 주로 '무선 표식'을 지칭하는 용어이다.
> 이 서비스는 스마트폰 앱이 ( ) 신호를 수신해 전용서버에 질의하면 서버가 정보를 취득, 앱에 표시하는 방식으로 작동한다. 물류, 유통분야에서는 창고 내 재고 · 물류관리, 센서를 이용한 온도 관리, 전용 AP를 복수로 설치해 어디에 무엇이 있는지 확인하는 등에 활용되고 있다.

① 드론(Drone)
② 무인자동체
③ 비콘(Beacon)
④ 딥러닝(Deep-learing)
⑤ NFC(Near Field Communication)

비콘(Beacon)은 봉화나 등대와 같이 위치 정보를 전달하기 위해 어떤 신호를 주기적으로 전송하는 기기를 말한다. 좁은 의미에서는 IT 기술 기반의 위치 인식 및 통신 기술을 사용하여 다양한 정보와 데이터를 전송하는 근거리 무선통신 장치를 말한다.

142
엘리야후 골드렛의 제약조건이론에서는 '공정의 원자재 투입시점만을 지정하여 공정 내 종속성과 변동성을 관리하는 기법으로, 전체 프로세스 중 가장 약한 것을 능력제약자원이라 지칭하고, 이 부분이 최대한 100% 가동을 할 수 있도록 공정속도를 조절하여 흐름을 관리하는 기법'을 제시하고 있다. 이를 지칭하는 용어로 가장 적절한 것은?

① CCPM(Critical Chain Project Management)
② 쓰루풋(Through put)
③ DBR(Drum-Buffer-Rope)
④ DT(Data Transmission)
⑤ JIT(Just-In-time)

제약이론에서 DBR(Drum-Buffer-Rope)은 제약이론을 생산시스템에 적용하기 위한 생산계획 및 통제 기법이다. DBR은 원자재 투입시점을 조정하여 공정 내 종속성과 변동성을 관리하는 기법으로, 능력제약자원이 존재하는 부분이 최대한 100% 가동을 할 수 있도록 공정속도를 조절하여 관리하는 기법이다.

143
제약조건이론(TOC)에 대한 설명으로 가장 옳지 않은 것은?

① 재고를 '0'으로 실현시키고자 하는 재고관리 기법으로 CRT(Current Reality Tree)를 제시한다.
② 원자재 투입시점을 조정하여 공정 내 종속성과 변동성을 관리하는 기법인 DBR(Drum-Buffer-Rope)을 제시한다.
③ 능력제약자원이 존재하는 부분이 최대한 100% 가동을 할 수 있도록 공정속도를 조절하여 관리하는 기법인 DBR(Drum-Buffer-Rope)을 제시한다.
④ 기업의 업무에 대한 소통도구로서 사고프로세스를 정의하고, 5가지 논리나무 다이어그램을 제시한다.
⑤ 현금흐름을 투명하게 보여줄 수 있도록 쓰루풋(Throughput) 회계기법을 제시한다.

CRT는 드러난 문제 증상들로부터 인과관계를 통해 원인이 되는 핵심 딜레마를 찾아내고 이로부터 유발되는 문제들을 확인하는 도구이다.

144

1995년 노나카와 다케우치가 주장한 지식변환의 네 가지 방식과 가장 거리가 먼 것은?

① 사회화는 경험을 공유하고 이에 따라 사고모형이나 기량과 같은 암묵지를 창조해내는 과정이다.
② 도제가 장인의 기술을 관찰하고, 모방하고 연습함으로써 장인의 솜씨를 배우는 것은 전형적인 내면화 과정이다.
③ 암묵지를 형식지로 표현하는 과정을 외부화라 한다.
④ 형식지들을 체계적으로 조직하여 지식체계에 통합시키는 과정을 종합화라 한다.
⑤ 데이터베이스나 컴퓨터 네트워크는 종합화를 하는 데 훌륭한 도구이다.

도제가 장인의 기술을 관찰하고, 모방하고 연습함으로써 장인의 솜씨를 배우는 것은 전형적인 사회화 과정이다.

145

노나카의 SECI 모델에 대한 설명으로 가장 옳지 않은 것은?

① 외부화 - 제품개발 과정의 컨셉창출, 최고경영자의 생각을 언어화하는 일, 숙련 노하우의 언어화, 고객의 암묵적인 니즈를 표출하고 현재화시키는 일
② 종합화 - 언어 문서, 데이터베이스 또는 전자메일 등의 매개로 분류, 가공, 조합, 편집에 의한 지식 창조
③ 내면화 - 노하우, 매뉴얼 등을 롤플레잉 등에 의해서 개개인의 내부에 체험적으로 이해시키는 일
④ 사회화 - 고객의 불만이나 불평사항을 체감하고 이를 그림이나 글로 표현하여 팀 간 지식 공유를 하는 노력
⑤ 종합화 - 전략, 컨셉의 구체화 등 작업, 부문 간 조정으로 경영수치를 만들고, 제품 사양서 작성

고객의 불만이나 불평사항을 체감하고 이를 그림이나 글로 표현하는 것은 외부화이다.

146

박스 안의 설명에 해당하는 가장 적절한 용어는?

> 지식을 형식지와 암묵지 그리고 조직지와 개인지로 분류하여 보았을 때, 이 중 두 가지 형태의 지식을 결합시켜 생성된 지식으로 추상적이며 개인적인 형식지를 지칭한다. 이는 개인의 산술능력과 같이 언어로 설명가능한 개인차원의 지식으로, 어떤 개인이 독점적으로 보유할 수 있는 지식을 일컫는다.

① 체화지　　　　② 개념지
③ 문화지　　　　④ 명시지
⑤ 사실지

지식변환 양식에서 외재화(Externalization)는 암묵지를 형식지로 표출하는 과정을 의미한다. 이 과정을 통해 창출되는 지식은 개념지로, 기업의 브랜드 이미지, 신제품 개념, 디자인 기술서 등이 개념지에 해당한다.

147

지식의 창조란 암묵지와 형식지의 상호교환과 순환 프로세스를 통한 지식의 양적, 질적 발전이라 본다. 이 두 종류의 지식에 대한 설명으로 가장 옳지 않은 것은?

① 철학자 폴라니의 "우리는 우리가 말할 수 있는 것 이상의 것을 알 수 있다"라고 한 말은 암묵지와 더 관련이 깊다.
② 암묵지는 언어나 구조화된 체계를 가지고 존재한다.
③ 제품 사양, 문서, 데이터베이스, 매뉴얼, 화학식 등의 공식, 컴퓨터 프로그램 등의 형태로 표현되는 것은 형식지로 분류된다.
④ 암묵지는 개인, 집단, 조직의 각 차원에서 개인적 경험이나 이미지, 혹은 숙련된 기능, 조직문화, 풍토 등의 형태로 나타난다.
⑤ 형식지는 서술하기 쉽고 객관적, 논리적인 디지털 지식 등이 포함된다.

언어나 구조화된 체계를 가지고 존재하는 것은 형식지이다.

148

Wiig의 지식경영모델에서 정의한, 지식의 유형에 대한 설명으로 가장 옳지 않게 짝지어진 것은?

① 사실지식: 데이터 및 인간관계, 측정치, 즉 전형적으로 직접관찰 가능하고 검증가능한 콘텐츠 등을 의미한다.
② 개념지식: 체계나 관점 등을 의미한다.
③ 일반지식: 일반적으로 명시적이라기보다는 암묵적인 형태를 가지는 것으로 일상생활에서 무의식적으로 사용되는 지식을 의미한다.
④ 기대지식: 아는 자의 판단, 가정 등을 의미하는 것으로, 의사결정에 이용되는 직관, 예감, 선호도, 경험적 판단 등을 들 수 있다.
⑤ 방법지식: 추론, 전략, 의사결정 등에 관한 방법을 의미한다.

칼 위그(K. Wiig)의 지식경영 모델에서 정의한 지식의 유형 중 일반지식은 명시적인 지식이다.

149

인스토어 마킹(Instore Marking)에 대한 설명으로 가장 옳은 것은?

① 제품의 생산 및 포장단계에서 마킹된다.
② 각각의 소매업체에서 나름의 기준으로 자유롭게 설정된 표준코드체계에 의해 표시된다.
③ 가공식품, 잡화 등 일반적으로 공장에서 제조되는 제품에 붙여진다.
④ 전세계적으로 공통으로 사용 가능하다.
⑤ 제조업체에서 포장지에 직접 인쇄하기 때문에 인쇄에 따른 추가비용이 거의 없다.

소매업체에서 상품 하나하나에 자체적으로 설정한 바코드 라벨을 붙이는 인스토어 마킹은 소스 마킹을 실시할 수 없는 생선·정육·채소나 과일 등 청과물에 제한적으로 사용한다.

150

소스 마킹과 인스토어 마킹에 관련된 설명으로 가장 옳지 않은 것은?

① 인스토어 마킹은 소분포장, 진열 단계에서 마킹이 이루어진다.
② 소스 마킹은 생산 및 제품 포장 단계에서 마킹이 이루어진다.
③ 소스 마킹은 전 세계적으로 공통 사용이 가능하다.
④ 소스 마킹은 과일이나 농산물에 주로 사용된다.
⑤ 인스토어 마킹은 원칙적으로 소매업체가 자유롭게 표시한다.

대형마트나 슈퍼마켓에서 과일이나 농산물에 주로 사용되는 것은 인스토어 마킹이다.
인스토어 마킹(instore marking)은 소매업체에서 상품 하나하나에 자체적으로 설정한 바코드 마킹을 의미한다. 이는 소스 마킹을 실시할 수 없는 생선·정육·채소나 과일 등 청과물에 제한적으로 사용한다.

151

바코드에 대한 설명으로 가장 옳지 않은 것은?

① 유통업체의 재고관리와 판매관리에 도움을 제공한다.
② 국가표준기관에 의해 관리되고 있다.
③ 컬러 색상은 인식하지 못하고, 흑백 색상만 인식한다.
④ 스캐너 또는 리더기를 이용하여 상품 관련 정보를 간편하게 읽어들일 수 있다.
⑤ 바코드에는 국가코드, 제조업체코드, 상품품목코드 등에 대한 정보가 저장되어 있다.

바코드를 인쇄할 때 흑백 색상뿐만 아니라 컬러 색상으로도 할 수 있다. 바코드 스캐너는 어두운 바와 밝은 스페이스(공간)의 색상을 대조하여 바코드를 판독하므로 검은색, 군청색, 진한 녹색, 진한 갈색의 바에 백색, 군청색, 녹색, 적색 바탕이 가능하다. 다만 바코드 스캐너는 적색계통의 색상을 모두 백색으로 감지하여 백색 바탕에 적색 바코드인 경우 판독이 불가능하다.

152
2차원의 인식코드로 가장 거리가 먼 것은?

① Maxi코드　　② QR코드
③ Code 128　　④ Data Matrix
⑤ PDF-417

2차원 심볼로지는 데이터를 구성하는 방법에 따라 크게 매트릭스형 코드와 다층형 바코드로 구분된다. 매트릭스 코드에는 Maxi코드, QR코드, Data Matrix 등이 있고, 다층형 바코드에는 PDF-417, Code 49, Codablock 등이 있다.

153
QR 코드에 대한 설명으로 가장 옳지 않은 것은?

① QR 코드(버전 40 기준)의 최대 표현 용량은 숫자 7,089자, 문자(ASCII) 4,296자, 한자 등 아시아 문자 1,817자 등이다.
② QR 코드는 네 모서리 중 세 곳에 위치한 검출 패턴을 이용해서 360도 어느 방향에서든지 데이터를 읽을 수 있다는 장점이 있다.
③ 유통, 물류 분야에서 기존 바코드를 대체하는 개념으로 출발한 QR 코드는 별도의 리더기 없이 휴대폰을 리더기로 활용할 수 있어, 명함과 같은 개인적인 서비스까지 그 범위가 급속도로 확대되고 있다.
④ QR 코드는 데이터와 오류 정정 키들이 네 모서리에 각기 분산된 형태로 포함되어 있어 오염되거나 훼손되었을 경우 바코드에 비해 데이터를 읽어 들이기 어렵다는 단점이 있다.
⑤ QR 코드를 사용하기 어려운 좁은 공간이나 소량의 데이터만 필요로 하는 경우를 위하여 마이크로 QR 코드를 Denso Wave에서 정의하고 있다.

QR 코드는 데이터와 오류 정정 키들이 네 모서리에 각기 분산된 형태로 포함되어 있어 오염되거나 훼손되었을 경우 바코드에 비해 데이터를 읽어 들이기 쉽다는 장점이 있다.

154
글상자가 설명하고 있는 효율적인 공급사슬을 구축하기 위한 전략적 제휴 방법은 무엇인가?

> 1980년대 미국의 섬유산업에서 공급사슬의 상품흐름을 개선하기 위하여 소매업자와 제조업자의 정보공유를 통해 효과적으로 원재료를 충원하고, 제품을 제조하고, 유통함으로써 효율적인 생산과 공급체인의 재고량을 최소화 시키려는 전략으로, 보다 정확하고 신속한 고객정보를 획득하여 고객대응속도를 높이고자 개발되었다.

① QR(Quick Response)
② CMI(Co-Managed Inventory)
③ CPFR(Collaborative Planning Forecasting & Replenishment)
④ CD(Cross Docking)
⑤ CRP(Continuous Replenishment Program)

QR 시스템은 고객이 원하는 시간과 장소에 필요한 제품을 공급하기 위한 물류정보 시스템으로, 미국의 패션의류업계가 수입의류상품의 급속한 시장잠식에 대한 방어 목적으로 1980년대 말에 개발하였다.

155
경영자의 의사결정을 지원하는 역할을 담당하는 DSS(의사결정지원시스템)의 특성으로 가장 옳지 않은 것은?

① DSS는 의사결정과정을 비용중심의 효율적인 면보다 목표중심의 효과적인 측면에서 향상시킨다고 할 수 있다.
② DSS는 문제를 분석하고 여러 대안들을 제시해서 기준에 의한 최적의 대안을 선택하는 과정을 효과적으로 지원하는 것이다.
③ DSS는 의사결정자의 판단을 지원하는 도구이지 그들의 역할을 대체하기 위한 도구가 아니다.
④ DSS는 의사결정자가 정보기술을 활용하여 구조적인 의사결정유형의 문제를 해결하도록 지원하는 시스템이다.
⑤ DSS는 정보기술을 기반으로 한 의사결정과정을 지원하는 인간과 기계의 상호작용 시스템이다.

DSS는 의사결정자가 정보기술을 활용하여 비구조적이고 비정형적인 의사결정유형의 문제를 해결하도록 지원하는 시스템이다.

156

유통기능을 효율적으로 수행하기 위해서 유통정보시스템을 구축하는데, 이 경우 유통정보시스템은 보기에 제시된 단계들을 밟아 체계적으로 구축될 수 있다. 다음 중 유통정보시스템의 개발단계를 순서대로 올바르게 나열한 것은?

> (가) 정보를 누가 수집하며, 이를 누구에게 어떤 방식으로 전달할 것인가를 결정
> (나) 전체 유통경로시스템상에서 각 경로구성원들의 기능 정립
> (다) 각 경로기능을 수행하기 위해 필요한 마케팅 정보의 유형 결정
> (라) 잡음 요소의 규명 및 이의 제거방안 결정
> (마) 경로구성원들의 각 기능별로 기능수행자의 결정

① (가)-(나)-(마)-(라)-(다)
② (가)-(다)-(나)-(마)-(라)
③ (나)-(가)-(마)-(다)-(라)
④ (나)-(가)-(라)-(다)-(마)
⑤ (나)-(마)-(다)-(가)-(라)

유통정보시스템의 개발은 전체 유통경로시스템상에서 각 경로구성원들의 기능 정립 → 주요 유통기능 및 유통기능 수행자의 결정 → 각 유통기능 수행에 필요한 마케팅 정보의 결정 → 정보 수집자, 사용자 및 전달 방법의 결정 → 잡음 요소의 규명 및 이의 제거방안 결정 순으로 이루어진다.

157

RFID의 특징에 대한 설명으로 가장 옳지 않은 것은?

① 태그는 데이터를 저장하거나 읽어낼 수 있어야 한다.
② 태그는 인식 방향에 관계없이 ID 및 정보 인식이 가능해야 한다.
③ 태그는 직접 접촉을 하지 않아도 자료를 인식할 수 있어야 한다.
④ 태그는 많은 양의 데이터를 보내고, 받을 수 있어야 한다.
⑤ 수동형 태그는 능동형 태그에 비해 일반적으로 데이터를 보다 멀리까지 전송할 수 있다.

능동형 태그는 자체 배터리에 의해 동력을 전달받으므로 수동형 태그에 비해 일반적으로 데이터를 보다 멀리까지 전송할 수 있다.

158

POS 시스템의 도입으로 소매업체의 입장에서 얻을 수 있는 효과로 가장 옳지 않은 것은?

① 오류등록의 방지 및 특매가격에서 통상가격으로의 환원이 용이하다.
② 자료의 교차분석으로 경쟁상품과의 판매경향을 비교·분석할 수 있다.
③ 상품구색의 적정화에 따른 매출 증대를 꾀할 수 있다.
④ 품절의 사전 방지로 매출액을 신장시킬 수 있다.
⑤ 사장품의 발견과 제거가 용이하다.

POS 시스템을 도입해서 얻은 데이터는 자신의 소매점포 데이터이므로 경쟁상품과의 판매경향을 비교·분석할 수 없다.

159

POS시스템의 운용 흐름과정을 가장 올바르게 나열한 것은?

① 상품 바코드 → 레지스터 → 스토아 컨트롤러 → POS 터미널 → 본부 주컴퓨터
② 상품 바코드 → 레지스터 → POS 터미널 → 스캐너 → 본부 주컴퓨터
③ 상품 바코드 → 스캐너 → POS 터미널 → 스토아 컨트롤러 → 본부 주컴퓨터
④ 상품 바코드 → 스캐너 → 스토아 컨트롤러 → POS 터미널 → 본부 주컴퓨터
⑤ 상품 바코드 → OCR → POS 터미널 → 레지스터 → 본부 주컴퓨터

POS 시스템의 업무처리는 스캐너가 상품 바코드를 판독하면서 시작된다. 판독한 정보를 매장 내 메인컴퓨터인 스토어 컨트롤러로 송신하면 스토어 컨트롤러에서 계산대마다 설치된 POS 단말기로 정보가 보내진다.
그 다음으로 POS 단말기에서 영수증 발행 및 인쇄가 이루어지고, 스토어 컨트롤러가 당일의 상품판매 관련 각종 보고서를 작성한다.

160

다음 중 ( ) 안에 들어갈 용어로 가장 옳은 것은?

> 온·오프라인의 모든 채널이 유기적으로 통합된 ( )이(가) 등장했다. 2000년대 이후 오프라인 매장 외에 PC와 스마트기기가 새로운 판매채널로 추가되면서 멀티채널 환경이 조성됐고, 최근 각 채널들을 유기적으로 통합하는 ( )이(가) 주목받는 상황이다. ( )은(는) 다양한 채널이 서로의 단점을 보완하고 장점을 극대화하며 단일 채널로서 역할을 한다는 점에서 각 채널이 독립적으로 운영되며 서로 경쟁하는 멀티채널과 큰 차이를 보인다.

① 비콘
② 옴니채널
③ 무인자동체
④ 드론
⑤ e-채널

옴니채널(Omni-Channel)은 모든 것 또는 모든 방식을 의미하는 접두사 옴니(Omni)와 유통경로를 의미하는 채널(Channel)의 합성어로, 온·오프라인 매장을 결합하여 소비자가 언제 어디서든 구매할 수 있도록 한 쇼핑체계를 의미한다.

161

CRM(Customer Relationship Management)에 사용되는 대표적인 요소 기술에 대한 설명이다. 무엇에 대한 설명인가?

> 데이터 웨어하우스 등 대용량의 데이터베이스로부터 패턴이나 관계, 규칙 등을 발견하여 유용한 지식 및 정보를 찾아내는 과정이나 기술로, 데이터 분석을 통한 판매량 예측, 원인과 결과 분석, 특성에 따른 고객 분류 또는 집단화하는 데 사용된다.

① 데이터 마이닝(Data Mining)
② 데이터 마트(Data Mart)
③ OLAP(Online Analytical Processing)
④ 데이터 큐브(Data Cube)
⑤ 데이터 무결성(Data Integrity)

데이터 마이닝은 대용량의 데이터베이스로부터 과거에는 알지 못했던 데이터 모델을 발견하여 실행 가능한 유용한 지식을 추출해 내는 과정을 의미한다.

162

정보는 특별한 관련성과 목적을 가진 데이터이다. 다음 중 데이터를 정보로 전환하는 데 필요한 다섯 유형의 중요한 활동으로 가장 적합하지 않은 것은?

① 맥락화
② 분류
③ 정정
④ 대화
⑤ 축약

대화(Conversation)는 정보를 지식으로 전환하는 데 필요한 사람의 역할 4가지 중 하나이다.
데이터를 정보로 전환하는 데 필요한 다섯 유형의 중요한 활동은 맥락화, 분류, 계산, 정정, 축약이다.

163

다음에서 설명하는 SCM의 추진유형으로 가장 옳게 짝지어진 것은?

> (가) 1985년 미국의 패션 어패럴 산업에서 공급체인의 상품흐름을 개선하기 위하여 소매업자와 제조업자의 정보공유를 통해 효과적으로 원재료를 충원하고, 제품을 제조하고, 유통함으로써 효율적인 생산과 공급체인 재고량을 소화시키려는 전략
> (나) 제조업자로부터 유통업자에 이르는 상품의 물류체계를 신속하게 유지되도록 하기 위해 EDI, 바코드, 스캐닝 기술을 통하여 자동화된 창고관리 및 재고관리를 지원하여 물류 및 조달체계의 합리화를 도모하는 전략

① (가) 효율적 소비자 반응(ECR)
　(나) 신속한 보충(QR)
② (가) 신속한 보충(QR)
　(나) 크로스도킹(CD)
③ (가) 공급자 주도 재고관리(VMI)
　(나) 크로스도킹(CD)
④ (가) 효율적 소비자 반응(ECR)
　(나) 공급자 주도 재고관리(VMI)
⑤ (가) 공급자 주도 재고관리(VMI)
　(나) 신속한 보충(QR)

(가) 신속한 보충(QR)은 정보기술을 이용하여 제품의 납기를 단축시키고 상품을 적시에 적량만큼 공급하기 위한 시스템이다.
(나) 크로스도킹(Cross Docking)은 창고나 물류센터로 입고되는 상품을 보관하지 않고, 곧바로 소매점포에 배송하는 물류시스템이다.

164

(가), (나), (다) 안에 들어갈 단어들이 순서대로 올바르게 짝지어진 것은?

> (가)(이)란 소비자로부터 얻은 판매정보를 기초로 하여 상품보충량을 공급업체가 결정하는 방법이다. 제조업체가 상품보충시스템을 관리하는 경우를 (나)(이)라 하고, 상품보충에 대해 유통업체와 공급업체가 공동으로 재고관리하는 경우를 (다)(이)라 한다.

① (가)-QR, (나)-VMI, (다)-CMI
② (가)-QR, (나)-CMI, (다)-VMI
③ (가)-CR, (나)-VMI, (다)-CMI
④ (가)-CR, (나)-CMI, (다)-VMI
⑤ (가)-VMI, (나)-CAO, (다)-ECR

(가) 지속적 상품보충(CR; Continuous Replenishment)은 자동재고보충으로 유통업체가 제조업체와 전자상거래를 통해 상품에 대한 주문 정보를 공유하고, 재고를 자동으로 보충·관리하는 것을 의미한다.
(나) 공급자주도 재고관리(VMI; Vendor Managed Inventory)는 유통업체가 제조업체(공급자)에 판매와 재고에 관한 정보를 제공하면 제조업체가 이를 토대로 과거 데이터를 분석하고 수요를 예측하여 상품의 적정 납품량을 결정하는 시스템이다.
(다) 공동 재고관리(CMI; Co-Managed Inventory)는 제조업체와 유통업체 상호 간에 제품 정보를 공유하고 있으면서 공동으로 재고 관리를 하는 시스템이다.

165

박스 안의 설명에 가장 적합한 의사결정지원시스템의 분석기법은?

> 다른 조건들이 변화가 없는 일정한 상태에서 특정 요인 하나의 값을 지속적으로 변동시킬 때 나타나는 변화를 관찰하는 분석기법

① what-if 분석
② 민감도 분석
③ 목표추구 분석
④ 최적화 분석
⑤ 가치 분석

민감도 분석(sensitivity analysis)은 의사결정 모델에서 최소 하나 이상의 부분적 변화가 다른 부분들에 미치는 영향을 분석하는 기법이다. 대부분의 민감도 분석은 입력변수의 변화가 출력변수에 미치는 영향을 분석한다.

166

EDI 도입 시 기대할 수 있는 효과로 가장 옳지 않은 것은?

① 데이터 입력의 정확성
② 서류처리에 관련된 비용의 감소
③ 정보교환의 신속성
④ 효율적인 인력활용 가능
⑤ 사용자의 정보 가공 용이

사용자의 정보 가공이 용이한 것은 EDI와 비교되는 전자우편(e-mail)의 특징이다. EDI는 표준화된 전자문서를 활용하므로 사용자가 가공할 수 없는 구조이다.

167

EDI 기술을 토대로 소매업체와 공급업체를 연결해 생산계획과 수요예측, 재고관리 등 협업을 가능케 해주는 시스템을 무엇이라 하는가?

① CM
② VMI
③ CMI
④ CPFR
⑤ CRP

CPFR(Collaborative Planning, Forecasting and Replenishment), 즉 협력적 계획, 예측 및 보충 시스템은 판매·재고 데이터를 소비자 수요예측과 주문관리에 이용하고, 제조업체와 공동으로 생산계획에 반영하는 등 제조업체와 유통업체가 예측·계획·상품보충을 공동으로 운영(협업)하고자 하는 업무 프로세스로 최근 각광받고 있는 SCM 공급측면 응용기술의 하나이다.

168

전자화폐의 종류를 발행형태에 따라 크게 IC 카드형과 네트워크형으로 구분할 경우, IC 카드형 전자화폐로 가장 적합한 것은?

① 이캐시(e-Cash)
② 넷빌(NetBill)
③ 넷캐시(NetCash)
④ 몬덱스(Mondex)
⑤ 사이버캐시(CyberCash)

IC카드형(오프라인) 전자화폐로는 최초의 전자화폐인 몬덱스(Mondex)와 프로톤(Proton), 그리고 애틀란타 올림픽에서 선보인 비자캐시(VisaCash)와 K-cash 등이 있다.

169

전자서명이 유효하기 위한 조건으로 가장 옳지 않은 것은?

① 모든 서명자가 전자서명을 생성할 수 있어야 한다.
② 전자서명의 서명자를 불특정 다수가 검증가능하여야 한다.
③ 서명자는 서명행위 이후에 서명한 사실을 부인할 수 없어야 한다.
④ 서명한 문서의 내용을 변경할 수 없어야 한다.
⑤ 전자문서의 서명을 다른 전자문서의 서명으로 사용할 수 없어야 한다.

전자서명이 유효하기 위해서는 합법적인 서명자만이 전자서명을 생성할 수 있어야 한다.

170

기업이 고객관계관리를 위해 e-CRM을 구축하고, 웹로그 분석을 실시하고자 한다. 웹로그 파일에 대한 설명으로 가장 옳지 않은 것은?

① 웹서버를 통해 이루어지는 내용이나 활동사항을 시간의 흐름에 따라 기록하는 파일을 웹로그 파일이라 한다.
② Access log는 웹사이트 방문자가 웹브라우저를 통해 사이트 방문 시, 브라우저가 웹서버에 파일을 요청한 기록과 시간, IP에 관련된 정보에 대한 기록이다.
③ Refferer log는 웹서버를 소개해 준 사이트와 소개 받은 페이지를 기록함으로써 해당 웹사이트를 보기 위해서 어떤 페이지를 거쳐왔는지에 대한 기록이다.
④ Transfer log는 사이트 방문자의 웹브라우저 버전, 운영체제의 종류, 화면해상도, 프로그램의 종류 등에 관한 정보로 최적화된 웹사이트를 구성할 수 있는 단서를 제공한다.
⑤ Error log는 웹서버에서 발생하는 모든 에러와 접속실패에 대한 시간과 에러 내용을 모두 기록한다.

사이트 방문자의 웹브라우저 버전, 운영체제의 종류, 화면해상도, 프로그램의 종류 등에 관한 정보로 최적화된 웹사이트를 구성할 수 있는 단서를 제공하는 것은 에이전트 로그(Agent log)이다.

171

고객을 관리하기 위해 고객정보를 분석하는 데 활용되는 데이터마이닝 기법과 그 내용으로 가장 옳지 않은 것은?

① 연관성분석 – 데이터 안에 존재하는 품목간의 연관성 규칙 발견
② 회귀분석 – 하나의 종속변수가 설명(독립)변수들에 의해서 어떻게 설명 또는 예측되는지를 알아보기 위해 변수들 간의 관계를 적절한 함수식으로 표현하는 통계적 방법
③ RFM 모형 – 고객의 수익기여도를 나타내는 세 가지 지표(최근성, 구매성향, 구매횟수)들을 각 지표별 기준으로 정렬하여 점수화하는 방법
④ 군집분석 – N개의 개체들을 대상으로 P개의 변수를 측정하였을 때 관측한 P개의 변수값을 이용하여 N개 개체들 사이의 유사성 또는 비유사성의 정도를 측정하여 개체들을 가까운 순서대로 군집화하는 통계적 분석방법
⑤ 의사결정나무 – 의사결정규칙을 나무구조로 도표화하여 분류와 예측을 수행하는 분석방법

고객의 수익기여도를 분석하는 방법의 하나인 RFM 분석은 고객이 최근에(Recency), 얼마나 자주(Frequency), 얼마나 많은 금액(Monetary)을 구매했는가를 분석하는 방법이다. RFM 모형은 CRM의 성과측정을 위한 방법의 하나로 데이터마이닝 기법은 아니다.

172

고객관계관리를 위해 활용하는 기술인 웹마이닝에 대한 설명으로 가장 옳지 않은 것은?

① 웹상에서 존재하는 모든 데이터(고객 신상정보, 구매 기록, 장바구니 정보 등)를 대상으로 웹 데이터 간의 상관관계를 밝혀내고, 웹 사용자의 의미있는 접속행위 패턴을 발견하는 방법이다.
② 웹마이닝은 웹콘텐츠마이닝, 웹구조마이닝, 웹사용마이닝 등으로 분류해 볼 수 있다.
③ 웹서버를 통해 이루어지는 내용이나 활동 사항을 시간의 흐름에 따라 기록하는 웹로그파일을 수집, 분석하여 의미있는 데이터를 추출해내는 방법이다.
④ 웹마이닝의 분석 대상인 로그파일은 Access log, Refferer log, Agent log, Error log 등이 있다.
⑤ 웹로그 추출방식 중 네트워크에서 주고받는 패킷데이터에 담긴 사용자의 로그인 정보를 빼내는 방법을 응용하여 방문자의 트랜잭션을 수집하는 TAG방식이 있다.

웹로그 수집방식 중 네트워크에서 주고받는 패킷데이터에 담긴 사용자의 로그인 정보를 빼내는 방법을 응용하여 방문자의 트랜잭션을 수집하는 방식은 Sniffing방식이다.
Tag방식은 각 페이지에 방문자 정보를 얻을 수 있는 태그를 삽입하는 방식을 말한다.

173

데이터 가치분석 측면에서 볼 때, 빅데이터의 효용가치로 가장 옳지 않은 것은?

① 표본 추출된 데이터 분석이 아닌 전수분석이 이루어지면서 정보의 왜곡이 줄어든다.
② 데이터의 양이 커지면서 작은 데이터에서는 사용할 수 없었던 새로운 데이터 분석 기법을 적용할 수 있다.
③ 다양한 변수 사이의 새로운 관계를 발견한다.
④ 고객의 행태가 여과 없이 담겨있는 생생한 정형화된 데이터가 핵심이 된다.
⑤ 사건 발생시점과 데이터 감지시점 사이의 지연이 거의 없어 실시간 나우캐스팅(nowcasting)이 가능하다.

빅데이터는 조직 내외부의 정형적 데이터뿐만 아니라 비정형적 데이터까지 포함한 방대한 양의 데이터를 포함한다.

174

전자상거래를 수행하기 위한 보안 요건에 대한 설명으로 가장 옳지 않은 것은?

① 무결성(Integrity): 데이터가 전송 도중 또는 데이터 베이스에 저장되어 있는 동안 악의의 목적으로 위·변조되는 것을 방지하는 서비스다.
② 기밀성(Confidentiality): 비인가자가 부당한 방법으로 정보를 입수한 경우에도 정보의 내용을 알 수 없도록 하는 서비스다.
③ 인증(Authentication): 고객들이 자신이 구매하는 것에 대하여 다른 사람들이 모른다는 것이 보장되기를 원하는 서비스다.
④ 부인방지(Non-Repudiation): 송수신 당사자가 각각 전송된 송수신 사실을 추후 부인하는 것을 방지하는 서비스다.
⑤ 안전(Safety): 고객들이 인터넷에 신용카드 번호를 제공하는 것이 안전하다고 보장받기를 원하는 서비스다.

인증은 사용자 혹은 프로세스에 대한 확인을 의미한다. 통신시스템에서 서명이나 편지의 내용이 실제로 정확한 곳에서 전송되어 오는지 확인하는 것이다.

175

데이터의 깊이와 분석차원을 마음대로 조정해가며 분석하는 OLAP(Online Analytical Processing)의 기능으로 가장 옳은 것은?

① 분해(slice & dice) ② 리포팅(reporting)
③ 드릴링(drilling)   ④ 피보팅(pivoting)
⑤ 필터링(filtering)

데이터의 깊이와 분석차원을 마음대로 조정해가며 분석하는 OLAP(On-Line Analytical Processing)의 기능은 드릴링(drilling)이다.

선지분석
① 분해(slice & dice)는 다차원 모델에서 한 차원을 잘라 보고 동시에 다른 차원을 자르면서 데이터 범위를 좁혀가는 작업 기능이다.
② 리포팅(reporting)은 현재 보고서의 정보를 간단한 대화식 조작을 통해 원하는 형태의 보고서로 나타낼 수 있다.
④ 피보팅(pivoting)은 데이터를 분석하는 차원을 사용자의 니즈에 따라 다양한 기준으로 전환시켜 볼 수 있는 기능이다. 사용자가 원하면 최종적으로 보여지는 보고서의 축을 자유자재로 바꿀 수 있다.
⑤ 필터링(filtering)은 전체 데이터에서 원하는 기준만을 선정하여 그 기준에 해당되는 정보만을 보여주는 기능이다.

176

최근 유통채널 관리를 위한 정보시스템 구축 시, 방대한 양의 정보의 효율적 관리 및 자원의 효율적 활용을 위한 방안으로 제시되고 있는 신기술 중 하나인 클라우드 컴퓨팅에 대한 설명으로 가장 옳지 않은 것은?

① SaaS, PaaS, IaaS 등으로 제공되는 서비스 특성에 따라 유형을 구분해 볼 수 있다.
② 웹메일이나 웹하드 서비스 등 사용자의 메일이나 정보를 저장하는 하드디스크 공간을 웹상에 가지고 있으면서 인터넷 접속이 가능한 곳 어디서나 확인할 수 있는 서비스가 클라우드 컴퓨팅 서비스에 속한다.
③ 사용자는 제공받는 서비스와 관련 IT 기술에 대한 전문적인 지식(서버관리, 소프트웨어 유지보수 등)이 반드시 있어야 하나, 자원활용에는 매우 획기적인 성과를 준다.
④ 클라우드 컴퓨팅 기술은 흔히 네트워크상에서 인터넷을 '구름'모양으로 표현한 데서 그 명칭의 유래를 찾아볼 수 있다.
⑤ SaaS는 웹을 통한 서비스로 제공되는 소프트웨어를 이용한다는 개념이다.

서비스 제공자는 제공하는 서비스와 관련 IT 기술에 대한 전문적인 지식(서버관리, 소프트웨어 유지보수 등)이 반드시 있어야 하나 사용자가 그러한 지식을 가져야 하는 것은 아니다.

177

(가), (나), (다)에 들어갈 용어를 올바르게 나열한 것은?

> 유통채널 관리를 위한 시스템 구축 시, 정보자원의 효율적 활용을 위해 클라우드 컴퓨팅을 고려하는 기업이 늘어나고 있다. 자원을 효율적으로 활용하기 위한 방안으로 등장한 클라우드 컴퓨팅 서비스 유형은 크게 3가지로 대별된다. 클라우드를 통해 서버, 네트워크, 저장공간을 포함하는 웹개발 환경 즉, 하드웨어 네트워크 능력을 제공하는 (가), 페이퍼클릭 수익모델을 이용해 클라우드에 애플리케이션들을 제공하는 (나), 사용량에 따라 비용을 지불하는 하드웨어, 네트워킹, 애플리케이션을 제공하는 (다) 등으로 구분된다.

① (가) PaaS, (나) SaaS, (다) IaaS
② (가) IaaS, (나) SaaS, (다) PaaS
③ (가) SaaS, (나) PaaS, (다) IaaS
④ (가) SaaS, (나) IaaS, (다) PaaS
⑤ (가) PaaS, (나) IaaS, (다) SaaS

클라우드 컴퓨팅 서비스 유형은 클라우드를 통해 하드웨어 네트워크 능력을 제공하는 Platform as a Service(PaaS), 클라우드에 애플리케이션들을 제공하는 Software as a Service(SaaS), 하드웨어, 네트워킹, 애플리케이션을 제공하는 Infrastructure as a Service(IaaS)로 구분된다.

178

OLAP(Online Analytical Processing)와 OLTP(Online Transaction Processing) 간 비교 설명한 것으로 가장 옳지 않은 것은?

구분	OLAP	OLTP
가	데이터의 구조	단순 (사업분석에 적합)	복잡(운영시스템 계산에 적합)
나	데이터의 갱신	주기적/정적	순간적/동적
다	데이터의 내용	실시간 데이터	뱃치(batch)성 데이터
라	데이터의 특성	주제중심	거래중심
마	데이터의 사용법	고도로 비구조화된 분석처리	고도로 구조화된 연속처리

① 가
② 나
③ 다
④ 라
⑤ 마

온라인분석처리(OLAP)에서는 뱃치(batch)성 데이터를 활용하고, 온라인거래처리(OLTP)에서는 실시간 데이터를 활용한다.

179

최근 유통정보시스템 구현에 있어 실시간 정보 획득 기반 기술로 초연결사회에 핵심 주요 기술로도 꼽히는 기술에 대한 설명이다. (　) 안에 가장 적절한 용어는 무엇인가?

> (　　)은(는) 컴퓨터 및 네트워크 기술의 발전을 바탕으로 사람 간 연결(Internet of People)을 지원하던 인터넷을 확장해 실세계를 구성하는 모든 개체를 인터넷의 구성원으로 받아들여 정보를 공유하는 것을 일컫는다.
> (　　)이(가) 측정/공유하는 데이터는 사람, 환경, 가정, 자동차 등 매우 다양한 원천으로부터 나온다.

① 지그비(Zigbee)
② 빅데이터(Bigdata)
③ 센서(Sensor)
④ 클라우드 컴퓨팅(Cloud Computing)
⑤ 사물 인터넷(Internet of Things)

사물인터넷(Internet of Things, IoT)은 사람·사물·공간·데이터 등 모든 것이 인터넷으로 서로 연결되어, 정보가 생성·수집·공유·활용되는 미래 네트워크 기술이다.

180

제4차 산업혁명시대의 특징에 대한 설명으로 가장 옳지 않은 것은?

① 2016년 세계경제포럼(WEF: World Economic Forum)에서 화두로 등장하였다.
② 디지털 혁명에 기반하여 물리적 공간, 디지털적 공간 및 생물학적 공간의 경계가 더욱 더 명확해지게 되어 이들 간의 기술 융합을 통한 새로운 공간 생성 시대가 도래하였다.
③ 과학기술적 측면에서 '모바일 인터넷', '클라우드 기술', '빅데이터', '사물인터넷(IoT)' 및 '인공지능(AI)' 등이 주요 변화 동인으로 꼽히고 있다.
④ '초연결성(Hyper-Connected)', '초지능화(Hyper-Intelligent)라는 특성을 가진다.
⑤ 제4차 산업혁명이 가까운 미래에 도래할 것이고, 이로 인해 일자리 지형변화와 사회구조적 변화가 일어날 것으로 전망되고 있다.

세계경제포럼(WEF)은 4차 산업혁명을 디지털 혁명에 기반하여 물리적 공간, 디지털적 공간 및 생물학적 공간의 경계가 희석되는 기술융합의 시대로 정의하였다.

에듀윌과 함께 시작하면,
당신도 합격할 수 있습니다!

대학 졸업을 앞두고 취업준비를 하며
유통관리사 시험을 준비하는 취준생

비전공자이지만 더 많은 기회를 만들기 위해
유통관리사에 도전하는 수험생

유통 관련 업체에서 일하면서 승진을 위해
유통관리사에 도전하는 주경야독 직장인

누구나 합격할 수 있습니다.
시작하겠다는 '다짐' 하나면 충분합니다.

마지막 페이지를 덮으면,

에듀윌과 함께
유통관리사 합격이 시작됩니다.

유통관리사 1위

꿈을 실현하는 에듀윌
Real 합격 스토리

승진을 위한 자격증 도전

저는 유통회사 근무하는 유통인입니다. 자기계발과 승진을 위해 유통관리사 시험에 도전했습니다. 에듀윌을 선택하여 2급 시험에 단기합격하였고 덕분에 회사에서 인정받는 직장인이 되었습니다.

합격생 박O홍

비전공자도 어렵지 않게 합격

저는 비전공자로 기본개념이 부족해서 공부를 시작할 때에는 걱정을 많이 했었습니다. 하지만 에듀윌 강의와 교재로 공부하니 생각보다 어렵지 않았습니다. 유통관리사를 준비하는 분이 있다면 에듀윌을 강력 추천합니다.

합격생 김O수

군복무 중 자격증 취득

저는 군복무를 하면서 유통관리사 2급 시험을 준비했습니다. 시간이 많지 않았기 때문에 남는 시간 동안 틈틈이 공부를 했습니다. 기출문제에 자주 나오는 개념 위주로 공부해서 군대를 전역하기 전에 자격증을 취득했습니다.

합격생 김O형

다음 합격의 주인공은 당신입니다!

더 많은
합격스토리

에듀윌 유통관리사

1위 에듀윌만의
체계적인 합격 커리큘럼

합격패스 하나면 유통관리사 준비는 끝!
에듀윌 합격패스

① 2025 합격 강좌 무제한 수강
② 불합격해도 수강기간 무료연장
③ 기출해설특강 제공

합격패스 바로가기

*해당 이벤트는 예고없이 변경되거나 종료될 수 있습니다.

친구 추천 이벤트

" **친구 추천**하고 한 달 만에
920만원 받았어요 "

친구 1명 추천할 때마다 현금 10만원 제공
추천 참여 횟수 무제한 반복 가능

※ *a*o*h**** 회원의 2021년 2월 실제 리워드 금액 기준
※ 해당 이벤트는 예고 없이 변경되거나 종료될 수 있습니다.

친구 추천 이벤트 바로가기

* 2023 대한민국 브랜드만족도 유통관리사 교육 1위 (한경비즈니스)

유통관리사 한권끝장

4주 플래너

핵심이론 2주 플랜

DAY 01	DAY 02	DAY 03	DAY 04	DAY 05	DAY 06	DAY 07
1과목 유통·물류 일반관리	1과목 유통·물류 일반관리	2과목 상권분석	2과목 상권분석	3과목 유통마케팅	3과목 유통마케팅	4과목 유통정보
완료 ☐	완료 ☐	완료 ☐	완료 ☐	완료 ☐	완료 ☐	완료 ☐
DAY 08	**DAY 09**	**DAY 10**	**DAY 11**	**DAY 12**	**DAY 13**	**DAY 14**
4과목 유통정보	1~2과목 복습	3~4과목 복습	1~2과목 복습	3~4과목 복습	이론편 최종 복습	이론편 최종 복습
완료 ☐	완료 ☐	완료 ☐	완료 ☐	완료 ☐	완료 ☐	완료 ☐

5개년 기출 2주 플랜

DAY 15	DAY 16	DAY 17	DAY 18	DAY 19	DAY 20	DAY 21
2024년 기출문제	2023년 기출문제	2022년 기출문제	2021년 기출문제	2020년 기출문제	2024년 기출문제 복습	2023년 기출문제 복습
완료 ☐	완료 ☐	완료 ☐	완료 ☐	완료 ☐	완료 ☐	완료 ☐
DAY 22	**DAY 23**	**DAY 24**	**DAY 25**	**DAY 26**	**DAY 27**	**DAY 28**
2022년 기출문제 복습	2021년 기출문제 복습	2020년 기출문제 복습	2024년 기출문제 복습	2023~2022년 기출문제 복습	2021~2020년 기출문제 복습	기출문제 최종 복습
완료 ☐	완료 ☐	완료 ☐	완료 ☐	완료 ☐	완료 ☐	완료 ☐

**에듀윌이
너를
지**지할게

ENERGY

시작하라.  그 자체가 천재성이고,
힘이며, 마력이다.

− 요한 볼프강 폰 괴테(Johann Wolfgang von Goethe)

에듀윌 유통관리사 2급

한권끝장

핵심이론편

Why Eduwill?
에듀윌이 만들면 다릅니다.

1 효율적인 학습을 위한 2권 분권

에듀윌 유통관리사 2급 교재는 수험생들의 학습 편의를 위해 핵심이론편과 기출문제편으로 분권하여 구성했습니다.

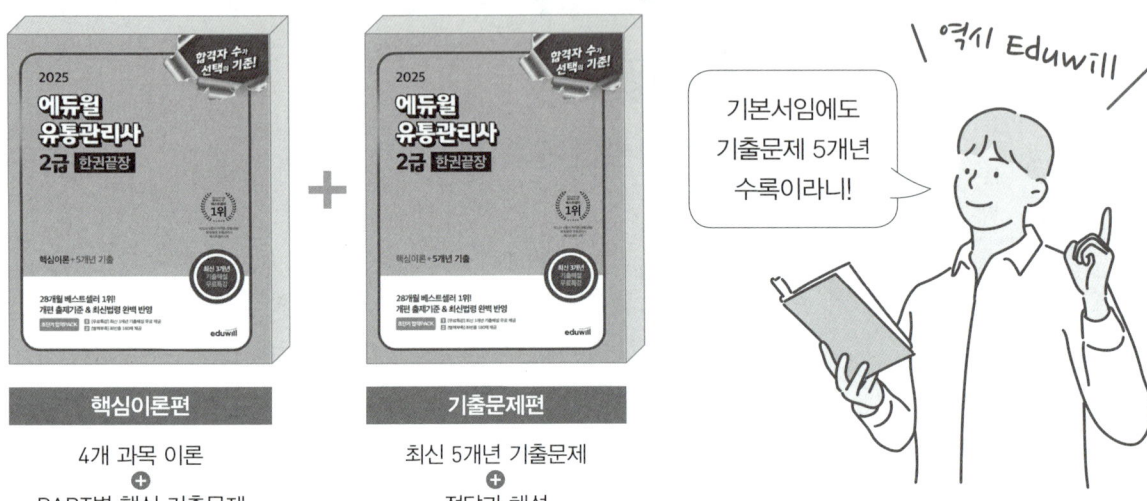

핵심이론편
4개 과목 이론
+
PART별 핵심 기출문제

기출문제편
최신 5개년 기출문제
+
정답과 해설

2 7개년 기출 분석을 통한 교재 구성

7개년 기출문제를 분석하여 시험에 나오는 유통관리사 이론의 핵심만으로 내용을 구성했습니다.
빠른 합격을 위해 모든 이론을 정통하여 학습하는 것보다는 효과적으로 필요한 핵심만을 공부할 수 있도록 중요 이론에 표시를 하였습니다.

7개년 동안 출제된
1,890 문항 분석!

3 전문 강사진의 3개년 기출문제 무료특강 제공

에듀윌 유통관리사 2급 기출문제편에 수록된 기출문제 중 최신 3개년 해설 강의를 무료로 제공합니다.

강의 수강경로
에듀윌 도서몰(book.eduwill.net) → 로그인/회원가입 → 동영상강의실 → 유통관리사 검색

강의 바로보기

※ 무료강의는 2025년 2월부터 순차적으로 업로드됩니다.

4 최빈출 180제 부록 제공

시험 직전, 마무리 학습으로 적합한 최빈출 180제 부록을 무료로 제공합니다. 최신 기출문제를 분석하여 가장 많이 나오는 개념과 문제만 선별하여 구성하였습니다.

최신 5개년 기출문제를 분석하여 가장 많이 출제된 180문제 선별

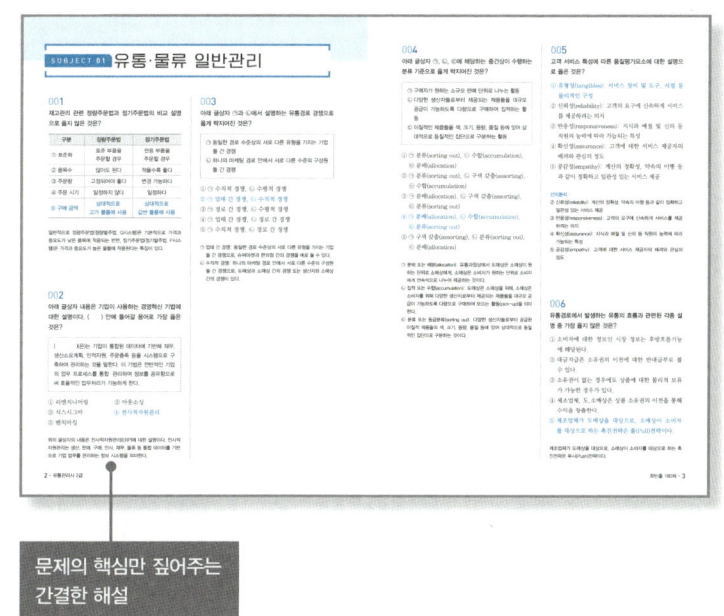

문제의 핵심만 짚어주는 간결한 해설

단기합격을 위한 최적 구성
2025 유통관리사 2급 한권끝장

시험에 나오는 내용만을 정리한 핵심이론!

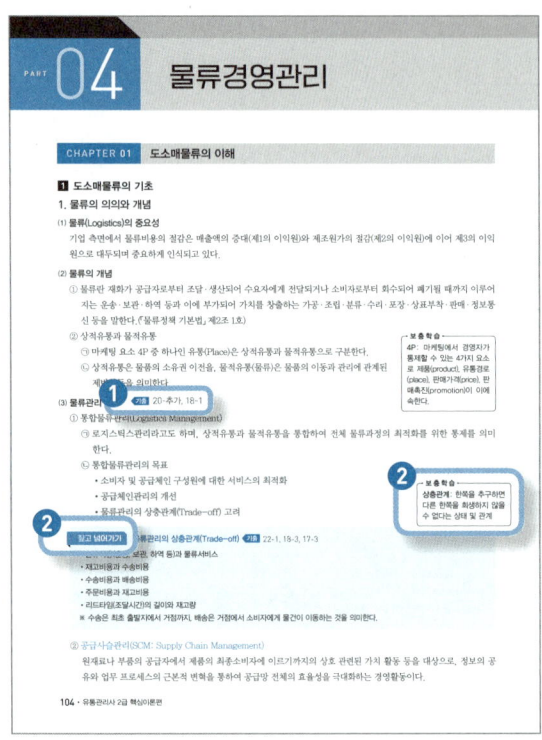

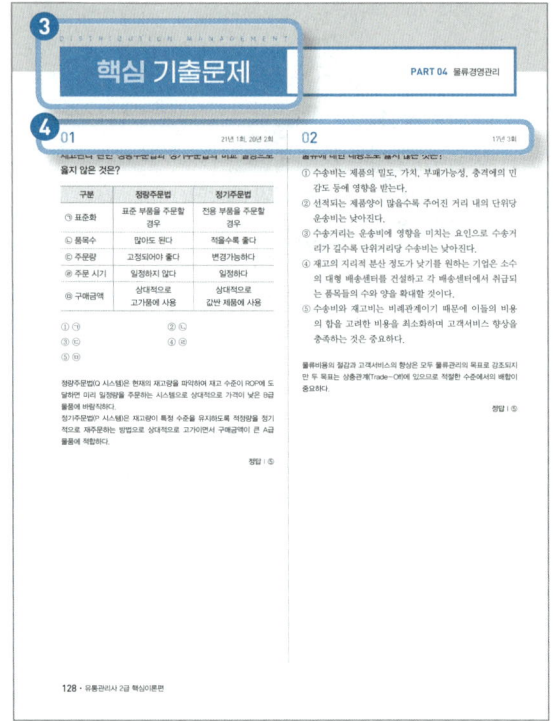

① 7개년 기출문제를 분석하여 시험에 나오는 핵심 이론만을 정리하고 출제된 이론에는 기출·빈출 표기를 했습니다.

② 추가로 알아야 할 내용은 보충학습, 짚고 넘어가기로 정리했습니다.

③ PART가 끝날 때마다 핵심 기출문제를 이론과 연계하여 수록했습니다.

④ 핵심 기출문제는 이론의 진행 순서에 맞게 배치했습니다.

" **핵심이론 + 핵심 기출문제로
한번에 끝내는 개념** "

상세한 해설을 수록한 기출문제!

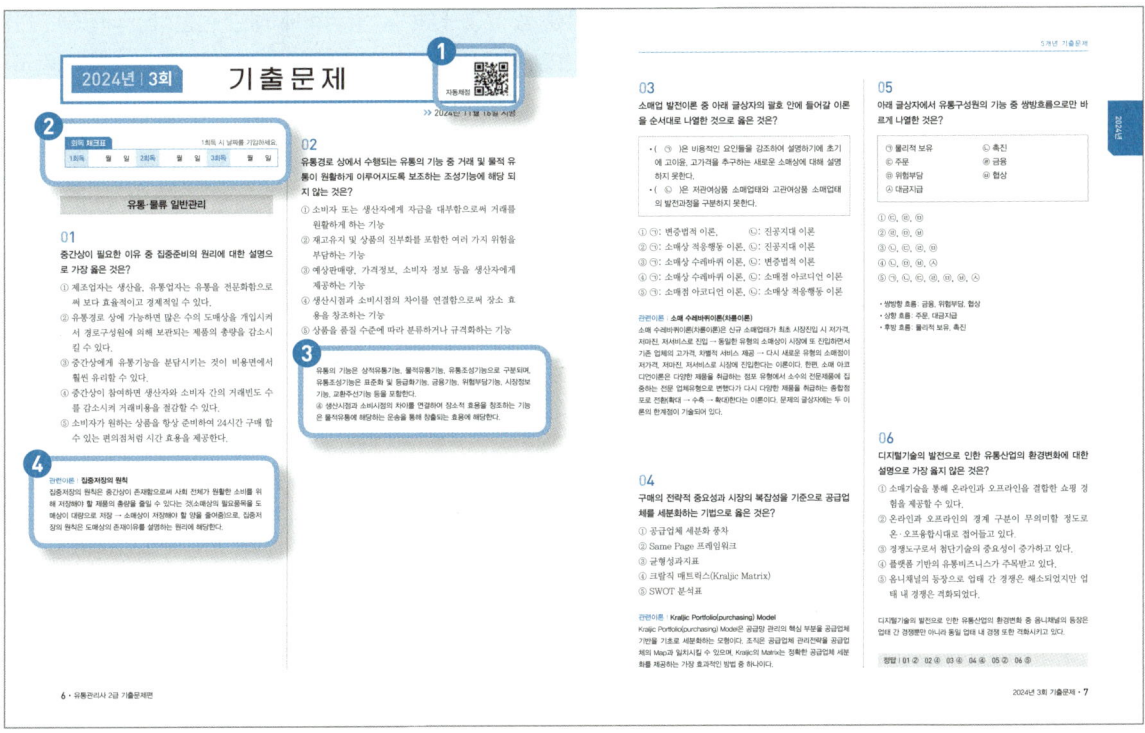

1. 각 회당 자동채점이 가능한 QR코드를 삽입하였습니다. 정답을 입력하면 자동채점과 성적 분석을 할 수 있습니다.

2. 각 회당 회독 체크표를 수록하여 효과적으로 반복 학습을 할 수 있도록 했습니다.

3. 개념 이해가 필요하거나 어려운 문제는 해설을 자세히 수록하여 이론을 다시 찾아보지 않아도 되도록 하였습니다.

4. 문제와 관련된 이론을 담아 부족한 이론 학습을 보충할 수 있도록 하였습니다.

" **상세한 해설+관련 이론을 제공하는 5개년 기출문제** "

Learning Strategy

유통관리사 2급, 과목 분석 및 학습 전략

1과목 유통·물류 일반관리

유통·물류일반관리 과목에서는 유통관리, 물류관리, 소매물류 등 유통·물류 및 경영학에 대한 전반적인 내용을 다룹니다. 해당 과목은 학습 범위가 매우 넓고 지엽적인 문제가 많이 출제되어 수험생들이 가장 어려워하는 과목 중 하나입니다. 모든 내용을 꼼꼼히 암기하기보다는 전체적인 흐름을 이해한 뒤 출제비율이 높은 중요한 이론에 포인트를 두고 학습하는 것이 좋습니다.

PART별 출제비율 분석

※ 분석기준에 따라 출제비율은 달라질 수 있음.

Part	2020	2021	2022	2023	2024	비율
유통의 이해	18	23	15	22	21	**26%**
유통경영전략	17	10	12	12	8	16%
유통경영관리	15	15	16	17	16	22%
물류경영관리	19	21	21	15	23	**26%**
유통기업의 윤리와 법규	6	6	11	9	7	10%

2과목 상권분석

상권분석 과목에서는 상권의 개념, 상권조사, 입지의 유형 및 소매전략에 대한 내용을 주로 다룹니다. 해당 과목을 효과적으로 학습하기 위해서는 용어에 대한 개념을 명확히 정립하고 이해해야 합니다. 또한 단원별 정리 학습이 필수적이며 최소 3개년의 기출 문제 풀이를 통해 출제경향을 파악하는 것이 합격으로 가는 지름길입니다.

PART별 출제비율 분석

※ 분석기준에 따라 출제비율은 달라질 수 있음.

Part	2020	2021	2022	2023	2024	비율
유통상권조사	30	24	18	18	22	**37%**
입지분석	25	25	31	32	26	**46%**
개점전략	5	11	11	10	12	17%

3과목　유통마케팅

유통마케팅 과목에서는 점포관리, 상품관리, 판매촉진활동에 대한 내용을 다루며, 실무적인 관점에서 전체 유통의 프로세스를 이해하고 세부 개념을 이해하는 하향식 접근 방식으로 학습하는 것이 좋습니다. 이를 위해, 철저한 기출 분석을 통해 시험의 흐름을 파악한 이후에 접근하는 것이 중요합니다.

PART별 출제비율 분석

※ 분석기준에 따라 출제비율은 달라질 수 있음.

Part	2020	2021	2022	2023	2024	비율
유통마케팅 전략기획	41	40	37	36	35	**50%**
디지털마케팅 전략	0	0	0	0	12	3%
점포관리	18	12	12	12	10	17%
상품판매와 고객관리	9	15	14	17	7	17%
유통마케팅 조사와 평가	7	8	12	10	11	13%

※ 디지털마케팅 전략 파트는 24년도 시험부터 추가된 내용이므로 상대적으로 출제비율이 낮아보일 수 있습니다.

4과목　유통정보

유통정보 과목에서는 최근 빠르게 발전하고 있는 ICT 분야의 개념들이 매 회 3~4문제 새롭게 출제되고 있습니다. 또한 전자상거래 분야에서 출제비중이 높아지고 있으므로 전자상거래 파트의 내용 또한 신경 써서 학습해야 합니다.

PART별 출제비율 분석

※ 분석기준에 따라 출제비율은 달라질 수 있음.

Part	2020	2021	2022	2023	2024	비율
유통정보의 이해	15	10	12	14	11	21%
지식경영	6	7	7	6	6	11%
주요 유통정보화기술 및 시스템	11	12	16	13	18	23%
유통정보의 관리와 활용	14	10	11	9	9	18%
전자상거래	14	21	14	18	16	**27%**

유통관리사 2급 시험의 모든 것

유통관리사란?

유통관리사란 유통에 관한 전문적인 지식을 터득하여 종합적인 관리업무 및 중소유통업 경영지도의 보조 업무 능력을 갖춘 자를 말한다.
유통관리사는 전문적 능력을 통해 소비자와 생산자 간의 커뮤니케이션, 소비자 동향 파악 등 다양한 분야에서 활약한다.

25년도 시험일정 & 합격자 발표일

구분	등급	접수기간	시험일	합격자 발표일
1회	2, 3급	04.10~04.16	05.03(토)	06.03(화)
2회	1, 2, 3급	08.07~08.13	08.30(토)	09.30(화)
3회	2, 3급	10.30~11.05	11.22(토)	12.23(화)

※ 25년도 정확한 시험일정은 대한상공회의소 자격평가사업단 참고

응시자격

① 시행: 대한상공회의소
② 응시자격(2급): 제한 없음
③ 응시료: 29,700원(VAT 포함)
④ 학점은행제: 2급 취득 시 10학점 인정(09년 3월 이전 24학점)
⑤ 가점 부여기준(2급)

※ 유통산업분야에서 3년 이상 근무한 자로서 산업통상자원부 지정 연수기관에서 40시간 이상 수료 후 2년 이내에 응시한 자 (10점 가산)

수험생이 가장 궁금해 하는 모든 것
All about 유통관리사 2급!

시험시간 & 합격기준

시험시간	• 입실시간: 09:00 • 시험시간: 09:15~10:55 (100분)
합격기준	• 매 과목 40점 이상, 전 과목 평균 60점 이상

유통관리사 2급 세부 출제항목 및 문항 수

과목명	주요항목	문항 수
유통·물류 일반관리	• 유통의 이해 • 유통경영전략 • 유통경영관리 • 물류경영관리 • 유통기업의 윤리와 법규	25문항
상권분석	• 유통상권조사 • 입지분석 • 개점전략	20문항
유통마케팅	• 유통마케팅 전략기획 • 디지털마케팅 전략 • 점포관리 • 상품판매와 고객관리 • 유통마케팅 조사와 평가	25문항
유통정보	• 유통정보의 이해 • 지식경영 • 주요 유통정보화기술 및 시스템 • 유통정보의 관리와 활용 • 전자상거래 • 유통혁신을 위한 정보자원관리 • 신융합기술의 유통분야에서의 응용	20문항

차례 CONTENTS

SUBJECT 01

유통·물류 일반관리

PART 01 유통의 이해

CHAPTER 01	유통산업의 이해	18
CHAPTER 02	유통경로 및 구조	24
CHAPTER 03	유통경제	35
CHAPTER 04	유통산업의 이해 및 환경	40
핵심 기출문제		44

PART 02 유통경영전략

CHAPTER 01	유통경영환경분석	50
CHAPTER 02	유통경영전략의 수립과 실행	54
CHAPTER 03	유통경영전략의 대안평가 및 통제	62
핵심 기출문제		64

PART 03 유통경영관리

CHAPTER 01	조직관리	70
CHAPTER 02	인적자원관리	82
CHAPTER 03	재무관리 및 회계	88
CHAPTER 04	구매 및 조달관리	95
핵심 기출문제		98

PART 04 물류경영관리

CHAPTER 01	도소매물류의 이해	104
CHAPTER 02	도소매물류관리	109
핵심 기출문제		125

PART 05 유통기업의 윤리와 법규

CHAPTER 01	기업윤리의 기본개념	131
CHAPTER 02	유통관련법규	133
핵심 기출문제		138

SUBJECT 02

상권분석

PART 01   유통상권조사

CHAPTER 01	상권의 개요	144
CHAPTER 02	상권분석에서의 정보기술 활용	150
CHAPTER 03	상권설정 및 분석	153
핵심 기출문제		166

PART 02   입지분석

CHAPTER 01	입지의 개요	172
CHAPTER 02	입지별 유형	174
CHAPTER 03	입지선정 및 분석	181
CHAPTER 04	경쟁점 조사·분석	199
핵심 기출문제		202

PART 03   개점전략

CHAPTER 01	개점계획	208
CHAPTER 02	점포의 개점과 폐점	213
핵심 기출문제		218

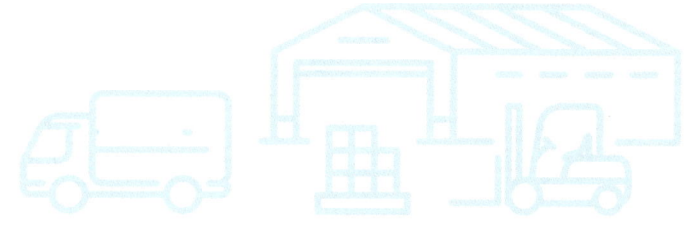

SUBJECT 03

유통마케팅

PART 01 유통마케팅 전략기획

CHAPTER 01	유통마케팅 전략	224
CHAPTER 02	유통경쟁전략	233
CHAPTER 03	제품관리 및 머천다이징 전략	240
CHAPTER 04	가격관리전략	250
CHAPTER 05	판매촉진전략	254
핵심 기출문제		260

PART 02 디지털마케팅 전략

CHAPTER 01	디지털마케팅	266
CHAPTER 02	웹사이트 및 온라인 쇼핑몰 구축	267
CHAPTER 03	소셜미디어 마케팅	270
CHAPTER 04	데이터분석과 성과측정	271
CHAPTER 05	온라인 쇼핑몰 관리	273
핵심 기출문제		276

PART 03 점포관리

CHAPTER 01	점포의 구성	280
CHAPTER 02	매장 레이아웃	281
CHAPTER 03	상품진열	285
CHAPTER 04	점포공간 및 환경관리	289
CHAPTER 05	비주얼 머천다이징	290
핵심 기출문제		294

PART 04 상품판매와 고객관리

CHAPTER 01	상품판매관리 및 판매서비스	299
CHAPTER 02	고객관리	302
CHAPTER 03	CRM 전략 및 구현방안	307
핵심 기출문제		310

PART 05 유통마케팅 조사와 평가

CHAPTER 01	유통마케팅 조사	314
CHAPTER 02	유통마케팅의 성과평가	319
핵심 기출문제		323

SUBJECT 04

유통정보

PART 01 유통정보의 이해

CHAPTER 01	정보의 개념과 정보화 사회	328
CHAPTER 02	정보와 유통혁명	335
CHAPTER 03	정보와 의사결정	337
CHAPTER 04	유통정보시스템	341
핵심 기출문제		348

PART 02 지식경영

CHAPTER 01	지식경영의 개념	354
CHAPTER 02	지식경영 프로세스	356
CHAPTER 03	지식경영 정보기술과 지식관리스템	361
핵심 기출문제		364

PART 03 주요 유통정보화 기술 및 시스템

CHAPTER 01	바코드의 이해	366
CHAPTER 02	POS시스템	377
CHAPTER 03	POS 데이터의 분류 및 활용	379
CHAPTER 04	EDI 구축 및 효과	384
CHAPTER 05	QR 시스템 구축 및 효과	391
핵심 기출문제		396

PART 04 유통정보의 관리와 활용

CHAPTER 01	데이터 관리	400
CHAPTER 02	고객충성도 프로그램	404
CHAPTER 03	e-SCM	408
핵심 기출문제		415

PART 05 전자상거래

CHAPTER 01	전자상거래 모델	419
CHAPTER 02	전자상거래 기반기술과 운영	429
CHAPTER 03	신융합기술의 유통분야에서의 응용	435
핵심 기출문제		441

SUBJECT 01
유통·물류 일반관리

PART 01 유통의 이해

PART 02 유통경영전략

PART 03 유통경영관리

PART 04 물류경영관리

PART 05 유통기업의 윤리와 법규

최신 5개년 출제비율 분석

PART 01	유통의 이해	26%
PART 02	유통경영전략	16%
PART 03	유통경영관리	22%
PART 04	물류경영관리	26%
PART 05	유통기업의 윤리와 법규	10%

PART 01 유통의 이해

CHAPTER 01 유통산업의 이해

1 유통의 개념과 분류

1. 유통의 개념 기출 22-2, 21-1

(1) 유통(Distribution)의 의의
유통은 생산된 상품이 최종 소비자에게 전달되기까지의 과정으로, 경제적인 측면에서 생산과 소비를 연결시켜 주는 중간기능을 의미한다.

(2) 유통산업의 정의 (「유통산업발전법」 제2조)
유통산업은 농산물·임산물·축산물·수산물(가공물 및 조리물 포함) 및 공산품의 도매·소매 및 이를 경영하기 위한 보관·배송·포장과 이와 관련된 정보·용역의 제공 등을 목적으로 하는 산업이다.

2. 유통의 분류

(1) 상적 유통(상류)
상품과 서비스의 매매 즉, 소유권 이전과 관련되는 상거래 활동을 의미한다.

(2) 물적 유통(물류)
상적 유통과정에서 발생하는 제품의 운송, 보관(재고관리), 하역 등과 같은 물자의 흐름을 원활하게 하는 활동을 뜻한다.

(3) 금융적 유통
원료, 제품의 흐름뿐만 아니라 유통에서 발생하는 위험부담의 관리, 필요 자금 융통, 거래금액 이전 등의 활동을 말한다.

(4) 정보유통
거래되는 제품 및 서비스에 관한 정보를 제공하고 유통과정 중 발생하는 정보를 원활하게 연결시켜 고객서비스를 향상시키는 활동을 말한다.

2 유통의 기능과 흐름

1. 유통의 기능 기출 24-2

(1) 상적 유통기능
① 상적 유통기능은 소유권 이전과 관련되는 상거래 활동으로, 도·소매업, 중개업, 무역업 등이 있다.
② 사회적 불일치 해소기능, 수량 조정기능, 품질 조정기능을 포함한다.

(2) 물적 유통기능
물적 유통기능은 장소적 차이를 해소시켜주는 운송기능과 시간적 차이를 조정해주는 보관, 하역, 포장, 유통·가공, 유통정보기능 등을 포함한다.

(3) **유통조성기능**

유통조성기능은 표준화 및 등급화(규격화)기능, 금융기능, 보험기능, 위험부담기능, 시장정보기능 등을 포함한다.

2. 유통의 흐름 기출 24-1, 23-2, 21-1, 19-2, 18-1

(1) **전방흐름**

생산자로부터 최종 소비자의 방향으로 상품과 소유권 등이 이전되는 유통흐름을 말한다.
촉진도 최종 소비자를 대상으로 하므로 전방흐름에 해당한다.

> 보충학습
> 촉진(promotion): 광고, 홍보, 영업, 직접판매 등의 마케팅 기법을 통해 제품 판매를 증가시키는 것

(2) **후방흐름**

주문이나 판매 대금의 결제와 같이 최종 소비자로부터 '소매상 → 도매상 → 생산자'로 이동하는 유통흐름을 말한다.

(3) **양방향흐름**

생산자로부터 소비자의 방향으로, 동시에 소비자로부터 생산자의 방향으로 이루어지는 유통흐름을 말한다. 협상과 금융, 위험부담기능 등이 이에 해당한다.

3. 유통의 역할

(1) **사회적 불일치 극복**

유통은 생산과 소비 사이의 매개역할을 하여 사회적인 간격을 해소시킨다.

(2) **장소적 불일치 극복**

유통의 운송기능은 생산자와 소비 사이의 장소적 불일치를 해소시킨다.

(3) **시간적 불일치 극복**

유통의 보관과 재고관리는 제품의 생산 시기와 소비 시기의 차이를 해소시킨다.

(4) **수요와 공급의 일치**

생산자는 규모의 경제 실현을 위해 대량으로 생산하지만 소비자는 소량으로 구매하므로 유통은 수요량과 공급량 간의 양적 조정을 통해 물가안정 및 가격·품질조정기능을 한다.

> **짚고 넘어가기** 유통의 효용(Utility) 빈출 24-2, 21-1, 19-2, 18-3, 18-2, 18-1
> - 시간적 효용: 보관을 통해 적절한 시기에 구매할 수 있도록 한다.
> - 장소적 효용: 운송을 통해 적절한 장소에서 구매욕구를 충족시켜 준다.
> - 소유적 효용: 제조업체를 대신하여 신용판매나 할부판매를 제공한다.
> - 형태적 효용: 유통가공행위를 통해 소비자가 원하는 형태 및 수량으로 공급함. 이때의 가공은 원천적인 성질의 변형이 아닌 형태의 변형을 의미한다.

3 유통기관의 유형과 특징

1. 업종과 업태 기출 19-1

소매업을 분류하는 기준으로, 업종은 '무엇을 파는가(What to sell)'의 관점에서 분류하는 것이고, 업태는 '어떻게 파는가(How to sell)'의 관점에서 분류하는 것이다.

(1) **업종(Kind of Business)**

업종은 소매상이 판매하는 상품의 종류에 따른 분류로 의류점, 가전제품점, 가구점, 식품점 등을 말한다.

(2) **업태(Type of Management)**

업태는 소매점의 영업 전략에 따른 분류이다. 판매 방식, 영업시간, 가격전략 등을 기준으로 백화점, 대형마트, 슈퍼마켓, 편의점, 카테고리 킬러, 전자상거래 등으로 구분할 수 있다.

(3) **업종과 업태의 비교**

구분	시각	분류 기준	점포 크기	주요 유형	장점
업종	생산자 중심	제품 성격	소규모	의류점, 가구점, 식품점 등	제조업체의 통제가 용이
업태	소비자 중심	소매 전략	대규모	백화점, 할인점, 카테고리 킬러 등	소비자 편의 및 매출액 증대, 거래 촉진

(4) **업태 간 경쟁과 수평적 경쟁** 기출 20-3

업태 간 경쟁	동일한 경로상의 서로 다른 유형을 가진 기업들 간의 경쟁 예 할인점과 편의점 간의 경쟁
수평적 경쟁	유통경로에서 동일한 경로 수준에 있는 유통기관 간의 경쟁 예 백화점과 백화점 간의 경쟁

2. 도매업의 종류와 기능

(1) **도매업의 의의**

① 제품을 구입하여 소매상 및 기타 상인 그리고 산업체 및 기관 사용자에게 재판매하는 사업단위를 말한다.
② 도매상은 최종 소비자에게는 직접 판매하지 않는 것을 원칙으로 한다.

(2) **도매상의 종류** 기출 21-2, 18-2

① 제조업자 도매상: 제조업자가 직영으로 자사제품의 도매업을 수행하여, 재고통제와 판매 및 촉진관리를 하는 형태이다.
② 상인 도매상: 자신이 취급하는 제품에 대해 소유권을 가지는 독립된 사업체로서 가장 전형적인 형태의 도매상이다. 완전기능 도매상과 한정기능 도매상으로 구분된다.

　㉠ 완전기능 도매상 기출 21-3, 21-2

　　제품의 소유권을 획득하고 판매와 촉진 외에도 경영자문, 시장정보제공, 위험부담, 금융, 운송, 보관, 수량 조절, 구매와 구색 갖춤 등 제조업자가 도매상에게 기대하는 유통과 관련된 거의 모든 기능을 수행하는 도매상이다. 한편, 산업재 도매상은 제조업체에 필요한 MRO, OEM 등을 취급하는 도매상이다.

　　• 일반상품 도매상: 서로 간에 관련성이 없는 다양한 제품을 취급한다.
　　• 한정상품 도매상: 서로 간에 관련성이 있는 몇 가지 제품들을 동시에 취급한다.
　　• 전문품 도매상: 불과 몇 가지의 전문품 라인만을 취급한다.
　　• 산업재 유통업자: 상인 도매상의 한 유형으로 소매상보다는 제조업자에게 제품을 판매한다.

> **보충학습**
> • MRO: 기업에서 제품 생산과 직접 관련된 원자재를 제외한 소모성 자재
> • OEM: 주문자가 요구하는 제품과 상표명으로 완제품을 생산하는 것

　㉡ 한정기능 도매상 빈출 23-3, 20-3, 20-추가, 19-3, 19-2, 18-2

　　유통기능 중 소수의 기능에 전문화되어 있고 소매상 고객에게 제한된 서비스만을 제공하는 도매상이다.

　　• 현금거래 도매상: 현금무배달 도매상이라고도 하며, 현금 지불을 거래 조건으로 하고, 배달은 하지 않지만 대신 제품을 낮은 가격으로 공급한다.
　　• 트럭배달 도매상: 판매와 배달 기능을 트럭을 이용하여 직접 수행한다. 주로 한정된 제품을 취급하며 고객들의 주문에 의해 구매와 보관, 배송을 담당한다.

ⓒ 선반진열 도매상: 식료품과 잡화류를 취급하는 도매상으로 소매상에 재고수준에 대한 조언, 저장 방법에 대한 아이디어를 제공하고 선반 진열 업무 등을 대신 수행한다.

ⓓ 직송도매상(drop shipper): 소매상 고객으로부터 주문이 왔을 때, 해당 상품을 생산자가 직접 구매자에게 배송하도록 중개하는 도매상으로 재고를 보유하거나 운송하는 기능을 수행하지 않는다. 취급 품목으로는 물류비용과 부피가 크고 무포장 상품인 목재, 석탄, 중기계 등이 있다.

③ 대리인과 브로커 기출 19-3

㉠ 대리인 (대리점)

ⓐ 대리인의 의의: 대리인은 위탁도매상의 일종으로, 장기적으로 구매자나 판매자 한쪽을 대리한다. 제조업체와의 전속계약에 의한 제조업자 판매대리인이 주된 형태이다.

ⓑ 대리인의 역할: 대리인은 거래되는 제품에 대해 소유권을 보유하지 않으며 단지 제품 거래를 촉진시키는 역할만을 수행한다.

ⓒ 대리인의 종류 기출 23-3

제조업자 대리인	제품계열이 다른 다수의 소규모 제조업자들을 대리하여 특정지역의 판매를 대리하는 도매상이다. 운영비용의 상당부분을 제조업자들이 분담하는 형태이며, 재고통제 및 위험부담이 제조업자 측에 있다.
판매 대리인	경쟁적인 제품을 생산하는 소수의 제조업자들을 대신하여 비교적 넓은 지역을 대상으로, 해당 제조업체의 영업·마케팅 기능을 포괄적으로 수행한다.
구매 대리인	구매를 대신해주는 상인이다. 의류 구매 대리인은 의류 소매업자들에게 필요한 의류에 관한 정보 수집과 구입을 대행해준다.
수수료 상인 (위탁상인)	소유권은 없으나 제조업자가 위탁한 제품을 자기통제(운영비 담당) 하에 재고 보유 및 판매권을 갖고 판매 후 수수료를 얻는 대리도매상이다.

㉡ 브로커(broker, 중개인)

브로커는 취급하는 상품에 대한 소유권을 보유하지 않고, 구매자와 판매자 중간에서 거래협상을 도와주는 중개인이다. 상품 거래를 촉진시켜주고 판매가격의 일정비율을 중개 수수료로 받는다.

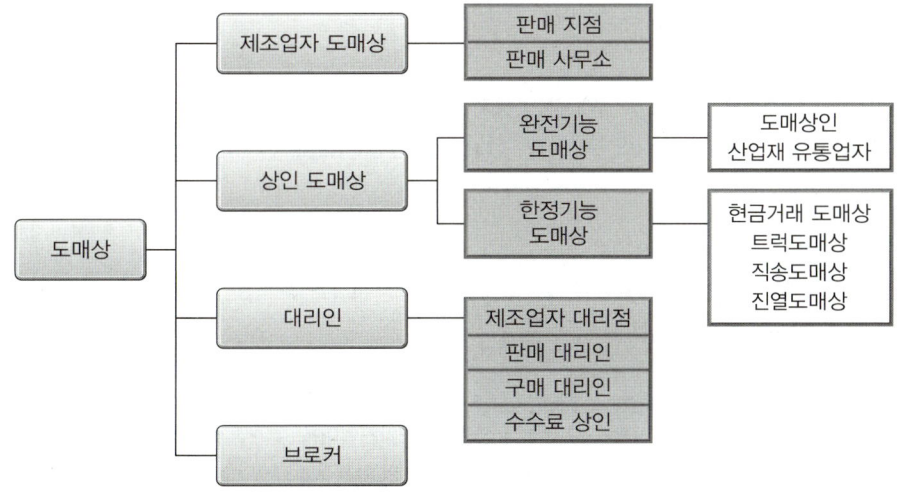

▲ 도매상의 분류

(3) 도매상의 기능 기출 24-2, 24-1, 20-추가, 18-3

제조업자 (생산자)를 위한 도매상의 기능	시장 커버리지 제공	넓은 지역에 퍼져 있는 다수의 고객을 커버리지하여 고객이 생산자의 제품을 필요로 할 때 쉽게 구매할 수 있도록 한다.
	판매 접촉점 창출기능	도매상이 제조업자를 대신하여 판매 접촉점으로 기능함으로써 판매원 유지관리 비용이 절감된다.
	재고유지기능	도매상들이 일정량의 재고를 보유함으로써 제조업자의 재무 부담을 절감시키고 재고 보유에 따른 제조업자의 위험을 감소시킨다.
	주문처리기능	다수 제조업자들의 제품을 구비한 도매상들은 고객들의 소량 주문을 보다 효율적으로 처리할 수 있다.
	시장정보 수집 기능	도매상이 소매상을 통하여 수집한 고객에 대한 정보가 제조업자에게 전달되어 제조업자의 마케팅전략 수립에 유용하게 이용된다.
소매상을 위한 도매상의 기능	\multicolumn{2}{l}{• 소매상에게 상품을 공급하는 기능 • 구색편의 및 소분판매 기능 • 신용 및 금융편의 제공기능 • 소매상 지원 기능(기술 지원, 서비스 제공 등)}

> **짚고 넘어가기**   **도매상과 소매상의 차이**
> - 도매상: 유통과정에서 소비자가 아닌 다른 상인(소매점 등)에게 물건을 판매하는 상인
> - 소매상: 최종 소비자에게 물건을 판매하는 상인

3. 소매업의 종류와 기능 기출 20-3, 18-3

(1) 소매업의 의의와 변화

① 소매업의 의의

　소매업은 최종 소비자를 대상으로 제품 및 서비스를 판매하는 것을 업으로 하는 활동으로, 소비자와 직접 접촉하기에 소비자 욕구에 신속하게 반응할 수 있다.

② 소매업의 변화

　소비자의 욕구가 점점 다양해지고 업태 간 경쟁이 치열해지면서 오프라인 소매점에서 온라인 소매점으로 구매 장소가 변화하고 있다. 최근에는 온-오프라인을 넘나드는 O2O(Online to Offline) 커머스 형태의 새로운 소매업태들이 빠르게 성장하고 있다.

(2) 소매업의 분류 기준

소매업은 점포의 유무, 취급하는 제품의 종류, 판매방법, 규모의 차이, 경영 방식, 입지, 제공하는 서비스, 가격, 최종 소비자와의 접촉 형태 등을 기준으로 분류할 수 있다.

구분 기준	구분 내용
점포의 유무	점포 소매업(백화점, 대형마트 등), 무점포 소매업(e-커머스, 텔레마케팅 등)
취급 상품	한국표준산업분류(KSIC)의 분류에 따라 업종별 중분류, 소분류로 세분화
판매방법	업태별 분류로 백화점, 대형 할인마트, 전문점, 슈퍼마켓, 카테고리 킬러, 편의점 등
점포 규모	대규모 소매업, 중소규모 소매업　　* 대규모 점포: 매장 면적 3,000m^2 이상「유통산업발전법」
경영 방식	단독점 경영과 체인점 경영으로 구분

(3) 소매상의 기능 기출 20-추가, 20-2, 19-3

생산자를 위한 소매상의 기능	• 점포 내에서 주문 처리가 가능해 생산자가 제공해야 할 고객서비스를 소매상이 대행 • 소비자들의 구매욕구, 구매 시점 등 소비자 정보를 공급자에게 제공 • 상품의 구입과 판매 시점까지 보관기능을 수행함으로써, 이에 따르는 위험과 비용을 부담하므로 도매업자나 생산자의 재고 유지 부담을 덜 수 있음 • 판매를 촉진시키기 위하여 소매상 스스로 광고 및 프로모션을 하게 되는데, 이러한 활동은 결과적으로 생산자 및 도매업자들의 판매촉진에 도움이 됨
소비자를 위한 소매상의 기능	• 다양한 상품구색을 갖춤으로써 고객의 상품 선택의 폭을 증가시킴 • 광고 및 디스플레이 등을 통해 고객에게 상품 및 서비스에 관한 정보 제공 • 상품 저장·보관을 통해 상품의 재고 유지 기능 • 신용 판매나 할부 판매 등을 통해 고객의 금융 부담을 경감시키고 구매 편의를 제공

(4) 소매업의 종류 기출 24-1, 23-2, 22-3

① 점포 소매업: 점포 내에서 최종 소비자에게 상품을 판매하는 업태
  ㉠ 백화점: 다양한 상품을 구매할 수 있도록 현대적 판매시설과 소비자 편익시설이 설치된 점포로서 직영의 비율이 30% 이상인 점포의 집단
  ㉡ 대형마트: 식품·가전 및 생활용품을 중심으로 점원의 도움 없이 소비자에게 소매하는 점포의 집단
  ㉢ 슈퍼마켓
    ⓐ 일반 슈퍼마켓: 식료품·가정용품 등을 중점적으로 취급하며 다품종, 저가격, 저서비스, 고회전율 전략을 실행하는 소매점
    ⓑ SSM(Super Super Market): 유통산업발전법상 준대규모점포라 하며, 기업형 슈퍼마켓으로 품목수와 재고량을 적절히 조절하는 소매점   예 홈플러스 익스프레스, 롯데슈퍼 등
  ㉣ 하이퍼마켓: 대형화된 슈퍼마켓에 할인점 및 창고소매업 방식을 접목해 저가격으로 판매하는 업태로 취급 상품 중 상당수가 PB 제품(자사 브랜드 제품)으로 구성되어 있는 것이 특징임. 식품, 비식품 등을 다양하게 취급하고 대규모 주차장을 보유한 소매점
  ㉤ 전문점: 의류·가전 또는 가정용품 등 특정 품목에 특화된 점포의 집단
  ㉥ 편의점(CVS, Convenience Store): 소규모 소매업태로 편의품부터 조리된 식료품까지 소비자의 일상생활에 밀접한 비교적 폭넓은 상품을 취급
  ㉦ 할인점: 저가 대량 판매의 영업 방식을 토대로 하여 상시적으로 특정 제품을 저렴한 가격으로 판매하는 소매업태로 저가격, 저수익, 고회전율, 저비용 경영을 추구함
    ⓐ 종합형 할인점: 광범위한 상품을 한 점포에서 취급하고 할인뿐만 아니라 쇼핑의 편리함까지도 강조하는 업태
    ⓑ 전문형 할인점: 카테고리 킬러, 아울렛 스토어, 오프프라이스 스토어 등과 같이 특정 상품군에 한정하여 할인해 주는 업태
  ㉧ 아울렛(Outlet): 사용상에는 아무 문제가 없는 하자상품, 재고·이월상품 등을 자신의 회사 명의로 대폭적인 할인가격으로 판매하는 상설 할인점포, 아울렛 중 팩토리 아울렛(factory outlet)은 제조업체가 직영체제로 운영하는 상설할인 매장을 말함
  ㉨ 카테고리 킬러(Category Killer): 대형 전문 할인매장으로, 다른 소매업태나 백화점보다는 훨씬 좁은 범위의 상품을 다루며, 깊은 상품구색을 갖추고 싸게 판매하는 소매업태
    예 가전제품 전문 매장인 하이마트, 세계최대의 완구 전문 할인점인 토이저러스(Toysrus) 등
  ㉩ 드럭 스토어(Drug Store): 일반 의약품은 물론 화장품, 생활용품, 음료 및 건강기능식품 등까지 함께 판매하는 점포 형태로, 우리나라에서는 H&B스토어(Healthy & Beauty Store)와 병용됨 기출 23-2 예 올리브영 등

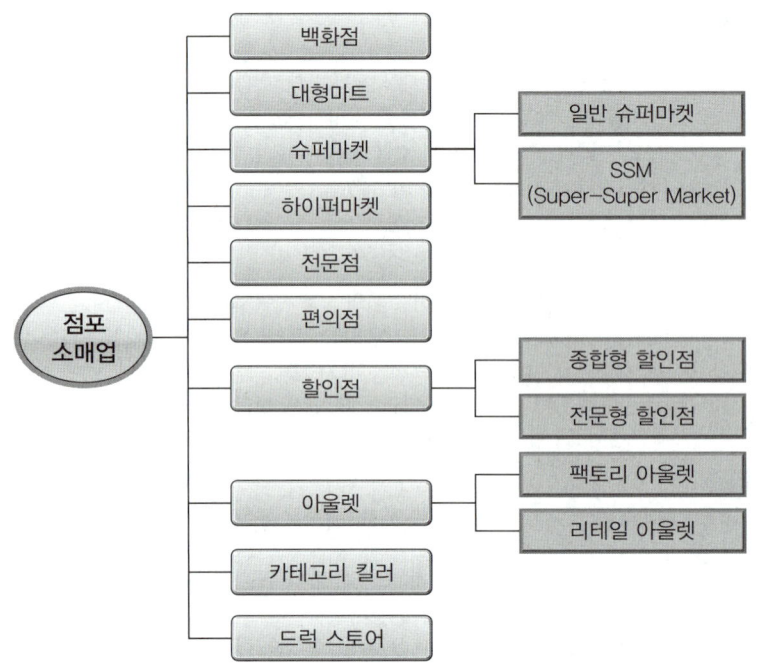

② 무점포 소매업: 오프라인 점포를 두지 않고 온라인 또는 오프라인에서 매출액을 발생시키는 소매업
  ㉠ 직접마케팅: e-마케팅(인터넷 소매업 또는 인터넷 쇼핑몰), 카탈로그 판매, 텔레마케팅, TV홈쇼핑 등을 통한 소매 방식
  ㉡ 인터넷 쇼핑몰: 인터넷 공간에 상품을 제시하고 판매하는 소매 형태. 시간과 공간의 편의성이 극대화될 수 있고, 유통경로가 짧고 단순하기 때문에 저렴한 가격으로 제품 공급이 가능
  ㉢ 카탈로그 판매: 우편을 통하여 고객들이 필요하다고 예상되는 제품을 카탈로그를 이용하여 소개하고 판매계약을 접수한 뒤 제품을 우편으로 전달하는 전통적인 무점포 소매 방식
  ㉣ 텔레마케팅: 직접 전화를 통해 제품과 서비스를 판매하는 아웃바운드 텔레마케팅과 TV 및 카탈로그 등에 기재된 주문전화를 통해 고객의 주문을 유도하는 인바운드 텔레마케팅으로 구분
  ㉤ 직접 판매: 영업사원을 이용한 직접 판매 방식으로 보험, 서적, 학습지 등의 판매가 보통 방문판매를 통해 이루어짐

CHAPTER 02 유통경로 및 구조

1 유통경로의 개념

1. 유통경로의 의의와 중요성

(1) **유통경로의 의의** 기출 24-1
  ① 유통경로(Distribution Channel)는 제품이나 서비스가 생산자로부터 소비자에 이르기까지 거치게 되는 통로 또는 단계이다.
  ② 유통경로는 제조업자 → 도매상 → 소매상 → 소비자로 표현할 수 있으며, 제조업자 입장에서의 유통경로 관리는 이러한 수직적 경로를 관리하는 과정이다.

③ 생산자와 소비자 사이에는 상품 유통을 담당하는 여러 종류의 중간상들이 개입하게 된다. 이러한 중간상에는 도매상, 소매상과 같이 소유권을 넘겨받아 판매 차익을 얻는 형태와 생산자의 직영점처럼 소유권 이전 없이 단지 판매활동만 하는 형태가 있다. 기출 23-2

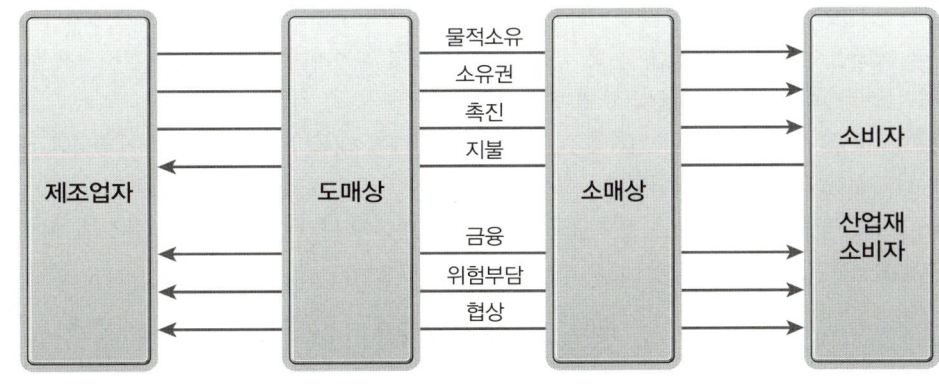

▲ 유통경로 흐름

(2) 유통경로의 전략적 중요성
① 유통경로는 다른 마케팅믹스 요소와 달리 한번 결정되면 경로 전환이 어려운 비탄력성이 있기 때문에 기업은 유통경로의 결정과 관리에 신중해야 한다.
② 유통경로의 길이, 중간상들의 기능 및 능률성, 기업의 합리적 유통경로 결정 등은 기업 경쟁력에 큰 영향을 주고, 사회적 비용에도 영향을 미친다.

(3) 유통경로의 설계
① 유통경로의 설계는 최종 사용자 혹은 고객의 기대를 잘 충족시키는 것을 목적으로 유통경로의 형태와 집약도를 결정하는 것을 말한다.
② 유통경로의 설계 절차
고객의 욕구 분석과 기업의 장·단기 목표설정 → 유통경로 목표 설정 → 유통경로 커버리지 전략 및 경로구조의 결정 → 개별 경로구성원의 결정의 과정을 거친다.

2. 유통경로의 유용성

(1) 유통경로의 효용 기출 24-2, 22-2
① 시간적 효용(Time Utility): 보관(storage)을 통해 언제든지 소비자가 원하는 시간에 상품과 서비스를 제공함으로써 소비자의 욕구를 충족시켜주는 효용이다.
② 장소적 효용(Place Utility): 운송(transportation)을 통해 어디서든지 소비자가 원하는 장소에서 상품과 서비스를 제공함으로써 소비자의 욕구를 충족시켜주는 효용이다.
③ 소유적 효용(Possession Utility): 신용판매, 할부판매 등의 방식으로 판매를 높여 제품의 부가가치를 높임으로써 창출되는 효용이다.
④ 형태적 효용(Form Utility): 대량으로 생산되는 상품의 수량을 소비지에서 요구되는 적절한 수량으로 분할, 분배함으로써 창출되는 효용이다.

(2) 유통경로의 기능 기출 23-1

① 교환 과정의 촉진: 중간상의 개입으로 교환 과정을 단순화시킬 수 있으므로 보다 많은 거래를 효율적으로 이루어낼 수 있다.
② 제품 구색의 불일치 완화: 제조업자는 소수의 제품라인을 대량생산하고자 하며 소비자는 소수의 다양한 제품을 구매하고자 하는데, 양자의 욕구 차이에서 발생하는 제품구색과 생산·구매량의 불일치를 유통경로가 완화시켜주는 기능을 한다.
③ 소비자와 제조업자의 연결: 제조업자들은 중간상을 이용하면 적은 비용으로 더 많은 잠재고객에게 도달할 수 있으며 소비자들도 제품 탐색비용을 줄일 수 있다.
④ 고객서비스 제공: 유통경로는 제조업자를 대신하여 소비자에게 애프터서비스(A/S)를 제공하고 제품의 배달, 설치, 사용 방법 교육 등의 서비스를 제공한다.
⑤ 정보제공: 유통기관 특히 소매업은 유형재인 상품의 판매뿐만 아니라 소비자에게 상품정보, 유행정보를 제공하는 기능까지 수행한다.

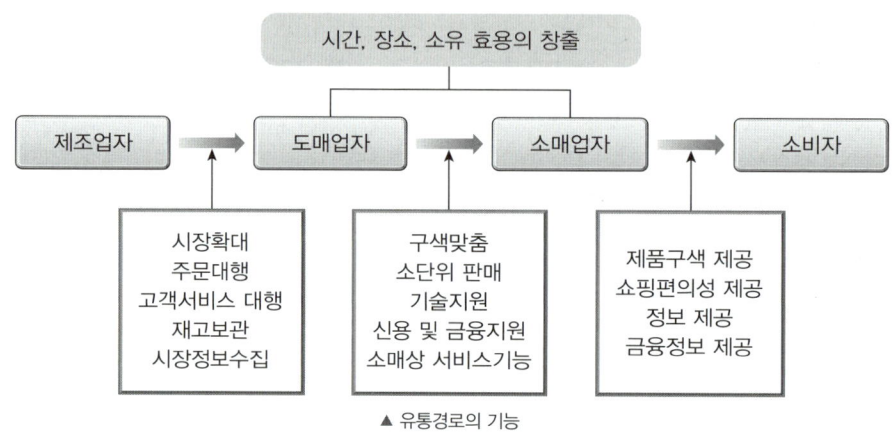

▲ 유통경로의 기능

(3) 유통경로의 구색형성 기능(Assortment Function) 빈출 22-3, 22-1, 21-2, 21-1, 20-2, 17-3

중간상은 여러 생산자로부터 다양한 상품을 확보하고, 확보한 상품들을 같은 카테고리로 분류하거나 알맞은 크기로 나누는 등 구색을 갖춤으로써 고객의 구매 편의성을 도모하는 역할을 하는데 이러한 기능을 구색형성 기능 또는 분류기능이라고 한다. 중간상은 분류기능을 통해 형태, 소유, 시간, 장소 등의 효용을 창출한다.

① 분류 또는 등급분류(Sorting out): 다양한 생산자들로부터 공급된 이질적 제품들의 색, 크기, 용량, 품질 등을 기준으로 상대적으로 동질적인 집단으로 구분하는 것이다.
② 집적 또는 수합(Accumulation): 도매상은 소매상들을 위해, 소매상들은 소비자들을 위해 다양한 생산자들로부터 제공되는 제품들을 대규모 공급이 가능하도록 대량으로 구매하여 모으는 활동(pick-up)을 의미한다.
③ 분배 또는 배분(Allocation): 유통과정상에서 도매상은 소매상에게 소매상이 원하는 단위로, 소매상은 소비자에게 소비자가 원하는 단위로 연속적으로 나누어 제공하는 것이다.
④ 구색갖춤(Assorting): 중간상이 다양한 생산자들로부터 제품을 구매하여 소비자가 원하는 제품을 구비하는 것이다. 즉, 판매를 위해 배분된 상품들을 카테고리별로 묶어 매장에 진열하는 것을 의미한다.

구분	산개(나눔)	집중(모음)
이질적 생산물	분류(Sorting out) 이질적인 것을 동질적 단위로 나누는 과정 생산자의 표준화 기능	구색(Assortment) 이질적인 것을 모두 다시 모으는 단계
동질적 생산물	분배(Allocation) 동질적으로 쌓여진 것을 다시 나누는 과정	집적(Accumulation) 동질적인 것끼리 다시 모으는 수집 기능

3. 유통경로에서 중간상의 필요성 기출 23-2, 21-3, 21-2, 20-3, 19-1, 17-2

유통경로상에서 중간상이 개입되면 상품의 가격은 높아지지만 이는 중간상이 창출하는 소비자 효용으로 상쇄된다. 중간상이 필요한 이유는 다음 네 가지로 설명할 수 있다.

(1) 총 거래 수 최소화의 원칙 기출 21-2

유통경로에서 중간상이 없다면 생산자와 소비자가 직접 거래하여야 하므로 거래수가 많아지지만 중간상이 개입하면 거래 수가 감소하므로 거래비용도 감소한다.

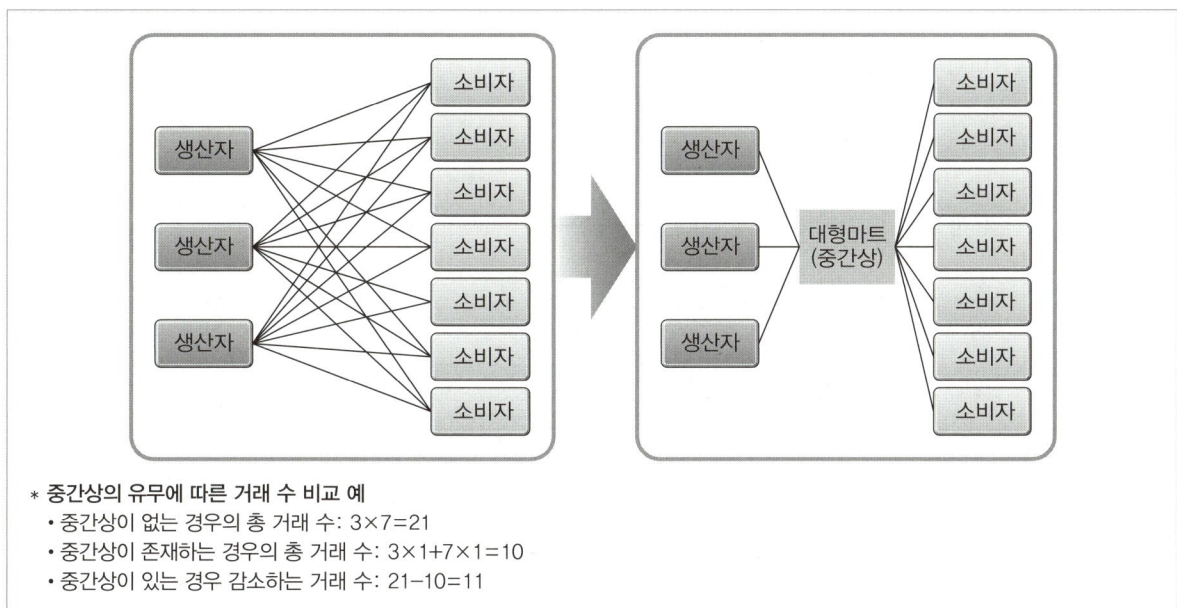

* 중간상의 유무에 따른 거래 수 비교 예
  - 중간상이 없는 경우의 총 거래 수: 3×7=21
  - 중간상이 존재하는 경우의 총 거래 수: 3×1+7×1=10
  - 중간상이 있는 경우 감소하는 거래 수: 21-10=11

(2) 분업의 원칙

유통경로상에서 수행되는 다양한 기능에도 분업의 원리가 적용된다. 즉, 주문, 촉진, 금융, 정보 수집 등의 기능을 중간상들이 분담하여 수행하면 유통기능의 효율성이 높아져 전체 유통비용은 감소하고 상품의 가격도 낮아질 수 있다.

(3) 변동비 우위의 원칙

유통업은 제조업에 비해 변동비 비중이 크기 때문에 생산자가 제조와 유통을 통합하는 것보다 분리하여 역할을 분담하는 것이 비용 측면에서 효율적이다.

> **보충학습**
> 변동비: 생산량의 증감에 따라 변동하는 비용

> **짚고 넘어가기** 고정비와 규모의 경제
> - 고정비는 생산량의 변동 여부에 관계없이 일정하게 지출되는 비용이다.
> - 제조업의 경우 생산설비를 갖추는 데 초기 비용(고정비)이 많이 소요되나, 시설 규모가 커지고 생산량이 증가할수록 단위당 고정비가 하락하여 단위당 비용이 하락하는 규모의 경제 효과가 크게 나타난다.

(4) 집중 준비의 원칙(집중 저장의 원칙) 기출 23-2, 21-3

중간상이 제품의 보관 기능을 분담함으로써 사회 전체가 원활한 소비를 위해 저장해야 할 제품의 총량을 줄일 수 있다.

2 유통경로의 유형과 조직

1. 유통경로의 유형

(1) 소비재의 유통경로 유형

소비재 유통경로는 최종적으로 소비자에게 제품을 공급하는 데 있어 크게 네 가지 유형으로 분류된다.

① 제조업자가 소비자에게 직접 판매하는 경우
② 소매상 하나만을 경로로 하는 경우
③ 도매상과 소매상을 경로로 하는 경우
④ 도매상, 중간도매상, 소매상을 경로로 하는 경우

• 보충학습 •
소비재: 사람들이 욕망을 채우기 위해 일상생활에서 직접 소비하는 재화

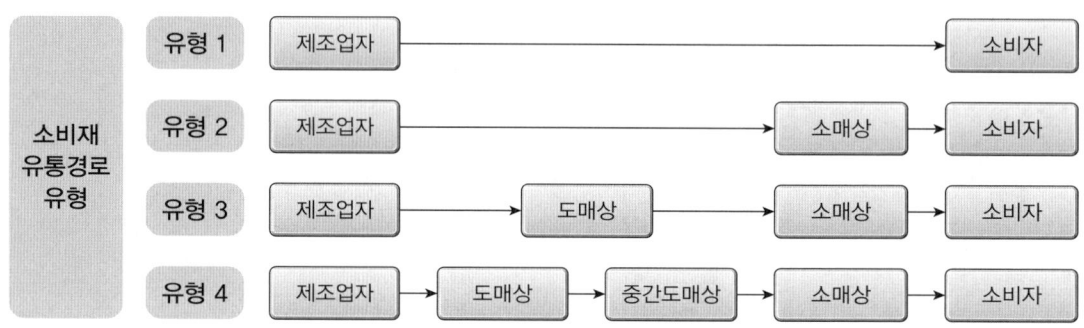

(2) 산업재의 유통경로 유형

산업재는 기업들이 제품의 생산에 투입되기 위해 혹은 도움을 주기 위해 구매하는 제품을 말한다. 산업재의 유통경로도 크게 네 가지 유형으로 분류된다.

• 보충학습 •
산업재: 제조, 가공, 재판매를 위해 생산·사용되는 재화

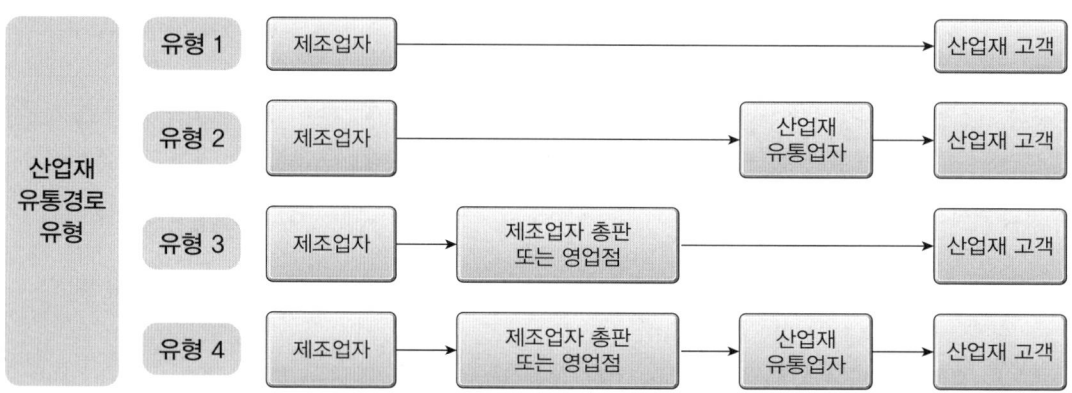

(3) 서비스의 유통경로

① 서비스의 특성
  ㉠ 무형성: 서비스는 어떤 물리적 형태가 존재하지 않는다.
  ㉡ 비분리성: 생산과 소비가 동시에 이루어지며 이 둘은 분리되지 않는다.
  ㉢ 이질성: 서비스 제공자에 따라 제공되는 서비스의 질은 다를 수 있다.
  ㉣ 소멸성: 서비스는 비저장성을 가지고 있어 제공과 동시에 소멸된다.

② 유통경로와 관련된 가장 중요한 서비스의 특성
무형성은 서비스가 저장되거나 이동될 수 없으며, 생산되는 장소와 판매되는 장소가 일치한다는 것을 의미한다. 그러므로 서비스는 상품처럼 보관이나 운송의 개념이 적용될 수 없다.

2. 유통경로 관리

(1) 유통경로 관리의 의의 기출 18-3

① 유통경로상의 경로구성원들은 상호의존적 관계에 있으며, 경로구성원들은 교환 과정에서 전체 경로의 효율성보다는 자신의 목적 달성을 중시하는 기회주의적 행동을 하는 경우가 많다.

② 유통경로의 효율성을 높이기 위해서는 경로 리더가 경로구성원의 활동을 조정·통제하고 경로구성원들 간의 협업체제를 구축하는 것이 필요하다.

(2) 경로시스템 내의 거래관계 유형 기출 19-1

① 단속형 거래(discrete transaction): 유통경로 내의 거래 당사자들(판매자와 구매자)이 현재의 거래를 통해 최대의 이윤을 올리고자 하는 경우를 말하며, 거래쌍방간의 협상이나 교섭과 같은 경쟁적 메커니즘을 통해 거래의 효율성을 높이고자 한다.

② 관계형 교환(relational exchange): 유통경로 내 거래당사자들이 현재뿐만 아니라 미래의 장기적인 경로 성과에 관심을 가지며 연속적 거래를 통해 이윤 극대화를 추구하는 거래 형태이다.

③ 경로구성원들 간의 장기적 협력관계는 통상 관계형 교환을 통해 형성되며, 장기적 협력관계가 실현되기 위해서는 경로구성원들 간에 높은 신뢰와 서약이 요구된다.

3. 유통경로의 조직

(1) 전통적 유통경로(Traditional Marketing System)

① 전통적 유통경로의 의의: 각기 다른 기능을 수행하는 독립적인 경로구성원들이 판매 과정에서 자연스럽게 결합된 형태의 경로조직이다.

② 각 경로구성원은 다른 경로구성원의 경로 성과나 마케팅 기능에 관심을 갖기보다는 자기의 이익만을 위한 마케팅 기능만을 수행하므로 구성원 간 법적 결속력이 낮고, 경로기능이 원활하게 수행되지 못하는 경우가 많다.

③ 전통적 유통경로의 특징
  ㉠ 경로구성원들 간의 결속이 약하고, 경로구성원들은 공통의 목표를 거의 가지고 있지 않다.
  ㉡ 경로구성원들 간의 업무조정이 어렵다. 따라서 경로구성원들 간에 이해관계가 충돌했을 때 이를 조정하기가 매우 어렵다.
  ㉢ 수직적 유통경로(VMS)보다는 효율성과 효과성이 낮지만 유연성은 매우 높다.

(2) 수직적 유통경로(VMS: Vertical Marketing System) 기출 24-1, 22-2, 20-추가, 19-3

① 수직적 유통경로의 의의: 중앙에서 계획된 프로그램에 의해 수직적 유통경로상의 경로구성원들을 전문적으로 관리·통제하는 네트워크 형태의 경로조직이다. 그 형태로는 기업형 VMS, 계약형 VMS(예: 프랜차이즈시스템), 관리형 VMS 등이 있다.

> **짚고 넘어가기 | 수평적 유통경로(HMS: Horizontal Marketing System)**
> 동일한 유통경로상에 있는 2개 이상의 기관들이 각기 독자성을 유지하면서 기업이 가지고 있는 자본, 노하우, 마케팅, 유통망 등의 자원 등을 결합하여 시너지 효과를 얻기 위해 통합하는 것을 말한다.

② 수직적 유통경로의 장단점

장점	단점
• 총 유통비용 절감 가능 • 자원 및 원재료 등을 안정적으로 확보 가능 • 혁신적인 기술 보유 가능 • 높은 진입장벽으로 새로운 기업이 진입하기 어려움	• 막대한 자금 소요 • 시장이나 기술 변화에 민감한 대응 곤란 • 각 유통단계에서의 전문화 상실

③ 수직적 유통경로의 유형 기출 24-1, 23-2, 22-3, 21-1, 19-2, 18-3, 16-1

㉠ 기업형 VMS

기업형 VMS는 한 경로구성원이 다른 경로구성원들을 경제적, 법률적으로 소유·관리하는 유형으로, 전방통합과 후방통합 유형이 있다.

전방통합		제조회사가 도·소매업체를 소유하거나 혹은 도매상이 소매업체를 소유하는 유형
후방통합		소매상이나 도매상이 제조업체를 소유하거나 제조업체가 부품공급업체를 소유하는 유형
수직적 통합의 장단점	장점	• 안정적인 원료 공급 및 유통망 확보가 가능함 • 유통경로 전반에 걸쳐 지배력이 강화되며, 규모의 경제 발생
	단점	• 조직 규모의 비대화로 환경변화에 대한 유연성이 떨어짐 • 초기 투자비용이 많이 발생함

㉡ 계약형 VMS

경로구성원들이 각자 수행해야 할 마케팅 기능들을 계약을 통해 합의함으로써 공식적인 경로관계를 형성하는 경로조직이다.

㉢ 관리형 VMS

경로구성원들의 마케팅 활동이 소유권이나 명시적인 계약에 의하지 않고 상호이익을 바탕으로 맺어진 협력시스템으로, 어느 한 경로리더의 규모나 파워 또는 경영지원에 의해 조정되는 경로유형이다.

㉣ 경로구성원에 대한 본부의 통제력 강도: 기업형 VMS > 계약형 VMS > 관리형 VMS

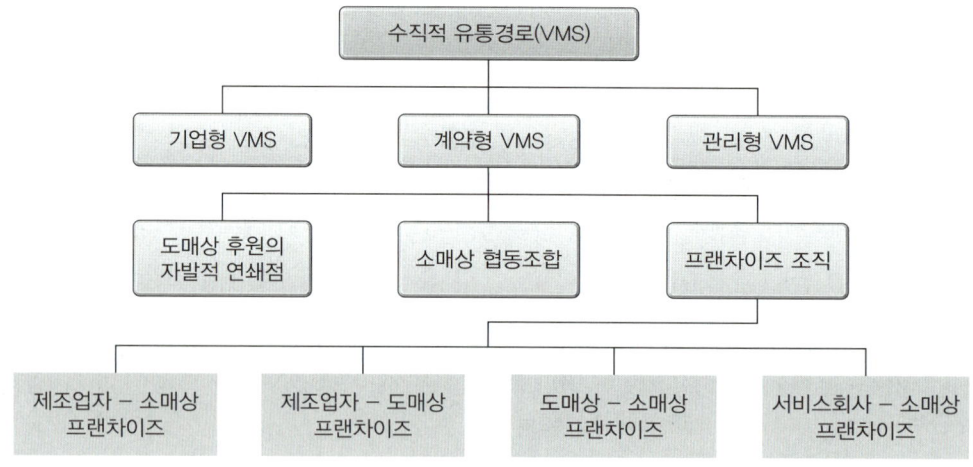

▲ 수직적 유통경로의 구조

(3) 프랜차이즈시스템 `기출` 23-2, 22-3, 18-1

① 프랜차이즈시스템은 가맹본사(Franchiser)가 가맹점(Franchisee)에게 가맹본사의 상호, 상표, 노하우 및 기타 기업의 운영 방식을 사용하여 재화와 서비스를 판매할 수 있도록 계약하는 시스템이다.

② 프랜차이저(가맹본사)는 프랜차이지를 모집하여 사업을 수행하는 역할을 하며, 프랜차이지를 선정하여 특정지역마다 사업의 동반자 혹은 대리인으로 영업할 권한을 허용한다.

③ 프랜차이지(가맹점포)는 프랜차이저에 가입금, 보증금, 로열티 등을 지불하고, 프랜차이저의 경영지도와 지원을 받는다.

④ 프랜차이저(Franchiser, 가맹본사)의 장·단점

장점	• 사업확장을 위한 자본조달이 용이 • 공동으로 대량구매를 하기 때문에 규모의 경제 달성 가능 • 공동광고를 통한 판매촉진활동으로 높은 광고 효과 • 프랜차이저는 경영 미참가로 상품개발에 전념할 수 있음
단점	• 계속적인 가맹점 지도와 원조로 비용과 노력이 소모되기 쉬움 • 가맹점 수가 급격히 증가할 경우 통제가 어려움

⑤ 프랜차이지(Franchisee, 가맹점포)의 장·단점

장점	• 프랜차이즈 본부의 경영노하우, 브랜드 및 개발상품 이용을 통해 사업 실패의 위험성이 적음 • 비교적 소액의 자본으로 시작이 가능하며, 재고 부담 및 판촉활동에 대한 부담이 적음 • 지명도가 높은 상표명을 사용하므로 소비자의 신뢰를 얻을 수 있음
단점	• 프랜차이저와 최초의 계약대로 약속이 이루어지지 않을 경우에는 갈등 조정이 어려울 수 있음 • 프랜차이저는 시스템 전체의 효율을 고려하여 표준화된 운영을 하기 때문에 특정 점포의 개별성을 고려할 수 없음 • 프랜차이저의 실패가 프랜차이즈시스템 전체와 가맹점에 영향을 줄 수 있음

3 유통경로의 믹스

통상적인 유통경로 믹스전략은 '유통범위의 결정 → 유통길이의 결정 → 통제수준의 결정'의 단계를 거친다.

1. 유통범위(커버리지)의 결정 `빈출` 23-3, 23-2, 22-3, 22-1, 19-3, 18-2, 18-1, 17-3, 17-2

유통시장 커버리지 또는 유통 집중도(distribution intensity)는 특정지역에서 자사제품을 취급하는 점포의 수이다.

(1) 개방적 유통경로(Intensive Distribution, 집약적 유통경로)

① 개방적 유통경로는 가능한 한 많은 점포가 자사제품을 취급하도록 하는 마케팅전략으로 집중적 유통경로라고도 한다.

② 개방적 유통경로는 제품이 소비자에게 충분히 노출되어 있고, 제품판매의 체인화에 어려움이 있는 편의품 등에 적용할 수 있다. 그러나 유통비용이 증가되고, 특히 경로 통제가 어렵다는 문제점이 있다.

> **보충학습**
> 유통경로: 제품이나 서비스가 생산자로부터 소비자에 이르기까지 거치게 되는 단계

(2) 선택적 유통경로(Selective Distribution)

① 선택적 유통경로는 경영능력, 평판, 점포 규모 등의 일정 자격을 갖춘 소수의 중간상에게만 자사의 제품을 취급하게 하는 것이다.

② 일반적으로 의류·가구 및 가전제품 등 선매품에 적용할 수 있다. 개방적 유통경로에 비해 중간상의 수가 적기 때문에 유통비용이 절감된다. 또한 전속적 유통경로에 비해 제품 노출이 확대된다.

(3) 전속적 유통경로(Exclusive Distribution, 배타적 유통경로)
① 전속적 유통경로는 일정한 지역에서 자사의 제품을 한 점포가 배타적·독점적으로 취급하게 하는 것으로 유통경로 계열화의 가장 강력한 형태이다.
② 주로 고급 자동차·귀금속·명품 등 전문품이나 고관여 제품에 적용이 가능하며, 제조업체가 도매상이나 소매상을 강하게 통제할 수 있다.

(4) 다중 유통경로 정책
① 소비자 욕구의 다양화로 2개 이상의 유통경로를 동시에 사용하는 유통경로 전략이다.
② 유통경로 간의 갈등이 심화될 수 있고, 이중가격 형성 등의 부작용 등이 발생할 수 있다.

(5) 옴니채널(omni-channel 또는 O2O 커머스) 기출 24-2, 22-2, 21-1, 18-2
소비자가 온라인, 오프라인, 모바일 등 다양한 유통경로를 넘나들며 상품을 검색하고 구매할 수 있도록 한 서비스를 말하며, 각 유통채널의 특성들을 결합하여 어떤 채널에서든 같은 매장을 이용하는 것처럼 느낄 수 있도록 한 쇼핑환경을 의미한다.

> **짚고 넘어가기** 유통채널의 발전 순서
> 하나의 유통 채널만 사용(싱글채널) → 2개 이상의 오프라인 점포 활용(듀얼채널) → 경쟁관계인 2개 이상인 온, 오프라인을 활용(멀티채널) → 온, 오프라인의 융·복합(크로스 채널) → 온, 오프상의 다양한 채널이 고객 경험 관리를 중심으로 통합(옴니채널)

2. 유통경로 길이의 결정

(1) 유통경로 길이의 결정요인
① 제조업자가 선택할 수 있는 유통경로 길이는 제품의 유형과 특성, 시장의 특성, 기업의 특성, 중간상의 특성 등에 따라 달라진다.
② 유통 제품이 소비재인지 산업재인지에 따라서도 달라진다.

(2) 유통경로의 길이 기출 23-1, 20-1
① 짧은 유통경로
  ㉠ 짧은 유통경로를 선택하는 제품은 부패성이 있거나, 표준화가 되지 않은 제품 및 기술적으로 복잡한 전문품으로 구매단위가 크고 구매빈도수는 낮으며 불규칙적인 특성을 가진다.
  ㉡ 이러한 제품은 공급하는 생산자의 수가 적고, 공급자의 시장진입과 탈퇴에 제한이 있다. 또한 지역적으로 집중적인 생산이 되며 유통비용 측면에 있어서 장기적으로는 불안정하다.
② 긴 유통경로
  ㉠ 긴 유통경로를 선택하는 제품은 부패성이 없고, 표준화가 되어 있는 기술적으로 단순한 편의품으로, 구매단위가 작지만 구매빈도수는 높고 규칙적인 특징이 있다.
  ㉡ 제품을 공급하는 생산자의 수는 많으며, 공급자의 시장진입과 탈퇴에 제약이 없기 때문에 지역적인 분산생산이 가능하고 유통비용 구조면에서 장기적으로 안정적이다.

구분	짧은 유통경로	긴 유통경로
제품특성	• 부패성 상품 • 비표준화된 중량품 • 기술적으로 복잡한 제품, 전문품	• 비부패성 상품 • 표준화된 경량품 • 기술적으로 단순한 제품, 편의품
수요특성	• 구매단위가 큰 제품 • 구매빈도가 낮고 비규칙적인 제품	• 구매단위가 작은 제품 • 구매빈도가 높고 규칙적인 제품

	• 생산자 수가 적고, 공급자의 시장 진입이 제한적	• 생산자 수가 많고, 공급자의 시장 진입이 자유로움
공급특성	• 지역적 집중생산	• 지역적 분산생산
유통비용 구조	• 장기적으로 불안정 → 최적화 추구	• 장기적으로 안정적

▲ 유통경로의 길이 비교

(3) 소비재와 산업재의 유통경로 흐름

① 소비재(B2C)의 유통경로 흐름 `기출 19-2`

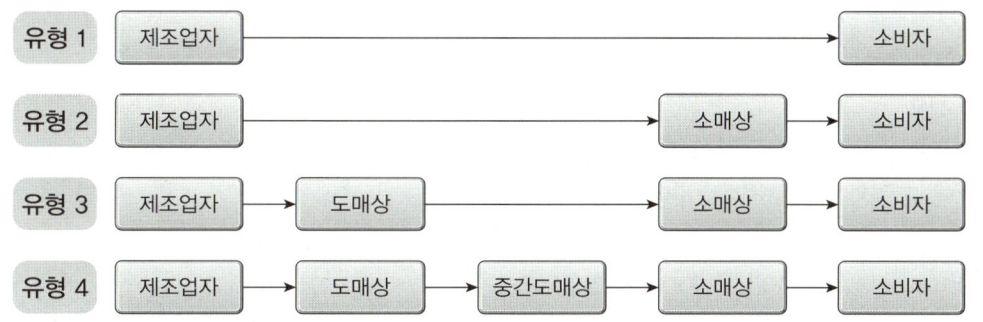

㉠ 유형 1은 직접 유통경로이며, 유형 2~4는 간접 유통경로에 해당한다.
㉡ 일반적으로 소비재는 대부분 유통경로가 긴 간접 유통경로의 형태를 지닌다.

② 산업재(B2B)의 유통경로 흐름 `기출 22-3`

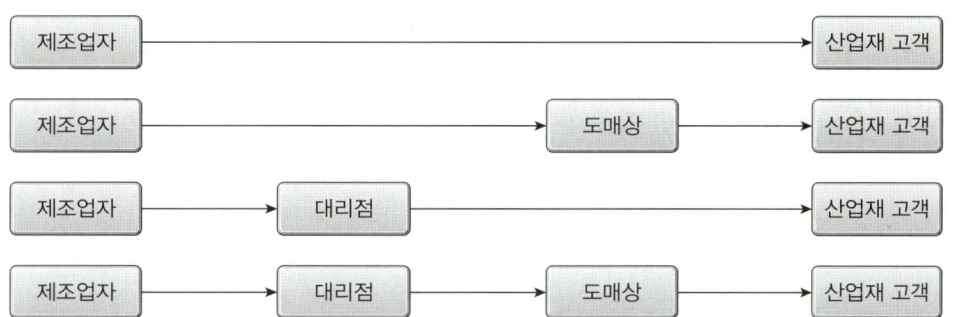

산업재(B2B)는 완제품 생산을 위해 직·간접적으로 필요한 원자재, 부품, 반제품, 설비 등을 말한다. 이들은 아래와 같은 특징을 지닌다.

㉠ 산업재는 파생수요로 길이가 짧은 직접 유통경로의 형태를 지닌다.
㉡ 산업재 시장에는 소수의 대형 구매자와 공급자가 존재한다.
㉢ 수요자와 공급자 간 긴밀한 관계를 가진다.(장기적거래)
㉣ 상품의 기술적 전문성이 높다.(기술집약적)
㉤ 수요의 변동성이 크다.

보충학습
파생수요: 최종재에 대한 직접적인 수요의 결과로 생겨나는 간접적인 수요

4 유통경로 결정이론

1. 연기–투기이론(Postponement–Speculation Theory) `기출 21-2, 19-3, 19-1, 18-1`

경로구성원들 중 '누가 재고 보유의 위험을 부담하는가'에 따라 경로구조가 결정된다는 이론이다. 경로구성원들은 재고의 부담을 가능한 한 연기하거나 또는 투기에 의해 적극적으로 재고를 부담하는 방법 중 하나를 선택해야 하는데 이에 따라 경로 길이가 달라진다.

(1) 연기(Postponement)

재고 보유에 따른 위험과 불확실성을 다른 구성원에게 전가한다. 생산자는 도매상의 제품 취급이 연기됨에 따라 소매상이나 최종 소비자에게 직접 판매하기 때문에 경로가 짧아진다.

(2) 투기(Speculation)

최초의 생산단계부터 차별화 전략을 추구한다. 제품의 이익이 높을 경우, 중간단계에서 제품을 취급하려는 유통업자들이 많아지기 때문에 경로가 길어진다.

(3) 유통경로의 길이

재고 보유를 연기하면 경로 길이가 짧아지고, 투기적으로 재고를 보유하면 경로 길이가 길어진다.

(4) 연기-투기이론의 적용

소비자는 가능한 한 최소의 재고를 유지하려고 하므로 중간상들이 투기적 재고를 통해 제조업체와 고객을 대신하여 재고 위험을 부담한다. 그 결과 소비재는 경로 길이가 긴 간접적 유통경로를 가진다.

2. 기능위양이론(Functional Spinoff Theory) 기출 23-3

① 유통기관은 비용우위를 갖는 마케팅 기능들만을 수행하고, 나머지 마케팅 기능은 다른 경로구성원들에게 위양한다는 이론이다.

② 예를 들어 자원의 제약을 받는 중소기업이 경쟁이 치열한 제품시장에 진입할 경우 전문적 능력을 지닌 중간상에게 마케팅 기능의 일부를 위임하는 것이 바람직하지만, 기업의 규모가 커지게 되면 중간상을 이용하는 것보다 직접 유통기능을 수행하는 것이 더 효과적이다.

3. 거래비용이론(Transaction Cost Theory) 기출 24-2, 22-1

(1) 이론의 내용

① 수직적 계열화에 드는 비용과 시장거래에서 발생되는 거래비용 간의 상대적 크기에 따라 유통경로 길이가 결정된다는 이론이다.

② 중간상의 존재 이유: 일반적으로 시장을 통한 거래비용이 내부조직 구축에 의한 생산비용에 비해 낮고, 기업의 수직계열화 비용이 큰 경우, 유통경로 길이는 길어진다. 반면 수직적 계열화에 의해 마케팅 기능을 직접 수행하는 것이 적은 비용이 드는 경우, 유통경로의 수직적 통합이 이루어져 유통경로의 길이가 짧아진다.

③ 거래비용에 의한 시장의 실패 때문에 기업내부화(수직적 통합)가 이루어진다.

> **짚고 넘어가기** 거래비용이론 요약
> - 긴 유통경로 형성 이유: 수직적 통합(내부화)비용 > 시장거래비용
> - 짧은 유통경로 형성 이유: 수직적 통합(내부화)비용 < 시장거래비용

(2) 거래비용이론의 기본 가정

거래비용이론에서 시장의 실패를 설명하는 거래 관련 변수는 다음과 같다.

① 자산의 특수성의 존재 ② 거래 빈도 ③ 불확실성 ④ 제한된 합리성과 기회주의적 행동(신뢰부족)

4. 게임이론(Game Theory)

① 수직적인 경쟁관계에 있는 제조업자와 중간상이 각자 자신의 이익을 극대화하기 위해 자신과 상대방의 행위를 조정하는 과정에서 유통경로의 구조가 결정된다는 이론이다.

② 게임이론에서는 중간상의 기능을 수직적으로 통합하여 생산과 유통기능을 제조업자가 동시에 수행할 것인지, 아니면 독립적으로 중간상을 이용하여 생산과 유통기능을 분리할 것인지 등의 경쟁업체 간 힘의 구조를 토대로 설명한다.

5. 대리인이론(Agency Theory)
① 유통경로의 개별 경로구성원(의뢰인)에게 가장 큰 성과를 주는 경로구성원(대리인)을 찾아 계약을 맺게 됨에 따라 경로구조가 결정된다는 이론이다. 의뢰인은 대리인의 결정과 행동에 의존한다.
② 정보 불균형과 유통경로 길이
　㉠ 대리인이론은 대리인과 의뢰인 사이에 계약 전과 계약 후의 정보 불균형이 존재한다고 본다.
　㉡ 이때 계약 전의 정보 불균형은 대리인이 과연 의뢰인이 원하는 능력을 제대로 갖추고 있는가에 의해 발생한다. 계약 후의 정보 불균형은 대리인이 의뢰인을 위해 제대로 일을 수행하고 있는지에 의해 발생한다.
　㉢ 따라서 의뢰인이 대리인을 선정할 때는 이러한 정보 불균형을 극복하는 데 소요되는 비용, 즉 정보수집, 감시 및 평가와 관련된 비용이 적게 드는 대리인을 선택하게 된다.

6. 체크리스트 방법 기출 21-3, 20-3
① 경로구조 결정 시 경로구성원들의 마케팅 능력 및 소비자의 유통서비스에 대한 요구(needs)를 구체화한 요인들(시장요인, 제품요인, 기업요인, 경로구성원 등)을 고려하여 경로의 길이를 결정한다.
② 체크리스트법에서 고려할 요인들

시장요인	시장규모, 지역적 집중도, 구매빈도
기업요인	규모, 재무적 능력, 경영 전문성, 통제에 대한 욕망
경로구성원요인	마케팅 기능 수행의지, 수행하는 서비스의 수와 품질, 구성원 이용 비용
환경요인	환경적 고려요인의 수
제품요인	기술적 복잡성, 제품의 크기와 중량 등

CHAPTER 03 유통경제

1 유통산업의 역할

1. 경제적 역할 기출 24-2, 23-2, 22-2

(1) 생산자와 소비자 간 매개 역할
　① 사회적 비용의 감소: 생산자와 소비자 간 거래를 위한 매개 역할을 담당하여 총 거래 수를 감소시켜 사회 전체적으로 발생하는 비용이 감소한다.
　② 제품 구색의 불일치 완화: 생산자와 소비자 간의 정보 교류를 통해 개별적이고 다원화된 소비자 욕구에 적합한 제품을 생산한다.

(2) 물가 조정 역할
　상·물 분리 및 유통구조의 효율화를 통해 최종 소비자 가격을 낮추고 유통업체 간(수평적), 제조업체와 유통업체 간(수직적)의 경쟁을 통한 물가 조정 역할을 한다.

(3) 산업발전의 경쟁력 향상
　유통서비스 부문이 시장에서 차지하는 비중이 커지면서 제조업체에 대한 유통업의 협상력이 증가하고 있고, 제조업체 간 경쟁을 촉발시키는 동시에 제조업 전체의 경쟁력을 제고시킨다.

(4) **고용 창출의 역할**
유통산업은 3차 서비스 산업 중 가장 비중이 높고, 지속적인 성장으로 높은 고용 창출 효과를 가진다.

2. 사회적 역할

(1) **양질의 고객서비스 제공 역할**
유통의 분화를 통하여 고객들에게 적절한 가격과 품질의 제품을 적시에, 안정적으로 저렴하게 공급하는 역할을 한다.

(2) **유통담당자의 역할**
① 상적 유통담당자의 역할
  ㉠ 소매업: 소매업은 생산자나 도매업자로부터 매입 또는 위탁받은 상품을 최종 소비자에게 판매하는 것을 주된 업무로 하는 유통업을 뜻한다.
  ㉡ 도매업: 도매업은 최종 소비자가 아닌 유통경로상의 다른 상인에게 상품 및 서비스 판매를 업으로 하며, 생산자와 소매업을 연결하고 재고저장 등의 역할을 수행한다.
② 물적 유통담당자의 역할
  ㉠ 운송: 육상(트럭, 철도), 해상, 항공, 파이프라인 등 운송경로에 따라 운송을 담당하는 주체인 운송기관이 담당하는 업무를 운송업이라 하며 장소적 효용 발생의 주체가 된다.
  ㉡ 보관(재고관리): 재화를 적절한 소비 시기까지 보관함으로써 부가가치 창출을 목적으로 보관 시설인 창고를 소유하고 상품을 보관하는 업무를 창고업이라 하며 시간적 효용을 발생시킨다.
  ㉢ 유통·가공: 조달받은 물자에 물리적인 변화를 가함으로써 부가가치를 높여 고객에게 서비스하는 유통의 한 영역을 의미한다. 대표적으로는 육류의 가공, 묶음단위 제품의 소분화 등이 해당하며, 형태적 효용이 발생하게 된다.

2 시장경제와 이윤

1. 완전 경쟁시장의 이윤 극대화 전략

(1) **산업의 경쟁구조**
시장 또는 산업이 경쟁적인가 독점적인가를 분석·판단하는 기준으로 공급자와 수요자의 수, 시장가격에 대한 영향력, 상품 차별화 정도 등을 들 수 있다.

(2) **완전 경쟁시장의 성립 조건**
① 가격 수용자로서의 수요자와 공급자: 시장에 참여하는 수요자와 공급자 수는 다수이므로 시장에서 결정된 가격이 주어지면 그 가격에서 개별 기업은 생산량에 관한 의사결정을 할 수 있다. 따라서 완전 경쟁시장에서의 수요자와 공급자는 모두 가격수용자이다.
② 동질적인 상품: 동질적인 상품의 거래가 이루어진다. 여기서의 질은 제품의 품질은 물론 디자인, 포장, 판매방법, 애프터서비스 등을 모두 포함하는 개념이다.
③ 진입과 탈퇴의 자유: 경쟁시장이기 때문에 새로운 기업의 진입과 탈퇴에 제약이 없다.
④ 완전한 정보: 시장 상황은 물론 개별 기업들의 행동과 비용 조건 등에 대한 정보를 수요자와 공급자가 모두 알고 있어야 완전 경쟁이 될 수 있다.

(3) **이윤 극대화 조건**
① 개별 기업이 이윤을 극대화하기 위해서는 한계수입(MR)과 한계비용(MC)이 일치하는 지점에서 가격과 생산량을 결정해야 한다.

> **보충학습**
> • 한계수입(MR): 재화 1단위를 추가로 생산하여 판매할 때 증가하는 총수입의 증가분
> • 한계비용(MC): 재화 1단위를 추가로 생산할 때 증가하는 총비용의 증가분

② 완전 경쟁시장에서는 시장에서 주어지는 가격을 수용하므로 기업의 생산량과는 무관하게 가격(P)은 일정하다. 가격이 일정하면 한계수입(MR)=가격(P)이므로 완전 경쟁시장에서의 이윤 극대화 조건은 P(=MR)=MC로 나타낼 수 있다.

(4) **손익분기점(BEP)과 조업중단점**

① 손익분기점(BEP: Break-Even Point)

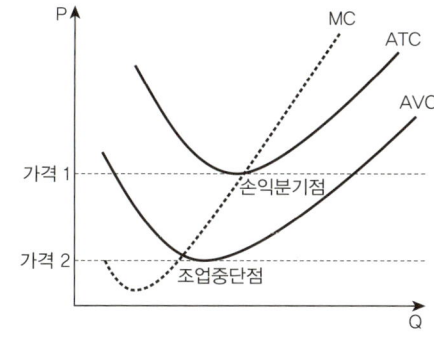

㉠ 손익분기점을 파악하기 위해 비용 및 매출액 수준과 이익 사이의 관계를 분석하는 기법으로, 총수익과 총비용이 일치하게 되는 판매수량 혹은 매출액을 의미한다.

㉡ 완전경쟁시장의 개별기업은 총수입(TR)=총비용(TC)인 생산량 수준에서는 초과이윤도 손실도 없는 상황에 이르게 된다. 따라서 P=ATC(또는 AC)에서 결정되는 생산량을 손익분기점(BEP)이라고 한다. 여기서 ATC(또는 AC)는 평균비용이다.

② 조업중단점(shut down point)

㉠ 개별기업은 P<ATC(or AC)가 되어 손실을 보더라도 생산을 계속하는 것이 유리하다. ATC(또는 AC)에 포함된 고정비용(FC)은 생산을 중단하더라도 지출되는 매몰비용(sunk cost)이기 때문에 고려할 필요가 없다.

㉡ 따라서 P>AVC인 한 생산을 계속하는 것이 유리하다. P=AVC가 되면 생산을 중단해야 하는데 이때의 생산량을 조업중단점(=생산폐쇄점)이라고 한다.

2. 규모의 경제와 범위의 경제

(1) **규모의 경제(Economies of Scale)**

① 기업이 생산 규모를 확대하여 생산량을 점차 증가시킬 때 장기 평균비용이 하락하는 경우 규모의 경제가 있다고 하고, 장기 평균비용이 상승하면 규모의 불경제가 있다고 한다.

② 규모의 경제 발생 원인: 규모의 경제가 나타나는 가장 큰 이유는 분업 및 전문화를 통해 대량 생산이 가능해져 비용절감을 할 수 있기 때문이다. 이와 함께 기술적 요인도 들 수 있다.

③ 사례의 적용: 제품을 대량 생산하거나 대량의 물동량을 운송하는 경우 단위당 제조원가 및 단위당 물류비용이 감소하는 경우가 대표적인 예이다.

(2) **범위의 경제(Economies of Scope)** 기출 22-1

① 범위의 경제는 2가지 이상의 생산물을 따로따로 독립된 기업에서 생산하는 것보다 한 기업이 동시에 생산하는 것이 더 유리한 경우, 즉 비용이 적게 드는 경우를 말한다.

② 범위의 경제가 나타나는 경우

㉠ 버스와 트럭, 냉장고와 에어컨처럼 성격이 유사한 결합 생산물의 경우

　예) AOL과 Time Warner 간 합병

㉡ 생산 시설이나 유통망을 공동으로 사용할 수 있는 경우

　예) P&G와 같이 다양한 소비재를 생산하는 기업들은 종종 자사의 공장입지를 소매기업의 물류센터와 공유

3 유통상품의 생산·소비 및 교환(수요와 공급)

1. 시장경제의 원리

(1) **교환경제**

개별 경제주체인 가계, 기업, 정부는 상대적으로 잘할 수 있는 분야에 집중함으로써 경제 전체의 부가가치를 증가시키고, 수요·공급의 원리에 입각한 교환 행위를 한다.

(2) **시장가격**

보이지 않는 손 즉, 시장가격에 따라 수요·공급량이 결정되고 이로 인해 효율적 자원 배분이 이루어진다.

2. 수요와 공급

(1) **수요(Demand)**

① 수요와 수요량

㉠ 수요: 소비자가 재화와 서비스를 구매하고자 하는 욕구를 의미한다.

㉡ 수요량: 소비자가 구매하고자 하는 수량을 뜻한다.

② 수요의 결정 요인

㉠ 상품의 가격: 해당 가격이 낮으면 수요는 증가하고, 가격이 높으면 수요는 감소한다.

㉡ 대체재의 가격: 대체재의 가격이 높으면 해당 상품의 수요는 증가하고, 반대로 대체재의 가격이 낮으면 해당 상품의 수요는 감소한다.

㉢ 소비자들의 기호: 선호가 높으면 수요는 증가하고, 낮으면 수요는 감소한다.

㉣ 소비자들의 소득 수준 : 소득 수준이 높으면 수요는 증가하고, 낮으면 수요는 감소한다.

(2) **수요의 법칙(Law of Demand)**

수요의 법칙이란 재화의 가격이 하락하면 소비자가 더 많이 구매하는 현상을 의미하며, 수요곡선은 가격(P)과 수요량(Q) 간의 관계를 그래프로 나타낸 것이다.

(3) **수요의 가격탄력도** 　기출　 23-1, 22-3, 21-3

물리학의 탄성(elasticity)개념을 유통경제에 적용한 것으로, 재화의 가격에 영향을 주는 요인이 변화하는 경우 그 수요가 얼마나 민감한 반응을 보이는가를 나타내는 개념이다.

① 수요의 가격탄력도

$$E_d = \frac{수요의\ 변화율}{가격의\ 변화율} \times \frac{\triangle Q_d / Q_d}{\triangle P / P}$$

② 수요의 가격탄력도에 영향을 주는 요인

㉠ 상품의 성질: 일반적으로 생활필수품에 대한 수요의 가격탄력도는 작고, 사치품에 대한 탄력도는 크다.

㉡ 대체재의 유무: 대체재의 수가 많아질수록 탄력도는 커진다.

㉢ 가격이 가계소득에서 차지하는 비중: 상품의 가격이 가계소득에서 차지하는 비중이 클수록 탄력도는 커진다.

㉣ 기간의 장단: 장기는 단기보다 가격변화에 대응할 수 있는 대안이 많아지므로, 수요의 탄력도가 더 커진다.

㉤ 용도의 다양성: 재화의 용도가 다양할수록 가격탄력성이 커진다.

(4) **공급(Supply)**

① 공급과 공급량

㉠ 공급: 생산자가 재화와 서비스를 판매하고자 하는 욕구를 의미한다.

㉡ 공급량: 생산자가 판매하고자 하는 양을 뜻한다.

② 공급의 결정 요인

㉠ 상품의 가격: 해당 상품의 가격이 높게 형성되면 일반적으로 공급은 증가한다.

㉡ 대체재의 가격: 대체재의 가격이 해당 상품보다 높으면 이에 따라 높아질 수요를 대비해 공급도 증가한다.

㉢ 생산요소의 가격: 생산요소(노동, 자본, 토지)의 가격 인하로 생산 원가가 하락하면 공급은 증가한다.

㉣ 기술 수준: 기술 수준의 향상으로 생산 원가가 하락하면 공급은 증가한다.

4 시장유통비용과 이윤

1. 유통비용

(1) 유통비용의 의의

유통비용에는 유통과정 중에 발생하는 매매, 중개비와 같은 상적 유통비용과 운송·보관·하역 과정에서 발생하는 물적 유통비용이 포함된다.

(2) 유통비용의 종류

① 상적 유통비용: 상품 및 서비스의 판매와 관련된 상적 유통활동을 하는 부서에서 소요되는 비용이다.
② 물적 유통비용: 상적 유통의 앞뒤에서 발생하는 운송비, 보관비, 포장비, 하역비 등이 포함된다.
③ 기타 유통비용
   ㉠ 유통 가공비용: 물자의 유통과정에서 상품의 가치를 향상시키고 물류 효용을 향상시키기 위하여 소비된 비용이다.
   ㉡ 정보 유통관리비용: 정보를 수집, 가공, 처리하는 데 소요되는 비용이다.

(3) 유통비용의 중요성

① 최근 제조업 분야에서는 주요 원가 외에 유통비용과 같은 간접원가를 중요하게 인식하고 있다.
② 유통비용의 정확한 계산을 위해서는 유통활동과 관련하여 활동별 원가 발생 요소를 잘 파악해야 한다. 이에 해당하는 활동에는 판매·구매·재무 활동과 운송, 보관, 시장 정보 수집 활동이다.

2. 유통이윤(Distribution Profit)

(1) 전략적 이익모형(SPM: Strategic Profit Model)

미국 Dupont에서 개발한 이익모델로 다양한 재무비율들 간의 상호 관련성을 분석하며, 자기자본이익률(ROE)을 통하여 순이익률, 자산회전율, 레버리지 비율을 고찰하였다.

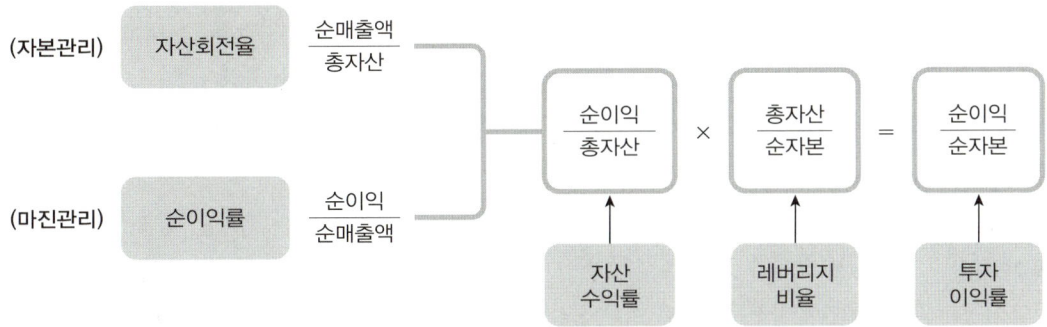

① 자산회전율(순매출액/총자산): 자산에 대한 순매출액의 비율은 자본을 얼마나 잘 활용하는지를 보여주는 지표이며, 자산에 과잉 투자했는지의 여부를 보여줄 수도 있다.
② 매출액순이익률(순이익/순매출액): 제품과 서비스의 원가, 감가상각을 포함한 영업비용, 차입 자금의 비용 등을 판매 수익으로 표현해 기업이 감당할 수 있는 경영 능력을 나타낸다.
③ 자산수익률(ROA, 순이익/총자산): 매출액순이익률은 사용된 자산의 효율성을 간과하고 있으며, 자산회전율은 매출액의 수익성을 반영하지 못한다. 반면 자산이익률(ROA)은 이러한 단점을 해결할 수 있는 장점이 있다.
④ 레버리지비율(총자산/순자본): 이 비율은 기업이 장·단기적인 목적으로 자금을 얼마나 차입했는지를 나타내는 지표에 해당한다.
⑤ 투자이익률(ROI, 순이익/순자본): 소유주의 투자에 대한 이익률이다. 기출 21-2, 17-1

⑥ 재고투자총수익률(GMROI): 제품 재고에 대한 투자가 총이익을 얼마나 잘 달성하는가를 평가할 수 있는 지표이다. 기출 19-1

$$GMROI = \frac{총수익}{매출액} \times \frac{매출액}{평균재고자산} = 총수익률 \times 재고회전율$$

(2) **제품별 직접이익(DPP: Direct Product Profit, 직접제품이익)** 기출 22-3, 17-3
① 소매업체의 제품 성과를 평가하는 중요한 측정 도구 중의 하나이며, 경로구성원이 취급하는 제품의 수익성을 평가하는 지표이다.
② 회계상의 손익계산서를 유통기업에 맞추어 수정하는 방법이다.
③ 제품 평가에 있어서 고정비용은 제외하고, 변동비만 고려한다. 제품별 영업활동이나 상품 머천다이징 활동에 의해 발생하는 직접 비용(Direct Cost)만을 분석한다.

> **보충학습**
> 손익계산서: 기업의 모든 비용과 수익을 비교하여 손익의 정도를 밝히는 계산서

CHAPTER 04 유통산업의 이해 및 환경

1 유통의 발전과정

(1) 우리나라의 유통산업의 전개
① 1970년대 - 수출 주도, 성장 위주의 경제 정책으로 유통업은 생산 부문에 비해 상대적으로 낙후되어 왔다.
② 1980년대 - 도시화, 교통수단의 발달, 소득 증대로 인한 소비자 욕구의 다양화 등 많은 사회적 변화로 유통산업은 생산자와 소비자를 연결시켜 주는 전문적인 기능을 수행하면서 점차 발달하기 시작하였다.

(2) 우리나라 유통산업의 현황
최근 유통기관의 현대화·대형화 작업이 이루어지기 시작하였으며 정부에서도 유통산업의 효율적인 진흥과 균형 있는 발전 등 유통 현대화의 필요성을 인식하여 「유통산업발전법」을 제정하여 관련 정책을 추진하였다.

2 유통환경의 변화와 특징

1. 우리나라 유통산업의 환경 변화 기출 24-2, 24-1, 23-1

(1) 시장 개방의 가속화
① 우리나라의 유통시장은 1997년에 완전한 개방을 이루어 점포 수 및 점포당 매장 면적 제한이 철폐되었다.
② 유통시장 개방의 가속화는 선진 유통기법 도입의 촉진, 경쟁 촉진에 따른 유통 효율성 제고, 소비자의 선택 폭 확대, 고객서비스 수준의 향상, 수입품의 가격 하락에 따른 물가 안정 등 긍정적인 측면을 기대할 수 있다.

(2) 대형 유통업체의 다점포 출점전략 가속화
유통시장 개방 이후 대형할인점과 전문점 등 새로운 업태의 등장으로 유통시장의 경쟁이 치열해지면서 백화점이나 대형마트 등 대형 유통업체들이 다점포 경영전략을 채택하면서 지방 출점이 가속화되고 있다.

(3) 소비자의 변화
① 소비자의 소득수준 향상 및 1인 가구 증가에 따라 점점 더 고급화·다양화 및 레저화된 상품과 서비스를 요구하게 되었다.
② 핵가족화 현상의 진전과 맞벌이 부부의 증가로 야간 및 휴일 쇼핑이 증가하고 있다.
③ 해외에서 직접 구매하는 경향이 증가하고 있다.

(4) 업태 간 경쟁의 심화 및 O2O의 발달
① 대형할인점과 인터넷 쇼핑·TV홈쇼핑 등 무점포판매의 급속한 성장으로 백화점의 성장세는 둔화되었고, 재래시장의 쇠퇴가 가속화되고 있다.
② O2O(Online to Offline)의 발달로 온·오프라인 간 경계가 모호해지고 있다.

(5) IT 환경의 변화와 이에 따른 무점포 소매업의 성장
유통산업의 경쟁력 향상을 위해서는 POS, EDI, 고객 및 판매정보시스템 구축이 지속적으로 추진되어야 한다. 또한 인터넷, 모바일환경의 발전으로 전자상거래가 급속히 확대되고 있다.

2. 소매업의 최근 추세

(1) 강력한 소매상(Power Retailer)의 등장
강력한 소매상이란 경쟁적인 전략 수립을 통해 고객들에게 뛰어난 만족을 제공해 주는 소매점포를 의미한다. 카테고리 킬러, 대형마트, 회원제 창고형 도소매점, 전문소매점 등이 이에 속한다.

(2) 소매업의 양극화 현상
소매업 양극화는 하이터치형 소매업태와, 하이테크형 소매업태의 양극단으로 소매업이 전개되고 있는 현상을 말한다.

구분	특징
하이터치형 (high-touch)	제한된 제품 계열에 대한 철저한 관리를 특징으로 하며 고도로 집중화되고 전문화된 소매업태이다. 고수익률-저회전율 소매 전략을 사용한다. 예 갭(GAP), 토이저러스 등의 전문점 체인
하이테크형 (high-tech)	대형점포와 진열·보관 기술 및 셀프서비스 노하우를 바탕으로 한 소매업태이다. 예 월마트, 코스트코 등의 초대형점포 [참고] 카테고리 킬러(할인 전문점)는 일종의 전문점이지만 초대형점포 형태이므로 하이테크형으로도 볼 수 있다.

3. 소비자의 변화

(1) 프로슈머(Prosumer)의 등장
① 생산자를 뜻하는 producer와 소비자를 의미하는 consumer의 합성어로 생산활동에 직접 참여하는 소비자를 뜻한다.
② 생산자와 소비자의 경계가 점차 모호해지면서 소비자가 소비만 하는 수동적인 입장에서 벗어나 제품의 개발과 유통 과정에도 참여하는 능동적인 소비자를 의미한다.
③ 기업은 이들을 활용하여 다양한 아이디어와 상품 홍보 효과를 얻는데, 이를 프로슈머 마케팅이라고 한다.

(2) 큐레이슈머(Curasumer)
큐레이슈머란 전시회 기획자인 curator와 소비자인 consumer의 합성어로, 전시회의 큐레이터처럼 기존의 제품을 꾸미고 다양하게 활용하는 편집형 소비자를 의미한다.

(3) 트랜슈머(Transumer)
① 이동하면서 상품이나 서비스를 구매하는 소비자를 의미한다.
② 통신기술의 발전에 따라 스마트폰을 이용하여 쇼핑을 즐기는 소비자를 의미한다.

4. 유통산업 관련 정책

(1) 유통산업 시책의 기본 방향
① 유통구조의 선진화 및 유통기능의 효율화 촉진
② 유통산업에서 소비자 편익의 증진
③ 유통산업의 지역별 균형 발전 도모
④ 유통산업의 종류별 균형 발전 도모
⑤ 중소유통기업의 구조개선 및 경쟁력 강화
⑥ 유통산업의 국제 경쟁력 제고
⑦ 유통산업에서 건전한 상거래 질서 확립 및 공정한 경쟁 여건 조성

(2) 유통산업발전 기본 계획의 내용
① 유통산업 발전의 기본 방향
② 유통산업의 국내외 여건 변화 전망
③ 유통산업의 현황 및 평가
④ 유통산업의 지역별·종류별 발전 방안
⑤ 산업별·지역별 유통기능의 효율화·고도화 방안
⑥ 유통 전문 인력, 부지 및 시설 등의 수급 변화에 대한 전망
⑦ 중소 유통기업의 구조 개선 및 경쟁력 강화 방안
⑧ 대규모 점포와 중소 유통기업 및 중소 제조업체 사이의 건전한 상거래 질서의 유지 방안
⑨ 그 밖에 유통산업의 규제 완화 및 제도개선 등 유통산업의 발전을 촉진하기 위하여 필요한 사항

(3) 「유통산업발전법」의 주요 내용
① 법규의 주요 내용
  ㉠ 매장 면적의 합계가 3,000m² 이상인 대규모점포를 개설하거나 전통상업보존구역에 준대규모점포를 개설하려는 자는 특별자치시장·시장·군수·구청장에게 등록해야 한다.
  ㉡ 산업통상자원부장관은 유통표준코드의 보급에 관한 사항 등이 포함된 유통정보화 시책을 세워 시행해야 한다.
  ㉢ 물류 공동화를 촉진하기 위해 시·도지사의 추천을 받아 공동 집배송 센터로 지정할 수 있다.
  ㉣ 유통에 관한 분쟁을 조정하기 위해 특별시·광역시·특별자치시·도·특별자치도 및 시·군·구에 각각 유통분쟁조정위원회를 둔다.
② 대규모 점포의 종류(「법」 제2조 제3호 관련: 별표1)
  ㉠ 대형마트: 근린생활시설이 설치되는 장소를 제외한 매장 면적의 합계가 3,000m² 이상인 점포의 집단으로서 식품·가전 및 생활용품을 중심으로 점원의 도움 없이 소비자에게 소매하는 점포의 집단
  ㉡ 전문점 근린생활시설이 설치되는 장소를 제외한 매장 면적의 합계가 3,000m² 이상인 점포의 집단으로서 의류·가전 또는 가정용품 등 특정 품목에 특화한 점포의 집단
  ㉢ 백화점: 근린생활시설이 설치되는 장소를 제외한 매장 면적의 합계가 3,000m² 이상인 점포의 집단으로서 다양한 상품을 구매할 수 있도록 현대적 판매시설과 소비자 편익시설이 설치된 점포로서 직영의 비율이 30% 이상인 점포의 집단
  ㉣ 쇼핑센터: 근린생활시설이 설치되는 장소를 제외한 매장 면적의 합계가 3,000m² 이상인 점포의 집단으로서 다수의 대규모 점포 또는 소매점포와 각종 편의시설이 일체적으로 설치된 점포로서 직영 또는 임대의 형태로 운영되는 점포의 집단

⑫ 복합쇼핑몰: 용역의 제공 장소를 제외한 매장 면적의 합계가 3,000m² 이상인 점포의 집단으로서 쇼핑, 오락 및 업무기능 등이 한 곳에 집적되고, 문화·관광시설로서의 역할을 하며, 1개의 업체가 개발·관리 및 운영하는 점포의 집단

③ **체인사업의 구분**(「법」 제2조 제6호 관련) 기출 22-3, 22-2, 20-추가, 20-2, 18-2, 18-1
  ㉠ 직영점형 체인사업: 체인본부가 주로 소매점포를 직영하되, 가맹계약을 체결한 일부 소매점포에 대하여 상품의 공급 및 경영 지도를 계속하는 형태의 체인사업
  ㉡ 프랜차이즈형 체인사업: 독자적인 상품 또는 판매·경영 기법을 개발한 체인본부가 상호·판매방법·매장 운영 및 광고 방법 등을 결정하고 가맹점으로 하여금 그 결정과 지도에 따라 운영하도록 하는 형태의 체인사업
  ㉢ 임의가맹점형 체인사업: 체인본부의 계속적인 경영 지도 및 체인본부와 가맹점 간 협업에 의하여 가맹점의 취급품목·영업 방식 등의 표준화 사업과 공동구매, 공동판매, 공동시설 활용 등 공동사업을 수행하는 형태의 체인사업
  ㉣ 조합형 체인사업: 동일업종의 소매점들이 「중소기업협동조합법」 제3조의 규정에 의한 중소기업 협동조합을 설립하여 공동구매, 공동판매, 공동시설 활용 등 사업을 수행하는 형태의 체인사업

④ 유통산업발전법의 적용 배제 기출 19-2
  다음의 시장·사업장 및 매장에 대하여는 이 법을 적용하지 아니한다.
  ㉠ 「농수산물 유통 및 가격안정에 관한 법률」에 따른 농수산물도매시장·농수산물공판장·민영농수산물도매시장 및 농수산물종합유통센터
  ㉡ 「축산법」에 따른 가축시장

5. 글로벌 유통산업 변화에 따른 대응 전략

(1) 빅데이터 등 IT 기술의 변화
  소비자 데이터를 능동적으로 활용하여, 소비자의 행동 패턴을 정밀하게 분석하여 업태의 효율성을 증대시키고, 사업의 다각화를 달성해야 한다.

(2) O2O 커머스의 활용
  세계적으로 온라인과 오프라인 커머스의 경계가 사라지고 융·복합된 새로운 유통 업태들이 등장하고 있어 이에 대한 전략적 대응이 중요하다.

(3) 사회·문화적 환경 변화에 대처
  1인 또는 2인 가구의 급증, 워라벨 성향, MZ세대 성장, 고령화 등의 환경 변화에 대처해야 한다.

(4) 국내 유통기업의 해외진출 및 해외 기업의 국내 진출

(5) 서비스 확대
  매장 내 엔터테인먼트 강화와 같은 방안을 구축해야 한다.

(6) 유통의 지역화
  지역 특색에 맞는 지역상권과의 결합을 도모해야 한다.

(7) 글로벌 소싱의 강화
  일본의 고령·중장년층 대응 점포구성, 유럽·미국·일본의 하드디스카운트 매장의 구성 등은 해당 유통업계의 강력한 상품소싱 능력이 바탕을 이루고 있다.

(8) 행정적 규제
  효율적이고 체계적인 도시 개발 관점에서의 유통 경쟁력 향상에 초점을 둔다.

핵심 기출문제

PART 01 유통의 이해

01
15년 3회

유통에 대한 설명으로 옳지 않은 것은?

① 유통기능은 크게 소유권 이전기능, 물류기능, 유통조성 기능 등으로 구분할 수 있다.
② 유통산업발전법상의 유통산업이란 유통과정에 참여하는 모든 중간상, 물류기관, 금융기관 등을 모두 포함하여 일컫는 말이다.
③ 유통경로 수준이란 생산자와 소비자 사이에 중간상이 몇 단계에 걸쳐서 개입하는가를 말한다.
④ 유통흐름(flow)에는 생산자에서 소비자로 흐르는 것도 있지만, 그 반대의 흐름도 있다.
⑤ 유통경로란 생산에서 최종 소비자까지 소유권이 이전되어 가는 경로를 말한다.

「유통산업발전법」 제2조 1호에 따르면 '유통산업'이란 농산물·임산물·축산물·수산물(가공물 및 조리물을 포함한다) 및 공산품의 도매·소매 및 이를 경영하기 위한 보관·배송·포장과 이와 관련된 정보·용역의 제공 등을 목적으로 하는 산업을 말하며, 이들 중 금융기관은 포함되지 않는다.

정답 | ②

02
21년 1회

아래 글상자에서 공통적으로 설명하는 유통경로의 특성으로 옳은 것은?

> ⊙ 우리나라는 도매상이 매우 취약하고 제조업자의 유통 지배력이 매우 강하다.
> ⓒ 미국의 경우 광활한 국토를 가지고 있어 제조업자가 자신의 모든 소매업체를 관리하는 것이 어려워 일찍부터 도매상들이 발달했다.
> ⓒ 각국의 특성에 따라 고유한 형태의 유통경로가 존재한다.

① 유통경로의 지역성
② 유통경로의 비탄력성
③ 유통경로의 표준성
④ 유통경로의 집중성
⑤ 유통경로의 탈중계현상

국가별로 고유한 특성으로 인하여 상이한 유통경로가 존재하는 것은 유통경로의 지역성을 나타내는 것이다.

정답 | ①

03
20년 3회, 19년 1회, 17년 1,2회

글상자 안의 ( )에 들어갈 단어로 올바르게 짝지어진 것은?

> 중간상의 참여는 생산자와 소비자 간의 직접거래에 비해 거래빈도의 수 및 이로 인한 거래비용을 낮춘다는 것이 (⊙) 원리이고, 유통경로상에 가능하면 많은 수의 도매상을 개입시킴으로써 그렇지 않은 경우보다 각 경로구성원에 의해 보관되는 제품의 총량을 감소시킬 수 있다는 것이 (ⓒ) 원리이다.

① ⊙ 분업   ⓒ 집중준비
② ⊙ 변동비 최소   ⓒ 분업
③ ⊙ 총거래수 최소 ⓒ 분업
④ ⊙ 분업   ⓒ 변동비 우위
⑤ ⊙ 총거래수 최소 ⓒ 집중준비

⊙ 중간상의 참여로 인해 총거래수가 감소하여 거래비용을 낮춘다는 것은 총거래수 최소의 원칙이다.
ⓒ 중간상이 존재함으로써 사회 전체가 원활한 소비를 위해 저장(storage)해야 할 제품의 총량을 줄일 수 있다는 것은 집중준비의 원칙(집중저장의 원칙)이다.

관련이론 | 변동비 우위의 원리
유통업은 제조업에 비해 변동비 비중이 크기 때문에 생산자가 제조와 유통을 통합하는 것보다 분리하여 역할을 분담하는 것이 비용 측면에서 효율적이다.

정답 | ⑤

04

21년 1,2회, 20년 2회, 17년 3회, 15년 2회

다음 글상자는 올더슨(W. Alderson)의 구색창출 과정에 관한 내용이다. (　) 안에 들어갈 용어로 올바르게 짝지어진 것은?

(㉠)은/는 생산 과정에서 이질적인 생산물을 동질적인 단위로 나누는 과정을 말하고, (㉡)은/는 이질적인 것이 모두 다시 모이는 단계를 말한다.

① ㉠ 배분(allocation) ㉡ 집적(accumulation)
② ㉠ 분류(sorting out) ㉡ 구색(assortment)
③ ㉠ 배분(allocation) ㉡ 구색(assortment)
④ ㉠ 집적(accumulation) ㉡ 배분(allocation)
⑤ ㉠ 구색(assortment) ㉡ 집적(accumulation)

분류(sorting out)는 생산 과정에서 이질적인 생산물을 동질적인 단위로 나누는 과정을 말하고, 구색(assortment)은 이질적인 것을 모두 다시 모으는 단계를 말한다.

선지분석
- 배분(allocation): 동질적으로 쌓여진 것을 다시 나누는 과정
- 집적(accumulation): 동질적인 것끼리 다시 모으는 수집기능

정답 | ②

05

21년 1회, 19년 2회, 18년 1,2,3회

유통 효용의 종류와 내용이 올바르게 나열된 것은?

① 장소 효용: 중간상을 통해 제조업자의 소유권을 소비자에게 이전하는 효용
② 시간 효용: 결제시스템을 도입하거나 현금, 신용카드, 계좌이체, 모바일결제 등 다양한 결제수단 적용
③ 시간 효용: 중간상이 시즌이 지난 의류를 재고로 보관 후 다음해 시즌에 재판매
④ 소유 효용: 운반, 배송을 통한 구매접근성 향상
⑤ 장소 효용: 신용, 할부, 임대, 리스판매

중간상이 시즌이 지난 의류를 재고로 보관 후 다음 해 시즌에 재판매하는 것은 보관이 창출하는 시간 효용이다.

선지분석
① 장소 효용: 운송을 통해 적절한 장소에서 구매욕구를 총족시켜 주는 효용
② 시간 효용: 보관을 통해 적절한 시기에 구매할 수 있도록 하는 효용
④ 소유 효용: 중간상을 통해 제조업자의 소유권을 소비자에게 이전하는 효용

관련이론 | 형태적 효용
유통가공 행위를 통해 소비자가 원하는 형태 및 수량으로 공급하는 효용

정답 | ③

06

21년 1회

기업에서 사용할 수 있는 수직적 통합전략의 장점과 단점에 대한 설명으로 가장 옳지 않은 것은?

① 조직의 규모가 지나치게 커질 수 있다.
② 관련된 각종 기능을 통제할 수 있다.
③ 경로를 통합하기 위해 막대한 비용이 필요할 수 있다.
④ 안정적인 원재료 공급 효과를 누릴 수 있다.
⑤ 분업에 의한 전문화라는 경쟁우위효과를 누릴 수 있다.

전방통합이나 후방통합으로 수직적 통합을 하면 생산자가 도매상이나 소매상의 기능을 함께 수행하므로 분업에 따른 전문화의 이점을 누리기 어려워질 수 있다.

관련이론 | 수직적 통합의 유형

전방통합	제조업자가 소매상을 통합하는 경우와 같이 마케팅 경로상의 유통시스템에 대한 소유나 통제를 강화하는 것
후방통합	제조업자가 원료공급자를 통합, 소매상이 제조업자를 통합하는 경우와 같이 마케팅 경로상의 공급시스템에 대한 소유나 통제를 강화하는 것

정답 | ⑤

07

20년 3회, 19년 3회, 18년 1,3회

다음 중에서 경로구성원들 중 누가 재고 보유에 따른 위험을 감수하느냐에 의해 경로구조가 결정된다고 보는 이론은?

① 연기-투기(postponement-speculation) 이론
② 대리인(agency) 이론
③ 시장거래비용(transaction cost) 이론
④ 게임(game) 이론
⑤ 기능위양(functional spinoff) 이론

연기-투기 이론이란 경로구성원들 중 누가 재고보유에 따른 위험을 부담하는가에 따라 경로구조가 결정된다는 이론이다. 경로구성원들은 재고의 부담을 가능한 한 연기하거나 또는 투기에 의해 적극적으로 재고를 부담하는 방법 중의 하나를 선택해야 하는데 이에 따라 경로길이가 달라진다.
유통경로상에 어떤 유통기관을 포함시킬 것인가의 문제, 즉 경로구조 문제를 설명하는 이론으로는 연기-투기 이론, 기능위양 이론, 시장거래비용 이론, 게임이론, 대리인 이론, 체크리스트법 등이 있다.

선지분석
② 대리인 이론(agency): 유통경로의 개별 경로구성원(의뢰인)에게 가장 큰 성과를 주는 경로구성원(대리인)을 찾아 계약을 맺게 됨에 따라 경로구조가 결정된다는 이론
③ 시장거래비용 이론(transaction cost): 수직적 계열화에 드는 비용과 시장거래에서 발생되는 거래비용 간의 상대적 크기에 따라 유통경로 길이가 결정된다는 이론
④ 게임(game) 이론: 수직적인 경쟁관계에 있는 제조업자와 중간상이 각자 자신의 이익을 극대화하기 위해 자신과 상대방의 행위를 조정하는 과정에서 유통경로의 구조가 결정된다는 이론
⑤ 기능위양(functional spinoff) 이론: 유통기관은 비용우위를 갖는 마케팅 기능들만을 수행하고, 나머지 마케팅 기능은 다른 경로구성원들에게 위양한다는 이론

정답 | ①

08

21년 2회, 20년 추가,3회, 19년 3회, 18년 2회, 17년 2회

한정기능 도매상(limited-service wholesalers)의 한 형태로 박스 안의 설명에 해당하는 것은?

> 매출 비중이 높지 않은 제품을 소매상을 대신하여 소매상의 진열대에 진열하여 재고관리를 해주며, 소매상에게 판매를 위탁한다. 제품의 소유권을 도매상이 보유하고 최종 소비자에게 판매된 제품에 대해서만 소매상에게 대금을 청구한다.

① 직송도매상(drop shipper)
② 진열도매상(rack jobber)
③ 현금거래 도매상(cash and carry wholesaler)
④ 산업재 유통업자(industrial distributor)
⑤ 트럭도매상(truck jobber)

한정기능 도매상의 한 형태인 진열도매상에 대한 설명이다.

선지분석
① 직송도매상(drop shipper): 소매상 고객으로부터 주문이 왔을 때, 해당 상품을 생산자가 직접 구매자에게 배송하도록 하는 중개하는 도매상
③ 현금거래 도매상(cash and carry wholesaler): 현금무배달 도매상이라고도 하며, 현금 지불을 거래 조건으로 하고, 배달은 하지 않으며 대신 제품을 낮은 가격으로 공급하는 도매상
④ 산업재 유통업자(industrial distributor): 상인 도매상의 한 유형으로 소매상보다는 제조업자에게 제품을 판매하는 도매상
⑤ 트럭도매상(truck jobber): 판매와 배달 기능을 트럭을 이용하여 직접 수행함. 주로 한정된 제품을 취급하며 고객들의 주문에 의해 구매와 보관, 배송의 기능을 수행하는 도매상

관련이론 | 한정기능 도매상
유통기능 중 소수의 기능에 전문화되어 있고 소매상 고객에게 제한된 서비스만을 제공하는 도매상이다. 주요 형태로는 현금무배달 도매상, 트럭배달 도매상, 선반진열 도매상, 직송도매상 등이 있다.

정답 | ②

09

20년 2,추가, 18년 1,2회, 16년 1회, 15년 2회

다음은 「유통산업발전법」에서 정의한 체인사업의 한 유형이다. 이에 해당하는 체인사업의 유형은?

> 독자적인 상품 또는 판매·경영 기법을 개발한 체인본부가 상호·판매방법·매장 운영 및 광고 방법 등을 결정하고, 가맹점으로 하여금 그 결정과 지도에 따라 운영하도록 하는 형태

① 프랜차이즈형 체인사업
② 임의가맹형 체인사업
③ 직영점형 체인사업
④ 조합형 체인사업
⑤ 카르텔형 체인사업

「유통산업발전법」제2조 제6호에서는 체인사업을 직영점형, 프랜차이즈형, 임의가맹점형 및 조합형 4가지로 구분하고 있다. 이 중 문제에 제시된 개념은 프랜차이즈형 체인사업에 해당한다.

선지분석 |
② 임의가맹형 체인사업: 체인본부의 계속적인 경영 지도 및 체인본부와 가맹점 간 협업에 의하여 가맹점의 취급 품목·영업 방식 등의 표준화사업과 공동구매·공동판매·공동시설 활용 등 공동사업을 수행하는 형태의 체인사업
③ 직영점형 체인사업: 체인본부가 주로 소매점포를 직영하되, 가맹계약을 체결한 일부 소매점포에 대하여 상품의 공급 및 경영 지도를 계속하는 형태의 체인사업
④ 조합형 체인사업: 동일업종의 소매점들이 중소기업협동조합법 제3조의 규정에 의한 중소기업 협동조합을 설립하여 공동구매·공동판매·공동시설 활용 등 사업을 수행하는 형태의 체인사업

정답 | ①

10

24년 1회

유통경로(distribution channel)의 일반적 특성 설명으로 옳지 않은 것은?

① 유통경로란 생산물이 최초의 생산자로부터 최종 소비자에게 이동되는 과정에 참여하는 개인 및 조직의 집합체를 의미한다.
② 유통경로는 제품이나 서비스를 고객이 사용 또는 소비하기 위해 필요한 것이다.
③ 유통경로에는 제조업체, 도·소매상 등과 같은 많은 조직이 참여하고 있으며 이들은 상호 의존적인 관계에 있다.
④ 유통경로는 개별 기업이 자사의 상품을 시장에 공급하기 위해 사용하는 경로라는 점에서 사회적으로 상품을 유통시키는 유통기관과 동일시된다.
⑤ 유통경로는 구매자의 수요를 충족시키기 위해 판매자가 보유한 제품과 서비스를 공급하는 과정에서 필요한 하나의 연결고리로 이해할 수 있다.

유통경로는 제품이나 서비스가 생산자에서 소비자에 이르기까지 거치게 되는 통로 또는 단계를 의미하며, 사회적으로 상품을 유통시키는 유통기관과 동일시되는 것은 아니다.

정답 | ④

11

16년 1회

다음에서 설명하고 있는 수직적 유통시스템(VMS)은?

> 동일자본이거나 공식적이고 명문화된 계약 배경이 없어도, 점유율이 높거나 판매망이 넓은 제조업자나 유통업자가 경로리더가 되거나 경로구성원을 지원하는 형태

① 기업형 VMS
② 리더형 VMS
③ 자유형 VMS
④ 계약형 VMS
⑤ 관리형 VMS

관리형 VMS는 경로 구성원들의 마케팅 활동이 소유권이나 계약에 의하지 않고 상호이익을 바탕으로 맺어진 협력 시스템으로, 어느 한 경로구성원의 규모나 파워, 또는 경영지원에 의해 조정되는 경로유형에 해당한다.

정답 | ⑤

12
20년 추가, 19년 2회, 18년 1회, 16년 1회

최근 국내 유통업계의 변화와 그에 따른 시사점으로 옳지 않은 것은?

① 유통업체의 대형화로 인해 유통업체 영향력이 증가하였다.
② IT 기술 발달로 전통적 유통채널이 약화되고 O2O(옴니채널) 등의 신업태가 급성장 중이다.
③ 유통업의 국제화와 정보화가 진전되었고 무점포 판매가 증가하고 있다.
④ 소비자들의 다양한 구매패턴에 따라 '어느 점포, 어떤 매장을 이용할 것인가'의 선택이 중요하게 부각되고 있다.
⑤ 제조업자, 도매업자, 소매업자 각각의 역할이 점점 뚜렷하게 구분되고 있다.

최근 유통에서는 SCM의 발전, O2O커머스 등의 도입이 확산됨에 따라 유통경로상 제조업자, 도매업자, 소매업자 간의 경계가 모호해지고 있다.

정답 | ⑤

13
20년 추가, 19년 2회, 18년 1회, 16년 1회

사회·문화적 측면의 변화에 따른 유통환경에 대한 설명으로 가장 옳지 않은 것은?

① 정보기술의 발전으로 소비자의 목소리가 커져서 프로슈머가 등장하였다.
② 생활 방식의 변화로 대용량 포장이 각광받고 있다.
③ 건강에 대한 관심이 높아져서 친환경 농산물 및 관련 제품이 인기이다.
④ 제품의 질과 가치를 동시에 추구하는 합리적인 소비문화가 등장하였다.
⑤ 여성의 사회적, 경제적 활동 증가로 즉석식품과 편의점, 배달서비스가 발전하였다.

최근 사회문화적 환경 및 생활 방식의 급격한 변화로 1인 가구가 크게 증가하면서 나타난 변화 중 하나는 소용량 포장이 증가하고 있는 점이다.

정답 | ②

14
20년 추가

유통경로의 길이(channel length)가 상대적으로 긴 제품으로 가장 옳은 것은?

① 비표준화된 전문품
② 시장 진입과 탈퇴가 자유롭고 장기적 유통비용이 안정적인 제품
③ 구매빈도가 낮고 비규칙적인 제품
④ 생산자수가 적고 생산이 지역적으로 집중되어 있는 제품
⑤ 기술적으로 복잡한 제품

시장 진입과 탈퇴가 자유롭고 장기적으로 유통비용이 안정적인 제품의 경우에는 많은 중간상이 개입하므로 유통경로의 길이가 상대적으로 긴 편이다.

정답 | ②

15
17년 3회, 16년 3회

제품의 단위당 가격이 4,000원이고, 제품의 단위당 변동비가 2,000원일 때, 이 회사의 손익분기점은 몇 개일 때인가? (단, 총고정비는 200만원이다.)

① 100개
② 500개
③ 1,000개
④ 5,000개
⑤ 10,000개

$$\text{손익분기점 판매량} = \frac{\text{고정비}}{\text{단위당 가격} - \text{단위당 변동비}}$$

$$= \frac{2{,}000{,}000원}{4{,}000원 - 2{,}000원} = 1{,}000개$$

정답 | ③

16
17년 2회

도매상의 기능을 '제조업자를 위한 도매상의 기능'과 '소매상을 위한 도매상의 기능'으로 구분할 때, 그 성격이 다른 하나는?

① 시장확대기능
② 재고유지기능
③ 신용 및 금융기능
④ 시장정보제공
⑤ 주문처리

도매상의 기능 중 ③ 신용 및 금융기능은 소매상을 위한 기능에 해당한다. ①, ②, ④, ⑤는 제조업자를 위한 기능이다.

정답 | ③

17

P&G와 같이 다양한 소비재를 생산하는 기업들은 종종 자사의 공장입지를 소매기업의 물류센터와 공유하기도 한다. 이와 같은 현상을 가장 적합하게 설명하는 용어는?

① diversification
② economies of scope
③ conglomerate
④ portfolio
⑤ merge & acquisition

범위의 경제(economies of scope)는 어떤 두 가지 이상의 생산물을 따로 따로 독립된 기업에서 생산하는 것보다 한 기업이 동시에 생산하는 것이 더 유리한 경우, 즉 비용이 적게 드는 경우를 가리킨다. 범위의 경제는 성격이 유사한 결합생산물 또는 생산시설이나 유통망을 공동으로 사용할 수 있는 경우 등에서 나타날 수 있다.

정답 | ②

18
23년 1회

아래 글상자 내용 중 글로벌 유통산업 환경변화의 설명으로 옳은 것을 모두 고르면?

> ⊙ 유통시장 개방의 가속화
> ⓒ 주요 소매업체들의 해외 신규출점 증대 및 M&A를 통한 초대형화 추진
> ⓒ 선진국 시장이 포화되어감에 따라 시장 잠재성이 높은 신규시장 발굴에 노력
> ⓒ 대형유통업체들은 해외시장 진출확대를 통해 성장을 도모

① ⊙, ⓒ
② ⊙, ⓒ
③ ⊙, ⓒ
④ ⓒ, ⓒ, ⓒ
⑤ ⊙, ⓒ, ⓒ, ⓒ

유통시장 개방의 가속화, 해외 신규출점 증대 및 M&A를 통한 초대형화 추진, 잠재성이 높은 신규시장 발굴 노력, 대형유통업체들의 해외시장 진출확대 등은 글로벌 유통산업의 주요 환경변화에 해당한다.

정답 | ⑤

19
24년 1회

기업형 수직적 유통경로시스템에 대한 설명으로 옳지 않은 것은?

① 생산에서 판매에 이르는 시간을 단축시켜 시장환경에 신속하게 대응할 수 있다.
② 외부업체에게 돌아갈 마진을 내부화함으로써 수익성을 제고시킬 수 있다.
③ 내부직원이 아웃소싱업체에 비해 경쟁의식이 떨어질 경우 실적이 저조할 수 있다.
④ 회사의 정책이나 전략을 일사불란하게 수행할 수 있다.
⑤ 수요가 줄어들거나 경쟁에서 뒤처질 경우 유연하게 대응할 수 있다.

기업형 수직적 유통경로시스템은 유통경로상의 전후방 통합을 통해 유통경로 전체의 지배력을 강화하는 것으로, 환경변화에 대하여 유연하게 대응할 수 없다는 단점이 한계에 해당한다.

정답 | ⑤

PART 02 유통경영전략

CHAPTER 01 유통경영환경분석

1 거시적 환경과 미시적 환경

(1) **거시적 환경(Macro Environment): STEP 분석** 빈출 24-1, 22-2, 21-2, 21-1, 20-추가, 20-2 19-3, 19-2

① 사회·문화적 환경(Social & culture environment)
사회를 구성하고 있는 개인의 행위에 영향을 미치는 집단이나, 문화·가치관·전통 내지 관습 등과 같은 사회제도 및 사회적 태도 등을 말한다.

> **보충학습**
> 거시적 환경: 기업의 외부 환경으로 유통기업에게 기회요인과 위협요인을 동시에 가져다 줄 수 있는 요소

② 기술적 환경(Technical environment)
기술은 기업의 다양한 활동에 직·간접적인 변화를 초래하는 여러 종류의 기술적 변혁 및 발명으로 기업 활동에 크게 영향을 미치며, 외부적으로는 시장의 형태에도 영향을 준다.

③ 경제적 환경(Economic environment)
기업의 모든 활동과 간접적으로 연결되어 있는 모든 경제적 시스템으로서, 재화 및 서비스의 생산과 분배에 관한 지역·국가·국제적 상태 또는 여건을 의미한다.

④ 정치·법률적 환경(Political environment)
기업의 활동은 국가가 규정하는 법적인 범위에서 행해져야 하므로 국가의 제도 및 법적 규범, 그리고 이를 산출하는 정치적 과정은 기업의 지위와 생산활동에 직·간접적인 영향을 미친다.

(2) **미시적 환경(Micro Environment)**
① 미시적 환경은 내부 경영 환경과 과업환경을 함께 이야기하며, 기업의 경영활동에 직접적인 영향을 미친다.
② 기업의 내부환경과 소비자, 경쟁자, 공급자 및 종업원 등이 미시적 환경을 구성한다.

(3) **과업환경** 기출 21-2
과업환경은 공급자, 소비자, 경쟁자, 언론매체, 지역사회, 협력업체, 정부 등을 의미한다.

2 유통경영전략

(1) **유통경영전략의 의의**
① 유통전략: 환경의 제약 하에서 목표달성을 위해 조직이 사용하는 주요 수단이다. 즉, 조직이 목표를 세우고 기업 활동의 제약 조건이 되는 환경을 분석하고 환경에 대해 대응해나가는 과정을 의미한다.
② 경영전략: 경쟁우위 획득방안을 찾는 경영활동이다. 기업의 경영목표를 정의하고 사명을 확인함으로써 그 목표를 달성하기 위한 광범위한 프로그램 혹은 환경변화에 적응하는 조직의 능동적 반응패턴으로 정의된다.
③ 전략경영: 기업이 설정한 장기목표 달성을 위해 각종 정책을 수립하고, 수립된 정책을 통해 전략적으로 자원을 배분하는 경영활동을 의미한다.

(2) 유통경영전략의 중요성

① 조직의 환경 적응 능력 촉진

경영전략은 변화하는 외부 환경에 기업이 유연하게 대처할 수 있도록 조직의 환경 적응능력을 촉진하는 기능을 담당한다.

② 경영자원의 효율적 배분

경영전략은 기업 내 각 부문의 자원할당의 우선순위를 합리적으로 평가하여 전사적인 관점에서 경영자원을 효율적으로 배분하도록 한다.

③ 다양한 경영활동들을 통합

경영전략은 기업의 존재가치와 사명을 명확히 하고, 사명달성을 위한 장기적인 전략 목표와 목표달성을 위한 활동방향을 제시함으로써 기업 내부의 다양한 경영활동들의 통합에 기여한다.

3 유통기업의 비전과 목표

1. 경영전략의 수립단계 기출 23-2, 22-2, 21-1

(1) 기업사명의 정의

기업사명(Mission)은 사업영역의 규정, 시장지향성, 실현 가능성, 동기부여적인 내용 등을 포함한다.

(2) 기업목표의 설정

① 기업사명은 구체적인 경영목표(Goals)로 전환되어서 목표에 의한 경영이 수행되어야 한다.

② 목표를 설정하기 위해서는 환경분석이 선행되어야 한다.

③ 목표는 기업 전체의 목표와 연계하여 구체적, 측정가능하며 계층화시켜 설정하여야 한다.

④ 목표달성시 성과와 보상 간의 체계적인 연계관계를 구축하여야 한다.

(3) 사업 포트폴리오(Business Portfolio) 분석

기업 목표를 설정한 후에는 기존 사업에 대한 평가를 위해 사업 포트폴리오 분석을 하여야 한다. 이는 기업이 가진 한정된 자원을 기업의 각 사업부에 어떻게 배분하여 어떤 사업 포트폴리오를 갖는 것이 가장 효율적인가를 결정하는 것이다.

(4) 성장 전략의 수립

① 신규 사업에 대한 평가를 통해 성장 전략을 수립한다.

② 새로운 사업을 통한 기업 성장은 크게 집약적 성장, 통합적 성장, 다각화 성장의 3가지 방법을 통해 이루어질 수 있다.

2. 전략 결정의 고려요소

① 경영철학: 기업의 목적달성을 위해 방향을 제시하는 경영철학을 고려한다.

② 내부 환경 파악: 기업이 보유한 능력 등의 내부 조건을 고려하는 것이다. 즉, 내부 역량이 강점(Strength)인지 약점(Weakness)인지를 파악한다.

③ 외부 환경 파악: 기업이 경쟁해야 할 상대 등의 외부 환경을 파악하여 외부 환경이 기회(Opportunity)인지 위협(Threat)인지를 파악한다.

④ 기업의 사회적 책임(CSR): 전략 수행 시 사회적 책임을 다하고 있는지를 고려한다.

⑤ 경쟁구조 환경: 포터(M. Porter)의 산업구조 분석모형에서는 경쟁구조 환경으로 5가지 요소(5-forces)를 제시하고 있다. 포터의 5가지 요소는 기존 경쟁자들 간의 경쟁 정도, 잠재적 진입자의 위협, 대체재의 위협, 구매자의 협상력, 공급자의 협상력이다.

4 유통경영의 외부적·내부적 요소 분석

1. 경영의 외부환경분석

(1) 마이클 포터(Michael E. Porter)의 산업구조분석모형(5-Forces Model)
① 과업환경을 분석하는 것은 곧 이해관계자들을 분석하는 것이며, 가장 대표적인 분석 방법은 포터의 산업구조분석이다.
② 마이클 포터의 산업구조분석모형의 목적은 궁극적으로 산업의 수익 잠재력에 영향을 주는 주요 경제·기술적 세력을 분석하는 것이다.

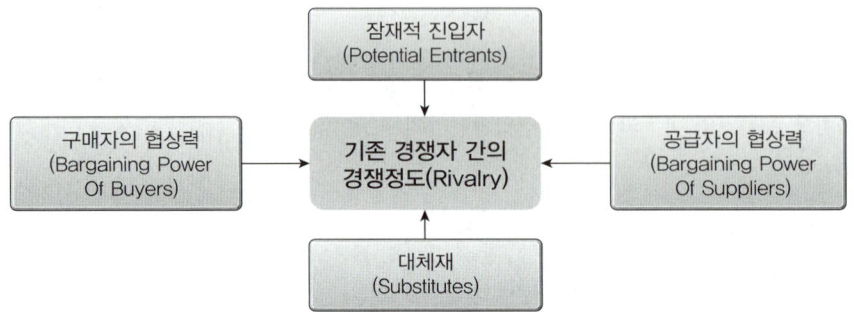

(2) 산업구조분석모형의 분석 기출 23-1, 22-3, 22-2, 22-1, 21-2, 19-1, 18-1

기존 경쟁자들 간의 경쟁 정도	산업에 참여하고 있는 기업의 수가 적을수록, 즉 산업의 경쟁 정도가 낮을수록 그 산업의 전반적인 수익률은 상대적으로 높아지게 되며, 경쟁 정도가 높을수록 산업의 수익률은 낮아지게 된다.
잠재적 진입자의 위협	진입장벽이 낮아 새로운 기업의 진입이 용이하다면, 그 산업 내에서 높은 가격을 받을 수 없기 때문에 수익률은 낮아지게 된다.
대체재의 위협	대체재의 가격이 낮고 품질이 우수하며 성장성이 클수록 이윤폭이 제한되고 시장침투의 위험이 크므로 산업의 수익률은 낮아진다.
구매자의 협상력	구매자 집단의 교섭능력이 클수록 기업의 제품에 대한 소비자들의 지속적인 구매력이 낮아지기 때문에 산업의 수익률은 낮아진다.
공급자의 협상력	공급자 집단의 교섭(협상) 능력이 클수록 제품 가격과 품질에 미치는 영향력이 커짐으로써 소비자들의 지속적인 구매력이 낮아지기 때문에 산업의 수익률은 낮아지게 된다.

(3) 외부환경분석의 중요성
① 환경이 기업에 미치는 영향의 중요성은 환경의 변화가 어떤 기업에는 기회로, 또 다른 기업에게는 위협으로 작용할 수 있다는 데 기인한다.
② 기업은 지속적인 환경감시를 통하여 환경 속에서 기회가 되는 요인과 위협이 되는 요인을 발견하여, 위협요인을 피하되, 시장기회는 적극 활용해 나갈 수 있도록 기업전략을 수립해 나가야 한다.

2. 경영의 내부환경분석

(1) 내부환경분석 기출 19-2
기업이 전략을 수행하는 데 동원할 수 있는 자금과 자금 이외에 필요한 설비, 자원, 노하우 등 내부적인 자원들을 살펴보는 분석이다.

(2) **포터의 가치사슬 분석** `기출` 20-3, 20-추가, 17-3

① 가치사슬

1985년 마이클 포터가 정립한 것으로 기업 활동에서 부가가치 창출에 직접 또는 간접적으로 관련된 일련의 활동·기능·프로세스의 연계를 의미한다.

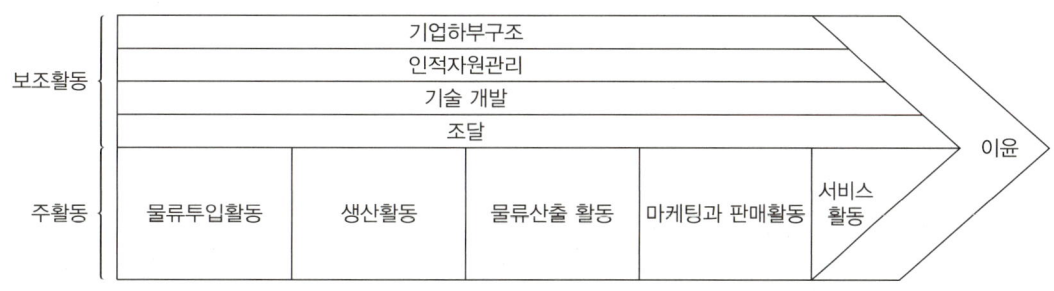

▲ 가치사슬

② 가치창출활동 `기출` 20-2, 17-3

가치창출활동은 주활동(Primary Activities)과 보조활동(Support Activities)으로 나뉜다. 주활동은 부가가치를 직접 창출하는 부문을, 보조활동은 부가가치가 창출되도록 간접적인 역할을 하는 부문이다.

주활동(본원적 활동)	제품의 생산·운송·마케팅·판매·물류·서비스 등과 같은 현장 업무 활동
보조활동(지원 활동)	조달·기술개발·인사·기업하부구조(재무·기획) 등 현장 활동을 지원하는 제반업무

3. 경영의 외부환경과 내부환경의 결합(SWOT분석)

(1) **SWOT 분석의 의의** `기출` 24-1, 23-1

SWOT은 강점(Strength), 약점(Weakness), 기회(Opportunity), 위협(Threat)의 이니셜로 기업내부의 강점과 약점을 파악하여 환경의 기회요인을 포착하고 위협요인을 회피하는 전략의 수립이 이루어져야 한다는 모형이다.

외부요인＼내부요인	강점(Strength)	약점(Weakness)
기회(Opportunity)	기회활용을 위해 강점을 사용할 수 있는 상황	기회활용을 위해 약점을 보완해야 하는 상황
위협(Threat)	위협을 극복하기 위해 강점을 사용할 수 있는 상황	위협을 극복하기 위해 약점을 보완해야 하는 상황

(2) **SWOT 분석의 중요성**

SWOT 분석은 기회를 최대화하고 위협을 최소화하여 기업의 자원을 가장 효율적으로 사용하려는 것이다. 피터 드러커(P. Drucker)는 자사(company)의 강점을 살릴 수 있는 전략이 최우선이라고 하였다.

(3) **각 상황에서의 전략**

SO상황	• 시장의 기회를 활용하기 위해 강점을 적극 활용하는 전략 • 시장기회 선점전략, 시장·제품 다각화 전략
ST상황	• 시장의 위협을 회피하거나 극복하기 위해 강점을 활용하는 전략 • 시장침투 전략, 제품확장 전략
WO상황	• 약점을 극복하거나 제거함으로써 시장의 기회를 활용하는 전략 • 핵심역량 강화전략, 전략적 제휴 등의 전략
WT상황	• 시장의 위협을 회피하고 약점을 최소화하거나 없애는 전략 • 철수, 핵심역량 개발, 전략적 제휴, 벤치마킹 등의 전략

CHAPTER 02 유통경영전략의 수립과 실행

1 유통기업의 경영전략

1. 유통기업의 전략 방향의 결정
경영전략은 기업이 추구하는 방향에 따라 성장 전략, 안정화 전략, 축소 전략, 협력 전략의 4가지 유형적 방향성을 지닌다.

(1) 성장 전략(Growth Strategy)
성장전략은 기업의 규모를 증대시키고 현재의 영업 범위를 확대하는 공격적인 사업 전략을 의미한다. 성장 전략을 통해 매출액 증대, 시장점유율 증대 등 외형적 성장을 꾀할 수 있다.

(2) 안정화 전략(Stability Strategy)
기업 운영상 모험 등의 큰 변화 없이 현상 유지를 목표로 하는 전략으로 위험 부담을 최소화하려는 전략을 의미한다.

(3) 축소 전략 기출 20-3
효율성을 달성하거나 성과를 향상시키기 위해서 기업의 규모를 축소하는 전략을 말한다. 다운사이징, 구조조정(restructuring), 분사(spin off), 청산 등이 이에 해당한다.

(4) 협력 전략(Cooperative strategy)
이는 전략적 제휴라고도 하며, 2개 이상의 기업이 상호보완적 협력을 통해 경쟁우위 확보 및 공동의 목표를 달성하기 위해 서로 협력하는 win-win전략을 말한다.

2. 경영전략의 수준 기출 23-1, 20-추가, 21-2

(1) 기업수준의 전략(Cooperative Level Strategy)
기업이 경쟁하는 시장과 산업의 범위를 결정하는 가장 상위의 경영전략이다. 즉 기업전략은 다각화, 수직적 통합, 인수합병, 해외사업진출과 같은 결정이나 각 사업 분야에 경영자원을 배분하고 신규 사업의 진출과 기존사업 부분에서의 탈퇴와 같은 결정을 의미한다.

(2) 사업부 전략(Business Strategy)
기업이 각각의 시장에서 경쟁하는 구체적인 방법을 결정하는 것으로 기업전략에 종속된 하위전략이다. 즉 기업이 경쟁 대상 기업과의 경쟁에서 이기려면 경쟁우위에 설 수 있는 전략이 필요한데, 이러한 경쟁우위를 확보하고 유지하는 전략을 의미한다. 대표적으로 차별화 전략이 있다.

(3) 기능별 전략(Functional Strategy)
기업전략과 사업 전략에 종속된 하위 전략으로서, 생산·마케팅·재무·인사조직·회계·연구개발 등 경영관리의 제 기능을 결정하는 전략을 의미한다.

3. 경영혁신(Business Innovation)

(1) 혁신 경영전략
혁신 경영전략이란 기업이 비즈니스를 수행하는 방식에 큰 변화를 가져옴으로써 기업 경쟁력을 강화시키는 수단 또는 과정을 의미한다.

(2) 경영혁신 기법 기출 20-3

벤치마킹 (Benchmarking)	• 시장 선도기업들의 기술 또는 업무프로세스를 지속적으로 측정하고 비교함으로써 얻어진 유용한 정보를 자사의 성과 향상을 위한 업무개선 수행에 반영하는 것
구조 조정 (Restructuring)	• 급변하는 기업환경에 대응하고 경쟁력을 확보하기 위하여 기업의 구조를 혁신적으로 재구축하는 것
리엔지니어링(BPR: Business Process Re-engineering)	• 기업의 비용, 품질, 서비스 속도와 같은 핵심적 분야에서 극적인 향상을 이루기 위해 기존의 업무수행 방식을 원점에서 재검토하여 업무처리절차를 근본적으로 재설계하는 것으로, 리엔지니어링의 궁극적인 목적은 고객만족
다운사이징 (Downsizing)	• 조직의 효율, 생산성, 경쟁력을 높이기 위해서 비용구조나 업무 흐름을 개선하는 일련의 조치로, 필요 없는 인원이나 경비를 줄여 낭비적인 조직을 제거하는 것
전사적자원관리(ERP) 기출 21-1	• 기업이 구매, 생산, 물류, 판매, 인사, 회계 등 별도의 시스템으로 운영되던 것을 하나의 통합적인 시스템으로 구축하여 경영자원을 효율적으로 관리하는 것 • 기업 전반의 업무 프로세스를 통합적으로 관리, 경영 상태를 실시간으로 파악하고 정보를 공유하게 함으로써 빠르고 투명한 업무 처리의 실현을 목적으로 함
전략적 제휴 (Strategic Alliance)	• 특별한 관계를 갖고 있지 않았던 기업들이 각자의 독립성을 유지하면서 특정 분야에 대해 상호보완적이고 지속적인 협력관계를 위한 제휴를 맺음으로써 상호 간 각각의 약점을 서로 보완하고 경쟁우위를 강화하고자 하는 방법
블루오션 전략 (Blue Ocean Strategy)	• 기존의 경쟁시장에서 예전의 업종, 고객 개념에 얽매이지 않고 경쟁이 없는 새로운 시장을 개척하고자 하는 전략

2 경쟁우위와 경쟁전략

1. 포터의 본원적 경쟁전략(본원적 우위) 기출 24-2

(1) 경쟁전략의 의의
① 경쟁전략이란 산업 내에서 방어 가능한 지위를 구축하고 5가지 세력에 잘 대처하여 기업의 투자수익을 높이기 위한 공격적 혹은 방어적인 행동을 취하는 것이다.
② 계획한 기간 동안에 달성하고자 하는 구체적인 목표를 설정하고, 목표달성을 위한 전략방향을 설정하는 데 있어 포터(M. Porter)는 경쟁우위의 원천과 경쟁 영역의 범위를 기준으로 4가지 본원적 경쟁전략을 제시하고 있다.

(2) 본원적 경쟁전략의 유형

경쟁적 범위	경쟁력 우위요소	
	비용우위	고객이 인식하는 제품의 특성
전체시장	원가우위전략	차별화전략
세분시장	(원가우위)집중화	(차별적)집중화

① 원가우위 전략(Cost Leadership Strategy): 동일한 제품을 경쟁자보다 싸게 만들어서 판매하는 방법이다.
② 차별화 전략(Differentiation Strategy): 상대적으로 고가이더라도 경쟁자에 비해 차별화된 제품을 우수하게 만들어 높은 마진(margin)으로 목표를 달성하는 프리미엄 전략이다.

③ 집중화 전략: 경쟁 영역의 범위가 좁은 경우에 사용할 수 있는 전략으로, 기업의 자원이 제한되어 있고 경쟁영역의 범위가 좁은 경우, 즉 세분시장을 대상으로 하는 전략에 해당하고 비용우위 집중화, 차별적 집중화 전략이 가능하다.

> **짚고 넘어가기 비용우위 결정요인**
>
> 규모의 경제(Economies of Scale), 학습효과(Study Effect), 생산능력(Capacity)의 이용, 사업단위 간 상호 연계성, 수직적 통합(Vertical Integration)의 정도, 시장진입 타이밍, 원가(비용) 차별화, 법적·행정적 규제 등

2. 사업 포트폴리오 전략(Business Portfolio Strategy) 기출 19-2

(1) 사업포트폴리오 전략의 의의

자사가 속한 시장의 경쟁상황에서 자사의 주요 사업 부분인 전략적 사업 단위(SBU: Strategic Business Unit)가 현재 어느 위치에 있고, 그 상황에서 어떤 의사결정을 해야 하는지에 대한 전략을 의미한다. 사업포트폴리오 전략과 관련해서 대표적인 성장-점유율 매트릭스인 BCG 매트릭스 모형과 GE-Mckinsey 모형이 중요한 전략모형에 해당한다.

> **짚고 넘어가기 전략적 사업단위(SBU)**
>
> - 기업의 다른 사업 단위와 독립적으로 계획되는 별개의 다른 사명과 목표를 가진 기업의 한 단위로서 자체의 경쟁자를 갖고 있다.
> - 전략적 계획과 이익달성을 책임지는 경영자를 가지고 있는 하나의 사업부를 의미한다.

(2) BCG 매트릭스(성장-점유율 매트릭스) 기출 19-3

① 전략 및 단계별 특징

BCG 매트릭스는 기업의 경영전략을 수립하기 위해 사업이 현재 처해 있는 상황을 파악하여 대처방안을 내기 위한 분석도구이다. 성장-점유율 매트릭스(Growth-Share Matrix)라고 불리며, 산업을 시장성장률과 시장점유율로 구분해 4개의 사업단위 포트폴리오로 분류한다.

▲ BCG 매트릭스

㉠ Question Mark(개발사업): 제품의 생애주기상 도입기에 해당하는 단계로 상대적 시장점유율이 낮아 수익성은 낮으나, 성장률이 높아 시장점유율 유지와 확대를 위하여 많은 자금의 투자를 필요로 한다. 투자가 성공적일 경우 Star(성장사업)로 진행되나 그렇지 못한 경우 Dog(사양사업)로 진행된다.

㉡ Star(성장사업): 생애주기상 성장기에 해당하며 시장성장률과 상대적 시장점유율이 모두 높은 사업이다. 상대적 시장점유율을 유지하기 위해서는 적극적인 투자가 필요하다. 경쟁에서 생존하여 성장을 하면 Cash Cow(수익주종사업)로 이행된다.

ⓒ Cash Cow(수익주종사업): 제품의 생애주기상 성숙기에 해당하는 단계로 시장성장률은 낮으나 상대적 시장점유율은 높은 사업 부문으로 기업의 자금줄 또는 자금 창출의 원천이라 할 수 있다. 신규 투자를 위한 자금이 많이 필요하지 않고 시장점유율도 크기 때문에 판매량이 많아 많은 이익을 갖다 줄 수 있다. 따라서 여기에 속한 사업단위는 Question Mark(개발사업) 또는 Star(성장사업)에 자금을 공급해 줄 수 있다.

ⓔ Dog(사양사업): 상대적 시장점유율과 시장성장률이 낮기 때문에 수익성이 낮고 자금의 유출도 적다. 제품수명주기상 쇠퇴기에 해당하며, 장래성이 없는 사업으로서 남아 있는 부분은 최대한 회수하고 매각·처분·퇴출 등의 조치를 취해야만 한다.

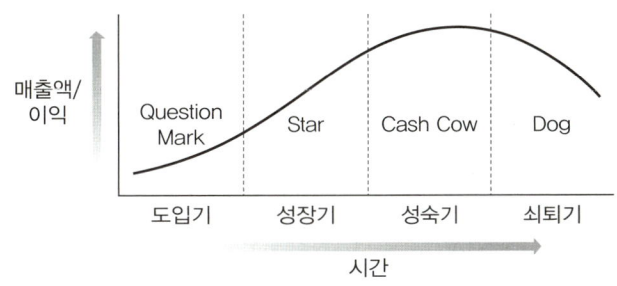

▲ 제품생애주기와 BCG 매트릭스와의 관계

② 현금흐름의 방향(Cash flow): 수익 주종사업인 Cash Cow(수익주종사업) 단계에서 양(+)의 현금흐름이 발생하면 이를 투자 금액이 필요한 Star(성장사업) 단계로 우선적으로 보내고, 이후 남은 자금은 Question Mark(개발사업) 단계로 보내 Star(성장사업)로 성장시키는 전략을 취한다.

(3) GE-Mckinsey 매트릭스

① GE-Mckinsey 매트릭스는 BCG 매트릭스에 사용된 시장성장률과 상대적 시장점유율 이외의 다양한 변수들을 사용해 사업단위의 해당 시장에서의 기회와 경쟁력을 평가함으로써, 성장-점유율 모형이 갖고 있는 한계점을 극복하기 위해 고안되었다. 산업의 매력도와 사업의 강점이라는 두 차원들로 구성되어 있으며 BCG 매트릭스보다 전략적 측면에서 유용성을 가지고 있다는 평가를 받는다.

② GE-Mckinsey 매트릭스의 주요 변수 기출 20-3

산업의 매력도를 나타내는 주요 변수	제품시장의 크기, 성장률, 수익률, 경쟁치열 정도, 요구되는 기술 수준, 인플레이션 취약성과 제품시장에 대한 기술적, 사회적, 정치적, 법제도적 영향 등
사업의 강점(사업의 경쟁력)을 나타내는 변수	시장점유율, 점유율의 성장률, 제품 품질, 브랜드 평판, 유통망, 촉진 효과성, 생산능력, 생산성, 단위당 비용, 원자재 공급의 확보 등

> **짚고 넘어가기** 중간상 포트폴리오 분석 기출 20-2
>
> ① 중간상이 다루는 특정 제품군의 매출성장률과 시장점유율 상에서 중간상들의 상대적 위치를 토대로 투자전략을 결정하는 기법이다.
> ② 중간상 포트폴리오의 전략
> - 공격적 투자 전략: 특정 제품군에는 급속한 매출 성장을 보이지만 자사제품의 점유비율이 낮은 중간상
> - 방어 전략: 특정 제품군에 대한 점포매출액이 급성장하고 자사제품의 점유율이 높은 중간상
> - 전략적 철수
> - 포기 전략

3. 소매업의 경쟁전략

(1) 소매점포 믹스
① 입지 선정: 경쟁우위를 점하기 위한 점포입지 선정의 중요 요소로는 접근가능성, 유통인구, 배후지의 규모와 질, 소득수준, 경쟁상황 등이 있다.
② 머천다이징: 타겟 고객의 욕구에 맞는 마케팅믹스를 개발·관리하는 과정으로, 점포의 상품구색은 점포 포지션과 일관성을 가지면서 표적시장의 기호 및 선호도를 충족시킬 수 있도록 구성되어야 한다.
③ 마진율과 회전율 전략: 마진율은 소매점이 상품을 판매해서 얻을 수 있는 이익의 크기이며, 회전율은 일정 기간 동안 재고가 판매되는 횟수이다.

(2) 다양성과 전문성 전략
① 소매상에서 취급하는 제품과 관련된 것으로 제품을 얼마나 취급할 것인지에 대한 결정 기준이 되며, MD(Merchandiser, 상품기획자)의 상품기획 능력에 의해 결정된다.
② 다양성과 전문성 분류 기출 22-3
  • 상품의 넓이(Width): 점포 내 상품라인의 수(계열 수)
  • 상품의 길이(Length): 제품구색, 해당 제품 내 브랜드의 총 수
  • 상품의 깊이(Depth): 각 브랜드의 평균 재고보유 단위

3 다각화 및 통합전략과 아웃소싱전략

1. 다각화 및 성장 전략의 수립

집약적 성장 (Intensive Growth)	통합적 성장 (Integrative Growth)	다각화 성장 (Diversification Growth)
시장침투	전방통합	집중적 다각화
시장개발	후방통합	수평적 다각화
제품개발	수평적 통합	복합적 다각화

(1) 집약적 성장 전략(Intensive Growth Strategy)
① 집약적 성장은 현재의 영업 범위 내에서 기업이 가능한 기회를 확인하려는 전략이다. 현재의 제품 및 시장과 관련된 기회를 충분히 활용하지 못하고 있는 경우에 유용하다.
② 앤소프(I. Ansoff)의 제품·시장확장 그리드 빈출 23-3, 22-3, 22-2, 21-3, 20-2
전략적 관리의 대가인 앤소프가 하버드 비즈니스 리뷰에 발표한 기업의 성장에 관한 4가지 방법으로 기업의 제품과 시장의 복합적인 경쟁상황을 바탕으로 기업이 진출하고자 하는 사업에의 접근 방향과 미래를 예측하기 위한 마케팅 도구로서 유용한 기법이다.

구 분	기존 제품	신규제품
기존시장	시장침투 전략(판매노력, 사용량 증대, 고객유인)	제품개발 전략(혁신 제품, 모방적 신제품)
신규시장	시장개발 전략(새로운 시장, 새로운 수요자층)	다각화 전략(신규사업, 신제품)

㉠ 시장침투 전략: 기존고객 구매빈도 증가, 미사용 고객 및 경쟁사 고객 유인 → 시장점유율의 확대, 마케팅 강화
㉡ 시장개발 전략: 새로운 판매지역 또는 시장의 탐색, 잠재 소비자집단 발굴이 중요
㉢ 제품개발 전략: 현재의 제품을 대체할 신제품개발
㉣ 다각화 전략: 기업이 속한 산업 밖에서 사업 확장, 제품개발

(2) 통합 성장 전략(Integrative Growth Strategy)

통합적 성장 전략은 산업 내 마케팅 시스템의 다른 부분과의 통합 기회를 확인하려는 전략이다. 기업이 속한 산업의 성장 전망이 좋을 때나 기업이 산업 내에서 전방·후방 또는 수평적으로 이동함으로써 얻는 것이 많을 경우에 유용하다.

① 형태 〈기출〉 21-1, 21-2

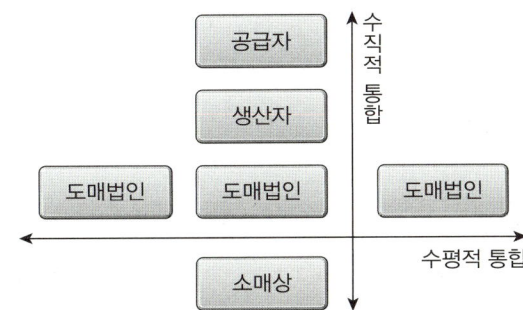

② 수직적 통합 〈기출〉 20-추가

생산자 위치에서 유통망 통합을 위한 전방통합과 원료 등의 안정적 조달을 도모하기 위한 후방통합을 합친 개념이다.

전방통합	마케팅 경로상의 유통시스템에 대한 소유나 통제를 강화하는 것 예 제조업자가 소매상을 통합하는 경우
후방통합	마케팅 경로상의 공급시스템에 대한 소유나 통제를 강화하는 것 예 제조업자가 원료공급자를 통합, 소매상이 제조업자를 통합하는 경우

③ 수평적 통합

동일 마케팅 유통경로상의 일부 경쟁자에 대한 소유나 통제를 강화하는 것을 말한다.

(3) 다각화 성장 전략(Diversification Growth Strategy)

기업이 속한 산업 밖에서 기회를 발견하고자 하는 전략으로, 기업이 속한 산업이 성장 기회를 제공하지 못하는 경우나 산업 외부의 기회가 우수한 경우에 유용하다.

① 형태
  ㉠ 집중적 다각화: 현재의 제품계열에 기술이나 마케팅에서 시너지를 갖고 있는 신제품을 추가해서 고객에게 호소하는 성장전략
  ㉡ 수평적 다각화: 현재의 제품계열과 관련이 없는 신제품으로 현재의 고객에게 호소하는 성장 전략
  ㉢ 복합적 다각화: 현재의 기술, 시장, 제품과 관련이 없는 신제품을 추가해서 새로운 고객에게 호소하는 성장 전략

② 기업다각화의 목적
  ㉠ 시너지효과 창출, 범위의 경제 실현(관련 사업)
  ㉡ 기업 성장의 추구 및 새로운 기회 포착
  ㉢ 위험의 분산 목적: 경기상황 및 사업 수명주기의 변화에 따른 위험을 분산
  ㉣ 시장지배력의 확보: 규모의 경제 또는 범위의 경제 실현에 따른 시장지배력 강화

2. 아웃소싱전략(Outsourcing) 기출 21-1

(1) 의의 및 효과

한 기업이 자사가 수행하는 다양한 경영활동 중 **핵심역량을 지닌 분야에 기업의 인적·물적 자원을 집중시키고, 이외의 분야는 기획에서부터 운영까지 일체를 해당분야의 전문업체에 위탁함으로써 기업의 경쟁력을 높이려는 전략**이다.

① 아웃소싱을 운영하는 경우 기업은 주력 사업에 집중할 수 있다.
② 관련 시설, 장비 등에 대한 중복 투자로 인한 리스크 회피가 가능하다.
③ 기업의 경쟁우위 확보 및 사회적 비용의 절감과 국가경쟁력 강화에 기여할 수 있다.

(2) 아웃소싱의 장단점

장점	단점
• 상호 간 제휴를 통한 상호 win-win 효과 • 비용절감 및 핵심역량에 대한 집중 가능 • 인력 채용 및 노동조합의 문제해결 가능	• 근로자의 고용 불안 및 근로 조건 악화 우려 • 이직률 상승 및 서비스의 질적 저하 • 소속감 결여 및 충성도 하락

4 전략적 제휴 및 인수합병 전략

1. 전략적 제휴(Strategic Alliance)

① 기업들이 특정 분야에 한해서 상호보완적이고 지속적인 협력관계를 위한 제휴를 맺는 것이다.
② 둘 또는 그 이상의 기업들이 각각의 약점을 서로 보완하고 경쟁우위를 강화하고자 하는 방법이다.
③ 기업 간 직능별 제휴, 기술적 제휴, 개발 컨소시엄 등의 형태를 지닌다.

형태	방법
비지분 제휴(계약)	라이선싱, 조달 및 유통협정
지분제휴(일방적 또는 쌍방지분 보유)	파트너 기업의 지분 소유
조인트벤처	독립적 기업의 지분 소유

2. 인수합병(M&A) 전략

(1) 인수합병

기업의 인수합병은 특정 기업이 다른 기업의 주식이나 자산을 취득해 경영권을 획득하는 인수(Acquisitions)와 둘 이상의 기업이 하나로 통합되어 단일 기업이 되는 합병(Mergers)이 결합된 개념이다.

(2) 인수합병의 효과

경영의 합리화	기업결합을 통하여 경영자뿐만 아니라 종업원의 사기를 높일 수 있으며, 기업경영의 비효율성으로 인하여 저평가된 기업을 인수하여 경영을 활성화할 수 있음
재무상의 시너지 효과	기업결합을 통하여 기업 규모가 커지고 파산 위험이 감소하면 자본조달을 용이하게 할 수 있고, 자본비용 및 법인세 등도 감소시킬 수 있음
위험 분산 효과	영업 상 서로 관련이 없는 기업과의 결합을 통해 경영 위험을 분산시킬 수 있음
규모와 범위의 경제적 효과	결합에 따른 기업 규모의 대형화로 각종 비용절감
진입장벽의 완화	매수기업의 상표인지도, 유통경로 등을 이용함으로써 진입장벽을 보다 쉽게 뛰어 넘을 수 있음

5 유통기업의 글로벌화 전략 〔기출〕 23-3, 23-2

1. 수출(Export)
가장 기본적인 해외 시장 진출 방법으로 단기적인 일회성 거래의 형태이며, 리스크가 낮은 글로벌 진출 방식이다.

유형	개념	장점	단점
간접수출	• 국내외의 전문 무역업체나 해외 바이어를 통한 수출	• 전문 무역업체의 경험, 지식 활용 가능 • 인력과 자본 부담 경감	• 경험 축적 기회 상실 • 해외 시장 정보 습득 기회 제한 • 통제력 약화
직접수출	• 자체 수출 부서(계열 무역회사)를 통한 수출 • 판매대리인을 통한 수출	• 글로벌 경험 및 지식 축적 • 유리한 계약조건으로 가능 • 통제력 강화	• 자금 및 인력 부담 • 시장 정보 수집 및 적극적 마케팅 노력이 필요

2. 계약(Contract)에 의한 해외 진출 전략
계약은 주로 현지 기업과의 계약에 의해 운영되는 해외사업으로 이에는 라이센싱, 프랜차이즈, 계약생산, 턴키 방식 등이 있다.

(1) 라이센싱(Licensing) 〔기출〕 23-3
라이센스를 구매하는 기업으로부터 일정의 로얄티를 받고 기술이나 무형자산, 인력자원 등을 이전해 주는 계약관계를 통해 시장에 진입하는 방법이다.

(2) 프랜차이즈(Franchise)
본사(franchiser)가 상호, 상표, 기술 등의 사용권을 가맹점(franchisee)에게 허락해 주고 조직, 마케팅 및 운영과 관련한 지원을 지속적으로 제공하는 해외진출 시스템이다.

(3) 계약생산(Contract Manufacturing)
라이센싱과 해외직접투자의 중간적인 성격을 지닌 계약이다. 주문자가 주문한 제품에 주문자의 상표를 붙이되 생산은 제3국에서 다른 기업에 의해 이루어지는 주문자 상표부착방식(OEM)이 대표적인 방식에 해당한다.

(4) 턴키 방식(Turnkey Operation)
해외에 시설물이나 프로젝트, 산업시스템을 수입하는 현지에서 정상적으로 가동하여 사용할 수 있도록 관련된 설비, 노동력, 기술 등을 총체적으로 수출하는 방식으로, 턴키 프로젝트, 턴키 플랜트 등의 형태를 가지고 있다.

3. 합작투자(Joint Venture) 〔기출〕 23-3
2개 이상의 회사들이 공동으로 소유하는 회사를 설립하는 것을 의미한다. 파트너가 가지고 있는 경쟁환경, 문화, 언어, 비즈니스환경에 대한 지식을 얻을 수 있고 위험부담을 나눌 수 있다는 장점이 있다.

4. 해외직접투자
투자자의 해외 통제권 강도가 가장 큰 형태의 해외 시장 진출 방식이다. 이 방식은 많은 자금과 인력이 투입되고, 투자를 통한 사업 성공 여부에 따른 리스크가 큰 글로벌 시장 진출 방식이다.

6 기타 경영전략

1. TOC(Theory Of Constraints, 제약이론)

(1) 제약이론의 의의

이스라엘의 물리학자인 골드랫(E. M. Goldratt) 박사가 기업이익의 극대화와 자원의 효율적 사용 간 장애가 되는 제약(Constraint), 즉 병목(애로)공정을 어떻게 관리할 것인가를 제시한 이론이다.

(2) 제약이론 운영의 중요개념(DBR)

① D(Drum): 제약 조건에서 공장 스케줄의 기준이 되며 생산의 진행 속도를 의미한다.
② B(Buffer): 병목공정 이전 공정의 버퍼를 통해 병목의 작업이 중단되지 않도록 한다.
③ R(Rope): 병목공정 앞의 Buffer 현황을 보면서 자재의 투입 시기와 양을 결정하는 것을 의미한다. 마치 제약공정과 자재 투입 첫 공정이 로프(Rope)로 연결된 것과 같이 투입을 통제한다는 것을 상징한다.

2. 전략적 지연이론 (Postponement Theory) 기출 22-3

(1) 의의

다양한 제품들에 대한 수요변화에 대응할 수 있도록 제품 구조, 제조 및 공급사슬 프로세스를 적절히 설계하여 제품의 완성 시점을 연기하여 유연성을 높이려는 전략을 말한다.

(2) 종류

형태지연 (Form Postponement)	• 제품차별화 지연을 위해 기능을 부가하는 제조 프로세스를 재구축
시간지연 (Time Postponement)	• 제품차별화 지연을 위해 프로세스와 제조 시점을 재설계 • 제품의 형태 및 기능을 결정하는 활동의 적용 시점을 연기
장소지연 (Place Postponement)	• 제품차별화 지연을 위해 프로세스의 지리적 위치를 재설계 • 차별화 작업을 최종 제조 공정과 제조의 하위단계로 연기

CHAPTER 03 유통경영전략의 대안평가 및 통제

1 유통경로 전략의 평가

1. 전략적 이익모형(SPM: Strategic Profit Model)

① 미국 Dupont사에서 개발한 이익모델로 다양한 재무비율들 간의 상호 관련성을 분석한다.
② 자기자본이익률(ROE)을 통해 순이익률, 자산회전율, 레버리지 비율 등을 통해 유통경로의 전략적 수익성을 평가하는 모델이다.

2. 제품별 직접이익(DPP: Direct Product Profit)

재고투자순이익률(GMROI), 판매면적당 순이익률(GMROS)과 더불어 유통기업의 전략적 성과를 평가하는 기법이다.

3. 경제적 부가가치(EVA: Economic Value Added)

EVA(Economic Value Added)는 기업 전체와 사업부의 성과측정방식으로, 세후영업이익에서 그 이익을 발생시키기 위해 사용된 자금을 형성하는 데 들어간 비용(총자본비용)을 뺀 값을 의미한다.

$$EVA = 세후영업이익 - 자본비용$$
$$= 세후영업이익 - 가중평균자본비용 \times 투자자본$$

2 전략의 통제 및 피드백

1. 전략적 통제: 균형성과표(BSC: Balanced Score Card)

(1) 의의

① 캐플란과 노튼에 의해 제시된 조직의 목표와 전략을 효율적으로 실행 및 관리하기 위한 경영관리기법이다.
② 재무적 관점, 고객 관점, 업무 프로세스, 학습 및 성장 등 4가지 관점의 균형적 결합을 통해 균형 있는 성과관리를 추구한다.

(2) 특징 기출 22-2

조직 목표를 달성하기 위해 어느 부분에 자원을 집중해서 얼마만큼의 성과를 달성하고 있는지 전체적인 시각에서 조직 관리가 이루어진다.

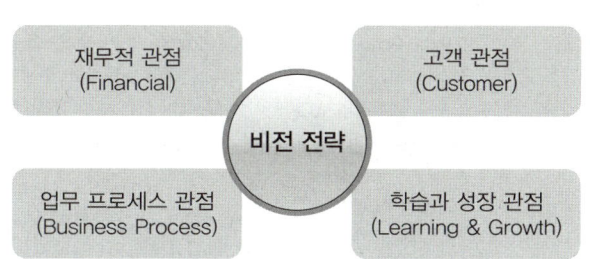

재무적 관점	• 총자산수익률 • 기업의 CF
고객 관점	• 고객만족도 • 시장점유율(M/S)
업무 프로세스 관점	• 성과달성 프로세스 • Value Chain 점검
학습과 성장 관점	• 비재무적 성과측정 • 종업원 만족도

2. 피드백(Feedback)

① 피드백(Feedback)은 경영전략 실행의 산출물이 목표달성을 이루었는지, 그 실행 과정 상 문제점은 무엇인지 등에 대해 점검하고 그 결과를 향후 새로운 전략 수립 시 활용하게 되며, 성과평가의 기준으로 활용하게 된다.
② 제한된 자원을 배분하여 기업의 사명과 목표를 달성하고, 경쟁우위를 확보하기 위해 기업환경을 분석해 전략을 수립하고 실행하는 과정을 의미하며, 이러한 전략이 목표를 달성했는가에 대한 시스템 전반에 대한 피드백이 필요하다.

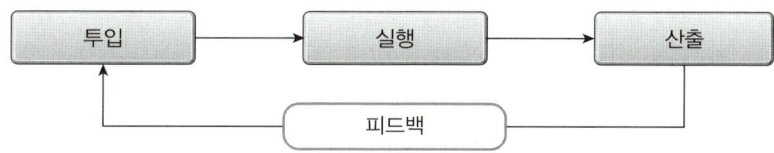

핵심 기출문제

PART 02 유통경영전략

01
19년 3회

유통환경분석의 범위를 거시환경과 미시환경으로 나누어볼 때 그 성격이 다른 하나는?

① 경제적 환경
② 정치, 법률적 환경
③ 시장의 경쟁환경
④ 기술적 환경
⑤ 사회문화적 환경

시장의 경쟁 환경은 경쟁업자나 중간상인, 소비자(구매자) 및 주주, 시민단체, 채권자 등과 함께 기업에 직접적인 영향을 미치는 미시적 환경에 해당한다.
유통환경 중 기업의 경쟁환경은 거시적 환경에 해당한다. 거시적 환경은 모든 기업에 공통적으로 영향을 미치는 것으로 경제적 환경, 정치·법률적 환경, 기술적 환경, 사회문화적 환경 등을 의미한다.

정답 | ③

02
21년 2회, 18년 1회, 17년 3회, 15년 2회

포터(M. Porter)는 산업구조분석모형(5-forces model)을 제시하였는데, 이를 근거로 해당 산업에서 수익률이 가장 높은 경우는?

	진입장벽	공급자의 교섭력	구매자의 교섭력	대체재의 위협
①	낮음	낮음	높음	낮음
②	낮음	낮음	높음	높음
③	높음	낮음	높음	낮음
④	높음	높음	높음	높음
⑤	높음	낮음	낮음	낮음

포터(M. Porter)의 산업구조 분석모형에 의하면 산업 내 경쟁이 낮을수록, 진입장벽이 높을수록, 공급자의 교섭력이 낮을수록, 구매자의 교섭력이 낮을수록, 대체재의 위협이 낮을수록 해당 산업의 수익률이 높아지게 된다.

관련이론 | 산업구조분석모형(5-forces model)

기존 경쟁자들 간의 경쟁 정도	산업에 참여하고 있는 기업의 수가 적을수록, 즉 산업의 경쟁 정도가 낮을수록 그 산업의 전반적인 수익률은 상대적으로 높아지게 되며, 경쟁 정도가 높을수록 산업의 수익률은 낮아지게 된다.
잠재적 진입자의 위협	진입장벽이 낮아 새로운 기업의 진입이 용이하다면, 그 산업 내에서 높은 가격을 받을 수 없기 때문에 수익률은 낮아지게 된다.
대체재의 위협	대체재의 가능성이 높으며 가격이 낮고 성장성이 클수록 이윤폭이 제한되고 시장침투의 위험이 크므로 산업의 수익률은 낮아진다.
구매자의 협상력	구매자 집단의 교섭능력이 클수록 기업의 제품에 대한 소비자들의 지속적인 구매력이 낮아지기 때문에 산업의 수익률은 낮아진다.
공급자의 협상력	공급자 집단의 교섭(협상) 능력이 클수록 제품 가격과 품질에 영향력을 미침으로써 소비자들의 지속적인 구매력이 낮아지기 때문에 산업의 수익률은 낮아지게 된다.

정답 | ⑤

03
20년 3회, 17년 3회

유통경영전략을 수립하기 위한 환경분석 중 내부 환경요인 분석에서 활용되는 가치사슬 모형(value chain model)에 대한 설명으로 옳은 것은?

① 기업 활동을 여러 세부 활동으로 나누어 활동목표 수준과 실제 성과를 분석하면서 외부 프로세스의 문제점과 개선 방안을 찾아내는 기법이다.
② 기업의 가치는 보조 활동과 지원 활동의 가치창출 활동에 의해 결정된다.
③ 핵심프로세스에는 물류투입, 운영·생산, 물류산출, 마케팅 및 영업, 인적자원관리 등이 포함된다.
④ 지원 프로세스에는 기업 인프라, 기술개발, 구매조달, 서비스 등이 포함된다.
⑤ 기업 내부 단위 활동과 활동들 간 연결고리 문제점 및 개선방안을 체계적으로 찾는데 유용한 기법이다.

선지분석
① 가치사슬 분석은 내부 프로세스의 문제점과 개선 방안을 찾아내는 기법이다.
② 기업의 가치는 주활동(본원적 활동)의 가치창출 활동에 의해 결정된다.
③ 주활동(본원적 활동)은 제품의 생산·운송·마케팅·판매·물류·서비스 등과 같은 현장 업무 활동을 의미한다.
④ 보조활동(지원활동)은 구매·기술개발·인사·재무·기획 등 현장 활동을 지원하는 업무들을 의미한다.

정답 | ⑤

04
19년 1회

사업이 성장하면 유통경로의 적절한 관리 전략이 필요하다. 유통경로의 성장 전략들에 대한 설명으로 옳지 않은 것은?

① 통제 전략은 유통경로 기관보다 기업(Channel Leader)의 힘이 더 강할 때만 활용할 수 있는데, 통제, 이행, 순응을 지시한다.
② 권한 위임 전략은 유통경로 기관보다 기업(Channel Leader)이 더 잘 알려져 있고 자금력도 있으며 지역에서 영향력이 있을 때 사용된다.
③ 협력 전략은 유통경로 기관과 기업(Channel Leader)의 힘이 비슷할 때 사용되는데, 신뢰와 관계의 중요성을 인정한다.
④ 합작 투자는 시장점유율의 성장을 위해 둘 이상의 개별 기업에 의해 형성되는 기업 형태이다.
⑤ 전략적 제휴는 다른 회사의 매입, 매각과 결합을 다루는 기업 전략이다.

전략적 제휴는 다른 회사와 공생적 마케팅 측면에서 win-win하는 전략이고, 매입, 매각과 결합을 다루는 기업 전략은 M&A(인수합병)라 할 수 있다.

관련이론 | 전략적 제휴(Strategic Alliance)
특별한 관계를 갖고 있지 않았던 기업들이 각자의 독립성을 유지하면서 특정 분야에 대해 상호보완적이고 지속적인 협력 관계를 위한 제휴를 맺음으로써 상호 간 각각의 약점을 서로 보완하고 경쟁우위를 강화하고자 하는 방법

정답 | ⑤

05
21년 2회

유통경영 전략계획 수립에 대한 설명으로 가장 옳지 않은 것은?

① 기업수준의 전략계획수립은 목표 및 역량과 변화하는 마케팅 기회 간의 전략적 적합성을 개발·유지하는 과정을 말한다.
② 기업수준의 전략계획수립은 기업 내에서 이루어지는 다른 모든 계획 수립의 근간이 된다.
③ 기업수준의 전략계획수립 과정은 기업 전반의 목적과 사명을 정의하는 것으로 시작된다.
④ 기업수준의 전략계획이 실현될 수 있도록 마케팅 및 기타 부서들은 구체적 실행계획을 수립한다.
⑤ 기업수준의 전략계획은 기능별 경영전략과 사업 수준별 경영전략을 수립한 후 전략적 일관성에 맞게 수립해야 한다.

기업수준의 전략계획은 절차상 가장 상위적 전략으로 최우선적으로 수립되며, 이후에 순차적으로 사업수준별 경영전략, 기능별 경영전략이 일관성 있게 수립되어야 한다.

정답 | ⑤

06
19년 2회

전략 유형을 시장대응 전략과 경쟁우위 전략으로 구분할 때 시장 대응 전략만을 묶은 것으로 옳은 것은?

① 제품/시장믹스 전략, 포트폴리오 전략
② 원가우위 전략, 포트폴리오 전략
③ 차별화 전략, 집중화 전략
④ 제품/시장믹스 전략, 차별화 전략
⑤ 제품수명주기 전략, 집중화 전략

포터(M. Porter)가 제시하는 경쟁우위 전략에는 원가우위 전략, 차별화 전략 및 집중화 전략 등이 있다. 한편 시장대응 전략으로는 제품/시장믹스 전략, 제품수명주기 전략 및 포트폴리오 전략 등이 있다.

관련이론 | 포터의 본원적 경쟁 전략의 유형

- 원가우위 전략: 동일한 제품을 경쟁자보다 싸게 만들어서 판매하는 방법을 의미한다.
- 차별화 전략: 상대적으로 고가이더라도 경쟁자에 비해 차별화된 제품을 우수하게 만들고 높은 마진을 통해 목표를 달성하는 프리미엄 전략에 해당한다.
- 집중화 전략: 경쟁 영역의 범위가 좁은 경우에 사용할 수 있는 전략으로, 기업의 자원이 제한되어 있고 경쟁영역의 범위가 좁은 경우, 즉 세분시장을 대상으로 하는 전략에 해당하고 비용우위 집중화, 차별적 집중화 전략이 가능하다.

정답 | ①

07
19년 3회

BCG 매트릭스와 관련된 설명으로 옳지 않은 것은?

① 시장 성장률과 상대적 시장점유율의 높고 낮음을 기준으로 작성한다.
② 개의 영역은 시장은 커지고 있으나 경쟁력이 떨어져 수익을 올리지 못하는 상태다.
③ 현금젖소는 시장이 더 이상 커지지 않으므로 현상유지 전략이 필요하다.
④ 물음표의 영역은 경쟁력이 확보될 수 있는 부분에 집중 투자하는 전략이 필요하다.
⑤ 별의 영역은 많은 투자 자금이 필요하다.

개(dog) 영역은 시장성장률과 상대적 시장점유율이 모두 낮은 상황으로 사양사업단계에 해당한다.
현금젖소(cash cow)의 경우 시장성장률이 낮은 것이지 시장이 더 이상 커지지 않는 것은 아니다.

관련이론 | 제품수명주기와 BCG매트릭스와의 관계

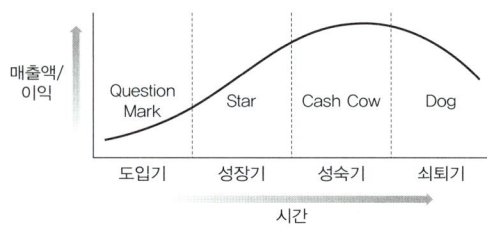

정답 | ②, ③

08
20년 추가

아래 글상자에서 특정산업의 매력도를 평가하는 요인으로 옳게 고른 것은?

> ㉠ 기존 경쟁기업의 숫자
> ㉡ 고정비용과 관련된 진입장벽 높이 정도
> ㉢ 차별화의 정도
> ㉣ 철수 장벽의 유무
> ㉤ 해당 산업의 성장률

① ㉠, ㉡
② ㉠, ㉢, ㉣
③ ㉠, ㉡, ㉤
④ ㉠, ㉡, ㉢, ㉣
⑤ ㉠, ㉡, ㉢, ㉣, ㉤

GE-Mckinsey 매트릭스에 따르면 산업의 매력도(시장 매력도)를 평가하는 요인은 다음과 같다.
- 시장 내 경쟁 정도
- 진입장벽 및 철수장벽의 높이
- 차별화 정도
- 산업의 성장률 및 수익률
- 시장의 크기
- 요구되는 기술 수준
- 인플레이션 취약성과 제품 시장에 대한 기술적, 사회적, 정치적, 법제도적 영향 등

정답 | ⑤

09
21년 1회

아래 글상자 내용은 기업이 사용하는 경영혁신 기법에 대한 설명이다. ( ) 안에 들어갈 용어로 가장 옳은 것은?

> ( )(은)는 기업이 통합된 데이터에 기반해 재무, 생산소요계획, 인적자원, 주문충족 등을 시스템으로 구축하여 관리하는 것을 말한다. 이 기법은 전반적인 기업의 업무 프로세스를 통합·관리하여 정보를 공유함으로써 효율적인 업무처리가 가능하게 한다.

① 리엔지니어링
② 아웃소싱
③ 식스시그마
④ 전사적자원관리
⑤ 벤치마킹

전사적자원관리(ERP)는 생산, 판매, 구매, 인사, 재무, 물류 등 통합 데이터를 기반으로 기업 업무를 관리하는 정보 시스템을 의미한다. 이는 모든 정보가 발생 시점에서 실시간으로 데이터 베이스화되고 각 부서가 공유할 수 있도록 하는 대표적인 기업 혁신 전략이라 할 수 있다.

선지분석
① 리엔지니어링: 기업의 비용, 품질, 서비스 속도와 같은 핵심적 분야에서 극적인 향상을 이루기 위해 기존의 업무수행 방식을 원점에서 재검토하여 업무처리절차를 근본적으로 재설계하는 것
③ 식스시그마: 경영혁신 수단으로서 제품의 설계, 제조, 서비스 품질의 편차를 최소화해 상한~하한이 품질 중심으로부터 6시그마 이내에 있도록 하는 것
⑤ 벤치마킹: 시장 선도기업들의 기술 또는 업무프로세스를 지속적으로 측정하고 비교함으로써 얻어진 유용한 정보를 자사의 성과 향상을 위한 업무개선 수행에 반영하는 것

정답 | ④

10 23년 3회

제품-시장 확장그리드(product-market expansion grid)에서 기존제품을 가지고 새로운 세분시장을 파악해서 진출하는 방식의 기업성장전략으로 가장 옳은 것은?

① 시장침투전략(market penetration strategy)
② 시장개발전략(market development strategy)
③ 제품개발전략(product development strategy)
④ 다각화전략(diversification strategy)
⑤ 수평적 다각화전략(horizontal diversification strategy)

l. Ansoff의 제품-시장확장 그리드에 따르면 시장개발전략(market development strategy)은 기존 제품(또는 서비스)을 가지고 새로운 세분시장을 파악해서 진출하는 방식의 기업성장전략을 말한다.

	기존제품	신제품
기존시장	시장침투전략 (판매노력, 사용량 증대, 고객유인)	제품개발전략 (혁신 제품, 모방적 신제품)
신시장	시장개발전략 (새로운 시장, 새로운 수요자층)	다각화전략 (신규사업, 신제품)

정답 | ②

11 20년 추가

기업수준의 성장 전략에 관한 설명으로 가장 옳지 않은 것은?

① 기존시장에서 경쟁자의 시장점유율을 빼앗아 오려는 것은 다각화 전략이다.
② 신제품을 개발하여 기존시장에 진입하는 것은 제품개발 전략이다.
③ 기존 제품으로 새로운 시장에 진입하여 시장을 확대하는 것은 시장개발 전략이다.
④ 기존시장에 제품계열을 확장하여 진입하는 것은 제품개발 전략이다.
⑤ 기존 제품으로 제품 가격을 내려 기존시장에서 매출을 높이는 것은 시장침투 전략이다.

기존시장에서 경쟁자의 시장점유율을 빼앗아 오려는 것은 시장침투 전략이다.

관련이론 | Ansoff의 제품-시장확장그리드

구분	현존제품	신제품
현재 시장	시장침투 전략	제품개발 전략
새로운 시장	시장개발 전략	다각화 전략

- 시장침투 전략: 기존고객 구매빈도 증가, 미사용 고객 및 경쟁사 고객 유인 → 시장점유율의 확대, 마케팅 강화
- 시장개발 전략: 새로운 판매지역 또는 시장의 탐색, 잠재 소비자집단 발굴이 중요
- 제품개발 전략: 현재의 제품을 대체할 신제품개발
- 다각화 전략: 기업이 속한 산업 밖에서 사업 확장, 제품개발

정답 | ①

12
20년 추가, 16년 1회

유통경로상에서 기업이 현재 차지하고 있는 위치의 다음 단계를 차지하고 있는 경로구성원을 자본적으로 통합하는 경영전략을 설명하는 용어로 옳은 것은?

① 전방통합(forward integration)
② 아웃소싱(outsourcing)
③ 전략적제휴(strategic alliance)
④ 합작투자(joint venture)
⑤ 후방통합(backward integration)

생산 기업이 유통부문에 대한 통제력을 갖는 것을 전방통합이라 하며, 유통 기업이 제조부문에 대한 소유권과 통제력을 갖는 경우 후방통합이라고 하며 양자를 합쳐 수직적 통합이라고 한다.

선지분석 |
② 아웃소싱: 한 기업이 자사가 수행하는 다양한 경영활동 중 핵심역량을 지닌 분야에 기업의 인적·물적 자원을 집중시키고, 이외의 분야에 대해서는 기획에서부터 운영까지 일체를 해당분야의 전문업체에 위탁함으로써 기업의 경쟁력을 높이려는 전략
③ 전략적제휴: 특별한 관계를 갖고 있지 않았던 기업들이 각자의 독립성을 유지하면서 특정 분야에 대해 상호보완적이고 지속적인 협력관계를 위한 제휴를 맺음으로써 상호 간 각각의 약점을 서로 보완하고 경쟁우위를 강화하고자 하는 방법
④ 합작투자(joint venture): 2개 이상의 회사들이 공동으로 소유하는 회사를 설립하는 것

정답 | ①

13
18년 2회

소매업체들이 해외시장에 진입하는 방식으로서 가장 옳지 않은 것은?

① 아웃소싱
② 직접투자
③ 합작투자
④ 전략적 제휴
⑤ 프랜차이즈

아웃소싱은 자사의 핵심역량 이외의 분야를 전문업체에 위탁하는 것으로 해외시장 진입과는 거리가 멀다. 기업의 해외 진출 방식에는 수출, 라이센싱, 프랜차이징, 계약생산, 합작투자, 직접투자 등이 있다.

선지분석 |
④ 전략적 제휴는 둘 이상의 기업들이 각자 전략적 목표를 달성하기 위한 협력으로 해외시장 진출을 목표로 한다.
⑤ 프랜차이즈는 넓은 의미의 라이센스의 한 형태로 본점이 상호, 상표, 기술 등의 사용권을 특정 기업이나 개인에게 허락해 주고 가맹점에 대해 조직, 마케팅 및 운영과 관련한 지원을 지속적으로 제공하는 해외진출 시스템을 의미한다.

정답 | ①

14
유통기업들이 성공을 위해 비전, 전략, 실행, 평가가 정렬되도록 균형성과표(BSC: Balanced Score Card)를 도입한다. 이에 관한 설명으로 옳지 않은 것은?

① 균형성과표는 조직의 전략을 성과측정이라는 틀로 바꾸어서 전략을 실행할 수 있도록 도와준다.
② 균형성과표의 측정지표는 구성원들에게 목표달성을 위한 올바른 방향을 제시해 준다.
③ 균형성과표는 재무 관점, 고객 관점, 내부 프로세스 관점, 학습과 성장 관점에서 성과지표를 설정한다.
④ 균형성과표는 성과측정, 전략적 경영관리, 의사소통의 도구로 사용된다.
⑤ 장·단기 성과평가 및 정량적 성과측정에 집중한 평가기법이다.

균형성과표(BSC)는 재무, 고객, 내부 프로세스, 학습과 성장 관점 등 4개 분야의 성과지표를 설정함으로써 기업경영이 어느 한쪽에 치우치지 않게 관리하도록 해주는 성과측정 도구이다. 균형성과표(BSC)는 장·단기 성과평가 및 정량/정성평가를 고루 반영하는 지표에 해당한다.

정답 | ⑤

PART 03 유통경영관리

CHAPTER 01 조직관리

1 유통경영관리의 개요 기출 17-1

유통경영관리란 경영에서 업무 수행을 효과적으로 행하고 경영조직을 체계적으로 운영하기 위해 계획화 → 조직화 → 지휘 → 통제하는 일련의 모든 과정이다.

① 계획화(Planning): 유통기업의 사명과 목표를 달성하고 기업의 경쟁우위를 확보하기 위해 필요한 모든 활동들의 아웃라인을 잡는 것이다.

② 조직화(Organizing): 조직의 목표를 효과적으로 달성하기 위해 수행해야 할 직무 내용과 인적자원 간의 상호관계를 설정하는 것이다.

③ 지휘(Directing): 기업 구성원들을 계획에 따라 적극적으로 직무를 수행할 수 있도록 동기부여하고 리더십을 발휘하는 것이다.

④ 통제(Control): 최종적으로 전략수행의 성과를 측정하고 바람직한 결과를 달성하게 하는 것이다.

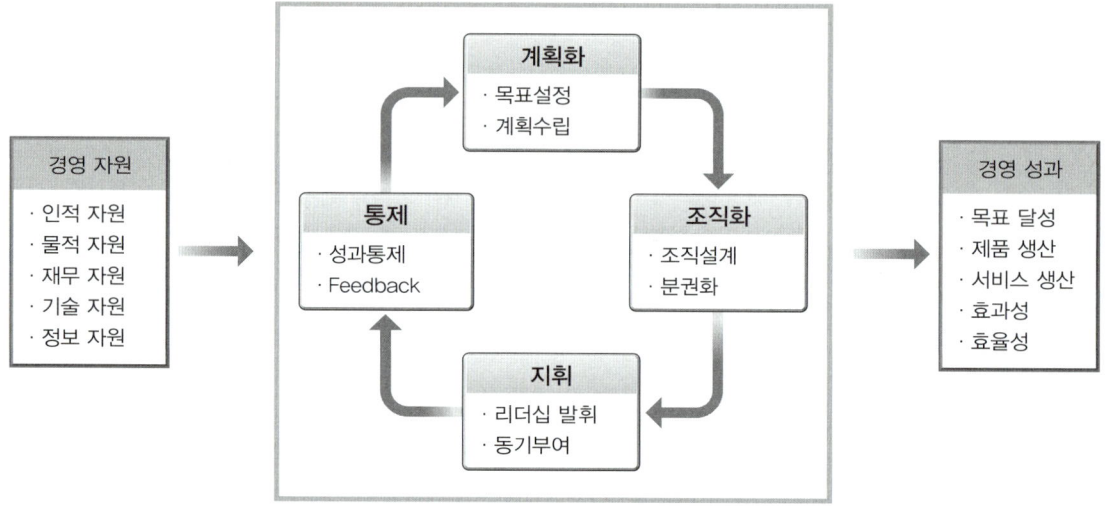

2 조직이론

1. 조직과 조직화

(1) **조직(Organization)**
  ① 조직은 공동의 목표를 추구하기 위해 여러 역할과 지위들이 체계적으로 연결된 개인들의 집합이다.
  ② 조직이 구성되기 위해서는 공동의 목표, 상호작용, 사회집단이라는 요소가 갖추어져야 한다.

(2) **조직화(Organizing)**
  계획화의 다음 단계인 조직화는 조직을 어떠한 형태로 구성할 것인가를 결정하고 인적·물적 자원, 자본, 정보, 지식 등 각종 경영자원을 배분하고 조정하는 활동을 의미한다.

2. 조직의 원리 기출 23-1, 22-3, 22-1

① 조직의 원리는 조직을 합리적으로 구성하고, 그것을 능률적으로 운영하는 데 필요한 원리를 의미한다.
② 조직의 원리에는 전문화(분업)의 원리, 조정의 원리, 통제 범위의 원리, 계층제의 원리, 명령통일의 원리, 조직 목표 우선의 원리 등이 있다.

> **보충학습**
> **조정의 원리**: 조직의 공통목적을 달성하기 위하여 각 부분이나 각 구성원의 충돌을 해소하고 조직의 활동 간 내적균형을 꾀하며, 조직의 느슨함을 조절하려는 원칙

3 조직구조와 조직설계

1. 조직구조와 조직설계

(1) 조직구조
① 조직구조는 조직 내 직무들과 부서들 간의 연계를 의미한다.
② 조직구조는 어떻게 업무가 공식적으로 나누어지는가, 묶이는가, 조정되는가를 결정한다.

(2) 조직설계
① 조직설계란 조직의 목표를 달성할 수 있도록 조직구조를 만들고 조정하는 과정으로, 조직설계는 조직목표로부터 시작한다.
② 조직목표는 직무의 기초가 되는 과업의 형태로 변화하고, 직무들은 부서별로 집단화되며 부서들은 조직구조 형태로 연결된다.

2. 조직구조 설계 시 고려요소

경영자들은 조직구조를 설계할 때 업무 전문화, 부문화, 명령체계, 통제 범위, 의사결정의 집권화와 분권화, 공식화 등으로 세분하여 제시해야 한다.

(1) 조직구조의 기본 변수 기출 24-1
① 복잡성(Complexity): 조직 내 분화의 정도로 수직적·수평적·지역적 분화를 뜻한다.
② 집권화(Centralization)와 분권화(Decentralization): 조직의 의사결정권이 어디에 존재하느냐에 관한 것으로 권한의 분산 정도를 의미한다.
③ 공식화(Formalization): 조직 내에서 누가, 어떤 일을, 언제, 어떻게 수행할 것인가와 같이 표준화되어 있는 정도를 의미한다.

(2) 조직구조의 상황 변수
① 조직구조를 주어진 상황에 적합하게 설계하기 위해서는 상황 변수를 고려해야 한다.
② 조직구조의 객관적 상황 변수로는 환경·기술·조직 규모가 있고, 주관적 상황 변수로는 전략과 권력 유형이 있다.

3. 조직문화의 설계

(1) 조직문화의 개념
조직문화는 구성원들이 조직생활을 통하여 학습하고 공유하며, 전수하는 신념·규범·관행 등으로 조직구성원들의 생각과 의사결정 및 행동에 미치는 무형적 요인을 말한다.

(2) 관련 이론
① 로버트 퀸(Robert Quinn)의 경쟁가치모형: 조직문화의 연구에서 모순적이고 배타적인 다양한 조직문화의 가치요소들을 포괄적으로 분석할 수 있는 모형으로 공동체형 조직문화(관계형), 혁신지향적 조직문화, 위계형 조직문화, 시장지향형 조직문화로 구분한다.

② 샤인(Schein)의 모형: 조직문화에 대한 조직구성원의 일반적인 인식수준에 대한 구성요소(가공물과 창조물, 가치관, 기본전제 등)와 이들의 상호작용에 의한 조직문화를 설명하였다.

4 조직구조의 유형 및 설계

1. 전통적인 조직구조(X이론 측면)

(1) 라인 조직 기출 20-추가, 18-2

조직의 목표달성을 위하여 상급자의 명령체계가 수직적으로 하급자에게 전달되는 조직 형태로 군대식 조직(하향식 의사결정)에 가깝다.

> **보충학습**
> X이론: 인간본성을 부정적, 수동적 인간형으로 보고 이를 관리하기 위해서는 독재적 관리유형이 필요하다는 이론

(2) 라인-스태프 조직 기출 23-2

조직에서 주된 역할을 수행하는 라인과 라인을 지원하고 최고경영자를 보좌하는 스태프를 결합한 조직 형태이다.

(3) 기능식 조직(직능별 조직) 기출 23-1, 22-2

① 기능식 조직은 부문화의 가장 기본적인 형태로 전체 조직을 인사·생산·재무·회계·마케팅 등의 공통된 경영기능을 중심으로 부문화한 것이다.
② 기업환경이 안정적인 경우 효율성이 높지만, 다른 기능과의 협업 또는 의사소통이 원활하지 않을 수 있다는 점에서 최고경영자에게 과도하게 업무가 집중되는 경향이 있다.
③ 명령통일이 곤란하여 관리가 어렵고 책임소재가 불명확하다.

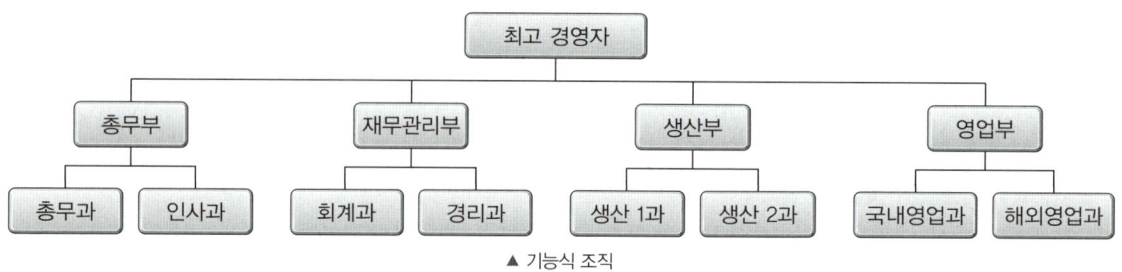

▲ 기능식 조직

2. 현대적인 조직구조(Y이론 측면)

(1) 사업부제 조직(divisional organization) 기출 20-2

① 사업부제 조직은 제품별·시장별·지역별로 사업부를 분화하여, 각 사업부별로 독립된 경영을 하도록 하는 조직구조이다.
② 특징 및 문제점

> **보충학습**
> Y이론: 인간본성을 긍정적, 능동적 인간형으로 보고 이들 조직관리를 위해서는 민주적 관리유형이 필요하다는 이론

특징	• 기업 전체의 전략적 결정과 관리적 결정 기능을 분화시켜 각 사업부에 전략적 결정 부분을 분권화시킴 → 최고경영층은 일상적인 업무 결정에서 해방되어 기업 전체의 전략적 결정에 몰두 가능 • 의사결정에 대한 책임이 일원화되고 명확해짐 • 사업부는 하나의 이익 단위로 독립성을 갖고, 독자적인 책임을 갖게 됨
문제점	• 각 사업부가 독자적인 경영활동을 수행하므로 전체적으로는 손해를 미치는 부문별 이기주의적 경향을 나타낼 우려가 있음 • 사업 부문 상호 간 조정이나 기업 전체로서의 통일적인 활동이 어려움 • 자원의 중복 투자로 인해 자원 이용의 효율성이 저하됨

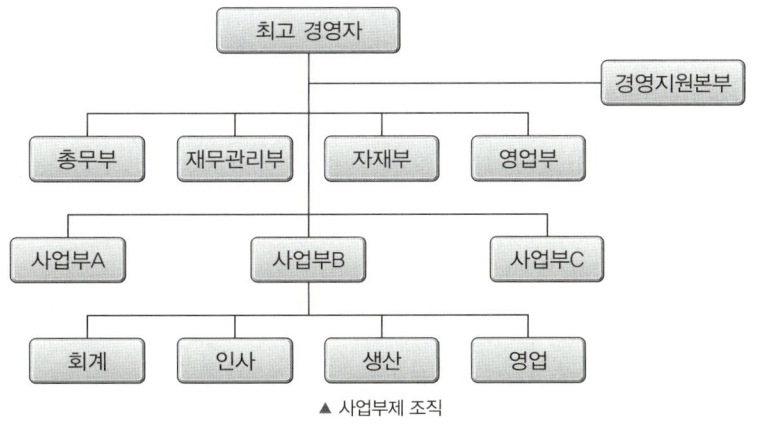

▲ 사업부제 조직

(2) **프로젝트 조직**(Project Organization) 기출 22-3
   ① 기업환경의 동태적 변화, 기술혁신의 급격한 진행에 맞추어 구체적인 특정 프로젝트별로 나누어 형성된 조직 형태이다.
   ② 특징
      ㉠ 특정 과업 수행을 위해 여러 부서에서 파견된 사람들로 구성되어 과업 해결 시까지만 존재하는 임시적·탄력적 조직으로 기동성과 환경 적응성이 높다.
      ㉡ 전문가들 간의 집단문제 해결 방식(수평적 의사결정)을 통한 임무 수행으로 목표지향적인 특징을 지닌다.

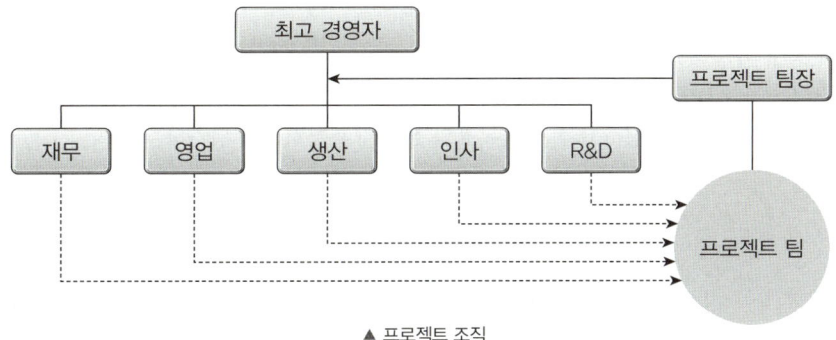

▲ 프로젝트 조직

(3) **매트릭스 조직**(Matrix Organization) 기출 18-2
   ① 매트릭스 조직 또는 행렬 조직은 급변하는 새로운 환경 변화에 적극적으로 대처하기 위해 시도된 조직이다. 이 조직은 기능식 조직(수직적)과 프로젝트 조직(수평적)의 장점을 동시에 달성하고자 하는 의도에서 발생하였다.
   ② 특징 및 문제점

특징	• 인적자원을 기업 상황에 맞게 공유 가능함 • 매트릭스 조직에서 작업자는 이중 명령체계(Two Boss System)를 갖음 • 고도로 복잡한 임무를 수행하는 우주산업, 기술개발사업, 건설회사 등의 대규모 사업에서 널리 사용됨 • 프로젝트 조직과 달리 영구적인 조직에 해당함 • 동시에 여러 개의 프로젝트를 수행할 수 있다는 장점이 있음
문제점	• 기능 부서와 프로젝트 팀에서 서로 상반되는 지시가 내려질 경우 역할갈등이 발생할 수 있음

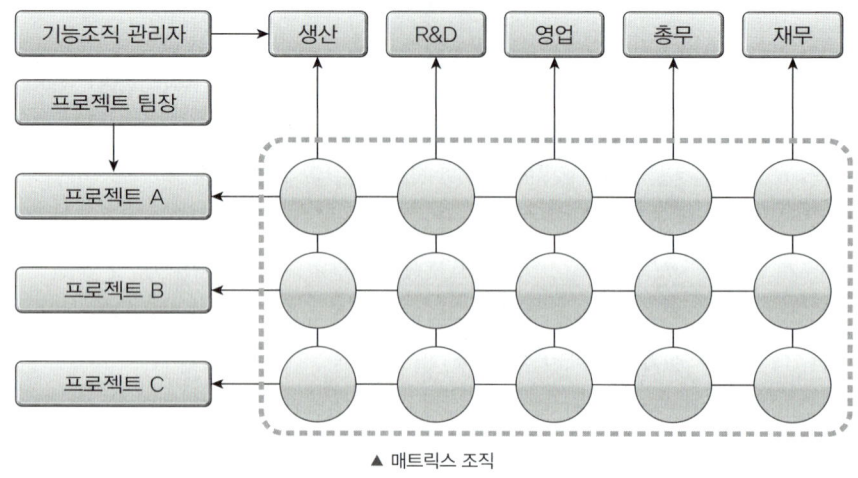

▲ 매트릭스 조직

(4) 네트워크 조직(가상 조직)

자사가 지닌 핵심역량의 강화에 주력하고, 비핵심역량은 네트워크상의 다른 기업들과 전략적 제휴 또는 아웃소싱을 통해 유지되는 기업 조직이다. 이는 전통적 조직의 핵심 요소는 간직하고 있으나, 조직의 경계와 구조는 없는 가상 조직 또는 모듈 조직이라고 한다.

5 조직의 목표관리(목표에 의한 관리, MBO) 기출 21-2, 18-3

(1) MBO(Managament By Objectives)의 개념

목표에 의한 관리는 드러커 & 맥그리거가 주장한 이론으로, 측정 가능한 비교적 단기 목표 설정 과정에 평가자와 피평가자가 협의를 통하여 목표를 설정하고 설정된 목표와 실적을 주기적으로 평가하는 관리기법을 의미한다.

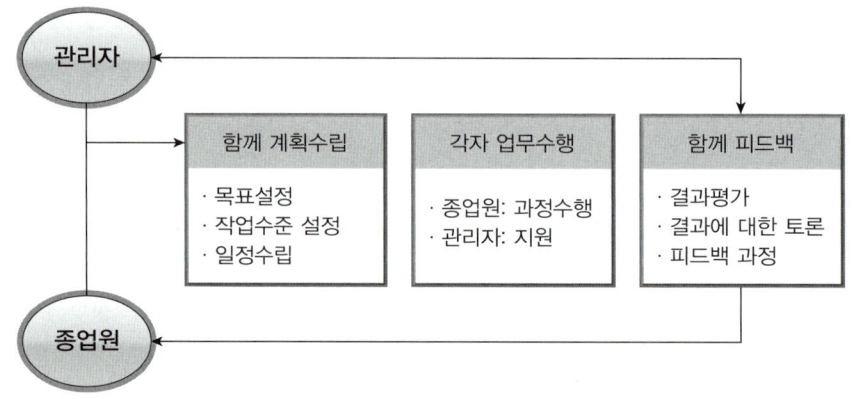

▲ 목표에 의한 관리(MBO)

(2) 구성요소

목표설정	측정 가능하고 비교적 단기적인 목표를 설정하는 것(결과지향적)
참여	하급자를 목표설정에 참여시키는 것
피드백	상급자와 하급자 사이의 주기적인 상호작용이 있어야 함

(3) 목표설정의 SMART 원칙

S(Specific)	목표는 세밀하고 구체적이어야 함	R(Results-oriented)	목표는 결과지향적이어야 함
M(Measurable)	목표는 측정 가능해야 함	T(Time-bounded)	평가 기간 내에 달성 가능한 정도여야 함
A(Achievable)	목표는 달성 가능한 정도여야 함		

(4) MBO의 특징 및 한계

특징	한계점
• 목표 설정과 관리 과정을 동시에 강조함 • 종업원의 동기부여에 큰 효과가 있음 • 조직은 구성원과 능동적으로 상호작용 함 • 의사소통이 원활해짐 • 목표의 질보다 양을 중요시 함	• 단기적 목표를 강조하는 경향이 있음 • 현실적으로 모든 구성원의 참여가 쉽지 않음 • 부문 간에 과다경쟁이 일어날 수 있음 • 신축성 또는 유연성이 결여되기 쉬움 • 계량화할 수 없는 성과가 무시될 수 있음

(5) MBO의 성공요건

① 최고경영자의 MBO 실시에 대한 지지와 솔선수범이 필요
② MBO를 수용하기 위한 조직구조의 구축과 절차가 마련되어야 함
③ MBO와 기업 내 관리 기능(예산, 훈련, 보수관리, 인사평정 등)과의 상호통합이 요구됨
④ 조직 내 원활한 의사소통 환경과 피드백 수용 분위기가 형성되어 있어야 함
⑤ 기업의 안정성이 담보되어야 함

6 조직의 갈등관리 기출 23-2, 23-1, 22-1, 20-3, 19-3, 18-3, 18-2, 16-2

조직에 있어 갈등은 필연적이며, 이는 외부적으로는 부정적 기능이 강하지만 내부적으로는 긍정적으로 기능하기도 한다. 결국 경영자는 갈등을 적절한 수준으로 관리하는 것이 중요하다.

1. 갈등의 개념

조직 갈등(Organization conflict)이란 구성원 간 심리적 대립상태 및 이의 행동적 표출을 의미하며 잠재적 갈등, 상대방에 대해 적대감이나 긴장감을 지각하는 지각된 갈등, 감정적 갈등, 표출된 갈등으로 나타난다.

2. 갈등의 원인

(1) **목표의 불일치**

경로구성원들 사이의 목표가 서로 다르고 이들 목표는 동시에 달성할 수 없을 때 발생하는 갈등이다.

(2) **역할·영역의 불일치**

각 구성원이 수행해야 할 역할과 영역이 합의되지 않아 제품, 시장, 기능 3가지 영역에서 생기는 불일치를 의미한다.

(3) **지각의 불일치**

동일한 상황이나 실체에 대하여 경로구성원 간 서로 다르게 지각하여 생기는 갈등이다.

(4) **경영이념 및 힘의 불균형**

상호의존성이 커질수록 서로의 목표달성이 방해될 가능성이 커지고 거래 당사자 사이의 불균형이 발생한다.

2. 조직 내 갈등의 해소방안 및 대처방안

(1) 갈등 해소방안
① 리더의 힘에 의한 갈등해소: 합법력, 강권력(강압성), 보상력, 준거력, 전문력을 이용
② 상호 공동의 목표설정
③ 협의회 등 의사결정기구 설립
④ 중재자에 의한 분쟁해결: 컨설턴트, 전문가, 소속협회
⑤ 계속적인 교육을 통한 갈등 발생의 예방

(2) 갈등 대처방안 〈기출〉 18-3, 16-2
토마스(Kenneth W. Thomas)와 킬만(Ralph H. Kilmann)은 갈등 상황에 처했을 때 대처하는 방식을 회피(Avoiding), 호의(Accommodating), 경쟁(competing), 타협(compromising), 협력(collaborating)의 5가지 유형으로 구분하였다.

3. 제조업체의 경로갈등 관리(이해관계 상충 간의 유통업체 통제) 〈기출〉 16-2
① 유통업체와의 장기적인 파트너십 구축
② 유통업체에 대한 적절한 보상
③ 유통업체와의 효율적인 커뮤니케이션
④ 판매실적의 공정한 평가
⑤ 판매실적 평가 기준 완화

7 동기부여이론(Motivation Theory)

1. 동기부여의 의의 및 분류

(1) 의의
동기부여는 종업원으로 하여금 적극적으로 과업을 하고자 하는 의욕이 생기게 하는 것으로, 기업의 목표 달성을 위한 지휘에 의해 유발되는 행동 과정이라고 할 수 있다.

(2) 동기부여 이론의 분류
동기부여에 관한 중요성이 인식되면서부터 관련 학문인 사회학, 심리학 등의 도움을 얻어 종합과학적 연구의 방향으로 전개되었고 크게 내용이론과 과정이론으로 구분된다.

동기부여 이론	초기 이론	과학적 관리론	차별적 성과급(개인성과급)
		인간관계론	호손공장연구(관심/배려)
	현대적 동기부여이론	내용이론	매슬로우 욕구단계설
			알더퍼의 ERG이론
			맥클리랜드의 성취동기이론
			허츠버그의 2요인이론
			맥그리거의 XY이론 〈기출〉 22-2
		과정이론	브룸의 기대이론
			아담스의 공정성이론
			포터&로울러의 기대이론
			로크의 목표설정이론

2. 동기부여의 내용이론 기출 23-1

(1) 매슬로우의 욕구단계이론(Need Hierarchy Theory) 기출 18-1

매슬로우(A. Maslow)는 인간을 동기유발시킬 수 있는 욕구를 다섯 가지로 구분하였다. 하위욕구로는 생리적욕구, 안정 및 안전욕구, 사회적욕구가 있고, 상위욕구로는 존경욕구, 자아실현욕구가 계층적 구조를 이루고 있다고 주장한다.

① 생리적 욕구 → 안정 및 안전욕구 → 사회적욕구(소속감) → 존경욕구 → 자아실현욕구 순으로 단계가 나누어 진다.
② 매슬로우는 두 가지 이상의 욕구가 동시에 작용할 수 없고, 상위욕구의 동기가 유발되려면 하위욕구가 반드시 충족되어야 한다고 주장한다.

▲ 매슬로우의 욕구5단계설

(2) 알더퍼의 ERG이론

매슬로우의 욕구 5단계이론이 갖고 있는 한계를 수정하여 조직 환경 하에서 개인의 욕구에 따른 동기를 보다 현실적으로 제시한 이론이 바로 알더퍼(C. P. Alderfer)의 ERG이론이다.

① 알더퍼의 3가지 욕구(ERG)

존재욕구 (Existence)	매슬로우의 생리적 욕구와 일부의 안전욕구에 해당되는 것으로 경제적 보상과 안전한 작업조건 등에 대한 욕구
관계욕구 (Relatedness)	매슬로우의 소속욕구와 일부의 존경욕구에 해당되는 것으로 개인 간의 사교, 소속감 및 자존심 등을 나타냄
성장욕구 (Growth)	매슬로우의 자아실현욕구와 일부의 존경욕구에 해당되는 것으로 개인의 능력개발, 창의성 및 성취감 등을 의미

② 저차원의 욕구가 충족되면 다음 단계의 욕구로 이행하는 만족-진행뿐만 아니라 좌절되면 퇴행하기도 한다는 좌절-퇴행 과정을 강조한다.
③ 매슬로우의 욕구단계이론에서는 저차원의 욕구가 충족되어야 비로소 보다 고차원의 욕구가 유발된다고 주장했으나, 알더퍼의 ERG이론은 두 가지 이상의 욕구가 동시에도 유발될 수 있다는 점을 강조한다. 즉 반드시 하위욕구가 충족되어야 상위욕구를 추구하는 것은 아니라는 것이다.

(3) 맥클리랜드의 성취·동기이론

맥클리랜드는 인간의 욕구를 성취욕구, 권력욕구, 친교욕구로 구분하였고, 이는 학습된 것이므로 욕구의 서열은 개인마다 다를 수 있다고 하였다.

성취욕구	성취욕구가 강한 사람은 성공에 대한 강한 희망을 갖고 있으며, 도전 받기를 원함
권력욕구	높은 권력욕구를 가지고 있는 사람은 영향력과 통제를 행사하는 데 큰 관심을 가짐
친교욕구	친교욕구가 높은 사람은 다른 사람들과 친근한 관계를 가지려고 하고 사회집단으로부터 소외되는 아픔을 피하고자 함

(4) 허츠버그의 2요인 이론 〈기출 20-2〉

① 2요인 이론의 의의

허츠버그(F. Herzberg)의 2요인 이론에 따르면 인간에게는 상호 독립적인 두 종류의 욕구 범주가 존재하고, 이들이 인간의 행동에 각기 다른 방법으로 영향을 미친다고 한다.

② 동기요인과 위생요인

㉠ 직무불만족과 관련한 요인을 위생요인 또는 환경요인이라고 하고, 직무만족을 유발시키는 요인을 동기요인이라고 한다.

㉡ 임금, 작업 조건, 상사와의 관계 등의 위생요인은 증가하더라도 개인의 만족은 증대되지 않는다.

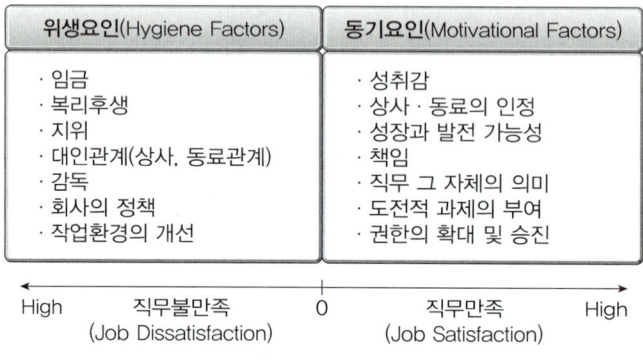

▲ 허츠버그의 2요인 이론

3. 동기부여의 과정이론

(1) 브룸의 기대이론(Expectancy Theory)

① 기대이론에서 동기부여의 정도는 유의성(행위가 가져다주는 보상의 정도)과 기대감(행위를 통해 보상을 얻을 수 있는 가능성)에 의해 결정된다.

② 수단성이론 또는 기대-유의성이론이라고도 불린다.

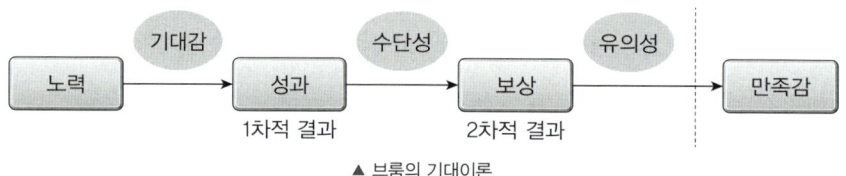

▲ 브룸의 기대이론

(2) 아담스의 공정성이론(Equity Theory) 〈기출 22-2〉

① 아담스(J. S. Adams)의 공정성이론은 개인의 보상 체계와 관련하여 페스팅거의 인지부조화이론을 동기부여와 연관시켜 설명하는 이론이다.

② 자신의 공헌, 보상의 크기를 다른 사람(비교인물)의 투입·산출비율과 비교함으로써 동기가 유발된다고 본다.

③ 비교 결과 투입·산출 비율이 비교대상과 동일하다고 지각하게 될 때는 적극적이고 최선을 다하려 하지만, 그 비율이 낮거나 커서 불공정을 지각하게 되면 불공정 상태를 수정(비교대상 변경, 지각왜곡)하려고 한다는 것이다.

> **보충학습**
> **인지부조화이론**: 개인이 가지고 있는 신념, 생각, 태도와 행동 간의 부조화가 유발하는 심리적 불편감을 해소하기 위한 태도나 행동의 변화를 설명하는 이론

4. 직무특성이론 [기출] 19-1

(1) 직무특성이론의 의의
① 해크만(J. Hackman)과 올담(G. Oldham)에 의해 만들어진 것으로 특정한 직무 특성이 특정한 심리 상태를 유발하고 이것이 다시 직무 성과와 연관되는데, 이때 종업원의 개인차가 이러한 일련의 과정에 영향을 줄 수 있다는 이론이다.
② 직무특성이론의 핵심은 직무특성이 직무 수행자의 성장 욕구 수준에 부합될 때 긍정적인 동기 유발효과를 초래하게 된다고 본다.

(2) 직무특성요소

기술 다양성 (Skill Variety)	종업원들이 다른 기량과 재능을 활용할 수 있도록 직무가 요구하는 여러 활동의 다양성 정도
과업 정체성 (Task Identity)	직무가 요구하는 업무 전체의 완성단계와 인식 가능한 업무 단위 정도
과업 중요성 (Task Significance)	직무가 다른 사람들의 삶과 일에 영향을 미치는 정도
자율성 (Autonomy)	직무가 제공할 수 있는 자유, 독립성 그리고 종업원이 작업을 수행함에 있어 계획 및 절차를 정할 수 있는 재량 등의 정도
피드백 (Feedback)	일을 수행함에 있어 개개의 종업원이 그들의 실적에 대해 정확하고 직접적으로 정보를 전달받는 정도

8 조직의 리더십과 권력

1. 권력의 원천 [기출] 23-3, 22-3, 20-2, 19-3, 19-2, 18-2, 17-3, 17-2

프렌치(J. R. P. French)와 레이븐(B. H. Raven)은 개인이 갖는 권력의 원천을 다음의 5가지로 분류하고, 후에 정보적 권력을 추가하였다.

권력의 파생	권력의 원천	내용
공식적 지위	보상적 권력 (Reward Power)	권력행사자가 권력수용자에게 보상을 줄 수 있다는 인식에 기초한 권력
	강압적 권력 (Coercive Power)	해고나 징계, 작업 시간 단축 등을 지시할 수 있는 능력에서 기인한 권력
	합법적 권력 (Legitimate Power)	권력행사자의 정당한 영향력 행사권(권한)을 추종해야 할 의무가 있다는 사고에 기초한 권력
개인적 특성	준거적 권력 (Referent Power)	리더가 바람직한 특별한 자질을 가지고 있어 다른 사람들이 그를 따르고 일체감을 느끼고자 할 때 생기는 권력
	전문적 권력 (Expert Power)	권력자가 특정 분야나 상황에 대해서 높은 지식이나 경험을 가지고 있다고 느낄 때 발생하는 권력

2. 리더십이론의 전개

이론의 분류	리더십이론	연구모형	강조점
특성이론	특성추구이론	리더의 특성 → 리더십의 유효성	리더의 타고난 자질
행위이론	레윈 등의 연구 오하이오대학 연구 미시간대학 연구 관리격자모형 PM이론	리더의 행위 → 리더십의 유효성	리더십 스타일
상황이론	피들러의 상황이론 허쉬–블랜차드 이론 하우스 경로–목표론	리더의 행위 리더의 특성 → 리더십의 유효성 ↑ 특정상황	리더가 처한 상황
현대적 리더십이론	카리스마 리더십 변혁적 리더십 서번트 리더십 수퍼리더십 임파워링 리더십	리더의 행위 → 리더십의 유효성 (조직변화 주도)	리더와 추종자 관계 (변혁, 멘토링, 임파워링 등)

(1) (리더십)특성이론
효과적인 리더는 남과 다른 개인적인 특성(신체, 성격, 능력 등)이 있다고 생각하고 그 특성을 찾아내려고 노력한다.

(2) (리더십)행위이론(Behavioral Theory) 기출 23-2

① 관리격자모형(Managerial Grid)

관리격자모형은 블레이크(Robert R. Blake)와 머튼(Jane S. Mouton)이 개발한 것으로 리더의 행위를 생산에 대한 관심(X이론)과 인간에 대한 관심(Y이론)을 이용해 아래와 같이 5가지 리더십 유형을 제시하였다.

무관심	리더의 역할을 수행하는 데 최소한의 노력을 기울이는 무관심형으로 과업 달성 여부는 물론 인간관계 유지에도 모두 무관심
과업형	과업형으로 인간관계 유지에는 관심이 적지만 생산에 대해서는 관심이 많음
인기형(컨트리클럽형)	생산에 대한 관심은 낮으나 인간관계에 대해서는 높은 관심을 보임
중간형(타협형)	생산과 인간관계의 유지 모두에 적당한 정도의 관심
팀형(이상형)	생산과 인간관계 유지 모두에 높은 관심을 보임. 우호적 이해관계를 통해 신뢰관계를 구축하고 이를 기반으로 과업달성도 강조

② PM이론

피터슨과 미스미의 PM이론은 리더의 구조주도(X론)와 배려행동(Y론)을 성과(Performance)와 유지기능(Main-tenance)으로 나타내어 리더의 유형을 구분하였다. 리더십의 효과성은 PM > Pm > pM > pm 순서로 나타난다.

(3) 상황이론(Contingency Theory) 기출 24-1

① 피들러의 상황–유효성이론(상황적합이론)

리더가 처해 있는 상황의 호의성을 높일 수 있을 때 리더십은 촉진된다는 맥락에서 등장한 것이 피들러(Fred Fiedler)의 상황–유효성이론이다.

㉠ 리더의 분류

리더의 유형을 결정하기 위하여 LPC(Least Preferred Coworker) 척도를 개발하였다.

LPC 점수 높은 리더	관계지향적 리더로서 부하들과 긴밀한 대인관계를 유지하며, 사려 깊고 지원적인 행동을 함.
LPC 점수 낮은 리더	과업지향적 리더로서 과업목표의 달성을 강조

ⓒ 상황변수

리더-부하관계	부하들이 리더에 대해 갖는 신뢰와 존경의 정도를 나타내는 집단 분위기로, 소시오메트릭(sociometric) 구조와 집단 분위기의 척도를 통해서 측정
과업구조	과업의 목표가 분명하게 명시되어 있고 그것을 달성하는 수단 또한 명확하게 설정되어 있는 정도
직위권력	리더의 직위에 의해 부하들에게 행사할 수 있는 영향력의 정도

ⓒ 피들러이론의 결론(리더-상황 간의 적합도)

과업지향적인 리더는 호의적이거나 또는 비호의적인 상황에서 효과적이며, 상황의 호의성이 중간 정도인 경우 관계지향적인 리더가 효과적임을 밝혔다.

② 허쉬와 블랜차드의 상황적 리더십이론(리더십 수명주기이론)

㉠ 허쉬(P. Hersey)와 블랜차드(K. H. Blanchard)는 상황변수로서 특히 종업원들의 성숙도(준비성)를 강조하는 상황적 리더십이론을 제시하였다. 오하이오대학의 구조주도와 고려의 개념을 이용하여 리더의 행위를 과업행위와 관계행위의 2가지 차원을 축으로 한 4분면으로 분류하고 여기에 상황요인으로서 부하의 성숙도(업무에 대한 능력, 의지)를 추가하였다.

㉡ 리더십의 효과성

지시형 리더십	구성원의 성숙도(능력, 의지)가 낮은 경우	리더 주도
지도형 리더십	구성원의 능력이 낮고 의지는 높은 경우	
위임형 리더십	구성원의 성숙도(능력, 의지)가 높은 경우	부하 주도
참여형 리더십	구성원의 능력이 높고 의지가 낮은 경우	

3. 현대적 리더십이론

(1) 카리스마적 리더십(Charismatic Leaders)

① 카리스마적 리더는 조직이 매우 어려운 시기에 어떤 리더들은 구성원들의 신념, 지각, 가치관, 행동들의 심각한 변화를 만들어내는 데 성공적이다.

② 카리스마적 리더의 특징으로는 자신감, 비전, 비범한 행동, 변화담당자로서의 역할 인식, 환경적 감수성 등이 있다.

(2) 변혁적 리더십(Transformational Leadership) 기출 24-2, 23-3, 22-1, 18-2

① 조직을 활성화시키고 변혁시키는 일을 성공적으로 해내는 리더십으로 변화에 능동적으로 적응하고 변화를 유도하는 유형이다. 종전 상사와 종업원 간 보상관계에 기초한 교환적 리더십과는 대비되는 개념이다.

② 변혁적 리더십은 종업원에 대한 지적 자극, 영감적 동기, 비전 제시, 카리스마를 소유하며 도전을 용납할 수 있는 리더, 조직의 생존을 가능하게 할 리더, 개방된 마인드를 소유한 리더 등을 그 특징으로 한다.

③ 변혁적 리더의 특징

카리스마	변혁적 리더는 조직에 대하여 강한 비전과 사명감을 제공한다.
지적 자극	변혁적 리더는 구성원들이 문제를 인식하고, 그 해결책을 만들어내는 것을 돕는다.
개인별 자상한 배려	변혁적 리더는 구성원들이 일을 잘 수행하는 데 필요한 지원, 격려, 그리고 관심을 준다.
영감적 동기부여	변혁적 리더는 조직의 사명의 중요성을 분명히 전달하고, 리더의 노력에 초점을 맞추는 데 도움이 되는 상징에 의존한다.

(3) 서번트 리더십(Servant Leadership) 기출 19-3

① 그린리프(Greenleaf)의 서번트 리더십은 리더가 구성원들에게 조직의 목표를 공유하고 그들의 의견을 경청, 공감하고 성장 및 발전을 돕고 치유함으로써 조직의 목표를 달성하고자 하는 파트너형 리더십을 의미한다.
② 이는 리더가 종업원들을 섬기는 자세로 지원하여 구성원들로 하여금 스스로 조직 목표달성에 기여하도록 하는 리더십 유형이다.
③ 전통적 리더십과의 비교

구 분	전통적 리더십	서번트 리더십
리더십의 목표	과업을 위한 효율적 통제	변화에 대한 효율적 대응
통제 방법	명령과 규율	합의
조직구조	집권적, 위계적 조직	수평적, 분권적 조직
리더와 부하의 관계	수직적 관계	파트너 관계
권한과 책임 소재	리더	리더와 구성원
적합한 환경	안정적 기업환경	지속적 변화가 있는 환경

(4) 임파워링(Empowering)과 슈퍼리더십(Super Leadership)

① 임파워링: 리더가 조직구성원에게 권한과 책임을 함께 위임함으로써 그들이 조직과 맡은 직무에 대해 주인의식과 자기통제감을 경험하도록 하는 리더십이다.
② 슈퍼리더십: 구성원들이 스스로 판단하고 행동에 옮기며, 그 결과도 책임질 수 있는 셀프리더로 만드는 리더십을 의미한다.

CHAPTER 02 인적자원관리(HRM: Human Resource Management)

1 인적자원관리의 기초와 개념

1. 인적자원관리의 의미

인적자원관리란 조직과 구성원의 목표를 만족시키기 위해서 조직의 인적자원을 효과적으로 관리하기 위한 기능으로, 인적자원의 확보, 개발, 활용, 보상, 유지 등의 관리활동을 의미한다.

2. 인적자원관리 개념모형 기출 20-3

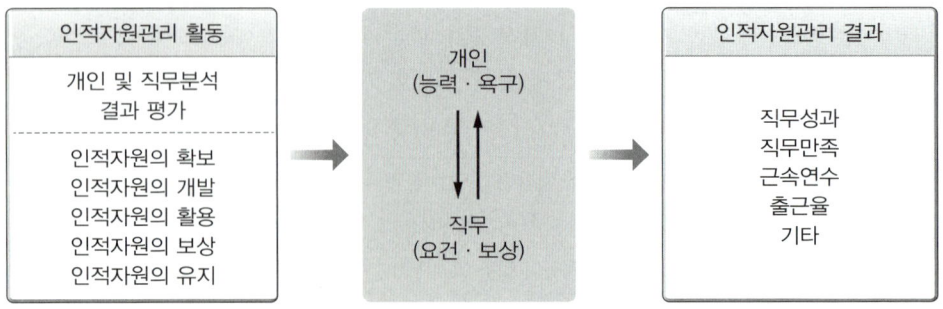

(1) 인적자원관리 활동

조직의 목표달성을 위해 인적자원의 확보(모집/선발) → 개발(교육) → 활용(배치) → 보상(평가/임금) → 유지의 과정을 계획·조직·통제하는 관리체계이다.

(2) 개인과 직무의 조화

① 직무 수행에 요구되는 능력과 개인의 욕구를 분석한 뒤 적절한 요건과 보상 수준을 분석하는 단계이다.
② 양자 간 서로 만족할 수 있는 합의점에 도달하는 것이 목표이다.

(3) 인적자원관리 결과지표

① 직무성과: 직무성과는 종업원 유효성의 중요한 기준으로 종업원들은 조직의 과업을 수행하기 위해서 고용되며, 보다 능률적으로 일을 할수록 그만큼 조직에 대한 공헌도가 커진다.
② 직무만족: 직무만족은 개인에게 직무와 관련된 보상을 추구함으로써, 충족시키고자 하는 특정한 욕구를 가지고 있다는 것을 전제로 한다.
③ 근속연수와 출근율: 근속연수와 출근율은 직무와 조직에 대한 지속적 몰입을 나타내며, 중단 없는 과업의 수행을 가능하게 한다.

2 직무분석

1. 직무분석의 의의와 목적

(1) 직무분석의 의의

① 직무분석(Job Analysis)은 특정 직무의 내용(또는 성격)을 분석해서 그 직무가 요구하는 조직구성원의 지식·능력·숙련·책임 등을 명확히 하는 과정이다.
② 직무분석은 조직이 요구하는 일의 내용 또는 요건을 정리·분석하는 과정이라고 말할 수 있다.

(2) 직무분석의 목적

직무기술서와 직무명세서를 작성하여 직무평가를 하기 위함이다.

2. 직무분석 방법

① 관찰법: 훈련된 직무분석자가 직접 직무수행자를 집중적으로 관찰함으로써 정보를 수집하는 방법으로 기능직 직무에 적절한 방법이다.
② 면접법: 실무자를 개별적으로 혹은 집단적으로 면접하여 필요한 분석항목의 정보를 획득하는 방법으로 정신적인 작업 등에도 적용이 가능하다.
③ 질문지법: 표준화되어 있는 질문지를 통하여 직무담당자가 직접 직무에 관련된 항목을 체크하거나 평가하도록 하는 방법이다.
④ 중요사건기록법: 직무수행 과정에서 직무수행자가 보였던 보다 중요한 또는 가치가 있는 행동을 기록해 두었다가 이를 취합하여 분석하는 방법이다.
⑤ 워크샘플링법: 작업자나 설비의 순간적인 관측을 통해 표준 시간이나 가동률을 산출하는 기법으로 비교적 간단하며 적용 범위가 넓기 때문에 각종 개선 또는 조사의 기본 수법으로 많이 사용된다.

3. 직무기술서와 직무명세서 기출 23-3, 21-3

(1) 직무기술서(Job Description)
① 직무기술서는 직무분석을 통해 얻어진 직무의 성격과 내용, 직무의 이행 방법과 직무에서 기대되는 결과 등을 과업요건 중심으로 정리해 놓은 문서이다.
② 구성 내용: 직무기술서는 직무명칭과 직무개요, 직무의 구체적 내용, 직무수행에 요구되는 조건, 즉 책임, 지식, 직무수행에 필요한 장비, 환경 등 직무요건 등의 정보를 수록하고 있다.

(2) 직무명세서(Job Specification)
① 직무명세서는 직무를 만족스럽게 수행하는 데 필요한 작업자의 지식·기능·능력 및 기타 특성 등을 정리해 놓은 문서로 직무수행자의 인적요건에 초점을 맞춘 것이다.
② 구성 내용: 작업자의 교육 수준, 육체적·정신적 특성, 지적 능력, 전문적 능력, 경력, 기능 등의 인적요건이 포함된다.

(3) 직무기술서와 직무명세서 비교

구분	직무기술서	직무명세서
목적	인적자원관리의 일반 목적을 위해 작성	인적자원관리의 구체적이고 특정한 목적을 위해 세분화하여 작성
작성시 유의사항	직무내용과 직무요건에 동일한 비중을 두고, 직무 자체의 특성을 중심으로 정리	직무내용보다는 직무요건을 중심으로 정리하고, 직무요건 중에서도 인적요건을 중심으로 정리
포함되는 내용	직무명칭, 직무개요, 직무내용, 장비·환경·작업활동 등 직무요건	직무명칭, 직무개요, 작업자의 지식·기능·능력 및 기타 특성 등 인적요건
특징	직무행위의 개선점 포함	직무수행자의 자격요건명세서

4. 직무설계

(1) 직무설계의 의의
직무설계의 목적은 직무성과와 직무만족을 높이기 위한 것으로, 직무분석을 실시하여 직무기술서와 직무명세서가 작성되면 이러한 정보를 활용하여 직무를 설계할 수 있다.

(2) 직무설계방안
① 직무순환(Job Rotation): 직무 자체의 내용은 그대로 둔 상태에서 작업자들로 하여금 여러 직무를 돌아가면서 번갈아 수행하게 하는 것이다.
② 직무확대(Job Enlargement): 한 직무에서 수행되는 과업의 수를 증가시키는 것으로 직무의 다양성을 증대시키기 위한 직무의 **수평적 확대**를 뜻한다.
③ **직무충실화**(Job Enrichment) 기출 19-3
 ㉠ 직무충실화는 직무 성과가 경제적 보상보다도 개인의 심리적 만족에 달려 있다는 전제하에 직무수행의 내용과 환경을 재설계하는 직무의 수직적 확대 방법이다.
 ㉡ 이론적 근거: 동기유발이론에서 찾아볼 수 있는데, 특히 매슬로우(Maslow)의 욕구단계이론 중 상위수준의 욕구와 허즈버그(Herzberg)의 2요인이론 중 동기유발요인, 해크만과 올드햄의 직무특성모형이 그 이론적 기초가 된다.

3 직무평가 및 인사고과

1. 직무평가의 의의와 목적

(1) 직무평가의 의의
① 직무평가(Job Evaluation)는 직무분석을 기초로 하여 각 직무가 지니는 상대적인 가치를 결정하는 방법이다.
② 기업이나 기타조직에 있어서 각 직무의 중요성·곤란도·위험도 등을 평가하여 다른 직무와 비교한 직무의 상대적 가치를 정하는 체계적 방법이다.

(2) 직무평가의 목적 및 특징
① 목적: 직무평가는 동일노동에 대하여 동일임금이라는 직무급 제도를 확립하는 데 목적이 있다.
② 특징: 직무평가는 직무기술서와 직무명세서를 기초로 하여 이루어지며, 사람에 대한 평가가 아니라 객관적인 직무 그 자체의 가치를 평가하는 것이다.

2. 직무평가의 방법 〈기출〉 21-1

비양적 방법 (질적평가 방법)	직무수행에 있어서 난이도 등을 기준으로 포괄적 판단에 의하여 직무의 가치를 상대적으로 평가하는 방법
	기법: 서열법과 분류법
양적 방법	직무분석에 따라 직무를 기초적 요소 또는 조건으로 분석하고 이들을 양적으로 계측하는 분석적 판단에 의하여 평가하는 방법
	기법: 점수법과 요소비교법

3. 인사고과

(1) 인사고과의 종류

전통적 기법	서열법	피고과자의 능력과 업적에 대하여 서열 또는 순위를 매기는 방법으로 쌍대비교법, 교대서열법 등이 효과적 방법에 해당함
	강제할당법	사전에 정해 놓은 비율에 따라 피고과자를 강제로 할당하는 방법으로 피고과자의 수가 많을 때 서열법의 대안으로 주로 사용함
	평정척도법	피고과자의 능력과 업적을 각 평가요소별로 연속척도 또는 비연속척도에 의하여 평가하는 방법으로, 일반적으로 가장 많이 사용되고 있는 인사고과방법
	대조표법	직무상의 표준행동을 구체적으로 표현한 문장을 리스트로 만들어 평가자가 해당사항을 체크하여 피고과자를 평정하는 방법
현대적 기법	중요사건서술법	피고과자의 효과적이고 성공적인 업적뿐만 아니라 비효과적이고 실패한 업적까지 구체적인 행위와 예를 기록하였다가 이 기록을 토대로 평가하는 방법
	인적평정센터법	평가를 전문으로 하는 평가센터(AC)를 만들고 여기에서 합숙을 하면서 각종 의사결정게임과 토의 등 다양한 자료를 활용하여 평가하는 방법
	행위관찰평가법	행위기준척도법(BARS)보다 최근에 개발된 방식. 평가자는 업적의 수준을 표시할 필요는 없고 평가문항의 발생빈도, 즉 평가대상자가 어떤 구체적인 행동을 얼마나 자주하는지를 근거로 피평가자를 평가함
	다면평가법 (360도 평가)	전통적인 상사의 하향식평가에서 벗어나 자신, 동료, 상급자, 하급자, 고객에 의한 평가 등 다양한 평가자에 의해 이루어지는 객관적인 평가함
	목표에 의한 관리법 (MBO)	상급자와 협의하여 조직목표와 비교·수정하여 목표를 확정하며, 업무를 수행한 후 기말에 결과를 목표와 비교·평가하고, 문제점 및 개선점을 공동으로 재검토하는 방법

(2) 인사고과의 오류

① **후광효과**(Halo Effect)
  ㉠ 어느 한 분야에 있어서 어떤 사람에 대한 호의적인 또는 비호의적인 인상이 그 사람에 대한 다른 분야의 평가에도 영향을 주는 경향을 말한다.
  ㉡ 현혹효과 또는 후광효과라고도 하며, 평가오류를 줄이기 위해서는 여러 평가자가 동시에 평가하도록 해야 한다.

② **상동적 태도**(Stereotyping)
  ㉠ 상동적 태도는 한 가지 범주에 따라 판단하는 오류이다.
  ㉡ 상동적 태도는 그들이 속한 집단의 특성에 근거하여 다른 사람을 판단하는 경향을 말한다.

③ 분포적 오류(규칙적 오류) 기출 20-2
  ㉠ 관대화 경향: 인사고과를 할 때 실제의 능력과 성과보다 높게 평가하려는 것으로서, 평가 결과의 집단분포가 점수가 높은 쪽으로 치우치는 경향을 뜻한다.
  ㉡ 중심화 경향: 인사고과 시 대부분의 평가가 중간 또는 보통으로 평가하여 평균치에 집중하는 경향을 뜻한다.
  ㉢ 가혹화 경향: 평가자가 평가점수를 전체적으로 평균보다 낮게 평가하는 경향을 뜻한다.
  ㉣ 분포적 오류의 해결: 분포적 오류를 피하기 위해서는 정규분포를 기준으로 피평가자의 평가등급 또는 점수를 일정비율로 정하여 서열을 정하는 강제할당법을 사용할 수 있다.

④ 대비오차(Contrast Errors, 대비효과)
  대비오차는 인사고과의 고과평정자가 대체로 자신과 비교하여 정반대 경향으로 평가하는 경향을 의미한다.

4 인적자원의 확보와 개발 기출 18-3

1. 인적자원의 확보활동

(1) **인적자원계획**(Human Resource Planning)
  직무분석의 후속 단계로 조직에서 필요로 하는 인적자원을 적시에 확보하기 위한 인적자원관리기능을 말한다.

(2) **채용관리**
  ① 기업의 목적 달성을 위해 필요한 인력을 조직 내로 유인하여 적재적소에 배치하는 과정이다.
  ② 모집 → 선발 → 배치의 과정을 거친다.

(3) **선발도구의 합리적 조건** 기출 17-2
  ① 시험이나 면접 등과 같은 선발도구를 이용하여 선발하는 경우 인력을 잘못 선발하는 오류를 범할 수 있으므로 오류 방지를 위해서는 선발도구의 신뢰성과 타당성이 고려되어야 한다.
  ② 신뢰성(Reliability): 동일한 사람이 동일한 환경에서 어떤 시험을 반복해서 보았을 때 측정 결과가 서로 일치하는 정도를 뜻하는 것으로 일관성, 안정성, 정확성 등을 나타낸다.
  ③ 타당성(Validity): 시험이 당초에 측정하려고 의도하였던 것을 얼마나 정확히 측정하고 있는가를 밝히는 정도이다. 즉, 시험에서 우수한 성적을 얻은 사람이 근무성적 또한 예상대로 우수할 때 그 시험의 타당성이 인정된다.

2. 인적자원의 개발활동

(1) **교육훈련의 필요성**
  새로운 기술·설비, 새로운 생산·판매방법, 기타 새로운 경영 방법 등에 대하여 교육훈련이 부단히 실시되어야 변화에 적응할 수 있다.

(2) **교육훈련의 분류** 기출 18-3

① 현장훈련(OJT)과 현장외훈련(Off-JT)

직장 내 교육훈련 (OJT: On the Job Training)	직장 외 교육훈련 (Off-JT: Off the Job Training)
• 직장에서 구체적인 직무를 수행하는 과정에서 직속상사가 부하에게 직접적으로 개별 지도하고 교육훈련을 시키는 방식 • 현장의 직속상사를 중심으로 진행	• 교육훈련을 담당하는 전문스태프의 책임 하에 집단적으로 교육훈련을 실시하는 방식 • 기업 내의 특정한 교육훈련시설을 통해 실시되는 경우가 있고, 기업 외의 전문적인 훈련기관에 위탁하여 수행되는 경우도 있음

② 도제훈련 방식: 특히 숙련공을 필요로 하는 금속, 인쇄, 건축 같은 업종의 기업에서 하는 훈련 방식으로 고도의 기술 수준이 필요한 경우에 적합하다.

③ 인턴제도: 수련훈련 방식으로 졸업을 앞둔 대학생이 직무에 배치되어 배우면서 일하는 프로그램이다.

5 인적자원의 보상활동

1. 임금의 의의

임금은 대표적인 외적 보상으로 정기적으로 지불되는 통상의 임금 및 급료 등의 경상적 지급 외에도 수당, 상여 등의 각종 임시적 지급까지 포함한다.

2. 임금수준의 관리

임금수준의 관리는 일정 기간 동안 특정기업 내의 모든 종업원에게 지급되는 평균임금을 어느 정도로 할 것인가의 문제이다. 임금수준의 결정요인은 다음과 같다.

내재적 요인	기업 규모, 경영전략, 노동조합 조직 여부, 기업의 지급 능력
외재적 요인	생계비, 사회일반의 임금수준

3. 임금체계의 관리 기출 21-2

임금체계는 임금의 구성 내용을 의미한다. 임금체계를 결정하는 기본적인 요인으로는 필요기준, 담당직무기준, 능력기준, 성과기준 등이 있는데, 이는 임금체계의 유형인 연공급, 직무급, 직능급 체계와 관련된다.

(1) **연공급**

① 임금이 개인의 근속연수·학력·연령 등 인적요소를 중심으로 변화하는 것으로, 생활급적 사고원리에 따른 임금체계이다.

② 고용의 안정화 및 노동력의 정착화, 노동자의 생활 보장으로 기업에 대한 귀속의식 제고 등의 장점이 있다.

(2) **직능급**

① 직무수행능력에 따라 임금의 격차를 만드는 체계이다.

② 능력에 따라 개인의 임금이 결정된다는 점에서 종업원의 불평을 해소하고, 능력을 자극하여 유능한 인재를 확보할 수 있다는 장점이 있다.

(3) **직무급**

① 직무의 중요성과 곤란도 등 직무평가 결과에 따라 각 직무 간 상대적 가치를 평가하여 임금액을 결정하는 체계이다.

② 동일직무 동일임금 지급의 원칙(Equal Pay for Equal Work)에 입각한 임금체계에 해당한다.

4. 임금형태 〈기출 22-2〉

(1) 임금형태의 관리(지급 방식)
임금의 계산 및 지불 방법에 관한 것이다. 임금형태로는 시간급, 성과급과 함께 특수임금제(집단자극임금제, 순응임금제, 이윤분배제, 성과분배제) 등이 있다.

(2) 임금형태의 유형
임금형태 중에서 가장 중심이 되는 것은 시간급제와 성과급제이다.
① 시간급제(Time-Rate Plan): 수행한 작업의 양과 질에 관계없이 단순히 근로시간을 기준으로 하여 임금을 산정·지불하는 방식 ㉮ 일급, 주급, 월급, 연봉 등
② 성과급제(Piece-Rate Plan): 노동성과를 측정하여 측정된 성과에 따라 임금을 산정·지급하는 제도로, 이 제도에서 임금은 성과와 비례함

5. 복지후생관리

(1) 복지후생의 의의
기업의 복지후생은 종업원의 생활수준 향상을 위하여 시행하는 임금 이외의 간접적인 모든 급부를 말한다.

(2) 카페테리아식 복지후생
카페테리아식 복지는 다양한 복지 메뉴를 제공하고 일정 금액 한도 내에서 개인에게 필요한 복지 항목을 선택할 수 있게 하는 제도이다.

CHAPTER 03 재무관리 및 회계

1 재무관리의 개요

1. 재무관리의 의의

(1) 재무관리의 개념
① 기업의 재무활동(Financing)은 자본을 어떻게 조달하고 운용할 것인가를 결정하는 활동을 말한다.
② 재무관리(Financial Management)는 기업의 목표를 효율적으로 달성하기 위하여 필요한 자금의 조달과 투자결정에 관한 의사결정 및 관리활동을 의미한다.

(2) 재무관리의 기능
기업에서 이루어지는 재무관리는 크게 투자 의사결정, 자본조달 의사결정 그리고 배당 의사결정의 영역으로 나누어진다.

투자 의사결정	• 기업이 어떤 종류의 자산을 얼마나 보유할 것인가에 대한 의사결정 • 투자 의사결정의 결과는 재무상태표 상의 차변항목으로 표시 • 기업의 영업현금흐름과 영업위험을 결정지음
자본조달 의사결정	• 투자에 소요되는 자본을 어떻게 효율적으로 조달할 것인가에 대한 의사결정 • 자본조달 의사결정의 결과는 재무상태표상의 대변항목으로 표시 • 기업의 재무위험을 결정지음
배당 의사결정	• 투자 의사결정에 의해 자금을 운용한 결과로 얻게 되는 이익을 어떻게 배분할 것인가에 관한 의사결정

2. 재무관리의 목표

(1) 기업의 목표
일반적으로 기업의 목표는 이익의 극대화이며, 이는 현금유입에서 현금유출을 차감한 순현금흐름을 말한다.

(2) 재무관리의 목표
재무관리의 목표는 순현금흐름을 기반한 기업가치의 극대화에 있다.

2 자본예산과 자본조달

1. 현금흐름의 추정

(1) 자본예산(Capital Budget)의 개념
자본예산이란 조달된 자금의 운용을 의미하는 것으로 현금흐름이 1년 이상의 장기에 걸쳐 나타나는 투자에 관한 의사결정을 의미한다.

(2) 자본예산의 절차
투자대상 확인 → 현금흐름의 추정 → 투자안의 경제성 평가 → 투자안의 수행 → 투자안의 재평가 순으로 이루어진다.

2. 투자안의 경제성 분석
투자안의 경제성 분석은 추정된 현금흐름에 기초하여 투자안의 채택 또는 기각 여부를 결정하는 것이다.

(1) 투자안의 평가 방법
자본예산, 즉 투자안의 평가방법은 크게 할인 방식과 비할인 방식으로 구분할 수 있다.

할인 방식	• 미래 현금수지의 현재가치, 즉 화폐의 시간가치를 고려하여 투자안을 평가하는 방식 • 순현가(NPV)법, 내부수익률(IRR)법, 수익성 지수법 등
비할인 방식	• 화폐의 시간가치를 고려하지 않는 방식 • 회수기간법, 평균회계이익률(AAR)법 등

(2) 순현재가치법 기출 22-1
① 순현재가치(NPV)의 의미: 순현재가치(NPV: Net Present Value)는 투자의 결과로 발생하는 현금유입의 현재가치에서 현금유출의 현재가치를 뺀 값이다.

$$NPV = 현금유입의\ 현가 - 현금유출의\ 현가 = \sum_{t=1}^{n} \frac{C_t}{(1+r)^t} - C_0$$

※ r(할인율): 투자안을 채택하기 위하여 그 투자안이 벌어들여야 하는 최소한의 수익률

② 투자 의사결정
  ㉠ 독립 투자안: NPV > 0이면 투자안을 채택하고, NPV < 0이면 투자안을 기각한다.
  ㉡ 상호배타적 투자안: NPV > 0인 투자안 중 NPV가 가장 높은 투자안을 채택한다.
  ㉢ 평가: 순현가법은 주주의 부의 극대화라는 기업의 목표에 부합되는 가장 합리적인 투자안 평가 방법이다.

(3) 내부수익률법
① 내부수익률(IRR: Internal Rate of Return): 내부수익률은 순현가(NPV)를 0으로 만드는 할인율로, 내부수익률은 예상된 현금수입과 지출의 합계를 서로 같게 만드는 할인율이다.
② 투자결정: IRR ≥ 요구수익률이면 그 투자를 채택하고, IRR < 요구수익률이면 그 투자를 기각한다.

(4) 수익성지수법

① 수익성지수(PI: Profit Index): 수익성지수는 사업기간 중의 현금유입의 현재가치를 현금유출의 현재가치로 나눈 상대지수로서, 순현가(NPV)가 같은 두 개 이상의 사업을 비교 검토할 때 유효한 지표로 사용된다.

② 투자결정: PI>1인 경우 투자안을 채택하고, PI<1인 경우 투자안을 기각한다. NPV 기타 모든 판단지표가 동일할 경우 초기 현금투자가 적은 사업일수록 높은 수익성지수를 나타내게 된다.

3 재무분석

1. 재무분석과 재무비율

(1) **재무분석의 의의**

기업의 자본조달과 자본운영이 효과적인지 기업의 상태를 파악하고 문제점을 분석하는 것을 재무분석이라고 한다.

(2) **재무비율의 의의**

① 기업의 재무 상태를 분석할 때에 사용하는 비율이다. 채권자들은 주로 단기 지급능력이나 자본구성, 이자 지불능력 등에 관심을 두고, 주주들은 수익성, 경영자들은 전반적인 비율에 관심을 가진다.

② 표준비율: 기업의 재무비율을 산출하였을 때 비교기준이 필요한데 이를 표준비율이라 하며, 동일 산업군에 속해 있는 기업들의 평균비율을 이용한다.

2. 재무비율의 종류

(1) **주요 재무비율** 기출 24-1, 22-3

① 유동성비율은 기업의 단기적인 지급능력을 파악하는 것이다.

② 레버리지비율은 기업의 자본구성과 이자지급능력을 보는 것이다.

③ 활동성비율은 영업활동과 산출된 매출액을 기준으로 투입된 자산들이 얼마나 효율적으로 사용되었는가를 판단하는 것이다.

④ 수익성비율은 매출액이나 순이익을 기준으로 이익률을 살펴보는 것이다.

유동성비율	유동비율, 당좌비율
레버리지비율	부채비율, 이자보상비율, 고정재무비보상비율
활동성비율	매출채권회전율, 재고자산회전율, 총자산회전율
수익성비율	매출액순이익률, 총자산순이익률, 자기자본순이익률

(2) **유동성비율**

기업의 단기 채무지급능력을 평가하는 데 사용되는 것으로, 유동비율과 당좌비율이 있다.

① 유동비율=(유동자산÷유동부채)×100%

② 당좌비율=(당좌자산÷유동부채)×100%

(3) **레버리지비율** 기출 18-3

기업의 타인자본에 대한 의존도를 나타내는 비율로서, 부채비율과 이자보상비율이 있다.

① 부채비율 = {(유동부채+고정부채)÷자기자본}×100%

② 이자보상비율 = (영업이익÷지급이자)×100%

(4) 활동성비율 `기출` 22-3
기업의 자산이 얼마나 효율적으로 활용되고 있는가를 나타내는 비율이다. 매출채권회전율, 재고자산회전율, 유형고정자산회전율, 총자산회전율 등이 있다.
① 재고자산회전율 = (매출액 ÷ 재고자산) × 100%
② 총자산회전율 = (매출액 ÷ 총자산) × 100%

(5) 수익성비율
일정 기간 동안의 경영성과를 종합적으로 측정하는 비율이다. 매출액순이익률, 매출액영업이익률, 총자본순이익률 등이 있다.
① 매출액순이익률 = (당기순이익 ÷ 매출액) × 100%
② 매출액영업이익률 = (영업이익 ÷ 매출액) × 100%
③ 총자본순이익률 = (당기순이익 ÷ 총자본) × 100%
④ 투자수익률(ROI: Return On Investment) `기출` 21-2

$$= \frac{순이익}{투자액} = \frac{순이익}{매출액} \times \frac{매출액}{투자액} = 매출액순이익률 \times 회전율$$

3. 손익분기점 분석 `기출` 18-3

(1) 손익분기점(BEP: Break-Even Point)
손익분기점은 총수익(매출액)과 총비용이 일치하여 이익 또는 손실이 발생하지 않는 생산량 또는 매출액을 의미한다.

(2) 비용과 수익
① 총비용
생산량에 관계없이 일정하게 발생하는 고정비와 조업도의 증감에 비례하여 증감하는 변동비로 나눌 수 있다.
㉠ 고정비(Fixed Cost): 감가상각비, 관리직 인건비, 제세공과금, 보험료, 임차료, 지급이자 등
㉡ 변동비(Variable Cost): 직접재료비, 직접노무비, 소모품비, 판매수수료 등

② 총수익
기업이 고객에게 재화나 용역을 제공하고 그 대가로 받은 것으로 경영활동의 결과이며, 자본의 증가를 가져오는 원인이다.

(3) 손익분기점 계산

- 손익분기점 판매량 = $\dfrac{총고정비}{단위당\ 가격 - 단위당\ 변동비}$

- 손익분기점 매출액 = $\dfrac{총고정비}{1 - 변동비율}$

- 손익분기점 목표판매량 = $\dfrac{고정비용 + 목표이익}{가격 - 단위당\ 변동비}$

[예제] A사는 스마트폰을 생산하는 기업이다. 이 스마트폰의 판매가는 150만 원이고, 단위당 변동비는 120만 원이다. 그리고 A사가 이 스마트폰을 생산하는 데 연간 드는 고정비는 6억 원이라고 한다. A사의 손익분기점이 되는 판매량을 구하시오.

[해설] 손익분기점 판매량 = $\dfrac{총고정비}{가격 - 단위당 변동비}$ = $\dfrac{6억\ 원}{150만\ 원 - 120만\ 원}$ = 2,000대

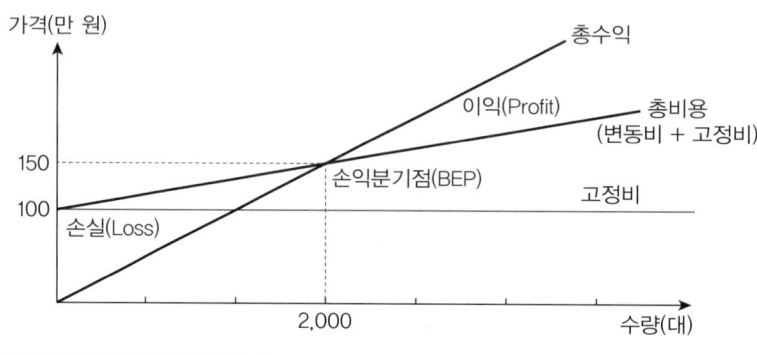

4. 재무통제 요건

재무통제는 자본조달이나 운용에 초점을 맞춘 통제활동으로, 투자성과의 분석이나 신규투자의 위험도를 점검하는 것을 말하며 다음의 요건을 필요로 한다.
　① 재무책임의 소재가 명확할 것
　② 시정조치를 유효하게 행할 것
　③ 업적의 측정이 정확하게 행해질 것
　④ 업적 평가에는 적절한 기준을 선택할 것
　⑤ 계획목표를 피드백 할 수 있을 것

4 자본조달 방법

1. 직접금융을 통한 자본조달

자본의 주체인 기업이 주식 또는 채권발행 등을 통해 투자자로부터 직접 자본을 조달하는 방법으로 보통주, 우선주, 회사채, 기업어음(CP) 등의 발행을 통해 필요자금을 조달한다.

> **보충학습**
> **기업어음**: 신용도가 높은 우량기업이 자금조달을 목적으로 발행하는 단기의 무담보 단명어음

2. 간접금융을 통한 자본조달

투자자로부터 기업이 자본을 직접 조달하는 것이 아니라 금융기관을 통해 간접적으로 자금을 조달하는 것으로 은행차입, 매입채무, 기업어음 할인(CP Discount) 등이 이에 해당한다.

5 회계의 기초

1. 회계의 의의

회계(Accounting)는 가계와 기업 등 각 경제 단위가 자원배분에 관한 의사결정을 합리적으로 할 수 있도록 경제적 실체에 관한 유용한 재무적 정보를 제공하는 서비스 활동을 의미한다.

(1) 재무회계(Financial Accounting)

① 재무회계는 기업 외부의 이해관계자인 주주, 채권자, 정부 및 개인 등에게 기업의 재무상태, 경영성과 및 현금흐름에 관한 회계정보를 제공하는 데 목적이 있다.
② 기업에 대한 투자 의사결정에 유용한 정보를 제공해야 하고, 기업의 미래현금 창출능력을 평가하고 기업과 경영자들의 성과를 평가하는 데 유용한 정보를 제공해야 한다.
③ 재무회계에서는 재무상태표나 손익계산서와 같은 일반 목적의 재무제표가 제공된다.

(2) 관리회계(Managerial Accounting)

① 관리회계는 기업의 내부보고 목적의 회계로 경영자 등 내부 정보이용자의 의사결정이나 성과평가를 위한 회계정보를 제공한다.
② 경영자는 일정한 원칙이나 형식에 구애받지 않고 적합한 정보를 수시로 제공받을 수 있다. 관리회계의 정보는 목적적합성에 더 중점을 둔다.
③ 관리회계는 화폐적 정보뿐만 아니라 비화폐적 정보도 포함되어야 하며, 과거지향적 회계정보는 물론 미래상황에 대한 예측가능 정보도 포함되어야 한다.

2. 재무제표 기출 19-2, 18-3

(1) 재무상태표(B/S: Balance Sheet)

① 재무상태표는 일정 시점의 기업 재무 상태를 보여주는 재무보고서로, 재무 상태를 차변의 자산과 대변의 (부채+자본)으로 나타낸다.
② 대차평균의 원리: 자산=부채+자본

차변	대변
자산의 증가 비용의 발생 부채의 감소 자본의 감소	자산의 감소 수익의 발생 부채의 증가 자본의 증가

③ 자산(유동자산과 비유동자산)

㉠ 유동자산

유동자산에는 당좌자산, 재고자산, 기타유동자산 등이 있다. 여기서 특히 재고자산의 평가는 수익 인식과 함께 회계에서 아주 중요한 비중을 차지한다.

당좌자산	현금 및 현금성자산, 단기금융상품, 유가증권, 매출채권(외상매출금, 받을어음) 등
재고자산	기업이 보유한 상품, 제품, 반제품, 재공품, 원재료, 저장품 등
기타유동자산	선급금, 선급비용 등

▲ 유동자산의 종류

ⓒ 비유동자산

판매 또는 처분을 목적으로 하지 않고 비교적 장기간에 걸쳐 영업활동에 사용하고자 취득한 각종 자산이다.

투자자산	장기금융상품, 투자유가증권, 출자금, 관계회사 주식, 투자부동산, 장기대여료, 임차보증금, 부도어음 등
유형자산	토지, 건물, 구축물, 기계장치, 차량운반구, 비품 및 건설 중인 자산 등
무형자산	산업재산권, 라이센스와 프랜차이즈, 저작권, 컴퓨터 소프트웨어, 개발비, 임차권리금, 광업권 및 어업권 등
기타비유동자산	장기매출채권, 장기미수금, 임차보증금, 부도어음 등

▲ 비유동자산의 종류

④ 부채 기출 20-2

기업이 타인에게 현금을 지급하거나 기타 재화 또는 서비스를 제공하여야 할 의무로, 1년 이내에 상환할 유동부채와 1년 이후에 지출이 예상되는 비유동부채로 구분한다.

유동부채	단기금융부채(단기차입금 등), 매입채무(외상매입금, 지급어음), 단기차입금, 미지급금(선수금, 예수금), 기타유동부채 등
비유동부채	장기금융부채(사채, 장기차입금), 장기성매입채무, 장기충당부채, 이연법인세대, 기타비유동부채 등

▲ 부채의 종류

⑤ 자본

㉠ 자산에 대한 소유주, 즉 주주의 지분을 의미하며 자산에서 부채를 차감한 잔액이다. 따라서 다음과 같은 자본등식으로 표시할 수 있다.

> 자본 = 자산 − 부채

㉡ 자기자본과 타인자본

자본은 경제적인 측면에서 자기자본이라 하고, 부채는 타인자본이라 하며 이들의 합계액을 총자본이라고 한다.

(2) **포괄손익계산서**(C/I: Statement of Comprehensive Income) 기출 22-2, 19-3

일정 기간의 기업의 경영성과를 나타내는 재무보고서이다.

(3) **자본변동표**(Statement of Changes in Equity)
① 자본의 크기와 그 변동에 관한 보고서이다.
② 자본금, 자본잉여금, 자본조정, 이익잉여금, 기타포괄손익누계액의 변동사항이 표시된다.

(4) **현금흐름표**(C/F: Statement of Cash Flows)
① 일정 기간 중의 현금의 유입과 유출에 관한 정보를 제공하는 재무보고서이다.
② 영업활동, 투자활동, 재무활동에 관한 정보를 제공함으로써 현금 변동의 원인을 설명한다.

```
       매출액
    − 매출원가
    ─────────
       매출총이익

    − 판매비와 관리비
    ─────────
       영업이익

    + 영업외수익
    − 영업외비용
    ─────────
       세전순이익
    − TAX
    ─────────
       당기순손익
```

▲ 포괄손익계산서

CHAPTER 04 구매 및 조달관리

1 구매 및 조달관리의 개념

(1) 구매관리(Purchase Management)의 의의
① 구매관리의 의미: 제품 생산에 필요한 원재료 및 부품을 될수록 유리한 가격으로, 필요한 시기에, 적당한 공급자로부터 구입하기 위한 체계적인 관리를 의미한다.

② 구매관리의 전제조건 기출 18-3
  ㉠ 가치분석·구매시장조사·품질관리: 용도에 따라 가장 적정하고 적합한 것을 찾아 구입할 것
  ㉡ 납기관리: 납기에 늦지 않도록 구입할 것
  ㉢ 적정재고관리: 일정한 재고를 필요로 하는 제품과 자재에 대해서 재고를 최소한도로 유지하면서 재고 고갈의 위험도 없앨 것
  ㉣ 시장조사·납품업자의 선정·외주관리: 우량업체 또는 업자로부터 구매할 것
  ㉤ 운송관리: 적절한 운송수단으로 구입할 것
  ㉥ 구매 비용관리: 최저의 구매비용으로 구입할 것
  ㉦ 잔재 관리: 사용 중 발생된 잔재(남은 자재)의 유효적절한 활용

③ 구매관리의 중요성
  ㉠ 구매관리는 공급사슬의 중요한 부분을 차지하는 동시에, 구매 관련 비용은 금액상으로도 매우 높은 비중을 차지하고 있다.
  ㉡ 최근에는 단기 구매보다는 협상과 장기계약으로 이행, 품질, 조달 기간, 서비스, 안정성 등 특정 목적 달성을 위한 공급자의 관계 개선 및 육성이 중시되고 있다.

④ 구매기능의 집중화와 분권화 기출 22-2
  ㉠ 구매기능을 집중화할 것이냐, 분권화할 것이냐는 기업의 규모와 개별 부서의 업무 특성에 따라 달라진다.
  ㉡ 구매관리의 집중화와 분권화에 따른 장단점

구분	집중화	분권화
장점	• 품목의 표준화가 용이 • 주문비용절감과 구매단가 인하 • 공급자에 영향을 미칠 수 있는 물량 확보 • 자금 흐름의 통제가 용이 • 구매의 전문화가 용이	• 개별 부서의 니즈를 가장 잘 파악 • 구매절차가 간단하고 신속 • 적시조달이 가능
단점	분권화의 장점과 상반됨	집중화의 장점과 상반됨

⑤ MRO(Maintenance, Repair, Operation) 기출 22-1
  ㉠ 생산시설의 유지/보수 및 운영 등에 필요한 모든 소모성 자재와 간접 재화, 서비스 등을 말한다. 따라서 대형장비, 기계 등 제품을 생산하는 데 핵심적인 설비는 MRO에 해당하지 않는다.
  ㉡ 인력과 비용의 효율성을 위해 구매대행업체를 이용하며, 임의적인 구매가 많아 이에 대한 통제가 어렵다.

(2) 조달물류 기출 24-1
① 조달: 기업의 구매관리, 자재관리 및 재고관리 분야를 의미한다.
② 조달물류: 원재료나 부품을 주문해서 제조업자의 자재창고로 운송·입하하여 생산공정에 투입되기 이전까지의 물류활동을 의미한다.
③ 조달의 합리화: 리드타임(Lead Time)과 재고관리, 운송체제의 정비, 품질과 정확성 유지를 통한 비용절감 및 공급자와의 긴밀한 협력체제에 있다.

> **보충학습**
> 리드타임: 물품의 발주로부터 그 물품이 납입되어 사용할 수 있을 때까지의 기간

2 구매실무

1. 구매협상

(1) 협상 이슈

구매협상 시 주로 특별 마진, 구매 기간, 독점권, 광고비용 할당, 수송 등을 다룬다. 이때 가격과 총매출이익을 결정하는 두 가지 요소에는 마진 보장과 입점비가 있다.

① 마진 보장(Margin Guarantees): 상품의 도매가 협상은 총마진 목표를 달성하게 해줄 수는 있지만 상품이 팔리지 않으면 낮은 가격으로 판매해야 하므로 마진목표를 달성하지 못할 수 있다. 이러한 불확실성으로 인해 총마진을 달성할 수 있는 보장을 요구한다.

② 입점비(Slotting Allowance): 입점비는 공급자가 소매 유통기업의 점포 사용에 따른 비용을 지불하는 것인데 이는 비윤리적이라고 인식된다. 입점비의 형태는 상품의 특징이나 소매 유통기업의 상대적 영향력에 따라 다양하게 나타날 수 있다.

(2) 전략적 파트너십 관계의 확보

① 전략적 파트너십 관계는 공급자와 구매자 모두의 목표를 달성하게 해 준다.
② 전략적 파트너십 유지를 위한 요인: 상호신뢰, 개방적 의사소통, 공동의 목표, 결속 등

2. 공급자와의 거래에서 발생하는 비윤리적 문제 `기출` 19-2, 18-3, 17-1, 15-2

(1) 역매입(Buybacks)

입점비와 마찬가지로 점포에 입점하기 위해 공급업체와 소매 유통기업이 암묵적 합의 하에 사용하는 전략으로, 다음 두 가지 경우가 있다.

① 소매 유통기업이 공급업체에게 경쟁자의 상품을 역매입하게 하여 경쟁자의 상품을 제거하고 그 공간에 공급업체 상품을 진열하게 하는 경우
② 판매가 느리게 이루어지는 상품에 대해 소매 유통기업이 공급업체에게 역매입을 요구하는 경우

(2) 역청구(Chargebacks)

① 소매상이 공급업체로부터 발생한 상품 수량의 차이에 대해 대금을 공제하는 것이다.
② 상품이 판매되지 않아 송장에서 대금을 공제하는 경우도 있고, 포장이나 품목의 오류, 선적 지연 등 공급업체의 잘못에 대해 대금을 공제하는 경우도 있다.
③ 합법적이지만 공급업체는 불공정성을 느끼기 때문에 비윤리적인 문제로 지적된다.

(3) 구속적 계약

사고자 하는 상품을 구입하기 위해서 사고 싶지 않은 상품까지도 소매업체가 구입하도록 하는 공급업체와 소매업체 간에 맺는 협정을 의미한다.

(4) 회색시장

① 유통업자가 제조업자 또는 수입국의 공식 수입업자의 동의 없이 외국에서 적법하게 제조된 물품을 직접 구매해서 국내에 저가로 판매하는 시장이다. 보통 병행상품이 거래되는 병행수입시장을 회색시장이라 칭한다.
② 회색시장 제품의 경우 A/S, 보증 등 서비스 품질에 문제가 있다.

3. 글로벌 소싱의 발전단계 `기출` 19-2

글로벌 소싱은 기업이 외부조달을 통해 구매비용을 절감하는 구매전략으로 글로벌 소싱의 발전단계는 다음과 같다.

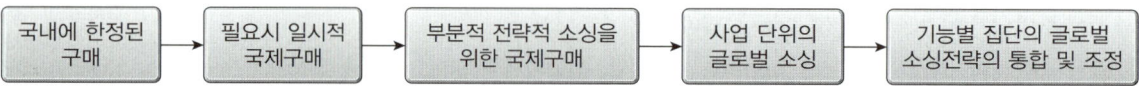

국내에 한정된 구매 → 필요시 일시적 국제구매 → 부분적 전략적 소싱을 위한 국제구매 → 사업 단위의 글로벌 소싱 → 기능별 집단의 글로벌 소싱전략의 통합 및 조정

3 품질관리

1. 품질관리 의의
소비자의 요구에 적합한 품질의 제품과 서비스를 경제적으로 생산할 수 있도록 조직 내의 여러 부문이 품질을 유지·개선하는 관리적 활동의 체계이다.

2. 품질관리기법

(1) 통계적 품질관리(SQC: Statistical Quality Control)
표본을 추출하여 그들이 속한 모집단의 규격에의 적합성을 추측하기 위한 기법이다.

(2) 종합적 품질관리(TQC: Total Quality Control)
고객에게 최대의 만족을 주는 가장 경제적인 품질의 상품을 생산하고 서비스할 수 있도록 품질의 개발·유지·향상을 위해 전사적으로 통합·조정하는 시스템이다.

(3) 종합적 품질경영(TQM: Total Quality Management)
① 경영자가 소비자 지향적인 품질방침을 세우고 모든 종업원들이 전사적으로 참여하여 품질 향상을 추구하는 활동이다. 즉, 제품과 서비스 품질, 고객만족 그리고 기업의 수익성 사이의 관계를 적극적으로 고려한 조직체 전체의 접근방법으로서 제품 및 서비스 전부의 품질을 지속적으로 향상하기 위한 품질관리시스템이다.
② TQM의 운영에는 고객중심, 공정개선, 전원 참가라는 원칙이 필수적이다.

> **짚고 넘어가기 품질비용의 종류** 기출 23-1, 21-1
> - 예방비용: 실제 제품이 생산되기 전 불량 품질의 발생을 방지하기 위하여 발생하는 비용이다.
> - 평가비용: 생산이 되었지만 고객에게 인도되지 않은 제품 가운데서 불량품 제거를 위한 검사에 소요되는 비용이다.
> - 실패비용: 내적 실패비용은 폐기물 등 생산공정에서 발생하는 비용이며, 외적 실패비용은 판매 후 클레임이나 반품 등에 의해 발생하는 비용이다.

(4) 6시그마(Six Sigma) 기출 24-2, 20-2, 15-2

① 6시그마의 정의
    ㉠ 의의: 경영혁신 수단으로서 6시그마(σ)는 제품의 설계, 제조, 서비스 품질의 편차를 최소화해 상한~하한이 품질 중심으로부터 6시그마 이내에 있도록 한다는 것이다.
    ㉡ 3.4PPM : 품질규격을 벗어날 불량확률은 1백만 개 중 3.4개(3.4PPM) 수준이다.
    ㉢ 6시그마 활동은 목표 품질 수준의 달성을 위하여 모든 관련 프로세스를 평가하여 품질 개선 활동의 우선순위를 설정하고 이에 따라 체계적이고 효율적으로 프로세스 관리를 수행해 나가는 것을 원칙으로 한다.

② 6시그마의 수행단계 기출 23-1, 22-1

단계	내용
정의(Define)	고객들의 요구사항과 품질의 중요영향요인(CTQ: Critical To Quality), 즉 고객만족을 위해 개선해야 할 중요 부분을 인지하고 이를 근거로 개선 작업을 수행할 프로세스를 선정하는 단계
측정(Measure)	CTQ에 영향을 미치는 프로세스에 대하여 그 업무 과정에서 발생하는 결함을 측정하는 단계
분석(Analyze)	결함의 형태와 발생 원인을 조사하여 중요한 직접적 및 잠재적 변동 원인을 파악하는 단계
개선(Improve)	결함의 원인을 제거하여 문제나 프로세스를 개선하는 단계
통제(Control)	개선효과 분석, 개선프로세스의 지속 방법을 모색하는 단계

③ 6시그마 도입 절차 기출 22-3
    필요성(needs)의 구체화 → 비전의 명확화 → 계획수립 → 계획실행 → 이익평가 → 이익유지

핵심 기출문제

PART 03 유통경영관리

01
21년 2회, 18년 2회

조직구조의 형태에 대한 설명으로 가장 옳지 않은 것은?

① 제품별 조직은 제품을 시장 특성에 따라 대응함으로써 소비자의 만족을 증대시킬 수 있다.
② 기능별 조직은 환경이 비교적 안정적일 때 조직관리의 효율성을 높일 수 있으며, 각 기능별로 규모의 경제를 얻을 수 있다.
③ 사업별 조직은 제품, 고객, 지역, 프로젝트 등을 기준으로 종업원들의 직무를 집단화하여 조직을 몇 개의 부서로 구분하는 것을 말한다.
④ 매트릭스 조직은 담당자가 기능부서에 소속되고 동시에 제품 또는 시장별로 배치되어 다른 조직구조에 비하여 개인의 업무 범위가 좁아져 역할갈등이 최소화된다.
⑤ 특정한 계획이나 긴급을 요구하는 문제 처리에 있어 프로젝트팀이나 태스크 포스라 불리는 일시적 조직이 있다.

매트릭스 조직에서 구성원은 기능부서에도 소속되고 동시에 프로젝트 팀에도 소속되므로 이중명령체계를 갖게 된다. 따라서 개인의 업무 범위는 넓어지고 명령의 이원화로 인해 역할갈등이 심해진다.

정답 | ④

02
18년 3회, 17년 1회

목표에 의한 관리(MBO) 이론에 대한 설명으로 가장 옳은 것은?

① 종업원은 다른 사람과 보상을 비교하여 노력과 보상 간에 공정성을 유지하려 한다는 이론이다.
② 긍정적 또는 부정적 강화요인들이 사람들을 특정 방식으로 행동하게 한다는 이론이다.
③ 높지만 도달 가능한 목표를 제공하는 것이 종업원을 동기부여할 수 있다는 이론이다.
④ 종업원이 특정 작업에 투여하는 노력의 양은 기대하는 결과물에 따라 달라진다는 이론이다.
⑤ 목표 설정 및 수행을 위한 장기계획을 수립할 수 있을 만큼 안정적인 기업에 더 적합한 이론이다.

MBO는 개인과 조직의 목표를 명확히 규정함으로써 구성원의 목표를 상급자 및 조직 전체의 목표와 일치하도록 하기 때문에 조직목표 달성에 효과적으로 기여한다는 이론이다.

선지분석
① 아담스의 공정성 이론, ② 강화이론, ③ 로크의 목표설정이론, ④ 브룸의 기대이론에 대한 설명이다.

정답 | ⑤

03
23년 2회

에머슨(Emerson, H.)의 직계·참모식 조직(line and staff organization)의 단점에 대한 설명으로 옳지 않은 것은?

① 명령체계와 조언, 권고적 참여가 혼동되기 쉽다.
② 집행부문이 스태프(staff) 부문에 자료를 신속·충분하게 제공하지 않으면 참모 부문의 기능은 잘 발휘되지 못한다.
③ 집행부문의 종업원과 스태프(staff) 부문의 직원 간에 불화를 가져올 우려가 있다.
④ 라인(line)의 창의성을 결여하기 쉽다.
⑤ 명령이 통일되지 않아 전체의 질서적 관리가 혼란스러워지는 경우가 발생할 수 있다.

직계·참모식 조직(line and staff organization)은 라인-스태프조직이라고도 하며, 라인조직의 명령일원화원칙에 전문적 지식을 지닌 스태프의 지원을 결합한 조직형태이다. 따라서 직계·참모식 조직은 원천적으로 라인조직이 기반이므로 명령일원화의 원칙이 적용된다.

정답 | ⑤

04
18년 3회

레버리지 비율에 대한 설명으로 옳은 것을 모두 고르면?

㉠ 레버리지 비율은 총자산/순자본으로 계산된다.
㉡ 레버리지 비율이 높을수록 부채보다는 소유주의 자본의 지원을 더 많이 받았다는 것을 의미한다.
㉢ 레버리지 비율이 높다는 것은 경영이 보수적이고 위험회피적이라는 것을 반영한다.
㉣ 레버리지 비율이 과도하게 높다는 것은 자본을 수익률이 높은 다른 용도로 활용할 기회를 잃고 있다는 것을 의미한다.
㉤ 레버리지 기회는 낮은 이자율로 자본을 차입하여 더 높은 수익을 낼 수 있는 곳에 투자하는 경우에 발생한다.

① ㉠
② ㉡, ㉢, ㉣
③ ㉢, ㉣
④ ㉠, ㉤
⑤ ㉡, ㉢

레버리지 비율은 기업이 영업활동을 하는 데 있어 타인자본에 얼마만큼 의존하고 있는지 측정하는 비율로 부채비율, 이자보상비율 등이 있다.
- 부채비율={(유동부채 + 고정부채)÷자기자본}×100%
- 이자보상비율=(영업이익÷지급이자)×100%

선지분석
㉡ 레버리지 비율이 낮을수록 부채보다는 소유주의 자본의 지원을 더 많이 받았다는 것을 의미한다.
㉢ 레버리지 비율이 낮다는 것은 경영이 보수적이고 위험회피적이라는 것을 반영한다.
㉣ 레버리지 비율이 과도하게 낮다는 것은 자본을 수익률이 높은 다른 용도로 활용할 기회를 잃고 있다는 것을 의미한다.

정답 | ④

05 18년 2회

유통경로상의 갈등(conflict)에 대한 내용으로 옳지 않은 것은?

① 상호의존적 관계가 높을수록 구성원들 간의 갈등이 발생할 가능성이 높아진다.
② 유통업체의 규모에 따른 힘이 감소하면서 유통경로 내 갈등은 거의 사라진 상태다.
③ 영역(역할)불일치로 인한 갈등은 상권범위 혹은 각 경로구성원이 수행할 역할에 대한 구성원 간의 견해차이에 의해 발생할 수 있다.
④ 경로구성원들이 상대방의 목표를 존중하지 않고 간섭할 때는 목표불일치로 인한 갈등이 나타날 수 있다.
⑤ 프랜차이즈에서 가맹점이 본부에 상권보장을 요구할 때 나타나는 갈등은 영역불일치로 인한 경로갈등이다.

유통업체가 대형화되어 유통경로상의 힘이 제조업체에서 유통업체로 이동함에 따라 유통업체와 제조업체, 대형유통업체와 중소유통업체 간의 갈등은 크게 증가하고 있다.

정답 | ②

06 20년 추가, 18년 2회

유통경로 시스템의 힘의 원천과 예시로 옳지 않은 것은?

① 보상력: 높은 마진의 허용, 판촉물 제공
② 강압력: 마진폭 인하, 판매독점권 철회
③ 합법력: 거래 당사자의 관행, 계약에 따라 인정되는 권리
④ 준거력: 유명 소매업체에 유통시킨다는 긍지
⑤ 전문력: 오랜 경영관리에 대한 상담과 조언, 밀어내기

오랜 경영관리에 대한 상담과 조언은 전문력이지만, 밀어내기는 강압력이다.

관련이론 | 권력의 원천
- 보상적 권력(Reward Power): 권력행사자가 권력수용자에게 보상을 줄 수 있다는 인식에 기초한 권력
- 강압적 권력(Coercive Power): 해고나 징계, 작업 시간 단축 등을 지시할 수 있는 능력에서 기인한 권력
- 합법적 권력(Legitimate Power): 권력행사자의 정당한 영향력 행사권(권한)을 추종해야 할 의무가 있다는 사고에 기초한 권력
- 준거적 권력(Referent Power): 리더가 바람직한 특별한 자질을 가지고 있어 다른 사람들이 그를 따르고 일체감을 느끼고자 할 때 생기는 권력
- 전문적 권력(Expert Power): 권력자가 특정 분야나 상황에 대해서 높은 지식이나 경험을 가지고 있다고 느낄 때 발생하는 권력

정답 | ⑤

07 18년 2회

아래 글상자에서 설명하는 현대적 리더십은?

- 리더는 부하들에게 자신의 관심사를 조직 발전 속에서 찾도록 영감을 불러일으킬 수 있게 하고 비전을 제시함
- 리더는 부하들로부터 존경받고 신뢰를 받음
- 이 리더십의 구성요소는 이상적 영향, 영감적 동기부여, 지적자극, 개별적 배려임

① 카리스마 리더십　　② 상호거래적 리더십
③ 변혁적 리더십　　　④ 민주적 리더십
⑤ 코칭 리더십

변혁적 리더십은 리더가 부하들로 하여금 자기 자신의 이익을 초월하여 더 나아가 조직의 이익에 대해 관심을 가지고 공헌하도록 고무시키고, 부하 자신의 성장과 발전을 위해서도 노력하도록 영향을 미치는 리더십이다.

관련이론 | 현대적 리더십
- 카리스마적 리더십의 특징: 자신감, 비전, 비범한 행동, 변화담당자로서의 역할 인식, 환경적 감수성 등
- 변혁적 리더십의 특징: 카리스마, 지적 자극, 개인별 배려, 영감적 동기부여 등

정답 | ③

08 17년 2회, 16년 2회

매슬로우(A. Maslow)의 욕구단계이론에 따라 하급욕구에서 고급욕구로 올바르게 나열한 것은?

① 생리적 욕구 – 소속 욕구 – 안전 욕구 – 자존 욕구 – 자아실현 욕구
② 생리적 욕구 – 소속 욕구 – 자존 욕구 – 안전 욕구 – 자아실현 욕구
③ 생리적 욕구 – 안전 욕구 – 소속 욕구 – 자존 욕구 – 자아실현 욕구
④ 생리적 욕구 – 안전 욕구 – 자존 욕구 – 소속 욕구 – 자아실현 욕구
⑤ 생리적 욕구 – 자존 욕구 – 소속 욕구 – 안전 욕구 – 자아실현 욕구

매슬로우(A. Maslow)의 욕구단계설에 따르면 인간의 욕구는 생리적 욕구 → 안전 욕구 → 소속 욕구 → 자존 욕구(= 존경의 욕구) → 자아실현 욕구의 순으로 진행된다.

정답 | ③

09

종업원들에 대한 동기부여이론 중 다음 글상자의 내용과 같은 시사점을 주는 이론은?

> - 능력 보강을 통해 업적을 낼 수 있다는 자신감을 얻도록 해야 한다. 능력이 없으면 아무리 열심히 해도 업적이 오르지 않을 것이며 자신이 바라는 욕구를 채울 수 없을 것이다.
> - 업적이 높은 사람에게는 어떤 방법으로든지 보상을 하여 줌으로써 구성원들에게 노력하면 보상을 받는다는 확신을 줘야 한다.

① 욕구단계설
② 2요인이론
③ 기대이론
④ 공정성이론
⑤ 성취동기이론

브룸(Vroom)의 기대이론에 대한 설명이다. 동기부여는 일정한 노력을 기울이면 일정한 수준의 업적을 올릴 수 있으리라 믿는 가능성인 기대감, 어떤 업적을 올리면 그것이 바람직한 보상으로 연결된다고 믿는 가능성인 수단성, 최종적으로 얻게 되는 보상이 개인에게 얼마나 유의미한가를 나타내는 유의성을 곱한 것으로 나타난다.

선지분석
① 욕구단계설의 매슬로우는 두 가지 이상의 욕구가 동시에 작용할 수 없고, 상위욕구가 동기유발 되려면 하위욕구가 반드시 충족되어야 한다고 주장한다.
② 2요인이론에 따르면 직무불만족과 관련한 요인을 위생요인 또는 환경요인이라고 하고, 직무만족을 유발시키는 요인을 동기요인이라고 한다. 이때 임금, 작업 조건, 상사와의 관계 등의 위생요인은 증가하더라도 개인의 만족은 증대되지 않는다.
④ 공정성이론에 따르면 자신의 공헌, 보상의 크기를 다른 사람(비교인물)의 투입·산출비율과 비교함으로써 동기가 유발된다고 한다.
⑤ 맥클리랜드는 인간의 욕구를 친교욕구, 권력욕구, 성취욕구로 구분하고, 각 욕구 충족을 위해 동기부여가 된다고 주장한다.

정답 | ③

10

아래 글상자 ⊙과 ⓒ에서 설명하는 직무평가(Job Evaluation) 방법으로 옳은 것은?

> ⊙ 직무가치나 난이도에 따라 사전에 여러 등급을 정하여 놓고 그에 맞는 등급으로 평가
> ⓒ 직무등급법이라고도 함

① 서열법(Ranking Method)
② 분류법(Classification Method)
③ 점수법(Point Method)
④ 요소비교법(Factor Comparison Method)
⑤ 직무순환법(Job Rotation Method)

분류법은 비양적 방법에 해당하며, 회사 기준에 따라서 사전에 직무등급을 결정해 놓고 각 직무를 적절히 판정하여 맞추어 넣는 직무평가방법이다.

관련이론 | 직무평가 방법의 구분

비양적 방법 (질적평가 방법)	직무수행에 있어서 난이도 등을 기준으로 포괄적 판단에 의하여 직무의 가치를 상대적으로 평가하는 방법
	[기법] 서열법과 분류법
양적 방법	직무분석에 따라 직무를 기초적 요소 또는 조건으로 분석하고 이들을 양적으로 계측하는 분석적 판단에 의하여 평가하는 방법
	[기법] 점수법과 요소비교법

정답 | ②

11

마음이 약한 김과장은 팀원들의 인사고과를 전부 보통으로 평가하였다. 이와 관련된 인사고과의 오류로 가장 옳은 것은?

① 후광효과
② 관대화 경향
③ 가혹화 경향
④ 중심화 경향
⑤ 귀인상의 오류

문제에서 김과장이 팀원 전부를 평균점을 준 것은 중심화 경향에 해당한다. 인사고과의 오류는 상관관계적 오류와 분포적 오류로 구분할 수 있다. 상관관계적 오류에는 후광효과(Halo Effect), 상동적 태도(Stereotypes), 투사, 대비효과 등이 있다. 관대화 경향, 중심화 경향, 가혹화(혹독화) 경향, 범위제한 등은 분포적 오류에 해당한다.

정답 | ④

12

21년 2회

인적자원관리에 관련된 능력주의와 연공주의를 비교한 설명으로 옳지 않은 것은?

구분	능력주의	연공주의
㉠ 승진 기준	직무 중심 (직무능력 기준)	사람 중심(신분 중심)
㉡ 승진 요소	성과, 업적, 직무 수행, 능력 등	연력, 경력, 근속년수, 학력 등
㉢ 승진 제도	직계 승진 제도	연공 승진 제도
㉣ 경영 내적 요인	일반적으로 전문 직종의 보편화 (절대적은 아님)	일반적으로 일반 직종의 보편화 (절대적은 아님)
㉤ 특성	승진 관리의 안정성/ 객관적 기준 확보 가능	승진 관리의 불안정/ 능력 평가의 객관성 확보가 힘듦

① ㉠ ② ㉡
③ ㉢ ④ ㉣
⑤ ㉤

능력주의는 승진 관리의 불안정/능력 평가의 객관성 확보가 힘든 반면 연공주의는 승진 관리의 안정성/객관적 기준 확보가 가능하다.

관련 이론 | 연공급 vs 직능급

연공급 (연공주의)	연공급은 임금이 개인의 근속연수·학력·연령 등 인적요소를 중심으로 변화하는 것으로 생활급적 사고원리에 따른 임금체계로 고용의 안정화 및 노동력의 정착화, 노동자 생활보장으로 기업에 대한 귀속의식 제고의 장점이 있다.
직능급 (능력주의)	직능급은 직무수행 능력에 따라 임금의 격차를 만드는 체계이다. 직능급은 능력에 따라 개인의 임금이 결정된다는 점에서 종업원의 불평 해소, 능력 자극으로 유능한 인재 확보 등의 장점이 있다.

정답 | ⑤

13

23년 2회

리더십 이론 중 블레이크와 무튼(R. R. Blake & J. Mouton)의 관리격자 모형에 대한 설명으로 옳지 않은 것은?

① 리더십을 일에 대한 관심과 인간에 대한 관심에 따라 구분하였다.
② 인간중심형의 경우 분위기는 좋지만 조직목표달성에는 효과적이지 않을 수 있다.
③ 타협형의 경우 치우치지 않고 균형을 이루기에 팀제도 하에서 바람직하다.
④ 과업중심형의 경우 업무성과에 대한 관심만 높기에 조직분위기가 경직될 수도 있다.
⑤ 무관심형의 경우 자신의 자리만 보존하려는 무사안일형 리더이다.

③은 팀형(이상형)에 대한 설명이다.

관련이론 | 관리격자모형

관리격자(Managerial Grid) 모형은 리더의 행위를 생산에 대한 관심과 인간에 대한 관심에 따라 구분한 것으로 무관심형, 과업형, 인기형, 중간형, 팀형의 다섯 가지 리더십 유형을 제시한다.

무관심형	리더의 역할을 수행하는 데 최소한의 노력을 기울이는 무관심형으로 과업 달성 여부는 물론 인간관계 유지에도 모두 무관심
과업형	과업형으로 인간관계 유지에는 관심이 적지만 생산에 대해서는 관심이 많음
인기형 (컨트리클럽형)	생산에 대한 관심은 낮으나 인간관계에 대해서는 높은 관심을 보임
중간형 (타협형)	생산과 인간관계의 유지 모두에 적당한 정도의 관심
팀형 (이상형)	생산과 인간관계 유지 모두에 높은 관심을 보임. 우호적 이해관계를 통해 신뢰관계를 구축하고 이를 기반으로 과업달성도 강조

정답 | ③

14
19년 1회

직무의 특성이 직무수행자의 성장욕구수준에 부합할 때, 직무가 그/그녀에게 보다 큰 의미와 책임감을 주게 되므로 동기유발 측면에서 긍정적인 성과를 낳게 된다고 주장하는 동기부여이론으로 옳은 것은?

① 해크만과 올드햄의 직무특성이론
② 매슬로의 욕구단계이론
③ 알더퍼의 ERG이론
④ 맥클리랜드의 성취동기이론
⑤ 허즈버그의 2요인이론

해크먼과 올드햄의 직무특성이론은 직무특성이 직무수행자의 성장욕구 수준에 부합될 때 긍정적인 동기 유발효과를 초래하게 된다는 동기부여 이론이다.

선지분석
② 매슬로의 욕구단계이론: 인간을 동기유발시킬 수 있는 욕구를 다섯 가지로 구분한 이론이다.
③ 알더퍼의 ERG이론: 조직 환경하에서 개인의 욕구에 따른 동기를 보다 현실적으로 제시한 이론이다.
④ 맥클린랜드의 성취동기이론: 인간의 욕구를 성취욕구, 권력욕구, 친교욕구로 구분하여 욕구의 서열은 개인마다 다를 수 있다고 주장한 이론이다.
⑤ 허즈버그의 2요인이론: 인간에게는 상호 독립적인 두 종류의 욕구 범주가 존재하고, 이들이 인간의 행동에 각기 다른 방법으로 영향을 미친다는 이론이다.

정답 | ①

15
23년 2회

기업이 자금을 조달하는 각종 원천에 대한 설명으로 옳지 않은 것은?

① 단기자금 조달을 위해 신용대출을 활용하기도 한다.
② 채권발행의 경우 기업 경영진의 지배력은 유지되는 장점이 있다.
③ 주식 매각의 장점은 주주들에게 주식배당을 할 법적 의무가 없어진다는 것이다.
④ 팩토링은 대표적인 담보대출의 한 형태이다.
⑤ 채권발행은 부채의 증가로 인해 기업에 대한 인식에 악영향을 끼칠 수 있다.

팩토링은 판매기업과 구매기업 간에 발생한 매출채권에 대해 판매기업의 단기적인 현금유동성을 위해 금융기관에서 매출채권을 매입하여 현금을 지급하고, 금융기관은 구매기업으로부터 매출채권을 상환하는 금융방식이다. 따라서 담보물을 맡기고 현금을 차용하는 방식인 담보대출과는 개념이 다르다.

정답 | ④

16
18년 3회, 15년 2회

소매상의 구매관리에서 적정한 공급처를 확보하기 위한 평가기준으로 가장 옳지 않은 것은?

① 소매상의 목표 달성에 부합되는 적정 품질
② 최적의 가격
③ 적정서비스 수준
④ 역청구 활성화 정도
⑤ 납기의 신뢰성

역청구 활성화 정도는 적정한 거래처를 확보하기 위한 평가기준에 해당하지 않는다.

관련이론 | 역청구(Chargebacks)
소매상이 공급업체로부터 발생한 상품 수량의 차이에 대해 대금을 공제하는 것으로, 상품 미판매로 송장에서 대금을 공제하는 경우도 있고, 품목의 오류, 선적지연 등 공급업체의 잘못에 대해 대금을 공제하는 경우도 있다. 이는 합법적이기는 하지만 공급업체가 불공정하다고 느끼기 때문에 비윤리적인 문제 중 하나로 지적된다.

정답 | ④

17
23년 1회

아래 글상자의 6시그마 실행 단계를 순서대로 바르게 나열한 것은?

> ㉠ 개선된 상태가 유지될 수 있도록 관리한다.
> ㉡ 핵심품질특성(CTQ)과 그에 영향을 주는 요인의 인과관계를 파악한다.
> ㉢ 현재 CTQ 충족정도를 측정한다.
> ㉣ CTQ를 파악하고 개선 프로젝트를 선정한다.
> ㉤ CTQ의 충족 정도를 높이기 위한 방법과 조건을 찾는다.

① ㉣ - ㉡ - ㉢ - ㉤ - ㉠
② ㉤ - ㉣ - ㉢ - ㉡ - ㉠
③ ㉢ - ㉠ - ㉡ - ㉣ - ㉤
④ ㉣ - ㉢ - ㉡ - ㉤ - ㉠
⑤ ㉢ - ㉡ - ㉠ - ㉣ - ㉤

6시그마란 1986년 모토로라에 의해 정립된 품질관리기법으로, 1990년대 GE의 잭웰치가 이를 도입하여 더욱 중요한 품질관리기법으로 자리 잡았다. 6시그마를 실행하기 위한 단계로는 DMAIC이 있으며 다음과 같이 순차적으로 적용된다.

1. Define(정의): 핵심품질특성(CTQ; Critical To Quality)을 파악하는 단계
2. Measure(측정): 현재 CTQ 충족정도를 측정하는 단계
3. Analyze(분석): CTQ와 그에 영향을 주는 요인의 인과관계를 파악하는 단계
4. Improve(개선): CTQ의 충족 정도를 높이기 위한 개선단계
5. Control(통제): 개선된 상태가 유지될 수 있도록 관리하는 단계

정답 | ④

PART 04 물류경영관리

CHAPTER 01 도소매물류의 이해

1 도소매물류의 기초

1. 물류의 의의와 개념

(1) 물류(Logistics)의 중요성

기업 측면에서 물류비용의 절감은 매출액의 증대(제1의 이익원)와 제조원가의 절감(제2의 이익원)에 이어 제3의 이익원으로 대두되며 중요하게 인식되고 있다.

(2) 물류의 개념

① 물류란 재화가 공급자로부터 조달·생산되어 수요자에게 전달되거나 소비자로부터 회수되어 폐기될 때까지 이루어지는 운송·보관·하역 등과 이에 부가되어 가치를 창출하는 가공·조립·분류·수리·포장·상표부착·판매·정보통신 등을 말한다.(「물류정책 기본법」 제2조 1호)

② 상적유통과 물적유통
  ㉠ 마케팅 요소 4P 중 하나인 유통(Place)은 상적유통과 물적유통으로 구분한다.
  ㉡ 상적유통은 물품의 소유권 이전을, 물적유통(물류)은 물품의 이동과 관리에 관계된 제반활동을 의미한다.

> **보충학습**
> 4P: 마케팅에서 경영자가 통제할 수 있는 4가지 요소로 제품(product), 유통경로(place), 판매가격(price), 판매촉진(promotion)이 이에 속한다.

(3) 물류관리

① 통합물류관리(Logistics Management)
  ㉠ 로지스틱스관리라고도 하며, 상적유통과 물적유통을 통합하여 전체 물류과정의 최적화를 위한 통제를 의미한다.
  ㉡ 통합물류관리의 목표
    • 소비자 및 공급체인 구성원에 대한 서비스의 최적화
    • 공급체인관리의 개선
    • 물류관리의 상충관계(Trade-off) 고려

> **보충학습**
> 상충관계: 한쪽을 추구하면 다른 한쪽을 희생하지 않을 수 없다는 상태 및 관계

> **짚고 넘어가기 물류관리의 상충관계(Trade-off) 기출 22-1, 18-3, 17-3**
> • 물류비용(운송, 보관, 하역 등)과 물류서비스
> • 재고비용과 수송비용
> • 수송비용과 배송비용
> • 주문비용과 재고비용
> • 리드타임(조달시간)의 길이와 재고량
> ※ 수송은 최초 출발지에서 거점까지, 배송은 거점에서 소비자에게 물건이 이동하는 것을 의미한다.

② 공급사슬관리(SCM: Supply Chain Management)
  원재료나 부품의 공급자에서 제품의 최종소비자에 이르기까지의 상호 관련된 가치 활동 등을 대상으로, 정보의 공유와 업무 프로세스의 근본적 변혁을 통하여 공급망 전체의 효율성을 극대화하는 경영활동이다.

2. 물류의 기본적 기능 기출 23-2

(1) 운송활동(Transportation)
① 운송은 일반적으로 자동차·철도·선박·항공기 등 대형 수송매체를 통하여 대량의 물품을 장거리에 걸쳐 이동시키는 것을 의미한다.
② 운송은 다른 두 지점 간 물자 이동의 공간적 격차를 조정하여 공간적 효용을 창출한다.

(2) 보관활동(Storage)
① 보관은 물품을 물리적으로 보존하고 관리하는 활동을 의미한다.
② 보관은 물품의 수요와 공급의 시간적 격차를 조정하여 시간적 효용을 창출함으로써 경제생활을 안정시킬뿐만 아니라 촉진시키는 역할도 한다.

(3) 하역활동(Material Handling) 기출 19-2
① 하역은 운송과 보관 사이에서 이루어지는 물품의 취급활동이다.
② 물품의 취급활동에는 싣고 내리기, 운반 및 적재, 피킹(Picking)과 분류가 포함된다.
③ 하역은 물류의 각 접점에서 연결고리 역할을 하지만 자체적인 효용 창출기능은 없다.

(4) 포장활동(Packaging)
① 포장은 물품을 운송하거나 보관함에 있어서 물품의 가치 및 상태를 보호하기 위해 적절한 재료와 용기 등을 사용하는 것을 의미한다.
② 포장은 생산의 종착점인 동시에 물류의 출발점이라고 할 수 있다.

(5) 유통가공활동
① 유통가공은 유통단계에서 간단한 가공이나 조립, 재포장, 소분작업 등 동일기능의 물리적 형태 이전을 위한 작업으로 형태적 효용을 창출한다.
② 유통가공은 고객의 요구에 보다 부합되기 위한 활동으로 부가가치와 직결된다.

(6) 정보유통활동
물품의 유통을 촉진시키기 위해 필요한 무형의 물자로서의 정보를 유통시키는 경제활동을 의미한다.

3. 물류관리의 영역 기출 22-2, 21-3, 21-1, 16-2

(1) 물류의 영역
① 순물류(Forward): 조달물류, 생산물류, 판매물류
② 역물류(Reverse): 환경친화적 물류가 중시되면서 반품, 회수, 폐기물류도 물류의 영역에 포함

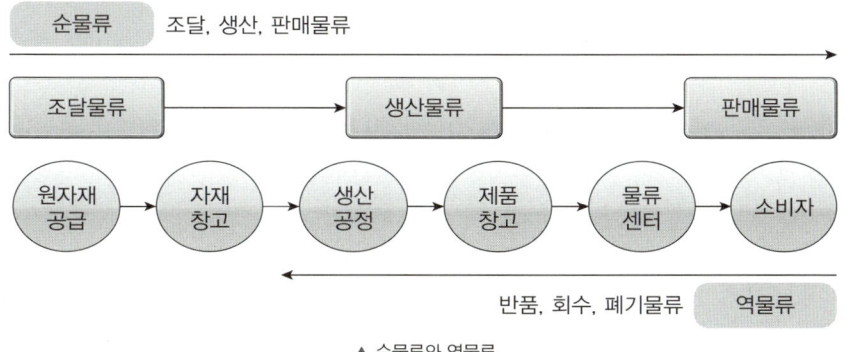

▲ 순물류와 역물류

(2) **조달물류**
① 원재료 등이 공급자로부터 제조업자의 자재창고로 운송되어 생산공정에 투입되기 직전까지의 물류활동을 의미한다.
② 조달물류의 중요 과제: 리드타임과 재고관리, 운송체제, 품질과 정확성 유지

> **보충학습**
> 리드타임: 물품 발주 후 납품되어 판매가 가능하게 될 때까지의 기간

(3) **생산물류**
자재창고에서의 출고로부터 제품창고에 입고되기까지의 과정을 의미한다.

(4) **판매물류**
① 제품창고에서 지역 거점 및 소비자에게로 전달되는 과정이다.
② 판매물류의 중요 과제
  - 물류센터의 입지와 규모의 결정
  - 적정 서비스 수준과 적정재고의 유지
  - 수량·배송 정책의 결정
  - 상물분리

> **보충학습**
> 상물분리: 물류 서비스의 효율성을 위하여 상류경로와 물류경로를 구별하여 운영하는 일

(5) **역물류(Reverse Logistics)** 기출 24-2
① 역물류는 조달물류·생산물류·판매물류와 반대 방향으로 이루어지는 물류활동으로 반품물류, 회수물류, 폐기물류가 있다.
② 반품물류: 판매된 제품의 반품에 따른 물류활동으로 반환된 물품의 회수·운반·분류·정리·보관·처리업무가 물류활동의 핵심을 이룬다.
③ 회수물류: 제품의 판매물류에 부수적으로 발생하는 파렛트, 컨테이너 등과 같은 물류용기나 포장재를 회수(Recall)하는 물류활동을 의미한다.
④ 폐기물류: 폐기물류는 제품 및 포장용 용기나 수송용 용기·자재 등을 폐기하기 위한 물류활동을 의미한다.

4. 물류의 중요성

(1) **물류관리의 목표**
① 물류관리의 목표는 물류비용의 절감과 고객서비스의 향상이라고 할 수 있으나 이 두 가지는 상충관계에 있다.
② 고객서비스의 향상은 물류비용의 증가를 가져오고, 물류비용의 절감 역시 고객서비스 수준을 하락시키게 된다.

(2) **물류관리의 방향**
다품종·소량생산과 다빈도·소량배송 증가에 따른 비용절감과 서비스 향상을 이룰 수 있는 물류 합리화를 추구한다.

5. 물류관리의 원칙

(1) **3S 1L 원칙** 기출 23-2
3S 1L은 신속하게(Speedy), 확실하게(Surely), 안전하게(Safely), 저렴하게(Low)를 의미한다.

(2) **7R 원칙** 기출 21-2, 19-1
물류의 7R(7 Right)은 적절한 상품(Right Commodity), 적절한 가격(Right Price), 적절한 품질(Right Quality), 적량(Right Quantity), 좋은 인상(Right Impression), 적시(Right Time), 적절한 장소(Right Place)를 의미한다.

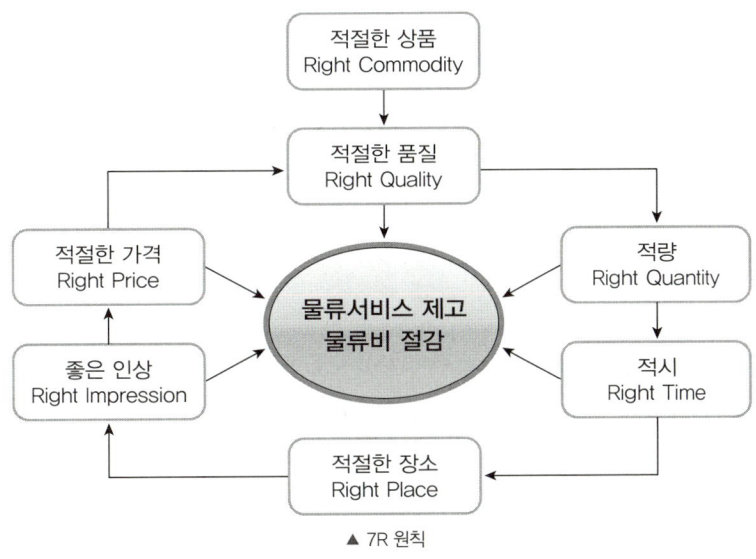

▲ 7R 원칙

6. 물류합리화(최적화)

(1) 물류합리화 기출 23-2, 20-3

① 물류합리화를 통해 비용을 절감하여 고객이 만족할 수 있는 적정한 가격과 서비스를 제공하며, 동시에 기업이 이익을 얻을 수 있는 비용으로 재화와 서비스를 제공할 수 있게 된다.

② 물류의 기능을 원활하게 하며, 물류차별화를 가능케 하여 경쟁우위를 확보할 수 있다.

(2) 물류 합리화의 목적

물류비용의 절감을 통해 기업은 최대 이익을 얻고, 동시에 고객서비스를 개선시키는 데 있다.

7. 물류표준화

(1) 물류표준화의 의의

① 화물유통 장비와 포장의 규격, 구조 등을 통일하고 단순화하는 것을 의미한다.

② 물류표준화를 통해 물류비를 줄일 수 있으며, 물류의 효율성을 높이기 위해서 물류의 표준화가 선행되어야 한다.

(2) 단위적재시스템(ULS: Unit Load System) 기출 24-2, 18-1

포장, 하역, 보관, 운송 등의 물류기능 및 물동량 단위를 규격화하고 이에 사용되는 설비, 용기 등을 대상으로 규격, 강도, 재질 등을 표준화하여 상호 간의 호환성을 구축하는 것을 의미한다.

8. 물류공동화 기출 24-1, 20-3, 18-1

(1) 물류공동화의 의의

동일지역·업종을 중심으로 둘 이상의 화주기업이 물류의 효율을 높이고, 비용절감의 이익을 추구하기 위해 물류활동을 공동으로 수행하는 협력관계를 의미한다.

(2) 물류공동화의 필요성

① 외부환경의 악화: 도로의 정체 및 교통혼잡, 환경규제 강화, 교차운송 급증에 따른 운송 효율 저하, 구인난 등에 따른 물류비용의 상승

② 내부 조건의 악화: 업체 간 경쟁 심화, 유가 인상에 따른 수익성 저하, 화주 서비스 요구의 다양화 등에 따른 물류비용 상승

(3) **물류공동화의 목적**
① 물자를 대량으로 처리하여 물류비 절감
② 인력 부족에 대한 대응
③ 수송 및 배송 효율의 향상
④ 중복 투자의 감소

2 도소매물류의 고객서비스 기출 20-추가, 18-2, 17-2

1. 서비스와 고객서비스

(1) **서비스의 의미**
① 서비스는 고객의 욕구 충족을 위해 사람의 노력이나 설비 등을 통해 제공되는 무형의 행위 또는 활동을 의미한다.
② 서비스는 사용자에게 성과에 대한 어느 정도의 만족을 제공하지만, 소유되거나 저장·수송될 수 없는 무형적 활동이다.

(2) **고객서비스의 의의**
고객서비스는 가격경쟁력만큼 유력한 경쟁수단으로서 물류와 밀접한 관계에 있으며, 물류와 마케팅을 연계하는 고리가 된다.

2. 물류 고객서비스 요소

(1) **고객서비스 요소의 구성**
① 거래 전 요소: 고객서비스에 관한 기업의 정책과 연관되어 있으며, 기업에 대한 고객인식과 고객의 총체적인 만족에 상당한 영향을 미칠 수 있다.
② 거래 시 요소: 제품 및 배송의 신뢰도와 같은 물적 유통기능을 수행하는 데 직접적으로 관계되는 고객서비스를 의미한다.
③ 거래 후 요소: 고객이 납품을 받은 후의 제품 및 관련 서비스를 뜻한다.
④ 고객서비스의 중요도: 거래 시 요소＞거래 후 요소＞거래 전 요소

거래 전 요소	거래 시 요소	거래 후 요소
• 명문화된 고객서비스 정책 • 재고의 가용성 • 고객의 접근 용이성 • 고객서비스의 조직구조 • 시스템의 유연성 • 경영관리 서비스 • 기술적 서비스	• 재고 품절 수준 • 주문주기의 일관성(신뢰성) • 주문정보의 입수 가능성 • 주문의 용이성(편리성) • 미납주문의 처리 능력 • 정보시스템의 정확성 • 제품 교환선적, 특별취급 선적	• 설치, 보증, 수리, 서비스부품 • 고객불만의 처리 • 제품추적 및 보증 • 수리 기간 동안의 제품대체

▲ 물류 고객서비스의 요소

(2) **물류서비스와 물류시스템**
① 물류시스템의 구축: 기업이 한정된 자원을 통해 최대의 부가가치를 창출하려면 비용을 줄이면서 고객이 원하는 서비스 수준을 향상시킬 수 있는 물류시스템 구축이 필수적이다.
② 서비스를 제공할 수 있는 시스템을 갖추려면 먼저 포장, 애프터서비스, 오류 및 클레임 처리 등을 어떻게 할 것인지 정해야 한다.
③ 고객서비스의 주요 요인 기출 23-1, 20-3
리드타임, 제품 대체능력, 재고 수준, 배송 시간과 수단, 주문 편의성, 컴플레인 처리능력, 애프터서비스 등이 있다.

CHAPTER 02 도소매물류관리

1 수요예측

1. 수요예측의 의의

(1) 수요예측의 개념

수요분석을 기초로 하여 장래의 수요를 예측하는 일이다.

(2) 수요분석의 중요성

수요예측은 기업활동에 관한 여러 가지 장·단기 계획을 수립하는 데 필요한 기초자료를 제공한다. 특히 물류시설계획, 생산계획, 그리고 재고관리 등 물류운용계획에 관한 거의 모든 의사결정에는 미래수요의 예측이 필수적이다.

(3) 수요에 영향을 미치는 주요요인

수요에 영향을 미치는 요인으로는 경기변동, 제품수명주기, 광고, 신용정책, 경쟁업체의 가격, 고객의 신뢰와 태도 등을 들 수 있다.

> **보충학습**
> 제품수명주기: 제품이 시장에 출시된 후 폐기되기까지의 과정이다. 도입기, 성장기, 성숙기, 쇠퇴기의 4단계로 이루어진다.

2. 수요예측 기법의 유형

(1) 정성적 기법(질적 기법) 기출 22-1, 17-2

개인의 주관이나 판단 또는 여러 사람의 의견에 입각하여 수요를 예측 하는 방법으로, 과거의 자료가 충분치 않거나 신뢰할 수 없는 경우에 특히 유용하다. 정성적 기법은 주로 중·장기 예측에 많이 쓰인다.

① 델파이법(Delphi Method, 전문가의견조사) 기출 17-3

㉠ 예측하고자 하는 대상의 전문가집단을 선정한 다음, 이들에게 여러 차례 우편이나 e-메일을 통해 설문지를 보내 의견을 수렴함으로써 예측치를 얻는다.

㉡ 일반적으로 시간과 비용이 많이 드는 단점이 있으나 예측의 특성상 불확실성이 크거나 과거의 자료가 없는 경우에 많이 쓰인다. 특히 생산능력, 설비계획, 신제품개발, 시장 전략 등을 위한 장기 예측이나 기술 예측에 적합하다.

② 시장조사법(Market Research)

조사하려는 내용의 가설을 세운 뒤 설문지, 직접 인터뷰, 전화 조사 등 여러 가지 방법을 통해 소비자의 의견을 조사함으로써 설정된 가설을 검증하는 방법이다.

③ 패널동의법(Panel Consensus)

다수의 의견이 소수의견보다 더 신뢰성 있는 예측치를 가져온다는 가정하에 경영자, 판매원, 소비자 등으로 패널을 구성해 자유로운 의견 개진을 통해 예측치를 구하는 방법이다.

④ 역사적 유추법(Historical Analog) 기출 19-1

신제품과 같이 과거 자료가 없을 때 이와 비슷한 기존 제품이 과거에 시장에서 어떻게 도입기, 성장기, 성숙기를 거치면서 수요가 변동되었는지를 유추해 보는 방법이다.

(2) 계량적 기법(양적 기법)

자료를 기반으로 수요를 예측하는 기법으로 단기 수요를 예측할 때 유용하며, 인과형 모형과 시계열 분석이 있다.

① 인과형 모형(Causal Forecasting Method)
  ㉠ 과거 자료에서 수요와 밀접한 관련이 있는 변수들을 찾아내 수요와 이들 변수 간의 인과관계를 분석하여 미래수요를 예측하는 기법이다. 인과형 모형에는 회귀분석, 계량경제모형, 투입-산출모형, 시뮬레이션모형 등이 있다.
  ㉡ 회귀분석(Regression Analysis): 독립변수(원인)가 종속변수(결과)와 상관관계를 가질 때, 독립변수의 변화에 따라 종속변수가 어떻게 변화하는가를 규명하는 방법이다.

② 시계열분석(Time Series Analysis) 기출 23-2, 22-1
  ㉠ 시계열은 시간에 따라 변화하는 어떤 현상을 일정 시간 간격으로 관찰할 때 얻어지는 관측치로, 과거 관측된 패턴을 기준하여 미래의 수요를 예측하는 방법이다. 종류로는 이동평균법, 지수평활법 등이 있다.
  ㉡ 이동평균법
    • 단순이동평균법: 최근 몇 기간 동안의 시계열 관측치의 평균을 내어 이 평균치를 다음 기간의 예측치로 사용하는 방법이다.
    • 가중이동평균법: 최근의 값에 가중치를 조금 더 주어 그 값을 예측치로 사용하는 방법이다.
  ㉢ 지수평활법(Exponential Smoothing): 가장 최근의 값에 가장 많은 가중치를 주고, 오래된 자료일수록 가중치를 지수적으로 감소시키면서 예측하는 방법이다. 단기 예측에 유용하다.

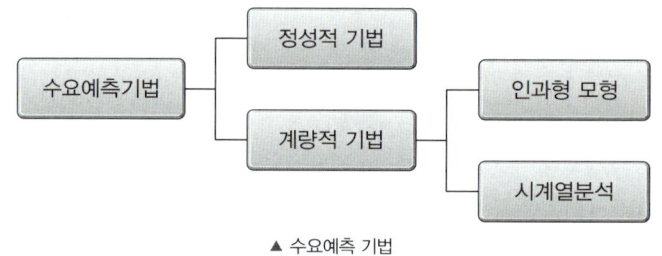

▲ 수요예측 기법

2 재고관리

1. 재고비용의 종류 기출 24-1, 18-3

① 재고유지비: 적정 재고를 유지하기 위하여 필연적으로 발생하는 비용으로서 보관료, 보험료, 감가상각비, 제세공과, 이자비용 등을 의미한다.
② 재고발주비: 적정 재고를 보충하기 위해 주문할 경우 발생하는 비용으로 하역비, 수송비, 검사비용 등에 따른 비용 등을 의미한다.
③ 재고부족비: 결품이 발생하는 경우에 유발될 수 있는 기회비용 성격의 손실비용으로서 판매기회비용, 생산 차질로 인한 신용도의 하락 등을 의미한다.

2. 재고의 종류 기출 22-1

① 주기재고: 총재고 중 로트의 크기에 따라 변하는 부분을 말한다.
② 안전재고: 수요, 리드타임, 부품공급 등의 불확실성으로 인한 고객서비스 차질과 결품으로 발생하는 기회비용을 예방하기 위한 재고를 말한다.
③ 예상재고: 수요와 공급의 불규칙성에 대응하기 위한 재고를 말한다. 부품의 공급이 고르지 않거나 예측 가능한 계절적 수요의 패턴이 있다면 예상재고를 비축하게 된다.
④ 수송재고: 자재흐름상 한 거점에서 다른 거점으로 이동중인 재고를 말한다.

3. 경제적 주문량(EOQ; Economic Order Quantity) 모형

(1) EOQ 모형의 의의
EOQ 모형은 재고유지비용과 재고주문비용을 더한 연간 재고비용의 최적화를 위한 1회 주문량을 결정하는 데 사용된다.

(2) EOQ의 기본 가정 기출 22-2
① 계획 기간 중 해당 품목의 수요량은 항상 일정하며, 알려져 있다.
② 단위당 구입비용이 주문 수량에 관계없이 일정하다.
③ 연간 단위당 재고유지비용은 일정하다.
④ 1회 주문비용은 수량에 관계없이 일정하다.
⑤ 주문량은 일시에 입고된다.
⑥ 리드타임이 없거나 일정하다.

(3) EOQ 모형 기출 23-3, 22-3, 21-1

① 상기 가정하에 연간총비용(ATC: Annual Total Cost)은 1회 주문량(Q)에 의해 결정되며, 이를 식으로 나타내면 다음과 같다.

$$ATC = \underbrace{C_h \cdot \frac{Q}{2}}_{\text{연간 재고비용}} + \underbrace{C_0 \cdot \frac{D}{Q}}_{\text{연간 주문비용}}$$

- C_h: 연간 단위재고비용
- C_0: 주문당 소요비용
- D: 연간 수요량
- Q: 1회 주문량(결정변수)

② 여기서 ATC를 최소화하는 1회 주문량(Q), 즉 EOQ를 최종 도출하면 다음과 같다.

$$EOQ = \sqrt{\frac{2 \times D \times C_0}{C_h}}$$

③ EOQ 모형의 평가

EOQ 모형의 기본 가정들은 현실적이지 못하다는 비판에도 불구하고 EOQ 모형은 간편하다는 장점으로 인해 현실적으로 많이 활용되고 있다. 또한 현실을 감안한 보다 복잡한 모형을 설계하기 위한 기본모형의 역할을 해오고 있다.

> **짚고 넘어가기** 재주문점(ROP: Re-Order Point) 기출 24-2, 22-2, 20-3, 19-3
>
> 주문해야 할 시점의 재고 보유량인 재주문점을 설정하여 재고 수준이 재주문점에 도달했을 때 주문할 수 있도록 예상하는 데 활용된다.
> - 재주문시점 = 리드타임 동안의 평균수요량 + 안전재고
> - 리드타임 = 도달 기간 + 재고점검주기
> - 리드타임 동안의 평균수요량 = 평균수요/일 × 리드타임
> - 안전재고량 = 안전계수 × 수요의 표준편차 × $\sqrt{\text{조달기간}}$

4. JIT(Just In Time, 적시공급시스템) 기출 21-2, 20-추가, 19-3

(1) 의의 및 목표
① 도요타 자동차에서 개발한 JIT는 낭비 요인들을 제거하고, 공급업자와의 장기적 협력관계를 통해 고객 주문이 들어옴과 동시에 생산이 시작되는 시스템이다.
② 적기공급생산 또는 적시생산 방식으로 불린다.
③ 재고를 쌓아 두지 않고서도 필요한 때 적기에 제품을 공급하는 생산 방식이다. 즉, 팔릴 물건을 팔릴 때에 팔릴 만큼만 생산하여 파는 방식이다.
④ 재고의 감소, 제조준비시간의 단축, 리드타임의 단축, 불량품의 최소화, 자재취급노력의 경감을 목표로 한다.

(2) JIT시스템의 특징
① 소로트(小-Lot) 생산과 제조준비시간 단축
② 생산의 평준화: JIT시스템을 성공적으로 운영하기 위해 주일정계획(MPS) 안정과 생산의 평준화가 이루어져야 함
③ 작업자의 다기능화
④ 품질관리: 품질분임조(QC)와 제안제도   ⑤ 칸반시스템(Kanban System) 운용
⑥ 공급자 네트워크: 장기적이고 긴밀한 협력관계구축   ⑦ 생산자동화(Jidoka)

> **보충학습**
> 칸반시스템: JIT 시스템에서 사용되는 의사소통 수단으로 칸반(Kanban)은 일종의 작업지시(신호)라고 볼 수 있음

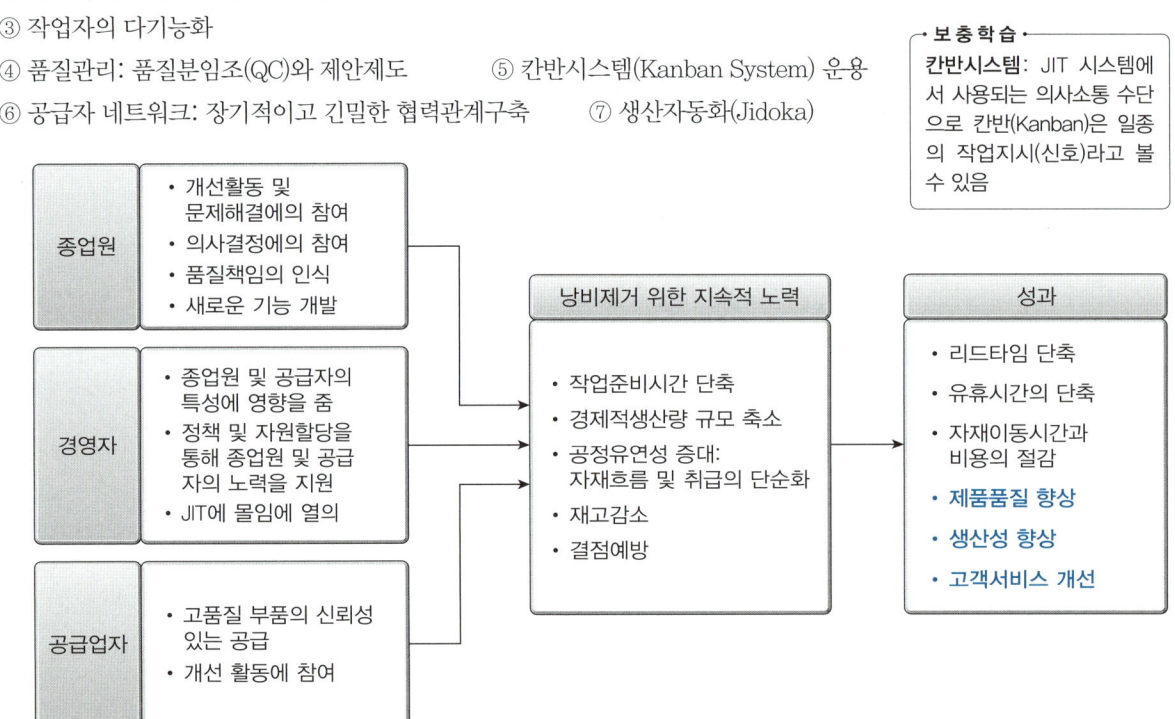

▲ JIT를 통한 성과 도출 과정

(3) JIT와 JITⅡ의 비교 기출 22-3, 22-2, 20-추가, 19-3

구분	JIT	JIT Ⅱ
특징	원부자재를 공급받는 데 중점	원부자재, 설비공구 등 모든 분야 공급에 중점
	개별적인 생산현장의 연결	SCM 상의 파트너들과 연결, 프로세스 변화시킴
	공장 내 무가치한 활동 제거	기업 간의 중복업무, 무가치한 활동 제거
	Pull 방식	Pull 방식과 MRP의 Push 방식을 동시 수용
	물동량의 흐름이 주된 개선대상	기술, 영업, 개발을 동시화하여 물동량을 강력히 통제함

> **짚고 넘어가기** **JIT Ⅱ 방식**
> 납품회사의 직원이 발주회사의 공장에 파견되어 근무하면서 구매·납품업무를 대행하여 효율을 높이는 생산·운영 시스템이다.

> **짚고 넘어가기** **린 생산시스템(Lean Production System)**
> 미국에서 JIT를 수용한 개념으로 사전적 의미로 Lean이란 얇은 혹은 마른의 뜻을 가지고 있으며, 생산관리에서는 낭비없는 생산을 의미하고 생산 과정에서 발생할 수 있는 어떤 유형의 낭비도 철저히 제거하겠다는 것을 뜻한다.

5. 기타 주요 재고관리기법

(1) **ABC분석** `기출` 20-추가, 18-3

① ABC분석의 의의

파레토법칙에 근거하여 관리대상을 ABC그룹으로 나누어 가치가 높은 그룹에 더 많은 관리노력을 집중한다.

- A그룹: 매출이 가장 큰 그룹으로 가장 높은 가치를 두고 중점 관리한다.
- B그룹: 중간정도 수준의 관리와 통제가 필요한 제품 그룹이다.
- C그룹: 관리와 통제의 가치가 거의 없는, 상대적으로 낮은 가격의 제품 그룹이다.

> **보충학습**
> 파레토(V. Pareto) 법칙
> 전체 결과의 80%가 전체 원인의 20%에서 일어나는 현상

② ABC 그룹분류

구분	내용	관리 정도	가치 비율	사용량 비율	재고 통제 방법
A	고가치 저사용량	정밀관리	70~80%	10~20%	정기발주(P시스템)가 적절
B	가치와 사용량 중급	정상관리	15~20%	20~40%	정량발주(Q시스템)가 적절
C	저가치 고사용량	관리	5~10%	40~60%	투빈법(수요변동이 적은 경우)

(2) **정량발주시스템(Q)과 정기발주시스템(P)** `기출` 22-3, 21-1, 20-2, 16-2

① 정량발주법(고정량주문시스템, Q시스템)

재고 수준이 재주문점(ROP)에 오면 고정량(Q)을 발주하는 방식으로, 이는 가격과 중요도가 낮은 품목(B그룹 품목), 수요 변동의 폭이 작은 품목의 관리에 적합하다.

② 정기발주법(고정주문기간시스템, P시스템)

재고량을 정기적으로 파악하여 기준 재고량과 현재 재고와의 차이를 발주하는 방식으로, 중요도가 높은 품목(A그룹), 수요 변동의 폭이 큰 계절상품 등의 관리에 적합하다.

구분	정량발주시스템(Q시스템)	정기발주시스템(P시스템)
개념	발주점에 이르면 일정량을 자동으로 발주	정기적으로 소요된 양을 발주
발주 주기	부정기	정기
발주량	정량(경제적 주문량)	부정량(최대재고량−현재재고량)
수요 정보	과거 실적으로 예측	신뢰도 높은 정보 필요
재고의 성격	활동재고	활동재고 + 안전재고(多)
적용대상 품목	금액 및 기여도 측면에서 B급 제품	금액 및 기여도가 높은 A급 제품
표준화	표준부품	전용품
리드타임	짧다	길다

▲ Q시스템과 P시스템의 비교

3 화물운송

1. 운송의 개념 기출 20-2

(1) 개념
① 운송은 장소적(거리적)인 부분의 문제를 원활히 연결시켜 주는 재화의 이동 행위로 재화의 장소적 효용을 창출하는 경제 행위이다.
② 주요 운송수단으로는 철도, 트럭, 해상운송, 파이프라인, 항공 등이 있다. 우리나라의 경우에는 화물자동차운송이 전체의 90% 이상을 차지하고 있고, 철도와 해상운송이 그 뒤를 잇고 있다.

(2) 화물운송 관련 용어
① 배송: 화물을 물류거점에서 화물수취인에게 보내는 행위이다.
② 수송: 화물을 자동차, 선박, 항공기, 철도 등 기타의 기관에 의해 어떤 지점에서 다른 지점으로 이동시키는 행위이다.
③ 일관수송: 물류의 효율화 목적으로 화물을 발송지에서 도착지까지 해체하지 않고 연계하여 수송하는 것으로 파렛트와 컨테이너를 이용한다.
④ 복합일관수송: 수송 단위 물품을 재포장하지 않고 철도차량, 트럭, 선박, 항공기 등 다른 수송기관을 조합하여 수송하는 것이다.
⑤ 영차와 공차: 영차는 화차에 화물을 적재한 상태(적재차량)를 의미하며, 공차는 화차에 화물을 적재하지 않은 비어 있는 상태를 의미한다.
⑥ 단위적재시스템(Unit Load System): 복합일관운송을 위해 컨테이너를 이용한 일관운송체계로 단위적재시스템의 구축이 중요하다.
⑦ 국제물류주선업(Freight Forward): 화주와 선사와의 거래를 주선하거나 중개·대리하는 사업으로 당사자 간 직접 거래하는 경우보다 비용절감 및 전문적인 거래를 통해 서비스의 질을 제고할 수 있다.

2. 운송체계의 3대 요소

(1) 운송수단(Mode)
화물운송을 직접 담당하는 운송수단으로 화물차량(트럭), 철도(화차), 해상(선박), 항공(항공기), 파이프라인 등이 있다.

> **짚고 넘어가기** 운송수단의 결정요소 기출 21-2
> 화물의 종류, 운송대상 화물의 중량과 용적, 화물의 운송거리, 대상화물의 가격(가치), 운송의 신속성, 복합운송여부 등에 따라 운송수단을 결정한다.

(2) 운송연결점(Node)
결절이라고도 하며, 화물운송을 효율적으로 처리하기 위해 필요한 장소 또는 시설로 물류터미널, 항만, 공항, 철도역, 물류센터 등이 있다.

(3) 운송경로(Link)
운송수단에 의해서 형성되는 경로이며, 운송연결점을 연결한다. 운송경로에는 공공도로, 철도, 해상항로, 항공로 등이 있다.

3. 운송수단 간 비교 〈기출〉 23-3, 20-추가, 18-1

항목	화물차량(트럭)	철도(화차)	해상(선박)	항공(항공기)
화물량	소중량화물	대량화물	대량화물	소중량화물
운송거리	단·중거리	중·장거리	장거리	장거리
운송비용	비교적 고가	저가	저가	고가
운송속도	빠름	느림	매우 느림	매우 빠름
일관운송	용이함	다소 어려움	어려움	어려움
안전성	다소 낮음	높음	낮음	낮음

▲ 운송수단 간 비교

4. 해상운송(정기선과 부정기선)

구분	정기선(liner)	부정기선(tramper)
수요 특성	• 비교적 고운임 • 신속, 정확, 규칙성, 정시성 • 수요가 일정하고 안정적	• 비교적 저운임 • 신속성과 규칙성이 낮음. • 수요가 불규칙적·불안정적
대상 화물	운임부담력이 큰 고가품, 컨테이너	벌크(bulk)화물: 연료, 광물 등
선박의 종류	주로 정기선(특정 항로 운항), 컨테이너선	주로 부정기선(불특정 항로 운항, 전용선 은 정기적), Bulk선
운임	Tariff rate(운임표상의 고정운임)	시장 상황에 따라 변동

5. 화물운송시스템의 합리화 방안
① 동일지역의 동종업종을 대상으로 화주들의 공동 수·배송 유도
② 도로 중심 운송을 철도와 연안운송으로 전환 및 거점 간 복합운송으로 전환
③ 운송업체 간 제휴와 M&A를 통하여 운송업체의 대형화·전문화 유도
④ 최단 운송루트 개발 및 최적 운송수단의 선택
⑤ 화물자동차의 회전율을 높일 수 있도록 상하차 소요시간 감소
⑥ 화물운송시스템은 재고관리비와 운송비 사이의 균형을 고려하여 설계

6. 공동 수·배송 〈기출〉 18-3

(1) 공동 수·배송의 의의
공동 수·배송은 하나의 운송수단에 다양한 화주의 화물을 혼적하여 물류비를 절감하려는 것이다.

(2) 공동 수·배송의 효과
① 물류기업 측면
  ㉠ 운송횟수의 감소로 수·배송 비용의 절감
  ㉡ 수·배송 업무의 효율화
  ㉢ 차량 및 시설 투자 증가의 억제
  ㉣ 교통량의 감소에 의한 환경보전
② 고객(화주) 측면
  ㉠ 납품빈도 증가로 상품구색의 강화 및 식료품의 경우 신선도 향상
  ㉡ 재고 보유의 감소
  ㉢ 검사 등 일선 업무의 효율화

7. 복합운송(Multimodal Transport)

(1) 복합운송의 의의 및 전제조건
① 의의 : 복합운송은 2가지 이상의 다른 운송수단에 의한 운송 형태를 말하는 것으로 통운송 또는 협동일관운송이라고도 한다.
② 전제조건
  ㉠ 운송인은 전 운송구간에 걸쳐 화주에게 단일책임을 진다.
  ㉡ 송화인은 단일의 운송인과 단일운송계약을 체결한다.
  ㉢ 운송인은 복합운송에 대한 단일증권을 발행한다.
  ㉣ 전 운송구간에 대해 단일운임을 적용한다.

(2) 복합운송의 종류 기출 21-1, 18-1
① 피기백 시스템(Piggy Back System) : 트럭과 철도가 결합된 운송방식
② 피시백 시스템(Fishy Back System) : 트럭과 선박이 결합된 운송방식
③ 버디백 시스템(Birdy Back System) : 트럭과 항공기가 결합된 운송방식
④ 스카이쉽 시스템(Sky-Ship System) : 선박과 항공기가 연계된 운송방식
⑤ 트레인쉽 시스템(Train-Ship System) : 선박과 철도가 연계된 운송방식

8. 소화물 일관운송(Courier Service) 기출 19-1

(1) 소화물 일관운송의 의의
개인 또는 기업의 화주로부터 소형·소량의 화물운송을 의뢰받아 송하주의 문전에서 수하주의 문전으로(Door to Door) 배달 물품의 접수(집하)·포장·운송·배달에 이르기까지 신속·정확하게 운송서비스를 제공하는 운송체계를 말한다.

(2) 소화물 일관운송의 등장배경
① 최근 들어 인터넷 쇼핑과 TV 홈쇼핑 등 전자상거래가 크게 증가하고, GPS 보급 등 물류 환경의 급속한 변화에 따라 소화물 일관운송이 크게 증가하고 있다.
② 소화물 일관운송이 등장한 배경으로는 다품종 소량생산의 확대, 다빈도 소량주문, 물류 합리화 요구, 소비자 욕구 등 물류 환경의 변화 및 전자상거래의 확산 등을 들 수 있다.

(3) 풀필먼트(fullfillment) 기출 22-2
주문 이행을 뜻하는 전자상거래 관련 용어로, 온라인 유통에서 고객의 주문에 맞춰 물류센터에서 제품포장부터 최종 목적지까지 배송(라스트마일 배송, last mile delivery)하는 일련의 유통과정을 의미한다.

4 보관활동

(1) 보관의 의의
① 보관은 물자를 보존하고 관리하는 것을 의미한다.
② 보관은 고객서비스의 최전선으로, 수송과 배송 간의 윤활유 역할을 수행한다.
③ 또한 생산과 판매의 조정 및 완충역할을 수행하며, 집하, 분류, 검사장소, 유통가공 기능 등의 역할도 수행하고 있다.

(2) 보관의 원칙 기출 23-1, 21-3, 18-2

① 통로대면 보관의 원칙: 통로를 마주 보게 보관함으로써 창고 내의 흐름을 원활하게 한다.
② 높이쌓기의 원칙: 제품을 높게 쌓아 창고의 용적효율, 충전효율, 보관효율을 높인다.
③ 선입선출의 원칙: 먼저 입고된 제품을 먼저 출고한다. 재고회전율이 낮은 경우와 제품의 수명주기가 짧은 경우에 주로 적용된다.
④ 명료성의 원칙: 제품을 용이하게 식별할 수 있도록 보관한다.
⑤ 위치표시의 원칙: 제품의 위치를 표시함으로써 업무 효율성을 높이고 불필요한 작업이나 실수를 줄일 수 있다.
⑥ 회전대응 보관의 원칙: 보관할 물품의 장소를 입·출하 빈도의 정도에 따라 보관 장소를 결정한다.
⑦ 동일성 및 유사성의 원칙: 동일 품종은 동일 장소에 모아서 보관하고, 유사품은 근처 가까운 장소에 모아서 보관한다.
⑧ 중량특성의 원칙: 제품의 중량에 따라 보관 장소의 출입구를 기준으로 한 거리와 높낮이를 결정한다. 제품의 하역작업을 할 때 중량물과 대형물은 하부 및 출구 쪽으로 배치하여 안전사고 및 이동거리를 최소화해야 하기 때문이다.
⑨ 형상특성의 원칙: 제품의 형상에 따라 보관 방법을 변경한다.
⑩ 네트워크 보관의 원칙: 관련된 상품을 한 장소에 모아 보관한다.

(3) 자가창고와 영업창고 기출 24-2, 23-3, 21-1

① 자가창고: 기업이 직접 소유 및 운영하며, 자사상품을 보관하는 창고이다.

장점	• 자사상품의 특징에 맞는 보관이 가능 • 입·출고 시간 등의 제약이 적음 • 높은 전문성, 낮은 변동비
단점	• 높은 투자비(고정비) • 입지변경의 유동성이 적음 • 수요 변동에 대한 보관 공간의 탄력적 대응이 곤란함

② 영업창고: 원하는 기간 동안 보관료를 받고 공간과 설비, 운영을 임차하는 창고이다.

장점	• 낮은 투자비 • 입지 변경의 용이성 • 수요 변동에 대한 보관 공간의 탄력적 대응 가능
단점	• 자사상품의 보관 특징에 맞추기 곤란 • 입출고 시간과 요일의 제약 • 낮은 전문성, 높은 비용

③ 공공창고 기출 24-1

㉠ 공립창고: 창고 부족 문제를 해결하기 위해 정부와 지방자치단체가 항만지역 등에 설립하여 민간에게 그 운영을 위탁한 창고
㉡ 관설상옥: 정부나 지방자치단체가 부두 또는 안벽에 설치하고 민간업자나 일반에 제공하는 창고
㉢ 관설보세창고: 관세법에 따라 세관장의 허가를 받아 세관의 감독하에 수출입세를 미납한 상태의 화물을 보관하는 창고

5 포장 및 하역

1. 포장의 의의 및 종류 기출 18-3

(1) 포장의 의의

물류에 있어서 포장은 내용물의 보호, 하역 및 보관의 용이성, 내용물의 식별 등의 기능을 수행한다.

(2) 포장의 종류

① 공업포장: 물품을 운송, 보관하는 것을 주목적으로 시행하는 포장을 총칭하는 것으로 산업포장, 수송포장 또는 물류포장이라고도 한다. 공업포장의 주 기능은 물품의 보호기능과 운송하역에서 물품취급의 편의성 등이다.

② 상업포장: 상거래 과정에서 상품화 또는 판매 단위의 포장으로 소매포장 또는 소비자포장이라고도 한다. 상업포장은 주로 판매촉진 기능을 한다.

(3) 포장의 차별화와 표준화

① 포장의 차별화

마케팅 측면에서 독특하고 차별적인 포장을 통해 경쟁우위를 차지하려고 하는 경우 포장비가 증대된다. 포장의 차별화는 매출액 증대에 기여하지만 물류비의 증대라는 상충관계(Trade-Off)를 야기한다.

② 포장의 표준화 기출 23-1

물류비 절감을 위해서는 포장재료, 강도, 치수, 관리의 표준화가 요구된다. 먼저 제품이 실릴 컨테이너나 파렛트(Pallet)의 규격에 맞추어 가장 효율적으로 제품이 적재될 수 있는 겉포장의 규격을 정하고, 이에 따라 속포장(내부포장)과 낱포장(단위 포장)의 크기를 정한다.

(4) 포장합리화의 원칙

① 대형화·대량화 원칙: 포장 단위의 대형화를 도모하고, 물류 대량화를 기하여 비용절감을 모색해야 한다.

② 집중화·집약화 원칙: 전반적인 관리 수준을 향상시키고 물류 대량화를 추구할 수 있도록 집중화 및 집약화를 도모해야 한다.

③ 규격화·표준화 원칙: 포장 물류의 규격화 및 표준화를 추구하여 물류활동의 효율화를 추구해야 한다.

④ 사양변경의 원칙: 포장의 보호성에서 벗어나지 않는 범위에서 사양 변경을 통한 비용절감을 도모해야 한다.

⑤ 재질변경의 원칙: 재질의 변경을 통하여 비용절감을 도모할 수 있는 방안을 모색해야 한다.

⑥ 시스템화·단위화의 원칙: 포장의 단위화를 도모하고, 수·배송, 보관, 하역 등 물류활동을 유기적으로 연계하여 시스템화할 필요성이 있다.

2. 화인(Case Mark)

(1) 화인의 개념

화인(Case Mark, Shipping Mark)이란 '화물의 외부에 표시를 하는 것'으로 주로 목적지, 발송 개수, 취급상의 문구 등을 표시하며 화물작업의 편리성, 하역작업 시의 물품손상 예방 등을 위해 포장화물의 외장에 확실히 표시하는 것을 말한다.

(2) 화인표시의 종류 기출 23-1

① 주표시(main mark): 화인 중 가장 중요한 표시로서 타상품과 식별을 용이하게 하는 기호이다. 외장면에 다이아몬드형, 마름모형, 타원형, 정방형 등의 표시를 하고 그 안에 상호의 약자를 기입하는 것을 말한다.

② 부표시(counter mark): 주화인만으로 다른 화물과 식별이 어려울 때 생산자 또는 공급자의 약자를 보조적으로 표시하며, 같이 선적된 다른 화물과 식별할 수 있도록 표시한 것이다.

③ 품질표시(quality mark): 내용품의 품질이나 등급 등을 표시하는 것으로, 주표시의 위쪽이나 밑에 기재한다.

④ 목적지표시(destination mark): 내용품이 도착하게 되는 목적지를 표시하는 것으로 반드시 표시해야 한다.

⑤ 수량표시(case mark): 단일 포장이 아닌 두 개 이상의 많은 수량인 경우, 포장에 번호를 붙여 포장 수량 가운데 몇 번째에 해당되는지를 표시한다.
⑥ 취급주의표시(care mark): 화물의 취급, 운송, 적재요령을 나타내는 주의표시로서 일반화물 취급표시와 위험화물 경고표시로 구분된다.
⑦ 원산지표시(origin mark): 정상적인 절차에 의해 선적되는 모든 수출품을 대상으로 관세법에 따라 원산지명을 표시한다.
⑧ 기타: 상품명, 내용품번호, 총중량, 용적, 수입허가번호 등을 표시한다.

3. 하역의 의의

(1) 단위적재시스템(Unit Load System)의 의의
① 하역과 운송의 합리화에 있어서 가장 기본이 되는 시스템이다.
② 단위적재(Unit Load)는 제품(화물)을 1개의 단위(Unit)로 모아 하역과 운송을 하는 것이다. 하역이 효율적으로 이루어지기 위해서는 제품이 가능한 한 큰 모듈 단위로 묶여 처리되어야 한다.
③ 각 모듈을 가능한 한 분리시키지 않고 물류시스템 내에 흘러가도록 함으로써 하역비용을 절감할 수 있다.

(2) 단위적재시스템의 효율적 활용
① ULD(Unit Load Device): 단위적재시스템이 최대로 활용되기 위해서는 ULD인 파렛트, 컨테이너, 지게차의 사용이 필수적이다.
② 파렛트풀 시스템: 여러 기업들이 공동으로 규격화된 파렛트를 사용하여, 파렛트의 순환과 반복 사용을 통해 자원의 낭비를 막기 위해 구축된 시스템이다.

(3) 하역합리화의 기본원칙
① 하역 경제성의 원칙: 불필요한 하역 작업을 줄이고 가장 경제적인 하역 횟수로 하역이 이루어지도록 하여 화물의 파손, 손실을 최소화시키는 원칙이다.
② 이동 거리 및 시간 최소화의 원칙: 하역 작업의 이동 거리를 최소화하는 원칙이다. 물자가 이동하는 수·배송, 보관 활동 등에 있어서 기본이 되는 원칙이다.
③ 활성화의 원칙: 운반활성지수를 최대화하는 원칙으로 지표와 접점이 작을수록 활성지수는 높아지며 하역 작업의 효율이 증가한다.
④ 단위적재의 원칙: 단위화의 원칙(유닛로드의 원칙)은 화물을 어떤 특정 단위(중량 혹은 부피)로 단위화하는 것이다. 유닛화(파렛트화, 컨테이너화)함으로써 화물의 손상, 감모, 분실 등을 방지하고 하역 작업의 효율화를 촉진할 수 있다.
⑤ 기계화의 원칙: 인력 작업을 기계 작업으로 대체하여 생력화하는 원칙으로, 자동화를 통해 하역 작업의 효율성과 경제성을 증가시키게 된다.

> **보충학습**
> **생력화**: 무인화를 촉진하는 것

⑥ 중력이용의 원칙: 화물은 중력 법칙에 따라 위에서 아래로 움직이는 것이 더 쉬우며 운반비용도 절감할 수 있다.
⑦ 시스템화의 원칙: 개개의 하역활동을 유기체로서의 활동으로 간주하는 원칙이다. 시스템 전체의 균형을 염두에 두고, 시너지 효과를 올리는 것이 시스템화의 기본 원칙이다.
⑧ 호환성의 원칙: 호환성(인터페이스)의 원칙은 하역 작업에서 공정 간의 접점이 원활하게 소통하도록 하는 것이다.
⑨ 흐름의 원칙: 하역 작업에서의 흐름이 연속되도록 하여야 한다는 것을 의미한다. 기계나 설비는 언제나 움직이고 있는 상태로 유지시키지 않으면 효율성이 떨어진다.
⑩ 표준화의 원칙: 하역 작업을 표준화하여 하역 작업의 효율성을 추구하는 원칙으로 단위화(유닛로드화) 원칙에 대응하기 위한 것이다.

(4) **철도운송 시 하역 방식** 기출 21-2

① COFC(Container On Flat Car): 컨테이너만을 화차에 싣는 방식으로 대량의 컨테이너를 신속하게 취급하는 것이 가능하다. 국내에서 일반적으로 많이 이용되고 있는 컨테이너 적재 방법이다.
  ㉠ 세로-가로방식(지게차 이용): 탑핸들러 또는 리치스태커 등을 이용하는 방식
  ㉡ 매달아 싣기(크레인 이용): 컨테이너를 신속히 처리하는 방법으로 매달아 싣는 방식
  ㉢ 플렉시 밴 방식(Flexi-Van): 트럭이 화물열차에 대해 직각으로 후진하여 무개화차에 컨테이너를 바로 싣고, 화차에는 회전판이 달려 있어 컨테이너를 90° 회전시켜 고정시키는 방식

> 보충학습
> 무개화차: 지붕이 없는 화차

② TOFC(Trailer On Flat Car): 화차 위에 고속도로용 트레일러를 동시에 적재하는 방식이다.
  ㉠ 피기백 방식(Piggy back system): 화차 위에 화물을 적재한 트럭 등을 적재한 상태로 운송하는 형태
  ㉡ 캥거루 방식: 트레일러 바퀴가 화차에 접지되는 부분을 경사진 요철 형태로 만들어 트레일러의 적재 높이가 낮아지도록 하여 운송하는 형태

6 물류정보와 물류정보시스템

1. 물류정보의 의의와 중요성

(1) **물류정보의 의의**

종합적인 물류활동의 원활화를 도모하는 데 있어서 필수불가결한 것으로, 생산에서 소비에 이르기까지 물류활동을 구성하고 있는 운송·보관·하역·포장 등의 물류기능과 관련된 다양한 정보를 의미한다.

(2) **물류정보의 중요성**

효율적인 물류활동(조달·생산·판매)을 지원하기 위한 모든 영역의 정보 흐름을 유기적으로 결합, 적시에 제공함으로써 물류비용을 절감시키고 고객서비스를 향상시킬 수 있다.

2. 물류정보시스템

(1) **물류정보시스템의 전제**

기업의 전체 물류활동을 최적화할 수 있도록 토털 시스템 관점에서 계획해야 한다.

(2) **물류정보시스템의 도입 효과**

① 물류비용의 절감과 고객서비스의 향상
② 사내 문서 및 업무의 표준화
③ 다양한 고객에게 표준화된 비즈니스 프로세스를 제공 가능

3. MRP와 ERP

(1) **MRP(Material Requirement Program)** 기출 19-3

자재소요계획으로 생산일정계획(MPS), 자재명세서(BOM), 재고 정보를 근거로 자재의 생산과 조달계획을 산출해 내는 시스템이다.

(2) **MRP Ⅱ(제조자원계획)**

기본적으로 MRP에서 얻은 생산과 조달계획이 자사의 생산능력에 비추어 합당한 것인지를 체크하고, 더 나아가 생산기능과 회계·구매 등 생산과 관련된 다른 업무를 지원할 수 있도록 확장된 정보시스템이다.

짚고 넘어가기   MRP 시스템과 JIT 시스템의 비교

구분	MRP 시스템	JIT 시스템
관리시스템	계획대로 추진하는 Push 시스템	요구(주문)에 따라가는 Pull 시스템
관리목표	계획과 통제(필요시 확보)	낭비제거(무재고시스템)
관리도구	컴퓨터 처리	눈으로 보는 관리 (간판)
생산계획	변경이 잦은 MPS 적용 가능	안정된 MPS 필요
자재소요판단	자재소요계획	간판
발주(생산)로트	경제적 주문량	소로트(Small Lot)

(3) **ERP 시스템(Enterprise Resource Planning System, 전사적자원관리시스템)** 기출 22-1, 21-1

기업 내의 제조·물류·회계·인사·재무·판매 등 모든 업무 프로세스의 실시간 정보공유를 바탕으로 통합적으로 지원하여, 효율화와 의사결정의 신속화를 도모한다. 이러한 정보시스템의 혁신은 업무프로세스의 혁신(BPR)을 동반하여 이루어지는 것이 일반적이다.

─ 보충학습 ─
BPR(Business Process Reengineering): 기업의 체질 및 구조와 경영방식을 근본적으로 재설계하여 경쟁력을 확보하는 경영혁신기법

7 물류비

1. 물류비의 의의

(1) **물류비의 정의**

재화가 공급자로부터 조달·생산되어 수요자에게 전달되거나 소비자로부터 회수되어 폐기될 때까지 이루어지는 운송·보관·하역 등과 이에 부가되어 가치를 창출하는 가공·조립·분류·수리·포장·상표부착·판매·정보통신 등의 활동을 수행하기 위하여 발생하거나 소비한 경제가치를 말한다.(「기업물류비 산정지침」 제2조)

(2) **국내 물류비의 실태**

① 국내 기업들의 물류비가 증가해 온 원인은 물동량 증가, 다품종 소량 다빈도 운송, 인건비 상승, 유가 상승 등을 들 수 있다.
② 운송비＞보관비＞포장비＞물류관리비 순으로 운송비가 가장 큰 비중을 차지한다.

(3) **물류비 산정 목적** 기출 19-3

① 물류활동의 계획, 통제 및 평가를 위한 정보제공
② 물류활동에 관한 문제점 파악
③ 물류활동의 규모 파악
④ 원가관리를 위한 자료 제공

2. 물류비 산정지침

(1) **지침의 필요성**

기업물류비에 대한 용어와 개념을 통일하고 물류비 계산을 위한 절차와 방법에 대한 기준을 제공함으로써 개별기업의 물류비 계산의 적정성과 물류관리의 합리성을 제고하는 데 있다.

(2) **물류비 산정 기준과 지침**

물류비 산정지침은 물류회계기준의 표준화를 위하여 총칙, 물류비 계산의 일반 기준, 물류비 계산의 간이 기준으로 구성되어 있다.

3. 물류비 산정 기준

(1) 재무회계와 관리회계
① 재무회계: 기업 외부의 이해관계자(주주, 채권자, 정부 등)에게 회계정보를 제공할 목적으로 재무상태표, 손익계산서와 같은 재무제표를 작성·보고하는 목적의 회계를 말한다.
② 관리회계: 기업의 내부보고 회계로 경영자나 관리자의 의사결정이나 업적평가를 위한 회계정보를 제공한다.
③ 물류회계: 재무회계상의 계정 과목과 물류활동을 수행하기 위한 경제적 가치를 계산하는 일종의 관리회계이다.

(2) 일반 기준과 간이 기준
① 일반 기준: 관리회계 방식이라 하며 원가계산제도에 의거하여 물류활동에 소요된 비용만을 측정하는 방식으로, 비교적 정확한 물류비를 얻을 수 있다.
② 간이 기준: 재무회계 방식이라 하며 기업이 외부 이해관계자를 위해 매년 작성 보고하는 재무제표를 이용하여 물류부문에 관련된 비용만을 역으로 추적해 산출하는 것이다.

4. 물류비 분류체계 기출 24-1, 23-1, 18-3

분류	영역별	기능별	지급형태별 (자가·위탁별)	세목별	관리항목별	조업도별
비목 분류	• 조달물류비 • 생산물류비 • 판매물류비 • 역물류비-반품, 회수, 폐기	• 운송비 • 보관비 • 포장비 • 하역비 • 유통가공비 • 물류정보비	• 자가물류비 • 위탁물류비	• 재료비 • 노무비 • 경비 • 이자비용	• 조직별 • 제품별 • 지역별 • 고객별 • 운송수단별	• 고정물류비 • 변동물류비

5. 물류비 산정 절차 기출 19-2

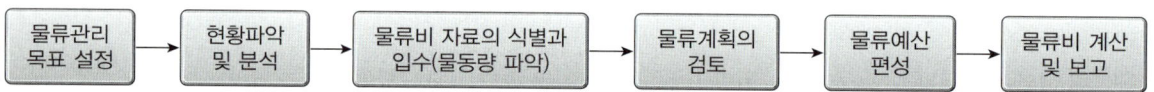

물류관리 목표 설정 → 현황파악 및 분석 → 물류비 자료의 식별과 입수(물동량 파악) → 물류계획의 검토 → 물류예산 편성 → 물류비 계산 및 보고

6. 물류원가와 물류채산성 분석 기출 24-2, 24-1, 22-3, 22-1

구분	물류원가 계산	물류채산 분석
목적	물류활동의 업적평가	물류활동에 관한 의사결정
대상	물류업무의 전반	특정의 개선안, 대체안
산정방식	항상 일정	상황에 따라 상이
계속성	반복적	임시적
사용원가	실제원가만 대상	특수원가도 대상

8 물류아웃소싱과 제3자물류

1. 물류아웃소싱의 개념

(1) 의의

아웃소싱은 자사의 핵심역량 분야에 인적·물적 자원을 집중시키고 핵심역량 이외의 분야는 전문업체에 위탁함으로써 기업의 경쟁력을 높이는 전략이다.

(2) 전략적 제휴

기업 네트워크를 통해 자사의 핵심역량을 공급업체의 핵심역량과 상호 연계하여 기업 전체의 시너지 효과를 극대화하려는 전략이다.

2. 물류아웃소싱의 장점 및 단점 기출 23-3, 22-2, 21-2, 18-3

장점	• 고정비용절감 및 환경 대응의 유연성 획득 가능 • 규모의 경제 효과를 향유(비용절감 및 서비스 수준 상승) • 분업의 원리를 통한 이득
단점	• 아웃소싱업체에 대한 통제력이 없어 리드타임 조절이 곤란 • 자사물류보다 컴플레인에 대한 대처가 미흡

3. 물류아웃소싱의 효과와 성공 요건

(1) 물류아웃소싱의 효과

① 주력 사업에 집중할 수 있으며 고객의 욕구변화에 빠르게 대응할 수 있게 된다.
② 물류공동화와 물류표준화가 가능하다.
③ 물류 시설 및 장비를 이중으로 투자하는 데 따르는 투자위험의 회피가 가능하다.
④ 기업의 경쟁우위 확보 및 사회적 비용의 절감과 국가경쟁력 강화에 기여할 수 있다.

(2) 물류아웃소싱의 성공요건 기출 21-1, 20-2, 19-1

① 물류아웃소싱은 기업전략과 일치해야 한다.
② 물류아웃소싱의 성공은 CEO의 관심과 지원이 필요하다.
③ 물류아웃소싱의 목표는 비용절감 및 고객만족에 있다.
④ 인원 감축에 대한 저항이 있으므로 적절한 인력관리전략으로 구성원들의 사기 저하를 방지해야 한다.

4. 제3자물류(3PL) 기출 21-3, 20-3, 18-1, 17-1

(1) 의의

제3자물류란 화주가 그와 대통령령으로 정하는 특수관계에 있지 아니한 물류기업에 물류활동의 일부 또는 전부를 위탁하는 것을 의미한다.

(2) 자가·위탁별 물류의 분류

제1자물류	자가물류 형태, 제조기업이 물류를 동시에 진행함
제2자물류	자회사물류, 우리나라 대기업의 물류형태 예) 현대글로비스
제3자물류	전문 물류기업에 위탁, 타회사 물동량 비중이 60%를 상회할 경우
제4자물류	제3자물류 + IT기술 + 글로벌 컨설팅 기능

> **짚고 넘어가기** **4PL(4 Party Logistics, 제4자물류)**
> 화주기업에게 포괄적인 공급사슬 솔루션을 제공하기 위해 물류서비스 제공기업이 자사의 부족한 부문을 보완할 수 있는 타사의 경영자원, 능력 및 기술과 연계하여 보다 완전한 공급사슬 솔루션을 제공하는 공급사슬 통합이라고 정의한다.

(3) **제3자물류의 기대효과** 기출 21-1, 19-1, 16-3

① 물류시설에 대한 고정비 감소로 규모의 경제효과를 얻을 수 있어 물류산업의 합리화 및 고도화를 실현한다.
② 물류비 절감과 동시에 물류서비스의 향상으로 제조기업의 경쟁력을 강화한다.
③ 정보공유에 의한 효율적인 업무개선
④ 공급사슬관리(SCM) 도입 및 확산을 촉진하는 매개역할을 한다.

(4) **제3자물류와 물류아웃소싱의 비교** 기출 21-3

구 분	제3자물류	물류아웃소싱
화주와의 관계	전략적 제휴, 계약 기반	수·발주 관계, 거래 기반
관계의 특징	협력적 관계	일시적 관계
서비스의 범위	종합 물류서비스 지향	수송, 보관 등 기능별 서비스 지향
정보 공유	필수적	불필요
도입결정 권한	최고 경영자	중간 관리자
관리 형태	통합관리형	분산관리형
운영 기간	중장기	단기, 일시

핵심 기출문제

PART 04 물류경영관리

01
21년 1회, 20년 2회

재고관리 관련 정량주문법과 정기주문법의 비교 설명으로 옳지 않은 것은?

구분	정량주문법	정기주문법
㉠ 표준화	표준 부품을 주문할 경우	전용 부품을 주문할 경우
㉡ 품목수	많아도 된다	적을수록 좋다
㉢ 주문량	고정되어야 좋다	변경가능하다
㉣ 주문 시기	일정하지 않다	일정하다
㉤ 구매금액	상대적으로 고가품에 사용	상대적으로 값싼 제품에 사용

① ㉠ ② ㉡
③ ㉢ ④ ㉣
⑤ ㉤

정량주문법(Q 시스템)은 현재의 재고량을 파악하여 재고 수준이 ROP에 도달하면 미리 일정량을 주문하는 시스템으로 상대적으로 가격이 낮은 B급 물품에 바람직하다.
정기주문법(P 시스템)은 재고량이 특정 수준을 유지하도록 적정량을 정기적으로 재주문하는 방법으로 상대적으로 고가이면서 구매금액이 큰 A급 물품에 적합하다.

정답 | ⑤

02
17년 3회

물류에 대한 내용으로 옳지 않은 것은?

① 수송비는 제품의 밀도, 가치, 부패가능성, 충격에의 민감도 등에 영향을 받는다.
② 선적되는 제품양이 많을수록 주어진 거리 내의 단위당 운송비는 낮아진다.
③ 수송거리는 운송비에 영향을 미치는 요인으로 수송거리가 길수록 단위거리당 수송비는 낮아진다.
④ 재고의 지리적 분산 정도가 낮기를 원하는 기업은 소수의 대형 배송센터를 건설하고 각 배송센터에서 취급되는 품목들의 수와 양을 확대할 것이다.
⑤ 수송비와 재고비는 비례관계이기 때문에 이들의 비용의 합을 고려한 비용을 최소화하며 고객서비스 향상을 충족하는 것은 중요하다.

물류비용(수송비, 재고비 등)의 절감과 고객서비스의 향상은 모두 물류관리의 목표로 강조되지만 두 목표는 상충관계(Trade-Off)에 있으므로 적절한 수준에서의 배합이 중요하다.

정답 | ⑤

03 20년 2회

물적 유통관리에 대한 설명으로 옳지 않은 것은?

① 상품을 적절한 시기에 맞추어 운반해야 하므로 어떤 운송수단을 이용하느냐가 비용과 상품의 상태, 기업의 이익에도 영향을 준다.
② 물적 유통관리를 합리화하게 되면 고객서비스 수준을 증가시킬 수 있다.
③ 인건비 상승 때문에 나타나는 인플레 환경하에서도 물적 유통관리를 통해 원가절감을 할 수 있다.
④ 소비자 욕구가 다양화됨에 따라, 보다 많은 종류의 상품을 재고로 보유하기 위한 경우 효율적인 물적 유통관리가 필요하다.
⑤ 상품의 운송이나 보관에는 하역 작업이 따르게 되는데, 물류비용 중 가장 큰 비율을 차지하는 활동이 하역이다.

물류비 중 가장 큰 비율을 차지하는 것은 운송이다.
물류비는 운송비 > 보관비 > 포장비 순으로 비용이 많이 발생한다.

정답 | ⑤

04 20년 3회

물류공동화의 효과로 가장 옳지 않은 것은?

① 운송물의 소량화
② 정보의 네트워크화
③ 차량 유동성 향상
④ 수·배송 효율 향상
⑤ 다빈도 소량배송에 의한 고객서비스 확대

물류공동화가 이루어지면 여러 화주의 화물을 혼재하여 운송하므로 운송물이 대량화되어 차량의 적재율은 향상된다.

정답 | ①

05 18년 1회

제3자물류(3PL)가 제공하는 혜택으로 옳지 않은 것은?

① 여러 기업들의 독자적인 물류 업무 수행으로 인한 중복 투자 등 사회적 낭비를 방지할 뿐만 아니라 수탁업체들의 경쟁을 통해 물류 효율을 향상시킬 수 있다.
② 유통 등 물류를 아웃소싱함으로써 리드타임의 증가와 비용의 절감을 통해 고객만족을 높여 기업의 가치를 높일 수 있다.
③ 기업들은 핵심부문에 집중하고 물류를 전문업체에 아웃소싱하여 규모의 경제 등 전문화 및 분업화 효과를 극대화할 수 있다.
④ 아웃소싱을 통해 제조·유통업체는 자본비용 및 인건비 등이 절감되고, 물류업체는 규모의 경제를 통해 화주기업의 비용을 절감해 준다.
⑤ 경쟁력 강화를 위해 IT 및 수송 등 전문업체의 네트워크를 활용하여 비용절감 및 고객서비스를 향상시킬 수 있다.

제3자물류(3PL)는 화주가 그와 대통령령으로 정하는 특수관계에 있지 아니한 물류기업에 물류활동의 일부 또는 전부를 위탁하는 것을 말한다. 제3자물류를 통해 물류를 아웃소싱하면 리드타임은 감소한다.

관련이론 | 제3자물류와 아웃소싱의 비교

구분	제3자물류	물류아웃소싱
화주와의 관계	전략적 제휴, 계약 기반	수·발주 관계, 거래 기반
관계의 특징	협력적 관계	일시적 관계
서비스의 범위	종합 물류서비스 지향	수송, 보관 등 기능별 서비스 지향
정보 공유	필수적	불필요
도입결정 권한	최고 경영자	중간 관리자
관리 형태	통합관리형	분산관리형
운영 기간	중장기	단기, 일시

정답 | ②

06
23년 1회

물류비를 분류하는 다양한 기준 중에서 지급형태별 물류비로만 옳게 나열된 것은?

① 조달물류비, 사내물류비, 역물류비
② 수송비, 보관비, 포장비
③ 자가 물류비, 위탁 물류비
④ 재료비, 노무비, 경비
⑤ 조업도별 물류비, 기타 물류비

「기업물류비산정지침」 제7조에 따라 지급형태별 물류비는 다음과 같이 분류한다.
- 자가물류비는 자사의 설비나 인력을 사용하여 물류활동을 수행함으로써 소비된 비용을 말하며, 다시 재료비, 노무비, 경비, 이자의 항목으로 구분한다.
- 위탁물류비는 물류활동의 일부 또는 전부를 타사에 위탁하여 수행함으로써 소비된 비용을 말하며, 물류자회사 지급분과 물류전문업체 지급분으로 구분한다.

정답 | ③

07
20년 3회

아래 글상자의 ㉠~㉡에 들어갈 용어로 옳은 것은?

- (㉠)란 물류활동의 범위 내에서 물류조업도의 증감과 관계없이 발생하거나 소비되는 비용이 일정한 물류비를 말한다.
- (㉡)란 생산된 완제품 또는 매입한 상품을 판매창고에서 보관하는 활동부터 고객에게 인도될 때까지의 물류비를 말한다.

① ㉠ 자가물류비   ㉡ 위탁물류비
② ㉠ 위탁물류비   ㉡ 자가물류비
③ ㉠ 물류고정비   ㉡ 판매물류비
④ ㉠ 물류변동비   ㉡ 사내물류비
⑤ ㉠ 사내물류비   ㉡ 판매물류비

국토교통부의 「기업물류비산정지침」에 따르면 물류조업도의 증감과 관계없이 발생하거나 소비되는 비용이 일정한 물류비는 물류고정비이다. 또한 생산된 완제품 또는 매입한 상품을 판매창고에서 보관하는 활동부터 고객에게 인도될 때까지의 물류비는 판매물류비이다.

정답 | ③

08
17년 2회

보관 효율화를 위한 기본원칙으로 옳지 않은 것은?

① 유사성의 원칙: 유사품을 인접하여 보관하는 원칙이다.
② 중량특성의 원칙: 물품의 중량에 따라 장소의 높고 낮음을 결정하는 원칙이다.
③ 명료성의 원칙: 시각적으로 보관물품을 용이하게 식별할 수 있도록 보관하는 원칙이다.
④ 통로대면 보관의 원칙: 보관할 물품을 입출고 빈도에 따라 장소를 달리하여 보관하는 원칙이다.
⑤ 위치표시의 원칙: 보관물품의 장소와 랙 번호 등을 표시함으로써 보관업무 효율화를 기하는 원칙이다.

④의 설명은 회전대응 보관의 원칙으로 입·출하 빈도에 따라 보관 장소를 결정한다는 원칙이다.
통로대면보관의 원칙은 창고 내에서 제품의 입고와 출고를 용이하게 하고 효율적으로 보관하기 위해 통로를 마주 보게 보관함으로써 창고 내의 흐름을 원활하게 하기 위한 원칙이다.

정답 | ④

09
20년 2회, 19년 1회

실제 소비자 주문의 변화 정도는 적은데 소매상과 도매상을 거쳐 상위단계인 제조업체에 전달되는 변화의 정도는 크게 증폭되는 효과를 설명하는 용어로 가장 옳은 것은?

① ABC효과
② 채찍효과
③ 베블렌효과
④ 바넘효과
⑤ 후광효과

문제는 채찍효과(Bull Whip effect)에 대한 설명이다.
채찍효과의 원인으로는 중복적인 수요예측, 일괄주문(Batch Order)에 의한 주문량의 변동 폭 증가, 결품에 대한 우려로 인한 가수요, 긴 리드타임 등을 들 수 있다.

선지분석
① ABC분석: 통계적 방법에 의해 관리대상을 A, B, C 그룹으로 나누고, 먼저 A그룹을 최중점 관리대상으로 선정하여 관리노력을 집중함으로써 관리효과를 높이려는 분석 방법
③ 베블렌효과: 가격이 오르는데도 일부 계층의 과시욕이나 허영심 등으로 인해 수요가 줄어들지 않는 현상
④ 바넘효과: 사람들이 보편적으로 가지고 있는 성격이나 심리적 특징을 자신만의 특성으로 여기는 심리적 경향
⑤ 후광효과: 어떤 대상이나 사람에 대한 일반적 견해가 그것의 구체적 특성을 평가하는 데 영향을 미치는 현상

정답 | ②

10
23년 1회

아래 글상자 괄호 안에 들어갈 보관 원칙 정의가 순서대로 바르게 나열된 것은?

> • 출입구가 동일한 경우 입출하 빈도가 높은 상품을 출입구에서 가까운 장소에 보관하는 것은 (㉠)의 원칙이다.
> • 표준품은 랙에 보관하고 비표준품은 특수한 보관기기 및 설비를 사용하여 보관하는 것은 (㉡)의 원칙이다.

① ㉠ 유사성, ㉡ 명료성
② ㉠ 위치표시, ㉡ 네트워크 보관
③ ㉠ 회전대응 보관, ㉡ 형상 특성
④ ㉠ 명료성, ㉡ 중량 특성
⑤ ㉠ 동일성, ㉡ 유사성

㉠ 회전대응 보관의 원칙은 회전률이 높은 상품 즉, 입출하 빈도가 높은 상품을 출입구에서 가까운 장소에 보관하는 것이 유리하다는 원칙이다.
㉡ 형상 특성의 원칙은 보관품의 형상이 박스나 파렛트형태 등 규격이 표준화된 경우 랙(rack)을 이용하고, 형상이 불규칙한 비표준품은 포대나 특수 용기를 이용하여 보관한다는 것이다.

정답 | ③

11
20년 2회

식스시그마의 실행 단계를 순서대로 나타낸 것으로 가장 옳은 것은?

① 정의 – 분석 – 개선 – 통제 – 측정
② 정의 – 측정 – 분석 – 개선 – 통제
③ 측정 – 분석 – 정의 – 통제 – 개선
④ 측정 – 정의 – 통제 – 분석 – 개선
⑤ 분석 – 정의 – 측정 – 통제 – 개선

식스시그마는 3.4PPM을 달성하기 위한 것으로, 통계적 사고로 문제를 해결하는 품질 개선 작업 과정을 DMAIC이라고 한다.
DMAIC은 정의(Define), 측정(Measurement), 분석(Analysis), 개선(Improvement), 통제(Control)의 5단계를 의미한다.

정답 | ②

12
20년 2회, 19년 1회, 16년 1회, 15년 1회

한 유통업체에서는 A상품을 연간 19,200개 정도 판매할 수 있을 것으로 예상하고 있다. A상품의 1회 주문비가 150원, 연간 재고유지비는 상품 당 16원이라고 할 때 경제적 주문량(EOQ)은?

① 600개
② 650개
③ 700개
④ 750개
⑤ 800개

$$EOQ = \sqrt{\frac{2 \times 연간수요량 \times 1회당 재고 주문비용}{1단위당 연간 재고 유지비용}} = \sqrt{\frac{2 \times 19{,}200 \times 150}{16}} = 600개$$

정답 | ①

13
20년 추가

주요 물류 운송수단의 상대적 특성에 대한 설명으로 가장 옳지 않은 것은?

① 해상운송은 원유, 광물과 같이 부패성이 없는 제품을 운송하는 데 유리하다.
② 철도운송은 부피가 크거나 많은 양의 화물을 운송하는 데 경제적이다.
③ 항공운송은 신속하지만 단위 거리 당 비용이 가장 높다.
④ 파이프라인운송은 석유나 화학물질을 생산지에서 시장으로 운반해주는 특수운송수단이다.
⑤ 육상운송은 전체 국내운송에서 차지하는 비율이 크지 않다.

전체 국내운송에서 차지하는 비율이 가장 큰 것은 육상운송이고 그 중에서 도로운송이 가장 큰 비중을 차지하고 있다.

관련이론 | 운송수단별 특징

항목	화물자동차	철도	해상	항공
화물량	소중량화물	대량화물	대량화물	소중량화물
운송거리	단·중거리	중·장거리	장거리	장거리
운송비용	비교적 고가	저렴	저렴	고가
운송속도	빠름	느림	매우 느림	매우 빠름
일관운송	용이함	다소 어려움	어려움	어려움
안전성	조금 낮음	높음	낮음	낮음

정답 | ⑤

14
18년 2회, 17년 3회

아래 글상자는 소매점의 경쟁력 강화를 위한 한 유통물류기법에 대해 설명하고 있다. 해당 유통물류기법으로 가장 옳은 것은?

> 고객이 원하는 시간과 장소에 필요한 제품을 공급하기 위한 물류정보시스템이다. 수입의류의 시장잠식에 대응하기 위해, 미국의 패션의류업계가 섬유업계, 직물업계, 의류제조업계, 의류소매업계 간의 제휴를 바탕으로 리드타임의 단축과 재고 감축을 목표로 개발·도입한 시스템이다.

① QR(Quick Response)
② SCM(Supply Chain Management)
③ JIT(Just-In-Time)
④ CRM(Customer Relationship Management)
⑤ ECR(Efficient Consumer Response)

미국의 청바지회사 GAP에서 재고관리를 위해 도입된 QR(Quick Response) 시스템에 대한 설명이다. QR은 의류업계에서 처음 도입한 SCM의 시초모델이다.

선지분석
② SCM(Supply Chain Management): 공급사슬관리
③ JIT(Just-In-Time): 적기공급생산
④ CRM(Customer Relationship Management): 고객관계관리
⑤ ECR(Efficient Consumer Response): 효율적으로 소비자에 대응하는 관련업체들의 공동전략

정답 | ①

15
23년 2회

단순 이동평균법을 이용하여 아래 표의 ( ) 안에 들어갈 판매예측치를 계산한 것으로 옳은 것은? (단, 이동평균 기간은 2개월로 함)

구분	1월	2월	3월	4월
판매량	17	19	21	( )

① 17
② 18
③ 19
④ 20
⑤ 23

최근 2개월치인 2월분과 3월분 판매량을 산술평균하면, $\frac{(19+21)}{2}=20$개

정답 | ④

16
19년 2회

다음 중 하역에 대한 내용으로 옳은 것은?

① 물류 과정에서 하역이 자체적으로 창출하는 효용은 없다.
② 생산품의 이동, 운반을 말하며, 제조공정 및 검사공정을 포함한다.
③ 사내하역(Material Handling)을 포함하나, 선적, 양하를 위한 항만하역은 포함하지 않는다.
④ 기계화, 자동화가 진행되면서 비생력화가 급속히 진행되고 있다.
⑤ 컨테이너에 물품을 넣는 것을 디배닝(Devanning), 빼는 것을 배닝(Vanning)이라고 한다.

선지분석
② 제조공정 및 검사공정은 하역에 포함되지 않는다.
③ 하역은 항만하역을 포함한다.
④ 기계화, 자동화로 생력화가 급속히 진행되고 있다.
⑤ 컨테이너에 물품을 넣는 것을 Vanning(적입), 빼는 것을 Devanning(적출)이라고 한다.

관련이론 | 하역(Material Handling)
물품 취급 활동인 물자를 싣고 내리기, 운반 및 적재, 제품을 창고 등에서 꺼내는 활동인 Picking 등을 말한다. 하역은 운송, 보관과 달리 자체적으로 창출하는 효용은 없다.

정답 | ①

17
18년 3회

아웃소싱을 제공받는 기업이 얻을 수 있는 효과로 가장 옳지 않은 것은?

① 아웃소싱 파트너 통제가 자회사 통제보다 용이하다.
② 아웃소싱 파트너의 혁신과 신기술 개발의 혜택을 얻을 수 있다.
③ 규모의 경제 효과를 기대할 수 있다.
④ 아웃소싱을 통하여 고정비를 변동비로 전환시킬 수 있다.
⑤ 분업의 원리를 이용하여 아웃소싱 파트너의 특화를 통해 이득을 얻을 수 있다.

아웃소싱 파트너에 대한 통제가 자회사에 대한 통제보다 어렵다.

정답 | ①

18
19년 1회

아래 글상자 내용 중 물류아웃소싱의 성공전략을 모두 고른 것은?

> ㉠ 물류아웃소싱 목적은 기업의 전략과 일치해야 한다.
> ㉡ 물류아웃소싱이 성공하려면 반드시 최고경영자의 관심과 지원이 필요하다.
> ㉢ 물류아웃소싱의 궁극적인 목표는 현재와 미래의 고객 만족에 있음을 잊지 말아야 한다.
> ㉣ 물류아웃소싱은 지출되는 물류비용을 정확히 파악하여, 비용절감 효과를 측정하도록 해주어야 한다.
> ㉤ 물류아웃소싱의 주요 장애요인 중 하나는 인원 감축 등에 대한 저항이므로 적절한 인력관리전략으로 조직구성원들의 사기 저하를 방지해야 한다.

① ㉠
② ㉠, ㉡
③ ㉠, ㉡, ㉢
④ ㉠, ㉡, ㉢, ㉣
⑤ ㉠, ㉡, ㉢, ㉣, ㉤

물류아웃소싱은 화주기업과 물류기업이 장기적인 계약에 기초하여 전략적 제휴를 맺고, 화주기업의 물류활동의 전부 또는 일부를 물류기업에 위탁하는 것으로 제3자물류(3PL)가 대표적이다. 제시된 내용 모두 물류아웃소싱의 성공을 위한 전략이다.

정답 | ⑤

19
17년 2회, 15년 2회

아래 글상자 안의 설명은 어느 것에 관한 것인가?

> 생산, 판매, 구매, 인사, 재무, 물류 등 기업업무 전반을 통합·관리하는 경영정보시스템으로 모든 정보가 실시간으로 데이터베이스화되고 각 부서가 이를 공유하게 된다.

① MIS(Management Information System)
② SCM(Supply Chain Management)
③ ERP(Enterprise Resource Planning)
④ MRP(Material Resource Planning)
⑤ BPR(Business Process Reengineering)

ERP는 기업의 모든 자원을 체계적으로 통합하여 운영하고 기업의 업무처리방식을 선진화시킴으로써 한정된 기업의 자원을 효율적으로 관리하여 생산성을 극대화하려는 기업 리엔지니어링 기법이다.

정답 | ③

20
19년 3회

다음 중 자재소요계획(MRP)에 대한 설명 중 옳지 않은 것은?

① 자재소요계획에서는 재고 수준이 낮더라도 제조상의 요구가 없는 경우에는 재고를 보충하지 않는다.
② 경제적 주문량과 주문점 산정을 기초로 하는 전통적인 재고 통제 기법의 약점을 보완하기 위해 개발된 것이다.
③ 재고자산이 독립수요(Independent Demand)의 성격을 지닌 점을 많이 이용하고 있다.
④ 자재소요계획(MRP)을 활용함으로써 작업장에 안전하고 정확하게 작업을 부과할 수 있다.
⑤ 관리시스템은 계획대로 추진하는 Push 시스템이다.

자재소요계획에서는 재고 수준이 낮은 경우 제조상의 요구가 없더라도 재고의 보충이 이루어진다.

정답 | ①

21
22년 1회, 19년 1회

다음 사례에서 적용된 기법이 다른 하나는?

① 유통업체의 판매, 재고데이터가 제조업체로 전달되면 제조업체가 유통업체의 물류센터로 제품을 배송
② 전자기기의 모듈을 공장에서 생산한 뒤 선박으로 미국이나 유럽으로 보내고 현지에서 각국의 니즈에 맞게 조립
③ 기본적인 형태의 프린터를 생산한 후 해외주문이 오면 그 나라 언어가 기재된 외관을 조립하여 완성
④ 페인트 공장에서 페인트를 만드는 대신에 페인트 가게에서 고객의 요청에 맞게 페인트와 안료비율을 결정하여 최종 페인트로 완성
⑤ 고객들이 청바지 매장에서 신체치수를 맞춰놓고 가면, 일반 형태의 청바지를 고객치수에 맞게 바느질만 완성하여 제품을 완성시킴

①은 판매시점관리시스템(POS)에 대한 설명이며, 나머지 지문은 지연전략(postponement strategy)에 대한 내용이다.
지연전략이란 소비자 근처에서 기본적인 모듈상태로 재고를 가지고 있다가 소비자의 개별적인 최종 주문에 따라 맞춤형으로 제조하는 것을 말한다.

정답 | ①

PART 05 유통기업의 윤리와 법규

CHAPTER 01 기업윤리의 기본개념

1 기업윤리의 이해 기출 22-2, 21-1

(1) 기업윤리의 의의

기업경영 상황에서 나타나는 행동이나 태도의 옳고 그름을 구분하는 판단기준으로 지속가능경영의 본질적인 요소이다.

(2) 기업윤리의 중요성

① 기업윤리는 기업을 지속시키는 원동력으로 기업이 사회 속에서 계속기업으로 건전성을 지속시키는 기초를 제공한다.
② 기업은 이윤극대화를 추구하는 경제적 조직체이나, 점차 이해관계자가 확대되고 기업의 사회적 책임이 대두되면서 기업이 윤리적인 사회적 책임을 다하는 경영이 중요해졌다.
③ 기업윤리는 기업의 건전한 경쟁력을 강화시키는 전략적 요소로써 환경기업, 사회적 기여, 투명한 기업지배구조 구축을 통해 지속가능경영의 토대가 되고 있다.
④ 기업의 사회적 책임에는 경제적, 법적, 윤리적, 자선적 책임뿐만 아니라 이익을 사회에 공유, 환원하는 것도 포함된다.

(3) 기업이 이해관계자들에게 지켜야 할 윤리 기출 24-2, 23-3, 23-1, 19-3, 18-3, 18-2

주주에 대한 윤리	투명한 경영, 자금횡령, 부당한 배당금지, 내부자거래, 분식회계
종업원에 대한 윤리	성차별대우, 부당노동 강요행위 금지, 프라이버시 침해
경쟁사에 대한 윤리	부당한 인력 유출, 기술노하우 유출 행위 금지
지역사회에 대한 윤리	공해발생과 오염물질 배출금지, 분식회계금지
거래처에 대한 윤리	부당한 반품, 리베이트 요구 금지
고객에 대한 윤리	허위 과대 · 과장 광고, 유해상품, 가짜상표

2 기업의 도덕적 해이 및 사회적 책임

1. 주인-대리인 문제(Principal-Agent Theory) 기출 22-1, 20-추가

(1) 의의

기업의 주인인 주주와 수탁자인 전문경영자 간의 관계에 있어 대리인이 정보의 비대칭을 이용하여 개인적인 이익 또는 단기적인 결과에만 집착한 결과 기업 전체에 손실을 입히는 현상을 의미한다.

(2) 문제의 발생 원인 기출 20-2

① 주주가 보유하지 못한 정보를 대리인이 보유(정보비대칭 현상)
② 경영성과에 대한 미비한 보상체계
③ 소유와 경영의 분리로 인한 불완전한 감시체계

(3) 문제 방지 및 해결을 위해 발생하는 비용
① 모니터링 비용(감시비용): 주주 측면에서 경영자를 감시함에 따라 발생하는 비용
② 확증비용: 전문경영인이 주주의 이해에 반하는 행동을 하지 않고 있음을 증명하는 과정에서 발생하는 비용
③ 잔여손실: 감시비용과 확증비용의 지출에도 불구하고 대리인의 의사결정이 주주의 최적 의사결정과 일치하지 않아 발생하는 주주의 재산적 손실

(4) 해결방안
① 전문경영인을 감시하기 위한 사외이사제도 도입
② 전문경영인에게 성과달성에 따라 동기를 부여하는 스톡옵션제도 도입

> **보충학습**
> **스톡옵션제도**: 기업이 임직원에게 일정수량의 자사의 주식을 일정한 가격으로 매수할 수 있는 권리를 부여하는 제도

2. 기업의 사회적 책임(CSR: Corporate Social Responsibility) 기출 24-1

(1) 개념
기업이 성장뿐만 아니라 환경과 사회적, 윤리적 문제에 대해 균형을 갖지 못하면 결코 영속성(지속가능경영)을 갖출 수 없다는 의미로 CSR 개념이 등장하였다.

(2) 사회적 책임의 대두 배경
① 친환경 문제에 따른 기업의 책임 증가 및 지속가능경영 문제의 대두
② 시장기능의 실패 및 규모의 경제 추구로 인한 독과점기업의 등장
③ 기업집중으로 인한 비윤리적 기업경영 및 구성원과의 권력불균형
④ 주주 이외의 많은 이해관계자 발생에 따른 이해조정의 필요성 증가

> **보충학습**
> **기업집중**: 개별 기업이 서로 불필요한 경쟁을 배제하고 독점적·경영적 이익 등을 얻기 위해 다른 기업과 행하는 다양하고 복합적인 기업결합

(3) 기업의 사회적 책임의 4단계 기출 19-1
① 1단계(경제적 책임): 기업의 제1책임으로 주주의 이윤극대화, 고용창출, 사회구성원에 필요한 재화와 서비스의 공급
② 2단계(법적인 책임): 회계의 투명성, 성실한 세금납부, 소비자의 권익보호
③ 3단계(윤리적 책임): 환경·윤리경영, 제품안전, 여성·현지인·소수인종에 대한 공정한 대우
④ 4단계(자선적인 책임): 사회공헌활동, 자선·교육·문화·체육활동 등에 대한 기업의 지원

> **짚고 넘어가기** 사회적 책임의 국제표준(ISO 26000)
> • 국제표준화기구(ISO)가 제정한 기업의 사회적 책임(CSR)에 대한 국제표준
> • 환경, 인권, 노동, 지배구조, 공정한 업무 관행, 소비자 이슈, 지역사회 참여 등 7개 분야에서 가이드라인을 제시

3 정의와 공평성

1. 정의론의 의의
정의론은 기업활동에서 의사결정을 하는 데 있어서 사회적 정의의 원칙이 기준이 되어야 한다는 것으로, 정의는 다른 사람을 평등하고 공정하게 대하는 것을 의미한다.

2. 아담스의 정의(공정성)의 유형 〈기출〉 22-1

(1) 분배적 정의
분배적 정의 또는 분배공정성은 거래관계의 결과에 대한 평가에서 비롯된다. 동일한 일을 하고도 동료보다 적은 보상을 받는다고 생각할 때 분배 공정성의 문제가 발생한다.

(2) 절차적 정의
절차적 정의 또는 절차공정성은 결과를 내는 과정 및 절차에서 비롯되는 문제이다. 감독자와 접촉을 가지고 응집력을 지각하고 있는지에 대한 여부가 절차 공정성과 관련이 있다.

(3) 상호작용 정의
상호작용 정의는 정확한 정보를 가지고 개인이 기업 조직과 관계를 갖도록 하며 의사소통에 있어서 공정성을 가지는 것을 의미한다.

CHAPTER 02 유통관련법규

1 유통산업발전법

1. 유통산업발전법의 목적

(1) 유통산업발전법의 의의
① 유통산업의 효율적인 진흥과 균형 있는 발전을 꾀하고, 건전한 상거래질서를 세움으로써 소비자를 보호하고 국민경제의 발전에 이바지함을 목적으로 한다.
② 산업통상자원부장관은 유통산업의 발전을 위해 유통산업 발전의 기본방향 등이 포함된「유통산업발전 기본계획」을 5년마다 세우고, 기본계획에 따라 매년 시행계획을 세워야 한다.

(2) 용어의 정의
① 유통산업 〈기출〉 21-2
농산물·임산물·축산물·수산물(가공 및 조리물을 포함) 및 공산품의 도매·소매 및 이를 경영하기 위한 보관·배송·포장과 이와 관련된 정보·용역의 제공 등을 목적으로 하는 산업을 의미한다.
② 대규모점포
다음의 요건을 모두 갖춘 매장을 보유한 점포의 집단으로서 대통령령이 정하는 것을 말한다.
  ㉠ 하나 또는 대통령령이 정하는 둘 이상의 연접되어 있는 건물 안에 하나 또는 여러 개로 나누어 설치되는 매장일 것
  ㉡ 상시 운영되는 매장일 것
  ㉢ 매장면적의 합계가 3,000제곱미터 이상일 것
③ 임시시장 〈기출〉 23-2
다수의 수요자와 공급자가 일정한 기간 동안 상품을 매매하거나 용역을 제공하는 일정한 장소를 말한다.
④ 체인사업 〈기출〉 22-2
같은 업종의 여러 소매점포를 직영하거나 같은 업종의 여러 소매점포에 대하여 계속적으로 경영을 지도하고 상품·원재료 또는 용역을 공급하는 사업으로서 대통령령이 정하는 것을 말한다.
⑤ 상점가 〈기출〉 23-2
일정 범위 안의 가로 또는 지하도에 대통령령이 정하는 수 이상의 도매·소매점포 또는 용역점포가 밀집하여 있는 지구를 말한다.

2. 유통산업발전법의 주요 내용

(1) 주요 내용
① 대규모점포를 개설하거나 전통상업보존구역에 준대규모점포를 개설하려는 자는 영업을 시작하기 전에 산업통상자원부령으로 정하는 바에 따라 상권영향평가서 및 지역협력계획서를 첨부하여 특별자치시장·시장·군수·구청장에게 등록하여야 한다.
② 산업통상자원부장관은 유통표준코드의 보급에 관한 사항 등이 포함된 유통정보화시책을 세워 시행해야 한다.
③ 산업통상자원부장관은 물류공동화를 촉진하기 위해 시·도지사의 추천을 받아 공동집배송센터로 지정할 수 있다.
④ 유통에 관한 분쟁을 조정하기 위해 시·도 및 시·군·구에 각각 유통분쟁조정위원회를 둔다.

(2) 대규모점포 등에 대한 영업시간의 제한
① 특별자치시장·시장·군수·구청장은 건전한 유통질서 확립, 근로자의 건강권 및 대규모점포 등과 중소유통업의 상생 발전을 위하여 필요하다고 인정하는 경우 대형마트와 준대규모점포에 대하여 영업시간 제한을 명하거나 의무 휴업일을 지정하여 의무휴업을 명할 수 있다. 다만, 연간 총매출액 중 「농수산물 유통 및 가격안정에 관한 법률」에 따른 농수산물의 매출액 비중이 55% 이상인 대규모점포 등으로서 해당 지방자치단체의 조례로 정하는 대규모점포 등에 대하여는 그러하지 아니하다.
② 특별자치시장·시장·군수·구청장은 오전 0시 ~ 오전 10시까지의 범위에서 영업시간을 제한할 수 있다.
③ 특별자치시장·시장·군수·구청장은 매월 이틀을 의무휴업일로 지정하여야 한다. 이 경우 의무휴업일은 공휴일 중에서 지정하되, 이해당사자와 합의를 거쳐 공휴일이 아닌 날을 의무휴업일로 지정할 수 있다.
④ 영업시간 제한 및 의무휴업일 지정에 필요한 사항은 해당 지방자치단체의 조례로 정한다.

(3) 유통관리사의 직무 기출 18-1
① 유통경영·관리기법의 향상
② 유통경영·관리와 관련한 계획·조사·연구
③ 유통경영·관리와 관련한 진단·평가
④ 유통경영·관리와 관련한 상담·자문
⑤ 그 밖에 유통경영·관리에 필요한 사항

2 전자문서 및 전자거래기본법

1. 전자문서 및 전자거래기본법의 의의
전자문서 및 전자거래의 법률관계를 명확히 하고 전자문서 및 전자거래의 안전성과 신뢰성을 확보하며 그 이용을 촉진할 수 있는 기반을 조성함으로써 국민경제의 발전에 이바지할 것을 목적으로 1999년에 제정되었고, 2012년 전면 개정되었다.

2. 전자문서 및 전자거래기본법의 주요 내용

(1) 전자문서
① 전자문서는 다른 법률에 특별한 규정이 있는 경우를 제외하고는 전자적 형태로 되어 있다는 이유로 문서로서의 효력이 부인되지 않는다.
② 전자문서는 작성자 또는 그 대리인이 해당 전자문서를 송신할 수 있는 정보처리시스템에 입력한 후 해당 전자문서를 수신할 수 있는 정보처리시스템으로 전송한 때 송신된 것으로 본다.
③ 작성자가 전자문서를 송신하면서 명시적으로 수신 확인을 요구하였으나 상당한 기간 내에 수신 확인 통지를 받지 못하였을 때에는 작성자는 그 전자문서의 송신을 철회할 수 있다.

(2) 전자거래의 안전성 확보 및 소비자보호

① 정부는 전자거래의 안전성과 신뢰성을 확보하기 위하여 전자거래이용자의 개인정보와 영업비밀을 보호하기 위한 시책을 수립·시행하여야 한다.
② 전자거래사업자는 전자거래의 안전성과 신뢰성을 확보하기 위하여 암호제품을 사용할 수 있다.
③ 정부는 전자거래와 관련되는 소비자의 기본 권익을 보호하고 전자거래에 관한 소비자의 신뢰성을 확보하기 위한 시책을 수립·시행하여야 한다.

(3) 전자거래사업자의 일반적 준수사항 〔기출〕 19-3

① 상호(법인인 경우 대표자 성명 포함)와 그 밖에 자신에 관한 정보와 재화, 용역, 계약조건 등에 관한 정확한 정보제공
② 소비자가 쉽게 접근·인지할 수 있도록 약관의 제공 및 보존
③ 소비자가 자신의 주문을 취소 또는 변경할 수 있는 절차 마련
④ 청약의 철회, 계약의 해제 또는 해지, 교환, 반품 및 대금 환급 등을 쉽게 할 수 있는 절차 마련
⑤ 소비자의 불만과 요구사항을 신속하고 공정하게 처리하기 위한 절차 마련
⑥ 거래의 증명 등에 필요한 거래기록의 일정기간 보존

3 소비자기본법

1. 소비자기본법의 의의

(1) 소비자기본법의 의의

① 소비자의 권익을 증진하기 위하여 소비자의 권리와 책무, 자유시장 경제에서 소비자와 사업자 사이의 관계를 규정함과 아울러 소비자정책의 종합적 추진을 위한 기본적인 사항을 규정한 법률이다.
② 국가의 위해방지 기준설정(「소비자기본법」 제8조) 〔기출〕 22-2
'국가'는 사업자가 소비자에게 제공하는 물품등으로 인한 소비자의 생명·신체 또는 재산에 대한 위해를 방지하기 위하여 물품등의 성분·함량·구조 등 안전에 관한 중요한 사항, 물품등을 사용할 때의 지시사항이나 경고 등 표시할 내용과 방법, 그 밖에 위해방지를 위하여 필요하다고 인정되는 사항에 관하여 사업자가 지켜야 할 기준을 정하여야 한다.

(2) 소비자기본법의 주요 내용

① 소비자는 자유시장 경제를 구성하는 주체임을 인식하여 소비자의 기본적 권리를 정당하게 행사하여야 하며, 스스로의 권익을 증진하기 위하여 필요한 지식과 정보를 습득하도록 노력하여야 한다. 또한 자주적이고 합리적인 행동과 자원절약적이고 환경친화적인 소비생활을 함으로써 소비생활의 향상과 국민경제의 발전에 적극적인 역할을 다하여야 한다.
② 국가 및 지방자치단체는 소비자의 기본적 권리가 실현되도록 하기 위하여 관계 법령의 제정, 필요한 행정조직의 정비 및 운영 개선, 필요한 시책의 수립 및 실시, 소비자의 건전하고 자주적인 조직활동의 지원·육성 등의 책무를 진다.
③ 공정거래위원회는 소비자정책위원회의 심의·의결을 거쳐 소비자정책에 관한 기본계획을 3년마다 수립하여야 한다.
④ 소비자단체는 국가 및 지방자치단체의 소비자의 권익과 관련된 시책에 대한 건의, 소비자의 교육, 소비자의 불만 및 피해를 처리하기 위한 상담·정보제공 및 당사자 사이의 합의의 권고 등의 업무를 행한다.
⑤ 소비자권익 증진시책의 효과적인 추진을 위하여 한국소비자원이라는 법인을 설립한다(「소비자기본법」 제33조). 소비자는 물품 등의 사용으로 인한 피해의 구제를 한국소비자원에 신청할 수 있다.

⑥ 소비자와 사업자 사이에 발생한 분쟁을 조정하기 위하여 한국소비자원에 소비자분쟁조정위원회를 두며, 조정위원회는 분쟁조정을 신청받은 때에는 그 신청을 받은 날부터 30일 이내에 그 분쟁조정을 마쳐야 한다. 기출 18-2

⑦ 소비자 단체가 소비자의 권익을 침해하는 사업자의 위법 행위에 대하여 법원에 금지·중지를 청구하는 소비자단체소송을 도입하고 있다.

2. 소비자의 기본적 권리와 책무

(1) 소비자의 기본적 권리(법 제4조) 기출 22-3
① 물품 또는 용역으로 인한 생명·신체 또는 재산에 대한 위해로부터 보호받을 권리
② 물품 등을 선택함에 있어서 필요한 지식 및 정보를 제공받을 권리
③ 물품 등을 사용함에 있어서 거래상대방·구입 장소·가격 및 거래 조건 등을 자유로이 선택할 권리
④ 소비생활에 영향을 주는 국가 및 지방자치단체의 정책과 사업자의 사업활동 등에 대하여 의견을 반영시킬 권리
⑤ 물품 등의 사용으로 인하여 입은 피해에 대하여 신속·공정한 절차에 따라 적절한 보상을 받을 권리
⑥ 합리적인 소비생활을 위하여 필요한 교육을 받을 권리
⑦ 소비자 스스로의 권익을 증진하기 위하여 단체를 조직하고 이를 통해 활동할 수 있는 권리
⑧ 안전하고 쾌적한 소비생활 환경에서 소비할 권리

(2) 한국소비자원의 업무(법 제35조)
① 소비자의 권익과 관련된 제도와 정책의 연구 및 건의
② 소비자의 권익증진을 위하여 필요한 경우 물품 등의 규격·품질·안정성·환경성에 관한 시험·검사 및 가격 등을 포함한 거래 조건이나 거래 방법에 대한 조사·분석
③ 소비자의 권익증진·안전 및 소비생활의 향상을 위한 정보의 수집·제공 및 국제협력
④ 소비자의 권익증진·안전 및 능력개발과 관련된 교육·홍보 및 방송 사업
⑤ 소비자의 불만처리 및 피해구제
⑥ 소비자의 권익증진 및 소비생활의 합리화를 위한 종합적인 조사·연구
⑦ 국가 또는 지방자치단체가 소비자의 권익 증진과 관련하여 의뢰한 조사 등의 업무
⑧ 「독점규제 및 공정거래에 관한 법률」에 따라 공정거래위원회로부터 위탁받은 동의의결의 이행관리
⑨ 그 밖에 소비자의 권익증진 및 안전에 관한 업무

3. 표시의 기준과 광고의 기준

(1) 표시의 기준(법 제10조)
국가는 소비자가 사업자와의 거래에 있어서 표시나 포장 등으로 인하여 물품등을 잘못 선택하거나 사용하지 아니하도록 물품 등에 대하여 다음 사항에 관한 표시기준을 정하여야 한다.

> 1. 상품명·용도·성분·재질·성능·규격·가격·용량·허가번호 및 용역의 내용
> 2. 물품등을 제조·수입 또는 판매하거나 제공한 사업자의 명칭 및 물품의 원산지
> 3. 사용방법, 사용·보관할 때의 주의사항 및 경고사항
> 4. 제조연월일, 부품보유기간, 품질보증기간 또는 식품이나 의약품 등 유통과정에서 변질되기 쉬운 물품은 그 유효기간
> 5. 표시의 크기·위치 및 방법
> 6. 물품 등에 따른 불만이나 소비자피해가 있는 경우의 처리기구 및 처리방법
> 7. 「장애인차별금지 및 권리구제 등에 관한 법률」에 따른 시각장애인을 위한 표시방법

(2) **광고의 기준(제11조)**

국가는 물품 등의 잘못된 소비 또는 과다한 소비로 인하여 발생할 수 있는 소비자의 생명·신체 또는 재산에 대한 위해를 방지하기 위하여 다음의 어느 하나에 해당하는 경우에는 광고의 내용 및 방법에 관한 기준을 정하여야 한다.

4. 소비자권익 증진시책에 대한 협력 및 사업자의 책무

(1) **소비자권익 증진시책에 대한 협력(법 18조)**
① 사업자는 국가 및 지방자치단체의 소비자권익 증진시책에 적극 협력하여야 한다.
② 사업자는 소비자단체 및 한국소비자원의 소비자 권익증진과 관련된 업무의 추진에 필요한 자료 및 정보제공 요청에 적극 협력하여야 한다.
③ 사업자는 안전하고 쾌적한 소비생활 환경을 조성하기 위하여 물품등을 제공함에 있어서 환경친화적인 기술의 개발과 자원의 재활용을 위하여 노력하여야 한다.
④ 사업자는 소비자의 생명·신체 또는 재산 보호를 위한 국가·지방자치단체 및 한국소비자원의 조사 및 위해방지 조치에 적극 협력하여야 한다.

(2) **사업자의 책무(법 제19조)**
① 사업자는 물품 등으로 인하여 소비자에게 생명·신체 또는 재산에 대한 위해가 발생하지 아니하도록 필요한 조치를 강구하여야 한다.
② 사업자는 물품 등을 공급함에 있어서 소비자의 합리적인 선택이나 이익을 침해할 우려가 있는 거래조건이나 거래방법을 사용하여서는 아니 된다.
③ 사업자는 소비자에게 물품 등에 대한 정보를 성실하고 정확하게 제공하여야 한다.
④ 사업자는 소비자의 개인정보가 분실·도난·누출·변조 또는 훼손되지 아니하도록 그 개인정보를 성실하게 취급하여야 한다.
⑤ 사업자는 물품 등의 하자로 인한 소비자의 불만이나 피해를 해결하거나 보상하여야 하며, 채무불이행 등으로 인한 소비자의 손해를 배상하여야 한다.

5. 소비자의 권익증진 관련 기준의 준수(법 제20조)
① 사업자는 국가가 정한 기준에 위반되는 물품 등을 제조·수입·판매하거나 제공하여서는 아니 된다.
② 사업자는 국가가 정한 표시기준을 위반하여서는 아니 된다.
③ 사업자는 국가가 정한 광고기준을 위반하여서는 아니 된다.
④ 사업자는 국가가 지정·고시한 행위를 하여서는 아니 된다.
⑤ 사업자는 국가가 정한 개인정보의 보호기준을 위반하여서는 아니 된다.

6. 소비자중심경영의 인증(제20조의2)
㉠ 공정거래위원회는 물품의 제조·수입·판매 또는 용역의 제공의 모든 과정이 "소비자중심경영"을 하는 사업자에 대하여 "소비자중심경영인증"을 할 수 있다.
㉡ 소비자중심경영인증을 받으려는 사업자는 대통령령으로 정하는 바에 따라 공정거래위원회에 신청하여야 한다.
㉢ 소비자중심경영인증을 받은 사업자는 대통령령으로 정하는 바에 따라 그 인증의 표시를 할 수 있다.
㉣ 소비자중심경영인증의 유효기간은 그 인증을 받은 날부터 2년으로 한다.
㉤ 공정거래위원회는 소비자중심경영을 활성화하기 위하여 대통령령으로 정하는 바에 따라 소비자중심경영인증을 받은 기업에 대하여 포상 또는 지원 등을 할 수 있다.

핵심 기출문제

PART 05 유통기업의 윤리와 법규

01   21년 1회

유통기업은 각종 전략 이외에도 윤리적인 부분을 고려해야 하는데, 이러한 윤리와 관련된 설명으로 가장 옳지 않은 것은?

① 윤리적인 것은 나라마다, 산업마다 다를 수 있다.
② 윤리는 개인과 회사의 행동을 지배하는 원칙이라 할 수 있다.
③ 회사의 윤리 강령이라도 옳고 그름을 살펴서 판단해야 한다.
④ 윤리는 법과 달리 처벌시스템이 존재하지 않으므로 간과해도 문제가 되지 않는다.
⑤ 윤리적인 원칙은 시간의 흐름에 따라 변할 수도 있다.

윤리는 법률보다 더 상위의 개념으로, 처벌시스템이 존재하지 않는다고 해서 유통기업이 윤리를 간과하면 고객이 외면하여 시장에서 외면받거나 지속가능경영이 불가능하다.

정답 | ④

02   18년 2회

기업이 고려해야 할 사회적 책임은 그 대상에 따라 기업의 유지, 발전에 대한 책임과 이해관계자에 대한 책임으로 나눌 수 있다. 이해관계자에 대한 책임에 해당되지 않는 것은?

① 주주에 대한 책임
② 종업원에 대한 책임
③ 경쟁사에 대한 책임
④ 소비자에 대한 책임
⑤ 정부에 대한 책임

CSR에 있어 경쟁사는 이해관계자에 포함되지 않는다.

관련이론 | 기업의 사회적 책임
기업의 사회적 책임(CSR)은 크게 4가지 책임이 있으며, 기업의 유지·발전에 대한 책임, 이해조정의 책임(주주, 소비자, 종업원, 정부 등), 사회발전에 대한 책임으로 구분할 수 있다.

정답 | ③

03   19년 3회

최고 경영자가 사원에 대해 지켜야 하는 기업 윤리에 해당하는 것을 모두 고르면?

㉠ 차별 대우 금지	㉡ 회사 기밀 유출 금지
㉢ 부당한 반품 금지	㉣ 위험한 노동 강요 금지
㉤ 허위 광고 금지	㉥ 자금 횡령 금지

① ㉠, ㉡, ㉥
② ㉡, ㉥
③ ㉠, ㉣
④ ㉠, ㉡, ㉣, ㉥
⑤ ㉢, ㉤

최고 경영자가 사원에 대해 지켜야 할 윤리에 해당하는 것은 차별 대우 금지와 위험한 노동 강요 금지이다.
• 사원이 지켜야할 의무: 회사기밀 유출 금지, 자금 횡령 금지
• 소비자에 대하여 지켜야 할 윤리: 허위 광고 금지
• 소비자가 지켜야 할 윤리: 부당한 반품 금지

정답 | ③

04   23년 2회

기업윤리의 중요성을 강조하기 위해 취할 수 있는 방법으로 가장 옳지 않은 것은?

① 기업윤리와 관련된 헌장이나 강령을 만들어 발표한다.
② 기업윤리가 기업의 모든 의사결정 프로세스에 반영될 수 있게 모니터링한다.
③ 윤리경영의 지표로는 정성적인 지표가 아닌 계량적인 지표를 활용한다.
④ 조직 내의 문제점을 제기할 수 있는 제도를 활성화한다.
⑤ 윤리기준을 적용한 감사 결과를 조직원과 공유한다.

윤리경영의 지표로는 정성적 지표뿐만 아니라 정량적인 지표까지 모두 활용하여 평가의 신뢰성을 확보한다.

정답 | ③

05
19년 3회

전자문서 및 전자거래기본법에서 정한 전자거래사업자의 일반적 준수사항으로 옳지 않은 것은?

① 소비자가 자신의 주문을 취소 또는 변경할 수 있는 절차의 마련
② 소비자의 불만과 요구사항을 신속하고 공정하게 처리하기 위한 절차의 마련
③ 거래의 증명 등에 필요한 거래기록의 일정 기간 보존
④ 소비자가 쉽게 접근할 수 있는 물리적 공간의 마련
⑤ 상호(법인인 경우 대표자의 성명 포함)와 그 밖에 자신에 관한 정보와 재화, 용역, 계약조건 등에 관한 정확한 정보의 제공

전자거래는 기본적으로 인터넷 상에서 이루어지기 때문에 사업자가 소비자가 접근할 수 있는 물리적 공간까지 반드시 마련해야 하는 것은 아니다.

관련이론 | 전자거래사업자의 일반적 준수사항
- 상호(법인인 경우 대표자 성명을 포함)와 그 밖에 자신에 관한 정보와 재화, 용역, 계약조건 등에 관한 정확한 정보제공
- 소비자가 쉽게 접근·인지할 수 있도록 약관의 제공 및 보존
- 소비자가 자신의 주문을 취소 또는 변경할 수 있는 절차 마련
- 청약의 철회, 계약의 해제 또는 해지, 교환, 반품 및 대금 환급 등을 쉽게 할 수 있는 절차 마련
- 소비자의 불만과 요구사항을 신속하고 공정하게 처리하기 위한 절차 마련
- 일정 기간 동안 거래의 증명 등에 필요한 거래 기록 보존

정답 | ④

06
18년 1회, 16년 1회

동일업종의 소매점들이 중소기업협동조합을 설립하여 공동구매, 공동판매, 공동시설활용 등 공동사업을 수행하는 체인사업은 무엇인가?

① 조합형 체인사업
② 임의가맹점형 체인사업
③ 프랜차이즈형 체인사업
④ 직영점형 체인사업
⑤ 자발적 체인(Voluntary chain)사업

문제에서 묻고 있는 체인사업의 형태는 조합형 체인사업이다.

관련이론 | 체인사업의 유형(「유통산업발전법」 제2조 6호)
체인사업이란 같은 업종의 여러 소매점포를 직영(자기가 소유하거나 임차한 매장에서 자기의 책임과 계산하에 직접 매장을 운영하는 것을 말한다)하거나 같은 업종의 여러 소매점포에 대하여 계속적으로 경영을 지도하고 상품·원재료 또는 용역을 공급하는 사업을 말한다.

유형	정의
직영점형	체인본부가 주로 소매점포를 직영하되, 가맹계약을 체결한 일부 소매점포에 대하여 상품의 공급 및 경영지도를 계속하는 형태의 체인사업
프랜차이즈형	독자적인 상품 또는 판매·경영기법을 개발한 체인본부가 상호·판매방법·매장운영 및 광고 방법 등을 결정하고 가맹점으로 하여금 그 결정과 지도에 따라 운영하도록 하는 형태의 체인사업
임의가맹점형	체인본부의 계속적인 경영지도 및 체인본부와 가맹점 간 협업에 의하여 가맹점의 취급품목·영업 방식 등의 표준화사업과 공동구매·공동판매·공동시설활용 등 공동사업을 수행하는 형태의 체인사업
조합형	동일업종의 소매점들이 중소기업협동조합법 제3조의 규정에 의한 중소기업협동조합을 설립하여 공동구매·공동판매·공동시설활용 등 사업을 수행하는 형태의 체인사업

정답 | ①

07
18년 1회, 16년 3회

유통산업발전법상 규정된 유통관리사의 직무에 해당하지 않는 것은?

① 유통경영·관리기법의 향상
② 유통경영·관리와 관련한 계획·조사·연구
③ 유통경영·관리와 관련한 허가·승인
④ 유통경영·관리와 관련한 진단·평가
⑤ 유통경영·관리와 관련한 상담·자문

「유통산업발전법」 제24조(유통관리사) 유통관리사는 다음의 직무를 수행한다.
- 유통경영·관리기법의 향상
- 유통경영·관리와 관련한 계획·조사·연구
- 유통경영·관리와 관련한 진단·평가
- 유통경영·관리와 관련한 상담·자문
- 그 밖에 유통경영·관리에 필요한 사항

정답 | ③

08

기업의 사회적 책임이 요구되는 이유로 가장 옳지 않은 것은?

① 시장실패를 가져오는 원인 중 하나인 시장의 완전경쟁성
② 기업의 경제활동으로 인해 발생하는 외부불경제효과
③ 정보통신기술과 산업고도화 등과 같은 환경요인 간의 상호작용
④ 규모의 경제를 추구하려 대형화되는 과정에서 발생하는 기업의 영향력 증대
⑤ 기업의 종업원부터 넓게는 지역사회나 정부에까지 미치는 영향력에 상응한 책임

기업의 사회적 책임(CSR)은 기업이 성장뿐만 아니라 환경적, 사회적, 윤리적 문제에 대해 균형을 갖지 못하면 결코 영속성(지속가능경영)을 갖출 수 없다는 것을 의미한다. 한편, 시장의 불완전 경쟁성은 시장실패(market failure)를 가져오는 이유에 해당한다.

정답 | ①

09

유통산업발전상 정의에 관한 설명이다. ( )에 들어갈 내용을 바르게 나열한 것은?

- (ㄱ): 다수의 수요자와 공급자가 일정한 기간 동안 상품을 매매하거나 용역을 제공하는 일정한 장소
- (ㄴ) 체인사업: 체인본부의 계속적인 경영지도 및 체인본부와 가맹점 간의 협업에 의하여 가맹점의 취급품목·영업방식 등의 표준화사업과 공공구매·공동판매·공동시설활용 등 공동사업을 수행하는 형태의 체인사업

① ㄱ: 상점가   ㄴ: 조합형
② ㄱ: 상점가   ㄴ: 임의가맹점형
③ ㄱ: 임시시장 ㄴ: 조합형
④ ㄱ: 임시시장 ㄴ: 임의가맹점형
⑤ ㄱ: 임시시장 ㄴ: 프랜차이즈형

유통산업발전법 제2조(용어의 정의)
- 임시시장: 다수의 수요자와 공급자가 일정한 기간 동안 상품을 매매하거나 용역을 제공하는 일정한 장소를 말한다.
- 임의가맹점형 체인사업: 체인본부의 계속적인 경영지도 및 체인본부와 가맹점 간의 협업에 의하여 가맹점의 취급품목·영업방식 등의 표준화사업과 공동구매·공동판매·공동시설활용 등 공동사업을 수행하는 형태의 체인사업

정답 | ④

10

유통산업발전법령상 유통산업발전계획에 관한 설명으로 옳은 것은?

① 산업통상자원부장관은 10년마다 유통산업발전기본계획을 수립하여야 한다.
② 유통산업발전기본계획에는 유통산업의 지역별·종류별 발전방안이 포함되지 않아도 된다.
③ 시·도지사는 유통산업발전기본계획에 따라 2년마다 유통산업발전시행계획을 수립하여야 한다.
④ 시·도지사는 유통산업발전시행계획의 집행실적을 다음 연도 1월 말일까지 산업통상자원부장관에게 제출하여야 한다.
⑤ 지역별 유통산업발전시행계획은 유통전문인력·부지 및 시설 등의 수급방안을 포함하여야 한다.

선지분석 |
① 10년 → 5년
② 포함되지 않아도 된다. → 포함되어야 한다.
③ 시·도지사 → 산업통산자원부장관
④ 시·도지사 → 관계 중앙행정기관의 장

정답 | ⑤

11

소비자기본법상, 소비자중심경영의 인증 내용으로 옳지 않은 것은?

① 소비자중심경영인증의 유효기간은 그 인증을 받은 날부터 1년으로 한다.
② 소비자중심경영인증을 받은 사업자는 대통령령으로 정하는 바에 따라 그 인증의 표시를 할 수 있다.
③ 소비자중심경영인증을 받으려는 사업자는 대통령령으로 정하는 바에 따라 공정거래위원회에 신청하여야 한다.
④ 공정거래위원회는 소비자중심경영인증을 신청하는 사업자에 대하여 대통령령으로 정하는 바에 따라 그 인증의 심사에 소요되는 비용을 부담하게 할 수 있다.
⑤ 공정거래위원회는 소비자중심경영을 활성화하기 위하여 대통령령으로 정하는 바에 따라 소비자중심경영 인증을 받은 기업에 대하여 포상 또는 지원 등을 할 수 있다.

소비자중심경영인증의 유효기간은 그 인증을 받은 날부터 2년으로 한다(법 제20조의2 제4항).

정답 | ①

SUBJECT 02
상권분석

PART 01 유통상권조사

PART 02 입지분석

PART 03 개점전략

최신 5개년 출제비율 분석

PART 01	유통상권조사	37%
PART 02	입지분석	46%
PART 03	개점전략	17%

PART 01 유통상권조사

CHAPTER 01 상권의 개요

1 상권의 정의와 유형

1. 상권의 정의

(1) 상권의 정의 기출 21-3, 21-1, 20-3, 19-3, 17-3

상권(trade area)이란 한 점포 또는 점포들의 집단이 고객을 흡인(또는 유인)할 수 있는 지역적 범위를 말하는데 점포의 매출이 발생하는 지역 범위를 의미하기도 한다. 배후지(hinterland)와도 같은 개념이다.

(2) 상권의 의의와 특성

① 상권은 그 지역에 거주하는 고객의 구매력을 추정하고, 점포에서 판매하는 상품에 대한 예상 매출액을 구하는데 필요한 기본적인 데이터를 제공하며, 판촉활동의 범위를 결정하는 데 있어서도 필수적인 데이터를 제공한다.
② 소매업체는 점포의 입지(location)를 선정할 때 먼저 몇 곳의 후보지를 선정하고 후보지들에 대해 상권분석을 하여 상권을 설정한 후, 상권 내에서 가장 유망한 입지를 선택한다.

(3) 상권의 다양한 의미 기출 24-1, 17-2, 16-2, 15-2

① 상권은 주로 판매자 입장에서의 매출 발생 지역 범위를 나타내며 소비자의 경우에는 생활권이라고 한다. 또한 상업은 도매와 소매로 나누어지기에 각각 도매상권·소매상권이라고 부르지만, 일반적으로는 소매상권을 의미하는 경우가 많다.
② 상업 기능을 넓은 의미에서는 레크리에이션·의료·교육·행정 등의 각 서비스를 포함시켜 서비스권으로 보기도 한다.
③ 상권은 판매 행위가 이루어지는 판매권, 제품과 서비스의 구매자를 포함하는 지역인 시장권, 거래 상대방이 소재하는 거래권으로 구분하기도 한다.

(4) 상권의 유사 개념 기출 17-3, 17-2, 16-2, 15-2

① 상권: 한 점포가 고객을 끌어들일 수 있는 범위
② 상세권: 상가나 시장과 같은 복수의 점포로 구성되는 상업 집단이 영향을 미치는 지리적 범위
③ 거래권: 주로 도매업 등에서 사용하는 개념으로 거래 상대방이 되는 고객의 소재지 범위
④ 판매권: 소매점이 판매 대상으로 삼고 있는 지역

2. 상권에 영향을 미치는 요인 기출 23-3, 22-3, 16-2

상권의 형태는 하천이나 산과 같은 자연조건, 도로나 대중교통 수단과 같은 교통체계, 점포 규모와 유통업의 형태(업태) 등 요인에 의해 영향을 받기 때문에 동심원(concentric circle) 형태가 될 수는 없다. 상권은 다양한 형태를 지니므로 흔히 아메바형(amoeba form)이라고 불리고 있다.

(1) 자연조건

① 하천이나 산과 같은 자연조건은 상권에 영향을 미친다.
② 도로 개설이 용이하지 않은 산이나 하천을 배후로 하여 독립적으로 상권이 형성되는 경우도 있다. 도로, 산, 강에 둘러싸여 독립적으로 형성되는 상권을 항아리상권 또는 포켓상권이라고 한다.

(2) 교통 체계

도로나 대중교통 수단과 같은 교통 체계도 상권 형성에 영향을 미친다. 예를 들면 어떤 점포 주위에 도로가 잘 형성되어 있고 대중교통 수단이 발달되어 접근성이 우수하다면 그 점포의 상권은 그렇지 않은 경우보다 확대된다.

(3) 점포 규모와 유통업의 형태 기출 24-2

① 일반적으로 점포 규모가 클수록 많은 소비자를 흡수하게 되어 상권이 넓어지며, 규모가 작을수록 상권이 좁아진다.
② 동일한 규모일지라도 취급하는 상품의 종류에 따라 상권의 범위가 달라진다. 예를 들면, 고가의 상품이나 전문품을 취급하는 점포는 고객의 지리적 분포가 넓어지지만 식료품 등 생활필수품을 판매하는 점포는 고객의 지리적 범위가 한정되어 있다.
③ 소매상권의 크기는 판매하는 상품의 종류에 따라 다르다. 소비자의 구매 관습을 기준으로 소비재를 편의품, 선매품, 전문품으로 구분할 때 상권의 범위는 전문품이 가장 넓고 선매품, 편의품의 순으로 좁아진다.

(4) 기타 상권범위에 영향을 미치는 요소 기출 24-2, 24-1, 22-3, 21-1, 20-3, 20-추가, 19-3, 16-1

① 상권의 범위는 점포의 업종·업태, 점포의 크기, 상품의 종류와 상업 집적도, 교통편의는 물론 상품구성, 가격대, 고객의 라이프스타일, 마케팅 전략 등과 관련이 있다. 또한 인구밀도 분포, 교통여건, 경쟁상권의 위치와 규모도 상권의 범위에 영향을 미치는 요인이다.
② 상권(배후지)의 범위는 유동적이고 가변적이다. 즉, 상권의 범위는 영위하고자 하는 업종의 종류, 사업장의 규모, 경영전략, 상권구분의 물리적 요소 등의 복합적 요인에 의해 변화한다. 또한 대형 아파트 단지의 건축이나 대형 점포의 신설, 전철이나 버스노선의 변경 등은 상권의 범위를 크게 변화시킨다.
③ 상권의 범위는 점포의 규모에 비례하여 커지는 것이 일반적이다. 즉 대형 슈퍼마켓과 편의점 중 대형 슈퍼마켓의 상권이 더 크다.
④ 상권은 인구밀도가 높을수록 유리하고, 고객의 경제적 수준이 높을수록 양호하다. 그리고 현재뿐만 아니라 장래의 후보지도 고려해야 한다.

> **짚고 넘어가기 상권의 결정요인 기출 24-2, 24-1, 23-1, 22-3**
> - **업종의 종류**: 업종에 따라 상권의 범위는 달라진다. 또 업태에 따라 편의점, 슈퍼마켓, 전문점, 백화점 등으로 구분하여 보면 상권의 범위가 다르게 형성된다.
> - **점포의 규모**: 동일한 업종에 종사하는 경우에도 점포의 규모나 시설의 고급화 정도에 따라 상권의 범위는 달라진다.
> - **경영전략**: 업종 및 시설 조건이 동일하다고 하더라도 경영자의 경영자세 및 영업·판촉전략에 따라 상권은 크게 확장되기도 하고 축소되기도 한다.
> - **상권구분의 물리적 요소**: 산, 하천, 철도, 도로 등 자연지형물은 상권을 분할하는 대표적 요소이다. 학교, 공공건물, 운동장 등의 대형 시설물은 상권을 분할시키는 요소이다. 도로망의 연계 상태, 도로의 폭 등의 도로 상태는 상권에 큰 영향을 미친다.
> - **중심 방향**: 도심이나 역 등 사람들이 모여드는 방향이 어느 쪽이냐에 따라 상권의 범위는 다르게 형성된다. 일반적으로 중심 방향 쪽으로는 상권이 좁고, 중심과 반대 방향 쪽으로는 상권이 넓다.

3. 상권의 유형

(1) 경쟁의 정도에 따른 상권 분류

포화성 이론(Saturation Theory)에 따르면, 상권은 경쟁의 정도에 따라 포화상권·과소상권·과다상권으로 분류할 수 있다. 포화성 이론은 어느 지역이 다른 시장 지역에 비하여 상품과 서비스의 수요에 얼마나 잘 대응하고 있는가를 설명하는 이론이다.

① 포화상권

소매점의 포화 상태로 기존의 점포시설이 효율적으로 이용되고 있으며, 특정 상품이나 서비스에 대한 고객의 욕구에 잘 적응하고 있는 상태(충분한 소매 시설)를 말한다.

② 과소상권

시장의 점포 수가 너무 적기 때문에 고객의 욕구를 충족시키지 못하는 시장 상황을 말한다. 점포 수가 적기 때문에 이 상권에서는 점포당 평균 수익률이 매우 높다.

③ 과다상권

과잉 점포 상태에 있는 상권으로, 점포 수가 너무 많기 때문에 적정한 투자수익률을 올릴 수 없는 시장 상황이다. 점포의 일부가 도산하거나 시장에서 퇴출되기도 한다.

> **짚고 넘어가기** 과점상권과 포화성 이론
>
> - 과점상권
>   과점상권은 특정 상품이나 서비스를 몇 개의 점포가 과점하여 판매하고 있는 상권이다. 과점 상태라고 해서 다른 점포들이 폐업을 하거나 신규점포가 출점할 수 없는 상태인 것은 아니다. 과점상권은 포화성 이론과는 무관하다.
> - 포화성 이론(Saturation Theory)
>   포화성 이론은 소매점 시설의 수(공급)와 용도(수요)의 균형을 설명하는 이론이다. 여기서 과소점포 상태인지 과잉점포 상태인지를 알려 주는 소매포화지수(IRS)는 일정한 지역 내에 어떤 상품과 서비스에 대한 소비자의 욕구를 충족시켜 줄 수 있는 소매점포가 얼마나 있는가를 나타내는 지표이다. 만일 소매포화지수가 다른 지역의 상권보다 높다면 점포당 매출액이 크다는 것(즉, 점포가 부족하다는 것)을 의미하기 때문에 매력적인 상권이라고 할 수 있다.

(2) **상권의 범위에 따른 분류** 기출 24-2, 23-3, 22-1, 21-1, 19-3, 16-3, 16-1, 15-2

① 도심상권

도심상권은 중심상업지역(CBD)을 포함하는 도시의 중심상권으로 상권의 범위가 넓고 소비자들의 체류 시간이 긴 편이다. 또한 역이나 터미널 등이 있는 대중교통의 중심지로 접근성이 가장 좋은 상권이다.

② 부도심상권

부도심상권은 간선 도로의 결절점이나 역세권을 중심으로 형성되는 경우가 많으나, 도시 전체의 소비자를 유인하지는 못한다.

· 보충학습 ·
결절점: 다양한 기능이 집중되는 접촉 지점

③ 근린상권

근린상권은 동네상권이라고도 하며 도로에 인접한 경우가 많고, 점포 인근 거주자들을 주요 고객으로 하는 생활 밀착형 업종의 점포들이 입지하는 경향이 있다.

④ 역세권상권

㉠ 역세권상권은 지하철이나 철도역을 중심으로 형성되며 지상과 지하 부지를 입체적으로 연계하여 고밀도 개발이 이루어지는 경우가 많다.

㉡ 역세권상권의 범위는 역을 중심으로 일정한 거리나 이동시간으로 정해져 있지는 않으며, 역의 규모·시설·기능, 주변의 개발상황, 다른 교통수단과의 연계성 등에 따라 다르게 설정될 수 있다.

⑤ 아파트상권

아파트상권은 고정 고객의 비중이 높아 안정적인 수요 확보가 가능하지만 외부 고객을 유치하기는 어렵다. 아파트상권은 대부분 해당 단지를 넘어서지 못하는 한계가 있다. 아파트상권은 대형이나 중형 등 면적이 큰 가구일수록 단지 내 상가 이용률은 낮아진다.

⑥ 주택가상권
  ㉠ 주택가상권은 단독주택, 다가구 또는 다세대주택 등의 주거형태로 이루어진다. 유동인구 보다는 인근 거주자를 중심으로 소비자가 한정되는 경우가 많고, 아파트상권과 마찬가지로 근린상업지역에 해당한다.
  ㉡ 근린상업지역은 「국토의 계획 및 이용에 관한 법률」에 근거하여 근린지역에서의 일용품 및 서비스의 공급을 위하여 국토교통부장관·시·도지사 또는 인구 50만 이상 대도시 시장이 지정하는 지역을 말한다.

> **짚고 넘어가기** **용도지역의 구분**
> - 「국토의 계획 및 이용에 관한 법률」에서는 용도지역을 도시지역, 관리지역, 농림지역 및 자연환경보존지역으로 구분하고, 도시지역을 주거지역, 상업지역, 공업지역, 녹지지역으로 구분한다.
> - 그리고 상업지역을 중심상업지역, 일반상업지역, 근린상업지역, 유통상업지역 등 4가지로 구분한다.

⑦ 사무실상권
  중심상업지역(CBD)의 사무실 밀집지역에 형성된 상권을 의미한다. 지역 내 거주인구는 적고 주로 직장인을 상대하므로 구매 패턴이 일정하고 매출이 점심시간이나 퇴근시간의 짧은 시간에 집중되는데, 주말이나 공휴일에는 매출이 급감하기도 한다.
⑧ 대학가상권
  대학교를 중심으로 형성되는 상권으로 대학생을 비롯한 청소년층이 주요 소비자가 되는 경우가 많다. 대학의 학생 수나 기숙사의 유무, 교통연계성 등에 따라 상권의 매력도가 달라지며 주중과 주말의 매출차가 큰 경우도 있다.
⑨ 포켓상권 **기출** 23-3, 21-1, 16-3
  포켓상권은 독립상권이라고도 부르며, 상권 내 고객이 외부로 유출되지 않아 외부상권의 영향을 거의 받지 않고 자체상권의 이익을 누릴 수 있는 상권이다. 도로, 산, 강에 둘러싸인 상권이 전형적인 포켓상권이다.

(3) 기타 상권의 분류 **기출** 24-1
① 현재상권과 잠재상권
  현재 기존점포를 이용하는 소비자들이 거주하는 지역인 현재상권과 신규점포를 개설할 경우 그 점포를 이용할 가능성이 있는 소비자들의 분포 지역인 잠재상권으로 구분하기도 한다.
② 거주상권과 생활상권
  상권은 점포의 소비자들이 거주하는 지역인 거주상권과 점포를 이용하는 점포주변 직장인과 학생 등 비거주 소비자의 생활공간 분포 범위인 생활상권으로 구분할 수 있다.
③ 유동인구 중심형 상권과 배후지인구 중심형 상권
  ㉠ 유동인구 중심형 상권은 어떤 핵심시설로 인해 많은 유동인구가 집중되는 상권으로 불특정다수를 주고객으로 한다. 역세권 상권, 번화가형 상권, 대학가 상권, 패션타운형 상권 등이 이에 해당한다.
  ㉡ 배후지인구 중심형 상권은 주로 아파트단지나 주택가를 중심으로 형성되는 상권이므로 편의품 등의 반복구매를 유도하는 전략이 요구된다.

2 상권의 계층성

1. 상권의 계층적 구조 **기출** 24-1, 21-2, 20-2, 19-3, 19-2, 18-3, 16-2, 15-1
상권은 계층적 구조로 되어 있어, 지역상권과 지구상권, 그리고 개별점포상권(또는 지점상권)으로 구분할 수 있다.

(1) 지역상권(GTA: General Trading Area)
① 지역상권 또는 총상권 지역은 가장 포괄적인 상권범위로, 도시의 행정 구역과 거의 일치하여 시 또는 군을 포함하는 범위이다. 따라서 도시 간의 흡인이 이루어지는 범위이기도 하다.
② 지역상권을 결정하는 요소는 인구 규모, 행정 기관 집적도, 업무 기능 집적도, 상업 및 서비스 시설의 수 및 성격, 교통 체계 등이다.

(2) **지구상권(DTA: District Trading Area)**
  ① 지구상권은 집적된 상업시설이 갖는 상권의 범위로 행정 구역상 구를 포함한다. 따라서 하나의 지역상권 내에는 여러 지구상권이 포함된다.
  ② 지구상권을 결정하는 요소는 상업시설, 업무 시설, 서비스 시설의 집적도 및 성격, 교통 체계, 유동객 수, 지역상권의 특성 및 범위이다. 따라서 지구상권의 크기는 상권 내에 대형 백화점의 존재 여부, 관련 점포들 간의 집적 여부에 따라 달라진다.

(3) **개별점포상권(ITA: Individual Trading Area)**
  ① 점포상권 또는 지점상권은 지역상권과 지구상권 내 각각의 개별점포들이 형성하는 상권이다.
  ② 점포상권을 결정하는 요소는 배후 상권의 규모, 시설, 업종, 경영 능력, 입지력, 지구상권의 특성 및 범위이며, 점포상권은 고객의 흡인 정도에 따라 1차·2차·한계 상권으로 구분할 수 있다.

2. 개별점포상권의 분류 〔기출〕 24-1, 22-2, 21-3, 18-3, 16-1, 15-3

개별점포상권(또는 지점상권)은 고객의 흡인정도 또는 판매량(액)에 따라 1차·2차 상권, 그리고 한계상권으로 분류될 수 있다.

1차 상권 (Primary Trading Area)	• 점포를 기준으로 반경 500m 이내 지역, 즉 직경 1km 이내 지역 • 전체 점포 고객의 60~65%(또는 50~70%)를 흡인하는 지역 • 고객 1인당 매출액이 가장 높고, 점포를 중심으로 도보로 10~30분 정도 소요 • 고객들이 지리적으로 밀집되어 분산되어 있는 곳(고객 밀집 지역)으로 주요 고객층이 거주
2차 상권 (Secondary Trading Area)	• 1차 상권 외곽에 위치하며, 전체 점포 이용 고객의 20~25%를 흡인하는 지역 • 1차 상권보다는 고객이 지역적으로 넓게 분산
한계 상권 (Fringe Trading Area)	• 3차 상권이라고도 하며, 2차 상권 외곽을 둘러싼 지역 범위로 2차 상권에 포함되지 않은 나머지 고객들을 흡인하는 지역 • 점포 이용 고객은 점포로부터 상당히 먼 거리에 위치하며, 고객들이 광범위하게 분산

3 상권조사의 방법과 분석

1. 상권조사의 의의와 내용

(1) **상권조사의 의미**
  ① 상권조사는 상권분석의 기초가 되는 2차 자료와 1차 자료를 수집하는 일련의 절차와 방법을 의미한다. 일반적으로 2차 자료를 먼저 수집한 후 1차 자료를 수집한다.
  ② 2차 자료는 과거에 다른 목적을 위해 수행된 조사 자료나 정부의 인구통계 자료, 세무 자료, 여러 유통연구소의 발표 자료 등을 의미한다.
  ③ 1차 자료는 현재 당면한 과제를 해결하기 위해 직접적으로 수집하는 자료를 의미한다. 1차 자료를 수집하는 데는 시간과 비용이 소요되므로 현재 당면한 문제에 충분한 해결책을 줄 수 있는 2차 자료가 있다면 1차 자료는 수집할 필요가 없다.
  ④ 1차 자료의 수집 방법으로는 관찰법(Observation Method), 질문법(Survey Method), 실험법(Experiment Method), 표적집단면접법(FGI: Focus Group Interview) 등이 있고, 최근 들어 인터넷 사용이 보편화됨에 따라 인터넷을 통한 자료수집도 많이 활용되고 있다.

(2) 상권조사의 내용
① **유동인구 조사**: 유동인구는 주말이라고 해도 토요일과 공휴일에 따라 달라지며, 날씨에 따라 차이가 많이 나기 때문에 날씨가 좋은 평일과 주말을 대상으로 조사한다.
② **고객층과 시간대별 통행량 조사**: 주부들을 대상으로 하는 업종이라면 오전 11시부터 오후 5시까지, 학생들을 대상으로 한다면 하교 시간대를, 직장인이라면 퇴근 시간대를 대상으로 정밀 조사한다.
③ **총유동인구 조사**: 주고객이 몰리는 시간에만 조사하는 것이 아니라 하루의 총유동인구를 조사해야 한다.
④ **내점률 조사**: 추정 매출액을 조사하기 위해 점포 후보지의 내점률을 조사해야 한다. 내점률은 경쟁점포나 유사 업종의 매출액을 통해 추정할 수 있다.
⑤ **구매 품목과 가격대 조사**: 유동인구를 조사하되 반드시 성별, 연령별 주요 구매 품목과 구매가격대도 조사해야 하며, 점포 앞은 물론 각 방향에서의 입체적 통행량도 조사해야 한다.

(3) 상권조사에서 고려해야 할 사항 기출 24-1
① **점포의 기본 환경 조사**: 점포의 위치, 점포의 형태, 규모, 도로와의 접근성, 주변 환경, 주차 용이성, 지역 특성, 경쟁 점포, 각종 규제 여부 등을 조사하여 평가기준에 따라 평가한다.
② **상권을 세분화하여 조사**: 상세하게 그려진 지도를 가지고 핵심 상권과 전략 상권을 결정한 후 해당 상권별 인구 분포, 세대수, 상권 내 고객의 소비 수준, 주요 교통수단 등을 조사해야 한다. 이와 함께 주요 공중 집객 시설, 경합 점포 및 상호 보완 업종, 고객 흡인 시설 유무, 학교, 향후 발전 가능성, 도시 계획의 변경 등도 조사해야 한다.
③ **유동인구와 주변 상권의 관계 고려**: 점포의 핵심 고객층을 설정하려면 점포 주변과 상권의 유동인구수는 물론 연령대, 성별 구성비, 주요 통행 시간, 통행 방향, 주출입구 등을 조사해야 한다. 이러한 유동인구의 조사는 시간대별 상황 및 평일과 휴일의 상황이 분석 가능하도록 조사해야 한다.
④ **점포의 접근성·가시성·편의성을 고려**: 점포의 접근성은 양호한지, 유동 고객의 시선을 끌 수 있는 곳인지, 고객이 편리하게 이용할 수 있는지 등을 고려하여 결정한다.
⑤ **기타**: 그 밖에 창업 자금의 규모, 입지의 개발 전망, 주거지와의 거리, 임대 매장의 경우 건물주의 성향 등을 고려하여 적정한 점포를 선정한다.

> **짚고 넘어가기** 상권의 질 기출 23-3
> - 상권의 질을 평가하는 정량적 요소로는 소매포화지수(IRS)와 시장확장잠재력지수(MEP), 통행량, 야간 인구, 연령별 인구, 남녀 비율 등이 있다.
> - 상권의 질을 평가하는 정성적 요소: 통행객의 복장, 소지 물건, 보행 속도, 거리 분위기 등이 있다.
> - 일반적으로 특정 지역에 단일 목적으로 방문하는 통행객보다 서로 다른 목적으로 방문하는 통행객이 많을수록 상권의 질은 높아진다.
> - 오피스형 상권은 목적성이 너무 강하므로 통행량이 많더라도 상권의 매력도가 높지 않을 수 있다.

2. 상권조사의 절차 기출 18-3
상권조사는 상권에 대한 2차적 지역 정보 수집 → 지역상권에 대한 상권 지도 작성 → 상권 내 지역에 대한 관찰조사 → 직접 방문에 의한 정성조사 및 정량조사 실시 등의 순서로 진행한다.

3. 상권조사의 방법
(1) 전수조사와 표본조사 기출 24-1
① 전수조사(Complete Enumeration)는 조사 대상이 되는 모집단 전부를 조사하는 것이고, 표본조사(Sampling Survey)는 모집단의 일부를 표본추출하여 조사하는 것이다.
② 전수조사는 표본조사에 비해 표본 오차가 없다는 장점이 있지만 조사 대상 상권의 규모가 클수록 시간과 비용이 많이 소요되므로 모집단이 큰 경우 실시할 수 없다.

(2) 자료조사와 실지조사
① 자료조사: 저렴한 비용으로 필요 정보를 효율적이고 신속하게 구할 수 있도록 자료에 대한 신뢰성을 확보하는 것이 좋다.
② 실지조사: 점두조사, 호별 방문조사, 경쟁점조사 등과 같이 상권의 파악 및 도로 구조와 지역 특성을 분석하는 경우가 많으며, 대부분은 입지조건 분석을 위해 실시한다.

(3) 상권조사를 위한 표본추출 방법 기출 23-3, 16-3
① 확률표본추출법: 확률표본추출법은 통계적인 방법을 통해 객관적으로 표본을 추출하는 방법이다. 확률 계산이 가능하고, 오류의 정도(편의)에 대한 추정이 가능하다는 장점이 있다. 대표적인 방법으로 단순임의추출법, 층화표본추출법 등이 있다.
② 비확률표본추출법: 비확률표본추출법은 통계학적인 방법을 쓰지 않고 편의상 혹은 할당에 의해 표본을 추출하는 방법이다. 가장 널리 사용되는 방법이 할당표본추출법이다. 이 방법은 조사자의 주관으로 표본을 선정하므로 비용과 시간을 절감할 수 있으나 추정치의 편의를 계산할 수 없다는 문제점이 있다.

확률표본추출법	단순무작위추출법	일정 수의 표본을 난수표를 이용해 무작위로 추출한다. 시간과 비용이 많이 든다.
	층별표본추출법	모집단을 소집단들로 나누고 이들 각 소집단들로부터 표본을 무작위로 추출한다.
	군집표본추출법	모집단을 소집단들로 나누고 이들 각 소집단을 무작위로 표본추출한 후 추출된 소집단 내의 구성원들을 모두 조사한다.
비확률표본추출법	편의표본추출법	임의로 선정한 지역과 시간대에 조사자가 원하는 사람들을 표본으로 선택한다.
	판단표본추출법	조사 문제를 잘 알고 있거나 모집단의 의견을 반영할 수 있을 것으로 판단되는 특정 집단을 표본으로 선정한다.
	할당표본추출법	분류 기준에 의해 전체 표본을 소집단으로 분류하고 각 집단별로 필요한 대상을 추출한다. 상업적으로 마케팅조사에서 널리 이용된다.(비확률표본추출 방법 중 가장 정교한 기법)

CHAPTER 02 상권분석에서의 정보기술 활용

1 상권분석과 상권정보

(1) 상권분석의 의의와 목적
① 상권분석의 의의
상권분석은 점포를 새로 개설하거나 기존점포 활성화 전략을 수립하기 위하여 점포의 상권을 대상으로 시장잠재력, 고객 특성, 경쟁상황 및 발전가능성 등에 대해 분석하는 것이다.
② 상권분석의 목적 기출 23-3, 23-1, 17-3, 17-1, 15-1
상권분석의 일반적인 목적은 점포를 개설할 상권을 선정하거나 기존점포의 활성화를 위한 마케팅 전략을 수립하려는 것이다. 즉 상권범위의 설정, 경쟁점포 파악, 예상매출 추정 및 적정임차료 등을 추정하려는 것이다.

(2) 상권정보
① 상권조사
상권분석을 위해서는 상권조사를 통해 필요한 정보를 수집해야 한다. 즉 자료조사, 실지조사, 점두조사, 경쟁점조사 및 호별방문조사 등을 통해 분석에 필요한 데이터를 수집해야 한다.
② 상권정보
중소벤처기업부의 소상공인 상권정보시스템(sg.smba.go.kr)이 제공하는 주요 상권정보는 다음과 같다.

㉠ 업종분석정보: 동일업종 점포수 추이, 창업률과 폐업률 등
　　㉡ 매출분석정보: 매출액 추이, 이용건수 추이, 건당 매출액 추이 등
　　㉢ 인구분석정보: 거주인구, 직장인구, 연령대별·남녀별 거주인구수 및 직장인구수 등
　　㉣ 지역분석정보: 병원 및 금융기관 등 집객시설, 교통시설, 교육시설, 주요 기업 등

> **짚고 넘어가기** 　상권분석과 거리감소효과(distance decay effect) 　**기출** 23-1, 18-2
> - 거리감소효과(거리조락현상 또는 거리체감효과)란 상권분석 과정에서 점포의 위치와 해당 점포를 이용하는 소비자의 분포를 공간적으로 표현할 때 보편적으로 관찰되는 현상이다.
> - 거리감소효과는 공간상에서 발생하는 현상이 그 중심에서 멀어질수록 크기나 밀도가 감소하는 현상을 나타내는 개념이다. 거리감소효과의 예로는 서울특별시로부터 멀어짐에 따라 주택가격이 크게 낮아지는 것 등이 있다.
> - 거리감소효과는 고객점표(CST) 지도를 이용하면 쉽게 관찰할 수 있고, 유사점포법, 회귀분석법을 이용하여 확인할 수 있는데 이는 거리 마찰에 따른 비용과 시간의 증가 때문에 나타나는 현상이다.
> - 거리감소효과는 도시와 경제지리학에서 매우 중요한 요소 중 하나로 공간적인 파급효과를 이해하는 데 이용된다.

2 상권정보시스템, 지리정보 활용

1. GIS를 이용한 상권분석　**빈출** 23-3, 23-2, 23-1, 22-2, 21-2, 21-1, 20-3, 20-추가, 19-2, 19-1, 18-3, 17-2, 16-1, 15-3

(1) GIS의 의의
　① GIS(Geographic Information System), 즉 지리정보시스템은 과거 인쇄물 형태로 이용하던 지도 및 지리 정보를 컴퓨터를 이용해 작성·관리하고, 여기서 얻은 지리 정보를 기초로 데이터를 수집·분석·가공하여 상권분석 등 지형과 관련되는 모든 분야에 적용하기 위해 설계된 종합정보시스템을 말한다.
　② 점포의 고객을 대상으로 gCRM을 실현하기 위한 기본적 틀을 제공할 수 있다. gCRM이란 GIS와 CRM의 결합으로 지리정보시스템(GIS) 기술을 활용한 고객관계관리(CRM) 기술을 가리킨다.

(2) GIS의 구성요소
　① GIS는 여러 겹의 지도 레이어를 활용하여 상권의 중첩(overlay)을 표현할 수 있다.
　② 지도 레이어(map layer)는 어떤 지도 형상, 즉 점이나 선 혹은 면으로부터 특정한 거리 이내에 포함되는 개별 지도 형상으로 주제도를 표현할 수 있고, 면의 형태로 나타나 상권 혹은 영향권을 표현하는 데 사용할 수 있다.
　③ 주제도(thematic map)는 GIS 소프트웨어를 사용하여 데이터베이스를 조회하고 속성 정보를 요약하여 표현한 지도를 말한다. 주제도는 면, 선, 점의 형상으로 표현된다.
　④ 중첩(overlay)은 공간적으로 동일한 경계선을 가진 두 지도 레이어들에 대해 하나의 레이어에 다른 레이어를 겹쳐놓고 지도 형상과 속성들을 비교하는 기능이다.
　⑤ 버퍼(buffer)는 지도에서 특정개체로부터 주변의 거리단위를 나타내는 구역으로, 근접분석이나 접근성분석에서 유용하다. 버퍼는 지도에서 관심대상을 지정한 범위만큼 경계짓는 것으로, 면으로 표시된다.
　⑥ 위상(topology)은 지도지능(map intelligence)의 일종이며, 이는 개별 지도 형상에 대해 경도와 위도 좌표 체계를 기반으로 다른 지도 형상과 비교하여 상대적인 위치를 알 수 있는 기능을 부여하는 역할을 한다.

(3) GIS의 표현 방법
　① 개별 상점이나 상점가의 위치정보를 점(點) 데이터로, 토지 이용 등의 정보는 면(面) 데이터로 지도에 수록한다.
　② 지하철 노선이나 도로 등은 선(線) 데이터로 지도에 수록하고 데이터베이스를 구축한다.
　③ 상점 또는 상점가를 방문한 고객을 대상으로 인터뷰조사 또는 설문조사를 하여 지도 데이터베이스 구축에 활용한다.
　④ 라일리, 컨버스 등이 제안한 소매인력 모델을 적용하는 경우에도 정확한 위치정보를 얻을 수 있는 지리 정보시스템의 지원이 필요하다.

(4) 상권분석 기능
① GIS는 고객의 인구통계 정보, 구매 행동 등을 포함하는 지리적 데이터베이스로 표적 고객 집단을 파악하고 상권의 경계선을 추정하는 데 사용할 수 있다.
② GIS는 대규모 점포의 입지 선정은 물론 소규모 점포의 입지 선정과 잠재고객 추정에도 활용할 수 있다.
③ 컴퓨터를 이용한 지도작성(mapping) 체계와 데이터베이스 관리시스템(DBMS)의 결합을 통해 공간 데이터의 수집, 생성, 저장, 분석, 검색, 표현 등 다양한 기능을 기반으로 상권분석에 활용하고 있다.
④ 주제도 작성, 공간 조회, 버퍼링을 통해 효과적인 상권분석이 가능하다.
⑤ GIS를 이용한 상권분석에서 각 점포에 대한 속성 값 자료는 점포 명칭, 점포 유형, 매장 면적, 월 매출액, 종업원 수 등을 포함할 수 있다.

(5) GIS의 활용 사례 기출 24-1
① 소상공인 상권정보시스템(sg.smba.go.kr): 중소벤처기업부가 주관하여 BC카드와 소상공인시장진흥공단이 협업하여 만든 것으로 시·군·구별 상권분석, 업종 밀집 지역과 매출 통계, 임대 시세 통계, 지역별 권리금·보증금, 점포 과밀 정도, 점포 이력 관리 등의 서비스를 제공하고 있다.
② 우리마을가게 상권분석 서비스(golmok.seoul.go.kr): 서울특별시가 영세 상인이나 예비 창업자 등 실제 사용자의 편의를 고려하여 만든, GIS를 기반으로 운영되는 상권정보 및 상권분석 시스템이다.

2. 상권분석의 방법

(1) 기존점포에 대한 상권분석 기출 18-2, 16-2, 15-3
① 기존점포의 상권은 점포 내부 자료와 기타 다른 목적으로 수행된 조사 자료 등 기업 내 2차 자료를 이용하여 측정할 수 있다.
② 1차 상권, 2차 상권 및 한계 상권은 특정 구역 내 고객들의 자사 점포에서의 상품 구입 빈도, 고객의 평균 구매량(액) 등 2차 자료에 근거하여 추정할 수 있다.
③ 또한 기업은 1차 자료의 수집을 통해 상권 규모를 결정할 수 있다. 기업은 차량조사법이나 소비자 조사법, 마일리지 고객 주소 활용법 등을 이용하여 상권의 범위를 정할 수 있다.
④ 어떤 분석 방법을 사용하든 제조업자와 도소매업자는 특정 지역의 상권 규모가 시간대에 따라 변할 수도 있음을 유의해야 한다.

(2) 신규점포에 대한 상권분석 기출 23-2, 22-3, 20-1, 19-2, 19-1, 17-3
① 신규점포에 대한 상권분석 내용: 상권 내 제반 입지 특성, 소비자의 특성, 경쟁구조를 분석한다.
② 신규점포에 대한 상권분석 방법
  ㉠ 서술적 방법: 체크리스트법, 유추법, 현지 조사법, 비율법 등
  ㉡ 규범적 모형: 중심지이론, 소매중력법칙 등
  ㉢ 확률적 모형: 허프 모형, 루스 모형, MNL 모형, MCI 모형 등

CHAPTER 03 상권설정 및 분석

1 상권설정의 요소

1. 상권설정의 의의와 결정 요인

(1) 상권설정의 의의 〈기출〉 21-2, 17-3
① 상권설정이 필요한 이유는 그 지역에 거주하는 고객의 구매력을 추정하고, 점포에서 판매하는 상품에 대한 예상 매출액(잠재수요)을 구하는 데 필요한 기본적인 데이터를 제공하기 때문이다.
② 또한 상권설정은 지역 내 고객의 특성을 파악하여 상품구색과 촉진의 방향을 설정하고, 구체적인 입지계획을 수립하며, 판촉활동의 범위를 결정하는 데 있어서도 필수적인 데이터를 제공한다.

(2) 상권의 범위
① 상권의 범위는 고정적인 것이 아니고 영위하고자 하는 업종의 종류, 사업장의 규모, 경영전략, 상권 구분의 물리적 요소 등의 복합적 요인에 의해 변화한다.
② 상권의 범위는 점포의 규모에 비례하여 커지는 것이 일반적이다. 즉 대형 슈퍼마켓과 편의점을 찾는 고객의 상권을 비교해 보면 대형 슈퍼마켓을 찾는 고객의 상권이 더 크다.

2. 상권의 설정

(1) 상권설정의 절차
① 1/10,000 또는 1/5,000 지도를 준비하여 계획 지점을 마크한다.
② 영위하고자 하는 사업의 업종과 업태를 고려하여 가상적인 기본 상권의 반경 범위(원형)를 그려 넣는다.
③ 가상적인 기본 상권의 범위가 그려진 상태에서 산, 하천, 철도, 도로, 대형 시설물 등 물리적으로 상권을 구분하는 요소들을 감안하여 현실적인 상권범위를 조정한다.
④ 조정된 상권에 경쟁점의 위치 및 영향권, 도로의 연계 상황, 중심 방향 등을 감안하여 더욱 현실적인 상권범위를 확정한다.(아메바형)
⑤ 확정된 상권범위 내에 속하는 행정 구역 단위의 인구수(세대수), 사업체 수(종업원 수), 산업 통계 지표 등의 자료를 입수하여 상권 규모를 계량화한다.

(2) 상권설정의 방법
상권의 설정 방법으로는 단순 원형 상권설정법, 실사 상권설정법, 앙케이트를 이용한 상권설정법 및 고객 리스트를 통한 상권설정법 등이 있다.

2 상권 및 입지분석의 주요 이론

1. 서술적 방법에 의한 상권분석

(1) 체크리스트법(checklist method) 〈기출〉 24-2, 24-1, 23-2, 22-3, 22-1, 20-3, 19-3, 19-1, 18-2, 18-1, 16-3
① 체크리스트법의 의의
  ㉠ 체크리스트법은 상권의 규모에 영향을 미치는 요인들을 수집하여 이들에 대한 평가를 통해 시장 잠재력을 측정하는 방법이다. 즉, 특정 상권의 제반 특성을 여러 항목으로 구분하여 조사하고, 이를 바탕으로 신규점포의 개설 가능성 여부를 평가하는 방법이다. 상권분석의 결과는 신규점포의 개설은 물론 마케팅전략에도 반영된다.
  ㉡ 상권의 범위에 영향을 미치는 요인을 크게 상권 내의 제반 입지의 특성, 상권의 고객 특성, 상권의 경쟁구조로 구분하여 분석한다.

② 체크리스트법의 조사 내용

상권 내 입지의 특성에 대한 평가	• 상권 내의 행정 구역 상황 및 행정 구역별 인구통계적 특성 • 상권 내 도로 및 교통 특성 • 상권 내 도시 계획 및 법적·행정적 특기 사항 • 상권 내 산업 구조 및 소매 시설 변화 패턴 • 상권 내 대형 건축물 및 교통 유발 시설
상권 내 고객들의 특성에 대한 분석	• 배후 상권 고객: 상권 내 거주하는 가구수 또는 인구수로 파악 • 직장(학생) 고객: 점포 주변에 근무(등교)하는 직장인(학생) 고객의 수로써 파악 • 유동 고객: 기타의 목적으로 점포 주변을 왕래하는 중 흡인되는 고객
상권의 경쟁구조의 분석	• 업태 내 경쟁구조 분석: 동일 상권 내 같은 점포들 간의 경쟁관계 • 잠재적 경쟁구조 분석: 상권 내 진입 가능한 잠재 경쟁자와의 경쟁관계 • 보완 및 경쟁관계 분석: 근접한 동종 점포 간 보완 및 경쟁관계 • 업태 간 경쟁구조 분석: 백화점, 할인점, 재래시장 상호 간의 경쟁관계

③ 체크리스트법의 장·단점
  ㉠ 이해하기 쉽고 사용하기가 용이하며, 비용이 상대적으로 적게 든다는 장점이 있다. 또한 체크리스트를 수정할 수 있는 유연성이 있다.
  ㉡ 상권 내에서 분석 대상이 되는 점포의 상대적 매력도를 파악할 수는 있으나 예상 매출액을 구체적인 수치로 추정할 수는 없다. 또한 서로 다른 영향 요소 간의 상호 작용 효과를 파악할 수 없다.
  ㉢ 체크리스트법은 특정 상권의 제반특성을 여러 항목으로 구분하여 조사하고, 이를 바탕으로 신규점포의 개설가능성 여부를 평가하는 방법이지만 상권범위를 추정할 수는 없다.
  ㉣ 체크리스트를 작성하고 변수를 선정하는 과정, 변수를 해석하는 과정에서 조사자의 주관성이 개입될 수 있다는 문제점이 있다.

(2) **유추법(analog method)** 빈출 24-2, 24-1, 22-3, 22-2, 22-1, 21-3, 21-2, 20-3, 19-3, 19-2
  ① 유추법의 의의
    ㉠ 새로운 점포가 위치할 지역에 대한 판매 예측에 많이 활용되는 방법 중 하나가 애플바움(W. Applebaum)이 개발한 유추법 또는 유사점포법이다.
    ㉡ 유추법은 자사의 신규점포와 특성이 비슷한 유사 점포를 선정하여 그 점포의 상권범위를 추정한 결과를 자사의 신규점포에 적용한 후, 신규입지에서의 매출액(상권 규모)을 측정하는 데 이용하는 방법이다.
    ㉢ 유추법은 상권의 규모 또는 예상매출액을 측정하는 기법으로 CST map을 활용하여 점포별 상권의 중복상태를 파악하여 점포들 간의 경쟁정도를 조사할 수 있으며, 점포 확장계획을 수립하는데 이용할 수 있고, 상권에 영향을 미치는 요인들을 파악하는데 쉽게 이용할 수 있는 방법이다.
  ② CST map 기법
    ㉠ 유추법에서 상권 규모는, 자사 점포를 이용하는 고객들의 거주지를 지도상에 표시한 후 자사 점포를 중심으로 서로 다른 거리의 동심원을 그림으로써 시각적으로 파악할 수 있다. 이러한 상권 규모의 측정 방법을 CST(Customer Spotting Technique) map 기법이라고 한다.
    ㉡ CST map 기법은 1차 자료와 2차 자료를 이용하여 고객의 거주 지역 분포를 파악하는 방법으로, 이미 존재하고 있는 2차 자료보다는 현재의 과제를 해결하기 위해 수집한 1차 자료를 이용하는 경우에 정확도가 더 높다.
    ㉢ 자료는 내점객을 상대로 설문조사를 하거나 고객충성도 프로그램을 이용하여 수집한 2차 자료를 사용할 수 있고, 표본 수가 클수록 객관적인 결론을 도출할 수 있다.

② CST map 기법은 상권의 규모 파악, 고객 특성 조사, 광고 및 판촉 전략 수립, 경쟁 정도의 측정, 점포의 확장 계획 등 소매 정책의 수립에 유용하게 이용할 수 있다.

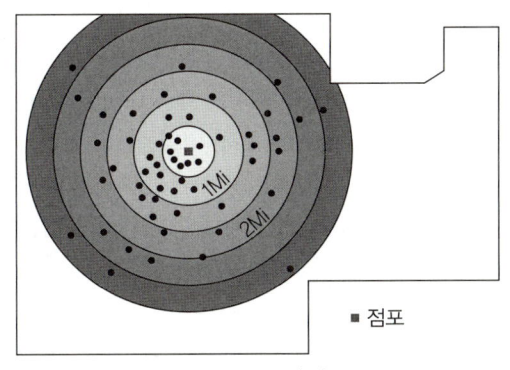

▲ CST map의 예

③ 유추법에 의한 상권분석 절차: 유추법에 의한 상권분석 절차는 자사(신규) 점포의 입지조건 파악 → 유사 점포 선정 → 출점 예상 상권을 소규모 지역으로 구분 → 신규점포의 각 지역별 예상 매출액 분석 → 신규점포의 예상 총매출액 추정이다.

유사점포 선정	신규점포와 점포 특성, 고객의 쇼핑 패턴, 고객의 사회적·경제적·인구통계적 특성에서 유사한 기존점포(유사점포, analog store)를 선정한다.
유사점포의 상권 범위 결정	• 유사점포의 상권범위는 1차 상권과 2차 상권을 나누어 그 범위를 설정한다. • 유사점포의 상권규모는 유사점포를 이용하는 소비자와의 면접이나 실사를 통하여 수집된 자료를 토대로 추정한다.
구역의 1인당 매출액 계산	• 전체 상권을 단위 거리(예컨대 반경 1Mi, 2Mi 등)에 따라 소규모 구역으로 나눈다. • 각 구역 내에서 유사 점포가 벌어들이는 매출액을 그 구역 내의 인구수로 나누어 각 구역 내에서의 1인당 매출액을 구한다.
예상 매출액 계산	• 신규점포가 들어서려는 지역의 상권의 크기 및 특성이 유사점포와 동일하다고 가정하고, 예정 상권 입지 내 각 구역의 인구수에 유사점포의 1인당 매출액을 곱하여 각 구역에서의 예상 매출액을 구한다. • 신규점포의 예상 총매출액은 각 구역에서의 예상 매출액을 합한 값이다. • 구해진 예상 매출액은 신규점포가 위치할 상권의 입지 특성과 경쟁 수준을 고려하여 조정한 후 확정한다.

④ 유추법의 평가
  ㉠ 유추법은 신규점포의 상권분석뿐만 아니라 기존점포의 상권분석에도 적용할 수 있다.
  ㉡ 유추법은 실제의 소비자 쇼핑 패턴을 반영하며, 적용하기 쉽다는 이점이 있다. 이 방법은 조사자의 계량적 경험과 주관적 판단을 함께 필요로 한다.

(3) 현지 조사법
  ① 대상 부지를 보다 정확하게 평가하기 위해서는 현지 실사 조사가 필요한 경우가 많다.
  ② 현지 조사의 내용은 대상 점포나 판매 제품, 조사 성격에 따라 달라질 수 있다. 현지 조사법은 조사자에 따라 주관적으로 조사될 가능성이 높다는 단점이 있다.
  ③ 점포의 매출 예측을 위한 실사 원칙에는 예측 습관의 원칙, 비교 검토의 원칙, 현장 확인 우선의 원칙, 수치화의 원칙, 가설 검증의 원칙 등이 있다.

(4) 비율법 기출 21-3, 19-2, 18-2

① 비율법은 몇 가지 비율을 사용하여 적정 부지를 선정하거나 주어진 부지를 평가하고, 가능한 매상고를 추정하는 방법이다.
② 상권분석에 흔히 사용되는 비율로는 지역 비율과 상권 비율이 있다. 지역 비율은 입지 가능성이 큰 지역이나 도시를 선정하는 데 사용하며, 상권 비율은 주로 주어진 점포에 대한 가능 매상고를 산정하는 데 사용한다.
③ 점포공간 매출액 비율법 또는 매장 면적 비율법은 어떤 지역에 입지한 한 소매점의 매출액 점유율은 그 지역의 전체 소매 매장 면적에 대한 해당 점포의 매장 면적의 비율에 비례할 것이라는 가정하에서, 상권 내 동일 업종의 총 매장 면적에서 점포의 매장 면적이 차지하는 비율을 이용하여 해당 점포의 매출액을 추정한다.
④ 비율법의 가장 큰 장점은 간단하다는 것이며, 비율법에 사용되는 자료는 손쉽게 구할 수 있고, 분석비용도 다른 어떤 것보다 저렴하다.
⑤ 상권 확정에 분석자의 주관성이 많이 개입되며, 가능 매상고에 대한 예측력이 떨어진다는 단점이 있다.

> **짚고 넘어가기** 시장점유율법(market share approach)
> 1. 시장점유율법은 신규점포의 예상 매출액을 예측하는 방법 중 하나이다. 시장점유율은 시장의 총잠재매출액 중에서 차지하는 특정 점포의 매출액 비율이다.
>   시장점유율 = 점포의 가구당 매출액/가구당 잠재 매출액으로 계산된다.
> 2. 시장점유율법에서 상권 내 업태의 연 매출액 추정을 위해 필요한 요소는 상권 내 특정 업태 혹은 점포에서의 소비(지출)액 비율, 가구당 연 소득 금액 중 특정 상품에 대한 소비(지출)액 비율, 가구당 평균 소득액 등이다.
> 3. 그 절차는 업태의 상권을 추정하여 상권 내 인구수를 파악한 다음 1인당 소비액을 추정하고, 인구수와 1인당 소비액을 곱하여 총 시장 잠재력을 구한 다음 상권 내의 총면적 대비 신규점포의 비율을 구한다.

(5) 회귀분석(regression analysis) 기출 24-2, 23-3, 20-2, 19-1, 18-1, 16-1, 15-3, 15-2, 15-1

① 회귀분석의 의의
회귀분석은 종속변수에 영향을 미치는 하나 또는 그 이상의 독립변수를 파악하여 종속변수와 독립변수의 상관관계를 선형관계식(최소자승선)으로 나타내는 방법이다. 이를 통하여 독립변수가 변화할 때 종속변수에 미치는 영향을 파악할 수 있다.
② 회귀분석의 특징
  ㉠ 회귀분석은 수집된 자료에 기초하여 종속변수와 독립변수 간의 상관관계를 회귀식(최소자승선)을 이용하여 분석하는 모형이므로 서술적 모형으로 분류한다.
  ㉡ 소매점포의 성과에 영향을 미치는 요소(상권 내 경쟁수준 및 소비자들의 특성 등)를 파악하는 데 도움이 된다.
  ㉢ 독립변수가 2개 이상인 다중회귀분석에서 모형에 포함되는 독립변수들이 서로 관련성이 높은 경우 다중공선성(multicollinearity) 문제를 발생시키므로 모형의 독립변수들이 서로 독립적이고 상호관련성이 없다고 가정한다.
  ㉣ 단계적 회귀분석(stepwise regression)기능을 사용하면 다중공선성의 문제를 해결하는 데 도움이 될 수 있다.
  ㉤ 회귀분석에서는 표본의 수가 충분하게 확보되어야 하는데, 실무적으로는 유사한 거래특성과 상권을 가진 점포들의 표본을 충분히 확보하기 어렵다는 문제점을 지닌다.

2. 규범적 모형에 의한 상권분석

(1) 중심지이론(Central Place Theory) 빈출 24-2, 24-1, 23-3, 23-1, 22-3, 22-1, 21-2, 21-1, 19-2, 17-3, 16-3, 16-2, 16-1, 15-3

① 중심지이론의 의의
- ㉠ 크리스탈러(Walter Christaller)의 중심지이론은 한 지역 내의 생활 거주지(취락)의 입지 및 수적 분포, 취락들 간의 거리관계와 같은 공간구조를 중심지 개념에 의해 설명하려는 이론이다.
- ㉡ 중심지이론에 의하면 한 도시(지역)의 중심지 기능의 수행 정도는 일반적으로 그 도시(지역)의 인구 규모에 비례하며, 중심도시(지역)를 둘러싼 배후상권의 규모도 도시(지역)의 규모에 비례하여 커진다.
- ㉢ 여기서 중심지는 배후 지역에 대해 다양한 상품과 서비스를 제공하고 교환의 편의를 도모해 주는 장소를 말하며, 일반적으로 모든 도시는 중심지 기능을 수행한다. 중심지 기능이란 도시의 여러 기능 중 도소매업, 교통, 행정, 기타 서비스업 등의 3차 산업의 기능을 말한다.
- ㉣ 중심지이론의 핵심은 한 도시 내의 상업 중심지가 포괄하는 상권의 규모는 도시의 인구 규모에 비례하여 커진다는 것이다.

② 중심지이론의 특징
- ㉠ 도시의 분포와 기능에 대한 이론으로, 독일 남부 지역의 도시를 대상으로 실증 분석한 결과를 기초로 성립되었다.
- ㉡ 크리스탈러는 중심성의 크고 작음에 따라 도시를 상하 계층으로 나누고, 이들 중심지의 기능 및 중심성의 문제에 대하여 이론적 체계를 세웠다.
- ㉢ 여기에서 말하는 중심지란 그 주변 지역에 재화나 서비스를 공급하는 중심 기능을 갖는 장소이다. 중심지는 그 기능이 넓은 지역에 미치는 고차 중심지로부터 그보다 작은 기능만 갖는 저차 중심지까지 여러 가지 계층으로 나뉘는데, 이와 같이 상대적인 의미에 있어서 도시의 기능 정도를 중심성이라 부른다.
- ㉣ 공급의 합리성만을 추구하는 경우, 중심지와 교통로·행정 구획과의 관계가 합리적이지 못할 수 있으므로 공급 원리와는 별도로 교통 원리·행정 원리에 근거한 중심지 시스템 모델을 추구한다.

③ 중심지이론의 기본 전제
- ㉠ 지표 공간은 균질적 표면으로 되어 있고, 한 지역 내의 교통수단은 오직 하나이며, 운송비는 거리에 비례한다.
- ㉡ 인구는 공간상에 균일하게 분포되어 있고, 주민의 구매력과 소비 행태는 동일하다.
- ㉢ 인간은 합리적인 사고에 따라 의사결정을 하며, 최소의 비용과 최대의 이익을 추구하는 경제인이다.

④ 중심지이론의 주요 내용
- ㉠ 상업 중심지로부터 중심지 기능(또는 상업 서비스 기능)을 제공받을 수 있는 가장 이상적인 배후상권의 모양은 정육각형이며, 정육각형의 형상을 가진 배후상권은 중심지 기능의 최대 도달거리와 최소수요 충족거리가 일치하는 공간구조이다.
- ㉡ 중심지이론의 핵심적인 개념은 중심지, 중심지 기능의 최대 도달거리, 최소수요 충족거리, 육각형 형태의 배후지 모양, 중심지 계층 등이다.
- ㉢ 중심지 기능의 최대 도달거리(range)란 중심지가 수행하는 상업적 기능이 배후지에 제공될 수 있는 최대(한계)거리를 말한다. 즉, 배후지에 거주하는 소비자가 상품을 구매하기 위해 중심지까지 움직이는 최대거리를 의미한다.
- ㉣ 상업 중심지의 계속적인 존립을 위해 최소한의 정상 이윤이 확보되어야 하며, 이를 위해 일정 지역 범위 내의 소비자들로부터 최소한의 수요가 발생되어야 한다.
- ㉤ 상업 중심지의 정상 이윤 확보에 필요한 최소한의 수요를 발생시키는 상권범위를 최소수요 충족거리(threshold)라고 한다. 결국 최소수요 충족거리는 (상업)중심지의 존립에 필요한 최소한의 고객이 확보된 배후지의 범위이다.

ⓗ 동일 계층의 중심지가 하나라면 배후지의 형태는 원형이고, 최소수요 거리와 재화의 도달거리가 일치한다. 그러나 동일 계층의 중심지가 다수 분포할 경우 이상적인 배후지는 정육각형의 형태이고, 최대 도달거리가 최소수요 충족거리보다 클 경우 중심지가 형성된다고 주장하였다.

ⓢ 중심지이론에 의하면 한 지역 내 거주자들이 모든 상업 중심지로부터 중심지 기능(최적 구입 가격으로 상품을 구입하는 것)을 제공받을 수 있고, 상업 중심지들 간에 안정적인 시장 균형을 얻을 수 있는 이상적인 상권 모형은 원형이 아닌 정육각형의 형상이다. 정육각형의 상권 모형에서는 최대 도달거리와 최소수요 충족거리가 일치한다.

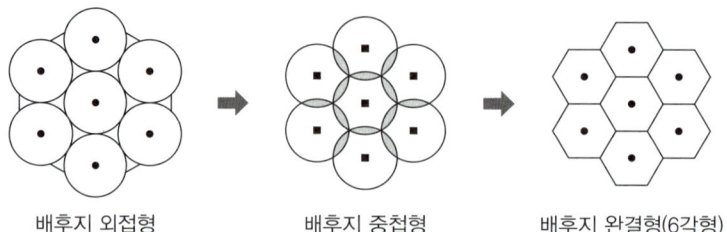

배후지 외접형 → 배후지 중첩형 → 배후지 완결형(6각형)

ⓩ 중심지이론에서 다루는 중요 개념의 하나로 중심지 계층의 포함 원리(또는 포섭 원리)라는 것이 있는데, 이는 고차 중심지의 육각형의 상권 안에 차수가 작은 중심지들의 배후 상권이 어떻게 분할·포함되는지를 설명한다.

(2) **소매인력법칙(the law of retail gravitation)** 빈출 24-1, 22-2, 22-1, 20-3, 20-추가, 20-2, 18-3, 18-1, 17-3, 17-2, 16-3, 16-2, 15-1

① 레일리의 소매인력법칙

㉠ 윌리엄 레일리(W. Reilly)의 소매인력법칙은 점포들의 밀집도가 점포의 매력도를 증가시키는 경향이 있음을 나타내는 법칙으로, 주로 이웃 도시들 간의 상권 경계를 결정하는 데 이용한다.

㉡ 소매인력법칙에 의하면 두 경쟁 도시가 그 중간에 위치한 소도시의 거주자들을 끌어들일 수 있는 상권 규모는 인구에 비례하고, 각 도시와 중간 도시 간의 거리에 제곱에 반비례한다.

㉢ 두 도시(A, B)의 크기(인구)를 P_A와 P_B, 중간에 위치한 소도시로부터 두 도시까지의 거리를 D_A와 D_B라고 하면 상권의 경계는 다음 식으로 구할 수 있다.

$$\frac{R_B}{R_A} = \frac{P_B}{P_A} \times \left(\frac{D_A}{D_B}\right)^2$$

㉣ 레일리의 법칙에 의하면 보다 많은 인구를 가진 도시는 그 지역에 보다 많은 점포(상품구색)들이 위치하고, 따라서 더 많은 쇼핑 기회를 제공할 가능성이 많으므로, 원거리에 위치한 고객들이 기꺼이 쇼핑하러 찾아온다는 것이다.

② 소매인력법칙의 한계

㉠ 특정 상업지구까지의 거리는 주요 도로를 사용하여 측정되나, 소비자들이 샛길이나 간선 도로를 이용할 경우에 거리는 보다 길지만 여행시간이 짧게 걸릴 수 있으므로 상업지구까지의 거리보다 여행시간이 보다 나은 척도가 될 수 있다.

ⓒ 실제 거리는 소비자가 생각하는 거리와 일치하지 않을 수도 있지만 이를 고려하지 않고 있다.

> [예제] A도시의 인구는 20만 명, B도시의 인구는 40만 명, 중간에 위치한 C도시의 인구는 6만 명이다. A도시와 C도시의 거리는 5km, C도시와 B도시의 거리는 10km인 경우 레일리(J. W. Reilly)의 소매인력 이론에 의하면 C도시의 인구 중에서 몇 명이 A도시로 흡수되는가?
> [해설] 레일리(J. W. Reilly)의 소매인력(중력)법칙의 요점은 두 도시 간 상거래의 흡인력은 두 도시의 크기(인구 또는 상점 수)에 비례하고, 두 도시 간의 거리의 제곱에 반비례한다는 이론이다.
> 따라서 A도시와 B도시의 흡인력은 20만 명/5^2=0.8 대 40만 명/10^2=0.40이다.
> 즉, 2:1이므로 6만 명 중 4만 명은 A도시로, 2만 명은 B도시로 흡수된다.

③ 컨버스의 수정 소매인력의 법칙 빈출 24-1, 23-3, 22-3, 22-2, 22-1
　㉠ 컨버스(Paul D. Converse)는 레일리의 소매인력법칙을 수정하여, 두 도시 사이의 거래가 분기되는 중간 지점의 정확한 위치를 결정하기 위해 거리가 멀어짐에 따라 구매 이동이 줄어드는 현상을 거리−감소 함수로 파악하여 거리와 구매빈도 사이의 관계를 역의 지수 함수의 관계로 도출하였다.
　ⓒ 컨버스의 제1법칙은 경쟁 도시인 A와 B에 대해서 어느 도시로 소비자가 상품을 구매하러 갈 것인가에 대한 상권 분기점을 찾아내는 것이다. 이것은 주로 선매품과 전문품에 적용되는 모델이다.

$$D_A = \frac{D_{AB}}{1+\sqrt{\frac{P_B}{P_A}}} \quad \text{또는} \quad D_B = \frac{D_{AB}}{1+\sqrt{\frac{P_A}{P_B}}}$$

　ⓒ 컨버스의 제2법칙은 소비자가 소매점포에서 지출하는 금액이 거주 도시와 경쟁 도시 중 어느 지역으로 흡수되는 가에 대한 것으로 중소 도시의 소비자가 선매품을 구입하는 데 있어 인근 대도시로 얼마나 유출되는지를 설명해 주는 이론이다.

> [예제] 민주는 서울시(인구 1,000만 명)와 인천시(인구 250만 명) 사이에 있는 부천시에 살고 있다. 민주가 살고 있는 집은 서울시에서 24km, 인천시에서는 12km 떨어진 곳에 위치해 있다. Converse의 수정소매인력법칙을 적용하여 민주의 쇼핑행동을 설명하면? (서울시와 인천시 인구는 계산편의를 위해 사용된 가상수치임)
> [해설] 컨버스는 레일리(William J. Reilly)의 소매인력법칙을 수정하여 두 도시 또는 두 지역 간 상권의 분기점을 계산할 수 있는 분기점 공식을 제시하였다.
> 도시 B의 상권의 한계점 $D(B) = \frac{d}{1+\sqrt{\frac{P(A)}{P(B)}}}$ 이다. 여기서 d는 두 도시 간의 거리, P(A)와 P(B)는 두 도시의 인구이다. 주어진 자료를 식에 대입하면 $D(B) = \frac{36km}{1+\sqrt{\frac{250}{1,000}}} = 24km$이다.
> 즉, 상권의 경계는 서울시로부터 24km 떨어진 곳이므로 민주는 두 상권의 분기점에 위치하고 있다. 따라서 민주는 두 도시를 무차별적으로 선택할 수 있는 경계지역에 있다.

(3) 티센다각형(Thiessen Polygon) 모형 `기출` 24-2, 22-2, 20-추가, 19-2, 18-1, 17-2, 16-2, 15-2

① 모형의 의의
- ㉠ 상권구획(상권분할) 기법으로서 근접구역법은 소비자들이 유사 점포 중에서 선택을 할 때 자신들에게 가장 가까운 점포를 선택한다는 가정을 토대로 소매점포의 매출액을 추정하는 기법이다.
- ㉡ 여기서 근접구역이란 당해 점포가 다른 경쟁점포보다 공간적인 이점을 가진 구역을 의미한다. 이러한 근접구역의 경계를 설정하는 모형이 티센다각형이다.

② 모형의 기본 가정
- ㉠ 소비자들이 유사한 점포들 중에서 점포를 선택할 때는 가장 가까운 점포를 선택한다고 가정한다.(최근접 상가 선택 가설)
- ㉡ 소매점포들이 규모나 매력도에 있어서 유사하다고 가정한다.

③ 모형의 주요 내용
- ㉠ 티센다각형은 상권에 대한 기술적이고 예측적인 도구로 사용될 수 있고, 시설 간 경쟁 정도를 쉽게 파악할 수 있다. 티센다각형으로 경쟁 수준을 알 수 있는데, 경쟁 수준이 높으면 다각형이 작아진다.
- ㉡ 티센다각형은 점으로부터 연산에 의해 생성되는 다각형으로, 이 다각형은 다각형 내의 어떠한 위치에서도 다각형 내부에 위치한 한 점까지의 거리가 다른 다각형 내에 위치한 거리보다 가깝도록 다각형의 경계가 설정된다. 따라서 상권분할 등에 많이 사용된다.
- ㉢ 두 다각형의 공유 경계선상에 위치한 부지를 신규점포 부지로 선택할 경우 이곳은 두 곳의 기존점포들로부터 최대의 거리를 둔 입지가 된다.
- ㉣ 소매점포들이 규모나 매력도에 있어서 유사하다고 가정하며 각각의 티센다각형에 의해 둘러싸인 면적은 다각형 내에 둘러싸인 점포의 상권을 의미한다.
- ㉤ 다각형의 꼭짓점에 있는 부지는 기존점포들로부터 멀리 떨어져 있는 위치로 신규점포 부지로 선택하는 것이 유리하다.

3. 확률적 모형에 의한 상권분석

(1) 확률적 모형의 의의와 특징 `기출` 24-2, 24-1, 19-1

① 확률적 모형의 의의
- ㉠ 신규점포의 매출액 및 상권범위를 예측하고 점포의 성과(매출액)와 이에 영향을 미치는 소매 환경 변수 간의 관계를 평가하는 데 있어 확률적 모형을 많이 이용한다.
- ㉡ 확률적 모형은 해당 상권 내의 경쟁점포들에 대한 소비자의 지출 패턴이나 소비자의 쇼핑여행 패턴을 반영하여 특정 점포의 매출액과 상권 규모를 보다 정확하게 예측 가능하게 한다.

② 확률적 모형의 특징
- ㉠ 확률적 모형의 출발점은 한 상권 내에서 특정 점포가 끌어들일 수 있는 소비자의 점유율은 점포까지의 방문 거리에 반비례하고 해당 점포의 매력도에 비례한다는 가정으로, 레일리의 법칙과 유사하지만 확률적 모형에서는 상권의 크기를 결정하는 데 있어 소비자의 행동을 고려한다는 점에서 차이가 있다.
- ㉡ 즉, 확률적 모형은 소비자가 상권 내의 여러 점포들 중 한 점포를 선택하는 데 있어 점포까지의 거리 또는 접근 가능성과 그 점포의 매력도를 비교·평가하는 과정을 모형에 반영하여, 이들 간의 관계를 실증 분석을 통해 확인할 수 있도록 한다.

③ 확률적 모형의 근거와 공통점
- ㉠ 확률적 점포 선택 모형은 루스(R. D. Luce)의 선택 공리(Luce Choice Axiom)에 이론적 근거를 두고 개발된 것이다. 루스 모델은 어떤 소비자가 점포 j를 선택할 확률은 그가 고려하는 점포 대안들의 개별 효용의 총합에 대한 점포 j의 효용의 비율에 의해서 결정된다는 것이다.

ⓒ 확률적 점포 선택 모형에는 루스 모형, 허프 모형 및 MNL 모형 등 여러 가지가 있는데, 이들 모형은 소비자의 점포 선택이 결정적이 아니라 확률적인 현상으로 보고 있다는 점에서 공통점이 있다.

④ 루스(Luce)의 선택공리 기출 24-2, 24-1, 23-1, 21-1, 17-1, 16-1, 15-2
  ㉠ 루스의 선택공리는 매출액이나 상권의 범위를 확률적으로 예측하는 상권분석 기법들에서 이론적 근거로 이용된다.
  ㉡ 공간상호작용모델(SIM)은 소매점의 상권분석과 입지 의사결정에 이용하는 근거가 된다.
  ㉢ 특정 선택대안의 효용이 다른 대안보다 높을수록 선택될 확률이 높다고 가정한다. 어떤 대안이 선택될 확률은 그 대안이 갖는 효용을 전체 선택대안들이 가지는 효용의 총합으로 나눈 값과 같다고 본다.
  ㉣ 소비자가 어느 점포에 대해 느끼는 효용이 가장 크더라도 항상 그 점포를 선택하는 것은 아니라고 인식한다.

(2) **허프의 확률 모형** 빈출 24-2, 24-1, 23-1, 22-3, 22-2, 22-1, 21-2, 21-1, 20-3, 20-추가, 19-3, 17-3, 16-2, 15-3, 15-2, 15-1

① 허프 모형의 의의
  ㉠ 데이빗 허프(David Huff)의 모형은 소비자들의 점포 선택과 소매상권의 크기를 예측하는 데 널리 이용되어 온 확률적 점포 선택 모형이다.
  ㉡ 레일리나 컨버스의 이론, 즉 상권 경계선 모델은 지역이나 도시의 고객 흡인력이 각각의 지역의 인구 규모에 의해 결정되는 것으로 보았으나, 허프는 도시 내 소비자의 공간적 수요 이동과 각 상업 중심지가 포괄하는 상권의 크기를 측정하기 위해 거리 변수 대신에, 거주지에서 점포까지의 교통 시간을 이용하여 모형을 전개하였다.

② 허프 모형의 가정
  ㉠ 소비자의 특정 점포에 대한 효용은 점포의 크기와 점포까지의 거리(또는 시간)에 좌우, 즉 소비자의 점포에 대한 효용은 점포의 매장이 크면 클수록 증가하고, 점포까지의 거리는 멀수록(또는 시간이 많이 걸릴수록) 감소한다는 것이다. (허프 모형은 소비자들의 점포 선택에 영향을 미치는 주요 요인을 점포의 규모, 점포까지의 거리와 시간이라고 가정한다)
  ㉡ 루스의 모형에 따라 특정 점포에 대한 선택 확률은 소비자가 방문을 고려하는 대안 점포들의 효용의 총합에 대한 해당 점포의 효용의 비율로 표시된다.

[예제] A도시의 i존에 거주하는 주민이 선택 대안으로 검토하는 쇼핑시설은 다음과 같다. i존에서 거주하는 주민들이 c쇼핑센터에서 지출할 것으로 예상되는 월간 의류 구매액을 Huff 모델을 적용하여 계산하면 얼마인가? (단, i존의 인구는 1,000가구이고, 해당 상품은 의류이며, 가구당 월평균 의류비 지출은 120,000원이다. 모수 값은 점포 규모에 비례하고, 거리의 제곱에 반비례한다.)

쇼핑센터명	쇼핑센터 규모	거리
a쇼핑센터	250,000m^2	5km
b쇼핑센터	90,000m^2	3km
c쇼핑센터	360,000m^2	6km

[해설] 이 지역의 총예상 매출액=1,000가구×120,000원=1억 2천만 원이다. 그리고 쇼핑센터 a의 효용은 $25/5^2=1$, 쇼핑센터 b의 효용=$9/3^2=1$, 쇼핑센터 c의 효용=$36/6^2=1$이다. 세 쇼핑센터에서의 구매 확률은 모두 동일하며 여기서 쇼핑센터 c에서의 구매 확률은 1/3이다.
따라서 쇼핑센터 c의 예상 매출액은 1억 2천만 원/3=4천만 원이다.

③ 허프 모형의 주요 내용
　㉠ 소비자는 지역 내의 여러 상업 집적이 자신에게 제공하는 효용이 상대적으로 큰 것을 비교하여 점포를 선택하는 것에 대해, 효용의 상대적 크기를 상업 집적의 면적 규모와 소비자의 거주지로부터의 거리에 따라 결정되는 것을 전제하여 모델을 작성하였다. 다시 말하면 거리가 가깝고 매장 면적이 큰 점포가 큰 효용을 준다는 것이다.
　㉡ 허프의 모형을 통해 상업시설 간 경쟁구조의 파악이 가능하고, 최적의 상업시설 또는 최적의 매장 면적에 대한 유추가 가능하다.

> [예제] 일반적으로 소비자가 특정 소매점포에서 구매할 가능성은 점포의 매장 면적이 커질수록 높아지고(비례), 점포까지의 거리가 멀수록 낮아진다고 한다(반비례). 미나가 사는 지역에는 A, B, C 세 개의 쇼핑센터가 있다. 미나네 집에서 A, B, C 쇼핑센터까지는 각각 1km, 2km, 2km 떨어져 있고, 쇼핑센터의 매장 면적은 각각 1,000m^2, 2,000m^2, 4,000m^2이다. Huff의 모형을 고려한다면 미나가 각 쇼핑센터를 이용할 확률은? (면적과 거리의 모수는 절대값으로 각 1의 값을 가진다.)
> [해설] 쇼핑센터 A의 효용은 1,000/1^1=1,000, 쇼핑센터 B의 효용=2,000/2^1=1,000, 쇼핑센터 C의 효용=4,000/2^1=2,000이다. 따라서 A쇼핑센터에서의 구매 확률은 1,000/4,000=0.25이고, B쇼핑센터에서의 구매 확률은 1,000/4,000=0.25이다. 그리고 C쇼핑센터에서의 구매 확률은 2,000/4,000=0.5이다.

④ 예상 매출액의 추정 절차
　허프의 모형은 신규점포의 예상 매출액 추정에 널리 활용되는 기법이다. 예상 매출액을 추정하는 절차는 다음과 같다.
　㉠ 신규점포를 포함하여 분석 대상 지역 내의 점포 수와 규모를 파악하고, 분석 대상 지역을 몇 개의 구역으로 나눈 다음 각 구역의 중심지에서 개별점포까지의 거리를 구한다.
　㉡ 각 구역별로 허프 모형의 공식을 활용하여 점포별 이용 확률을 계산하고, 각 구역별 소매 지출액에 신규점포의 이용 확률을 곱하여 구역별로 신규점포의 예상 매출액을 구하고 이를 합산한다.
　㉢ 이 모형에서 신규점포의 예상 매출액=특정 지역의 잠재수요의 총합×특정 지역으로부터 계획지로의 흡인율이다. 또한 허프의 모형에서 지역별 또는 상품의 잠재수요=지역별 인구 또는 세대수×업종별 또는 점포별 지출액으로 구할 수 있다.

⑤ 허프 모형의 한계
　㉠ 특정 점포의 매력도를 점포의 크기만으로 측정하는 데 문제가 있다.
　㉡ 점포 매력도가 점포 크기 이외에 취급 상품의 가격, 판매원의 서비스 등 다른 요인들로부터 영향을 받을 수 있다는 점을 고려하지 않는다.

(3) **수정 허프(Huff) 모형** 빈출 24-2, 23-2, 21-3, 21-1, 20-3, 20-추가, 19-3, 16-3, 16-1
① 수정 허프 모형의 의의
　㉠ 수정 허프 모형은 허프 모형의 한계를 보완하기 위해 점포의 크기 이외에 점포의 이미지 관련 변수, 대중교통 수단의 이용 가능성 등 점포 매력도에 영향을 미치는 여러 변수들을 추가하여 예측력을 개선한 것이다.
　㉡ 수정 허프 모형은 일본의 통산성이 고안하여 상업 조정에 실제로 이용되고 있는데 이는 소비자가 어느 상업지에서 구매하는 확률은 그 상업 집적의 매장 면적에 비례하고 그곳에 도달하는 거리의 제곱에 반비례한다는 것을 공식화한 것이다.

② 수정 허프 모형의 특징
　㉠ 수정 허프 모형은 실무적 편의를 위해 점포 면적과 거리에 대한 민감도를 따로 추정하지 않는다.
　㉡ 점포 면적과 이동 거리에 대한 소비자의 민감도는 1과 −2로 고정하여 인식한다.

ⓒ 허프 모형과 같이 점포 면적과 점포까지의 거리 두 변수만으로 소비자들의 점포 선택 확률을 추정할 수 있다.
ⓔ 허프 모형보다 정확도는 낮을 수 있지만, 일반화하여 쉽게 적용하고 대략적 추정을 가능하게 한 것이다.

> **짚고 넘어가기** 점포의 매력도에 영향을 미치는 요인
>
> - 점포의 규모는 점포의 상품구색을 반영하는 지표가 되어 소비자의 점포 선택에 중요한 결정 변수가 되고 있다.
> - 점포의 위치와 크기가 점포 선택에 있어 중요한 변수이지만 취급 상품의 특성에 따라 점포 위치와 크기의 중요성이 달라질 수 있다. 예를 들면, 식료품 등 일상적으로 구매되는 품목들의 경우에는 소비자의 거주지에서 가까운 점포일수록 그 점포가 선택될 확률이 높아진다.
> - 일용품을 주로 취급하는 점포들은 점포의 위치가 매우 중요한 요인이 된다. 즉, 고객이 접근하기 편리한 위치에 입지하는 것이 시장에서의 핵심적 성공 요인이다.
> - 가전제품이나 고급 의류와 같은 상품은 점포의 위치, 매장 면적 등 점포 속성보다는 상표 이미지가 상품 선택에 보다 결정적인 역할을 하게 된다. 따라서 이러한 고관여 상품을 구매하는 소비자는 점포의 위치가 크게 중요하지 않으며, 자신이 선호하는 상표를 취급하는 점포를 방문하기 위해 기꺼이 멀리 가고자 한다.

(4) MNL 모형 〔기출〕 22-3, 22-1, 21-1, 20-추가, 15-3, 15-1

① MNL 모형의 의의

ⓐ 1980년대 이후 소비자의 점포 선택 행위와 특정 점포의 시장점유율을 예측하는 데 많이 이용되고 있는 허프 모형 이외의 또 다른 확률적 선택 모형이 MNL(MultiNomial Logit) 모형, 즉 다항로짓모형이다.

ⓑ MNL 모형은 루스(R. D. Luce)의 선택 공리 이론에 근거한 모델로, 소비자의 집합적 선택자료를 이용하여 공간 선택의 행동을 설명하려는 것이다.

② MNL 모형의 가정

ⓐ 소비자의 특정 점포 대안에 대한 효용은 결정적 요소와 무작위 요소로 구성된다. 결정적 요소는 관찰 가능한 점포 대안들의 점포 속성들 또는 소비자의 특성들의 영향을 반영하며, 무작위 요소는 결정적 요소에서 고려되지 않은 기타 변수들의 효과를 반영하는 부분이다.

ⓑ 확률적 효용 극대화 이론에 근거하여 소비자는 고려하고 있는 점포 대안들 중에서 가장 효용이 높은 점포를 선택한다. 이 이론에 의하면, 특정 점포 대안이 선택될 확률은 그 대안이 가지는 효용이 다른 점포 대안들보다 클 확률과 같다.

ⓒ 무작위적 요소(오차항)는 서로 독립적이다.

③ MNL 모형의 주요 내용

ⓐ MNL 모형은 상권 내 소비자들의 각 점포에 대한 개별적인 쇼핑여행에 관한 관측 자료를 이용하여 각 점포에 대한 선택 확률의 예측은 물론, 각 점포의 시장점유율 및 상권의 크기를 추정할 수 있다.

ⓑ 소비자의 점포 선택 행위는 각 대체 점포가 갖는 특성 중에서 소비자가 알고 있는 결정적 요소와 무작위적 요소에 대한 평가로 결정된다.

(5) MCI 모형

① 확률 모형인 MCI(Multiplicative Competitive Interaction) 모형은 허프(Huff)의 확률 모형을 확장하여 점포의 다양한 매력을 고려한 모형이다.

② 허프의 모형은 거리와 매장 면적만을 고려하여 점포의 효용을 구하고 있지만, MCI 모형은 소비자들의 점포 선택 행위는 거리와 매장 면적 이외에도 상품구색 효용, 판매원의 서비스 효용 등 여러 요인을 평가하여 결정한다고 하였다.

[예제] 점포의 다양한 매력을 고려한 MCI 모형에서 상품구색 효용, 판매원의 서비스 효용, 상업시설까지의 거리 효용 등이 다음과 같을 때, B백화점을 찾을 확률은?

구분		상품구색에 대한 효용치	판매원 서비스에 대한 효용치	상업시설까지의 거리에 대한 효용치
A	할인점	2	5	10
B	백화점	5	4	5
C	상점가	5	5	6
D	쇼핑센터	10	5	3

[해설] 확률적 모형의 하나인 MCI 모형에서는 상품구색에 대한 효용치와 판매원 서비스에 대한 효용치, 거리에 대한 효용치를 곱한 값으로 확률을 계산한다. A할인점의 효용은 100, B백화점의 효용은 100, C상점가의 효용은 150, D쇼핑센터의 효용은 150이다.

따라서 B백화점을 찾을 확률은 $\frac{100}{100+100+150+150}$=0.2, 즉 20%이다.

(6) **공간상호작용모델(SIM: Spatial Interaction Model)** 기출 22-1, 21-1, 20-추가, 15-1
① 공간상호작용모델의 의의
㉠ Huff 모형, MNL 모형 등의 공간상호작용모델은 한 점포의 상권범위는 거리에 반비례하고 점포의 유인력에 비례한다는 원리를 토대로 한다.
㉡ 소비자의 점포 선택 행동을 확률적 현상으로 인식하고, 소비자에게 인지되는 효용이 클수록 그 점포가 선택될 가능성이 커진다는 것이다.
㉢ 공간상호작용개념은 지리학에서 유래된 것으로, 공간상의 지점들 간 모든 종류(사람, 물품, 돈 등)의 흐름을 공간상호작용이라고 한다.
㉣ 접근성과 매력도를 교환하는 방식으로 대안 점포들을 비교하고 선택한다고 본다.
㉤ 소비자의 실제 선택 자료를 활용하여 점포 매력도와 통행 거리와 관련한 모수(민감도) 값을 추정한다.
② 모델의 기본 가정
㉠ 공간상호작용모델에서 점포 매출에 영향을 미치는 통행 거리 등 영향 변수의 민감도 계수는 상황에 따라 변화할 수 있다고 가정한다.
㉡ 예를 들어 MNL 모형의 가정 첫 번째는 소비자의 특정 점포 안에 대한 효용은 결정적 요소와 무작위 요소로 구성된다는 것이다. 결정적 요소는 관찰 가능한 점포 대안들의 점포 속성들 또는 소비자의 특성들의 영향을 반영하며, 무작위 요소는 결정적 요소에서 고려되지 않은 기타 변수들의 효과를 반영하는 부분이다.

> **짚고 넘어가기** 예상매출액을 추정할 수 있는 상권분석 모형 기출 24-1, 23-2, 22-3, 21-2
> • 상권 범위 내 소비자들이 특정점포를 선택할 확률을 근거로 예상매출액을 추정할 수 있는 상권분석 기법은 확률적 모형 중 Huff모델, MNL모델이다.
> • 기술적 모형 중 유추법(또는 유사점포법)에 의해서도 예상매출액을 추정할 수 있으나, 체크리스트법에 의해서는 예상매출액을 추정할 수 없다.

**에듀윌이
너를
지지할게**
ENERGY

모든 시작에는
두려움과 서투름이
따르기 마련이에요.

당신이 나약해서가 아니에요.

핵심 기출문제

PART 01 유통상권조사

01
20년 2회

상권 및 입지에 대한 아래의 내용 중에서 옳지 않은 것은?

① 상권의 성격과 업종의 성격이 맞으면 좋지 않은 상권에서도 좋은 성과를 올릴 수 있다.
② 상권이 좋아야 좋은 점포가 많이 모여들고 좋은 점포들이 많이 모여들면 상권은 더욱 강화된다.
③ 소매점을 개점하기 위해서는 점포 자체의 영업능력도 중요하지만 상권의 크기나 세력도 매우 중요하다.
④ 동일한 상업지구에 입지하더라도 규모 및 취급상품의 구색에 따라 개별점포의 상권의 범위는 달라질 수 있다.
⑤ 지구상권을 먼저 정하고 지역상권을 정하는 것이 일반적인 순서이다.

상권을 선정할 때는 가장 넓은 범위의 지역상권을 먼저 정하고 지역상권의 범위 내에서 지구상권을 정한 후 개별점포상권을 결정하는 것이 일반적인 순서이다.

정답 | ⑤

02
17년 2회

다음 중 상권설정 및 상권에 대한 설명으로 틀린 것은?

① 상권설정이란 상점으로부터 고객을 흡인하게 되는 지리적 영역인 상권의 범위가 어느 정도인지를 파악하는 것을 말한다.
② 판매권이란 소매점이 판매 대상으로 삼고 있는 지역을 말한다.
③ 상세권이란 어느 특정 상업 집단(시장 혹은 상점가)의 상업 세력이 미치는 범위를 말한다.
④ 거래권이란 소매업 등에서 사용하는 것으로 거래 상대방이 되는 고객의 소재지 위치라고 할 수 있다.
⑤ 상권은 주로 파는 쪽에서 본 것이기 때문에 소비자의 경우에는 생활권이라고 한다.

상권의 유사 개념으로 거래권, 판매권, 상세권 등이 사용된다. 여기서 거래권은 상권과 같은 의미로 사용되는 개념이다. 즉, 도매업 등에서 사용하는 개념으로 거래 상대방이 되는 고객의 소재지 범위(위치가 아님)를 의미한다.

정답 | ④

03
18년 1회, 17년 3회, 17년 1회

상권분석의 직접적 필요성에 대한 설명으로 옳지 않은 것은?

① 구체적인 입지계획을 수립하기 위해
② 잠재수요를 파악하기 위해
③ 고객에 대한 이해를 바탕으로 보다 표적화된 구색과 판매촉진전략을 수립하기 위해
④ 점포의 접근성과 가시성을 높이기 위해
⑤ 기존점포들과의 차별화 포인트를 찾아내기 위해

특정 점포의 접근성과 가시성 평가는 상권분석이 아닌 입지분석의 목적이다.

관련이론 | 상권분석의 목적
상권분석의 일반적인 목적은 점포를 개설할 상권을 선정하거나 기존점포의 활성화를 위한 마케팅전략을 수립하려는 것이다. 또한 상권의 특성과 가치를 파악하여 업종을 선택하고 매출액을 추정하려는 것이다.

정답 | ④

04

18년 1회, 15년 3회

점포의 매출을 추정하기 위해서는 먼저 상권의 규모와 특성을 조사해야 한다. 다음 중 상권 내 소비자들에 대한 횡단조사를 통해 파악하기가 가장 어려운 상권 특성은?

① 상권의 쇠퇴 또는 팽창
② 세대의 수
③ 세대별 구성원 수
④ 연령별 인구 구성
⑤ 가구별 소득 분포

횡단조사(cross sectional survey)는 일정 시점에서의 특성을 파악하는 조사이다. 상권의 쇠퇴 또는 팽창은 동일한 표본을 대상으로 일정 기간 동안 반복 조사를 통해 변화의 추이를 분석하는 종단조사(longitudinal survey)를 통해 파악할 수 있다.

정답 | ①

05

21년 1회

소비자에 대한 직접적 조사를 통해 점포 선택 행동을 분석하는 확률 모델들에 대한 설명으로 가장 옳은 것은?

① 점포에 대한 객관적 변수와 소비자의 주관적 변수를 모두 반영할 수 있는 방법에는 MNL 모델과 수정 Huff 모델이 있다.
② 공간 상호작용 모델의 대표적 분석 방법에는 Huff 모델, MNL 모델, 회귀분석, 유사점포법 등이 해당된다.
③ Huff 모델과 달리 MNL 모델은 일반적으로 상권을 세부 지역(zone)으로 구분하는 절차를 거치지 않는다.
④ Luce의 선택 공리를 바탕으로 한 Huff 모델과 달리 MNL 모델은 선택 공리와 관련이 없다.
⑤ MNL 모델은 분석 과정에서 집단별 구매 행동 데이터 대신 각 소비자의 개인별 데이터를 수집하여 활용한다.

선지분석
① MNL 모델과 수정 Huff 모델 모두 점포에 대한 객관적 변수만 반영한다.
② 회귀분석, 유사점포법(유추법)은 공간 상호작용 모델이 아니다.
③ 두 모델 모두 상권을 소규모의 세부 지역으로 나누는 절차를 거친다.
④ Huff 모델과 MNL 모델 모두 Luce의 선택 공리에 바탕을 두고 있는 확률적 모형이다.

정답 | ⑤

06

18년 3회, 17년 2회, 16년 1회, 15년 3회

지리정보시스템(GIS)의 활용으로 과학적 상권분석의 가능성이 높아지고 있는데 이와 관련한 설명으로 적합하지 않은 것은?

① 컴퓨터를 이용한 지도 작성(mapping) 체계와 데이터베이스 관리체계(DBMS)의 결합이라고 볼 수 있다.
② GIS는 공간 데이터의 수집, 생성, 저장, 검색, 분석, 표현 등 상권분석과 연관된 다양한 기능을 기반으로 한다.
③ 대개 GIS는 하나의 데이터베이스와 결합된 하나의 지도 레이어(map layer)만을 활용하므로 강력한 공간 정보 표현이 가능하다.
④ 지도 레이어는 점, 선, 면을 포함하는 개별 지도 형상(map features)으로 주제도를 표현할 수 있다.
⑤ gCRM이란 GIS와 CRM의 결합으로 지리정보시스템(GIS) 기술을 활용한 고객관계관리(CRM) 기술을 가리킨다.

GIS는 여러 겹의 지도 레이어를 활용하여 상권의 중첩(overlay)을 표현할 수 있다.

관련이론 | 지리정보시스템(GIS)

GIS는 컴퓨터를 이용한 지도 작성 체계와 데이터베이스 관리체계(DBMS)의 결합이다. 지리정보시스템(GIS: Geographical Information System)은 각종 지리적 자료를 수집·저장·분석·출력할 수 있는 컴퓨터 응용 시스템이다.
즉 GIS는 지리 정보를 컴퓨터를 이용해 작성·관리하고, 여기서 얻은 지리 정보를 기초로 데이터를 수집·분석·가공하여 지형과 관련되는 모든 분야에 적용하기 위해 설계된 종합 정보시스템을 말한다.

정답 | ③

07

17년 3회, 16년 2회, 15년 3회

A, B, C 세 점포의 크기와 소비자의 집으로부터 각 점포까지의 거리는 아래와 같다. 이 경우 Huff 모델을 적용하였을 때 이 소비자가 구매 확률이 가장 높은 점포 및 그 점포를 선택할 확률은? (가정: 이 소비자는 A, B, C 세 점포들에서만 상품을 구매할 수 있음. 소비자가 부여하는 점포 크기에 대한 효용은 1, 거리에 대한 효용은 −2임)

점포	거리(km)	크기(m²)
A	4	50,000
B	6	70,000
C	3	40,000

① A, 약 12.3%
② B, 약 35.5%
③ B, 약 57.3%
④ C, 약 35.5%
⑤ C, 약 46.7%

거리 모수가 −2인 경우
점포 A의 효용 = $50,000/4^2 ≒ 3,125$.
점포 B의 효용 = $70,000/6^2 ≒ 1,944$.
점포 C의 효용 = $40,000/3^2 ≒ 4,444$이다.
따라서 각 점포를 이용할 확률을 계산하면 아래 표와 같다.

점포	거리(km)	크기(m²)	모수 −2인 경우 이용 확률
A	4	50,000	3,125/9,513 ≒ 32.8%
B	6	70,000	1,944/9,513 ≒ 20.4%
C	3	40,000	4,444/9,513 ≒ 46.7%

정답 | ⑤

08

21년 3회

상권분석 방법 중 애플바움(W. Applebaum)이 제안한 유추법에 대한 설명으로 가장 옳지 않은 것은?

① 유사한 점포의 상권정보를 활용하여 신규점포의 상권 규모를 분석한다.
② 유사점포는 점포 특성, 고객 특성, 경쟁 특성 등을 고려하여 선정한다.
③ 고객스포팅기법(CST)을 활용하여 유사점포의 상권을 파악한다.
④ 유사점포의 상권을 구역화하고, 회귀분석을 통해 구역별 매출액을 추정한다.
⑤ 유사점포의 상권 구역별 매출액을 적용하여 신규점포의 매출액을 추정한다

유추법에 의한 상권분석 절차는 자사(신규) 점포의 입지조건 파악 → 유사점포 선정 → 출점 예상 상권을 소규모 지역(Zone)으로 구분 → 신규점포의 각 지역(Zone)별 예상 매출액 분석 → 신규점포의 예상 총매출액 추정이다. 회귀분석을 통해 구역별 매출액을 추정하는 것이 아니다.

정답 | ④

09
18년 3회, 18년 2회, 17년 1회

구체적 상권분석기법 중 하나로 유추법 등에서 활용되는 CST map은 유통기업의 CRM에서 소비자를 공간적으로 분석하는 데 이용되기도 하는데 다음 중 이와 관련한 설명으로 적합하지 않은 것은?

① 최근 점점 더 활용도가 높아지고 있는 GIS의 다양한 분석 기능들을 활용하면 2차원 또는 3차원의 공간 데이터를 가공하여 상권과 관련한 의사결정에 도움을 줄 수 있다.
② 새롭게 개발하는 신규점포가 기존점포의 상권을 얼마나 잠식할 가능성이 있는가를 분석하여 점포 개설, 점포 이동, 점포 확장 계획을 만들 수 있다.
③ 2차 자료인 공공 데이터를 활용해 점포 이용자 중 특정 속성을 가진 표적 소비자들을 추출하고 그들만을 대상으로 하는 차별적 판촉 전략을 수행할 수 있다.
④ 자사 점포 및 경쟁사의 점포 위치와 각 점포별 상권범위 분석을 통해 점포들 간의 상권 잠식 상태와 경쟁 정도를 측정할 수 있다.
⑤ 점포를 이용하고 있는 현재의 소비자나 잠재적 소비자들의 공간적 위치를 분석하여 상권의 범위를 파악할 수 있으며, 1차 상권, 2차 상권 및 한계 상권을 구획할 수 있다.

CST map에서는 별도로 수집한 1차 자료를 활용하여 점포 이용자 중 특정 속성을 가진 표적 소비자들을 추출하고 그들만을 대상으로 하는 차별적 판촉 전략을 수행할 수 있다. 유추법에서 2차 자료인 공공데이터에 의해서는 경쟁점포들의 마케팅전략을 파악할 수 없다.

관련이론 | CST map 기법
- CST(Customer Spotting Technique) map 기법은 애플바움(W. Applebaum)이 개발한 유추법(Analog Method)에서 상권 규모를 측정할 때 사용하는 기법으로 고객 점표법이라고도 한다.
- CST map 기법은 상권의 규모 측정은 물론 고객 특성 조사, 광고 및 판촉 전략 수립, 경쟁 정도의 측정, 점포의 확장 계획 등 소매 정책의 수립에 유용하게 이용할 수 있다.

정답 | ③

10
18년 1회, 16년 1회, 15년 3회

상권분석에 이용할 수 있는 회귀분석 모형에 관한 설명으로 가장 옳지 않은 것은?

① 소매점포의 성과에 영향을 미치는 요소들을 파악하는 데 도움이 된다.
② 모형에 포함되는 독립변수들은 서로 관련성이 높을수록 좋다.
③ 점포 성과에 영향을 미치는 영향 변수에는 상권 내 경쟁 수준이 포함될 수 있다.
④ 점포 성과에 영향을 미치는 영향 변수에는 상권 내 소비자들의 특성이 포함될 수 있다.
⑤ 회귀분석에서는 표본의 수가 충분하게 확보되어야 한다.

독립변수가 2개 이상인 다중회귀분석에서 모형에 포함되는 독립변수들이 서로 관련성이 높은 경우 다중 공선성(multicollinearity) 문제를 발생시키므로 바람직하지 않다.

관련이론 | 회귀분석(Regression Analysis)
회귀분석은 종속변수에 영향을 미치는 하나 또는 그 이상의 독립변수를 파악하여 종속변수와 독립변수의 상관 관계를 선형관계식(최소 자승선)으로 나타내는 방법이다. 이를 통하여 독립변수가 변화할 때 종속변수에 미치는 영향을 파악할 수 있다.

정답 | ②

11

17년 3회, 15년 3회

Huff 모델과 관련한 설명으로 옳지 않은 것은?

① 소비자의 점포 선택 행동을 결정적 현상으로 본다.
② 소비자로부터 점포까지의 이동 거리는 소요시간으로 대체하여 계산하기도 한다.
③ 소매상권이 연속적이고 중복적인 구역이라는 관점에서 분석한다.
④ 특정 점포의 효용이 다른 선택 대안 점포들의 효용보다 클수록 그 점포의 선택 가능성이 높아진다.
⑤ 점포 크기 및 이동 거리에 대한 민감도 계수는 상권마다 소비자의 실제 구매 행동 자료를 통해 추정한다.

허프의 모델에서 소비자의 점포 선택 행동은 확률적 현상으로 본다.

관련이론 | Huff 모델
고객이 특정 점포를 선택할 확률은 점포 크기에 비례하고 점포까지의 거리에 반비례한다고 본다. 허프의 이론은 소비자들의 점포 선택과 소매상권의 크기를 예측하는 데 널리 이용되어 온 확률적 점포 선택 모형들 중 대표적인 모형이다. 확률적 모형의 중요한 특징은 상권의 크기를 결정하는 데 있어서 소비자 행동을 고려하고 있다는 점이다.

정답 | ①

12

17년 3회

크리스탈러(Christaller)의 중심지이론과 관련된 개념, 가정에 대한 설명으로 옳지 않은 것은?

① 중심지란 배후지의 거주자들에게 재화와 서비스를 제공하는 상업기능이 밀집된 장소를 말한다.
② 배후지란 중심지에 의해 서비스를 제공받는 주변지역으로서 구매력이 균등하게 분포하고 끝이 없이 동질적인 평지라고 가정한다.
③ 중심지기능의 최대 도달거리(도달범위)는 중심지에서 제공되는 상품의 가격과 소비자가 그것을 구입하는 데 드는 교통비에 의해 결정된다.
④ 도달범위란 중심지 활동이 제공되는 공간적 한계를 말하는데 중심지로부터 어느 재화에 대한 수요가 1이 되는 곳까지의 거리를 의미한다.
⑤ 상업중심지의 정상이윤 확보에 필요한 최소한의 수요를 발생시키는 상권범위를 최소수요 충족거리라고 한다.

중심지 기능의 도달범위 또는 최대 도달거리는 중심지가 수행하는 상업적 기능이 배후지에 제공될 수 있는 최대(한계) 거리를 말한다. 즉, 배후지에 거주하는 소비자가 상품을 구매하기 위해 중심지까지 움직이는 최대 거리를 의미한다.

관련이론 | 크리스탈러의 중심지이론의 핵심
크리스탈러는 중심지의 최대 도달거리가 최소 수요 충족거리보다 커야 상업시설이 입지할 수 있다고 주장하였다.

정답 | ④

13

18년 1회, 16년 3회

레일리(Reilly) 법칙을 이용하여, C지점의 구매력이 A도시와 B도시에 흡인되는 비율을 구하면?

- A도시의 인구: 25만 명
- B도시의 인구: 100만 명
- A도시와 B도시 사이에 C지점이 위치해 있음
- C지점부터 A도시까지의 거리: 4km
- C지점부터 B도시까지의 거리: 16km

① 4:1 ② 1:4
③ 16:1 ④ 1:16
⑤ 1:1

레일리(Reilly)의 소매인력법칙은 상권의 흡인력은 두 도시의 크기(인구 수)에 비례하고 두 도시로부터의 거리의 제곱에 반비례한다는 것이다.

따라서 $\frac{R_B}{R_A} = \frac{P_B}{P_A} \times \left(\frac{D_A}{D_B}\right)^2 = \frac{100만 명}{25만 명} \times \left(\frac{4}{16}\right)^2 = \frac{1}{4}$ 이므로 A도시와 B도시에 흡인되는 비율은 4 : 1이다.

정답 | ①

14

16년 3회

다음은 어떤 상권분석기법에 대한 설명인가?

- 점포 면적과 점포까지의 거리만으로 특정 지역 소비자들의 대안이 되는 점포에 대한 선택 확률을 계산함
- 실무적 편의를 위해, 점포 면적과 거리에 대한 민감도를 따로 추정하지 않음

① Huff 모델 ② 수정 Huff 모델
③ MCI 모델 ④ MNL 모델
⑤ 유사점포법

수정 Huff 모델은 일본의 통산성이 고안하여 상업 조정에 실제로 이용되고 있는데 이는 소비자가 어느 상업지에서 구매하는 확률은 그 상업 집적의 매장 면적에 비례하고 그곳에 도달하는 거리의 제곱에 반비례한다는 것을 공식화한 것이다.

정답 | ②

15

17년 1회, 16년 2회

상권 내에서 분석 대상이 되는 점포의 상대적 매력도를 파악할 수는 있으나 예상 매출액을 추정할 수는 없는 방법으로 가장 옳은 것은?

① 유사점포법 ② MNL모델
③ 허프모델 ④ 회귀분석법
⑤ 체크리스트법

체크리스트법은 상권의 범위에 영향을 미치는 요인을 크게 상권 내의 제반 입지의 특성, 상권의 고객 특성, 상권의 경쟁구조로 구분하여 분석하므로 예상 매출액을 추정할 수는 없다.

체크리스트법은 상권의 규모에 영향을 미치는 요인들을 수집하여 이들에 대한 평가 결과를 점수화하여 시장 잠재력을 측정하는 방법이다. 즉 특정 상권의 제반 특성을 여러 항목으로 구분하여 조사하고, 이를 바탕으로 신규 점포의 개설 가능성 여부를 평가하는 방법이다.

정답 | ⑤

PART 02 입지분석

CHAPTER 01 입지의 개요

1 도시공간구조

1. 도시공간구조의 의의
① 도시의 공간구조는 토지이용에 대한 대가로 지급되는 지대(rent)와 밀접한 관계가 있다. 일반적으로 도심에 가까울수록 지대는 급격히 상승하므로 높은 지대지급능력을 갖춘 경제활동에 토지가 배분된다. 그리고 이에 따라 도시공간구조, 즉 도시의 토지이용구조가 형성된다.
② 도시의 공간구조는 일반적으로 하나의 도심, 즉 하나의 핵(core)을 가진 단핵 도시공간구조, 그리고 여러 개의 부도심을 갖춘 다핵 도시공간구조를 가지는 경우로 나누어 볼 수 있다.

2. 도시공간구조이론 기출 23-3

(1) **동심원적 지대이론(concentric zone theory)**
① 버제스(E.W. Burgess)에 의해 주장된 동심원적 지대이론은 도심(CBD)을 중심으로 동심원의 형태로 도시의 공간구조가 형성된다는 이론이다.
② 따라서 도심으로부터 지대지급능력에 따라 상업지역, 주거지역, 공업지역의 순서로 동심원의 형태로 위치하게 된다는 주장이다.

(2) **선형이론(sector theory)**
① 호이트(H. Hoyt)에 의해 주장된 선형이론은 도심으로부터 새로운 교통로가 발달하면 교통로를 축으로 도매, 경공업지구가 부채꼴 모양으로 확대된다는 이론이다.
② 선형이론은 1939년 버제스의 동심원적 지대이론을 수정 및 보완하여 제시된 이론으로, 도시 내부구조가 도심으로부터 동심원상으로 분포하는 것이 아니라 도심으로부터 방사상으로 전개되는 교통로에 의해 결정된다고 본다.
③ 선형이론에 따르면 자동차가 보편화되고 교통이 발달하게 되면서 교통로를 따라 지대의 분포 패턴이 달라지고 이것이 다시 도시의 토지이용 패턴에 영향을 준다.
④ 이 때 상류층의 주거지는 교통이 편리한 주요 교통로를 따라서 가까운 지역에 분포하게 되고 가능하면 공업지역과 멀리 떨어지려는 경향을 가지므로 상류층의 주거지역과 공업지역은 떨어져 있고 그 사이를 중산층 주거지역이나 저소득층 주거지역이 배열되는 형태로 전개된다고 설명한다.

(3) **다핵심이론(multiple nuclei theory)**
해리스(C.D. Harris)와 울먼(E.L. Ulman)의 다핵심이론은 도시 및 지역의 발달은 몇 개의 핵(중심시장)을 중심으로 형성된다는 이론이다.

2 소매입지와 도매입지의 개요

1. 소매입지

(1) 입지의 개념
① 입지(location)란 어떤 경제 활동의 주체가 차지하고 있는 자연적·인문적 위치를 말한다. 즉 입지는 입지 주체가 사업을 영위할 장소를 말하며, 상권(trading area)과도 밀접한 관계가 있다.
② 일반적으로 고객이 선택하는 점포는 이용하기 편리한 장소에 있고, 상품의 구색이 풍부하며, 가격이 저렴하다는 느낌을 주는 점포라고 알려져 있다. 여기서 이용이 편리한 장소라는 것은 마케팅 요소 4P에서 Place에 해당하는 것으로 점포입지를 포함하는 개념이다.

(2) 입지와 상권

구분	입지	상권
개념	점포가 소재하고 있는 위치 그 자체	점포에 미치는 영향권(거래권)의 범위
물리적 특성	평지, 도로변, 상업시설, 도시 계획 지구 등 물리적 시설	대학가, 역세권, 아파트 단지, 시내 중심가, 먹자 상권 등 비물리적인 상거래 활동 공간
등급 구분	1급지, 2급지, 3급지	1차 상권, 2차 상권, 한계 상권
분석 방법	점포 분석, 통행량 분석	업종 경쟁력 분석, 구매력 분석
평가기준	권리금(영업권), 임대료(m^2당 단가)	반경 거리(250m, 500m, 1km)

(3) 소매입지의 중요성
① 소매업은 입지 산업이라고 할 정도로 입지는 소매업 성공의 가장 중요한 요소 중 하나이다. 위치에 따라 매출이나 이익이 좌우되기 때문에 점포의 입지는 사업의 성공 여부에 중요한 역할을 한다.
② 기업이 일단 점포의 입지를 결정하게 되면 이를 바꾸기가 쉽지 않고, 부적합한 입지로 인한 불이익을 극복하기 어렵다.

(4) 소매입지 이론
소매점포의 입지를 설명하는 이론은 단일점포 입지이론과 다점포 입지이론으로 구분할 수 있다. 각 이론의 특징은 다음과 같다.
① 단일점포의 최적입지를 조사하는 방법 중 가장 간단하면서 체계적인 방법은 체크리스트(checklist)를 활용하는 방법이다. 체크리스트법에는 점포경쟁 구조분석이 포함되며 위계별·업태별 및 업태 내 잠재경쟁구조, 경쟁 및 보완관계 등을 분석하게 된다.
② 단일점포 입지이론에는 자사점포와 유사한 점포를 선정하여 신규입지에서의 매출액과 상권규모를 추정하는 유추법(analog method)이 있다.
③ 다점포 입지모형은 기본적으로 MCI 이론을 연장시킨 것으로 하나의 상권 내에서 복수의 점포를 어떻게 배치하는 것이 좋은지를 찾는 방법이다.

2. 도매입지

도매상은 최종 소비자를 대상으로 하는 영업이 아니기 때문에 도매입지는 도심이나 철도역 등지의 중심 상가 지역이 아니어도 무방하다. 따라서 도매상은 대체로 임대료가 싸거나 도매 단지가 조성된 교외 지역이나 도시 변두리 지역에 입지를 선정하는 경우가 많다.

CHAPTER 02 입지별 유형

1 도심입지와 독립입지

1. 도심입지

(1) 도심입지의 개념
도심입지는 대도시나 소도시의 전통적인 도심, 즉 중심상업지역(CBD: Central Business District)에 위치하는 것을 말한다. 소매업에서 가장 성공적인 도심입지는 많은 주민이 거주하는 도심에 위치하는 것이다.

(2) 중심상업지역의 특징 기출 23-2, 22-2, 21-3, 20-2, 19-2, 17-3, 16-1
① 계획적으로 조성된 것이 아니고 자연 발생적으로 형성되어 입지 구조가 불규칙적이다.
② 상업 활동으로 인해 많은 사람을 유인하기 유리한 지역이다. 그리고 대중교통의 중심지역으로, 자동차와 도보 통행 인구도 많은 지역이다.
③ 높은 지가로 인해 토지 이용이 집약화되어 건물이 고층화·과밀화된다.
④ 교통 체증이 발생하고, 주차 문제가 심각한 것이 문제점이다.
⑤ 주말이나 야간에는 도심 공동화 현상이 나타나 유동인구의 감소로 매출이 저조하다.
⑥ 일부 중심상업지역은 공동화되었거나 재개발을 통해 새로운 주택 단지가 건설된 경우도 있다.
⑦ 소도시나 대도시의 전통적인 도심지역에 해당되는 경우가 많다.

> **짚고 넘어가기** **부도심 소매 중심지(SBD: Secondary Business District)** 기출 20-추가
> - 부도심 소매 중심지는 도시 규모의 확장에 따라 여러 지역으로 인구가 분산, 산재되어 생긴 지역이다.
> - 근린형 소매 중심지로 주된 소매업태는 슈퍼마켓, 일용 잡화점, 소규모 소매점 등이 있다.
> - 주거지역 도로변이나 아파트 단지 상점가 등의 형태를 갖추고 있다.

> **짚고 넘어가기** **젠트리피케이션(gentrification)** 기출 23-2, 20-2
> - 젠트리피케이션 또는 둥지내몰림은 낙후된 구도심 지역이 활성화되어 중산층 이상의 계층이 유입됨으로써 기존의 저소득층 원주민을 대체하는 현상을 가리킨다.
> - 젠트리피케이션은 낙후된 도심 지역의 재건축·재개발·도시재생 등 대규모 도시개발에 연관된 현상으로 도시개발로 인해 지역의 부동산 가격이 급격하게 상승할 때 주로 발생한다.
> - 도시개발 후 지역사회의 원주민들의 재정착비율이 매우 낮은 현상과 상업지역의 활성화나 관광명소화로 인한 기존 유통업체의 폐점이 증가하는 현상, 임대료 상승으로 인해 소규모 근린상점들은 밀려나고 대신 높은 임대료를 부담할 수 있는 대형점포나 고급점포가 들어오는 현상으로 나타난다.

(3) 입지 선정 기준 기출 19-3
① 잠재고객 여부: 잠재고객이 충분한가 여부
② 고객층의 성향: 고객의 재산, 학력, 성별·연령별 구성 분포 등
③ 동일 업종군의 분포: 경쟁점포 조사
④ 가시성(시계성): 간판, 점포의 위치 등
⑤ 접근성: 도보 또는 대중교통, 자가용의 접근 용이
⑥ 건물 특성: 노후, 위치, 주변 상권 분포 등
⑦ 기타: 임대비용, 창업자의 개인 환경 등

2. 독립입지

(1) 독립입지의 정의 기출 18-2, 16-3

노면 독립입지 또는 고립된 점포입지는 다른 업체들과 지리적으로 떨어져서 교외 지역에 독립하여 입지하는 것을 말한다. 여러 점포가 한 곳에 모여 있는 군집 입지와 반대되는 개념이다.

(2) 독립입지의 특징

① 중소형 소매업체보다는 하이퍼마켓, 대형할인점, 회원제 창고형 할인점, 파워센터 등이 흔히 독립입지를 선택한다.
② 전문품의 경우에는 독립입지가 바람직할 수도 있지만, 선매품의 경우에는 여러 점포를 통해 상품을 비교한 후 구매하므로 독립입지는 바람직하지 않다.
③ 독립입지를 선택하는 경우에는 다른 업체들과 고객을 공유하지 않으므로 그에 알맞은 경영전략을 수립해야 한다.

(3) 독립입지의 장·단점 기출 24-2, 23-2, 22-3, 16-3, 15-2

장점	• 가시성이 높고 임대료가 싸다. • 고객을 위한 편의성이 높고, 직접 경쟁업체가 없다. • 확장이 용이하고 주차공간이 넓다. • 이 입지에 대형점포를 개설하면 소비자의 일괄 구매(One-Stop Shopping)를 가능하게 할 수 있다. • 영업시간·제품·간판에 대한 규제가 완화되므로 그에 알맞은 경영자의 경영전략 수립이 필요하다.
단점	• 다른 점포와의 시너지 효과를 기대할 수 없다. • 고객들은 오직 그 점포만을 생각하고 방문하기 때문에 고객을 유인하기 위한 상품, 가격, 판촉, 서비스 등에 차별화를 기해야 한다. • 이러한 차별화로 인해 마케팅 비용이 많이 소요된다.

(4) 독립입지가 적합한 경우 기출 24-2, 15-2

① 취급하는 상품에 대해 확실한 기술력을 보유하고 있는 전문성을 갖춘 소매점
② 목적 구매 상품을 취급하는 대규모 소매점
③ 독자적으로 고객을 흡인할 수 있는 마케팅 능력을 갖춘 소매점
④ 물류 네트워크상에서 비용절감을 위해 특정한 위치가 요구되는 경우
⑤ 독자적인 점포 운영 정책(예컨대 24시간 운영)을 실시할 필요가 있는 경우
⑥ 할인점처럼 저비용·저가격정책을 실시해야 하는 경우

> **짚고 넘어가기** 아웃렛 센터(Outlet Center) 또는 아웃렛 몰(Outlet Mall) 기출 18-2, 16-2
> • 제조업자와 백화점의 비인기상품, 재고상품, 사용상에는 아무 문제가 없는 하자상품, 이월상품 등을 대폭적인 할인가격으로 판매하는 상설할인점포(outlet store) 또는 점포로 구성되는 판매 지역 내지 공간을 일컫는 말이다. 아웃렛 센터의 핵심적인 컨셉은 가치이다.
> • 유명 메이커의 재고 처리점인 팩토리 아웃렛(Factory Outlet)과 일반 소매점의 재고 처리점인 리테일 아웃렛(retail outlet) 스토어들이 군집 형태로 모여 있는 곳이다.
> • 미국에서는 도심 밖의 물류 창고에 위치하는 경우가 많다. 우리나라의 경우에도 최근 미국과 비슷한 추세를 보이고 있다.

2 쇼핑센터

1. 쇼핑센터의 의의와 특징

(1) 쇼핑센터의 개념과 등장 배경

① 쇼핑센터의 개념
- ㉠ 「유통산업발전법」에서는 쇼핑센터를 "용역의 제공 장소를 제외한 매장 면적의 합계가 3천제곱미터 이상인 점포의 집단으로서 다수의 대규모 점포 또는 소매점포와 각종 편의 시설이 일체적으로 설치된 점포로서 직영 또는 임대의 형태로 운영되는 점포의 집단"으로 정의하고 있다.
- ㉡ 쇼핑센터는 하나의 개발업자가 도시 근교에 대규모 토지를 확보하여 의도적인 개발 계획하에 대규모 커뮤니티 시설로 만들어지는 것이 보통이다.
- ㉢ 쇼핑센터는 도시 외곽의 대형 건물에 원스톱 쇼핑이 가능하도록 소매점을 비롯한 다양한 업종 및 업태들을 모아 만든 대규모 집단 판매 시설을 의미한다. 상점가라고도 한다.

② 쇼핑센터의 등장 배경
산업화로 도시가 확산되고 자가용 승용차의 보급이 확대됨에 따라 등장하였다. 각종 상업시설의 집합체로 개발·운영되는 집합형 소매 상점가를 말한다.

(2) 쇼핑센터의 특징

① 주로 도심 중심지에 상권이 형성
② 개별점포의 영업시간 등 운영에 대한 간섭
③ 다양한 유형의 많은 점포들을 집적
④ 입점 업체 구성의 계획적 조정 필요
⑤ 높은 임대료와 관리비용

2. 쇼핑센터의 유형 기출 22-1, 17-3

쇼핑센터는 스트립 쇼핑센터와 쇼핑몰로 구분하고, 스트립 쇼핑센터는 다시 네이버후드 센터, 커뮤니티 센터, 파워 센터로 구분한다.

(1) 스트립 쇼핑센터

① 네이버후드 센터(Neighborhood Center)
- ㉠ 네이버후드 센터는 흔히 동네 쇼핑센터라고도 하는데, 소비자와 가장 가까운 지역에서 일상의 욕구 충족을 위해 편리한 쇼핑 장소를 제공하도록 설계된 근린형 쇼핑센터이다.
- ㉡ 미국의 경우 이 센터의 반은 슈퍼마켓으로, 1/3 정도는 드럭 스토어로 정착되었다. 일반적으로 슈퍼마켓이 가장 강력한 핵점포(anchor store)의 역할을 수행한다.

> **짚고 넘어가기 드럭 스토어(Drug Store)**
> 드럭 스토어는 일반 의약품과 건강·미용상품을 주로 취급하는 상점이다. 우리나라에는 올리브영, LOHB's 등이 여기에 해당하나, 의약품을 취급하지 못하므로 H&B Store(Health&Beauty Store)라고 부른다.

② 커뮤니티 센터(Community Center)
- ㉠ 커뮤니티 센터는 지구 중심에 위치하여 의류와 일반 상품에 대해 네이버후드 센터보다는 다양한 상품을 제공한다. 지역 쇼핑센터라고도 한다.
- ㉡ 센터 내 주요 소매업태는 일반적인 슈퍼마켓과 대형 드럭 스토어, 할인백화점 등이고, 카테고리 전문점이나 할인점 등의 업체들이 입점해 있다.

③ 파워 센터(Power Center)
　㉠ 파워 센터는 전문센터라고도 하는데, 할인점·할인 백화점·창고형 클럽 등을 포함하는 대형점포들로 구성되어 있다. 또는 홈디포 등 카테고리 킬러형 소매점에도 적합하다. 대형점포는 물론 소수의 소규모 전문점도 입주하고 있다.
　㉡ 대규모 할인점이나 백화점을 핵점포로 유치하는 것이 적절한 점포 유형이다.

> **짚고 넘어가기** 　쇼핑센터의 유형별 핵점포　기출 20-3, 16-1
> - 근린형 쇼핑센터: 슈퍼마켓, 드럭 스토어, 편의품에 중점
> - 커뮤니티 쇼핑센터: 양판점 또는 종합 할인점, 편의품 및 일부 선매품에 중점
> - 지역형 쇼핑센터: 하나 혹은 두 개의 (대형)백화점, 일부 선매품 및 일부 전문품에 중점
> - 초광역형 쇼핑센터: 다수의 백화점, 선매품 및 전문품에 중점

(2) **쇼핑몰(Shopping Mall)**
① 쇼핑몰의 개념
　㉠ 쇼핑몰은 최근 들어 많이 등장하고 있는 것으로, 과거의 도로를 중심으로 한 직선적 상가 배치에서 벗어나, 원형 등 면 중심으로 상가를 배치한 형태를 말한다.
　㉡ 쇼핑센터 내에 녹지나 분수 등의 환경을 갖춘 홀이나 통로를 몰(mall)이라고 한다. 가로수·가로등·안내판·벤치 등을 고객들의 취향에 맞게 디자인하여 보행자의 쾌적성을 중시하고, 머무는 시간이 길어지도록 계획된 상점가이다.
　㉢ 최근에는 단일의 개발 업자가 건물의 내부에 천장까지 이어지는 넓은 홀을 두고 그 주변으로 상점들을 배치한 형태의 대형 복합 쇼핑몰이 등장하고 있다.
　㉣ 「유통산업발전법」에서는 복합 쇼핑몰을 "용역의 제공 장소를 제외한 매장 면적의 합계가 3천제곱미터 이상인 점포의 집단으로서 쇼핑, 오락 및 업무 기능 등이 한 곳에 집적되고, 문화·관광 시설로서의 역할을 하며, 1개의 업체가 개발·관리 및 운영하는 점포의 집단"으로 정의하고 있다.
② 쇼핑몰의 특징　기출 24-2
　㉠ 쇼핑몰의 전체적 관점에서 쇼핑몰 본부가 입점 업체의 구성, 즉 입점 업체 믹스를 계획하고 통제한다. 이와 함께 입점 업체들의 매장 경영 전반에 대해 계획·실행·관리를 해주기 때문에 개별 업체들 입장에서는 투자의 위험성이 상대적으로 낮다.
　㉡ 다양한 유형의 점포, 다양한 상품구색, 쇼핑과 오락의 결합 등으로 고객 흡인력이 매우 높고, 따라서 전천후 쇼핑을 가능하게 하는 쇼핑의 중심지가 된다.
　㉢ 개별점포의 영업시간이나 외부환경 등이 동질적으로 관리되므로, 개별점포는 외부환경에 대해 별도로 관리할 필요가 없다.
　㉣ 도심지형 쇼핑몰은 주로 편의성 컨셉을 중심으로 형성된다. 따라서 백화점이나 전문점 등이 키 테넌트(key tenant)가 되며 핵점포가 차지하는 비율은 다른 쇼핑센터 유형보다 상대적으로 높다.
③ 상품 키오스크(kiosk)　기출 23-3, 13-1
　㉠ 키오스크란 주로 쇼핑몰의 공용장소에 제품을 진열하고 판매하는 독립매대를 말한다.
　㉡ 키오스크는 빈 공간을 활용할 수 있어 쇼핑몰 운영자에게 선호되는 점포로, 정상적인 점포를 임대하는 것보다 적은 위험으로 상권정보를 얻을 수 있다.
　㉢ 키오스크는 새로운 제품을 판매하거나 정규 점포를 개장하기 전 시험적인 판매정보를 얻기 위해 통행인들이 많은 대형점포의 공용장소에 위치하여 쉽게 고객을 확보하는 경우가 많다.

ⓔ 키오스크는 쇼핑몰 내 일반점포보다 단위면적당 임대료가 낮고, 임대차 계약기간은 짧은 것이 일반적이다.
ⓜ 키오스크는 디스플레이 공간이 넓어 점포 면적에 비해 충분한 창의성을 발휘할 수 있지만 쇼핑몰 내 다른 키오스크들과 경쟁이 심화될 가능성이 매우 높다.

(3) 쇼핑센터의 입지별 분류
① 교외형 쇼핑센터: 교외형은 특정 상권의 사람들을 구매층으로 하며, 비교적 저층이고, 대규모 주차장을 갖추고 있으며 백화점, 대형 슈퍼마켓 등이 핵점포인 경우가 많다.
② 도심형 쇼핑센터: 도심형은 불특정 다수의 사람들을 구매층으로 하며, 지가가 높은 지역에 입지하기 때문에 면적 효율상 고층이 되는 경우가 많고 주차공간도 집약된다.

3. 쇼핑센터의 테넌트 관리 기출 22-3, 21-3, 19-3, 16-3, 15-2

(1) 테넌트믹스(tenant mix)
① 테넌트는 상업시설의 일정한 공간을 임대하는 계약을 체결하고 해당 상업시설에 입점하여 영업을 하는 임차인을 일컫는 말이다.
② 테넌트믹스를 통해 상업시설의 머천다이징 정책을 실현하기 위해서는 시설 내 테넌트 간에 과도한 경쟁이 되지 않도록 해야 한다.

(2) 테넌트의 유형
① 앵커 테넌트(anchor tenant): 백화점, 할인점, 대형 서점 등으로 핵점포라고도 하며 상업시설 전체의 성격을 결정짓는 요소로 작용한다. 해당 상업시설로 많은 유동인구를 발생시키기도 하며, 상업시설의 가치를 높여 주는 역할을 한다.
② 마그넷 스토어(magnet store): 쇼핑센터의 이미지와 회유성을 높이는 점포를 말한다.
③ 트래픽 풀러: 전문점 빌딩 등의 스페셜리티 센터(speciality center)에 배치된 흡인력이 높은 임차인을 의미한다.

4. 쇼핑센터의 입지전략

(1) 기본 계획
① 계획의 전제
 ㉠ 쇼핑센터의 위치 설정은 커뮤니티형과 교외형의 경우 자동차를 이용하여 도달할 수 있는 소요거리 및 소요시간이 중요하다.
 ㉡ 쇼핑센터를 구성하는 중심 상점, 몰, 코트(court), 전문 상가, 사회·문화시설 등의 연계 체계를 세심하게 검토하여야 하며, 고객을 위한 다양한 공간의 제공을 고려하여야 한다.
② 계획의 주안점
 ㉠ 쇼핑센터의 특징적인 요소인 보행자 지대와 몰의 계획이 중요하다. 보행자 지대와 몰은 쇼핑센터 내의 주요 동선으로 고객을 각 점포에 균등하게 접근할 수 있도록 하며, 고객에게 다양한 공간과 휴식공간도 동시에 제공하여야 할 것이다.
 ㉡ 전문점과 중심 상점의 주출입구는 몰에 면하도록 하며, 쇼핑센터의 몰은 단층 또는 다층으로 계획할 수 있으나 각 층 사이의 시야 개방이 고려되어야 한다.

(2) 쇼핑센터의 공간 구성요소 기출 23-1, 21-2, 20-2
① 결절점(node): 교차하는 통로를 연결하며 원형의 광장, 전이 공간, 이벤트 장소가 되는 곳
② 통로(path): 복도나 수직 동선
③ 지표(landmark): 길 찾기를 위한 쇼핑센터의 핵점포나 조각물 또는 장식물 등
④ 구역(district): 개인이나 집단이 소유하거나 점유한 곳으로 쇼핑센터 내 매장을 의미

⑤ 에지(edge): 에지 또는 가장자리는 영역을 안에 에워싸고 그 영역에서 밖으로 향하는 것으로 파사드(facade), 난간(parapet), 벽면 등에 해당하는 것
⑥ 데크(deck): 지치기 쉬운 쇼핑센터 이용자의 체류시간을 연장하기 위한 휴식공간으로 활용 가능하고, 이벤트 장소로 사용할 수 있어 문화적, 오락적 이벤트를 개최할 수 있는 곳
⑦ 보이드(void): 홀이나 계단 등 주변에 동선이 집중하는 공간에 설치하는 오픈 스페이스(open space)를 의미
⑧ 선큰(sunken): '가라앉다(sink)'에서 나온 말로 지하 진입부가 외부와 연결된 곳을 말한다. 지하층의 어두운 공간에 햇빛을 유도해 특별한 조명 없이도 밝은 공간에서 생활할 수 있다는 장점이 있다.

> **짚고 넘어가기** 목적점포와 기생점포 기출 21-1
>
> - **목적점포(Destination Stores)**
>   - 점포가 일반적인 상업 중심지 밖에 있더라도 소비자가 그 점포만을 방문하기 위하여 이동할 용의가 있는, 즉 매장 자체가 목적지가 되는 점포이다.
>   - 예컨대 유명 브랜드의 아웃렛이 도시 외곽에 세워졌다고 하더라도 소비자는 기꺼이 장거리를 이동하여 그 점포를 이용한다. 이 경우 같은 센터에 있는 매장이라도 다른 상권을 가지게 될 수 있다.
>   - 다른 업체와 비교하여 확실한 기술력을 보유하고 있는 업체나, 뛰어난 마케팅 능력을 보유하고 있으며 스스로도 충분히 능력을 발휘할 수 있어 확실한 비교우위를 가진 점포라면 목적점포가 될 수 있다.
>   - 즉, 고객이 스스로 찾아올 수 있도록 서비스와 시설 규모를 가진 점포로, 특정 상권 안에서 가장 낮은 가격으로 식료품을 판매하는 대형 슈퍼마켓, 특정 상권 안에서 뚱뚱한 사람들에게 맞는 청바지를 파는 유일한 점포, 수많은 종류의 장난감을 판매하는 카테고리 킬러 등이 이에 속한다.
> - **기생점포(Parasite Store)**
>   - 그 자체가 소비자의 이동을 유도하지 못하고, 그 자체로 상권을 형성할 수 없는 점포이다.
>   - 쇼핑몰 혹은 쇼핑센터에 입점해 있는 전문점이나 할인점은 목적점포이지만, 같은 곳에 입점해 있는 음식점이나 편의점, 세탁소 등은 기생점포라고 할 수 있다.

3 복합용도 개발(MXD: Mixed-use Development)

1. 복합용도 개발의 의의 기출 19-3, 15-3

(1) **복합용도 개발의 정의**

① 복합용도 개발은 주거·상업·업무 활동 등 3가지 이상의 활동이 함께 이루어지도록 계획되어, 편리성과 쾌적성을 높인 복합용도의 건축물 또는 건축물군으로 개발하는 것을 의미한다.
② 복합용도 개발은 하나의 건물에 쇼핑센터, 오피스텔, 호텔, 주상복합건물, 시민회관, 컨벤션 센터 등 다양한 용도를 결합시키는 것을 의미한다.

(2) **복합용도 개발의 요건**

① 세 가지 이상의 용도 수용: 복합용도로 개발된 건물은 호텔, 오피스, 상가, 주거 등 도시 속 인간생활의 기본 요소인 주거, 작업, 여가의 각 활동을 동시에 수용하는 건물로서 세 가지 이상의 용도가 한 건물에 물리적·기능적으로 복합된 건물을 말한다.
② 물리적·기능적 통합: 복합용도 개발의 또 하나의 특징은 구성요소들 간에 견고한 물리적 기능의 통합에 의한 고도의 토지 이용을 창출하는 데 있다. 이를 위해서는 수직적·수평적 동선 체계의 집중적인 연결로써 긴밀하게 통합되어야 한다.
③ 통일성 있는 계획에 의한 개발: 복합용도 개발은 단위 개발 프로젝트에 비해 관련 전문 분야와의 협력이 필요하며, 전체 프로젝트의 규모, 형태, 밀도, 용도들 간의 상대적인 관계, 오픈 스페이스 등의 일관된 계획에 의해 이루어진다.

(3) 복합용도 개발의 특징
① 많은 쇼핑객을 점포로 유인하므로 소매업체에 인기가 높고, 넓은 공간을 생산적으로 사용하기 때문에 비용이 절감되어 개발업체에도 인기가 높다.
② 공간 활용률이 매우 높다.
③ 다양한 목적을 가진 고객을 유인하여 비업무 시간대에도 높은 활용도를 보인다.
④ 특정한 지역에 같은 기능을 하는 점포들이 몰려 있기 때문에, 많은 고객들을 점포로 유인할 수 있다.
⑤ 오피스 개념의 도심지에 주거 기능을 도입함으로써 도넛 현상인 도심 공동화 현상을 어느 정도 방지할 수 있어 도시에 활력소가 된다.
⑥ 개발 가능성이 높기 때문에 재개발을 수행함으로써 도심지역 토지 이용의 효율성을 높일 수 있다.

(4) 복합용도 개발의 장·단점

장점	단점
• 높은 시너지 효과 • 업무의 효율성 향상 • 획일적 기능 완화 • 도심 공동화 현상 완화	• 쾌적성 문제 • 공공시설 및 문화시설 확보의 어려움

2. 복합용도 개발의 유형 및 효과 기출 15-3

(1) 복합용도 개발의 유형
① 업무 중심의 복합화: 하나의 건물 내에 서로 다른 기능을 수용하는 유형으로, 여러 기능을 수용함으로써 건물이 고층화된다. 소규모 부지에도 적용이 가능하고, 지역의 랜드마크적인 역할을 수행하며, 사람과 물자의 이동이 건물 내에서 수직 동선으로 처리되므로 교통 혼잡 문제가 해결된다는 장점이 있다.
② 다발층 콤플렉스: 서로 다른 몇 개의 건물을 배치하고, 이를 상업 용도의 저층 기단부로 묶어 그 하부에 공공 지원 시설, 주차 시설 등을 구획하는 유형이다.
③ 도시 블럭 연계형: 중·저층의 건축물들을 한 개 층의 시설을 중심으로 연결·배치하고, 기능 배치는 층별로 중첩시키거나 인접 도로의 성격에 따라 분산 배치하는 형태이다.

(2) 복합용도 개발의 효과
① 복합 기능의 수용에 따라 도시 내 상업 기능만의 급격한 증가 현상을 억제함으로써 도시의 균형 잡힌 발전을 도모할 수 있다.
② 젊은 독신자나 젊은 부부처럼 도시 내에서 살고자 하는 사람이나 살 필요가 있는 사람들에게 양질의 주택을 공급할 수 있으며 이로 인해 직주 분리 현상에 따른 도심 공동화 현상을 방지할 수 있다.
③ 도심지 주변에 주상 복합 건물을 건설할 경우 이 지역이 도소매업, 광고업, 인쇄업 등 서비스기능 위주의 전이 지역으로 변화하는 것을 방지할 수 있다.
④ 도심지 내 주생활에 필요한 근린생활 시설 및 각종 생활 편익 시설의 설치가 가능하게 되어 도심지가 생동감이 넘치고 다양한 삶의 장소로 바뀔 수 있다.

CHAPTER 03 입지선정 및 분석

1 입지선정의 의의

1. 입지와 입지 선정 〔기출〕 22-3, 21-2, 19-1, 17-3, 15-2

(1) 입지의 의의
① 입지는 주택·점포·공장 등이 위치하고 있는 장소 또는 입지 주체가 정하는 경제활동의 장소를 말하는 것으로 정적(static)인 개념이다. 입지는 상권과 밀접한 관계를 가지며 사업이 지향하는 목적에 따라 결정한다.
② 입지는 점포가 소재하고 있는 위치적인 조건으로 일반적으로 상권의 크기, 교통망, 고객층, 점포의 지세 및 지형과 밀접한 관련을 맺고 있다.

(2) 입지선정의 의의
① 입지선정은 입지 주체가 추구하는 조건을 갖춘 토지를 발견하는 것(입지론)으로 동적(dynamic)인 개념이다. 입지선정에는 주어진 토지에 가장 적정한 용도를 결정하는 것(적지론)도 포함된다.
② 입지선정 시 업종과의 부합성을 반드시 검토하여야 하는데, 일반적으로 좋은 입지라고 하는 곳도 업종과 부합되지 않으면 좋은 입지라고 할 수 없다.
③ 입지선정 시 학교, 관공서, 오락 시설, 재래시장 등이 있으면 고객의 유입이 원활하다.

(3) 입지조건 〔기출〕 23-2
① 입지조건은 입지 주체가 추구하는 토지의 자연적·인문적 조건, 사회적 조건을 말하는 것으로, 토지의 용도에 따라 다르다. 예컨대 주거지는 쾌적성과 편리성, 상업지는 매상고, 수익성 등이 입지조건으로 중요하다.
② 유통시설의 입지조건은 유통전략에도 영향을 준다. 즉, 입지조건에 따라 유통전략은 달라져야 한다. 예컨대 유동인구가 아주 많은 뛰어난 상권 내에 위치하고 있다면 특별한 유통전략을 세우지 않아도 되지만, 그렇지 못한 경우에는 고객을 유인하기 위하여 차별화 전략 등을 세워야 한다.
③ 좋은 입지와 나쁜 입지의 예는 다음과 같다. 나쁜 입지라면 각각의 상황에 적합한 전략을 세워 점포를 운용해야 한다.

좋은 입지	나쁜 입지
• 유동인구가 많음, 접근성이 용이 • 대형 사무실보다 5층 이하의 사무실 • 집객 시설이 있는 곳(사람들이 많이 모일 수 있는 시설) • 퇴근길 방향, 주차장 확보 공간 • 코너 상가, 중소형 대규모 아파트 단지 • 낮은 지대 중심 상권, 비어 있는 점포가 없는 곳	• 상권이 필요 이상으로 확대된 지역 ⓔ 신도시 • 업종이 자주 바뀌는 곳 • 쇠퇴기의 상권 • 주변에 공터가 많은 곳(미래에 큰 점포, 경쟁점포 입점) • 보도의 폭이 좁은 곳

(4) 이용 목적에 따른 입지유형 〔기출〕 23-2, 20-3, 18-1, 17-3
① 적응형 입지: 적응형 입지란 거리를 지나다니는 유동인구에 의해 영업이 좌우되는 입지를 말한다. 대부분의 패스트푸드, 판매형 아이템 사업 등이 이에 해당한다.
② 목적형 입지: 고객이 특정한 목적을 가지고 이용하는 입지이다. 특정한 테마에 따라 고객이 유입되며, 도심 외곽의 테마 카페 등이 이에 해당한다.
③ 생활형 입지: 아파트, 주택 등의 주민들이 이용하는 입지이다. 지역의 주민들이 이용하므로 생활형 아이템이 많다.

2. 상업지의 입지

(1) 상업지의 입지조건 기출 24-1, 23-1, 22-3, 17-3, 16-2, 15-2

① 사회·경제적 조건
　㉠ 배후지(Hinterland) 및 고객의 양과 질: 배후지는 상권 또는 시장 지역이라고도 하는데 상업 활동은 고객을 상대로 하므로 그들이 존재하는 배후지가 가장 중요하다. 따라서 인구 밀도와 지역 면적이 크고, 고객의 소득 수준이 높아야 유리하다.
　㉡ 고객의 교통수단과 접근성: 상점가는 고객의 교통 인구가 많은 곳이 좋다. 교통 인구는 단순한 통과 인구가 아닌 고객 인구라야 한다.
　㉢ 일일 교통 인구: 일일 교통 인구가 5,000~6,000명 정도, 또는 보행 인구와 자동차 인구를 합하여 약 10,000~12,000명이면 100% 상업지화 될 수 있다.
　㉣ 그 지역의 번영의 정도: 당해 지역이 지역 사이클로 볼 때 어떤 국면에 있으며, 현재 얼마나 번영하고 있는가를 살펴야 한다. 당해 지역의 지가 수준, 임료 수준, 매상고, 교통량, 입지 경쟁 등의 상태를 파악하면 이를 알 수 있다.

② 물리적(지리적) 조건
　㉠ 가로의 구조: 동서로 된 가로는 서쪽이 유리하고, 커브를 이룬 가로의 경우는 바깥쪽이 유리하다.
　㉡ 가로의 길이: 가로의 길이가 500m 이상의 직선인 경우는 상가로서 유리한 위치가 못 되지만, 100m 이내에서 끊어지는 경우도 불리하다.
　㉢ 접면 너비(바깥 길이): 상품의 전시(진열)를 위하여 가급적 가로와 접한 폭인 바깥 길이가 넓은 것이 유리하며, 가로의 폭은 지나치게 넓지도 좁지도 않은 것이 유리하다.
　㉣ 지반의 고저: 주거지는 가로보다 낮으면 마이너스 요인이 되지만 상업지는 가로보다 높으면 마이너스 요인이 된다.
　㉤ 지리적 특성: 입지의 지리적 특성으로는 상권 내 자연 경계 특성, 상권 내 도로 및 교통 특성, 상권 내 대형 건축물·교통 유발 시설 등이 있다.
　㉥ 점포의 형태: 점포의 면적이 같다면 일반적으로 정사각형의 점포보다 도로 접면의 길이가 깊이보다 긴 장방형 형태의 점포가 유리하다.
　㉦ 동선의 방향: 간선도로와 주거지를 연결하는 도로에서 출퇴근 동선이 다른 경우 퇴근 방향의 동선에 인접하는 입지가 유리하다.
　㉧ 기타: 부지가 접하는 도로의 폭, 보도와 차도의 구별, 일방통행 여부 등 도로의 특성과 구조를 검토해야 한다.

(2) 상업지의 입지평가 요인

상업지의 입지평가 요인은 지역적 요인과 개별적 요인으로 나누어 살펴볼 수 있다. 지역적 요인은 해당 부지를 포함하고 있는 인근 주변 지역을 대상으로 하는 평가 요인이고, 개별적 요인은 점포가 들어설 대상 부지에 대한 평가 요인이다.

지역적 요인	개별적 요인
• 배후지 및 고객의 양과 질 • 고객의 교통수단의 상태 • 인근 지역의 번영의 정도 • 영업의 종별 및 경쟁의 상태 • 지역 경영자들의 창의와 자력 • 토지 이용에 관한 공법상의 규제 상태	• 가로와의 접면 너비, 가로의 형상 및 지반 • 가로의 고저, 각지, 접면 가로와의 관계 • 고객의 통행 패턴 및 적합성 • 중심으로의 접근성 • 부동산의 상태

3. 상점의 분류

(1) 고객의 구매 관습에 따른 상품과 상점의 분류 기출 17-2, 16-3, 15-2

① 편의품점
- ㉠ 편의품(convenience goods)은 집근처의 매장에서 쉽게 구매하는 상품으로 생활필수품이 대부분이며, 주로 저차원 중심지에 입지한다.
- ㉡ 판매하는 상품이 주로 가정용품이고, 주부를 대상으로 한다. 따라서 편의점의 입지로 인근 지역(또는 근린 지역)과 2차 상업지역은 바람직하지만 도심 상업지역은 바람직하지 않다.

② 선매품점
- ㉠ 선매품(shopping goods)이란 고객이 상품의 가격·스타일 등을 여러 상점을 통해서 비교한 후 구매하는 것을 말한다.
- ㉡ 편의품에 비해 가격 수준이나 이윤율은 높고, 구매 횟수가 적으며, 고객의 취미 등이 잘 반영되어야 하므로 표준화되기 어렵다.(가구, 패션 의류, 보석류 등)
- ㉢ 집심성과 집재성 점포에 속하는 경우가 많고, 비교적 원거리에서 고객이 찾아오기 때문에 교통수단과 접근성이 좋아야 한다.

③ 전문품점
- ㉠ 전문품(speciality goods)은 고객이 특수한 매력을 찾으려는 상품으로, 구매를 위한 노력을 아끼지 않는다.
- ㉡ 가격 수준도 높으며, 광고가 많이 이루어진 브랜드 제품이 많고, 주로 고차원 중심지에 입지한다.

(2) 공간균배 원리에 따른 상점의 분류 빈출 24-2, 24-1, 23-3, 23-2, 22-1, 21-2, 20-추가, 19-3, 18-3, 17-3, 17-1, 15-3, 15-1

① 공간균배의 원리
- ㉠ 페터(R.M. Fetter)의 이론으로 경쟁관계에 있는 점포 상호 간에는 공간을 서로 균배(균등하게 나눔)한다는 것이다. 한 점포가 입지한 후 또 다른 점포가 입지하는 경우 어느 곳에 입지하는 것이 유리한가를 설명하는 이론이다.
- ㉡ 시장이 좁고 수요의 교통비 탄력성이 작은 경우에는 집심적 입지, 시장이 넓고 수요의 교통비 탄력성이 큰 경우에는 분산입지 현상이 나타난다는 주장이다.

② 상점의 분류
- ㉠ 집심성 점포: 도시의 중심지(CBD)에 입지해야 유리한 유형의 점포이다. 백화점, 전문품점, 보석 가게, 고급 의류점, 대형 서점, 영화관 등이 있다.
- ㉡ 집재성 점포: 동일 업종이 서로 한 곳에 모여 있어야 유리한 유형의 점포로 집적효과(clustering effect) 또는 시너지효과(synergy effect)를 얻을 수 있다. 가구점, 중고 서점, 전자제품, 기계점, 관공서 등이다.
- ㉢ 산재성 점포: 서로 분산입지해야 유리한 유형의 점포로 잡화점, 이발소, 세탁소, 대중목욕탕, 어물점 등이 있다.
- ㉣ 국부적 집중성 점포: 어떤 특정지역에 동종 업종끼리 국부적 중심지에 입지하여야 유리한 유형의 점포이다. 농기구점, 석재점, 비료점, 종묘점, 어구점 등이 있다.

4. 소매입지의 선정

(1) 입지선정의 절차 기출 22-1, 19-2, 17-3, 16-3

입지선정은 대체적인 출점 지역(region)의 선정 → 지역 내에서 상권(trade area) 결정 → 구체적인 출점 부지(site)선정의 절차에 따라 이루어진다. 지역, 상권, 특정 입지(출점 부지)의 세 가지 수준 가운데서 소매점포들 사이의 경쟁관계를 분석하는 데 가장 적합한 수준은 상권 수준이다.

① 상권 측정과 평가

상권의 범위는 소매점이 제공하는 제품이나 서비스의 성질·구색·가격 등에 의해서 결정될 뿐 아니라, 점포 내부의 특성, 운영 방식, 상점의 밀집 정도에 의해서도 영향을 받는다.

② 특정 입지(출점 부지)의 선정
  ㉠ 잠재적인 상권이 규정되면 소비자의 접근 가능성, 교통량, 상권 인구의 규모와 분포, 수입, 경제적 안정성, 경쟁 등의 요인에 의해 선택 가능한 점포입지가 선정된다.
  ㉡ 점포입지의 대안으로는 다른 소매점들과 지리적으로 격리되어 있는 독립입지(isolated site)와 지리적으로 인접하거나 밀집되어 있는 군집입지(clustered site) 등이 있을 수 있다.
  ㉢ 일반적으로 의류, 구두, 가구 등의 선매품을 판매하는 점포들은 군집입지에 위치하여야 하나 전문품을 판매하는 점포는 독립입지에 위치하여도 매출에는 큰 영향을 받지 않는다.

(2) 입지 또는 부지선정 시 고려 사항 〈기출〉 22-2, 15-2

① **예상 매출액**: 유망한 부지를 선택하기 위해서는 잠재적인 1년 매출액을 추정해야만 한다.
② **취급 상품의 종류와 고객의 구매 관습**: 고객의 구매 관습과 취급 상품의 종류는 부지의 선택에 매우 중요한 요소이다.
③ **고객의 통행량**: 교통계수(traffic coefficient), 시간당·주당 고객의 통행량 및 통행의 유형은 점포의 위치에 중요한 영향을 준다. 다른 요소가 같을 때는 보통 통행량이 많을수록 영업 거래량이 많아진다.
④ **경쟁자들과 다른 점포들에 관련된 위치**: 소매업자는 인근에 있는 경쟁점에 대해서 면밀한 연구를 해야 한다.
⑤ **접근성(accessibility)**: 접근성을 평가하기 위해서는 대중교통 시설, 고객들의 주거지와 점포까지의 거리, 점포가 도로변에 위치해 있는지의 여부 등을 파악해야 한다.
⑥ **자본 투자에서 얻어지는 수익**: 특정 부지에 자본을 투자하여 얻어지는 수익은 부지선정의 가장 중요한 요인이다.

구분	고려 사항	
출점지역(region) 선정 시 고려 요소 (거시적 요소)	• 상업지역의 인구 • 잠재적 고객의 구매 관습 • 경쟁점의 확장 계획 • 제반 법령과 제도	• 지역의 발전상황 • 지역 주민의 구매력 • 경쟁 상태와 강도 • 도로망의 확장 계획
부지(site)선정 시 고려 요소 (미시적 요소)	• 예상 매출액 • 취급 상품의 종류와 고객의 구매 관습 • 고객의 통행량 • 경쟁점포와의 위치 관계	• 접근성 • 자본 투자에서 얻어지는 수익 • 부지의 특징 • 부지의 유용성(임대 계약조건 등) 등

2 소매입지의 평가

1. 입지평가의 의의와 방법

(1) 소매입지평가의 의의

미국의 대표적인 유통학자인 고쉬(A. Ghosh), 루이슨(D. Lewison) 등은 소매입지평가의 중요성에 대해 다음과 같이 언급하고 있다.

① 소매업의 마케팅 요소인 가격(price)이나 촉진(promotion), 제품구색(products), 고객서비스 등은 쉽게 바꿀 수 있다. 그러나 소매점포의 입지(place)는 소매업의 계약조건이나 막대한 점포의 설비비용 등으로 인해 한 번 결정되면 쉽게 바꿀 수 없다.
② 따라서 소매입지와 상권을 결정할 때는 그 지역의 인구수와 소득, 그리고 전년도의 총소매 매출액 등 여러 가지 입지평가 요인을 고려하여 소매입지를 평가해야 한다.

③ 예컨대 미국에서는 매년 각 지역별 구매력지수(BPI)가 발표되고 있는데, 이는 그 지역의 인구수와 소득, 그리고 전년도의 총소매 매출액에 가중치를 부여하여 계산된다. 이러한 구매력지수도 소매입지와 상권을 평가하는 데 중요한 지표로 활용된다.

(2) 소매입지의 평가 방법

소매입지평가에 활용되는 대표적인 지수로 네 가지를 들 수 있다.

그 지역의 수요를 측정하는 데는 구매력지수(BPI)와 판매활동지수(SAI)가 이용된다. 수요와 함께 공급을 측정하는 데는 소매포화지수(IRS)와 시장확장 잠재력지수(MEP)가 이용될 수 있다.

2. 수요의 측정

(1) 수요측정의 의의와 방법

① 수요측정의 의의

소매점포가 입지하려는 지역의 수요를 측정하는 방법은 다양하지만 가장 쉬운 방법은 그 지역에 거주하는 인구(또는 가구)수와 각 가구의 가처분소득에 대한 조사를 통해 그 지역의 구매력을 파악하는 것이다.

② 수요측정의 방법

㉠ 지역의 수요를 측정할 때는 그 지역의 인구수를 조사하는 것이 어떤 특정 집단의 가구수를 조사하는 것보다 더 효과적이다.

㉡ 그러나 표적시장이 정해진 경우에는 그 지역의 인구수를 조사하는 것보다 특정 인구 집단의 가구수를 조사하는 것이 더 효과적이다. 예를 들어 아동복을 판매하려는 점포라면 어린 자녀가 있는 가구만을 대상으로 조사하는 것이 바람직하다.

(2) 구매력지수(BPI: Buying Power Index) 기출 23-2, 22-3, 22-1, 20-추가, 18-2, 17-3, 16-3

① 구매력지수의 의의

㉠ 구매력지수(BPI)는 지역별 구매력을 나타내는 대표적인 지표이다. 미국의 경우 전국 각 지역에 대한 구매력지수가 매년 조사·발표되고 있다.

㉡ 구매력지수(BPI)는 소매점포의 입지를 분석할 때 해당 지역 시장의 구매력을 측정하는 기준이다. 여기서 구매력은 그 지역 시장의 거주자들이 상품을 구매할 수 있는 능력을 나타낸다.

② 구매력지수의 측정

㉠ 구매력지수(BPI)는 다음의 세 가지 지표를 이용하여 측정한다.
- 유효소득(전체의 가처분소득 중에서 차지하는 그 지역의 가처분소득 비율)
- 인구(총인구에서 차지하는 그 지역인구의 비율)
- 소매 매출액(전체의 소매 매출액에서 차지하는 그 지역의 소매 매출액 비율)

㉡ 구매력지수(BPI)는 다음과 같이 계산된다.

$$BPI = 0.5X + 0.3Y + 0.2Z$$

여기서 X는 전체의 가처분소득 중에서 차지하는 그 지역의 가처분소득 비율, Y는 전체의 소매 매출액에서 차지하는 그 지역의 소매 매출액 비율, 그리고 Z는 총인구에 대한 그 지역 인구의 비율을 의미한다.

③ 구매력지수의 응용

BPI가 높을수록 시장의 구매력이 크다는 것을 의미한다. 이는 그 지역이 신규점포를 내기에 매력적이라는 것을 의미한다.

(3) 판매활동지수(SAI: Sales Activity Index) 기출 22-3

① 판매활동지수의 계산

판매활동지수(SAI)는 다른 지역과 비교한 특정 지역 내의 일인당 소매 매출액을 측정한 것이다.

$$SAI = \frac{\text{총소매 매출액에서 차지하는 그 지역의 비율(\%)}}{\text{총인구에서 차지하는 그 지역 인구의 비율(\%)}}$$

② 판매활동지수의 의의

SAI가 높을수록 지역의 구매력은 크다는 것을 의미한다. 그러나 높은 SAI는 비거주자의 구매력이나 특정 기업체의 대량 구매, 소수 거주자의 대량 구매 등에 의해서 나타난 것일 수도 있기 때문에 주의를 기울여야 한다.

3. 수요와 공급의 측정

(1) 소매포화지수(IRS: Retail Saturation Index) 빈출 24-1, 23-2, 22-3, 21-3, 21-2, 21-1, 20-3, 19-1, 18-2, 17-2, 16-3, 16-2, 16-1, 15-3

① 소매포화지수의 의의

㉠ 소매포화지수(IRS 또는 RSI)는 특정 지역 시장의 잠재수요를 총체적으로 측정할 수 있는 지표로 많이 이용된다.

㉡ IRS는 한 시장 지역 내의 특정 소매업태(또는 집적 소매 시설)의 단위 매장 면적당 잠재수요를 표시하는 것으로 다음과 같이 계산된다.

$$IRS = \frac{\text{잠재수요}}{\text{특정 업태의 총 매장 면적}} = \frac{\text{지역 시장의 총가구수} \times \text{가구당 특정 업태에 대한 지출액}}{\text{특정 업태의 총 매장 면적}}$$

㉢ IRS는 지역 시장의 수요는 물론, 공급을 종합적으로 측정할 수 있는 지표로, 신규점포에 대한 시장 잠재력을 측정할 때 유용하게 사용된다.

② 소매포화지수의 활용

㉠ 이 지수의 값이 클수록 수요가 공급에 비해 크다는 것(또는 수요에 비해 점포가 적어서 공급이 적다는 것)을 의미한다. 즉 현재 과소 점포의 상태에 있고, 따라서 잠재적으로 고객을 흡인할 기회가 많으므로 그 지역이 신규점포를 내기에 매력적이라는 것을 의미한다.

㉡ 그러나 특정지역의 IRS는 그 자체로는 큰 의미를 지니지 못하고 다른 지역의 IRS와 비교해야 그 의미가 분명해진다. 즉, IRS가 크다는 것은 그 지역의 잠재수요가 다른 지역에 비해 상대적으로 크다는 것을 의미한다.

㉢ IRS는 BPI와 함께 사용할 수 있다. BPI가 아무리 높아도 IRS가 낮아 그 지역의 경쟁 강도가 높다면 소매입지로 적당하지 못하다. 즉, BPI만 가지고는 지역분석이 충분하지 않기 때문에 수요와 공급을 함께 고려할 필요가 있고, 이때 이용할 수 있는 것이 IRS이다.

③ 소매포화지수의 평가

㉠ IRS는 경쟁의 양적인 측면만 고려되고 질적인 측면은 고려하지 못한다는 점과 미래의 신규수요를 반영하지 못한다는 점에서 비판을 받고 있다. 또한 거주자들의 지역 시장 밖에서의 쇼핑 정도(또는 수요, Outshopping)를 반영하지 못하는 문제점이 있다.

㉡ IRS는 점포가 비슷한 전통적인 슈퍼마켓 등에는 적용이 용이하나 스포츠 용품 또는 가구점 등 전문화된 점포에는 적용이 어렵다.

(2) 시장확장 잠재력지수(MEP: Market Expansion Potential) 빈출 24-1, 22-3, 21-3, 21-2, 21-1, 20-3, 19-1, 18-2, 17-2, 16-3, 16-2

① 시장확장 잠재력의 의의
  ㉠ 소매포화지수(IRS)가 낮은 지역이라고 해서 미래의 잠재력도 낮은 것은 아니다. 그 이유는 지역의 소비자들이 해당 지역에서 욕구를 충족시키지 못해 다른 지역으로 나가서 쇼핑을 할 수도 있기 때문이다.
  ㉡ 따라서 미래의 예상 수요까지 포함해서 시장 공급 가능성을 정확히 파악하기 위해서는 IRS뿐만 아니라 시장확장 잠재력도 분석할 필요가 있다.

② 시장확장 잠재력지수의 측정
  ㉠ 지역 시장의 매력도는 기존의 수요와 공급뿐만 아니라 미래의 시장확장 잠재력에 의해서도 영향을 받는다. 미래의 시장확장 잠재력을 나타내는 것이 시장확장 잠재력지수(MEP)이다.
  ㉡ 이 지표는 지역 시장이 미래에 신규 수요를 창출할 수 있는 잠재력을 반영하는 지표가 되는 것으로 해당 상품(서비스)에 대한 예상 수요를 총 매장 면적으로 나눈 값이다.

$$\text{MEP} = \frac{\text{해당 상품(서비스)의 예상수요}}{\text{총 매장 면적}}$$

  ㉢ 시장확장 잠재력은 지역에서 미래에 새로운 수요를 이끌어 낼 수 있는 가능성을 의미한다. 시장확장 잠재력은 다른 지역에서의 쇼핑 정도, 다른 업태의 이용 정도, 대체품의 구입 정도 등을 측정하여 결정된다.

③ 시장확장 잠재력지수의 활용
  ㉠ MEP는 지역 시장 매력도의 평가에서 IRS의 문제점을 보완하는 지표로서, 구체적으로 거주자들이 지역 시장 이외의 다른 지역에서의 쇼핑 지출액을 추정하여 계산한다.
  ㉡ MEP 값이 크다는 것은 거주자들의 다른 지역에서의 쇼핑 정도가 높다는 것을 의미하고, 따라서 시장 확대 잠재력이 높다는 것을 나타낸다.

(3) IRS와 MEP의 활용 기출 24-2, 24-1, 23-3, 21-1, 20-3, 19-1

① IRS와 MEP의 결합
지역 시장 매력도는 IRS와 MEP를 함께 사용하여 평가할 수 있는데, 아래 그림은 시장 매력도를 네 가지 유형으로 분류한 것이다.

	시장확장 잠재력지수(MEP) 고	시장확장 잠재력지수(MEP) 저
소매포화지수(IRS) 고	1분면 현재 경쟁 정도가 낮고 확장 잠재력은 높은 경우	2분면 현재 경쟁 정도가 낮고 확장 잠재력도 낮은 경우
소매포화지수(IRS) 저	3분면 현재 경쟁 정도가 높고 확장 잠재력도 높은 경우	4분면 현재 경쟁 정도가 높고 확장 잠재력은 낮은 경우

② 각 상황의 평가
  ㉠ 위 그림에서 IRS와 MEP가 모두 높은 지역 시장이 가장 매력적인 시장이다. 즉, 높은 IRS는 시장의 포화 정도가 낮아 아직 경쟁이 치열하지 않음을 의미하며, 높은 MEP는 총수요의 증가 가능성이 높다는 것을 반영한다.
  ㉡ IRS와 MEP가 모두 낮은 시장은 치열한 경쟁과 낮은 시장확장 가능성을 반영하므로 신규점포 진출의 시장 후보지로 적절하지 않다는 것을 의미한다.

(4) 중심성지수(Centrality Index) 기출 23-2, 20-2, 18-1

① 중심성지수는 소매업의 공간적 분포를 파악하기 위해 이용되는 개념이다.

중심성지수 = $\dfrac{\text{어떤 지역의 소매인구}}{\text{그 지역의 거주 인구}}$ 이다.

여기서 소매인구 = $\dfrac{\text{그 지역의 소매판매액}}{\text{1인당 평균 구매액}}$ 이다.

② 소매 판매액에 변화가 없어도 그 지역의 거주 인구가 감소하면 중심성지수는 상승한다. 지역의 소매인구는 1인당 평균 구매액에 대한 그 지역의 소매 판매액의 비중을 의미한다.

③ 중심성지수는 상업 인구가 거주 인구와 동일할 때 1이 되고, 상업 인구가 많으면 많을수록 1보다 큰 값이 된다.

(5) 경제적 기반

① 경제적 기반의 의의

특정시장의 매력도는 IRS와 MEP에 의해 측정되지만 가능한 한 그 지역의 경제적 기반도 함께 평가해야 한다.

② 경제적 기반의 평가대상이 되는 요인

㉠ 미래의 경제 활성화 정도   ㉡ 광고 매체의 이용 가능성과 비용
㉢ 근로자의 이용 가능성과 비용   ㉣ 지방 자치 단체의 지역 경제 활성화 노력
㉤ 지역 시장에 대한 정부의 법적 규제

4. 점포의 입지평가

(1) 넬슨의 소매입지 이론 기출 24-2

① 넬슨(R. E. Nelson)은 점포의 경영 주체가 최대의 이익을 얻을 수 있는 매출액을 확보하기 위하여 어떤 점을 고려할 것인가에 대해 8가지 원칙을 제시하였다.

② 8가지는 상권의 잠재력, 접근 가능성, 성장 가능성, 중간 저지성, 누적적 흡인력, 양립성, 경쟁 회피성, 용지 경제성 등으로, 이 중 넬슨은 양립성을 가장 중요시한다.

(2) 8가지 점포입지의 원칙 빈출 24-2, 22-3, 22-2, 21-2, 20-3, 20-2, 19-3, 18-2, 18-1, 17-1, 16-3, 15-2, 15-1

① 상권의 잠재력: 잠재력(potential)은 점포가 진입한 상권이 얼마나 많은 인구를 포함하고 있어 매출액과 수익성에 어느 정도의 영향을 미칠 수 있는가를 의미한다.

② 접근 가능성: 접근성(accessibility)은 점포로의 진입과 퇴출의 용이성을 의미한다. 접근성을 평가하려면 도로구조, 주도로로의 진입과 퇴출, 가시도, 장애물 등을 분석해야 한다.

③ 성장 가능성: 성장 가능성(growth possibility)은 주변의 인구 증가와 일반 고객들의 소득 증가로 인하여 시장규모나 선택한 사업장과 유통 상권이 어느 정도로 성장할 수 있겠는가를 평가하는 것이다.

④ 중간 저지성: 저지성(interception)은 상권 지역 내의 기존점포나 상권 지역이 고객과 중간에 위치하여 경쟁점포나 기존의 상권으로 접근하려는 고객을 중간에서 저지할 수 있는(가로챌 수 있는) 가능성을 의미한다.

⑤ 누적적 흡인력: 누적력(cumulative attraction)은 동일하거나 유사한 상품들을 판매하는 소매점들이 분산되어 있을 때보다 밀집해 있을 때 소비자를 끄는 힘(흡인력)이 더 큰 것을 의미한다.

⑥ 양립성: 양립성(compatibility)은 인접한 서로 다른 소매점포 간에 고객을 서로 주고받을 수 있는 능력을 의미한다.

⑦ 경쟁의 회피: 창업자가 진입한 상권에 경쟁점이 입지하여 경쟁점의 규모, 형태 등을 감안하여 예비 창업자의 사업장이 기존점포와 우위를 확보할 수 있는 가능성 및 차후에 새로운 경쟁점이 입점함으로써 창업할 사업장에 미칠 영향력의 정도를 평가하는 것이다.

⑧ 용지 경제성: 점포가 진입할 상권의 입지 가격이나 비용 등으로 인한 수익성과 생산성의 정도를 검토 평가하는 것이다.

(3) 입지 매력도 평가의 원칙(입지 대안평가의 원칙) 빈출 24-1, 23-2, 21-2, 20-3, 20-추가, 20-2, 19-3, 18-1, 17-1, 16-3

① 이용 가능성(availability): 그 장소를 임대 또는 매입할 수 있는가 하는 것이다.
② 적합성(suitability): 장소의 규모 또는 구조 등이 개설하려는 소매점포에 적합한가를 의미한다.
③ 수용 가능성(acceptability): 그 장소를 임대 또는 매입할 만한 충분한 자원이 있는가의 여부이다.
④ 고객 차단의 원칙(principle of intercept): 입지가 고객이 특정 지역에서 다른 지역으로 이동할 때에 고객으로 하여금 점포를 방문하도록 하는 입지적 특성이 얼마나 되는지를 평가하는 것이다. 이러한 특성을 가지고 있는 지역으로 평가되는 입지는 사무실 밀집 지역, 상업지역, 쇼핑센터 등이다.(중간 저지성)
⑤ 동반유인의 원칙(principle of cumulative attraction): 유사하거나 보충적인 소매업들이 군집하고 있는 경우가 분산되어 있거나 독립되어 있는 경우보다 더 큰 유인 잠재력을 가질 수 있다는 원칙이다.(누적적 흡인력)
⑥ 보충 가능성의 원칙(principle of compatibility): 두 개의 사업이 고객을 서로 교환할 수 있는 정도를 의미하는데, 이 원칙에 의하면 인접한 지역에 위치한 사업들 간에 보충 가능성이 높을수록 점포의 매출액이 높아진다.(양립성)
⑦ 점포 밀집의 원칙(principle of store congestion): 동반 유인이나 보충 가능성과는 반대로 지나치게 유사한 점포나 보충할 수 있는 점포들이 밀집되어 있어서 고객의 유인 효과를 감소시키는 현상을 의미한다.
⑧ 접근 가능성의 원칙(principle of accessibility): 고객의 입장에서 점포를 방문할 수 있는 심리적, 물리적 특성을 의미하는데, 지리적으로 인접해 있거나, 교통이 편리하거나, 시간의 소요가 적은 경우에 점포의 매출이 증대된다는 원칙이다.

3 입지영향인자

1. 입지영향인자의 의의

(1) 입지영향인자의 의미

입지영향인자란 입지에 영향을 미치는 요인, 즉 지역이나 상권의 수요에 영향을 미치는 요소들을 말한다.

(2) 입지영향인자의 내용

입지영향인자를 크게 구분하면 인구통계, 인구의 라이프스타일 특성, 비즈니스환경, 경쟁상황, 다점포 경영 성향, 접근성, 입지적 이점, 시너지 효과, 소비자의 상권 이용 형태, 법적 조건, 성장성 등이 있다.

2. 인구통계 기출 15-2

(1) 배후지 인구의 통계적 특성 파악

① 가구수, 인구수, 가구당 인구수, 인구의 연령별 구조를 파악한다. 이와 같은 것들을 파악하기 위해서는 시·군·구 통계 연보를 구해야 한다.
② 이 통계 연보로 연령별·남녀별·지역별·가구별 인구 등을 파악할 수 있다. 또한 도소매업 조사보고서, 서비스업 조사보고서 등에서는 그 지역 주민들의 생활상을 파악할 수 있다.

(2) 인구통계의 자료

① 질적자료: 글의 형태로 나타내며 그 종류로는 현지조사노트, 심층면담사본, 문서 등이 있다.
② 양적자료: 숫자로 나타내며 그 종류로는 서베이, 센서스, 여론조사 그리고 각 정부 기관 또는 사설 연구 기관에서 수집하는 다양한 종류의 통계 자료 등이 있다.

3. 라이프스타일 특성 〔기출〕 17-1

(1) 라이프스타일의 의의
① 최근 마케팅과 소비자 행동 연구에서 라이프스타일에 관심을 갖게 된 이유는 시장의 세분화에 있어서 인구통계학적 분류 외에 소비자의 심리적 측면을 고려할 필요가 있기 때문이다. 나아가 제품의 새로운 의미부여, 신제품개발 등에서도 소비자의 요구를 파악할 필요가 있기 때문이다.
② 예컨대 기호 상품의 성격이 강한 음악이나 향기 치료제, 허브 상품 등을 취급하는 소매점이 입지 선정을 위해 상권을 분석할 때는 상권 내 거주자의 라이프스타일 분석에 최우선 순위를 두어야 한다

(2) 라이프스타일의 개념
① 생활 양식: 라이프스타일이라는 개념은 사회학에서 최초로 사용되기 시작했는데, 생활의 유형·양식 또는 방법을 의미하지만, 단순히 생활 양식을 말하는 것이 아니라, 행동과 의식을 연합한 생활 양식이며 종합적 상징으로서의 성격을 가지고 있다.
② 라이프스타일의 유형화: 라이프스타일은 집단별·단계별·사회별로 특이한 생활의 요소나 질에 연관되어 존재하게 되며, 각 라이프스타일 유형의 결과가 그들의 생활 유형과 패턴에 동일하게 반영된다.

(3) 라이프스타일의 접근(측정) 방법
라이프스타일에 대한 측정은 AIO(Activities, Interests and Opinions) 기법, RVS(Rokeach Value Survey), VALS(Value and Life-Style Survey), LOV(List Of Value) 접근 방법 등을 이용할 수 있다.
① AIO 분석
　㉠ AIO 분석은 응답자들을 대상으로 한 조사에서 도출하는 행동, 관심, 의견 등으로 측정된다.
　㉡ 소비자의 입장에서 보자면 활동은 제품을 구입하는 것과 같은 명확한 행동을, 관심은 어떠한 제품 및 서비스에 갖는 특별한 흥미를 가리키며, 의견은 소비 상황에서 제기되는 문제에 대한 소비자의 응답이라고 할 수 있다.
② 로키치 가치조사(RVS: Rokeach Value Survey)
　㉠ 서구의 소비자 행동 연구 분야에서 연구자들이 소비 행동의 선행 변수로서 가치관에 관심을 두기 시작한 것은 로키치의 가치관 연구 이후부터이다.
　㉡ 로키치는 자신의 이론을 바탕으로 하여 가치관 측정 도구인 RVS를 만들었다.

4. 비즈니스환경

(1) 비즈니스환경의 의의
비즈니스환경이란 최고 경영자가 의사결정을 내릴 때 고려해야 할 외부 요인들로 크게 일반적 요인과 구체적 요인으로 나눌 수 있다.

(2) 비즈니스환경의 구분
① 일반적 환경요인은 거시적 요인으로 기후나 지형과 같은 자연 현상처럼 그 영향이 사회 전반에 미쳐서 개별 기업의 차원에서는 어쩔 수 없이 받아들일 수밖에 없는 것으로 경제, 정치·법률, 사회·문화, 국제 환경으로 나눌 수 있다.
② 구체적 환경요인은 경쟁업체·소비자·정부·금융기관처럼 조직 활동과 밀접한 관련을 맺고 있는 기업의 이해 당사자들로 구성되며 특히 고객, 유통업체, 경쟁업체는 경영 성과에 직접적으로 영향을 미친다. 거시적 환경과는 달리 이들 요인이 미치는 영향은 경영자가 어느 정도 관리할 수 있다.

5. 경쟁상황

(1) 경쟁상황 파악

① 경쟁상황의 의의: 입지영향인자, 즉 상권이나 지역 수요에 영향을 미치는 요인으로서 경쟁상황은 매우 중요한 요인이다. 점포가 과다 상태에 있어 경쟁이 치열하다면 가격우위 전략이나 차별화 전략, 집중화 전략 등을 통해 이를 극복해야 한다.

② 경쟁상황의 분석 내용: 상권 내의 업종별 점포 수, 업종 비율, 업종별·층별 분포, 판매 업종과 서비스 업종의 구조, 건물의 층별 점포구성 등을 분석한다.

(2) 경쟁분석 기출 23-3, 20-3, 20-2, 19-3, 19-1, 18-2, 18-1, 16-3

입지분석은 지역분석, 상권분석, 부지분석 등의 세 가지 수준에서 실시한다. 이중 경쟁분석을 실시하는 분석수준은 상권분석(trade area analysis)이다.

① 경쟁분석의 유형 : 경쟁분석은 위계별 경쟁구조 분석, 업태별·업태 내 경쟁구조 분석, 경쟁 및 보완관계 분석, 잠재 경쟁구조 분석 등이 포함된다. 경쟁분석은 경쟁점포에 대한 방문 조사 외에도 상권 내 경쟁점포의 수와 분포 등 다양한 방법이 활용된다.

② 위계별 경쟁구조 분석: 위계별 분석은 대도시의 상권을 도심, 부도심, 지역 중심, 지구 중심 등으로 분류하고 각 수준별 및 수준 간 경쟁관계의 영향을 함께 고려한다.

③ 잠재 경쟁구조 분석: 업태 내 경쟁분석과 업태별 경쟁분석, 위계별 경쟁구조 분석, 경쟁·보완관계 분석이 모두 시행되어야 한다.

(3) 경쟁우위의 구축 전략

① 원가우위 전략
  ㉠ 업계에서 생산 원가가 가장 낮아 판매에서 경쟁우위가 되는 전략을 의미한다.
  ㉡ 기업이 원가우위 전략을 실행하기 위한 조건은 규모의 경제 활용, 독보적인 기술이나 노하우를 보유하고 있을 때, 자원의 독점적 활용(독점계약 등), 기타의 비용절감 등의 가능성이 있다.

② 차별화 전략
  ㉠ 경쟁자들은 보유하고 있지 않으나 소비자들은 가치 있다고 보는 점포의 특징 혹은 속성으로 비싼 가격을 보상하려는 전략을 의미한다. 기업은 소비자에게 요구하는 프리미엄 가격이 정당화 될 수 있을 만큼의 가치를 제공하여야만 한다.
  ㉡ 차별화의 대상으로는 서비스, 점포 이미지, 취급 제품 구색, 점포 위치, 점포 속성, 디자인 등 매우 다양하며 차별화 전략을 쓰는 대표적인 업태로는 백화점이나 전문점 등이 있다.

③ 집중화 전략
  ㉠ 세분시장 혹은 틈새시장 공략 등 집중적으로 공략하여 경쟁자보다 우위에 서는 전략이다. 집중화 전략은 다시 가격우위와 차별화의 두 가지로 세분화 된다.
  ㉡ 집중화 전략 시 표적 시장이 전체 시장과 큰 차이가 없거나, 경쟁 기업이 표적 시장에서 보다 좁은 집중 전략을 펼칠 때에는 집중 전략의 성공 가능성이 희박하다.

6. 다점포 경영(Chain-Store Operation)

(1) 다점포 경영의 의의와 특징

① 다점포 경영의 의의
  ㉠ 최근 들어 유통시장 전면 개방에 대한 대응책으로 기존 백화점들은 유통망의 경쟁력 강화와 경쟁우위를 확보하기 위해 지방도시의 기존 중소업체를 인수하거나 수도권 및 신도시 지역으로 신규점포를 출점하고 있다. 이러한 다점포 경영 성향으로 인해 동종 업종 간의 경쟁 악화가 하나의 문제점으로 부각되고 있다.
  ㉡ 다점포 경영은 각 지역에 지점포를 출점하게 하는 전략에 따라서 만든 각 체인점에 대한 영업 관리를 의미한다. 즉 규모의 경제 이익과 효율성을 고려하여 계획적으로 여러 지역에 출점하는 것을 말한다.

② 다점포 경영의 특징
  ㉠ 매입과 판매활동을 분할하여, 전체 지점포의 매입은 본사가 총괄적으로 담당하고, 각 지점포는 오로지 판매활동만을 담당하도록 하는 경영이다. 즉 본사를 통한 대량매입과 각 지점포를 통한 대량판매를 동시에 실현하고자 하는 경영관리이다. 백화점, 할인점, 패스트 푸드점·음식점 등 프랜차이즈에서 볼 수 있다.
  ㉡ 다점포 경영의 상품구색, 가격, 판촉활동은 전국 시장보다는 지역 시장의 욕구에 적합하게 수립할 수 있다.
  ㉢ 동일 업종이나 업태의 수를 증가시킴으로써 구매자에 대한 구매력을 향상시킬 수 있는 이점이 있다.

(2) 다점포 경영의 평가

① 다점포 경영의 장·단점

장점	• 본사의 경험과 노하우를 이용하므로 실패의 위험이 상대적으로 적음 • 저렴한 가격으로 원부자재의 공급이 용이 • 광고비용이 적게 들고, 높은 홍보 효과 • 본사의 시장 조사와 상품 개발로, 시장 변화에 빠르게 적응 가능 • 본사의 개설비용 융자와 상품의 외상 공급으로 자금 부담을 절감
단점	• 본사의 방침에 따라 운영되므로 사업의 독립성이 보장되지 않음 • 일관된 운영 방식으로 각 프랜차이즈의 개성과 특성이 고려되지 못함 • 본사에 대한 로열티 부담 • 점포의 양도나 매매가 제한되기도 함 • 특정 가맹점이 잘못하는 경우 다른 가맹점 전체가 피해를 볼 수도 있음

② 복수의 점포를 출점하는 경우
  ㉠ 물류센터 운영, 광고 등의 공동활동을 통해 시너지효과를 얻을 수 있다.
  ㉡ 동일 상권 내에 복수 및 다수의 점포 운영은 고객의 접근성 및 편리성을 보다 높일 수 있을 뿐만 아니라, 단수의 점포로는 규모가 지나치게 비대해져서 발생할 수 있는 비효율적인 경영을 막을 수 있다.
  ㉢ 같은 회사의 점포들 사이의 경쟁을 유발하여 각 점포 경영의 성과를 더욱 촉진할 수도 있다.
  ㉣ 다점포 경영을 하는 경우 기존점포 소비자의 일부가 다른 점포로 옮겨가는 현상, 즉 <u>자기잠식 현상(cannibalization)</u>이 나타날 수 있다. 이런 경우 총수익의 증대가 실현되지 못할 수 있다.

(3) 입지-할당모델 추가 기출 24-1, 17-2

① 여러 개의 점포를 체인화하여 운영하는 경우 각 점포 간의 거리를 고려한 점포망 구성이 중요한 과제가 되는데 이를 설명하는 기법의 하나가 헤스 등(Hess et al)에 의해 제시된 입지-할당(location-allocation) 모델이다.
② 즉, 단일점포일 때와는 달리 소매점포가 체인화되는 과정에서는 점포망 전체 차원에서 점포를 추가로 개점하거나 기존 점포를 폐점하는 등 점포망 구성이 중요한 과제가 되는데 이러한 경우 사용할 점포망 분석기법이다.
③ 입지-할당 모델은 수요균형 제약조건 하에서 각 구역의 수만큼 점포를 선정하고 점포마다 할당된 기본 공간 단위와 점포 사이의 거리의 합이 최소가 되도록 구역을 설정하는 모형이다.

7. 접근성 기출 19-3, 16-2

(1) 접근성의 의미
① 접근성은 어떤 위치에 도달하는 데 소요되는 시간적·경제적·거리적 부담과 관련되는 개념이다. 일반적으로 접근성이 좋을수록 입지조건은 양호한 것이 원칙이다.
② 또한 접근성은 점포로의 진입과 퇴출의 용이성을 의미한다. 접근성을 평가하려면 도로 구조, 도로 상태, 주도로로의 진입과 퇴출, 교통량과 흐름, 가시도, 장애물 등을 분석해야 한다.

(2) 접근성의 중요성
① 동일한 상권 내의 고객들을 자신의 점포로 유인하는 데 있어서 어떠한 장애 요소가 접근할 수 있는 가능성을 방해하는가를 철저하게 분석해야 한다.
② 접근성은 거리 상태, 통행량, 통행시간, 점포의 매력 등에 의해 결정되며, 접근성이 높을수록 교통량은 증가한다.
③ 독립점포 입지평가와 마찬가지로 쇼핑몰이나 쇼핑센터의 입지평가에 있어서도 접근성이 중요하고, 쇼핑센터 및 쇼핑몰 내부의 입지평가에 있어서도 접근성을 고려해야 한다.

(3) 입지유형에 따른 접근성 분석 기출 20-3, 20-추가, 18-3, 18-2, 18-1, 17-3, 15-1
① **적응형 입지**: 적응형 입지는 도보객의 접근성을 우선 고려하여야 한다. 도보객이 접근하기 쉬운 출입구는 물론 시설물, 계단, 가시성 등이 좋아야 한다. 출입구도 자동문이나 회전문은 좋지 않다. 대부분의 도보객은 버스나 택시, 지하철을 이용하므로 이들 교통시설물과 근접하면 좋다.
② **목적형 입지**: 특정 테마에 따라 고객이 유입되므로 차량이 접근하기 쉬워야 한다. 주도로에서 접근하기 쉽고, 주차장이 크고 편리성이 있어야 하며, 주차관리원도 두어야 한다. 또 주차장의 위치는 건물 앞쪽에 있어야 이용자의 편리성이 높다.
③ **생활형 입지**: 지역주민이 주로 이용하는 입지이므로 도보객이나 차량 이용객을 모두 흡수할 수 있어야 한다. 주차시설도 갖추고 도보객의 접근도 유리한 지역에 출점해야 한다.

(4) 접근성의 거시적 분석
① 거시적 분석의 의의
   상권 내에서 자신의 점포와 연결되는 주요 도로 구조나 도로의 상태, 장애물 등의 존재로 인하여 점포로의 접근 가능성이 어느 정도인가를 분석하는 것이다.
② 거시적 분석의 내용
   ㉠ 도로 구조: 점포로 연결되는 주요 도로의 존재 여부를 분석
   ㉡ 도로 상태: 차선의 수, 신호등의 수, 교통의 혼잡도, 교차로의 존재 여부 및 위치
   ㉢ 장애물: 자연 장애인 산과 강, 인공 장애인 조형물, 육교, 철도, 공원 등과 주민들의 소득 격차도 장애물로 작용

(5) 접근성의 미시적 분석
① 미시적 분석의 의의
   점포 주변에서의 가시도, 도로 정체 등 교통의 흐름, 도로의 여건과 패턴, 주차장으로의 진입과 퇴출 등 출입 문제, 쇼핑센터로의 접근성, 센터 내의 고객 흐름 등을 분석하는 것이다.
② 미시적 분석의 내용
   ㉠ 주차시설의 양과 질은 쇼핑센터, 쇼핑몰 및 주차 시설을 개별적으로 갖춘 단독 매장들에 대한 접근성을 평가하기 위한 중요한 요인 중 하나이다.
   ㉡ 혼잡도는 사람들이 밀집되어 복잡한 정도뿐만 아니라 자동차의 밀집에 따른 복잡한 정도를 모두 포함하는 개념이다. 혼잡도가 일정 수준을 넘어 너무 혼잡하면 쇼핑 속도가 떨어지고 고객 불만을 야기하여 매출이 하락하지만, 적정 수준의 혼잡도는 오히려 고객에게 쇼핑의 즐거움을 더해 주기도 한다.

8. 고객유도시설과 동선

(1) 고객유도시설 기출 22-2, 18-3, 18-1, 16-3, 15-2

① 고객유도시설은 고객을 모으는 자석과 같은 역할을 한다고 하여 소매 자석(CG: Customer Generator)이라고도 한다.
② 점포 주변에 고객이 되는 사람들이나 고객이 탄 차량이 집중하는 장소(경제적 및 교통 요지)를 말하며 고객유도시설과 점포와의 위치 관계에 따라 상권이 가지는 시장성을 흡수할 수 있는가의 여부가 결정된다는 점에서 매우 중요하다.
③ 고객유도시설(자석)은 입지 형태에 따라 달라진다. 입지유형별 고객유도시설을 살펴보면 다음과 같다.

입지유형	고객유도시설(자석)
도시형	역 개찰구, 대형 소매점, 대형 교차로
교외형	대형 소매점, 간선 도로의 교차점, 간선 도로, 인터체인지, 대형 레저 시설
인스토어형	대형 소매점의 주 출입구, 주차장 출입구, 에스컬레이터, 엘리베이터

(2) 동선 기출 22-1, 19-3, 19-2, 16-1

① 동선(traffic line)은 고객들이 이동하는 궤적, 즉 사람들이 집중하는 자석과 자석을 연결하는 흐름을 말한다. 점포 내부의 점내 동선과 점포 외부의 점외 동선으로 구분한다.
② 점외 동선은 주동선(단독 동선), 복수 동선(유희 동선), 부동선(후면 동선) 및 접근 동선으로 구분한다. 또한 동선은 출근 동선, 퇴근 동선 등 다양한 기준으로 분류할 수 있다.
③ 동선을 조사할 때 중요한 것은 사람들이 많이 걸어다니는 곳이 동선이 아니라는 점이다. 쇼핑이나 놀이, 레저를 위해 내점하는 사람들이 많이 걸어다니는 곳이 동선이다. 동선의 종류는 다음과 같다.

동선 종류	특징
주동선	자석과 자석을 잇는 가장 기본이 되는 선이다. 자석의 특성 및 종류에 의해 걸어다니는 사람의 질과 양이 변화한다.
복수 동선	동선이 여러 개 혼재하는 것을 말한다. 역 → 대형 교차점 → 대규모 소매점 → 역 등의 순서처럼 복수의 자석이 같은 동선상에 있는 경우 동선의 힘은 자석의 수만큼 커진다.
부동선	주동선 이외에 사람들이 통행하는 뒷골목 같은 동선을 말한다. 경제적 사정으로 많은 자금이 필요한 주동선에 입지하기 어려운 점포는 부동선을 중시한다.
접근 동선	동선으로 접근할 수 있는 동선을 말한다.

④ 고객이 주로 승용차로 내점하는 점포의 경우에는 주 주차장에서 주 출입구까지가 동선이 된다.
⑤ 대규모 소매점은 고객이 각 층별로 돌아보기 때문에 각 층이 자석이 되고 이를 연결하는 에스컬레이터가 동선이 된다.
⑥ 고객의 내점 수단이 도보인 경우 주 출입구에서 에스컬레이터까지가 주동선이 된다.

(3) 인간 심리와 동선과의 관계 기출 22-2, 22-1, 21-3, 20-3, 19-1, 18-2, 17-1

① 최단거리 실현의 법칙: 사람들은 최단거리로 목적지에 가려고 하며, 멀리 돌아가거나 쓸데없는 일, 손해는 보지 않으려고 한다. 그래서 부동선(후면 동선)이 생긴다.
② 보증 실현의 법칙: 인간은 득실을 따져 득이 되는 쪽을 선택하며, 목적지를 향하여 최초의 횡단보도를 건너 진행한다. 예컨대 역전 로터리 바로 정면에 점포가 있어도 자신이 지금부터 진행하는 방향에 있지 않은 점포로는 가려 하지 않는다.
③ 안전중시의 법칙: 인간은 기본적으로 신체의 안전을 지키기 위해, 알지 못하는 길은 지나가려고 하지 않는다.
④ 집합의 법칙: 인간은 자연적으로 사람들이 모여 있는 곳에 모인다.

4 백화점의 입지 선정

1. 백화점의 의의와 특징

(1) 백화점의 의의
① 백화점은 의류·가정용품·신변 잡화류·가구 등의 상품을 부문별로 구성하여 일괄 구매할 수 있도록 하고, 대부분의 매장을 직영 형태로 운영하는 대형 소매점포이다.
② 백화점이 소비자에게 주는 큰 장점은 많은 상품 계열과 다양한 상품구색, 편리한 입지, 쾌적한 쇼핑 공간 등이다.
③ 우리나라의 백화점은 매장 면적이 3,000m^2 이상이고 30% 이상이 직영으로 운영되어야 한다.(「유통산업발전법」) 또한 판매장 이외에도 주차시설, 문화 행사 시설, 휴게실 등 서비스 시설에 대한 다양한 규제가 가해지고 있다.

(2) 백화점의 특징 기출 16-2, 16-1
① 백화점은 대규모 경영을 통해 규모의 경제를 추구하며, 점포의 입지를 대도시 중심이나, 부도심 및 민자 철도 역사, 터미널 등에 정하고 있다.
② 우리나라의 백화점은 서구와는 달리 슈퍼마켓과 푸드코트, 문화센터 등을 포함하고 있는데, 이는 집객효과를 높이는 데 매우 중요한 역할을 한다.
③ 우리나라의 경우 최근에는 교통 체증과 주차난이 심한 구도심보다 도시 외곽이나 신도시지역, 유동인구가 많은 역세권 및 지방 도시를 중심으로 출점하는 다점포 경영전략을 시도하고 있고, 레저 및 부대시설을 겸비한 쇼핑센터식으로 대형화되는 추세를 보이고 있다.
④ 백화점 경영의 최근 추세 중 하나는 대형 편집매장(multi-shop)이 늘고 있다는 점이다. 편집매장은 여러 브랜드의 제품을 한 곳에 모아놓고 판매하는 매장을 말하는데, 특정 브랜드의 제품만 판매하는 브랜드숍(brand shop)과는 달리 여러 상표를 비교해 살 수 있는 장점이 있다.

(3) 백화점의 입지 선정 기출 21-1, 16-1
① 주로 도심 및 교통망의 결절점에 입지하며, 유동인구, 인근 지역 소비자의 소비 형태 등을 고려하여야 한다.
② 입지의 지리적, 환경적 요인을 분석하여 소비자의 흡인률을 높일 뿐만 아니라 강한 집객력을 배경으로 제품구색의 폭이 넓으며 점포 건물의 층별 제품구색 차별화를 구현하는 MD 구성 및 문화 레저 산업과의 연계 등을 통한 차별화된 전략이 요구된다.
③ 백화점은 소비자가 가장 편리하게 접근할 수 있도록 주차의 편리성을 우선 고려해야 한다. 또한 소비자의 흡인력에 따라 성과가 좌우되므로 사람이 많이 모일 수 있는 곳에 입지를 선정해야 한다.
④ 백화점의 입지 선정에는 그 지역의 주요 산업, 유동인구, 소비자의 소비 행태, 소비자의 흡인력, 소비자의 접근성, 소비자의 경제력, 대중교통의 연계성 등을 고려해야 한다.
⑤ 중심상업지역(CBD)과 쇼핑센터는 백화점의 좋은 입지가 된다. 중심상업지역에 위치하는 백화점은 그 지역에 근무하는 사람들을 잠재고객으로 확보할 수 있다.

2. 백화점의 입지전략과 매장배치 기출 21-2, 19-3

(1) 입지전략

① 지리적·환경적 요인의 분석

주변의 교통, 문화 시설, 환경요인 등을 고려해 교통이 편리하고 주변 시설과 연결될 수 있는 곳이 좋다.

② 유동인구의 분석

지리적·환경적 요인이 충족되어도 유동인구가 적으면 잠재고객의 확보가 어렵다. 따라서 유동인구가 비교적 많은 곳을 택한다.

③ 부지의 분석

백화점의 부지는 정사각형에 가까운 직사각형이 좋으며 주도로에 한 변을 접하고 다른 한 변이나 두 변이 상당한 폭을 가진 도로에 면하는 것이 이상적이다.

(2) 매장배치 기출 24-2, 21-1

① 배치계획

㉠ 백화점은 각 층의 매장 효율을 높이기 위해 계획적 구매 상품, 충동적 구매 상품 등을 고려하여 배치한다.

㉡ 매장배치에서 저가 상품과 고가 상품, 신사용품과 숙녀용품, 대형 상품과 소형 상품, 실용품과 사치품 등의 관계를 고려하여 수익성, 구매객의 수요, 선택상의 편의 등을 고려하여 결정한다.

㉢ 주통로와 부통로의 유기적 관계가 중요하며, 고객이 보기 쉽도록 구성해야 하며 가능하면 장방형으로 하고 벽면을 최대한 사용하여 공간을 활용한다.

> **짚고 넘어가기 판매장의 배치계획**
> - 직각 배치: 효용성이나 경제적인 면에서 판매장 면적을 최대한 이용할 수 있으므로 가장 많이 이용되는 배치 형식이다. 이용이 간단하나, 단조로운 배치가 되기 쉽고 통행량에 따른 통로의 폭 조절이 어려울 때도 있다.
> - 대각선 배치(사행 배치): 주통로는 직각 배치로, 부통로는 45도로 사선 배치를 하면 선택할 수 있는 동선이 많고 유도 상품이 잘 보이는 장점이 있다. 매장 구석구석까지 가기가 쉽고 수직 동선으로의 접근이 쉽다.
> - 자유형 배치: 통로를 자유로운 곡선으로 배치한 것으로 통로 폭도 자유로이 변화시킬 수 있고 전시도 상품에 따라 독특한 특징을 줄 수 있으며 판매장의 획일성을 탈피하고 개성있는 성격을 매장에 부여할 수 있기 때문에 현대적인 배치 수법으로 활용된다.
> - 방사형 배치: 판매 진열대를 방사형으로 배치하는 것으로 쉽게 매장을 순회할 수 있는 장점이 있으나 매장공간의 낭비를 초래하고 시각적으로 혼란스럽게 하는 단점이 있다.

② 동선계획

㉠ 동선은 매장 내의 고객이 가능한 많은 매장을 거치도록 고려하여야 한다.

㉡ 계획적인 구매를 하는 상품판매장으로 가는 중간에 충동적인 구매를 하는 상품을 배치한다.

㉢ 식료품은 혼잡한 장소에 배치하고, 귀금속은 한산한 장소에 배치하는 방법을 이용한다.

㉣ 고객과 점원의 동선, 그리고 상품의 교통로는 주변 환경에 따라 분리하여야 한다.

③ 공간계획

㉠ 일반적으로 층수가 높아질수록 매장공간의 가치가 낮아진다. 백화점 매장 내 입지들의 공간적 가치는 층별 매장 구성 변경의 영향을 크게 받는다.

㉡ 여러 층으로 구성된 백화점에서는 출입구, 중심 통로, 에스컬레이터, 엘리베이터 등에서 가까울수록 유리한 위치이다.

㉢ 대부분의 고객들이 오른쪽으로 돌기 때문에, 각 층 출입구의 오른편이 좋은 입지이다.

㉣ 고객을 매장으로 유인하기 위해 충동구매 상품은 매장 입구에 배치한다.

5 의류 패션 전문점의 입지 선정

1. 의류 패션 전문점의 입지

(1) 의류 패션 전문점의 특징과 머천다이징

① 의류 패션 전문점의 특징

의류 패션은 경기 변동에 많은 영향을 받고(유행 상품은 일반적으로 순환) 충동구매가 많으며 브랜드를 선호한다. 또한 가족 단위 구매가 많이 이루어지므로 서로 다른 연령층 고객을 표적으로 삼는 전략이 필요하다.

② 머천다이징(MD: Merchandising)

㉠ 의류 패션 전문점은 브랜드 매장구성을 위하여 머천다이징(MD)의 개념을 도입해야 한다. 소매업의 머천다이징이란 마케팅 목표를 실현하는 데 가장 도움이 되도록 특정 상품 및 서비스를 표적 고객에 대응하여 적정한 매장, 시기, 가격, 그리고 수량으로 구색을 갖추기 위해 적절하게 구매하고 재고를 관리하는 것으로 상품화계획이라고도 한다.

㉡ 생산 또는 판매할 상품에 관한 결정, 상품의 구색 맞추기, 점포구성과 레이아웃 및 컨셉 설정 등은 머천다이저(merchandiser)의 핵심 업무이다.

(2) 의류 패션 전문점의 입지

① 도심의 중심상업지구(CBD)나 쇼핑센터들의 밀집 지역과 그 지역 전체를 포함한 형태로, 의류 패션 전문센터 또는 테마 의류센터 등의 형태로 입지하는 것이 일반적이다.

② 백화점보다 더 인기 있는 곳이라고 생각되는 곳에 입지하며, 그 위치들은 소비자들을 위한 볼거리와 레크리에이션 기회를 제공하며 많은 사람들이 구매하도록 하는 능력을 발휘한다.

2. 의류 패션 전문점의 운영전략

(1) 시장 상황의 파악

① 의류 시장 조사는 패션 트렌드 파악과 물건 매입 그리고 도매 상인들과의 관계를 돈독히 하는 여러 가지 복합적인 목적을 갖고 있다.

② 매장에서도 바쁘지 않은 시간대에는 항상 패션 잡지와 사이트를 둘러보며 유행 패션을 연구하도록 하고, 인기 TV프로나 유명 스타의 패션에도 관심을 갖는다.

(2) 매장구성 및 관리

① 최근 브랜드 매장구성의 기본개념은 비주얼 머천다이징(VMD: Visual Merchandising)이다. VMD는 매장에 진열되어 있는 상품을 효과적으로 보여 주어 고객들에게 강한 구매욕구를 불러일으키고, 또 상품을 기억하고 구매 충동을 갖게 하여 상품을 구입하게 만드는 역할을 하게 하는 데 초점이 있다.

② VMD란 소비자가 원하는 상품을 적절한 시기에, 적절한 가격으로, 적절한 장소에서 제공받을 수 있도록 하기 위해 각각의 상품에 아이덴티티를 부여함으로써, 그 상품이 소비자에게 최대한 부각될 수 있도록 시각적으로 연출하고 제시하는 것을 말한다.

3. 제조 직매형 전문점(SPA; Speciality retailer of Private label Apparel) 기출 19-2, 17-3

(1) SPA의 의의
① SPA의 확산
  ㉠ 최근 가두 매장이 대형화되면서 의류업체 등이 종전 프랜차이즈 형태에서 직영점 체제로 변화를 시도하고 있다. 패션 전문점의 확산과 더불어 합리적 가격의 중요성이 대두되면서 직영 또는 반직영 체제의 유통망인 SPA 형태의 점포가 크게 확산되고 있다.
  ㉡ 우리나라에서도 그동안 ZARA, Uniqlo 등의 SPA 업체들이 대형 매장을 개설하여 영업을 해 왔고, H&M과 SPAO 등이 새로 SPA 매장을 개설하였다.
② SPA의 의미
  ㉠ SPA란 1986년에 미국의 청바지 회사인 갭(Gap)이 도입한 개념으로, 전문점(Speciality retailer)과 자사 상표(Private label) 및 의류(Apparel)의 앞문자를 딴 합성어로, 이를 번역하자면 제조 직매형 의류 전문점이라고 할 수 있다.
  ㉡ SPA는 기획부터 디자인·생산·유통·판매가 모두 한 회사의 지붕 아래에서 이루어지는 것을 말한다. 모든 공정이 일괄적으로 이루어짐으로써 저렴하고 트렌디한 제품을 소비자에게 공급할 수 있다는 것이 강점이다. 급변하는 유행에 맞춰 새로운 아이템을 빠르게 선보여 패스트패션(fast fashion)이라고도 한다.

(2) SPA의 특징과 영업전략
① SPA의 특징
  ㉠ 백화점 유통에 드는 비용을 절감시키고, 매장을 직영으로 운영하므로 가격은 저렴하고 소비자의 요구는 빨리 알아차려 제품에 반영하는 것을 특징으로 한다.
  ㉡ 기획에서부터 판매에 이르기까지 하나로 연결되어 있기 때문에, 이곳에서는 이미 판매하여 소비자들에게 검증된 상품만을 제조하여 판매가 이루어진다.
② SPA의 영업 전략
  ㉠ 비용 절감을 통하여 소비자의 부담을 줄이는 합리적인 패션유통의 한 형태이기 때문에, 소비자가 원하는 스타일을 파악해 신속한 기획과 생산, 반품과 매장 관리가 한꺼번에 이루어져 재고부담이 적다.
  ㉡ 매장 내에서 모두 팔 수 있는 상품을 만들기 위해 정확한 수요예측이 필수적이다. 또한 다품종 소량생산의 제조 직매형 의류 브랜드라는 차별화된 제품전략이 요구된다.

6 패션잡화점, 생활용품 전문점의 입지 선정

1. 패션잡화점

(1) 패션상품의 의의
① 패션상품은 소매점에게 좋은 기회도 제공하지만 동시에 상당한 위험요소로서 작용한다.
② 패션상품의 성공은 고객이 위치하는 패션상품의 수명주기가 어디인지의 파악, 소매점으로서의 명성 획득, 대량 판매에 대한 준비, 적절한 때에 빠져 나오는 타이밍 결정 등에 달려 있다.
③ 소비자들의 패션을 수용하는 기간과 정도에 대한 이해는 패션상품 도입에 필수적으로 요구되고 있다. 패션상품의 수명주기는 도입기, 수용기, 쇠퇴기의 3단계로 분류된다.

(2) 패션잡화점의 입지
① 패션잡화점의 최적 입지는 상호보완적인 상품을 제공하는 다양한 점포들이 모여 있는 곳으로 다양한 상품을 판매하고 유동인구가 많으며, 주로 젊은 세대들이 자주 찾는 지역이 적합하다.
② 여러 층으로 구성된 매장에서 고객의 주된 출입구가 있는 층, 쇼핑몰 내부 입지에서 핵점포의 통로·출입구 근처의 입지, 상호 보완적인 상품을 판매하는 다양한 점포들이 함께 모여 있는 입지가 패션잡화점의 입지로 바람직하다.

2. 생활용품 전문점

(1) 생활용품 전문점의 입지
① 생활용품은 의식주와 관련된 소비재 상품이므로, 입지 선정이 사업의 성패를 좌우한다. 생활용품이라도 상품의 성격에 따라 입지를 달리해야 한다.
② 대형할인점 등과 취급 품목이 겹치는 업태라면 인근에 대형 유통센터가 없는 지역이 유리하다.
③ 기능성 생활용품, 장식용 디자인 소품, 홈쇼핑 판매 품목 등과 같이 대형할인점에서는 취급하지 않는 틈새 상품(niche products)을 취급하는 매장이라면 적극적으로 대형할인점 출점지역 인근으로 진출하는 것이 오히려 유리하다.
④ 생활용품 전문점은 대단위 아파트 밀집지역, 주택가 밀집 지역 등 주거지 인근에 출점하여야 하며, 통행량이 많은 곳이나 슈퍼마켓 근처가 입지로 적합하다.

(2) 생활용품 전문점의 특징
① 생활용품 전문점은 가능하면 1층 점포에 출점하는 것이 좋다. 생활용품 전문점의 판매 품목 중 상당수는 충동구매 성향이 높아서 접근성이 뛰어난 점포가 유리하기 때문이다.
② 소득 수준 면에서는 생활용품 할인점의 경우 서민층 밀집 주거지역 부근이 유리하다. 생활수준이 높은 중산층 이상의 소비자들은 물건이 비싸도 고가의 브랜드나 명품을 선호하는 경향이 있고, 생활용품 가격의 높고 낮음에 크게 신경쓰지 않고 백화점이나 대형 할인매장의 생활용품을 더 선호한다.

CHAPTER 04 경쟁점 조사·분석

1 경쟁점 조사

1. 경쟁점 조사의 의의와 목적

(1) 경쟁점 조사의 의의
① 경쟁점 조사는 입지 선정 과정에서 가장 중요한 작업 중 하나이다. 아무리 상권이 뛰어나고, 좋은 입지를 선정했다고 해도 그 상권에 자신이 하려는 업종이 이미 포화 상태라면 개점의 의미가 없기 때문이다.
② 경쟁점 조사에서는 먼저 경쟁에 대한 개념을 정립해야 한다. 대부분의 업종들은 다른 점포와 경쟁하는 동시에 양립한다. 양립이란 상권 내에 유사 업종이 함께 모여 있음으로써 서로의 매출이 증대하는 효과를 말한다.

(2) 경쟁점 조사의 목적
① 점포 후보지 인근의 경쟁점 현황을 조사하는 목적은 경쟁점포의 인지도, 매장 크기, 취급하는 상품의 성격, 영업시간, 하루 내점 고객수 등을 조사하여 경쟁점보다 우월화, 차별화 전략을 세우기 위해서이다.
② 경쟁점이라는 말에서 알 수 있듯이 주변 상권에 경쟁점이 많으면 영업에 부정적인 영향을 주는 것이 일반적이다. 하지만 경쟁점이 있다고 해서 모두 불리한 것은 아니고 주위에 같은 업종이 많아서 오히려 시너지효과를 얻는 경우도 있다.
③ 경쟁점 조사의 궁극적인 목적은 차별화 전략을 세워 해당 상권을 찾아온 고객을 경쟁점이 아닌 자신의 점포로 끌어들이는 방법을 찾아내는 것이다.

2. 입점객 조사와 객단가 조사, 조사 항목 기출 16-2

(1) 입점객 조사법
통행량 조사와 같은 방법으로 입점객을 성별·연령별·시간대별·교통수단별로 구분하여 조사한다. 각 구분별로 모두 교차하여 조사하여야 한다.

(2) 객단가 조사
① 각 계산대의 정산 금액을 매출이 집중된 몇 개의 시간대로 나누어 관찰하여 평균 금액을 기초로 객단가(고객단가)를 추정한다.
② 동일한 업태인 경우 규모를 고려해서 동업태 평균 단가를 참고할 수도 있다.

(3) 경쟁점 조사 목적에 따른 조사 항목
① 시장지위: 경쟁점포의 시장점유율, 매출액
② 운영 현황: 객단가, 종업원의 수, 일 고객수
③ 상품력: 맛, 품질, 가격경쟁력
④ 서비스 및 경영 능력: 종업원 접객 능력, 친절도 및 대기 시간
⑤ 시설 현황: 점포 면적, 인테리어

3. 점포와 영업상황 조사

(1) 점포
① 점포시설
외장 및 간판의 상태, 주차장의 상태, 점두 연출의 상태, 조명과 색상의 상태, 진열 선반 및 진열 연출 정도를 조사한다.
② 점포상황
자기 점포로부터의 거리 정도, 가시성, 점포와 도로의 인접 상황 정도, 매장 면적의 정도, 전면 폭의 정도를 관찰·조사한다.

(2) 영업 상황
① 영업체제
영업시간 및 휴일, 종업원 수 및 종업원의 접객 기술, 상품 지식, 의욕, 계산대의 대수 및 가동 상황 등을 조사한다.
② 서비스
인적서비스, 청결함, 깨끗함 등을 조사한다.
③ 판매촉진
점두·점내 연출 상황, 돌출 광고, 기획 상품의 판매 상황, 스탬프 및 할인권 등의 판촉수단 이용 상황 등을 조사한다.

2 경쟁점 분석

1. 경쟁점 분석 시 고려 사항
① 경쟁구조를 분석하는 경우에는 상권의 계층적 구조에 입각하여 경쟁업체를 분석하는 것이 필요하고, 직접적인 경쟁점포뿐만 아니라 잠재적인 경쟁업체도 고려하여야 한다.
② 예를 들면 1차 상권 또는 2차 상권 내의 경쟁업체를 중점적으로 분석해야 하지만, 경우에 따라서는 3차 상권에 위치한 업체도 강력한 경쟁상대로 철저히 분석하여야 한다.
③ 경쟁점 분석의 궁극적 목적은 효과적인 경쟁전략을 수립하는 데 있다.

2. 양립성을 높이기 위한 상품 세분화의 단계

양립성을 높이기 위해서는 [취급 품목 분석] → [가격 범위 분석] → [적정가격 분석] → [적정가격 대비 품질 분석]의 단계를 거치며 상품 세분화를 하여야 한다.

(1) 취급 품목 분석

단지 업종이 같다는 이유만으로 경쟁 의식을 갖는 경우가 많으나, 상품 세분화 분석 결과 취급 품목이 다르다면 경쟁점 관계라기보다 양립점의 관계라고 할 수 있다. 예를 들어 같은 정육점이라도 A점이 쇠고기 중심, B점이 돼지고기 중심, C점이 닭고기 중심이라면, A, B, C의 3개 점포는 서로 양립점의 관계인 것이다.

(2) 가격 범위 분석

만일 주력 품종이 같고 차별화도 쉽지 않을 경우에는 가격대를 비교해 볼 수 있다. 만일 주력 품종이 같다고 해도 서로 가격대가 다르다면 이것은 경쟁점이라 볼 수 없고 양립점이 되는 것이다.

(3) 적정가격 분석

가격대도 같다면 동일 품종의 적정가격을 비교한다. 만일 적정가격이 다르다고 해도 우리 점포의 적정가격이 과연 채산성이 있는지 없는지를 다시 한번 살피는 것이 필요하다.

(4) 적정가격 대비 품질 분석

마지막으로 적정가격이 같은 경우, 품질을 통한 경쟁 극복 대책을 세우도록 한다. 같은 적정가격 품목의 품질을 경쟁점의 품질보다 높게 유지하는 것이다.

핵심 기출문제

PART 02 입지분석

01
20년 추가

지역시장의 소매포화지수(Index of Retail Saturation)에 대한 설명으로 가장 옳은 것은?

① 해당 지역시장의 구매력을 나타낸다.
② 다른 지역과 비교한 해당 지역시장의 1인당 소매매출액을 나타낸다.
③ 해당 지역시장의 특정 소매업태에 대한 수요와 공급의 현재 상태를 나타낸다.
④ 해당 지역시장 거주자들이 다른 지역시장에서 구매하는 쇼핑지출액도 평가한다.
⑤ 해당 지역시장의 특정 제품이나 서비스에 대한 가계소비를 전국 평균과 비교한다.

소매포화지수(IRS)는 한 지역 내 특정 소매업태에 대한 수요를 매장 면적의 합으로 나누어 계산한 것으로, 현재 상황에서 공급에 대한 수요 수준을 나타내며 지수값이 클수록 신규점포 개설의 매력도가 높다는 것을 의미한다.

정답 | ③

02
17년 3회, 16년 3회

특정지역상권의 전반적인 수요를 평가하는 도구로 활용되는 구매력지수(BPI)에 대한 설명으로 옳지 않은 것은?

① 지역상권 수요에 영향을 미치는 핵심 변수를 선정하고, 이에 일정한 가중치를 부여하여 지수화한 것을 의미한다.
② 전체 인구에서 해당 지역 인구가 차지하는 비율이 반영된다.
③ 전체 매장 면적에서 해당 지역의 매장 면적이 차지하는 비율이 반영된다.
④ 전체 가처분소득(또는 유효 소득)에서 해당 지역의 가처분소득(또는 유효 소득)이 차지하는 비율이 반영된다.
⑤ 전체 소매 매출에서 해당 지역의 소매 매출이 차지하는 비율이 반영된다.

BPI에는 전체 매장 면적에서 해당 지역의 매장 면적이 차지하는 비율은 반영되지 않는다.

관련이론 구매력지수(BPI: Buying Power Index)
구매력지수는 소매점포의 입지를 분석할 때 해당 지역 시장의 구매력을 측정하는 기준이다.
구매력지수(BPI)는 유효소득(전체의 가처분소득 중에서 차지하는 그 지역의 가처분소득 비율)과 인구(총인구에서 차지하는 그 지역 인구의 비율), 그리고 소매 매출액(전체의 소매 매출액에서 차지하는 그 지역의 소매 매출액 비율)의 세 가지 지표를 이용하여 측정한다.

정답 | ③

03
22년 3회, 22년 2회, 17년 3회, 17년 1회, 16년 3회, 16년 2회

넬슨(Nelson)의 입지 선정 8원칙 개념에 대한 설명으로 옳지 않은 것은?

① 상권 잠재력 – 영업의 형태가 비슷하거나 동일한 점포가 집중적으로 몰려있어 고객의 흡인력을 극대화할 수 있는지 고려해야 함
② 접근 가능성 – 고객이 찾아오기 쉬운 점포로 대중교통과 주차장 등을 고려해야 함
③ 중간 저지성 – 잘 알려진 점포로 가는 길목에 있는 입지를 선택하는 것도 좋음
④ 양립성 – 상호 보완관계에 있는 업종의 점포가 서로 인접하면 고객의 유입을 증가시킬 수 있음
⑤ 경쟁 회피성 – 가능하다면 주변에 경쟁점포가 없는 입지를 선택하고 경쟁점의 규모 등을 감안해야 함

동종 상품을 취급하는 점포 등 유사한 점포들이 집중적으로 몰려 있는 경우 소비자에 대한 흡인력을 극대화할 수 있는 가능성을 누적적 흡인력(cumulative attraction)이라고 한다.
상권 잠재력은 상권이 얼마나 많은 인구를 포함하고 있어 매출액과 수익성에 어느 정도의 영향을 미칠 수 있는가를 의미한다. 즉 상권의 크기와 수익 창출 능력을 말하는 것이다.

관련이론 | 넬슨(R. E. Nelson)의 입지 선정 8원칙
넬슨은 점포의 경영주체가 최대의 이익을 얻을 수 있는 매출액을 확보하기 위하여 어떤 점을 고려할 것인가에 대해 8가지 원칙을 제시하였다. 8원칙에는 상권의 잠재력, 접근 가능성, 성장 가능성, 중간 저지성, 누적적 흡인력, 양립성, 경쟁 회피성, 용지 경제성이 있다.

정답 | ①

04
18년 1회, 17년 2회, 16년 3회

쇼핑센터 등 복합상업시설에서는 테넌트믹스(Tenant Mix) 전략이 중요하다고 하는데, 여기서 말하는 테넌트는 무엇인가?

① 앵커 스토어
② 자석 점포
③ 임차 점포
④ 부동산 개발업자
⑤ 상품 공급업자

상업시설의 일정한 공간을 임대하는 계약을 체결하고 해당 상업시설에 입점하여 영업하는 임차 점포를 테넌트(tenant)라고 한다.

선지분석 |
① 앵커 스토어(anchor store), 즉 정박 임차인은 쇼핑센터 가운데서도 매장 면적을 최대로 점유하여 간판 역할을 하는 점포(예를 들면 백화점과 같은 점포)를 말한다.
② 고객유도시설은 고객을 모으는 자석과 같은 역할을 한다고 하여 소매 자석(CG: Customer Generator)이라고도 한다. 인스토어형 고객유도시설은 주 출입구, 주차장 출입구, 계산대, 에스컬레이터 주 통로 등이다.

정답 | ③

05
16년 3회

점포를 도시형 점포, 교외형 점포, 인스토어형 점포로 구분할 때, 인스토어형 점포의 고객유도시설에 일반적으로 해당하지 않는 것은?

① 지하철역
② 주 출입구
③ 주차장 출입구
④ 에스컬레이터
⑤ 엘리베이터

도시형 고객유도시설은 지하철역(개찰구)이나 대형 소매점 등이다.
고객유도시설은 고객을 모으는 자석과 같은 역할을 한다고 하여 소매 자석(CG)이라고도 한다. 교외형 고객유도시설로 대표적인 것은 대형 레저 시설이나 대형 소매점, 간선 도로, 인터체인지 등이 있다. 인스토어형 고객유도시설은 주 출입구, 주차장 출입구, 계산대, 에스컬레이터 주 통로 등이다.

정답 | ①

06
16년 3회

쇼핑센터와 같은 대형 상업시설의 테넌트(Tenant) 관리와 관련된 설명으로 옳지 않은 것은?

① 테넌트(tenant)는 상업시설의 일정한 공간을 임대하는 계약을 체결하고 해당 상업시설에 입점하여 영업을 하는 임차인을 일컫는 말이다.
② 테넌트믹스(tenant mix)를 통해 상업시설의 머천다이징 정책을 실현하기 위해서는 시설 내 테넌트 간에 끊임없는 경쟁을 유발해야 한다.
③ 앵커 테넌트(anchor tenant)는 상업시설 전체의 성격을 결정짓는 요소로 작용하며 해당 상업시설로 많은 유동인구를 발생시키기도 한다.
④ 앵커 테넌트(anchor tenant)는 핵점포(key tenant)라고도 하며 백화점, 할인점, 대형 서점 등 해당 상업시설의 가치를 높여주는 역할을 한다.
⑤ 마그넷 스토어(magnet store)는 쇼핑센터의 이미지를 높이고 쇼핑센터의 회유성을 높이는 점포를 말한다.

테넌트믹스(tenant mix)를 통해 상업시설의 머천다이징 정책을 실현하기 위해서는 시설 내 테넌트 간에 과도한 경쟁이 되지 않도록 해야 한다.

정답 | ②

07
18년 3회, 18년 2회, 18년 1회, 17년 3회

점포의 입지유형을 집심성, 집재성, 산재성으로 구분할 때 넬슨의 소매입지 선정 원리 중에서 집재성 점포의 기본 속성과 연관성이 가장 큰 것은?

① 양립성의 원리
② 경쟁 위험 최소화의 원리
③ 경제성의 원리
④ 누적적 흡인력의 원리
⑤ 고객 중간 유인의 원리

집재성 점포처럼 여러 점포가 인접하여 입지하여야 매출을 증대시킬 수 있는데 이를 누적적 흡인력(Cumulative Attraction)의 원리 또는 동반유인의 원칙이라고 한다.
입지를 공간균배의 원리에 따라 구분하면 집심성 입지, 집재성 입지, 산재성 입지 등으로 구분한다. 집재성 입지는 가구점이나 기계 기구점처럼 같은 업종의 점포들이 모여 집적효과를 거둘 수 있는 입지이다.

정답 | ④

08
19년 2회

소매점포의 접근성에 관한 아래의 내용 중에서 옳은 것은?

① 점포의 입구는 한 개로 집중하는 것이 좋다.
② 점포를 건축선에서 후퇴하여 위치시키면 시계성, 인지성을 떨어뜨리므로 바람직하지 않다.
③ 보도의 폭이 좁을수록 보행자의 보속이 느려지므로, 소매점에 대한 시계성이나 인지성을 높일 수 있다.
④ 계단이 있거나 장애물이 있는 건물은 목적성이 낮고 경쟁점이 많은 업종에 상대적으로 유리하다.
⑤ 고객의 목적구매 가능성이 높은 업종은 접근성이 시계성에 별 영향을 미치지 않는다.

선지분석 |
① 소매점포의 입구는 두 개 이상으로 하되 점포 규모에 따라 결정하는 것이 바람직하다.
③ 보도의 폭이 좁을수록 보행자의 보속이 느려지므로, 소매점에 대한 시계성이나 인지성은 낮아진다.
④ 계단이 있거나 장애물이 있는 건물은 목적성이 낮고 경쟁점이 많은 업종에 상대적으로 불리하다.

정답 | ②

09

동선(動線)에 대한 내용으로 옳지 않은 것은?

① 동선이란 고객들의 이동궤적을 의미하는데 자석(customer generator)과 자석을 연결하는 선으로 나타나기도 한다.
② 경제적 사정으로 많은 자금이 필요한 주동선에 입지하기 어려운 점포는 부동선(副動線)을 중시한다.
③ 접근 동선이란 동선으로 접근할 수 있는 동선을 말한다.
④ 복수의 자석이 있는 경우의 동선을 부동선(副動線)이라 한다.
⑤ 주동선이란 자석과 자석을 잇는 가장 기본이 되는 선을 말한다.

복수의 자석이 있는 경우의 동선을 복수 동선(유희 동선)이라고 한다. 부동선은 주동선 이외에 뒷골목 같은 동선을 말한다.

정답 | ④

10

상권이나 점포입지를 분석할 때는 고객의 동선을 파악하는 것이 중요하다. 인간 심리와 동선과의 관계를 설명하는 일반 원리로 가장 옳지 않은 것은?

① 최단거리 실현의 법칙
② 집합의 법칙
③ 안전중시의 법칙
④ 보증 실현의 법칙
⑤ 규모 선호의 법칙

인간 심리와 동선과의 관계를 나타내는 법칙으로 최단거리 실현의 법칙, 집합의 법칙, 안전중시의 법칙, 보증 실현의 법칙 등 네 가지가 제시되고 있다.

정답 | ⑤

11

중심성지수는 전체 상권에서 지역이 차지하는 중심성을 평가하는 한 지표이다. 중심성지수에 대한 설명으로 가장 옳지 않은 것은?

① 한 지역의 거주 인구에 대한 소매인구의 비율이다.
② 지역의 소매 판매액이 커지면 중심성지수도 커진다.
③ 지역의 소매인구는 소매업에 종사하는 거주자의 숫자이다.
④ 다른 여건이 변하지 않아도 거주인구가 감소하면 중심성지수는 커진다.
⑤ 중심성지수가 클수록 전체 상권 내의 해당지역의 중심성이 강하다고 해석한다.

지역의 소매인구는 1인당 평균 구매액에 대한 그 지역의 소매 판매액의 비중을 의미한다.

관련이론 | 중심성지수(Centrality Index)

소매업의 공간적 분포를 파악하기 위해 이용되는 개념으로 중심성지수 $= \dfrac{\text{어떤 지역의 소매인구}}{\text{그 지역의 거주인구}}$ 이다.

여기서 소매인구 $= \dfrac{\text{그 지역의 소매판매액}}{\text{1인당 평균 구매액}}$ 이다. 소매 판매액에 변화가 없어도 그 지역의 거주 인구가 감소하면 중심성지수는 상승한다. 중심성지수는 상업 인구가 거주 인구와 동일할 때 1이 되고, 상업 인구가 많으면 많을수록 1보다 큰 값이 된다.

정답 | ③

12
20년 2회

아래의 글상자에서 설명하는 쇼핑센터의 공간 구성요소로서 가장 옳은 것은?

> - 하나의 열린 공간으로 상업시설에 도입시킬 수 있으며, 여유 공간의 창출로 상가의 가치를 높여줄 수 있다.
> - 지치기 쉬운 쇼핑센터 이용자의 체류 시간을 연장하기 위한 휴식공간으로 활용 가능하다.
> - 구조에 따라 이벤트 장소로 사용할 수 있어 문화적, 오락적 이벤트를 개최할 수 있다.
> - 보통 동선으로 동시에 사용하기도 하며 보이드(Void)와 적절하게 조화될 경우 훨씬 경쟁력을 갖춘 상가가 될 수 있다.

① 통로(path)
② 테넌트(tenant)
③ 지표(landmark)
④ 데크(deck)
⑤ 선큰(sunken)

쇼핑센터 이용자의 휴식공간으로 활용하기도 하고, 이벤트 장소로 사용할 수 있는 쇼핑센터의 공간 구성요소는 데크이다.

정답 | ④

13
19년 1회, 18년 3회

지역 상권의 매력도를 평가할 때는 먼저 수요 요인과 공급 요인을 고려해야 한다. 이 요인들을 평가하는 데 소매포화지수(IRS: Index of Retail Saturation)와 시장성장잠재력지수(MEP: Market Expansion Potential)를 활용할 수 있다. 이 두 지수들을 기준으로 평가할 때 그 매력성이 가장 높은 지역 상권은?

① IRS가 작고 MEP도 작은 지역 상권
② IRS가 작고 MEP는 큰 지역 상권
③ IRS가 크고 MEP는 작은 지역 상권
④ IRS가 크고 MEP도 큰 지역 상권
⑤ IRS의 크기와는 상관없이 MEP가 큰 지역 상권

IRS와 MEP 모두 높아야만 현재와 미래 모두 매우 매력적인 시장이라고 할 수 있다.
소매포화지수(IRS)는 특정 지역시장의 현재의 잠재 수요를 총체적으로 측정할 수 있는 지표이고, 시장확장 잠재력지수(MEP)는 미래의 시장 확장 잠재력을 나타내는 지표이다.

정답 | ④

14   21년 1회

소매점은 상권의 매력성을 고려하여 입지를 선정해야 한다. 상권의 매력성을 측정하는 소매포화지수(IRS: Index of Retail Saturation)와 시장성장잠재력지수(MEP: Market Expansion Potential)에 대한 설명으로 가장 옳은 것은?

① IRS는 현재 시점의 상권 내 경쟁 강도를 측정한다.
② MEP는 미래 시점의 상권 내 경쟁 강도를 측정한다.
③ 상권 내 경쟁이 심할수록 IRS도 커진다.
④ MEP가 클수록 입지의 상권 매력성은 낮아진다.
⑤ MEP보다는 IRS가 더 중요한 상권 매력성지수이다.

소매포화지수(IRS, RSI)는 특정지역시장의 현재의 잠재수요를 총체적으로 측정할 수 있는 지표이고, 시장성장잠재력지수(MEP)는 미래의 시장확장 잠재력을 나타내는 지표이다. 따라서 IRS가 높고 MEP가 클수록 현재와 미래 모두 매우 매력적인 시장이라고 할 수 있다.

선지 분석 |
② MEP는 미래 시점의 성장 잠재력을 측정한다.
③ 상권 내 경쟁이 심할수록 IRS는 작아진다.
④ MEP가 클수록 입지의 상권 매력성은 높아진다.
⑤ MEP와 IRS 모두 중요한 지표로 어느 것이 더 중요하다고 판단할 수 없다.

정답 | ①

15   18년 1회

경쟁분석은 입지선정과정을 위한 필수적 활동이다. 경쟁점포에 대한 조사, 분석과 관련된 설명으로 가장 옳지 않은 것은?

① 경쟁점포에 대한 방문조사가 경쟁분석의 유일한 방법으로 활용된다.
② 상품구색, 가격, 품질이 유사할수록 경쟁강도가 높은 경쟁점포이다.
③ 경쟁점포 및 경쟁구조를 분석할 때는 상권의 계층적 구조를 고려해야 한다.
④ 직접적인 경쟁점포뿐만 아니라 잠재적인 경쟁점포를 포함하여 조사·분석해야 한다.
⑤ 경쟁분석의 궁극적 목적은 효과적인 경쟁전략의 수립이다.

경쟁분석은 경쟁점포에 대한 방문조사 외에도 상권 내 경쟁점포의 수와 분포 등 다양한 방법이 활용된다.
경쟁분석은 위계별 경쟁구조 분석, 업태별, 업태 내 경쟁구조 분석, 경쟁 및 보완관계 분석, 잠재경쟁구조 분석 등이 포함된다. 특히 잠재경쟁구조 분석을 위해서는 업태 내 경쟁분석과 업태별 경쟁분석, 위계별 경쟁구조 분석, 경쟁·보완관계 분석이 모두 시행되어야 한다.

정답 | ①

PART 03 개점전략

CHAPTER 01 개점계획

1 점포개점의 의의와 원칙

1. 점포개점의 의의

(1) 점포개점의 전제

소매점포를 개점(출점)하려는 경우 가장 우선적으로 고려해야 할 것은 점포입지이다. 매출이 확실하게 보장되는 점포는 한정되어 있으므로 그러한 입지를 확보하기 위해서는 다양한 입지분석기법들을 활용하여 철저한 분석을 해야 한다.

(2) 개점계획의 의의

개점계획 또는 개점전략이란 결국 매출이 확실하게 보장되는 입지를 찾는 것부터 시작한다. 소매점포가 많이 위치해 있어 경쟁이 치열한 것처럼 보여도 여러 가지 규제가 완화되는 추세에 있으므로 새로운 점포는 계속 개설되고 있다.

2. 개점을 위한 전략수립 절차 기출 23-2, 23-1, 18-3

① 신규점포를 개설하기 위해서는 먼저 입지를 선정한 후 점포계획을 수립해야 한다. 그리고 입지 선정을 위해서는 상권분석이 선행되어야 한다. 따라서 상권분석 → 입지 선정 → 점포계획 → 소매믹스 설계의 순으로 전략수립이 이루어져야 한다.

② 출점 의사결정은 다음의 과정에 의해 이루어진다.

출점방침 결정 → 출점할 점포 결정 → 점포의 확보 및 사용과 관련된 행정처리 → 점포의 층별 배치 결정 → 머천다이징 결정 또는 출점방침 결정 → 출점지역 결정 → 점포 물색 → 사업계획(수익성 및 자금조달계획) 수립 → 점포매입(또는 건설) → 개점

③ 신규점포의 개점 절차를 가용 자금, 적성 등 창업자 특성 분석 → 창업 아이템 선정 → 상권분석 및 입지선정 → 실내 인테리어, 점포꾸미기 → 홍보계획 작성의 순서로 파악하기도 한다.

2 투자의 기본계획

1. 소매점 개점을 위한 투자계획 기출 23-3, 21-2

(1) 투자계획의 의의

소매점 개점을 위한 투자계획은 개점계획을 자금계획과 손익계획으로 계수화한 것이다. 자금계획은 자금조달계획과 자금운영계획으로 구성되고, 손익계획은 수익계획과 비용계획으로 구성된다.

(2) **자금계획과 손익계획**
① 자금계획은 자금조달계획과 자금운영계획으로 구성되므로 미래의 현금유입과 현금유출을 보여주는 투자활동 현금흐름표(statement of cash flow)로 요약할 수 있다.
② 손익계획은 매출 및 지출계획에 근거하여 작성한 손익계산서(income statement)로 요약할 수 있다. 손익계산서는 일정기간(회계기간) 동안의 전체적인 수익과 비용을 나타내고 그 차액인 순이익(net income)을 보여주는 것이다.

2. 화폐의 시간적 가치를 고려하는 방법(할인 방식)

(1) **순현재가치법**
① 순현가의 의미: 순현가(NPV: Net Present Value)는 투자의 결과 발생하는 현금 유입(기대수익)의 현재가치에서 현금 유출(투자비용)의 현재가치를 뺀 것이다.
② 투자 결정: 독립적인 투자안의 경우 순현가(NPV)>0이면 투자안을 채택하고, 순현가(NPV)<0이면 투자안을 기각한다. 그리고 상호배타적인 투자안의 경우 순현가(NPV)>0인 투자안 중 순현가가 가장 높은 투자안을 채택한다.

(2) **내부수익률법**
① 내부수익률: 내부수익률(IRR: Internal Rate of Return)은 순현가(NPV)를 0으로 만드는 할인율, 즉 기대수익의 현재가치와 투자비용의 현재가치를 같게 만드는 할인율을 말한다.
② 투자 결정: 계산된 내부수익률이 내부수익률≥요구수익률이면 그 투자를 채택하고, 내부수익률<요구수익률이면 그 투자를 기각한다. 일반적으로 순현가법이 투자 판단의 준거로써 내부수익률법보다 순현가법을 선호한다.

(3) **수익성지수법**
① 수익성지수: 수익성지수(PI: Profit Index)는 사업 기간 중의 총현금 수입 합계의 현재가치를 순현금 투자 지출 합계의 현재가치로 나눈 상대지수로서, 순현가(NPV)가 같은 두 개 이상의 사업을 비교·검토할 때 유효한 지표로 사용된다.
② 투자 결정: 만일 순현가(NPV)와 기타 모든 판단 지표가 동일할 경우 초기 현금 투자가 적은 사업일수록 높은 수익성지수를 나타내게 된다. 수익성지수>1인 경우 그 투자안을 채택한다.

3. 화폐의 시간적 가치를 고려하지 않는 방법(비할인 방식)

(1) **회수기간법** 기출 19-2
① 회수기간: 회수기간(payback period)은 투자에 소요된 모든 비용을 회수하는 데 걸리는 기간을 의미한다.
② 투자 결정: 투자안의 회수기간이 기업 자체에서 결정한 목표 회수기간보다 짧을 경우 투자안을 채택하고, 상호배타적인 투자안의 경우 회수기간이 가장 짧은 투자안을 채택한다.
③ 평가: 회수기간법은 회수기간 내 현금흐름의 화폐적 시간 가치를 무시하고, 회수기간 이후의 현금흐름을 무시하며, 목표회수기간의 선정이 자의적이라는 문제점이 있다.

(2) **투자분석** 기출 19-2
① 예상 매출액을 기준으로 손익 분석을 실시한다. 이익은 매출이익, 영업이익, 경상이익, 순이익 등을 추정한다.
② 투자수익률(ROI: Return On Investment)은 순이익을 총투자액으로 나눈 것이다. 투자수익률을 12로 나누어 월단위의 투자 회수 기간을 추정한다.

4. 점포 투자 형태의 특징 및 장·단점 기출 23-3, 23-1, 15-2

투자 형태	특징 및 장·단점
점포신축을 위한 부지매입	• 일반적으로 자산 가치가 상승하는 경우가 많다. • 점포 형태, 진입로, 주차장, 구조 등 하드웨어에 대한 계획을 새롭게 세울 수 있다. • 다른 경우에 비해 초기에 투자해야 하는 비용이 많은 편에 속한다. • 주변 지역(상권)의 환경 변화에 빠르게 대응하기가 어렵다.
점포신축을 위한 부지임대	• 부지 매입에 비해 초기 투자비용이 적지만 자산 가치 상승도 적다. • 점포 형태, 진입로, 주차장, 구조 등 하드웨어에 대한 계획을 새롭게 세울 수 있다. • 계약 기간 만료 시에는 더 이상 지상권을 주장할 수 없다.
점포출점을 위한 건물매입	• 초기 투자비용이 많이 드는 편이다. • 기존의 건물을 인수하는 경우이므로 감가상각에 대한 고려가 필수적이다. • 기존 상권에 진입하기 때문에 영업권에 대한 이익을 얻을 수 있으나, 업종 전환에 어려움이 있을 수 있다.
점포출점을 위한 건물임대	• 다른 투자 형태에 비해 초기 투자비용이 가장 적게 든다. • 주변 지역(상권)의 환경 변화에 빠르게 대응할 수 있다. • 신속히 사업을 시작할 수 있고 업종 선택이 용이하다. • 좋은 입지를 선택할 수 있다.
기존점포 인수	• 점포 확보를 위한 비용이 낮다. • 입지 여건이나 하드웨어 조건이 열악할 가능성이 있다.

3 개점입지에 대한 법률규제 검토

1. 상가건물 임대차보호법

(1) 법의 보호 내용

① 타인의 건물을 임차하여 점포를 개점하려면「상가건물 임대차보호법」의 주요내용을 알고 있어야 한다. 이 법은 임대차 등기가 없더라도 임대인이 건물을 인도하고, 사업자 등록을 신청한 다음 날부터 제3자에 대해 효력이 생긴다.

②「민사집행법」에 의한 경매 또는「국세징수법」에 의한 공매 시 임차 건물의 환가 대금에서 후순위 권리자 또는 그 밖의 채권자보다 우선하여 보증금을 변제받을 수 있는 권리가 생긴다.

③ 또한 5년 내에 임대료를 12% 이상 올리려고 할 때, 임차인은 이 법을 통해 보호받을 수 있다.

(2) 계약 갱신 요구 등 기출 23-2, 21-3, 20-3

임대인은 임차인이 임대차 기간이 만료되기 6개월 전부터 1개월 전까지 사이에 계약 갱신을 요구할 경우 정당한 사유 없이 거절하지 못한다. 다만, 다음의 어느 하나의 경우에는 그러하지 아니하다.(「법」제10조)

① 임차인이 3기의 차임액에 해당하는 금액에 이르도록 차임을 연체한 사실이 있는 경우
② 임차인이 거짓이나 그 밖의 부정한 방법으로 임차한 경우
③ 서로 합의하여 임대인이 임차인에게 상당한 보상을 제공한 경우
④ 임차인이 임대인의 동의 없이 목적 건물의 전부 또는 일부를 전대(轉貸)한 경우
⑤ 임차인이 임차한 건물의 전부 또는 일부를 고의나 중대한 과실로 파손한 경우
⑥ 임차한 건물의 전부 또는 일부가 멸실되어 임대차의 목적을 달성하지 못할 경우

(3) 권리금 기출 22-2, 22-1, 21-1, 20-3, 19-1, 16-3

① 권리금은 기존점포의 영업시설·비품 등 유형물이나 거래처, 신용, 영업상의 노하우 또는 점포 위치에 따른 영업상의 이점 등 무형의 재산적 가치에 대한 대가이다.

② 권리금은 그동안 관행적으로만 인정되어 왔으나 2015년 「상가건물 임대차보호법」이 개정되면서 법률 규정으로 포함되었다.

③ 법에서는 "권리금이란 임대차 목적물인 상가건물에서 영업을 하는 자 또는 영업을 하려는 자가 영업 시설·비품, 거래처, 신용, 영업상의 노하우, 상가 건물의 위치에 따른 영업상의 이점 등 유형·무형의 재산적 가치의 양도 또는 이용 대가로서 임대인, 임차인에게 보증금과 차임 이외에 지급하는 금전 등의 대가를 말한다"고 정의한다.(「법」 제10조의3)

④ 권리금은 바닥 권리금, 영업 권리금, 시설 권리금으로 나뉜다. 바닥 권리금은 말 그대로 상권과 입지를 말하며, 역세권이나 유동인구가 많은 곳일수록 바닥 권리금이 높다. 영업 권리금은 사업자가 얼마나 많은 단골을 확보했는지 여부에 따라 결정된다. 시설권리금은 감가상각 후 남은 시설의 가치를 말한다.

> **짚고 넘어가기 권리금 회수기회 보호**
>
> 과거에는 임대인이 횡포를 부리면 임차인은 권리금을 회수하지 못하고 쫓겨나는 경우가 많았으나 개정 법률에서는 임대인이 임차인의 권리금 회수를 방해하여서는 안 된다는 의무를 부과하고 있다. 구체적인 사례로는 다음의 4가지를 규정하고 있다.(「상가건물 임대차보호법」 제10조의4)
> 1. 임대인의 신규 임차인에 대한 권리금 수수 행위
> 2. 종전 임차인의 신규 임차인에 대한 권리금 지급 방해 행위
> 3. 상가 건물에 관한 조세, 공과금, 주변 상가 건물의 차임 및 보증금, 그 밖의 부담에 따른 금액에 비추어 현저히 고액의 차임과 보증금을 요구하는 행위(주변의 시세에 비교하여 지나치게 높은 권리금의 요구 행위)
> 4. 정당한 이유없이 신규 임차인과 계약을 거절하는 행위

(4) 상가임대료의 인상률 상한 `기출` 23-3, 21-2

차임 또는 보증금의 증액 청구는 청구 당시의 차임 또는 보증금의 100분의 5의 금액을 초과하지 못한다.

(5) 환산 보증금 `기출` 24-1, 22-3, 18-3

① 환산 보증금 기준은 영세상인의 범위를 규정하기 위해 정한 보증금 수준을 의미하는 것으로 「상가건물 임대차보호법」에서 보증금과 월세 환산액을 합한 금액을 말한다. 환산보증금=보증금+(월임차료×100)으로 구한다.

② 우선 변제를 받을 환산 보증금의 기준은 전국적으로 표준화된 동일 기준에서 현재는 지역별 차등 적용으로 변경되었다. 보증금액을 정할 때에는 해당 지역의 경제 여건 및 임대차 목적물의 규모 등을 고려하여 지역별로 구분하여 규정하되, 보증금 외에 차임이 있는 경우에는 그 차임액에 은행의 대출금리 등을 고려하여 100분의 1을 곱하여 환산한 금액을 포함하여야 한다.

③ 환산 보증금이 일정액(서울특별시는 6억 1,000만 원, 수도권 과밀억제권역은 5억 원, 광역시 2억 4,000만 원, 그 밖의 지역 1억 8,000만 원)을 넘게 되면 건물주가 월세를 올리는 데 제한이 없어진다.

2. 건축법

(1) 용도 규정과 용도 변경

① 「건축법」 중 자영업자의 창업과 관련된 용도는 제1종 근린생활시설, 제2종 근린생활시설, 판매시설, 노유자 시설(노인 및 어린이시설) 및 숙박 시설 등이 있다.

② 건축물 대장의 용도와 창업하려고 하는 업종이 다를 경우, 용도 변경 신청을 해야 한다. 건축물의 허가 용도에 따라 정화조 규격, 하수도 부담 금액 등 부담 세액이 달라지기 때문이다.

(2) 건폐율 `기출` 20-3, 20-2, 19-1, 17-2, 16-2, 15-1

① 건축 밀도를 나타내는 대표적인 지표의 하나로서, 각 건축물의 대지에 여유 공지를 확보하여 도시의 평면적인 과밀화를 억제하기 위해 용도지역에 따라 제한을 두고 있다.

② 「건축법」에서 건폐율은 대지 면적에 대한 건축 면적의 비율로 정의하고 있다. 여기서 대지 면적이란 건축 대상 필지 또는 부지의 면적이며, 건축 면적은 건물의 외벽이나 이를 대신하는 기둥의 중심선으로 둘러싸인 부분의 수평 투영 면적이다.

③ 대지에 건축물이 둘 이상 있는 경우에는 이들 건축 면적의 합계로 건폐율을 계산한다.

④ 건폐율을 산정할 때 대지 면적은 1층 만의 면적을 말하므로 지상층의 주차용으로 쓰는 건축면적은 포함되지만 지하층의 면적, 초고층 건축물의 피난 안전 구역의 면적은 제외한다.

(3) 용적률 [빈출] 24-2, 23-2, 22-2, 21-3, 21-2, 20-3, 20-1, 19-1, 17-2, 16-2, 15-1

① 건축물 연면적을 대지 면적으로 나눈 비율을 말한다. 건축물 연면적은 건축물 각 층의 바닥 면적 합계이다.

② 용적률을 계산할 때 지하층의 바닥 면적은 포함시키지 않으며, 또 지상 층의 면적 중에서 주차용으로 쓰는 것, 주민 공동 시설의 면적, 초고층 건축물의 피난 안전 구역의 면적은 포함시키지 않는다.

③ 용도지역에 따라 건폐율과 용적률은 차이가 발생하기도 한다.

3. 국토의 계획 및 이용에 관한 법률(국토계획법) 등

(1) 용도지역·용도지구 [기출] 22-3, 22-2, 19-3, 19-1, 17-2, 17-1

① 「국토의 계획 및 이용에 관한 법률」에서는 용도지역을 도시지역, 관리지역, 농림지역 및 자연환경 보존지역으로 구분하고 있다.

② 도시지역은 주거지역, 상업지역, 공업지역, 녹지지역으로 구분한다. 이 중 상업지역은 중심상업지역, 일반 상업지역, 근린 상업지역, 유통 상업지역으로 세분하고 있다.

③ 용도지구는 용도지역의 제한을 강화하거나 완화하여 적용함으로써 용도지역의 기능 증진을 도모하는 것이다. 용도지구에는 경관지구, 고도지구, 방화지구, 방재지구, 보호지구, 취락지구, 개발진흥지구, 특정용도제한지구(주거 및 교육 환경 보호나 청소년 보호 등의 목적으로 오염물질 배출시설, 청소년 유해시설 등 특정시설의 입지를 제한할 필요가 있는 지구), 복합용도지구 등 9개 지구로 구분하고 있다.

④ 용도구역은 용도지역 및 용도지구의 제한을 강화하거나 완화하여 이들을 보완하는 역할을 한다.

(2) 토지의 구분 [기출] 21-3, 20-3, 19-3, 18-1

① 획지: 인위적(인위적인 경계)·자연적(산·하천 등)·행정적(지목·지번 등) 조건에 의해 다른 토지와 구별되는 가격 수준이 비슷한 토지를 말한다. 건축용으로 구획 정리를 할 때 한 단위가 되는 땅을 말한다.

② 필지: 하나의 지번이 붙는 토지의 등록 단위를 말하며(「지적법」 제2조 3호), 토지 소유자의 권리를 구분하기 위한 표시이다.

③ 부지: 구조물의 지반이 되는(또는 될 예정인) 토지를 말한다.

④ 각지: 둘 이상의 도로에 접하고 있는 획지를 말하며, 접면하는 각의 수에 따라 2면 각지, 3면 각지, 4면 각지로 나눌 수 있다. 각지는 일조와 통풍이 양호하고 출입이 편리하여 광고효과가 높지만, 상대적으로 소음, 도난, 교통 등의 피해를 받을 가능성이 높다는 단점이 있다.

(3) 부동산 공부서류 [기출] 23-1, 21-3, 19-3, 18-3

① 등기사항전부증명서: 현 소유주의 취득일과 매매 과정, 압류, 저당권 등의 설정, 해당 건물의 기본 내역 등을 기록

② 토지대장: 토지의 소재, 지번, 지목, 면적, 소유자의 주소, 주민등록번호, 성명 등

③ 건축물대장: 건축물의 위치, 면적, 구조, 용도, 층수 등

④ 토지이용계획확인원: 지역·지구 등의 지정 여부, 지역·지구 등에서의 행위 제한 내용, 확인 도면 등

⑤ 지적도: 토지의 소재, 지번, 옆 토지와의 경계, 토지의 모양 등

4. 유통산업발전법

(1) 소매점포의 개설 및 입지 `기출` 23-1, 19-3, 19-2, 16-3
① 대규모 점포를 개설하거나 전통 상업 보존 구역에 준대규모 점포를 개설하려는 자는 영업을 시작하기 전에 상권영향평가서 및 지역협력계획서를 첨부하여 특별자치시장·시장·군수·구청장에게 등록하여야 한다.
② 대규모 점포 등의 위치가 전통 상업 보존 구역에 있을 때에는 등록을 제한하거나 조건을 붙일 수 있다.

(2) 대형마트 등에 대한 영업시간 제한이나 의무휴업일 지정 `기출` 23-3, 18-1, 17-2, 16-1, 15-1
① 특별자치시장·시장·군수·구청장 등은 오전 0시부터 오전 10시까지의 범위에서 영업시간을 제한할 수 있다.
② 특별자치시장·시장·군수·구청장 등은 매월 이틀을 의무휴업일로 지정하여야 한다.
③ 영업시간 제한 및 의무휴업일 지정에 필요한 사항은 해당 지방자치단체의 조례로 정한다.
④ 의무휴업일은 공휴일 중에서 지정하되, 이해당사자와 합의를 거쳐 공휴일이 아닌 날을 의무휴업일로 지정할 수 있다.
⑤ 영업시간 제한이나 의무휴업일 지정은 건전한 유통질서 확립, 근로자의 건강권 및 대형점포 등과 중소유통업의 상생발전을 위한 것이다.

5. 학교보건법

(1) 법이 적용되는 범위
PC방이나 오락실, 숙박 업소, 유흥업소의 창업자는 「학교보건법」을 사전에 점검해야 한다.

(2) 정화 구역
① 학교나 학교설립 예정지로부터 200m까지는 학교환경위생 정화구역으로 설정되어있다. 이 중 50m까지는 절대 정화구역으로, 200m까지는 상대 정화구역으로 분류한다.
② 절대 정화구역에는 청소년에게 유해하다고 판단되는 모든 업종의 영업이 전면 금지된다. 상대 정화구역은 절대 정화구역을 제외한 지역으로 학교환경위생정화위원회의 심의를 거쳐 영업을 허가받을 수도 있다.

CHAPTER 02 점포의 개점과 폐점

1 출점 및 개점

1. 개점을 위해 검토해야 할 내용 `기출` 24-2, 22-2, 22-1, 13-3

(1) 상권의 현황 파악
먼저 거주 인구 및 세대수 증가 여부, 재개발이나 재건축 등에 따른 장래의 인구 동향, 연령 구성, 소득 수준 등을 조사해야 한다. 그리고 인근에 살거나 현재 영업을 하고 있는 점포들을 방문하여 점포 범위 내의 상권 현황을 충분히 파악한다.

(2) 유동인구의 흐름 파악
특정한 시간대가 아닌 아침부터 밤까지 유동인구의 흐름을 확인하고 상권을 점검한다. 또한 가까운 장래에 대중교통의 변화나 대형점포의 출점 계획이 있는지에 대해 도시 계획, 도로 확장 계획 등을 검토해 봐야 한다.

(3) 통행량 조사
점포 성공에 적합한 입지조건은 사람과 자동차의 움직임이나 통행량에 의해서 결정된다. 이것은 하루의 시간 경과에 따라 변화하므로 어느 정도의 양이 얼마만큼 변화하는지 종합적인 평가가 이루어져야 정확한 결과를 얻을 수 있다.

(4) 상품별 입지 확인

점포에서 취급하는 상품별로 유리한 입지를 구별해 보면, 식품과 생활용품 등을 판매하는 점포라면 주택이나 아파트 밀집 지역이 좋다. 또 패션과 관련된 의류품, 화장품, 보석 등을 취급하는 점포라면 역세권의 유동인구가 많은 곳이 유리하다.

(5) 인허가, 사업자 등록

① 소매점을 운영하려면 영업개시 전에 운영 업종에 대한 인허가를 취득하든지 등록 또는 신고를 해야 한다.
② 그러나 편의점, 의류매장, 문구점 등 완제품을 판매하는 일반도소매점은 사업자등록을 한 후 영업을 시작하면 된다. 일반도소매점은 영업허가나 등록 또는 신고 없이 영업을 할 수 있다.

2. 개점전략의 방향

(1) 시장력 우선전략

점포를 개점할 때는 시장력이 높은 지역부터 출점하는 것이 바람직하다. 그 이유는 시장력의 크기에 따라 경합의 정도가 다르기 때문이다. 시장력이 크면 경합의 영향은 작고 시장력이 작으면 경합의 영향은 크다. 이 전략은 인지도 확대전략과도 연계하여 확인해야 한다.

(2) 시장력 흡수전략

이는 시장에 맞는 규모와 형태로 출점해야 한다는 것이다. 시장규모에 맞는 출점을 해야 그 시장이 갖는 잠재력을 충분히 흡수할 수 있다. 시장규모가 크다고 해도 상대적으로 점포 규모가 작다면 시장의 잠재수요를 충분히 흡수할 수 없다.

(3) 인지도 확대전략

점포개점 지역에서 인지도를 높이기 위해서는 상품이나 체인을 인지시키는 광고뿐만 아니라 점포 그 자체를 인지시킬 수 있도록 고객과의 접촉 횟수를 늘리려는 노력이 필요하다. 이는 신규고객의 유치를 위해 필요하다.

3. 출점전략의 유형

구분	시장력 낮음	시장력 높음
점포 수 많음	도미넌트 전략	
점포 수 많음	–	브랜드 전략
		다각화 전략
		인지도 우선전략
점포 수 적음	무풍지대 전략	시장력 선택 전략
	시장력 우선전략	

(1) 출점전략의 선택

지역별로 활용되는 출점전략은 크게 두 가지로 구분된다. 점포 수가 적은 경우에는 시장력 우선전략, 점포 수가 많은 경우에는 도미넌트 전략을 활용한다.

(2) 시장력 우선전략

시장력 우선전략은 무풍지대 전략과 시장력 선택 전략 등 두 가지로 분류된다.
① 무풍지대 전략: 경쟁이 없고 해당 상권을 독점하는 전략으로, 상권범위가 넓고 충분한 매출을 얻을 수 있다. 단 최적의 입지가 아니라면 경쟁점이 출점할 수 있다.
② 시장력 선택 전략: 상권의 집적이 높아 좁은 상권에서도 시장력 집중에 의해 충분한 매출을 올릴 수 있는 전략이다.

(3) 도미넌트 전략의 의의 [기출] 20-3, 18-3, 16-2
① 도미넌트(Dominant) 상권 전략은 하나의 특정 상권에 여러 개의 점포를 개설하여 시장점유율을 확대하려는 전략이다. 주로 스타벅스와 같은 커피전문점이나 파리바게트 등의 외식산업 프랜차이즈 업체에서 사용하고 있다.
② 장점으로는 물류 및 점포관리의 효율성 증대, 상권 내 시장점유율의 확대, 경쟁점의 진입 차단, 브랜드 인지도 개선 및 마케팅효과 개선 등을 들 수 있다. 그러나 자기잠식, 즉 제살 깎아먹기와 같은 문제가 발생할 수 있고, 단위 점포의 매장 면적을 키우기 어렵다.
③ 따라서 도미넌트 전략을 활용하기 위해서는 충분한 시장 수요가 있는지, 또 각각의 점포가 상호 시너지 효과를 낼 수 있는지를 확인해야 한다. 또한 출점에 대한 법적 규제가 있는지도 확인해야 한다.

(4) 도미넌트 전략의 유형
도미넌트 전략은 브랜드 전략, 다각화 전략, 인지도 우선전략 등 세 가지로 구분된다.
① 브랜드 전략: 끼어들기나 위성 출점이라고 불리는 것으로 집중 출점에 의해 최적으로 배치한 후, 점포 사이의 상권을 메워 매출을 늘리고자 하는 중복출점전략이다.
② 다각화 전략: 집중 출점으로 동일 간판 점포를 최적 배치한 후 해당 상권에서 자사의 시장점유율을 더 높이기 위한 전략이다. 시장력이 높은 지역에서 업종과 업태를 변화시켜 고객의 니즈를 흡수하여 매출을 올리는 전략이다.
③ 인지도 우선전략: 일정한 넓은 지역이나 도시 전체를 대상으로 한 집중 출점전략으로 시장력이 높은 상권범위에 복수의 동일 간판점포를 최적으로 배치하여 그 지역에서 인지도를 높이는 전략이다. 매출과 이익을 높일 수 있다.

4. 입지조건의 특성과 피해야 할 점포입지

(1) 점포의 매력도를 평가하는 입지조건의 특성 [기출] 18-3
① 접근성: 얼마나 그 점포를 쉽게 찾아올 수 있는가 또는 점포 진입이 수월한가를 의미
② 인지성: 점포를 찾아오는 고객에게 점포의 위치를 쉽게 설명할 수 있는 설명의 용이도
③ 가시성: 점포 전면을 오고 가는 고객들이 그 점포를 쉽게 발견할 수 있는지의 척도
④ 홍보성: 사업 시작 후 고객에게 어떻게 유효하게 점포를 알릴 수 있는가를 의미
⑤ 호환성: 점포에 입점 가능한 업종의 다양성 정도 즉, 다양한 업종의 성공 가능성을 의미

(2) 피해야 할 점포입지 [기출] 18-3, 18-2
① 점포 주변에 같은 업종의 큰 점포가 있는 곳
② 상권이 확대되어 경쟁만 치열해지는 곳
③ 맞은편에 점포가 없어 고객 흡인력이 약한 곳
④ 주변 점포가 기술 위주 서비스업종이나 저가 상품 위주인 곳
⑤ 일방(편도)통행 도로변인 곳
⑥ 유동인구가 많아도 그냥 흐르는 곳
⑦ 업종이나 주인이 자주 바뀌는 점포
⑧ 임대료나 권리금이 유난히 싼 점포

2 점포개점을 위한 준비

1. 내점객 조사 [기출] 18-3, 16-3

(1) 내점객 조사의 의의

① 내점객 조사는 점포의 방문자에 대하여 조사원이 질문지를 기초로 조사한다. 표본 수는 절대적인 크기가 정해져 있는 것은 아니고, 대략 방문자 수의 15~20%가 적당하다.
② 방문자의 대략적인 주소를 알 수 있으므로, 이를 기초로 상권의 범위도 파악할 수 있다. 그러나 조사의 목적은 상권 범위의 파악이 아니라 발전적인 점포 운영 전략을 계획하기 위한 것이다.
③ 경쟁하는 점포 및 그 이용 상황을 함께 파악한다. 고객의 만족도의 결과를 기초로 만족과 불만족의 이유를 질문한다.

(2) 내점객 조사의 내용

① 방문빈도: 자기 점포에서 조사하고 싶은 빈도의 범위를 분류해서 조사표에 미리 기입해 놓으면 조사하기 쉽다.
② 방문사유: 예상되는 이유를 미리 조사표에 기입해 두면 편리하다.
③ 교통수단: 점포까지 무엇을 이용해서 왔는가를 묻는 것이다. 예를 들면 도보, 자전거, 자동차, 버스, 전철 등으로 구분한다.
④ 소요시간: 교통수단에 관계없이 자택에서 점포에 도달하기까지의 소요시간만을 기입한다.
⑤ 만족도: 자기 점포에 대한 만족도를 조사한다. 즉, 매우 만족, 만족, 보통, 불만, 매우 불만 등을 질문하는 것이다. 조사원은 답변자가 불만이라는 응답도 쉽게 할 수 있도록 중립적인 자세를 유지해야 한다.
⑥ 만족과 불만의 이유: 만족도의 결과를 기초로 만족과 불만의 이유를 자세히 파악한다. 특히 불만의 이유는 가급적 구체적으로 파악하는 것이 좋다.
⑦ 경합점: 경합 관계에 있는 점포 및 이용 상황을 조사한다.
⑧ 의견 및 희망사항: 자기 점포에 대한 소비자의 의견 및 희망사항 등을 파악한다. 이를 잘 파악하면 점포 운영에 참고가 되는 경우가 많다.
⑨ 조사 대상자의 특성: 주소, 이름, 연령, 결혼 여부, 직업 등을 조사한다.

2. 내점객 조사와 유사한 방법 [기출] 22-3, 21-3, 21-1, 18-3, 16-3

(1) 상권분석을 위한 데이터를 소비자를 대상으로 직접 수집하는 방법의 하나로서, 내점객 조사법과 조사 대상의 특성이 가장 유사한 것은 점두조사법(instore survey)이다.
(2) 점두조사법은 점포를 방문한 고객의 주소와 방문 횟수 등을 직접 질문을 통해 조사하는 방법으로, 내점객 조사와 가장 유사한 방법이다.

3 업종 전환과 폐점

1. 업종의 전환과 폐점의 검토

(1) 상권의 환경 변화와 대책

급변하는 상권의 환경 변화로 인해 매출이 감소하여 적자를 면하지 못하는 경우에는 여러 가지 가능성을 놓고 대책을 세워야 한다. 이런 경우 새로운 경영 방식을 도입할 수도 있고, 점포의 외장과 내장을 바꾸어 보는 등 물리적인 면에서의 대책을 세울 수도 있다.

(2) 폐점의 검토

강력한 경쟁점포가 등장하는 등 주변 환경의 변화와 거주자의 생활 패턴의 변화에 직면하여 현재의 점포 규모나 업태 또는 업종으로는 적응하기 어렵다고 판단되는 경우 폐점을 고려할 수도 있다.

2. 폐점 시 검토할 내용

폐점까지 고려하고 있다면 현재의 상황을 재검토하여 폐점 의사결정을 하여야 한다. 폐점을 위한 평가는 다음의 두 단계로 이루어진다.

(1) 제1단계(시장규모와 매출규모의 평가)

시장규모는 도시형 점포의 경우 점포를 중심으로 반경 500m 이내 1차 상권의 소매 판매액으로 한다. 그리고 교외형 점포는 점포의 주간과 야간 고객, 그리고 반경 3km 전후의 소매 판매액으로 평가한다. 그리고 매출규모의 점포의 매출 평균으로 평가한다.

(2) 제2단계(시장성장성과 손익분기점 평가)

시장성장성은 도시형 점포의 경우 점포를 중심으로 반경 500m~1km 범위의 소매 판매액 성장률을 기초로 평가한다. 반면 교외형 점포의 경우 점포를 중심으로 반경 3km 전후 범위의 주·야간 인구 증가율, 세대수 증가율로 평가한다.

(3) 폐업의 결정

① 시장 성장성과 손익 상황 평가에서 모두 부정적인 평가 결과가 나온 경우 폐업을 검토해야 한다. 폐업 결정은 신속하게 하는 것이 바람직하다.

② 여기서 매출 및 손익 상황에 대한 데이터는 과거 2~3년 정도의 것을 잘 분석해서 현재까지의 추이를 잘 파악하는 것이 중요하다. 또한 시장규모 및 시장 성장률 역시 현재까지의 추이와 함께 도시 개발 계획 등 관련 법규의 개정 여부와 가능성 등을 종합적으로 분석하여 판단해야 한다.

(4) 폐업 시 지켜야 할 절차 기출 24-1

① 사업을 접고 폐업하는 경우 먼저 폐업 다음 달 25일까지 사업자등록증을 첨부하여 폐업신고서를 관할 세무서에 제출하여야 한다.

② 그리고 직원을 고용했던 경우에는 사업장의 탈퇴와 직원 4대보험 상실 신고를 하고, 인건비 등의 지급명세서를 제출해야 한다.

③ 그리고 폐업 후에는 부가가치세와 종합소득세를 신고·납부하여야 한다.

핵심 기출문제

PART 03 개점전략

01
17년 2회

입지 선정 과정 중 점포의 부지 평가 과정에서 관련 법규를 검토할 때 알아야 할 기본적 개념들이다. 그 내용이 옳지 않은 것은?

① 용적률은 대지 내 건축물의 건축 바닥면적을 모두 합친 면적(연면적)의 대지 면적에 대한 백분율이다.
② 건폐율은 대지 면적에 대한 건축 면적의 비율로 건축물의 과밀을 방지하고자 설정된다.
③ 도시지역은 토지 이용의 목적에 따라 주거지역, 상업지역, 공업지역, 녹지지역으로 구분된다.
④ 상업지역은 중심상업지역, 일반 상업지역, 근린 상업지역, 유통 상업지역으로 세분할 수 있다.
⑤ 관련 법률에서 허용하는 용적률의 기준은 상업지역의 유형에 따라 다르지만, 건폐율은 동일하다.

관련 법률에서 허용하는 용적률과 건폐율의 기준은 상업지역의 유형, 즉 용도지역에 다르다. 예컨대 도시지역 상업지역의 건폐율은 중심상업지역 90%, 일반 상업지역 80%, 근린 상업지역 70%이다. 용적률은 각각 1,500%, 1,300% 및 900%이다.

정답 | ⑤

02
17년 2회

건물을 매입하여 출점하는 경우에 대한 설명으로 옳지 않은 것은?

① 초기 투자 금액이 많이 소요될 수 있다.
② 영업 활성화를 통해 자산가치 증식을 기대할 수 있다.
③ 상권 환경 변화에 대응하기가 어렵다.
④ 안정적 영업을 지속할 수 있다.
⑤ 영업이 부진할 경우 임대 등 다른 방법을 모색하기가 용이하다.

건물을 매입하여 출점하는 경우 기존 상권에 진입하기 때문에 영업권에 대한 이익을 얻을 수 있으나, 영업이 부진한 경우 업종 전환에 어려움이 있을 수 있다.

정답 | ⑤

03
18년 3회

점포임차 시 임대차 계약을 체결하는 과정에서 확인해야 할 환산 보증금에 대한 설명으로 옳지 않은 것은?

① 환산보증금은 상가건물 임대차 보호법에서 규정하고 있다.
② 상가건물 임대차보호법은 영세 상인을 보호하기 위해 제정된 보호법이다.
③ 환산보증금 기준은 영세상인의 범위를 규정하기 위해 정한 보증금 수준을 의미한다.
④ 우선변제를 받을 환산보증금의 기준은 지역별 차등적용에서 전국적으로 표준화된 동일기준으로 변경되었다.
⑤ 경제발전 정도에 따라서 우선변제의 기준액이 변경될 수 있으므로 실제 거래가 일어나는 시기에 해당 법령조항을 확인해야 한다.

환산보증금은 「상가건물 임대차보호법」에서 보증금과 월세 환산액을 합한 금액을 말한다.
우선변제를 받을 환산보증금의 기준은 전국적으로 표준화된 동일기준에서 지역별 차등적용으로 변경되었다. 환산보증금이 일정액(서울특별시는 6억 1,000만 원, 수도권 과밀억제권역은 5억 원, 광역시 2억 4,000만 원, 그 밖의 지역 1억 8,000만 원)을 넘게 되면 건물주가 월세를 올리는 데 제한이 없어진다.

정답 | ④

04
18년 3회, 16년 2회

점포 개설 과정에서 점포의 매매와 임대차 거래 전에 반드시 확인해야 할 공부 서류와 그 내용을 위쪽 괄호부터 순서대로 바르게 연결한 것은?

- 건축물관리대장 (   )
- 등기사항전부증명서 (   )
- 토지이용계획확인원 (   )
- 토지대장 (   )

가. 토지의 지번, 지목(사용 용도), 면적, 토지 등급
나. 소유자 인적 사항, 권리 관계, 매매 과정, 압류, 저당권 등의 설정 내용
다. 점포의 면적, 구조, 용도, 연면적, 건폐율, 용적률, 건축 연도 등
라. 용도지역·용도지구·용도구역, 토지 거래 규제 여부, 도로 개설 여부 등

① 가 - 나 - 라 - 다   ② 나 - 가 - 라 - 다
③ 다 - 나 - 가 - 라   ④ 다 - 나 - 라 - 가
⑤ 나 - 다 - 가 - 라

건축물관리대장의 내용은 점포의 면적, 구조, 용도, 연면적, 건폐율, 용적률, 건축 연도 등이다.
등기사항 전부증명서에는 소유자 인적 사항, 권리 관계, 매매 과정, 압류, 저당권 등의 설정 내용 등이 포함된다.
토지이용계획 확인원에는 용도지역·용도지구·용도구역, 토지 거래 규제 여부, 도로 개설 여부 등이 포함된다.
토지대장에는 토지의 지번, 지목, 면적, 토지 등급 등이 포함된다.

정답 | ④

05
17년 3회

다음에서 설명하고 있는 시설로 가장 옳은 것은?

슈퍼마켓과 일용품 등의 소매점으로서 동일한 용도에 쓰이는 바닥 면적의 합이 1,000m^2 미만인 것

① 제1종 근린생활시설   ② 제2종 근린생활시설
③ 근린공공시설   ④ 일반판매시설
⑤ 특수판매시설

「건축법」상 제1종 근린생활시설은 슈퍼마켓, 이용원, 의원, 탁구장, 마을회관 등 주택가와 인접해 주민들의 생활 편의를 도울 수 있는 시설을 말한다. 슈퍼마켓이나 일용품 등의 소매점으로서 바닥면적의 합계가 1천m^2 미만인 것, 휴게음식점이나 제과점으로서 바닥면적의 합계가 300m^2 미만인 것, 이용원, 미용원, 목욕장 및 세탁소 등이다.

정답 | ①

06
20년 3회, 19년 3회, 18년 1회

점포의 위치인 부지 특성에 대한 일반적인 설명으로 가장 옳지 않은 것은?

① 건축용으로 구획 정리를 할 때 한 단위가 되는 땅을 획지라고 한다.
② 획지 중 두 개 이상의 도로가 교차하는 곳에 있는 경우를 각지라고 한다.
③ 각지는 상대적으로 소음, 도난, 교통 등의 피해를 받을 가능성이 높다는 단점이 있다.
④ 각지는 출입이 편리하여 광고효과가 높다.
⑤ 각지에는 1면 각지, 2면 각지, 3면 각지, 4면 각지 등이 있다.

각지는 둘 이상의 도로에 접하고 있는 획지를 말하며, 접면하는 각의 수에 따라 2면 각지, 3면 각지, 4면 각지로 나눌 수 있다.

정답 | ⑤

07
18년 3회, 16년 2회

특정지역에 다수의 점포를 동시에 출점시켜 매장관리 등의 효율을 높이고 시장점유율을 확대하는 전략으로 가장 옳은 것은?

① 다각화 전략
② 브랜드 전략
③ 프랜차이즈 전략
④ 도미넌트 출점전략
⑤ 프로모션 전략

특정지역에 다수의 점포를 동시에 출점시켜 매장관리 등의 효율을 높이고 시장점유율을 확대하는 전략은 도미넌트 출점전략이다.

관련이론 | 도미넌트 출점전략
도미넌트(Dominant) 상권전략은 하나의 특정 상권에 여러 개의 점포를 개설하여 시장점유율을 확대하려는 전략을 의미한다. 주로 스타벅스와 같은 커피전문점이나 파리바게트 등의 외식산업 프랜차이즈 업체에서 사용하고 있다.
도미넌트 출점전략의 장점으로는 물류 및 점포관리의 효율성 증대, 상권 내 시장점유율의 확대, 경쟁점의 진입 차단, 브랜드 인지도 개선 및 마케팅효과 개선 등을 들 수 있다. 그러나 자기잠식, 즉 제살 깎아먹기와 같은 문제가 발생할 수 있고, 단위 점포의 매장 면적을 키우기 어렵다.

정답 | ④

09
19년 3회

점포를 건축하기 위해 필요한 토지와 관련된 설명으로서 옳지 않은 것은?

① 획지란 인위적·자연적·행정적 조건에 따라 다른 토지와 구별되는 일단의 토지이다.
② 획지는 필지나 부지와 동의어이며 획지의 형상에는 직각형, 정형, 부정형 등이 있다.
③ 각지는 일조와 통풍이 양호하지만 소음이 심하며 도난이나 교통피해를 받기 쉽다.
④ 각지는 출입이 편리하며 시계성이 우수하여 광고선전의 효과가 높다.
⑤ 각지는 획지 중에서도 2개 이상의 가로각(街路角)에 해당하는 부분에 접하는 토지이다.

획지는 필지나 부지와 다른 개념이다. 획지는 인위적(인위적인 경계)·자연적(산·하천 등)·행정적(지목·지번 등) 조건에 의해 다른 토지와 구별되는 가격 수준이 비슷한 토지를 말한다.
반면 필지란 하나의 지번이 붙는 토지의 등록 단위를 말하며(지적법 제2조 3호) 토지 소유자의 권리를 구분하기 위한 표시이다. 부지는 구조물의 지반이 되는(또는 될 예정인) 토지를 말한다.

정답 | ②

08
21년 3회, 15년 1회

소규모 소매점포의 상권단절요인에 일반적으로 해당하지 않는 것은?

① 폭 100m의 하천
② 왕복 2차선 도로
③ 운동장만 있는 체육공원
④ 담으로 둘러싸인 공장
⑤ 지상을 지나는 철도

도로의 경우 상권단절이 이루어지는 경우는 보통 왕복 6차선 이상인 경우이다.
4차선 도로인 경우만 해도 횡단보도를 이용하는 데 별 거리낌이 없지만 6차선 도로인 경우에는 횡단보도가 있어도 건너가기를 꺼려하기 때문이다.

정답 | ②

10
21년 3회, 18년 3회, 16년 3회

상권분석을 위한 데이터를 소비자를 대상으로 직접 수집하는 방법의 하나로서, 내점객조사법과 조사대상의 특성이 가장 유사한 것은?

① 그룹인터뷰조사법
② 편의추출조사법
③ 점두조사법
④ 지역할당조사법
⑤ 가정방문조사법

점두조사법(Instore Survey)은 점포를 방문한 고객의 주소와 방문 횟수 등을 직접 질문을 통해 조사하는 방법으로, 내점객조사법과 가장 유사한 방법이다.

정답 | ③

인생은 곱셈이다.

어떤 찬스가 와도 내가 제로라면
아무런 의미가 없다.

– 나카무라 미츠루

SUBJECT 03
유통마케팅

PART 01 유통마케팅 전략기획

PART 02 디지털마케팅 전략

PART 03 점포관리

PART 04 상품판매와 고객관리

PART 05 유통마케팅 조사와 평가

최신 5개년 출제비율 분석

PART	내용	비율
PART 01	유통마케팅 전략기획	50%
PART 02	디지털마케팅 전략	3%
PART 03	점포관리	17%
PART 04	상품판매와 고객관리	17%
PART 05	유통마케팅 조사와 평가	13%

※ 디지털마케팅 전략 파트는 24년도 시험부터 추가된 내용이므로 상대적으로 출제비율이 낮아보일 수 있습니다.

PART 01 유통마케팅 전략기획

CHAPTER 01 유통마케팅 전략

1 유통마케팅의 개요

1. 유통마케팅의 개념

(1) 유통의 개념

재화의 생산자와 소비자를 연결하는 과정에서 생산과 소비 사이의 시간적·공간적·수량적 격차를 해소하여 효용(Utility)을 발생시킴으로써 소비자의 구매욕구를 충족시키고 재화의 부가가치를 높이는 일련의 경제활동을 의미한다.

(2) 마케팅(Marketing)의 개념

① 미국 마케팅학회(AMA) 정의: 마케팅이란 "개인과 조직의 목적을 충족시켜 주는 교환을 창출하기 위해 아이디어, 제품 및 서비스, 가격 결정, 촉진 및 유통을 계획하고 실행하는 과정"을 뜻한다.

② market은 동사로써 '거래하다, 교환하다, 판매하다'의 의미를 지닌다. 즉 마케팅이란 제품 또는 서비스를 판매하여 매출액을 극대화시키는 기업의 활동이라 할 수 있다.

③ 마케팅의 핵심 개념
  ㉠ 교환(거래): 교환이란 기업이 제공하는 제품 및 서비스에 대해 소비자가 지불하고자 하는 효용 간의 거래를 의미한다.
  ㉡ 소비자의 필요와 욕구: 마케팅이란 소비자의 필요와 욕구를 충족시킴으로써 기업의 목표를 달성하는 일련의 과정이다. 필요(Needs)는 인간의 생존을 위해 요구되는 기본적인 요건들이 충족되지 않은 상태를 의미하며, 욕구(Wants)는 필요를 만족시킬 수 있는 제품이나 서비스에 대한 바람을 말한다.
  ㉢ 고객 만족과 가치: 고객만족은 기업이 판매 행위뿐 아니라 사후적으로 고객의 가치를 극대화시켜야 한다는 마케팅 목표 중 하나를 말하며, 가치란 제품 및 서비스를 구매함으로 인해 소비자가 얻을 수 있는 효용과 비용과의 관계를 말한다.
  ㉣ 수요: 일정 기간 동안 재화와 서비스를 소비하고자 하는 욕구를 말하며, 이는 곧 구매력이 수반되는 수요를 의미한다.

(3) 마케팅의 본질

① 마케팅은 아이디어·제품 및 서비스에 대한 발상, 가격 결정, 촉진 및 유통을 계획하고 실행하는 과정인데 이는 마케팅 요소 4P를 결합하는 마케팅믹스를 의미한다.

② 마케팅믹스(Marketing Mix)는 고객 욕구를 충족시키고 고객과의 관계를 구축하기 위해 사용되는 마케팅 도구들의 집합을 말한다. 4P는 제품(Product), 가격(Price), 유통(Place), 촉진(Promotion)을 의미한다.

2. 마케팅관리 철학의 발전 단계 기출 19-1

(1) 공급자 측면의 마케팅 철학

① 생산개념(Production Concept)
  ㉠ 의의: 공급보다 수요가 많은 시장 상황의 경우 기업이 대량생산을 통한 규모의 경제를 실현함에 따라 생산의 효율성을 극대화한다는 마케팅 철학이다.
  ㉡ 규모의 경제: 대량생산, 대량구매 등의 이점을 이용하는 것으로 생산 수준이 높아짐에 따라 단위당 생산비용이 현저히 절감되는 현상을 의미한다. 따라서 생산개념의 마케팅 철학에서는 제품차별화보다는 공급 자체가 중요하다고 할 수 있다.

> **짚고 넘어가기** **범위의 경제(Economies of Scope)**
> 관련되는 부분의 결합 생산을 통해서 생산량을 높여 매출액 극대화와 비용절감을 추구하는 전략

② 제품개념(Product Concept)
  ㉠ 일반적으로 소비자는 차별화된 제품의 품질 및 특성에 관심을 가지므로, 마케팅전략의 초점을 지속적인 제품혁신에 맞추어야 한다는 인식을 의미한다.
  ㉡ 문제점: 공급자가 소비자의 욕구를 제대로 파악하지 못하고 제품을 생산하는 경우에는 마케팅근시안(Marketing Myopia)이 발생할 수 있다.

> **보충학습**
> 마케팅근시안: 기업이 고객의 욕구를 파악하지 못하여 고객의 니즈 또는 경쟁업체의 성장을 지각하지 못하는 현상

③ 판매개념(Selling Concept)
  ㉠ 경쟁이 심한 시장에서 기업은 제품의 차별화뿐만 아니라 충분한 정도의 판매 및 촉진활동이 중요하다는 인식을 의미한다.
  ㉡ 판매촉진의 중요성: 기업의 이윤을 극대화하기 위해서는 제품개발에 필요한 R&D, 광고, 판촉에 필요한 촉진비용 등에 더 많이 투자하여야 더 많은 소비자에게 판매할 수 있다는 것이다.

(2) 고객 측면의 마케팅 철학

① 마케팅개념(Marketing Concept)
  ㉠ 목표시장에 속한 고객들의 필요와 욕구를 파악하여 경쟁자에 비해 우월한 제품을 제공하여 기업의 이익과 고객의 만족을 추구한다는 인식을 의미한다.
  ㉡ 데이터베이스 마케팅: 마케팅근시안에 빠지지 않기 위해서는 고객의 욕구분석을 통한 시장세분화 및 목표시장 선정, 포지셔닝이 중요하며 이를 위해 데이터베이스를 구축해야 한다.

② 사회지향적 마케팅개념(Societal Marketing Concept) 기출 19-1
  ㉠ 소비자 및 사회 복지 향상이 이루어지는 방향으로 마케팅전략을 수립하여 기업의 이미지를 높이는 방법이다.
  ㉡ 지향점: 소비자는 그들의 욕구와 장기적인 이익 및 사회의 복지에 관심을 보이는 기업에 대해 높은 고객충성도를 보인다. 따라서 기업은 고객지향성, 사회복지지향성, 관계지향성, 환경지향성에 중점을 둔 마케팅에 초점을 맞춰야 한다.

3. 마케팅활동의 변천

(1) 전통적 마케팅과 현대적 마케팅
① 전통적 마케팅
  ㉠ 강압적, 고압적 마케팅 또는 푸시(Push) 마케팅의 특징을 가진다.
  ㉡ 고객의 반응에 대한 피드백을 반영하지 않는다.
② 현대적 마케팅
  ㉠ 소비자의 만족, 욕구 충족 및 복지 증진에 기여하는 저압적 마케팅 또는 풀(Pull) 마케팅이며, 순환적 마케팅이다.
  ㉡ 구매자 중심의 시장으로, 전사적·통합적·선행적 마케팅을 추구한다.

(2) 현대적 마케팅의 특징
① 소비자 지향성: 소비의 극대화, 소비자 만족의 극대화, 선택의 극대화 및 생활의 질 극대화 등을 통하여 소비자의 질적·양적 생활수준의 창출·유지·향상을 도모하는 것을 말한다.
② 기업 목적 지향성: 기업이 추구하는 이윤을 소비자의 만족을 통해서 창출하는 것을 의미한다.
③ 사회적 책임 지향성: 경제적·문화적·생태적·사회봉사적·법률적·윤리적 책임 등 기업이 사회적 책임(CSR)을 지는 것을 말한다.
④ 통합적 마케팅 지향성: 위의 세 가지가 이루어질 수 있도록 기업의 모든 기능을 통합·조정하여 전사적 마케팅(Total Marketing)의 입장에서 수행하는 것을 의미한다.

(3) 신개념 마케팅의 전개
① 개별 고객의 욕구 충족
  ㉠ 세분화 마케팅: 소비자의 특성에 따라 시장을 다양하게 세분화한 후, 각 세분시장의 특성에 맞는 마케팅활동을 펼치는 것을 의미한다.
  ㉡ 맞춤 마케팅(Customized Marketing): 개별 소비자의 요구에 맞는 제품을 만들어 판매하는 방식을 말한다. 1:1 마케팅(One-to-One Marketing)이라고도 한다.
② 관계마케팅(Relation Marketing) 기출 21-3
  ㉠ 의의: 기업 간 경쟁이 치열해짐에 따라 새로운 고객을 확보하기 위해서는 많은 비용이 들어간다. 이에 기존고객과의 장기적 관계 유지를 중시하는 관계마케팅이 중요시되고 있다.
  ㉡ 데이터베이스 마케팅: 축적된 고객의 개별 정보를 바탕으로 고객의 욕구에 부응하여 고객 만족을 극대화하려는 마케팅 방법이다.
  ㉢ 고객관계관리(CRM: Customer Relationship Management): 관계마케팅이 점차 고객관계관리기법을 통하여 한 단계 높은 수준으로 발전하고 있다. 이러한 CRM은 데이터베이스 마케팅의 활동을 모두 수행하며, 나아가 기업 전체의 조직과 활동이 고객 중심으로 움직이는 시스템을 구축하는 것이 목적이다.
③ CSR(Corporate Social Responsibility) 마케팅
  기업이 지속가능경영을 하기 위해서는 경제적, 사회적, 환경적 측면의 사회적 기여가 행해져야 한다는 마케팅 개념이다.

(4) 정보화 사회와 마케팅
① 인터넷 마케팅(Internet Marketing)
  ㉠ 의의: 인터넷을 이용하여 사이버 공간에서 일어나는 마케팅활동을 말한다.
  ㉡ 프로슈머(Prosumer)의 등장: 인터넷 마케팅의 등장으로 고객과 기업 간의 의사소통이 한층 원활해짐으로써 소비자인 동시에 생산에도 영향을 미치는 인플루언서인 프로슈머가 등장했다.

② 노이즈 마케팅(Noise Marketing)
  ㉠ 의의: 소음이나 잡음을 뜻하는 노이즈를 일부러 조성해 그것이 초래하는 긍정적 또는 부정적 영향에 관계없이 그 상품에 대한 소비자들의 호기심만을 부추겨 상품판매로 연결시키는 마케팅 기법이다.
  ㉡ 한계: 단기간 소비자들의 관심이나 호기심의 자극은 가능하나, 지속적으로 반복할 경우 소비자들의 불신만 조장하게 된다.

(5) 마케팅 관련 용어 기출 21-2, 18-3

① O2O(Online to Offline) 마케팅: 최신 마케팅 용어로 온라인으로 상품이나 서비스 주문을 받아 오프라인으로 해결해주는 서비스 행위를 의미한다. 마케팅 관점에서는 온라인 쇼핑몰 마케팅을 오프라인으로 돕는 모든 활동이며 온라인에서 소비자의 구매를 유도하고, 오프라인 상점으로 불러내는 것을 의미한다.

> **짚고 넘어가기** 쇼루밍(Showrooming)과 웹루밍(역쇼루밍, Reverse Showrooming) 기출 22-1
> - 쇼루밍: 일반적으로 오프라인 매장에서 상품을 보고 온라인에서 더 저렴한 가격으로 상품을 찾는 경우를 지칭한다.
> - 웹루밍: 제품 정보는 온라인에서 얻고, 구매는 오프라인 매장에서 하는 것을 말한다. 쇼루밍의 반대 현상으로 역쇼루밍이라고도 한다.

② 옴니채널(Omni-Channel): 라틴어로 모든 것을 뜻하는 옴니(Omni)와 상품의 유통경로를 뜻하는 채널(Channel)이 합성된 단어이다. 인터넷, 모바일, 카탈로그, 오프라인 매장 등 다양한 유통채널을 유기적으로 결합해 고객 경험을 극대화하는 쇼핑환경을 뜻한다. 기출 23-1, 21-3

③ 바이러스 마케팅: 구전 또는 온라인 구전으로 소비자들로 하여금 온라인을 통해 다른 사람에게 제품 정보 또는 기업이 개발한 제품이나 서비스를 전달하도록 자극하는 마케팅 기법이다.

④ 매스 마케팅(Mass Marketing): 대중 마케팅 또는 대량 마케팅이라고도 불린다. 특정 기업이 모든 구매자를 대상으로 하나의 제품을 대량생산하여 대량유통하고 대량촉진하고자 하는 형태이다. 최소의 원가로 최대의 잠재시장을 현실시장으로 창출해낼 수 있다고 판단될 경우 취할 수 있는 최적의 마케팅 기법이다.

⑤ 공생 마케팅: 마케팅 부분에서의 기업 간 협력, 즉 전략적 제휴를 말한다. 신용카드 회사와 항공사 간의 공동 마일리지 적립, 이동통신 회사와 편의점 간의 가격 할인 행사 등을 들 수 있다.

⑥ 틈새 마케팅: 특정한 성격을 지닌 소비자층을 겨냥한 마케팅 기법으로 니치 마케팅(Niche Marketing)이라고도 불린다. 대량적이고 표준화된 마케팅 개념인 매스 마케팅에 대립되는 개념이다.

⑦ 코즈 마케팅(Cause Marketing): 이유나 명분을 뜻하는 'Cause'에 '마케팅(Marketing)'이 결합한 합성어로 기업이 사회적인 이슈나 비영리 기업과 연계하여 기업 이익과 사회적 공익을 동시에 추구하는 것을 의미한다. 고객들에게 구매할 이유나 명분을 제시하는 마케팅 기법이다.

⑧ SNS 마케팅 기출 19-2, 18-2
  ㉠ 소셜네트워크서비스(SNS)는 페이스북, 인스타그램, 트위터, 카페 및 블로그 등을 통해 온라인상에서 다수의 불특정 타인과 관계를 맺을 수 있는 서비스를 의미한다.
  ㉡ 많은 사람이 실시간, 쌍방향으로 정보를 공유할 수 있으므로 다수의 고객과 소통을 보다 효율적으로 할 수 있다.

⑨ D2C(Direct to Customer) 마케팅: 제조기업이 유통단계를 최소화하거나 없애고, 자사의 온라인 쇼핑몰(MALL) 등 디지털 채널을 통해 고객과 직접 접촉하며 판매하는 방식의 온라인 마케팅기법을 말한다.

⑩ 페르소나(Persona) 마케팅: 페르소나(persona)는 심리학에서 타인에게 비치는 외적 성격을 나타내는 용어로, 마케팅에서 특정 타겟시장에서 실제 소비자를 대표하는 가상의 인물(페르소나)을 만들어내고, 이를 기반으로 마케팅전략을 개발하는 방식을 뜻한다.

4. 관여도와 구매행동의 유형

① 관여도의 개념

특정 제품에 대한 구매 상황에서 제품에 대한 중요성이나 관심의 정도를 의미한다. 소비자 행동을 이해하기 위해서는 관여도 개념에 대한 이해가 필수적이다.

② 관여도에 따른 구매행동

구분	고관여 수준	저관여 수준
제품 간 큰 차이가 있는 경우	복잡한 구매 행동	다양성 추구 구매 행동
제품 간 차이가 별로 없는 경우	부조화 감소 구매 행동	습관적 구매 행동

5. 마케팅관리와 마케팅 과제

(1) 마케팅관리 프로세스

기업의 목표는 기업사명을 달성하기 위해 가장 중요한 역할을 하는 기준점이며, 이를 시작으로 마케팅활동이 전개된다. 또한 마케팅조사를 통해 시장기회를 분석하고, 장기적 계획인 STP전략 및 이를 실천하기 위한 마케팅믹스(4P) 개발 절차가 진행된다.

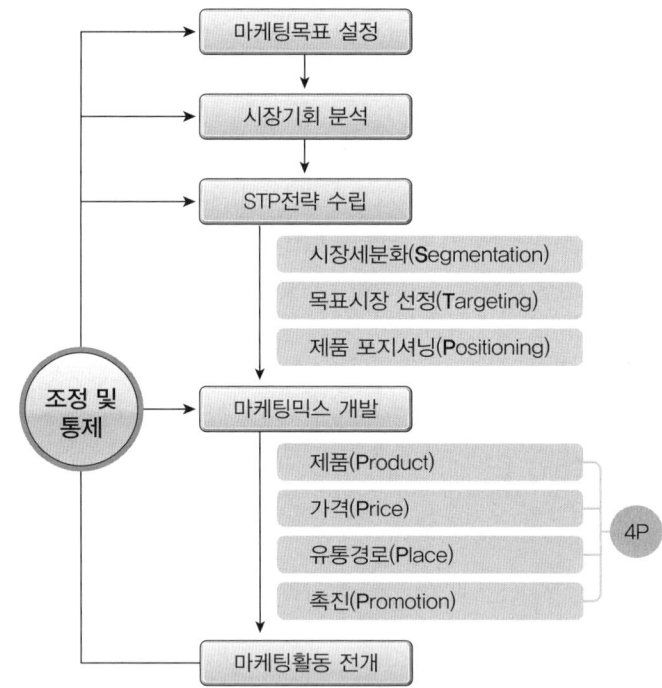

(2) 마케팅관리의 8가지 과제

수요 상황	과제	명칭
부정적 수요	수요의 전환	전환적 마케팅
무수요	수요의 창조	자극적 마케팅
잠재적 수요	수요의 개발	개발적 마케팅
감퇴적 수요	수요의 부활	리마케팅(Re-marketing)
불규칙적 수요	수요·공급 시기의 일치	동시화 마케팅
완전 수요	수요의 유지	유지적 마케팅
초과 수요	수요의 감소	디마케팅(De-marketing)
불건전한 수요	수요의 파괴	대항적 마케팅

6. 마케팅관리의 변화

(1) 전통적 마케팅관리 요소(마케팅믹스)

마케팅관리자는 마케팅 요소인 마케팅믹스(4P)를 잘 배합함으로써 고객을 만족시킬 수 있는 프로그램을 개발해야 한다. 마케팅믹스 4P는 제품, 가격, 촉진, 유통관리를 가리킨다.

① 제품관리(Product): 고객의 구매욕구를 만족시키는 제품 또는 서비스에 대한 관리
② 가격관리(Price): 제품 구매를 위해 지불하는 가격에 대한 정책적 결정과 관리
③ 촉진관리(Promotion): 구매자와 판매자 간 커뮤니케이션 수단의 관리
④ 유통관리(Place): 소비자가 제품을 구매하는 장소 및 편의성에 대한 관리

(2) 최근 마케팅관리의 변화(4C) 기출 23-3, 20-추가

마케팅 요소를 기업의 입장이 아닌 고객의 입장에서 이해하기 위해 4P가 아닌 4C로 봐야 한다는 주장이 등장했다. 코틀러(P. Kotler)는 4C를 우선적으로 고려한 뒤 4C의 근거 위에서 4P를 구축하라고 주장한다.

① 고객가치(Consumer Value): 고객 측면에서는 고객가치(Customer Value)가 중요하다.
② 비용(Cost): 소비자 측면에서는 구매에 들어가는 노력, 시간, 심리적 부담 등 고객이 지불하는 비용(Cost)이 중요하다.
③ 편의(Convenience): 고객이 제품을 구매하는 장소가 중요한 것이 아니라 고객이 편리하게 구매할 수 있는 정도, 즉 편의성(Convenience)이 중요하다.
④ 소통(Communication): 고객 측면의 양방향 커뮤니케이션(Communication)이 중요하다.

기업중심적 개념의 마케팅믹스(4P)	고객중심적 개념의 마케팅믹스(4C)
제품(Product)	고객가치(Customer Value)
가격(Price)	비용(Cost)
장소(Place)	편의(Convenience)
촉진(Promotion)	소통(Communication)

▲ 기업중심 마케팅믹스(4P)와 고객중심 마케팅믹스(4C)의 비교

(3) 서비스 마케팅믹스(7P) 기출 23-1

일반적으로 마케팅믹스는 4P를 의미하지만 서비스 마케팅믹스는 서비스 재화의 특성상 여기에 3P(Process, Physical evidence, People)를 더해 확장된 서비스 마케팅믹스(7P)로 구분하고 있다.

① 절차(Process): 생산된 서비스는 소비자에게 즉시 전달되므로 서비스의 효율성을 높이고 고객만족을 증대하기 위한 서비스 생산, 전달 체계의 설계가 매우 중요하다.

② 물리적 증거(Physical evidence): 서비스가 행해지는 매장의 실내 배치, 조명, 색상 등과 같은 요소와 매장의 공간적 배치와 기능성, 상징물 등을 포함한다.

③ 사람(People): 매장에서의 서비스는 대부분 종업원의 행위를 통해 고객들에게 직접 전달되므로, 성공적인 서비스 마케팅을 위해서는 인적자원에 대한 중요성을 인식하고 종업원 교육을 지속적으로 진행해야 한다.

2 유통마케팅환경분석

1. 유통마케팅환경의 변화 추세 기출 21-2, 20-3, 18-3

① 매스 커스터마이제이션(mass customization, 대량고객화)
② 온·오프라인의 융합화 현상
③ 업태 포지셔닝 전략의 다양화
④ 파워 소매업자에 의한 소매시장 지배력의 심화
⑤ 유통업체 상표(PB: Private Brand)의 매출액 증대
⑥ 첨단기술을 통한 High-Tech형에서 고객의 감성에 호소하는 High-Touch형으로 변화
⑦ 1·2인 가구 증대 및 소비의 편의성 추구 경향 강화

2. 마케팅전략(STP전략) 기출 19-1

(1) 시장세분화(Segmentation)

① 시장세분화의 개념 및 필요성

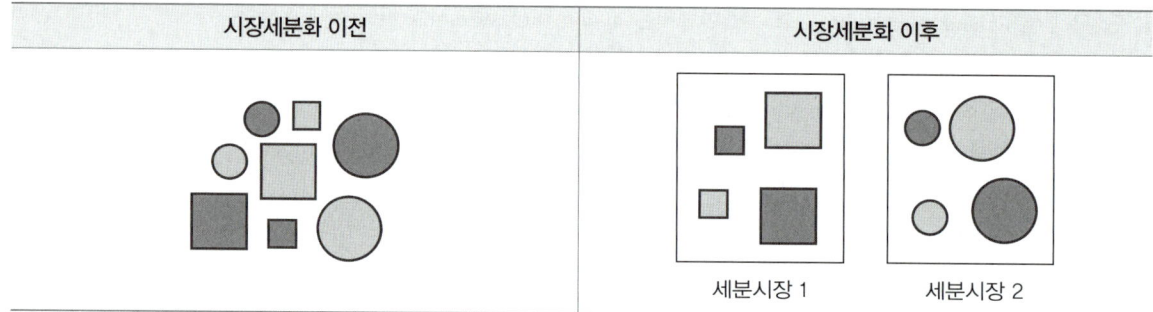

㉠ 의의: 전체 시장을 기업이 제공하는 마케팅믹스에 대하여 유사하게 반응할 것으로 추정되는 동질적 고객집단으로 나누는 과정이다.

㉡ 시장세분화의 필요성: 소비자의 욕구나 구매동기를 보다 정확하게 파악하고 시장수요에 적극적으로 대응하여 새로운 시장기회를 탐색하기 위함이다.

② 시장세분화의 기준 기출 24-2, 23-1, 22-2, 19-3, 17-1

기준	구체적인 예	비고
지리적 변수	지역, 인구밀도, 기후, 시·군 규모 등	지역 특성에 맞는 현지화 전략이 필요할 때 사용
인구통계적 변수	연령, 성별, 소득, 직업, 교육 수준, 가족 규모, 가족생활주기, 종교, 세대, 사회계층 등	측정이 용이하므로 가장 많이 사용
심리분석적 변수	생활양식(life style), 개성 등	AIO 분석 활용
구매자 행동 변수	• 구매동기 • 구매를 통한 혜택 • 사용빈도(사용률과 사용량)에 의한 분류 • 상표 애호도 • 비·잠재·신규 사용자(사용자 지위)에 의한 분류 • 제품에 대한 태도	실제 제품이나 제품 속성에 대해 구매자가 가지는 지식, 태도 등에 따른 분류이므로 논리적으로 가장 타당

③ 효과적인 시장세분화 요건 기출 24-1, 23-2, 22-2, 21-2, 19-3
  ㉠ 측정 가능성: 세분화된 시장의 규모와 구매력 및 세분화 특성이 관리자에 의해 측정 가능해야 한다.
  ㉡ 충분한 규모의 시장: 마케팅전략에 있어서 효과적인 세분화를 정립하는 이유는 매출액 증대를 위한 이윤극대화이므로 세분시장 자체가 충분한 시장성이 전제되어야 의미 있는 세분화 작업이 될 수 있다.
  ㉢ 접근 가능성: 상품을 구매하는 대상인 소비자가 세분시장에 효과적으로 도달해 이들에 대한 서비스가 가능해야 한다.
  ㉣ 차별화 가능성(내부적으로 동질적, 외부적으로 이질적): 각각의 세분시장은 마케팅 변수에 대하여 상이한 반응을 보일 만큼 이질적이어야 하지만, 세분시장 내의 소비자들은 마케팅 변수에 대하여 동일한 반응을 보여야 한다.
  ㉤ 신뢰성과 유효타당성: 세분시장은 일정 기간에 걸쳐 일관성 있는 특징을 지녀야 하며, 세분시장의 구분 기준에 타당해야 한다.
  ㉥ 실행 가능성: 세분시장을 공략하기 위한 효과적 마케팅 프로그램을 개발할 수 있어야 한다.

(2) **표적시장의 선정(Targeting)** 기출 24-2, 22-3, 22-1, 19-3, 19-2, 17-2
  ① 집중적 마케팅
    ㉠ 중소기업과 같이 기업의 자원과 역량이 한정되어 있는 경우, 1개 시장에서 높은 시장점유율을 늘리기 위해 하나의 카테고리에 집중하는 전략이다.
    ㉡ 특정 시장에 속한 소비자의 특성과 욕구를 파악한 경우 성공 가능성이 큰 전략이나 세분시장 소멸에 따른 리스크 부담을 피할 수 없다는 단점이 있다.
  ② 전체시장 공략 마케팅
    어떤 기업은 전체시장을 목표시장으로 선정하여 동일한 제품을 시장에 공급하는 마케팅전략(무차별적 마케팅)을 펼 수도 있고, 어떤 기업은 전체시장을 대상으로 마케팅을 하되 세분시장마다 다른 제품과 서비스를 제공하여 고객을 확보하는 전략(차별적 마케팅)을 펴기도 한다.
    ㉠ 무차별적 마케팅
      ⓐ 제품 도입기 또는 성장기에 규모의 경제를 통한 원가우위를 바탕으로 세분시장 간의 차이를 무시하고, 하나의 제품으로 전체시장을 무차별적으로 공략하는 전략이다.
      ⓑ 소비자들 간의 차이보다는 공통점에 중점을 두며, 대량유통 방식을 채택하는 Push 마케팅을 의미한다.

ⓒ 차별적 마케팅
  ⓐ 여러 개의 표적시장을 선정하고 각각의 표적시장에 적합하고 차별화된 제품 및 마케팅믹스 전략을 개발하는 형태의 마케팅전략이다. 주로 성숙기에 적용한다.
  ⓑ 마케팅믹스의 다양성을 통해 각 세분시장 안에서 높은 매출액과 시장점유율 구축이 가능한 반면, 여러 세분시장의 고객을 표적으로 하므로 비용이 많이 지출되는 단점이 있다.

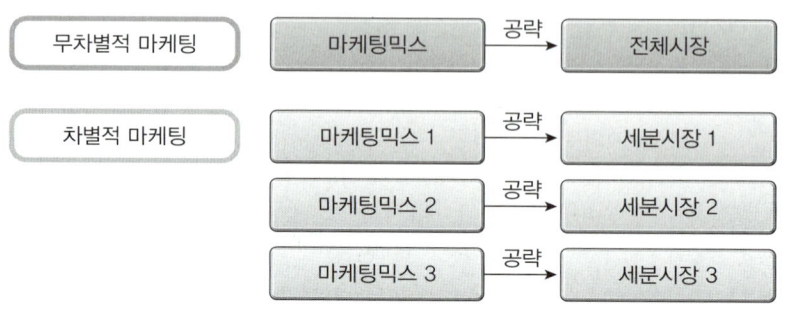

▲ 표적시장 공략 마케팅 기법

(3) 포지셔닝(Positioning)

① 포지셔닝 전략의 개념 `기출` 22-2, 19-1

소비자의 마음속에 경쟁상표와 비교하여 경쟁우위를 제공하는 위치에 자사상표를 구축하려는 노력을 말한다. 기업의 경쟁력과 관련하여 매우 중요하다.

② 재포지셔닝(Repositioning) `기출` 24-1

마케팅환경의 변화로 제품의 포지션이 소비자의 욕구와 경쟁 제품에 비추어 보아 적절하지 않은 경우, 자사제품의 목표 포지션을 재설정하고 적절한 포지션으로 이동시키는 것을 말한다.

③ 포지셔닝의 유형 `기출` 20-추가, 19-3, 17-2

제품 속성 및 효익에 의한 포지셔닝	가장 널리 사용되는 방법으로 자사제품이 경쟁 제품과 비교하여 상대적으로 지니는 차별적인 속성이나 특징으로 소비자에게 차별화를 부여 예) • 스파크와 같은 경차는 가성비라는 차별화된 속성을 가짐
경쟁자에 의한 포지셔닝	소비자의 지각 속에 위치하고 있는 경쟁자와 명시적 혹은 묵시적으로 비교하게 하여 자사제품이나 점포를 부각시키는 방식 예) • OO마트 : 경쟁사가 더 싸게 판매한다면 즉시 환불해드리겠습니다. • AVIS사의 2등 전략(We are No.2, but we try harder.)
사용 상황에 의한 포지셔닝	제품이나 점포의 적절한 사용 상황이나 용도를 묘사하거나 제시함으로써 부각시키는 방식 예) 잇몸보호, 미백효과, 치석제거 기능 치약 광고
이미지 포지셔닝	자사제품으로부터 긍정적인 연상 작용이 유발되도록 하는 전략 예) • 쿠팡 : 로켓배송이라는 신속한 이미지 • 애플 : 고급화 이미지
품질 및 가격 포지셔닝	제품 및 점포를 일정한 품질과 가격 수준으로 포지셔닝하여 최저 가격 홈쇼핑이나 고급 전문점과 같이 차별적 위치를 확보하는 방식 예) • 월마트의 EDLP(Every Day Low Price, 연중상시저가)전략 • 애플사의 고품질 차별화전략

④ 포지셔닝 분석 방법

㉠ 다차원척도법(MDS : Multi-Dimensional Scaling) : 제품의 특성에 대하여 소비자들이 인지하고 있는 상태를 그래프상의 여러 차원으로 표시해 시각적으로 포지션을 파악하는 기법이다. 이러한 그래프 공간 내의 각 차원은 소비자가 제품을 구매할 때 구매 기준으로 삼는 가장 중요한 속성을 의미한다.

ⓒ 컨조인트분석
　ⓐ 의의: 어떤 제품이나 서비스에 대해서 여러 대안이 있을 경우, 그 대안들에 부여하는 소비자들의 선호도를 조사하고 소비자가 각 속성들에 부여하는 상대적 중요도와 각 속성 수준의 효용을 측정하여 신제품개발 시 활용하는 방법이다.
　ⓑ 분석의 목적: 제품 속성의 중요도 파악 및 시장세분화에 의한 고객 특성 파악을 통해 신제품 아이디어를 도출하고, 가장 선호도가 높은 제품을 결정하기 위한 것이다.

CHAPTER 02 유통경쟁전략

1 유통경쟁의 개요

1. 유통경쟁의 개념
유통경쟁이란 유통경로에 위치한 유통기업들 간의 경쟁을 의미한다. 과거에는 유통경로 간 경쟁이 주로 수평적 관계 속에서 일어났으나 최근에는 수직적 관계로도 확장되고 있다.

2. 유통경로의 중요성
유통경로(Place)는 마케팅믹스 4P 중 가장 탄력성이 낮기 때문에 유통비용의 절감이 어렵고 한 번 결정된 유통경로는 다른 유통경로로의 전환이 어렵다. 또한 유통경로는 마케팅 전반에 영향을 미치며 유통경로의 결정 및 관리가 잘못되는 경우에는 판매에 직접적인 영향을 미친다.

2 유통경쟁의 형태

1. 유통경쟁의 형태 빈출 24-1, 21-2, 21-1, 19-2, 19-1, 18-3

(1) **수직적 경쟁(Vertical Competition)**
유통경로상의 다른 경로 위치에 있는 구성원들 간의 경쟁이다. 예를 들면, 제조업자와 소매상과의 경쟁, NB제품과 PB제품 간의 경쟁이 있다.

(2) **수평적 경쟁(Horizontal Competition)**
유통경로 단계가 같은 기업 간의 경쟁을 말한다. 예를 들면, 대형마트 간의 경쟁 또는 백화점 간의 경쟁이 있다.

(3) **업태 간 경쟁(Intertype Competition)**
최근 유통환경의 변화에 따른 경쟁양상이라고 할 수 있다. 예를 들면, 대형마트와 재래시장 또는 할인점과 편의점 간의 경쟁이 있다.

(4) **경로시스템 간 경쟁(VMS 또는 HMS)**
경로시스템 간 경쟁은 수직적 마케팅시스템(VMS) 또는 수평적 마케팅시스템(HMS)의 경쟁을 의미한다. 프랜차이즈시스템과 조합형시스템 간의 경쟁을 예로 들 수 있다.

2. 유통경쟁 전략

(1) 성장 전략별 분류

집약적 성장 전략	통합적 성장 전략	다각화 성장 전략
시장침투(Market Penetration)	후방통합(Backward Integration)	집중적 다각화(Concentric Diversification)
시장개발(Market Development)	전방통합(Forward Integration)	수평적 다각화(Horizontal Diversification)
제품개발(Product Development)	수평적 통합(Horizontal Integration)	복합적 다각화(Conglomerate Diversification)

(2) 집약적 성장 전략 `기출` 24-1, 23-1, 21-2, 17-2

① 현재의 영업 범위 내에서 기회를 확인하려는 전략이다. 현재의 제품 및 시장과 관련된 기회를 충분히 활용하지 못하고 있는 경우에 유용하다. 주로 앤소프(I. Ansoff)의 제품·시장확장 그리드를 활용한다.

② 앤소프의 제품·시장확장 그리드는 기업이 성장을 위해 기존의 제품과 시장 영역에서 어떠한 방향으로 나아갈지를 결정하기 위한 의사결정 도구이다. 이를 통해 기업은 다양한 대안에 대한 위험도를 예측 및 비교·분석할 수 있다.

	기존 제품(업태)	신제품(업태)
현재 시장	시장침투	제품개발(업태 개발)
신시장	시장개발	다각화

▲ 앤소프의 제품·시장확장 그리드

㉠ 시장침투 전략: 현재 시장에서 기존 제품의 시장점유율을 증가시키는 전략이다. 기존고객의 구매 빈도를 증가시키고, 경쟁기업의 고객을 유인하며, 미사용 고객층을 설득하는 방법이다.

㉡ 시장개발 전략: 기존 제품으로 충족시킬 수 있는 욕구를 가진 새로운 시장을 개발하는 전략이다.

㉢ 제품개발 전략: 현재 시장에 신제품을 개발해 출시하는 전략이다. 기존고객에게 신제품을 추가로 판매해 제품 라인확장 전략이라고도 한다.

㉣ 다각화 전략: 새로운 제품이나 서비스를 개발하여 새로운 고객층에게 판매하고 신시장을 개척하는 전략으로서, 네 가지 성장전략 유형 중 가장 적극적이고 혁신성도 높지만 그만큼 리스크도 가장 크다.

(3) 통합적 성장 전략 `기출` 23-1

① 기존 사업과 시스템이 다른 사업을 통합하는 전략이다. 기업이 속한 산업의 성장 전망이 좋을 때나 기업이 산업 내에서 수직적으로(전방·후방) 또는 수평적으로 이동함으로써 얻는 것이 많을 경우에 유용하다. 정보공유를 통한 경로구성원들의 협업 증진으로 경쟁을 감소시킬 수 있다는 장점이 있다.

② 수직적 통합

마케팅 경로상의 유통시스템에 대한 소유나 통제를 강화하는 것을 말하며, 전방통합과 후방통합을 합쳐서 수직적 통합이라 한다.

장점	• 여러 단계의 거래를 내부적으로 해결함으로써 유통비용 및 거래비용, 생산비용이 절감되고 경로 통제 및 품질 통제가 가능 • 기업 내부화를 통해 원료 등의 공급 안정성 강화 • 경쟁자의 시장 진입을 차단
단점	• 규모의 증가에 따른 환경 변화에 빠르게 대처하는 유연성이 떨어짐 • 외부경쟁 감소에 따른 노력 유인의 감소 • 투자 기회 상실에 따른 기회비용 발생의 문제

③ 수평적 통합

동일 마케팅 유통경로상의 일부 경쟁자에 대한 소유나 통제를 강화하는 것을 말한다. 내부확장, 인수합병 등을 통해서 수행할 수 있다.

(4) 다각화 성장 전략

기업이 속한 산업 밖에서 기회를 발견하고자 하는 전략으로, 기업이 속한 산업이 성장 기회를 제공하지 못하는 경우나 산업 외부의 기회가 우수한 경우에 유용하다.

① 집중적 다각화: 현재의 제품계열에 기술이나 마케팅에서 시너지를 갖고 있는 신제품을 추가해서 고객에게 호소하는 성장전략

② 수평적 다각화: 현재의 제품계열과 관련이 없는 신제품으로 현재의 고객에게 호소하는 성장전략

③ 복합적 다각화: 현재의 기술, 시장, 제품과 관련이 없는 신제품을 추가해서 새로운 고객에게 호소하는 성장전략

3 소매업태의 성장과 발전이론

1. 소매수레바퀴이론 기출 23-2, 23-1, 19-2

Malcolm 교수가 1957년 주장한 이론으로 소매업태들이 처음에는 혁신적인 형태의 저비용, 저가격, 저마진 업태로 출발하여 성장하다가 시간이 지나면서 고비용, 고가격 업태로 변화되어 새로운 개념을 가진 신업태에게 그 자리를 양보하고 사라진다는 이론을 말한다.

① 진입단계: 저가격, 저비용, 저마진의 혁신적인 소매 형태가 나타나는 단계
② 성장단계: 시간의 흐름에 따라 동일, 유사한 유형의 새로운 소매점들이 진입이 본격화되는 시기로, 이들 사이에 경쟁이 격화되며 차별적인 상품과 서비스의 증가로 고가격, 고비용, 고서비스 소매점으로 위치가 확립하는 단계
③ 쇠퇴단계: 새로운 유형의 혁신적인 소매점이 저가격, 저마진, 저서비스로 시장에 등장하며 기존 소매상은 쇠퇴하게 되는 순환적인 단계

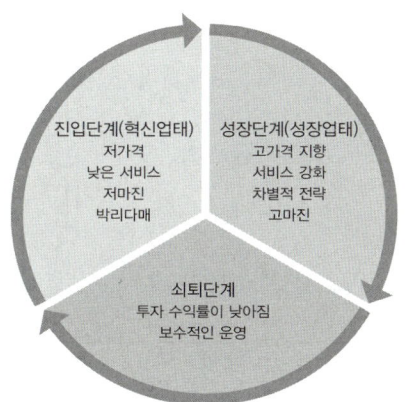

▲ 소매수레바퀴이론의 단계별 특징

2. 소매아코디언이론 기출 24-1, 21-2, 21-1

① 소매점 업태의 진화 과정을 소매점에서 취급하는 상품계열의 수로 설명하는 이론이다.
② 소매점 업태는 다양한 상품구색을 갖춘 점포로 시작하여 시간이 경과함에 따라 점차 전문화되고 한정된 상품 계열을 취급하는 소매점 형태로 변화하고, 이는 다시 다양하고 전문적인 제품 계열을 취급하는 소매점으로 진화해 가는 것으로 가정한다.
③ 발전 과정상의 상품 계열의 구색 수가 '확대 → 수축 → 확대'되어 가는 과정의 양태가 아코디언 모양과 같다고 하여 붙여진 이론이다.

3. 변증법적과정이론 기출 23-1, 20-3, 18-2
① 개념: 소매점 업태의 발전과정을 헤겔의 변증법적 유물론에 대응하여 발전시킨 이론이다. 서로 다른 경쟁적인 소매업태가 각자의 경쟁우위 요인을 수용하여 결국 서로의 특성이 화합된 새로운 소매업태로 발전한다는 이론이다.
② 사례: 고마진·고서비스 업태인 백화점 업태의 출현에 대해 저마진·고회전율·저서비스 업태인 할인점이 나타나고, 결국에는 둘의 장점을 합한 카테고리킬러(Category Killer)가 발생한다.

4. 빅미들이론
대규모의 소매업체들이 경쟁하고 있는 시장에 신규 소매업태가 진입하려면 시장침투 가격전략을 쓰거나 혁신적인 아이템을 보유하고 있어야 가능하다는 이론이다.

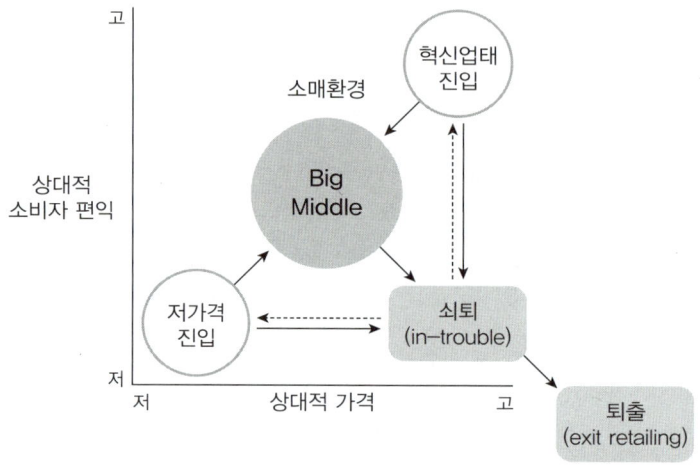

5. 진공지대이론(Vacuum Zone Theory) 기출 23-1
① 닐센이 주장한 진공지대이론은 특정제품 계열의 상품을 판매하는 복수의 소매점이 있고, 이들 소매점이 제공하는 서비스 정도는 각각 상이한 수준에서 행해지고 있다고 가정한다.
② 이 경우 경쟁은 A와 C 그리고 동시에 B와 C 간에 행하여지는데 이들 경쟁은 A와 B로 하여금 선호 분포도상의 중심(C)을 향하여 이동시키는 결과를 초래한다. 따라서 A와 B 모두 중립적인 C 점포에 가까워지려고 노력한다.
③ 즉, 원래의 가격과 서비스 수준을 제공하던 점포의 특색이 없어지고 중간영역에 위치하고자 하는데 그 영역을 진공지대라 칭한다.

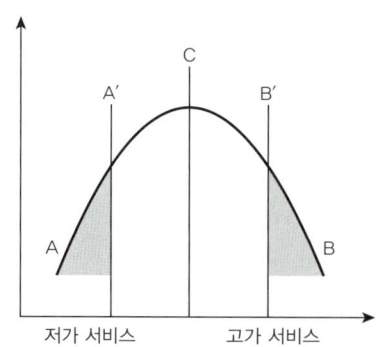

6. 소매수명주기이론 기출 23-1, 21-1, 20-추가

① 하나의 소매기관이 출현하여 사라지기까지 일반적으로 도입기, 성장기, 성숙기, 쇠퇴기를 거친다는 생애주기이론이다.
② 각 단계별 특징
  ㉠ 도입기: 새로운 소매기관이 탄생하여 새로운 상품구색으로 일반대중을 수용한다.
  ㉡ 성장기: 혁신자의 지리적 확장과 모방적 경쟁자의 진입이 나타나면서 판매량, 수익성, 시장점유율 등이 급격히 증가한다.
  ㉢ 성숙기: 많은 경쟁자의 등장으로 경쟁이 치열해지고 성장이 둔화된다.
  ㉣ 쇠퇴기: 시장이 과포화상태로 접어들며 시장점유율이 떨어지고, 수익이 감소하여 경쟁에서 뒤쳐지게 된다.

4 기업의 글로벌 경영전략 기출 18-2

1. 기업의 해외시장 진출단계

Franklin Root는 해외시장 진출을 진화론적 관점에서 연구하였는데, 국제화과정은 '간접수출 → 직접수출 → 라이센스 → 판매법인 → 합작투자 → 직접투자' 순으로 그 활동 규모와 해외시장의 몰입 정도가 점진적으로 확대되어 간다고 설명한다.

2. 기업의 해외시장 진출 방법

(1) 수출

가장 기본적인 해외시장 진출 방법으로 단기적인 일회성 거래의 형태이며, 리스크가 낮은 글로벌 진출 방식에 해당한다.

유형	개념	장점	단점
간접수출	• 국내외의 전문 무역업체나 해외 바이어를 통한 수출	• 전문 무역업체의 경험, 지식 활용 • 인력과 자본 부담 경감	• 경험 축적 기회 상실 • 해외시장 정보 습득 기회 제한 • 통제력 약화
직접수출	• 자체 수출부서(계열회사)를 통한 수출 • 판매대리인을 통한 수출	• 글로벌 경험 및 지식 축적 • 유리한 계약조건 성사 가능 • 통제력 강화	• 자금 및 인력 부담 • 시장 정보 수집 및 적극적 마케팅 노력 필요

(2) 계약에 의한 해외 진출

주로 현지 기업과의 계약에 의해 운영되는 해외사업으로 라이센싱, 프랜차이즈, 계약생산, 턴키 방식 등이 있다.
① 라이센싱: 라이센스 공여자가 목표시장 지역 내의 라이센스를 구매하는 기업에게 일정의 로열티를 받고 기술이나 무형자산, 인력자원 등을 이전해 주는 계약관계를 통해 시장에 진입하는 방법을 의미한다.
② 프랜차이징: 넓은 의미의 라이센스의 한 형태로 본사(Franchiser)가 상호, 상표, 기술 등의 사용권을 특정 기업 등에게 허락해 주고 가맹점(Franchisee)에 대해 조직, 마케팅 및 운영과 관련한 지원을 지속적으로 제공하는 해외진출 시스템을 의미한다.
③ 계약생산: 라이센싱과 해외 직접투자의 중간적인 성격을 지닌 계약으로, 주문자상표부착방식(OEM)이 대표적인 방식에 해당한다.
④ 턴키 방식: 해외에 시설물이나 프로젝트, 산업시스템을 수입하는 현지에서 정상적으로 가동하여 사용할 수 있도록 관련된 설비, 노동력, 기술 등을 총체적으로 수출하는 방식이다.

(3) 합작투자(Joint Venture)

2개 이상의 회사들이 공동으로 소유하는 회사를 설립하는 것을 의미한다. 파트너가 가지고 있는 경쟁환경, 문화, 언어, 비즈니스환경에 대한 지식을 얻을 수 있고 위험을 분산할 수 있는 장점이 있다.

(4) 해외 직접투자

해외 통제권의 강도가 가장 큰 형태의 해외시장 진출 방식으로 많은 자금과 인력이 투입되고, 투자를 통한 사업 성공의 리스크가 높은 형태의 글로벌 시장 진출 방식에 해당한다.

5 서비스 마케팅

1. 서비스의 개념 및 특징

(1) 서비스의 개념

판매 목적으로 제공되거나 또는 상품판매와 연계되어 제공되는 모든 활동, 편익, 만족이다.

(2) 서비스의 특징 기출 24-1, 20-2

① 무형성: 서비스를 제공받기 전에는 서비스의 형태나 가치를 파악하거나 평가하기가 어렵다는 것으로 서비스 품질 평가를 어렵게 하는 요인이다.
② 비분리성: 서비스는 생산과 소비가 동시에 일어나므로 유형 제품과 달리 누리거나 즐길 뿐 가질 수는 없다는 것이다. (생산과 소비의 동시성)
③ 소멸성: 서비스는 제공 시 즉시 사용되지 않으면 존재하지 않으므로, 재고 형태로 저장할 수 없는 성질을 가진다는 것이다.(비저장성)
④ 이질성: 서비스는 제공 주체마다 상이하고 비표준적이며 가변적이므로 표준화가 어렵다.

(3) 고객서비스의 구성요소 기출 22-2

거래 전 요소	거래 중 요소	거래 후 요소
• 서면화된 제품 정책 • 정책에 대한 고객의 이해 • 조직구조 • 시스템 유연성 • 관리자의 서비스	• 제품의 결품률 • 주문 정보 • 주문 주기의 요인들 • 물품 대체, 교환 • 주문의 편의성 • 선적 지연	• A/S, 설치, 보증, 수리, 변경 • 물품 추적 • 클레임 및 고충 처리, 반품 • 물품의 일시 대체

> **짚고 넘어가기** 진실의 순간(MOT: Moment Of Truth) 기출 19-3
>
> 리차드 노먼이 주장한 것으로 고객이 종업원 또는 특정 서비스와 처음 대면하고 서비스 품질에 대한 인식을 하는 짧은 순간을 의미한다. 진실의 순간은 고객의 서비스 품질에 대한 인식에 결정적 역할을 하므로 기업은 고객접점에 있는 서비스 요원들에게 권한을 부여하고 강화된 교육을 제공해야 한다. 또한 고객과의 상호작용에 의하여 서비스가 순발력 있게 제공될 수 있는 서비스 전달 시스템을 갖추어야 한다.

2. 서비스 품질 측정 모형 기출 23-2, 19-3, 17-3

(1) SERVQUAL 모형
서비스 품질 측정 도구로서 서비스기업이 고객의 기대와 평가를 이해하는 데 가장 일반화된 모형이다. SERVQUAL 모형에서는 서비스 품질 평가 영역을 총 5가지 차원(RATER)으로 구분하였고 각 차원별로 문항을 구성하여 고객만족도 평가 설문지를 활용하면 그 결과값이 척도화 되어 비교가 간편하다.

(2) SERVQUAL 모형의 서비스 품질 구성요소 기출 22-1
고객만족도를 결정하는 서비스 품질의 구성요소를 5가지 차원(RATER)으로 구분하였다.
① 신뢰성(Reliability): 고객에게 약속된 서비스를 정확히 수행하는 능력
② 확신성(Assurance): 보장성이라고도 하며, 서비스 직원의 지식과 예절, 신뢰성과 자신감을 전달하는 능력과 안정성을 의미
③ 유형성(Tangibles): 물리적 시설, 직원, 장비 등 외관으로 확인 가능한 유형의 설비
④ 공감성(Empathy): 고객에게 제공하는 개별적인 배려와 관심, 원활한 의사소통, 고객에 대한 이해 등으로 구성
⑤ 응답성(Responsiveness): 고객에 대한 대응성 또는 반응성으로, 신속한 서비스를 제공하는 종업원의 태세

(3) 서비스 포지셔닝 전략 기출 20-2, 18-3

서비스 용도	서비스를 제공하는 궁극적인 용도가 무엇인지를 강조하여 포지셔닝하는 방법
신뢰성 및 확신성	고객에게 제공하는 정책적인 서비스의 신뢰성 및 확신성을 토대로 포지셔닝하는 전략
서비스 등급	서비스 등급이 높기 때문에 높은 가격을 매길 수 있다는 측면을 강조
서비스 속성	차별화된 특정 서비스 속성이나 분야로 포지셔닝하는 방법
경쟁자	경쟁자의 서비스와 직접 비교해 자사의 서비스가 더 나은 점이나 특출난 점을 부각시켜 포지셔닝하는 방법으로, 동종업계 1위임을 부각시킴
서비스 이용자	비즈니스 전용 호텔 또는 백화점의 여성 전용 주차장 등 서비스 이용자를 기준으로 한 포지셔닝

3. 서비스 유통(플랫폼 비즈니스) 기출 24-1, 23-2

(1) 개념
플랫폼 비즈니스 모델은 사업자(또는 기업)가 직접 제품 혹은 서비스를 제공하는 것이 아니라 제품 또는 서비스를 제공하는 생산자 그룹과 이를 필요로 하는 사용자 그룹을 연결해 주는 형태의 비즈니스 모델을 뜻한다.

(2) 특징
① 플랫폼을 통해 사람과 사람, 사람과 사물을 연결함으로써 새로운 유형의 유통 서비스가 창출된다.
② 정보통신기술의 발달은 사람 간의 교류를 더 빠르고 효율적으로 실현시키면서 플랫폼 비즈니스 성장에 긍정적인 영향을 미친다.
③ 플랫폼 비즈니스의 구성원은 크게 플랫폼 구축자와 플랫폼 사용자로 나뉜다.
④ 플랫폼은 정보, 제품 및 서비스 등 다양한 유형의 거래를 가능하게 해주는 e-market place의 기능을 수행한다.
⑤ 플랫폼 비즈니스 사업자는 플랫폼을 제공해주는 대가를 직접적으로 취할 수 있는 비즈니스 모델이다.

CHAPTER 03 제품관리 및 머천다이징 전략

1 제품 관리의 개요 기출 22-1, 20-3, 20-2

1. 제품의 구성요소

P. Kotler(코틀러)는 제품의 개념을 다음과 같이 3차원적으로 구분하였다.

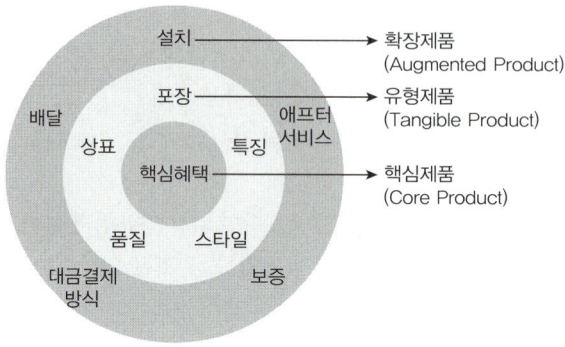

(1) **핵심제품(Core Product)**
① 가장 기초적인 차원으로 소비자들이 제품을 구매할 때 추구하는 편익이다.
② 소비자 욕구를 충족시키는 본질적 요소이다. 예를 들어 목이 마를 경우에 음료수는 갈증을 해소해 주는 핵심제품의 기능을 하게 된다.

(2) **유형(실체)제품(Tangible Product)**
① 핵심제품을 구체화한 제품으로서 가시적인 성격을 지닌 제품을 말한다.
② 물리적 원자재들의 결합, 포장, 상표명, 디자인, 스타일 등이 여기에 속한다. 예를 들어 갈증을 해소하는 음료수에는 물, 이온음료, 탄산음료와 같이 구체화된 제품을 말할 수 있다.

(3) **확장(증폭)제품(Augmented Product)**
① 유형적 제품 속성 이외의 부가적인 서비스가 포함된 제품을 의미한다.
② 운반과 설치, 보증, 대금 지불 방식, A/S 등이 이에 해당한다.

2. 제품의 분류

(1) **국제표준제품 분류 단위** 기출 18-3

Group → Department → Classification → Category → SKU(단품)

(2) **구매 목적에 따른 제품의 분류** 기출 19-3, 19-2

소비재	편의품	• 제품을 구매할 때 많은 시간이나 노력을 들이지 않고 쉽고 편리하게 구매할 수 있는 필수적인 일상용품을 말하며, 필수품, 충동품, 긴급품 등이 있다. • 제품에 대한 사전 지식에 의존하지 않고 주로 구매 시점에 제품 특성을 비교, 평가 후 즉시 구매가 이루어지며, 개방적 유통 전략을 활용하는 것이 바람직하다. • 충동품의 경우 구매 시점에서의 판촉활동 또는 POP 광고가 구매에 큰 영향을 미친다.
	선매품	• 소비자가 여러 매장을 통해 가격, 품질, 스타일 등에 대한 정보를 수집한 후에 최종 비교하여 구매하는 제품으로, 선택적 유통 전략을 활용한다. • 편의품에 비해 구매 빈도는 낮고 가격과 관여도가 대체로 높은 제품으로, 패션·의류, 가구, 가전제품 등이 해당된다.
	전문품	• 구입에 많은 시간과 노력을 투자하는 제품을 의미한다. 전문가용 카메라, 고급 의류 및 명품 등이 이에 해당한다. • 제품 차별성과 관여도가 높고 소비자가 특정 상표에 대해 강한 브랜드충성도를 보인다. • 전속적 유통 전략 구축이 바람직하다.
산업재		• 소비재와 달리 최종 소비자가 아닌 제품 생산을 위해 기업 간 직접 유통경로를 통해 수급하는 제품으로서 원재료, 반제품, 부품 등을 의미한다. • 최종소비재를 만들기 위해 소비되는 파생수요의 성격을 지닌다. • 생산자와 소비자 간의 직접 거래가 많이 이루어진다.(짧은 유통경로) • 산업재 시장의 구매자는 전문적 구매를 하며 대량수요를 한다. • 산업재 수요는 소비재 수요에 비해 비탄력적이다. • 산업재 구매자는 제품에 대한 전문지식이 높으며, 계획적·합리적 구매가 이루어진다.

2 소매업태별 상품기획

1. 제품믹스(Product Mix)

(1) **제품믹스의 개념**

① 제품믹스(제품구색)는 특정 판매업자가 판매용으로 시장에 제공하는 제품라인(제품계열)의 품목을 합한 것을 말한다.
② 제품라인(제품계열)은 서로 밀접하게 관련된 제품들의 집합을 말한다. 이들은 비슷한 기능을 수행하거나, 동일한 고객집단에게 판매되거나, 동일한 유통경로로 판매되거나, 비슷한 가격대에서 판매되므로 하나의 제품라인에 포함될 수 있다.

(2) **제품믹스의 차원** 기출 23-1, 22-2, 21-1, 20-2, 18-1

① 제품믹스의 넓이(Width): 기업이 보유한 제품라인의 수를 말한다.
② 제품믹스의 길이(Length): 각 제품라인을 구성하는 품목의 총수를 말한다.
③ 제품믹스의 깊이(Depth): 제품라인 내의 각 제품이 제공하는 품목들의 수를 말한다.
④ 제품믹스의 일관성(Consistency): 다양한 제품라인의 최종 용도, 생산요건, 유통경로 등과 얼마나 밀접하게 관련되어 있는지를 말한다.

2. 마진율과 회전율에 따른 상품기획

(1) **마진율과 회전율** 기출 20-추가, 18-2

① 마진율(Margin Rate): 판매가 대비 마진의 비율
② 회전율(Turn-Over Rate): 1년 간 재고의 고갈 및 보충이 반복되는 비율

(2) 소매업태별 상품기획

① 상품기획의 기준

최종 소비자에게 제품이나 서비스를 제공하는 점포로서 이윤을 극대화하기 위한 소매 전략을 업태별로 결정하게 된다. 특히, 업태별로 상품기획을 할 때 기준이 되는 두 가지 요소인 마진율과 회전율을 고려해야 한다.

② 마진율과 회전율에 따른 소매업태 분류

백화점 및 전문점	두 업태 모두 공통적으로 고마진율·저회전율 제품 정책을 가지고 있다. 백화점은 넓고 깊은 구색을, 전문점은 좁고 깊은 구색의 고관여 제품을 수요층에 제공한다.
편의점	고마진율·고회전율의 좁고 얕은 구색의 제품을 구성하고 있으며, 이는 제품의 구성뿐만 아니라 점포의 입지가 중요한 역할을 하게 된다.
대형할인점 (대형마트)	저마진율·고회전의 넓고 얕은 구색 위주의 생활용품을 통해 수익성을 확보하는 전략을 사용하며, 접근성이 좋고 주차가 편리한 곳에 입지하여야 한다.
문제형 점포	문제형 점포는 저마진율·저회전율이 발생하여 손실이 발생할 가능성이 높은 점포이므로, 이에 대한 마케팅전략으로서 철수 및 업태, 업종의 전환이 요구된다.

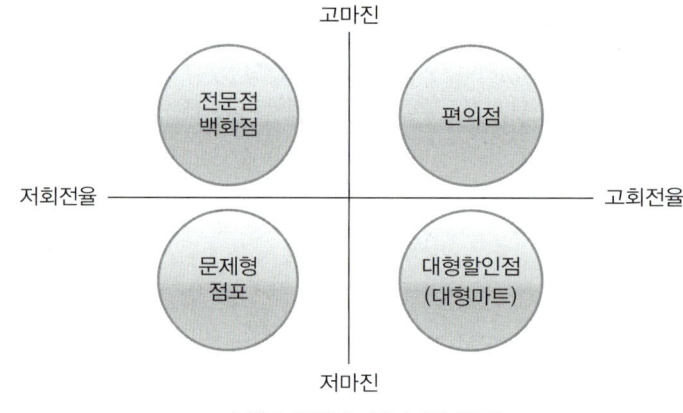

▲ 마진율과 회전율에 따른 소매업태 분류

3 머천다이징 전략(Merchandising Strategy) 빈출

1. 머천다이징의 정의 기출 23-1, 21-2, 20-2, 19-1

① 머천다이징(MD)이란 수요에 적합한 상품 또는 서비스를 알맞은 시기와 장소에서 적정가격으로 유통시키기 위한 일련의 상품화계획(상품관리)이다.

② 시장조사와 같은 과학적 방법에 의거하여 수요 내용에 적합한 상품 또는 서비스를 알맞은 시기와 장소에서 적정 가격으로 유통시키기 위한 일련의 전략이다.

2. 머천다이징 기획 및 전략

(1) 상품기획(정책)

① 완전 종합형 상품정책: 백화점처럼 종합화와 전문화를 동시에 실현하는 것
② 불완전 종합형 상품정책: 양판점, 대형마트처럼 종합화를 우선적으로 실현하는 것
③ 완전 한정형 상품정책: 전문점처럼 종합화보다는 전문화를 우선적으로 실현하는 정책
④ 불완전 한정형 상품정책: 종합화, 전문화 모두를 단념하는 정책

(2) **머천다이징 전략** 기출 24-1, 21-3, 20-추가, 19-3, 19-2, 18-1, 17-3

① 가격중심 머천다이징

적정가격으로 유통함에 있어서 저가격 전략으로 표적고객을 공략한다. 대형마트, 카테고리킬러 등에서 저가 공급에 중점을 두는 방식으로 상품계획, 구매, 재고관리에 이르기까지 집중적인 관리가 요구된다.

② 크로스 머천다이징(Cross Merchandising)

상품의 분류에 구애받지 아니하고 관련성이 있는 상품들을 한데 모아 진열함으로써 판매액을 향상시키는 방법을 의미한다.

③ 스크램블드 머천다이징(Scrambled Merchandising) 기출 21-3

소매상이 소비자 입장에서 상품 품목을 고려하여 취급 상품을 조합하여 재편성하는 것을 말한다.

예 약국에서 의약품과 위생용품을 함께 판매, 식료품점에서 가정용품을 함께 판매

④ 인스토어 머천다이징(Instore Merchandising)

소매점포가 자신의 독자적인 콘셉트를 토대로 하여 상품을 구색하고 판매하는 것을 의미한다.

⑤ 리스크 머천다이징(Risk Merchandising)

제조업체와 체결한 반품 불가라는 특정 조건에 따라 상품 전체를 구매하는 것을 의미한다.

⑥ 세그먼트 머천다이징(Segment Merchandising) 기출 24-1

동일한 고객층을 대상으로 하되, 경쟁업체와 다르게 그들 고객이 가장 원하는 제품과 서비스에 중점을 두거나 고객에게 제시되는 가격대에 대응하는 상품이나 품질을 차별화하는 방향을 전개하는 머천다이징을 말한다.

3. 소매믹스전략(retail mix strategy) 기출 22-1

소매믹스(retail mix)는 고객의 구매욕구를 만족시키고 구매의사결정에 영향을 주기 위해 소매상이 활용하는 전략으로 입지(location), 취급상품 결정, 소매가격, 커뮤니케이션(promotion, positioning), 인적자원 등이 해당한다.

4 머천다이징과 브랜드

1. 머천다이징과 브랜드

(1) **머천다이징과 브랜드의 관계**

① 기업이 성공적인 머천다이징을 통해 매출액을 향상시키기 위해서는 상품화계획의 수단으로 브랜드를 전략적으로 활용하는 것이 유용하다.

② 신제품 출시에 있어서 기존의 고객들에게 친숙하게 인지된 브랜드를 활용하는 브랜드 확장을 통해 신제품의 안정적인 시장 연착륙을 도모할 수 있다.

(2) **브랜드의 개념과 중요성**

① 의의: 브랜드란 특정 기업의 제품이나 서비스를 소비자에게 식별시키고 경쟁자들의 것과 차별화하기 위하여 사용되는 독특한 이름과 상징물(로고, 디자인)들의 결합체를 말한다.

② 브랜드는 자산 가치화할 수 있는데 이를 브랜드자산이라고 한다. 브랜드자산은 고객이 특정 상표에 대해서 이미 알고 있고 그 상표와 관련하여 긍정적이고, 강력하면서, 독특한 연상들을 기억 속에 갖고 있을 때 형성된다.

(3) **브랜드 인지도를 증대시키는 방법**

① 반복 광고: 제품에 대한 메시지를 소비자의 기억 속에 장기간 유지시킬 수 있는 효과적인 방법이다.

② POP광고의 활용: 구매시점에 자사브랜드에 대한 기억을 쉽게 떠올릴 수 있는 암시 또는 단서를 제공한다.

2. NB와 PB의 비교

일반적으로 NB(National Brand, 제조업자브랜드) 제품과 PB(Private Brand, 유통업자브랜드) 제품의 구분은 브랜드 소유권이 누구에게 있느냐에 따라 구분된다.

(1) NB 제품
① 제조업체 자신이 상표명을 소유하며, 생산된 제품의 마케팅전략을 제조업자 자신이 직접 통제하는 제품이다.
② 브랜드 가치 프리미엄 구축이 상대적으로 용이하다.

(2) PB 제품 빈출 22-3, 22-1, 21-3, 20-2, 19-3, 19-2, 18-1, 17-2, 17-1
① 유통업자가 생산업체에 제품 생산을 의뢰하고 생산된 제품에는 유통업체의 상표를 부착하는 마케팅전략으로 활용되는 제품이다. 최근 편의점, 대형마트 등에서 매출 비중이 증가하고 있는 추세에 있다.
② 유통업체에서 개발하고 관리하는 브랜드로서 NB 제품에 비해 가격이 저렴한 장점이 있으나, 제품의 품질과 브랜드 인지도 등에 있어 고객신뢰도가 낮다는 단점이 존재한다.
③ 강력한 유통업체 PB의 장점
　㉠ 점포의 충성도를 증가시킬 수 있다.
　㉡ 고객의 유인효과가 있다.
　㉢ 제조업체 브랜드보다 통제력이 높다.
　㉣ 총마진을 증대시킬 수 있다.

3. 브랜드 개발 전략 기출 18-3, 17-1

기업은 브랜드 개발과 관련하여 다음과 같이 4가지 대안을 고려할 수 있다.

	기존 제품	신규 제품
기존 브랜드명	라인확장	브랜드 확장
신규 브랜드명	복수 브랜드	신규 브랜드

▲ 브랜드 개발 전략

① 라인확장: 제품 범주 내에서 새로운 디자인, 품질의 신제품에 대하여 기존 브랜드명을 함께 사용하는 전략
② 복수 브랜드: 동일 제품 범주에서 여러 개의 브랜드 제품을 도입하는 전략
③ 신규 브랜드: 새로운 제품 범주로 진출하려고 할 때, 새로운 브랜드를 개발하는 전략
④ 브랜드 확장 기출 24-2
　㉠ 개념: 높은 브랜드 가치를 갖는 특정 브랜드를 새로운 제품 범주의 신제품으로 확장하는 것으로, 신제품에 대한 소비자의 심리적 리스크를 줄이고 소비자 인지도를 높이려는 전략
　㉡ 브랜드 확장의 장·단점
　　ⓐ 장점: 신제품에 대한 소비자의 지각된 위험을 줄여줌으로 인한 긍정적 분위기 유도, 신규 브랜드 출시에 따른 초기 마케팅 비용의 절감, 동일 포장을 통한 원가절감을 이룰 수 있다. 신제품이 호의적인 평가를 받게 되면 기존 브랜드명의 제품 이미지를 강화시킬 수도 있다.
　　ⓑ 단점: 브랜드 확장으로 소비자의 혼란이 가중된다는 점을 들 수 있고, 확장된 브랜드의 성공이 오히려 모(母)브랜드의 정체성을 희석시켜 자기잠식현상이 초래될 수 있다.

> **보충학습**
> **자기잠식현상**: 기업의 신제품이 해당 기업의 기존 제품의 점유율을 빼앗아오는 현상

4. 브랜드 자산(Brand Equity) 기출 22-3

① 브랜드 자산: 브랜드의 이름 및 상징과 관련하여 형성된 자산총액에서 부채를 뺀 것이다. 브랜드를 부착한 경우 그렇지 않은 경우에 비해 기업과 고객에게 제품의 가치를 증가시킬 때 브랜드자산 가치가 있다고 할 수 있다.

② 브랜드 인지도(Brand Awareness)
　㉠ 의의: 소비자가 한 제품 범주에 속한 특정 브랜드를 재인(Recognition)하거나 회상(Recall)할 수 있는 능력을 의미한다.
　㉡ 브랜드 재인과 회상: 브랜드 재인은 특정 카테고리에서 여러 브랜드를 제시하고 이에 대한 인지 여부의 조사를 통해 측정되고, 브랜드 회상은 특정 브랜드를 기억 속에서 추출할 수 있는 능력으로 가장 먼저 떠오른 브랜드 순위에 따라 측정할 수 있다.

5 상품카테고리 관리 기출 18-1, 17-3

1. 상품관리의 의의
상품관리는 적절한 시간, 적절한 장소에 고객들이 원하는 적절한 상품을 그에 대한 수요에 맞게 제공하여 기업의 목표를 달성하기 위해 이루어진다.

2. 카테고리관리

(1) 카테고리관리의 의의
　① 카테고리(상품군): 고객들이 서로 대체할 수 있다고 생각하는 품목들을 모아 놓은 것
　② 카테고리관리
　　㉠ 유통업체들과 거래 파트너 공급업체들이 함께 모여 소비자 중심의 카테고리계획을 창출하고 관리하는 쌍방향 비즈니스 프로세스를 의미한다.
　　㉡ 유통업체와 공급업체 간 분리되어 있는 머천다이징과 재고관리 등의 기능을 모두 통합하는 것을 뜻한다.
　　㉢ 목적: 특정 브랜드나 특정 제품이 아닌, 전체 상품 카테고리의 판매와 이익을 극대화하기 위한 관리로, 특정 카테고리관리의 성패는 매입 담당자에게 달려있다.
　③ 카테고리캡틴(Category Captain) 기출 22-1
　　리테일러가 특정 카테고리 내에서 선호하는 특정 공급업체를 의미한다. 이들을 통하여 소매점은 구매 협상의 노력이 절감되고, 고객에 대한 이해 증대로 해당 카테고리 전반의 수익이 증진된다.

> **보충학습**
> 리테일러(Retailer): 최종 소비자에게 상품이나 서비스를 제공하는 소매상인

(2) 카테고리 수명주기
　① 일시성 상품: 카테고리의 수명주기가 한 시즌에 그침
　② 유행성 상품: 수요 예측이 어렵고, 과거 판매자료 중 활용 가능한 자료가 제한적
　③ 지속성 상품
　　㉠ 지속성 상품은 장기에 걸쳐서 판매가 이루어지는 표준화, 규격화된 재화와 서비스를 의미
　　㉡ 회전율이 높은 대형마트나 할인점 등에 적용이 용이하나, 계절성 상품 또는 유행성 상품과 같이 수요 예측이 어려운 품목에는 적용 불가

④ 계절성 상품: 특정 계절에 수요가 집중되는 상품으로 A급에 해당하므로 정기적 재고 보충이 중요

6 상품매입과 구매계획

1. 상품매입의 원칙(7R)

① Right Quality(적정한 품질)
② Right Quantity(적정한 수량)
③ Right Commodity(적정한 제품)
④ Right Time(적정한 납기)
⑤ Right Place(적정한 구매처, 적정한 거래처)
⑥ Right Price(적정한 가격)
⑦ Right Impression(적정한 인상)

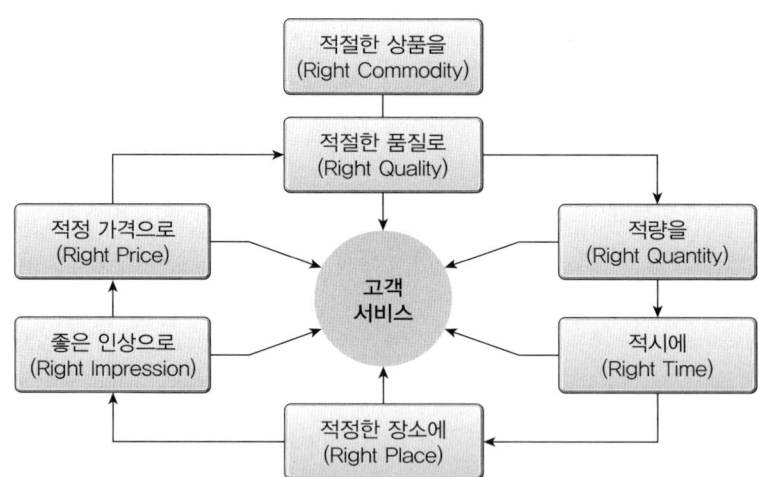

2. 재고자산 매입가능단위(Open-to-Buy)

① 개념: 기업이 상품의 정확한 매입계획을 수립하기 위하여 매입자가 상품매입이 이루어지는 동안의 상품 흐름을 추적하는 시스템을 말한다.
② 매입가능단위 구하는 방법

> 매입가능단위 = 계획된 월말 재고 - 조정된 월말 재고

3. 매입 방법

(1) 일반적인 매입 방법 `기출` 19-3

① 위탁매입: 공급업자가 소매점에 반품 허용조건으로 매장에 상품을 진열, 전시하고 소비자에게 판매된 부분에 대해서만 소매점에서 매입하는 것으로, 상품의 소유권은 공급자에게 있는 계약 방식

② 당용매입: 매입 당시에 필요한 양만을 구매하는 것으로 상품의 회전이 빠르고, 재고로 인한 손실 부담이 적은 방법

③ 약정매입: 소매업자가 납품받은 상품에 대한 소유권을 보유하되 일정 기간 동안에 팔리지 않은 상품은 다시 공급업자에게 반품하거나 매매 후 대금을 지급하는 권리를 보유하는 조건으로 구매하는 방식

④ 인정매입: 소매점에서 구매 결정을 하기 전에 공급자가 미리 상품을 배송하여도 소매점이 이를 인정하는 경우 실질적인 매입이 성립하는 형태의 구매 방법

⑤ 특약매입: 백화점 등 대규모 유통업체가 매입한 상품 중 미판매 상품을 반품조건으로 납품업자로부터 외상으로 매입하고 판매 후 일정률의 수수료를 공제한 후 상품판매 대금을 납품업자에게 지급하는 방식

(2) 집중구매와 분산구매 전략을 통한 매입 방법

① 집중구매 전략
  ㉠ 의의: 소매 유통업체가 상품을 구매함에 있어서 하나 또는 소수의 공급업체(Vendor)로부터 집중적인 구매가 이루어지는 것을 말한다.
  ㉡ 장점: 규모의 경제 실현으로, 원가를 절감하여 가격을 낮출 수 있고 주문비용을 절감할 수 있으며 안정적인 공급량 조달 및 품질관리 측면에서 장점이 있는 방식이다.
  ㉢ 단점: 소수의 공급업체와 거래가 이루어짐에 따라 공급 노선의 전환이 어렵고 특수가 발생하는 경우 이에 대한 대처가 어렵다는 단점이 있다.

② 분산구매 전략
  ㉠ 의의: 유통업체가 가능한 한 다수의 공급업체와 거래를 진행함으로써 구매위험을 분산시키는 전략이다.
  ㉡ 장점: 상품의 다양성을 증가시킬 수 있다는 점과 특정 시기에 특수가 발생하는 경우에 다수의 업체로 하여금 구매가 이루어지므로 판매 기회가 상실됨에 따른 기회비용이 감소한다는 장점이 있다.
  ㉢ 단점: 목표시장 변경에 따른 유연성은 증가하나 다수의 업체를 관리하기 어려워 품질관리 측면에는 단점이 있다.

7 상품수명주기 이론 `빈출` 23-2, 21-3, 21-2, 20-추가, 20-2, 19-2

1. 상품수명주기 이론의 의의
상품수명주기란 하나의 제품이 시장에 나온 뒤 성장과 성숙 과정을 거쳐 결국은 쇠퇴하여 시장에서 사라지는 과정이다. 일반적으로 도입기, 성장기, 성숙기, 쇠퇴기의 4단계로 이루어진다.

2. 각 단계별 특징

(1) 도입기(Introduction)

① 제품이 시장에 소개되어 소비자들이 처음 접하는 시기로, 수요가 적어 모든 마케팅활동의 목표는 제품에 대한 인지도를 높이는 데 있다.

② 도입 초기의 막대한 R&D비용, 유통경로 구축비용, 촉진비용 등으로 기업은 적자를 나타내는 것이 보통이다. 수요계층은 신제품 구매에 따르는 위험 부담을 꺼리지 않는 혁신층(Innovator)이 중심을 이룬다.

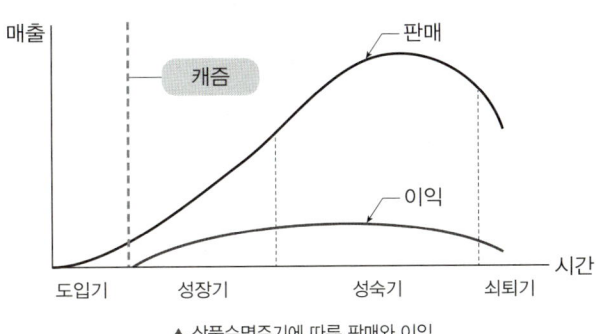

▲ 상품수명주기에 따른 판매와 이익

③ 소비자들의 욕구가 미약하므로 시장세분화의 필요성이 적어 무차별 전략이 활용된다.

> **짚고 넘어가기 캐즘 현상(Chasm)**
> 개발된 신제품이 시장 진입 초기부터 대중화되기 전까지 주류 소비자층에게 선택받지 못해 일시적으로 수요가 정체되는 현상을 뜻한다.

(2) 성장기(Growth)
① 급속한 제품수요의 증가와 매출액 증대 등으로 시장 성장이 가속화되지만 이에 따라 경쟁자들의 등장으로 경쟁이 치열해진다.
② 소비자의 대부분은 조기 수용자층으로 구성되며 그들에 대한 촉진과 구전효과에 의해 신제품에 대한 정보를 얻어서 새로운 구매계층이 형성되는 시기이다.
③ 마케팅 목표는 시장점유율 확대에 있으며 치열한 경쟁에 있어 자사제품이 경쟁적 우위를 확보할 수 있는 세분시장을 찾아야 한다.
④ 경쟁이 치열해짐에 따라 기업은 일반적으로 A/S 제공을 강화하고, 빠른 시장점유율 확대를 위해서 시장침투가격을 사용한다.
⑤ 이전 단계보다 더욱 다양한 제품을 공급하고, 설득 위주의 촉진전략을 구사한다.

(3) 성숙기(Maturity)
① 판매량이 급속하게 증가하다가 정체를 보이는 단계로서 시장성장률이 둔화된다.
② 소비자는 후기 다수층이 대부분이며 경쟁자들은 감소한다.
③ 시장 전체의 매출액이 가장 높은 단계이며, 오랫동안 이익을 향유할 수 있다. 제품판매성장률은 점차 감소하고 어느 시점에 이르면 수요는 정체 및 감소하게 된다.
④ 성숙기에서 중요한 전략은 지속적인 시장세분화를 통해 고객을 점유하고, 시장점유율을 확대하려 하기보다는 이윤을 극대화시켜서 쇠퇴기를 대비하는 것이다.

(4) 쇠퇴기(Decline)
① 새로운 기술 개발로 기존 제품에 대한 소비자의 욕구가 변하고 매출액이 감소하는 단계로, 소비자의 대부분은 최후 수용층이다.
② 쇠퇴기에는 경쟁기업들의 철수로 잔류기업이 시장에서 독점적인 지위를 차지할 수 있고, 쇠퇴기의 진행 속도를 늦출 수 있다면 전략에 따라 많은 이익을 창출할 수도 있다.
③ 마케팅 목표는 비용절감과 투자비 회수 또는 리마케팅(Remarketing)을 통한 후기 이익 창출에 있으며 촉진은 충성 고객을 유지하기 위한 최소한의 수준으로 감소시킨다.

구분	도입기	성장기	성숙기	쇠퇴기
마케팅목표 및 전략	제품의 인지를 위한 무차별 마케팅	시장점유율 극대화, 소비자의 구전이 중요	시장점유율 유지 및 이윤극대화	철수를 위한 회수 및 리마케팅
매출액	낮음	급성장	최대매출액	감소
비용	높음	증가	낮음	낮음
이익	적자 또는 극소	증가	최대	감소
고객층	초기 혁신층	조기 수용층	일반 다수층	최후 수용층
제품(Product)	핵심제품 (기본사양)	제품 다양성 확대	제품의 다양화 및 브랜드 강화	취약 품목의 포기
가격	원가기준가격	시장침투가격	경쟁자 기준가격	가격 인하
유통	선택적 유통	집중적 유통	집중적 유통	저수익성 경로의 조정 및 폐쇄
촉진(Promotion)	초기 사용 유도를 위한 강력한 촉진	설득을 통해 다양한 소비자들에게 인지도 강화	브랜드 차별화 강조 및 상표 전환 유도	최소한의 촉진 또는 리마케팅 촉진

▲ 상품수명주기 단계별 마케팅전략

8 단품관리전략(재고관리시스템)

1. 단품관리전략

(1) 단품(SKU: Stock Keeping Unit)의 개념 〔기출〕 19-1

① 의의: 단품은 상품의 최소 관리 단위이며, 고객이 구입하게 되는 단위 또는 묶음으로서 상품 주문의 최소단위이다. 예를 들어 편의점 음료 코너의 콜라, 사이다 등을 단품이라고 한다.

② 단품관리는 적정한 발주를 하고 발주한 상품이 적시, 적량, 적소에 지체 없이 입점, 진열, 판매될 수 있도록 관리하는 일련의 활동을 의미한다.

(2) 단품관리의 기대효과 〔기출〕 21-3, 19-2

① 매장 효율성 향상: 상품 하나하나가 관리되므로 인기상품이나 재고비용이 발생하는 비인기 상품들을 자연스럽게 구분하여 제거해 나갈 수 있다.

② 품절(결품) 방지: 상품이 팔리는 것에 따라 매대 할당이 이루어지므로 자연적으로 품절로 인한 손실 방지가 가능하다.

③ 매장면적관리에 따른 생산성 증가: 품목별로 진열 면적이 어느 정도인지 계산이 가능해짐에 따라 부문별 진열 면적 할당이 가능해지고, 면적관리에 따른 매장 활용도와 생산성이 향상된다.

④ 책임 소재의 명확성: 개별 단품관리가 가능해짐에 따라 단품별 매출액 기여도 증감에 따른 책임 소재가 명확해진다.

> **짚고 넘어가기** **단품관리이론(욕조마개이론)** 〔기출〕 21-1
>
> 욕조마개는 욕조의 물이 빠지지 않고 욕조 안의 물을 수평적으로 유지시키는 역할을 한다. 여기에 착안하여, 품목별 진열량을 판매량에 비례하게 하면 상품의 회전율이 일정하게 되어 품목별 재고의 수평적인 감소가 같아지는 원리를 욕조마개이론이라 한다. 즉, 품목별 진열량을 판매량에 비례하게 하면 상품의 회전율이 일정화되어 품목별 재고의 수평적인 감소가 같아진다는 이론이다.

2. 제품라인의 길이 확대 전략

(1) 라인길이의 확장

기업은 라인확장 전략과 라인충원 전략 등 2가지 방법으로 제품라인의 길이를 확대할 수 있다.

(2) 라인확장 전략의 유형

① 상향확장: 고급품 시장의 성장률이 높거나 고급품의 마진이 높아서 회사가 현재의 품목보다 더 높은 품질과 가격의 품목을 제품계열에 추가하는 것을 말한다.

② 하향확장: 고급품만을 생산하던 회사가 현재의 품목보다 낮은 품질과 가격의 품목을 제품계열에 추가하는 것을 말한다.

③ 쌍방확장: 회사가 현재의 제품계열 시장을 고급품시장과 저가품시장의 양면으로 연장하는 것을 말한다.

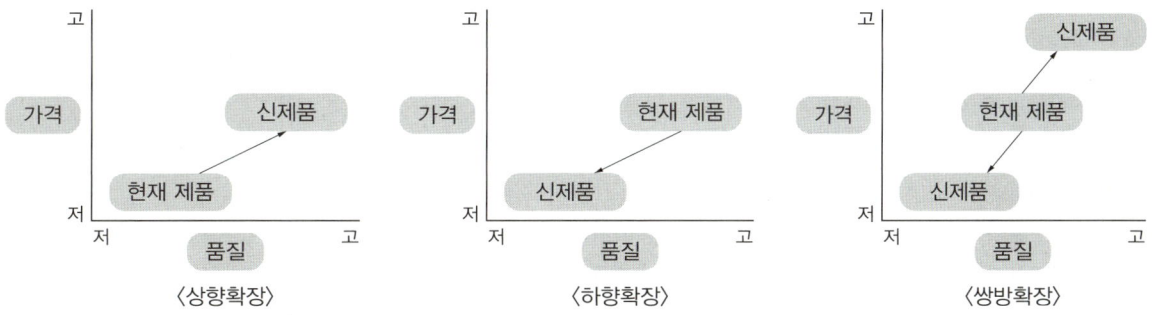

(3) 라인충원 전략 `기출` 24-2
① 라인확장전략 이외에 라인을 늘리기 위해 고려할 수 있는 대안이 라인충원 전략이다. 이는 현재의 취급 품목 범위 안에서 새로운 품목을 추가하는 것이다.
② 라인충원 전략은 과잉생산능력을 활용하여 추가 이익을 얻거나, 완전제품라인을 갖춘 시장 선도자가 되거나, 경쟁사의 진입을 봉쇄하기 위해 도입된다.
③ 라인충원 전략은 품목 간 자기잠식현상을 가져올 수 있고, 고객에게 혼란을 줄 수 있다.

(4) 신제품의 개발절차

> 신제품 마케팅전략 수립 → 아이디어 창출 → 아이디어 평가 → 제품개념 개발 → 사업성 분석 → 제품 개발 → 시험 마케팅 → 상업화(신제품 출시)

3. 단품관리: 로스(loss)의 발생원인
① 상품 로스가 발생하는 원인: 상품 운영상의 문제, 로스 관리상의 문제, 시설·장비의 문제 등으로 분류할 수 있음
② 상품 운영상의 문제: 매입 및 반품에 대한 오류
③ 로스 관리상의 문제: 로스 다빈도 상품에 대한 방지대책 미흡
④ 장비 및 시설문제: 노화된 창고로 인한 상품의 감모손실
⑤ 인간에 따른 문제: 고객 및 직원으로부터 발생하는 도난 사고

CHAPTER 04 가격관리전략

1 가격의 특징 및 가격결정 방법

1. 가격의 특징
가격(Price)은 마케팅믹스 4P 중에서 유일하게 기업의 이익과 직접적 관련이 있는 요인이다. 가장 통제가 어려운 요소인 유통(Place)과는 반대로, 탄력적으로 전략을 펼칠 수 있다는 특징이 있다.

2. 가격결정 방법 `기출` 22-3, 20-추가, 19-3

(1) 소비자기준 가격결정 `기출` 19-2
① 지각가치 가격결정: 소비자의 지각된 가치에 중점을 두고 제품의 가격을 책정하는 방식이다. 지각가치 가격결정에는 우수한 가치에 상응하는 가격결정과 부가가치 가격결정 방법이 있다.
  ㉠ 우수한 가치에 상응하는 가격결정: 제품의 우수한 품질과 서비스를 잘 결합하여 적정가격을 결정하는 것으로, High-Low Price가 대표적인 가격이다.
  ㉡ 부가가치 가격결정: 제품의 부가적인 특성과 서비스 등을 추가하여 제품을 차별화시켜 경쟁자보다 더 높은 가격으로 결정하는 것이다. 이때 부가가치가 높은 가격을 정당화한다. 스키밍가격이 이에 해당한다.
② 가격차별화: 기업이 수요의 가격탄력성을 이용하여 동일 상품에 대하여 다른 가격을 설정하는 것을 의미한다. 가격탄력도에 따라서 서로 다른 세분시장에 상이한 가격을 책정하여 이익을 극대화하는 방법이다.

> **짚고 넘어가기** 가격차별화의 전제조건
> - 시장 간의 분리가 가능해야 함
> - 각 세분시장의 가격탄력도는 상이함
> - 기업이 수요에 대한 독점력을 가지고 있어야 함
> - 각 세분시장 간에는 재판매가 불가능해야 함

(2) 원가기준 가격결정 `기출` 22-2, 20-3

① 손익분기점(BEP: Break-Even Point) 기준 가격결정
  ㉠ 손익분기점을 계산하여 이를 넘어서는 수준으로 가격을 결정하는 것이다.
  ㉡ 손익분기점을 파악하기 위해서는 비용 및 매출액 수준과 이익 사이의 관계를 분석해야 한다.

② 원가가산 가격결정 `기출` 23-1, 20-2, 17-1
  총비용에 사전에 결정된 목표 이익을 가산함으로써 가격을 결정하는 것이다. 먼저 총생산량을 추정한 후 고정비용과 변동비용을 산출하여, 여기에 목표 이익을 합산한 다음 이 값을 총생산량으로 나누어 가격을 결정한다.

  - 단위당 원가 = $\dfrac{\text{총고정비}+\text{총변동비}}{\text{예상 생산량}}$
  - 적정가격 = $\dfrac{\text{단위당 원가}}{1-\text{마진율}} = \dfrac{\text{단위당 고정비}+\text{단위당 변동비}}{1-\text{마진율}}$

  [예제] A사는 반도체 메모리칩을 1,000개 생산하고 있으며, 다음 자료를 통해 적정가격을 산정하고자 한다. A사의 총고정비는 1,000,000원이고, 단위당 변동비는 2,000원, 기업의 마진율은 25%이다. 단위당 원가와 적정가격은 얼마인가?

  [정답]
  - 단위당 원가 = $\dfrac{1{,}000{,}000\text{원}+2{,}000\text{원}\times1{,}000\text{개}}{1{,}000\text{개}} = 3{,}000\text{원}$
  - 적정가격 = $\dfrac{1{,}000\text{원}+2{,}000\text{원}}{1-0.25} = 4{,}000\text{원}$

③ 목표이익률가산 가격결정
  기업이 목표로 하는 수익률을 달성할 수 있도록 가격을 결정하는 것이다.

  $$\text{가격} = \dfrac{\text{투자비용}\times\text{목표 이익률(\%)}}{\text{예상 생산량}} + \text{단위비용}$$

④ 마크업(mark-up)방식
  사전에 확정된 원가에 마진[마크업(mark-up) = $\dfrac{\text{가격}-\text{원가}}{\text{가격}}$]을 가산하는 원가기준 가격결정방식이다.

(3) 경쟁자기준 가격결정
원가와 상관없이 경쟁자의 경쟁 강도에 따라 가격을 결정하는 것으로 입찰가격, 모방가격결정 등이 있다.

2 가격정책

1. 신제품 가격정책 `기출` 24-2, 19-3, 19-1, 18-3, 18-2

(1) 시장침투 가격(Penetration Price)전략
① 의의: 도입기에 매출 및 시장점유율 극대화를 위해서 신제품의 가격을 낮게 책정하여 신속히 시장에 침투하고자 하는 저가격전략이다.
② 적용 가능 상황
  ㉠ 소비자들이 가격 민감도가 높을 때
  ㉡ 저가격으로 빠른 시장점유를 실현할 수 있을 때
  ㉢ 저가격전략이 경쟁사들의 시장 진입을 방지할 수 있을 때
  ㉣ 생산량이 축적될수록 제조원가와 유통비용이 빠르게 하락할 때

(2) **초기 고가격(Skimming Price)전략**
① 의의: 신제품 도입기에는 상대적으로 고가격을 책정하고 시간이 지남에 따라 가격을 내리는 가격전략이다.
② 적용 가능 상황
㉠ 독점력에 의해 당분간 경쟁사의 시장 진입이 어려울 때
㉡ 제품가격이 비싸면 제품 품질도 높을 것으로 소비자가 생각할 때
㉢ 고가격에도 상당수의 혁신 소비층(Innovator)이 그 제품을 구매하고자 할 때
㉣ 초기 고가격이 소량생산으로 인한 단위당 높은 생산비용을 상쇄할 수 있을 때

2. 기존 제품 가격정책 빈출 23-2, 20-3, 20-추가, 19-2, 19-1, 18-1

(1) **항시 저가전략(EDLP; Every Day Low Price)**
① 의의: 연중 상시 저가로 판매하는 전략으로 규모의 경제, 전략적인 물류비의 감소 및 상품의 빠른 회전율을 통해서 사용이 가능한 가격전략이다.
② 특징
㉠ 경쟁자들과의 지나친 가격경쟁에서 다소 자유로울 수 있다.
㉡ 가격 변동이 적고 예측 가능성이 있어 카탈로그의 변경이 적게 들고 이로 인해 촉진비용이 감소한다.
㉢ 안정적인 수요 예측으로 평균 재고가 감소하고 회전율이 향상되어 이익이 커진다.
㉣ 광고비용이 감소되고 회전율이 높아 이익이 증가한다.

(2) **고저가격전략(High-Low Price)**
① 의의: 촉진용 상품 대량 구매 후 일부는 가격 인하용으로 판매해 저가격 이미지를 구축하고, 나머지는 정상가격으로 판매해 높은 이윤을 달성하고자 하는 가격전략이다. 백화점 등에서 활용한다.
② 특징
㉠ 동일한 상품으로 다양한 특성의 고객층에게 소구(Appeal)할 수 있다.
㉡ 기대하지 않았던 가격 인하는 고객을 유인하는 요인이 된다.
㉢ 초기의 고가격은 고객들에게 고품질과 서비스를 전달할 수 있다.
㉣ 고가격 및 저가격 제품 각각의 판매촉진을 위한 촉진비용 및 재고관리비용이 커진다.

3. 재판매가격 유지정책 기출 21-1
재판매가격 유지 행위는 생산자가 소매상이 판매하는 소매가격을 강제적으로 통제하는 행위로, 소매상이 가격을 결정하는 Open Price와 상반되는 가격제도에 해당한다.

4. 심리적 요인 기반 가격정책 빈출 23-2, 22-2, 21-2, 21-1, 20-2, 20-추가, 17-3, 17-1

(1) **심리가격전략** 기출 24-2, 24-1, 22-2
① 의의: 고객의 지각을 반영하여 제품의 가격을 결정하는 전략이다.
② 전략의 종류
㉠ 단수가격전략: 화폐 단위 이하로 가격을 책정함으로써 고객이 인식하는 가격이 상대적으로 저렴하다고 느끼게 하는 전략이다. 예 10,000원보다는 9,900원으로 표기
㉡ 관습가격전략: 비용 상승에도 불구하고 오랜 기간 동안 소비자들이 습관적으로 일정 금액을 지불해 왔기 때문에 기업들이 그에 따라 가격을 책정하는 전략이다.

> **짚고 넘어가기** 가격결정 시 고려요인
> - 유보가격: 구매자가 어떤 상품에 대하여 지불할 용의가 있는 최고가격을 의미
> - 준거가격: 구매자가 가격이 저가인지 고가인지를 판단하는 데 기준으로 삼는 가격
> - 최저수용가격: 구매자들이 품질을 의심하지 않고 구매할 수 있는 최저가격
> - 손실혐오: 구매자들이 가격인하보다 가격인상에 더 민감하게 반응하는 현상

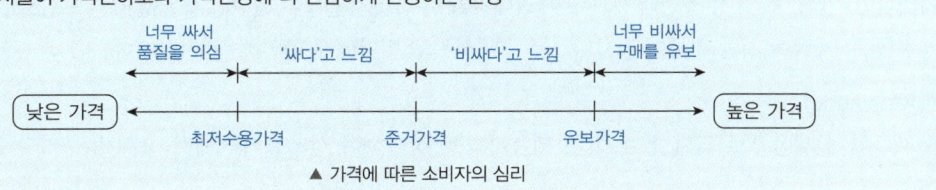

▲ 가격에 따른 소비자의 심리

(2) **로스리더 가격**(Loss-Leader Pricing, 손실유도가격결정) 기출 21-1, 20-추가, 20-2

로스리더는 일반 판매가보다 훨씬 저렴한 가격으로 판매하여 고객들을 매장 안으로 유도하고 그 고객들에게 다른 상품을 판매하여 이득을 얻으려는 상품을 말한다. 일반적으로 미끼상품, 특매상품, 유인상품 등을 활용하는 소매가격전략을 의미한다.

> **짚고 넘어가기** 선도가격전략
> 상품흐름이나 판매를 증진시키기 위해 정상가보다 낮은 가격으로 결정하는 전략을 말하며, 로스리더와 로우리더 가격전략이 있다.

(3) **베버의 법칙**(Weber's Law)에 따른 가격설정

가격 변화의 지각은 가격 수준에 따라 달라진다는 법칙으로, 낮은 가격의 상품은 가격을 조금만 올려도 인상을 금방 파악하지만 높은 가격의 경우 어느 정도 가격을 올려도 알아채지 못하는 현상을 뜻한다.

$$k = \frac{S_2 - S_1}{S_1} \text{ (k: 주관적으로 느끼는 가격 변화의 크기, S_1: 원래 가격, S_2: 변화된 가격)}$$

(4) **명성가격**(Prestige Pricing)정책

고가의 제품은 고품질을 지닐 것이라는 소비자 인식을 이용하는 고가격전략으로 가격·품질연상효과를 이용한 전략에 해당한다.

5. 제품결합 가격전략

(1) **2부제 가격**(Two-Part Pricing, 이분가격)전략

서비스기업들의 경우 서비스의 제공 가격을 기본요금과 추가 사용료로 분리한다. 이를 2부제 가격전략이라고 한다.

(2) **가격계열화**(Price Line Pricing)전략 기출 22-3

가격계열화는 한 제품에 대하여 품질이나 디자인을 조금씩 달리하는 제품계열에 대하여 가격대를 설정하는 전략이다.

(3) **종속제품 가격**(Captive Product Pricing)전략(= 포획가격전략) 기출 22-1, 20-2

종속제품 가격결정 방식은 본체와 함께 사용해야 하는 보완재의 가격을 책정하는 가격전략이다. 최근에는 제품시장이 성숙단계로 진입함에 따라 주제품을 저렴하게 판매하고, 반복 구매하는 종속제품을 비싸게 판매한다.

예 면도기와 면도날, 토너와 프린터 등

(4) **묶음제품 가격전략** 기출 21-2, 18-3

기본적인 제품과 선택사양, 서비스 등 보완관계에 있는 제품들을 묶어서 하나의 가격으로 판매하는 전략을 말한다.

예 여행패키지 상품, 인터넷과 TV, 휴대전화 요금 가족할인 상품 등

6. 가격조정전략

(1) 할인(Discount) 기출 21-1, 19-2
① 현금할인: 유동성 확보를 위해서 대금을 외상이나 어음이 아닌 현금으로 지불하는 경우 가격을 깎아주는 제도를 말한다.
② 수량할인: 대량으로 구매하는 소비자에게 가격을 할인해 주는 것이다.
③ 거래할인: 판매, 보관, 장부 정리 등과 같이 판매자가 할 일을 중간상이 대신 수행함에 따른 보상으로 할인해 주는 것이다.
④ 계절할인: 계절이 지난 제품이나 서비스를 구매하는 소비자에게 할인해 주는 것이다.

(2) 공제(Allowance)
기존 제품을 신제품으로 교환할 때 기존 제품가격을 정산하여 신제품가격에서 공제해 주거나 보상해 주는 것을 의미한다.

7. 변동가격(Dynamic Pricing)
① 동일한 제품 및 서비스에 대한 가격을 시장 상황에 따라 탄력적으로 변화시키는 가격 전략으로 '가격차별화'와 관련성이 있는 가격전략이다.
② 이는 기업들이 이익극대화를 위해 사용해온 가격책정 방식으로 일반적으로 e-커머스 시장에서 활발히 활용되고 있다.
③ 최근 디지털화, 클라우드, 빅데이터 분석, 인공지능 등 ICT 기술발달로 인해 단순 가격차별화를 넘어 개별소비자의 상황과 취향을 고려한 최적화된 개인화 가격(Personalized Pricing)도 가능케 하고 있다.

CHAPTER 05 판매촉진전략

1 판매촉진전략의 개요

1. 판매촉진(Promotion, 프로모션)의 개념
판매촉진이란 제품에 대한 정보를 고객에게 전달하고 구매하도록 설득한 후, 구매를 유도하는 인센티브를 제공하여 판매를 촉진하는 마케팅활동을 뜻한다. 판매촉진전략 수단에는 광고, PR, 판매촉진, 인적판매 등이 있다.

2. 프로모션 방법 간 비교 기출 24-1, 21-2, 20-3, 19-1, 18-2

구분	비용	장점	단점
광고	보통	신속한 메시지 전달, 도달범위 넓고, 효과가 지속적	광고효과 측정이 곤란, 정보의 양이 제한
PR(홍보)	무료	신뢰성이 높음, 비용적인 부담 없음	통제가 어려움, 효과가 간접적
판매촉진	비교적 고가	즉각적 매출 효과, 충동구매 유발 가능	효과의 지속성 짧음, 장기적으로 부정적 효과
인적판매	고가	고객 대면으로 피드백 높음, 탄력적인 대응 가능, 정보수집 용이	높은 비용 부담, 촉진의 속도가 다소 느림

2 촉진전략의 종류

1. 광고(Advertisement)

(1) **광고매체 선정 기준** 기출 24-1, 23-1, 20-3, 18-2

광고매체를 선정할 때에는 광고의 도달범위(Reach)가 넓고 노출빈도(Frequency)가 많은 매체를 선정하는 것이 유리하다. 이때 이월효과도 고려하며 노출빈도를 정해야 한다.

① 도달범위(도달률): 광고의 효과와 관련된 개념으로 잠재고객 가운데 적어도 1회 이상 광고에 접촉한 세대나 개인의 비율

　　예) 고객 100명 중 50명이 자사 광고를 접했다면 도달률은 50%

② 노출빈도(접촉빈도): 소비자에게 특정 제품의 광고에 대해서 반응을 유발하기 위해 필요한 광고의 접촉빈도

③ 총접촉률(GRP)＝도달률×노출빈도

④ 이월효과: 광고의 노출빈도가 일정 수준을 넘어서면 광고효과가 떨어지게 되는 현상

> **짚고 넘어가기** **노출빈도와 총접촉률(GRP)의 계산**
>
> 광고가 100명의 고객 중 50명에게는 1번 노출되었고, 30명에게는 2번, 20명에게 3번 노출되었다면
> - 노출빈도: $\dfrac{50 \times 1 + 30 \times 2 + 20 \times 3}{100} = 1.7$
> - 총접촉률: $\dfrac{50}{100} \times 1.7 = 0.85 = 85\%$

(2) **광고의 장·단점** 기출 21-3

장점	• 다수의 대중을 상대로 신속하게 접근이 가능하다. • 다른 매체와 비교해 고객 1인당 비용도 저렴한 편에 속한다. • 접촉 범위가 넓고 광고효과의 지속성이 높다.
단점	• 광고효과의 측정이 곤란하다. • 제공하는 정보의 양이 제한적이다. • 광고의 신뢰성이 낮다.

(3) **광고의 원칙** 기출 19-1

① 광고의 기본원칙(AIDA)

　　A(Attention, 주의)-I(Interesting, 흥미)-D(Desire, 욕구)-A(Action, 행동)

② 광고의 원칙(AIDMA)

　　A(Attention, 주의)-I(Interesting, 흥미)-D(Desire, 욕구)-M(Memory, 기억)-A(Action, 행동)

> **짚고 넘어가기** **점포진열(디스플레이)의 원칙(AIDCA)**
>
> A(Attention, 주의)-I(Interesting, 흥미)-D(Desire, 욕구)-C(Conviction, 확신)-A(Action, 행동)

(4) **광고 관련 용어** 기출 21-3

① **티저 광고(Teaser)**: 소비자의 궁금증을 유발하기 위하여 광고의 내용을 서서히 밝히거나 일정 시점에서 단번에 베일을 벗기는 형식의 시리즈형 광고를 말한다.

② **PPL 광고(Product Placement)**: 영화나 TV방송에 자사제품이나 제작비를 협찬해 주고 기업의 제품이나 브랜드 로고를 노출시키는 것을 말한다.

③ **POP 광고(Point Of Purchase)**: 구매시점 광고라고 하며, 소비자가 구매하고자 하는 점포의 내·외부에 여러 형태로 전시되는 광고메시지, 진열대 등으로 소비자의 구매욕구를 유발시키는 마케팅 광고를 의미한다.

2. PR(Public Relations, 공중관계) 기출 24-2, 20-3, 19-2

(1) **PR의 의의**

기업은 고객뿐 아니라 직·간접적으로 관련이 있는 대중과의 좋은 관계를 유지함으로써 좋은 기업 이미지를 구축할 수 있다. 더 나아가 PR은 제품의 판매를 촉진하는 마케팅 커뮤니케이션 도구이다.

(2) **홍보(Publicity)**

기업의 활동이나 상품에 관한 정보를 신문이나 방송의 기사 내용으로 다루게 하는 활동으로 PR보다 범위가 좁다.

짚고 넘어가기 광고와 PR(공중관계)의 비교

구분	광고	PR(공중관계)
비용 여부	유료	무료
신뢰성	낮음	높음
통제성	통제 가능	통제 곤란
장점	신속하고 강력한 효과	신뢰성이 높음
단점	효과측정의 어려움 제공하는 정보의 양이 제한적	통제가 어려움 효과가 간접적

3. 판매촉진(SP: Sales Promotion) 기출 23-2, 22-1, 20-3, 19-3, 18-1, 17-2

(1) **판매촉진의 의의**

광고, PR, 인적판매를 제외한 모든 마케팅활동으로, 잠재고객에게 흥미를 제공하고 즉각적인 직접구매를 유인하고 설득하는 마케팅 수단에 해당한다.

(2) **판매촉진의 효과**

① **상표 전환**: 판매촉진이 없던 A상표를 구매한 소비자가 판매촉진을 실행중인 B상표로 구매하게 되는 현상

② **구매 가속화**: 판매촉진의 효과로 소비자가 재고가 있음에도 불구하고 판매촉진 기간 중 선호하는 제품을 미리 구매하거나 구매시점을 앞당기는 현상 또는 판매촉진에 의해 대량으로 구매하는 현상을 의미

③ **제품군 확장**: 제품에 대한 폭이나 깊이를 모두 확장하는 것으로, 일종의 신제품의 출시에 의하여 성취 가능

(3) **판매촉진의 유형** 기출 21-2

① 소비자에 대한 판매촉진

㉠ 비가격 판매촉진 기출 22-2, 19-1, 18-3, 18-2, 16-2

• **프리미엄**: 소비자에게 혜택을 주는 판매촉진활동의 하나로서 소비자들에게 가치 있는 것을 추가적으로 제공하는 활동

- 시연: 고객에게 상가나 쇼핑몰 같은 장소에서 제품을 직접 작동해 보게 하거나 경험할 수 있게 해줌으로써 고객의 소비욕구를 높이는 판촉 방법
- 샘플링: 상품에 대한 대가를 지불하지 않고 제공되는 시제품을 제공하는 것
- 콘테스트: 소비자가 추첨이나 추가적인 노력을 통해 상품이나 현금 등을 취득할 수 있는 기회를 제공하는 것

ⓒ 가격형 판매촉진 기출 20-2
- 쿠폰: 소비자들이 특정 상품을 구매할 때 절약할 수 있도록 해주는 징표로, 소비자에게 가격적 혜택을 제공해 고객충성도를 높이는 전략
- 리베이트: 상품 구매 시점이 아니라 구매 이후에 가격을 인하시켜 환불해 주는 제도
- 현금환불: 고객이 구매하는 장소에서 구매 시점에 즉시 가격 할인이 제공되는 제도
- 콘티뉴어티(Continuity): 단골고객 보상제도로, 제품충성도가 높은 고객을 대상으로 마일리지, 적립금 등을 적립해 주는 판매촉진수단
- 가격 할인: 한정된 수량의 특정 상품에 대해서 제조업자 측에서 특별 할인하는 전략

② 유통기관(중간상인)에 대한 판매촉진 기출 24-1, 22-3, 22-1, 21-3, 20-추가, 18-2, 18-1, 17-1
- ㉠ 협동광고: 상품을 제공하는 제조기업과 유통업자가 공동으로 비용을 부담하여 진행하는 광고를 의미하며 상대적으로 고가의 상품이나 구매빈도가 적은 전문품에 적합한 촉진수단
- ㉡ 중간상공제(Trade Allowances): 유통업자가 제조업자를 위하여 어떤 일을 해주는 대가로 제조업자가 상품 대금에서 일부를 공제해 주는 것
- ㉢ 가격할인: 중간상이 일시에 대량구매를 하는 경우 구매량에 따라 주어지는 현금할인
- ㉣ 현금할인: 제품을 현금으로 구매하거나 대금을 만기일 전에 지불하는 경우 판매대금의 일부를 할인
- ㉤ 판촉지원금: 중간상이 제조업자를 대신하여 지역광고 및 판촉을 실시할 경우 이를 지원하기 위한 보조금 지급
- ㉥ 리베이트: 진열위치, 판촉행사, 매출실적 등 소매상의 협력 정도에 따라 판매금액의 일정률에 해당하는 금액을 반환해 주는 것

4. 인적판매(Personal Selling) 기출 24-2, 22-3, 20-2, 18-2, 17-2

(1) 인적판매의 의의
판매직원이 직접 고객과 만나 제품에 대한 정보를 제공하고 구매하도록 설득하는 마케팅 커뮤니케이션 활동이다.

(2) 인적판매의 장점
① 고객과 쌍방향 커뮤니케이션을 통해 다양한 정보제공 가능
② 고객의 대응 상황에 따라 유연하고 탄력적인 응대 가능
③ 고객서비스 제공 및 시장·고객에 대한 정보 수집 가능

(3) 인적판매의 단점
① 촉진수단 중 비용적인 부담이 가장 큼
② 도달범위가 좁은 한계가 있어서 촉진의 효과가 다소 느림

3 마케팅 커뮤니케이션 구성의 9요소

1. 커뮤니케이션 과정

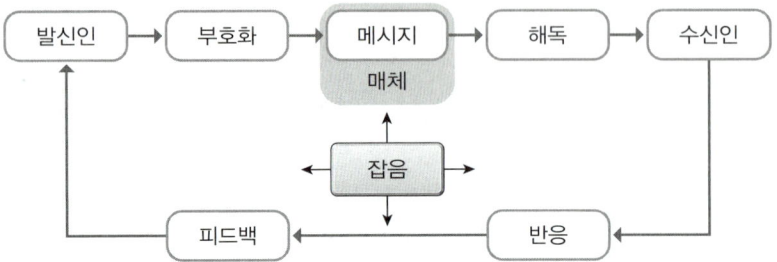

2. 마케팅 커뮤니케이션의 9가지 구성요소

① 발신인: 다른 개인 또는 단체에게 메시지를 보내는 당사자
② 부호화(Encoding): 전달하고자 하는 생각을 문자, 그림, 말 등으로 상징화하는 과정
③ 메시지: 발신인이 전달하고자 하는 내용의 조합
④ 해독(Decoding): 발신인이 부호화하여 전달한 의미를 수신인이 해석하는 과정
⑤ 매체: 발신인으로부터 수신인에게 메시지를 전달하는 데 사용되는 의사전달 경로
⑥ 수신인: 메시지를 전달받는 당사자
⑦ 반응: 메시지에 노출된 후에 일어나는 수신인의 행동
⑧ 피드백: 수신인의 발신인에 대한 반응의 한 부분
⑨ 잡음=장애(Noise): 의사전달 과정에서 일어나는 계획되지 않은 현상이나 왜곡으로 발신인이 전달하고자 하는 내용을 수신하지 못하거나 발신인의 의도와는 다른 메시지를 획득하는 것

4 촉진의 방향 및 예산 책정 방식

1. 촉진전략의 방향 <빈출> 23-2, 20-3, 20-2 19-3, 19-2, 19-1, 18-2, 18-1

(1) **푸시(Push) 전략**
① 제조업자가 소비자를 향해 제품을 밀어낸다는 의미로 제조업자 → 도매상, 도매상 → 소매상, 소매상 → 최종 소비자에게 제품을 판매하게 만드는 전략이다.
② 촉진전략: 인적판매 또는 가격 할인, 수량할인 등 유통상인을 대상으로 하는 판매촉진을 주로 사용

(2) **풀(Pull) 전략**
① 소비자를 상대로 광고와 같은 적극적인 프로모션 활동을 통하여 소비자들이 제품을 직접 찾게 만드는 촉진전략이다.
② 촉진전략: 광고와 홍보를 주로 사용, 쿠폰, 샘플, 경품 제공 등 소비자를 대상으로 하는 판매촉진을 주로 사용

구분	Push 전략	Pull 전략
전략의 대상	중간상인(도·소매상)	최종소비자
전략의 진행 방향	생산자 → 중간상 → 소비자	소비자 → 중간상 → 생산자
프로모션 방법	인적판매, 인센티브	광고, 이벤트 행사
관여도 및 브랜드충성도	낮음	높음
적용 시장	산업재	소비재

2. 촉진예산 책정 방식 기출 24-1, 23-2, 22-2, 17-2

① 목표과업법: 커뮤니케이션 목표를 달성하기 위해 특별한 업무 수행에 요구되는 예산을 결정짓는 가장 합리적인 방법
② 매출액 기준법: 예상 매출액 중 고정비율로 고객 커뮤니케이션 예산을 설정하는 방식
③ 가용예산 할당법: 운영비용과 이익을 산출한 후에 사용 가능한 금액이 얼마인지에 따라 고객 커뮤니케이션 예산을 설정하는 방법
④ 경쟁자기준법: 경쟁업체의 고객 커뮤니케이션 비용 비율과 시장점유율이 같도록 결정하는 방식

> **짚고 넘어가기** 인터넷 마케팅 시장의 유형
> - B2B(Business to Business): 온라인상에서 기업 간 거래가 이루어지는 경우
> - B2C(Business to Consumer): 온라인상에서 기업과 소비자 간 거래가 이루어지는 경우
> - B2G(Business to Government): 기업이 정부기관에 물품을 납품하는 계약을 하는 경우
> - C2B(Consumer to Business): 소비자가 수요를 창출하여 그들의 요구 조건에 맞는 기업을 찾아 거래하는 경우 ⑩ 역경매(Reverse Auction)
> - P2P(Peer to Peer): 온라인상에서 소비자 간 거래가 이루어지는 경우로 인터넷 직거래를 의미

> **짚고 넘어가기** 인터넷 광고 관련 용어 기출 23-3
> - 리치 미디어 광고: 배너 광고에 비해 풍부한 내용을 담을 수 있는 멀티미디어형 광고를 말한다. 리치 미디어를 표현하는 방법은 배너, 인터액티브 멀티미디어 등이 있다.
> - 인터액티브 배너 광고: 웹사용자들이 배너 광고를 클릭하여 광고주의 사이트로 이동할 필요 없이 그 배너 광고 안에서 필요한 상품정보를 검색하여 바로 구매가 가능하도록 하는 광고 형태이다.
> - 엑세스형 광고: 웹사이트를 무료로 개방하는 대신에 관련된 광고창을 검색하게 하는 스폰서형 인터넷 광고로서, 많은 인터넷 광고가 엑세스형 광고를 활용하고 있다.
> - 배너 광고: 가장 일반적인 인터넷광고 형태로서 마치 생긴 모양이 현수막과 같아 붙여진 이름으로, 인터넷 광고면에 도메인과 같은 이미지를 광고할 뿐만 아니라 최근에는 동영상을 배너 형태로 광고할 수 있어 광고효과를 극대화하고 있다.
> - 팟캐스팅: 애플사의 MP3플레이어 i-Pod과 Broadcast(방송)의 합성어이다. 최근에는 인터넷을 통하여 동영상 서비스 등을 시청하려는 소비자들이 원하는 팟캐스트를 선택하여, 정기적 혹은 새로운 내용이 올라올 때마다 자동으로 구독할 수 있도록 함으로써, 방송을 전달하는 방법을 의미한다.

> **짚고 넘어가기** 팝업광고(Pop-up)
> 팝(pop)하고 튀어나오는(up) 웹 페이지 표시 방법인 팝업은 특정한 웹 페이지에 접속하였을 때 새롭게 생성되어 여러 가지 사항을 안내하는 팝업창을 통하여 광고하는 기법을 말한다.

핵심 기출문제

PART 01 유통마케팅 전략기획

01
19년 2회

다음에서 설명하는 소매발전이론은 어떤 것인가?

> 소매업태들이 처음에는 혁신적인 형태의 저비용, 저가격, 저마진 업태로 출발하여 성장하다가 시간이 지나면서 고비용, 고가격 업태로 변화되어 새로운 개념을 가진 신업태에게 그 자리를 양보하고 사라진다는 이론을 말한다.

① 변증법적이론
② 소매수명주기이론
③ 진공지대이론
④ 소매수레바퀴이론
⑤ 소매아코디언이론

소매수레바퀴이론(소매차륜이론)은 소매업태의 변화 과정을 진입 → 성장 → 쇠퇴단계로 구분하여 설명한 이론이다.

선지분석
① 변증법적이론: 두 개의 서로 다른 경쟁적인 소매업태가 출현하여 하나의 새로운 소매업태로 합해진다는 소매업태 발전이론이다.
② 소매수명주기이론: 하나의 소매기관이 출현하여 사라지기까지 일반적으로 도입기, 성장기, 성숙기, 그리고 쇠퇴기를 거친다는 생애주기이론이다.
③ 진공지대이론: 소비자의 서비스와 가격에 대한 선호도를 중심으로 새로운 업태의 등장을 설명하는 이론이다.
⑤ 소매아코디언이론: 소매점 업태의 진화 과정을 소매점에서 취급하는 상품계열의 수로 설명하는 이론이다.

정답 | ④

02
21년 2회

다음에서 설명하는 유통업태 발전이론과 가장 관련이 깊은 것은?

> ㉠ 업태의 변화는 가격이나 마진이 아니라 상품의 변화에 따른다.
> ㉡ 다양한 상품계열을 취급하는 소매업태에서 전문적이고 한정적인 상품계열을 취급하는 소매업태(전문점)로 변모해 간다.
> ㉢ 한정된 계열을 추구하는 전문점들은 시간의 흐름에 따라 다시 다양한 상품 계열을 추구하게 된다.
> ㉣ 이러한 현상이 반복적으로 나타난다.

① 변증법적 이론
② 진공지대이론
③ 소매차륜 이론
④ 소매수명주기이론
⑤ 아코디언 이론

소매업태 성장이론 중 상품계열의 구색 변화를 설명하는 소매아코디언에 대한 이론이다.

관련이론 | 소매아코디언 이론
- 소매점 업태는 다양한 상품구색을 갖춘 점포로 시작하여 시간이 경과함에 따라 점차 전문화되고 한정된 상품 계열을 취급하는 소매점 형태로 변화하고, 이는 다시 다양하고 전문적인 제품 계열을 취급하는 소매점으로 진화해 가는 것으로 가정한다.
- 발전 과정상의 상품 계열의 구색 수의 '확대 → 수축 → 확대'되어 가는 과정의 양태가 아코디언 모양과 같다고 하여 붙여진 이론이다.

정답 | ⑤

03

마케팅전략의 수립 과정에 있어서 마케팅전략개발의 내용에 대한 설명이다. ( )안에 알맞은 단어를 순서대로 바르게 나열한 것은?

- 마케팅전략 수립 과정에서 ( )은(는) 전체 시장을 기업이 제공하는 마케팅믹스에 대하여 유사하게 반응 할 것으로 추정되는 동질적 고객집단으로 나누는 과정이다.
- ( )은(는) 여러 개의 세분시장들 중에서 경쟁제품보다 고객의 욕구를 더 잘 충족시킬 수 있는 세분시장을 선정하는 것이다.
- ( )은(는) 소비자의 마음속에 경쟁상표와 비교하여 경쟁우위를 제공하는 위치에 자사상표를 구축하려는 노력을 말한다.

① 시장세분화 – 제품 포지셔닝 – 표적시장 선택
② 시장세분화 – 표적시장 선택 – 제품 포지셔닝
③ 제품 포지셔닝 – 표적시장 선택 – 시장세분화
④ 제품 포지셔닝 – 시장세분화 – 표적시장 선택
⑤ 표적시장 선택 – 제품 포지셔닝 – 시장세분화

STP 전략은 시장세분화(Segmentation), 목표시장 선정(Targeting), 제품 포지셔닝(Positioning)의 절차에 따라 이루어진다.

정답 | ②

04
20년 2회

다양화되고 개성화된 소비자들의 기본욕구에 대처하기 위한 것으로, 제조업체의 입장 대신 소비자의 입장에서 상품을 다시 분류하는 머천다이징으로 가장 옳은 것은?

① 크로스 머천다이징
② 인스토어 머천다이징
③ 스크램블드 머천다이징
④ 리스크 머천다이징
⑤ 계획적 머천다이징

선지분석 |
① 크로스 머천다이징: 상품의 분류에 구애받지 않고 관련성이 있는 상품들을 한데 모아 진열함으로써 판매액을 향상시키는 머천다이징 방법
② 인스토어 머천다이징: 소매점포가 자신의 독자적인 콘셉트를 토대로 하여 상품을 구색하고 판매하는 것
④ 리스크 머천다이징: 제조업체와 체결한 반품 불가라는 특정 조건에 따라 상품 전체를 구매하는 것
⑤ 계획적 머천다이징: 생산자와 소매점포 간에 제품계획을 통합, 조정해 나가는 상품화계획

정답 | ③

05
21년 3회

제품의 수명주기에 대한 설명 중 가장 거리가 먼 것은?

① 신상품 도입기의 마케팅활동은 남들보다 앞서 상품체험을 바라는 고객, 혁신지향적 및 의견 선도적인 고객들을 목표시장으로 하는 것이 보다 효과적이다.
② 성장기에는 혁신 소비자층과 조기 수용자층 등의 호의적 구전이 시장 확대에 매우 중요한 역할을 한다.
③ 성숙기의 시장개발은 새로운 소비자를 찾거나 기존 소비자들의 사용빈도를 증가시키거나 새로운 용도를 개발한다.
④ 성장기의 가격전략은 저가격정책을 도입하거나 기존가격을 유지한다.
⑤ 쇠퇴기에 수확 전략을 선택할 경우, 제품의 품질, 특성, 스타일 등의 수정을 통해 신규고객을 유인하거나 기존 고객의 사용빈도를 높일 수 있다.

제품의 품질, 특성, 스타일 등의 수정을 통해 신규 고객을 유인하거나 기존 고객의 사용빈도를 높이는 것은 성숙기의 전략이다.
제품이 쇠퇴기에 접어들면 매출과 이익이 감소하고, 경쟁 제품들이 시장에서 철수하게 되어 경쟁자 수는 감소한다.

정답 | ⑤

06
20년 추가

다음 글상자의 (   )에 들어갈 가장 적절한 개념으로 짝지어진 것은?

> 상품믹스의 구색은 상품군(계열)의 다양성을 의미하는 (A)와(과), 특정 상품군 내에서의 브랜드 다양성을 의미하는 (B)에 의해서 결정된다. 이렇게 구색을 갖춘 후, 상품군과 브랜드의 합을 (C)이라 한다.

① A: 깊이   B: 폭   C: 넓이
② A: 폭   B: 깊이   C: 길이
③ A: 넓이   B: 길이   C: 깊이
④ A: 길이   B: 폭   C: 단품
⑤ A: 폭   B: 길이   C: 넓이

상품구색에서 상품군(계열)의 다양성을 의미하는 것은 (A) 상품 구성의 폭(넓이, Width)이다. 특정 상품군 내에서의 브랜드의 다양성을 의미하는 것은 (B) 상품 구성의 깊이(Depth)이다. 이렇게 구색을 갖춘 상품군과 브랜드의 합을 (C) 상품 구성의 길이(Length)라고 한다.

정답 | ②

07
19년 3회

유통업체 브랜드(PB, Private Brand)를 통해 얻을 수 있는 이점으로 옳지 않은 것은?

① 소매업체는 PB를 통해 상대적으로 낮은 가격에 높은 마진을 얻을 수 있다.
② PB를 통해 다른 유통업체와의 직접적인 가격경쟁을 피할 수 있다.
③ PB가 소비자로부터 사랑받을 경우 점포충성도를 증가시킬 수 있다.
④ 인기 있는 PB제품뿐만 아니라 다른 제품들도 함께 구매하도록 유도하여 매출액을 증진시킬 수 있다.
⑤ 대형마트는 대개 PB를 유명 제조업체 브랜드와 유사한 브랜드명을 사용함으로써 적은 비용으로 소비자에게 PB를 인식시키려 한다.

PB(Private Brand)는 유통업체에서 개발하고 관리하는 브랜드로서 NB(National Brand) 제품에 비해 가격이 저렴한 장점이 있으나, NB와 같은 제품의 품질과 브랜드 인지도 등의 구축이 곤란해 고객신뢰도가 낮다는 단점이 존재한다.

관련이론 | NB 제품 VS PB 제품

NB 제품	PB 제품
제조업자 브랜드	유통업체 자체 제작 브랜드
PB 제품 대비 고가	NB 제품 대비 저가
판매 경로 개척이 필요	판매 경로 확보
브랜드 가치 프리미엄 구축이 상대적으로 용이	저렴한 제품이라는 인식에 기반하므로 브랜드 가치 프리미엄 구축은 상대적으로 부족

정답 | ⑤

08
21년 1회, 20년 2회

유명 브랜드 상품 등을 중심으로 가격을 대폭 인하하여 고객을 유인한 다음, 방문한 고객에 대한 판매를 증진시키고자 하는 가격결정 방식은?

① 묶음가격결정(Price Bundling)
② 이분가격결정(Two-Part Pricing)
③ 로스리더가격결정(Loss Leader Pricing)
④ 포획가격결정(Captive Pricing)
⑤ 단수가격결정(Odd-Even Pricing)

로스리더가격결정 또는 손실유도가격(특매가격)은 소매점 고객들의 내점빈도를 높이고, 소비자들이 소매점포 전체의 가격이 저렴하다는 인상을 가지도록, 브랜드 인지도가 있는 인기제품을 위주로 파격적으로 저렴한 가격에 판매하는 가격전략이다.

선지분석 |

① 묶음가격결정(Price Bundling): 기본적인 제품과 선택사양, 서비스 등 보완관계에 있는 제품들을 묶어서 하나의 가격으로 판매하는 전략을 말한다.
② 이분가격결정(Two-Part Pricing): 서비스기업들의 경우 서비스의 제공가격을 기본 요금과 추가적인 사용료로 분리한다. 이를 2부제 가격전략이라고 한다.
④ 포획가격결정(Captive Pricing): 종속제품 가격결정 방식은 본체와 함께 사용해야 하는 보완재의 가격을 책정하는 가격전략이다. 최근에는 제품시장이 성숙단계로 진입함에 따라 주제품을 저렴하게 판매하고, 반복 구매하는 종속제품을 비싸게 판매한다.
⑤ 단수가격결정(Odd-Even Pricing): 화폐 단위 이하로 가격을 책정함으로써 고객이 인식하는 가격이 상대적으로 저렴하다고 느끼게 하는 전략이다.

정답 | ③

09 20년 3회

상시저가전략(EDLP: Everyday Low Price)과 비교했을 때 고저가격전략(High-Low Pricing)이 가진 장점으로 옳지 않은 것은?

① 고객의 지각가치를 높이는 효과가 있다.
② 일부 품목을 저가 미끼 상품으로 활용할 수 있어 고객을 매장으로 유인할 수 있다.
③ 광고 및 운영비를 절감하는 효과가 있다.
④ 고객의 가격민감도 차이를 이용하여 차별가격을 통한 수익증대를 추구할 수 있다.
⑤ 다양한 고객층을 표적으로 할 수 있다.

고저가격전략은 촉진용 상품을 대량 구매하여 일부는 가격 인하용으로 판매하여 저가격 이미지를 구축하고, 일부는 정상 가격으로 판매하여 높은 이윤을 달성하고자 하는 가격 정책으로 백화점 등에서 활용되고 있는 가격 전략이다. 같은 상품을 다른 이미지로 구축하기 위해 광고 및 운영비가 추가로 들 수 있다.

고저가격전략의 특징은 다음과 같다.
- 동일한 상품으로 다양한 특성의 고객층에게 소구(Appeal)할 수 있다.
- 기대하지 않았던 가격 인하는 고객을 유인하는 요인이 된다.
- 초기의 고가격은 고객들에게 고품질과 서비스를 전달할 수 있다.
- 고가격 및 저가격 제품 각각의 판매촉진을 위한 촉진비용 및 재고관리비용이 커진다.

관련이론 │ 상시저가전략(EDLP: Every Day Low Price)
상시저가전략은 규모의 경제, 전략적인 물류비의 감소 및 상품의 빠른 회전율을 통해서 사용이 가능한 가격전략이다. 특징은 다음과 같다.
- 경쟁자들과의 지나친 가격경쟁에서 다소 자유로울 수 있다.
- 가격변동이 적고 예측 가능성이 있어 카탈로그의 변경이 적게 들고 이로 인해 촉진비용이 감소한다.
- 안정적인 수요예측으로 평균재고가 감소하고 회전율이 향상되어 이익이 커진다.
- 광고비용이 감소되고 회전율이 높아 이익이 증가한다.

정답 │ ③

10 18년 1회

항시최저가격(Every Day Lowest Price)전략에 대한 설명으로 가장 적절한 것은?

① 제품라인 가격결정 전략이다.
② 소매가격 유지 정책이다.
③ 고객가치기반 가격결정 전략이다.
④ 원가기반 가격결정 전략이다.
⑤ 경쟁기반 가격결정 전략이다.

항시저가전략(EDLP: Every Day Low Pricing)은 가격선도제(Price Leadership)와 함께 대표적인 경쟁자 기반 가격결정 전략이다. 비용기반 가격결정 전략으로는 원가가산 가격결정, 수요자 기반 가격결정 전략으로는 목표원가계산과 이율관리 가격결정이 있다.

정답 │ ⑤

11 23년 1회

아래 글상자의 (㉠)과 (㉡)에 들어갈 용어로 가장 옳은 것은?

> 유통경로에서의 수직적 통합에는 두 가지 유형이 있다. (㉠)은(는) 제조회사가 도·소매업체를 소유하거나 도매상이 소매업체를 소유하는 것과 같이 공급망의 상류 기업이 하류의 기능을 통합하는 것이다. 반면 (㉡)은 도·소매업체가 제조기능을 수행하거나 소매업체가 도매기능을 수행하는 것과 같이 공급망의 하류에 위치한 기업이 상류의 기능까지 통합하는 것이다.

① ㉠ 후방통합, ㉡ 전방통합
② ㉠ 전방통합, ㉡ 후방통합
③ ㉠ 경로통합, ㉡ 전방통합
④ ㉠ 전략적 제휴, ㉡ 후방통합
⑤ ㉠ 전략적 제휴, ㉡ 경로통합

유통경로의 수직적 통합 중 전방통합이란 제조기업을 중심으로 도매상, 소매상 등 유통기관을 통합하는 것을 의미하고, 후방통합이란 유통기관이 상위의 제조기업 등을 통합하는 것을 의미한다.

정답 │ ②

12

17년 1회

촉진믹스를 개발할 때 고려해야 할 요인에 대한 설명으로 옳지 않은 것은?

① 산업재를 판매하는 기업은 일반적으로 다른 촉진방법보다 인적판매에 더 많은 촉진비용을 지출하는 경향이 높다.
② 소비재를 판매하는 기업은 일반적으로 광고, 판매촉진, 인적판매, PR 순으로 촉진비용을 지출하는 경향이 높다.
③ 푸시 전략은 유통업자가 최종 소비자에게 촉진활동을 하는 것이고, 풀 전략은 제조업자가 유통업자에게 인적판매 등을 수행하는 것을 말한다.
④ 구매자가 인지와 지식단계일 경우 광고가 중요하고, 선호나 확신단계로 가면 인적판매가 더 중요해진다.
⑤ 제품수명주기가 도입기 단계일 경우 광고와 PR이 인지도 향상에 효과적이고, 샘플과 같은 판매촉진은 초기 시험구매 단계에 유용하다.

유통업자가 최종 소비자에게 촉진활동을 하는 것은 풀(Pull) 전략이고, 제조업자가 유통업자에게 인적판매 등을 수행하는 것은 푸쉬(Push) 전략이다.

관련이론 | Push 전략과 Pull 전략의 비교

구분	Push 전략	Pull 전략
전략의 대상	중간상인(도·소매상)	최종 소비자
전략의 진행 방향	생산자 → 중간상 → 소비자	소비자 → 중간상인 → 생산자
프로모션 방법	인적판매, 인센티브	광고, 이벤트 행사
관여도 및 브랜드 충성도	낮음	높음
적용 시장	산업재	소비재

정답 | ③

13

16년 3회

유통경로상의 갈등에 대한 설명으로 옳은 것은?

① 대형마트와 전통시장 간의 갈등은 수직적 갈등 유형에 속한다.
② 갈등은 성과에 항상 부정적인 영향을 미치므로 갈등이 발생하지 않도록 하는 것이 중요하다.
③ 성과와의 관계에 따라 역기능적 갈등, 순기능적 갈등, 중립적 갈등으로 분류할 수 있다.
④ 위협, 정보교환, 토론은 갈등의 수준을 높이고, 약속, 요청은 갈등의 수준을 낮춘다.
⑤ 강압적 및 준거적 파워는 경로구성원 간 갈등의 수준을 높인다.

갈등은 성과와의 관계에 따라 역기능적 갈등, 순기능적 갈등, 중립적 갈등으로 분류할 수 있다. 갈등은 성과에 부정적인 영향을 미치기도 하지만(역기능적 갈등) 긍정적인 측면도 있고(순기능적 갈등), 성과에 아무런 영향을 미치지 않는 갈등(중립적 갈등)도 있다.

선지분석 |
① 대형마트와 전통시장 간의 갈등은 수평적 갈등에 속한다. 수직적 갈등이란 유통경로 상의 다른 경로 위치에 있는 경로구성원들 간의 경쟁 및 갈등을 말한다.
② 갈등 상황을 통해 더 나은 대안을 도출해 긍정적 영향을 끼칠 수도 있다.
④ 정보 교환과 토론은 갈등의 수준을 낮춘다.
⑤ 강압적 파워는 경로구성원 간 갈등의 수준을 높이지만 준거적 파워는 갈등의 수준을 낮춘다.

정답 | ③

14
16년 2회

제품 구매를 유도하기 위한 인센티브로서, 커피 구매시 머그컵을 또는 맥주 구매시 맥주잔을 제공하는 것처럼 일반적으로 제품과 연관되어 있는 상품을 활용하는 판촉수단은 무엇인가?

① 현금 환불
② 광고 판촉물
③ 콘테스트
④ 푸시 지원금
⑤ 프리미엄

소비자를 대상으로 한 비가격 판매촉진의 하나인 프리미엄은 백화점에서 화장품을 일정 금액 이상 구입하면 화장품 가방 또는 여행용 캐리어 등을 함께 지급하는 것을 말한다.

선지분석
① 현금 환불: 고객이 구매하는 장소에서 구매 시점에 즉시 가격 할인이 제공되는 제도
③ 콘테스트: 소비자가 추첨이나 추가적인 노력을 통해 상품이나 현금 등을 취득할 수 있는 기회를 제공하는 것

정답 | ⑤

15
17년 1회

다음 사례에서 소비자를 대상으로 하는 비가격형 판촉에 해당하지 않는 것은?

A할인점은 2017년 2월 한달 동안 다양한 판촉 프로그램을 운영할 계획을 수립하였다. ㉠ 커피류 사품에 관심있는 고객 1인당 2개 샘플 제공, ㉡ 건강식품류 구매 고객에 대해 구매액의 10% 상환, ㉢ 5만원 이상 양주류 구매 고객에 대해서 50ml 신제품 양주 미니어처 제공, ㉣ 단골 고객을 대상으로 한 경품 추첨, ㉤ 10대 고객을 대상으로 하는 댄스경연대회를 계획하였다.

① ㉠
② ㉡
③ ㉢
④ ㉣
⑤ ㉤

가격형 촉진전략에는 쿠폰, 리베이트, 현금환불(Cash Refund), 컨티뉴어티 등이 있다. 구매 고객에 대해 구매액의 10%를 상환하는 방법은 가격형 촉진 전략에 해당한다. 상환 시기에 따라 즉시 상환하는 경우를 현금환불(Cash Refund)이라 하고, 일정 기간 경과 후 상환하는 전략을 리베이트라 한다.

관련이론 | 판매 촉진의 유형
- 비가격 판매촉진수단: 프리미엄, 샘플링, 콘테스트, 시연회, 경품 제공 등
- 가격 판매촉진방법: 쿠폰, 현금환불(리펀드), 리베이트, 수량할인 등
- 중간상 대상 판매촉진: 공제(Allowance), 후원금, 협동광고, 박람회, 교육·훈련지원 등

정답 | ②

PART 02 디지털마케팅 전략

CHAPTER 01 디지털마케팅(Digital marketing)

1 디지털마케팅의 개요

1. 디지털마케팅의 개념
디지털마케팅은 온라인 기반 디지털 기술을 사용하여 상품 및 서비스를 홍보하는 마케팅으로, 온라인-마케팅 또는 웹-마케팅이라 한다. 페이스북, 인스타그램, 틱톡 등 인터넷 소셜미디어를 이용한 마케팅 활동이 현재 기업의 주된 활동수단이 되고 있다.

2. 디지털마케팅의 종류
① 이메일 마케팅(E-mail Marketing)
   뉴스레터, 이벤트, 할인행사 등을 고객 이메일을 통해 알리는 온라인 마케팅 방법을 의미한다. 이메일을 구독하는 고객들에게 원하는 정보를 제공해 관심을 유발하고 고객들이 제품을 구매하거나 서비스를 이용할 수 있도록 유도한다.
② 콘텐츠 마케팅(Content Marketing)
   콘텐츠를 제작해 불특정 다수에게 상품 및 서비스를 알리는 방법이다. 블로그, 유튜브, 팟캐스트 등에서 다양한 형태의 콘텐츠를 이용하여 고객과 양방향 의사소통을 한다. 장기적 관점에서 잠재고객 발굴에 따른 마케팅 효과가 제고된다.
③ 모바일 마케팅(Mobile Marketing)
   개인화된 모바일 기기를 통한 마케팅으로 모바일 앱 광고, 모바일 SMS 광고 등이 있으며 개인화된 메시지 전달이 가능하다. 모바일 기기를 통해 위치 등 실시간 개인정보 수집이 가능하여 타겟고객 설정이 가능하다는 장점이 있다.

3. 디지털마케팅의 장점
① 기존 촉진수단 대비 촉진비용 절감효과가 큼
② 마케팅 효과의 측정 및 추적이 용이함
③ 타겟층에 대한 인구통계학적 분석이 가능
④ 소비자와의 즉각적인 양방향 의사소통 가능

4. 디지털마케팅 시장의 환경적 특징
① 시장 참가자의 다양성과 역동성 및 새로운 가치의 창출
② 소비로 인한 즉각적인 만족감이 지연됨
③ 시장세분화 심화 및 강력한 네트워크 효과 발생
④ 중개상을 거치지 않고 소비자들에게 직접 판매할 수 있는 기회 제공
⑤ 시장 참가자들 간 협력과 경쟁의 공존

> **짚고 넘어가기** 중개 소멸(disintermediation)
> 중개 소멸이란 가치사슬 상의 유통을 담당하는 조직들이나 비즈니스 단계들이 점차 제거되는 것을 의미한다.

2 온라인 구매

1. 온라인 구매 의사결정과정

(1) 기존 오프라인 구매 의사결정과정(AIDA)

> 인지(Attention) → 흥미(Interest) → 욕구(Desire) → 행동(Action)

(2) 온라인 구매 의사결정과정

① AISAS

일본의 광고대행사 '덴츠'사가 구축한 모델로, 최근 SNS와 검색 기반 플랫폼을 활용한 마케팅에 적용되고 있다.

> 인지(Attention) → 흥미(Interest) → 검색(Search) → 행동(Action) → 공유(Share)

② AISCEAS

온라인 구매의사결정이론인 AISCEAS모형은 AISAS에 비교(Comparison)와 검토(Examination)를 추가한 것으로, 2010년 이후에 등장하였다.

2. 목표 고객층의 파악

디지털마케팅에서 데이터 정보를 활용한 목표고객을 타겟팅하는 기법에는 통상적으로 다음의 3가지가 언급되고 있다.
① 페르소나 타겟팅: 기존 고객을 분석하여 몇 가지 페르소나를 생성한 뒤 해당 페르소나에 맞춰 타겟팅을 진행하는 기법
② 리타겟팅: 웹사이트에 이미 방문한 소비자에게 개인 맞춤형 상품 추천을 진행하는 방법
③ 유사고객 타겟팅: 웹사이트 방문자 데이터를 활용해 타겟 고객을 추출하고 마케팅을 진행하는 방법

CHAPTER 02 웹사이트 및 온라인 쇼핑몰 구축

1 웹사이트 구축

1. 웹사이트 구축 절차

웹사이트 구축 시 다음의 절차를 거친다.

> 적절한 웹사이트 주소 등록 → 웹호스팅 서비스에 등록 → 사이트 디자인 → 사이트 홍보 수행

2. 웹사이트 사용자 경험에 대한 이해(UI/UX)

(1) 웹사이트 UI(User Interface)

① UI는 사용자 화면(환경)이라는 뜻으로, 사용자와 모바일, 컴퓨터 간 상호 작용하는 환경을 뜻한다. 사용자들이 IT 기기를 작동하기 위해 접촉하는 매개체인 컴퓨터를 조작할 때 나타나는 아이콘 디자인, 모양 및 텍스트 등의 구동화면도 이에 해당한다.

② UI의 설계방향

직관성	컨트롤, VIEW 부분을 나누어 첫 사용에도 사용법을 쉽게 인지할 수 있음
일관성	다양한 부분에 걸쳐 사용 편의성이 일관적이라면 학습하기가 용이함
효율성	사이트에 익숙해진 다음에 더 효율적으로 사용할 수 있다면 가장 좋음

(2) 웹사이트 UX(User Experience)
① UX는 사용자 경험이라는 뜻으로, 사용자가 제품이나 서비스를 체험할 때 사용자가 경험을 통해 느낄 수 있는 감정을 말한다. 다시 말해 사이트 방문자의 전반적인 경험을 뜻한다.
② UX는 UI(사용자 인터페이스)에서 발전된 개념으로, 인간이 인지하지 못하는 Needs를 발견하고 공감하기 위한 수단을 말한다.
③ 웹사이트 UX의 특징

주관성	웹사이트에 대한 개인의 경험은 감성, 느낌, 경험에 따라 주관적으로 나타남
총체성	웹사이트에 대한 경험은 한 개인이 경험한 감정들의 총합으로 나타남
맥락성	개인의 웹사이트에 대한 경험은 외부적 영향을 받기 때문에 맥락성이 존재

2 온라인 쇼핑몰 구축

1. 온라인 쇼핑몰의 개념 및 장단점
① 개념
온라인 쇼핑몰은 인터넷 등을 이용하여 상품을 매매할 수 있도록 만든 가상의 매장으로, 다수의 제3자로부터 상품이나 서비스의 정보를 제공받는 일종의 전자상거래 사이트를 의미한다.
② 장·단점

구분	소비자 측면	기업 측면
장점	• 다양한 제품구색에 따른 선택의 용이성 • 구매활동의 시간 및 비용 절감 • 저렴한 가격으로 구매 가능 • 구매행위의 편의성 증대 • 제품의 비교 및 선택용이 • 다양한 검색 및 활용 가능	• 무한한 제품 전시 공간 • 전 세계 소비자를 대상으로 하며 효율적 경영 가능 • 광고, 유통, 물류비 등 절감 • 고객의 소비 성향 파악 용이 • 고객 서비스의 개선 • 새로운 마케팅 전략 수립 가능
단점	• 보안과 신뢰 수준 한계 • 판매자와 고객 간의 직접적 접촉 불가능 • 배송, 보증 등의 문제점 • 정보의 지나친 홍수에 따른 제품 선택의 어려움	

2. 온라인 쇼핑몰 기능과 결제시스템
(1) 온라인 쇼핑몰의 기능
① 제품 카테고리: 원하는 제품을 찾는 데 용이하도록 설계
② 검색기능(상세페이지): 제품 정보, 가격, 리뷰 등 파악 가능
③ 장바구니: 선택한 제품을 결제 전 정리하고 모아볼 수 있음
④ 주문 및 결제기능: 제품의 주문서 작성 후 결제

⑤ 회원가입 및 로그인: 개인정보를 관리하고 과거 주문기록 추적
⑥ 리뷰 및 평가기능: 다른 사용자들이 제품을 선택할 때 참고할 수 있음
⑦ 배송 추적기능: 주문한 제품의 발송 후 배송상태 추적 가능
⑧ 고객 지원기능: 문의사항이나 문제해결을 할 수 있는 서비스 제공

(2) 온라인 쇼핑몰 결제시스템

① PG(Payment Gateway)
　㉠ PG는 일반적인 전자결제 서비스를 의미한다. 인터넷 쇼핑몰에서 상품 및 서비스를 구매하는 고객들의 신용카드 및 기타 결제수단을 중계하는 서비스이다.
　㉡ PG사 결제시스템의 장·단점

장점	단점
• 보안성이 뛰어남 • 플랫폼과 쉬운 통합이 가능 • 시간과 공간의 제약이 없음	• 수수료 외 부가세 발생 • 모든 업종에 적용이 어려움(진입장벽이 높음) • 특정 카드사와 제휴가 어려움

② 에스크로(escrow)
　㉠ 에스크로는 상거래 시 판매자와 구매자의 사이에 신뢰할 수 있는 중립적인 제3자가 중개하여 금전 또는 물품 거래를 하도록 하는 서비스를 말한다.
　㉡ 에스크로는 일반적으로 거래의 안전성을 확보하기 위해 이용된다. 사기방지 및 안전성 보장이라는 장점이 있기 때문에 보통 사기가 많이 일어나는 중고거래 플랫폼에서 에스크로 기반의 결제 시스템을 구축하고 있다.

③ 간편결제
　간편결제는 카드와 은행 계좌에서 돈을 꺼내 간편결제 서비스 계좌에 돈을 충전해놓고 온라인으로 결제하는 방식이다. 네이버페이, 카카오페이, 삼성페이 등이 이에 해당한다.

3. 검색엔진 마케팅과 검색엔진 최적화 기출 24-2

(1) 검색엔진 마케팅(SEM; Search Engine Marketing)
① 검색엔진 마케팅은 네이버, 구글, 야후 등의 검색엔진을 활용해 광고를 집행하는 마케팅기법으로, 검색엔진 광고와 검색엔진 최적화를 통해 실행된다.
② 검색엔진 결과 페이지에 자사 사이트의 가시성(visibility)을 증가시켜 사이트를 홍보하는 온라인 마케팅 방법으로, '키워드 광고'가 대표적이다.
③ 검색엔진 광고를 통해 상품이나 서비스를 검색 결과 사이트 상단에 노출할 수 있다.

(2) 검색엔진 최적화(SEO; Search Engine Optimization)
① SEO란 검색엔진을 사용자 편의성에 맞추어 최적화하여 검색엔진 상단에 자사의 사이트를 노출시키는 것을 의미한다.
② SEO를 통해 자사 사이트를 상단에 노출시켜 마케팅 효과 및 매출액 제고를 꾀할 수 있다.
③ SEO는 '특정 키워드' 검색에 대한 필요성을 느끼는 사용자들이 대상이 된다는 점에서 불특정다수를 대상으로 하는 일반 검색과는 차이점이 있다.

3 보안과 개인정보 보호

1. 웹사이트 보안

우수한 보안기능의 웹 디자인은 모든 디지털 자산의 일관된 브랜딩을 촉진할 수 있으며, 웹 사이트의 검색엔진 최적화 설계, 뛰어난 UX 제공, 전환율 향상(클릭 및 등록 수 향상)에 도움을 준다.

2. 개인정보의 보호

(1) 「개인정보 보호법」 상 개인정보 보호원칙

「개인정보 보호법」 상 개인정보 보호 원칙(제3조), 개인정보보호 중심 설계(Privacy by Design) 원칙, AI 윤리기준(20.12, 과기정통부)의 핵심요건 등을 기반으로 AI 서비스 개발·운영 시 개인정보보호의 기본이 되는 원칙을 도출하였다.

> ① 목적에 필요한 최소정보의 수집 및 처리 목적의 명확화
> ② 목적 범위 내에서 적법하게 처리, 목적 외 활용금지
> ③ 처리목적 내에서 정확성, 완전성, 최신성 보장
> ④ 권리침해 가능성 등을 고려하여 안전하게 관리
> ⑤ 개인정보 처리 내역의 공개 및 정보 주체의 권리보장
> ⑥ 사생활 침해를 최소화하는 방법으로 처리
> ⑦ 익명 및 가명 처리의 원칙
> ⑧ 개인정보처리자의 책임준수, 신뢰확보 노력

(2) AI 관련 개인정보보호 6대 원칙 `기출 23-2`

① 적법성: 개발, 운영 시 개인정보의 처리 근거는 적법·명확해야 함
② 공정성: 사생활 침해와 사회적 차별 등이 발생하지 않도록 유의함
③ 안전성: 개인정보는 안전하게 관리함
④ 책임성: 개인정보의 처리에 대한 책임을 명확히 함
⑤ 투명성: 개인정보의 처리 내역을 알기 쉽게 공개함
⑥ 참여성: 개인정보 처리에 대한 정보주체의 의견을 수렴하고, 권리를 보장함

CHAPTER 03 소셜미디어 마케팅

1 소셜미디어 플랫폼에 대한 이해

1. 소셜미디어 플랫폼(social media flatform)

① 소셜미디어 플랫폼이란 사용자가 콘텐츠를 만들고 공유하면서 온라인 네트워크에 연결하는 온라인 환경을 뜻한다. 페이스북, 트위터, 인스타그램, 유튜브 등이 대표적이다.
② 커뮤니케이션의 연결, 정보제공과 업데이트, 자기표현과 개인 브랜딩, 비즈니스 관계의 형성, 사회적 운동과 영향력 표출 등의 기대효과가 있다.

2. 소셜커머스(social commerce)

최근 인스타그램, 유튜브, 틱톡과 같은 소셜미디어 플랫폼에는 소비자가 앱에서 나가지 않고도 제품을 검색하고 쇼핑할 수 있는 쇼핑 기능이 있으며, 이를 소셜커머스라고 한다.

2 소셜미디어 마케팅과 광고

1. 소셜미디어 마케팅(social media marketing)

① 페이스북, 인스타그램 등의 소셜미디어를 통해 소셜미디어 사용자들의 반응과 관심을 받을 수 있도록 각 채널에 최적화된 다양한 콘텐츠를 기획·제작하고, 잠재고객 또는 고객들과 활발하게 소통하며 상품이나 서비스를 알리고 정보를 공유하는 온라인 마케팅을 의미한다.

② 소셜미디어 마케팅 절차

　　최적 플랫폼선정 → 콘텐츠 기획 → 콘텐츠 제작 → 캠페인 추적 → 캠페인 결과 평가

③ 소셜미디어의 유형

구분	설명
SNS 플랫폼	• 가장 일반적 유형으로 사용자들이 프로필을 생성하고 친구, 동료 등과 연결할 수 있는 플랫폼 • 예 페이스북
마이크로블로깅 플랫폼	• 유저들이 짧은 글이나 업데이트를 작성하고 공유하는 플랫폼 • 예 X(구 트위터)
이미지 공유형 플랫폼	• 유저들이 사진/이미지를 업로드하고 공유할 수 있는 플랫폼 • 예 인스타그램
비디오 공유형 플랫폼	• 동영상을 업로드하고 공유할 수 있는 플랫폼 • 시청자들은 동영상을 시청하고 구독, 좋아요, 댓글 등으로 상호작용 • 예 YouTube
전문 네트워크 플랫폼	• 비즈니스/직장 관련 정보를 공유하고 커뮤니티와 네트워킹을 할 수 있는 플랫폼 • 예 Linked-In

2. 소셜미디어 광고

소셜미디어 플랫폼을 통해 광고를 기획하여 제작하고 이를 페이스북, 트위터, 인스타그램 등을 통해 송출하는 광고방식을 의미한다.

CHAPTER 04 데이터분석과 성과측정

1 디지털 마케팅 데이터 분석의 개요

1. 디지털 마케팅의 효과적인 분석도구(Google)

(1) Google Analytics

① 웹사이트 트래픽 및 사용자 행동을 모니터링하고 분석하는 데 사용

② 페이지뷰, 이탈률, 유입경로, 변환율 등을 추적하여 마케팅 캠페인의 성과측정 가능

(2) Google Search Console

① 웹사이트의 검색엔진 최적화(SEO) 관련 성과평가 및 개선에 사용

② 검색엔진 인덱싱 상태, 사이트링크 등 모니터링하여 검색엔진의 가시성 향상

2. 디지털 마케팅의 효과적인 분석도구(소셜미디어 등)

(1) 소셜미디어 분석 도구

① 페이스북, 트위터 등 소셜미디어 플랫폼의 성과를 추적하고 소셜미디어 전략을 평가에 활용

② 좋아요, 구독, 공유, 댓글 등의 상호작용을 분석하고 타겟 고객들의 통계 제공

(2) 이메일 마케팅 분석 도구
① 이메일 마케팅 캠페인의 성과를 추적하고 이메일 수신자의 행동 분석
② 이메일 전송 후 열람률, 링크클릭률, 구독행동 등을 모니터링하여 전략 최적화에 활용

2 효과적인 분석도구와 측정지표 `기출 24-2`

1. 전환율(Conversion Rate)
① 전환율이란 웹사이트 방문자 중에서 원하는 목표를 달성한 비율을 의미한다.
② 측정 방법: $\frac{전환\ 수}{방문자\ 수} \times 100$
③ 활용: 구매, 가입, 다운로드 등의 목표 달성 여부를 평가

2. 투자수익률(ROI; Return On Investment)
① 투자수익률이란 마케팅에 투자비용 대비 발생수익의 비율을 의미한다.
② 측정 방법: $\frac{수익}{투자액} \times 100$
③ 활용: 특정 마케팅 캠페인의 효과를 평가하고 수익성을 확인

3. 경로분석
① 경로분석이란 고객이 상품이나 서비스를 찾아 구매하는 과정을 이해하기 위한 분석을 의미한다.
② 활용: 마케팅 채널 중 가장 효과적인 수단을 결정하고 고객의 경로를 최적화함

4. 이메일 마케팅 효과 측정
① 전송률: 전송된 이메일 중 실제로 받은 이메일 비율
② 열람률: 이메일을 열어본 사용자의 비율
③ 클릭률: 이메일 내 링크를 클릭한 사용자의 비율로, $\frac{광고클릭\ 수}{노출\ 수} \times 100$으로 측정

5. 트래픽 및 사용자 행동 측정
① 페이지 뷰: 웹사이트 페이지 조회 횟수
② 이탈률: 웹사이트를 떠난 사용자의 비율
③ 세션: 사용자들의 활동단위로 측정되는 시간으로, 웹사이트 로그 분석에 있어서 사이트 내에서 일정 시간 동안 있었던 지속적인 움직임을 하나의 단위로 정해 그 수를 측정한 것을 말한다.
④ 평균 세션 시간: 사용자의 평균 방문 시간
⑤ 히트(hit) 수 : 사용자가 웹 페이지에 접속할 때마다 서버에 발생하는 요청 수를 뜻한다.

6. 콘텐츠 효과
① 바운스율: 웹사이트에 들어와서 즉시 떠난 사용자의 비율
② 측정 방법: $\frac{바운스\ 한\ 세션\ 수}{전체\ 세션\ 수} \times 100$
③ 소비자 피드백: 댓글, 평가, 리뷰 등을 통한 사용자 의견

7. 디지털 마케팅 광고 관련 용어

① CPM (Cost Per Mille): 1,000건당 노출비용으로, 광고를 1,000번 표시하기 위해 지급하는 가격을 말한다.
② CPC (Cost Per Conversion): 전환 건수당 비용으로, 총지급 가격을 전환 수로 나눈 값
③ CTR (Click Through Ratio): 클릭률, 광고가 발생한 클릭 수를 광고가 게재된 횟수로 나눈 값을 말한다.
④ CPA(Cost Per Action): 행동 당 비용을 말하며, 사용자가 광고를 클릭한 후 특정 행동(구매, 회원가입 등)을 완료할 때 광고주가 지불하는 비용을 뜻한다.

CHAPTER 05 온라인 쇼핑몰 관리

1 온라인 쇼핑몰 구성 및 설계

1. 비즈니스 관점의 온라인 쇼핑몰 설계 기출 23-2

온라인 쇼핑몰은 전자상거래에서 발전된 개념으로 인터넷을 통해 전문적으로 판매하는 온라인 상점, 경매를 통해 판매하는 경매사이트 등을 의미한다.

(1) **프론트오피스(Front-Office)**
① 프론트오피스는 고객이 웹사이트에 접속하면 고객이 보게 되는 사이트 화면을 말하는 것으로, 프론트페이지라고도 한다.
② 인터넷 쇼핑몰에서 고객이 물건을 검색하고 장바구니에 담고 구매하는 모든 페이지를 뜻한다.

(2) **백오피스(Back-Office)**
① 웹사이트를 통해 이루어지는 비즈니스를 보다 효과적으로 운영할 수 있도록 동작하는 일련의 운영 관리시스템을 지칭한다.
② 상품을 등록하고 마케팅을 설정하고 결제와 매출, 수익 등을 관리하는 서비스를 제공하는 페이지를 뜻한다. 백오피스의 예로는 상품등록, 고객 관리, 트래픽 관리, 거래 처리, 광고 관리, 콘텐츠 관리, 내부시스템의 통합 등이 있다.

2. 기술적 관점의 온라인 쇼핑몰 설계

(1) **프론트엔드(Front-End)**
① 서비스를 개발하는 기술적인 측면에서의 뷰, 프리젠테이션 레이어를 말한다.
② 백엔드로부터 데이터와 기능을 제공받아서 사용자가 직접 화면(페이지)를 보고 개발할 수 있는 인터페이스를 개발한다.
③ 앱 스토어에서 구매한 디바이스에 설치해서 사용하는 앱이나 브라우저에서 접속한 페이지를 구현하는 측면을 말한다.

(2) 백엔드(Back-End)

프레젠테이션 레이어에 서비스를 제공하기 위하여 서버, 미들웨어, WAS, DBMS, Restful API등을 개발하는 측면을 말한다.

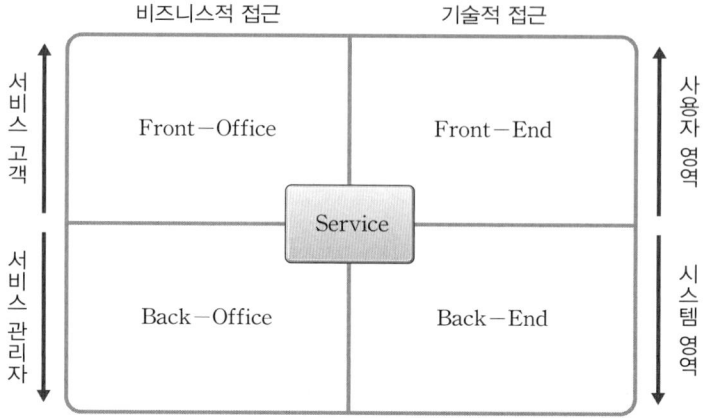

2 온라인 쇼핑몰 UI, UX

1. 온라인 쇼핑몰 UI(User Interface)

① UI란 온라인 쇼핑몰 사용자들의 사용성과 편의성 지원을 목적으로 설계하고 배치하는 것, 즉 UI(사용자 인터페이스)는 사용자와 온라인 시스템 간 의사소통을 할 수 있도록 만들어진 물리적, 가상적 매개체를 의미한다.
② UI 디자인은 화면의 레이아웃, 색상, 아이콘, 버튼, 서체 등으로 구성된다.

2. 온라인 쇼핑몰 UX(User Experience)

UI가 컴퓨터와 사람을 연결하는 요소라면, UX는 사용자가 제품이나 서비스를 체험할 때 느낄 수 있는 감정(사용자 경험)을 의미한다. 즉 인간이 느낄 수 있는 여러 가지 감각이나 행동을 말한다.

3. 온라인 쇼핑몰 UI·UX의 발전과정

(1) UI·UX 1.0

1990년대 인터넷 웹브라우저의 발전으로 UI의 중요성이 대두되었다. 이후 텍스트 위주의 문자적 연결고리에서 그래픽 요소를 접목한 GUI를 시작으로 사용자 중심의 인터페이스가 시작되었다.

(2) UI·UX 2.0(2세대 웹표준)

웹은 본래 보편적 접근이 목적이기 때문에 동일한 언어와 규칙을 동반하기 위한 국제적 표준이 필요했으며, 웹기술의 발전을 위한 HTML, CSS 등을 도입하여 웹 접근성을 높였다.

(3) UI·UX 3.0(3세대 스마트폰 보급화)

SNS의 확대로 인해 모바일에서 UI와 UX는 단순 시각적 디자인뿐 아니라 인지적, 감성적, 사업적, 기술적인 결합이 매우 중요해졌다.(모바일 웹은 휴대성, 이동성, 개인화 등의 장점이 있음)

(4) UI·UX 4.0(4세대 웹3.0 인공지능)

AI, 빅데이터, 반응형 웹, IOT 등 웹3.0시대가 도래하면서 UX를 패턴화하고 분석하여 사용자에게 필요한 정보를 제공해주는 시맨틱웹 기술과, 연관 단어로 검색범위를 좁혀 갈 수 있도록 스마트 파인더로 검색기능 등 알아서 반응해주는 AI 형태로 UI·UX가 변화하고 있다.

3 마케팅 퍼널(Funnel) 모형

1. 마케팅 퍼널의 개념
① 퍼널은 '깔때기'를 뜻하며, 마케팅 퍼널은 상품을 인지하고 구매까지 나아가는 과정 중에서 실제 유입자 수가 줄어드는 현상이 깔때기 모양을 닮은 데서 기인한 용어이다.
② 온라인상의 고객이 웹이나 앱 서비스에 접속한 후 상품을 구매하기까지의 일련의 경로를 단계별로 나누어 시각화한 모델을 뜻한다.
③ 온라인상에서 설계된 퍼널을 통해 기업은 각 단계마다 고객의 전환 및 이탈을 확인할 수 있기 때문에 해당 단계에 적합한 전략들을 수립하는 것이 가능하다.
④ 온라인상의 마케팅 퍼널은 기존 소비자의 구매 여정을 새롭게 설계하는 것이 아니라 신규 고객의 유입시점부터 구매, 재구매까지의 고객행동을 단계별로 세분화함으로써 어느 단계에서 이탈자가 많은지 파악하고, 그에 대한 개선 방안을 피드백함에 있다.

2. 마케팅 퍼널 전략(TOFU-MOFU-BOFU 전략)
① TOFU(Top of the funnel): 퍼널 상단, 브랜드를 발견하는 단계
　㉠ 마케팅 채널(인스타, 유튜브 등)에서, 어떤 광고 소재에 대해 고객들이 열광하는지, 잠재고객 한 명을 유입하는 비용이 효율적인지 등 고려하는 단계
② MOFU(Middle of the funnel): 방문자가 구매자가 되기 직전까지의 단계로, 자사브랜드(사이트)에 방문한 고객의 관심 대상, 구매 니즈를 경청하고 질문하는 것이 중요하다.
③ BOFU(Bottom of the funnel): 구매자가 충성 고객이 되는 단계로, 이 단계의 주요 목표는 구매를 완료하고 브랜드 충성도를 끌어올리는 것으로, 자사브랜드를 구매하고, 더 나아가 재구매 및 지인 추천을 하는 정도까지 나아가는 것이 중요하다.

핵심 기출문제

PART 02 디지털마케팅 전략

01

최근 활발하게 전환되고 있는 디지털마케팅 시장의 환경적 특징에 해당하지 않는 것은?

① 시장 참가자의 다양성과 역동성 및 새로운 가치의 창출의 기회가 확대되고 있다.
② 디지털 재화에 대한 소비자의 만족감은 유형의 재화에 비해 상대적으로 지연되는 성격을 갖는다.
③ 디지털 재화시장은 시장세분화가 더욱 심화되고 세분시장 간 강력한 네트워크 효과가 발생한다.
④ 유통기관을 거치지 않고 소비자들에게 직접 판매할 수 있는 직접 거래가 활성화되고 있다.
⑤ 디지털마케팅은 오프라인 마케팅과 달리 사회적, 기술적, 행정적, 경제적 환경에 구애를 받지 아니한다.

디지털마케팅은 개인정보보호와 관련하여 민감한 법률적 프라이버시 문제뿐만 아니라 기술적 환경 변화에 가장 빠르게 영향을 받는 대상에 해당한다.

정답 | ⑤

02

아래 글상자가 의미하는 디지털마케팅 용어로 옳은 것은?

> 콘텐츠를 제작해 불특정다수에게 상품/서비스를 알리는 방법으로 블로그, 유튜브, 팟캐스트 등에서 다양한 형태의 콘텐츠를 이용한 고객과의 양방향 의사소통을 뜻한다. 장기적 관점에서 잠재고객 발굴에 따른 마케팅 효과가 제고된다.

① 바이럴 마케팅
② 검색엔진 마케팅
③ 이메일 마케팅
④ 콘텐츠 마케팅
⑤ O2O 마케팅

선지분석
① 바이럴 마케팅: 구전 마케팅의 인터넷 버전으로, 전염성이 강한 마케팅기법이다.
② 검색엔진 마케팅: 네이버, 구글, 야후 등의 검색엔진을 활용해 광고를 집행하는 마케팅기법으로 검색엔진 광고와 검색엔진 최적화를 통해 실행된다.
③ 이메일 마케팅: 이메일-뉴스레터, 이벤트, 할인행사 등을 고객 이메일을 통해 알리는 온라인 마케팅 방법으로 고객들에게 원하는 정보를 제공해 관심을 유발하고, 고객들이 제품을 구매하거나 서비스를 이용할 수 있도록 유도하는 마케팅기법이다.
⑤ O2O 마케팅: 쇼루밍과 역쇼루밍의 확대에 따라 온·오프라인을 통합해 소비자와의 접점을 확대하는 O2O(Online to Offline), 옴니채널 방식의 마케팅 전략을 말한다.

정답 | ④

03

아래 글상자가 의미하는 디지털마케팅 용어로 옳은 것은?

> 네이버, 구글, 야후 등을 활용한 검색엔진 결과 페이지에 자사 사이트의 가시성(visibility)을 증가시켜 사이트를 홍보하는 온라인 마케팅 방법으로, '키워드 광고'가 대표적이다. 검색엔진 광고를 통해 상품이나 서비스를 검색 결과 사이트 상단에 노출할 수 있는 장점이 있는 마케팅기법을 말한다.

① 넛지 마케팅
② 콘텐츠 마케팅
③ 버즈 마케팅
④ 공생 마케팅
⑤ 검색엔진 마케팅(Search Engine Marketing)

선지분석

① 넛지 마케팅: 누군가의 강요가 아닌 자연스러운 상황을 만들어 고객들이 올바른 구매 선택을 할 수 있도록 이끌어 주는 것을 말한다.
② 콘텐츠 마케팅: 콘텐츠를 제작해 불특정 다수에게 상품 및 서비스를 알리는 방법으로 블로그, 유튜브, 팟캐스트 등에서 다양한 형태의 콘텐츠를 이용한 고객과의 양방향 의사소통을 뜻한다.
③ 버즈 마케팅: 구전 마케팅의 하나로 이용 경험이 있는 소비자가 자발적으로 그 상품에 대해 주위 사람들에게 긍정적인 메시지 전달케 함으로써 입소문을 퍼트리도록 유도하는 마케팅을 말한다.
④ 공생 마케팅: 마케팅 부분에서의 기업 간 협력, 즉 전략적 제휴를 말하며, 심바이오틱 마케팅이라고도 한다.

정답 | ⑤

04

다음 중 디지털마케팅의 장점에 해당하지 않는 것은?

① 기존 촉진수단과 비교할 때 촉진비용 절감효과가 크다.
② 마케팅 효과의 측정 및 추적이 용이하다.
③ 구매활동의 시간적, 공간적 제약이 없으나 비용 측면에서 불리하다.
④ 소비자와의 즉각적인 양방향 의사소통 가능하다.
⑤ 타겟층에 대한 인구통계학적 분석의 장점이 있다.

디지털마케팅은 구매활동의 시간적, 공간적 제약이 없으며 비용 측면에서도 유리하다.

구분	소비자 측면
장점	• 다양한 제품구색에 따른 선택의 용이성 • 구매활동의 시간 및 비용 절감 • 저렴한 가격으로 구매 가능 • 구매행위의 편의성 증대 • 제품의 비교 및 선택 용이 • 다양한 검색 및 활용 가능

정답 | ③

05

일본의 광고대행사 '덴츠'사가 구축한 온라인 구매 의사결정 모델로 그 절차가 가장 옳은 것은?

① 인지(Attention) → 흥미(Interest) → 검색(Search) → 행동(Action) → 공유(Share)
② 인지(Attention) → 흥미(Interest) → 검색(Search) → 공유(Share) → 행동(Action)
③ 인지(Attention) → 검색(Search) → 흥미(Interest) → 행동(Action) → 공유(Share)
④ 흥미(Interest) → 인지(Attention) → 검색(Search) → 공유(Share) → 행동(Action)
⑤ 흥미(Interest) → 인지(Attention) → 행동(Action) → 검색(Search) → 공유(Share)

일본의 광고대행사 '덴츠'사가 구축한 온라인 구매결정과정 모델은 'AISAS'이며, '인지(Attention) → 흥미(Interest) → 검색(Search) → 행동(Action) → 공유(Share)'의 구매의사결정을 거친다.

정답 | ①

06

디지털마케팅을 위한 효과적인 분석도구인 측정지표에 대한 설명으로 틀린 것은?

① 전환율: 웹사이트 방문자 중에서 원하는 목표를 달성한 비율, (전환 수/방문자 수)×100
② 투자수익율(ROI): 마케팅에 투자비용 대비 발생수익의 비율, (수익/투자액)×100
③ 트래픽 측정: 페이지 뷰(웹사이트 페이지 조회 횟수)
④ 컨버전율: 이메일 내 링크를 클릭한 사용자의 비율, (광고클릭 수/노출 수)×100
⑤ 바운스율: 웹사이트에 들어와서 즉시 떠난 사용자의 비율, (바운스한 세션 수/전체 세션 수)×100

컨버전율(전환율)은 콘텐츠의 효과를 측정하는 지표로 원하는 목표를 달성한 사용자의 비율로 측정할 수 있다.
④의 이메일 내 링크를 클릭한 사용자의 비율, (광고클릭 수/노출 수)×100은 '클릭율'에 해당한다.

정답 | ④

07

다음 중 소셜마케팅을 위한 소셜미디어 유형에 해당하지 않는 것은?

① SNS 플랫폼
② 이미지 공유형 플랫폼
③ 마이크로블로킹 플랫폼
④ 오디오 공유형 플랫폼
⑤ 전문 네트워크 플랫폼

소셜미디어-플랫폼은 디지털마케팅을 위해 사용자가 콘텐츠를 만들고 공유하면서 온라인 네트워크에 연결하는 온라인 환경을 뜻하며 페이스북, 트위터, 인스타그램, 유튜브 등이 대표적이다. 이와 관련된 소셜미디어의 유형은 다음과 같다.

SNS 플랫폼	가장 일반적 유형으로 사용자들이 프로필을 생성하고 친구, 동료 등과 연결할 수 있는 플랫폼으로 페이스북이 대표적임
마이크로블로킹 플랫폼	유저들이 짧은 글이나 업데이트를 작성하고 공유하는 플랫폼으로 X(트위터)가 대표적이며 글자 수 제한 있음
이미지 공유형 플랫폼	유저들이 사진/이미지를 업로드하고 공유할 수 있는 플랫폼으로 인스타그램이 대표적임
비디오 공유형 플랫폼	동영상을 업로드하고 공유할 수 있는 플랫폼으로 YouTube가 대표적임
전문 네트워크 플랫폼	비즈니스/직장 관련 정보를 공유하고 커뮤니티와 네트워킹을 할 수 있는 플랫폼으로 Linked-In이 대표적임

정답 | ④

08
23년 2회

쇼핑몰의 시스템 구성에서 프론트 오피스(front office) 요소로 가장 옳지 않은 것은?

① 상품검색 ② 상품등록
③ 상품리뷰 ④ 상품진열
⑤ 회원로그인

상품등록은 관리자가 관리모듈을 통해 관리하는 백 오피스(back office)의 구성요소에 해당한다. 인터넷 쇼핑몰의 시스템 구성에서 프론트 오피스(front office)는 사용자, 즉 고객들이 접하는 부분을 말하며 회원 로그인, 상품 검색 및 상품 리뷰 등이 해당한다.

09

AI 관련 개인정보보호 6대 원칙에 대한 내용으로 옳지 않은 것은?

① 적법성: 개발, 운영 시 개인정보의 처리 근거는 적법·명확해야 한다.
② 공정성: 사생활 침해와 사회적 차별 등이 발생하지 않도록 유의해야 한다.
③ 안전성: 개인정보는 안전하게 관리해야 한다.
④ 책임성: 개인정보 처리에 대한 정보주체의 의견을 수렴하고, 권리를 보장한다.
⑤ 투명성: 개인정보의 처리 내역을 알기 쉽게 공개해야 한다.

책임성이란 개인정보의 처리에 대한 책임을 명확히 하는 것을 뜻한다. 한편 개인정보 처리에 대한 정보주체의 의견을 수렴하고, 권리를 보장한다는 원칙은 '참여성의 원칙'에 해당한다.

정답 | ④

10

고객의 개인정보보호에 관한 내용으로 가장 옳지 않은 것은?

① 고객정보를 제3자에게 제공하거나 제공받은 목적 외의 용도로 이용해서는 안 된다.
② 고객은 개인정보수집, 이용, 제공 등에 대해 동의 철회 및 정정을 요구할 수 있다.
③ SMS 광고 전송 시 전송자의 명칭을 표시하고, 수신거부 의사를 표현할 수 있게 해야 한다.
④ 경품응모권을 통해 수집한 개인정보는 보유 및 이용기간의 제한이 없기 때문에 영구적인 이용이 가능하다.
⑤ 오후 9시부터 아침 8시까지는 별도의 동의 없이 광고를 전송해서는 안 된다.

수집한 개인정보는 보유 및 이용기간의 제한이 없는 것이 아니라 개인정보와 관련된 개별 법률들에 따르면 통상 3년에서 5년의 보유기간 경과 시 폐기하도록 규정되어 있다.

정답 | ④

11
24년 2회

소셜미디어에서 광고가 1,000회 노출되는 데 소요되는 광고비용을 지칭하는 용어로 가장 옳은 것은?

① CTR (Click-Through Rate)
② CVR (Conversion Rate)
③ CPC (Cost Per Click)
④ CPM (Cost Per Mille)
⑤ CPA (Cost Per Action)

선지분석

- CPC (Cost Per Conversion): 전환 건수당 비용으로, 총지급 가격을 전환 수로 나눈 값
- CPM (Cost Per Mille): 1,000건당 노출비용으로, 광고를 1,000번 표시하기 위해 지급하는 가격을 말함
- CTR (Click Through Ratio): 클릭률, 광고가 발생한 클릭 수를 광고가 게재된 횟수로 나눈 값
- CPA(Cost Per Action): 행동 당 비용을 말하며, 사용자가 광고를 클릭한 후 특정 행동(구매, 회원가입 등)을 완료할 때 광고주가 지불하는 비용
- CVR(전환율, Conversion Rate): 웹사이트 방문자 중에서 원하는 목표를 달성한 비율, CVR=(전환 수 / 방문자 수)×100

정답 | ④

PART 03 점포관리

CHAPTER 01 점포의 구성

1 점포구성과 설계 기출 22-2

1. 점포구성의 개념

(1) 점포의 의의

소비자에게 제품과 서비스를 판매 또는 제공하는 공간인 상업시설물을 의미하며, 제품 및 서비스의 판매와 판매에 필요한 지원시설을 포함한다.

(2) 점포구성의 의의

점포 내의 제품과 서비스를 수익성과 경쟁자와의 관계, 점포 콘셉트 등을 고려하여 매출액을 높일 수 있도록 배치·배열·구성하는 과정을 의미한다.

2. 점포설계의 의의 및 목표

(1) 점포설계의 의의

소매점의 마케팅믹스에서 가장 중요한 것이 판매 행위가 이루어지는 점포공간이다. 그러므로 점포의 구성과 설계는 중요한 의미를 지닌다. 특히 지리적 공간을 수반하므로 입지적인 부분이 매우 중요하다. 최근 무점포 소매업이 유행하면서 소비자를 오프라인 매장으로 유도하기 위한 점포의 구성과 설계는 더욱 중요해지고 있다.

(2) 점포설계의 목표 기출 20-2

점포설계는 점포에서 판매하는 제품 및 서비스의 종류와 업태·업종에 적합한 이미지 등에 알맞게 조화를 이루어야 한다. 특히 점포에 방문한 소비자들의 구매 의사결정에 도움을 주는 동시에 구매욕구를 유발시킬 수 있는 공간적인 생산성에 유의해서 설계가 이루어져야 한다.

① 점포이미지 구축

점포설계는 곧 점포의 이미지를 대변할 수 있어야 한다. 즉, 소비자들은 점포의 외장 및 내부 인테리어를 보고 취급하는 품목들이 무엇인지에 대한 이미지가 연상될 수 있어야 한다.

② 점포의 공간생산성 활용

점포는 판매와 구매가 이루어지는 공간이므로 공간의 생산성 및 객단가를 향상시키기 위한 점포의 레이아웃과 점포에서의 광고 등이 중요하다.

3. 점포의 구성요소 기출 24-2, 19-3

- 상품의 구성과 적합한 가격대
- 점포 외관 이미지 및 내부 인테리어
- 진열 및 판매수단(진열집기, 곤돌라 등)
- 점포 및 판매원들이 풍기는 분위기 등
- 점포의 입지조건
- 점포의 기본 설비와 시설
- 매장배치(Layout)

2 점포디자인

1. 점포디자인의 구성요소와 시설

(1) 점포디자인의 4대 구성요소 기출 22-1, 20-2, 19-2
① 외장 디자인(Exterior): 점두(店頭), 윈도(window), 간판시설, 출입구의 숫자와 크기 등
② 내부 디자인(Interior): 벽, 천장, 바닥, 파이프, 빔, 진열장, 창고 등의 매장 설비물
③ 진열 부분: 디스플레이, VMD, POP광고물, 선반, 쇼케이스 등
④ 레이아웃: 고객 동선, 종업원 동선, 공간의 효율성과 생산성 등을 고려한 배치

> **보충학습**
> VMD: 마케팅효과를 극대화하기 위해 특정 상품이나 서비스를 시각적으로 연출하고 관리하는 것

(2) 점포디자인 시설 기출 24-2
① 전방시설: 주로 소비자 유도기능과 선전기능을 담당하는 시설로서 점포의 외관과 간판, 점두시설 및 쇼윈도 등을 의미한다.

> **짚고 넘어가기** 쇼윈도 기출 21-3, 18-1
> - 소비자의 구매결정 과정상 AIDMA원칙을 이끌어내는 시설로 고객의 시선을 외부에서 점내로 유도하는 기능을 하는 시설물을 말한다.
> - 폐쇄형 쇼윈도는 고가의 전문품을 대상으로 고급스런 분위기를 연출하는 데 활용된다.
> - 형태에 따라 폐쇄형, 개방형, Shadow Box형 등이 있으며 구매욕구 자극과 점포이미지 표현에도 활용된다.

② 중앙시설: 점포의 주요 판매시설을 말하며 쇼케이스, 진열대, 진열용구, 선반대, 조명시설 등을 의미한다.
③ 후방시설: 점포의 관리와 운영을 위한 지원시설로서 사무실, 작업장, 창고, 휴게실 등을 의미한다.

2. 점포디자인 시 고려 요소 기출 23-2
① 표적시장의 니즈를 만족시키기 위한 소매업체의 전략 실행
② 효율적으로 제품을 찾고 구입할 수 있도록 가시성/편의성 고려
③ 잠재고객 방문 유도 및 방문 고객의 구매율 증가
④ 용이한 점포의 관리 및 유지비용을 절감할 수 있도록 설계
⑤ 점포설계에 있어서 법적·사회적 요건 충족

CHAPTER 02 매장 레이아웃

1 매장 레이아웃의 개요

1. 레이아웃의 개요 기출 18-2

(1) 레이아웃의 개념
① 매장 레이아웃의 의의
  ㉠ 고객이 매장을 자유롭고 효율적으로 이동할 수 있고, 판매되는 제품이 적절히 노출되도록 하여 점포의 생산성을 높이는 점포 설계를 의미한다.
  ㉡ 매장과 비매장, 통로, 집기, 디스플레이 도구와 진열장, 상품 등과 건물의 고정 시설 등이 서로 적절한 관련성을 갖도록 정리하는 것을 말한다.
  ㉢ 점포 레이아웃은 사전에 상권조사를 통한 점포 콘셉트를 설정한 다음에 설계되어야 한다.
  ㉣ 소비자의 본능적 행동양식과 업종 및 업태 그리고 점포 규모에 따라 적절하게 응용하여 조화를 이루도록 매장 레이아웃 원칙에 유의하여 배치해야 한다.

(2) 레이아웃의 기본원칙 [기출] 20-3, 20-2, 17-3
① 고객이 점포에 머무르는 시간이 길어지도록 고객의 평균 동선을 최대화해야 한다.
② 고객이 편안하고 자유롭게 쇼핑할 수 있도록 하고 혼잡도를 줄이기 위해서, 고객 동선과 종업원의 동선은 교차하지 않도록 구성해야 한다.
③ 종업원의 동선은 가급적 보행 거리가 짧도록 구성해야 한다.
④ 상품 이동 동선은 고객 동선과 교차하지 않도록 구성해야 한다.
⑤ 동선은 상품 탐색을 용이하게 해주어야 할 뿐만 아니라, 각 통로에 단절이 없도록 해야 한다.
⑥ 매장의 내부 공간을 연결하여 공간의 생산성이 높도록 설계해야 한다.

2. 매장 레이아웃 및 공간계획

(1) 레이아웃의 유형
① 그리드형(Grid형, 격자형) [빈출] 24-2, 23-2, 21-3, 21-2, 21-1, 20-2, 19-2, 19-1
  ㉠ 반복적인 직사각 형태로 배치하는 것이다. 어떤 형태의 배치보다도 판매 공간을 효율적으로 사용할 수 있어 재고 및 안전관리가 용이하다. 더불어 효율적 공간 활용으로 인한 비용절감이 가능하다.

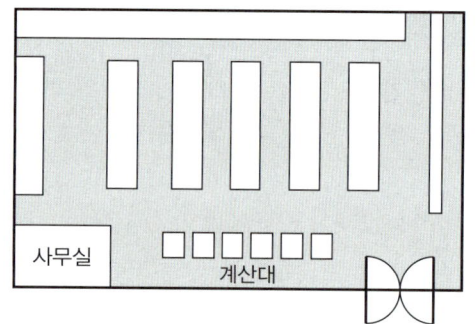
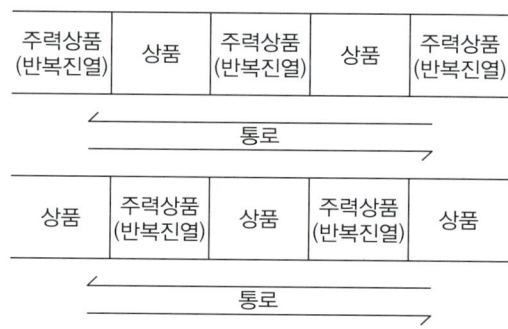

  ㉡ 특징
    ⓐ 효율적으로 공간을 활용해야 하는 대형 할인마트나 편의점, 드럭스토어 등에서 쉽게 볼 수 있는 유형이다.
    ⓑ 동일하게 규격화된 내부 비품들을 사용하기 때문에 반복적인 직사각 형태의 배치가 공간의 효율성을 극대화시키고 비용 절감이 가능하다.
    ⓒ 기둥이 많고 기둥 간격이 좁은 상황에서도 설비비용을 절감할 수 있으며, 통로 폭이 동일하므로 필요 면적이 최소화된다.
    ⓓ 쇼케이스, 진열대, 곤돌라 등 진열기구가 직각 상태로 되어 있다.
    ⓔ 동일 제품을 반복 구매하는 경향이 높은 소매점에서 주로 활용한다.
② 경주로형(Racetrack형, Loop형) [기출] 24-1, 19-3
  ㉠ 주된 통로를 중심으로 여러 매장 입구가 연결되어 있어 고객들이 여러 매장들을 손쉽게 둘러 볼 수 있도록 배치된 형태를 말한다.

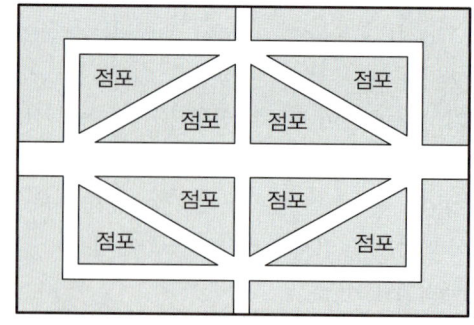

ⓒ 특징
  ⓐ 진열된 제품을 최대한 노출시킬 수 있는 장점(공간의 생산성)이 있어 효과적으로 고객들의 구매를 유발시킬 수 있다.
  ⓑ 주된 통로를 중심으로 여러 매장 입구가 연결되어 있어 고객을 매장 안으로 자연스럽게 유인한다.
  ⓒ 가능한 한 많은 상품들이 쇼핑객들에게 노출될 수 있도록 배치함으로써 소매점포의 공간생산성을 높여 준다.
  ⓓ 고객이 점포 입구에서 출발하여 원형, 정사각형, 직사각형 모양의 통로를 따라 다시 점포 입구로 되돌아오게 되는 형태이다.

③ **자유형**(Free Form) 기출 24-1, 23-2, 22-3, 20-추가, 19-1
  ㉠ 원형, 타원형, U자형 등으로 비품과 통로를 비대칭으로 배치하여 흥미롭고도 자유로운 쇼핑 분위기 속에서 고객의 시선을 끌어 **충동구매**를 유도하는 배치 형태이다. 규모가 작은 전문 매장이나 여러 개의 작은 매장들이 있는 대형점포에 주로 사용한다.

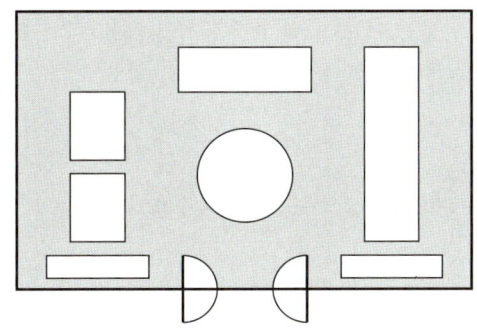 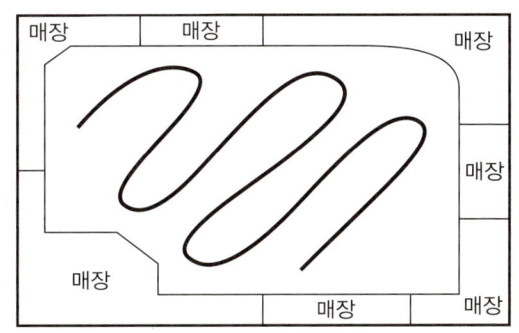

  ㉡ 특징
    ⓐ 규모가 작은 전문 매장이나 여러 개의 작은 매장들이 있는 대형점포에 주로 사용한다.
    ⓑ 고객이 자유롭게 이동하면서 모든 상품을 구경할 수 있는 백화점과 전문점, 고급 의류점 같은 점포에 적합한 배치 형태이다.
    ⓒ 상품이 고객에게 많이 노출되지만, 격자형에 비해 공간생산성은 낮다.

④ 혼합형: 그리드형과 경주로형 그리고 자유형의 장점을 살린 배치 형태이다.

(2) **공간계획**

① 버블계획과 블록계획
  ㉠ 버블(Bubble)계획: Block계획을 세우기 전에 버블 다이어그램(Bubble Diagram)을 통하여 전반적으로 매장공간 내에 배치되어야 할 구성요소들(매장공간, 고객서비스 공간, 창고 등)을 간략하게 그려 보는 계획
  ㉡ 블록(Block)계획: 버블 다이어그램이 그려지면 이를 토대로 매장공간을 평면도에 구체적으로 그려 점포의 주요 기능을 담당하는 공간의 위치와 구역을 명확히 배치하는 계획

② 플래노그램(Planogram) 기출 22-1, 17-3
  ㉠ 개념: 점포 매장 내 상품의 종류 및 상품별 배치 방법을 통하여 매장의 수익성을 극대화시킬 수 있도록 시스템으로 만든 매장 내 진열관리 프로그램(지침서)을 의미한다.
  ㉡ 특징: 점포에 진열되는 제품들을 각각 어디에 어떻게 놓아야 하는지 알려 주는 지침서나 계획서, 혹은 지도라고 할 수 있다. 상점의 선반마다, 통로마다 플래노그램은 어디에 어떻게 제품들을 진열해야 사람들이 더 많이 사가게 만들 수 있을지 정의해 준다.
    예 동일 프랜차이즈의 편의점은 동일 진열 위치 및 패턴 공유

(3) 골든라인(황금구역)

① 개념: 고객이 상품을 보기에 가장 편안하고 직접 손으로 손쉽게 만져 보기에도 수월한 위치의 진열범위를 말한다.

② 특징
- ㉠ 전략적으로 황금구역에 진열해야 하는 상품으로는 중점 판매상품, 계절상품, 캠페인상품, 광고상품 등을 들 수 있다.
- ㉡ 판매 수량 측면이나 매출액 그리고 수익성 측면에서 기여도가 높은 상품의 경우 전략적으로 황금구역에 진열해야 한다.
- ㉢ 유효진열범위 내에서 가장 고객의 눈에 띄기 쉽고, 손이 닿기 쉬운 높이의 범위에 진열해야 한다.
- ㉣ 일반적으로 PB상품보다는 브랜드 인지도가 높은 NB상품이 집중 진열되는 공간이다.

3. 레이아웃 의사결정

(1) 레이아웃의 설계 및 관리를 위한 의사결정 항목 〔기출 22-1〕

① 상품 및 집기의 배치와 공간 결정
② 계산대(카운터) 배치 및 공간 결정
③ 통로의 배치와 공간 결정
④ 쇼핑 공간 및 고객 동선의 결정
⑤ 상품품목을 구분한 보조통로의 배치와 공간 결정

(2) 점포 내 레이아웃관리를 위한 의사결정 순서 〔기출 21-1〕

> 상품배치 결정 → 고객동선 결정 → 판매방법 결정 → 진열용 기구배치

2 매장의 구성과 구분 및 배치

1. 매장의 구성

(1) 매장구성의 개념 및 중요성

매장이란 소비자에게 판매하는 상품을 전시하고 판매하는 장소이자 점원들이 영업을 하는 장소로서 장소, 상품, 고객서비스를 매장구성의 3요소라 한다. 매장은 고객에게 상품을 판매하는 공간이므로 고객의 동선을 고려해야 하며, 쇼핑의 편리함과 즐거움을 더해 주는 기능이 있어야 한다.

(2) 매장의 분류

매장은 판매 상품, 구매빈도, 브랜드, 수익률, 기여도 등 다양한 기준에 의해 분류되지만 일반적으로는 판매상품별로 분류한다.

2. 매장의 구분

점포는 공간균배의 원리에 따라 집심성 점포, 집재성 점포, 산재성 점포, 국부적 집중성 점포 등으로 구분된다.

> **보충학습**
> **공간균배의 원리**: 비슷한 제품을 판매하는 점포들이 경쟁할 경우, 점포의 공간을 유리한 방향으로 분배하는 원리

① 집심성 점포: 배후지의 중심부에 입지하는 점포 유형이다. 백화점, 도매점, 영화관, 약국 등이 이에 속한다.
② 집재성 점포: 한곳에 함께 있어야만 경제적으로 유리한 업종끼리 모인 점포이다.
③ 산재성 점포: 한곳에 있으면 서로 불리하기 때문에 입지가 서로 떨어져 존재하는 경향이 있는 점포를 말한다. 잡화점, 세탁소 등이 이에 속한다.
④ 국부적 집중성 점포: 동종업종의 점포들이 국부적 지역에 집중하여 입지하여야 유리한 점포를 말한다. 컴퓨터 부품점, 철공소 등이 이에 속한다.

3. 매장배치

(1) 소매점포의 공간분류 기출 22-2

항목	용도
고객존	고객휴게실과 화장실, 고객용 출입구, 통로 계단
상품존	상품매입, 보관 장소
직원존	사무실, 종업원을 위한 식당과 휴게실
매장존	매장시설, 계산대
후방존	물류 공간, 작업 공간

(2) 매장배치 기출 22-3
① 고가의 전문매장, 가구매장 등은 고층이나 층 모서리에 배치하는 것이 바람직하다.
② 충동구매를 일으키는 상품은 점포 전면에 진열, 배치하는 것이 바람직하다.
③ 층수가 높은 점포는 층수가 높을수록 그 공간가치가 낮아진다.
④ 넓은 바닥면적이 필요한 상품은 통행량이 적은 곳에 배치하여야 한다.

(3) 통로설정
통로는 고객이 쇼핑을 하기 위한 공간이자 종업원들이 근로를 하면서 움직이는 동선이다. 따라서 통로는 고객의 동선과 종업원의 동선이 겹치지 않도록 계획해야 한다. 또한 매장의 통로는 점포 입구에서 점포 내부로 고객을 인도하는 주통로와 매장을 종횡으로 구분하는 중통로, 진열대와 진열대 사이를 순환할 수 있게 만든 보조통로로 구분된다.

CHAPTER 03 상품진열(디스플레이, Display)

1 상품진열의 개요 및 효과

1. 상품진열의 개요 기출 22-1

(1) 상품진열의 개념
① 점포 내 판매설비 및 조명, 쇼윈도의 위치에 따라 상품을 배치하여 고객으로 하여금 구매욕구를 자극시키는 것이다.
② 상품진열을 통해 상품 이미지를 차별화 시킬 수 있다. 이에 고객수와 매출액이 증가하고, 점포 내 종업원의 판매 의욕도 함께 증진된다.

(2) 상품진열 시 유의점
고객의 시선을 주목시키는 포인트로 상품의 장점을 알리기 위해서 너무 많은 강조점을 준비하는 것은 바람직하지 않다.

2. 상품진열의 효과
① 다른 점포와의 차별화된 이미지를 구축할 수 있다.
② 점포와 상품의 이미지를 높이는 효과를 얻는다.
③ 진열 상품에 대한 구매욕구를 향상시킴으로써 보다 충동적인 소비를 촉진시킨다.
④ 고객으로 하여금 상품을 선택하기 쉬운 매장으로 만드는 효과가 있다.
⑤ 진열 기술을 통해 고객의 셀프 서비스를 유도하여 비용을 감소시킬 수 있다.

2 상품진열의 조건 및 형식

1. 상품진열의 조건

(1) 상품진열의 기본요소

① 진열 품목의 양

② 진열 품목의 종류

③ 진열 위치

④ 진열 형태

⑤ 페이스

(2) 상품진열의 품목 구성 순서 기출 21-2, 20-추가

> 레이아웃(Layout) → 그룹핑(Grouping) → 조닝(Zoning) → 페이싱(Facing)

① 레이아웃(Layout, 공간의 배치)

고객과 종업원의 동선, 공간의 효율성과 생산성 등을 고려하여 공간적으로 알맞은 장소에 배치하는 일이다.

② 그룹핑(Grouping, 연관 상품의 묶음)

개별 상품 중에서 공통점이 있는 품목이나 관련 상품끼리 묶는 과정이다. 고객의 쇼핑관점에서 상품 탐색과 선택 시의 의사결정 기준을 고려해서 구성한다. 그 후에 상품의 배치를 결정한다.

③ 조닝(Zoning, 그룹핑한 품목의 공간설정) 기출 20-추가, 20-2

그룹핑한 품목을 어느 위치에 배치할 것인가를 결정하고, 그룹핑한 제품군을 매출액과 연관성 등에 따라 공간 할당을 정하는 절차이다.

④ 페이싱(Facing, 페이스 수와 진열 위치 결정) 기출 20-2, 18-3, 17-3

㉠ 페이스(Face)는 상품이 진열을 통해 소비자에게 보여지는 정면 부분으로, 상품의 얼굴을 소비자에게 정면으로 향하도록 진열한다.

㉡ 페이싱(Facing)은 특정 상품을 가로로 몇 개 진열하는가를 의미한다. 그 진열량 모두를 페이스의 수, 혹은 페이싱이라고 한다.

2. 상품진열의 원칙

(1) 광고의 원칙

① 광고의 기본원칙(AIDA, 소비자의 심리작용 순서)

A(Attention, 주의) - I(Interesting, 흥미) - D(Desire, 욕구) - A(Action, 행동)

② 광고의 원칙(AIDMA)

A(Attention, 주의) - I(Interesting, 흥미) - D(Desire, 욕구) - M(Memory, 기억) - A(Action, 행동)

(2) 상품진열의 원칙(AIDCA)

① A(Attention): 중점 제품을 효과적으로 진열하여 주목을 끌게 한다.

② I(Interesting): 상품의 세일즈 포인트를 강조하여 소비자의 흥미를 유발시킨다.

③ D(Desire): 구매해서 소유하고 싶다는 욕망을 불러일으킨다.

④ C(Conviction): 구매에 대한 확신을 부여하고 구입으로 인한 만족감을 강화시킨다.

⑤ A(Action): 충동적인 구매 행위를 일으키게 하여 클로징한다.

3. 상품진열과 선반진열의 종류

(1) 상품진열의 종류 빈출 24-1, 23-1, 22-2, 21-3, 20-3, 20-추가, 20-2, 19-3, 18-3, 17-3, 17-1

① 종류별 분류진열(Classification Display)

상품들을 상품계열에 따라 분류하여 진열하는 방식으로 특히 슈퍼마켓이나 대형할인점에서 주로 채택하는 진열방식

② 라이프스타일별 진열(Lifestyle Display)

상품을 사용하는 주체의 특정 상황이나 환경을 설정하여 진열하는 방식

③ 수직적 진열(Vertical Display)

㉠ 점포의 벽이나 곤돌라를 이용하여 상품을 수직으로 진열하는 방식

㉡ 부문별 상품이 곤돌라 라인 내 골든라인에 걸쳐서 진열해 쇼핑 고객의 시선이 고르게 분산됨

㉢ 고객 시선의 흐름을 수직화하여 상품을 효과적으로 보이게 하며, 고객 눈에 띄기 쉬움

④ 아이디어 지향적 진열

시범적으로 실제 사용처와 유사하게 배치했을 때 어떻게 보일지를 상호 보완되는 품목들과 함께 진열하여 고객들의 구매욕구를 높이는 진열 방식

⑤ 적재 진열

㉠ 통조림, 라면 같은 제품을 높이 쌓아놓고 파는 진열 방식으로 가격이 저렴할 것이라는 기대심리를 자극함

㉡ 창고형 마트에서 주로 사용

⑥ 수평 진열

가로 방향의 진열이며 파노라마식 진열이라고도 함

⑦ 비주얼 디스플레이

컬러 코디네이트, POP, 조명효과 등을 이용하여 고급스러움을 연출하기 위한 진열

⑧ 점블 진열(Jumble Display, 벌크 진열)

㉠ 점블이란 상품을 아무렇게나 너저분하게 뒤섞는다는 뜻으로, 할인점이나 슈퍼의 한 편에 상품들을 아무렇게나 쌓아 놓아 특가품이라는 인식을 주어 충동구매를 조장하는 진열 방법

㉡ 저가격, 저마진 상품에 적용

⑨ 섬 진열(Island Display)

사방이 고객을 향하게 배치하는 진열법으로 매장 내에 하나의 진열대만을 독립되게 진열하는 방법

⑩ 페이스아웃(Face Out)

고객들에게 상품의 전면 디자인이 잘 보이도록 진열하는 방식

⑪ 슬립아웃(Sleeve Out)

㉠ 상품을 집어 들기 쉽게 진열하거나 상품의 옆면이 잘 보이도록 진열하는 방법

㉡ 의류의 경우 행거에 걸어서 고객 위치에서 옷소매가 보이도록 하여 쉽게 집을 수 있게 진열

⑫ 쇼케이스 진열(Showcase Display)

㉠ 쇼케이스란 진열을 목적으로 상점 내에 설치하는 상자형 구조물로 쇼케이스에 판매 상품을 진열하여 구매욕구를 유발시키는 진열 방법

㉡ 윈도형, 카운터형, 섬형 등이 있음

⑬ 전면 진열

소매업체가 상품을 효과적으로 진열하는 동시에 효과적인 보관까지 하기는 어려울 때 고객의 시선을 끌기 위해 상품 전체를 노출시키는 진열 방식

⑭ 조정형 진열(Coordinated Display)

　연관되는 상품을 하나의 세트로 진열하는 방식

⑮ 테마별 진열(Theme-Setting Display)

　㉠ 제품을 테마별로 특별한 분위기에 맞추어 진열하는 방식

　㉡ 계절(바캉스나 스키 시즌 등)이나 특별한 이벤트(발렌타인데이나 크리스마스 등)에 따라 제품을 진열

　㉢ 판매를 촉진하고 쇼핑을 더욱 즐겁게 함

(2) **선반진열의 종류** 기출 19-1

① 샌드위치 진열

　진열대 내에서 잘 팔리는 상품 곁에 이익은 높으나 잘 팔리지 않는 상품을 진열해서 판매를 촉진하는 진열 방식

② 라이트업(Right Up) 진열

　좌측보다 우측에 진열되어 있는 상품에 시선이 머물기 쉬우므로 우측에 고가격, 고마진, 대용량의 상품을 진열하는 방식

③ 전진입체 진열

　㉠ 상품 인지가 가장 빠른 페이스 부분을 가능한 한 고객에게 정면으로 향하게 하는 진열 방식

　㉡ 적은 양의 상품을 갖고도 풍부한 진열감을 연출 가능

　㉢ 제조 일자가 빠른 상품과 오래된 상품은 앞으로 내어 진열

④ 브레이크업(Break Up) 진열

　진열라인에 변화를 주어 고객 시선을 유도하여 상품과 매장에 주목률을 높이고자 하는 진열 방식

⑤ 트레이팩 진열

　하단 부분을 파렛트 또는 받침대로만 처리하고 진열 상품의 박스 하단 부분을 트레이 형태로 커트해 박스째 쌓아 올려 진열하는 방식

3 상품진열 및 배열기법

1. 상품진열 및 배열기법

① 방사형 배열: 디자인 요소들이 중심점으로부터 퍼져 나가는 형태의 배열

② 단계형 배열: 상품 및 상품 구성품들을 상향 또는 하향으로 단계별 배열

③ 피라미드 배열: 밑은 넓고 위로 갈수록 점점 좁아지는 삼각형 형태로 상품을 배열

④ 지그재그형 배열: 상품을 연단의 꼭대기에 쌓아 올리지 않는 것을 제외하고는 피라미드형과 유사한 배열

⑤ 반복형 배열: 일반적인 특성이 유사한 품목에 이용되며 무게, 공간 또는 각도 등을 정확하고 동일하게 배열

2. **엔드매대(End Cap) 진열** 기출 21-2, 20-추가, 20-2, 18-3

(1) **개념**

① 고객들이 이동하는 통로에 직접 매대를 노출시켜 충동구매를 유도하는 전략이다.

② 테마 상품 또는 소비자들에게 인지도가 있는 상품을 진열하여 매출액을 극대화시키는 진열 방법이다.

③ 계산대에서 정면으로 보이는 곤돌라 엔드로 매장 내 최고의 위치이며, 쇼핑을 마치고 계산하기 위해 출구 쪽으로 가려는 고객을 멈추게 하여 다시 통로로 유도한다.

(2) 특징
   ① 고객이 3면에서 상품을 보는 것이 가능한 매대로 노출의 장점이 있다.
   ② 매장에서 가장 눈에 잘 띄며 손으로 집기 편하다.
   ③ 컷 진열을 통해 질량감 있는 연출이 가능하다.

(3) 엔드매대의 활용
   ① 신학기, 명절, ○○데이, 계절행사, 테마행사를 제안하는 공간으로 활용한다.
   ② 관심 상품을 곤돌라에 진열하여 주 판매대인 곤돌라로 고객을 유인한다.
   ③ 전단, 광고 상품, 행사 상품 등을 진열하여 판매촉진수단으로 활용한다.
   ④ 인지도가 높은 고마진 상품을 진열하여 매출액 상승을 도모할 수 있다.

(4) 엔드 진열의 종류
   엔드 진열은 평대 양 끝에 있는 진열대를 뜻하며 단품 진열, 다품 진열, 관련 진열 세 가지로 분류된다.
   ① 단품 진열: 신상품, 기획 상품 등 특정 브랜드 판매를 극대화시킬 때 사용된다.
   ② 다품 진열: 생활 제안, 메뉴 제안, 시즌 상품 등 명확한 테마를 가진 상품을 진열할 때 사용된다.
   ③ 관련 진열: 상품력이 높은 주력 품목의 진열 페이싱을 확보한 후 그에 관련된 보조 상품을 일정 비율로 추가 구성하여 연출한다.

CHAPTER 04 점포공간 및 환경관리

1 점포공간의 개요

1. 점포공간관리 기출 18-1

(1) 개념
   ① 점포공간은 고객들의 쇼핑 공간이며 동시에 종업원들의 업무공간이므로, 효율적이고 쾌적해야 하며 편의성도 고려되어야 한다.
   ② 저수익률·고회전율·반복구매의 특성을 지닌 상품을 다루는 슈퍼마켓, 대형할인점 등에서는 한정된 공간의 효율성을 극대화하는 격자형 배치가 효과적이다.
   ③ 고객이 점포 중앙에 집중하는 경향을 보이는 쇼핑센터 같은 경우 경주로형 배치가 적합하다.

(2) 판매원 활동 역할에 따른 점포공간구성 기출 23-3, 19-1
   ① 매장공간: 소비자에게 상품정보를 전달 및 판매와 결제를 도와주는 공간
   ② 인적판매공간: 판매원이 상품을 보여주고 상담을 하기 위한 공간
   ③ 서비스공간: 휴게실, 탈의실과 같이 소비자의 편익을 위하여 설치되는 공간
   ④ 판촉공간: 판촉 상품을 전시하거나 보호하는 공간
   ⑤ 진열판매공간: 상품을 진열하여 셀프 판매를 유도하는 곳
   ⑥ 판매예비공간: 판매를 지원하기 위해 마련한 공간을 의미

2. 점포입지관리

① 일반적으로 고층 점포는 위층으로 올라갈수록 공간가치가 낮아지고, 고객의 출입 편의성이 좋은 1층의 공간가치가 가장 높다.

② 고객 접근이 가장 편리한 점포 앞쪽에는 ABC관리에 따라 매장 내 수익성이 큰 업종이 배치되며, 고객서비스 코너는 혼잡성이 있을 수 있으므로 점포 앞쪽에 배치하지 않는다.

③ 가구, 실내 장식품 등 전문품과 같이 공간을 많이 차지하는 상품의 경우, 고객의 주의 집중이 용이하며 사람들의 왕래가 지나치게 많지 않은 곳에 위치하는 것이 바람직하다.

④ 특수성을 가진 전문품이나 명품 등을 판매하는 상품부서의 위치는 구매고객이 주의를 집중하기 쉽게, 사람들의 왕래가 지나치게 많지 않은 곳에 위치하는 것이 효과적이다.

> **보충학습**
> ABC관리: 파레토법칙에 따라 유통상이 취급하는 상품을 전체 수익에 대한 기여도에 따라 A, B, C로 분류한 후 분류된 상품의 재고 수준을 각기 달리함으로써 재고비용절감 및 수익성을 향상시킬 수 있는 방법

2 점포 내·외부 환경관리 기출 22-1, 18-2

1. 점포 내부 환경관리

① 고객들의 쇼핑을 돕는 한편 구매욕구를 높이기 위해 점포의 이미지 및 취급하는 품목의 종류에 맞게 설계하고, 제품 구색을 두드러지게 하기 위한 효율적인 배치가 중요하다.

② 점포 내부는 고객의 구매심리를 적극적으로 유발할 수 있도록 구성해야 한다.

③ 용도에 맞는 조명 설치도 점포분위기 및 매출액에 중요한 영향을 미친다. 대형할인점 같은 경우에는 밝은 조명이 매출액을 높이는데 비해, 백화점 의류·패션 매장의 경우에는 너무 밝은 조명은 매출액을 감소시킬 수도 있다.

④ 시각적인 요소 이외에도 음악의 종류 및 후각을 자극하는 향기도 목표고객의 구매량에 영향을 줄 수 있으므로 유의해야 한다.

⑤ 간판, 포스터, 게시판, POP 등의 진열이 고객의 동선을 방해하지 않도록 관리한다.

2. 점포 외부 환경관리

① 고객이 점포를 쉽게 인지하고 찾을 수 있도록 점포의 이미지는 대표성있게 디자인되어야 한다.

② 점포의 외관은 고객을 흡인하는 효과도 있지만 목표고객이 아닌 고객이 방문하지 못하게 하는 역기능도 있다.

③ 점포의 외관은 일반적으로 점두(Store Front)와 진열창(Show Window)으로 구성된다.

CHAPTER 05 비주얼 머천다이징

1 비주얼 머천다이징(VMD, Visual Merchandising)의 개요

1. 머천다이징의 개념 및 핵심 업무

(1) 머천다이징의 개념 기출 21-3

상품화계획이라고도 하며, 마케팅활동의 하나이다. 주된 활동으로는 생산 또는 판매할 상품의 기능·디자인·포장과 같은 제품계획, 상품의 생산량 또는 판매량, 생산 시기 또는 판매 시기 및 가격결정이 있다.

(2) 머천다이징의 핵심 업무

생산 또는 판매할 상품에 관한 결정, 상품의 구색 맞추기, 점포구성과 레이아웃 및 컨셉 설정 등이 머천다이징의 핵심 업무이다.

2. 비주얼 머천다이징(VMD)의 개념 및 기능

(1) VMD의 개념 기출 23-1, 15-1
① 머천다이징을 위해 상품과 판매 환경을 시각적으로 연출하고 관리하는 일련의 활동이다.
② 시각적 머천다이징의 중요 요소로는 색채, 재질, 선, 형태, 공간 등을 들 수 있다.
③ 점포 내·외부 디자인도 포함하는 개념이지만 핵심 개념은 매장 내 전시를 중심으로 이루어진다.

(2) VMD의 기능
① 상품이 갖는 장점을 고객에게 최대한으로 표현하여 전달한다.
② 판매 적기의 상품을 비중 있게 배치하여 소비자의 눈에 띄도록 한다.
③ 제품에 대한 정보를 전달하고 특정 이미지를 만들어 판매를 신장한다.
④ 고객이 구석구석 살펴볼 수 있도록 유도 포인트를 설치하여 모든 상품이 잘 팔릴 수 있는 기회를 만드는 역할을 한다.
⑤ 상품의 기획 의도, 상품의 잠재적 이윤뿐만 아니라, 포장 형태나 인테리어와의 전체적인 조화 등을 중점적으로 고려하여 이루어진다.

3. 비주얼 머천다이징(VMD)의 목적 및 구성요소

(1) VMD의 목적
시각적 머천다이징의 목적은 고객에게 알맞은 상품구색 결정 및 구색이 갖추어진 상품에 대해서 최적의 매장 이미지를 연출하고 전략적인 판촉을 통해서 소매점포의 이윤을 극대화시키는 데 있다. 이를 위해서는 상품과 점포 이미지가 일관성을 유지할 수 있게 진열하는 것이 중요하다.

(2) VMD의 구성요소 기출 23-2, 23-1, 22-3, 22-2, 20-2, 19-3, 19-2, 18-1, 17-2
VMD의 목적을 달성하기 위해서는 다음과 같은 머천다이징 프레젠테이션의 구성요소를 갖추어야 한다.

① VP(Visual Presentation)
㉠ 상점 포털의 이미지화 작업으로 점포의 분위기 연출과 테마의 종합 표현으로 고객에게 점포와 상품 이미지를 높이는 역할을 한다.
㉡ AIDMA법칙 중 Attention(주의)과 Interest(흥미)를 유도하는 효과적인 방법이다.

② PP(Point of sale Presentation)
㉠ 고객의 시선이 많이 머무르는 곳에 보기 좋게 분류된 상품의 판매 포인트를 보여 주는 것으로서 판매를 유도하는 기능을 한다.
㉡ PP는 어디에 어떤 상품이 있는가를 알려주는 진열이라 할 수 있다.

③ IP(Item Presentation)
㉠ 고개별 상품을 분류, 정리하여 고객으로 하여금 보기 쉽고 선택이 용이하도록 신선한 정보를 제공하여 진열하는 기법을 의미한다.
㉡ IP는 고객이 하나의 상품에 대한 구입의사결정을 돕기 위한 진열이다.

④ Packing
내부포장, 외부포장, 개별포장, 상업포장 등이 있다.

> **보충학습**
> **상업포장**: 내용물을 보호하고 상품 가치를 높이기 위하여 하는 포장

2 컬러 머천다이징 관리 기출 20-추가

1. 컬러 머천다이징에서의 색채 배열 기준
① 맑은 색에서 탁한 색 순으로, 밝은 색에서 어두운 색 순으로, 옅은 색에서 짙은 색 순으로 배열한다.
② 왼쪽에서 오른쪽으로 배열한다. 왼쪽에서 오른쪽으로 품목별·디자인별·스타일별 순서로 정리하고 진열한다.

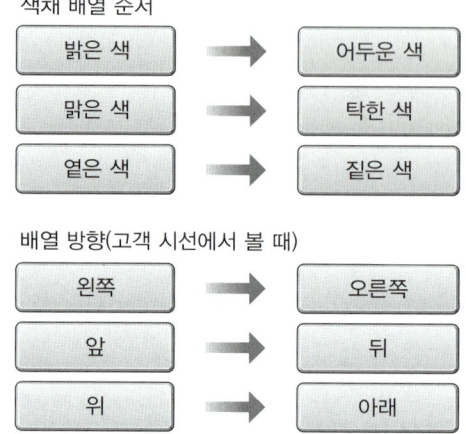

2. 진열 상품 배색의 주의점
① 진열 상품의 주력색을 정한다.
② 진열 상품의 양·위치·형태를 파악한다.
③ 주위의 컬러와 환경을 고려한다.(유행하는 컬러를 고려)
④ 색상·채도·명도 관계를 고려한다.
⑤ 조명을 활용한다.

3 POP(Point Of Purchase)광고 취급 방법 기출 20-추가, 20-2, 19-2, 18-3

1. POP광고의 개념 및 의의

(1) POP광고의 개념
소비자들이 구매 시점에 구매욕구에 영향을 미치는 표지판, 모빌, 장식판, 현수막, 선반광고, 제품의 모조품, 전시나 진열, 포스터, 바닥광고, 점포 내 음성 광고 등을 말한다.

(2) POP 광고의 의의
① POP광고는 소비자에게 이성적인 구매욕구가 아닌 충동적인 구매욕구를 자극한다.
② 소매점포 내에서 자사제품이 다른 제품과 비교해 가능한 유리한 조건을 제시하여 고객들에게 흥미를 유발시키고 최종적으로 구매와 연결되도록 한다.
③ 소비자들에게 어떤 특정 상품에 주목하게 하고 유용한 정보를 제공하며 구매 시점에 고객들이 그 브랜드를 선택하도록 자극한다.

2. POP광고의 역할

① 상품을 설명하고 구매를 촉진시키는 역할
② 보조기구나 진열 배경의 역할
③ 매장, 행사 등을 안내하는 역할
④ 판매를 보다 효율적으로 하기 위한 역할
⑤ 점내에 활기를 높여 주는 역할
⑥ 광고를 상기시켜 판매를 촉진하는 역할
⑦ 셀프서비스를 가능케 하는 역할

3. POP광고의 종류와 특징

분류 방법	종류	특징 및 용도
가공소재별 분류	종이, 골판지	가격이 저렴하고 내구성이 약함, 단기적 사용
	합성수지(아크릴, 플라스틱 등)	제작비용의 부담이 크나 견고함, 장기적 사용
	금속(철판 알루미늄, 신주 등)	내구성이 강하고 고급스러움
	천	깃발, 현수막, 휘장 등에 사용
설치장소별 분류	점두 POP	실물 크기의 대형 포스터 및 현수막
	천장 POP	행거, 배너 깃발 등
	윈도 POP	매장의 콘셉트나 행사의 진열대 및 오브제
	플로어 POP	바닥에 세우는 형태의 진열대 및 오브제
	카운터 POP	카운터나 쇼케이스 상단에 설치하는 소형 제작물
	벽면 POP	벽 부착용 깃발, 포스터, 안내판 등
	선반 POP	벽면 진열 선반의 쇼카드, 포스터 등
사용 기간별 분류	단기적 POP	시즌, 신상품 프로모션용 진열대 및 포스터
	장기적 POP	브랜드 사인, 층별 안내 사인, 비주얼 이미지 등

핵심 기출문제

PART 03 점포관리

01
19년 1회

점포 내부 환경관리에 대한 설명으로 옳지 않은 것은?

① 점포의 주체적 기능은 판촉이므로 조명은 진열에 대해 상품을 부각시켜 고객을 유인하는 효과적인 역할을 한다.
② 점포 안의 조명은 항상 밝게 하여 화사한 분위기를 조성해야 한다.
③ 소매상에서는 색채 배색과 조절을 통해 고객의 주의를 끌어들이면서 구매의욕을 환기시킨다.
④ 여성을 상대로 하는 사업은 흰색과 파스텔 톤을, 어린이가 주 고객인 유치원이나 장난감 가게 등은 노랑, 빨강과 같은 원색을 사용하는 것이 좋다.
⑤ 벽면에 거울을 달거나 점포 일부를 계단식으로 높이면 실제 점포보다 넓어 보일 수 있다.

점포의 조명이 전체적으로 너무 밝으면 주의가 산만해져 구매의욕이 상실될 수 있으므로 적절한 스포트라이트를 활용하는 것이 좋다. 조명은 특정한 진열 상품을 두드러지게 하거나 강약을 주어 상품의 가치를 높여 주고 점포의 시각적 요소들의 균형을 잡아 주는 역할을 한다.

정답 | ②

02
17년 3회

점포 레이아웃에 대한 설명으로 가장 옳지 않은 것은?

① 구석구석까지 고객의 흐름을 원활하게 유도하도록 설계한다.
② 상품운반이 용이하고 고객의 이동은 방해받지 않도록 통로를 구성한다.
③ 구매를 촉진시키기 위해 연관성 있는 상품을 한 곳에 모은다.
④ 고객의 라이프스타일에 따라 상품을 결합하여 고객의 불필요한 동선을 줄인다.
⑤ 고객 동선은 가능한 한 짧게, 작업 동선은 가능한 한 길게 한다.

고객 동선은 매장에 머무르는 시간을 극대화하기 위해 가능한 길게 하고, 직원의 작업 동선은 고객 동선과 겹치지 않고 최대한 짧게 구성해야 한다.

관련이론 | 점포 레이아웃의 기본원칙
- 고객이 점포에 머무르는 시간이 길어지도록 고객의 평균 동선을 최대화해야 한다.
- 고객이 편안하고 자유롭게 쇼핑할 수 있도록 하고 혼잡도를 줄이기 위해서, 고객 동선과 종업원의 동선은 교차하지 않도록 구성해야 한다.
- 종업원의 동선은 가급적 보행 거리가 짧도록 구성해야 한다.
- 상품 이동 동선은 고객 동선과 교차하지 않도록 구성해야 한다.
- 동선은 상품 탐색을 용이하게 해주어야 할 뿐만 아니라, 각 통로에 단절이 없도록 해야 한다.
- 매장을 연결하여 공간의 생산성이 높도록 설계해야 한다.

정답 | ⑤

03
21년 1회

아래 글상자에서 설명하는 점포 레이아웃 형태로 옳은 것은?

> ㉠ 기둥이 많고 기둥 간격이 좁은 상황에서도 점포 설비비용을 절감할 수 있음
> ㉡ 통로 폭이 동일해서 건물 전체 필요 면적이 최소화된다는 장점이 있으며 슈퍼마켓 점포 레이아웃에 많이 사용됨

① 격자형 레이아웃
② 자유형 레이아웃
③ 루프형 레이아웃
④ 복합형 레이아웃
⑤ 부띠끄형 레이아웃

격자형 레이아웃(Grid Type Layout)에 대한 설명이다. 설비나 통로를 반복적인 패턴의 사각형으로 배치하고, 상품은 직선형으로 병렬 배치하는 방법이다.

정답 | ①

04
19년 1회

아래 글상자의 (㉠)과 (㉡)에 들어갈 용어를 순서대로 옳게 나열한 것은?

> (㉠)은 고객이 점포 입구에서 출발하여 원형, 정사각형, 직사각형 모양의 통로를 따라 이동하여 다시 점포 입구로 돌아오는 형태이다. (㉡)은 백화점, 의류점, 컴퓨터 판매점 등에서 많이 이용되는 형태로 소비자가 쇼핑하기에 편하고 점포 내 이동이 자연스럽다.

① ㉠ 수직형, ㉡ 자유형
② ㉠ 수직형, ㉡ 수평형
③ ㉠ 루프형, ㉡ 자유형
④ ㉠ 격자형, ㉡ 수평형
⑤ ㉠ 표준형, ㉡ 자유형

㉠ 고객을 매장 안으로 자연스럽게 유인하는 배치 형태는 루프형(경주로형)의 장점이다. 경주로 배치 설계는 주된 통로를 중심으로 여러 매장 입구가 연결되게 배치하는 방법으로, 가능한 많은 상품들이 쇼핑객들에게 노출될 수 있도록 배치함으로써 소매점포의 공간생산성을 높여주는 배치 기법이다.
㉡ 자유형 배치는 일명 부띠끄형 배치라고도 하는데 비품과 통로를 비대칭으로 배치하는 방법으로, 규모가 작은 전문 매장이나 여러 개의 작은 매장들이 있는 대형점포에 주로 사용한다.

정답 | ③

05
19년 1회

아래 글상자는 진열유형 중 하나에 대한 설명이다. 관련 진열 유형으로 옳은 것은?

> 진열대 내에서 잘 팔리는 상품 곁에 이익은 높으나 잘 팔리지 않는 상품을 진열해서 고객 눈에 잘 띄게 하여 판매를 촉진하는 진열이다. 이 진열은 무형의 광고효과가 있기 때문에 진열대 내에서 사각공간을 무력화시키는 효율 좋은 진열방법이다.

① 수직 진열
② 수평 진열
③ 샌드위치 진열
④ 라이트 업(Right up) 진열
⑤ 전진입체 진열

샌드위치 진열은 진열대 내에서 잘 팔리는 상품 곁에 이익은 높으나 잘 팔리지 않는 상품을 진열해서 판매를 촉진하는 진열이다.

선지분석
① 수직 진열: 점포의 벽이나 곤돌라를 이용하여 상품을 진열하는 방식이다.
② 수평 진열: 파노라마식 진열이라고도 하며, 수직진열이 세로방향으로 진열함에 반해, 수평진열은 가로방향으로 진열한다.
④ 라이트 업 진열: 좌측보다 우측에 진열되어 있는 상품에 시선이 머물기 쉬우므로 우측에 고가격, 고마진, 대용량의 상품을 진열한다.
⑤ 전진입체 진열: 상품인지가 가장 빠른 페이스 부분을 가능한 한 고객에게 정면으로 향하게 하는 진열방법이다.

정답 | ③

06
23년 3회, 19년 1회

점포에서의 활동 역할에 따른 공간구성에 대한 설명으로 옳지 않은 것은?

① 판매 예비 공간은 소비자에게 정보를 전달하거나 결제를 도와주는 공간이다.
② 인적판매 공간은 판매원이 상품을 보여주고 상담을 하기 위한 공간이다.
③ 서비스 공간은 휴게실, 탈의실과 같이 소비자의 편익을 위하여 설치되는 공간이다.
④ 판촉 공간은 판촉 상품을 전시하거나 보호하는 공간이다.
⑤ 진열 판매 공간은 상품을 진열하여 셀프 판매를 유도하는 곳이다.

판매 예비 공간은 소비자에게 정보를 전달하거나 결제를 도와주는 공간이 아니라 판매를 지원하기 위해 마련한 공간을 의미한다.

정답 | ①

07
23년 1회

종적인 공간효율을 개선시키고 진열선반의 높이가 낮을 때는 위에서 아래로 시선을 유도하는 페이싱 방법으로 가장 옳은 것은?

① 페이스 아웃(face out)
② 슬리브 아웃(sleeve out)
③ 쉘빙(shelving)
④ 행잉(hanging)
⑤ 폴디드 아웃(folded out)

매대나 진열선반에 상품을 올려서 디스플레이하는 방법은 쉘빙(shelving)이다.

선지분석 |
① 페이스 아웃(face out): 고객들에게 상품의 전면 디자인이 잘 보이도록 진열하는 방법
② 슬리브 아웃(sleeve out): 집어 들기 쉽게 상품의 옆면이 잘 보이도록 진열하는 방법
④ 행잉(hanging): 상품을 걸어서 진열하는 방법
⑤ 폴디드 아웃(folded out): 동일한 품목이지만 색상과 원단 패턴이 다양한 상품에 주로 적용되며, 접은 부분이 정면에 보이도록 진열하는 방법

정답 | ③

08
20년 3회

디스플레이(Display)를 분류할 때, 주제별 진열(Theme Display), 라이프 스타일별 진열(Lifestyle Display), 개방형 진열(Open Display), 종류별·등급별 분류 진열(Classification Display) 등으로 나눈다. 이 중에서 슈퍼마켓이나 대형할인점에서 주로 채택하는 진열 방식은?

① 주제별 진열(Theme Display)
② 라이프 스타일별 진열(Lifestyle Display)
③ 개방형 진열(Open Display)
④ 종류별·등급별 분류 진열(Classification Display)
⑤ 수직적 진열(Vertical Display)

종류별·등급별 분류진열(classification display)은 고객들의 쇼핑 편의성을 높이기 위해 상품계열에 따라 분류하여 진열하는 방식으로 특히 슈퍼마켓이나 대형할인점에서 주로 채택하는 진열 방식에 해당한다.

선지분석 |
① 주제별 진열(theme display): 제품을 테마별(주제별)로 특별한 분위기에 맞추어 진열하는 방식
② 라이프스타일별 진열(lifestyle display): 상품을 사용하는 주체의 특정 상황이나 환경을 설정하여 진열하는 방식
③ 개방형 진열(open display): 쇼윈도 디스플레이의 한 형태로, 매장내부가 쇼윈도를 통해 외부에 개방되어 있는 형식. 매장 내부의 협소함을 완화시킬 수 있는 장점이 있음
⑤ 수직적 진열(vertical display): 점포의 벽이나 곤돌라를 이용하여 상품을 진열하는 방식

정답 | ④

09
20년 추가

엔드매대에 진열할 상품을 선정하기 위한 점검사항으로 가장 옳지 않은 것은?

① 주력 판매가 가능한 상품의 여부
② 시즌에 적합한 상품의 여부
③ 대량 판매가 가능한 상품의 여부
④ 새로운 상품 또는 인기상품의 여부
⑤ 전체 매장의 테마 및 이미지를 전달할 수 있는 상품의 여부

엔드매대는 고객에 대해 3면에서 상품을 노출시킬 수 있는 매대로서 주로 계절 상품, 주력 상품, 캠페인 상품 등 대량으로 판매가 기대되는 A급 상품들이 진열된다.

관련이론 | 엔드 진열의 종류
- 단품 진열: 신상품, 기획 상품 등 특정 브랜드 판매를 극대화시킬 때 사용된다.
- 다품 진열: 생활 제안, 메뉴 제안, 시즌 상품 등 명확한 테마를 가진 상품을 진열할 때 사용된다.
- 관련 진열: 상품력이 높은 주력 품목의 진열 페이싱을 확보한 후 그에 관련된 보조 상품을 일정 비율로 추가 구성하여 연출한다.

정답 | ⑤

10
18년 1회

(㉠)과 (㉡)에 들어갈 용어를 올바르게 나열한 것은?

> (㉠)은/는 머천다이징을 시각적으로 표현하는 것으로 개별 상품이 아니라 상품기획 단계의 콘셉트가 표현되는 것을 말하며, (㉡)은/는 마케팅의 목적을 효율적으로 달성할 수 있도록 특정 타겟에 적합한 특정 상품이나 서비스를 조합해 계획·조정·판매하는 모든 활동을 의미한다.

① ㉠ VP(Visual Presentation)
　㉡ VMD(Visual Merchandising)
② ㉠ PP(Point of sale Presentation)
　㉡ BI(Brand Identity)
③ ㉠ IP(Item Presentation)
　㉡ VMD(Visual Merchandising)
④ ㉠ VMD(Visual Merchandising)
　㉡ IP(Item Presentation)
⑤ ㉠ BI(Brand Identity)
　㉡ VP(Visual Presentation)

머천다이징을 시각적으로 표현하는 것은 비주얼 프리젠테이션(VP: Visual Presentation)이다. 한편, VMD(Visual Merchandising)는 시각적으로 소비자의 구매를 유도해 판매에 이르게 하는 전략을 의미한다. VMD는 상품 표현과 관련하여 VP, IP, PP로 나누어 볼 수 있다.
- VP: 타 매장과의 차별성으로 고객의 시선을 유도하는 것이며 시즌테마에 의한 매장의 메시지를 시각적으로 소구하는 MD 전개의 장소
- PP: 분류된 상품에 판매 포인트를 주어 구매를 유도하는 것
- IP: 상품을 정리하여 보기 편하고 쉽게 선택하도록 하는 것

정답 | ①

11
21년 3회

구매시점광고(POP)에 대한 설명으로 가장 옳지 않은 것은?

① 구매하는 장소에서 이루어지는 광고로서 판매촉진 활동에 대한 효과 측정이 용이하다.
② 스토어트래픽을 창출하여 소비자의 관심을 끄는 역할을 한다.
③ 저렴한 편의품을 계산대 주변에 진열해 놓는 활동을 포함한다.
④ 판매원을 돕고 판매점에 장식효과를 가져다주는 역할을 한다.
⑤ 충동적인 구매가 이루어지는 제품의 경우에는 더욱 강력한 소구 수단이 된다.

POP광고는 구매하는 장소에서 이루어지는 광고로서 판매 촉진 활동에 대한 효과 측정이 곤란하다는 단점이 있다.

관련이론 | POP 광고의 역할
- 상품을 설명하고 구매를 촉진시키는 역할
- 보조 기구나 진열 배경의 역할
- 매장, 행사 등을 안내하는 역할
- 판매를 보다 효율적으로 하기 위한 역할
- 점내에 활기를 높여주는 역할
- 광고를 상기시켜 판매를 촉진하는 역할
- 셀프 서비스를 가능케 하는 역할

정답 | ①

12
23년 1회

시각적 머천다이징에 대한 아래의 설명 중에서 가장 옳지 않은 것은?

① 점포 내·외부 디자인도 포함하는 개념이지만 핵심개념은 매장 내 전시(display)를 중심으로 한다.
② 상품과 판매환경을 시각적으로 연출하고 관리하는 일련의 활동을 말한다.
③ 상품과 점포 이미지가 일관성을 유지할 수 있게 진열하는 것이 중요하다.
④ 시각적 머천다이징의 요소로는 색채, 재질, 선, 형태, 공간 등을 들 수 있다.
⑤ 상품의 잠재적 이윤보다는 인테리어 컨셉 및 전체적 조화 등을 고려하여 이루어진다.

시각적 머천다이징(Visual Merchandising)은 점포 내·외부 디자인과 디스플레이(display)를 포함하여 상품과 판매환경을 시각적으로 연출하고 관리하는 개념으로 상품의 잠재적 이윤뿐만 아니라 인테리어 컨셉 및 전체적 조화 등을 고려하여 이루어진다.

정답 | ⑤

PART 04 상품판매와 고객관리

CHAPTER 01 상품판매관리 및 판매서비스

1 상품판매관리

1. 상품판매관리의 개요

(1) 상품판매관리의 정의

① 소매점포의 상품판매관리(Selling Management)
  소매점포의 영업 및 마케팅 부문의 경영활동을 평가하는 것을 의미한다. 즉, 소매점포의 경영활동이 포함된 영업실적 관련 계획과 실시된 실적을 평가, 피드백하는 과정이다.

② 전통적 정의, 미국마케팅학회(AMA, American Marketing Association)의 정의
  상품판매는 잠재고객이 상품이나 서비스를 구매하도록 하거나, 판매자에게 상업적 의미를 갖는 아이디어에 대하여 우호적인 행동을 하도록 설득하는 인적 또는 비인적 과정이다.

③ 고객지향적 관점의 정의 [기출 21-1]
  ㉠ 최근 고객관계를 중시하는 고객지향적 관점에서의 판매가 중시되고 있다.
  ㉡ 고객지향적 관점의 판매란 판매자와 소비자 모두 만족할 수 있도록 잠재고객의 요구와 욕구(Needs & Wants)를 발견하여 활성화시키고, 그것을 효과적으로 충족시키도록 도와주는 커뮤니케이션 기술이다.

> **짚고 넘어가기** **구매자와 판매자의 관계발전모형**
> 구매자와 판매자 간의 거래가 단절적 거래로부터 관계형 교환으로 발전해 나가는 일련의 과정을 설명하는 모형이다.
> ① 인지단계: 교환 가능한 대상으로 인식하는 단계
> ② 탐색단계: 교환 대상을 탐색하고 접촉을 시도하는 단계
> ③ 확장단계: 상호의존성이 증가하는 단계
> ④ 몰입단계: 암묵적, 명시적인 서약을 맺는 단계
> ⑤ 종식단계: 각 단계에서 다음 단계로 넘어갈 수 있는 요건이 충족되지 않을 때 종식

(2) 판매활동의 유형

① 판매활동의 분류
  판매원에 의한 인적판매활동 또는 광고나 홍보 또는 판매촉진 등 인적판매활동으로 구분된다.

② 인적·비인적판매활동의 특징
  ㉠ 인적판매활동과 비인적판매활동은 상호보완적인 역할을 한다.
  ㉡ 대표적인 비인적판매활동인 광고가 인적판매활동을 조성한다. 또한 인적판매는 광고에 의해 조성된 판매 기회를 판매담당자를 통하여 현실적인 판매로 유도하는 역할을 한다.

(3) 판매원의 판매활동 유형 [기출 22-3, 22-1]

판매원의 판매활동은 상품과 대금의 교환을 실현시키는 활동이며, 고객이 상품과 서비스를 구매하도록 설득하는 활동이라 할 수 있다.

① 고객지향적 판매행동: 판매사원이 제품을 판매할 때 고객과 장기 지향적인 관계를 유지하기 위해 고객의 필요와 욕구에 초점을 두고 고객이 만족스러운 구매결정을 할 수 있도록 마케팅 컨셉을 수행하는 판매행동
② 판매지향적 판매행동: 제품을 구매함으로써 얻게 되는 여러 이점을 설명하고 고객이 어느 정도 사고 싶은 마음이 있는지 파악하는 행동

2. 상품판매의 성과평가기준

(1) 효율성과 효과성 기출 24-2, 24-1, 22-1

① 효율성: 일정한 비용으로 가능한 한 많은 산출물을 획득하거나, 일정한 산출량을 얻기 위해 소요되는 비용을 가능한 한 줄이는 것을 말한다.
② 효과성: 목표지향적인 성과측정치로서, 유통기업이 표적시장이 요구하는 서비스 성과를 얼마나 제공하였는가를 나타낸다.(목표달성 여부가 중요)

(2) 형평성과 생산성

① 형평성: 형평성 이슈는 개별 유통기업들이 해결하기 매우 어려우므로 정부의 정책에 의한 해결이 더 바람직할 수 있다. 단 성과 분배에 있어서 형평성과 효율성은 상충관계에 있다.(혜택이 골고루 배분되었는지 측정)
② 생산성: 총투입량에 대한 산출량의 비율을 말한다.(＝산출량/총투입량) 즉, 생산을 위해 투입된 노동, 자본, 토지 등을 이용해서 산출된 부가가치가 얼마나 되는가를 측정하는 기준이다.

(3) 상품 서비스 기획의 성과분석 방법

소매기업이 행하는 상품기획 성과분석 방법으로는 상품의 재고 결정을 위하여 상품에 대해 등위를 매기는 ABC분석과 실제 매출과 계획된 매출을 비교하여 매입계획을 수정하는 판매과정분석(Sell-Through Analysis), 계열별 공헌이익을 가중평균 계산하여 성과를 측정하는 다중속성모형이 있다.

① ABC분석의 개념
파레토법칙에 기반한 방법으로 유통상이 취급하는 상품을 전체 수익에 대한 기여도에 따라 A, B, C로 분류한다. 이후 분류된 상품의 재고수준을 각기 달리함으로써 재고비용을 절감하고 수익성을 향상시킬 수 있는 방법이다.

② ABC분석의 내용
파레토법칙에 따르면 소매업체 매출액의 약 80%는 상위 20%의 상품에 의해 창출되므로 유통상은 수익성이 높은 상품 카테고리를 집중적으로 관리해야 한다.

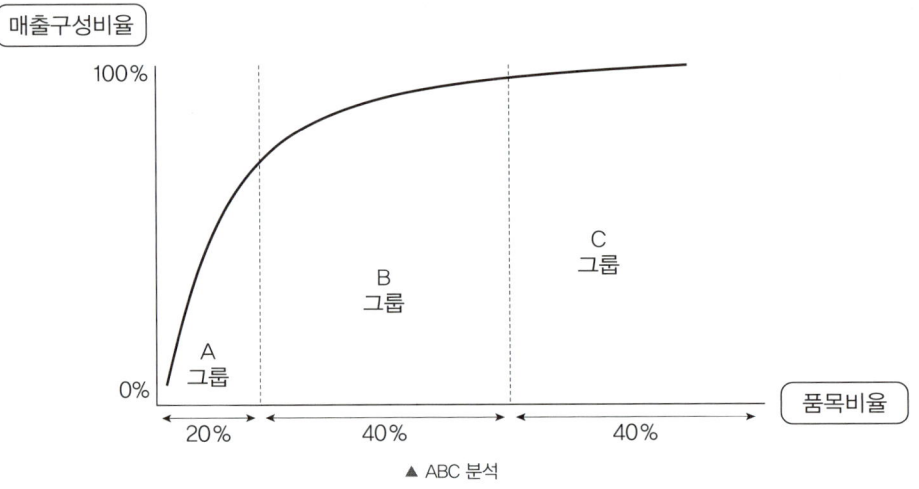

▲ ABC 분석

> **짚고 넘어가기** **롱테일의 법칙** 기출 20-추가, 17-2
>
> 크리스 앤더슨이 주장한 롱테일(Long Tail)이란 파레토법칙을 그래프에 나타냈을 때 꼬리처럼 긴 부분을 형성하는 하위 20%의 부분을 일컫는다. 종전 파레토법칙은 80:20 중 상대적으로 중요성이 적은 20% 부분을 무시하는 경향이 있었다. 그러나 인터넷과 새로운 유통·물류 기술의 발달로 인해 이 부분도 경제적으로 의미가 있을 수 있게 되었다. 예컨대, 롱테일법칙을 경제적으로 잘 활용한 사례로 아마존의 다양한 서적 판매가 있다.

③ 매출 실적에 따른 상품 분류

일반적으로 유통기업이 취급하는 기존 상품은 매출 실적에 따라 다음과 같이 구분한다.

핵심상품군	• A등급 상품에 해당하며 유통기업에서 가장 집중적으로 관리하는 상품군 • 유통기업의 매출 증대와 이익 수준 향상에 기여하는 상품군 • 재고의 품절관리가 중요하므로 창고에 안전재고 수준을 유지해야 함
보완상품군	• 주력 부분인 핵심상품군을 보완하는 역할
전시상품군	• 점포 이미지를 창출함으로써 소비자를 점포로 흡인하기 위하여 취급하는 품목 • 구성비율은 약 60%로 높으나 매출액에서 차지하는 비중은 약 30%로, 매출액에 비해 기여도가 낮은 상품으로 구성
촉진상품군	• 단기적으로 고객들의 충동구매를 유도하는 특가품으로 구성 • 가격을 대폭 인하한 상품으로 행사 기간 중에 처분하기 위해 행사장 내에 특가품 코너에 집중 진열

(4) 공급업자에 대한 평가기준 기출 23-2, 23-1

① 제품별 직접이익(DPP; Direct Product Profit, 직접제품이익): 소매업체의 제품 성과를 평가하는 중요한 측정 도구 중의 하나이며, 경로구성원이 취급하는 개별 제품의 수익성을 평가하는 지표이다.

② ABC분석: 파레토법칙에 의해 관리대상을 A, B, C 그룹으로 나누고, 매출액 또는 기여도 등이 가장 높은 A그룹을 최중점 관리대상으로 선정하여 관리노력을 집중함으로써 관리효과를 높이려는 평가방법이다.

2 판매서비스

1. 판매서비스의 개념

(1) 판매서비스의 정의

판매 행위는 마케팅믹스 4P를 통해서 고객에게 인지된 상품이 매출로 연결되는 경제 행위를 의미한다. 이러한 판매는 상품과 대금의 교환활동이자 마케팅전략에 따른 전술적 마케팅믹스의 결과물이라 할 수 있다. 이러한 판매 행위가 최종적인 상품판매로 이루어지기 위해서는 판매원의 대인적 커뮤니케이션 설득 과정인 판매서비스가 수반되어야 한다.

(2) 판매원의 역할 기출 20-2

① 정보전달 기능: 판매종업원은 소비자에게 상품에 대한 정보를 제공하는 역할을 한다. 이를 위해서는 대상 상품 및 기업에 대한 정보전달 능력이 요구된다.

② 커뮤니케이션 기능: 상품판매원들은 고객과의 접점에 있는 동시에 기업의 이미지를 전달하는 커뮤니케이션 기능을 담당한다.

③ 정보취득 기능: 고객에게 상품에 대한 정보 전달 및 고객을 설득하는 동시에 고객의 다양한 욕구를 파악하고 이를 기업에 전달한다.

④ 고객상담 기능: 고객의 라이프스타일을 파악하여, 고객생애가치를 향상시키는 역할을 담당한다.

⑤ 클로징 기능: 최종적으로 고객의 구매욕구를 충족시키면서 판매가 만족스럽게 잘될 수 있도록 하는 클로징(Closing) 기능을 담당한다.

2. 상품판매 과정

(1) 상품판매 과정 7단계 `기출` 20-추가

> 가망고객 발견 → 사전 준비 → 고객접촉 → 설명과 시연 → 이의처리 → 계약 → 후속조치

(2) 판매과정분석(Sell-Through Analysis)
조기 생산 감소가 필요한지 또는 수요에 맞추어 상품이 더 필요한지를 결정하기 위해 실제 매출과 계획된 매출을 비교하여 매입계획을 수정한다.

3. 효과적 판매를 위해 제공하는 물적·기능적 서비스 `기출` 23-2
① 물적·기능적 서비스: 설비·부대물품 이용 편익제공, 셀프 서비스·자판기 서비스, 정보제공 서비스, 금융적 서비스 등
② 인적 서비스: 사람의 지식, 기술, 노동제공 관련 서비스 등

4. 판매원의 행동기법
① 고객이 몇 가지 대안 중 어느 한쪽을 선택하도록 유도한다.
② 고객이 제품 또는 서비스를 구매함으로써 얻게 되는 다양한 장점을 설명한다.
③ 고객이 어느 정도 사고 싶은 마음이 있는지 파악할 수 있는 질문을 통해 파악한다.
④ 고객에게 어필할 수 있는 주요 이익을 요약하여 설명한다.

CHAPTER 02 고객관리

1 고객관리 및 고객정보

1. 고객관리의 중요성 대두
사회의 변화에 따라 소비자지향적 마케팅이 중요시되고 있다. 이에 발맞추어 많은 기업들이 고객만족의 가치를 최우선으로 내세우고 있다. 이는 기업이 판매를 통한 이윤 창출뿐만 아니라 고객만족을 통한 기존고객층 확보와 신규고객 발굴에 주안점을 두고 있음을 시사한다.

2. 고객정보의 수집과 활용 `기출` 24-1

(1) 고객정보의 수집 방법
고객정보를 수집함에 있어서 유통기업들이 일반적으로 활용하고 있는 방법은 고객을 대상으로 직접 면접을 실시하는 것과 판매시점 정보관리 시스템(POS System)을 이용하는 것이다. 이 중에서도 판매시점 정보관리 시스템은 판매와 동시에 정보시스템을 통하여 판매 제품에 대한 판매정보 및 고객정보를 수집할 수 있는 좋은 대안이 되고 있다.

(2) **판매시점 관리시스템(POS System : Point Of Sale System)**

① POS의 개념

판매시점 관리시스템(Point Of Sale System)은 기존 단품별로 이루어졌던 정보들을 일괄적으로 전산처리하여 정보를 유용하게 활용할 수 있도록 가공, 전달하는 체계를 말한다. 이를 통해 소매상의 발주, 매입, 단품관리, 고객정보관리, 매출정보관리 및 인기상품 목록관리, 관련상품 파악, 자동판독 등에 활용할 수 있다.

② POS의 구성

POS 단말기에 정보를 입력하기 위한 바코드 시스템과 스캐너, 중앙컴퓨터, 스토어 컨트롤러, POS 터미널 등이 필요하다.

③ POS의 시스템적 효과

직접적 효과	간접적 효과
작업생산성 향상	품절 방지 및 수요에 신속 대응
사무간소화에 따른 작업 오류 감소	고객 선호 상품 파악 가능
이해관계자의 부정 방지	신상품 및 프로모션에 대한 평가 가능
영수증 발급 기능	재고관리비, 운송비 등 물류비 감소

(3) **고객정보의 활용**

① 상품정보관리

POS를 통해 수집된 정보는 제조기업에게는 상품 재고관리 및 판매전략에 있어서 중요한 ABC관리에 적용할 수 있다. ABC관리는 판매 상품의 공헌이익에 따른 분류로, POS를 통해 쉽게 분석 가능하며 이 밖에 상품의 배치에 있어서도 장바구니 분석을 통해 마진을 높일 수 있다.

② ABC 재고관리

재고관리에 있어서도 A, B, C등급을 나누어 등급별로 발주 시스템을 달리할 수 있다. A등급은 정기발주법, B등급은 정량발주법, C등급은 투빈법(Two Bin)을 적용할 수 있도록 도움을 준다.

> **보충학습**
>
> **투빈법(Two Bin법)**: 상품을 실은 두 개의 선반 중 한 선반은 가게에 진열, 다른 선반은 창고에 놓고, 진열된 선반이 품절되면 발주와 동시에 창고 선반의 재고를 배치하는 방법

③ 고객관계관리(CRM)의 강화

고객관계관리란 고객정보를 통해 고객별로 저마다 다른 마케팅을 적용하는 기법이다. 고객정보 데이터베이스를 통해 고객의 성향 및 중점 구매 품목 등의 자료분석을 할 수 있다. 또한 이로 인해 고객화에 성공할 수 있게 된다.

④ 고객충성도 향상

수집된 고객정보를 중심으로 고객화를 하는 경우 고객들은 장기적 고객으로 발전하게 되고, 기업에서 원하는 충성도 높은 고객이 된다. 이는 기업 측면에서는 고객점유율을 높일 수 있는 계기가 되므로 고객정보의 수집은 장기적 측면에서 이윤 획득에 중요한 요소가 된다.

2 고객 응대기법

1. 고객 응대의 개요

(1) 고객 응대의 개념

고객 응대란 고객이 기업 또는 기업의 종업원을 접촉하는 순간에 이루어지는 상호 간의 작용을 의미하며, 이때 가장 중요한 것이 접점관리라 할 수 있다.

(2) 진실의 순간(MOT: Moment Of Truth)

① 의의
- 고객이 기업의 종업원 또는 특정 서비스와 처음 대면하게 되는 접점으로 고객이 서비스에 대한 인식을 하게 되는 순간을 의미한다.
- 결정적 순간이란 고객이 기업조직의 어떠한 측면과 접촉하는 순간이며, 그 서비스의 품질에 관하여 무언가 인상을 얻을 수 있는 순간이다.
- 서비스상품을 구매하는 동안의 모든 고객접점의 순간(MOT)을 관리하고 고객만족을 실현하여 지속적으로 고객을 유지하고자 하는 방법이 고객접점 마케팅이다.
- 고객접점에 있는 서비스 요원은 책임과 권한을 가지고 고객의 선택이 가장 좋은 선택이었다는 사실을 고객에게 입증시켜야 한다.
- 고객접점에 있는 서비스 요원들에게 권한을 부여하고 강화된 교육이 필요하며, 고객과 상호작용에 의하여 서비스가 순발력 있게 제공될 수 있는 서비스 전달시스템을 갖추어야 한다.

② MOT의 중요성

서비스의 성공적인 제공은 서비스 제공자와 소비자가 서로 대면(접촉)하는 순간에 결정되므로 MOT는 서비스차별화, 품질 통제, 전달시스템, 고객만족에 영향을 미치게 된다. 일반적으로 고객만족은 서비스 제공자와의 접점의 품질에 의해 결정된다고 할 수 있다.

- 곱셈의 법칙에 의해 고객과의 많은 접점 중 단 한 가지라도 나쁜 인상을 주면 그것으로 고객만족도가 낮아진다.
- MOT는 그 자체가 하나의 상품가치로 발현될 수 있는데 고객에 있어서 결정적 순간들이 하나하나 쌓여 서비스 전체 품질뿐만 아니라 기업의 신뢰성 및 기업 가치를 결정하게 된다.

> **보충학습**
> **곱셈의 법칙**: 고객만족도를 평가함에 있어 다른 모든 부분이 만족스러워도 단 한 가지 부분에서 만족스럽지 않으면 전체적 서비스에 대한 이미지가 제로가 된다는 법칙

(3) 고객충성도(로열티, Loyalty)

① 의의: 경쟁기업과 차별화되는 브랜드의 특성 또는 서비스로 인하여 고객이 지속적으로 재구매 또는 재이용하고자 하는 구매 몰입의 정도

② 종류 〔기출〕 22-3, 22-1, 21-2, 17-2
- 초우량 로열티: 자사제품의 브랜드나 서비스에 대해 높은 심리적인 애착과 지속적인 반복 구매가 이루어지는 고객에게 보이는 강한 충성도
- 잠재적 로열티: 브랜드에 대한 소비자의 애착 정도는 높으나 지속적인 반복 구매는 이루어지지 않는 충성도
- 타성적 로열티: 잠재적 로열티와는 반대로 브랜드에 대한 심리적 애착 정도는 낮으나 반복 구매 정도는 높은 경우의 충성도
- 비로열티: 브랜드에 대한 심리적 애착 정도와 지속적 반복 구매 정도가 낮은 유형으로, 상표전환이 빠른 고객층이 가지는 충성도

(4) 고객충성도 프로그램 기출 23-1
① 의의: 고객충성도 프로그램은 기존고객이 이탈하는 것을 막기 위해 실시하는 것으로, 고객이 원하는 제품 및 서비스의 품질, 고객의 기호 등을 파악하여 고객이 최대의 만족을 느낄 수 있도록 배려함으로써, 한 번의 고객을 평생고객화 하려는 프로그램
② 근거 이론: 고객충성도 프로그램은 20:80 법칙(파레토법칙), 즉 상위 20%의 고객이 전체 매출의 80%를 차지한다는 데 근거를 두고 있음
③ 프로모션 도구: 고객의 반복적인 구매활동에 대한 보상으로 상품할인, 마일리지, 할인쿠폰, 선물 혹은 여행 같은 인센티브를 제공

2. 고객 응대기법

(1) 고객 접객 방법
① 언제든지 고객을 맞이할 수 있는 준비와 마음가짐이 되어 있어야 하며 쾌적한 매장공간을 유지 및 보존해야 한다.
② 고객에게 가까이 다가가는 비결은 고객이 구입하고 싶어하는 상품의 특성, 즉 고객의 취미와 가치관을 재빨리 알아내는 데 있다.
③ 고객이 어떠한 특성을 가진 상품을 원하는가를 이해하고 그 패턴에 합치한 몇 개의 상품을 갖추어서 제시하는 것이 좋다.
④ 판매원은 늘 고객과의 최접점에서 고객을 직접 상대하는 이들이다. 따라서 고객만족을 실천하기 위해, 고객에게 이해하기 쉬운 일상용어를 이용하여 친근하면서도 친절하게 제품의 상세한 기능까지 꼼꼼하게 설명하는 것이 좋다.

(2) 고객 컴플레인
① 고객 컴플레인의 의의
  소매점포에 있어서 컴플레인이란 고객이 제품 또는 서비스를 구매하는 과정에서 불만족스러워 이에 대해 공식적으로 항의하는 것으로 서비스의 실패라고도 할 수 있다.
② 고객 컴플레인의 발생 원인
  ㉠ 환불이나 보상 등의 경제적 손실을 만회하기 위한 경우
  ㉡ 서비스실패에 대한 감정적인 분노를 누그러뜨리기 위한 경우
  ㉢ 서비스의 개선을 바라는 이타적인 관점에서 제기하는 경우
③ 컴플레인의 3단계 처리 방법(MTP법)
  사람(Man), 시간(Time), 장소(Place)를 바꾸어 고객 컴플레인을 처리하라는 방법이다.

- 사람(Man)을 바꿈: 판매담당자에서 판매관리자(상위관리자)로 바꿈
- 시간(Time)을 바꿈: 즉각 처리하지 않고 충분한 시간을 두고 처리
- 장소(Place)를 바꿈: 판매 장소를 사무실 또는 소비자 상담실로 이동

3 고객서비스(CS; Customer Service)

1. 고객서비스의 개념 및 전략

(1) 개념

고객서비스란 고객의 서비스에 대한 만족도를 향상시키는 일련의 활동이다. 이는 재화나 서비스가 고객의 예측을 만족시키는 정도 내지는 사후적인 의미로는 재화나 서비스상품을 구입한 고객에게 제공하는 사후관리서비스를 의미한다.

(2) 고객서비스 전략 기출 21-2

유통기업이 고객서비스에서 우위를 점하기 위한 전략적 방법에는 고객화(Customization)와 표준화(Standardization)가 있다.

① 고객화 접근법(Customization Approach)
   ㉠ 개념: 개별 소비자 각각의 구매 성향에 맞게 서비스를 조정하는 전략이다. 예컨대 목표고객에 대하여 축적된 데이터를 활용하여 게스트 서비스 프로그램을 실시하거나, 목표고객별로 1:1 마케팅을 활용하여 양질의 서비스를 제공하는 것을 들 수 있다.
   ㉡ 장·단점
      ⓐ 장점: 개별 소비자의 취향에 맞는 맞춤형 서비스를 지속적으로 제공할 수 있다.
      ⓑ 단점: 비용이 많이 들고, 서비스의 품질이 공급자의 주관적 판단과 능력 여하에 따라 달라질 수 있다.

② 표준화 접근법(Standardization Approach)
   ㉠ 개념: 전체 고객 집단에 대하여 동일한 서비스를 제공하는 전략이다. 내부에서 정해진 규칙과 절차를 토대로 지속적으로 이행한다. 패스트푸드 체인점을 예로 든다면, 모든 매장에서 동일한 메뉴와 매뉴얼을 통해서 동일한 금액에 음식과 서비스를 제공하는 경우를 들 수 있다.
   ㉡ 장·단점
      ⓐ 장점: 표준화의 장점은 서비스의 품질을 결정하는 다양한 요인들로 인해 발생할 수 있는 불안정한 요소들을 최소화할 수 있다.
      ⓐ 단점: 서비스 수준에 있어 개별 고객화 서비스 대비 취약할 수밖에 없다.

2. 고객서비스의 구성요소

거래 전 요소	거래 중 요소	거래 후 요소
• 서면화된 정책 • 정책(문서)에 대한 고객의 수취, 이해 • 조직구조 • 시스템 유연성 • 관리자 서비스	• 결품률 • 주문정보 및 주문 주기 • 지연선적 및 교환선적 • 시스템의 정확성 • 주문의 편의성 • 물품대체	• 설치, 보증, 수리, 변경, 부품 공급 • 물품 추적 • 클레임 및 고충 처리, 반품 • 물품의 일시대체

CHAPTER 03   CRM 전략 및 구현방안

1 CRM(Customer Relationship Management, 고객관계관리)

1. CRM의 개념 및 특징

(1) CRM의 개념 `기출` 24-2, 22-2, 21-2, 19-2, 18-3, 18-2

CRM이란 종전의 기업 중심적 마케팅 사고에서 벗어나 데이터를 기초로 한 개별 고객의 욕구를 파악하여 맞춤형 서비스를 제공해 고객의 생애가치를 극대화시키는 마케팅전략을 말한다.

① 기업 내부에 축적된 고객정보를 효과적으로 활용하여 고객과의 관계를 유지·확대·개선함으로써, 고객의 만족과 충성도를 제고하고, 기업 및 조직의 지속적인 운영·확장·발전을 추구하는 고객관련 제반 프로세스 및 활동으로 정의할 수 있다.

② 한 번의 고객을 기업의 평생고객으로 전환시켜 기업의 장기적인 수익을 극대화할 수 있다. 즉, 고객과의 관계를 바탕으로 하여 고객의 생애가치(CLV: Customer Lifetime Value)를 극대화하는 것이다.

③ 고객관계관리를 위해서는 고객의 구매행동분석이 무엇보다 중요하므로 RFM분석, CLV분석, 고객실적 평가법(HPM: Historical Profitability Measurement) 등의 데이터마이닝 기법이 활용된다.

④ 데이터베이스에 의한 1:1 마케팅(고객맞춤형)을 통하여 기존고객의 이탈을 방지하고 충성도를 높인다.

구분	CRM	매스 마케팅
추구하는 목적	장기적인 고객생애가치 극대화	단기적 기업 이익극대화
의사소통 방향	상호간 feed-back	일방적 의사소통
마케팅 대상	개별 고객 (1:1)	불특정 다수
마케팅 특징	고객지향적 마케팅	대량 마케팅
성과평가 지표	고객점유율	시장점유율
촉진수단	풀(pull) 마케팅	푸쉬(push) 마케팅

▲ CRM 마케팅, 매스 마케팅의 비교   `기출` 20-추가

(2) CRM의 등장배경

① 시장경쟁이 심화되고 고객의 욕구가 다변화됨에 따라 시장을 세분화해 목표고객을 공략하는 마케팅의 시대가 도래했다.
② IT 기술의 발달로 고객에 대한 마케팅 자료를 DB로 축적할 수 있게 되었다.
③ 최근에는 기업의 성장뿐만 아니라 고객만족과 고객의 생애가치 극대화 개념을 접목시킨 고객관계관리(CRM) 마케팅이 등장하였다.

> 매스 마케팅 → 타겟 마케팅 → 틈새시장 마케팅 → CRM 마케팅

(3) CRM의 장점 `기출` 24-1, 20-2

① 기업은 CRM을 통해 고객에 대한 정보를 수집하고, 수집된 정보를 효과적으로 활용하여 매출과 이익을 증대시킬 수 있다.
② CRM은 고객세분화뿐 아니라 시스템적 접근으로 대량고객화도 가능하다.
③ CRM 시스템은 기존고객의 특성에 맞는 상품과 서비스를 제공하여 고객의 이탈을 방지하고 시장점유율을 높일 수 있게 한다.
④ CRM 시스템은 고객별 수익성을 평가하고 기여도에 따라 적합한 영업전략을 추진하여 고객 포트폴리오를 개선할 수 있게 한다.
⑤ 신규고객 창출보다 기존고객을 유지하는 것이 비용 측면에서 유리하다.

2. CRM 관련 용어정리 빈출 23-2, 22-2, 21-3, 21-1, 20-추가, 20-2, 19-3, 18-2

① 고객자산: 현재의 고객과 잠재적인 고객의 생애가치를 현재가치로 할인하여 모두 합한 것
② 고객생애가치(CLV): 한 고객이 한 기업의 고객으로 존재하는 전체 기간 동안 기업에게 제공할 것으로 추정되는 미래의 현금흐름을 현재가치로 환산한 금액 또는 재무적인 공헌도의 총합계 기출 22-3, 22-2, 22-1
③ 교차판매(Cross-Selling) 전략: 기존고객과 지속적이고 장기적인 관계를 유지하고 나아가 관계를 확대시키는 마케팅활동으로서, 특정 상품 구매 이외의 보완관계에 있는 관련 상품도 구매하도록 유도하는 전략
④ 업셀링(Up-Selling) 전략: 상향판매 전략이라고도 하며 기존고객에게 특정 품목에 대해 기존 구매한 제품보다 고급화된 신상품을 홍보하여 구매하도록 유도하는 마케팅전략
　예 기존에 K3를 타던 사람에게 동종업체의 K5중형차를 타도록 유도하는 것
⑤ 고객점유율(Customer Share): 특정 고객이 하나의 제품 카테고리에서 구매하는 총량 중 자사제품이 차지하는 비율
⑥ RFM(Recency, Frequence, Monetary) 분석 기출 22-1
　최근 구매빈도 및 구매량을 이용하여 고객의 로열티를 측정하는 방법
　㉠ 재무적인 가치측정 뿐만 아니라 질적 측면도 함께 고려한 고객가치 평가 모형
　㉡ 최근 구매시점, 구매빈도, 구매금액의 3가지 지표를 바탕으로 계량적으로 측정
　㉢ R.F.M.의 개별 요소에 대한 중요도가 산업에 따라 다를 수 있으므로 중요도에 따라 다른 가중치를 적용하여 측정
　㉣ 고객세그먼트에 따라 차별적 마케팅 또는 고객평가를 통해 등급을 부여하여 관리가능
　㉤ 편의성은 있으나 개별고객별 수익기여도를 직접적으로 측정하지 못한다는 한계점 존재
⑦ 고객충성도 프로그램(Customer Loyalty Program): 한 번 고객을 지속적·장기적인 고객으로 유지하는 마케팅전략

2 CRM의 구축 및 운용

1. CRM의 실행 단계 및 고려사항 기출 23-2, 19-2

(1) CRM 도입의 3단계

① 1단계(신규고객의 획득): 세분화와 타겟팅 후, 마케팅믹스를 통해 잠재고객을 신규고객으로 확보한다.
- 타기업과의 제휴 마케팅을 통해 타사 고객을 자사고객으로 유치
- 정기적 또는 비정기적 이벤트를 전개하여 잠재고객을 유치
- 고객센터, 홈페이지 등을 통해 잠재고객을 확보
- 이탈고객을 대상으로 수익 창출 가능성이 있는 고객들에 대한 재활성화

② 2단계(기존고객의 유지): 확보된 고객은 유지, 관리 정책을 통해 이탈을 방지하고 단골고객으로 향상시키도록 한다.

③ 3단계(기존고객의 충성도 향상): 단골고객 차원을 넘어 자사의 교차판매와 상향판매 등 자사의 다른 제품들도 이용할 수 있는 단계의 옹호자고객 또는 더 나아가 파트너십을 공유할 수 있도록 한다.
- 마일리지 프로그램을 통해 구매액에 따른 포인트적립 및 혜택 제공으로 충성도 유지

> **짚고 넘어가기** 　**고객 발전 단계**
> 불특정 다수(Suspect) → 잠재고객(Potential Customer) → 구매고객(Customer) → 단골고객(Client) → 옹호자고객(Advocator) → 동반자고객(Partnership)

(2) **CRM 실행 시 고려사항** 기출 21-2
① 기존고객이 이탈하지 않도록 유지, 관리에 중점을 둔다.
② 단기적인 이익 창출보다 장기적인 고객의 생애가치 극대화를 통한 이익 창출에 중점을 둔다.
③ 기업의 마케팅 성과지표가 시장점유율 향상보다는 고객점유율(이용률) 향상에 있다.
④ 기존고객과의 관계를 충성도 높은 옹호자에서 동반자 관계로 확장시킨다.
⑤ 고객충성도가 높은 애호고객의 구전을 통한 신규고객을 창출한다.
⑥ CRM의 관심 영역으로 고객 확보와 고객 발굴(교차판매, 상향판매)의 내용을 포함한다.

(3) **전략적 CRM의 적용 과정** 기출 23-1
① 정보관리과정
② 전략 개발과정
③ 다채널 통합과정
④ 가치창출 과정

2. CRM 기반 활동 및 프로세스

(1) **CRM에 기반한 마케팅활동의 종류** 기출 21-2
① 비용을 최소화할 수 있는 고객확보활동
② 고객과의 신뢰를 쌓아가는 전략적 마케팅활동
③ 수익성 높은 고객의 분류 및 표적 마케팅
④ 고객충성도를 통한 교차판매와 상향판매의 기회 증대
⑤ 데이터 마이닝을 통한 고객분석

(2) **CRM의 프로세스에 따른 운영 단계**
① CRM의 분석적 단계
데이터웨어하우스(Data Warehouse)나 데이터마트(Data Mart)로부터 유용한 CRM 정보를 가지고 데이터마이닝 기술을 통해서 수집·분석하여 모델을 설정하는 단계
② CRM의 운영적 단계
전사적자원관리(ERP)의 고객 접촉 관련 기능을 강화시키고 CRM의 데이터웨어하우스나 데이터마트가 지닌 요소들을 통합함으로써, 고객과의 접점에서 종업원들이 서비스를 수행할 수 있도록 지원하는 기능에 중점을 두는 단계
③ CRM의 협업적 단계
분석 CRM과 운영 CRM을 통합하여 인터넷과 콜센터, 모바일 등 고객과의 다양한 접점을 지원하는 CRM 단계로 상품의 Cross-Selling, Up-Selling 기회를 활용

3. 유통기업의 CRM 구축 효과 기출 23-2, 19-1
① OLAP(Online Analysis Processing)을 활용
데이터웨어하우스(DWH)에 축적되어 있는 고객정보를 적시에 사용 가능
② 데이터 마이닝 기법 활용
사업부별로 필요한 다양한 자료를 분석할 수 있고 이를 통해 매출액 향상에 기여
③ 개별 고객의 대량고객화(Mass Customization)
고객별 마케팅 수행 및 효과적인 고객관리가 가능
④ 효과적인 마케팅 프로그램 개발로 인한 프로모션의 적시성 향상

4. CRM 적용을 통한 수행성과 개선가능 분야 기출 22-1
① 고객이탈에 대한 조기경보시스템 운영
② 다양한 접점의 고객정보의 수집 및 분석
③ 서비스 차별화를 위한 표적고객의 계층화
④ 영업 인력의 영업활동 및 관리의 자동화

핵심 기출문제

PART 04 상품판매와 고객관리

01
20년 2회

판매사원의 상품판매 과정의 7단계를 순서대로 나열한 것으로 가장 옳은 것은?

① 가망고객 발견 및 평가 → 사전 접촉(사전 준비) → 설명과 시연 → 접촉 → 이의 처리 → 계약(구매 권유) → 후속 조치
② 가망고객 발견 및 평가 → 사전 접촉(사전 준비) → 설명과 시연 → 이의 처리 → 접촉 → 계약(구매 권유) → 후속 조치
③ 사전 접촉(사전 준비) → 가망고객 발견 및 평가 → 접촉 → 설명과 시연 → 이의 처리 → 계약(구매 권유) → 후속 조치
④ 가망고객 발견 및 평가 → 사전 접촉(사전 준비) → 접촉 → 설명과 시연 → 이의 처리 → 계약(구매 권유) → 후속 조치
⑤ 사전 접촉(사전 준비) → 가망고객 발견 및 평가 → 접촉 → 설명과 시연 → 이의 처리 → 후속 조치 → 계약(구매 권유)

상품판매 과정의 7단계 순서는 아래와 같다.
가망고객 발견 → 사전 준비 → 고객 접촉 → 설명과 시연 → 이의 처리 → 계약 → 후속 조치

정답 | ④

02
21년 2회

판매원의 고객서비스와 판매업무활동에 대한 설명으로 가장 옳지 않은 것은?

① 판매원의 판매업무활동은 고객에게 상품에 대한 효용을 설명함으로써 구매결정을 내리도록 설득하는 것을 의미한다.
② 개별 소비자의 구매 성향에 맞게 고객서비스를 조정하는 고객화 접근법(customization)은 최소화된 비용으로 고객을 설득 시킬 수 있는 직접적 판매활동이다.
③ 전체 고객집단에 대하여 동일한 고객서비스를 제공하는 것을 표준화 접근법(standardization)이라 한다.
④ 판매업무 활동의 마지막 단계는 고객의 니즈에 부합하면서 판매가 만족스럽게 이루어지도록 하는 판매 종결(closing)기능이다.
⑤ 고객으로부터 얻은 정보를 기업에게 전달하는 역할도 판매업무활동의 하나이다.

최소화된 비용으로 고객을 설득시킬 수 있는 직접적 판매 활동은 표준화 접근법(standardization)에 해당한다. 고객화 접근법(customization)은 개별 소비자 각각의 구매 성향에 맞게 서비스를 조정하는 전략이다.

정답 | ②

03
20년 2회

판매원과 판매활동에 대한 설명으로 가장 옳지 않은 것은?

① 판매활동은 구매자가 구매 결정을 내릴 수 있도록 설득하는 활동을 말한다.
② 상품의 희소성, 과시성과 같은 특성도 판매를 위한 상품지식으로 활용된다.
③ 고객과의 감정적 유대에 어필하여 판매원을 위해서 사는 것으로 구매를 유도한다.
④ 상품의 물리적인 특색뿐만 아니라 상품의 효용을 알려 상품의 가치를 전달한다.
⑤ 상품정보는 물론 유행 정보 및 생활정보를 제공하는 컨설턴트로서의 역할을 수행한다.

판매활동은 구매자가 구매 결정을 내릴 수 있도록 설득하는 것으로, 제품 구매를 통해 구매자가 얻는 효용을 강조하여 구매하도록 유도하는 활동이다.

정답 | ③

04
20년 추가

다른 판촉수단과 달리 고객과 직접적인 접촉을 통하여 상품과 서비스를 판매하는 인적판매의 장점으로 가장 옳지 않은 것은?

① 고객의 판단과 선택을 실시간으로 유도할 수 있다.
② 정해진 시간 내에 많은 사람들에게 접근할 수 있다.
③ 고객의 요구에 즉각적으로 대응할 수 있다.
④ 고객이 될 만한 사람에게만 초점을 맞추어 접근할 수 있다.
⑤ 고객에게 융통성 있게 대처할 수 있다.

인적 판매는 직접 대면을 통해 1:1로 이루어진다. 따라서 다수를 상대로 수행하기는 어렵다.

정답 | ②

05
21년 2회, 17년 2회

강제적 로열티(Compulsive Loyalty)에 대한 설명으로 가장 옳은 것은?

① 고객들의 인지적 또는 금전적 전환비용이 낮을 때 발생한다.
② 다수의 경쟁자가 존재하며 경쟁이 심화된 산업에서 발생한다.
③ 고객이 서비스에 불만족하면 다른 서비스로의 전환을 위해 적극적 탐색 행동을 보인다.
④ 독점적인 기업의 서비스에서 나타나는 로열티 유형이다.
⑤ 패밀리레스토랑이나 커피전문점처럼 경쟁이 심한 서비스에서 볼 수 있는 로열티 형태이다.

강제적 로열티는 산업에 경쟁자가 거의 없어 브랜드전환에 있어 높은 전환비용이 존재할 때 만들어지는 로열티이다. 고객들이 어쩔 수 없이 로열티를 보이는 경우이다. 이에 비해 자발적 로열티(voluntary loyalty)는 경쟁이 심한 산업에서 고객들이 인지적인 전환비용이 낮음에도 불구하고, 특정 기업의 제품이나 서비스를 지속적으로 사용하는 경우를 말한다.

관련이론 | 로열티의 종류

- 초우량 로열티: 자사제품의 브랜드나 서비스에 대해 높은 심리적인 애착과 지속적인 반복 구매가 이루어지는 고객에게 보이는 강한 충성도
- 잠재적 로열티: 브랜드에 대한 소비자의 애착 정도는 높으나 지속적인 반복 구매는 이루어지지 않는 충성도
- 타성적 로열티: 잠재적 로열티와는 반대로 브랜드에 대한 심리적 애착 정도는 낮으나 반복 구매의 정도는 높은 경우의 충성도
- 비로열티: 브랜드에 대한 심리적 애착 정도와 지속적 반복 구매 정도가 낮은 유형으로, 상표전환이 빠른 고객층이 가지는 충성도

정답 | ④

06

CRM의 도입 배경에 대한 설명으로 가장 옳은 것은?

① 고객 데이터를 통해서 계산원의 부정을 방지하기 위한 것이다.
② 고객과의 지속적 관계를 발전시켜 생애가치를 극대화 하려는 것이다.
③ 상품계획 시 철수상품과 신규 취급 상품을 결정하는 데 도움을 주려는 것이다.
④ 매장의 판촉활동을 평가하는 정보를 제공하여 효율적 인 판매촉진을 하려는 것이다.
⑤ 각종 판매정보를 체계적으로 관리하여 상품회전율을 높이고자 하는 것이다.

고객관계관리(CRM)는 신규고객의 확보보다 기존고객의 유지관리가 비용 면에서 효율적이라는 것을 알게 되면서 등장하였다. CRM은 다양해지는 고객의 욕구에 유연하게 대처함으로써 수익의 극대화를 추구하려는 것이다. CRM은 개별 고객에 대한 상세한 정보를 토대로 그들과의 장기적인 관계를 구축하고 충성도를 높여 고객생애가치를 극대화하려는 것이다.

정답 | ②

07

전략적 CRM(Customer Relationship Management)의 적용 과정으로서 가장 옳지 않은 것은?

① 정보관리과정
② 전략 개발과정
③ 투자 타당성 평가 과정
④ 가치창출 과정
⑤ 다채널 통합과정

전략적 CRM이란 고객과의 장기적 관계 형성 및 고객생애가치(CLV) 극대화를 달성하기 위해 데이터베이스를 구축하고 다양한 온·오프라인 유통채널을 활용하는 전략을 의미한다. 따라서 투자 타당성과는 거리가 멀다.

정답 | ③

08

고객관계관리(CRM)에 대한 설명으로 가장 옳지 않은 것은?

① 신규고객의 유치로부터 시작하는 고객관계를 고객 전 생에 걸쳐 유지함으로써 장기적으로 고객의 수익성을 극대화하는 것이 중요한 목적이다.
② 고객충성도를 극대화하기 위해 개별고객의 구체적 정보를 관리하고 고객과의 접촉점을 세심하게 관리하는 과정, 고객 획득, 유지, 육성 모두를 다룬다.
③ 신규고객확보, 기존고객유지 및 고객수익성 증대를 위하여, 지속적인 커뮤니케이션을 통해 고객행동을 이해하고 영향을 주기 위한 광범위한 접근으로 정의하고 있다.
④ 소비자에 대한 정보를 분석하고 장기적인 관계를 통해 이익을 극대화하기 위한 기법으로 전적으로 기업에게 만 유익한 마케팅 방법이라는 비판을 받는다.
⑤ 고객에 대한 매우 구체적인 정보를 바탕으로 개개인에게 적합하고 차별적인 제품 및 서비스를 제공하여 고객 관계를 유지하고 일대일 커뮤니케이션을 가능하게 해 준다.

고객관계관리의 목표는 기업의 성장과 더불어 고객의 평생가치를 극대화시키는 것이다.

정답 | ④

09

성공적인 고객관계관리(CRM)의 도입과 실행을 위해 고려해야 할 사항으로 옳지 않은 것은?

① 고객을 중심으로 모든 거래 데이터를 통합해야 한다.
② 고객의 정의와 고객 그룹별 관리방침을 수립해야 한다.
③ 고객관계관리는 전략적 차원이 아닌 단순 정보기술 수준에서 활용해야 한다.
④ 고객분석에 필요한 고객의 상세 정보를 수집해야 한다.
⑤ 고객분석 결과를 활용할 수 있도록 제반 업무절차를 정립하고 시행해야 한다.

CRM은 마케팅 인식에 있어서 종전의 기업중심적 마케팅 사고가 아닌 전략적 측면의 고객관리 방법이다. 데이터를 기초로 한 개별 고객의 욕구를 파악하여 맞춤형 서비스를 제공함으로써 고객의 생애가치를 극대화시킬 수 있는 마케팅전략을 말한다.

정답 | ③

10 21년 2회

고객관계관리(CRM)에 기반한 마케팅활동으로 가장 옳지 않은 것은?

① 비용을 최소화할 수 있는 고객확보활동
② 고객과의 신뢰를 쌓아가는 전략적 마케팅활동
③ 수익성 높은 고객의 분류 및 표적화 마케팅
④ 중간상을 배제한 고객과의 직접적·개별적 커뮤니케이션
⑤ 교차판매와 상향판매의 기회 증대 및 활용

CRM에 기반한 마케팅 활동의 종류에는 다음과 같은 활동들이 있다.
- 비용을 최소화할 수 있는 고객확보활동
- 고객과의 신뢰를 쌓아가는 전략적 마케팅 활동
- 수익성 높은 고객의 분류 및 표적 마케팅
- 고객충성도를 통한 교차판매와 상향판매의 기회 증대
- 데이터마이닝을 통한 고객분석

정답 | ④

11 17년 3회

CRM(Customer Relationship Management)을 통하여 얻을 수 있는 효과로 옳지 않은 것은?

① 상승판매(up-selling) 증가
② 교차판매(cross-selling) 강화
③ 고객유지율(customer retention) 증가
④ 판매사이클(selling cycle) 증가
⑤ 소비지출점유율(share of wallet) 증가

판매사이클의 증가는 CRM이 아닌 신규 제품의 매출 증대 전략을 통해 가능하다.
고객관계관리(CRM)를 통해 교차판매와 상승판매를 증가시킬 수 있다. 또한 CRM의 기대효과로는 고객 획득 및 기존고객유지율 증가, 고객생애가치의 증가 등을 들 수 있다.

정답 | ④

12 19년 3회

아래 글상자는 마케팅과 고객관리를 위해 필요한 고객정보들이다. 다음 중 RFM 분석법을 사용하기 위해 수집해야 할 고객정보로 옳은 것은?

> ㉠ 얼마나 최근에 구매했는가?
> ㉡ 고객과의 지속적인 관계를 유지하는 동안 얻을 수 있는 총수익은 얼마인가?
> ㉢ 일정 기간 동안 얼마나 자주 자사제품을 구매했는가?
> ㉣ 일정 기간 동안 고객이 자사제품을 얼마나 정확하게 상기하는가?
> ㉤ 일정 기간 동안 얼마나 많은 액수의 자사제품을 구매했는가?

① ㉠, ㉡, ㉢
② ㉡, ㉣, ㉤
③ ㉡, ㉢, ㉤
④ ㉢, ㉣, ㉤
⑤ ㉠, ㉢, ㉤

RFM 분석은 고객이 최근에(Recency), 얼마나 자주(Frequency), 얼마의 금액(Monetary)을 구매했는가를 분석하는 방법으로 구매 가능성이 높은 고객을 찾아내는 데 유용한 기법이다.

정답 | ⑤

13 23년 1회

로열티 프로그램으로 가장 옳지 않은 것은?

① 구매액에 따라 보너스 점수를 부여하거나 방문 수에 따라 스탬프를 모으게 하는 스탬프 제도
② 상품구매자를 대상으로 여러 혜택을 얻을 수 있는 프로그램에 가입하게 하는 회원제도
③ 20%의 우량고객에 집중해 핵심고객에게 많은 혜택이 부여되는 마케팅 프로그램 기획 및 운영
④ 동일 기업 내 다수의 브랜드의 통합 또는 이종기업 간의 제휴를 통한 통합 포인트 적립 프로그램
⑤ 기업의 자선활동 및 공익프로그램과의 연계를 통한 사회문제해결 및 공유가치 창출 프로그램

⑤는 기업의 사회적 책임(CSR)에서 한 단계 더 발전한 개념인 기업의 공유가치(CSV; Creativity Shared Value)에 대한 설명이다.

정답 | ⑤

PART 05 유통마케팅 조사와 평가

CHAPTER 01 유통마케팅 조사

1 유통마케팅 조사의 개요 및 절차

1. 유통마케팅 조사의 의의와 목적

(1) 마케팅조사(Marketing Research)의 의의
① 기업이 당면하고 있는 특정 마케팅 상황과 관련된 정보를 체계적으로 수집·분석·보고하는 활동을 의미한다.
② 마케팅 문제를 예측하고 진단하기 위해 필요한 정보가 무엇이며 어떠한 변수가 마케팅 문제의 파악과 분석에 적절한가를 선택하고, 거기에 필요한 타당한 정보를 수집·기록·분석하는 것을 의미한다.
③ 마케팅조사는 관련 있는 사실들을 찾아내고 분석하며 가능한 조치를 제시함으로써 마케팅 의사결정을 돕는 역할을 한다.
④ 마케팅조사 담당자의 가장 중요한 역할은 마케팅 의사결정을 내리는 것이다.

(2) 마케팅조사의 목적
① 마케팅전략에 관련된 의사결정에 유용한 정보를 제공하기 위함이다.
② 상황에 따라 적절한 해결방안을 제시하여 의사결정에 관련된 불확실성을 감소시켜 의사결정을 돕기 위함이다.

2. 유통마케팅 조사 절차 및 방법

(1) 유통마케팅 조사 절차 기출 22-3

> 마케팅조사 문제의 정의 → 마케팅조사설계 → 자료 수집 방법 결정 → 표본설계 → 결과분석 및 보고서 작성

(2) 유통마케팅 조사의 각 절차별 특징 기출 24-1

마케팅조사의 첫 단계는 조사 문제를 정의하고 이에 대한 조사 목적 및 조사 방법을 결정하는 것이다. 조사 문제를 정의할 때 범위가 너무 넓으면 비용과 인력·시간을 낭비할 수 있고, 너무 좁으면 관련성이 높은 분야를 제외하게 되어 잘못된 의사결정을 내릴 수 있다.

① 탐색조사
  마케팅조사의 첫 단계인 문제정의 및 조사목적을 설정할 때 사용한다. 또한 문헌조사나 전문가 의견조사, 사례조사 등을 통해 실시하게 된다.
② 기술조사 기출 20-2, 18-1
  마케팅조사 문제와 관련하여 자료를 수집하고 그 결과를 기술하는 일련의 조사로서 대부분의 마케팅조사가 이에 해당한다. 주로 서베이법(설문지조사)을 이용한다. 기술조사는 문제 정의가 명확한 경우에 적용하며, 이에는 횡단조사와 종단조사가 있다. 횡단조사는 특정 시점에서 일시에 조사하는 방법이고, 종단조사는 일정 기간 동안에 반복적으로 조사하는 방법이다.

> **짚고 넘어가기 횡단조사와 종단조사**
>
> 고정적인 패널(Panel)들을 대상으로 일정 기간 동안 반복적으로 조사, 분석하는 마케팅조사기법
>
> | 횡단조사 | 종단조사 |
> | --- | --- |
> | 특정 시점 특정 조사 | 일정 기간 반복적 조사 |
> | 정태적(Static) | 동태적(Dynamic) |
> | 표본의 크기가 클수록 정확 | 표본의 크기가 상대적으로 작음 |

③ 인과조사

2개 이상의 마케팅 변수들 간의 인과관계를 조사하는 것으로서 주로 실험법을 통해서 이루어진다. 예를 들면 특정 제품의 가격 인하에 따른 매출액 상승 여부와 같은 전략상의 인과관계에 대한 가설을 검증하는 데 활용한다.

구분	탐색조사	기술조사	인과조사
조사 목적	문제 연구에 대한 직관과 통찰을 통한 아이디어 도출	설문 등을 통하여 시장에서의 경쟁자, 타겟 고객 등을 파악	독립변수와 종속변수들 간의 인과관계를 규명하는 조사
조사 방법	• 사례 또는 문헌조사 • 전문가 의견조사 • 정성적 조사	• 질문지법(서베이) • 정성적 또는 정량적 조사	• 실험법
특징	다른 조사에 선행하여 조사되며, 조사 방법의 유연성에 따른 다양한 방법이 적용	탐색조사와 달리 문제 정의가 명확한 경우 이용되며, 직접 설문과 관찰을 진행	독립변수와 종속변수 간의 원인과 결과관계에 관한 정보를 수집하는 유일한 방법

▲ 유통마케팅 조사 구분

3. 마케팅조사설계 및 자료의 수집

(1) 조사설계의 개념

① 마케팅조사설계(Marketing Research Design)는 마케팅조사의 목적을 달성하기 위한 정보 자료를 수집하고 분석하는데 있어서의 기본지침을 말한다.

② 마케팅조사 계획 설정 단계에서는 조사 문제의 해결을 위하여 수집되어야 할 자료의 종류, 수집 방법 및 분석 방법에 관한 계획이 수립되어야 한다.

(2) 자료의 수집 기출 24-2, 22-2, 21-3, 18-2, 17-3

① **1차 자료(primary data)**: 1차 자료는 당해 사업 목적을 위해 직접적으로 수집되는 자료를 의미하며 2차 자료분석 후에 수집이 이루어지게 된다. 1차 자료의 수집 방법으로는 관찰조사, 설문조사, 실험조사가 있다.

② **2차 자료(secondary data)**: 기업의 기존 유사 자료, 통계청 자료, 신문·잡지·인터넷 등 미디어 자료를 2차 자료라고 한다. 마케팅조사 시 예비적 타당성을 검토하기 위해 가장 먼저 시작하는 조사이다. 2차 자료는 다른 목적에 의해 수집된 자료이기 때문에 목적에 맞게 수정·보완이 필요하다.

(3) 디지털 마케팅의 자료수집방법

① 1자 데이터: 디지털 마케팅에서 기업 웹사이트나 모바일 앱 등 다양한 고객과의 접점에서 직접적 상호작용을 통해 자체적으로 수집한 자사 데이터를 말한다.

② 2자 데이터: 다른 기업이 보유한 데이터로써, 직접적인 경쟁관계가 아닌 경우 파트너십을 통해 고객데이터를 공유하는 경우이다.

③ 3자 데이터: 고객데이터를 수집·가공하여 대중에게 공개적으로 판매하는 데이터를 말함. 1·2자 데이터에 비해 막대한 규모의 고객데이터에 접근할 수 있다.

짚고 넘어가기 | 마케팅 자료수집 방법 | 기출 24-2, 20-3, 19-3, 18-1, 17-2, 17-1

- **표적집단면접법(FGI: Focus-Group Interview)**
  보통 6~12명 정도의 면접 대상자들을 한자리에 모아 주제에 숙련된 진행자를 중심으로 그 주제와 관련된 토론을 하도록 함으로써 자료를 수집한다.
- **패널조사법(Panel Survey)**
  관련 패널(전문가)들로 회의를 반복적으로 소집하고 의견을 수렴하는 자료 조사 방법으로, 비용이 적게 들고 이용이 용이하나 의견이 편중될 가능성 있다.
- **A&U 조사(Attitude and Usage Research)**
  A&U 조사 또는 서베이(Survey) 조사는 가장 널리 이용되는 마케팅조사의 하나로, 조사원들이 표본으로 선정된 응답자들로부터 설문지 등을 이용해 정보를 수집·분석하는 것이다.
- **투사법(Projective Techniques)**
  - 조사의 목적을 숨기고 조사하는 간접적인 방법으로, 응답자 내면에 숨겨진 관심사에 대한 동기, 태도, 감정 등이 나타나도록 질문하는 조사 방법이다.
  - 연상기법(단어연상), 문장완성 기법, 어떤 단서 자극을 보고 그림이나 이야기를 산출하도록 하는 구성기법, 특정 사진이나 그림 등을 선택하도록 하는 선택기법, 피실험자의 최종적 결과보다 산출하는 과정을 중요시하는 표현기법(인형놀이) 등이 있다.
- **갱서베이(Gang Survey)**
  자료 조사자가 직접 신제품 또는 광고 카피 등과 같은 보조물(시제품, 사진, PPT)을 이용하여 조사 목적에 대한 상세한 설명을 하며, 자료수집 과정에서도 환경통제가 가능하여 질 높은 자료수집이 가능하고 정보 유출을 방지할 수 있다는 장점이 있다.
- **민속지학적 연구(Ethnographic Research)**
  마케팅과 관련하여 지역 소비자들이 실제로 제품이나 서비스를 활용하는 방식에 관하여 생생하고 구체적인 직접 관찰을 통해 어떤 제품을 선호하고, 어떤 제품에 대해 효용을 느끼는지를 연구하는 것이다.
- **C.L.T.(Central Location Test)**
  응답자를 일정한 장소에 모이게 한 후 시제품, 광고 카피 등에 대한 소비자 반응을 조사하는 것으로 갱서베이와 유사하지만 C.L.T.의 경우 소비자들을 특정 장소에 모으는 것이 아닌, 일정한 장소에서 정해진 시간 안에 응답자들이 자유롭게 출입하면서 조사가 이루어지는 방법이다.

(3) 자료의 측정을 위한 척도 | 기출 23-1, 19-3, 17-3

명목척도	단순히 측정 대상의 특성을 분류하거나 확인할 목적으로 숫자를 부여하는 경우로 정보의 제공량은 가장 적다. 예) 남자는 1, 여자는 2 또는 서울은 1, 인천은 2, 부산은 3
서열척도	측정 대상의 특성이나 속성에 대한 정도에 등급을 부여하는 척도이다. 서열척도는 주로 정량화하기 어려운 소비자의 태도, 선호도 등의 측정에 이용된다. 예) 좋아하는 브랜드(소주): 1 참이슬, 2 처음처럼, 3 좋은데이, 4 한라산 　　직급표시: 1 사원, 2 대리, 3 과장, 4 부장, 5 이사
등간척도	속성에 대한 순위를 부여하되 순위 사이의 간격이 동일한 척도이다. 양적인 정도의 차이를 나타내며 해당 속성이 전혀 없는 절대적인 영점은 존재하지 않는다.(임의적 영점은 존재하지만 무의미) 예) 제품만족도에 대해 매우 만족 5, 만족 4, 보통 3, 불만족 2, 매우 불만족 1로 5점 척도로 평가하는 경우
비율척도	등간척도가 갖는 특성에 추가적으로 측정값 사이의 비율계산이 가능한 척도로서, 절대 영점이 존재하며, 사칙연산이 가능하고 정보의 수준이 가장 높은 척도이다. 예) 매출액, 구매확률, 시장점유율, 무게, 소득 등 　　지난 1개월간 컨텐츠 구매액: 0원, 5만원 이하, 10만원 이하, 20만원 이상

> **짚고 넘어가기** **기타 다양한 척도의 종류**
>
> - **어의차이척도(Semantic Differentiation Scale)** 기출 17-1, 16-2
>   의미차별화척도라고도 하며, 척도의 양끝에 특정 대상의 속성을 나타내는 상호 상반되는 형용사를 제시하고 대상의 특성에 대해 응답자가 가지고 있는 생각을 측정하는 척도측정법을 말한다.
>
>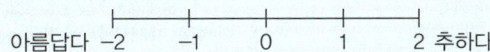
>   아름답다 −2 −1 0 1 2 추하다
>
> - **스타펠척도(Stapel Scale)**
>   어의차이척도법의 한 변형으로 일반적으로 수직형으로 제시된다. 어의차이척도와 유사, 양극단에 수식어를 부여하는 대신 가운데에 하나의 형용사를 부여하고, 부정으로 갈수록 (−)값을, 긍정으로 갈수록 (+)값을 제공하는 방법이다.
>
> - **리커트척도(Likert Scale)**
>   리커트척도는 마케팅 설문조사 등에 많이 활용되는 척도법의 하나로, 응답자가 제시된 문장에 대해 얼마나 동의하는지를 답변하도록 한다. 주로 5점 척도가 많이 쓰이며 7점, 9점 척도도 사용된다.

4. 표본설계

(1) 표본설계의 의의
조사 방법과 자료수집 방법이 결정되면 조사 대상을 어떻게 선정할 것인가 하는 문제에 직면하게 된다. 표본설계는 전수조사를 할 것인가 표본조사를 할 것인가를 먼저 정해야 한다.

(2) 전수조사와 표본조사
① 전수조사: 전수조사는 모집단 전부를 조사하는 방법이다. 시간과 비용이 많이 들고, 조사 과정에서 누락되는 경우도 있기 때문에 정확도가 떨어진다.
② 표본조사: 표본조사는 모집단 중 일부만을 조사하는 방법이다. 조사 대상의 선정은 어떻게 표본을 추출(Sampling)할 것인가의 문제로 귀착된다.

(3) 표본설계 시의 고려요소
① 표본단위(Sample Unit): 조사 대상이 누구인가
② 표본크기(Sample Size): 얼마나 많은 사람을 대상으로 하는가
③ 표본추출 절차(Sampling Procedure): 응답자는 어떻게 선정하는가
④ 자료수집 수단(Means of Contact): 온라인 서베이인가, 오프라인 설문지인가

(4) 표본추출 방법
① **비확률 표본추출** 기출 22-3, 19-1, 18-3, 17-3
조사 대상의 표본추출 확률을 모르는 상태에서 실행되는 표본추출 방법이다. 따라서 추출된 표본의 대표성이 약하여 분석 결과의 일반화가 어려운 단점이 있다. 편의표본추출, 판단표본추출, 할당표본추출 방식이 있으며 이 중 할당표본추출 방식은 상업적인 마케팅조사에 이용된다.

구분	개념	사례
편의표본추출 방식	조사자의 편의 또는 임의대로 표본을 선정하는 방법	신제품을 테스트하기 위해서 지원자를 대상으로 조사
판단표본추출 방식	표본의 조사 목적에 가장 적합하다고 판단되는 특정 집단을 표본으로 선정하는 방법	신제품을 출시하기 전 제품의 시장잠재력을 가장 잘 반영할 것으로 판단되는 특정 도시를 선택하는 것
할당표본추출 방식	모집단의 특성(나이, 성별)을 기준으로 이에 비례하여 표본을 추출함으로써 모집단의 구성원들을 대표하도록 하는 추출 방법	모집단이 20세 이하와 20대, 30대, 40대, 50대 이상으로 구분하고 각 집단의 구성 비율에 대해 사전적인 정보를 가지고 있는 경우 그 비율에 따라 표본을 추출

② 확률적 표본추출 기출 22-1, 20-2, 18-3

조사 대상이 표본으로 추출될 확률을 미리 알고 실행되는 표본추출 방법이다. 따라서 추출된 표본의 대표성이 인정되어 분석 결과를 일반화할 수 있는 방식이다.

구분	개념
단순무작위 표본추출방식	각 표본이 동일하게 선택될 확률을 가지도록 선정된 표본 목록의 각 표본에 일련번호를 부여하고 난수표를 이용하여 무작위로 추출하는 방식
층화표본추출방식	모집단을 통제변수에 의해 배타적이고 포괄적인 소그룹으로 구분한 다음 각 소그룹별로 단순무작위로 추출하는 방식
군집표본추출방식	모집단을 동질적인 여러 소그룹으로 나눈 다음 특정 소그룹을 표본으로 선택하고 그 소그룹 전체를 조사하거나 일부를 표본추출하는 방식

5. 결과분석

① 회귀분석(Regression Analysis)

하나(단순 회귀분석) 또는 둘 이상(다중회귀분석)의 독립변수가 특정한 하나의 종속변수에 미치는 영향의 정도와 방향을 파악하기 위해서 사용되는 분석 방법이다.

예 광고 프로모션 비용의 증감에 따른 매출액의 변화

② 상관관계분석(Correlation Analysis)

사교육 비용과 학업 성취도 변화 등과 같은 관계처럼 서로 상호 영향을 미칠 수 있는 두 변수들 간의 연관성의 정도를 측정하는 방법이다.

③ 분산분석(ANOVA: Analysis of Variance) 기출 21-2

3 이상의 독립적인 집단들 간에 특정 변수의 평균값에 서로 차이가 있는지를 검정하는 통계기법이다.

예 인스턴트 커피에 대한 연령대별 선호도조사

④ 요인분석(Factor Analysis)

변수들 간의 상관관계를 고려하여 내재된 유사 요인들을 추출해 내는 분석 방법이다.

예 수학, 통계, 영어, 중국어, 테니스, 스쿼시 과목으로 구성된 경우, 수학·통계는 수리능력과 상관관계가 있으며, 영어·독일어 과목은 언어 영역과 상관관계가 있을 것이라고 분석하는 방법

⑤ 군집분석(Cluster Analysis) 기출 22-2

㉠ 개인 또는 여러 개체 중에서 유사한 속성을 지닌 대상을 몇 개의 집단으로 그룹화한 다음 각 집단의 성격을 파악함으로써 데이터 전체의 구조에 대해 이해하고자 하는 탐색적 분석기법이다.

㉡ 유사한 특성을 갖는 조사 대상자들을 묶어주는 통계기법으로 시장세분화에 사용된다.

예 맥주 구매 행태: 맛을 중시하는 집단, 가격 중시 집단, 브랜드 선호 집단

⑥ 컨조인트분석(Conjoint Analysis, 결합분석) 기출 23-1, 20-추가, 18-2

제품을 구매할 때 소비자가 중요시하는 제품 속성의 선호도를 측정하고 각 속성 수준에 대해 소비자들이 부여하는 효용을 파악하여 최상의 신제품을 개발하는 데 사용하는 방법이다.

⑦ 다차원척도법(MDS: Multi-Dimensional Scaling) 기출 19-2

제품의 특성에 대하여 소비자들이 인지하고 있는 상태를 그래프상의 여러 차원으로 표시해 시각적으로 포지션을 파악하는 기법이다. 그래프 공간 내의 각 차원은 소비자가 구매할 경우 기준하는 가장 중요한 속성을 의미한다.

6. 보고서의 작성과 대안의 제시

보고서에는 자료의 분석에 근거하여 마케팅 문제에 대한 대안이 제시되어야 한다. 마케팅 문제에는 정답이 없기 때문에 대안들을 놓고 경영자들은 의사결정을 해야 한다.

2 유통마케팅 정보시스템

1. 유통마케팅 정보시스템의 의의

마케팅관리자가 마케팅활동을 보다 효율적으로 수행하여 올바른 의사결정을 할 수 있도록 지원하는 내부 정보시스템, 고객정보시스템, 마케팅 인텔리전스, 마케팅조사시스템을 의미한다.

2. 마케팅 정보시스템의 종류

① 내부 정보시스템

기업의 마케팅 관련 내부 정보 중에서 판매활동과 연관된 자사의 내부 데이터를 관리하는 정보시스템이다.

② 고객정보시스템

자사 이용 고객에 대한 실제 최근 구매 시기, 구매빈도, 구매액 등을 데이터베이스화하여 고객관계관리(CRM: Customer Relationship Management)에 활용하려는 정보시스템이다.

③ 마케팅 인텔리전스

마케팅 일상 정보시스템이라고 하며 마케팅환경에서 발생하는 매일의 정보를 마케팅관리자에게 전달하는 시스템이다.

④ 마케팅조사시스템

마케팅조사를 통하여 마케팅 기회와 문제점을 발견하고 마케팅활동을 계획, 통제, 평가하는 등 마케팅관리자와 소비자를 연결하는 기능을 하는 시스템이다.

CHAPTER 02 유통마케팅의 성과평가

1 유통마케팅 목표 및 성과평가의 개요

1. 유통마케팅 목표의 평가

(1) 유통마케팅 목표의 설정

① 유통마케팅 성과를 평가하기 위해서는 먼저 유통마케팅의 목표를 구체적으로 확정해야 한다.
② 유통마케팅의 목표는 만족할 만한 기업 가치를 얻는 것이며 기업의 가치는 매출액, 이익 및 고객 자산으로 파악할 수 있다.

(2) 고객 자산의 파악

① 유통마케팅의 목표인 고객 자산은 현재 고객과 잠재고객 각각의 할인된 고객생애가치를 합한 것을 말한다. 수익성 높은 고객이 기업에 더 높은 충성도를 보일수록 그 기업의 고객 자산은 증가한다.
② 매출과 시장점유율은 과거의 기업 성과를 반영하지만, 고객 자산은 미래의 성과를 반영한다.

2. 유통마케팅 성과평가(Marketing Performance Assessment)

유통마케팅 성과평가란 일반적으로 마케팅활동의 결과를 효과성 및 효율성, 형평성 측면에서 평가하는 것을 의미한다.

2 유통 성과평가기준

1. 성과평가 방법 기출 22-2, 21-3, 21-2, 21-1, 19-1

유통업의 성과평가 도구로는 크게 재무적 방법인 전략적 이익모형과 마케팅적 방법이 있으며 유통경로에 대한 평가법으로는 제품별 직접이익이 있다.

① **재무적 방법**: 회계 자료를 기초로 한 재무비율 분석(전략적 수익모형)이 주를 이룬다.
② **마케팅적 방법**: 고객들로부터 수집된 데이터를 기초로 유통 성과를 측정하는 것이다. 고객만족도, 고객 획득률, 고객생애가치 등의 측정이 이에 해당된다.

2. 재무비율 분석

(1) 전략적 이익모형(SPM: Strategic Profit Model) 기출 20-2

전략적 이익모형은 여러 가지 재무비율들 간의 상호 연관성을 분석하는 모형이다.

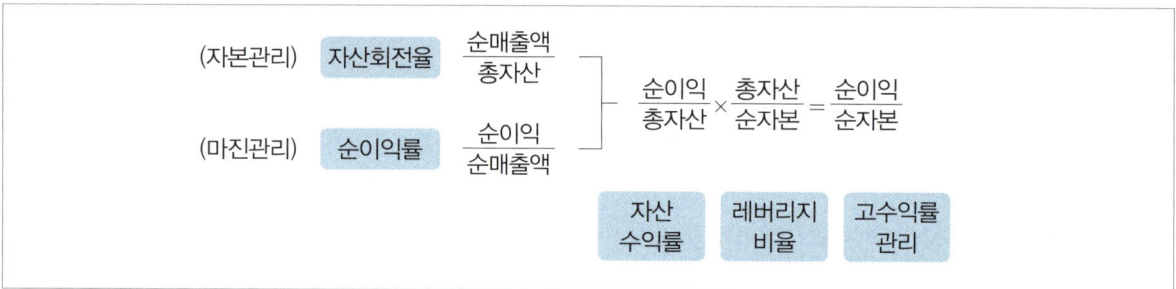

(2) 주요 재무비율 분석 기출 20-3

① **유동성 비율(Liquidity Ratio)**: 기업의 재무적 위험을 측정하는 비율로 기업의 단기 채무에 대한 지급 능력을 나타내는 비율을 의미한다. 이 중 대표적인 유동성 비율인 유동비율(Current Ratio)은 재무상태표의 유동자산을 유동부채로 나눈 것으로 기업의 유동부채에 대한 지급 능력을 측정하는 비율에 해당한다.

$$유동성\ 비율 = \frac{유동자산}{유동부채} \times 100$$

② **레버리지 비율(Leverage Ratio, 안정성 비율)**
㉠ 레버리지 비율은 자기자본 대비 타인자본의 비율로, 유동성 비율과 함께 기업의 재무적 위험을 측정하는 대표적인 비율이다.
㉡ 유동성 비율이 단기 채무에 대한 재무 위험을 측정하는 것인데 반하여, 레버리지 비율은 장기 채무에 대한 재무적 위험을 측정하는 것이라고 할 수 있다.

구분	의미	산출 방법
부채 비율	부채 비율은 일반적으로 타인자본인 총부채를 자기자본으로 나눈 비율을 의미	부채 비율 = $\frac{타인자본}{자기자본} \times 100$
비유동 비율	비유동 비율은 비유동 자산을 자기자본으로 나눈 비율로서 자기자본이 비유동 자산에 얼마만큼 투하되어 운용되고 있는가를 나타냄	비유동 비율 = $\frac{비유동자산}{자기자본} \times 100$

③ 활동성 비율(Activity Ratio) 기출 22-1
　㉠ 매출액을 해당 자산의 가치로 나눈 회전율로서 자산의 현금화 속도를 의미하며, 자산의 이용도라고도 한다.
　㉡ 일반적으로 회전율이 높다는 것은 자산의 활용도가 높다는 것을 의미한다. 주요 활동성 비율로서는 매출채권 회전율, 재고자산 회전율 등이 있다.

구분	의미	산출 방법
매출채권 회전율	매출채권 회전율은 매출액을 매출채권으로 나눈 회전수로서 기말의 매출채권 잔액이 1년 간의 영업 활동을 통하여 매출액으로 회전되는 속도를 의미	매출채권 회전율 = $\dfrac{매출액}{매출채권}$
재고자산 회전율	재고자산 회전율은 1년의 기간 동안에 발생한 상품의 매입·판매의 순환 횟수를 의미	재고자산 회전율 = $\dfrac{매출액}{기말재고자산}$

④ 수익성 비율: 기업의 경영활동에 따른 종합적인 영업의 결과로 나타난 성과를 측정하는 비율이다. 매출액 순이익률, 총자산 순이익률(ROA), 자기자본 순이익률(ROE) 등의 지표들이 대표적이다.

구분	의미	산출 방법
매출액 순이익률	매출액 순이익률은 당기순이익을 매출액으로 나눈 비율로서, 당기순이익이 매출액에서 몇 %를 차지하는가를 나타냄	매출액 순이익률 = $\dfrac{당기순이익}{매출액} \times 100$
총자산 순이익률 기출 22-1	총자산 순이익률(Return On Asset, ROA)은 당기순이익을 총자산 또는 총자본으로 나눈 비율로서, 총자본 순이익률 또는 투자수익률(Return On Investment, ROI)이라고도 함	총자산 순이익률 = $\dfrac{당기순이익}{총자산} \times 100$
자기자본 순이익률	자기자본 순이익률(Return On Equity, ROE)은 당기순이익을 자기자본으로 나눈 비율로서, 자기자본의 효율적 이용도를 측정	자기자본 순이익률 = $\dfrac{당기순이익}{자기자본} \times 100$

⑤ 재고투자이익률(GMROI) 기출 18-2, 17-3, 17-1
　소매업의 전반적인 성과를 측정하는 가장 중요한 지표 중의 하나가 재고투자이익률(GMROI: Gross Margin Return On Investment)이다. 이는 이익률과 재고 회전률을 모두 고려한 것으로 다음과 같이 계산한다.

$$재고투자이익율(GMROI) = \dfrac{총이익}{평균재고} = \dfrac{총이익}{매출액} \times \dfrac{매출액}{평균재고}$$
$$= 총이익률 \times 재고 회전율$$

　㉠ GMROI를 통해 각 척도의 구성요소를 분석하여 문제가 되는 상품계열의 수익성을 향상시키기 위한 머천다이징 전략을 강구할 수 있다.
　㉡ 상이한 품목, 상품계열, 부문들의 성과를 비교하는 데 사용할 수 있다.
　㉢ 기업의 단기뿐만 아니라 장기적인 투자의 수익성 및 수익 회수에 대한 지표로 활용되고 있다.
　㉣ 협소한 유통 매장의 진열대에서 제거 또는 추가되어야 할 상품에 대한 의사결정의 기준(척도)을 제공한다.

3. 균형성과표(BSC: Balanced Score Card)

(1) 균형성과표의 의의
조직의 비전과 경영 목표를 각 사업 부문과 개인의 성과측정 지표로 전환해 전략적 실행을 최적화하는 경영관리기법이다.

(2) 균형 성과표의 측정 지표
① 재무, 고객, 내부 프로세스, 학습·성장 등 4분야에 대해 측정 지표를 선정해 평가한 뒤 각 지표별로 가중치를 적용해 산출한다.
② BSC는 비재무적 성과까지 고려하고 성과를 만들어낸 동인을 찾아내 관리하는 것이 특징이며 이런 점에서 재무적 성과에 치우친 EVA(경제적 부가가치), ROI(투자수익률) 등의 한계를 극복할 수 있다.
③ 구매자 입장에서 특정 공급자의 개별품목 혹은 재고관리단위(SKU; Stock Keeping Unit) 각각에 대해 평가하는 기법

4. 제품별 직접이익(DPP: Direct Product Profit)

(1) 제품별 직접이익의 개념 기출 23-1, 22-3
① 소매업체의 제품 수익성을 평가하는 중요한 측정 도구 중의 하나로 회계상 손익계산서를 유통기업에 맞추어 수정하는 방법이다.
② 각 경로 대안의 제품 수익성(직접 제품 이익)을 평가하여 직접 제품 이익이 가장 높은 경로 대안을 선택하게 된다.
③ 구매자 입장에서 특정 공급자의 개별품목 혹은 재고관리단위(SKU; Stock Keeping Unit) 각각에 대해 평가하는 방법이다.

(2) 제품별 직접이익의 특징 기출 17-3
이 방법은 제품 평가에 있어서 고정비용을 제외하는 반면 제품별 영업 활동이나 상품 머천다이징 활동에 의해 발생하는 직접 비용만을 분석대상으로 삼고 있다. 이는 전통적인 수익성 측정 방식인 재고자산 투자수익률(GMROI), 판매 면적당 매출 총수익률(GMROS)에 비해 정확성이 높다는 장점을 지니고 있다.

5. 유통경로의 정량적 및 정성적 평가척도 기출 24-2, 24-1, 22-2

정성적 평가척도	정량적 평가척도
경로 조정 및 갈등의 정도	단위당 총유통비용
경로 역할에 대한 의견의 차이 정도	단위당 총운송비용
경로 리더십의 개발 정도	재고부족 방지비용
경로에 대한 몰입의 정도	재고부족 비율
신기술의 유입 정도	주문 처리의 오류 횟수
새로운 시장의 개척 정도	거래 중단 유통업체의 수와 비율
정보의 획득 정도	부실채권 비율
상표 간 경쟁의 정도	주문의 크기
기업과 고객 집단과의 관계 정도	고객 컴플레인 횟수

핵심 기출문제

PART 05 유통마케팅 조사와 평가

01
20년 추가

조사에서 해결해야 할 문제를 명확하게 정의하고 마케팅전략 및 믹스변수의 효과 등에 관한 가설을 설정하기 위해, 본 조사 전에 사전 정보를 수집할 목적으로 실시하는 조사로서 가장 옳은 것은?

① 관찰적 조사(observational research)
② 실험적 조사(experimental research)
③ 기술적 조사(descriptive research)
④ 탐색적 조사(exploratory research)
⑤ 인과적 조사(causal research)

탐색적 조사는 문제가 정확히 인식되지 않을 때 문제를 찾아내고 정의하는 것을 목적으로 하는 조사이다. 즉 정식적인 조사에 앞서 비공식적인 절차를 통해 관련 내용을 보다 잘 파악하기 위한 예비적인 정보를 수집하는 조사를 말한다.

관련이론 | 유통마케팅 조사의 구분

구분	탐색조사	기술조사	인과조사
조사 목적	문제 연구에 대한 직관력과 통찰을 통한 아이디어 도출	설문 등을 통하여 시장에서의 경쟁자, 타겟고객 등을 파악	독립변수와 종속변수들 간의 인과 관계를 규명하는 조사
조사 방법	• 사례 또는 문헌조사 • 전문가 의견조사법 • 정성적 조사	• 질문지법(서베이) • 정성적 또는 정량적 조사	실험법
특징	다른 조사에 선행하여 조사되며, 조사 방법의 유연성에 따른 다양한 방법이 적용	탐색조사와 달리 문제 정의가 명확한 경우 이용되며, 직접 설문과 관찰을 진행함	독립변수와 종속변수 간의 원인과 결과 관계에 관한 정보를 수집하는 유일한 방법

정답 | ④

02
18년 2회

어느 백화점의 경영 현황을 파악하기 위해 2차 자료를 수집하였다. 2차 자료에 해당하지 않는 것은?

① 제품계열별 판매액
② 지점별 주요 제품 재고
③ 직접 조사한 지점별 고객만족도
④ 고객별 지출액
⑤ 연간 성장률

백화점에서 직접 조사한 지점별 고객만족도는 1차 자료에 해당한다.
1차 자료는 현재 직면한 문제를 해결하기 위하여 조사자가 직접 조사·수집한 자료를 말하며, 2차 자료는 이미 공개되어 있는 기존의 모든 자료를 말한다. 2차 자료는 통계청 통계 자료, 기발표된 논문, 신문, 잡지 기사, 각종 기관이나 리서치에서 발표한 자료 등이 포함된다.

정답 | ③

03
17년 3회

다음 글상자에서 설명하는 표본추출 방법은?

> • 신제품 조사를 위해 표적시장을 잘 반영하리라고 생각되는 집단을 대상으로 설문조사를 함
> • 모집단의 대표성보다는, 면접 과정에서 풍부한 정보를 수집하기 위해 제품이나 산업에 대해 많은 정보를 갖고 있는 표본을 선정하는 비확률적 표본추출 방법임
> • 향후 경제 전망에 대한 면접 조사를 위해, 일반인보다 경제 부분의 전문가들을 선별하여 면접에 참여하도록 함

① 편의표본추출(convenience sampling)
② 판단표본추출(judgement sampling)
③ 할당표본추출(quota sampling)
④ 집락표본추출(cluster sampling)
⑤ 층화표본추출(stratified sampling)

판단표본추출법은 마케팅조사자가 신제품 조사를 위해 본인이 스스로 판단하기에 가장 적합하다고 생각되는 집단을 대상으로 설문조사를 실시하는 방법을 의미한다.

정답 | ②

04

17년 3회

(㉠), (㉡) 안에 들어갈 용어로 옳은 것은?

> □□할인점은 고객의 만족도를 조사하기 위해 두 가지 척도를 사용하기로 결정하였다. (㉠)척도는 상대적인 순위를 구분하기 때문에 인근 5개 점포와 비교하여 몇 등인지를 알 수 있고, (㉡)척도는 산술적 사칙연산이 가능하고 절대 영점을 포함하기 때문에 만족도를 구체적인 점수(예 100점 만점 중 평균 82점)로 측정할 수 있다는 장점이 있다.

① ㉠ - 명목, ㉡ - 서열
② ㉠ - 명목, ㉡ - 등간
③ ㉠ - 서열, ㉡ - 비율
④ ㉠ - 서열, ㉡ - 등간
⑤ ㉠ - 등간, ㉡ - 비율

측정에 사용되는 척도는 크게 명목척도, 서열척도, 등간척도 및 비율척도로 나누어진다.

관련이론 | 척도의 종류

명목척도	단순히 측정 대상의 특성을 분류하거나 확인할 목적으로 숫자를 부여하는 경우로 정보의 제공량은 가장 적다. 예 남자는 1, 여자는 2 또는 서울은 1, 인천은 2, 부산은 3
서열척도	측정 대상의 특성이나 속성에 대한 정도에 등급을 부여하는 척도이다. 서열척도는 주로 정량화하기 어려운 소비자의 태도, 선호도 등의 측정에 이용된다. 예 좋아하는 브랜드(소주): 1 참이슬, 2 처음처럼, 3 좋은데이, 4 한라산 직급표시: 1 사원, 2 대리, 3 과장, 4 부장, 5 이사
등간척도	속성에 대한 순위를 부여하되 순위 사이의 간격이 동일한 척도이다. 양적인 정도의 차이를 나타내며 해당 속성이 전혀 없는 절대적인 영점은 존재하지 않는다.(임의적 영점은 존재하지만 무의미) 예 제품만족도에 대해 매우 만족 5, 만족 4, 보통 3, 불만족 2, 매우 불만족 1로 5점 척도로 평가하는 경우
비율척도	등간척도가 갖는 특성에 추가적으로 측정값 사이의 비율계산이 가능한 척도로서, 절대 영점이 존재하며, 사칙연산이 가능하고 정보의 수준이 가장 높은 척도이다. 예 매출액, 구매확률, 무게, 소득 등 지난 1개월간 컨텐츠 구매액: 0원, 5만원 이하, 10만원 이하, 20만원 이상

정답 | ③

05

21년 2회, 16년 1회

특정 소매점에서 A제품에 대하여 '가격 할인'과 '프리미엄 제공'이라는 2개의 판촉 전략을 한달 간 실행하였다. 그 기간 동안 카드로 A제품을 구매한 고객을 20대, 30대, 40대, 50대로 분류하여 각 판촉활동의 연령대별 매출액 증감 효과 차이를 분석하고자 할 경우, 가장 적합한 분석기법은?

① t-검증
② 회귀분석
③ 군집분석
④ 분산분석
⑤ 판별분석

분산분석(ANOVA: Analysis of Variance)은 3개 이상의 독립적인 집단들 간에 특정 변수의 평균값이 서로 차이가 있는지를 검정하는 통계기법이다.

선지분석 |
② 회귀분석(regression analysis): 하나(단순 회귀분석) 또는 둘 이상(다중 회귀분석)의 독립변수가 특정한 하나의 종속변수에 미치는 영향의 정도와 방향을 파악하기 위해서 사용되는 분석 방법
③ 군집분석(cluster analysis): 개인 또는 여러 개체 중에서 유사한 속성을 지닌 대상을 몇 개의 집단으로 그룹화한 다음 각 집단의 성격을 파악함으로써 데이터 전체의 구조에 대해 이해하고자 하는 탐색적 분석기법이다.

정답 | ④

06

19년 1회

도·소매업체들의 유통경로 수익성 평가에 활용되는 전략적 이익모형(Strategic Profit Model)의 주요 재무지표에 해당하지 않는 것은?

① 순매출이익률
② 총자산회전율
③ 레버리지비율
④ 투자수익률
⑤ 총자본비용

전략적 이익모형(SPM)은 크게 유동성비율, 레버리지비율(부채비율), 활동성비율, 수익성비율 등으로 구분한다.
순매출이익률과 투자수익률은 수익성 비율, 총자산회전율은 활동성 비율이다.

정답 | ⑤

07
17년 3회

재고와 판매공간에 대한 수익률을 분석하기 위해 활용하는 GMROI(Gross Margin Return On inventory Investment)에 대한 설명으로 옳지 않은 것은?

① 유통경로상에서 추가 또는 제거해야 할 품목의 결정에 도움을 준다.
② 문제가 되는 상품계열의 수익성을 향상시키기 위한 머천다이징 전략을 강구할 수 있다.
③ 공급업자에게 더 많은 판매촉진과 배달시간 개선을 요구할 수 있는 근거가 된다.
④ 두 가지 척도 모두 단기적 수익성보다는 장기적 수익성을 측정하는 척도이다.
⑤ 매출채권과 외상매입금 등은 재고투자의 계산에 포함되어 있지 않다.

GMROI는 소매업의 전반적인 성과를 측정하는 수익률로 기업의 단기적 수익성뿐만 아니라 장기적인 투자의 수익성 및 수익 회수에 대한 지표로 활용되고 있다.

정답 | ④

08
19년 3회

표적집단면접법(FGI)을 활용하기에 가장 부적합한 유통마케팅 조사 상황은?

① 어떤 정보를 획득해야 할지 잘 모르는 경우
② 인과관계에 대한 가설을 검증해야 하는 경우
③ 어떤 현상의 원인이 되는 문제를 정확하게 모르는 경우
④ 소비자들의 내면적 욕구, 태도, 감정을 파악해야 하는 경우
⑤ 계량적 조사로부터 얻은 결과에 대한 구체적인 이해가 필요한 경우

표적집단면접법(FGI, Focus Group Interview)은 고객의 구매 행동에 대한 내면적 동기나 심리를 파악하기 위해 6~12명의 패널을 모아놓고 조사하는 방법으로, 가설을 검증해야 하는 경우에는 부적합하다.

정답 | ②

09
16년 3회

다음의 유통경로의 정량적 및 정성적 평가척도 중 성격이 다른 하나는?

① 재고부족 방지비용
② 부실채권의 비율
③ 고객 컴플레인 횟수
④ 유통경로구성원 간 갈등의 정도
⑤ 단위당 총운송비용

유통경로의 성과를 위한 평가하기 위한 기준으로 정성적 평가기준 및 정량적 평가기준이 있다. 유통경로구성원 간 갈등의 정도는 정성적 평가기준이며, 나머지는 모두 정량적 평가기준에 해당한다.

관련이론 | 유통경로의 정량적 및 정성적 평가척도

정성적 평가척도	정량적 평가척도
경로 조정 및 갈등의 정도	단위당 총유통비용
경로 역할에 대한 의견의 차이 정도	단위당 총운송비용
경로 리더십의 개발 정도	재고부족 방지비용
경로에 대한 몰입의 정도	재고부족 비율
신기술의 유입 정도	주문 처리의 오류 횟수
새로운 시장의 개척 정도	거래 중단 유통업체의 수와 비율
정보의 획득 정도	부실채권 비율
상표 간 경쟁의 정도	주문의 크기
기업과 고객 집단과의 관계 정도	고객 컴플레인 횟수

정답 | ④

10
21년 1회

회계데이터를 기초로 유통마케팅 성과를 측정하는 방법으로 옳은 것은?

① 고객만족도 조사
② 고객 획득률 및 유지율 측정
③ 매출액 분석
④ 브랜드 자산 측정
⑤ 고객생애가치 측정

유통업의 성과평가 도구는 크게 재무적 방법과 마케팅적 방법 등을 사용하고 있다.
매출액 분석은 회계자료를 기초로 한 재무적 방법이다.
마케팅적 방법에는 고객만족도, 고객획득률, 고객생애가치 등의 측정이 해당되며, 재무적 방법과 보완적으로 활용한다.

정답 | ③

SUBJECT 04
유통정보

PART 01 유통정보의 이해

PART 02 지식경영

PART 03 주요 유통정보화 기술 및 시스템

PART 04 유통정보의 관리와 활용

PART 05 전자상거래

최신 5개년 출제비율 분석

PART 01	유통정보의 이해	21%
PART 02	지식경영	11%
PART 03	주요 유통정보화 기술 및 시스템	23%
PART 04	유통정보의 관리와 활용	18%
PART 05	전자상거래	27%

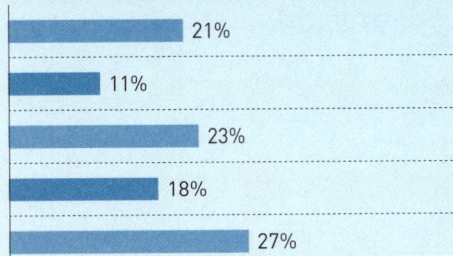

PART 01 유통정보의 이해

CHAPTER 01 정보의 개념과 정보화 사회

1 정보

1. 정보의 개념과 역할

(1) 정보의 개념

정보(information)는 조사나 관찰을 통해 수집된 자료(data)를 실제 문제 해결에 도움이 될 수 있도록 해석하고 정리한 것이다. 즉, 정보는 개인이나 조직이 의사결정을 하는 데 사용할 수 있도록 각종 자료를 의미 있고 유용한 형태로 처리(가공·해석·정리)한 것을 말한다.

(2) 정보의 역할

정보는 개인이나 조직의 의사결정에 이용됨으로써 개인이나 조직의 행동 방향을 결정해 준다. 즉, 정보는 인간이 판단하고 의사결정을 내리고, 행동할 때 방향을 설정하도록 도와주는 역할을 수행한다. 이를 통해 정보는 미래의 불확실성을 감소시켜 주는 역할을 한다.

2. 정보의 8가지 속성 기출 19-3, 15-2

① 정확성(Accuracy)

　정보는 정확한 자료에 근거하여 실수나 오류가 개입되지 않아야 하고, 자료의 의미를 편견의 개입이나 왜곡 없이 정확하게 전달해야 한다.

② 관련성(Relevancy)

　정보는 의사결정과 관련성이 있어야 한다. 즉, 필요한 목적에 정보가 부합되어야 한다. 관련성은 양질의 정보를 취사선택하는 기준이다.

③ 경제성(Economy)

　정보를 산출하는 비용이 적정하여, 정보를 얻는 비용보다 정보를 이용하여 얻는 가치가 더 커야 한다.

④ 신뢰성(Reliability)

　원천 자료의 수집 방법과 관련이 있는 것으로, 정보는 신뢰할 수 있어야 한다.

⑤ 완전성(Completion)

　정보는 그 내용에 필요한 것이 충분히 내포되어 있어야 한다. 완전성은 문제 해결에 필요한 정보가 완비된 정도를 의미하는 것으로, 정성적 가치 판단 기준의 하나이다. 또한 완전성은 정보의 과부하 현상(Information Overload)과 연관이 있다.

> **짚고 넘어가기** 　**정보의 과부하 현상(Information Overload)**
> - 정보의 과부하는 필요하지 않은 정보나 진부화된 정보가 사용자(의사결정자)에게 과다하게 주어짐으로써 정보의 효율적 이용을 방해하는 현상을 말한다.
> - 경영자들에게 필요한 정보를 제공하는 것 못지않게 필요 없는 정보를 제공하지 않는 것도 중요하다. 이유는 인간의 정보 처리 능력을 초과하는 다량의 정보가 입력된 경우 정보 과부하가 일어나 반응률이 오히려 감소하기 때문이다.
> - 정보의 과부하 현상을 예방하는 방법으로는 ⊙ 불필요한 정보를 제외하는 방법, ⊙ 경험적인 준거 체계를 이용하는 방법, ⊙ 체계적 의사결정 과정을 활용하는 방법 등이 있다.

⑥ 단순성(Simplicity)

정보는 복잡하지 않고 단순해야 한다. 정보가 지나치게 복잡하면 불필요한 정보가 된다.

⑦ 적시성(Timeliness)

아무리 양질의 정보라도 필요한 시간에 적절하게 이용자에게 제공되어야 한다. 즉, 정보는 필요로 하는 시간에 제공될 때 비로소 그 가치를 발휘하게 된다.

⑧ 접근성(Accessibility)

정보는 공간적으로 쉽게 접근할 수 있어야 가치가 높아진다. 정보의 접근성은 정보의 저장 방법에 의해 영향을 받는다. 일반적으로 인터넷상의 정보는 VAN에 존재하는 정보보다 접근성이 높다.

> **보충학습**
> VAN(Value Added Network) 회선을 소유한 사업자의 통신회선을 대여하여 고도의 통신 서비스를 더해 부가가치를 창출한 후 새로 구성한 네트워크

3. 정보의 가치

(1) 정보의 유용성

① 정보의 유용성은 정보가 인간의 행동에 얼마나 동기를 부여할 수 있고 의사결정에 기여할 수 있는가에 따라서 결정된다.

② 앤드러스(Roman R. Andrus)는 정보의 가치는 정보의 정확성과 함께 정보의 효용으로 평가되어야 한다고 주장한다. 즉, 정보는 필요할 때, 필요한 장소에서, 필요한 형태로 제공되어야 가치를 갖는다는 것이다.

(2) 정보의 효용(Information Utility)

형태 효용 (Form Utility)	정보 형태가 의사결정자의 요구에 보다 밀접하게 부합될수록 정보의 효용은 높아진다.
시간 효용 (Time Utility)	정보는 의사결정자가 필요로 하는 시기에 제공되어야 정보의 효용이 높아진다.
장소 효용 (Place Utility)	정보에 쉽게 접근할 수 있을 때에 정보의 효용은 높아진다. 인터넷과 온라인 시스템은 시간 효용과 장소 효용을 최대화하는 정보시스템이다.
소유 효용 (Possession Utility)	정보 소유자는 다른 사람에게 정보가 흘러가는 것을 통제할 수 있을 때 정보의 가치를 높게 인식한다.

2 정보와 자료, 지식 간의 관계

1. 정보와 자료, 지식 기출 22-3, 19-2, 18-3

데이븐포트(Thomas H. Davenport)는 자신의 저서인 「정보생태학(Information Ecology)」에서 정보는 그 특성에 따라 자료(데이터), 정보 및 지식으로 계층을 나누어 볼 수 있다고 주장하였다. 일반적으로 수집한 자료(data)를 의사결정에 유용한 형태로 처리한 것을 정보(information)라고 하고, 정보가 체계화되어 축적되면 지식(knowledge)이 된다.

① 자료(Data)

자료는 특정한 업무와의 관련성이나 적절성 유무와는 관계없이, 어떤 현상이 일어난 사건이나 사상을 기록한 것으로 숫자, 기호, 문자, 음성, 그림, 비디오 등으로 표현된다. 이러한 자료들은 운용 개념이 없는 사실(facts) 자체를 의미한다.

② 정보(Information)

정보는 자료를 사용자의 목적에 맞게 분류하고 여과하여 요약한 것이다. 자료 그 자체는 의사결정에 활용할 수 없지만, 자료를 체계적으로 정리한 정보는 이용자의 의사결정에 매우 중요하게 이용된다.

③ 지식(Knowledge)

㉠ 지식의 의의

지식은 어떤 특정 목적의 달성에 유용하도록 정보를 추상화하고 일반화한 것이다. 즉, 정보가 동종의 정보끼리 집적되고 일반화된 형태로 정리되면 지식으로 발전하게 된다. 정보는 인간이 뭔가를 전달할 때의 내용이며, 지식은 이러한 정보가 축적된 형태이다.

㉡ 지식의 특성

지식에 대해서는 수확체증의 법칙이 작용한다. 즉, 더 많은 사람이 공유하면 할수록 그 가치가 더 커지는 성질이 있다. 또한 지식은 비경합성(non-rivalry)이 있어 한 사람이 지식을 많이 가지고 있다고 해서 다른 사람의 지식을 줄여야 하는 것이 아니다.

· 보충학습 ·
수확체증의 법칙: 생산요소 투입량을 증가시킴에 따라 산출량이 기하급수적으로 증가하는 현상

구분	자료	정보	지식
구조화	쉬움	단위 필요	어려움
부가 가치	적음	중간	많음
객관성	객관적	가공 필요	주관적
의사결정	관련 없음	객관적 사용	주관적 사용

▲ 자료, 정보 및 지식의 비교 기출 22-3, 21-2

2. 자료와 정보, 지식의 전환 기출 16-1

(1) 자료의 정보로의 전환

자료(데이터)를 정보로 전환하는 과정중에는 다섯 유형의 중요한 활동(5C)이 일어난다. 즉, 정보는 맥락화, 분류, 계산, 정정 및 축약을 통해 가치가 부가된 데이터이다.

① 맥락화(Contextualization): 데이터 수집의 목적이 알려진다.
② 분류(Categorization): 데이터와 관련한 주요 분석 단위와 요소가 알려진다.
③ 계산(Calculation): 데이터로 수학적 또는 통계적 분석을 한다.
④ 정정(Correction): 데이터의 에러를 정정하거나 줄인다.
⑤ 축약(Condensation): 데이터가 요약되거나 정제된다.

(2) 정보의 지식으로의 전환

정보가 데이터에서 도출되는 것처럼 지식은 정보에서 나온다. 정보를 지식으로 전환하는 데는 사람의 역할이 절대적으로 중요하다. 그 전환은 네 가지 활동(4C)으로 일어난다. 비교, 결과, 연결 및 대화 등이다.

① 비교(Comparison): 한 상황의 정보를 알려진 다른 상황의 정보와 비교한다.
② 결과(Consequences): 의사결정이나 행동을 위해 정보에 함축된 것을 발견한다.
③ 연결(Connections): 하나의 지식과 다른 지식을 연관 짓는다.
④ 대화(Conversation): 어떤 정보에 대해 생각하는 바를 배우기 위해 다른 사람과 상호 작용을 한다.

3 정보혁명과 정보화 사회

1. 정보혁명의 의의와 특성

(1) 정보혁명의 의의

① 정보혁명(information revolution)은 1970년대 이래 전개되고 있는 정보통신기술(ICT)의 발전과 고도로 발달된 정보통신 시스템의 보급으로 인해 가치 있는 정보의 입수가 쉬워져 사회·경제적 변혁이 빠르게 이루어지고 있는 현상을 의미한다. 특히 오늘날 인터넷과 스마트 기기의 보급이 확산됨에 따라 지식정보혁명은 빠르게 진행되고 있다.
② 미래학자인 앨빈 토플러(A. Toffler)는 신석기 시대 이래 진행되어온 농업혁명과 18세기 이후 진행된 산업혁명에 견주어 1970년대 이후 정보화 사회로의 전개를 정보혁명이라고 부르고 있다.
③ 최근에는 이러한 정보혁명을 제3차 산업혁명(Third Industrial Revolution)으로, 근래 정보통신기술(ICT)의 융합으로 이뤄지는 차세대 산업혁명을 제4차 산업혁명(Fourth Industrial Revolution)로 부르고 있다.

(2) 정보혁명의 특징

① 디지털과 인터넷의 보급

그동안 이루어진 ICT의 혁명은 디지털과 네트워크(또는 인터넷)라는 두 가지 요소를 통해 대량의 정보를 처리하는 것으로 규정할 수 있다. 그리고 그 배경으로 지적할 수 있는 것은 정보과학의 발전과 컴퓨터의 발달이다.

② 컴퓨터의 발달

컴퓨터의 등장과 발전으로 계산(Computation)과 제어(Control), 통신(Communication)의 기술은 3C혁명이라고 불리고 있다.

③ 지식기반경제(knowledge-based economies)의 등장

정보혁명과 더불어 지식정보사회 또는 지식기반경제라는 새로운 사회가 등장하였다. OECD는 지식기반경제를 "지식과 정보의 생산·분배·소비에 직접적으로 기초하고 있으면서, 고기술 투자와 고기술 산업, 고숙련 노동 및 그와 연관된 생산성 이득 등이 증가하는 추세를 보이는 경제"로 정의하였다.

2. 정보화 사회의 의의

(1) 정보화 사회의 정의

① 정보화 사회(Information-Oriented Society)는 정보가 유력한 자원이 되고, 컴퓨터 기술과 정보·통신기술 등의 발달과 함께 정보가 생활의 핵심이 되며, 사회 구성원은 이러한 정보를 이용하여 생활에 적응하는 사회이다.
② 정보화 사회는 미래학자인 앨빈 토플러(A. Toffler)에 의해 제시된 개념으로, 토플러는 정보화 사회를 다품종 소량생산, 분권화에 의한 다양화, 탈대량화, 탈집중화, 탈획일화 등의 특징을 지닌 것으로 규정한다.

(2) **정보화 사회의 유사 개념**
① 다니엘 벨(D. Bell)은 정보화 사회를 탈산업 사회(Postindustrial Society) 또는 후기 공업화 사회로 규정하였고, 맥클럽(F. Machlup)은 21세기는 지식산업(Knowledge Industry)이 주도할 것이라고 예측하였다.
② 미국 상무성이 언급한 디지털 경제(Digital Economy), 존 네이스비트(J. Naisbitt)의 글로벌 사회(Global Society) 등이 정보화 사회와 유사한 성격을 가지고 있다.

3. 정보화 사회의 특징과 문제점

(1) **정보화 사회의 특징**
① 사회적 측면: 정보의 가치가 증대되고, 자유로이 이동함에 따라 정보시스템이 일반화되며, 이로 인해 다양화 및 분권화로 대표되는 사회는 더욱 복잡하게 변모될 것이다.
② 경제적 측면: 에너지 및 자원 집약적인 하드웨어 중심의 경제 구조에서 지식 및 정보 중심의 자원 절약형 소프트웨어 중심의 경제 구조로 전환될 것이다.
③ 산업적 측면: 제조업 중심의 산업 체제에서 지적 기술 및 정보를 통한 가치 창출 중심의 산업 체제로 전환될 것이다.
④ 기술적 측면: 기술 집약 사회에서 지식 집약 사회로 전환되어 지식을 바탕으로 하는 고도의 정보·통신기술의 진전이 가속화된다.

(2) **정보화 사회의 소비자** 기출 21-2, 20-추가
① 디지털 기업환경에서는 고객과 기업 간의 의사소통이 한층 원활해짐으로써 고객의 욕구와 의견이 생산에 반영되는 것이 손쉬워졌다. 이런 의미에서 앨빈 토플러(A. Toffler)는 소비자(consumer)가 미래에는 생산자(producer)인 동시에 소비자(consumer)인 프로슈머(prosumer)가 될 것이라고 하였다.
② 정보기술의 발전으로 소비자의 목소리가 커지게 되어 프로슈머가 등장하였다. 프로슈머는 고객이 스스로 자신이 원하는 가치를 규정하고 이를 창출하도록 하는 고객을 말한다.
③ 프로슈머 유사용어
　㉠ 크리슈머(cresumer)는 앨빈 토플러가 '제3의 물결'이라는 저서에서 제시한 용어로 창의성을 가지고 기업의 신상품 개발과 디자인, 판매 등의 활동에 적극적으로 개입하는 소비자를 의미한다.
　㉡ 플레이슈머(playsumer)란 유행에 관심이 많고 소비를 놀이처럼 즐기는 사람을 의미한다. 생산적인 소비자를 일컫는 프로슈머(prosumer)에서 한 단계 진화하여 참여와 공유를 통해 개인의 만족과 집단의 가치를 향상시키는 능동적인 소비자를 말한다. 기출 21-3
　㉢ 에너지 프로슈머(energy prosumer)는 에너지 소비도 하지만 생산도 하는 사람을 의미한다. 스마트 그리드가 구축되면 일반 가정이나 사무실에서도 소형 발전기, 태양광, 풍력 등을 이용한 신재생 에너지를 생산하고 사용한 후 여분을 거래할 수 있다. 기출 21-3

(3) **정보화 사회의 문제점(역기능)** 기출 19-3
① 소수의 정보 독점에 의한 독재
② 정보 과잉 현상
③ 컴퓨터 범죄 및 사생활 침해 현상 증가
④ 정보기술이 발전하지 못한 국가들의 문화적 정체성 상실
⑤ 정보 격차로 인한 국제 간 불평등 심화

4. 디지털 경제(Digital Economy)

(1) 디지털 경제의 의의
① 디지털 경제는 간단하게 정의하면 디지털 기술에 기반을 둔 경제를 말한다. OECD는 디지털 경제를 전자상거래를 촉진하는 디지털 기술에 기반을 둔 시장으로 구성된 경제라고 정의하였다. 또는 정보 통신 기술에 의해서 촉진되는 경제적, 사회적 활동의 글로벌 네트워크라고 정의하기도 한다.
② 컴퓨터, 소프트웨어 등 정보 처리 기술과 네트워크 등 정보 통신 기술 발전의 결정체인 인터넷을 통한 디지털 정보의 자유로운 생산·유통·공유·소비 등이 디지털 경제의 중요한 부분을 차지한다.

(2) 디지털 경제의 특징 기출 19-1, 18-1, 17-2
① 디지털 경제에서는 정보의 신속한 공유가 이루어지고, 기술의 발전 속도가 가속화된다. 또한 시간적·공간적 제약이 줄어들어 경제 및 경영활동이 글로벌화되고 이에 전 세계가 하나의 시장으로 통합되는 경향이 있다.
② 디지털 제품 간의 컨버전스(convergence, 융합)가 활발히 진행되고, 디지털 제품의 라이프 사이클이 점점 짧아지고 있다.
③ 디지털 경제는 수확체증의 법칙이 지배한다. 전통적인 산업경제는 수확체감의 법칙이 지배해오고 있으나 지식기반 경제의 주력 산업인 정보 산업, 소프트웨어 산업 등에서는 생산량이 증가하더라도 추가비용(한계비용)이 거의 들지 않는 수확체증 특성이 나타난다.
④ 기업 중심의 경영환경에서 고객 중심의 경영환경으로 변화되고 있으며, 네트워크화의 진전으로 이종 산업 간의 협력관계 구축이 용이해 졌다.
⑤ 전자상거래의 활성화로 거래비용이 획기적으로 줄어드는 마찰 없는 경제가 도래한다.

(3) 디지털 재화의 특징
디지털 재화(Digital Goods)는 정보의 특징을 그대로 가지고 있는 제품이다. 예를 들면 인터넷을 통해 제공되는 정보 서비스나 게임, 음악파일 등을 들 수 있다.
① 수정 용이성: 디지털 재화의 특성상 필요하면 쉽게 변형 내지 수정할 수 있다.
② 비소멸성: 디지털 제품은 유행이 지나면 효용이 없어지는 경우는 있지만 마모되지는 않는다.
③ 재생산성: 처음 생산할 때는 고정비용이 많이 소요되지만, 추가생산(재생산)하는 데 가변비용은 거의 들지 않는다. (수확체증의 법칙과 관련)
④ 경험재: 사용해보기 전에는 가치를 파악하거나 평가하기가 어렵다.
⑤ 네트워크 재화: 사용자가 많아질수록 재화의 가치가 기하급수적으로 높아진다.

(4) 디지털 전환 기출 24-1, 23-1
① 디지털 전환의 의미
　㉠ 디지털 전환(DX, Digital Transformation)은 일반적으로 기업에서 사물 인터넷(IoT), 클라우드 컴퓨팅, 인공지능(AI), 빅데이터 솔루션 등 정보통신기술(ICT)을 플랫폼으로 구축·활용하여 기존 전통적인 운영 방식과 서비스 등을 혁신하는 것을 의미한다.
　㉡ 즉, 디지털 전환은 디지털 관련 모든 것(all things about digital)으로 인해 발생하는 다양한 변화를 동인으로 기업의 비즈니스모델, 전략, 프로세스, 시스템, 조직, 문화 등을 근본적으로 변화시키는 디지털 기반 경영전략 및 경영활동이다.
　㉢ IBM 기업가치연구소는 '기업이 디지털과 물리적인 요소들을 통합하여 비즈니스 모델을 변화시키고, 산업에 새로운 방향을 정립하는 전략'이라고 정의하고 있다.
② 디지털 전환의 확산
　디지털 전환은 산업과 사회의 각 부문이 디지털화되는 현상으로, 인터넷, 정보화 등을 뛰어넘는 초연결(Hyper-connectivity) 지능화가 경제·사회 전반에 이를 촉발시키고 있다.

5. 디지털 경제를 지배하는 법칙

(1) 멧칼프의 법칙(Metcalfe's Law) 기출 23-2, 21-2, 19-1, 18-1, 17-2
① 멧칼프의 법칙에 따르면 네트워크의 가치는 사용자(참여자) 수의 제곱에 비례한다. 이는 이더넷(Ether-Net)이라는 근거리 네트워킹 기술을 발명한 로버트 멧칼프가 주장한 것이다.
② 예를 들어, 10명의 회원에서 1명이 늘면 사용자 수는 10% 증가한다. 그러나 네트워크의 가치는 10^2인 100에서 11^2인 121로 늘어나 21% 증가한다는 것이다. 따라서 인터넷에서는 적은 노력으로도 커다란 결과를 얻을 수 있음을 말한다.

(2) 무어의 법칙(Moore's Law)
① 무어의 법칙은 Intel의 공동 창업자인 고든 무어가 주장한 것으로 마이크로 칩의 집적도가 18개월마다 2배로 늘어난다는 법칙이다. 멧칼프의 법칙, 코즈의 법칙과 함께 3대 인터넷 경제 법칙으로 불린다.
② 이 법칙은 컴퓨터의 처리 속도와 메모리의 양이 2배로 증가하고, 비용(가격)은 상대적으로 떨어지는 효과를 가져왔다.

(3) 코즈의 법칙(가치사슬을 지배하는 법칙) 기출 16-1
① 코즈(R. H. Coase)의 법칙 또는 코어스의 법칙은 디지털 경제 시대에서는 인터넷의 활용으로 거래비용이 감소하여 기업 내부의 기능이 통합 및 축소되어 조직의 복잡성이 감소하고, 기업의 규모가 감소한다는 것이다.
② 1970년대 올리버 윌리엄슨(Oliver Williamson)도 주장한 것으로 '조직은 계속적으로 거래비용이 적게 드는 방향으로 변화한다'는 이론이다.

(4) 롱테일 법칙 기출 17-2, 15-3
① 롱테일(Longtail) 법칙은 오랫동안 적용되어 왔던 파레토(Pareto) 법칙과 반대로 하위 80%가 상위 20%보다 더 큰 가치를 만든다는 것이다. 미국의 인터넷 비즈니스 잡지 와이어드(Wired)의 편집장 크리스 앤더슨(Chris Anderson)이 주장하였다.
② 파레토 법칙은 20%의 상품이 총 매출의 80%를 창출하고, 결과물의 80%는 조직의 20%에 의하여 생산된다는 이론이다.

> **짚고 넘어가기** 나비효과(Butterfly Effect) 기출 21-2
> - 공급사슬 혼동 현상을 설명해 주는 용어로, 아마존강 유역 어딘가에서 나비가 날개를 펄럭이면, 수천 마일 떨어진 곳에서 허리케인이 만들어질 수 있다는 개념이다.
> - 공급사슬 네트워크의 특정 부분에서 하나의 이벤트가 발생하면, 다른 부분에서 예측하지 못했던 문제가 발생한다는 것을 설명해 준다.

> **짚고 넘어가기** 티핑 포인트(tipping point) 기출 23-2
> - 티핑 포인트는 일정 수준 이상의 플랫폼에 참여하는 이용자를 확보하게 될 경우, 막강한 경쟁력을 확보해서 승자독식의 비즈니스가 가능하게 되는 현상을 말한다. 이는 멧칼프의 법칙과 함께 플랫폼 비즈니스(platform business)의 핵심 특성 중 하나이다.
> - 일반적으로 작은 변화들이 어느 정도 기간을 두고 쌓여, 작은 변화가 하나만 더 일어나도 갑자기 큰 영향을 초래할 수 있는 상태가 된 단계 또는 인기가 없던 제품이 갑자기 폭발적인 인기를 끌게 되는 시점이나 계기를 말한다.

6. 제4차 산업혁명 기출 23-2, 23-1, 22-3, 22-1, 20-2, 19-1, 17-1

(1) 제4차 산업혁명의 의의
① 세계경제포럼(WEF)은 2016년 1월 열린 다보스포럼에서 4차 산업혁명을 화두로 제시하면서, 4차 산업혁명을 디지털 혁명에 기반하여 물리적 공간, 디지털적 공간 및 생물학적 공간의 경계가 희석되는 기술 융합의 시대로 정의하였다.
② 1970년대 정보혁명을 의미하는 제3차 산업혁명을 기반으로 디지털, 바이오와 물리학 사이의 모든 경계를 허무는 융합 기술혁명으로 정의할 수 있다.

(2) 특징
① 과학 기술적 측면에서 클라우드 컴퓨팅 기술, 빅데이터, 사물 인터넷(IoT), 로봇, 양자암호, 3D 프린팅 및 인공지능(AI) 등이 주요 변화 동인으로 꼽히고 있다.
② ICT를 기반으로 하는 사물인터넷 및 만물인터넷의 진화를 통해 인간-인간, 인간-사물, 사물-사물을 대상으로 한 초연결성이 기하급수적으로 확대되고, 초연결성과 초지능화에 기반하여 기술 간, 산업 간, 사물-인간 간의 경계가 사라지는 대융합의 시대라고 할 수 있다.
③ 4차 산업혁명 시대에는 사물 인터넷(IoT)을 기반으로 수집되는 모든 정보들이 네트워크로 연결되어 있어 철저한 정보 보안이 중요하다.

> **짚고 넘어가기** 산업혁명(Industrial Revolution) 기출 23-1
> - 1차 산업혁명은 1784년 영국에서 시작된 증기기관과 기계화로 시작된 기술혁신을 의미한다.
> - 2차 산업혁명은 1870년 전기를 이용한 대량생산이 본격화되면서 시작된다.
> - 3차 산업혁명은 1969년 인터넷이 이끈 컴퓨터 정보화 및 자동화 생산시스템이 주도한다.
> - 4차 산업혁명은 로봇이나 인공지능(AI)을 통해 실제와 가상이 통합돼 사물을 자동적·지능적으로 제어할 수 있는 가상 물리 시스템의 구축에 의해 시작되었다.

CHAPTER 02 정보와 유통혁명

1 유통정보혁명의 시대

1. 유통혁명의 전개

(1) 유통혁명의 의미
① 유통혁명은 본래 대량생산·대량소비의 진전에 따라 상품의 유통 부문에서 나타난 유통 기구의 혁신을 의미한다.
② 드러커(P. F. Drucker)는 2차 대전 이후 대량소비 시대로 진입함에 따라, 종래의 생산자 → 도매상 → 소매상 → 소비자로 이어지는 유통경로에서 도매상의 존재 이유가 희미해지는 현상을 유통혁명이라고 표현하였다.

(2) 유통혁명의 진전
① 유통혁명은 체인스토어·슈퍼마켓·대형할인점·복합 쇼핑몰·회원제 창고형 할인점 등의 출현에서 확인할 수 있고, 이에 더하여 운송·보관·포장 등에서의 물류혁신을 통해서도 알 수 있다. 예컨대, 콜드 체인(cold chain)이나 컨테이너 운송 등도 유통혁명의 일환으로 파악된다.
② 새로운 유통업태들은 소매를 거점으로 하여 공급자와 소비자를 직접 연결해 주는 통합 시스템을 적극 활용하는 전략으로 유통시장을 지배하게 되었다.

2. 유통혁명시대의 특성

구분	유통혁명 이전의 시대	유통혁명시대
관리 핵심	개별 기업 관리	공급사슬관리
경쟁우위 요소	비용, 품질	정보, 시간
기술우위 요소	신제품개발	정보, 네트워크
고객·시장	불특정 다수	특화 고객
조직 체계	독립적·폐쇄적 조직	유연하고 개방적인 팀조직
이익의 원천	수익 제고	가치 창출

2 유통정보혁명과 유통업태의 변화

1. 새로운 유통업태의 등장

(1) ICT의 발전
정보통신 기술(ICT)의 발전에 따라 기업들의 정보 중심적 전략이 가능해지고, 인터넷의 확산으로 고객의 소비 패턴이 변화됨에 따라 새로운 유통업태들이 등장했다.

(2) 새로운 유통업태의 등장
① 1996년 우리나라 유통시장이 완전 개방된 이후 슈퍼마켓 등 소규모 점포의 비중은 크게 감소한 반면, 대형할인점(대형마트), 편의점, 복합 쇼핑몰, 무점포 판매(TV 홈쇼핑, 인터넷 쇼핑몰, 다단계 판매 등) 등 새로운 유통업태의 성장이 두드러졌다.

② 시장 개방은 소비자의 구매 패턴에도 영향을 미쳐 저가격으로 원스톱 쇼핑이 가능한 대형할인점의 비중이 크게 높아지고 있다.

③ 이와 함께 온라인 유통업이 차지하는 비중도 크게 증가하여 그 매출액이 대형할인점과 백화점을 앞지르고 있다.

④ 최근의 온라인 유통업은 오프라인과 온라인이 혼합된 형태를 띠고 있는 점이 특징이다. 즉, 오프라인 유통업이 온라인 유통업화(O2O)하는 형태로 변화되고 있다.

2. 유통기술의 발전

(1) RFID 보급의 확대와 ICT의 발전
① 2005년 월마트를 필두로 유통시장에서 RFID 사용이 확대되었다. RFID의 확산은 물류의 효율성 증대뿐만 아니라 매장 환경의 변화를 초래하였다.
② 의류 매장에서는 스마트 피팅시스템(smart fitting system)의 도입으로 소비자가 옷이나 화장품을 직접 사용해 보지 않고도 자신에게 맞는 제품을 골라서 살 수 있게 되었다.
③ 카트에 설치되어 있는 내비게이션 시스템을 이용하여 원하는 제품이 진열된 위치를 알려 주고 또한 소비자의 동선에 대한 정보를 수집할 수 있게 되었다.

(2) 생산물 이력제 도입
① 생산물 이력제는 생산·유통·소비에 이르기까지 물품의 이력을 실시간으로 추적할 수 있도록 해주는 것으로, 생산물의 품질을 보증하여 소비자를 보호하기 위해 지리적 표시제와 함께 도입되었다.
② 주로 농산물과 축산물 등을 대상으로 생산지와 생산자의 실명을 표시하고 파종에서부터 비료와 농약을 살포한 시기, 수확한 시기, 유통경로 등을 소비자가 알 수 있도록 한 제도이다.
③ 소비자 보호, 상표 보호, 상품의 위·변조 방지 등을 목적으로 한다.

CHAPTER 03 정보와 의사결정

1 의사결정의 이해

1. 의사결정의 의의와 과정

(1) 의사결정의 의의
① 의사결정은 조직의 특정한 문제를 해결하기 위한 여러 가지 대체적 행동과정 중에서 가장 바람직한 것을 선택하는 논리적 과정이라고 정의할 수 있다.
② 의사결정은 조직의 모든 계층에서 이루어진다. 중간 관리층이나 하위 관리층도 최고 관리층의 결정 사항을 단순히 집행만 하는 것이 아니라, 그들 스스로 의사결정을 하기도 한다.

(2) 의사결정의 과정 기출 20-추가
① 의사결정은 여러 단계를 포함하는 과정이다. 일반적으로 의사결정은 문제에 대한 인식 → 대체안의 탐색 → 대체안의 평가 → 대체안의 선택 등의 과정을 거쳐 최종적으로 이루어진다.
② 그 이후 선택된 대체안(해결안)은 실행에 옮겨지고, 마지막으로 실행한 결과를 평가한다. 그리고 평가 결과는 피드백이 이루어져 다음 의사결정에 영향을 미친다.

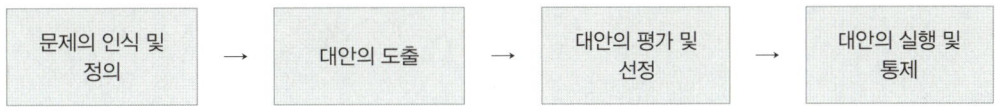

③ 경영 과학 관점에서의 의사결정은 문제의 인식 → 자료의 수집 → 변수의 통제 가능성 검토 → 모형의 구축 → 모형의 정확도 및 신뢰도 검정 → 실행 가능성 여부 평가 → 실행의 순으로 이루어진다.

2. 의사결정의 모형

(1) 합리적 경제인 모형(Rational-Economic Model)
① 합리적 경제인모형은 아담 스미스(A. Smith)가 주장하는 인간의 완전한 합리성(perfect rationality)에 기초하여 의사결정을 한다는 가정에 기초하고 있다. 합리적인 의사결정자는 이익의 극대화를 추구하고, 이를 위해 모든 가능한 대체안들을 체계적으로 탐색·평가한다.
② 이 모형은 경영학자들에 의해 옹호되는 가장 이상적인 의사결정 모형으로 인간의 전지전능성, 최적 대체안의 선택, 목표의 극대화 등을 전제로 하고 있다.
③ 이 모형은 실제의 의사결정 과정을 설명하기 보다는 의사결정을 어떻게 해야 하는가 하는 당위성을 설명해 주는 규범적 모형(normative model)이라고 할 수 있다.

(2) 관리인 모형(Administrative Model) 또는 만족 모형
① 관리인 모형은 합리적 경제인 모형을 비판하고 실제의 의사결정을 설명하기 위해 사이먼(H. A. Simon)이 제시한 모형이다.
② 사이먼은 인간 능력의 한계로 인해, 의사결정자는 절대적 합리성 기준보다는 제한된 합리성(bounded rationality) 기준에 의해, 또 최적의 대체안보다는 현실적으로 만족할 만한 대체안을 선택, 즉 만족스러운 의사결정을 한다는 만족 모형(satisfying model)을 제시한다.
③ 이 모형은 행태 심리학자들에 의해 옹호되는 의사결정 모형으로, 현실의 의사결정을 설명하고 있기 때문에 기술적 모형(descriptive model)이라고 할 수 있다.

3. 의사결정의 이론 모형

(1) 규범적 모형(Normative Model)
① 규범적 모형은 기대치를 극대화하기 위해서 어떻게 의사결정을 해야 하는가의 문제를 다루는 모형이다.
② 의사결정자는 대안과 그 결과에 대해 완전한 정보를 갖고 있다는 완전한 합리성을 지닌 경제적 인간으로 효용 극대화를 추구한다. 주로 정형화된 문제 해결에 적합하다. 또한 의사결정자는 의사결정 과정에 대해 서열을 매길 수 있다.

(2) 기술적 모형(Descriptive Model)
① 기술적 모형은 현실 상황에서 실제로 의사결정을 내리는 방식을 설명하는 모형이다. 의사결정자는 관리적 인간으로 제약된 합리성 하에서 의사결정을 하고 최적의 의사결정보다는 만족스러운 의사결정을 추구한다.
② 지식의 불완전성, 예측의 곤란성, 가능한 대체안의 제약을 전제하는데 주로 비정형화된 문제 해결에 적합하다. 탐색 과정에는 순서가 있어 이 순서가 선택 과정에 영향을 미친다.
③ 의사결정 과정은 문제 발견 과정 → 문제 해결을 위한 새로운 대체안의 탐구 과정 → 발견된 각 대체안을 평가하여 선택하는 과정 등으로 이루어진다.

2 의사결정의 종류와 정보

의사결정의 주체에 따라 개인적 의사결정과 조직적 의사결정으로 구분하고, 업무 처리 절차의 규정정도에 따라 정형적 의사결정과 비정형적 의사결정으로 구분한다. 그리고 의사결정 계층에 따라 전략적 의사결정, 관리적 의사결정 등으로 구분한다.

1. 정형적·비정형적 의사결정 기출 22-2

사이먼(H. Simon)은 의사결정 대상의 성격(또는 업무 처리 절차의 규정 정도)에 따라 정형적(programmed) 의사결정과 비정형적(non-programmed) 의사결정으로 구분하였다.

구분	정형적 의사결정	비정형적 의사결정
문제의 성격	일상적, 보편적 상황	비일상적, 특수적 상황
문제 해결안의 구체화 방식	해결안이 조직 정책이나 절차에 의해 사전에 상세하게 명시됨	해결안은 문제가 정의된 후에 창의적으로 결정됨
의사결정 계층	주로 하위층	주로 고위층
의사결정 수준	관리적·업무적 의사결정	전략적 의사결정
적용 조직 형태	시장과 기술이 안정되고, 일상적이며, 구조화된 문제 해결이 많은 조직	구조화가 안 되어 있고, 결정 사항이 비일상적이고, 복잡한 조직
전통적 기법	관습, 업무 절차 등	판단, 직관, 창조성, 경험 법칙 등
현대적 기법	OR, EDPS	휴리스틱 기법

2. 전략적·관리적·업무적 의사결정 기출 23-1, 22-2, 21-2, 18-1

의사결정은 그 수준이나 포괄 범위에 따라서 전략적 의사결정, 관리적 의사결정, 업무적 의사결정으로도 나눌 수 있다.

① 전략적 의사결정(Strategic Decision Making)
  ㉠ 최고 경영자의 전략적 의사결정은 주로 기업의 외부 문제에 관련된 것으로, 기업이 생산하려고 하는 제품의 믹스와 판매하려고 하는 시장의 선택에 관한 것이다.
  ㉡ 전략적 의사결정 시 외부 정보에 크게 의존하는 반면 컴퓨터 정보시스템에 대한 의존도는 매우 낮다.
  ㉢ 전략적 의사결정에 요구되는 정보는 업무적(운영적) 의사결정에 이용되는 정보보다 정보의 정확성은 낮고, 관리적(전술적) 의사결정에 이용되는 정보보다 정보의 상대적 사용빈도가 낮다.

② 관리적 의사결정(Managerial Decision Making)
  중간 경영자의 관리적 의사결정은 최대의 과업 능력을 산출하기 위해서 기업의 자원을 조직화하는 문제에 대한 의사결정으로, 조직 기구에 관한 결정과 자원의 조달과 개발에 관한 결정을 포함한다.

③ 업무적 의사결정(Operational Decision Making)
  현장 경영자의 업무적 의사결정은 각 기능 부분 및 제품 라인에 대한 자원의 배분, 업무의 일정 계획화, 통제활동 등을 그 내용으로 한다.

계층	의사결정의 유형	문제의 성격
최고 경영층	전략적 의사결정	총 자원을 제품시장의 여러 기회에 할당하는 것
중간 경영층	관리적 의사결정	자원의 조직화·조달·개발
현장 경영층	업무적 의사결정	주요 기능 분야에 자원을 할당하고 일정 계획을 수립하는 것

▲ 계층별 의사결정의 유형과 특징

3 의사결정지원 정보시스템

1. 의사결정지원시스템(DSS: Decision Support System)

(1) 의사결정지원시스템의 개요
① 의사결정지원시스템은 기업 경영에서 당면하는 여러 가지 의사결정 문제를 해결하기 위해 복수의 대안을 개발하고, 비교·평가하며, 최적안을 선택하는 의사결정 과정을 지원하는 정보시스템을 말한다.
② DSS는 전통적인 데이터 처리와 경영 과학의 계량적 분석기법을 통합하여 의사결정자가 보다 손쉽고 정확하게, 그리고 신속하고 다양하게 문제를 해결할 수 있는 정보시스템 환경을 제공한다.

(2) 의사결정지원시스템의 특징 〈기출 19-2〉
① DSS는 문제를 분석하고 여러 대안들을 제시해서 기준에 의한 최적의 대안을 선택하는 과정을 효과적으로 지원하는 것이다. DSS는 의사결정자의 판단을 지원하는 도구이지 그들의 역할을 대체하기 위한 도구가 아니다.
② DSS는 의사결정을 지원하기 위한 시스템이기 때문에 그 시스템에서 제시하는 대안이 문제 해결의 답이 아니라 보조적인 지식일 수도 있고, 또 답안을 제시하더라도 문제의 해답이 아닐 수 있다.
③ DSS는 의사결정자가 정보기술을 활용하여 비구조적(Unstructured)이고 비정형적(Non-Programmed)인 의사결정 유형의 문제를 해결하도록 지원하는 시스템이다.
④ DSS는 다수의 상호 의존적인 의사결정 또는 순차적인 의사결정을 지원한다. 다양한 의사결정 과정의 스타일뿐만 아니라 탐색, 설계, 선택, 구현 등의 단계를 지원한다.
⑤ DSS는 의사결정 과정을 비용 중심의 효율적인 면보다 목표 중심의 효과적인 측면에서 향상시킨다고 할 수 있다.
⑥ DSS의 분석기법에는 What-If 분석법, 민감도 분석법, 목표추구 분석법, 최적화 분석법 등이 있다.
⑦ 민감도 분석(Sensitivity Analysis)은 의사결정 모델에서 다른 조건들이 변화가 없는 일정한 상태에서 특정 요인 하나의 값을 지속적으로 변동시킬 때 나타나는 변화를 관찰하는 분석기법이다. 대부분의 민감도 분석은 입력 변수의 변화가 출력 변수에 미치는 영향을 분석한다.

(3) 의사결정지원시스템의 분류
① 중역정보시스템(EIS: Executive Information System, 임원정보시스템) 〈기출 16-1〉
　㉠ 중역정보시스템은 중역(또는 임원)들이 자신들의 경영기능을 수행하고 경영 목적을 달성하는데 필요한 주요 정보를 인식하고 신속하고 신뢰 있게 조회할 수 있도록 지원되는 컴퓨터 정보 전달 및 통신시스템을 말한다.
　㉡ 전략적인 문제를 해결하는 데 요구되는 정보를 제공하여야 하고, 정보를 보다 쉽게 이해할 수 있는 형태로 제공하여야 한다. 또한 사용자가 사용하기 쉬운 인터페이스가 필요하다.
　㉢ 주요 기능으로는 개괄정보 보기(Drill Up), 상세정보 보기(Drill Down), 예외보고(Exception Reporting), 추세분석(Trend Analysis) 등이 있다.
② 전문가시스템(ES: Expert System)
　㉠ 전문가시스템 혹은 지식베이스시스템이란 특정 영역의 지식을 체계적으로 컴퓨터에 저장함으로써 많은 사람이 적은 비용으로 전문가의 지식을 이용할 수 있도록 만든 소프트웨어이다.
　㉡ 전문가시스템은 인공지능(AI) 연구의 한 응용 분야에 속한다.
　㉢ 전문가시스템의 구성요소는 크게 지식베이스와 소프트웨어, 하드웨어 및 인력으로 크게 나눌 수 있다. 여기서 지식베이스는 특정 문제의 해결에 관련된 지식을 모아놓은 곳이다.

③ 소프트웨어 에이전트(S/W Agent), 지능형 에이전트
  ㉠ 기업의 목적을 위해 사용자를 대신하여 작업을 수행하는 프로세스이다.
  ㉡ S/W Agent는 스스로 환경 변화를 인지하여 변화하는 환경에 맞는 학습기능을 바탕으로 다른 Agent와 함께 협동으로 작업하며, 독자적인 형태가 아닌 부분적 요소로 동작하는 시스템을 말한다.
  ㉢ S/W Agent는 자율성, 지능성, 협동성, 사교성의 특징을 지니고 있다.

2. OLAP(On-Line Analytical Processing, 온라인 분석 프로세싱) 기출 22-3, 17-1, 15-3, 14-3, 14-2, 12-3, 12-1

(1) OLAP의 의미
① OLAP는 최종 사용자가 다차원 정보에 직접 접근하여 대화식으로 정보를 분석하고 이를 의사결정에 활용하는 과정을 말한다.
② OLAP는 데이터를 다차원적으로 수집·관리·프로세싱, 표현하기 위한 응용 프로그램 및 기술을 말한다.
③ OLAP는 사용자에게 제품, 가격, 비용, 지역, 기간 등 상이한 정보에 대해 각 차원을 제공함으로써 일정 기간 특정 지역에서 특정 모델 제품의 판매량, 작년 동월 대비 판매량, 예상치와 비교 등의 파악에 신속하게 답을 제공해 준다.

(2) OLAP의 주요 기능 기출 22-3, 19-1, 14-3, 12-1

드릴링(Drilling)	데이터 분석 차원의 깊이를 마음대로 조정해 가며 분석할 수 있는 기능
리포팅(Reporting)	현재 보고서의 정보를 간단한 대화식 조작을 통해 원하는 형태의 보고서로 나타내는 기능
분해(Slicing & Dicing)	다차원 모델에서 한 차원을 잘라 보고 동시에 다른 차원을 자르면서 데이터 범위를 좁혀가는 작업 기능
피보팅(Pivoting)	데이터를 분석하는 차원을 사용자의 니즈에 따라 다양한 기준으로 전환시켜 볼 수 있는 기능
필터링(Filtering)	전체 데이터에서 원하는 기준만을 선정하여 그 기준에 해당되는 정보만을 보여 주는 기능

(3) OLAP과 OLTP 비교 기출 15-3

구분	OLAP (On-Line Analytical Processing)	OLTP (On-Line Transaction Processing)
데이터의 구조	단순(사업 분석에 적합)	복잡(운영 시스템 계산에 적합)
데이터의 갱신	주기적/정적	순간적/동적
데이터의 내용	배치(Batch)성 데이터	실시간 데이터
데이터의 특성	주제 중심	거래 중심
데이터의 사용법	고도로 비구조화된 분석 처리	고도로 구조화된 연속 처리

CHAPTER 04 유통정보시스템

1 유통정보시스템의 개념

1. 시스템의 이해 기출 18-2

(1) 시스템의 의의
① 시스템(system)은 하나 또는 그 이상의 공동 목표를 달성하기 위해 투입물을 산출물로 전환시키는 체계적인 처리과정이고, 전체적으로 통일된 하나의 개체를 형성하면서 유기적으로 상호작용을 하는 구성요소들의 집합체이다.
② 시스템의 구성요소는 환경(environment), 경계(boundary), 투입물(input), 산출물(output), 시스템 내부 구성요소(component) 및 인터페이스(interface) 등으로 구분할 수 있다.

(2) 시스템의 특성

시스템은 의사결정자와 외부 환경과의 인터페이스를 원활하게 수행하여 추구하는 목적을 달성해야 한다. 이를 위해 지녀야 할 시스템의 특성은 아래와 같다.

① 시스템은 반드시 목적을 가지고 있어야 하며, 이를 위해 구성요소 간의 상호 작용이 원활하게 이루어져야 한다.
② 시스템은 시스템의 조건이나 상황의 변화에 대해 시기적절하게 대응·처리할 수 있도록 설정되어야 한다.
③ 시스템은 정해진 궤도나 규정으로부터 이탈되는 사태의 발생을 사전에 감지하여 수정해 나갈 수 있어야 한다.
④ 시스템은 하나 이상의 하위 시스템으로 구성되고 이들 간의 상호 작용을 통해 목적을 달성할 수 있어야 한다.
⑤ 시스템은 전체로 통합된 개체로서 얻은 결과가 시스템을 구성하는 개별 개체가 얻은 결과의 합을 초과하여야 한다. 시스템을 통해 얻는 시너지효과가 크기 때문이다.

2. 정보시스템의 이해

(1) 정보시스템의 의의

① 유용한 정보를 얻기 위해서는 방대한 자료를 객관적·체계적으로 수집·분석·전달·보관하기 위한 시스템이 전제되어야 하는데, 이러한 시스템을 정보시스템(information system)이라고 한다.
② 즉, 정보시스템은 특정 응용 분야의 활동과 관련된 자료를 수집·분석·처리하여 의사결정에 필요한 정보를 제공해 줄 수 있는 인간과 컴퓨터의 구성요소들로 이루어진 시스템이다.

(2) 정보시스템의 구성요소 [기출 19-3]

① 하드웨어: 물리적인 컴퓨터 장비로 입력 장치(키보드, 마우스, 스캐너, 마이크 등)와 처리 장치(연산 장치와 제어 장치), 출력 장치(프린터, 모니터, 스피커 등), 기억 장치로 구성된다.
② 소프트웨어: 컴퓨터 작업을 통제하는 프로그램들이다. 운영 체제와 유틸리티 등 시스템 소프트웨어는 컴퓨터의 운영을 통제하고, 워드 프로세서나 엑셀 등 응용 소프트웨어는 특정 업무를 지원한다.
③ 데이터베이스: 체계화된 메타 데이터(Metadata, 데이터에 관한 데이터)의 집합체로 고객·시장·제품 등의 필수적인 기초 데이터들이 수집되어 있다.
④ 네트워크: 시스템·고객·기업 간의 사이를 연결시켜 주는 역할을 한다. 즉, 연결 역할로 다양한 정보수집, 신속한 의사결정, 전 세계 시장으로의 진출을 가능하도록 한다.
⑤ 운영 절차: 정보시스템을 활용하기 위한 정책과 규칙으로서 언제, 무슨 일을, 어떻게 수행하는지를 정한 것이다. 사용자를 위한 이용절차, 데이터 입력 요원을 위한 업무절차, 컴퓨터 조작 요원을 위한 업무 절차 등의 유형이 있다.
⑥ 인적자원: 시스템을 관리·운영·유지하는 모든 사람들을 포함하며, 시스템의 성패를 결정하는 주체이다.

(3) 경영 지원 기능에 따른 정보시스템의 분류

정보시스템	의미
운영정보시스템 (OIS)	기업의 일상업무를 지원하기 위해 사용되는 시스템으로 거래처리시스템, 업무 흐름 관리시스템 및 사무자동화시스템 등으로 구성된다.
경영정보시스템 (MIS)	효율적인 경영의사결정에 필요한 정보를 제공 및 지원하는 시스템으로 경영보고시스템, 의사결정지원시스템(DSS), 중역지원시스템(EIS) 및 전문가시스템(ES) 등으로 구성된다.
전략정보시스템 (SIS)	전략적 활용을 지원하는 시스템으로 최종 사용자 정보시스템, 전략정보시스템 등으로 구성된다.

(4) 경영기능별 정보시스템의 분류

① **생산정보시스템(Production Information System)**: 제조업체가 수주에서 생산 및 출하하기까지 일련의 프로세스에 관련되는 모든 정보를 시스템화한 것을 말한다.

② **마케팅정보시스템(Marketing Information System)**: 마케팅 의사결정자에게 필요한 정보를 수집·분석하여 적시에 제공하는 시스템이다. 마케팅정보시스템은 내부정보시스템, 고객정보시스템, 마케팅 인텔리전스 시스템, 마케팅조사시스템 등의 하위시스템으로 구성된다.

③ **재무정보시스템(Financial Information System)**: 자금의 조달 및 효율적인 관리를 지원하는 정보시스템이다. 재무자원의 운용 및 평가에 관한 정보를 제공함으로써 의사결정을 지원하기 위한 정보시스템이다.

④ **인적자원정보시스템(Human Resource Information System)**: 인적자원의 모집·고용·평가·복지 등과 같은 내용과 관련된 시스템이다. 기업의 인적자원 관리 활동을 지원하기 위한 시스템을 말한다.

⑤ **회계정보시스템(Accounting Information System)**: 자금의 이용 및 흐름에 관한 정보를 관리·제공하는 정보시스템이다.

⑥ **유통정보시스템(Channel Information System)**: 기업의 유통활동 수행에 필요한 정보의 흐름을 통합하는 기능을 통해 전사적 유통 또는 통합 유통을 가능하게 하는 동시에 유통계획, 관리, 거래 처리 등에 필요한 데이터를 처리하여 유통 관련 의사결정에 필요한 정보를 적시에 제공하는 정보시스템이다.

⑦ **유통정보시스템의 내용**

실적관리시스템	제품별·고객별·지역별·사원별(또는 영업소별) 판매실적을 관리하는 시스템
주문처리시스템	고객의 조회에서부터 주문입력, 재고확인, 여신확인 및 주문확정시까지의 정보를 처리하는 시스템
연계시스템	유통정보시스템이 효율적으로 기능하여 유통활동의 효율성이 높아지도록 하위 시스템 사이를 연계시키는 시스템
대금관리시스템	고객이 지불해야 하는 대금과 거래실적에 따른 여신한도 정보를 포함하는 시스템

2 정보시스템의 운영 환경적 특성

1. 데이터베이스의 구축

(1) 데이터베이스(DB: DataBase)의 의의

① 데이터베이스는 기업의 데이터들을 조합·가공하여 정보를 생산할 수 있도록 조직화된 자료들의 집합을 말한다.
② 기업의 모든 자료들을 기업이 수행하는 목적에 다양하게 이용하기 위하여 통합적으로 보관·저장하는 시스템을 말한다.

(2) 데이터베이스 구축 관련 용어 기출 22-3, 20-추가, 18-1

① **RDB(Relational DataBase, 관계형 데이터)**
  ㉠ 데이터(Data)를 저장하거나, 수정하고 관리할 수 있게 해 주는 데이터베이스로, 테이블 스키마가 고정되어 있어 테이블의 확장과 축소가 용이하다는 장점이 있다.
  ㉡ 또한 테이블을 기반으로 하는 데이터 모델로 표현이 간단하며 구조를 이해하거나 사용하기 쉽다는 장점이 있다.

② **NoSQL**
  ㉠ Not Only SQL의 약자이며, 비관계형 데이터 저장소로 기존의 전통적인 방식의 관계형 데이터베이스와는 다르게 설계된 데이터베이스로 테이블 간 조인(Join)연산을 지원하지 않는다.
  ㉡ Key-value, Document Key-value, Column 기반의 NoSQL이 주로 활용되고 있다.
  ㉢ NoSQL은 테이블-컬럼과 같은 스키마 없이 분산 환경에서 단순 검색 및 추가 작업을 위한 키 값을 최적화한다. 빅 데이터 처리를 위한 비관계형 데이터베이스관리시스템(DBMS)이다.

(3) 데이터베이스 스키마(Schema)

스키마는 데이터 개체와 속성들, 개체의 집합들 간에 발생되는 관계에 대한 정의와 이들이 유지해야 할 제약조건을 말한다. 스키마는 구조나 형상을 의미하는 것으로 데이터베이스에서는 내부 스키마, 외부 스키마라는 용어를 사용하고, 모델링에서는 스노우플레이크 스키마, 스타 스키마 등의 용어를 사용한다.

① 외부 스키마: 3단계 중 가장 상위 단계에 속하며, 논리적인 부분으로써 사용자가 접근할 수 있는 데이터베이스를 말한다.

② 개념 스키마: 정보를 저장하고 관리하기 위한 모든 개체들을 기술하며 데이터베이스 관리자에 의해 사용된다.

③ 내부 스키마: 가장 하위 단계로써 물리적 스키마라고도 하며, 저장 장치의 입장에서 전체 데이터베이스가 저장되는 방법을 기술한다.

(4) 스타 스키마(Star Schema 또는 Join Schema)

① 스타 스키마는 데이터웨어하우스 스키마 중 가장 단순한 종류의 스키마인데, 한 개의 사실 테이블과 주 키 및 각 차원과 추가적인 사실들로 이루어진 스키마이다. 스타 스키마라는 이름은 스키마 다이어그램이 마치 별(Star) 모양이라 해서 붙인 이름이다.

② 스타 스키마를 이용하면, 전통적인 관계형 데이터베이스를 활용하여 다차원 데이터베이스 기능을 수행할 수 있다. 거의 모든 분야에서 관계형 데이터베이스가 가장 일반적인 데이터 관리시스템이기 때문에, 관계형 데이터베이스를 사용하여 다차원 뷰를 구현할 수 있다.

③ 스타 스키마 데이터 구조는 하나의 사실을 중심으로 다수의 정보 차원들이 연결되는 구조로서 다차원 모델링을 위하여 이용되는 데이터 구조이고, 테이블 간의 조인 횟수가 적어서 검색 속도가 빠르다. 또한 데이터베이스의 구조가 단순해서 사용자들의 데이터 모델에 대한 이해가 용이하다.

④ 스타 스키마는 데이터를 가능한 한 비정규화함으로써 자료의 무결성을 높이는 장점이 있다. 반면 스노우플레이크 스키마(Snowflake Schema)는 정규화를 추구한다는 장점과 복잡한 구조라는 단점이 있다.

2. 내부 데이터와 외부 데이터

(1) 내부 데이터

① 내부 데이터는 기업이 주관하는 업무에 관련된 데이터를 말한다. 즉, 기업의 생산·조달·판매·운영·물류 업무 및 고객서비스 업무 등과 관련된 데이터를 말한다.

② 내부 데이터의 유형

판매물류 관련 데이터	재고·출하·창고관리 기록 등
판매·영업 관련 데이터	판매 예측·판매 수당·주문 및 견적·외상 매출 기록 등
조달물류 관련 데이터	원·부자재 재고 기록, 입찰 기록, 외상 매입 기록 등
고객서비스 관련 데이터	고객 불만 사례, 고객서비스 기록 등
상품·생산 관련 데이터	생산계획·생산비용·품질관리 기록 등

(2) 외부 데이터

① 외부 데이터는 외부로부터 획득할 수 있는 2차 자료, 협력 업체, 경영 정보 서비스 제공 기관 및 특정 사안에 대한 연구결과 등의 형태로 얻을 수 있다. 기업은 내부 데이터를 통제할 수 있지만 외부 데이터는 통제할 수 없다.

② 기술정보, 경쟁업체 정보, 경제·정치 환경 정보, 사회 문화 정보 등이 외부 데이터에 해당한다. 외부 환경과의 원활한 정보유통을 위해 EDI, SCM 등의 정보 활용 기법들이 이용되고 있다.

3 유통정보시스템의 구성요소

1. 유통정보시스템의 구성

(1) 유통정보시스템의 구성 요건

유통정보시스템은 포괄적이고 응용성이 있어야 하며 정형성과 개방적 성격을 갖추어야 한다. 또한 유통경영 의사결정을 지원하기에 적절한 정보시스템이어야 한다.

(2) 유통정보시스템의 구성요소

유통정보시스템은 크게 내부 환경과 사용자 환경, 데이터베이스(Database), 지원 체제 및 응용 소프트웨어로 구성된다.

2. 유통정보시스템의 하위 시스템과 기술

(1) 유통정보시스템의 하위 시스템

유통정보시스템의 하위 시스템으로는 수요 예측 시스템, 구매 관리시스템, 주문 처리 시스템 등이 있다.

(2) 유통정보시스템의 관련 기술

CIS의 관련 기술(정보기반 시스템)로는 바코드와 RFID 시스템, POS시스템, EDI, VAN, 데이터베이스 시스템, Internet 등을 들 수 있다.

(3) 유통정보시스템의 응용 기술

CIS의 응용 기술(정보 응용 시스템)로는 SCM, QR, ECR, ERP, Logistics System 등이 있다.

4 유통정보시스템의 구축

1. 유통정보시스템의 구축 과정 기출 24-1, 16-2

유통정보시스템은 기획 단계 → 개발 단계 → 기술적 구현 단계 → 적용 단계를 거쳐 구축된다.

① 기획 단계

기획 단계에서는 유통정보시스템이 효율적으로 개발되고 현업에 적용될 수 있는 환경을 조성하며, 지침을 제공한다. 또한 해당 기업의 자원과 업무 우선순위에 비추어 유통정보시스템의 구축이 현 수준에서 부적합할 때에는 그것을 과감히 포기하는 것을 포함한다.

② 기술적 구현 단계

기술적 구현 단계는 유통정보시스템이 추구하는 목표와 제시된 시스템 설계를 컴퓨터 시스템으로 실현하는 단계이다. 데이터베이스 구축, 소프트웨어와 하드웨어 수요의 결정, 연계 네트워크의 결정, 시스템 통제 수단의 결정, 사용자 환경의 구현, 시범 서비스의 개발, 시스템 구축 등의 순서로 이루어진다.

③ 적용 단계

사용자를 위한 사용지침서(매뉴얼)의 개발은 마지막 적용 단계에서 이루어진다.

2. 유통정보시스템의 개발 단계 기출 20-1, 16-2

① 주요 유통기능 및 유통기능 수행자의 결정 → 각 유통기능 수행에 필요한 마케팅 정보의 결정 → 정보의 수집자, 사용자 및 전달 방법의 결정 → 잡음 요소의 규명 및 이의 제거 방안 결정

② 주요 의사결정 영역의 확인 → 의사결정 담당자의 결정 → 의사결정에 필요한 정보의 파악 → 정보 수집자, 사용자, 정보제공 방식의 결정 → 경로 불확실성의 제거 및 정보 보충

③ 경로 시스템에 있어서 핵심 의사결정 영역의 확인 → 의사결정이 이루어지는 각 수준(제조, 도매, 소매)의 확인 → 의사결정을 내리기 위해 필요한 정보(매장, 재고, 인력)를 확인 → 유통정보를 제공하는 방법과 시스템 운영 환경의 확인 및 설계 → 유통정보를 보완할 수 있는 각종 정보화 프로그램 확인

④ 정보 활용 목적에 대한 검토 → 정보 활용 주체에 대한 결정 → 필요 정보에 대한 정의 → 정보제공 주체 및 방법에 대한 결정

3. 정보 네트워크

(1) 커버리지 영역별 정보 네트워크 구분 〔기출〕 24-2, 24-1

① LAN(Local Area Network): 근거리 통신망으로 집, 사무실, 학교 등의 건물과 같은 가까운 지역을 한데 묶는 컴퓨터 네트워크이다. 현재는 단순한 거리 개념보다는 한 조직이 중심이 된 인접 지역 내의 통신망을 의미한다.

② MAN(Metropolitan Area Network): 도시통신망으로 큰 도시 또는 캠퍼스에 퍼져 있는 컴퓨터 네트워크이다. LAN에 의해 커버되는 지역보다는 지리적으로 넓은 장소 내의 컴퓨터 자원들과 사용자들을 서로 연결하는 네트워크이다.

③ WAN(Wide Area Network): 광역 통신망으로 국가 전체를 커버하는 통신망으로 LAN과 MAN이 묶여진 네트워크이다. 통신서비스회사(ISP)에 의해 공중망 형태로 운영된다.

④ GAN(Global Area Network): 범지구적으로 국가와 국가 간을 연결하는 네트워크이다. Internet이 GAN에 해당된다.

(2) 종합정보통신망(ISDN: Integrated Services Digital Network)

① 종합정보통신망은 화상 회의, 원격 감시, 컴퓨터 통신, 인터넷 연결, 전화 통신, 팩시밀리 송·수신 등을 연결하는 안정된 디지털망을 이용하여 영상, 음성, 문자 등을 주고받을 수 있는 종합형 멀티미디어 통신이다.

② 즉, 정보통신 시스템과 컴퓨터망을 종합적으로 접속하여 모든 유형의 정보통신을 가능하게 한다. ISDN의 전송 속도는 64~128Kbps이다.

(3) 비콘(Beacon) 〔기출〕 22-1, 19-2, 17-2, 16-3

① 비콘은 봉화나 등대와 같이 위치정보를 전달하기 위해 어떤 신호를 주기적으로 전송하는 기기를 말한다. 좁은 의미에서는 IT 기술 기반의 위치 인식 및 통신 기술을 사용하여 다양한 정보와 데이터를 전송하는 근거리 무선 통신 장치를 말한다. 즉, 블루투스 기반으로 근거리 내에 감지되는 스마트 기기에 각종 정보와 서비스를 제공할 수 있는 무선통신 장치를 말한다.

② 근거리 무선통신(NFC: Near Field Communication)이 접촉식으로 20cm 이내의 근거리에서만 통신이 가능한 반면, 비콘은 비접촉식으로 최대 50m의 원거리 통신을 지원한다. 예를 들면 스타벅스코리아가 지난 2014년에 이 기술을 응용한 모바일 주문 서비스 사이렌오더(Siren Order)를 시행한 바 있다.

③ 이를 활용하면 매장 내에 고객의 내점 여부에 따라 자동으로 쿠폰이나 포인트를 부여하거나, 전시회나 박물관에서 현재 관람객이 감상하는 작품에 대한 자동 설명 서비스를 제공할 수 있다. 또한, 가속도 센서나 온습도 센서를 부착한 비콘을 설치하여 농작물이나 기계의 상태를 원격으로 파악하는 것도 가능하다.

(4) 방화벽(Fire Wall) 〔기출〕 15-1

① 정보 네트워크에서 방화벽의 기능은 내부와 외부 네트워크를 연결하는 창구 역할과 서비스의 접속 및 거부와 사용자 인증을 위한 기능을 수행한다. 기타 주소 변환 및 가상 IP 할당, 감시 기록, 추적 기능 등을 수행한다.

② 방화벽 시스템을 구축할 때는 방화벽의 가장 중요한 목적인 내부 네트워크의 보호라는 안전성을 고려해야 한다. 그러나 방화벽이 작동되면 네트워크의 단절이나 속도가 느려지는 현상도 발생할 수 있으므로 트래픽량이나 동시 사용자수 등을 함께 고려해서 구축해야 한다.

에너지

에듀윌이 너를 지지할게

ENERGY

실패가 두려워서
새로운 시도를 거부해서는 안 된다.

서글픈 인생은
"할 수 있었는데"
"할 뻔 했는데"
"해야 했는데"
라는 세 마디로 요약된다.

– 루이스 E. 분(Louis E. Boone)

핵심 기출문제

PART 01 유통정보의 이해

01
18년 3회

다음 ( ) 안에 들어갈 알맞은 단어를 가장 적절하게 나열한 것은?

> - 사용자가 특정한 목적을 달성하기 위해 수집하여 분석한 사실은 (가)라/이라 구분할 수 있다.
> - 사용자에게 특정한 목적이 부여되지 않은 사실이거나, 가공되지 않은 사실은 (나)라/이라 구분할 수 있다.
> - (다)은/는 정황적이고 어떤 행위를 가능하게 하는 실천적인 (가)로/으로 주어진 상황에 대한 많은 경험과 깊은 사려에 기반을 두고 있다.

① 가: 자료, 나: 정보, 다: 시스템
② 가: 자료, 나: 정보, 다: 지식
③ 가: 정보, 나: 자료, 다: 지식
④ 가: 정보, 나: 지식, 다: 자료
⑤ 가: 지식, 나: 자료, 다: 정보

토머스 데이븐포트(Thomas H. Davenport)의 『정보생태학』에서 정보도 특성에 따라 데이터, 정보 및 지식으로 계층을 나누어 볼 수 있다고 주장하였다. 그에 따르면 일반적으로, 수집한 자료(Data)를 의사결정에 유용한 형태로 처리한 것을 정보(Information)라고 하고, 이러한 정보가 체계화되어 축적되면 지식(Knowledge)이 된다.

정답 | ③

02
18년 3회

빅데이터 분석 특성에 대한 설명으로 가장 적합하지 않은 것은?

① 정보기술의 발전으로 실시간으로 다량의 데이터를 수집할 수 있다.
② 빅데이터 분석은 정형 데이터 분석은 가능하지만, 비정형 데이터에 대한 분석은 불가능하다.
③ 빅데이터는 거대한 규모의 디지털 정보량을 확보하고 있다.
④ 빅데이터 분석은 새로운 가치를 창출하기 위한 정보를 제공해 준다.
⑤ 시계열적 특성을 갖고 있는 빅데이터는 추세 분석이 가능하다.

빅데이터 분석은 정형 데이터에 대한 분석은 물론 텍스트 마이닝이나 웹 마이닝을 통해 비정형 데이터에 대한 분석도 가능하다.

정답 | ②

03
18년 3회

디지털(Digital) 기술의 특성으로 가장 올바르지 않은 것은?

① 빛과 같은 속도로 이동하면서 정보를 전달할 수 있는 광속성
② 반복해서 사용해도 정보가 줄어들거나 질이 떨어지지 않는 무한 반복 재현성
③ 정보를 다양한 형태로 가공하고 확대 재생산할 수 있는 용이성
④ 송·수신자가 동시에 서로 정보를 주고받을 수 있는 쌍방향성
⑤ 멧칼프(Metcalfe)의 법칙이 적용되는 수확체감의 법칙성

멧칼프(Metcalfe)의 법칙은 수확체증과 관련된다. 멧칼프의 법칙은 네트워크의 가치는 사용자(참여자) 수의 제곱에 비례한다는 것이다.

정답 | ⑤

04
18년 2회

빅데이터 솔루션에서 처리하는 다양한 데이터는 정형, 반정형, 비정형 데이터로 구별할 수 있다. 이들에 대한 설명으로 가장 옳은 것은?

① 정형 데이터는 데이터 모델 또는 스키마를 따르며 주로 테이블 형식으로 저장된다.
② 비정형 데이터는 ERP, CRM 시스템과 같은 기업의 정보시스템에서 자주 생성된다.
③ 반정형 데이터는 구조가 정의되어 있지 않은, 일관성이 없는 데이터이다.
④ 비정형 데이터는 계층적이거나 그래프 기반이다.
⑤ 은행 거래 송장 및 고객 기록 정보 등이 반정형 데이터의 유형이다.

정형 데이터는 DBMS와 같이 고정된 필드에 저장된 데이터, 반정형 데이터는 XML, HTML, SGML과 같이 데이터의 구조를 표현한 스키마를 포함하는 데이터, 비정형 데이터는 이미지, 동영상, 텍스트 등 데이터의 형이 정해져 있지 않은 데이터를 말한다.

선지분석 |
②, ⑤는 정형 데이터, ③은 비정형 데이터에 대한 내용이다.

정답 | ①

05
18년 1회

디지털 경제시대에 나타나는 특징으로 가장 옳지 않은 것은?

① 생산량을 증가시킴에 따라 필요한 생산요소의 투입량이 점점 적어지는 현상이 나타난다.
② 투입되는 생산요소가 늘어나면 늘어날수록 산출량이 기하급수적으로 증가하는 현상이 나타난다.
③ 시장에 먼저 진출하여 상당 규모의 고객을 먼저 확보한 선두 기업이 시장을 지배할 가능성이 높아진다.
④ 생산요소의 투입량을 증가시킬 때 그 생산요소의 추가적인 한 단위의 투입이 발생시키는 추가적인 산출량의 크기가 점점 감소되는 현상이 나타난다.
⑤ 생산량이 많아질수록 한계비용이 급감하여 지속적인 성장이 가능해진다.

전통적인 경제는 수확체감의 법칙이 지배했지만 디지털 경제에서는 생산요소의 투입량을 증가시킬 때 그 생산요소의 추가적인 한 단위의 투입이 발생시키는 추가적인 산출량의 크기(한계 생산)가 점점 증가하는 수확체증 현상이 나타나고 있다.

정답 | ④

06
18년 1회

피라미드와 같은 전형적인 조직구조 형태에서는 조직수준별로 의사결정, 문제 해결, 기회 포착에 요구되는 정보 유형이 각기 다르다. 조직 수준과 의사결정 유형, 특성에 대한 설명으로 가장 옳지 않은 것은?

① 전략적 수준은 대부분 비구조화된 의사결정 문제들이 대부분이다.
② 병가를 낸 직원이 몇 명인가는 운영적 수준에서 관리해야 할 정보이다.
③ 효과성에 초점을 둔 핵심 성공 요인은 운영적 수준에서 고려되어야 할 측정 척도이다.
④ 관리적 수준의 대표적인 구성원 유형은 중간 경영자, 매니저, 감독 등이다.
⑤ 운영적 수준의 의사결정은 구조적, 반복적인 특성을 가진다.

조직의 위계를 중심으로 가장 상위의 전략적 수준으로부터 관리적(전술적) 수준, 운영적 수준으로 구분한다.
③ 효과성에 초점을 둔 핵심 성공 요인은 가장 상위의 전략적 수준에서 고려되어야 할 측정 척도이다.

정답 | ③

07
17년 2회

데이터베이스에 저장된 데이터가 갖추어야 할 특성으로 가장 옳지 않은 것은?

① 표준화
② 논리성
③ 중복성
④ 안정성
⑤ 일관성

데이터베이스에 저장된 데이터는 중복배제(Non-Redundancy)의 특성을 지녀야 한다. 즉 하나의 데이터베이스 내에 동일한 사실은 반드시 한 번만 기록되어야 한다.
그리고 제시된 것 이외에 완전성, 통합성의 조건도 충족되어야 한다. 완전성은 업무에 필요로 하는 모든 데이터가 완비되어 있어야 한다는 것이고, 통합성(Integration)은 동일한 데이터는 조직의 전체에서 한 번만 정의되고 이를 여러 다른 영역에서도 참조·활용할 수 있어야 한다는 것이다.

정답 | ③

08
17년 1회

데이터 가치분석 측면에서 볼 때, 빅데이터의 효용 가치로 가장 옳지 않은 것은?

① 표본추출된 데이터 분석이 아닌 전수분석이 이루어지면서 정보의 왜곡이 줄어든다.
② 데이터의 양이 커지면서 작은 데이터에서는 사용할 수 없었던 새로운 데이터 분석기법을 적용할 수 있다.
③ 다양한 변수 사이의 새로운 관계를 발견한다.
④ 고객의 행태가 여과 없이 담겨 있는 생생한 정형화된 데이터가 핵심이 된다.
⑤ 사건 발생시점과 데이터 감지시점 사이의 지연이 거의 없어 실시간 나우캐스팅(Nowcasting)이 가능하다.

빅데이터는 조직 내외부의 정형적 데이터뿐만 아니라 비정형적 데이터까지 포함한 방대한 양의 데이터를 포함한다.

관련이론 | 빅데이터(Big Data)
빅데이터란 디지털 환경에서 생성되는 데이터로 그 규모가 방대하고, 생성 주기도 짧고, 형태도 수치 데이터뿐 아니라 문자와 영상 데이터를 포함하는 대규모 데이터를 말한다. 빅데이터 수집은 분산된 다양한 소스로부터 필요로 하는 데이터를 수동 또는 자동으로 수집하는 과정이다.

정답 | ④

09

17년 1회

제4차 산업혁명시대의 특징에 대한 설명으로 가장 옳지 않은 것은?

① 2016년 세계경제포럼(WEF: World Economic Forum)에서 화두로 등장하였다.
② 디지털 혁명에 기반하여 물리적 공간, 디지털적 공간 및 생물학적 공간의 경계가 더욱더 명확해지게 되어 이들 간의 기술 융합을 통한 새로운 공간 생성 시대가 도래하였다.
③ 과학기술적 측면에서 '모바일 인터넷', '클라우드 기술', '빅데이터', '사물 인터넷(IoT)' 및 '인공지능(AI)' 등이 주요 변화 동인으로 꼽히고 있다.
④ '초연결성(Hyper-Connected)', '초지능화(Hyper-Intelligent)'라는 특성을 가진다.
⑤ 제4차 산업혁명이 가까운 미래에 도래할 것이고, 이로 인해 일자리 지형 변화와 사회 구조적 변화가 일어날 것으로 전망되고 있다.

세계경제포럼(WEF)은 2016년 1월에 열린 다보스포럼에서 4차 산업혁명을 화두로 제시하면서, 4차 산업혁명을 디지털 혁명에 기반하여 물리적 공간, 디지털적 공간 및 생물학적 공간의 경계가 희석되는 기술융합의 시대로 정의하였다.
과학기술적 측면에서는 이외에도 로봇, 양자암호, 3D 프린팅 등이 변화 동인으로 제시되고 있다.

정답 | ②

10

17년 2회

인트라넷(Intranet)에 대한 설명으로 옳지 않은 것은?

① 인트라넷은 이메일, 팩스 등을 이용함으로써 기업 내부의 커뮤니케이션을 향상시킬 수 있고, 토론 그룹, 채팅방, 비디오 회의와 같은 서비스를 통해 협업 활동을 향상시킬 수 있다.
② 인트라넷은 의사결정과 비즈니스 운영을 지원하는 핵심 애플리케이션 개발과 배치를 위한 플랫폼으로 사용된다.
③ 인트라넷에서 조직 내의 업무 처리를 위한 그룹웨어 구축은 비교적 저렴한 비용으로 가능하다.
④ 인트라넷의 외부에서는 내부로 들어오지 못하나 내부에서 외부로 나갈 수는 있다.
⑤ 인트라넷은 파트너 간의 커뮤니케이션의 개선과 사업적 우위를 가져올 수 있다.

파트너 간의 커뮤니케이션 개선과 사업적 우위를 가져올 수 있는 것은 엑스트라넷(Extranet)이다.

정답 | ⑤

11

17년 3회

전자상거래를 구현하는 네트워크 기술들에 관한 설명 중 가장 옳지 않은 것은?

① LAN(Local Area Network)은 근거리 통신망으로 300m 이하의 통신 회선으로 연결된 PC, 메인프레임, 워크스테이션들의 집합을 말한다.
② WAN(Wide Area Network)은 광역 통신망으로 지리적으로 흩어져 있는 통신망을 의미하는 것으로서 LAN 보다 넓은 지역을 커버하는 통신 구조를 말한다.
③ MAN(Metropolitan Area Network)은 WAN에 의해 커버되는 지역보다는 지리적으로 넓은 장소 내의 컴퓨터 자원들과 사용자들을 서로 연결하는 네트워크이다.
④ 인트라넷(Intranet)은 기업 내에 속해 있는 사설 네트워크로서, 서로 연결되어 있는 여러 개의 근거리 통신망으로 구성될 수 있고, 광역 통신망 내에서는 전용 회선이 사용되기도 한다.
⑤ 엑스트라넷(Extranet)은 일부 비즈니스 정보나, 운영을 제조업체, 공급업체, 협력업체, 고객 또는 다른 비즈니스 업체들과 안전하게 공유하기 위해 IP와 공중 전화망을 사용하는 사설망이다.

LAN보다 넓은 지역을 연결하는 도시통신망(MAN: Metropolitan Area Network)은 큰 도시 또는 캠퍼스에 퍼져 있는 컴퓨터 네트워크로 LAN과 WAN의 중간 크기를 갖는다. DSL 전화망, 케이블 TV 네트워크를 통한 인터넷 서비스 제공이 대표적인 예이다.

정답 | ③

12

16년 2, 3회

빅데이터 수집은 분산된 다양한 소스로부터 필요로 하는 데이터를 수동 또는 자동으로 수집하는 과정이다. 조직 내외부의 정형적, 비정형적 데이터를 수집하게 되는데 이와 관련된 내용으로 가장 옳지 않은 것은?

① 로그 수집기: 웹서버의 로그 수집, 웹로그, 트랜잭션 로그, 클릭 로그, 데이터베이스의 로그 등을 수집
② 웹로봇을 이용한 크롤링: 웹문서를 돌아다니면서 필요한 정보를 수집하고 이를 색인해 정리하는 기능을 수행하며 주로 검색엔진에서 사용
③ 센싱: 온도, 습도 등 각종 센서를 통해 데이터를 수집
④ RSS 리더: 사이트에서 제공하는 주소를 등록하면, PC나 휴대폰 등을 통하여 자동으로 전송된 콘텐츠를 이용할 수 있도록 지원
⑤ Open-API: WWW를 탐색하는 프로그램, 방문한 사이트의 모든 페이지 복사본을 생성하는 데 사용되며 검색엔진은 이렇게 생성된 페이지의 빠른 검색을 위해 인덱싱 수행

Open API(Open Application Programmer Interface)는 인터넷 이용자가 일방적으로 웹 검색 결과 및 사용자인터페이스(UI) 등을 제공받는 데 그치지 않고 직접 응용 프로그램과 서비스를 개발할 수 있도록 공개된 API를 말한다. 지도 서비스 및 다양한 서비스에서 시도되고 있으며 누구나 접근하여 사용할 수 있다는 장점이 있다.

정답 | ⑤

13
22년 3회, 18년 1회

데이터베이스 구축과 관련된 용어에 대한 설명으로 가장 옳지 않은 것은?

① RDB - 관계형 데이터를 저장하거나, 수정하고 관리할 수 있게 해 주는 데이터베이스
② NoSQL - Not Only SQL의 약자이며, 비관계형 데이터 저장소로 기존의 전통적인 방식의 관계형 데이터베이스와는 다르게 설계된 데이터베이스
③ RDB - 테이블 스키마가 고정되어 있지 않아 테이블의 확장과 축소가 용이
④ NoSQL - 테이블간 조인(Join)연산을 지원하지 않음
⑤ NoSQL - key-value, Document Key-value, column 기반의 NoSQL이 주로 활용되고 있음

관계형 데이터베이스(RDB)는 테이블 스키마가 고정되어 있어 테이블의 확장과 축소가 용이하다. 또한 RDB는 테이블을 기반으로 하는 데이터 모델로 표현이 간단하며 구조를 이해하거나 사용하기 쉽다.

관련이론 | 관계형 데이터베이스(RDB)
RDB는 일련의 정형화된 테이블로 구성된 데이터 항목들의 집합체로서, 그 데이터들은 데이터베이스 테이블을 재구성하지 않더라도 다양한 방법으로 접근하거나 조합될 수 있다.
- 사용자와 관계형 데이터베이스를 연결시켜 주는 표준 검색 언어를 SQL이라고 하는데, SQL 문장은 관계형 데이터베이스에 있는 데이터를 직접 조회하거나 또는 보고서를 추출하는 데 사용된다.
- 관계형 데이터베이스는 만들거나 이용하기가 비교적 쉽지만, 무엇보다도 확장이 용이하다는 장점을 가지고 있다. 처음 데이터베이스를 만든 후 관련되는 응용 프로그램들을 변경하지 않고도, 새로운 데이터 항목을 데이터베이스에 추가할 수 있다.

정답 | ③

14
22년 1회, 19년 2회

아래 글상자의 ( ) 안에 들어갈 용어로 옳은 것은?

- ( )은(는) 원래 봉화나 화톳불 등 위치와 정보를 수반한 전달 수단을 가리키는 말이었고, 사전적 의미로는 등대·경광등·무선 송신소 등이지만 21세기 초부터는 주로 '무선 표식'을 지칭하는 용어이다.
- 이는 본질적으로 위치를 알려 주는 기준점 역할을 하며, 정보를 전달하기 위해서는 통신기술(단거리 전용 통신방식(DSRC), 초음파, 적외선, 블루투스, CDMA, LTE, WiFi, LiFi 등) 활용이 필요하다.
- 신호를 전송하는 방법에 따라 사운드 기반의 저주파 ( ), LED ( ), 와이파이 ( ), 블루투스 ( ) 등으로 구분한다.
- 이 서비스는 스마트폰 앱이 ( ) 신호를 수신해 전용 서버에 질의하면 서버가 정보를 취득, 앱에 표시하는 방식으로 작동한다.
- 물류, 유통분야에서는 창고 내 재고·물류 관리, 센서를 이용한 온도 관리, 전용 AP를 복수로 설치해 어디에 무엇이 있는지 확인하는 등에 활용되고 있다.

① 드론(Drone)
② 무인자동체
③ 비콘(Beacon)
④ 딥러닝(Deep-Learning)
⑤ NFC(Near Field Communication)

비콘(Beacon)은 블루투스 기반으로 근거리 내에 감지되는 스마트 기기에 각종 정보와 서비스를 제공할 수 있는 무선통신 장치이다. 좁은 의미에서는 IT 기술 기반의 위치 인식 및 통신 기술을 사용하여 다양한 정보와 데이터를 전송하는 근거리 무선통신 장치를 말한다.

선지분석 |
④ 딥러닝(Deep-Learning): 컴퓨터가 여러 데이터를 이용해 마치 사람처럼 스스로 학습할 수 있도록 하기 위해 인공 신경망(ANN: Artificial Neural Network)을 기반으로 구축한 한 기계 학습기술을 말한다. 딥러닝은 인간의 두뇌가 수많은 데이터 속에서 패턴을 발견한 뒤 사물을 구분하는 정보처리 방식을 모방해 컴퓨터가 사물을 분별하도록 기계를 학습시킨다.
⑤ NFC(Near Field Communication): 근거리 무선통신은 접촉식으로 20cm 이내의 근거리에서만 통신이 가능하여 근거리 네트워크 중 그 유효거리가 작은 범주를 가지고 있다. 휴대전화나 신용카드 등과 같은 모바일 기기에 내장되도록 설계되어 이용되기도 한다.

정답 | ③

PART 02 지식경영

CHAPTER 01 지식경영의 개념

1 지식경제와 지식경영

1. 지식경제

(1) 지식경제의 의의
① 지식경제 또는 지식기반경제(Knowledge-Based Economy)는 직접적으로 지식과 정보를 생산·분배·이용하는 산업에 기반을 둔 경제를 의미한다.
② 여기서 지식(knowledge)이란 단순히 무엇에 대한 앎만을 뜻하는 것이 아니라, 앎을 바탕으로 무엇인가를 새롭게 창출하고 조직해 체계화함으로써 다시 새로운 것을 창출할 수 있는 기술과 정보까지도 포괄하는 개념이다.

(2) 지식경제의 특징
① OECD는 지식의 유형을 4가지로 분류하고 정보라는 의미에 가까운 know-what과 know-why를 넘어서 측정이 어려운 know-how와 know-who라는 요소가 지식기반경제의 핵심 요소라고 하였다.
② 거시 경제적 측면에서 보면 지식경제는 풍부한 지식의 생성과 신속한 유통 및 손쉬운 활용에 의해 노동이나 자본보다 지식이 경쟁력 결정의 핵심 요소가 되는 경제를 말한다.
③ 지식경제에서는 기업·조직·개인·공동체가 효율적으로 지식을 창출·획득·전달·공유할 수 있어야 한다.
④ 지식경제는 디지털 경제를 통해 보다 활성화된다는 점에서 지식기반경제가 디지털 경제보다 포괄적인 개념이다.

2. 지식경영(Knowledge Management)

(1) 지식경영의 의의 기출 19-2, 17-3, 15-3
① 지식경영은 기업을 둘러싼 환경이 급변함에 따라 이에 적극 대응하기 위한 지속적인 혁신과 함께 이를 가능하게 하는 지식의 중요성이 커짐에 따라 피터 드러커(Peter Drucker)와 노나카 이쿠지로(Nonaka Ikujiro) 등에 제창된 개념이다.
② 지식경영은 조직 구성원 개개인의 지식이나 노하우를 체계적으로 발굴하여 조직 내 보편적인 지식으로 공유함으로써, 조직 전체의 문제 해결 능력을 비약적으로 향상시키는 경영 방식이다.
③ 즉, 지식경영은 조직 내 지식의 활발한 창출, 저장, 공유 및 활용을 제도화시켜 조직이 보유한 지식의 최고 가치를 실현시키는 것을 목표로 한다. 이를 통해 조직 전체의 문제 해결 능력과 기업 가치를 향상시키고 기업의 경쟁력을 높일 수 있다.

(2) 학자별 지식경영의 정의 기출 23-3, 16-1
① 스베이비(Sveiby): 지식경영이란 조직의 무형자산을 통해 가치를 창출하는 경영활동이다.
② 베크만(Bechman): 지식경영이란 새로운 조직적 역량을 창출하고 구성원의 높은 업무 성과를 가능하게 하며, 혁신적 활동을 촉진시키는 동시에, 고객 가치를 제고시킬 수 있도록 구성원의 경험과 지식, 전문성을 공식화시키는 것이다. 아울러 여기에 보다 자유롭게 접근, 그것을 쉽게 활용할 수 있도록 추진되는 활동이다.

③ 노나카(Nonaka): 지식경영은 형식지와 암묵지의 순환과정을 통해 경쟁력을 확보하는 경영활동이다.
④ 위그(Wiig): 지식경영이란 기업의 지식 관련 경영활동의 효과성을 극대화하고 지식 자산으로부터 최대 부가 가치를 창출하기 위해 지식을 창출, 갱신, 적용하는 일련의 체계적이고 명시적이며 의도적인 활동이다.

(3) **지식경영의 이점(효과)** 기출 17-3, 15-3
① 사고의 자유로운 흐름을 촉진함으로써 혁신을 촉진한다.
② 상품과 서비스를 보다 신속하게 시장에 제공할 수 있게 지원함으로써 수입을 증가시키는 효과를 가져올 수 있다.
③ 종업원들의 지식에 대한 가치수준을 인식하고 보상함으로써 종업원들의 사기를 강화하게 한다.
④ 물적 자본보다는 지적 자본으로부터 가치를 만들어 가는 과정이다.
⑤ 불필요한 과정을 제거함으로써 효율적인 운영을 통해 비용을 감소시킨다.

2 지식경영 관련이론

(1) **지식경영과 인접학문의 연계**
지식경영이론이 발전해 감에 따라 인접학문과의 연계가 이루어지고, 이에 따라 적지 않은 이론의 축적이 이루어지고 있다. 지식경영은 그 역사가 비교적 짧지만 인접학문과의 연계를 통해 종합적이고 체계적인 지식경영의 발전이 이루어지고 있다.

(2) **지식경영 관련이론**
① 혁신이론과 지식경영
혁신이론(Innovation Theory)은 지식획득, 창출, 공유, 관리, 활용 등의 측면에서 지식경영과 밀접한 관련이 있는 여러 가지 이론뿐만 아니라 국가의 정책과 체계에 관한 이론들까지 제시해주고 있다.
② 학습이론과 지식경영
조직수준에서 학습에 관한 이론은 조직 내에서 개인과 조직의 지식획득, 창출, 확산, 공유, 활용에 이르는 광범위한 영역에서 일어나는 학습과정에 관한 이론들을 제시해주고 있다.
③ 지식창조이론과 지식경영
노나카 교수를 시작으로 관심을 끌게 된 지식창조이론은 기존의 조직학습이 가지고 있는 문제점을 해결하고자 하는 새로운 시도로 등장했으며 지식경영 프로세스를 통해 암묵지와 형식지 간의 변환을 통해 지식창출의 구체적인 방법을 제시해주고 있다.
④ 기술이전 및 네트워크 이론과 지식경영
기술이전과 네트워크이론은 조직 내부가 아닌 조직 외부로부터의 지식창출과 관련된 분야로 기업이 외부로부터 효과적으로 지식을 획득하고, 외부기업과 공동으로 지식을 창조하고 활용하는 데 있어서 유용한 이론을 제공해주고 있다.
⑤ 정보기술시스템과 지식경영
정보기술시스템은 지식경영 분야에서 가장 빠른 성장과 발전을 거듭하고 있는 분야로 지식의 입수, 공유, 보존, 창조를 위한 인프라스트럭처(Infrastructure)로써의 정보기술을 활용한 관리시스템 구축이 관심의 초점이 되고 있다.
⑥ 조직이론 및 인적자원관리이론과 지식경영
㉠ 전통적인 경영학에서 지식경영과 밀접한 관련을 맺고 있는 분야로는 조직이론과 인적자원관리이론을 들 수 있다.
㉡ 이 분야에 대한 연구는 비전, 리더십, 조직구조, 조직문화, 교육훈련, 경력관리, 전문인의 동기유발, 인센티브 시스템 등이 지식경영 프로세스에 미치는 영향에 대해 많은 시사점을 제시해주고 있다.

⑦ 지적 자본이론과 지식경영

이 분야에 대한 연구는 주로 지적 자본에 대한 기본철학을 정립하고 조직 내 숨겨져 있는 인적 자본, 고객자본, 조직적 자본, 혁신자본 및 과정자본 등의 지식자본을 측정하기 위한 시스템을 구축하자는 데 그 목적이 있다.

(3) 지식경영이론

지식경영이론을 몇 가지 유형으로 분류해 보면 다음과 같다.

분류	관련이론
전략이론	자원의존이론, 자원기반이론, 지식기반이론, 상호보완성이론, 상황이론
사회이론	사회교환이론, 사회인지이론, 사회자본이론
기타 이론	사회기술이론, 시스템이론

CHAPTER 02 지식경영 프로세스

1 지식근로자와 지식경영자

1. 지식근로자(Knowledge Workers)

(1) 지식근로자의 정의
① 지식근로자는 자신의 일을 끊임없이 개선·개발·혁신하여 부가 가치를 올리는 지식을 소유한 사람을 의미한다. 정보를 나름대로 해석하고 이를 활용해 부가 가치를 창출해낼 수 있는 노동자를 가리킨다.
② 즉, 지식근로자는 자신의 부가 가치를 높이기 위해 끊임없이 지식을 쌓고 개선하며 개발하고 혁신하는 인간으로, 미국의 경영학자인 피터 드러커(P. Drucker)가 지식 사회(Knowledge Society)를 언급하며 처음으로 사용한 개념이다.

(2) 지식근로자의 특징
드러커에 의하면 지식근로자는 풍부한 지적 재산, 투철한 기업가 정신, 평생 학습 정신, 강한 창의성, 비관료적인 유연성 등을 갖추었으며, 평생 직장인보다는 평생 직업인이라는 신념을 지닌다는 특징을 갖고 있다.

(3) 지식근로자의 필요성
① 사회와 기업의 관심이 육체 노동자에서 지식근로자로 이동하고 있으며 따라서 앞으로 모든 조직에서 경쟁력을 확보하기 위한 유일한 방법은 지식근로자의 생산성을 향상시키는 것이다.
② 자본주의 사회에서 생산적인 곳에 자본을 배분할 줄 아는 자본가가 그랬던 것처럼, 지식 사회에서는 지식을 생산성 있는 곳에 배분할 줄 아는 지식근로자가 경제 및 사회의 주역이 된다는 것이다.

(4) 지식근로자의 생산성 향상을 위한 요건
① 지식 중심의 조직에서 일하는 모든 경영자와 지식근로자들이 알아두어야 할 자기 개발의 핵심은 혁신, 리더십, 커뮤니케이션, 의사결정, 인간관계, 시간 관리, 목표 달성 등이다.
② 드러커가 가장 강조하는 것은 자기 관리에 대한 스스로의 책임이다. 스스로를 높은 성과를 올리는 생산적인 사람, 끊임없이 혁신을 꾀하면서 계속 발전하는 사람, 다른 사람에게 영향을 미칠 수 있는 비중 있는 사람으로 만드는 것은 오직 그 자신의 지속적인 자기 관리 노력에 달려 있다는 것이다.
③ 또한 모든 지식근로자들은 각자의 지식을 활용하여 부가 가치를 창출하는 전문가가 되어야 하며, 성과를 올리고 목표를 달성하는 데 모든 노력과 재능을 집중시켜야 한다는 점을 강조한다.
④ 지식근로자는 스스로가 달성하고자 하는 목표, 그리고 그 자신에게 기대되는 공헌을 이룩할 수 있어야 한다.

2. 지식경영자(CKO: Chief Knowledge Officer)

(1) 지식경영자의 정의
지식경영자는 조직의 지식경영과 지식 관리를 책임지는 경영자를 의미한다. 최근 많은 기업들이 도입하고 있어 그 역할에 대한 중요성이 커지고 있다.

(2) 지식경영자의 역할
① 지식경영자(CKO)는 기업과 구성원들에게 새로운 지식을 전달하고 분배하여 지식을 기업 경영에 효율적으로 활용하게 하는 역할을 한다.
② CKO의 주요 임무는 지식경영과 관리에 대한 학습을 장려하여 조직의 경쟁력을 근본적으로 늘리고 전략과 비전을 제시하는 것이다.
③ CKO는 조직 내 지식경영과 지식 관리를 총지휘하는 고급 임원으로, 조직 내부 구성원들이 보유한 전문 지식을 발굴하여 효과적으로 활용해야 한다.
④ 또 지식경영을 위한 지식 공유 시스템의 기반을 구축하여 사내 지식 활용을 위한 지식 문화 조성 등의 업무를 총괄 지휘하며, 각종 정보 수집부터 어떤 종류의 지식이 조직의 경쟁우위 강화에 필요한지 등을 결정한다.

2 지적자본과 지식기반조직

1. 지적자본(Intellectual Capital)

(1) 지적자본의 정의 기출 21-1, 15-3
① 지적자본은 기업이 보유하고 있는 각종 지식을 의미하는 것으로 특허권, 상표권, 영업권, 기술과 같은 무형 자산을 비롯해 무형 자산을 운용하는 연구 개발력, 조직원의 창의력과 노하우, 경영진의 관리 능력, 회사의 이미지 등을 포괄하는 개념이다.
② 지적자본은 기계 설비, 공장 등과 달리 회계 장부에 기재되지 않는 비재무적 자본으로 시장가치와 장부 가치 간의 차이를 나타낸다. 눈에 보이는 것이 아니기 때문에 이를 기업 경영에 반영하기가 어렵다.

(2) 지적자본의 분류
① 인적자본(Human Capital): 조직 구성원이 보유하고 있는 개인적 능력, 경험, 지식 및 기술 등을 말한다. 이는 기업이나 고객에게 문제 해결 방식을 제공하거나 부가 가치를 창출하는 역할을 한다.
② 구조적자본(Structural Capital): 조직에 내재돼 있는 무형의 자본으로 인적자본을 지원하는 조직과 권한 등을 가리킨다. 즉, 고객정보 등 데이터베이스, 업무 지침, 지식 재산권, 문서나 음성, 화상 등으로 형식화된 지식을 의미한다.
③ 고객자본(Customer Capital): 기업에 대한 고객과의 관계를 가리키는데, 자금 흐름을 원활히 하는 데 중요한 의미가 있다.

2. 지식기반조직(Knowledge-Based Organization)

(1) 지식기반조직의 의의
드러커에 의하면 지식기반조직은 지식과 정보의 활용을 강조하는 조직을 의미한다. 지식기반조직은 모든 구성원들로 하여금 개인적 목표와 조직 목표를 성취하는 데 필요한 지식과 기술을 찾아내어 활용할 수 있도록 보장된 조직이다.

(2) 지식기반조직의 조건
① 조직 구성원들 간의 통일적이고 구체적인 행동을 유발하는 명확한 공동 목표를 가지고 있어야 한다.
② 조직의 리더는 구성원 개개인의 역할이 발휘될 수 있도록 유도하여야 한다.
③ 하부 조직 단위의 업무 목표와 실적이 전체 조직의 목표로 환류될 수 있어야 한다.
④ 필요한 정보와 지식 그리고 경험이 조직 내에서 공유될 수 있는 탄력적이고 개방적인 조직이어야 한다.

3 조직문화와 지식문화

(1) 조직문화
① 조직문화의 의미
㉠ 조직문화(Organizational Culture)란 조직구성원 모두가 함께 가지고 있는 가치와 신념, 규범과 전통, 지식과 이념, 습관과 기술 모두를 포괄하는 총체적인 개념이다.
㉡ 조직문화의 개념은 1980년대부터 조직이론에 도입되어 조직개발과 혁신에 응용되고 있다. 피터스와 워터맨(T. Peters and R. Waterman)의 『초우량 기업의 조건』에서 문화와 관련된 경영기법의 우수성이 강조된 이후 문화는 경영관리의 중요한 변수로 인식되었고, 조직문화는 조직활성화를 위한 하나의 도구로 사용되고 있다.
② 조직문화와 조직구조
㉠ 조직구조(Organizational Structure)가 조직구성원의 행동을 지배하는 공식적 시스템이라면, 조직문화는 조직구성원의 행동을 지배하는 비공식적 분위기라고 할 수 있다.
㉡ 조직문화는 조직구조와는 다르게 공식적인 조직도에 나타나지는 않지만 구성원들의 대인관계, 업무수행과 관련한 태도와 행동을 결정하는 집단적 가치관이나 보이지 않는 규범(Values and Norms)이다.
㉢ 조직문화도 조직구조처럼 조직목표 달성을 향한 구성원들의 행동을 조정하고 지배한다. 사람으로 말하면 조직구조가 육체(Hardware)라면 조직문화는 정신(Software)이라고 비유될 수 있다.

(2) 지식문화
① 지식과 패러다임의 전환
㉠ 디지털 테크놀로지가 확산되면서, 지식영역에서도 지식의 구조, 지식의 유통, 지식의 주체라는 세 가지 차원의 패러다임 전환이 일어나고 있다.
㉡ 디지털 테크놀로지는 현대 문화의 지형을 새롭게 만들어 가고 있는데, 지식(Knowledge)의 영역도 예외는 아니다. 디지털 시대를 맞아 지식의 생산, 유통, 소비 과정은 기존 패러다임과 질적으로 다른 모습을 보여 주고 있다.
② 지식 패러다임의 전환
지식 패러다임의 전환은 지식의 구조, 지식의 유통, 지식의 주체라는 세 가지 영역을 중심으로 살펴볼 수 있다.

구분		구 패러다임	신 패러다임
지식의 구조	정보처리	아날로그	디지털
	구성	독창적 완결	재조합
	텍스트	선형 텍스트	하이퍼텍스트
지식의 유통	분배	독점	무정부주의
	범위	국지적	전 지구적
	가치	생산물	과정과 속도

	지능	개체 지능	집합 지능
지식의 주체	지식과 육체	육화 지식	탈육화 지식
	역사성	기억	망각

4 지식경영 프로세스

1. 지식의 변환과정

(1) 형식지와 암묵지 〈기출〉 22-3, 21-1, 20-3, 18-3, 18-2, 17-3, 16-3, 16-2, 16-1, 15-3, 15-2

마이클 폴라니(Michael Polanyi)는 지식경영과 관련하여 지식을 형식지(Explicit Knowledge)와 암묵지(Tacit Knowledge)로 구분한다.

① 형식지는 시험 답안에 옮긴 지식처럼 언어나 기호로 표현될 수 있는 지식으로, 교과서에서 배우는 지식이 대표적이다.

② 반면 암묵지는 기호로 표시되기 어렵고 주로 사람이나 조직에 체화되어 있는 지식을 말한다. 암묵지는 체화된 암묵지, 인지적 암묵지, 시스템적 암묵지, 문화적 암묵지 등으로 구분하기도 한다.

(2) 노나카의 SECI 모델 〈기출〉 22-2, 20-3, 20-추가, 17-3, 15-2

① 지식의 변환과정: 아래 [그림]에서처럼 암묵지와 형식지가 서로 변환되는 과정이다. 즉, 암묵지가 암묵지로 형식지가 형식지로, 그리고 암묵지가 형식지로 형식지가 암묵지로 변환하는 과정이다.

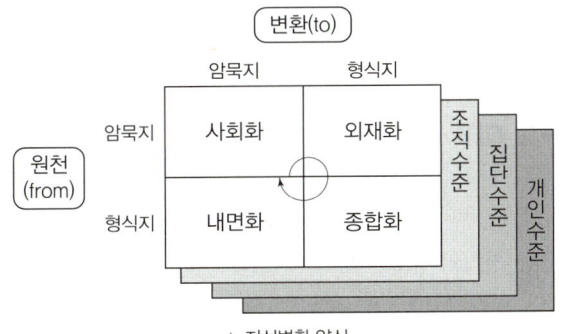

▲ 지식변환 양식

② 지식변환 양식은 사회화(Socialization) → 외재화(Externalization) → 종합화(Combination) → 내재화(Internalization)의 과정을 거치는데, 그 구체적인 내용은 다음과 같다.

사회화	• 경험을 통해 말로 설명하기 어려운 지식을 생각 속에 공유하는 과정 • 이 과정을 통해 창출되는 지식은 상황지(공감지)로, 애정·신뢰와 같은 감정적 지식, 제스처와 같은 신체적 지식, 열정·긴장과 같은 활력적 지식, 즉흥성과 같은 율동적 지식 등
외재화	• 암묵지를 형식지로 표출하는 과정 • 이 과정을 통해 창출되는 지식은 개념지로, 기업의 브랜드 이미지, 신제품 개념, 디자인 기술서 등
종합화	• 개인과 집단이 각각의 형식지를 합쳐서 새로운 지식을 창출하는 과정 • 이 과정을 통해 창출되는 지식은 시스템지로, 제품사양서, 기술사양서, 매뉴얼, 시장동향보고서 등
내재화	• 형식지가 암묵지로 변화되는 과정 • 이 과정을 통해 창출되는 지식은 일상지로 문화, 노하우, 기능적 스킬 등

③ 일본의 노나카 교수는 이러한 지식 변환 과정을 거쳐 나오는 지식으로 네 가지 유형을 제시한다. 네 가지 유형의 지식 중 행동론적 지식경영 접근은 상황지, 개념지, 일상지이며, 시스템지만이 시스템적 접근에 해당된다.

상황지(공감지)	사회화 과정을 통해 창출된 암묵지로 감정적 지식, 율동적 지식 등
개념지	외재화 과정을 통해 창출된 형식지로 브랜드 이미지, 신제품 개념, 디자인 기술서 등
일상지	내재화 과정을 거쳐 창출된 암묵지로 문화, 노하우, 기능적 스킬 등
시스템지	결합화(종합화) 과정을 통해 창출된 형식지로 제품 프로토타입, 제품사양서, 매뉴얼, 특허 등

(3) 위그의 지식경영 모델 기출 16-2

지식경영이라는 개념을 제일 먼저 정립한 미국의 경영컨설턴트 칼 위그(K. Wiig)는 지식경영 모델에서 지식의 유형을 5가지로 구분하고 있다.

① 사실 지식: 데이터 및 인간관계, 측정치, 즉 전형적으로 직접 관찰이 가능하고 검증 가능한 콘텐츠 등을 의미한다.
② 개념 지식: 체계나 관점 등을 의미한다.
③ 일반 지식: 명시적인 지식을 의미한다.
④ 기대 지식: 아는 자의 판단, 가정 등을 의미하는 것으로, 의사결정에 이용되는 직관, 예감, 선호도, 경험적 판단 등을 들 수 있다.
⑤ 방법 지식: 추론, 전략, 의사결정 등에 관한 방법들을 다루는 것으로, 과거의 실수로부터 교훈을 도출하는 방법이나 추세분석을 기반으로 예측을 하는 방법 등을 들 수 있다.

2. 지식경영 프로세스

(1) 지식경영 프로세스의 단계 구분 기출 20-2

① 지식경영 프로세스의 단계는 지식 수집과 창조 → 지식 공유와 분배 → 지식 습득과 활용의 3단계로 구분할 수 있다.
② 또는 지식의 창출 → 지식의 공유 → 지식의 저장 → 지식의 사용(활용)의 4단계로 구분하기도 한다.
③ 지식경영 프로세스의 단계는 지식의 창출 → 지식의 포착 → 지식의 정제 → 지식의 저장 → 지식의 관리 → 지식의 유포 등 6단계로 구분하기도 한다.

(2) 지식의 포착 기법 기출 20-추가, 19-2

① 인터뷰(Interview): 개인의 암묵적 지식을 형식적 지식으로 전환하는 데 사용하는 기법이다.
② 현장 관찰(Observation): 관찰대상자가 문제를 해결하는 행동을 할 때 관찰, 해석, 기록하는 프로세스이다.
③ 스토리(Story): 조직학습을 증대시키고, 공통의 가치와 규칙을 커뮤니케이션하고, 암묵적 지식의 포착, 코드화, 전달을 위한 뛰어난 도구이다.
④ 브레인스토밍(Brainstorming): 비판을 허용하지 않는다는 가정으로 둘 이상의 구성원들이 자유롭게 아이디어를 생산하는 비구조적 접근 방법이다.
⑤ 스캠퍼(Scamper): 브레인스토밍을 더 발전시킨 아이디어 촉진 질문법으로, 기존의 것에 대체하기(Substitute), 조합하기(Combine), 적용하기(Adapt), 수정·확대·축소하기(Modify·Magnify·Minify), 다른 용도로 사용하기(Put to Other Use), 제거하기(Eliminate), 재배치하기(Rearrange)와 같은 7가지 질문을 하여 새로운 아이디어를 떠올리게 하는 기법이다.
⑥ 델파이(Delphi) 방법: 다수 전문가의 지식 포착 도구로 사용되며, 어려운 문제를 해결하기 위해 여러 차례의 질문서를 통해 전문가의 의견을 수렴하는 기법이다.

CHAPTER 03 지식경영 정보기술과 지식관리시스템

1 지식경영 정보기술

1. 지식경영 프로세스와 정보기술

(1) 지식경영 정보기술의 의의

지식경영 프로세스에서 활용할 수 있는 기술은 펜과 종이처럼 낮은 수준의 기술에서 전문가 시스템과 가상현실 디스플레이와 같은 높은 수준에 이르기까지 다양하다.

(2) 지식경영과 기술 및 접근 방법

① 지식 창조와 수집은 데이터마이닝, 텍스트 요약, 다양한 그래픽 도구, 지능 에이전트의 사용, 다양한 정보 검색 방법론과 같은 기술에 의존한다.
② 지식 저장과 접근은 정보 저장소와 데이터베이스 도구에 의존하고 있다.
③ 지식 사용과 공유는 인터페이스 도구, 인트라넷과 인터넷, 그룹웨어, 의사결정 지원 도구, 협업 시스템에 의존하고 있다.
④ 지식경영 프로세스에 관여하는 거의 모든 기술은 고속의 연결성, 보안, 결함 허용 등을 지원하는 하부 구조를 기반으로 한다.

2. 지식경영 관련 정보기술

(1) 머신러닝(machine learning) 기출 23-3

① 머신러닝의 의의
 ㉠ 머신러닝, 즉 기계학습은 컴퓨터 프로그램이 데이터와 처리 경험을 이용한 학습을 통해 정보처리 능력을 향상시키는 것을 말한다.
 ㉡ 머신러닝은 자율 주행 자동차, 필기체 문자 인식 등과 같이 알고리즘 개발이 어려운 문제의 해결에 유용하다.

② 머신러닝의 유형
머신러닝 알고리즘은 학습 시스템에 정보 및 데이터를 입력하는 형태에 따라 크게 세 가지로 나뉜다.
 ㉠ 지도(supervised)학습: 입력과 이에 대응하는 미리 알려진 출력(인간 전문가가 제공)을 매핑(mapping)하는 함수를 학습하는 과정이다. 예를 들어 알파고가 프로 바둑기사들의 기보 데이터를 대량으로 입력받아 학습하는 것이 지도학습이다.
 ㉡ 비지도(unsupervised)학습: 출력 없이 입력만으로 모델을 구축하여 학습한다. 대부분의 데이터마이닝 기법이 이에 해당한다.
 ㉢ 강화(reinforcement)학습: 학습자가 행동을 선택하여 행동으로 환경에 영향을 미치고, 이에 대한 피드백으로 보상치를 얻어 학습 알고리즘의 가이드로 사용한다. 예를 들어 알파고 제로가 인공신경망 기술을 활용하여 바둑 규칙 이외에 아무런 사전 지식이 없는 상태에서 바둑 이치를 터득하여 이기기 위한 수를 스스로 생성해내는 것을 의미한다.

(2) 딥러닝(deep learning) 기출 21-2, 17-3

① 딥러닝의 의의
 ㉠ 딥러닝, 즉 심층학습은 컴퓨터가 스스로 외부 데이터를 조합 및 분석하여 학습하는 기술을 말한다. 인공지능(AI)의 발전에 기초가 된 개념이다.
 ㉡ 컴퓨터가 여러 데이터를 이용해 마치 사람처럼 스스로 학습할 수 있도록 하기 위해 인공 신경망(ANN; Artificial Neural Network)을 기반으로 구축한 기계 학습기술을 말한다.

② 딥러닝의 특징
  ㉠ 딥러닝은 인간의 두뇌가 수많은 데이터 속에서 패턴을 발견한 뒤 사물을 구분하는 정보처리 방식을 모방하여 컴퓨터가 사물을 분별하도록 기계를 학습시킨다.
  ㉡ 딥러닝의 핵심은 분류를 통한 예측이다. 인공신경망이론 기반으로 인간의 뉴런과 유사한 입출력 계층 및 복수의 은닉 계층을 활용하는 학습방식을 택하고 있으며, 복잡한 비선형 문제를 비지도방식학습(unsupervised learning)으로 해결하는데 효과적이다. 딥페이스와 같은 얼굴인식 알고리즘이 대표적인 예이다.

(3) 인공지능(AI, Artificial Intelligence) 기출 23-1, 17-3
  ① 인공지능의 의의
    인공지능이란 인간과 유사하게 사고하는 컴퓨터 지능을 일컫는 포괄적 개념으로, 컴퓨터 시스템이 인간의 언어나 지능을 모델링해주는 기술을 의미한다. 최근 알파고(AlphaGo), 왓슨(Watson) 등이 등장하여 이슈가 되었다.
  ② 인공지능의 활용이 가져올 유통업무 혁신사례
    ㉠ 인공지능 기술을 활용하여 유통업체에서 고객의 일상적인 문의사항에 대해 다양한 정보를 다양한 경로로 제공한다.
    ㉡ 인공지능 기술은 주문이행 관련 배송경로, 재고파악 등 고객의 주문에 대한 업무와 관련된 최적의 대안을 신속하게 제공해주어 의사결정에 도움을 줄 수 있다.
    ㉢ 인공지능 기술을 활용하면 주문 데이터 패턴을 분석해서 정상적이지 않은 거래를 파악하는 등 이상 현상 및 이상 패턴을 추출하는 데 활용될 수 있다.
    ㉣ 인공지능 기술은 알고리즘을 이용해 학습 수준이 강화되기 때문에 이용자의 질의에 대한 응답 수준은 갈수록 정교해질 것이다.

3. 지식경영과 학습 조직

(1) 학습 조직의 개념 기출 20-3
  ① 노나카(Nonaka)에 의하면, 조직의 케이퍼빌리티(Capability)와 핵심 역량(Core Competency)은 조직의 본질적 능력, 표면적으로 나타나는 경쟁력의 토대가 되는 무형의 지적 능력을 말한다고 한다.
  ② 기업의 능력을 확대해 나가기 위해서 최고 경영자는 조직의 학습을 촉진시켜 나가야 한다. 이러한 개념을 학습 조직(Learning Organization)이라고 한다.
  ③ 학습 조직 개념을 처음 제시한 피터 생게(Peter M. Senge)는 시스템적 사고를 전제로 하여 개인의 지적 숙련, 사고모형, 비전의 공유, 팀학습의 중요성을 주장하였다.

(2) 학습 조직의 구축 요건 기출 18-2
  ① 학습 목표를 명확히 하고 학습 포럼 등의 프로그램이 활성화되도록 지원해야 한다.
  ② 학습 결과에 대한 측정이 가능해야 한다.
  ③ 아이디어 교환을 자극할 수 있도록 조직 내의 장벽을 없애야 한다.
  ④ 학습 조직을 구축할 때 지식 관리는 자신의 업무와 관련하여 수행되어야 한다.
  ⑤ 자율적인 환경을 만들어 창의력을 개발하고 학습에 도움이 되는 환경을 조성해야 한다.

(3) CoP(Community of Practice)
  ① CoP(실행공동체 또는 지식공동체)는 공통의 관심사를 가진 사람들의 비공식적이고 자발적인 소규모 연구모임이다.
  ② CoP는 도제 관계에서 초보자가 전문가와 삶을 공유하면서 공동 생활을 통하여 기술을 습득하며 멤버십을 확보해 가는 과정에서 활용되었던 지식 습득 방법을 모방하여 새로운 모습으로 기업의 지식경영에서 활용되고 있다.
  ③ 구성원들의 특정 관심 분야에 대한 정보와 경험을 서로 교환함으로써 기업 내에서 지식의 창출·전파·공유의 기능을 담당하는 풀뿌리 조직 단위로서의 성격을 지닌다.

2 지식관리시스템(KMS: Knowledge Management System)

1. 지식관리시스템의 의의

(1) 지식관리시스템의 정의
① 지식관리시스템은 조직 내의 인적자원들이 축적하고 있는 개별적인 지식을 체계화하여 공유함으로써 기업 경쟁력을 향상시키기 위한 기업정보시스템을 말한다.
② 즉, 지식관리시스템은 조직 내 지식 자원의 가치를 극대화하기 위하여 통합적인 지식 관리 프로세스를 지원하는 정보기술 시스템이다.

(2) 지식관리시스템의 기본 전제
① 지식관리시스템은 조직 구성원의 지식 자산에 대한 자세, 조직의 지식 평가·보상 체계, 지식 공유 문화 등 조직 차원의 인프라와 통신 네트워크, 하드웨어, 각종 소프트웨어 및 도구 등 정보기술 차원의 인프라를 기본 전제로 한다.
② 전자문서관리시스템(EDMS), 인트라넷, 데이터베이스 관리시스템(DBMS), 검색 엔진, 개인 정보 관리 등 기존 정보시스템의 연계를 통해 종합적인 솔루션으로 설계, 구축된 것이 지식관리시스템이다.

(3) 지식관리시스템의 도입 효과
① 기업의 경쟁력 강화
② 기업 운영의 효율성 향상
③ 새로운 지식의 창조 능력 증대
④ 지식 자원의 자산화

2. 지식관리시스템의 기능 기출 22-3, 22-1

(1) 지적 자산의 활용
① 인적 자원이 개별적으로 보유하고 있는 지식은 비정형의 형태로 존재한다. 즉, 기업 내 각 개인들은 자신의 지식을 각종 문서로 작성·보유하고 있으며, 이를 바탕으로 관련 업무 담당자와 의사교환을 하고 이러한 활동을 기반으로 최종 판단을 하게 되는 것이다.
② 따라서 지식관리시스템의 기본 개념은 인적 자원이 소유하고 있는 비정형 데이터인 지적 자산을 기업 내에 축적·활용할 수 있도록 하자는 것이다.

(2) 지식베이스의 활용
① 지식을 저장하는 지식베이스는 정의된 조직의 지식 스키마에 따라 체계적으로 구성되어 있다. 지식베이스가 원시 데이터를 저장하는 데이터베이스에 비유된다면 지식 스키마는 원시 데이터에 대한 메타 데이터를 담고 있는 데이터 사전 또는 데이터베이스 스키마에 비유될 수 있다.
② 지식베이스 내에 저장되어 있는 지식은 물론 조직 내 다른 정보시스템 서버에 저장되어 있거나 외부 데이터베이스 또는 전문가의 머릿속에 있는 지식의 위치를 파악하고 원하는 지식을 검색하거나 전문가와의 연결을 원할 때는 지식 맵을 이용하게 된다.
③ 이 경우 사용자는 인터넷상에서의 각종 사이트 방문 시처럼 원하는 지식 사이트를 마우스 클릭만으로 찾아가거나 소프트웨어 에이전트에게 명령을 내려 해당 사이트에서 원하는 정보의 검색을 대행시킬 수도 있다.
④ 그 밖에도 지식관리시스템은 사용자들이 지식을 창출하여 입력하고, 조회, 편집 및 활용을 할 수 있는 여러 가지 기본 기능들을 내포하고 있다.

핵심 기출문제

PART 02 지식경영

01
22년 3회, 18년 2회, 17년 3회, 16년 1,2,3회

지식을 크게 암묵지와 형식지로 구분할 경우 이에 대한 설명으로 가장 옳지 않은 것은?

① 철학자 폴라니가 우리는 우리가 말할 수 있는 것 이상의 것을 알 수 있다고 한 말은 암묵지와 더 관련이 깊다.
② 암묵지는 언어나 구조화된 체계를 가지고 존재한다.
③ 제품 사양, 문서, 데이터베이스, 매뉴얼, 화학식 등의 공식, 컴퓨터 프로그램 등의 형태로 표현되는 것은 형식지로 분류된다.
④ 암묵지는 개인, 집단, 조직의 각 차원에서 개인적 경험이나 이미지, 혹은 숙련된 기능, 조직문화, 풍토 등의 형태로 나타난다.
⑤ 형식지는 서술하기 쉽고 객관적, 논리적인 디지털 지식 등이 포함된다.

언어나 구조화된 체계를 가지고 존재하는 지식은 형식지이다.

관련이론 | 형식지와 암묵지
형식적 지식(형식지)이란 말, 즉 언어로 표현할 수 있는 명시적·객관적·논리적인 지식을 의미한다. 반면 암묵적 지식(암묵지)은 개인적인 경험에 의해 얻어지는, 말로 표현하기 어려운 직감적인 지식을 말하는 것으로 노하우 등을 의미한다.

정답 | ②

02
18년 3회

노나카의 지식전환 프로세스인 'SECI모델'에 대한 설명으로 가장 옳지 않은 것은?

① 사회화는 암묵지에서 암묵지를 얻는 과정이다.
② 외재화는 암묵지에서 형식지를 얻는 과정이다.
③ 공동화는 형식지에서 형식지를 얻는 과정이다.
④ 내재화는 형식지에서 암묵지를 얻는 과정이다.
⑤ 지식 변환과정은 직선적이 아닌 복합상승작용이 나타나는 나선형 프로세스로 진행된다.

개인과 집단이 각각의 형식지를 합쳐서 새로운 지식(형식지)을 창출하는 과정은 종합화(Combination)이다. 이 과정을 통해 창출되는 지식은 시스템지로, 제품사양서, 기술사양서, 매뉴얼, 시장동향보고서 등이 있다.

정답 | ③

03
20년 3회

노나카(Nonaka)의 지식변환 유형에 대한 설명으로 옳지 않은 것은?

① 사회화 - 최초의 유형으로 개인 혹은 집단이 주로 경험을 공유함으로써 지식을 전수하고 창조한다.
② 사회화 - 암묵지에서 암묵지를 얻는 과정이다.
③ 외부화 - 개인이나 집단의 암묵지가 공유되거나 통합되어 그 위에 새로운 지가 만들어지는 프로세스이다.
④ 종합화 - 개인이나 집단이 각각의 형식지를 조합시켜 새로운 지를 창조하는 프로세스이다.
⑤ 내면화 - 형식지에서 형식지를 얻는 과정이다.

내면화(Internalization)는 형식지에 대한 학습을 통해 자신만의 암묵지를 생성하는 과정이다.

관련이론 | 지식의 변환과정
지식경영의 중요성을 강조하고, SECI 모델을 제시한 학자는 노나카 이쿠지로(Ikujiro Nonaka)이다.
노나카의 SECI모델에서 지식 변환 양식은 사회화(Socialization, 공동화) → 외재화(Externalization, 표출화) → 종합화(Combination, 연결화) → 내재화(Internalization, 내면화)의 과정을 거치는데 암묵지와 형식지가 서로 변환되는 과정이다.
이는 암묵지가 암묵지로, 그리고 암묵지가 형식지로, 형식지가 형식지로, 형식지가 암묵지로 변환되는 과정으로, 4가지 지식 변환 과정은 순차적으로 진행되며 밀접하게 연결되어 있다.

정답 | ⑤

04

21년 1회, 20년 3회, 17년 2회, 16년 3회

유통업체에서 지식관리시스템 활용을 통해 얻을 수 있는 효과로 옳지 않은 것은?

① 동종 업계의 다양한 우수 사례를 공유할 수 있다.
② 지식을 획득하고, 이를 보다 효과적으로 활용함으로써 기업 성장에 도움을 받을 수 있다.
③ 중요한 지식을 활용해 기업 운영에 있어 경쟁력을 확보할 수 있다.
④ 지식 네트워크를 구축할 수 있고, 이를 통해 새로운 지식을 얻을 수 있다.
⑤ 의사결정을 위한 정보를 제공해주는 시스템으로 의사결정권이 있는 사용자가 빠르게 판단할 수 있게 돕는다.

⑤는 의사결정지원시스템(DSS)에 대한 설명이다.

관련이론 | 지식관리시스템
지식관리시스템(KMS: Knowledge Management System)은 조직 내의 인적자원들이 축적하고 있는 개별적인 지식을 체계화하여 공유함으로써 기업 경쟁력을 향상시키기 위한 기업정보시스템을 말한다. 지식관리시스템이 구축되면 기업과 기업 간 협업이 가속화되어 경쟁우위를 구축할 수 있다.

정답 | ⑤

05

22년 3회, 20년 추가, 17년 2회, 16년 3회

기업들이 지식관리시스템을 구축하는 이유에 대한 설명으로 가장 옳지 않은 것은?

① 기업들은 최선의 관행, 즉 베스트 프랙티스(Best Practice)를 공유할 수 있다.
② 기업들은 노하우 활용을 통해 제품과 서비스의 가치를 개선할 수 있다.
③ 기업들은 경쟁우위를 창출하기 위한 지식을 용이하게 활용할 수 있다.
④ 기업들은 경영혁신을 위한 적절한 지식을 적절히 포착할 수 있다.
⑤ 기업들은 기업과 기업 간 협업을 줄이고, 독자 경영을 할 수 있다.

기업들은 지식관리시스템 구축을 통해 기업과 기업 간 협업을 가속화한다.

정답 | ⑤

06

16년 2회

아래 글상자의 (   ) 안에 들어갈 용어로 옳은 것은?

> (   )은(는) 도제 관계에서 초보자가 전문가와 삶을 공유하면서 공동 생활을 통하여 기술을 습득하며 멤버십을 확보해 가는 과정에서 활용되었던 지식 습득 방법을 모방하여 새로운 모습으로 기업의 지식경영에서 활용되고 있다.
> 이는 특정 주제에 대해서 관심 있는 사람들이 모여 집단을 구성하고 관심 있는 주제나 수행 중인 일에 지속적으로 상호작용함으로써 서로를 도우며, 지식을 쌓아 나가는 과정을 말한다.

① CoP(Community of Practice)
② e-러닝(e-learning)
③ 학습 조직(Learning Organization)
④ e-지식(e-knowledge)
⑤ GCS(Group Collaboration System)

CoP(Community of Practice), 즉 실행공동체(또는 지식공동체)는 공통의 관심사를 가진 사람들의 비공식적이고 자발적인 소규모 연구 모임을 의미한다. 구성원들의 특정 관심 분야에 대한 정보와 경험을 서로 교환함으로써 기업 내에서 지식의 창출·전파·공유의 기능을 담당하는 풀뿌리 조직 단위로서의 성격을 지닌다.
지식경영을 성공적으로 수행하고 있는 선진 기업에서는 지식공동체(CoP)가 매우 중요한 역할을 담당하고 있으며 이들 기업은 CoP를 관리의 대상이 아닌 지원의 대상으로 인식하고, CoP 활동이 촉진될 수 있는 여건을 조성함으로써 커다란 성과를 거두고 있다.

정답 | ①

PART 03 주요 유통정보화 기술 및 시스템

CHAPTER 01 바코드의 이해

1 바코드와 유통정보화

1. 바코드의 의의

(1) 바코드의 정의 기출 22-3, 20-추가, 19-3

① 바코드(Bar Code)는 가느다란 줄과 굵은 줄 2가지 폭을 가지는 백과 흑의 평행한 줄로 이루어지는 막대(bar)와 여백(space)으로 구성되어 제품 또는 제품 포장지에 인쇄된 표시를 말한다.
② 바코드는 제품에 대한 어떠한 정보도 담고 있지 않으며, 바코드를 구성하고 있는 개별 숫자들도 각각의 번호 자체에 어떤 의미도 담고 있지 않다. 즉, 바코드는 제품 분류(product classification)의 수단이 아니라 제품 식별(product identification)의 수단으로 사용된다.
③ 식별코드는 사람 또는 사물의 식별을 위한 번호 체계이고, 바코드는 식별코드를 막대 모양으로 나타낸 것이다.

(2) 바코드의 원리

① 바코드는 컴퓨터 내부 조직의 기본인 0과 1의 비트로 이루어진 하나의 언어로, 바의 두께와 스페이스의 폭의 비율에 따라 여러 종류의 코드 체계가 있으며, 아래의 인쇄된 코드는 바코드 인식장치에 빛의 반사를 이용해서 데이터를 재생시키며 재생된 데이터를 수집·전송한다.

② 바(bar)는 흑색 선으로써 빛을 주사시켰을 때 반사율이 적게 나타나며 흰 여백(Space)은 백색이므로 반사율이 높게 나타나게 되고, 이 빛의 반사율을 감지하여 부호화된 정보를 판독할 수 있게 된다.
③ 바코드는 스캐너를 이용하여 상품의 제조업체, 품명 또는 가격을 정확하고, 간단하고 쉽게 읽어 들일 수 있도록 고안된 것이다.

(3) 바코드 심볼로지

① 정보를 바코드로 표현하는 방법에는 여러 가지가 있는데, 이를 바코드 심볼로지(Bar Code Symbology)라고 한다.
② 그동안 우리나라는 유럽의 바코드 체계인 EAN 기준에 의한 KAN 체계를 채택하여 표준형과 단축형 바코드를 사용하여 왔다. 2005년 국제표준 상품코드 관리 기관인 EAN/UPC International과 EPC Global이 통합되어 새로운 국제 표준 상품코드 관리 기관인 GS1으로 발족함에 따라 GS1 체계를 채택하였다.

2. 바코드의 구조 기출 20-추가, 16-3

① Quiet Zone
바코드를 보면 시작 문자 앞과 끝에는 여백이 있는데 이 여백 부분을 Quiet Zone이라고 한다. 바코드 심벌의 왼쪽 공간을 전방 여백, 오른쪽 공간을 후방 여백이라고 한다. 바코드의 시작과 끝을 명확하게 구현하기 위한 필수적인 요소이다.

② Start/Stop Character

시작 문자(start character)는 심벌의 맨 앞부분에 있는 문자로서 데이터의 입력 방향과 바코드의 종류를 스캐너에 알려 주는 역할을 한다. 멈춤 문자(stop character)는 바코드의 심벌이 끝났다는 것을 알려주어 스캐너가 바코드 양쪽 어느 방향에서든지 데이터를 읽을 수 있도록 해준다.

③ Check Digit

검사 문자(check digit)는 메시지가 정확하게 읽혔는지 검사하는 것으로, 수표나 지로(giro) 용지 등 정보의 정확성이 요구되는 분야에 이용되고 있다.

④ Interpretation Line

바코드의 윗부분 또는 아랫부분을 말하는 것으로, 숫자·문자·기호 등 사람의 육안으로 식별 가능한 정보가 있는 부분이다.

⑤ X-dimension, Inter-Character gaps

㉠ 바코드의 가장 좁은 바와 스페이스를 X-dimension이라고 한다. X-dimension은 바코드 구조상 최소단위를 이루는 것으로 모듈(module)이라고도 한다.

㉡ X-dimension의 크기를 알려 주는 것은 Inter-Character gaps이다. 즉, Inter-Character gaps는 X-dimension의 크기인 문자들 간의 간격을 말한다.

⑥ 바코드의 구성 단계 및 단위

바코드는 최소 단위인 모듈(module) → 엘리먼트(element) → 심벌 문자(symbol character) → 심벌(symbol)의 단계로 구성된다.

3. 바코드의 장점과 응용 분야

(1) 바코드의 장점

① 신속성: 스캐너로 바코드를 읽어 들이는 것은 타이핑에 의한 컴퓨터 입력 방법보다 훨씬 빠르고 간소하다.

② 신뢰성: 불명확한 판독으로 인한 오독률 및 에러율이 매우 낮다.

③ 경제성: 도입비용이 저렴하고 응용 범위를 다양하게 활용할 수 있다. 바코드에 의한 정보 입력 방식은 다른 여타의 입력 시스템 방식보다 경제적이므로 작업의 생산성과 효율성을 높일 수 있다.

④ 실시간 데이터 처리: 바코드로 처리된 데이터 정보는 손쉽게 주컴퓨터에서 실시간 처리가 가능하다. 이런 결과로 필요한 시점에서 상황을 즉시 알아낼 수 있으므로 적정 재고의 유지와 효과적인 입·출하관리, 판매관리가 가능해진다.

(2) 바코드의 응용 분야 기출 22-2

① 유통관리: 거래 시점에서 발생하는 판매·주문·수금 등의 업무를 즉각적으로 컴퓨터에 입력함으로써 모든 판매정보를 한눈에 알 수 있다.

② 자재 및 창고관리: 자재의 수급 계획부터 자재 청구, 입고, 창고 재고의 재고 파악, 완제품 입고에 이르기까지 자재에 관련된 경로를 추적·관리할 수 있다.

③ 근태관리: 정확한 출퇴근 시간 및 이와 관련된 급여 자료 산출, 출입에 관한 엄격한 통제가 가능하다.

④ 출하 선적관리: 제품을 출하하고 창고 입출고 시에 그 정보를 읽음으로써 제품의 수량 파악, 목적지 식별을 신속하게 할 수 있다.

⑤ 매장관리: 판매, 주문, 입고, 재고 현황 등 각 매장의 정보를 신속하게 본사 호스트 컴퓨터로 전송하며 또한 POS 터미널 자체 매장 관리도 할 수 있다.

(3) 바코드의 표시 〔기출〕 22-2, 20-3, 20-2, 18-2, 16-2

① 소스 마킹(Source Marking): 바코드 심벌을 포장이나 용기의 인쇄와 동시에 인쇄하는 것을 소스 마킹이라고 한다. 소스 마킹은 제조업체가 제품을 생산·출하시에 직접 인쇄한다. 소스 마킹된 상품은 상품마다 고유 식별 번호를 가지고 있어 같은 품목에 대하여 전 세계 어디서나 동일 번호로 식별된다.

② 인스토어 마킹(Instore Marking): 소매업체에서 상품 하나하나에 자체적으로 설정한 바코드 라벨을 붙이는 인스토어 마킹은 소스 마킹을 할 수 없는 생선·정육·채소나 과일 등 청과물에 제한적으로 사용한다. 인스토어 마킹은 각각의 소매업체에서 나름의 기준으로 자유롭게 설정된 표준 코드 체계에 의해 표시되므로 같은 품목이라도 소매업체마다 번호가 달라질 수 있다.

(4) 마킹의 일반 규정 〔기출〕 24-1, 22-2, 20-3, 20-추가, 19-1, 18-2, 16-1, 15-1

① 바코드의 최소치는 표준 규격(가로 3.73cm, 세로 2.63cm)의 80%, 최대 규격은 표준 규격의 200%까지, 그리고 최소 축소치에서의 세로 길이는 1.8cm까지 사용하도록 권장된다.

② 바코드 판독기는 바코드의 좌우 여백 부분을 통해 바코드의 시작과 종료를 알 수 있기 때문에 바코드 좌우에 반드시 밝은 여백이 있어야 한다.

③ 바코드의 바탕은 백색으로 하여야 하고 바의 색상은 흑색, 군청색, 진한 녹색, 진한 갈색 등을 사용할 수 있다. 바의 색상을 붉은색, 노란색, 오렌지색으로 해서는 안 된다.

④ 제작 완료된 바코드 원판(필름 마스터)에는 항상 상하 좌우 4곳에 코너 마크가 표시되어 있다.

(5) 바코드 인쇄 시 가이드라인 〔기출〕 24-1, 19-1

대한상공회의소 유통물류진흥원(gs1kr.org)에서는 바코드 부여 및 인쇄에 대한 가이드라인을 제시하고 있다.

① 일반적으로 소매 상품의 경우 상품의 뒷면 우측 하단에 바코드를 인쇄하는 것이 원칙이다.

② 바코드 위치는 일반적으로 상품의 가장자리에서 8~100mm의 거리를 유지한다. 즉, 일반적인 경우 상품 뒷면 오른쪽 아래 사분면에 인쇄하도록 하며 어떠한 판독 방해물도 없도록 한다.

③ 상품이 원통형인 경우 가능한 바코드를 세워서 인쇄한다.

④ 상품이 매우 얇은 경우 일반적으로 상품의 윗면에 바코드를 인쇄한다.

⑤ 대형 상품(중량 13kg 이상, 길이 45cm 이상)의 경우 앞면과 뒷면 2개의 바코드를 인쇄한다.

⑥ 묶음 상품인 경우 개별 상품의 바코드가 반드시 보이지 않도록 하고, 별도의 바코드를 부착한다.

2 바코드와 국제 표준

1. 데이터의 배열 방법에 따른 분류

(1) 1차원(선형) 바코드 심볼로지

① 1D(일차원) 바코드 심볼로지는 데이터를 횡축(X 방향)으로 배열하는 단순한 형태이다.

② 일차원 바코드는 제품 정보나 물류 정보 자체보다는 이들을 담고 있는 데이터베이스에 접근하는 데이터 키(Data Key)를 표현하는데 이용되고 있다.

(2) 2차원 바코드 심볼로지 〔기출〕 15-1

① 2D(2차원) 바코드 심볼로지는 양축(X 방향, Y 방향)으로 데이터를 배열시켜 평면화한 것으로서 기존의 1차원(1D) 바코드 심볼로지가 가지는 문제점인 데이터 표현의 제한성을 보완하기 위하여 개발되었다.

② 2차원 바코드 심볼로지의 장점은 하나의 심볼에 대용량의 데이터를 포함시킬 수 있는 점, 좁은 영역에 많은 데이터를 고밀도로 표현할 수 있다는 점, 공간 이용률이 매우 높다는 점, 심볼이 오염되거나 훼손되어 데이터가 손상되더라도 오류를 검출하여 복원하는 능력이 탁월한 점 등을 들 수 있다.

③ 또한 흑백 엘리먼트가 변에 구속되어 있지 않아 심볼 인쇄 및 판독이 쉽고 심볼의 판독을 360° 다방향으로 할 수 있으며, 한국어를 비롯한 모든 외국어 그리고 그래픽 정보까지도 표현할 수 있는 장점이 있다.

2. 1차원 바코드 심볼로지

(1) UPC(Universal Product Code)
① UPC는 미국의 식료품 관련 협회인 Ad Hoc위원회가 식료품과 잡화 등 유통 제품에 부착하기 위하여 1973년 산업부문 표준 심벌로 채택되었다.
② 이 심벌은 2004년까지 미국이나 캐나다 등지에서 POS용으로 백화점이나 슈퍼마켓의 식료품과 일상 잡화, 의료 제품 등에 사용되어 왔다.
③ 현재는 GS1 코드가 국제 표준으로 선정되어 UPC는 더 이상 사용하지 않는다.

(2) EAN Code(European Article Number Code) 기출 15-1
① 미국이 UPC를 제정한 이후에 유럽 12개국이 모여서 국제적인 공통상품코드를 제정했는데 이것이 바로 EAN 코드이다. EAN 코드는 UPC보다 상위 레벨의 코드로 EAN 코드를 판독할 수 있는 판독기는 UPC를 읽을 수 있으나 그 반대는 성립되지 않는다.
② EAN 코드의 종류에는 표준형으로 13개의 문자를 포함하는 EAN-13과 단축형으로 8개의 문자를 포함하는 EAN-8이 있다.

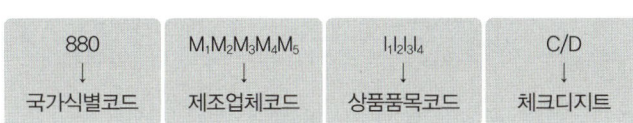

▲ GS1-13 [다품목코드]의 체계   바코드의 심벌

> **짚고 넘어가기** EAN과 UPC의 차이점 기출 15-1
> - UPC는 6자리 또는 12자리로 구성되어 있으며, EAN은 8자리 또는 13자리로 구성되어 있다.
> - UPC 심벌이 한 자리의 상품분류 체계번호와 5자리의 제조업체 번호로 좌측 6자리를 표현하는데 반해, EAN 심벌은 세 자리의 국가번호와 네 자리의 제조업체 번호로 좌측 7자리를 표현한다.
> - EAN-8은 UPC의 단축형(Version E)과 마찬가지로 소형 제품에 바코드를 부착하기 위해 고안된 것으로 8자리를 표현할 수 있다.

(3) ITF Code 기출 23-3, 22-3
① ITF 코드는 표준 물류 바코드를 박스에 인쇄하기 위해 사용되는 단품 식별 상품코드이다. 표준 바코드는 시스템이 식별할 수 있도록 ITF-14라는 바코드 심벌이 사용된다. 물류센터에서 상품 검품 작업을 할 때 주로 이용된다.
② 이 코드는 숫자 데이터를 표현할 때 많은 데이터를 짧게 코드화할 수 있고 자체 감사 기능도 뛰어나므로 산업용 및 소매용으로 많이 사용된다.

> **짚고 넘어가기** GS1 Digital Link 기출 24-2
> - GS1 Digital Link는 GS1 국제 표준 기구의 3대 사상의 하나인 공유 표준 중 하나로, 바코드에 입력된 상품 식별코드를 숫자들의 배열 형태가 아닌 웹 주소 형식으로 표시하여 소비자들이 온라인으로 상품정보를 확인할 수 있도록 하는 것이다.
> - GS1 Digital Link는 GS1 식별코드와 속성데이터를 숫자들의 배열 형태가 아닌, URL 주소 형태로 표시하는 표준 방식을 말한다. 코드 배열 형태가 아닌, URL 구문 형태의 디지털 링크는 데이터베이스와 연결된 업무 프로세스뿐 아니라, 웹서비스와의 연계를 통한 내외부 서비스 모델 구현에 장점이 있다.

3. 2차원 바코드 심볼로지

(1) 2차원 바코드 심볼로지의 유형
2차원 심볼로지는 데이터를 구성하는 방법에 따라 크게 다층형 바코드(Stacked Bar Code)와 매트릭스형 바코드(Matrix Bar Code)로 구분된다.

▲ 다층형 바코드

▲ 매트릭스형 바코드

(2) 다층형 바코드(Stacked Bar Code)
① 다층형 바코드는 1차원 바코드와 같이 개별적으로 인식될 수 있는 몇 개의 문자가 모여 수평 방향으로 열(Row)을 구성하며 열 안에는 1개 이상의 데이터 문자를 포함하고, 하나의 심볼 안에는 최소 2개 이상의 열을 포함한다.
② 다층형 바코드에는 PDF-417, Code 16K, Code 49, Codablock 등이 있다.

PDF-417 CODE

CODE 16K CODE

CODE 49 CODE

(3) 매트릭스형 바코드(Matrix Code) 기출 24-2, 23-1
① 매트릭스형 바코드는 정방형의 동일한 폭의 흑백 요소를 모자이크식으로 배열하여 데이터를 구성하기 때문에 심볼은 체크무늬 형태를 띤다.
② 매트릭스 코드에는 QR Code, Maxi Code, Code One, Data Matrix, Veri Code, ArrayTag, Dot Code, Softstripe 등이 있다.

QR Code

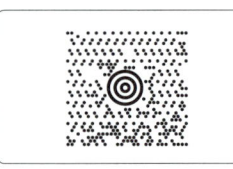
Maxi Code

Code One Code

Data Matrix Code

㉠ Data Matrix Code는 1989년 미국 International Data Matrix사에 의해 개발된 매트릭스형 코드이다.
㉡ QR Code는 1994년 일본 도요타자동차의 자회사인 덴소 웨이브가 표준화한 기술로 2차원(2D) 매트릭스형 코드이다.
㉢ MaxiCode는 1989년 미국의 유수의 택배회사인 UPS(United Parcel Service)사에 의해 개발된 매트릭스형 코드이다.

(4) QR코드 기출 24-2, 24-1, 23-1, 22-3, 22-1, 19-1, 18-1, 17-2, 16-3, 16-1

① 유통, 물류 분야에서 기존 바코드를 대체하는 개념으로 출발한 QR코드는 별도의 리더기 없이 스마트폰을 리더기로 활용할 수 있어, 명함과 같은 개인적인 서비스까지 그 범위가 급속도로 확대되고 있다.

② QR코드는 데이터와 오류 정정 키들이 네 모서리에 각기 분산된 형태로 되어 있어 오염되거나 훼손되었을 경우 바코드에 비해 데이터를 읽어 들이기 쉽다는 장점이 있다.

③ 바코드에 비해 작은 공간에 담고 있는 정보의 양이 매우 크고, 여러 QR코드로 나뉘어 저장된 정보를 1개의 데이터로 연결하는 것이 가능하다.

④ QR코드는 네 모서리 중 세 곳에 위치한 검출 패턴을 이용해서 360도 어느 방향에서든지 데이터를 읽을 수 있다는 장점이 있다.

⑤ QR코드는 모델1과 모델2가 있으며, 현재 QR코드라 하면 일반적으로 모델2를 가리킨다. 모델2 중 최대 버전은 4.0(177×177셀)이고, 7,089자의 숫자까지 취급할 수 있다. 최대 표현 용량은 숫자 7,089자, 문자(ASCII) 4,296자, 한자 등 아시아 문자 1,817자 등이다.

⑥ 근래에는 위치 찾기 심벌을 하나만 적용해 아주 작은 공간에서도 사용할 수 있도록 한 초소형 Micro QR코드를 개발했고, 이후 최대 4만 자리의 숫자를 담을 수 있는 정방형·장방형 iQR코드를 발표했다. 현재는 일러스트 및 로고 등을 삽입해 독창적인 QR코드를 만들 수 있는 Logo QR로 한 단계 진화된 모습을 보여주고 있다.

⑦ QR코드를 사용하기 어려운 좁은 공간이나 소량의 데이터만 필요로 하는 경우를 위하여 Micro-QR코드를 Denso Wave사에서 개발하였다. Micro-QR코드는 위치 찾기 심벌이 하나이며, 보다 더 작은 공간에 인쇄를 가능하게 해준다.

⑧ iQR코드는 기존의 QR코드보다 정보의 표현 밀도가 향상되어 보다 많은 정보를 담을 수 있고, 반대로 동일한 양의 정보를 보다 적은 공간을 활용하여 코드 생성이 가능하다는 장점이 있다. iQR코드의 모양은 정사각형은 물론 직사각형의 형태로 표현할 수 있다.

⑨ Frame QR 코드는 코드 안에 자유롭게 사용할 수 있는 캔버스 영역을 가진 QR코드이다. 캔버스 부분에 문자나 화상을 넣을 수 있다.

QR코드 　　Micro-QR코드 　　iQR코드 　　Frame QR 코드

▲ QR코드의 종류

3 공통상품코드

1. GTIN(Global Trade Item Number) 기출 23-3, 22-3, 19-2, 17-3, 17-2, 15-2

(1) GTIN 코드의 의미

① GTIN 코드는 국제 거래단품식별코드를 말한다. 거래단품이란 공급사슬(Supply Chain)상에서 가격이 매겨진 상품 또는 주문단위가 되는 상품을 말한다. 소비자에게 판매되는 모든 낱개 상품뿐만 아니라 묶음 상품, 기업 간 주문 단위로 이용되는 상자 단위도 거래단품의 범주에 포함된다.

② GTIN 코드는 백화점, 슈퍼마켓, 편의점 등 유통업체에서 최종 소비자에게 판매되는 상품에 사용되는 식별코드로 GS1 코드에 입력되어 상품 제조 단계에서 제조업체가 상품 포장에 직접 인쇄(소스마킹)하게 된다.

(2) GTIN 코드의 종류

GTIN 코드에는 GS1-8(8자리), GS1-13(13자리), GS1-14(14자리)가 있으며, 이를 전산으로 처리할 경우에는 모두 14자리로 입력해야 하므로 각 코드의 앞에 0을 채워 14자리로 만든 후 데이터베이스에 입력한다.

(3) GTIN 코드의 체계

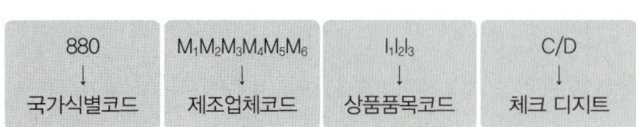

▲ GS1-13〈표준형〉의 체계

바코드의 심벌

① 국가식별코드(3자리)

GS1-13의 첫 3자리 숫자는 국가를 식별하는 코드로 우리나라는 항상 880으로 시작된다. 국가 식별코드가 원산지를 나타내는 것은 아니다.

② 제조업체코드(6자리)

6자리 제조업체 코드는 대한상공회의소 유통물류 진흥원에서 제품을 제조하거나 판매하는 업체에 부여한다.

③ 상품 품목코드(3자리)

제조업체 코드 다음의 3자리는 제조업체 코드를 부여받은 업체가 자사에서 취급하는 상품에 임의적으로 부여하는 코드이며, 000~999까지 총 1,000품목의 상품에 코드를 부여할 수 있다.

④ 체크 디지트(1자리)

스캐너에 의한 판독 오류를 방지하기 위해 만들어진 코드로, 바코드가 정확하게 구성되어 있는가를 보장해 주는 컴퓨터 체크 디지트를 말한다. 체크 디지트는 컴퓨터에서 자동적으로 계산된다.

> **짚고 넘어가기** GS1과 GS1 Korea
> - GS1(국제표준 상품코드관리기관)은 EAN International의 새로운 명칭이다. 우리나라의 경우 GS1 Korea(대한상공회의소 유통물류진흥원)에서 국제 표준 바코드 시스템의 보급 및 유통정보화를 담당하고 있다.
> - 일반적으로 EAN 코드는 국가 코드 3자리, 제조업체 코드 4~6자리(자리 수 한계에 따른 소진으로 인해 6자리로 증편), 상품품목 코드는 3~5자리, 체크 디지트 1자리로 구성된다. EAN 코드를 GS1 코드로 이름을 바꾼 이래 EAN-13이라면 GS1-13 코드와 같은 것으로 사용되고 있다.
> - 또한 국내에서는 EAN을 명칭상 KAN으로 사용하기도 하지만 본질적으로는 EAN 코드를 일컫는다. 즉, 대한상공회의소 유통물류진흥원에서는 EAN 코드를 GS1(국제표준 상품코드관리기관) 코드로 명칭을 변경하여 사용하고 있다(www.gs1kr.org 참조).

2. SSCC(Serial Shipping Container Code)

(1) SSCC의 의의

① SSCC(수용 용기 일련번호)는 최초 배송인과 최종 수령인 사이에 거래되는 물류 단위 중에서 주로 파렛트와 컨테이너 같은 대형 물류 단위를 식별하기 위해 개발한 18자리 식별코드이다.

② 소매 상품에 GS1-13을 부여하는 것처럼 각각의 파렛트 또는 컨테이너에 고유한 식별코드를 부여하여 이것을 해체하지 않고 수·배송, 입·출고를 가능하게 할 목적으로 고안되었다.

(2) SSCC의 구조
① GS1 코드의 경우에는 코드 관리 기관으로부터 부여받은 국가 코드와 업체 코드는 그대로 사용하고 포장 용기의 일련번호를 부여한다. 그리고 확장자(AI)와 체크 디지트를 덧붙여 18자리를 만든다. 즉, SSCC의 바코드 라벨은 GS1-128 바코드 심볼로지와 AI(Application Identifier: 응용 식별자)에 의해서 표시된다.
② 최근 WCO(세계관세기구)에 의해 화물통관코드 UCR(Unique Consignment Reference)로서 SSCC의 채택이 논의되고 있다.

(3) SSCC의 기능
① 배송 단위에 대한 식별
② 개별적인 배송 단위에 대한 추적, 조회
③ 운송업체의 효율적인 배송
④ 재고관리시스템을 위한 정확한 입고 정보
⑤ 자동화에 의한 효율적 입고와 배송

3. RSS(Reduced Space Symbol)
RSS는 정상 크기의 바코드를 인쇄할 만한 공간이 없는 소형 상품에 부착할 목적으로 개발한 축소형 바코드이다. RSS는 GS1-14 코드의 입력을 기본으로 하며 종류에 따라 부가 정보의 추가 입력이 가능하다.

4. EPC(Electronic Product Code) 기출 16-1, 15-2

(1) EPC의 의의
① EPC는 GS1 표준 바코드와 마찬가지로 상품을 식별하는 코드로, RFID 태그의 IC칩에 입력되어 사용되는 전자 상품 식별코드이다.
② 차이점은 바코드가 품목 단위의 식별에 한정된 반면, EPC 코드는 동일 품목의 개별 상품까지 원거리에서 식별할 수 있다는 것이다.
③ 이를 통해 위조품 방지, 유효기간 관리, 재고관리 및 상품 추적 등 공급사슬에서 다양한 효과를 누릴 수 있다.

(2) EPC의 체계

헤더	업체 코드	상품코드	일련번호
$H_1 H_2$	$M_1 M_2 M_3 M_4 M_5 M_6 M_7$	$O_1 O_2 O_3 O_4 O_5 O_6$	$S_1 S_2 S_3 S_4 S_5 S_6 S_7 S_8 S_9$

① 헤더(Header): EPC 코드의 전체 길이, 식별코드 형식 및 필터 값을 정의한다. 헤더는 가변 길이 값을 가지는데, 현재 2비트와 8비트 값의 헤더가 정의되어 있다. 2비트 헤더는 3개의 값을 가지며(01,10,11), 8비트 헤더는 63개의 값을 가지고, 헤더는 판독기로 하여금 태그의 길이를 쉽게 판단할 수 있도록 돕는다.
② 업체 코드(EPC Manager): GS1 바코드의 업체 코드에 해당하며 각국 GS1 회원 기관이 할당한다. 28비트의 용량으로 숫자(0~9) 및 문자(A~F)를 조합하여 약 2억 6천만 개의 7자리 업체코드를 부여할 수 있다.
③ 상품코드(Object Class): 바코드의 상품 품목 코드에 해당하며 사용 업체가 할당한다. 24비트의 용량으로 6개의 숫자와 문자를 조합하여 약 1천 6백만 개 상품에 코드를 부여할 수 있다.
④ 일련번호(Serial Number): 동일 상품에 부여되는 고유한 식별 번호로서 사용업체가 할당하며 36비트로 8개의 숫자와 문자를 조합하여 680억 개의 상품에 코드를 부여할 수 있다.

(3) **EPC 코드의 종류** 기출 17-2, 15-2

① EPC 코드는 EPC Global이 정의한 GS1 코드 체계를 기반으로 하여 GTIN, GLN, SSCC, GRAI, GIAI, GSRN, GDTI 등 총 7종류의 코드 체계를 가지고 있다.

② EPC 코드는 RFID 태그에 기록하기 위한 2진수의 EPC 코드 형식을 의미하며, 바코드의 체계에서 유래하였기 때문에 GS1 코드 체계를 따른다.

EPC 코드	GS1 코드
SGTIN	GTIN: 거래되는 상품의 객체 식별을 위해 만들어진 코드
SGLN	GLN: 법인, 조직체 등의 물리적 위치를 파악하는 데 사용되는 코드
SSCC	SSCC: 파렛트, 컨테이너 등의 물류 단위 식별에 사용되는 코드
GRAI	GRAI: 회수 자산 식별코드로 회수 가능한 자산을 식별하는 데 사용되는 코드
GIAI	GIAI: 개별 자산 식별코드로 조직이 소유하되 매매하지 않은 자산을 식별하는 코드
GSRN	GSRN: 서비스 공급자의 서비스를 식별하기 위해 부여하는 코드
GDTI	GDT: 문서 종류를 구별하기 위한 용도로 사용되는 코드

▲ EPC 코드와 GS1 코드의 비교

4 상품코드 체계

1. GS1-13 기출 22-3, 19-2, 18-2, 17-3, 15-1

GS1-13 코드는 13자리의 숫자로 구성된 코드로 현재 전 세계에서 사용되고 있는 국제 표준이다.

(1) **GS1-13[다품목 코드]**

① 국가 식별코드: 국가를 식별하기 위한 숫자로 2~3자리로 구성된다. 1982년 이전에 GS1 International에 가입한 국가는 2자리이며, 그 이후에 가입한 국가는 3자리가 부여된다. 우리나라는 1988년에 GS1 International에 가입하여 880의 코드를 취득하였다.

② 제조업체 코드: 상품의 제조업체를 나타내는 코드 5자리로, 다품종 업체에 63000~69999번까지 부여된다. 우리나라는 대한상공회의소 한국유통물류진흥원(GS1 Korea)에서 제조업체에 부여하고 있다.

③ 상품 품목 코드: 각각의 단품을 나타내는 코드로 0000~9999까지 총 10,000 품목에 부여할 수 있다. 제조업체가 자사의 생산 제품에 부여한다.

④ 체크 디지트: 스캐너에 의한 판독 오류를 방지하기 위해 만들어진 코드로 modulo 10 방식에 의해 계산된다.

(2) **GS1-13[표준형 B]와 GS1-13[의약품코드]**

① GS1-13[표준형 B]는 국가 식별코드 3자리, 제조업체 코드 6자리, 상품 품목 코드 3자리와 체크 디지트로 구성되어 있다.

② GS1-13[의약품 코드]는 국가 식별코드 3자리, 제조업체 코드 5자리, 상품 품목 코드 4자리와 체크 디지트로 구성되어 있다.

2. GS1-8

(1) **단축형의 의의**

단축형은 GS1-13 심벌을 인쇄하기에 충분하지 않은 포장 면적을 갖는 작은 상품의 경우에만 사용된다.

(2) **단축형의 체계**

단축형의 코드체계는 국가 식별코드 3자리, 제조업체 코드 1자리, 상품 품목 코드 1자리와 체크 디지트로 구성된다.

5 상품코드의 종류

1. 표준물류 바코드(GS1-14) 기출 19-2, 17-3, 16-3, 15-2

(1) GS1-14의 의의

① 표준 물류 바코드는 개별적인 물류 작업과 물류정보시스템(LIS)을 유기적으로 결합해야 한다. 이를 위해 고안된 표준 물류 체계가 GS1-14로, 이는 박스 단위의 표준 물류 코드이며, 박스 내부의 단품은 GS1-13 단품 코드를 따른다.

② GS1-14는 업체 간 거래단위인 물류 단위(Logistics Unit), 즉 주로 박스의 식별에 사용되는 국제 표준 물류 바코드로서 생산 공장, 물류센터, 유통센터 등의 입·출하 시점에 판독되는 표준 바코드이다.

③ GS1-14는 골판지 박스 등 외장 박스(집합 포장 상품)에 상품코드를 인쇄하기 위해 개발된 바코드로써 바코드 심볼 자체와 표시되는 상품코드 번호를 함께 부를 경우에 사용한다.

④ GS1-14는 포장 박스를 개봉하지 않고도 직접 내용물의 개별 포장이 무엇인지를 자동적으로 판독하여 식별하기 위해 개발된 것으로, 국내뿐만 아니라 전 세계 제조업체, 유통업체, 물류업체 모두가 공통적으로 사용할 수 있는 국제 표준 물류 바코드이다.

⑤ 이를 통해 대고객서비스 향상과 각 기업의 물류 코스트를 감소시킬 수 있다. GS1-14를 바코드로 표시하기 위한 심벌의 명칭은 ITF-14이다.

(2) GS1-14의 코드 체계

VL	880	$M_1M_2M_3M_4$	$I_1I_2I_3I_4I_5$	C/D
물류 식별코드	국가 식별코드	제조업체 코드	상품 품목 코드	체크 디지트
1자리	3자리	4자리	5자리	1자리

① GS1-14는 14자리 코드(숫자)로 구성되는데, 물류 식별코드(VL) 1자리, 국가 식별코드 3자리, 제조업체 코드 4자리, 상품 품목 코드 5자리, 체크 디지트 1자리이다.

② GS1-14의 물류 식별코드 1자리 수는 다음과 같이 부여한다.

물류 식별코드	의미하는 내용
0	박스 내 소비자 구매단위가 혼합되어 있는 경우
1~8	박스 내에 동일한 단품만이 들어 있는 경우, 물류 식별코드는 박스에 포함된 단품의 개수의 차이를 구분
9	계량형 상품(추가형(Add-on) 코드가 있는 경우)

(3) 표준 물류 바코드의 활용 이점

① 물류센터 내 검품, 거래처별·제품별 소팅(분류), 로케이션 관리의 자동화

② 물류센터 내 실시간 재고파악을 통한 재고관리의 효율화

③ 생산에서 배송까지의 제품이동의 신속·정확화

④ 수주에서 납품까지의 리드타임 단축

⑤ 물류단위 중심의 EDI 거래 촉진

2. GS1 및 ITF(Interleaved Two of Five)

(1) ITF의 의의

① ITF는 표준물류 바코드를 박스에 인쇄하기 위해 사용되는 바코드 심볼이다. 0~9까지의 숫자만을 사용하며, 두 종류의 바코드만을 사용하고 짝수개의 숫자로 표기한다.

② GS1 코드를 기본으로 하는 물류코드인 ITF는 집합포장에 인쇄되어 검품, 분류, 재고실사 등에 이용된다.

(2) GS1과 ITF의 비교

구분	GS1	ITF
코드 자리수	표준 13자리, 단축 8자리	14자리
사용처	소비자 구매단위(낱개 포장)	기업 간 거래단위(집합 포장)
응용분야	POS 시스템, EOS 시스템	재고관리, 입·출고 관리, 선반 관리, 분류 등

(3) 기타 GS1 바코드 〔기출〕 23-3

① GS1 DataMatrix는 미국에서 개발된 흑백 격자무늬 패턴으로 정보를 나타내는 매트릭스 형식의 2차원 심볼이다. 다른 GS1 심볼과는 달리 아주 좁은 공간에 많은 정보를 이력할 수 있어 전 세계적으로 의약품과 의료기기 분야에서 널리 활용되고 있다. 우리나라에서도 널리 활용되고 있으나 유일한 의약품표준바코드는 아니다. 의약품에는 GS1-13도 함께 활용되고 있다.

② GS1 응용식별자는 바코드에 입력되는 특수 식별자로 바로 다음에 나오는 데이터의 종류, 예를 들어 GTIN, 일련번호, 유통기한 등을 나타내는 지시자를 의미한다.

③ 내부관리자 코드는 GS1 식별코드 중 하나로 특정 목적을 위해 내부(국가, 기업, 산업)용으로 사용되는 코드로 주로 가변규격상품이나 쿠폰의 식별을 위해 사용된다.

3. 상품분류코드

(1) UNSPSC(전자상거래 표준 코드)

① UNSPSC는 모든 상품과 서비스를 분류하는 분류코드이다. 상세하게 상품을 정의하는 식별코드가 아니라 상품을 카테고리화하는 방식이다.

② UNSPSC는 전 세계적으로 가장 널리 알려지고 활용되고 있는 전 산업대상의 전자상거래용 상품분류체계이며, 상품검색 및 원가분석을 위한 핵심데이터이다.

③ UNSPSC는 대분류로부터 세분류까지 Segment → Family → Class → Commodity의 구조로 되어 있다.

(2) HS(Harmonized System) 〔기출〕 24-1

① HS는 주요 선진국들이 중심이 되어 관세협력이사회 상품분류(CCCN)와 미국, 캐나다, 일본 등의 관세율표를 참고하여 국제상공회의소가 개발한 분류코드이다.

② 관세부과와 무역통계 등의 업무를 위한 국제관세분류코드로 6자리이다.

③ 우리나라에서는 HSK로, 세계 공통의 6자리에 자체 분류 4자리를 더해 10자리로 품목을 분류하고 있다.

4. 국제표준 도서번호(ISBN: International Standard Book Number)

(1) ISBN

① 국제표준 도서번호(ISBN)는 현재 전 세계 90여개 국에서 서점 정보와 출판물의 판매정보, 재고 현황을 신속·정확하게 파악하기 위하여 활용되고 있는 13자리의 숫자로 구성된 번호 체계를 말한다.

② 2006년까지는 10자리로 구성되었으나 2007년부터는 13자리로 변경되어 현재 두 가지 자릿수가 혼용되고 있다. 그리고 부가기호 5자리는 발행처에서 부여한다. 부가기호 5자리 맨 앞 자릿수는 독자 대상 기호, 둘째 자릿수는 발행형태, 나머지 세 자릿수는 내용 분류 기호이다.

ISBN 978 - 89 - 86525 - 98 - 2
　　　　ⓐ　　ⓑ　　ⓒ　　ⓓ　ⓔ

ⓐ 접두부, ⓑ 국가 번호(국제ISBN관리기구 배정), ⓒ 발행자 번호(한국문헌정보센터 배정), ⓓ 서명 식별 번호, ⓔ 체크 디지트

③ 우리나라는 1990년에 International ISBN Agency로부터 국별 번호 89를 취득하였다.
④ ISBN은 도서, 팸플릿, 복합 매체 출판물, 점자 자료, 교육용 필름이나 테이프, 카세트에 녹음된 도서, 컴퓨터 소프트웨어, 전자 출판물, 지도 등에 표기한다. 그러나 달력이나 광고물 등 수명이 짧은 자료, 선전용 팸플릿, 화첩 등 낱장 자료, 연속 간행물에는 부여하지 않는다.
⑤ ISBN을 표기할 때는 OCR 문자로 된 ISBN과 GS1의 바코드를 함께 쓴다. 이때 10자리인 ISBN과 13자리인 GS1의 자리수를 맞추기 위해 ISBN의 앞에 단행본은 978, 정기 간행물은 977을 붙여 표시한다.

(2) ISSN(International Standard Serial Number, 국제표준 간행물번호)
① 정기 간행물에 대해서는 ISSN이 사용되고 있다.
② ISSN은 끝자리에 숫자나 영문 X를 붙이는데 ISBN과는 달리 번호 숫자에 특별한 의미는 없다. 8자리 번호는 한국문헌정보센터에서 배정한다.

CHAPTER 02 POS시스템

1 POS 도입과 유통네트워크화

1. POS시스템의 개요

(1) POS시스템의 의의 [기출] 24-2, 24-1, 22-3, 20-2, 20-추가, 19-2
① POS(Point Of Sales), 즉 판매시점 정보관리시스템은 주로 소매점포의 판매 시점에서 수집한 POS 데이터를 통해 재고관리, 제품 생산관리, 판매관리를 효율적으로 하려는 정보 의사소통 방법을 말한다.
② POS시스템에서는 상품별 판매정보가 컴퓨터에 보관되고, 그 정보는 발주, 매입, 재고 등의 정보와 결합하여 필요한 부문에 활용된다.
③ 바코드를 기반으로 하는 상품정보를 통해 신상품 도입의 성과나 홍보 및 광고효과를 신속하게 파악할 수 있다. 또한 가격 변동에 따른 판매량의 변화를 통해 소비자의 가격에 대한 민감도 파악이 용이하다.

(2) POS시스템의 기능 [기출] 24-1
① 단품관리: 상품을 제조 회사별·상표별·규격별로 구분해서, 각 상품(단품)정보를 수집·가공·처리하는 과정에서 단품(SKU)관리가 가능하다.
② 판매 시점에서의 정보 입력: 상품에 인쇄되어 있는 바코드를 신속하고 정확하게 자동으로 판독함으로써 판매 시점에서 정보를 곧바로 입력할 수 있다.
③ 정보의 집중 관리: 입력된 모든 데이터는 각종의 정보로 가공되어 전략적 의사결정에 활용된다. 단품별 정보, 고객 정보, 매출 정보, 그 밖의 판매와 관련된 정보를 수집하여 집중적으로 관리할 수 있다.

2. POS시스템의 구성 기기 [기출] 21-1, 19-1, 16-2

(1) POS 터미널(POS Terminal)
① POS 터미널은 매장의 계산대마다 설치되어 있는 것으로 금전 등록기의 기능 및 통신기능을 갖춘 컴퓨터 본체와 모니터, 스캐너로 구성되어 있다.
② 스캐너에 의해 자동판독된 상품코드와 거래 관련 자료가 스토어 콘트롤러로 보내지면, 스토어 콘트롤러는 데이터베이스화되어 있는 상품 마스터 파일을 검색하여 상품명, 가격 등을 POS 터미널로 다시 보내 준다.

(2) 스캐너(Scanner)

스캐너는 상품에 인쇄된 바코드를 자동으로 판독하는 장치로, 고정 스캐너(Fixed Scanner)와 핸디 스캐너(Handy Scanner)가 있다.

(3) 스토어 컨트롤러(Store Controller)

① 스토어 컨트롤러는 매장의 호스트 컴퓨터(Host Computer)로 대용량 PC나 미니 컴퓨터가 사용되며, 여기에 상품 마스터 파일이 기록되어 있다.
② 매장에서 판매가 이루어지면 판매자료가 스토어 컨트롤러로 전송되며, 스토어 컨트롤러는 자동으로 판매 파일, 재고 파일, 구매 파일 등을 갱신하고 기록하여 저장한다.
③ 상품명, 가격, 구입처, 구입 가격 등 상품에 관련된 모든 정보가 데이터베이스화되어 있으며, 자동으로 판매 파일, 재고 파일, 구매 파일 등을 갱신하고 기록하여, 추후 각종 통계 자료 작성 시에 사용 가능하게 하는 기기이다.

(4) POS시스템의 운용 흐름

① POS시스템의 업무 처리는 스캐너가 상품 바코드를 판독하면서 시작된다. 판독한 정보를 매장 내 메인 컴퓨터인 스토어 컨트롤러로 송신하면 스토어 컨트롤러에서 계산대마다 설치된 POS 터미널로 정보가 전달된다.
② 그 다음으로 POS 터미널에서 영수증 발행 및 인쇄가 이루어지고, 스토어 컨트롤러가 당일의 상품판매 관련 각종 보고서를 작성한다.

2 POS시스템의 효과 기출 24-2, 24-1, 23-3, 15-3

1. POS시스템 도입의 장점

① 매장 처리 시간이 단축되어 고객 대기시간이 줄고, 계산대의 수를 줄임으로써 인력 및 비용 절감 효과를 얻을 수 있다.
② POS시스템의 도입에 의해 판매원 교육 및 훈련 시간이 짧아지고 입력 오류를 방지할 수 있다.
③ 단품관리에 의해 잘 팔리는 상품과 잘 팔리지 않는 상품을 즉각 찾아낼 수 있다.
④ 전자주문시스템(EOS)과 연계하여 신속하고 적절한 구매를 할 수 있다.
⑤ 기타 재고의 적정화, 물류관리의 합리화, 판촉전략의 과학화 등을 가져올 수 있다.

2. POS시스템 도입의 기대효과 기출 24-1

(1) 제조업체의 기대 효과

단위별 판매 동향에 대한 정보 수집과 이를 기초로 한 정보 분석, POS 자료와 기타 자료의 교차 분석으로 자사제품의 시장 정보 및 경쟁력을 파악하고 분석이 가능하다.

(2) 소매업체의 기대 효과

체크아웃의 처리 속도가 크게 빨라지고, 오퍼레이션(operation) 교육비를 감소시키며, 특매 가격에서 통상 가격으로 환원이 수월하다. 또한 부문화에 따른 인건비를 절감할 수 있으며, 오류 등록의 방지를 최대한 수행할 수 있다.

CHAPTER 03 POS 데이터의 분류 및 활용

1 POS 데이터의 분류 및 활용

1. POS 데이터의 분류

(1) 상품 데이터와 고객 데이터
① 상품 데이터: 얼마나 많은 양의 상품이 판매되었는가에 관한 금액 자료와 구체적으로 어떤 상품이 얼마나 팔렸는가에 대한 단품 자료로 구분해서 수집·분석한다.
② 고객 데이터: 어떤 집단에 속하는 고객인가에 대한 객층 자료와 고객 개개인의 구매 실적 및 구매 성향 등에 관한 개인 자료로 구분하여 수집·분석한다.

(2) 점포 데이터와 패널 데이터
① 점포 데이터: 특정 점포에서 팔린 품목, 수량, 가격 그리고 판매시점의 판촉 여부 등에 관한 자료이다.
② 패널 데이터: 각 가정 단위로 구매한 품목의 수량, 가격 등에 대한 자료이다.

2. POS 데이터 활용

(1) 상품정보의 관리
① POS 데이터에 담겨진 소비자의 욕구에 맞게 점포의 이미지를 설정하고, 그 이미지에 적합한 상품구색, 판촉계획 등이 수립된다. 즉, 철수 상품과 신규 취급 또는 취급 확대 상품을 결정하는 데 POS 데이터를 활용할 수 있다.
② POS 데이터를 통해 매출관리, 상품구색계획, 진열관리, 판매촉진계획, 발주·재고관리 등에 관한 상품정보의 관리가 이루어진다.

(2) 재고관리와 자동발주
① POS시스템으로부터 얻어지는 데이터의 활용을 통해 단품관리가 가능해지고, 단품관리를 통해 재고관리가 가능해진다.
② 따라서 POS 데이터로부터 얻은 단품별 판매 수량에 근거하여 매입을 하고, 단품별 재고·진열단위 등을 고려하여 재고를 증가시키지 않으면서 품절을 방지하기에 적정 발주가 가능하다.

(3) 인력관리
POS시스템은 시간과 장소, 부문과 상품에 관한 종합적인 데이터를 제공한다. 따라서 이 데이터를 통해 작업량을 도출하여 업무 할당 및 관리에 이용하면 효율적인 인력관리가 가능해진다.

(4) 고객관리
POS 데이터를 통해 얻는 고객 속성 정보(성별, 연령, 주소, 직업 등 고객 신상에 관한 정보), 상품 이력 정보(구입 상품, 수량, 금액, 거래 횟수 등에 관한 정보)는 고객별 관리 및 판촉활동을 위한 고객정보의 확보에도 활용될 수 있다.

2 POS 정보의 활용

1. POS 데이터의 활용 단계 기출 16-1
① 제 1단계: 기본적인 보고서만 활용하는 단계이다. 즉, 부문별·시간대별 매출액 보고서, 품목별·단품별 판매량 조회 등이 이루어지는 단계이다.
② 제 2단계: 상품 기획 및 판매장 효율성 제고에 활용되는 단계이다. 판촉 분석, 선반진열의 효율성 분석, 손실 분석, 재고회전율 분석, ABC분석 등이 행하여진다.

③ 제 3단계: CAO(Computer Assisted Ordering) 재고관리 단계로서, 판매정보를 분석하여 발주량을 자동으로 추출한다.
④ 제 4단계: 마케팅 단계로서 상품정보와 고객정보를 결합해서 판매 증진을 위한 다이렉트 마케팅을 실시한다.
⑤ 제 5단계: 전략적 경쟁 단계로서 POS 데이터를 경쟁업자 데이터와 결합해서 전략적 경쟁 수단으로 활용한다.

2. 활용 단계별 이익

POS시스템의 이익은 단순 이익(hard merit)과 활용 이익(soft merit)으로 나누어 볼 수 있다.

(1) 단순 이익

① 1단계에 가까울수록 POS시스템의 하드웨어에서 얻을 수 있는 직접효과인 단순 이익만을 얻게 된다.
② 단순 이익은 POS시스템의 하드웨어를 도입함에 따라 하드웨어 자체의 기능 수행만으로도 모든 기업이 향유할 수 있는 이익을 말한다.

(2) 활용 이익

① 5단계에 가까울수록 POS시스템의 활용 이익을 얻을 수 있다. 활용 이익은 POS시스템에서 산출된 자료의 활용 과정에서 얻게 되는 효과를 말한다.
② 이러한 활용 이익은 POS시스템의 도입 그 자체만으로는 기대하기 어렵고, 시스템을 도입한 기업의 활용 능력에 따라 그 크기가 결정된다고 할 수가 있다.
③ 활용 이익은 정보 활용 수준의 명확화, 타 정보와의 결합 활용, 데이터의 정밀도 유지 및 실용적인 시스템 구축 등이 전제되어야 얻을 수 있다.

3 POS와 RFID

1. RFID의 의의

(1) RFID의 뜻 기출 24-1

① RFID(Radio Frequency Identification), 즉 무선주파수 식별(무선 인식, 무선식별, 전자 태그) 기술은 무선 주파수(radio frequency)를 이용하여 먼 거리에 있는 대상(물건, 사람 등)을 식별할 수 있는 기술이다.
② 안테나와 칩으로 구성된 RF 태그에 사용 목적에 알맞은 정보를 저장하여 적용 대상에 부착한 후 판독기에 해당하는 RFID 리더를 통하여 정보를 인식하는 방법으로 활용된다. 교통카드, 주차 관리, 도서 관리, 출입 통제용 카드, 동물 식별, 하이패스용 카드 등에 응용되고 있다.

(2) RFID 구축의 구성요소 기출 24-1, 22-3, 22-2

① RFID 구축을 위해서는 RFID 태그와 RFID 리더(reader)가 필요하다.
② 태그는 상품에 부착되며 데이터가 입력되는 IC칩과 안테나로 구성되는데 IC칩 안에 정보를 기록하고 안테나를 통해 리더와 교신하여 데이터를 무선으로 리더에 보낸다. 이 정보는 태그가 부착된 대상을 식별하는 데 이용된다. 태그는 배터리 내장 유무에 따라 능동형과 수동형으로 구분된다.
③ 안테나는 무선 주파수를 발사하며 태그로부터 전송된 데이터를 수신하여 리더로 전달한다.
④ 리더(판독기)는 주파수 발신을 제어하고 태그로부터 수신된 데이터를 해독한다. 리더는 용도에 따라 고정형·이동형·휴대용으로 구분된다. 리더는 안테나 및 RF 회로, 변·복조기, 실시간 신호 처리 모듈, 프로토콜 프로세서 등으로 구성되어 있다.
⑤ 호스트는 한 개 또는 다수의 태그로부터 읽어 들인 데이터를 처리하고, 분산되어 있는 다수의 리더시스템을 관리한다. 호스트는 리더로부터 발생하는 대량의 태그 데이터를 처리하기 위해 에이전트 기반의 분산 계층 구조로 되어 있다.

(3) **RFID의 작동 원리**

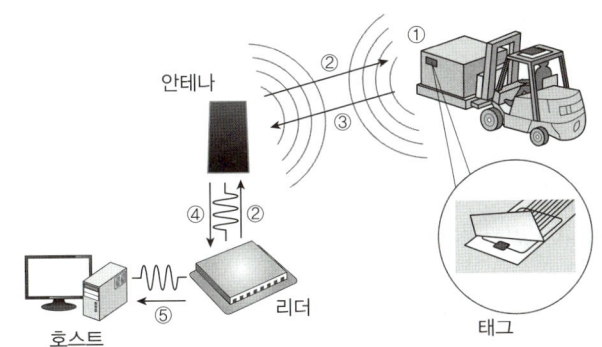

① 칩과 안테나로 구성된 태그에 활용 목적에 맞는 정보를 입력하고 박스, 파렛트, 자동차 등에 부착한다.
② 게이트, 계산대, 톨게이트 등에 부착된 리더에서 안테나를 통해 발사된 주파수가 태그에 접촉된다.
③ 태그는 주파수에 반응하여 입력된 데이터를 안테나로 전송한다.
④ 안테나는 전송받은 데이터를 변조하여 리더로 전달한다.
⑤ 리더는 데이터를 해독하여 호스트 컴퓨터로 전달한다.

(4) **바코드와의 차이** 기출 24-1

RFID가 바코드와 다른 점은 바코드가 빛을 이용해(광학적으로) 판독하는 반면, RFID는 전파를 이용한다는 것이다. 따라서 RFID는 바코드 스캐너처럼 짧은 거리에서만 작동하지 않고 먼 거리에서도 태그를 읽을 수 있으며, 사이에 있는 물체를 통과하여 정보를 수신할 수도 있다.

구분	바코드	RFID
인식 방법	광학식(Read Only)	무선(Read/Write)
정보량	수십 단어	수천 단어
인식 거리	최대 수십 cm	최대 100m
인식 속도	개별 스캐닝	최대 수백 개
관리 레벨	상품그룹	개개상품(일련번호)
가격	라벨 인쇄 10원 미만	태그 수백원

(5) **RFID의 특징** 기출 24-1, 22-1

① RFID는 태그의 데이터 변경 및 추가가 자유롭고, 일시에 대량의 판독이 가능하다.
② RFID의 태그는 냉온·습기·먼지·열 등의 열악한 판독 환경에서도 판독률이 매우 높고, 원거리 및 고속 이동 시에도 인식이 가능하다.
③ RFID 시스템은 바코드에 비해 비용이 높고 스마트 카드(Smart Card)에 비해서는 메모리 용량이 작다는 단점이 있다.
④ 바코드는 근거리에서 작동해야 하지만, RFID는 무선 신호의 세기에 따라 거리를 자유롭게 조절할 수 있다.

2. RFID의 구분 기출 22-3, 22-2

(1) 사용하는 동력에 의한 구분
① RFID는 사용하는 동력을 기준으로 수동형(Passive), 반수동형(Semi-Passive), 능동형(Active) RFID로 구분할 수 있다.
② 수동형(패시브) RFID는 판독기(리더)의 동력만으로 칩의 정보를 읽고 통신하는 형태이고, 능동형(액티브) RFID는 칩의 정보를 읽고 통신하는 데 모두 태그의 동력을 사용한다.
③ 수동형은 자체 출력 배터리가 부착되어 있지 않아 비용이 상대적으로 저렴하며 2~3m 내의 단거리 판독에 효율적이다. 반면 능동형은 자체 출력 배터리가 부착되므로 가격이 비싸고 수명에 제한이 있지만 수십 미터 원거리 통신이 가능하다.

(2) 주파수에 의한 구분
① LFID(Low Frequency Identification)는 낮은 주파수, 즉 120~140Khz의 전파를 이용한다. 이는 공장 자동화 등 근거리에서의 정보 인식에 활용되며 시스템 구축비용이 저렴하다.
② HFID(High Frequency Identification)는 13.56Mhz를 사용하며, IC 카드나 도서 등 대여 물품 관리, 출입 및 통제, 보안 등 1m 이내에서 정보를 인식할 수 있는 경우에 이용되며 데이터 전송 상의 신뢰성이 매우 높다.
③ 그보다 한층 높은 주파수를 이용하는 UHFID(Ultra High Frequency Identification)는 868~956Mhz 대역의 전파를 이용한다. 최대 수십 미터 정도에서 무선으로 정보를 인식할 수 있기 때문에 유통 및 물류, 컨테이너 관리 등에 활용된다.
④ 가장 높은 주파수 대역폭은 마이크로파(Microwave) 대역으로 2.45GHz이다. 인식 속도가 빠르고 장거리 인식이 가능한 특징을 지니고 있다.

(3) 읽기/쓰기 가능 여부에 따른 분류
① 읽기 전용 태그는 제조 시에 정보가 입력되면 정보 내용은 변경할 수 없다. 가격이 저렴하여 바코드와 같이 단순 인식 분야에 사용된다.
② 한번 쓰기 가능한 태그는 사용자가 데이터를 1회 입력할 수 있으며 입력 후에는 변경할 수 없다.
③ 읽기/쓰기 가능 태그는 가격이 높은 대신 여러 번 데이터 입력과 변경이 가능하다. 이에 고가 상품 등에 활용할 수 있다.

3. RFID/USN 보안 강화책

(1) RFID 프라이버시 보호 기법
① RFID 프라이버시 보호기법 중 물리적 접근 기법으로는 킬태그(Kill Tag), 페러데이 우리(Faraday Cage), 능동적 전파 방해(Active Jamming) 등이 있다.
② 그리고 기존 암호학적 접근 기법으로는 해시 락(Hash Lock) 프로토콜, 랜덤 해시 락(Randomize Hash Lock) 프로토콜, 해시 사슬(Hash Chain) 프로토콜, 재암호화(Re-Encryption) 기법 등이 있다.

(2) 보호 기법의 종류
① 킬 태그(Kill Tag): MIT의 Auto-ID 센터에서 제안한 방법으로 태그 설계 시 8비트의 비밀번호를 포함하고 있다. 태그가 비밀번호와 Kill 명령을 받을 경우 태그가 비활성화되는 방식이다.
② 패러데이 우리(Faraday Cage): 무선 주파수가 침투하지 못하도록 금속성의 그물이나 박막을 입히는 것이다. 실제로 RSA 연구소는 2005년 유로화 RFID 시스템 도입에 대비하여 돈봉투에 그물을 입힌 상품을 제시하였다.
③ 방해 전파(Active Jamming): 리더기가 제품을 읽지 못하도록 방해 신호를 보내는 물건을 들고 다니는 방식이다.
④ 차단자 태그(Blocker Tag): 모든 질문 메시지에 대해 그렇다라고 대답하는 태그로서, 이 태그를 차단자 태그가 만드는 비밀 구역 안에서 안전하게 보호하는 방식이다.

4. EPC(Electronic Product Code)

(1) EPC의 의의
① EPC는 EPC Global Inc에서 개발한 코딩 방식으로, RFID 태그의 IC칩에 입력되어 사용되는 식별코드이다. 동일한 상품이라도 모든 개체를 개별적으로 식별할 수 있는 일련번호가 추가되었다는 점에서 기존 바코드 번호와는 다르다.
② EPC 코드는 광범위한 곳에서 사용되는 코드이기 때문에 RFID 기술과 함께 연동되어 사용이 가능하고, 모든 물품의 개별적 식별이 가능하다. 즉, EPC는 동일 품목에 포함되는 모든 개별 상품까지 식별할 수 있다.

(2) EPC 정보 처리 시스템
① Savant 서버: 리더에서 수신된 정보를 처리하는 일종의 미들웨어로 리더기와 연결되어 있다. 이는 인터넷을 통해 ONS 서버의 DB로 제품 코드(EPC)를 조회하고(Query), 조회된 결과(IP)로 PML 서버에 연결하여 해당 EPC의 상세 정보를 획득하는 서버이다.
② PML(Physical Markup Language) 서버: 제품의 광범위한 혹은 종합적인 정보를 저장하는 서버이다. PML은 Auto-ID 센터가 개발한 상품 기술 방식으로, XML 기반의 언어이다.
③ ONS(Object Name Service) 서버: EPC를 URL로 변환하여, PML 서버의 주소와 연결해 주는 서버이다.

(3) EPC Global Network의 주요 구성요소
① EPC(Electronic Product Code): RFID를 이용한 객체 식별과 EPC Global Network을 통한 객체 정보 접근 및 교환을 위한 Key이다.
② ONS(Object Naming Service): 특정 EPC에 대한 질의에 대하여 객체 정보 획득이 가능한 URI 값을 반환함으로써 글로벌 검색 서비스를 가능케 하는 구성요소이다.
③ ALE(Application Level Event): 리더가 읽어 들인 RFID 태그 정보를 어플리케이션 계층으로 전달하는 역할을 하는 일종의 미들웨어이다.

> **짚고 넘어가기 미들웨어(Middleware)**
> - 미들웨어는 여러 운영 체제(유닉스, 윈도, z/OS 등)에서 응용 프로그램들 사이에 위치한 소프트웨어를 말한다. 미들웨어는 양쪽을 연결하여 데이터를 주고 받을 수 있도록 중간에서 매개 역할을 한다.
> - 서버와 클라이언트 사이에 존재하는 어플리케이션들을 집합적으로 일컬어 부르고 있으며, 이는 각기 다른 시스템 아키텍처들과 통신 프로토콜 또는 하드웨어 아키텍처들 간의 커뮤니케이션을 용이하게 해 주는 전형적인 도구들이다.
> - 네트워크로 연결된 여러 개의 컴퓨터에 있는 많은 프로세스들에게 어떤 서비스를 사용할 수 있도록 연결해 주는 소프트웨어를 말한다.

④ EPCIS(EPC Information Service): 객체에 대한 정보 접근과 교환을 위한 표준 인터페이스로서, 객체 이벤트를 저장하여 객체 정보를 여러 어플리케이션에서 사용할 수 있도록 해 주는 EPC Global Network의 가장 중요한 구성요소이다.
⑤ DS(Discovery Service): EPC Global N/W상에 궁금한 정보를 질의하면 대답해 주는 이벤트 정보 저장소이다.

(4) EPC 도입효과 〈기출 16-1〉
① 상품의 현 위치, 판매 추이, 재고량, 주문 상품의 현 이동 경로 등 모든 상품의 이동 상황을 실시간으로 파악할 수 있다.
② 제조업체는 정확한 생산 및 배송 계획이 가능하고, 유통업체는 불필요한 재고와 제품의 결함이 절감되어 비용절감이 가능하다.
③ 유통, 물류, 철강, 전자, 의류, 식품, 도서 등 다양한 분야에서의 적용 가능하다.
④ 기타 위조·변조품 방지, 유효 기간 관리, 상품 추적 기능, 상품별 재고관리 기능 등을 수행한다.

CHAPTER 04 EDI(Electronic Data Interchange) 구축 및 효과

1 EDI의 개념

1. EDI의 정의와 목적 기출 23-3, 21-2, 20-2, 19-1, 15-3

(1) EDI의 의의
① EDI는 거래업체 간에 교환되는 서식이나 기업과 행정 관청 사이에서 교환되는 행정 서식을 일정한 형태를 가진 전자 메시지로 변환하여 상호 간에 합의한 통신 표준에 따라 컴퓨터와 컴퓨터 간에 교환하는 전자문서교환 시스템을 의미한다.
② EDI는 거래 당사자가 우편이나 우편에 의존하는 종이서류 대신에 컴퓨터가 읽을 수 있는 서로 합의되고 표준화된 자료인 전자문서를 데이터 통신망을 통해 컴퓨터와 컴퓨터 간 재입력 과정 없이 직접 업무에 활용할 수 있도록 하는 새로운 정보 전달 방식이다.

(2) EDI의 통신망
① EDI는 국내 유통 거래, 원격 교육, 원격 행정 업무, 원격 의료 서비스, 홈쇼핑 및 홈뱅킹 등 다방면에 걸쳐 이용할 수 있는 전자 통신 방식을 의미하며 통신망은 주로 VAN(부가가치통신망)을 이용한다.
② 최근 들어서는 인터넷의 보안성이 상당히 개선되어 VAN을 이용한 EDI보다는 인터넷을 통한 거래가 보편화되고 있다.(xEDI)

구분	VAN	EDI
정의	통신회선을 직접 보유하거나 임차하여 다양한 부가 가치를 부여한 후 음성 또는 데이터 정보를 제공하는 서비스	서로 다른 기업 간에 상거래를 위한 데이터를 합의한 규격에 의해 컴퓨터로 교환하는 것
관계	EDI를 수행하는 수단, EDI를 담는 용기	VAN이 활용될 수 있는 무한시장, VAN을 이용하는 내용물
기능	전송, 교환, 통신, 정보처리	합의된 규격에 의한 전자데이터 교환
적용(물류)	각 물류경로의 강화, 정보전달의 효율화, 화물추적 등	물류기관의 컴퓨터에 의한 주문, 배송보고 등

▲ VAN과 EDI 비교

(3) EDI의 목적
단순히 종이 서류를 추방하는 데 있는 것이 아니라, 상품 수·발주에서의 착오를 줄이고 처리 시간을 단축하며, 데이터의 이중 입력이나 문서 작성 등의 번거로움을 줄여 물류 업무의 효율화를 기하는 데 그 목적이 있다.

2. EDI의 특징과 구성요소 기출 24-1, 23-3, 19-1

(1) EDI의 특징
EDI는 컴퓨터와 컴퓨터 간의 문서 교환이라는 점에서 기존의 팩스 등과 구별된다. 또한 표준화된 업무 서식을 교환한다는 점에서 이메일과도 구별된다. EDI는 주문서, 송장, 전자 자금 이체 등의 정형화된 서식을 교환한다.

(2) EDI와 e-mail

① EDI와 기존의 e-mail은 자료 축적과 전송이라는 점에서는 유사하다. EDI는 표준화(정형화)된 자료 교환이지만, e-mail은 비정형화된 자료의 교환이다.

② e-mail이 비정형화된 자료를 다른 용도로 활용하기 위해서는 다시 입력을 해야 하나, EDI는 다시 입력할 필요 없이 즉시 업무에 활용할 수 있다.

구분	특징	장점	단점
EDI	• 구조화된 표준 양식 사용 • 공식 거래 서류 교환 • 다량 자료의 반복적 교환 • 가입된 거래 상대만 사용	• 재입력 불필요 • 표준 메시지 변환 • 독립적인 DB 구축	정보 교환 불가
e-mail	단순한 구조의 일반 구문, 편지, 안내문 등 비정형적 문서	자유로운 형식의 문서교환이 용이	정보의 즉시 DB화 불가

▲ EDI와 e-mail 비교

(3) EDI의 구성요소 기출 24-1

① **EDI 표준**: EDI 사용자 간에 교환되는 전자문서의 내용 및 구조, 통신 방법 등에 관한 지침(UN/EDIFACT)
② **EDI 서비스 제공업자**: EDI는 문서 교환 중계 장치가 필요하고 이 역할은 부가 가치통신망(VAN) 사업자에 의해 수행
③ **EDI 서비스의 이용자**: EDI 서비스의 최종 소비자(유통업체, 물류 업체 등)
④ **EDI 사용자 시스템**: 하드웨어, 소프트웨어, 서류 작성 응용 소프트웨어, 표준 형태로 변환시켜 주는 변환 처리 소프트웨어, 통신 소프트웨어 등
⑤ **EDI 네트워크 소프트웨어**: 거래기업의 컴퓨터 간 상호 통신이 가능하게 하는 기능을 수행한다. 과거에는 VAN 기반이었지만 현재는 인터넷 기반의 XML/EDI가 주로 활용되고 있다.

(4) EDI 표준

① EDI 표준이란 EDI 사용자 간에 교환되는 전자문서의 내용과 구조, 통신 방법 등에 관한 일련의 규칙 및 지침을 말한다. 상이한 언어, 업무처리 방식, 컴퓨터 시스템을 보유한 거래 당사자 간에 전자문서의 자유로운 교환을 보장하는 공통 언어라고 정의할 수 있다.
② 따라서 EDI 표준은 서로 다른 거래 당사자들 간 또는 이들의 내부 업무 시스템 간에 전자문서 교환이 이루어지게 하는 가장 핵심적인 역할을 수행한다.
③ EDI 표준은 용도에 따라 전자문서 표준 또는 메시지 표준, 데이터 표준 및 통신 표준으로 구분된다.
④ 전자문서 표준은 전자적으로 전달될 수 있는 문서, 전자문서에 포함되는 정보, 정보의 순서와 형태, 정보의 각 부분의 의미 등에 대한 지침 등을 포함한다. EDI의 데이터 표준은 자료 항목의 Syntax와 Semantic에 대한 규칙을 말한다.
⑤ 통신 표준은 컴퓨터를 통한 전자문서의 송수신 규약으로 어떤 정보를 어떤 방식으로 전송할 것인가에 관한 사용자 간의 합의이다.

(5) GS1 EANCOM

① GS1 EANCOM은 GS1 시스템의 일부로서 GS1이 제정·관리·보급하고 있는 전자문서 실행 지침서이다. 행정·상업 및 운송 부문을 위한 전자문서 국제표준인 UN/EDIFACT 중 유통 산업에 필요한 항목만을 모아 만들었다.
② EANCOM은 국제 EDI 표준을 의미하는 것으로, 각국 코드 관리 기관의 전자문서 표준화 작업을 국제적 차원으로 끌어올리기 위해 국제표준코드 관리기관(GS1 International)이 EDIFACT를 근거로 개발하였다.
③ UN/EDIFACT(Electronic Data Interchange For Adiministration, Commerce and Transport)는 유엔유럽경제위원회가 완벽한 EDI 국제 표준을 개발하고자 하는 의도에서 개발한 ISO 9735라는 이름의 UN/EDIFACT 구문 규칙과 전자문서 개발 가이드라인을 말한다.

2 EDI의 이용효과

1. EDI 도입의 효과와 문제점 기출 24-2, 24-1, 23-3, 22-1, 15-3, 15-1

(1) EDI 도입의 효과
① 종이 서류 없는 업무 환경으로 오류의 감소, 비용절감(사무처리비, 인건비 등)
② 내부 업무 처리 절차의 개선, 업무 처리 시간 단축, 사무 인력의 생산성 향상
③ 주문 사이클 단축, 재고관리비 감소
④ 업무의 정확성 증대 및 주문 사이클 시간 감소에 의한 필요 재고 감소
⑤ 고객의 요구에 효율적으로 대응
⑥ 거래 상대방과의 정보 공유로 협력관계 증진
⑦ 물류 정보의 신속한 유통에 따른 정보 관리 강화
⑧ 관련 부서 간 정보 공유에 따른 업무 감소 및 정확도 증가

(2) EDI 시스템의 문제점
① 주문 내용을 변경하는 데 유연성이 떨어진다.
② 이중 커뮤니케이션 체제가 요구된다. 즉, EDI 도입이 안 된 곳은 서류를 통해 의사소통해야 한다.
③ 전송되는 정보에 관한 보안·통제의 문제가 대두된다.
④ 여러 부서 사이에 상당한 수준의 협조가 요구된다.

2. 유통과 EDI

(1) 유통 부문의 EDI 운용
① 유통 EDI는 유통업체의 본사, 지점, 대리점, 협력업체 등과 통신망으로 연결해서 표준 전자문서로 교환하는 것을 말한다. 유통 EDI에서는 유통업체와 제조업체가 직영점, 대리점, 할인점 등 관련 유통업체들을 상호 연결하여 유통 관련 각종 표준 문서와 유통정보를 VAN을 통해 중계 및 전송한다.
② 한국유통정보센터가 개발한 유통 관련 표준 전자문서로는 거래처 정보, 상품정보, 주문서, 송장, 송금 통지서, 재고 현황 보고서, 판매정보 보고서 등이 있다.

(2) XML/EDI 기출 19-1
① 전통적인 EDI는 사전에 정의된 정형화된 표준문서에 맞춰 거래 정보를 배치하거나 실시간으로 업체의 컴퓨터 간에 교환·처리하는 시스템이다. 기업들은 업무 처리 시간 단축, 업무 부대비용 감소, 업무 오류 감소, 물류비 절감, 이미지 개선, 인력 절감 등의 큰 효과를 얻었다.
② XML/EDI는 데이터 전달에 초점을 둔 전통적인 EDI의 범위를 확대하여 전자상거래에 필요한 프레임워크(Framework)를 제공한다는 면에서 전통적인 EDI와 차이가 있다.
③ 고객 간에 발생하는 상품 전달을 통한 가치의 교환을 지원하는 데 데이터의 전자적 교환으로써 영업, 수·배송, 물류, 수금, 세금 처리, 생산 연계 등의 광범위한 활동을 포함한다. XML/EDI는 이러한 활동을 통합적으로 지원하는 데이터의 교환 방식 및 시스템 프레임워크를 의미하게 된다.

3 EDI의 기반기술(VAN, CALS, Internet 등)

1. VAN(Value Added Network)

(1) VAN의 의의

① VAN(부가가치통신망)이란 KT와 같은 통신 사업자로부터 통신 회선을 임차하거나 또는 통신 사업자가 직접 보유한 통신 회선에 정보 처리 기능을 결합하여 부가가치를 부여한 정보 서비스를 제공할 수 있도록 구축된 통신망(Network)이다.

② VAN은 단순한 전송 기능은 물론 그 이상의 정보의 축적이나 가공·변환 처리 등의 부가 가치를 부여한 음성 또는 데이터 정보를 제공해 주는 광범위하고 복합적인 서비스의 집합이다.

(2) VAN의 활용

① VAN을 이용한 사업의 대표적인 예는 신용카드를 사용하여 결제한 데이터가 신속하고, 정확하며, 일관성 있게 운영될 수 있도록 전산망을 구축하여 서비스를 제공하는 사업자인 금융결제원(KTFC)이나 나이스정보통신(NICE VAN), 케이에스넷(KSNET) 등을 들 수 있다.

② 유통 VAN은 소매업체의 본·지점과 납품업체, 제조업체의 본사와 지점이나 영업소 또는 판매업체를 연결하여 각종 유통정보를 교환하는 데 이용되고 있다.

③ EDI(전자문서교환 시스템)의 구축, 나아가 유통·물류정보시스템의 구축을 위해서는 VAN이 우선적으로 구축되어야 한다.

(3) VAN의 기능

① 기본 통신 기능: 기본 전송로는 통신위성과 광파이버 등이고, 회선교환·버켓교환·고속 디지털 전용선 등 통합 디지털망을 통한 통신 기능을 수행한다.

② 통신 처리 기능: 통신 과정에서 컴퓨터 처리를 통해 정보를 정확히 전달하는 기능으로, 정보의 식별·미디어 변환·스피드 변환·포맷 교환 등을 수행한다.

③ 정보 처리 기능: 정보를 전달하는 과정에서 정보를 가공 및 연산하여 새로운 정보 기능을 추가하거나 변경하는 기능을 말한다.

2. CALS(Commerce At Light Speed) 기출 16-3

(1) CALS의 의의

① CALS(광속상거래)는 제품의 생산으로부터 폐기에 이르는 전 과정 동안에 발생하는 모든 정보를 실시간으로 디지털 정보기술의 통합을 통해 구현하는 산업 정보화 전략을 말한다.

② CALS는 기업의 설계, 생산 과정과 이를 보급, 조달하는 물류 지원 과정을 연결시키고 이들 과정에서 사용되는 다양한 정보를 디지털화하여 업무를 자동화하는 개념이다.

③ 최근 전자상거래가 확산되면서 CALS는 전자상거래에 흡수되는 경향을 보이고 있다.

(2) CALS의 특징

① CALS는 설계에서 폐기까지 제품의 라이프 사이클 전체를 대상으로 한다. 반면에 CAD나 EDI 시스템은 라이프 사이클의 특정 단계를 대상으로 한다.

② CALS의 실현을 위해서는 전 세계를 연결하는 안정적인 네트워크의 정비가 전제되어야 한다. 따라서 초고속통신망(ISDN)이 전 세계적으로 구축되어야 한다.

(3) CALS의 기대효과
① 비용절감 효과
② 조직 간의 정보 공유 및 신속한 정보 전달
③ 제품 생산 소요 시간의 단축
④ 산업 정보화에 의한 국제 경쟁력 강화
⑤ 21세기 정보화 사회로의 조기 진입

3. Internet

(1) Internet의 의의
① 인터넷은 Inter Network의 약자로 전 세계에 연결된 수많은 컴퓨터와 다른 네트워크상의 사용자들이 접속되어 있는 컴퓨터 통신망으로 Network of Networks이다.
② 인터넷은 TCP/IP라는 표준 통신 규약을 사용하여 전 세계 컴퓨터를 연결한 컴퓨터 통신 네트워크이다.

(2) 인터넷의 발전
① 전 세계적으로 인터넷의 급격한 보급과 무선 인터넷, 정보 가전 등의 신규 IP 주소에 대한 수요가 급증하여 기존의 32비트 IPv4(IP version4) 주소 체계로는 이에 대한 대처가 어렵게 되었다.
② 이를 해결하기 위하여 IPv6(IP version6)을 개발하였다. 128비트의 IPv6 주소 체계는 IP 주소의 부족 문제를 해결하고 품질 제어, 보안, 다양한 프로토콜 및 편리한 네트워크 환경 설정 기능 등을 용이하게 제공할 수 있다.

(3) 인터넷 서비스의 종류 기출 22-3, 15-3
① 원격 접속(Telnet): 멀리 떨어져 있는 컴퓨터와 접속하여 자신의 컴퓨터 같이 제어할 수 있는 인터넷 프로토콜
② 파일 송수신(FTP): 원격지 컴퓨터 간에 파일을 송·수신할 수 있는 서비스
③ Archie(아키): Anonymous FTP 파일 검색 툴로 원하는 정보가 어디에 있는지 찾을 때 사용하는 서비스
④ Gopher(고퍼): 데이터를 색인하여 정보를 메뉴 방식으로 검색할 수 있도록 만든 자원 검색 도구. 정보의 내용을 주제별 또는 종류별로 구분하여 메뉴로 구성함으로써, 인터넷에 익숙하지 않은 사용자라도 제공되는 메뉴만 따라가면 쉽게 원하는 정보를 찾을 수 있게 해 주는 서비스
⑤ 웹(Web): 인터넷에 존재하는 일반 텍스트 형태의 문서, 그림, 음성, 오디오, 동영상 등의 여러 형태로 만들어진 각종 데이터를 URL(Uniform Resource Locator)을 이용하여 하나의 문서 형태로 통합적으로 제공

(4) 웹(Web) 3.0 기출 23-1
① Web 3.0의 의미와 전개
  ㉠ Web 1.0인 월드 와이드 웹(WWW)은 사용자가 신문이나 방송처럼 일방적으로 정보를 받는 것이고, Web 2.0은 참여, 공유, 개방의 플랫폼 기반으로 정보를 함께 제작하고 공유하는 것이다.
  ㉡ Web 3.0은 개인화, 지능화된 웹으로 진화하여 개인이 중심에서 모든 것을 판단하고 추론하는 방향으로 개발되고 활용된다.
  ㉢ 온라인 검색과 요청들을 각 사용자들의 선호와 필요에 따라 맞춰 재단하는 것이 Web 3.0의 목표이다.

② Web 3.0의 특징
   ㉠ Web 3.0은 양방향 상호작용을 바탕으로 누구나 쉽게 활용하고 참여할 수 있는 '개방성' 및 '투명성'을 비롯하여 개인정보를 포함한 대부분의 데이터에 대한 소유권이 웹 개별 이용자에게 부여된다는 측면에서 '독립적'이라는 특징이 있다.
   ㉡ 또한, 특정 플랫폼이나 정부기관 등의 규제 없이 누구나 참여나 거래 등이 가능하다는 측면에서 '탈중앙화'의 성격을 가진다.
   ㉢ Web 3.0의 주요 기술로는 시맨틱 웹(Semantic Web), 블록체인(Block Chain), 메타버스(Metaverse) 등이 있고, 웹 3.0을 실현하기 위해서는 블록체인, 인공지능, AR·VR, 분산 스토리지 네트워크 등의 기반 기술이 필요하다.
   ㉣ 시맨틱 웹(Semantic Web)은 의미론적인 웹을 뜻하며 기계가 인간들이 사용하는 자연어를 이해하고 상황과 맥락에 맞는 개인 맞춤형 정보를 제공하는 웹이다.
   ㉤ 온톨로지(Ontology)는 메타데이터들의 집합, 예를 들어 사과를 떠올리면 사과의 색상, 종류 등 관련된 여러 가지 정보를 컴퓨터가 이해하고 처리할 수 있는 정형화된 수단으로 표현한 것이다.

> **짚고 넘어가기** **시맨틱 웹(Semantic Web)** 기출 23-3, 23-1, 22-3, 15-2
> - 시맨틱 웹은 컴퓨터가 정보 자원의 뜻을 이해하고, 논리적 추론까지 할 수 있는 차세대 지능형 웹이다.
> - 현재의 컴퓨터처럼 사람이 마우스나 키보드를 이용해 원하는 정보를 찾아 눈으로 보고 이해하는 웹이 아니라, 컴퓨터가 이해할 수 있는 웹을 말한다.
> - 사람이 읽고 해석하기에 편리하게 설계되어 있는 현재의 웹 대신에 컴퓨터가 이해할 수 있는 형태의 새로운 언어로 표현해 기계들끼리 서로 의사소통을 할 수 있는 지능형 웹이다.
> - 즉, 시맨틱 웹은 모든 디바이스가 정보의 뜻을 이해하고 논리적인 추론까지 할 수 있는 지능형 기술로, 사람의 머릿속에 있는 언어에 대한 이해를 컴퓨터 언어로 표현하고 이것을 컴퓨터가 사용할 수 있게 만드는 것이다.
> - 이 기술은 웹페이지에 담긴 내용을 이해하고 개인 맞춤형 서비스를 제공받아 지능화된 서비스를 제공하는 웹 3.0의 기반이 된다.
> - 1998년 월드와이드웹(www)의 창시자인 팀 버너스 리(Tim Berners Lee)에 의해 개발되었다.

(5) 인터넷의 주소 체계 기출 16-2
   ① 인터넷 주소(IP Address): 인터넷에 연결되어 있는 모든 컴퓨터는 고유한, 유일한 번호를 가지는데 이를 IP 주소라고 한다.
   ② 도메인 명(Domain Name): IP 주소는 사람들이 이해하기 어려운 숫자로 되어 있기 때문에 사용자가 이해하기 쉬운 문자로 표현한 것이다.

4. 사물 인터넷(IoT: Internet of Things)

(1) **사물 인터넷(IoT)의 의의** 기출 23-3, 22-1, 21-1, 18-3, 16-1, 15-3, 15-1
   ① 사물 인터넷(IoT)은 현실 세계의 사물들과 가상 세계를 네트워크로 상호 연결해 사람과 사물, 사물과 사물 간 언제 어디서나 서로 소통할 수 있도록 하는 미래 인터넷 기술을 의미한다.
   ② 1999년 MIT대 오토아이디센터(Auto-ID Center) 소장 케빈 애시턴(Kevin Ashton)이 이 용어를 처음 사용하였다.
   ③ 사물 인터넷에 연결되는 사물들은 자신을 구별할 수 있는 유일한 IP를 가지고 인터넷으로 연결되어야 하며, 외부 환경으로부터의 데이터를 수집하기 위해 센서를 내장하고 있어야 한다.
   ④ 사물 인터넷 유형을 올인원 사물 인터넷과 애프터마켓형 사물 인터넷으로 구분할 경우 애프터마켓형 사물 인터넷 제품에 해당하는 것은 구글(Google)이 만든 멀티미디어 스트리밍 어댑터인 크롬 캐스트(Chrome Cast)이다.
   ⑤ 유무선 네트워크에서의 엔드디바이스(End-Device)는 물론 인간, 차량, 교량, 각종 전자 장비, 문화재, 자연 환경을 구성하는 물리적 사물 등이 모두 이 기술의 구성 요인에 포함되며, 가전에서부터 자동차, 물류, 유통, 헬스케어에 이르기까지 다양한 분야에서 활용할 수 있다.

(2) **사물 인터넷(IoT) 시대의 특징** 기출 23-3, 22-1, 18-3
① IoT 시대는 ICT를 기반으로 주위의 모든 사물을 유무선 네트워크로 연결하여 사람과 사람, 사람과 사물, 사물과 사물 간으로 연결범위가 확대되고, 이들 간에 정보를 교류하고 상호 소통하는 지능적 환경으로 진화하고 있다.
② 정보가 제공되는 서비스 방식이 정보를 끌어당기는 풀(pull) 방식에서 푸시(push) 방식으로 전환되었다.
③ 정보제공 방식이 온디맨드(On-Demand) 시대에서 24시간 서비스(Always-on) 시대로 전환되었다.
④ IoT 시대에서는 단순히 원하는 정보를 얻는 데 그치는 것이 아니라 정보를 조합해 필요한 지혜를 제공해 준다.
⑤ 정보를 얻는 방식이 내가 원하는 무언가를 내가 찾는 것이 아니라, 내가 원하는 무언가를 주변에 있는 것들이 알아서 찾아 주는 것이다.
⑥ 오늘날 5G 및 기타 유형의 네트워크 플랫폼이 대량의 데이터 세트를 빠르고 안정적으로 처리해 주어 IoT 연결성을 높여 주고 있다.
⑦ IoT는 보안 및 개인정보 보호, 기술 간 상호운영성, 데이터의 과부하, 비용 및 복잡성 등의 이슈가 관리되어야 한다.

5. 인트라넷과 엑스트라넷 기출 19-3, 18-3, 17-2, 12-3

(1) **인트라넷**
① 인트라넷(Intranet)은 인터넷의 기술을 응용한 기업 내 전용 컴퓨터 네트워크이다. 기업의 각종 정보를 표준화하여 서버를 통해서 공유하며 인터넷의 표준 통신 규약인 TCP/IP를 기반으로 서버를 통해서 이메일, 업무 협의, 전자결제, 상품 개발, 정보 교환 등을 한다.
② 동일한 회사 내의 관련 부서 간의 납품 정보를 공유하기 위해 인터넷 기술을 이용해서 구축한 폐쇄망(Closed Network)으로 조직 내의 업무 처리를 위한 그룹웨어 구축을 위해서는 비교적 저렴한 비용으로 가능하다.

(2) **엑스트라넷**
① 엑스트라넷(Extranet)은 납품업체나 협력 업체 등 자기 회사와 관련 있는 기업체들과 원활한 의사소통을 위해 인트라넷의 이용 범위를 그들과 관련된 기업체들 사이로 확대한 것이다.
② 엑스트라넷은 납품업체나 협력업체 등 자신의 회사와 밀접한 협력관계를 유지하는 기업들과 업무를 신속하고 능률적으로 처리하기 위해 그들과 관련 기업이 전자데이터 교환(EDI) 등의 목적으로 인트라넷에 제한적으로 접속하는 것을 허용해야 한다.
③ 엑스트라넷을 구축함으로써 비용이 절감되고 생산성이 향상된다. 또한 정보전달이 가능하므로 의사전달도 향상된다.

(3) **인터넷, 인트라넷, 엑스트라넷의 비교**

구분	인터넷	인트라넷	엑스트라넷
접근성	공개, 제한 없음	비공개, 제한적	한정적으로 공개
사용자	제한 없음	허용된 사용자	허용된 관련 그룹
정보 형태	일반적, 대중적, 상업적인 정보	개인적, 기업 내부의 통제된 정보	그룹들 사이에 응용되는 정보

CHAPTER 05 QR 시스템 구축 및 효과

1 QR(Quick Response)

1. QR의 정의와 유용성 기출 23-3, 22-2

(1) QR의 정의 빈출 21-2, 21-1, 20-2, 19-1, 16-3, 16-2, 15-3

① QR, 즉 신속 대응은 1980년대 중반 미국의 섬유산업에서 등장한 것으로 정보기술을 이용하여 제품의 납기를 단축시키고 상품을 적시에 적량만큼 공급하기 위한 시스템이다.

② 미국의 패션 어패럴 산업에서 수입의류의 급속한 시장 잠식에 대한 방어 목적으로 공급망에서의 상품 흐름을 개선하기 위하여 판매업체와 제조업체 사이에서 제품에 대한 정보를 공유함으로써, 제조업체는 보다 효과적으로 원재료를 충원하여 제조하고, 유통함으로써 효율적인 생산과 공급체인 재고량을 최소화시키려는 시스템으로, 공급사슬관리(SCM)의 구현 방법의 하나이다.

③ QR은 소비자 중심의 시장 환경에 신속히 대응하기 위한 시스템으로써 생산에서 유통에 이르기까지 표준화된 전자거래 체제를 구축한다.

(2) QR의 유용성 기출 21-1

QR을 통해 기업 간의 정보 공유를 통한 신속·정확한 납품, 생산 및 유통 기간의 단축, 리드타임 단축, 재고의 감축, 반품 로스의 감소, 기업 간 정보 공유를 바탕으로 소비 동향을 분석하여 고객 요구를 신속하게 반영하는 등의 효과가 있다.

2. QR 시스템의 도입 효과 기출 19-1

① QR 시스템은 상품을 수령하는 데 따른 비용을 줄이고, 업체에서는 즉각적인 고객서비스를 할 수 있어 서비스의 질을 향상시킬 수 있고 업무의 효율성과 소비자의 만족을 극대화시킨다.

② QR이 추구하는 목적은 제품개발의 짧은 사이클화를 이룩하고, 소비자의 욕구에 신속 대응하는 정품을, 정량에, 적정 가격으로, 적정 장소로 유통시키는 데 있다.

③ QR은 원자재 조달과 생산 그리고 배송에서의 누적 리드타임을 단축시키고 안전 재고를 감소시키며, 예측 오류를 감소시키는 효과가 있다. 또한 상품 로스율을 감소시킨다.

④ QR에서는 소단위 생산 개념을 통해, 대량 생산 시스템이 추구하는 규모의 경제(Economies to Scale)에서 범위의 경제(Economies to Scope)로 전환함으로써 기업 간의 재고를 획기적으로 줄이게 된다. 또한 리드타임도 크게 짧아졌고, 상품의 회전율도 크게 상승하였다.

3. QR 시스템의 역할 기출 15-2

① QR 시스템에서는 물류센터의 역할도 변화한다. 과거의 유통업의 물류센터는 공장이나 점포의 시간에 맞추어 상품의 분류와 배송의 역할을 함과 동시에 상품 보관 시설을 갖고 있는 것이 보통이었지만, QR 시스템에서는 보관 기능을 갖지 않고 분류·배송만 가능한 크로스도킹센터(Cross Docking Center)로 변화한다.

② QR 시스템의 로지스틱스가 더욱 발전하면 도매나 소매의 유통센터는 소멸한다. 점포에 그대로 진열될 수 있도록 행거 설치와 가격 태그가 부착된 상품이 물류센터를 경유하지 않고 공장으로부터 소매점포에 직접 전달된다. 이것을 FRM(Floor Ready Merchandise)이라고 한다.

2 ECR, EFR, EHCR

1. ECR(Efficient Consumer Response)

(1) ECR의 의의 기출 19-1, 17-1

① 1985년에 도입한 QR이 큰 성공을 거두자, 식료품 및 잡화류 중심의 대형 소매업체와 제조업체가 연대하여 SCM을 추진하였는데, 이를 ECR, 즉 효율적 소비자 대응이라고 한다.

② ECR은 QR이 모태가 되어 1993년에 개발된 것으로서 미국 슈퍼마켓의 식료품, 잡화 유통을 개선하기 위해 도입되었다. 주로 효율적인 상품구색 및 재고 보충에 중점을 둔다.

(2) ECR의 활용 분야 기출 15-2

활용분야(4E)	목표
효율적인 매장 구색(Efficient Assortment)	판매 시점상의 재고, 공간생산성의 최적화
효율적인 재고 보충(Efficient Replenishment)	생산라인에서 판매대에 이르기까지의 시간과 비용의 최적화
효율적인 판매촉진(Efficient Promotions)	소매업자·소비자를 겨냥한 촉진활동의 효율성 극대화
효율적인 신제품 도입(Efficient Product Introductions)	신제품의 도입, 개발, 상용화 과정에 나타나는 신제품 출시효과의 극대화

(3) ECR의 도구

- CAO(컴퓨터를 이용한 자동발주)
- Cross Docking(통과형 물류센터)
- ABC(활동 기준 원가회계)
- CRP(지속적인 제품 보충)
- EDI(전자문서교환)
- VCA(가치사슬 분석)
- CM(카테고리 매니지먼트)
- 배송 상품의 순서 선정

(4) ECR의 이익

① ECR은 유통사슬의 비용 감소, 재고의 감소와 생산성의 향상으로 인한 재무 부담의 감소 등 전체 유통망 측면에서 볼 때 상당한 이익을 준다. 상품의 경쟁력이 있을수록 최종 소비자에게 돌아가는 이익은 더 증가한다.

② ECR은 단순히 비용의 감소 측면에서가 아니라 공급자와 소매업자 사이의 협력을 통한 거래 관행의 개선 측면에서도 큰 이익을 준다. 즉, 재고의 감소, 촉진활동 측면에서의 효율성 제고, 소비자와 소비자 니즈에 대한 지식의 확대, 브랜드 혹은 점포에 대한 소비자 충성도의 증대 등이 몇 가지 예가 될 수 있다.

2. EFR, EHCR

SCM은 적용되는 산업별로 그 표현을 달리하고 있다. 섬유·의류 부문에서는 QR(Quick Response), 식품·잡화 부문에서는 ECR(Efficient Consumer Response), 신선 식품 부문에서는 EFR(Efficient Food service Response), 의약품 부문에서는 EHCR(Efficient Healthcare Consumer Response) 등으로 표현한다.

3 발주 시스템

1. CR(CRP)의 의의

(1) CR의 의의 기출 19-1, 15-1

① CR(Continuous Replenishment 또는 CRP), 즉 지속적 상품 보충은 자동 재고 보충으로 유통업체가 제조업체와 전자상거래를 통해 상품에 대한 주문 정보를 공유하고, 재고를 자동으로 보충·관리하는 것을 의미한다.

② CR은 소비자 수요에 기초하여 유통 소매점에 상품을 공급하므로 풀(Pull) 방식이다.

(2) CR의 추진 방식

① 기업에서 CR을 추진하는 방법에는 크게 두 가지 방법이 있다. 하나는 재고관리의 책임 소재를 고려한 방법이고, 다른 하나는 협력업체 간에 정보 공유의 정도를 고려한 방법이다.
② 제조업체와 유통업체 사이에서 발생하는 주문은 상품에 대한 수요를 결정한다. 또한 완벽한 주문 이행을 위해서는 상품을 공급하는 업체에게 충분한 정보를 제공하여야 한다.
③ CR은 제조업체와 유통업체 중 누구에게 주문 책임이 있느냐에 따라 VMI(Vendor Managed Inventory)와 CMI(Co-Managed Inventory)로 나누어진다.

2. CR의 목표와 기대효과

(1) CR의 목표

① CR은 제조업체와 유통업체 사이에 협력관계를 유지하면서 상품의 제조 시점에서 판매 시점에 이르는 상품 보충 사이클의 전 과정에 걸쳐 상품 공급을 보다 쉽게 하고, 재고 수준을 낮추는 것을 목표로 한다.
② CR은 소비자 수요에 대하여 효율적으로 대응하는 ECR(Efficient Consumer Response) 시스템에서 채용하는 프로그램 중 하나로, 피앤지(P&G)와 월마켓(Wall-Market)이 공동으로 개발하였다. 전자문서교환 시스템(EDI)에 근간을 두고 있으며, 공급자재고관리(VMI)가 가장 보편적인 형태로 사용된다.

(2) CR의 기대효과

① CR 시스템을 통해 제조업체는 판매정보를 공유하므로 생산을 예측할 수 있고, 유통업체는 효율적인 재고관리를 통해 비용을 절감할 수 있는 효과가 있다. 또한 유통 공급 과정에서 상품에 대한 주문 기능을 향상시키고, 상품의 흐름을 효율적으로 할 수 있다는 장점을 지닌다.
② CR을 시행함으로써 기대할 수 있는 가장 큰 효과는 재고 수준에 대한 변동과 생산량의 가변성을 최소화하여 생산·재고활동을 균일화하게 할 수 있다는 것이다.
③ CR은 제조업체와 유통업체가 상호 협력하여 추진하는 활동이기 때문에 제조업체와 유통업체는 모두 다음과 같은 개선효과를 기대할 수 있다.

- 공급사슬의 유지비용 감소
- 상품 보충 주기 단축
- 재고 수준 감축
- 공급 속도 향상과 정확성 증대
- 상품 공급의 용이성 향상
- 상품 흐름 균일화
- 고객에게 최고 수준의 서비스 제공

3. 전자주문시스템(EOS)

① EOS(Electronic Order System)는 신속·정확한 재고관리에 매우 유용한 수단으로, POS시스템과의 연계 하에 이루어진다. 즉, POS시스템은 각 상품의 수요 변동 추이에 관한 즉각적인 정보를 제공해 주므로 본사는 이와 함께 재고비용과 조달 소요 시간에 관한 정보를 활용하여 최적의 재주문점(ROP)을 결정할 수 있다.
② 또한 POS시스템을 통하여 각 상품의 재고 수준을 항상 알 수 있으므로, 재고 수준이 설정된 ROP에 도달하면 컴퓨터 네트워크를 통해 자동적으로 발주가 일어난다.

4 VMI, CMI

1. VMI(Vendor Managed Inventory)

(1) VMI의 의미 기출 22-2, 19-2

① VMI(공급자 주도 재고관리)는 유통업체가 제조업체(공급자)에 판매와 재고에 관한 정보를 제공하면 제조업체가 이를 토대로 과거 데이터를 분석하고 수요를 예측하여 상품의 적정 납품량을 결정하는 시스템이다.
② VMI는 제품의 생산 및 재고에 관한 의사결정을 고객이 아니라 공급자가 수행하도록 하는 방식으로 수요예측의 변동성을 감소시켜 주는 효과가 있다.

(2) VMI의 실행 프로세스

① 제조업체(공급자)가 상품 보충 시스템을 관리하는 경우 상품 보충 시스템이 실행될 때마다 판매·재고 정보가 유통업체에서 제조업체로 전송된다.
② 이러한 정보는 제조업체의 상품 보충 시스템에서 미래의 상품 수요량 예측을 위한 데이터로 활용된다. 또한 제조업체의 생산 공정에서는 생산량 조절에도 사용된다.
③ CR 시스템에서 계산되는 수요량에 따라 제조업체는 주문서를 작성하게 된다. 제조업체에서 작성된 상품 주문정보는 유통업체로 전송되어 유통업체의 주문 처리 시스템에 업데이트된다.

(3) VMI의 효과 기출 24-1, 22-1

① VMI는 미래의 상품 수요량 예측을 위한 데이터로 활용되고 제조업체의 생산 공장에서 생산량의 조절에 이용된다.
② 제조업체는 적정 예산을 편성하고 적정량의 납품을 하여 경쟁력을 얻을 수 있고, 유통업체는 재고관리에 따른 비용 절감 효과를 볼 수 있다.
③ 제조업체의 CR 시스템에서 계산되는 수요량은 현재와 미래의 생산량 결정을 위한 재고·생산계획 수립에 효과적으로 활용될 수 있다.

2. CMI(Co-Managed Inventory) 기출 15-1

(1) CMI의 의미

CMI(공동 재고관리)는 제조업체와 유통업체 상호 간에 제품 정보를 공유하고 있으면서 공동으로 재고관리를 하는 시스템이다.

(2) CMI의 실행 프로세스

① CR 시스템이 제조업체와 유통업체에서 공동으로 운영될 경우 판매·재고 정보는 CR 시스템이 실행될 때마다 유통업체에서 제조업체로 전송된다. 유통업체로부터 전송된 판매·재고 정보는 제조업체의 CR 시스템에서 상품 수요 예측을 위한 정보로 활용되며, 생산 공정에서는 생산량 조절에도 사용된다.
② CMI를 거래선 간에 추진할 때에는 주문 제안서를 제조업체가 작성하고 이를 유통업체가 수정·확정하게 된다. 즉, CMI는 상품 보충에 대한 책임이 유통업체에게 있다는 것이다.

> **짚고 넘어가기** **VMI와 CMI의 차이점**
> • VMI는 제조업체가 제품의 발주를 확정하면 바로 유통업체로 상품 배송이 이루어진다.
> • CMI는 제조업체가 제품을 발주하기 전에 주문 제안서를 작성하여 유통업체에 보내어 상호 협의하여 발주 확정이 이루어진다.

5 e-Catalog

1. e-Catalog의 의의와 특징

(1) e-Catalog의 의의

① e-Catalog(전자 카탈로그)는 상품에 대한 광고나 기업에 대한 홍보가 전자적 파일의 형태로 제작되어 인터넷 홈페이지, 홍보용 CD, 동영상, 플래시 애니메이션 등의 형태로 만들어진 카탈로그를 말한다.

② 무점포 소매업(Non-Store Retailing)의 한 형태로, e-Catalog를 통해 고객에게 상품정보를 제공하여 소매 활동을 영위하게 된다.

(2) e-Catalog의 활용

e-Catalog는 상품에 대한 광고 및 촉진, 판매자와 구매자 간의 전자적 상품정보 교환, 상품정보 검색의 편의성 향상 등에 활용할 수 있다.

2. e-Catalog의 장·단점

(1) e-Catalog의 장점 기출 14-2, 10-3

① 상품의 정보 검색이 용이하고 상품정보의 변경이 가능하며, 배포비용이 없어 전 세계적으로 배포할 수 있다.
② 종이 카탈로그보다 수정이 용이하고, 시간적·공간적 제약을 상대적으로 적게 받으면서 홍보가 가능하다.
③ 또한 음성이나 이미지를 포함하여 동영상으로 표시할 수 있으며 상품별로 개별화된 카탈로그를 제작할 수도 있다.
④ 인터넷을 통해 상품정보의 데이터베이스를 공유함으로써 유통과 제조업체의 업무 효율성을 높일 수 있다.

(2) e-Catalog의 단점

① 사용자가 컴퓨터를 사용할 줄 알아야 하고, 또 인터넷 접근이 가능해야 e-Catalog를 사용할 수 있다.
② 표준화가 되어 있지 않아 전자 카탈로그의 개발에 어려움이 있다.

3. 코리안넷(Koreannet) 기출 14-3, 14-2, 12-2

(1) 코리안넷의 의의

대한상공회의소 유통물류진흥원이 운영하는 코리안넷(koreannet.or.kr)은 표준 바코드(EAN-13, EAN-14)가 부착된 상품의 상세 정보를 표준화시켜 데이터베이스에 등록하고, 이를 제조업체, 물류업체, 유통업체가 인터넷 및 EDI를 통해 실시간으로 활용할 수 있도록 지원하는 전자 카탈로그 서비스이다.

(2) 코리안넷의 주요 기능

① 상품정보 및 등록관리: 글로벌 상품분류표준(UNSPSC) 및 상품속성표준(GDD) 기반의 상품정보관리
② 유통업체 상품정보 전송: 코리안넷과 연계된 제휴 유통업체 쪽으로 신규 등록된 상품정보 전송
③ 국내 유통 상품 조회: 업체별, 상품군별 상품정보 검색 가능(이미지 포함)
④ 자사상품 홍보: 자사 상품 홍보 가능

핵심 기출문제

PART 03 주요 유통정보화 기술 및 시스템

01
17년 3회

GS1 식별코드 중에서 상품식별코드는?

① GLN
② GRAI
③ GSIN
④ GINC
⑤ GTIN

GS1 식별코드 중 상품식별코드에 해당하는 것은 GTIN이다.

선지분석
① GLN: 국제위치코드
② GRAI: 재활용자산식별코드
③ GSIN: 국제선적식별코드
④ GINC: 국제특송화물식별코드

정답 | ⑤

02
18년 2회

바코드와 관련된 설명으로 가장 옳지 않은 것은?

① 국내에서 사용되는 표준형 KAN 코드는 13자리로 바와 스페이스로 구성되어 있다.
② 국가식별, 상품품목, 제조업체, 체크 디지트 순서로 구성되어 있다.
③ 효과적인 사용을 위해서는 코드번호에 따른 상품정보 등을 미리 등록해 둔다.
④ 주로 제조업자나 중간상에 의해 부착된다.
⑤ 생산시점에 바코드를 인쇄하는 것을 소스마킹이라고 한다.

국제표준 바코드인 GS1-13 코드는 국가식별코드(3자리) 제조업체코드, 상품품목코드, 체크 디지트(1자리)의 순서로 구성되어 있다.
KAN 코드는 현재 GS1 코드로 개편되었다.

정답 | ②

03
18년 2회, 16년 2회

인스토어 마킹(Instore Marking)에 대한 설명으로 가장 옳은 것은?

① 제품의 생산 및 포장 단계에서 마킹된다.
② 각각의 소매업체에서 나름의 기준으로 자유롭게 설정한 별도의 표준 코드 체계에 의해 표시된다.
③ 가공 식품, 잡화 등 일반적으로 공장에서 제조되는 제품에 붙여진다.
④ 전 세계적으로 공통으로 사용 가능하다.
⑤ 제조업체에서 포장지에 직접 인쇄하기 때문에 인쇄에 따른 추가비용이 거의 없다.

인스토어 마킹의 경우에는 각각의 소매업체에서 나름의 기준으로 자유롭게 설정된 표준 코드 체계에 의해 표시되므로 같은 품목이라도 소매업체마다 번호가 달라질 수 있다.

관련이론 | 인스토어 마킹과 소스 마킹
인스토어 마킹은 소매업체에서 상품 하나하나에 자체적으로 설정한 바코드 마킹을 의미한다. 이는 소스 마킹을 실시할 수 없는 생선·정육·채소나 과일 등 청과물에 제한적으로 사용된다.
인스토어 마킹과 달리 소스 마킹된 상품은 상품마다 고유 식별 번호를 가지고 있어 같은 품목에 대하여 전 세계 어디서나 동일 번호로 식별된다.

정답 | ②

04
19년 2회

바코드 기반의 POS시스템을 통해 관리되는 데이터에 대한 설명으로 옳지 않은 것은?

① 제조사별 단품순위
② 판매실적 구성비
③ 단품별 판매순위
④ 단품별 판매동향
⑤ 제품별 유통이력

판매 시점 정보 관리시스템(POS)을 통하여 상품의 공급처 정보와 구매한 소비자 정보 등은 파악이 가능하지만 유통과정 전체의 제품별 유통이력은 파악할 수 없다.

정답 | ⑤

05 18년 2회

인터넷에 대한 설명으로 가장 옳지 않은 것은?

① 인터넷은 '정보의 바다(Sea of Information)'라고도 불리고 있다.
② 인터넷은 중심이 되는 호스트 컴퓨터를 통해 서비스를 제공하고 있다.
③ 인터넷은 컴퓨터 간의 네트워크 연결로 네트워크 위의 네트워크라고 볼 수 있다.
④ 인터넷은 단일 컴퓨터상에서 이루어졌던 정보처리 업무의 한계를 극복하기 위한 시도에서 출발하였다.
⑤ 인터넷은 전 세계 수많은 컴퓨터들이 TCP/IP(Transmission Control Protocol/Internet Protocol)라는 통신 규약으로 연결되어 있는 거대한 컴퓨터 통신망이다.

인터넷에는 PC 통신처럼 모든 서비스를 제공하는 중심이 되는 호스트 컴퓨터도 없고 이를 관리하는 조직도 없다. 그러나 인터넷을 총괄적으로 관리하지는 않지만 인터넷상의 어떤 컴퓨터 또는 통신망에 이상이 발생하더라도 통신망 전체에는 영향을 주지 않도록 실제의 관리와 접속은 세계 각지에서 분산적으로 행해지고 있다.

정답 | ②

06 16년 1회

QR코드에 대한 설명으로 가장 옳지 않은 것은?

① QR코드(버전 4.0 기준)의 최대 표현 용량은 숫자 7,089자, 문자(ASCII) 4,296자, 한자 등 아시아 문자 1,817자 등이다.
② QR코드는 네 모서리 중 세 곳에 위치한 검출 패턴을 이용해서 360도 어느 방향에서든지 데이터를 읽을 수 있다는 장점이 있다.
③ 유통, 물류 분야에서 기존 바코드를 대체하는 개념으로 출발한 QR코드는 별도의 리더기 없이 휴대폰을 리더기로 활용할 수 있어, 명함과 같은 개인적인 서비스까지 그 범위가 급속도로 확대되고 있다.
④ QR코드는 데이터와 오류 정정 키들이 네 모서리에 각기 분산된 형태로 포함되어 있어 오염되거나 훼손되었을 경우 바코드에 비해 데이터를 읽어 들이기 어렵다는 단점이 있다.
⑤ QR코드를 사용하기 어려운 좁은 공간이나 소량의 데이터만 필요로 하는 경우를 위하여 마이크로 QR코드를 Denso Wave에서 정의하고 있다.

QR코드는 데이터와 오류 정정 키들이 네 모서리에 각기 분산된 형태로 포함되어 있어 오염되거나 훼손되었을 경우 바코드에 비해 데이터를 읽어 들이기 쉽다는 장점이 있다.

정답 | ④

07
18년 2회

QR코드의 설명으로 가장 옳지 않은 것은?

① 바코드와 동일한 양의 자료를 표현하려면 사각형의 모양이라 크기가 더 커야 한다.
② 일부분이 손상되어도 바코드에 비해 인식률이 높은 편이다.
③ 바코드에 비해 담고 있는 정보의 양이 크다.
④ 여러 QR코드로 나뉘어 저장된 정보를 1개의 데이터로 연결하는 것이 가능하다.
⑤ 360° 어느 방향에서든지 인식이 가능하다.

QR코드는 기존 바코드의 여러 가지 단점을 보완하며 등장한 것으로 작은 공간에 대용량의 정보 저장(표현)이 가능하다.

정답 | ①

08
20년 추가

상품의 코드를 공통적으로 관리하는 표준상품분류 중 유럽상품코드(EAN) 대한 설명으로 가장 옳지 않은 것은?

① 소매점 POS시스템과 연동되어 판매시점관리가 가능하다.
② 첫 네자리가 국가코드로 대한민국의 경우 8800이다.
③ 두번째 네자리는 제조업체 코드로 한국유통물류진흥원에서 고유번호를 부여한다.
④ 국가, 제조업체, 품목, 체크숫자로 구성되어 있다.
⑤ 체크숫자는 마지막 한자리로 판독오류 방지를 위해 만들어진 코드이다.

유럽상품코드(EAN)는 13자리로 구성되며, 첫 세자리는 국가코드로 대한민국은 880으로 시작한다.

정답 | ②

09
18년 3회

아래 글상자의 괄호 안에 공통적으로 들어갈 알맞은 단어는?

> A몰은 PB제품을 가진 대형 유통업체이다. 발주 및 재고 정보를 제조업체들과 공유함으로써 적절한 재고관리를 가능하게 해 주는 (   )을 구축하였다.
> (   )으로 구축된 A몰의 시스템은 재고정보 등 일부 비즈니스 정보들을 승인된 제조업체, 공급업체, 협력업체, 고객 또는 다른 비즈니스 업체들과 안전하게 공유할 수 있도록 지원한다.

① 인트라넷
② 인터넷
③ 통합 프로토콜
④ 엑스트라넷
⑤ 이더넷

엑스트라넷(Extranet)은 납품업체나 협력업체 등 자기 회사와 관련 있는 기업체들과 원활한 의사소통을 위해 인트라넷(Intranet)의 이용 범위를 그들과 관련된 기업체들 사이로 확대한 것이다.
협력업체들과 엑스트라넷이 구축되면 비용이 절감되고 생산성이 향상된다. 또한 정보전달이 가능하므로 의사전달도 향상된다.

정답 | ④

10
21년 1회

바코드 기술과 RFID 기술에 대한 설명으로 옳지 않은 것은?

① 유통업체에서는 바코드 기술을 판매관리에 활용하고 있다.
② 바코드 기술은 핀테크 기술에 결합되어 다양한 모바일 앱에서 활용되고 있다.
③ 바코드 기술을 대체할 기술로는 RFID(Radio Frequency IDentification) 기술이 있다.
④ RFID 기술은 바코드에 비해 구축비용이 저렴하지만, 보안 취약성 때문에 활성화되고 있지 않다.
⑤ RFID 기술은 단품관리에 활용될 수 있다.

RFID 기술은 바코드에 비해 많은 구축비용이 소요되지만, 보안성이 높아 사용 범위가 크게 확대되고 있다. 또한 RFID를 도입하면 상품의 이동 과정을 실시간으로 추적할 수 있고, 화물의 도난 및 손실을 예방할 수 있다.

정답 | ④

11

아래 글상자가 설명하는 용어로 가장 적합한 것은?

> 정보기술을 활용하여 고객들이 이용 가능한 온-오프라인의 모든 쇼핑채널들을 유기적으로 통합하여 연계시켜, 고객들에게 쇼핑에 불편함이 없도록 지원하는 것을 말한다.

① 비콘
② 파밍
③ 매시업
④ 코피티션
⑤ 옴니채널

옴니채널(Omni Channel)은 모든 것, 모든 방식을 의미하는 접두사 옴니(Omni)와 유통경로를 의미하는 채널(Channel)의 합성어로 소비자가 온라인, 오프라인, 모바일 등 다양한 채널을 넘나들며 상품을 검색하고 구매할 수 있도록 하는 O2O서비스를 말한다. 즉 각 유통채널의 특성을 결합해 어떤 채널에서든 같은 매장을 이용하는 것처럼 느낄 수 있도록 한 쇼핑환경을 말한다.

선지분석
① 비콘(Beacon)은 블루투스 기반으로 근거리 내에 감지되는 스마트 기기에 각종 정보와 서비스를 제공할 수 있는 무선통신 장치이다. 좁은 의미에서는 IT 기술 기반의 위치 인식 및 통신 기술을 사용하여 다양한 정보와 데이터를 전송하는 근거리 무선통신 장치를 말한다.
② 파밍(Pharming)은 사용자들이 진짜 사이트로 오인하여 접속하도록 유도한 후 개인정보를 훔치는 사이버 범죄이다. 즉 목적지 주소를 사칭하는 다른 주소의 웹으로 연결해 주는 것이다.
③ 매시업(Mash-Up)은 웹서비스 업체들이 제공하는 각종 콘텐츠와 서비스를 융합하여 새로운 웹서비스를 만들어내는 것을 의미한다. 매시업 서비스의 예로는 구글 지도와 부동산 정보사이트인 크레이그 리스트(www.craigslist.org)를 결합시킨 하우징맵(www.housingmaps.com) 사이트가 있다.
④ 코피티션(Co-Petition)은 Cooperation(협동)과 Competition(경쟁)의 합성어로 동종 업계 간의 상호 협력과 경쟁을 통해 이익을 추구하는 것을 뜻한다. 코피티션의 목적은 기업 간의 극단적 경쟁에서 비롯되는 위험 요소들을 피하고 자원 공용화, 공동 R&D 등의 상호 협력을 통해 시장의 발전을 꾀하는 데 있다.

정답 | ⑤

12

아래 글상자의 괄호 안에 공통적으로 들어갈 용어로 가장 옳은 것은?

> • ( )은(는) 디지털 기술을 사회 전반에 적용하여 전통적인 사회구조를 혁신시키는 것이다. 일반적으로 기업에서 사물인터넷, 클라우드 컴퓨팅, 인공지능, 빅데이터 솔루션 등 정보통신기술을 플랫폼으로 구축·활용하여 기존의 전통적인 운영방식과 서비스 등을 혁신하는 것이다.
> • ( )은(는) 산업과 사회의 각 부문이 디지털화되는 현상으로 인터넷, 정보화 등을 뛰어넘는 초연결(Hyper-connectivity) 지능화가 경제·사회 전반에 이를 촉발시키고 있다.

① 디지타이제이션(Digitization)
② 초지능화(Hyper-intellectualization)
③ 디지털 컨버전스(Digital Convergence)
④ 디지털 전환(Digital Transformation)
⑤ 하이퍼인텐션(Hyper-intention)

제시된 내용은 디지털 전환(Digital Transformation)에 대한 설명이다. 디지털 전환은 일반적으로 기업에서 사물인터넷(IoT), 클라우드 컴퓨팅, 인공지능(AI), 빅데이터 솔루션 등 정보통신기술(ICT)을 플랫폼으로 구축·활용하여 기존 전통적인 운영 방식과 서비스 등을 혁신하는 것을 의미한다.
IBM 기업가치연구소는 '기업이 디지털과 물리적인 요소들을 통합하여 비즈니스 모델을 변화시키고, 산업에 새로운 방향을 정립하는 전략'이라고 정의하고 있다.

정답 | ④

PART 04 유통정보의 관리와 활용

CHAPTER 01 데이터 관리

1 데이터웨어하우스와 데이터웨어하우징

1. 데이터웨어하우스(Data Warehouse)

(1) **데이터웨어하우스의 의의** 기출 20-3, 20-추가, 18-1, 17-3, 16-3
① 데이터웨어하우스는 기간 시스템의 데이터베이스에 축적된 데이터를 공통의 형식으로 변환하여 일원적으로 관리하는 데이터베이스를 의미한다.
② 인먼(W. H. Inmon)에 의하면 데이터웨어하우스는 경영자의 의사결정을 지원하는 데이터의 집합으로 주제 중심적이고 통합적이며, 비휘발성이고, 시간에 따라 변화한다.
③ 데이터웨어하우스는 기업 내의 여러 부문에 널려 있는 개별 시스템들을 활용 목적별로 통합하여, 마케팅이나 상품 진열방식 등의 의사결정에 유용한 정보를 보관해 놓은 대형 전자정보창고(Electronic Warehouse)라고 할 수 있다.

(2) **데이터웨어하우스의 등장 배경**
① 의사결정을 위한 정보 수요가 폭증하며 과거의 이력 데이터의 중요성이 부각되었다. 신속하고 즉각적인 의사결정을 위해서는 과거의 장기에 걸친 데이터가 필요한데 이를 해결해 주는 것이 데이터웨어하우스이다.
② 의사결정을 하는 데는 기업 내의 다른 부서, 다른 시스템, 다양한 방식으로 보관된 데이터에 접근하여 다양한 종류의 질적 수행이 가능한 환경의 필요성이 높아졌다.
③ 각기 구축된 데이터베이스가 운용되고 시간이 지날수록 그 크기가 커짐에 따라 이를 효과적으로 운용할 수 있는 새로운 형태의 통합된 데이터 저장소가 필요해졌다.
④ 고객의 다양한 요구와 환경 변화에 신속하게 대응하기 위해 일상 업무 지원뿐만 아니라 데이터 분석이나 의사결정을 지원하는 기업의 전략적 정보 기반 구축이 필요해졌다.

(3) **데이터웨어하우스의 특징** 기출 20-추가, 18-1
① 주제지향성: 기업에서 다양하게 활용할 수 있도록 고객, 벤더, 제품, 가격, 지역 등과 같은 중요한 주제를 중심으로 그 주제와 관련된 데이터들로 조직된다.
② 통합성(일관성): 데이터웨어하우스에서는 다양한 시스템을 통하여 수집된 데이터가 전사적 모델에 기초하여 주제별로 통합된다. 예를 들어, 기업 내·외부 시스템으로부터 수집된 고객데이터는 고객에 대한 식별자 중심으로 통합되어 고객에 대한 포괄적 정보를 제공한다.
③ 비휘발성(읽기 전용): 읽기 전용 데이터베이스로서 갱신이 이루어지지 않는다. 이는 일단 데이터가 적재되면 일괄처리(Batch) 작업에 의한 갱신 이외에는 삽입이나 삭제 등의 변경이 수행되지 않는 특징을 말한다.
④ 시계열성(역사성): 시계열성(시간성) 또는 역사성을 가진다. 데이터는 추세, 예측, 연도별 비교 분석 등을 위해 다년간 시계열적으로 축적·보관된다.
⑤ 접근가능성: 데이터웨어하우스는 컴퓨터 시스템이나 자료 구조에 대한 지식이 없는 사용자들이 쉽게 접근할 수 있다.

⑥ 관계형: 단순한 데이터의 저장 창고가 아니라 관계형 데이터베이스를 근간으로 많은 데이터를 다차원적으로 신속하게 분석하여 의사결정에 도움을 준다.

⑦ 다차원 분석 처리 지원: 데이터베이스는 통상 거래를 다루므로 거래 발생 즉시 온라인으로 처리되는 OLTP가 사용되지만, 의사결정을 지원하는 데이터웨어하우스는 축적된 데이터를 분석하는 OLAP(온라인 분석 처리)와 다차원 분석을 지원한다.

(4) 데이터마트(Data Mart) 기출 20-3, 20-추가, 19-1

① 데이터마트는 데이터웨어하우스의 부분 집합으로 제품 관리자가 항시 확인해야 하는 데이터를 요약하거나 매우 집중화시켜 제품 관리자 집단을 위한 개별적인 데이터베이스를 제공한다.

② 데이터마트는 데이터웨어하우스를 축소한 소규모 버전을 통해 데이터웨어하우스 구축에 필요한 높은 비용 대비 낮은 비용으로 창출할 수 있다. 주로 전략적 사업 단위나 부서를 위해 설계된 작은 웨어하우스이다.

2. 데이터웨어하우징(Data Warehousing) 기출 20-추가

(1) 데이터웨어하우징의 의미

① 데이터웨어하우징이란 개방형 시스템 도입으로 여러 부문에 흩어져 있는 각종 기업 정보를 최종 사용자가 쉽게 활용하여, 신속한 의사결정을 할 수 있도록 흩어져 있는 방대한 양의 데이터에 쉽게 접근하고 이를 활용할 수 있게 하는 기술을 말한다.

② 데이터웨어하우징은 경영자정보시스템(EIS)과 의사결정지원시스템(DSS)을 구축하는 데 사용되었던 이전의 데이터베이스에서 분석·요약된 정보를 선택하여 새로운 데이터웨어하우스를 구축하거나 이를 활용하는 절차와 과정을 의미한다.

(2) 데이터웨어하우징의 구성

① 데이터웨어하우징의 구성요소는 기존 데이터의 변환·추출·통합 과정, 데이터웨어하우스에 로딩(Loading) 관리 과정, 미들웨어, 사용자들의 액세스 과정으로 구성되어 있다.

② 데이터웨어하우징 시스템에서의 데이터는 데이터웨어하우스에 입력되고, 내용물은 정보로 변환되며, 정보는 사용자가 이용 가능하도록 해준다. 내·외부 원천으로부터 데이터가 수송되는 영역에서 데이터의 추출(Extraction), 변형(Transformation), 선적(Loading) 등의 프로세스가 일어나는데 이를 약자로 ETL이라고 한다.

③ 보통 질의 사항이나 보고서 작성 도구를 이용하여 필요한 정보를 조회하고 정리하는 과정이며, 정보를 찾아내기 위해서는 OLAP(분석 프로세싱) 도구를 이용하는 것이 보편화되어 있다.

2 데이터 수집·분석·관리기술 및 관련장비

1. 데이터마이닝의 의의와 프로세스 기출 16-3, 16-1, 14-3

(1) 데이터마이닝(Data Mining)의 의의

① 최근 효과적인 고객관계관리(CRM)를 위해 데이터마이닝이 큰 관심을 끌고 있다. 기업들은 데이터마이닝을 통해 고객에게 가장 적합한 모형을 찾아내어 마케팅에 적용하고 있다.

② 데이터마이닝은 데이터베이스 내부의 지식발견(KDD: Knowledge Discovery in Data base) 과정의 일부이다.

③ 데이터마이닝은 대용량의 데이터베이스로부터, 과거에는 찾아내지 못했던 데이터 모델을 새로이 발견하여 실행 가능한 유용한 지식(추세, 관계, 패턴, 규칙 등)을 추출해 내는 과정을 의미한다. 이렇게 찾아낸 지식은 미래 행위의 예측과 의사결정에 매우 유용하게 이용된다.

(2) 데이터마이닝의 원리

① 마이닝(Mining)이란 광산에서 땅을 캐내려가서 보석을 찾아내는 것을 의미한다. 따라서 데이터마이닝은 데이터베이스를 분석하여 유용한 지식을 추출하는 것을 의미한다.

② 가장 얕은 곳에 매장되어 있는 지식은 데이터베이스관리시스템(DBMS)에 내장되어 있는 관계형 데이터베이스를 위한 질의문(SQL: Structured Query Language)으로 추출할 수 있다.

③ 그리고 이보다 조금 더 깊은 곳에 매장되어 있는 지식은 OLAP(On-Line Analytical Process)를 사용하여 추출할 수 있다.

④ 가장 깊이 매장되어 있어서 캐내기 어려운 지식은 의사결정 나무(Decision Tree), 전문가 시스템(Expert System)이나 인공지능(Artificial Intelligence)과 같은 고급 기법을 활용하여 추출하여야 한다.

(3) 데이터마이닝의 분석기법 기출 19-2, 18-2, 17-3, 15-1

① 전통적 통계기법인 연관 규칙 분석이나, 순차적 패턴 분석과 같은 군집 분석(Clustering), 그리고 의사결정 나무 모형이나 전문가 시스템 모형, 신경망과 같은 인공지능형 기법 등이 있다.

② 군집 분석은 n개의 개체들을 대상으로 p개의 변수를 측정하였을 때, 관측한 p개의 변수 값을 이용하여 n개 개체들 사이의 유사성 또는 비유사성의 정도를 측정하여 개체들을 유사성의 정도에 따라 그룹화하는 기법이다.

③ 신경망 기법은 인간이 경험으로부터 학습해가는 두뇌의 신경망 활동을 모방한 것으로, 자신이 소유한 데이터로부터의 반복적인 학습 과정을 거쳐 패턴을 찾아내고 이를 일반화하는 기법이다.

④ 데이터마이닝 기법과 CRM에서의 활용 용도를 보면 군집화 규칙은 제품 카테고리, 분류 규칙은 고객 이탈 수준 등급, 순차 패턴은 로열티 강화 프로그램, 연관 규칙은 상품 패키지 구성 정보 등에 활용할 수 있다.

(4) 데이터마이닝에서 사용하는 기법 기출 21-3, 18-2, 17-3

① 추정: 연속형이나 수치형으로 그 결과를 규정하여 알려지지 않은 변수들의 값을 추측하여 결정하는 기법
② 분류: 범주형 자료이거나 이산형 자료일 때 주로 사용하며, 이미 정의된 집단으로 구분하여 분석하는 기법
③ 군집화: 데이터 중에서 유사한 특성을 가진 것들을 몇 개의 집단으로 그룹화하여, 각 집단의 성격을 파악함으로써 데이터 전체의 구조에 대해 이해할 수 있는 기법
④ 유사통합: 데이터로부터 규칙을 만들어내는 것으로 어떠한 것들이 함께 발생하는지에 대해 결정하는 기법
⑤ 예측: 미래의 행동이나 미래 추정치의 예측에 따라 구분되는 것으로 분류나 추정과 유사 기법

2. 텍스트 마이닝(Text Mining)

(1) 텍스트 마이닝의 의의

① 텍스트 마이닝은 빅데이터의 분석 방법 중 하나이다. 이는 비정형 텍스트 데이터(신문·잡지기사, 여론 조사, 논문, 보고서 등)에서 가치와 의미가 있는 정보를 찾아내는 기법이다.

② 예를 들면, 인터넷 등에 올라온 글에서 특정 주제와 관련된 부분을 뽑아 의미를 분석하고 필요한 정보를 추출하는 기법을 말한다.

(2) 데이터마이닝과의 차이 기출 17-2

데이터마이닝이 구조화되고 사실적인 방대한 데이터베이스에서 관심 있는 패턴을 찾아내는 기술 분야라면, 텍스트 마이닝은 구조화되지 않은 텍스트에서 의미를 찾아내는 기술 분야이다.

3. 웹 마이닝(Web Mining)

(1) 웹 마이닝의 의의 기출 20-2, 15-3

① 웹 마이닝은 웹상에서 존재하는 모든 데이터(고객 신상 정보, 구매 기록, 장바구니 정보 등)를 대상으로 웹 데이터 간의 상관 관계를 밝혀내고, 웹 사용자의 의미있는 접속 행위 패턴을 발견하려는 것으로, 고객관계관리(CRM)를 위해 활용하는 기술이다.

② 웹 서버를 통해 이루어지는 내용이나 활동 사항을 시간의 흐름에 따라 기록하는 웹 로그 파일을 수집, 분석하여 의미있는 데이터를 추출해내는 방법이다.

③ 웹 마이닝은 웹 콘텐츠(Web Contents) 마이닝, 웹 구조(Web Structure) 마이닝, 웹 사용(Web Usage) 마이닝 등으로 분류해 볼 수 있다.

(2) 웹 마이닝 분석기법 기출 19-2

① 웹 콘텐츠 마이닝: 웹 사이트를 구성하는 페이지 내용 중 유용한 정보를 추출하기 위한 기법으로 텍스트뿐만 아니라 이미지, 오디오, 비디오, 메타 데이터 등이 그 대상이 된다.

② 웹 구조 마이닝: 웹상에 존재하는 하이퍼 텍스트로 구성된 문서들의 구조에 대하여 마이닝하는 기법이다.

③ 웹 사용 마이닝: 방문자들의 웹페이지 사용 패턴을 분석하는 기법으로 웹 로그 파일 분석은 웹 사용 마이닝의 한 부분이다.

(3) 웹 로그 분석 기출 21-2, 19-2, 16-2, 15-3

① e-CRM은 단 한 명의 고객까지 세분화하여 고객의 개별화된 특성을 파악하고 이들 고객에게 맞춤 서비스를 제공하는 데 목적을 두고 구현한다. 이를 위해 다양한 정보를 수집하고 분석하여 활용하는데, 고객이 인터넷을 서핑하면서 만들어내는 고객의 웹 로그(Web Log)는 고객의 성향을 파악할 수 있는 훌륭한 정보가 된다.

② 웹 로그는 웹 사이트(Web Site)에 방문한 고객의 흔적(Log)인 누가, 언제, 무엇을, 어디서, 어떤 경로로, 어떤 페이지를 방문했는지 등을 말한다. 웹 로그를 통해 고객의 성향을 파악할 수 있다.

③ 기업은 고객관계관리를 위해 e-CRM을 구축하고, 웹 로그 분석을 실시한다. 웹 로그 분석(Weblog Analysis)은 웹 사이트의 방문객이 남긴 자료를 근거로 웹의 운영 및 방문 행태에 대한 정보를 분석하는 것이다. 이를 웹 마이닝(Web Mining)이라고 한다.

④ 방문객이 웹 사이트에 방문하게 되면 웹 서버에는 로그 파일 형태로 기록된다. 웹 서버를 통해 이루어지는 내용이나 활동 사항을 시간의 흐름에 따라 기록하는 파일을 웹 로그 파일이라 한다.

(4) 웹 로그 파일의 종류 기출 21-3, 19-3, 17-3, 16-2, 15-3

웹 마이닝의 분석 대상인 로그 파일은 Access Log, Refferer Log, Agent Log, Error Log 등이 있다.

① Access Log: 웹 사이트 방문자가 웹 브라우저를 통해 사이트 방문 시, 브라우저가 웹 서버에 파일을 요청한 기록과 시간, IP에 관련된 정보에 대한 기록이다.

② Refferer Log: 웹 서버를 소개해 준 사이트와 소개받은 페이지를 기록함으로써 해당 웹사이트를 보기 위해서 어떤 페이지를 거쳐 왔는지에 대한 기록이다.

③ Agent Log: 사이트 방문자의 웹 브라우저 버전, 운영 체제의 종류, 화면 해상도, 프로그램의 종류 등에 관한 정보로 최적화된 웹 사이트를 구성할 수 있는 단서를 제공한다.

④ Error Log: 웹 서버에서 발생하는 모든 에러와 접속 실패에 대한 시간과 에러 내용을 모두 기록한다.

CHAPTER 02 　 고객충성도 프로그램

1 고객충성도 프로그램의 개념

1. 고객충성도

(1) 고객충성도와 충성고객

① 고객 만족은 지속적인 재구매로 이어지게 된다. 고객충성도(Customer Loyalty) 또는 고객 애호도란 한 기업의 제품 및 서비스에 대한 고객의 재구매 정도와 구매한 상표에 대하여 갖는 애착 또는 애정의 정도를 의미한다.

② 재구매율이 높은 고객을 충성도가 높은 고객, 즉 충성고객이라고 하는데, 충성도가 높은 고객은 재구매율이 높을 뿐만 아니라 가격에 덜 민감하게 반응한다.

③ 충성도가 높은 고객이 많으면 많을수록 기업은 더 많은 수익을 창출할 수 있다. 따라서 기업은 고객충성도를 높이고 지속적으로 구매를 유지할 수 있도록 해야 한다.

(2) 고객충성도와 고객관계관리 기출 21-1

① 최근 기업들은 고객정보를 이용하여 고객 행동을 이해하고 고객이 원하는 혜택을 파악하여 고객과의 지속적인 관계를 구축하려는 노력을 하고 있는데, 이러한 고객관리를 고객관계관리(CRM: Customer Relationship Management)라고 한다.

② CRM은 경쟁 상황에서 지속적인 성장을 유지하기 위해 수익성이 높은 고객을 파악하고 이들과의 관계를 구축하고 유지하는 일련의 활동이라고 할 수 있다.

2. 고객충성도 프로그램의 필요성

(1) 고객충성도 프로그램의 아이디어

① 고객충성도 프로그램은 20:80 법칙, 즉 상위 20%의 고객이 전체 매출의 80%를 차지한다는 파레토(V. Pareto) 법칙에 근거를 두고 있다.

② 또한 기존고객을 유지하는 데 소요되는 비용은 신규고객 한 명을 확보하는 데 필요한 비용의 20~25%에 불과하다는 연구결과도 고객충성도 프로그램의 근거가 된다.

(2) 고객충성도 프로그램의 의의 기출 21-1, 20-2, 15-3

① 고객충성도 제고 프로그램은 기존고객이 경쟁 회사로 이탈하는 것을 막기 위해 실시하는 프로그램이다. 고객이 원하는 제품 및 서비스의 품질, 고객의 기호 등을 파악하여 고객이 최대의 만족을 느낄 수 있도록 배려함으로써, 한 번의 고객을 평생 고객화하는 것을 목표로 한다.

② 자사의 모든 고객에게 특정한 인센티브를 제공하거나 수익성이 높은 상품의 재구매율을 높이기 위해 고객의 기여도에 따른 인센티브를 제공하는 기업의 활동이다. 즉, 고객의 반복적인 구매활동에 대한 보상으로 상품 할인, 마일리지, 할인 쿠폰, 선물 혹은 여행 같은 인센티브를 제공한다.

> **짚고 넘어가기　고객 충성도를 강화하기 위한 우수고객우대 프로그램** 기출 24-1
> - 유통업체의 우수고객우대 프로그램은 금전적 혜택과 비금전적 혜택을 제공하는데, 최근에는 비금전적 혜택을 강화하는 방향으로 진화하고 있다.
> - 유통업체의 우수고객우대 프로그램은 자사에서 제공하는 혜택이 자사 상품과 직접적인 관련성을 갖도록 함으로써 자사 상품의 가치를 증진시키는 것이 바람직하다.
> - 유통업체의 우수고객우대 프로그램은 고객의 거래실적이 많을수록 더 많은 혜택을 제공하는 등 고객 등급에 따라 혜택을 차등 제공하는 방식을 채택한다.
> - 유통업체에서 우수고객우대 프로그램을 도입하는 이유는 우수고객의 수익창출 기여도가 매우 높기 때문이다.
> - 유통업체의 우수고객우대 프로그램은 우수고객의 유지 및 활성화뿐만 아니라 비우수고객을 우수고객으로 전환시키는 유력한 수단으로 활용된다.

(3) **고객충성도 프로그램의 내용**
① 데이터베이스 마케팅: 고객에 대한 자료를 수집하고 데이터베이스를 구축·활용하여 고객이 필요로 하는 제품을 판매하는 전략이다.
② 관계마케팅: 기존고객의 유지를 위하여, 고객을 기업의 중요한 자산으로 인식하고 고객과의 관계를 형성·유지·제고하여 기업의 매출액을 증대시키고 고객충성도를 높이려는 마케팅활동을 의미한다.
③ 고객 활성화 전략: 이는 기존고객 중 우량고객에게 재구매를 유도하거나 구매빈도를 높일 수 있는 인센티브를 부여하여 충성도가 높은 고객으로 발전시키는 전략이다. 그 구체적인 방법으로는 가격 할인, 보너스 상품 제공, 마일리지 프로그램 제공 등이 있다.

2 CRM을 위한 정보기술

1. CRM(Customer Relationship Management)의 의의와 특성

(1) **CRM의 정의**
① CRM(고객관계관리)은 기업이 고객관리를 통해 고객의 만족도를 향상시킴으로써 지속적으로 수익을 창출하고자 하는 전략과 이를 시스템으로 구현하는 모든 과정을 의미한다.
② CRM은 고객과 관련된 기업의 내부 및 외부 자료를 분석·통합하여 고객 특성에 기초한 마케팅활동을 계획하고 지원하며 평가하는 것을 말한다.
③ CRM은 고객과의 관계를 바탕으로 고객생애가치(Life-Time Value)를 극대화하기 위하여 관계형성 및 신규고객 확보로부터 시작하여 고객충성도 제고 및 유지, 구매 활성화 및 고객 확장에 이르기까지 3단계로 이어진다.

(2) **CRM의 특성** 기출 24-2
① CRM은 고객 수익성을 우선으로 하여 콜센터, 캠페인 관리 도구 등과의 결합을 통해 고객정보를 적극 활용하며, 기업 내 사고를 바꾸자는 BPR의 성격이 강하게 내포되어 있다.
② CRM은 과거의 대중 마케팅과는 확실하게 구분되는 마케팅의 방법론으로 최근에 등장한 데이터베이스 마케팅, 일대일(One to One) 마케팅, 관계 마케팅에서 진화한 요소들을 기반으로 하고 있다.
③ CRM은 최근 전자상거래 비즈니스 모델 중 가장 각광을 받고 있는 부문이며, 기업 경쟁력의 핵심 과제로 자리잡아 가고 있다.
④ CRM은 고객 데이터의 세분화를 통해 신규고객 획득 → 우수고객 유지 → 고객가치 증진 → 잠재고객 활성화 → 평생 고객화와 같은 사이클을 통하여 마케팅을 실시한다.
⑤ CRM을 위해 신규고객을 창출하는 과정은 잠재고객 → 선별고객 → 가능고객 → 최상가능고객 → 신규고객의 순으로 이루어진다. 이후 신규고객을 충성고객으로 만들어 고객생애가치를 높이는 과정을 거친다.

2. CRM의 구축과 기대효과

(1) **CRM의 분류**
CRM은 크게 CRM 전략과 CRM 시스템 프로젝트로 나눌 수 있고, CRM 시스템은 분석 CRM과 운영 CRM, 협업 CRM으로 나누어진다.

CRM 시스템의 종류	특징
분석(Analytical) CRM	데이터 웨어하우스, 데이터 마이닝, OLAP 등의 툴을 이용하는 백오피스 지향적인 CRM
운영(Operational) CRM	고객과의 접점에서 영업 및 마케팅 서비스를 수행할 수 있도록 지원하는 프론트 오피스 지향적인 CRM
협업(Collaborative) CRM	분석 CRM과 운영 CRM을 통합한 의미이면서, 인터넷과 콜센터, 모바일 등 고객과의 다양한 접점을 지원하는 CRM

(2) CRM의 구축과 분석 〔기출〕 24-2, 24-1, 22-3, 19-2, 15-3

① CRM 구축을 위한 전제

CRM 구축을 위해서는 먼저 고객통합 데이터베이스가 구축되어 있어야 하고, 고객 특성을 분석하기 위한 데이터마이닝 도구가 준비되어야 하며, 마케팅 활동을 대비하기 위한 캠페인 관리용 도구가 전제되어야 한다.

② CRM을 통해 수집된 자료를 분석하는 마이닝 기법

㉠ 텍스트 마이닝(Text Mining)의 주요 분석기법들로는 주제어 분석, 동시 출현 단어 분석, 토픽 모델링, 감성 분석 등이 있다.

㉡ 오피니언 마이닝(Opinion Mining)은 문서에 나타난 의견의 극성을 분석하는 감성분석이 중요하다. 감성분석의 대표적 예로는 영화 리뷰 분석, 온라인 쇼핑몰의 제품에 대한 구매후기 분석 등이 있다.

㉢ 웹콘텐츠 마이닝(Web Contents Mining)은 웹 사이트를 구성하는 페이지 내용 중 유용한 정보를 추출하기 위한 기법이다. 웹콘텐츠 마이닝은 텍스트뿐만 아니라 이미지, 오디오, 비디오, 메타데이터, 유용한 정보들의 추출과 연결들도 그 대상이 된다.

㉣ 웹사용 마이닝(Web Usage Mining)은 웹상에서 사용자가 찾고자 했던 것을 기록하고 있는 웹 서버 로그에서 유용한 정보를 추출하는 과정이다. 웹로그파일 분석이 포함된다.

㉤ 웹구조 마이닝(Web Structure Mining)은 웹사이트의 노드와 연결 구조를 분석하기 위해 그래프 이론을 사용하는 과정이다.

> **짚고 넘어가기** **인바운드 고객분석**
>
> 신규고객을 획득하기 위해 CRM시스템의 고객정보를 활용한 분석을 수행하고자 할 때, 고객의 전화나 인터넷 게시판을 통한 문의, 영업소 방문 등의 내용을 바탕으로 하는 분석을 말한다.

(3) CRM의 활용 〔기출〕 24-2

㉠ 유통업체에서는 CRM 시스템을 활용해서 신규고객 창출, 기존고객 유지, 충성고객 개발에 활용하고 있다.

㉡ 유통업체에서 CRM 시스템은 개별고객에 대한 상세한 정보를 토대로 그들과의 장기적인 관계를 구축하고 충성도를 높여 고객 생애가치(Customer LTV)를 극대화하려는 것이다. 장기적인 고객관계 형성을 위해 도입하고 있다.

㉢ CRM 시스템은 고객 데이터에 대한 다양한 분석을 통해 고객에 대한 이해도를 높여준다.

㉣ CRM 시스템은 유통업체의 판매, 서비스, 영업 업무수행에 도움을 줌으로써 유통업체의 경쟁우위 창출에 도움을 준다.

(4) CRM 도입의 기대효과 〔기출〕 23-1, 22-2, 21-1, 20-3

① 기업은 CRM을 통해 매우 다양한 이익을 얻을 수 있는데, 우선 우수고객의 유지 비율을 제고할 수 있으며, 고객의 이탈로 인한 손실을 최소화할 수 있다.

② 또한, 잠재고객을 활성화시켜 수익증대효과는 물론 고객을 과학적으로 분석하고 마케팅활동을 효율적으로 수행함으로써 비용절감효과를 기대할 수 있다.

업무 영역	CRM 도입의 기대효과
마케팅 기회 분석	• 수익 및 고객평생가치(LTV) 증대 • 신규고객 유치 및 기존고객 활성화 • 평생 고객으로 가치를 창출할 수 있게 함
영업지원 활동	• 시장에서의 경쟁력 있는 제품의 파악 및 신속한 대응 전략 수립 • 수익성 높은 고객 분류와 타겟 마케팅
마케팅관리	• 시장 변화 및 고객의 니즈에 맞는 상품 개발 • 상품에 대한 시장 반응의 신속한 파악 및 보완 • 고객의 니즈 변화에 대한 신속한 파악 및 대응

고객서비스	• 고객충성도(Customer Loyalty) 증대 • 고객 만족 증대 • 교차 판매와 상향판매의 기회 증대 및 활용
고객 채널 관리	• 고객의 니즈에 맞는 최적의 채널 제공 • 비용을 최소화할 수 있는 고객 유도

③ CRM의 평가지표: CRM을 통해 성공적으로 고객을 관리하고 있음을 추적하기 위해 사용할 수 있는 지표로는 신규 고객 유치율, 마케팅 캠페인 당 구매건수, 마케팅 캠페인 당 반응건수 및 제품 당 신규 판매기회 건수 등을 들 수 있다.

3 e-CRM

1. e-CRM의 도입 배경

(1) CRM과 e-CRM 기출 21-1

① 최근 기업의 사업 규모가 확대되고 제품과 서비스의 복잡성이 증가함에 따라 기존 CRM 시스템의 한계가 드러나기 시작했다. 이에 따라 전통적인 CRM 시스템의 운영이 점점 더 어려워지고 있다.
② 또한, B2C, B2B 전자상거래의 급성장과 더불어 해당 기업들은 고객서비스 향상에 관심을 기울이기 시작하였으며, CRM 소프트웨어의 중요성도 증대됨과 동시에 기존 CRM 소프트웨어에 웹 기능을 추가한 인터넷 채널 중심의 e-CRM으로 발전하고 있다.

(2) e-CRM의 의미 기출 21-2

① e-CRM이란 인터넷 기반의 정보시스템을 활용하여 고객관계관리를 강화함으로써 고객의 충성도를 높이고 궁극적으로 기업의 성장을 도모하는 것으로 정의할 수 있다.
② 즉, e-CRM은 전통적인 CRM 개념을 인터넷 및 전자상거래 시스템이라는 새로운 환경에서 실행하는 것으로 고객에 대한 지식을 기반으로 e-Marketing, 그리고 e-Business 등과 같은 인터넷 채널 중심의 고객관계관리시스템이라고 정의할 수 있다.

2. e-CRM의 특징

(1) e-CRM의 목표

① e-CRM은 웹사이트를 방문하는 고객들의 로그 파일을 분석해서 고객의 성향에 맞는 제품이나 컨텐츠를 실시간으로 추천해주는 일종의 일대일(One-to-One) 마케팅 솔루션이다.
② e-CRM에서는 실시간 대화와 웹을 이용하여 e-Mail을 통한 고객관리와 인터넷 마케팅을 지원하는 신기술의 등장으로 차별화 및 개인별 맞춤 고객서비스를 제공하는 데 중점을 두고 있다.
③ 즉, 인터넷을 통한 고객 요구 사항에 신속히 대응(쌍방향 커뮤니케이션)하고, 고객 행동(쇼핑 패턴, 구매 패턴 등)에 대한 예측성을 높임으로써 고객만족도와 시장점유율 증대를 통해 기업의 수익성을 증가시키는 것이 e-CRM의 목표이다.

(2) e-CRM의 특징 기출 21-2

① e-CRM은 단 한 명의 고객까지 세분화하여 고객의 개별화된 특성을 파악하고 이들 고객에게 맞춤 서비스를 제공하는 데 목적을 두고 구현한다.
② e-CRM 시스템은 온라인상에서 하루 24시간 내내 신속하고 자동화된 고객서비스를 제공하여야 한다.
③ e-CRM 소프트웨어는 크게 분석 소프트웨어와 운영 소프트웨어 두 가지로 구분된다. 분석 소프트웨어는 고객에 대한 정보를 분석하여 마케팅활동에 활용하는 기능을 수행하고, 운영 소프트웨어는 고객과의 상호 작용을 위한 기능을 수행한다.

CHAPTER 03 e-SCM

1 e-SCM 구축을 위한 기반 기술

1. 공급사슬과 공급사슬관리(SCM)

(1) 공급사슬의 의미

공급사슬(Supply Chain)은 원자재 공급자로부터 시작하여 생산 공장을 거쳐 소비자에게 제품이 전달되기까지의 모든 과정(자재·정보·지불·서비스 등의 흐름)을 말한다.

(2) 공급사슬관리의 의미

공급사슬관리(SCM: Supply Chain Management)란 기업 간 또는 기업 내부에서 제품·부품의 공급자로부터 사용자에 이르는 공급사슬에 대하여 BPR(Business Process Reengineering) 및 동시공학(Concurrent Engineering) 기법을 활용하여 불필요한 시간과 비용을 절감하려는 관리 기법을 말한다.

> **짚고 넘어가기 SCM의 기원 기출 22-2, 21-2, 20-2, 19-2**
> - SCM의 기원은 1980년대 중반에 미국의 의류 제품 부문에서 일었던 QR(Quick Response)에서 찾을 수 있다. QR의 도입으로 미국 의류업계와 유통업체는 매출 증대 및 재고 감소를 가져 왔다.
> - 이후 1993년에는 가공 식품 부문에서 과다 재고 및 반품의 감소 등을 통한 생산성 증대와 유통산업의 경쟁력 제고를 위해 ECR(Efficient Consumer Response), 즉 효율적 소비자 대응이라는 이름으로 유통 공급망 내에 존재하는 비효율을 제거하고자 하였다.

(3) SCM의 등장 배경

① 고객의 서비스 요구 증대: 제품 간 경쟁의 결과 품질 차이가 적어지고 품질에서의 경쟁우위 확보가 어려워지자, 기업들은 고객에 대한 서비스의 향상으로 부가 가치를 창출하려고 하였다.

② 시간의 경쟁: 제품의 수명 주기가 갈수록 짧아짐에 따라 신제품의 개발 속도도 빨라지고 있다. 따라서 제조업체나 도매업체들은 원재료나 제품에 대해 적기·적량 공급 체제를 요구한다. 그 결과, 제품의 조달 기간이 단축되므로 시간의 경쟁은 불가피해졌다.

③ 경영의 세계화: 전자상거래가 발달함에 따라 세계가 하나의 시장으로 인식되고 있다. 이에 맞게 세계 여러 나라에 조립 공장, 판매망, 지점, 지사를 설치하고 원재료나 완제품을 공급하려면 공급사슬을 효율적으로 관리해야 한다.

(4) SCM의 특징

① SCM은 기존의 부문 최적화에 머물렀던 정보·물류·자금에 관련된 업무의 흐름을 공급사슬 전체의 관점에서 재검토하여 정보의 공유화와 비즈니스 프로세스의 근본적인 변혁(BPR)을 도모한다. 또한 전체 최적화를 통해 공급사슬 전반의 현금흐름을 효율적으로 향상시킨다.

② SCM은 구매·생산·배송·판매 등을 단편적인 책임으로 보는 것이 아니라 하나의 단일체로서 인식하고, 물류의 흐름을 고객에게 전달되는 가치의 개념에 기초하여 접근한다. 또한 단순한 인터페이스 개념이 아닌 통합의 개념으로 정보시스템에 대한 새로운 접근 방법이다.

2. SCM의 중요성과 목적

(1) SCM의 중요성

① 부가 가치의 60~70%가 제조 과정 외부의 공급사슬상에서 발생하고, 리드타임 중에서 제조에 소요되는 기간보다 공급사슬상에서 소요되는 시간이 훨씬 길다.

② 부품 및 자재 공급의 납기 및 품질의 불확실성과 수요 및 주문의 납기, 수량 등의 불확실성을 제조업체 내에서 수동적으로 흡수하여, 생산계획을 편성하고 재고를 관리하여 리드타임을 단축하고 재고를 감축하는 데에는 한계가 있다.

③ 채찍효과(Bullwhip Effect)라고 알려져 있는 정보 전달의 지연 및 왜곡의 확대 현상이 전통적인 공급사슬상에 나타난다. 즉, 공급사슬의 가장 마지막 단계인 소매 단계의 고객으로부터 주문 및 수요 행태의 변동에 관한 정보가 도매상, 지역 유통센터 등의 공급사슬을 거슬러 전달되는 과정에서 지연 및 왜곡이 누적되어 납기 지연, 결품, 과잉 재고 등의 문제가 발생한다.

> **짚고 넘어가기 채찍효과(Bull Whip Effect)** 기출 23-1, 21-1, 16-2, 15-1
> - 공급사슬의 구성은 공급자, 생산자, 도매상, 소매상, 소비자로 볼 수 있는데 공급자쪽으로 갈수록 상류(Upstream)이고 소비자쪽으로 갈수록 하류(Downstream)라고 한다. 채찍효과(Bull Whip Effect)는 공급사슬에서 최종 소비자로부터 멀어지는 정보가 지연되거나 왜곡되어 수요와 재고의 불안정이 확대되는 현상을 말한다.
> - 이러한 정보의 왜곡 현상으로 공급망 전체로는 재고가 쌓이게 되고 고객에 대한 서비스 수준도 떨어지며 생산 능력 계획의 오류, 수송상의 비효율, 생산계획의 난맥 등과 같은 부정적 영향이 발생한다.
> - 채찍효과를 줄이는 방법으로는 공급사슬상의 수요 및 재고정보의 실시간 공유, 실시간(real time) 주문처리, 불확실성의 제거, 주문량의 변동폭 감소, 리드타임의 단축 등을 들 수 있다.
> - 또한 e-SCM을 구축하면 공급사슬의 가시성(visibility)을 확보하여 채찍효과를 줄이거나 해소할 수 있다.

④ 생산, 부품 조달 및 구매, 보관 및 물류, 운송, 판매 및 유통 등의 기업 활동이 글로벌화됨에 따라 공급사슬상의 조달 기간(Lead Time)이 길어지고 불확실해졌기 때문이다.

⑤ 표준화된 제품을 대량 생산하여 고객에게 판매하던 과거의 푸시(Push) 방식에서 탈피하여 고객의 다양한 요구에 부응하여 다품종을 대량생산해야 하는 대량 고객화(Mass Customization)가 보편화되고 있다. 이러한 대량 고객화에 따라 관리 대상 품목이 많아지고 재고 및 물류 관리가 복잡해지며 주문관리, 생산계획, 정보관리 및 추적관리가 복잡해졌기 때문이다.

⑥ 기업 간의 경쟁이 치열해짐에 따라 비용 및 납기의 개선이 시급하게 되었다. 특히, 고객지향, 고객만족, 시장요구에 대한 적응을 위해 공급사슬의 혁신을 요구하는 목소리가 증대되고 있다.

(2) SCM의 목표

① SCM은 제조, 물류, 유통업체 등 유통공급망에 참여하는 전 기업들이 협력을 바탕으로 양질의 상품 및 서비스를 소비자에게 전달하고 소비자는 효용을 증가시키는 것을 목표로 한다.

② SCM은 협력업체와 정보 공유 등을 통해 생산과 재고관리의 최적화를 추구하는 경영 기법이다. 제조업체는 유통업체를 통해 실시간으로 제품수요를 파악한 뒤 이를 바탕으로 제품을 생산하여 재고비용을 줄이고, 정확한 수요 예측을 통해 효율적인 마케팅활동을 펼칠 수 있다.

③ SCM의 1차 목표는 정보 공유를 통한 재고 감축이다. 하지만 최근엔 고객이 원하는 제품을 적기에 공급하는 데 초점을 맞추고 있다.

3. e-SCM

(1) e-SCM의 등장 배경
① 인터넷과 함께 등장한 전자상거래(e-Commerce)가 성공하기 위해서는 효율적인 SCM의 실현, 공급사슬 파트너 간 정보의 공유, 인터넷 기반 기술의 효율적인 활용이 이루어져야 한다. 이러한 배경에서 기존의 SCM이 인터넷 기반의 e-SCM으로 전개되었다.
② 인터넷 기반의 e-SCM을 위해서는 SCM의 계획 수립, 공급사슬 관계의 설정과 협력 체제 구축, SCM 솔루션(ERP, SCP/SCE, EC 등)의 통합 등이 필요하다.

(2) e-SCM의 개념
① e-SCM(electronic SCM)은 ICT를 활용하여 물자의 흐름을 한눈에 파악할 수 있도록 구축된 SCM이다.
② e-SCM은 업무와 조직의 가상화, 정보의 통합, 물류와 정보의 동시화, 파트너 간 협업화, 정보의 디지털화, 업무 처리의 셀프화 등의 e-비즈니스 패러다임을 수용한 새로운 개념의 SCM을 의미한다.

(3) e-SCM의 성공요건
e-SCM은 ERP, CRM 등의 통합 정보시스템의 지원 없이는 효과를 볼 수 없다. SCM은 주로 외부지향성인데 반해, ERP는 내부지향성 시스템이다. 예컨대, 인터넷으로 주문을 받을 경우 기업 내부에 통합 시스템이 존재하지 않으면, 주문을 접수한 뒤 다시 주문 내용을 일일이 확인해야 한다.

(4) e-SCM의 기대효과
① 원자재·시간·인력 등에서의 낭비 요인 제거
② 수량·장소·시간 변경으로 인한 사고의 예방
③ 실시간 조달
④ 거래·투자비용의 최소화
⑤ 자동 보충을 통한 재고 감축
⑥ 고객에게 맞춤 서비스(Customized Service) 제공
⑦ 리드타임의 단축
⑧ 수평적 사업 기회의 확대

2 e-SCM을 위한 정보시스템

1. e-SCM 구축을 위한 정보기술 기출 22-1, 21-1
e-SCM을 위해 도입해야 할 정보시스템으로는 의사결정을 지원해주기 위한 자료 탐색(Data Mining) 기술, 수집된 고객 및 거래 데이터를 저장하기 위한 데이터웨어하우스, 내부 기능 부서 간의 업무 통합을 위한 전사적자원관리(ERP) 시스템, 인터넷 기반의 전자상거래(e-Commerce) 시스템, 기타 지속적 상품 보충(CRP), 협력적 계획·예측 및 보충 시스템(CPFR), 자동발주시스템(CAO), 크로스 도킹(Cross Docking) 등을 들 수 있다.

2. CAO(Computer Assisted Ordering) 기출 18-2, 15-1

(1) CAO의 의미
① CAO(자동발주시스템)는 유통 소매점포의 POS시스템을 기반으로 하여 재고가 소매점포에서 설정한 기준치 이하로 떨어지면 자동으로 보충 주문이 이루어지도록 구축한 시스템으로 ASO(Automated Store Ordering)라고도 한다.
② CAO는 POS를 통해 얻어지는 상품 흐름에 대한 정보와 계절적인 요인에 의해 소비자 수요에 영향을 미치는 외부 요인에 대한 정보, 그리고 실제 재고 수준, 상품 수령, 안전 재고 수준에 대한 정보 등을 컴퓨터를 이용하여 통합·분석해서 주문서를 작성하는 시스템을 말한다.(ECR US의 정의) 즉, CAO는 POS 데이터와 EOS를 연계하여 활용된다.

(2) CAO의 전제조건
① CAO의 성공적인 구현을 위해서는 실제 상품의 판매량과 보충 상품의 필요 수량 사이의 차이를 효과적으로 관리하는 것이 매우 중요하다.
② 유통업체와 제조업체가 EDI 표준 문서를 사용하고, EDI를 통해 교환할 수 있어야 한다.
③ 제조업체는 유통업체의 구매관리, 상품정보를 참조하여 상품 보충 계획 수립을 파악하고 있어야 한다.
④ 유통업체는 제품의 생산과 관련된 정보, 물류관리, 판매 및 재고관리 수준을 파악하고 있어야 한다.

3. 크로스 도킹(Cross Docking) 기출 16-3, 16-2

(1) 크로스 도킹의 의미
① 크로스 도킹은 창고나 물류센터로 입고되는 상품을 보관하지 않고, 곧바로 소매점포에 배송하는 물류시스템이다. 보관 및 피킹(Storage & Picking) 작업 등을 제거함으로써 물류비용을 상당히 절감할 수 있다.
② 크로스 도킹은 입고 및 출고를 위한 모든 작업에 있어서 긴밀한 동기화(Synchronization)를 필요로 한다. 특히 물류센터에서의 크로스 도킹은 배송의 동기화가 결정적으로 중요하다.
③ 크로스 도킹은 수송된 상품을 수령하는 즉시 중간 저장 단계가 거의 없거나 전혀 없이 배송 지점으로 배송하는 것을 의미하므로, 제조업체는 추가 작업 없이 다른 제조업체에서 점포로 배송할 차량에 적재된 유사한 패키지와 함께 배송 도크로 이동시키게 된다.

(2) 크로스 도킹의 목적
크로스 도킹의 목적은 유통업체나 도매·배송업체의 물류센터에서 발생될 수 있는 비생산적인 재고를 제거하고자 하는 것이다. 크로스 도킹의 이점은 상품을 창고 로케이션으로 입고되고 출고되는 데 소요되는 시간과 비용을 제거하는 것이다. 이는 재고 MIS 시스템에 연결 데이터를 입력함으로써 가능해진다.

(3) 크로스 도킹의 방법
① 파렛트 크로스 도킹: 한 종류의 상품으로 적재된 파렛트별로 입고되고 소매점포로 직접 배송되는 형태로 가장 단순한 형태의 크로스 도킹이다. 이러한 방법은 양이 아주 많은 상품에 적합하다.
② 케이스 크로스 도킹: 보다 보편화된 크로스 도킹의 형태로 한 종류의 상품으로 적재된 파렛트 단위로 소매업체의 물류센터로 입고된다. 파렛트 단위로 입고된 상품은 각각의 소매점포별로 주문 수량에 따라 피킹되어 배송된다.

4. ERP(Enterprise Resource Planning) 기출 24-1, 21-1, 15-3

(1) ERP의 의미
① ERP(전사적자원관리)는 기업의 인적·물적 자원을 효율적으로 관리하여 궁극적으로 기업의 경쟁력을 강화시켜 주는 역할을 하는 통합 정보시스템을 의미한다.
② 기업은 경영활동의 수행을 위해 여러 개의 시스템, 즉 생산·판매·인사·회계·자금·원가·고정 자산 등의 운영 시스템을 갖고 있는데 ERP는 이처럼 전 부문에 걸쳐있는 경영 자원을 하나의 통합 시스템으로 재구축함으로써 생산성을 극대화하려는 대표적인 기업 리엔지니어링(Reengineering) 기법이다.

(2) ERP의 전개
① MRP(Material Requirement Planning): 기업의 원활한 자재 구매 및 자재 소요량을 합리적으로 관리하기 위한 재고관리 영역에 국한된 전산화된 관리시스템이다.
② MRP-II(Manufacturing Resource Planning): 제조 자원 계획으로 불리며 자재뿐만 아니라 제조에 투입되는 모든 자원의 소요량 파악, 원자재 및 반자재 구매 활동의 최적화 등이 동시에 실현될 수 있다.

③ 최근에는 ERP와 공급사슬관리(SCM), 고객관계관리(CRM)의 솔루션을 통합하여 XRP 또는 ERP-II 시스템으로 확장되고 있다.

④ ERP 시스템의 구축비용은 시스템의 구축 범위, 모듈 수(제조·물류·회계 등 구성요소의 수), 시스템 이용자 수 및 ERP 시스템 구축 프로젝트 추진 기간 등과 관련이 있다.

(3) ERP의 효과

① ERP 시스템은 영업·생산·구매·자재·회계·인사 등 회사 내 모든 업무를 정보기술(IT: Information Technology) 자원을 활용하여 동시에 통합 처리하여 정보를 실시간적으로 공유할 수 있다.

② 생산관리의 측면에서는 자재소요계획(MRP: Material Requirement Planning)에서 진화한 기법으로 볼 수 있으나, 초기와는 달리 생산관리보다는 정보시스템에서의 관점과 전략 경영의 관점에서의 접근이 이루어지고 있다.

5. CM과 CPFR

(1) 카테고리 매니지먼트(CM; Category Management) 기출 17-1

① 카테고리 매니지먼트의 정의

㉠ 카테고리 매니지먼트, 즉 카테고리 관리는 특정 제품군(category)을 중심으로 유통업체와 제조업체가 협력을 통해 공동의 수요를 창출해내는 과정을 의미한다.

㉡ 카테고리 매니지먼트에서는 유통업체와 제조업체 사이에 존재하는 벽을 제거함으로써 신제품 도입, 제품구색, 각종 촉진전략 등을 최적화하여 궁극적인 소비자 수요를 창출하고자 한다.

② 카테고리 매니지먼트의 구성요소

일반적으로 카테고리 매니지먼트는 상호 연관된 6개 요소로 구성된다. 이중 전략과 비즈니스 프로세스는 가장 기본적이면서 핵심적인 요소이고, 나머지는 전략 및 비즈니스 프로세스를 지원하는 기반요소이다.

㉠ 기본요소

　ⓐ 전략　　　　　　　　　　　ⓑ 비즈니스 프로세스

㉡ 지원요소

　ⓐ 조직역량　ⓑ 전략적 비즈니스 단위 성과측정을 위한 스코어카드　ⓒ 정보기술　ⓓ 거래파트너 간의 협력관계

(2) CPFR(Collaborative Planning, Forecasting and Replenishment) 기출 23-3, 19-1, 18-1, 16-3, 15-3, 14-2, 13-3, 13-1

① CPFR의 의미

㉠ CPFR(협력적 계획·예측 및 보충 시스템)은 판매·재고 데이터를 소비자 수요예측과 주문관리에 이용하고, 제조업체와 공동으로 생산계획에 반영하는 등 제조와 유통업체가 계획·예측·재고보충을 공동으로 운영(협업)하고자 하는 업무 프로세스로 SCM 응용전략의 하나이다.

㉡ CPFR은 EDI가 새로이 진화된 물류관리 시스템으로 식료품 및 잡화업계에서 인기가 있다. CPFR을 이용하여 소매업체들이 제조업체에게 정보를 보내면 제조업체는 상품보충에 관한 예측을 하기 위해 이 정보를 사용한다. 그리고 CPFR을 사용하여 제조업체와 소매업체는 상품보충에 대한 의사결정을 공동으로 하게 된다.

② CPFR의 원리

㉠ CPFR의 출발점은 카테고리 매니지먼트 원칙에 근거하여 거래 파트너 간에 특정시장을 목표로 한 사업계획(market-specific plan)을 공동으로 수립하는 것이다.

㉡ CPFR이 성공하기 위한 핵심요소는 거래 파트너들이 업무프로세스와 사업계획을 공유한다는 합의에 도달하는 것이다.

③ CPFR의 기대효과

CPFR은 매출의 증가, 조직의 합리화 및 정비, 행정 및 운영상의 효율성 제고, 현금 흐름(cash flow)의 개선, ROA(Return On Assets) 향상을 가능하게 하는 효과가 있다.

3 SCM 구축 및 활용의 성과측정

1. SCOR(Supply Chain Operation Reference) 기출 20-2, 18-2

(1) SCOR의 의의

SCM의 성과측정을 위한 대표적인 도구로는 SCC(Supply Chain Council)에서 개발한 SCOR이 있다.

(2) SCOR의 관리 프로세스

SCOR 모델의 표준화를 위한 관리 프로세스는 공급사슬을 계획(Plan), 조달(Source), 제조(Make), 배송(Deliver), 반품(Return)의 다섯 가지로 구분하여 주요 성과 지표들을 공급사슬 전체의 목적에 부합하도록 하는 것이다.

(3) SCOR모델의 성과측정 요소

① 기업 측면의 내부적 관점: 비용(공급사슬관리비용, 상품판매비용 등), 자산(공급 재고 일수, 현금 순환 사이클 타임, 자산 회전 등)

② 고객 측면의 외부적 관점: 유연성(생산 유연성 등), 반응성(공급사슬의 반응 시간), 신뢰성 등

2. 균형성과표(BSC: Balanced ScoreCard)

(1) BSC의 의의 기출 23-1, 22-3, 19-3, 18-3, 15-2

① 균형성과표(BSC)는 조직의 비전과 경영 목표를 각 사업 부문과 개인의 성과측정 지표로 전환해 전략적 실행을 최적화하는 경영 관리 기법이다.

② 하버드 비즈니스 스쿨의 로버트 카플란(Robert Kaplan) 교수와 경영 컨설턴트인 데이비드 노턴(David Norton)이 공동으로 개발하여 1992년에 최초로 제시했다.

③ BSC는 기업의 지적재산에 대한 체계적인 관리와 전략적 활용에 중점을 두고 있는 것으로 평가된다.

(2) BSC의 측정 지표 기출 23-3, 23-1

① 재무, 고객, 내부 프로세스, 학습·성장의 네 가지 분야에 대해 측정 지표를 선정해 평가한 뒤 각 지표별로 가중치를 적용해 산출한다.

② BSC는 비재무적 성과까지 고려하고 성과를 만들어낸 동인을 찾아내 관리하는 것이 특징이며 이런 점에서 재무적 성과에 치우친 EVA(경제적부가가치), ROI(투자수익률) 등의 한계를 극복할 수 있다.

재무	경제적부가가치(EVA)
고객	고객 수익성, 재구매 비율
내부 프로세스	고객 응대 시간, 평균 리드타임, 신제품 비율, 내부 관리 능력
학습·성장	직원 생산성, 노하우, 저작권, 정보시스템 역량, 조직 역량

▲ BSC의 각 분야별 측정 지표

3. TOC(Theory Of Constraints)

(1) TOC의 의의 기출 24-1

① SCM의 핵심 엔진으로 평가되는 TOC(제약이론)는 골드랫(Eliyahu M. Goldratt)이 개발한 공장의 생산 스케줄링 기법에서 출발하였다.

② TOC 이론은 생산 스케줄링 외에 성과측정을 위한 회계 이론과 정책 분석·수립을 위한 사고 프로세스가 포함된다.

③ TOC는 생산분야, 물류분야, 재무분야 그리고 문제해결에 의한 정책수립을 중심으로 시스템 개선에 활용된다.

(2) TOC의 기본 원리

① TOC의 기본 원리는 집중 개선 프로세스라고 불리는 시스템 사고이다. TOC의 기본 전제는 "기업의 목표가 무엇인가?"라는 평범한 질문에서 시작한다.
② 그리고 "기업의 존재 이유는 돈을 버는 것이다"라는 정의를 내리고 있다. 돈을 많이 벌기 위해서는 기업의 성과(Throughput)를 늘려야 한다.
③ TOC는 바로 이 성과를 향상시키기 위한 방법을 찾아내는 것이다. 그런데 모든 기업은 보다 높은 수준의 성과를 얻어낼 수 없도록 성과를 제약하는 자원이 반드시 하나 이상은 존재한다. 따라서 기업은 이러한 제약 자원들을 파악하여 개선해야만 기업의 성과를 향상시킬 수 있다는 것이다.

(3) TOC의 구성

① 생산·물류 시스템을 관리하여 재고를 줄이면서 산출(throughput)을 증대시키는 기법인 DBR(Drum-Buffer-Rope)
② 일반적인 시스템의 개선과 조직이 처한 제약을 판별할 수 있는 사고 프로세스(thinking process)
③ 프로젝트 관리 기법인 애로공정(critical chain)
④ 성과 평가 시스템으로 기존의 원가 회계와는 달리 현금흐름을 투명하게 보여줄 수 있는 산출회계(throughput accounting)

> **짚고 넘어가기 DBR(Drum-Buffer-Rope) 기출 18-1, 16-3, 16-1**
> - DBR은 제약이론을 생산 시스템에 적용하기 위한 생산계획 및 통제 기법, 동기화 물류 시스템이다.
> - 원자재 투입 시점을 조정하여 공정 내 종속성과 변동성을 관리하는 기법이고, 능력제약자원(CCR: Capacity Constraints Resource)이 존재하는 부분이 최대한 100% 가동을 할 수 있도록 공정 속도를 조절하여 관리하는 기법이다.
> - Drum은 생산 능력이 가장 적어 공정의 생산 속도를 결정하는 CCR이며 모든 공정은 CCR을 고려해서 전체 시스템의 진행 속도를 결정한다. Buffer는 시스템에서 발생할 수 있는 지연 등의 혼란 요소로부터 시스템을 보호한다. Rope는 시스템의 모든 자원을 드럼(기준 생산 일정)에 동기화하기 위한 장치이다.
> - 제약조건이론에서 DBR의 목표는 재고와 운영비용을 효율적으로 관리하면서 쓰루풋(Throughput, 성과)에 대한 기대를 만족시키는 것이다.

(4) TOC의 유용성 기출 24-1

① 기업활동은 여러 고리로 연결된 사슬과 같아서 가장 약한 고리를 강하게 만들어야 힘이 커진다. TOC는 사슬의 가장 약한 고리, 즉 목표 달성에 방해가 되는 제약을 찾아 집중적으로 개선하려는 이론이다.
② SCM에는 뚜렷한 실행 도구가 없었는데, TOC를 SCM의 실행 도구로 활용할 수 있다. 특히 TOC에 기반을 둔 APS(Advanced Planning and Scheduling)가 SCM의 실행 도구로 활용될 수 있다. APS의 핵심은 즉시 약속, 정시 납품(Commit Now, Deliver on Time)이다. ERP와 통합된 APS를 통해 제조업체는 고객의 주문을 효과적으로 처리할 수 있다.

> **짚고 넘어가기 사고 프로세스(Thinking Process)**
> 골드랫(E. Goldratt)은 기업의 업무에 대한 소통 도구로서 사고 프로세스를 정의하고, 5가지 논리 나무 다이어그램을 제시한다.
> - CRT(Current Reality Tree): 현재 상황 나무, 현상 분석 체계도로 드러난 문제 증상들로부터 인과관계를 통해 원인이 되는 핵심 딜레마를 찾아내고 이로부터 유발되는 문제들을 확인한다.
> - EC(Evaporating Cloud): 구름, 대립 해소, 갈등 해소를 위한 해결책 주입으로 공동의 목적을 추구하는 쌍방 간의 갈등, 상충, 대립 등의 상황을 묘사하며, 이런 상황을 해소하는 획기적인 아이디어인 주입(Injection)을 찾아낸다.
> - FRT(Future Reality Tree): 미래 상황 나무, 미래 모습 체계도로 주입의 실행을 통해 목적 달성을 방해하는 장애들을 찾아내고, 그 장애들을 극복했을 때를 기술하는 수치적인 최종 목표들을 도출한다.
> - PRT(Prerequisite Tree): 전제조건 체계도로 최종 목표를 달성하는 과정에서 발생하는 장애(전제조건)와 그것을 극복하기 위해 중간 목표를 달성하는 데 필요한 전제조건을 도출해 실행 계획을 수립한다.
> - TrT(Transition Tree): 실행 체계도로 PRT에서 전개한 각각의 중간 목표를 달성하기 위해 필요한 구체적인 행동을 도출해 실행 계획을 수립한다.

핵심 기출문제

PART 04 유통정보의 관리와 활용

01
18년 1회

데이터웨어하우스의 특징으로 가장 옳지 않은 것은?

① 주제별로 정리된 데이터베이스
② 다양한 데이터 원천으로부터의 데이터 통합
③ 과거부터 현재에 이르기까지 시계열 데이터
④ 필요에 따라 특정 시점을 기준으로 처리해 놓은 데이터
⑤ 실시간 거래처리가 반영된 최신 데이터

데이터웨어하우스는 실시간 거래 처리는 반영되지 않는다. 초기 데이터의 적재 이후에는 데이터 갱신이 발생하지 않고 검색만 실행하게 된다.
데이터웨어하우스의 특징으로는 주제 중심적이고 통합적이며, 비휘발성이고, 시간에 따라 변화한다.

정답 | ⑤

02
18년 1회

아래 글상자가 뜻하는 SCM 전략으로 가장 옳은 것은?

> 제조 및 유통업체 사이에서 판매 및 재고데이터 공유를 통하여 수요 예측과 주문관리에 이용하고, 효과적인 상품 보충과 재고관리를 지원하는 공급망관리를 위한 비즈니스 모델이다.

① QR(Quick Response)
② CMI(Co-Managed Inventory)
③ ECR(Efficient Consumer Response)
④ CRP(Continuous Replenishment Program)
⑤ CPFR(Continuous Planning &Forecasting Replenishment)

제조 및 유통업체 사이에서 판매 및 재고데이터 공유를 통하여 수요 예측과 주문관리에 이용하고, 효과적인 상품 보충과 재고관리를 지원하는 공급망관리를 위한 비즈니스 모델은 CPFR(Continuous Planning & Forecasting Replenishment), 즉 협력적 계획, 예측, 보충시스템이다.
CPFR은 소매업자 및 도매업자와 제조업자가 고객서비스를 향상하고 업자들 간에 유통총공급망(SCM)에서의 정보의 흐름을 가속화하여 재고를 감소시키는 경영전략이자 기술이다.

정답 | ⑤

03
20년 2회, 18년 2회

공급사슬관리 성과측정을 위한 SCOR(Supply Chain Operation Reference) 모델은 아래 글상자의 내용과 같이 5가지의 기본관리 프로세스로 구성되어 지는데 이 중 ㉠에 해당되는 내용으로 가장 옳은 것은?

> 계획-조달-(㉠)-인도-반환

① 제품 반송과 관련된 프로세스
② 재화 및 용역을 조달하는 프로세스
③ 완성된 재화나 용역을 제공하는 프로세스
④ 조달된 재화 및 용역을 완성 단계로 변환하는 프로세스
⑤ 비즈니스 목표 달성을 위한 수요와 공급의 균형을 맞추는 프로세스

SCOR 모델의 표준화를 위한 관리 프로세스는 공급사슬을 계획(Plan), 조달(Source), 제조(Make), 배송(Deliver), 반품(Return)의 다섯 가지 관리 프로세스로 구분하여 주요 성과 지표들을 공급사슬 전체의 목적에 부합하도록 하는 것이다. 세 번째 단계는 제조(Make)로 조달된 재화 및 용역을 완성 단계로 변환하는 프로세스이다.
SCOR(Supply Chain Operation Reference) 모델은 SCM의 성과측정을 위한 대표적인 도구이다. SCOR은 내부적 관점(기업 측면)에서는 비용과 자산 측면을, 외부적 관점(고객 측면)에서는 유연성, 반응성, 신뢰성을 통하여 SCM의 추진 성과를 측정하는 방법이다.

정답 | ④

04
20년 추가

조직의 혁신적 성과향상을 도모하기 위해 비즈니스 프로세스 재설계(Business Process Reengineering)를 전략적으로 선택한다. 이에 대한 설명으로 옳지 않은 것은?

① 현재의 비즈니스 프로세스를 AS IS PROCESS라고 한다.
② 미래의 비즈니스 프로세스를 TO BE PROCESS라고 한다.
③ BPR은 점진적인 프로세스 개선을 통한 성과창출을 목표로 한다.
④ 기업에서는 ERP 시스템을 구축하기 위한 사전 작업으로 BPR을 추진한다.
⑤ BPR은 비용, 품질, 시간 등 조직의 성과를 혁신적으로 향상시키는 것을 목표로 한다.

마이클 해머(M. Hammer)가 주장한 BPR은 비용, 품질, 서비스, 속도와 같은 핵심적 성과에서 극적인 향상을 이루기 위하여 기업 업무 프로세스를 근본적으로 다시 생각하고 혁신적으로 재설계하는 것을 의미한다.
BPR, 즉 업무재설계는 경영혁신기법의 하나로서, 기업의 활동이나 업무의 전반적인 흐름을 분석하고, 경영 목표에 맞도록 조직과 사업을 최적으로 다시 설계하여 구성하는 것이다.

정답 | ③

05
18년 2회

데이터마이닝의 분석기법 중 아래의 글상자가 설명하고 있는 기법은?

> n개의 개체들을 대상으로 p개의 변수를 측정하였을 때, 관측한 p개의 변수 값을 이용하여 n개 개체들 사이의 유사성 또는 비유사성의 정도를 측정하여 개체들을 유사성의 정도에 따라 그룹화하는 기법

① OEM분석
② 교차분석
③ RFM 모형
④ 군집분석
⑤ 연관성분석

데이터마이닝의 분석기법 중 군집화(clustering)는 데이터 중에서 유사한 특성을 가진 것들을 몇 개의 집단으로 그룹화하여, 각 집단의 성격을 파악하는 것이다. 이를 통해 데이터의 전체 구조를 이해할 수 있으며, 이 때문에 다른 데이터마이닝 기법을 사용하기 전의 선행 작업으로 사용되기도 한다.

정답 | ④

06
15년 3회

고객관계관리를 위해 활용하는 기술인 웹 마이닝에 대한 설명으로 가장 옳지 않은 것은?

① 웹상에서 존재하는 모든 데이터(고객 신상 정보, 구매 기록, 장바구니 정보 등)를 대상으로 웹 데이터 간의 상관 관계를 밝혀내고, 웹 사용자의 의미 있는 접속 행위 패턴을 발견하는 방법이다.
② 웹 마이닝은 웹 콘텐츠 마이닝, 웹 구조 마이닝, 웹 사용 마이닝 등으로 분류해볼 수 있다.
③ 웹 서버를 통해 이루어지는 내용이나 활동 사항을 시간의 흐름에 따라 기록하는 웹 로그 파일을 수집, 분석하여 의미 있는 데이터를 추출해내는 방법이다.
④ 웹 마이닝의 분석 대상인 로그 파일은 Access log, Refferer log, Agent log, Error log 등이 있다.
⑤ 웹 로그 추출 방식 중 네트워크에서 주고받는 패킷 데이터에 담긴 사용자의 로그인 정보를 빼내는 방법을 응용하여 방문자의 트랜잭션을 수집하는 TAG 방식이 있다.

웹 로그 수집 방식 중 네트워크에서 주고받는 패킷 데이터에 담긴 사용자의 로그인 정보를 빼내는 방법을 응용하여 방문자의 트랜잭션을 수집하는 방식은 Sniffing 방식이다.
Tag 방식은 각 페이지에 방문자 정보를 얻을 수 있는 태그를 삽입하는 방식을 말한다.

정답 | ⑤

07
18년 3회

e-CRM을 기업에서 성공적으로 도입하기 위해 필요한 발전 전략으로 가장 적합하지 않은 것은?

① 다양한 커뮤니케이션 수단을 활용하여 고객 접촉 경로의 다양화가 필요하다.
② 소비자의 트렌드를 분석하기보다는 소비자의 유행을 따라가는 서비스를 구사하여야 한다.
③ 고객의 입장에서 꼭 필요한 콘텐츠 구성이 필요하다.
④ 개인의 특성에 맞게 맞춤 서비스로 타사와의 차별화 전략이 필요하다.
⑤ 커뮤니티, 오락 등 콘텐츠의 다양화를 통한 활성화 전략이 필요하다.

e-CRM을 성공적으로 도입하기 위해서는 소비자의 유행을 따라가는 서비스를 구사하기보다는 소비자의 트렌드를 분석하여야 한다. e-CRM은 인터넷을 통해 획득한 고객에 대한 정보와 지식을 기반으로, 고객 개인이 필요로 하는 맞춤서비스를 제공할 수 있기 때문에 고객만족도 향상을 기대할 수 있다.

정답 | ②

08
22년 3회, 17년 3회

다음 글상자가 뜻하는 용어로 가장 옳은 것은?

> 추가 판매로 특정 카테고리 내에서 상품 구매액을 늘리도록 더 고기능의 상품을 추천하는 활동이다. 예를 들면, 고객이 100만원에 냉장고를 검색하였을 경우, 더 고가의 냉장고를 추천하는 것이다.

① 업셀링(Up-Selling)
② e-Selling
③ 크로스셀링(Cross-Selling)
④ 텔레마케팅
⑤ 프로모션(Promotion)

지문은 업셀링에 대한 내용이다. 업셀링은 상향판매(상승 판매) 또는 추가 판매라고도 하며 특정한 상품 범주 내에서 상품판매액을 늘리기 위해 업그레이드된 단가가 높은 상품의 구매를 유도하는 판매활동이다.

정답 | ①

09

15년 1회

e-SCM 추구전략 중, 고객이 상품을 주문한 후 상품을 받을 수 있기를 기대하는 도착시간인 고객 허용 리드타임이 실제로 공급업체로부터 유통경로를 거쳐 고객에게 배달되는 총시간인 공급 리드타임보다 짧은 경우에 활용할 수 있는 전략으로 가장 옳은 것은?

① 연속 재고보충계획 전략
② 대량 개별화 전략
③ 구매자 주도 재고관리 전략
④ 제3자물류 전략
⑤ 동시 계획 전략

e-SCM을 위한 정보시스템으로 대표적인 것은 지속적 상품 보충(CRP), 자동발주시스템(CAO), 크로스 도킹(Cross Docking), 전사적자원관리(ERP) 등이다. 이 중 고객 허용 리드타임이 공급 리드타임보다 짧은 경우에 활용할 수 있는 전략은 연속 재고보충계획(CRP) 전략이다.
CRP(Continuous Replenishment Programs), 즉 지속적인 상품 보충 또는 연속적 재고 보충은 유통 공급망 내의 주문량에 근거한 상품의 판매 데이터를 근거로 하여 적절한 양을 항시 보충해 주는 시스템이다. 즉, 경로구성원 간의 정보 공유에 의해 공급자가 공급시점과 양을 결정하는 방식이다.

정답 | ①

10

18년 3회

카플란(Kaplan)과 노튼(Norton)이 제시한 균형성과표(BSC)에 의한 성과측정 요소로 가장 거리가 먼 것은?

① 학습과 성장 관점
② 내부 비즈니스 프로세스 관점
③ 전사적 자원 관리 관점
④ 재무적 관점
⑤ 고객 관점

BSC는 학습·성장, 내부 프로세스, 재무, 고객의 네 가지 분야에 대해 측정 지표를 선정해 평가한 뒤 각 지표별로 가중치를 적용해 산출한다.
균형성과표(BSC: Balanced Score Card)는 조직의 비전과 경영 목표를 각 사업 부문과 개인의 성과측정 지표로 전환해 전략적 실행을 최적화하는 경영 관리 기법이다. 하버드 비즈니스 스쿨의 로버트 카플란 교수와 경영 컨설턴트인 데이비드 노튼이 공동으로 개발하여 1992년에 최초로 제시했다.

정답 | ③

PART 05 전자상거래

CHAPTER 01 전자상거래 모델

1 전자상거래의 이해

1. 전자상거래의 의미

(1) 전자상거래의 일반적 의미
① 전자상거래(EC: e-Commerce)는 인터넷이나 PC통신을 이용해 상품을 사고파는 행위라고 할 수 있다. 즉, 기업과 기업 또는 기업과 소비자 간의 상거래 활동을 다양한 통신 네트워크를 통해 수행하는 것을 말한다.
② 전자상거래는 처음에는 단순한 온라인 쇼핑이라는 뜻이었으나, 현재는 인터넷과 월드 와이드 웹(World Wide Web) 기술에 의해 실현 가능한 비즈니스와 시장 형성의 모든 양상을 의미하는 것으로 변하고 있다.

(2) 전자상거래 조직 기출 17-2
① 전통적인 방법으로 오프라인 상에서 눈에 보이는 제품을 만들어 파는 기업을 Brick-and-Mortar라고 한다.
② 전자상거래가 활성화되면서 등장한 조직은 Click-and-Mortar라고 한다. 이는 오프라인과 온라인을 모두 활용하는 조직을 말한다.

2. 전자상거래의 기대효과 기출 22-2, 18-3

(1) 기업(공급자) 입장에서의 기대효과
① 공간과 시간의 장벽 제거: 인터넷을 통하여 거래가 이루어짐으로써 기업은 공간과 시간을 초월하여 전 세계의 고객 및 공급업체들을 매우 적은 비용과 노력으로 확보할 수 있게 되었다.
② 짧은 유통 채널: 인터넷을 통하여 판매자와 구매자가 직접 연결되기 때문에 도매점·소매점 등의 중간 유통 채널이 없어지거나 크게 줄게 되었다. 이에 따라 보다 저렴한 가격으로 소비자에게 상품을 판매할 수 있게 되었다.
③ 판매 거점의 불필요: 네트워크상에서 거래가 이루어지므로 점포와 같은 물리적인 공간이 불필요하게 되었다. 따라서 점포 유지에 필요한 비용을 절감하게 되었다.
④ 고객정보 획득 용이: 전자상거래 과정에서 확보된 고객정보를 자사의 데이터베이스에 별도의 가공 없이 직접 저장하여 고객에 대한 마케팅활동에 쉽게 활용할 수 있게 되었다.
⑤ 일대일 마케팅 활동 용이: 데이터베이스를 통하여 특정 상품에 관심을 가질 만한 특정 고객을 대상으로 e-mail 등을 통한 일대일 마케팅이 가능해졌다. 따라서 고객의 니즈에 동적으로 그리고 즉각적으로 대응이 가능하게 되었다.
⑥ 효율적인 재고관리: 대량 고객화(Mass Customization)를 통한 풀(Pull) 형태의 SCM이 가능해짐에 따라 보다 효율적인 재고관리와 함께 각종 재고비용의 절감을 가져오게 되었다.

(2) 고객(소비자) 입장에서의 기대효과
① 시간적·공간적 제약의 탈피: 소비자가 상품을 구입하고자 할 때, 시간적·공간적 제약 없이 필요한 상품을 구입할 수 있다. 따라서 소비자는 상품 구입에 소요되는 시간과 노력을 절감할 수 있게 되었다.
② 다양한 선택 기회의 제공: 소비자에게 판매자와 상품에 대한 선택의 폭을 넓혀주어, 유사한 기능을 가진 상품일지라도 품질·가격·디자인 등에서 보다 유리한 상품을 선택할 수 있게 되었다.

③ 향상된 고객서비스: 소비자들은 판매자의 웹 사이트에 개설된 FAQ 또는 전자우편 등을 통하여 실시간으로 서비스를 받을 수 있게 되었다.

(3) 사회적 측면에서의 기대효과
① 지리적 격차의 해소: 저개발국 또는 농촌 지역의 주민들로 하여금 전자상거래가 아닌 전통적인 방법으로는 획득이 어려운 상품의 구입이나 서비스의 제공을 가능하게 하여 줄 것이다.
② 교통 혼잡과 환경 오염의 감소: 개인의 재택 근무와 재택 수업을 보다 촉진하여, 도시의 교통 혼잡과 대기 오염을 감소시킬 수 있을 것이다.

2 전자상거래 모델

1. 전자상거래의 유형 기출 20-2, 17-3, 16-3

(1) 기업-소비자 간 전자상거래(B2C)
① 기업-소비자 간 전자상거래는 기업이 네트워크를 이용하여 고객에게 제품 및 서비스를 직접 전달하기 위해 구축된 것이다.
② 인터넷 쇼핑몰과 같은 홈쇼핑, 인터넷 뱅킹·대금 납부·자금 이체 등의 온라인 금융, 사이버 주식 거래, 정보·교육의 제공(유료 데이터베이스), 오락(게임, 주문형 서비스) 등이 그 예이다.
③ 최근 들어 소비자 쇼핑 패턴의 변화, IT 기술의 급속한 성장 등에 힘입어 폭발적으로 증가하여 백화점과 대형할인점의 매출액을 능가하고 있다.

(2) 기업 간 전자상거래(B2B)
① 기업 간 전자상거래는 네트워크를 통하여 서로 연결된 2개 이상의 기업이 원자재 및 부품의 조달·유통 등의 물류활동이나 신제품의 공동 개발, 공동 생산 등을 전자적인 방법으로 처리하여 경영 효율을 높이고자 하는 것이다.
② EDI, Extranet, 전자 자금이체(Electronic Funds Transfer) 등을 통해 거래가 이루어진다. 전자상거래의 유형 중 80% 이상을 차지할 정도로 가장 큰 비중을 보이고 있다.

(3) 기타의 전자상거래
① 기업-정부 간 전자상거래(B2G)는 정부 조직에서 인터넷과 같은 전자적 매체를 통해 민간 기업으로부터 필요한 물품을 조달하거나 법인세·부가 가치세 등을 징수하는 것 등이 이에 해당한다. 우리나라의 사례로는 조달청이 운영하는 나라장터(국가종합전자조달시스템, g2b.go.kr)가 있다.
② 소비자-정부 간 전자상거래(C2G)는 행정 전산망을 그 예로 들 수 있으며, 전자적 매체를 통하여 소비자들이 정부가 제공하는 서비스를 이용하는 것을 의미한다. G2C는 행정 전산망으로, 전자 정부 프로젝트의 하나로 민원 업무를 전자 서류로 처리하는 EDI를 예로 들 수 있다.

> **짚고 넘어가기 B2B2E, B2Bi**
> - B2B2E(Business to Business to Employee)는 기업 간 거래와 기업과 종업원 간 거래를 결합한 것으로 종업원들이 필요한 제품들을 생산하는 기업들을 모아서 수수료를 받고 입점시킨 뒤 종업원들을 대상으로 필요한 제품이나 서비스를 제공하는 형태이다.
> - B2Bi(Business to Business Integration)는 기업과 기업, 기업과 e-Marketplace, e-Marketplace와 e-Marketplace 등 기업 간 전자상거래에서 발생하는 비즈니스 프로세스를 효과적으로 지원하기 위해 전산 시스템과 문서 포맷, 애플리케이션을 서로 통합, 연계하는 것이다.

2. 구조화된 전자상거래

(1) 구조화된 전자상거래의 의미
구조화된 전자상거래란 표준화된 거래 형식과 데이터 교환 방식에 따라 조직적·체계적으로 행해지는 거래를 의미한다.

(2) 구조화된 전자상거래의 유형
구조화된 전자상거래에는 B2B, B2C, CALS 등이 있다. 구조화된 전자상거래와 비구조화된 전자상거래를 비교하면 다음의 표와 같다.

구분	구조화된 전자상거래	비구조화된 전자상거래
거래 당사자	개인 – 기업, 기업 – 기업, 기업 – 정부	개인 – 기업, 개인 – 개인, 정부 – 기업, 정부 – 개인
거래의 특성	대규모, 조직적, 표준 형식	비형식적, 소규모
데이터 전송	VAN이나 전용 네트워크를 경유하여 전송되었으나 점차 인터넷과 개방형 네트워크가 이용됨	인터넷과 같은 개방형 네트워크를 통한 당사자 간 즉시 전송
데이터의 판독	특별한 소프트웨어를 사용해야만 인식 가능	특별한 소프트웨어 없이 인식 가능
데이터의 입력	응용 S/W 간 자동데이터 입력	모든 형태의 데이터
데이터의 형태	구조화된 표준 형식의 데이터	수신자의 데이터 재입력
데이터의 처리	응용 S/W가 자동 처리	사람이 직접 처리

3 전자상거래와 E-Biz, U-Biz 및 M-Biz

1. 전자상거래와 E-Biz

(1) 전자상거래와 E-Biz
전자상거래는 컴퓨터와 네트워크 등의 전자적 수단을 활용하여 가상 공간에서 수행되는 모든 상거래 행위와 이를 지원하는 활동을 의미한다. 초기에는 주로 부가가치통신망(VAN)에 기반을 둔 전자문서교환(EDI)에 의해 전자상거래가 이루어지다가 인터넷이 전반적으로 활용됨에 따라 전자상거래는 e-비즈니스로 전개되고 있다.

(2) E-Biz의 의의
① E-Biz, 즉 e-비즈니스는 인터넷과 정보통신(IT)을 이용하여 구매-제조-유통-판매-서비스로 이어지는 비즈니스의 전 과정을 재조정하여 경영활동의 효율성과 생산성을 높이며, 새로운 사업 기회를 창출하는 조직화된 혁신활동을 의미한다.
② 즉, e-비즈니스는 네트워크화된 정보기술을 이용하여 상품, 서비스, 정보 및 지식의 전달과 교환을 효율적으로 수행함으로써 비즈니스의 효과(상품과 서비스의 가치를 높이는 것)와 효율(비용의 절감)을 추구하는 것을 의미한다.

2. 전자상거래와 U-Biz

(1) U-Biz의 의미
① 유비쿼터스 비즈니스, 즉 U-Biz는 유비쿼터스 정보기술을 활용하여 현실 세계(물리적 공간)에 컴퓨터를 통한 가상 공간(전자 공간)을 결합하여 언제 어디서나 보이지 않는 선으로 연결하여 정보를 교환하는 것이다.
② 이를 통해 경영 관리, 쇼핑과 매장 관리, 공급사슬관리(SCM), 고객관계관리(CRM), 자산의 유지관리, 제조 공정 관리, 물류 및 유통 관리 등 다양한 분야에서 활용될 수 있는 새로운 비즈니스 애플리케이션 체제라고 정의할 수 있다.

(2) U-Biz의 특징 기출 24-2

① 개인화(Personalization): 고객의 개인적 성향과 특성을 파악하여 맞춤 마케팅이 가능하도록 한다. 이를 통해 개인의 고객화 및 표적 마케팅(Target Marketing)이 가능하다.
② 이동성(Mobility): 고정적인 유선에서 모바일이 가미된 무선은 물론 때와 장소의 구분 없이 이동하기 편리한 기기를 통해 비즈니스를 수행할 수 있다.
③ 연결성(Connectivity): 유비쿼터스 환경에서는 언제 어디서나 비즈니스가 이루어져야 한다. 즉, 항상 네트워크에 연결되어 있어야 함을 의미한다.
④ 실체성(Reality): 유비쿼터스 비즈니스 환경에서는 사이버상에 존재하는 비즈니스가 아닌 실제 물리적 공간에서 이용할 수 있어야 한다. 즉, 전자적 공간과 물리적 공간이 결합된 제3의 공간인 유비쿼터스 공간에서 비즈니스가 이루어진다.
⑤ 편재성(Ubiquity): 유비쿼터스는 휴대형 기기뿐만 아니라 다양한 환경 및 사물 등에 내재되어 있는 컴퓨터를 이용하여 비즈니스가 이루어진다.
⑥ 융합성(Convergence): 유비쿼터스 비즈니스에서는 하나의 제품이 다양한 기능을 수행하는 복합 제품이 등장하여 활용된다.
⑦ 지능화(Intelligence): 유비쿼터스 환경에서는 인공지능(AI)의 도움으로 환경 적응, 협력 및 협상, 상황 인식 등을 할 수 있는 지능화된 기기들이 스스로 비즈니스를 수행한다.
⑧ 다양성(Variety): 유비쿼터스 환경에서의 비즈니스는 전에 없던 새로운 형태의 모형과 수익 모델의 창출이 기대된다.

3. 전자상거래와 M-Biz

(1) M-Biz의 의미

M-Biz, 즉 모바일 커머스(Mobile commerce)는 웹(web) 상에서 스마트폰, 퍼스널 컴퓨터와 같은 휴대용 기기에 연결되어 있는 무선 네트워크, 태블릿 컴퓨터 등을 사용하여 이루어지는 상거래를 말한다.

(2) M-Biz의 확산

M-Biz가 등장한 초기에는 주식거래, 가격 비교, 뱅킹 및 여행 예약 등의 거래에 한정되었으나 최근에는 모바일 커머스를 이용한 전자상거래가 크게 확산되고 있다. M-Biz는 기존의 전자상거래에서 이동성이 강화된 형태로 볼 수 있다.

4 유비쿼터스와 전자상거래 유형과 특징

1. 유비쿼터스의 의의 기출 16-3, 15-1

(1) 유비쿼터스의 정의

① 유비쿼터스(Ubiquitous)는 라틴어로 물이나 공기처럼 시공을 초월해 언제 어디서나 존재한다를 뜻하며 사용자가 컴퓨터나 네트워크를 장소에 구애받지 않고 자유롭게 네트워크에 접속할 수 있는 환경을 말한다.
② 유비쿼터스는 1988년대 초반 미국 제록스사(Xerox)의 마크 와이저(Mark Weiser)가 발표한 논문을 통해 알려졌는데, 그에 의하면 유비쿼터스 컴퓨팅이란 모든 사물에 컴퓨터 칩을 내장하여 상호 의사소통을 통해 보이지 않는 생활환경까지 최적화하는 인간 중심의 컴퓨팅 환경을 의미한다.

(2) 유비쿼터스의 특징

① 유비쿼터스 시대가 도래하게 되면 자동차·가정·실외 등의 다양한 공간에서 IT의 활용이 늘어나고 네트워크에 연결되는 컴퓨터 사용자의 수도 늘어나는 등 ICT 산업의 규모와 범위는 더욱 증가하게 된다.

② 유비쿼터스 네트워크를 위해서는 모든 전자기기에 컴퓨팅과 통신 기능이 부가되어야 한다. 이와 함께 센서, 프로세서, 커뮤니케이션, 인터페이스, 보안 등을 핵심 기술 요소로 한다.
③ 무선 인터넷의 보급 확대, 반도체 칩의 용량성 강화, 전자기기의 소형화, 전자 칩을 내장한 전자기기의 발전, 전자기기의 가격 하락 등을 통해 유비쿼터스 컴퓨팅 시대가 등장하였다.
④ 유비쿼터스 컴퓨팅 사회의 실현을 위해서는 네트워크의 안전성이 우선적으로 확보되어야 한다. 인터넷 상용화 이후 크래킹, 바이러스 등 사이버 범죄가 확산되고 있다는 점은 우려할 필요가 있다.

> **짚고 넘어가기** Ubiquitous의 5C와 5Any 기출 15-1
> - 5C: Ubiquitous가 지향하는 5C는 컴퓨팅(Computing), 커뮤니케이션(Communication), 접속(Connectivity), 콘텐츠(Contents), 조용함(Calm)을 의미한다.
> - 5Any: 급변하는 지식 정보화 사회에서 기업의 글로벌 경쟁력을 지속하기 위해서는 유비쿼터스 정신이 필요한데, 유비쿼터스 정신은 5Any의 뜻을 가진 시공 융합 정신이다. 5Any는 Anytime, Anywhere, Anynetwork, Anydevice, Anyservice를 의미한다.

2. 유비쿼터스의 기술

① 자동인식기술(Auto-ID; Auto Identification)
자동인식이란 원거리에서 모니터링이나 트랜잭션을 할 때 기계가 인간의 개입 없이 물체를 인식하고 작용하는 것을 돕기 위해 사용되는 무선식별(RFID)과 같은 일련의 기술과 자동화 시스템을 말한다.

② 유·무선 네트워킹 기술
유비쿼터스 컴퓨팅과 관련된 정보통신 네트워크 기술을 말하는 것으로 와이브로(WiBro), 블루투스, 적외선통신(IrDA), 고속하향패킷접속(HSDPA) 등이 있다.

③ 위치인식기술
위성위치확인시스템(GPS)은 정지 지점이거나 이동 지점을 불문하고 전 세계의 항공, 해상 및 육상에서 실시간으로 정확한 위치 측정을 할 수 있는 시스템으로 미국 국방성에서 개발한 군용 항법 시스템이 발전된 것을 말한다.

④ 센서 네트워크 기술(USN; Ubiquitous Sensor Network)
센서 네트워크는 각종 센서에서 감지한 정보를 무선으로 수집할 수 있도록 구성한 네트워크를 말한다.

3. 전자상거래 유형과 특성

(1) 전자상거래 비즈니스 모델의 의의
어떤 상품과 서비스를 누구에게 어떻게 판매할 것인가를 결정하는 것을 비즈니스 모델이라고 한다면, 전자상거래 비즈니스 모델은 인터넷 등을 활용하여 어떻게 수익을 창출할 수 있을 것인가에 대한 사업모델이라고 할 수 있다.

(2) 비즈니스 모델의 개념
① 폴 티머스(Paul Timmers)는 비즈니스 모델을, '제품·서비스·정보 흐름의 구조를 표현하고, 사업 참여자들의 역할과 그들이 참여하게 됨으로써 얻게 되는 잠재적 이익, 그리고 사업 주도자의 수익의 원천을 설명하는 것'으로 정의하고 있다.
② 티머스는 비즈니스 모델의 구성요소로 다음의 세 가지를 들고 있다. 제품, 서비스, 정보 흐름의 구조와 사업 참여자의 역할, 사업 참여자의 잠재적 이익, 사업 주도자의 수익 원천 등이다.
③ 사업성 모델과 영업성 모델
㉠ 사업성 모델은 포털 서비스, 전자상거래, 경매 등이 있고, 영업성 모델은 수수료, 회비, 광고 등이 있으며 이익원천 모델이라고도 한다.

ⓒ 또한 사업성 모델은 새로운 사업 아이디어를 의미하고, 영업성 모델은 사업성 모델에 데이터를 처리하는 기술과 데이터 속성 정보가 결합된 상태를 의미한다.
ⓒ 최소한 사업성 모델을 보유해야, 사업 런칭이 가능하며, 수익을 올릴 수 있다는 확신을 주지 못하면 투자자로부터 자금을 조달하는 것이 불가능하다.

> **짚고 넘어가기** **Timmerce의 비즈니스 모델 분류** 기출 19-3, 15-1
> - 폴 티머스(P. Timmerce)는 인터넷 상거래에서의 가치사슬(Value Chain)의 파괴 또는 재조합 여부에 따라 인터넷 비즈니스 모델을 11가지로 분류하였다.
> - 11가지는 상점형(e-Shop), 조달형(e-Procurement), 경매형(e-Auction), 몰형(e-Mall), 가상 커뮤니티형(Virtual Community), 제3자 시장형(Third Party Marketplace), 가치사슬 서비스 제공형(Value Chain Service Provider), 가치사슬 통합형(Value Chain Integrator), 협력 플랫폼형(Collaboration Platform), 정보 중개형(Information Brokerage), 보안 서비스 제공형(Trust Services Provider) 등이다.
> - 예컨대 우리나라의 나라장터(www.g2b.go.kr)는 조달청의 국가종합전자조달시스템으로 조달형(e-Procurement)에 해당된다.

4. 수익 창출에 따른 전자상거래 비즈니스 모델의 유형

(1) **직접 수익 방식**: 제품 및 서비스 판매형(소비자=지불자)
  ① 제품 중심형
    ㉠ 백화점식의 쇼핑몰형: 유통망을 가지고 있거나 백화점을 운영하던 업체가 기존의 운영 노하우와 유통망을 바탕으로 시작하는 경우와, 기존의 홈쇼핑업체가 광범한 고객자료를 토대로 사업에 뛰어드는 경우로 크게 나뉜다.
    ㉡ 단일 품목 중심의 전문형: 고객이 원하는 제품을 고객이 원하는 형태로 판매하는 것으로, 쇼핑몰형의 모델에서 찾을 수 없는 전문성과 개성을 가지고 있어야 한다.
  ② 직접 서비스형: 판매에 의한 직접 수익 방식의 또 다른 형태인 직접 서비스형의 경우 웹 사이트가 정보와 서비스의 중심이 되고 이를 통해 직접 서비스를 제공하고 서비스 비용을 받는 경우이다. 이 모델은 서비스를 직접 생산하여 얻는 시장성 외에 소비자가 요구하는 서비스를 주문 처리하는 네트워크 비즈니스의 모델로서도 가능성을 가지고 있다.
  ③ 간접 서비스형: 서비스를 직접 제공하지 않고 서비스를 연결해 주고 중개 수수료를 받는 형태로서, 온라인 브로커라는 표현이 더 정확하다. 오프라인 중개 수수료보다 크게 저렴한 비용으로 이용할 수 있어서 경쟁력을 가진 분야라고 할 수 있다.

(2) **간접 수익 방식**: 다양한 부가서비스 제공(소비자≠지불자) 기출 22-3
  ① 배너 광고: 네트워크에 의한 수확 체증 효과를 얻을 수 있는 가장 빠른 방법으로서, 멀티미디어 기술을 이용하여 밀접한 관련이 있거나 인지도가 높은 웹사이트에 자사의 광고를 끼워 넣는 형태이다. 초기의 정적인 형태에서 동적인 형태로 많이 발전했다.
  ② 스폰서십: 요즘 흔하게 볼 수 있는 기사형 광고와 유사한 형태로서 광고주가 특정 사이트의 한 페이지를 후원하거나 단기적인 이벤트를 위해 널리 알려진 사이트의 프로모션 판을 별도로 제작, 운영하는 형태이다. 또는 잡지 사이트 등에 고객의 눈에 잘 띄는 박스 기사 형식으로 게재하는 등의 방법이 이에 해당한다.
  ③ 무료 메일 제공: 무료로 웹 메일 서비스를 받는 대신 가입할 때 기본적인 개인 정보를 제공해야 하고, 메일을 이용하기 위해 사이트에 접속할 때마다 광고에 노출되며, 이 사이트를 통해 메일을 발송하면 메일 수신자에게도 광고가 전달된다. 요즘은 가입자의 기호에 맞춘 뉴스 메일 서비스를 통해 자연스럽게 구매 정보를 제공하고 있다.
  ④ 사이버 커뮤니티 형성: 연령, 직업, 주거 지역, 취미 등 동질성을 보유하고 이를 서로 공유하고자 하는 사람들로 하여금 자율적으로 사이버 커뮤니티를 구성하게 하고, 이들 가입자를 마케팅 대상으로 삼는 것을 말한다.
  ⑤ 제휴 프로그램: 서로 다른 인터넷 사이트끼리 배너 광고를 교환하고 공고한 사이트를 통해 해당 사이트로 접속할 경우 일정한 금액을 지불하는 형식이다.

⑥ 프로그램 무상 배포: 소프트웨어 회사의 인지도를 높이거나 적정한 숫자의 사용자 그룹을 확보하기 위한 전략으로 시작되었다. 우선 일정한 기간 동안 무상으로 사용해 본 다음 구매를 결정하는 셰어웨어(Shareware, 엄밀하게는 Trialware) 형태와 프로그램 자체는 아예 무상으로 사용하게 하되 인터넷을 통해 프로그램에 광고를 내보내는 애드웨어(Adware) 전략이 그 대표적인 예이다.

5 e-Marketplace

1. e-Marketplace

(1) e-Marketplace의 의의
① e-Marketplace란 인터넷상에서 다수의 판매자와 구매자들이 거래를 할 수 있도록 해주는 가상 시장을 말한다.
② e-Marketplace는 인터넷상에서 제품, 서비스, 정보 등 기업의 구매 및 판매와 관련된 모든 서비스를 제공하는 판매자와 구매자의 B2B 전자상거래 커뮤니티를 의미하는 것으로, e-비즈니스의 결정판으로도 불리고 있다.

(2) e-Marketplace의 유형
① e-Marketplace는 크게 사업 영역의 폭과 깊이에 따라 수직형 e-마켓플레이스(Vortal)와 수평형 e-마켓플레이스(Hortal), 그리고 Vortal과 Hortal을 결합시켜 놓은 Mega-Market으로 나눌 수 있다.
② 시장 창출 방식에 따라 카탈로그형, 경매형, 역경매형, 교환형 등으로 구분할 수 있다.

(3) 사업 영역의 폭과 깊이에 따른 분류
① 보털(Vortal: Vertical e-Marketplace): 특정 품목이나 산업을 중심으로 원자재부터 완성품에 이르기까지 수직적인 관계를 갖는 전 품목을 취급하는 Marketplace를 지칭한다. 예를 들면 철강 관련 제품을 모두 취급하는 사이트나 종이 관련 제품을 모두 취급하는 사이트 등이 Vortal이다.
② 호털(Hortal: Horizontal e-Marketplace): 특정 제품이나 산업에 국한하지 않고 다양한 상품을 폭넓게 취급하는 Marketplace를 지칭한다. 예를 들면, 컴퓨터의 유지·보수나 운영 등에 소요되는 물품이나 품목들을 거래하는 사이트 등이 Hortal이다.
③ Mega-Market: Vortal과 Hortal을 결합한 형식의 e-Marketplace를 지칭한다.

(4) 시장 창출 방식에 따른 분류 기출 20-1
① 카탈로그(Catalog)형: 판매자가 그들 상품의 가격, 특징 등의 정보를 웹상에 올려놓고 이를 본 구매자가 웹상에서 바로 구매하는 방식이다. 시장 가격이 사전에 결정되어 있어 고정적인 성격을 지닌다. 일반적으로 상품의 종류가 매우 다양하고 판매자와 구매자가 많아서 상품에 대한 검색 자체가 힘든 경우 또는 제품 가격이 비교적 안정적인 경우에 적합한 유형이라고 할 수 있다.
② 경매(Auction)형: 경매 메커니즘을 이용한 최적의 매칭을 통해 상거래가 이루어지는 유형으로, 기업이 판매하고자 하는 물품을 공지하면 다수의 구매자가 가격을 입찰하고 최적의 가격을 제시한 구매자에게 이를 판매하는 방식이다.
③ 역경매(Reverse Auction)형: 경매형의 반대 개념으로 구매자가 자신이 사고자 하는 물품에 대한 조건을 제시한 후, 다수의 공급자 중 최적의 가격과 거래 조건을 제시한 공급자로부터 구매하는 방식이다.
④ 교환(Exchange)형: 양방향 경매 방식으로 제3자의 중개에 의해 매우 중립적인 시장의 형태로 이루어진다. 이 경우는 상품의 수급 관계와 가격이 매우 유동적인 시장에서 상품의 사양이 정해진 원·부자재나 범용성이 높고 표준화된 상품의 거래에 적합하다.

(5) 제품의 표준화와 기업 간의 협력관계에 따른 분류 〔기출〕 15-2

① 제품의 표준화와 기업 간의 협력관계에 따라 연합 거래형 e-Marketplace, 직접 거래형 e-Marketplace, 중개 거래형 e-Marketplace, 공동 구매형 e-Marketplace, 커뮤니티형 e-Marketplace로 구분하기도 한다.
② 이 중 제품 표준화 정도는 높지만, 기업 간 협력 수준을 요구하는 정도가 낮은 제품을 대상으로 대량생산과 판매가 가능한 특징을 갖는 e-Marketplace 모델은 중개 거래형이다.
③ 제품 표준화 정도가 낮은 업종의 제조업체가 사업 수행을 위하여 여러 협력 업체들과 긴밀한 관계를 유지해야 하며, 가격보다는 서비스 품질을 강조해야 하는 경우에 가장 효과적인 e-Marketplace 모델은 커뮤니티형이다.

2. e-Auction

(1) e-Auction의 의의

① e-Auction은 인터넷 경매를 의미하는 것으로, 인터넷의 보급이 확대되고 전자상거래가 활성화되면서 도입되어 시간적·공간적 제약 없이 경매 방식의 거래가 이루어지게 된 것이다.
② 인터넷 경매의 종류에는 판매자 본위 경매(영국식 오름차순 경매), 구매자 본위 경매(역경매), 전자동 거래 시스템 등이 있다.

(2) e-Auction의 성공 요인

① 경매라는 매매 방식이 쇼핑의 흥미를 제공하고, 공급자에게는 광고효과를 창출해 주며, 그리고 무엇보다도 소비자가 중심이 되는 거래라는 측면에서 다른 전자상거래 방식과 차별화되기 때문이다.
② 구매의 편리성과 접근의 용이성, 가격 결정에 있어서 소비자가 참여할 수 있다는 능동성, 시·공간적 비제약성, 소액·저가 상품들에 대한 다양한 경매가 소비자를 끌어들이는 요인으로 작용하고 있다.

(3) 문제점 및 개선 방안

① 경매 참가자의 실명 확인 시스템의 도입 및 개인 정보 보호 시스템의 강화가 필요하다.
② 판매 거부 및 구매 거부 등 계약 질서를 문란하게 하는 행위를 방지하기 위한 대책이 마련되어야 한다.
③ 인터넷 경매에 입찰시 사전에 가격 등 상품정보 획득을 위한 소비자의 노력과 함께 업체의 가격정보 제공이 이루어져야 한다.

> **짚고 넘어가기** 역경매(Reverse Auction) 〔기출〕 20-2
> - 역경매는 일반적인 경매와는 상반되는 개념으로 구매자가 자신이 사고자 하는 물건에 대한 명세와 거래 조건을 제시한 후 다수의 공급자 중 최저의 가격과 거래 조건을 제시한 공급자로부터 구매하는 C2B 방식이다.
> - 강력한 구매력을 가진 소수의 구매자와 복수의 공급자가 존재하는 시장에 적합하며 구매자에게 절대적으로 유리한 방법이다.
> - 역경매의 장점으로는 여러 판매자가 참여할 경우 구매자 입장에서 가격경쟁력이 높다는 점을 들 수 있다.
> - 역경매의 단점으로는 판매자의 반복적인 입찰이 필요하다는 점과 반복적인 무한 판매 경쟁으로 인한 판매자의 참여 회피, 판매자의 구매자 탐색 노력이 필요하다는 점을 들 수 있다.

6 e-Procurement

1. e-Procurement의 의의 〔기출〕 15-1

(1) e-Procurement의 개념

① e-Procurement, 즉 전자 구매(전자 조달)는 인터넷 환경을 이용하여 구매 요청·승인·주문·운반·결제 및 인도에 이르는 일련의 프로세스를 전략적으로 관리하는 것을 의미한다.

② e-Procurement는 주문에서 인도에 이르는 전체 구매 프로세스를 인터넷 환경 하에서 유기적으로 연계하고, 구매자와 판매자 간에 공조를 이루어 구매 업무의 최적화를 도모하려는 전략적 기법이라고 할 수 있다.
③ 우리나라의 나라장터(www.g2b.go.kr)는 조달청의 국가종합전자조달 시스템으로 e-Procurement의 대표적인 사례이다.

(2) e-Procurement의 이익
① 구매 프로세스의 개선으로 구매비용절감과 납기 단축 등을 실현할 수 있다.
② 자사의 구매 시스템과 기존 운영 시스템 및 판매자 시스템과의 기능적 통합을 통하여 구매 업무의 효율성을 높일 수 있다. 또한 구매 절차의 투명성과 공정성 확보가 가능하다.
③ 구매활동의 전략적 역량 강화를 통하여 기업 전체 목표에 부응하는 전략적 구매 업무를 수행할 수 있다.
④ 구매·조달 프로세스가 간소화되고, 구매와 배송 과정에서의 불필요한 행정 절차와 오류를 줄일 수 있다.

2. e-Procurement의 장점 기출 15-1
① 기업의 구매비용을 절감시켜 기업 경쟁력을 강화하고자 하는 전자 구매 시스템을 말하며, 구매·조달의 투명성을 확보하는 부수적인 효과를 거둘 수 있다.
② 거래비용의 절감, 구매자의 생산성 향상, 상품의 표준화와 구매 통합을 통한 가격 하락, 공급자에 대한 정보와 가격 정보의 흐름과 관리가 향상된다.
③ 구매 절차의 간소화, 구매와 배송 과정에서의 불필요한 행정 절차와 오류의 감소, 더 좋은 가격과 품질의 상품과 서비스를 공급할 수 있는 새로운 공급자의 발굴 가능성 등이 있다.

7 전자상거래 시스템
1. 전자상거래의 구성요소
전자상거래의 구성요소로는 정보화 기반시설(인프라), 법·제도적 뒷받침, 요소 기술(소프트웨어), 기능적 요소 등을 들 수 있다.
① 정보화 기반시설(인프라, Infrastructure)
    전자상거래를 위해 거래 당사자들을 전자적으로 연결하는 데 필요한 정보 고속도로, 즉 컴퓨터의 보급, 네트워크의 구축과 전문 인력의 양성 등을 의미한다.
② 법·제도적 뒷받침
    ㉠ 전자상거래는 인터넷을 통해 불특정 다수와 거래하기 때문에 개인 정보의 유출 문제가 해결되어야 하고 기술적 표준 등이 확립되어야 한다.
    ㉡ 즉, 전자상거래가 활성화되기 위해서는 개인 정보의 보호, 정보 이용료의 지불, 투명한 세금 납부, 지식 재산권 보호 등 관련 법규나 제도적 정비가 이루어져야 한다.
③ 전자상거래 요소 기술
    ㉠ 전자상거래 요소 기술은 자유로운 정보의 교환과 상거래를 가능하게 하는 기술적 표준과 보안 및 인증, 전자결제 시스템 등을 말한다.
    ㉡ 또한 전자상거래는 경영학적이고 전략적 측면이 강한 개념이기는 하지만, 다양한 정보기술의 발전이 전자상거래를 가능하게 하였다는 측면에서 전자상거래와 정보기술은 불가분의 관계에 있다.

> **짚고 넘어가기** **전자상거래 기술**
>
> 전자상거래 구현을 위한 정보기술의 이용 형태는 조직이 추구하는 전략과 환경 여건에 따라 달라진다. 현재 전자상거래에서 주로 사용되고 있는 기술은 이용 정도에 따라 필수적 기술, 일반적 기술, 선택적 기술로 나누어 볼 수 있다.
> - 필수적 기술: EDI, 전자우편, 통합 메시징 등
> - 일반적 기술: 전자 자금 이체, 디렉토리 서비스, 전자 양식 등
> - 선택적 기술: 파일 전송, 전자 게시판, 보안 방화벽 시스템 등

2. 전자상거래 시스템의 구축 절차

(1) 전자상거래의 구조

기업들이 개별적으로 구축하고 있는 전자거래 서비스를 말하며, 전자상거래를 구현하기 위해서는 다음과 같은 5단계를 거쳐야 한다.

> 시스템 구축 단계 → 전자계약 체결 단계 → 전자인증 단계 → 전자결제 단계 → 물류, 수송 및 배송 단계

① 시스템 구축 단계: 제조업자와 유통업자, 소비자 및 정부 등이 전자상거래 구현을 위해 각자가 지니고 있는 강점을 활용할 수 있는 시스템을 구축한다.

② 전자계약 체결 단계: 소비자와 기업 간, 기업과 기업 간에 온라인으로 계약을 체결함으로써 전자상거래가 성립된다.

③ 전자인증 단계: 계약 체결을 위한 정보를 전송한 상대방이 진실한 거래 당사자인지를 확인하여 안전한 거래가 이루어질 수 있도록 하는 것이다. 제3자 신용 기관(TTP: Trusted Third Party), TTP 인증 기관(CA: Certificate Authority)에서 당사자나 전송한 정보의 진실성을 확인시켜 준다.

④ 전자결제 단계: 전자상거래에서 가장 중요한 요소의 하나가 전자결제 시스템이다. 계약이 체결되면 소비자는 구입하려는 제품이나 서비스의 대금을 결제하여야 하는데 현금 거래를 대체하여 이용할 수 있는 방법이 전자결제(e-Payment)이다.

⑤ 물류, 수송 및 배송 단계: 모든 거래가 완성되고 대금 결제가 끝나면 제품의 배송이 이루어진다.

(2) 전자 인증방식 [기출] 23-1, 22-2, 20-1, 18-2

① 디지털문서(Digital Certificate) 방식
  ㉠ 디지털문서 또는 디지털인증서 방식은 전자적 형태의 문서로 어떤 사람을 특정할 수 있는 정보와 공개 키(public key) 전자서명으로 구성된다.
  ㉡ 이 인증방식은 일단 증명서를 발급받기만 하면 주기적으로 그것을 갱신하는 것 외에는 특별히 조치할 사항이 없으므로 사용하기 편리하다는 장점이 있다.

② 분산 ID(DID; Decentralized IDentifiers) 방식 [기출] 24-2
  ㉠ 분산 ID 또는 분산식별자 방식은 분산원장을 바탕으로 인증 대상이 스스로 신원을 확인하고 본인과 관련된 정보의 제출 범위와 대상 등을 정할 수 있도록 하는 인증방식이다.
  ㉡ 이 방식은 인증대상이 자신의 신원 정보(credentials)에 대한 권리를 보다 적극적으로 행사할 수 있는 것이 특징이다.

3. 가상현실(VR), 증강현실(AR), 메타버스 [기출] 24-2, 24-1, 23-1, 19-3, 18-3, 17-1

(1) 가상현실(VR; Virtual Reality)
① 가상현실(VR)은 어떤 특정한 환경이나 상황을 컴퓨터로 만들어서, 그것을 사용하는 사람이 마치 실제 주변 상황·환경과 상호작용을 하고 있는 것처럼 만들어 주는 인간-컴퓨터 사이의 인터페이스를 말한다.
② 마이론 크루거(Myron Krueger) 박사에 의해 제시된 개념으로 인조 두뇌공간이라고도 한다. 가상현실은 인공현실(artificial reality), 사이버 공간(cyberspace), 가상세계(virtual worlds), 가상환경(virtual environment), 인공환경(artificial environment) 등으로 불리기도 한다.
③ 사용 목적은 사람들이 일상적으로 경험하기 어려운 환경을 직접 체험하지 않고서도 그 환경에 들어와 있는 것처럼 보여주고 조작할 수 있게 해주는 것이다.

(2) 증강현실(AR; Augmented Reality)
① 증강현실(AR)은 실세계에 3차원 가상물체를 겹쳐 보여주는 기술을 말한다. 즉 사용자가 눈으로 보는 현실세계에 가상 물체를 겹쳐 보여주는 기술이다.
② 현실세계에 실시간으로 부가정보를 갖는 가상세계를 합쳐 하나의 영상으로 보여주므로 혼합현실(MR; Mixed Reality)이라고도 한다.

(3) 메타버스(Metaverse)
① 메타버스는 현실세계를 가상의 공간에서 구현하는 플랫폼을 의미한다. 가상공간에서도 현실세계와 같은 생활의 모든 분야가 구현되는 세계라는 의미로 사용되고 있다.
② 가상현실(VR)과 증강현실(AR) 기술의 발달과 함께 차세대 인터넷 시대를 주도할 새로운 패러다임으로 떠오르면서 게임, 엔터테인먼트, 음악, 콘텐츠 산업 등을 중심으로 빠르게 확산되고 있다. 또한 전자상거래에서도 활용된다.

CHAPTER 02 전자상거래 기반기술과 운영

1 전자결제 시스템

1. 전자결제의 의의 [기출] 17-3

(1) 전자결제의 의미
① 전자결제(Electronic Payment)는 전통적인 어음·수표 등에 의한 장표 방식 결제에 대응하는 개념으로 지급 결제가 전자적인 방식에 의해 이루어지는 것을 의미한다.
② 전자결제 방식의 사용이 증가하게 되면 지급 결제의 신속화·간소화는 물론 취급비용의 감소로 인한 금융 기관의 수지 개선 효과도 크게 기대할 수 있다.

(2) 전자결제의 유형
① 전자결제는 신용카드와 은행 계좌 이체, 은행 가상 계좌, 휴대폰, ARS 신용 카드 안전 결제 등을 통해 이루어진다. 전자결제를 이용하기 위해서는 PG(Payment Gateway) 회사에 가입하여야 한다.
② PG 회사는 부가 서비스로 에스크로(Escrow), 전자 보증, 현금 영수증 등을 제공하고 있다.

> **짚고 넘어가기** PG 서비스의 유형 〈기출〉 22-3
>
> PG(Payment Gateway)회사는 신용 카드사와 가맹점 계약을 체결하는 것이 곤란한 중소 쇼핑몰을 대신해 카드사와 대표 가맹점 계약을 맺고 신용 카드 결제 및 지불을 대행한 뒤 하부 쇼핑몰에서 수수료를 받는 회사를 의미한다.
> 신용 카드의 PG 서비스는 대표 가맹점 서비스와 자체 가맹점 서비스 2가지가 있다.
> - 대표 가맹점 서비스: PG 회사가 중소형 온라인 쇼핑몰을 대표하여 신용 카드사와 대표 가맹점 계약을 체결하고 거래 승인, 매입, 정산 등의 업무를 대행하는 서비스이다. 카드 결제 정보가 PG 서버에서 처리됨으로써 결제의 안정성과 신뢰성을 높이는 장점이 있다.
> - 자체 가맹점 서비스: 온라인 쇼핑몰이 신용 카드사와 가맹점 계약을 직접 체결하고 PG 회사는 결제 정보를 중계한다. 자체 가맹점 서비스에서의 정산은 신용 카드사가 온라인 쇼핑몰과 함께 직접 처리한다.
> - 온라인 쇼핑몰은 대표 가맹점 서비스보다 자체 가맹점 서비스를 이용하면 더욱 신속하게 판매 대금을 받을 수 있다.

2. 전자화폐

(1) 전자화폐의 의의

① 디지털 기술의 발전과 인터넷의 보급으로 전자상거래가 활발해지면서, 동전이나 지폐 등 기존의 화폐를 대신하는 제3의 화폐가 떠오르고 있다. 바로 각종 인터넷 쇼핑몰이나 기타 유료 디지털 콘텐츠를 이용할 때 결제 수단으로 사용하는 전자화폐이다.

② 영국의 몬덱스(Mondex)에서 처음 출시한 세계 최초의 전자화폐인 몬덱스 카드를 시작으로 국내에서도 소액 결제형 카드인 e-코인을 비롯해 여러 종류의 전자화폐가 생겨났다. 최근에는 금융결제원에서 한국형 전자화폐인 K-cash를 선보이기도 했다.

(2) 전자화폐의 의미

① 전자화폐(Electronic Cash)는 IC카드 또는 네트워크에 연결된 컴퓨터에 은행 예금이나 돈 등이 전자적 방법으로 저장된 것으로, 현금을 대신할 새로운 개념의 화폐이다.

② 전자화폐는 정보화 사회에서 현금을 대신할 새로운 개념의 화폐이다. 동전이나 지폐는 부피나 무게가 크므로 사용이 불편하다. 따라서 정보화 사회가 발달하면서 전자화폐의 출현은 필연적이다.

(3) 전자화폐의 조건 〈기출〉 17-3

① 전자화폐는 휴대가 간편해야 하며 누가 어디에서 무엇을 샀는지를 제3자가 알 수 없어야 한다. 또한 위조가 어려워야 한다.

② 이외에도 전자화폐는 실물 화폐의 특성인 익명성, 양도성, 이동성, 즉시 결제성은 물론 원거리 양도성과 분할성 등도 갖추어야 한다. 또한 실물화폐의 단점인 마모성 및 휴대 불편 등을 해소할 수 있어야 한다.

(4) 전자화폐의 유형

전자화폐는 화폐적 가치가 어떻게 저장되었는가에 따라서 IC 카드형과 네트워크형으로 나뉜다.

① IC 카드형 전자화폐

㉠ 오프라인 전자화폐 시스템으로 전자 지갑형 전자화폐라고 한다. IC 카드에 전자적 방법으로 은행 예금의 일부를 옮겨 단말기 등으로 현금처럼 지급하는 것이다.

㉡ 이러한 IC카드형 전자화폐는 네트워크형과 호환되지 않으면 전자상거래에서는 쓸 수 없다.

㉢ IC카드형(오프라인) 전자화폐로는 최초의 전자화폐인 몬덱스(Mondex)와 프로톤(Proton), 그리고 애틀란타 올림픽에서 선보인 비자캐시(VisaCash)와 K-cash 등이 있다.

② 네트워크형 전자화폐
- ⑦ 가상 은행이나 인터넷과 연결된 고객의 컴퓨터에 저장하는 전자화폐다. 종류에는 사이버 코인(Cyber Coin)과 이캐시(eCash)가 있다. 특히 이캐시는 1994년 10월부터 네덜란드 디지캐시(DigiCash)회사에서 발행한 것으로, 인터넷을 통해 온라인으로 지불하는 최초의 전자화폐이다.
- ⓒ 이캐시를 사용하려면 먼저 이캐시 클라이언트 소프트웨어를 이용해 은행에서 이캐시를 찾아 자신의 컴퓨터에 저장한다. 그리고 이캐시를 취급하는 상점에서 물건을 사고 이캐시를 지불한다. 이캐시는 환금성을 가지므로 상점은 바로 물품이나 서비스를 제공할 수 있다.
- ⓒ 네트워크상의 소비자와 판매자의 계좌를 설정하여 POS처럼 이체하는 Net Bill도 네트워크형 전자화폐이다.

(5) 전자화폐의 장점
① 전자화폐는 분실과 도난의 위험이 적으며 한 번의 입금이나 구입으로 잔액이 있는 동안 계속해서 물건을 살 수 있다.
② 디지털 상품을 구입할 때 일반 화폐보다 더 편리하며, 또 화폐 제작에 들어갔던 막대한 비용을 줄일 수도 있고 수송 및 보관비용도 절약할 수 있다. 이러한 장점들이 현재 전자화폐의 보급을 확산시키고 있는 요인으로 작용하고 있다.
③ 보안 기술의 발달로 이제는 개인의 금융 정보가 누출될 위험도 갈수록 줄어들고 있다는 점도 전자화폐의 보급을 활성화한다.

3. 전자상거래의 안전과 개인 정보 보호

(1) 에스크로(Escrow)
① 에스크로의 의미
- ⑦ 에스크로는 전자상거래의 안전성을 높이기 위해 거래 대금을 제3자에게 맡긴 뒤 물품 배송을 확인하고 판매자에게 지불하는 제도이다.
- ⓒ 에스크로는 구매자가 결제 대금을 공신력 있는 사업자(에스크로 사업자)가 물품 배송을 확인하고 판매자에게 지불하는 제도로써 전자상거래에서 발생 가능한 허위 주문, 미배송 등의 피해를 방지하기 위한 매매 보호 서비스이다.

② 에스크로의 절차
전자상거래시 제안된 거래 조건에 합의가 되면 에스크로 서비스가 개시된다. 구매자는 상품수령 후 에스크로 사업자에게 구매 승인 여부를 통지하여야 한다.

③ 에스크로의 장점
- ⑦ 구매자는 구매한 물품의 미배송 등에 따른 피해를 사전에 예방할 수 있으며, 쇼핑몰은 소비자에게 신뢰감을 줌으로써 매출 증대의 효과를 기대할 수 있다.
- ⓒ 즉, 에스크로 서비스는 구매자뿐 아니라 판매자의 피해도 예방하여 거래의 양 당사자를 모두 보호한다.

④ 우리나라의 에스크로
- ⑦ 전자상거래 등에서의 소비자 보호에 관한 법률에 따르면 우리나라는 모든 거래에 의무적으로 에스크로를 시행하도록 하고 있다.
- ⓒ 에스크로 사업자는 소비자로부터 재화 등을 공급받은 사실을 통보받은 후에 예치된 결제 대금을 판매업자에게 지급하도록 하고 있다.
- ⓒ 소비자가 정당한 사유 없이 공급받은 사실을 통보하지 아니한 때는 재화 등이 소비자에게 배송 완료된 날로부터 3영업일 이상이 지난 후에는 결제 대금을 판매업자에게 지급할 수 있다.

(2) SSL(Secure Sockets Layer) 기출 16-1
① SSL은 인터넷 상거래시 필요한 개인 정보를 보호하기 위한, 개인 정보 유지 프로토콜이다.
② SSL은 인터넷 프로토콜이 보안면에서 기밀성을 유지하지 못한다는 문제점을 극복하기 위해 Netscape가 개발한 것으로, 인터넷 상거래시 요구되는 개인 정보와 신용카드 정보의 보안 유지에 가장 많이 사용되고 있는 프로토콜이다.
③ 최종 사용자와 가맹점 간의 지불 정보 보안에 관한 프로토콜이라고 할 수 있다.

(3) SET(Secure Electronic Transaction) 기출 16-1
① SET는 지불 프로토콜이다. SET는 사이버캐시 방식을 발전시킨 것으로 카드 이용자와 신용 카드 회사, 상점 등이 연계하여 신용 카드 결제를 효과적으로 처리하는 방식이다.
② SET는 표준으로 인정을 받았으나 사용의 번거로움, 처리 시간의 지연, 고비용 등으로 거의 활용되지 않고 있다.

내용	SSL	SET
비용	저비용	고비용
사용 편리성	간편함	다소 어려움
안전성	다소 낮음	높음
조작 가능성	상점 단독 가능	다자간의 협력 필요

(4) 광고성 메일의 수신 기출 24-1, 23-1, 21-1
광고성 메일의 수신 여부 및 개인 데이터 수집 허용과 관련된 용어로 옵트인(opt in)과 옵트아웃(opt out)이 있다.
① 옵트인(opt in): 당사자가 개인 데이터 수집을 허용하기 전까지 데이터 수집을 금지하는 제도이다. 기업이 광고를 위해 메일을 보낼 때, 수신자의 동의를 얻어야 메일을 발송할 수 있도록 하는 방식도 옵트인 방식이다
② 옵트아웃(opt out): 전자상거래 이용 고객이 기업에서 발송하는 광고성 메일에 대해 수신거부 의사를 전달하면 더 이상 광고성 메일을 받지 않는 것을 말한다.

(5) 전자상거래에서의 프라이버시 보호행동 기출 24-2
① 일반적으로 전자상거래 고객들은 프라이버시에 대한 염려가 발생하면, 프라이버시를 보호하려는 행동을 한다. 전자상거래 고객들의 프라이버시 보호에 대한 반응은 정보제공 활동, 개인 활동, 공개 활동으로 구분할 수 있다.
② 전자상거래 고객들이 프라이버시에 대한 염려를 회피하기 위한 대표적인 정보제공 활동으로는 개인정보 제공을 거부하는 행동이다.
③ 전자상거래 고객들이 프라이버시에 대한 염려를 회피하기 위한 대표적인 개인 활동으로는 개인정보 제공이 위험하다고 이야기하는 행동이다.
④ 전자상거래 고객들이 프라이버시에 대한 염려를 회피하기 위한 대표적인 공개 활동으로는 기업에 직접적으로 불평하는 행동이다.
⑤ 전자상거래 고객의 프라이버시 보호에 대한 방어적인 태도는 마케팅 담당자가 감수해야 할 비용을 증가시키고, 기업의 고객관계관리(CRM) 활동을 보다 어렵게 만들 수 있다.

2 암호화와 인터넷 보안

1. 암호화 방식
암호화 방식에는 공개키 암호화 방식(비대칭키 암호화 방식)과 비밀키 암호화 방식(대칭키 암호화 방식)이 있다.

(1) 공개키 암호화 방식 기출 18-2, 16-2, 15-1

① 창안자들의 이름을 따서 RSA 방식이라고 하는데 암호화 및 복호화를 할 때 다른 키를 사용하기 때문에 비대칭이라고 한다.

② 평문을 가진 자가 A의 공개키로 암호화하면 그 암호문을 수신한 사람은 암호화시킬 때 사용한 A의 공개키를 풀기 위해 A 개인키를 사용하여 복호화시킨 뒤 원래의 평문 내용을 볼 수 있는 방식이다.

③ 암호화할 때에는 상대방의 공개키로 암호화하며, 복호화할 때에는 자신만 알고 있는 개인키를 이용하여 복호화를 실행하므로 복호화를 위해 키를 전송할 필요가 없어 대칭키에 비해 상대적으로 안전한 시스템이다.

④ 암호화에 사용되는 키와 복호화에 사용되는 키가 달라 어느 한쪽이 가진 키를 이용하여 다른 쪽의 키를 쉽게 계산해 낼 수 없기 때문에 한쪽의 키를 공개할 수 있다.

⑤ 송신자가 디지털 메시지를 만든 후 공용 디렉토리에서 수신자의 공개키를 얻어 메시지에 적용하면 암호화된 암호문이 생성된다. 이후 암호화된 메시지가 인터넷상으로 전송되면 수신자가 개인키를 사용해 메시지를 복호화하는 절차를 거친다.

⑥ 키 관리가 용이하고 안전성이 뛰어나므로 전자서명이나 신분 인증 프로토콜 등에 적용이 용이하다는 장점이 있다.

(2) 비밀키 암호화 방식 기출 17-1, 16-3

① 평문을 가진 자가 자신이 소유한 비밀키로 평문을 암호화시키면 그 암호문을 수신한 사람은 암호화시킬 때 사용한 동일한 키를 사용하여 복호화시킨 뒤 원래의 평문 내용을 볼 수 있도록 하는 방식이다.

② 암호화 및 복호화 속도가 빠르지만 어떤 방법으로 자신의 비밀키를 수신자에게 정확히 전달할 것인가 하는 문제가 있다. SEED, DES, AES RC2, IDEA 등이 대칭키 암호화 알고리즘이다.

비밀키 암호화 기술	공개키 암호화 기술
암호화 속도가 빠르다.	암호화와 복호화 시 많은 시간이 소요된다.
안전성을 위해 키(Key)를 자주 바꿔야 한다.	상대적으로 키 변화의 빈도가 적다.
네트워크 사용자가 증가함에 따라 관리해야 하는 키의 개수가 증가한다.	네트워크 사용자가 증가해도 상대적으로 관리해야 하는 키의 개수는 적다.
상대적으로 키 분배가 어렵다.	안전한 키 분배가 용이하다.

2. 인터넷 보안

(1) 전자상거래 범죄(해킹) 기출 20-3, 18-2, 17-1, 16-2

① 패스워드 크래킹(Password Cracking): Unix나 기타 시스템의 암호를 해독하는 행위, 비밀번호를 자동으로 알아내는 행위를 의미한다.

② 스푸핑(Spoofing): IP 주소 등 네트워크 통신과 관련된 것들을 속이는 것으로 가짜 웹사이트로 사용자가 방문하도록 하여 고객정보를 유출시키고 허위 거래를 성사시킨다.

③ 디도스(DDos) 공격: 네트워크에 연결된 여러 대의 컴퓨터를 이용하여 분산된 공격 거점을 이용하여 특정 서버나 네트워크에 대해 적법한 사용자의 서비스 이용을 방해하고자 시도하는 행위를 의미한다.

④ 피싱(Phishing): 개인 정보를 탈취하기 위해 금융 관련 사이트나 구매 사이트 등과 동일하거나 유사한 형태의 웹사이트를 만들고 이를 사칭하여 중요 정보를 남기도록 유도하는 형태의 공격기법이다.

⑤ 스니핑(Sniffing): 스니퍼를 이용하여 네트워크상의 데이터를 도청하는 행위를 말하는 것으로 많이 이용되는 해킹 기법이다. 스니퍼(Sniffer)는 컴퓨터 네트워크상에 흘러다니는 트래픽을 엿듣는 도청 장치를 말한다. 스니퍼를 설치하는 과정은 전화기 도청 장치를 설치하는 과정에 비유될 수 있다. 스니핑을 예방할 수 있는 가장 좋은 방법은 데이터를 암호화하는 것이다.
⑥ 바이러스(Virus): 컴퓨터 내부 프로그램에 자신을 복사했다가 그 프로그램이 수행될 때 행동을 취하며, 최악의 경우 프로그램 및 PC의 작동을 방해한다.
⑦ 웜(Worm): 바이러스와 형태 및 작동이 유사하나 프로그램 및 PC의 작동을 방해하지는 않는다. 자기 스스로를 계속 복제하여 시스템의 부하를 증가시켜 시스템을 다운시키는 방법이다.
⑧ 트로이목마(Trojan Horse): 일종의 바이러스로 PC 사용자의 정보를 유출하기 위한 방법이다.

> **짚고 넘어가기** 그로스 해킹(Growth Hacking) 기출 20-추가
> - 그로스 해킹(Growth Hacking)은 성장(Growth)과 해킹(Hacking)의 합성어로 한정된 예산으로 빠른 성장을 해야 하는 스타트업들에게 효과적인 마케팅 기법을 의미한다.
> - 고객의 취향을 파악하고, 더 효과적으로 고객에게 접근해 저비용으로 최고의 광고 효용을 추구하는 마케팅 기법이다.
> - 온라인 마케팅의 한 종류로, 창의성, 분석적인 사고, SNS 등을 활용하여 높은 성장세를 이끌어내는 새로운 마케팅 기법이다.

(2) 전자상거래 범죄 예방 대책
① 암호화: 처리 중인 데이터를 가로채서 허가 없이 변경하는 경우를 방지
② 인증: 사용자가 부정행위를 위해 자신의 신분을 위장하는 경우를 방지
③ 방화벽: 허가받지 않은 사용자가 네트워크에 접근하는 경우를 방지
④ 커버로스(Kerberos) 인증: 제3의 인증 서버를 이용해 자동으로 클라이언트와 서버 간에 서로의 신원을 확인하는 기법

(3) 전자상거래 보안요건 기출 22-2, 20-추가, 19-3, 18-3, 18-1, 16-2, 15-3
① 무결성(Integrity): 데이터가 전송 도중 또는 데이터베이스에 저장되어 있는 동안 악의의 목적으로 위·변조되는 것을 방지하는 것이다.
② 기밀성(Confidentiality): 비인가자가 부당한 방법으로 정보를 입수한 경우 정보 내용을 알 수 없도록 하는 것이다.
③ 인증(Authentication): 사용자 혹은 프로세스에 대한 확인을 의미한다. 통신 시스템에서 서명이나 편지의 내용이 실제로 정확한 곳에서 전송되어 오는지 확인하는 것이다. 즉, 송신자의 신분을 확인하고 해당 네트워크에 엑세스할 수 있는 권한을 부여하는 것이다.
④ 부인 방지(Non-Repudiation): 송수신 당사자가 전송된 송수신 사실을 추후 부인하는 것을 방지하는 것이다.

(4) 전자서명의 기본 조건 기출 21-1, 16-2, 15-3
① 위조 불가: 합법적인 서명자만이 서명문을 생성할 수 있어야 한다.
② 서명자 인증: 전자서명의 서명자를 불특정 다수가 검증할 수 있어야 한다.
③ 재사용 불가: 전자문서의 서명을 다른 전자문서의 서명으로 사용할 수 없어야 한다.
④ 변경 불가: 서명된 문서는 내용을 변경할 수 없기 때문에 데이터가 변조되지 않았음을 보장해야 한다.
⑤ 부인 방지: 서명자가 나중에 서명한 사실을 부인할 수 없어야 한다.

CHAPTER 03 신융합기술의 유통분야에서의 응용

1 빅데이터와 애널리틱스

1. 빅데이터

(1) 빅데이터의 의의 기출 22-2, 20-3, 18-3, 17-2, 17-1, 16-3

① 빅데이터란 디지털 환경에서 생성되는 데이터로 그 규모가 방대하고, 생성 주기도 짧고, 형태도 수치 데이터뿐 아니라 문자와 영상 데이터를 포함하는 대규모 데이터를 말한다.

② 빅데이터 환경은 과거에 비해 데이터의 양이 폭증했다는 점과 함께 데이터의 종류도 다양해져 사람들의 행동은 물론 위치정보와 SNS를 통해 생각과 의견까지 분석하고 예측할 수 있다.

(2) 빅데이터의 특징 기출 22-2, 21-3, 20-3, 18-3, 17-2, 17-1, 15-2

① 빅데이터는 기존의 정형화된 데이터뿐만 아니라, 비정형적 데이터까지 포함한 방대한 양의 데이터를 수집하여 다양한 관점에서 신속하게 패턴이나 예측정보를 제공한다.

② 유통업체에서 보다 탁월한 의사결정을 위해 활용하는 비즈니스 애널리틱스(Business Analytics) 중 하나로 고차원적 의사결정을 지원하는 기술이다.

③ 빅데이터의 특징은 3V로 요약하는 것이 일반적이다. 3V란 데이터의 양(Volume), 데이터 생성 속도(Velocity), 형태의 다양성(Variety)을 의미하는데, 최근에는 가치(Value)나 복잡성(Complexity)을 덧붙이기도 한다.

④ 빅데이터 분석은 새로운 가치를 창출하기 위한 정보를 제공해 준다. 시계열적 특성을 가진 빅데이터는 추세 분석이 가능하다.

(3) 빅데이터의 수집 기출 19-3, 16-3, 16-2

빅데이터 수집은 분산된 다양한 소스로부터 필요로 하는 데이터를 수동 또는 자동으로 수집하는 과정이다. 조직 내외부의 정형적, 비정형적 데이터를 수집하게 되는데 이와 관련된 내용은 다음과 같다.

① 로그 수집기: 웹서버의 로그 수집, 웹로그, 트랜잭션 로그, 클릭 로그, 데이터베이스의 로그 등을 수집

② 웹로봇을 이용한 크롤링: 웹문서를 돌아다니면서 필요한 정보를 수집하고 이를 색인해 정리하는 기능을 수행하며 주로 검색 엔진에서 사용

③ 센싱: 온도, 습도 등 각종 센서를 통해 데이터를 수집

④ RSS 리더: 사이트에서 제공하는 주소를 등록하면, PC나 휴대폰 등을 통하여 자동으로 전송된 콘텐츠를 이용할 수 있도록 지원

⑤ Open-API(Open Application Programmer Interface): 인터넷 이용자가 일방적으로 웹 검색 결과 및 사용자인터페이스(UI) 등을 제공받는 데 그치지 않고 직접 응용 프로그램과 서비스를 개발할 수 있도록 공개된 API

(4) 빅데이터 분석기법 기출 23-3, 22-3

① 텍스트 마이닝(text mining): 자연어를 분석하고, 자연어 속에 숨겨진 정보를 파악하는 데이터 분석 기법이다.

② 오피니언 마이닝(opinion mining): 특정한 상품 및 서비스에 대한 시장 규모 예측, 고객 구전효과 분석에 활용되는 데이터 분석 기법이다.

③ 소셜 네트워크분석(social network analysis): 그래프 이론을 활용하여 소셜 네트워크의 연구구조 및 강도를 분석하는 데이터 분석 기법이다.

④ 군집 분석(cluster analysis): 비슷한 특성을 가지고 있는 데이터를 통합해서 유사한 특성으로 군집화하는 데이터 분석 기법이다.

⑤ 회귀분석(regression analysis)

㉠ 하나의 종속변수가 독립변수들에 의해서 어떻게 설명 또는 예측되는지를 알아보기 위해 변수들 간의 관계를 적절한 회귀식으로 표현하는 통계적 방법이다.

ⓒ 관찰된 연속형 변수들에 대해 두 변수 사이의 모형을 구한 뒤 적합도를 측정해내는 방법으로, 시간에 따라 변화하는 데이터나 변수들의 어떤 영향 및 가설적 실험, 인과관계 모델링 등의 통계적 예측에 이용될 수 있다.

(5) 빅데이터의 유형 기출 22-2, 21-1, 20-3, 18-2, 17-3

① 정형 데이터(structured data)
  ㉠ 메타데이터를 가지고 있고, 데이터의 길이와 형식이 정해져 있어 그에 맞추어 데이터를 저장하게 된다.
  ㉡ 관계형 데이터베이스 관리 시스템(RDBMS)의 고정된 필드에 저장되는 데이터들이 포함된다.
  ㉢ 정형 데이터는 데이터 모델 또는 스키마를 따르며 주로 테이블 형식으로 저장되고, ERP, CRM 시스템과 같은 기업의 정보시스템에서 자주 생성된다.

② 반정형 데이터(semi-structured data)
  ㉠ JSON, 웹로그 등 데이터가 해당되며, XML 형태의 데이터로 값과 형식이 다소 일관성이 없다.
  ㉡ 반정형 데이터의 종류에는 HTML, XML, JSON 및 IoT에서 제공하는 센서데이터 등이 있다. 수집기술로는 Open API, Apache Flume 등이 있다.

③ 비정형 데이터(unstructured data)
  형태와 구조가 복잡한 문서, 웹문서 및 이미지, 동영상 같은 멀티미디어 데이터가 이에 해당된다.

2. 애널리틱스(analytics)

(1) 애널리틱스의 의의 기출 21-2

① 비즈니스 애널리틱스(BA)는 경영활동의 효율성을 높이기 위하여 지원하는 기업 솔루션으로, 과거 데이터 분석 위주의 비즈니스 인텔리전스(BI)에 통계 기반의 예측 기능을 부가한 솔루션이다. 이는 비즈니스 문제를 더욱 빠르고 정확하게 해결하도록 한다.

② 비즈니스 인텔리전스가 과거 데이터 및 정형 데이터를 기반으로 무엇이 발생했는지를 분석하여 비즈니스 의사결정을 돕는 도구라면, 비즈니스 애널리틱스는 과거뿐만 아니라 현재 실시간으로 발생하는 데이터에 대하여 연속적이고 반복적인 분석을 통해 미래를 예측하는 통찰력을 제공하는 데 활용된다.

(2) 지식경영 분석기술의 출현 및 발전단계 기출 19-1

① 지식경영 분석기술은 [초기 리포트의 스코어카드와 대시보드] → [데이터를 분석하여 가치 있는 정보를 찾아내는 데이터 마이닝 단계] → [2010년대 이후 테라바이트 이상의 크기를 가진 빅데이터를 분석단계]로 발전하고 있다.

② 비즈니스 인텔리전스가 기업 내 부서별로 소유하고 있는 데이터를 분석대상으로 삼았다면, 비즈니스 애널리틱스는 실시간으로 미래 예측적인 분석을 하기 위해 기업 전체 데이터를 통합 분석하는 형태로 발전하고 있다고 볼 수도 있다.

③ 따라서 비즈니스 애널리틱스 분야는 데이터의 양이 엄청나게 늘어나게 되고 여기에 덧붙여 기사, 블로그, 이메일, 소셜 데이터 등을 통해 트렌드나 감성을 분석하여 기업 비즈니스 계획에 반영하기 위해 비정형 데이터 분석 역시 큰 폭으로 확장되고 있다.

(3) 비즈니스 애널리틱스의 유형 기출 22-3, 21-2

① 대시보드(dashboards): 데이터 분석결과에 대한 이용자 이해도를 높이기 위한 데이터 시각화 기술
② 쿼리(queries): 데이터베이스로부터 정보를 추출하는 주요 매커니즘
③ 데이터 마이닝(data mining)과 텍스트 마이닝(text mining): 대규모 데이터를 분석하여 숨겨진 상관관계 및 트렌드를 발견하는 기법
④ 리포트(reports): 비즈니스에서 요구하는 정보를 포맷화하고 조직화하기 위해 변환시켜 표현하는 것
⑤ 알림(alert): 특정 사건이 발생했을 때 이를 관리자에게 인지시켜주는 자동화된 기능

(4) 비즈니스 애널리틱스의 분석기법 〔기출〕 23-2
① 기술분석(descriptive analytics): 과거에 발생한 일에 대해 소급하여 분석하는 것
② 예측분석(predictive analytics): 애널리틱스를 이용해 미래에 발생할 가능성이 있는 일을 예측하는 것
③ 진단분석(diagnostic analytics): 애널리틱스를 이용하여 미래에 발생할 가능성이 있는 일을 예측
④ 처방분석(prescriptive analytics): 특정한 일이 발생한 이유를 이해하는 데 도움을 제공

2 인공지능, 로보틱스 및 자동화

1. 인공지능(AI; Artificial Intelligence)

(1) 인공지능의 의의
인공지능은 인간의 학습능력, 추론능력, 지각능력 등을 인위적으로 구현시키는 컴퓨터과학의 한 분야이다. 자연어의 이해, 음성 번역, 로보틱스, 인공 시각, 문제 해결, 학습과 지식 획득, 인지 과학 등에 응용된다.

(2) ChatGPT 〔기출〕 23-3
① ChatGPT는 OpenAI에서 개발한 대화형 인공지능 챗봇 서비스이다. ChatGPT의 등장은 생성 AI(generative AI) 서비스의 대중화를 알리는 첫 시작이라는데 가장 큰 의의가 있다. 기존에는 식별 AI(discriminative AI) 서비스가 주를 이루었으나 ChatGPT의 등장으로 이같은 방식의 서비스가 각광받을 것으로 예상된다.
② ChatGPT는 생성형 AI(generative AI)이다. 생성형 AI는 텍스트, 오디오, 이미지 등 기존 콘텐츠를 활용해 유사한 콘텐츠를 새롭게 만들어 내는 인공지능(AI) 기술이다. 즉 콘텐츠들의 패턴을 학습해 추론 결과로 새로운 콘텐츠를 만들어내는 것이다.
③ ChatGPT 이전의 AI는 식별형 AI(discriminative AI)로 외국어의 번역이나 음성 및 화상의 식별 수준에 그치는 수준이다.

(3) 인공지능과 유통업무의 혁신 〔기출〕 23-1, 17-3
① 인공지능 기술을 활용하면 유통업체에서 고객의 문의사항에 대해 다양한 정보를 다양한 경로로 제공할 수 있다.
② 인공지능 기술은 주문이행 관련 배송경로, 재고파악 등 고객의 주문에 대한 업무와 관련된 최적의 대안을 신속하게 제공해주어 의사결정에 도움을 줄 수 있다.
③ 인공지능 기술을 활용하면 주문 데이터 패턴을 분석해서 정상적이지 않은 거래를 파악하는 등 이상 현상 및 이상 패턴을 추출하는 데 활용될 수 있다.
④ 인공지능 기술은 알고리즘을 이용해 학습 수준이 강화되기 때문에 이용자의 질의에 대한 응답 수준은 갈수록 정교해질 것이다.

2. 로보틱스(Robotics)와 자동화

(1) 로보틱스의 의의
로보틱스란 로봇에 관한 과학이자 기술영역으로, 컴퓨터 과학과 공학 등 여러 학문의 접점(interface)이자 학문 간의 연구 분야이다.

(2) 로보틱스의 적용범위
로봇공학자는 로봇을 설계, 제조하고 응용 분야를 다루는 일을 한다. 로보틱스에서는 의료 로봇이나 생활 로봇, 탐험 로봇, 구조 로봇 등이 주목받고 있다.

3 블록체인과 핀테크

1. 블록체인(blockchain)

(1) 블록체인의 의의 기출 20-1, 18-2
① 블록체인은 분산원장 또는 공공거래장부라고 불리며, 암호화폐로 거래할 때 발생할 수 있는 해킹을 막는 기술에서 출발했다.
② 블록체인은 다수의 상대방과 거래를 할 때 데이터를 개인 사용자들의 디지털 장비에 저장하여 공동으로 관리하는 분산형 정보기술이다.
③ 블록체인은 비트코인의 기반 기술로, 원장을 금융기관 등 특정 기관의 중앙서버가 아닌 P2P(Peer to Peer, 개인간) 네트워크에 분산해 참가자가 공동으로 기록하고 관리하는 기술이다.
④ 블록체인은 블록(Block)을 잇따라 연결(Chain)한 모음을 말한다. 블록체인 기술이 쓰인 가장 유명한 사례는 가상화폐인 비트코인(Bitcoin)이다. 즉, 비트코인의 기반 기술이 블록체인이다.

(2) 블록체인의 응용범위
① DHL은 물류 분야의 블록체인의 역할을 '신속, 간결한 국제무역 물류', '공급사슬 내에서의 투명성과 추적가능성', '스마트 계약으로 인한 물류업의 프로세스 자동화'로 규정하고 있다.
② Unilever와 Wal-Mart에서 블록체인을 도입하여 제품추적성, 안전성 확보를 도모한 사례가 있다.

(3) 블록체인 스마트 계약(blockchain smart contract) 기출 23-1, 20-1, 18-2
디지털 공급망을 구현하는데 활용되는 블록체인 스마트 계약 기술의 특징은 다음과 같다.
① 특정 요구사항이 충족되면 네트워크를 통해 실시간으로 계약이 실행된다.
② 블록체인 스마트 계약은 중개자 없이 실행될 수 있기 때문에 상대적으로 거래 비용이 낮다. 또한 거래 내역이 블록체인 상에 기록되기 때문에 높은 신뢰도를 형성한다.
③ 블록체인 기록을 뒷받침하는 높은 수준의 암호화와 분산원장 특성으로 네트워크에서 높은 보안성을 확보하고 있다.
④ 블록체인은 중앙시스템이 존재하지 않는 완전한 탈중앙 시스템이며, 장부에 해당되는 블록체인은 누구에게나 공유·공개되어 투명성을 보장하고, 독특한 구조적 특징에 기인하여 데이터의 무결성을 보장된다.
⑤ 분산된 장부는 네트워크에 참여한 각 노드들의 검증과 합의 과정을 거쳐 데이터 일치에 도달하게 된다. 따라서 거래 기록에 대해 가시성을 확보할 수 있다.

2. 핀테크(FinTech)

(1) 핀테크의 의의
FinTech(핀테크)는 Finance(금융)와 Technology(기술)의 합성어로, 금융과 IT의 융합을 통한 금융서비스 및 산업의 변화를 통칭한다.

(2) 핀테크와 금융서비스의 변화 기출 19-2
① 핀테크로 인한 금융서비스의 변화로는 모바일, SNS, 빅데이터 등 새로운 IT기술 등을 활용하여 기존 금융기법과 차별화된 금융서비스를 제공하는 기술기반 금융서비스 혁신이 대표적이며 최근 사례는 모바일뱅킹과 앱카드 등이 있다.
② 오늘날 크게 확산되고 있는 O2O(Online to Offline) 커머스, 즉 옴니채널(omni channel)은 결제 분야의 핀테크 기술과 연휴하여 비약적으로 발전하고 있다.

4 클라우드 컴퓨팅(Cloud Computing)

1. 클라우드 컴퓨팅의 의의와 특징

(1) 클라우드 컴퓨팅의 의의
① 클라우드 컴퓨팅은 이용자의 모든 정보를 인터넷상의 서버에 저장하고, 이 정보를 각종 IT 기기를 통하여 언제 어디서든 이용할 수 있다는 개념이다.
② 클라우드 컴퓨팅 기술은 흔히 네트워크상에서 인터넷을 구름 모양으로 표현한데서 그 명칭의 유래를 찾아볼 수 있다.
③ 웹메일이나 웹하드 서비스 등 사용자의 메일이나 정보를 저장하는 하드디스크 공간을 웹상에 가지고 있으면서 인터넷 접속이 가능한 곳 어디서나 확인할 수 있는 서비스가 클라우드 컴퓨팅 서비스이다.
④ 비즈니스에서 여러 사용자 또는 조직 간의 관계를 형성하고 비즈니스적인 거래를 형성할 수 있는 정보 시스템 환경으로, 자신의 시스템을 개방하여 개인은 물론 기업 모두가 참여하여 원하는 일을 자유롭게 할 수 있도록 환경을 구축하여 참여자들 모두에게 새로운 가치와 혜택을 제공해줄 수 있는 시스템이다.
⑤ 클라우드 컴퓨팅을 도입하면 기업 또는 개인은 컴퓨터 시스템을 유지·보수·관리하기 위하여 들어가는 비용과 서버의 구매 및 설치비용, 업데이트 비용, 소프트웨어 구매 비용 등 엄청난 비용과 시간·인력을 줄일 수 있고, 에너지 절감에도 기여할 수 있다.

(2) 클라우드 컴퓨팅의 특징 기출 23-1, 16-2, 15-3
① 웹메일이나 웹하드 서비스 등 사용자의 메일이나 정보를 저장하는 하드디스크 공간을 웹상에 가지고 있으면서 인터넷 접속이 가능한 곳 어디서나 확인할 수 있는 서비스도 클라우드 컴퓨팅 서비스에 속한다.
② 클라우드 컴퓨팅을 도입하면 컴퓨터 시스템을 유지·보수·관리하기 위하여 들어가는 비용과 서버의 구매 및 설치비용, 업데이트 비용, 소프트웨어 구매 비용 등 엄청난 비용과 시간·인력을 줄일 수 있고, 에너지 절감에도 기여할 수 있다.

2. 클라우드 컴퓨팅 서비스 유형 기출 23-1, 16-2

PaaS (Platform as a Service)	클라우드를 통해 서버, 네트워크, 저장 공간을 포함하는 웹 개발 환경, 즉 하드웨어 네트워크 능력을 제공
SaaS (Software as a Service)	페이퍼클릭 수익모델을 이용해 클라우드에 애플리케이션들을 제공
IaaS (Infrastructure as a Service)	사용량에 따라 비용을 지불하는 하드웨어, 네트워킹, 애플리케이션을 제공

3. 그리드 컴퓨팅(Grid Computing)

(1) **그리드 컴퓨팅의 의의** 기출 22-3
  ① 그리드 컴퓨팅은 모든 컴퓨팅 기기를 하나의 초고속 네트워크로 연결하여, 컴퓨터의 계산능력을 극대화한 차세대 디지털 신경망 서비스를 말한다.
  ② 일반적으로 그리드 컴퓨팅은 PC나 서버, PDA 등 모든 컴퓨팅 기기를 하나의 네트워크로 연결해, 정보처리 능력을 슈퍼컴퓨터 혹은 그 이상의 수준으로 극대화시키는 것이다. 즉, 분산된 컴퓨팅 자원을 초고속 네트워크로 모아 활용하는 개념이다.

(2) **그리드 컴퓨팅의 특징** 기출 22-3
  ① 그리드 컴퓨팅은 Ian Foster, Carl Kesselman, Steve Tuecke에 의해 제안된 개념으로 분산 병렬 컴퓨팅의 한 분야로 원거리 통신망(WAN)으로 연결된 서로 다른 기종의 컴퓨터들을 하나로 묶어 가상의 대용량 고성능 컴퓨터를 구성하는 기술을 지칭한다.
  ② 거대 데이터 집합 분석과 날씨 모델링 같은 대규모 작업을 수행하는 네트워크로 연결된 컴퓨터 그룹이다.

핵심 기출문제

PART 05 전자상거래

01
20년 추가

아래 글상자의 괄호에 들어갈 용어로 가장 옳은 것은?

> (   )은(는) 공공거래 장부로 불리는 데이터 분산 처리 기술로서 네트워크에 참여하는 모든 사용자가 모든 거래 내역 등의 데이터를 분산·저장하는 기술을 지칭한다. DHL은 물류 분야의 (   )의 역할을 ⅰ) 신속, 간결한 국제 무역 물류, ⅱ) 공급사슬 내에서의 투명성과 추적 가능성, ⅲ) 스마트 계약으로 인한 물류업의 프로세스 자동화로 규정하고 있다. Unilever, Wal-Mart가 도입하여 제품 추적성, 안전성 확보를 도모한 사례가 있다.

① 드론(Drone)
② 블록체인(Blockchain)
③ 핀테크(FinTech)
④ EDI(Electronic Data Interchange)
⑤ 비트코인(Bitcoin)

블록체인(Blockchain)은 분산원장 또는 공공거래 장부라고 불리며, 암호 화폐로 거래할 때 발생할 수 있는 해킹을 막는 기술에서 출발했다. 다수의 상대방과 거래를 할 때 데이터를 개인 사용자들의 디지털 장비에 저장하여 공동으로 관리하는 분산형 정보기술이다.
블록체인은 비트코인의 기반 기술로, 원장을 금융기관 등 특정 기관의 중앙 서버가 아닌 P2P(Peer to Peer·개인 간) 네트워크에 분산해 참가자가 공동으로 기록하고 관리하는 기술이다.

선지분석
① 드론은 무선 전파로 조종할 수 있는 무인 항공기다. 카메라, 센서, 통신 시스템 등이 탑재돼 있으며 25g부터 1,200kg까지 무게와 크기도 다양하다.
③ 핀테크는 Finance(금융)와 Technology(기술)의 합성어로, 금융과 IT의 융합을 통한 금융 서비스 및 산업의 변화를 통칭한다. 금융 서비스의 변화로는 모바일, SNS, 빅데이터 등 새로운 IT 기술 등을 활용하여 기존 금융 기법과 차별화된 금융 서비스를 제공하는 기술 기반 금융 서비스 혁신이 대표적이며 최근 사례는 모바일 뱅킹과 앱카드 등이 있다.
④ EDI는 전자문서교환 시스템을 말한다.
⑤ 비트코인은 블록체인 기술에 기반하여 만들어진 가상 화폐이다.

정답 | ②

02
16년 1회

SET(Secure Electronic Transaction)와 SSL(Secure Socket Layer) 간의 비교 설명으로 가장 옳지 않은 것은?

① SSL은 정보 보안 소켓 계층으로 신용 카드의 정보 도용을 방지하기 위하여 개인 정보인 카드 번호 등을 암호화하여 주는 기술이다.
② SET는 인터넷과 같은 개방 네트워크에서 안전한 카드 결제를 지원하기 위하여 개발된 전자결제 프로토콜이다.
③ 사용 편리성 측면에서 SSL은 암호 프로토콜이 복잡하여 다소 어려운 반면에, SET는 간편하다.
④ SSL은 사용자 지불 정보가 상점에 노출되나, SET는 상점에 지불 정보가 노출되지 않는다.
⑤ 조작 가능성 측면에서 SSL은 상점 단독으로 가능하나, SET는 다자간의 협력이 필요하다.

SET는 표준으로 인정을 받았으나 사용의 번거로움, 처리 시간의 지연, 고비용 등으로 거의 활용되지 않고 있다.

관련이론 | SSL과 SET
SSL(Secure Socket Layer)은 인터넷 상거래시 필요한 개인 정보를 보호하기 위한, 개인 정보 유지 프로토콜이다. SSL은 인터넷 프로토콜(Internet Protocol)이 보안면에서 기밀성을 유지하지 못한다는 문제점을 극복하기 위해 Netscape가 개발한 것으로, 인터넷 상거래 시 요구되는 개인정보와 신용카드 정보의 보안 유지에 가장 많이 사용되고 있는 프로토콜이다. 최종 사용자와 가맹점 간의 지불 정보 보안에 관한 프로토콜이라고 할 수 있다.
SET(Secure Electronic Transaction)는 전자결제(지불) 프로토콜이다. SET는 사이버 캐시 방식을 발전시킨 것으로 카드 이용자와 신용카드 회사, 상점 등이 연계하여 신용카드 결제를 효과적으로 처리하는 방식이다.

정답 | ③

03
21년 1회

전자서명이 갖추어야 할 특성으로 가장 옳지 않은 것은?

① 서명한 문서의 내용을 변경할 수 없어야 한다.
② 서명자가 자신이 서명한 사실을 부인할 수 없어야 한다.
③ 서명은 서명자 이외의 다른 사람이 생성할 수 없어야 한다.
④ 서명은 서명자의 의도에 따라 서명된 것임을 확인할 수 있어야 한다.
⑤ 하나의 문서의 서명을 다른 문서의 서명으로 사용할 수 있어야 한다.

전자서명(Digital Signature, Electronic Signature)은 하나의 문서의 서명을 다른 문서의 서명으로 사용할 수 없어야 한다.(재사용 불가) 전자서명의 요건으로는 ① 변경 불가, ② 부인방지, ③ 위조 불가, ④ 서명자 인증 등이 있다.

정답 | ⑤

04
22년 2회, 18년 1회

전자상거래 보안과 관련한 주요 관점 중 아래 글상자의 ( ) 안에 들어갈 내용을 순서대로 올바르게 나열한 것은?

(가)은/는 인터넷을 이용해 전송되거나 수신되어, 웹에 표시된 정보가 승인되지 않은 다른 사람에 의해 변형이 없음을 보장하는 것이다.
(나)은/는 메시지나 정보가 볼 수 있는 권한이 있는 사람에게만 보이게 하는 것이다.

① 가 : 인증   나 : 프라이버시
② 가 : 가용성   나 : 기밀성
③ 가 : 부인방지   나 : 인증
④ 가 : 무결성   나 : 기밀성
⑤ 가 : 가용성   나 : 프라이버시

(가) 무결성(Integrity)은 데이터가 전송 도중 또는 데이터 베이스에 저장되어 있는 동안 악의의 목적으로 위·변조되지 않았음을 보장하는 것이다.
(나) 기밀성(Confidentiality)은 비인가자가 부당한 방법으로 정보를 입수한 경우에도 정보의 내용을 알 수 없도록 하는 것이다.

정답 | ④

05
17년 3회

전자지불시스템이 성공적으로 활용되기 위해 충족되어야 할 요건으로 가장 옳지 않은 것은?

① 결제시스템이 의도하였던 제 기능을 수행하고, 사용자들이 안전하다고 믿을 수 있도록 사기거래를 방지할 수 있어야 한다.
② 범죄 공격의 타겟이 될 수 있으므로, 인터넷을 통해 전송되는 지불관련 정보의 불법적 노출, 변조 혹은 파괴를 예방할 수 있어야 한다.
③ 신용카드 정보와 신원정보 등 사용자 정보에 대한 실명성이 보장되어야 한다.
④ 거래 당 비용이 거의 무시할 정도로 적어야 한다.
⑤ 누구나 전자상거래의 대금결제를 위해 쉽게 사용할 수 있도록 사용자 인터페이스를 설계하여야 한다.

신용카드 정보와 신원정보 등 사용자 정보에 대한 익명성이 보장되어야 한다. 이와 함께 전자결제시스템이 전자상거래에 이용되기 위해서는 상호인증(Authentication), 기밀성(Confidentiality), 무결성(Integrity) 및 부인방지(Non-Repudiation) 등의 조건이 갖추어져야 한다.

관련이론 | 전자화폐
전자결제에 이용되는 전자화폐는 실물화폐의 특성인 익명성, 양도성, 이동성, 즉시결제성은 물론 디지털화에 따른 부가기능인 원거리 양도성과 분할성 등의 특성도 갖추고 있어야 한다. 이와 함께 실물화폐의 단점인 마모성 및 휴대 불편 등을 해소할 수 있어야 한다.
전자화폐가 갖추어야 할 조건은 휴대가 간편해야 하고, 누가 어디서 무엇을 샀는지를 제3자가 알 수 없어야 하며, 위조가 어려워야 한다.

정답 | ③

06
18년 1회

e-비즈니스를 구성하는 요소를 크게 기반요소와 지원요소로 구분할 경우, 기술적인 기반요소에 해당하지 않는 것은?

① 네트워크   ② 기술표준
③ 공통서비스   ④ 멀티미디어 콘텐츠
⑤ 메시지 및 정보전달

기술표준은 e-비즈니스 구축에 필수적인 기술에 대한 표준이므로 기술적인 기반요소에는 해당되지 않는다.

정답 | ②

07
21년 2회

e-비즈니스 모델별로 중점을 두어야 할 e-CRM의 포인트에 관한 설명 중 가장 거리가 먼 것은?

① 서비스 모델의 경우 서비스차별화나 서비스 이용 행태 정보제공을 고려한다.
② 상거래 모델의 경우 유사 커뮤니티에 대한 정보제공을 고려한다.
③ 정보제공 모델의 경우 맞춤 정보제공에 힘쓴다.
④ 커뮤니티 모델의 경우 회원관리 도구 제공에 힘쓴다.
⑤ 복합 모델의 경우 구성하는 개별 모델에 적합한 요소를 찾아 적용시킨다.

유사 커뮤니티에 대한 정보제공을 고려하는 것은 정보제공 모델이다.

정답 | ②

08
21년 3회

대칭키 암호화 방식에 해당되지 않는 것은?

① IDEA(International Data Encryption Algorithm)
② SEED
③ DES(Data Encryption Standard)
④ RSA(Rivest Shamir Adleman)
⑤ RC4

공개키(비대칭키) 방식의 암호 알고리즘은 창안자 세 사람 이름을 연결하여 RSA(Rivest Shamir Adleman)라고 한다.

관련이론 | **공개키 암호화 방식의 특징 및 장·단점**
- 공개키 암호화 방식은 암호화 및 복호화를 할 때 다른 키를 사용하기 때문에 비대칭이라고 한다.
- 평문을 가진 자가 A의 공개키로 암호화하면 그 암호문을 수신한 사람은 암호화시킬 때 사용한 A의 공개키를 풀기 위해 A 개인키를 사용하여 복호화시킨 뒤 원래의 평문내용을 볼 수 있는 방식이다.

장점	• 상대적으로 키 변화의 빈도가 적고, 네트워크 사용자가 증가해도 상대적으로 관리해야 하는 키의 개수가 적다. • 키 관리가 용이하고 안전성이 뛰어나므로 전자서명이나 신분 인증 프로토콜 등에 적용이 용이하다.
단점	• 암호화와 복호화 시 많은 시간이 소요되어 비밀키 암호화 방식보다 느리다. • 상대적으로 키 분배가 어렵다.

정답 | ④

09
19년 3회

유통 및 물류 부분에서 사물인터넷(Internet of Things) 기술 활용에 대한 설명으로 옳지 않은 것은?

① 아마존(Amazon)은 유통현장에서 사물인터넷 기술을 이용해 무인매장에서 활용할 수 있는 시스템인 아마존고(Amazon Go)를 개발하였다.
② 유통업체에서는 전자상거래 규모 증대에 따라 다양한 유통채널(예, 온라인, 모바일) 통합을 위해 IT 부분에 많은 투자를 하고 있다.
③ 유통업체에서는 공급사슬에서의 정보공유가 기업의 경쟁력을 약화시키기 때문에 정보공유에 부정적인 견해를 가지고 있다.
④ 최근 유통업체들은 고객 빅데이터 분석을 통해 고객의 특성을 파악하고, 이에 기반해 다양한 고객관계관리 전략을 수립해 활용하고 있다.
⑤ 최근 물류업체들은 물류 효율성을 높이기 위해 자율주행 기술을 연구하고 있다.

유통업체는 공급사슬(SC)의 한 구성원이므로 파트너십 관계를 구축하고 실시간으로 정보를 공유하며 협업을 하는 것은 기업의 경쟁력을 강화시키는 필수적인 요인이다.

정답 | ③

10
21년 3회

다음은 해킹 기법의 일종으로 무엇에 관한 설명인가?

> IP주소 등 네트워크 통신과 관련된 것들을 속이는 것으로 가짜 웹사이트로 사용자가 방문하도록 하여 고객정보를 유출시키고 허위 거래를 성사시킨다.

① 스푸핑(Spoofing)
② 스니핑(Sniffing)
③ 훼일링(Whaling)
④ 스패밍(Spamming)
⑤ 피싱(Phishing)

스푸핑(spoofing)은 속이다라는 뜻으로, 외부의 악의적인 네트워크 침입자가 임의로 웹 사이트를 구성해 일반 사용자들의 방문을 유도한 후, 인터넷 프로토콜인 TCP/IP의 구조적 결함을 이용해 사용자의 시스템 권한을 획득한 뒤 정보를 빼가는 해킹 수법을 말한다.

정답 | ①

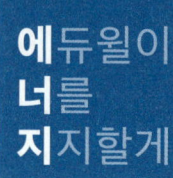

끝이 좋아야 시작이 빛난다.

– 마리아노 리베라(Mariano Rivera)

여러분의 작은 소리
에듀윌은 크게 듣겠습니다.

본 교재에 대한 여러분의 목소리를 들려주세요.
공부하시면서 어려웠던 점, 궁금한 점,
칭찬하고 싶은 점, 개선할 점, 어떤 것이라도 좋습니다.

에듀윌은 여러분께서 나누어 주신 의견을
통해 끊임없이 발전하고 있습니다.

에듀윌 도서몰 book.eduwill.net
- 부가학습자료 및 정오표: 에듀윌 도서몰 → 도서자료실
- 교재 문의: 에듀윌 도서몰 → 문의하기 → 교재(내용, 출간) / 주문 및 배송

2025 에듀윌 유통관리사 2급 한권끝장

발 행 일	2024년 12월 27일 초판
편 저 자	황사빈, 전표훈
펴 낸 이	양형남
개발책임	오용철, 목진재
개 발	한재성, 윤세은
펴 낸 곳	(주)에듀윌
I S B N	979-11-360-3588-2
등록번호	제25100-2002-000052호
주 소	08378 서울특별시 구로구 디지털로34길 55 코오롱싸이언스밸리 2차 3층

* 이 책의 무단 인용 · 전재 · 복제를 금합니다.

www.eduwill.net
대표전화 1600-6700

MEMO

꿈을 현실로 만드는 에듀윌

공무원 교육
- 선호도 1위, 신뢰도 1위! 브랜드만족도 1위!
- 합격자 수 2,100% 폭등시킨 독한 커리큘럼

자격증 교육
- 8년간 아무도 깨지 못한 기록 합격자 수 1위
- 가장 많은 합격자를 배출한 최고의 합격 시스템

직영학원
- 직영학원 수 1위
- 표준화된 커리큘럼과 호텔급 시설 자랑하는 전국 20개 학원

종합출판
- 온라인서점 베스트셀러 1위!
- 출제위원급 전문 교수진이 직접 집필한 합격 교재

어학 교육
- 토익 베스트셀러 1위
- 토익 동영상 강의 무료 제공

콘텐츠 제휴 · B2B 교육
- 고객 맞춤형 위탁 교육 서비스 제공
- 기업, 기관, 대학 등 각 단체에 최적화된 고객 맞춤형 교육 및 제휴 서비스

부동산 아카데미
- 부동산 실무 교육 1위!
- 상위 1% 고소득 창업/취업 비법
- 부동산 실전 재테크 성공 비법

학점은행제
- 99%의 과목이수율
- 16년 연속 교육부 평가 인정 기관 선정

대학 편입
- 편입 교육 1위!
- 최대 200% 환급 상품 서비스

국비무료 교육
- '5년우수훈련기관' 선정
- K-디지털, 산대특 등 특화 훈련과정
- 원격국비교육원 오픈

에듀윌 교육서비스 **공무원 교육** 9급공무원/소방공무원/계리직공무원 **자격증 교육** 공인중개사/주택관리사/감정평가사/노무사/전기기사/경비지도사/검정고시/소방설비기사/소방시설관리사/사회복지사1급/건축기사/토목기사/직업상담사/전기기능사/산업안전기사/위험물산업기사/위험물기능사/유통관리사/물류관리사/행정사/한국사능력검정/한경TESAT/매경TEST/KBS한국어능력시험/실용글쓰기/IT자격증/국제무역사/무역영어 **어학 교육** 토익 교재/토익 동영상 강의 **세무/회계** 전산세무회계/ERP정보관리사/재경관리사 **대학 편입** 편입 교재/편입 영어·수학/경찰대/의치대/편입 컨설팅·면접 **직영학원** 공무원학원/소방학원/공인중개사 학원/주택관리사 학원/전기기사 학원/편입학원 **종합출판** 공무원·자격증 수험 교재 및 단행본 **학점은행제** 교육부 평가인정기관 원격평생교육원(사회복지사2급/경영학/CPA) **콘텐츠 제휴·B2B 교육** 교육 콘텐츠 제휴/기업 맞춤 자격증 교육/대학 취업역량 강화 교육 **부동산 아카데미** 부동산 창업CEO/부동산 경매 마스터/부동산 컨설팅 **국비무료 교육(국비교육원)** 전기기능사/전기(산업)기사/소방설비(산업)기사/IT(빅데이터/자바프로그램/파이썬)/게임그래픽/3D프린터/실내건축디자인/웹퍼블리셔/그래픽디자인/영상편집(유튜브) 디자인/온라인 쇼핑몰광고 및 제작(쿠팡, 스마트스토어)/전산세무회계/컴퓨터활용능력/ITQ/GTQ/직업상담사

교육문의 1600-6700 www.eduwill.net

· 2022 소비자가 선택한 최고의 브랜드 공무원·자격증 교육 1위 (조선일보) · 2023 대한민국 브랜드만족도 공무원·자격증·취업·학원·편입 부동산 실무 교육 1위 (한경비즈니스) · 2017/2022 에듀윌 공무원 과정 최종 환급자 수 기준 · 2023년 성인 자격증, 공무원 직영학원 기준 · YES24 공인중개사 부문, 2025 에듀윌 공인중개사 이영방 합격서 부동산학개론 (2024년 11월 월별 베스트) 그 외 다수 · 교보문고 취업/수험서 부문, 2020 에듀윌 농협은행 6급 NCS 직무능력평가+실전모의고사 4회 (2020년 1월 27일~2월 5일, 인터넷 주간 베스트) 그 외 다수 · Yes24 컴퓨터활용능력 부문, 2024 컴퓨터활용능력 1급 필기 초단기끝장 2023년 10월 3~4주 주별 베스트) 그 외 다수 · 인터파크 자격서/수험서 부문, 에듀윌 한국사능력검정시험 2주끝장 심화 (1, 2, 3급) (2020년 6~8월 월간 베스트) 그 외 다수 · YES24 국어 외국어사전 영어 토익/TOEIC 기출문제/모의고사 분야 베스트셀러 1위 (에듀윌 토익 READING RC 4주끝장 리딩 종합서, 2022년 9월 4주 주별 베스트) · 에듀윌 토익 교재 입문~실전 인강 무료 제공 (2022년 최신 강좌 기준/109강) · 2023년 종강반 중 모든 평가항목 정상 참여자 기준, 99% (평생교육원, 사회교육원 기준) · 2008년~2023년까지 약 220만 누적수강학점으로 과목 운영 (평생교육원 기준) · 에듀윌 국비교육원 구로센터 고용노동부 지정 "5년우수훈련기관" 선정 (2023~2027) · KRI 한국기록원 2016, 2017, 2019년 공인중개사 최다 합격자 배출 공식 인증 (2024년 현재까지 업계 최고 기록)

YES24 수험서 자격증 경제/금융/회계/물류 유통관리사 베스트셀러 1위
(2022년 2~12월, 2023년 3~4월, 6~12월, 2024년 3~4월, 6~11월 월별 베스트)
2023, 2022, 2021 대한민국 브랜드만족도 유통관리사 교육 1위 (한경비즈니스)
2020, 2019 한국브랜드만족지수 유통관리사 교육 1위 (주간동아, G밸리뉴스)

에듀윌
불합격은 없다! 시리즈

공인중개사	주택관리사	7·9급공무원	검정고시	산업안전기사	손해평가사
공기업NCS	스포츠지도사	전기기사	전기기능사	한국사능력검정시험	전산세무회계
대기업직무적성	KBS한국어능력시험	사회복지사	컴퓨터활용능력	토익	위험물산업기사
위험물기능사	ERP정보관리사	건설안전기사	조리기능사	소방설비기사	대기환경기사
수질환경기사	직업상담사	제과·제빵기능사	한경TESAT	건축기사	경비지도사
지게차운전기능사	굴착기운전기능사	유통관리사	일반상식	SMAT	운전면허
매경TEST	물류관리사	맞춤형화장품 조제관리사	네일미용사	피부미용사	일반(헤어)미용사
메이크업미용사	ITQ/GTQ	데이터자격검정	정보처리기사	정보처리기능사	IT실용
한국실용글쓰기	TOPIK한국어능력시험	ToKl국어능력인증시험	상공회의소한자	초등문해력	일력
떡제조기능사	화물운송종사	CS리더스관리사	사회조사분석사	국제무역사	무역영어
전산응용건축제도기능사	소방안전관리자	부사관	ROTC·학사장교	사회통합프로그램	

고객의 꿈, 직원의 꿈, 지역사회의 꿈을 실현한다

에듀윌 도서몰
book.eduwill.net
• 부가학습자료 및 정오표: 에듀윌 도서몰 > 도서자료실
• 교재 문의: 에듀윌 도서몰 > 문의하기 > 교재(내용, 출간) / 주문 및 배송

2025

에듀윌 유통관리사 2급 한권끝장

핵심이론 + 5개년 기출

합격자 수가 선택의 기준!

YES24 24년 11월 월별 베스트 기준
베스트셀러 1위

YES24 수험서 자격증 경제/금융/회계/물류 유통관리사 베스트셀러 1위

최신 3개년 기출해설 무료특강

28개월 베스트셀러 1위!
개편 출제기준 & 최신법령 완벽 반영

초단기 합격PACK
1 [무료특강] 최신 3개년 기출해설 무료 제공
2 [별책부록] 최빈출 180제 제공

세상을 움직이려면
먼저 나 자신을 움직여야 한다.

– 소크라테스(Socrates)

에듀윌 유통관리사 2급

한권끝장

기출문제편

차례 CONTENTS

2024년

기출문제

3회 기출문제	6
2회 기출문제	34
1회 기출문제	64

2023년

기출문제

3회 기출문제	94
2회 기출문제	122
1회 기출문제	150

2022년

기출문제

3회 기출문제	180
2회 기출문제	206
1회 기출문제	232

2021년 기출문제

3회 기출문제 260

2회 기출문제 288

1회 기출문제 316

2020년 기출문제

3회 기출문제 346

추가시행 기출문제 375

2회 기출문제 404

2024년 3회 기출문제

>> 2024년 11월 16일 시행

유통·물류 일반관리

01
중간상이 필요한 이유 중 집중준비의 원리에 대한 설명으로 가장 옳은 것은?

① 제조업자는 생산을, 유통업자는 유통을 전문화함으로써 보다 효율적이고 경제적일 수 있다.
② 유통경로 상에 가능하면 많은 수의 도매상을 개입시켜서 경로구성원에 의해 보관되는 제품의 총량을 감소시킬 수 있다.
③ 중간상에게 유통기능을 분담시키는 것이 비용면에서 훨씬 유리할 수 있다.
④ 중간상이 참여하면 생산자와 소비자 간의 거래빈도 수를 감소시켜 거래비용을 절감할 수 있다.
⑤ 소비자가 원하는 상품을 항상 준비하여 24시간 구매할 수 있는 편의점처럼 시간 효용을 제공한다.

관련이론 | 집중준비의 원칙
집중준비의 원칙은 중간상이 존재함으로써 사회 전체가 원활한 소비를 위해 저장해야 할 제품의 총량을 줄일 수 있다는 것(소매상의 필요 품목을 도매상이 대량으로 저장 → 소매상이 저장해야 할 양을 줄여줌)으로, 집중준비의 원칙은 도매상의 존재 이유를 설명하는 원리에 해당한다.

02
유통경로 상에서 수행되는 유통의 기능 중 거래 및 물적 유통이 원활하게 이루어지도록 보조하는 조성기능에 해당되지 않는 것은?

① 소비자 또는 생산자에게 자금을 대부함으로써 거래를 원활하게 하는 기능
② 재고유지 및 상품의 진부화를 포함한 여러 가지 위험을 부담하는 기능
③ 예상판매량, 가격정보, 소비자 정보 등을 생산자에게 제공하는 기능
④ 생산시점과 소비시점의 차이를 연결함으로써 장소 효용을 창조하는 기능
⑤ 상품을 품질 수준에 따라 분류하거나 규격화하는 기능

생산시점과 소비시점의 차이를 연결하여 장소적 효용을 창조하는 기능은 물적 유통에 해당하는 운송을 통해 창출되는 효용에 해당한다.

관련이론 | 유통의 기능 및 조성기능
유통의 기능은 상적유통기능, 물적유통기능, 유통조성기능으로 구분되며, 유통조성기능은 표준화 및 등급화기능, 금융기능, 위험부담기능, 시장정보기능, 교환주선기능 등을 포함한다.

03

소매업 발전이론 중 아래 글상자의 괄호 안에 들어갈 이론을 순서대로 나열한 것으로 옳은 것은?

- (㉠)은 비용적인 요인들을 강조하여 설명하기에 초기에 고이윤, 고가격을 추구하는 새로운 소매상에 대해 설명하지 못한다.
- (㉡)은 저관여상품 소매업태와 고관여상품 소매업태의 발전과정을 구분하지 못한다.

① ㉠: 변증법적 이론 ㉡: 진공지대 이론
② ㉠: 소매상 적응행동 이론 ㉡: 진공지대 이론
③ ㉠: 소매상 수레바퀴 이론 ㉡: 변증법적 이론
④ ㉠: 소매상 수레바퀴 이론 ㉡: 소매점 아코디언 이론
⑤ ㉠: 소매점 아코디언 이론 ㉡: 소매상 적응행동 이론

관련이론 | 소매 수레바퀴이론(차륜이론)
소매 수레바퀴이론(차륜이론)은 신규 소매업태가 최초 시장 진입 시 저가격, 저마진, 저서비스로 진입 → 동일한 유형의 소매상이 시장에 또 진입하면서 기존 업체의 고가격, 차별적 서비스 제공 → 다시 새로운 유형의 소매점이 저가격, 저마진, 저서비스로 시장에 진입한다는 이론이다.

관련이론 | 소매 아코디언이론
다양한 제품을 취급하는 점포 유형에서 소수의 전문제품에 집중하는 전문업체유형으로 변했다가 다시 다양한 제품을 취급하는 종합점포로 전환(확대 → 수축 → 확대)한다는 이론이다. 문제의 글상자에는 두 이론의 한계점이 기술되어 있다.

04

구매의 전략적 중요성과 시장의 복잡성을 기준으로 공급업체를 세분화하는 기법으로 옳은 것은?

① 공급업체 세분화 풍차
② Same Page 프레임워크
③ 균형성과지표
④ 크랄직 매트릭스(Kraljic Matrix)
⑤ SWOT 분석표

관련이론 | Kraljic Portfolio(purchasing) Model
Kraljic Portfolio(purchasing) Model은 공급망 관리의 핵심 부분을 공급업체 기반을 기초로 세분화하는 모형이다. 조직은 공급업체 관리전략을 공급업체의 Map과 일치시킬 수 있으며, Kraljic의 Matrix는 정확한 공급업체 세분화를 제공하는 가장 효과적인 방법 중 하나이다.

05

아래 글상자에서 유통구성원의 기능 중 쌍방흐름으로만 바르게 나열한 것은?

㉠ 물리적 보유   ㉡ 촉진
㉢ 주문   ㉣ 금융
㉤ 위험부담   ㉥ 협상
㉦ 대금지급

① ㉢, ㉣, ㉤
② ㉣, ㉤, ㉥
③ ㉡, ㉢, ㉣, ㉤
④ ㉡, ㉤, ㉥, ㉦
⑤ ㉠, ㉡, ㉢, ㉣, ㉤, ㉥, ㉦

- 쌍방향 흐름: ㉣ 금융, ㉤ 위험부담, ㉥ 협상
- 상향 흐름: ㉢ 주문, ㉦ 대금지급
- 후방 흐름: ㉠ 물리적 보유, ㉡ 촉진

06

디지털기술의 발전으로 인한 유통산업의 환경변화에 대한 설명으로 가장 옳지 않은 것은?

① 소매기술을 통해 온라인과 오프라인을 결합한 쇼핑 경험을 제공할 수 있다.
② 온라인과 오프라인의 경계 구분이 무의미할 정도로 온·오프융합시대로 접어들고 있다.
③ 경쟁도구로서 첨단기술의 중요성이 증가하고 있다.
④ 플랫폼 기반의 유통비즈니스가 주목받고 있다.
⑤ 옴니채널의 등장으로 업태 간 경쟁은 해소되었지만 업태 내 경쟁은 격화되었다.

디지털기술의 발전으로 인한 유통산업의 환경변화 중 옴니채널의 등장은 업태 간 경쟁뿐만 아니라 동일 업태 내 경쟁 또한 격화시키고 있다.

정답 | 01 ② 02 ④ 03 ④ 04 ④ 05 ② 06 ⑤

07

환경분석을 통해 소매업체가 추구할 수 있는 다양한 성장전략에 관한 설명으로 가장 옳지 않은 것은?

① 시장침투를 증가시키기 위해서는 표적시장에 보다 많은 점포를 개설하거나 기존 점포의 영업시간을 늘리기도 한다.
② 고객에게 드레스를 판매한 후 그에 어울릴 스카프를 판매하는 교차판매는 시장다각화전략의 예이다.
③ 관련다각화는 현재의 표적시장과 새로운 사업기회가 공통점이 있는 경우로 동일한 물류시스템을 활용하기도 한다.
④ PB를 기획하던 소매업체가 생산 공장을 소유하는 것은 일종의 수직적 통합이다.
⑤ 소매업태 개발기회는 동일한 표적시장의 고객에게 다른 소매믹스를 가진 새로운 소매업태를 제공하는 방식이다.

교차판매전략은 한 기업이 여러 제품을 생산하는 경우, 고객의 데이터베이스를 이용하여 기업이 제공하는 다른 제품의 구매를 유도하는 것으로, 시장다각화가 아니라 고객관계관리(CRM)의 한 전략에 해당한다.

08

물류의 중요성이 강조되는 이유에 대한 설명으로 옳지 않은 것은?

① 물류서비스를 개선하고 물류비 절감을 통하여 기업은 고객에 대한 서비스 수준을 높일 수 있으며 이는 높은 수요를 창출할 수 있기 때문이다.
② 소비자의 제품에 대한 다양한 요구는 재고 저장단위 수의 증대를 필요로 하며 재고불균형 등의 문제를 발생시키기 때문이다.
③ 소비자의 상품에 대한 저가 압력은 능률적이며 간접적인 분배경로의 등장을 강요하게 되었기 때문이다.
④ 가격결정에 있어 신축성을 부여하기 위해서는 개별시장까지 운송에 소요되는 실제 분배비용을 산출하기보다 전국적인 평균비용에 의존하게 되었기 때문이다.
⑤ 재고비용 절감을 위해 주문 횟수를 증가시킬 경우, 증가된 주문 횟수를 처리할 새로운 시스템의 도입이 필요하기 때문이다.

물류가 최근 중요시 되는 가장 큰 이유는 비용절감과 서비스개선 간의 조화를 통해 물류효율성을 높이는 것이 국가 경쟁전략에 있어 중요 요소가 되고 있기 때문이다. ④에서처럼 운송비용이 전국적인 평균에 의존하게 되었기 때문은 아니다.

09

유통업체가 해외로 진출하기 위한 진입방식에 대한 설명으로 가장 옳지 않은 것은?

① 직접투자는 높은 수준의 투자를 요구하지만 높은 통제권을 가진다.
② 프랜차이즈의 경우 진입업체의 위험은 낮지만 통제력이 제한적일 수 있다.
③ 직접 투자를 통해 진입하지 않고 전략적 제휴를 통해 현지업체의 물류와 창고 보관활동을 이용하기도 한다.
④ 합작투자는 진입업체의 위험은 높지만 현지파트너에게 시장에 대한 정보를 제공받을 수 있다.
⑤ 해외에 프랜차이즈 회사를 설립하는 경우 가맹계약 해지, 간판 교체 등과 같이 잠재적 경쟁자가 생기게 될 위험이 있다.

합작투자(Joint venture)는 해외투자기업의 위험(risk)을 완화시키기 위한 해외투자기법으로, 이를 통해 위험부담의 축소, 규모의 경제 및 합리화 달성, 상호 보완적인 기술 및 특허 활용, 경쟁의 완화 등의 전략적 이점이 발생한다.

10

아웃소싱과 관련된 설명으로 가장 옳지 않은 것은?

① 해외아웃소싱의 경우 국가에 따라 부정적인 원산지 효과를 얻기도 한다.
② 투자비용이 증가하기에 재무적 위험이 늘어나지만 전체 수익관점에서는 이익이 증가한다.
③ 다른 채널 파트너의 규모의 경제로부터 이익을 얻을 수 있다.
④ 분업의 원리에 의해 파트너가 특정기능을 더 효율적으로 실행하면 그만큼의 이익을 얻을 수 있다.
⑤ 핵심기능까지 과감하게 아웃소싱하는 기업들이 등장하고 있는 추세이다.

아웃소싱을 통해 위탁기업은 핵심역량에 집중하게 되고, 비핵심역량 부분은 아웃소싱을 통해 투자비용 절감 및 효율성을 높이는 효과를 얻게 된다.

11

경로목표를 달성하기 위해 경로전략에서 다루는 사항들에 대한 설명으로 옳지 않은 것은?

① 특정 지역 범위 내에 얼마나 많은 중간상을 둘 것인가에 관한 고객커버리지정책을 다룬다.
② 유통경로를 통한 가격과 가격수준 결정을 위한 가격결정정책을 다룬다.
③ 전속거래, 상품 묶음과 같은 상품계열정책을 다룬다.
④ 경로구성원의 능력 평가 등과 같은 경로구성원의 선별과 결정정책을 다룬다.
⑤ 경로기능을 경로구성원 간 배분하는 과정을 다룬 경로소유권 정책이 있다.

유통경로전략은 경로목표 달성을 위한 시장커버리지를 결정하는 것으로, 특정 지역 내 중간상의 업무를 수행할 점포(소매상)의 수를 결정함을 의미한다. 즉 가능한 한 많은 소매점에서 제품이 취급되게 하는 개방적 유통을 취할 것인지, 일정 기준 이상 달성한 소매점에 유통시키는 선택적 유통을 취할 것인지, 특정 지역 내 하나의 소매점에서만 제품이 취급되게 하는 전속적 유통을 취할 것인지의 문제인 경로커버리지정책을 다루게 된다.

정답 | 07 ② 08 ④ 09 ④ 10 ② 11 ①

12

전자문서 및 전자거래 기본법(법률 제18478호, 2021. 10. 19., 일부개정)에서 명시하고 있는 전자거래사업자의 일반적 준수사항으로 옳지 않은 것은?

① 소비자가 쉽게 접근·인지할 수 있도록 약관의 제공 및 보존
② 소비자가 자신의 주문을 취소 또는 변경할 수 있는 절차의 마련
③ 소비자의 불만과 요구사항을 신속하고 공정하게 처리하기 위한 절차의 마련
④ 거래의 증명 등에 필요한 거래기록의 일정 기간 보존
⑤ 정부나 기업이 소비자를 위해 마련한 각종 제도를 홍보할 수 있는 절차의 마련

전자문서 및 전자거래 기본법 제17조(전자거래사업자의 일반적 준수사항)
전자거래사업자는 전자거래와 관련되는 소비자를 보호하고 전자거래의 안전성과 신뢰성을 확보하기 위하여 다음의 사항을 준수하여야 한다.

1. 상호(법인인 경우에는 대표자의 성명을 포함)와 그 밖에 자신에 관한 정보와 재화, 용역, 계약 조건 등에 관한 정확한 정보의 제공
2. 소비자가 쉽게 접근·인지할 수 있도록 약관의 제공 및 보존
3. 소비자가 자신의 주문을 취소 또는 변경할 수 있는 절차의 마련
4. 청약의 철회, 계약의 해제 또는 해지, 교환, 반품 및 대금환급 등을 쉽게 할 수 있는 절차의 마련
5. 소비자의 불만과 요구사항을 신속하고 공정하게 처리하기 위한 절차의 마련
6. 거래의 증명 등에 필요한 거래기록의 일정기간 보존

13

아래 글상자의 내용 중 국제기업 조직 관련 국제사업부의 장점 설명으로 옳은 것을 모두 고르면?

㉠ 국제경영활동과 관련된 업무들이 국제사업부에 집중되기 때문에 신속한 의사결정이 가능하다.
㉡ 국제경영활동에 대한 책임과 권한이 분명해진다.
㉢ 국제사업부와 국제사업주 간에 상충적인 목표 설정으로 인한 시너지효과가 나타날 수 있다.
㉣ 국제사업부 내에 있는 지역별 조직을 통하여 해당국가 또는 지역의 시장정보를 효과적으로 습득할 수 있다.

① ㉠, ㉢
② ㉠, ㉣
③ ㉡, ㉢
④ ㉠, ㉡, ㉢
⑤ ㉠, ㉡, ㉣

상충적인 목표(Trade-off Goal)는 상호 당사자 간 상반된 목표설정 또는 이율배반적인 관계를 뜻하는 것으로 시너지 효과가 나타나기 어렵다.

14

프로젝트 조직에 대한 내용으로 가장 옳지 않은 것은?

① 과제 진행에 따라 인력 구성의 탄력성이 존재한다.
② 목적달성을 지향하는 조직이므로 구성원들의 과제 해결을 위한 사기를 높일 수 있다.
③ 기업 전체의 목적보다는 사업부만의 목적달성에 더 관심을 기울이게 된다.
④ 해당 조직에 파견된 사람은 선택된 사람이라는 우월감이 조직 단결을 저해하기도 한다.
⑤ 전문가로 구성된 일시적인 조직이므로 그 조직 관리자의 지휘능력이 중요하다.

프로젝트 조직은 급변하는 기업환경에 대응하기 위한 임시적, 동태적, 목표지향적인 조직형태로 기업 전체의 목표를 효율적으로 달성하기 위해 존재한다.

15

아래 글상자의 주요 재무지표들 중 기업의 수익성을 측정할 수 있는 비율들만으로 나열된 것은?

> ㉠ 순이익증가율　　㉡ 주가수익비율
> ㉢ 매출액순이익률　㉣ 총자산순이익률
> ㉤ 총자산영업이익률　㉥ 유동비율

① ㉡, ㉢
② ㉠, ㉤, ㉥
③ ㉢, ㉣, ㉤
④ ㉣, ㉤, ㉥
⑤ ㉠, ㉡, ㉢, ㉣, ㉤

순이익증가율은 성장성비율에 해당하고, 주가수익비율(PER)는 주가 및 배당비율에 해당한다. 또한, 유동비율은 유동자산을 유동부채로 나눈 값으로 안정성비율에 해당한다.

16

아래 글상자의 괄호 안에 들어갈 용어로 옳은 것은?

> 중간상이 여러 생산자로부터 자유롭게 제품을 구매하여 다양한 상표를 소비자에게 판매하는 방식과 달리 중간상이 특정 제조업체의 제품만을 대행해서 판매하는 형태를 (　　)라고 한다.

① 사입제도
② 위탁제도
③ 위탁판매제도
④ 전속대리점제도
⑤ MWC업태

중간상이 특정 제조업체의 제품만을 대행해서 판매하는 형태를 전속대리점제도라 한다. 예를 들면 삼성전자스토어, LG베스트샵 등이 이에 해당한다.

17

인사관리 패러다임의 변화로 가장 옳지 않은 것은?

① 연공중심에서 능력중심으로 변화하고 있다.
② 표준형 인재관에서 이질적 인재관으로 변화하고 있다.
③ 내부노동시장에서 외부노동시장으로 변화하고 있다.
④ 반응적 인사에서 대응적 인사로 변화하고 있다.
⑤ 인건비에 대해 수익관점에서 비용관점으로 변화하고 있다.

인사관리 패러다임의 변화 중 인건비 관련해서는 종전 비용관점에서 수익관점으로 변화하고 있다.

18

피터 드러커(Peter Drucker)의 최고경영자 자질론에 대한 내용으로 가장 옳지 않은 것은?

① 경영목표설정과 목표관리를 성공적으로 수행할 줄 알아야 한다.
② 공통의 목표를 수행하는 데 통합된 팀워크를 조직하고 활용할 줄 알아야 한다.
③ 전략적 의사 결정을 수행할 능력과 목표에 대한 성공적인 확신과 전략을 가지고 있어야 한다.
④ 기업 내·외부 환경변화에 대한 대책은 실무자 단위에서 수립해야 하므로, 최고경영자는 이보다 환경변화에 대응하는 각종 위험부담을 신속히 파악하는 데 집중해야 한다.
⑤ 경영관리를 미시적 관리와 거시적 관리로 구분하여 수행할 줄 알아야 하는데 미시적 관리는 기업경영, 거시적 관리는 정부정책적 관리로서 이 둘을 통합하여 조화를 이룰 줄 알아야 한다.

기업 내·외부 환경변화에 대한 대책은 기업의 거시적 환경에 대한 문제를 포함하는 전략적인 의사결정 사항으로 기업의 CEO에 의해 수립되는 것이 타당하다.

정답 | 12 ⑤　13 ⑤　14 ③　15 ③　16 ④　17 ⑤　18 ④

19

아래 글상자의 괄호 안에 들어갈 보관의 원칙을 순서대로 바르게 나열한 것은?

- (㉠)에 따르면 출입구가 동일한 창고의 경우 입출하는 빈도가 높은 경우에는 출입구에 가까운 장소에 보관하고, 낮은 경우에는 출입구에서 먼 장소에 보관한다.
- (㉡)은 식품과 같이 제품의 부패 및 노후화를 회피하기 위해 적용한다.

① ㉠: 통로대면보관의 원칙 ㉡: 선입선출의 법칙
② ㉠: 통로대면보관의 원칙 ㉡: 형상특성의 원칙
③ ㉠: 동일성, 유사성의 원칙 ㉡: 중량특성의 원칙
④ ㉠: 회전대응보관의 원칙 ㉡: 선입선출의 원칙
⑤ ㉠: 네트워크보관의 원칙 ㉡: 명료성의 원칙

회전대응보관의 원칙은 보관할 물품의 장소를 입·출하 빈도의 정도에 따라 보관 장소를 결정하는 보관원칙을 뜻하며, 선입선출의 원칙은 먼저 입고된 제품을 먼저 출고한다는 보관원칙으로, 재고회전율이 낮은 경우와 제품의 수명주기가 짧은 경우에 주로 적용된다.
통로대면보관의 원칙은 통로를 마주 보게 보관함으로써 창고 내의 흐름을 원활하게 하는 것을 말한다.

20

도소매업체의 물류관리를 위해 필요한 의사결정내용으로 가장 옳지 않은 것은?

① 상품을 어디에 보관해야 하는가?
② 주문을 어떻게 처리해야 하는가?
③ 가격을 어떻게 설정해야 하는가?
④ 어느 정도의 물량을 보관해야 하는가?
⑤ 상품을 어떻게 보관해야 하는가?

물류관리는 재화가 공급자로부터 조달, 생산되어 소비자에게 전달되거나 소비자로부터 회수되어 폐기될 때까지 이루어지는 운송·보관·하역 등과 이에 부가되어 가치를 창출하는 가공·조립·분류·수리·포장·상표부착·판매·정보통신 등을 말한다. 따라서 운송, 보관, 하역 및 이에 따른 주문활동이 가장 중요한 물류활동에 해당하므로 ③의 가격설정은 이에 해당하지 않는다.

21

복합물류단지의 여러 가지 기능 중 물류기능에 해당되지 않는 것은?

① 지역 간화물의 수송 및 하역 거점 기능을 수행하는 환적기능
② 판매할 상품의 디자인과 기능을 잠재수요자에게 직접 보여줌으로써 구매욕구를 증진시키는 전시기능
③ 생산자가 일괄생산한 반제품을 수요자의 요구에 따라 조립 또는 가공하는 기능
④ 불특정 화주의 화물을 컨테이너에 혼재하거나 컨테이너로부터 분류하는 컨테이너 처리기능
⑤ 수출입화물의 통관업무를 수행하는 통관기능

복합물류단지시설은 화물의 운송, 집화, 하역, 분류, 포장, 가공, 조립, 통관, 보관, 환적(Transshipment), 정보처리 등을 위하여 물류단지 안에 설치되는 물류터미널 및 창고, 대규모점포, 전문상가단지, 공동집배송센터, 중소유통 공동도매물류센터 기타 화물의 운송, 하역 및 컨테이너 보관시설을 말한다.

22

풀필먼트센터에 대한 설명으로 가장 옳지 않은 것은?

① 복잡한 유출수송(Outbound) 경로 관리를 위해 최신 기술을 활용한 시스템을 구축한다.
② UPC라벨이나 RFID를 통해 상품 수령과 검수가 이루어진다.
③ 유행에 민감한 패션상품이나 부패가능성이 높은 경우는 저장보다 크로스도킹을 이용한다.
④ 플로어 레디(Floor-ready)상품은 바로 판매될 수 있는 상태로 배송하는 것을 말한다.
⑤ 티케팅(Ticketing)과 마킹(Marking)은 시간과 장소를 많이 필요로 하므로 점포에서 수행하는 것이 효과적이다.

'풀필먼트(Fulfillment)'는 유통업계에서 단순 배송(Delivery)의 의미를 넘어, 물류 전문업체가 판매자의 위탁을 받아 제품이 고객에게 배달 완료되기까지의 고객의 전체 주문처리 과정을 대행해주는 서비스를 의미한다. 즉, 상품의 입고부터 보관, 제품 선별, 포장, 배송, 교환·환불 서비스 제공까지 통합적으로 관리하여 제공하는 '일괄 물류서비스'로 티케팅과 마킹도 소매점포가 아닌 풀필먼트에서 곧바로 이루어진다.

23

경로성과의 측정을 위한 각종 차원에 대한 설명으로 옳지 않은 것은?

① 효율성은 투입 대 산출의 비율로 정의되며 서비스 성과 제공, 잠재수요 자극으로 나누어 파악한다.
② 형평성은 해당 유통경로가 제공하는 혜택이 세분시장에 얼마나 고르게 배분되었는가를 말한다.
③ 효과성은 목표지향적인 성과측정치를 나타내는 평가척도에 해당된다.
④ 생산성은 자원의 투입에 의해 생산되는 서비스 성과의 양을 말한다.
⑤ 수익성은 재무적 효율성을 나타내는 지표를 말한다.

서비스 성과제공, 잠재수요 자극 등은 투입 대비 산출의 개념보다는 설정된 목표에 대한 달성 여부와 관련되므로 효과성(Effectiveness)에 가깝다.

24

경제적 주문량과 관련한 설명으로 가장 옳지 않은 것은?

① 재고의 보유비용과 주문비용을 최소화하는 주문량이다.
② 주문비용은 주문을 처리하는 비용으로 주문량에 비례한다.
③ 품절이 발생하지 않는 것으로 가정한다.
④ 수요는 변동이 없고 예측 가능하다고 가정한다.
⑤ 수량할인은 없는 것으로 가정한다.

주문비용(발주비용)이란 적정재고를 보충하기 위해 주문할 경우 발생하는 비용으로서 하역비, 수송비, 검사비용 등에 따른 제비용 등을 의미한다.

25

다양한 물류 활동을 기능에 의해 분류할 경우 기본 활동에 포함되는 것들만 바르게 나열한 것은?

① 운송기능, 유통가공기능, 관리기능
② 포장기능, 하역기능, 보관기능
③ 정보기능, 관리기능, 운송기능
④ 포장기능, 관리기능, 정보기능
⑤ 유통가공기능, 하역기능, 정보기능

영역별 물류는 순물에 해당하는 조달, 사내, 판매물류 등과 역물류를 뜻한다. 기능별물류는 운송, 보관, 하역, 포장, 물류정보활동 등을 의미한다.

정답 | 19 ④ 20 ③ 21 ② 22 ⑤ 23 ① 24 ② 25 ②

상권분석

26
대표적 복합상업시설인 쇼핑센터에서는 다양한 업종과 서비스를 조합하는 테넌트 믹스(tenant mix) 전략이 중요하다. 여기서 말하는 '테넌트(tenant)'의 의미로 가장 옳은 것은?

① 앵커스토어
② 임차점포
③ 자석점포
④ 부동산 개발업자
⑤ 상품공급업자

테넌트(Tenant)는 상업시설의 일정한 공간을 임대하는 계약을 체결하고 해당 상업시설에 입점하여 영업하는 임차점포를 말한다.
앵커스토어(Anchor Store), 즉 정박임차인은 쇼핑센터에서 가장 넓은 면적을 차지하여 쇼핑센터의 간판역할을 하고 고객을 많이 끌어 들이는 역할을 하는 핵점포(예를 들면 백화점과 같은 점포)를 말한다.

27
상권은 유형에 따라 서로 다른 특성을 갖는다. 상권유형별 일반적 특성을 비교하여 설명한 내용 중에서 가장 옳지 않은 것은?

① 도심상권은 중심업무지구(CBD)를 포함하는데 부도심 또는 근린상권보다 상대적으로 상권의 범위가 넓고 소비자들의 체류시간이 길다.
② 부도심상권은 도시 내 주요 간선도로의 결절점이나 역세권을 중심으로 형성되는 경우가 많으며 도시 전체의 소비자를 유인하지는 못한다.
③ 근린상권은 점포인근 거주자들을 주요 소비자로 볼 수 있으며 생활필수품을 취급하는 업종의 점포들이 입지하는 경향이 있다.
④ 역세권상권은 지하철역이나 철도역을 중심으로 형성되며 지상의 도로 교통망과 연결되어 지상과 지하의 입체적 상권으로 고밀도 개발이 이루어지는 경우가 많다.
⑤ 아파트상권은 단지 내 거주하는 고정고객 비중이 높아 안정적인 수요확보가 가능하고 보통 외부고객 유치가 쉬워서 상대적으로 상권확대 가능성이 높다.

아파트상권은 단지 내 거주하는 고정고객 비중이 높아 안정적인 수요확보가 가능하지만 외부고객의 유치가 어려우므로 상대적으로 상권확대 가능성이 낮다.

28
지리정보시스템(GIS)을 활용하여 보다 깊이 있는 상권분석이 가능해졌다. 지리정보시스템의 대표적 기능 중 아래의 글상자 내용에 해당하는 것은?

> 어떤 지도형상, 즉 점이나 선 혹은 면으로부터 특정한 거리 이내에 포함되는 영역을 의미하며, 면의 형태로 나타나 상권 혹은 영향권을 표현하는 데 사용할 수 있다.

① 위상(Topology)
② 중첩(Overlay)
③ 버퍼(Buffer)
④ 주제도 작성
⑤ 데이터 및 공간조회

어떤 지도형상, 즉 점이나 선 혹은 면으로부터 특정한 거리 이내에 포함되는 영역을 의미하는 것은 버퍼(Buffer)이다.

선지분석
① 위상(Topology)은 지도지능(Map Intelligence)의 일종이며, 이는 개별 지도형상에 대해 경도와 위도 좌표체계를 기반으로 다른 지도형상과 비교하여 상대적인 위치를 알 수 있는 기능을 부여하는 역할을 한다.
② 중첩(Overlay)은 공간적으로 동일한 경계선을 가진 두 지도레이어에 대해 하나의 레이어에 다른 레이어를 겹쳐 놓고 지도 형상과 속성들을 비교하는 기능이다.
③ 주제도(Thematic Map) 작성은 속성정보를 요약하여 표현한 지도를 작성하는 것이며, 면, 선, 점의 형상으로 구성된다.

29
일정한 지리적 공간 안에서 경쟁점포들이 분산해서 입지하는 이유를 설명하는 이론으로 가장 옳은 것은?

① 허프(D. L. Huff)의 상권분석이론
② 허프(D. L. Huff)의 수정 상권분석이론
③ 크리스탈러(W. Christaller)의 중심지이론
④ 레일리(W. Reilly)의 소매인력법칙
⑤ 컨버스(P. D. Converse)의 분기점 모형

일정한 지리적 공간 안에서 경쟁점포들이 분산해서 입지하는 이유를 설명하는 이론은 크리스탈러(W. Christaller)의 중심지이론이다.
중심지이론은 중심지와 배후지의 관계를 규명하고 중심지체계 및 중심지 공간배열의 원리를 설명한다.

관련이론 | 중심지이론
중심지이론은 인간의 각종 활동공간이 어떤 핵을 중심으로 배열되어 있다는 인식에서 시작하여, 조사대상 지역은 구매력이 균등하게 분포하고 끝이 없는 등방성의 평지라고 가정한다.

30
아래 글상자의 괄호 안에 들어갈 항목으로 가장 옳은 것은?

> 소매포화지수 =
> $\dfrac{\text{지역시장의 총가구 수} \times \text{가구 당 특정 업태에 대한 지출}}{(\qquad)}$

① 특정 업태의 총매출액 ② 특정 업태의 총매장면적
③ 특정 업태의 고객 수 ④ 특정 업태의 총영업이익
⑤ 특정 업태의 점포 수

소매포화지수, 즉
$$IRS = \dfrac{\text{지역시장의 총가구 수} \times \text{가구 당 특정 업태에 대한 지출}}{\text{특정 업태의 총매장 면적}}$$
이다.
소매포화지수는 한 지역 내 특정 소매업태에 대한 수요를 매장면적의 합으로 나누어 계산한 것으로, 현재 상황에서 공급에 대한 수요수준을 나타내며 지수의 값이 클수록 신규점포 개설의 매력도가 높다는 것을 의미한다.

31
점포 입지 후보지에 대한 매력도 분석과 관련한 내용으로 가장 옳지 않은 것은?

① 소매포화지수(IRS: Index of Retail Saturation)는 지역시장 소매점들의 공급 대비 수요잠재력을 측정할 수 있는 지표이다.
② 시장성장잠재력(MEP: Market Expansion Potential)은 지역시장이 미래에 신규 수요를 창출할 수 있는 잠재력을 반영하는 지표이다.
③ 소매포화지수(IRS)는 특정 지역시장의 현재상태를 나타내지만 시장성장잠재력(MEP)을 반영하지 못하는 단점이 있다.
④ 시장성장잠재력(MEP)이 높을수록 소매포화지수(IRS)도 높게 나타난다.
⑤ 신규점포가 입지할 지역시장의 매력도를 평가할 때 기존 점포들에 의한 시장포화 정도뿐만 아니라 시장성장잠재력(MEP)을 함께 고려해야 한다.

시장성장잠재력(MEP)와 소매포화지수(IRS)는 직접적인 관련이 없다. 현재 이 지역에 거주하면서 다른 지역에서 쇼핑하는 사람들이 많은 경우에는 IRS가 낮다.
MEP는 미래의 잠재수요를 총매장면적으로 나눈 값이다. 현재 거주자의 지역외 구매(Outshopping)가 많은 경우 장래에는 이 지역에서 쇼핑 가능성이 높고 따라서 시장성장잠재력이 높으므로 MEP는 크게 나타난다.

32
아래 글상자의 내용 가운데 보편적으로 좋은 점포입지만을 나열한 것으로 가장 옳은 것은?

> ㉠ 반경 2km 내에 대규모 아파트단지나 주택단지가 위치한 입지
> ㉡ 분양광고가 많고 특수목적을 가진 빌딩 내 상가
> ㉢ 지하철역으로부터 300m 이내에 위치한 입지
> ㉣ 권리금이나 임대료가 일정하게 유지되는 입지
> ㉤ 경쟁업종의 대규모 점포가 입점한 입지

① ㉠, ㉡, ㉢
② ㉠, ㉡, ㉤
③ ㉠, ㉢, ㉣
④ ㉡, ㉢, ㉤
⑤ ㉢, ㉣, ㉤

분양광고가 많으면 분양이 안되기 때문이고 특수목적을 가진 상가라면 일반적인 입지로는 바람직하지 않다. 경쟁업종의 대규모 점포가 입점해 있으면 불리한 입지요인이다.

정답 | 26 ② 27 ⑤ 28 ③ 29 ③ 30 ② 31 ④ 32 ③

33

점포선택모형의 하나인 Huff 모형을 이용하여 각 점포에 대한 소비자의 선택확률 또는 매출액을 추정할 수 있다. 이 과정을 구성하기 위한 정보수집으로 가장 옳지 않은 것은?

① 점포의 매장면적에 대한 소비자의 민감도 계수 추정
② 개별소비자 또는 세분지역(zone)과 각 점포 사이의 거리 측정
③ 소비자가 방문할 가능성이 있는 각 점포의 매장면적 자료 확보
④ 상권 내 소비자들이 고려하는 점포들(분석대상 점포)의 파악
⑤ 거리에 대한 소비자의 민감도 계수의 점포별 추정

거리에 대한 소비자의 민감도 계수를 추정하지만 점포별로 추정하는 것은 아니다.

관련이론 | 허프(Huff)의 확률적 모형
허프(D. Huff)의 확률적 모형은 소비자의 특정점포에 대한 효용이 점포의 크기와 점포까지의 거리(또는 시간)에 좌우된다는 것이다. 즉 소비자의 점포에 대한 효용은 점포의 매장이 크면 클수록 증가하고, 점포까지의 거리는 멀수록(또는 시간이 많이 걸릴수록) 감소한다는 것이다.
따라서 Huff 모형을 이용하여 각 점포에 대한 소비자의 선택확률 또는 매출액을 추정하는 경우 상권 내 소비자들이 방문을 고려하는 점포들을 파악하고, 각 점포의 매장면적과 민감도 계수를 추정해야 한다.
또한, 개별소비자 또는 세분지역(zone)과 각 점포 사이의 거리 측정하고 민감도 계수를 추정해야 한다.

34

다음 글상자에서 설명하고 있는 출점전략으로 가장 옳은 것은?

> 일정지역에 다수의 점포를 동시에 출점시켜 경쟁자의 진입을 억제하는 다점포 전략으로서, 물류비 절감 및 매장구성 표준화를 통해 경쟁력을 유지하는 전략

① 인지도 확대전략
② 시장력 우선전략
③ 시장력 흡수전략
④ 지역 집중전략
⑤ 임대차계약 조건부 출점전략

일정지역에 다수의 점포를 동시에 출점시켜 경쟁자의 진입을 억제하는 다점포 전략은 도미넌트(Dominant) 전략으로 지역 집중이라고도 한다.
도미넌트 전략은 지배적인 전략이라는 뜻을 지닌 비즈니스 용어로, 어느 한 지역에 신속하게 집중적으로 출점하여 경쟁점포의 개설을 막고 시장을 지배하려는 전략을 의미한다.

35

"국토의 계획 및 이용에 관한 법률"(법률 제20234호, 2024. 2. 6., 일부개정)이 정한 "자연녹지지역" 안에 건축할 수 있는 "유통산업발전법"(법률 제19117호, 2022. 12. 27., 타법개정) 상의 "대규모점포"로 가장 옳은 것은?

① 대규모점포는 자연녹지지역 내에 건축할 수 없다.
② 백화점
③ 전문점
④ 쇼핑센터
⑤ 복합쇼핑몰

「유통산업발전법」상의 대규모점포 중 대형마트와 전문점은 자연녹지지역에 건축할 수 있다. (자연녹지지역의 대형할인점등 설치·운영에 관한 고시, 산업통상부장관)

관련이론 | 「국토의 계획 및 이용에 관한 법률」상 자연녹지지역
자연녹지지역은 도시의 녹지공간의 확보, 도시확산의 방지, 장래 도시용지의 공급 등을 위하여 보전할 필요가 있는 지역으로서 불가피한 경우에 한하여 제한적인 개발이 허용되는 지역을 말한다. 자연녹지지역에서는 원칙적으로 단독주택과 제1·2종 근린생활시설의 건축이 허용된다.

36

넬슨(R. L. Nelson)의 소매입지 선정원리 중에서 아래 글상자의 ( ) 안에 들어갈 내용을 순서대로 나열한 것으로 가장 옳은 것은?

> • (㉠)은 동일한 점포 또는 유사업종의 점포가 집중적으로 몰려 있어 접객효과를 높일 수 있는 가능성을 말하며, 집재성 점포의 경우에 유리하다.
> • (㉡)은 상이한 업종의 점포들이 인접해 있으면서 보완관계를 통해 상호 매출을 상승시키는 효과를 발휘하는 것을 의미한다.

① ㉠: 양립성   ㉡: 누적적 흡인력
② ㉠: 양립성   ㉡: 경합의 최소성
③ ㉠: 누적적 흡인력 ㉡: 양립성
④ ㉠: 상권의 잠재력 ㉡: 경합의 최소성
⑤ ㉠: 누적적 흡인력 ㉡: 경합의 최소성

소매유통학자인 넬슨(R. L. Nelson)의 소매입지 선정원리 8가지 중 ㉠은 누적적 흡인력(cumulative attraction), ㉡은 양립성(compatibility)에 대한 내용이다.

관련이론 | 8가지 점포입지의 원칙
넬슨(R. N. Nelson)은 점포의 경영주체가 최대의 이익을 얻을 수 있는 매출액을 확보하기 위하여 어떤 점을 고려할 것인가에 대해 8가지 원칙을 제시하였다. 8가지는 상권의 잠재력, 접근 가능성, 입지의 성장가능성, 중간 저지성, 누적적 흡인력, 양립성, 경쟁 회피성, 부지의 경제성 등이다.

관련이론 | 입지의 매력도를 평가하는 원칙(입지대안 평가의 원칙)
㉠ 고객차단의 원칙(Principle of Intercept)은 입지가 고객이 특정지역에서 다른 지역으로 이동할 때에 고객으로 하여금 점포를 방문하도록 하는 입지적 특성이 얼마나 되는지를 평가하는 것이다. 이러한 특성을 가지고 있는 지역으로 평가되는 입지는 사무실 밀집지역, 상업지역, 쇼핑센터 등이다(중간 저지성).
㉡ 동반유인의 원칙(Principle of Cumulative Attraction)은 유사하거나 보충적인 소매업들이 군집하고 있는 경우가 분산되어 있거나 독립되어 있는 경우보다 더 큰 유인잠재력을 가질 수 있다는 원칙이다(누적적 흡인력).
㉢ 보충가능성의 원칙(Principle of Compatibility)은 두 개의 사업이 고객을 서로 교환할 수 있는 정도를 의미하는데, 이 원칙에 의하면 인접한 지역에 위치한 사업들 간에 보충가능성이 높을수록 점포의 매출액이 높아진다(양립성).
㉣ 접근가능성의 원칙(Principle of Accessibility)은 고객의 입장에서 점포를 방문할 수 있는 심리적, 물리적 특성을 의미하는데, 지리적으로 인접해 있거나, 교통이 편리하거나, 시간의 소요가 적은 경우에 점포의 매출이 증대된다는 원칙이다.
㉤ 점포밀집의 원칙(Principle of Store Congestion)은 동반유인이나 보충가능성과는 반대로 지나치게 유사한 점포나 보충할 수 있는 점포들이 밀집되어 있어서 고객의 유인효과를 감소시키는 현상을 의미한다.
㉥ 이용가능성(Availability)의 원칙은 그 장소를 임대 또는 매입할 수 있는가 하는 것이다.
㉦ 적합성(Suitability)의 원칙은 장소의 규모 또는 구조 등이 개설하려는 소매점포에 적합한가를 의미한다.
㉧ 수용가능성(Acceptability)의 원칙은 그 장소를 임대 또는 매입할 만한 충분한 자원이 있는가의 여부이다.

37
대규모 쇼핑센터에서는 다양한 공간구성요소들이 존재한다. 아래의 글상자에서 설명하는 요소들의 순서로 가장 옳은 것은?

> ㉠ 방향을 제시하여 소비자들이 길찾기에 참고하는 물리적 대상
> ㉡ 파사드(Fasade), 난간(Parapet), 벽면, 담장 등의 경계선
> ㉢ 교차하는 통로를 연결하며, 원형의 광장이나 전시공간 또는 이벤트 장소로 사용됨

① ㉠: 통로(Path), ㉡: 구역(District), ㉢: 결절점(Node)
② ㉠: 에지(Edge), ㉡: 지표(Landmark), ㉢: 구역(District)
③ ㉠: 지표(Landmark), ㉡: 에지(Edge), ㉢: 결절점(Node)
④ ㉠: 결절점(Node), ㉡: 구역(District), ㉢: 통로(Path)
⑤ ㉠: 지표(Landmark), ㉡: 구역(District), ㉢: 결절점(Node)

㉠ 방향을 제시하여 소비자들이 길찾기에 참고하는 물리적 대상은 지표(Landmark)이고, ㉡ 파사드(Fasade), 난간(Parapet), 벽면, 담장 등의 경계선은 에지(Edge) 또는 가장자리이다. ㉢ 교차하는 통로를 연결하는 것은 결절점(Node)이다.

38
입지영향인자의 하나인 라이프 스타일을 파악할 수 있는 소비자 특성은 AIO 분석을 통해 파악해 볼 수 있다. 이중 AIO 분석과 관련된 항목으로 가장 옳지 않은 것은?

① 활동(Activities)
② 나이(Age)
③ 관심사(Interests)
④ 의견(Opinions)
⑤ 심리도식적 특성(Psychograpics)

AIO분석과 나이는 관련이 없다. 동일 상권내 소비자들의 라이프 스타일을 조사하기 위해 측정해야 할 요소는 AIO, 즉 소비자들의 활동(Activity), 관심사(Interest), 의견(Opinion)이다. 이 세 가지에 기초하여 소비자들의 라이프 스타일을 분석하는 것을 AIO 분석이라고 한다.

정답 | 33 ⑤ 34 ④ 35 ③ 36 ③ 37 ③ 38 ②

39

기존 점포를 임차하여 점포개점을 계획할 때 고려해야 할 사항으로 가장 옳지 않은 것은?

① 임차 계약기간
② 점포 소유자의 전문성
③ 점포의 전용면적과 형태
④ 점포의 인계 사유
⑤ 점포 임차 시 소요되는 비용

기존 점포를 임차하여 점포개점을 계획하는 경우 임차 계약기간이나 점포의 전용면적이나 형태, 임차기간 등은 고려해야 할 중요한 사항이다. 그러나 점포 소유자의 전문성에 대해서는 전혀 고려할 필요가 없다.

40

다양한 내·외적 환경변화에 의해 어려운 경영상황에 직면하면 소매점은 적절한 개선책을 마련하거나 폐업을 고려하는 등의 대책을 세울 수 있다. 다음 중 상황에 맞는 대책으로서 가장 옳지 않은 것은?

① 지역상권의 수명주기가 쇠퇴기에 접어든 경우 – 새로운 아이템 발굴로 업종 변경
② 업종이 상권에 적합하지 않게 된 경우 – 업종전환 또는 점포 매각
③ 경쟁점포가 신규로 출현한 경우 – 판촉활동 등 마케팅 활동 강화
④ 상권 내 유사점포와 비교했을 때 경쟁력이 떨어지는 경우 – 상권분석 및 벤치마킹을 통한 경쟁력 제고
⑤ 재료비 및 인건비 등 상승으로 인한 자금관리 위기 – 원가절감으로 손익분기점 낮추기

지역상권의 수명주기가 쇠퇴기에 접어든 경우에는 그 지역을 벗어나 성장기에 있는 새로운 상권을 발굴하여 점포를 옮겨야 한다.

41

상업지의 입지조건과 관련된 설명으로 가장 옳지 않은 것은?

① 획지는 건축용으로 구획정리를 할 때 단위가 되는 땅으로 인위적, 자연적, 행정적 조건에 의해 다른 토지와 구별되는 토지를 말한다.
② 지하철역과 관련해서는 승차객수보다 하차객수가 중요하며 일반적으로 출근동선보다는 퇴근동선인 경우가 더 좋은 상업지로 평가된다.
③ 상점가의 점포는 가시성이 중요하므로 도로와의 접면 넓이가 큰 편이 유리하다고 볼 수 있다.
④ 유동인구의 이동경로상 보행경로가 분기되는 지점은 교통 통행량의 감소를 보이지만 합류하는 지점은 상업지로 유리하다.
⑤ 2개 이상의 가로각(街路角)에 접하는 토지인 획지의 형상에는 직각형, 정형, 부정형 등이 있으며 일조와 통풍이 양호하다.

2개 이상의 가로각(街路角)에 접하는 토지는 각지이다. 각지는 접면하는 각의 수에 따라 2면 각지, 3면 각지, 4면 각지로 나눌 수 있다.
각지는 일조와 통풍이 양호하고 출입이 편리하여 광고 효과가 높다는 장점이 있지만 상대적으로 소음, 도난, 교통 등의 피해를 받을 가능성이 높다.

42

동선과 관련한 소비자의 심리를 나타내는 대표적 원리로 가장 옳지 않은 것은?

① 최단거리 실현의 법칙: 최단거리로 목적지에 가려는 심리
② 보증 실현의 법칙: 먼저 이익을 얻는 쪽을 선택하려는 심리
③ 고차 선호의 법칙: 넓고 깨끗한 곳으로 가려는 심리
④ 집합의 법칙: 군중심리에 의해 사람이 모여 있는 곳에 가려는 심리
⑤ 안전 중시의 법칙: 위험하거나 모르는 길은 가려고 하지 않는 심리

인간심리와 동선과의 관계를 나타내는 법칙으로 최단거리 실현의 법칙, 보증실현의 법칙, 안전중시의 법칙, 집합의 법칙 등 네 가지가 제시되고 있다. 동선과 관련한 고차 선호의 법칙은 없다.

관련이론 | 인간심리와 동선의 관계를 나타내는 법칙

1. 최단거리 실현의 법칙: 사람들은 최단거리로 목적지에 가려고 한다. 멀리 돌아가거나 쓸데없는 일, 손해는 보지 않으려고 한다. 그래서 부동선(후면동선)이 생긴다.
2. 보증실현의 법칙: 인간은 득실을 따져 득이 되는 쪽을 선택한다. 목적지를 향하여 최초의 횡단보도를 건너 진행한다. 예컨대 역전 로터리 바로 정면에 점포가 있어도 자신이 지금부터 진행하는 방향에 있지 않는 점포로는 가려 하지 않는다.
3. 안전중시의 법칙: 인간은 기본적으로 신체의 안전을 지키기 위해, 알지 못하는 길은 지나가려고 하지 않는다.
4. 집합의 법칙: 인간은 자연적으로 사람들이 모여 있는 곳에 모인다.

43

현재 영업 중인 점포의 상권범위를 파악하기 위해 점포를 이용하는 소비자나 점포 주변 거주자들로부터 자료를 수집하는 조사기법으로 가장 옳지 않은 것은?

① 점두조사
② 내점객조사
③ 지역표본추출조사
④ 체크리스트법
⑤ CST(Customer Spotting Techniques)

자료를 수집하여 상권범위를 파악하려는 조사기법으로는 점두조사, 내점객조사, 지역표본추출조사 등이 있다.
체크리스트(Checklist)법은 상권의 규모에 영향을 미치는 요인들을 수집하여 이들에 대한 평가결과를 점수화하여 시장잠재력을 측정하는 방법이다. 즉 특정 상권의 제반특성을 여러 항목으로 구분하여 조사하고, 이를 바탕으로 신규점포의 개설가능성 여부를 평가하는 방법이다.

44

아래 글상자의 (　) 안에 들어갈 내용으로 가장 옳은 것은?

> 소비자의 이용목적에 따라 입지 유형을 구분할 수 있는데, 고정고객보다 유동고객에 의해 영업이 좌우되는 패스트푸드점의 경우 (　)가 적합하다.

① 적응형 입지
② 생활형 입지
③ 목적형 입지
④ 집재성 입지
⑤ 산재성 입지

고정고객보다 유동고객에 의해 영업이 좌우되는 패스트푸드점의 경우 적응형 입지가 적합하다.

관련이론 | 입지

입지는 주요 대상고객의 유형에 따라 유동인구 중심의 '적응형', 목적구매 고객 중심의 '목적형', 주민 중심의 '생활형' 등으로 분류할 수 있다.
적응형 입지는 거리에서 통행하는 유동인구에 의해 영업이 좌우되는 입지이다.
또한, 입지를 공간균배의 원리에 따라 구분하면 집심성 입지, 집재성 입지, 산재성 입지 등으로 구분한다.

45

상권분석 및 입지선정과 직접적인 관련이 있는 정보기술로서 가장 옳지 않은 것은?

① 빅데이터(Big Data)
② 딥러닝(Deep Learning)
③ 인공지능(AI)
④ 가상현실(VR)
⑤ 지리정보시스템(GIS)

가상현실(VR; Virtual Reality)은 어떤 특정한 환경이나 상황을 컴퓨터로 만들어서, 그것을 사용하는 사람이 마치 실제 주변 상황·환경과 상호작용을 하고 있는 것처럼 만들어 주는 인간-컴퓨터 사이의 인터페이스를 말하는 것으로 상권분석이나 입지선정과는 전혀 관련이 없는 정보기술이다.
소상공인시장진흥공단은 소상공인 및 소규모 창업자를 위하여 지리정보시스템(GIS)과 빅데이터(Big Data)를 활용한 상권정보시스템을 광범위하게 운영하고 있다.

정답 | 39 ② 40 ① 41 ⑤ 42 ③ 43 ④ 44 ① 45 ④

유통마케팅

46
아래 글상자에서 효과적인 시장세분화 조건으로 옳은 것만을 모두 나열한 것은?

> ㉠ 측정 가능성
> ㉡ 충분한 시장 규모
> ㉢ 접근 가능성
> ㉣ 세분시장 내 동질성과 세분시장 간 이질성

① ㉠, ㉡
② ㉡, ㉢
③ ㉠, ㉡, ㉢
④ ㉡, ㉢, ㉣
⑤ ㉠, ㉡, ㉢, ㉣

효과적인 시장세분화 요건에는 측정 가능성(Measurability), 충분한 규모의 시장(Size), 접근가능성(Accessibility), 세분시장 간 차별화 가능성(외부적 이질적, 내부적 동질적), 실행가능성(Feasibility), 기타 신뢰성 및 유효타당성 등이 있다.

47
다음 중 상품관리에 대한 설명으로 가장 옳지 않은 것은?

① 상품믹스(Product Mix)란 소매상들이 고객들에게 제공하고자 하는 모든 상품 및 서비스의 구성을 의미한다.
② 상품믹스(Product Mix)의 결정이란 상품의 다양성(Variety), 상품의 구색(Assortment), 상품의 지원(Support) 등 구성요인을 결정하는 것을 의미한다.
③ 상품계열(Product Line)이란 상품의 품목(Item) 수를 의미한다.
④ 상품믹스의 폭(Width)은 서로 다른 상품계열(Product Line)의 수를 의미한다.
⑤ 상품지원(Support)은 특정 상품 품목의 매출을 위해 소매점이 보유해야 하는 상품재고단위의 수를 의미한다.

상품계열(=상품라인)은 기업이 생산하는 상품(제품) 중 동일한 소비자에게 판매되거나 동일한 유통경로를 이용하는 아주 비슷한 용도의 상품들의 집단으로, 서로 밀접하게 관련된 제품들의 집합을 말한다. 즉, 물리적 특성, 용도, 구매집단, 가격범위, 유통경로 등이 유사한 상품으로, 마케팅의 기술적인 이유로 일련의 제품들을 그룹으로 묶는 것을 말한다.
- 넓이(폭, Width): 기업이 생산하는 총 제품계열의 수
- 깊이(Depth): 특정 제품계열 내에 있는 각 제품의 다양한 품목(Item)의 수
- 길이(Length): 제품믹스 내에 있는 모든 제품의 수

48
아래 글상자에서 설명하는 용어로 옳은 것은?

> 새로운 세분시장에 진입할 때 주의해야 할 점으로 자사의 신제품이나 새로운 유통점이 기존에 그 기업에서 판매하고 있던 다른 제품이나 기존 유통점들로부터 매출과 고객을 빼앗아 불필요한 경쟁을 유발하는 현상을 의미한다.

① 차별화포지셔닝
② 조직시너지
③ 직접경쟁포지셔닝
④ 자기잠식
⑤ 리포지셔닝

마케팅에서 자기잠식현상(Cannibalization)이란 한 기업의 신제품 또는 제품라인이 기존 주력제품(또는 라인)의 시장을 잠식하는 현상을 가리키는 용어로, 우리나라 말로는 자기잠식이나 제살깎기라고 표현한다.

49
아래 글상자에서 설명하는 서비스 품질 접근법으로 옳은 것은?

> 양질의 서비스 품질은 소비자가 수용 가능한 만족스러운 가격에 적합한 수준의 서비스를 제공하는 것이라 할 수 있다.

① 선험적 접근
② 상품 중심적 접근
③ 사용자 중심적 접근
④ 제조 중심적 접근
⑤ 가치 중심적 접근

선지분석
① 선험적 접근: 품질은 정신도 물질도 아닌 제3의 독립된 실체로 명확하게 정의할 수는 없으나 사람들은 이미 이것이 무엇인지 아는 상태
② 상품 중심적 접근: 품질은 측정 가능한 요소로 제품이 포함하고 있는 내용물이나 바람직한 속성의 총합이 큰 경우 양품으로 인정
③ 사용자 중심적 접근: 품질은 소비자의 욕구를 충족할 수 있는 제품이나 서비스의 정도로 측정
④ 제조 중심적 접근: 제조 요구사항(규격, 디자인)에 대한 적합성의 정도로, 품질은 일정 기준을 중심으로 한 편차의 정도로 가정

50

마이클 포터의 다섯 가지 경쟁요인 모형(5 forces model)을 통한 시장 매력도 평가에 관한 내용으로 가장 옳지 않은 것은?

① 새로운 경쟁자들이 쉽게 들어올 수 있는 시장은 시장 매력도가 낮다.
② 공급자의 교섭력이 높아질수록 그 시장의 매력도는 낮아진다.
③ 경쟁자들과의 차별화가 낮아질수록 그 시장의 매력도는 높아진다.
④ 산업 구조분석에서 다루는 시장매력도는 산업 전체의 잠재적 평균 수익을 의미한다.
⑤ 5 forces model은 누가 경쟁자이고, 누가 공급자이며, 누가 구매자인지가 분명히 구분된다는 것을 가정하고 있다.

마이클 포터에 따르면 경쟁자들과의 차별화가 낮아질수록 그 시장의 매력도는 낮아진다.

51

촉진 믹스 전략에 대한 내용으로 가장 옳지 않은 것은?

① 푸시 전략은 제조업자가 유통업자들을 대상으로 주로 판매촉진과 인적판매 수단을 동원하여 촉진활동을 하는 것이다.
② 푸시 전략은 최종 구매자들의 브랜드 애호도가 낮을 때 적합하다.
③ 풀 전략은 최종구매자를 대상으로 제품에 대한 정보를 제공하고 촉진활동을 하는 것이다.
④ 홍보는 매체비용을 지불하지 않고 회사의 활동이나 상품에 대한 정보를 언론의 기사나 뉴스 형태로 내보내는 풀 전략 활동이다.
⑤ 광고는 기업과 직·간접적으로 관련이 있는 여러 집단들과 좋은 관계를 구축하고 유지함으로써 기업이미지를 높이고 구매를 촉진하기 위해 수행하는 푸시 전략 활동이다.

광고는 기업과 직·간접적으로 관련이 있는 여러 집단들과 좋은 관계를 구축하고 유지함으로써 기업 이미지를 높이고 구매를 촉진하기 위해 수행하는 대표적인 풀(Pull) 전략에 해당한다.

52

제품수명주기(PLC) 단계 중 쇠퇴기의 특징 또는 상품 관리 전략으로 옳지 않은 것은?

① 소비자가 제품정보를 가지고 있지 않기 때문에 상품을 널리 인지시켜 판매를 늘리는 것이 목표가 된다.
② 매출이 감소하고 이익이 매우 적어지게 되므로 가능한 한 비용을 줄이고 매출을 유지하여 수익을 극대화하여야 한다.
③ 경쟁제품들이 시장에서 철수하게 되어 경쟁사의 수는 감소한다.
④ 취약한 중간상을 제거하고 우량 중간상만 유지하며, 최소한의 이익을 유지하는 저가격 정책을 사용하게 된다.
⑤ 매출액이 적은 품목은 제거하고 기여도가 높은 품목만 남기며, 과잉설비를 제거하고 하청을 늘리게 된다.

소비자가 제품정보를 가지고 있지 않기 때문에 상품을 널리 인지시켜 판매를 늘리는 것이 목표가 되는 단계는 '도입기'에 해당한다.

53

인터넷을 활용한 소매점 이벤트 프로모션의 유형 중 정보제공형 이벤트 프로모션에 대한 설명으로 옳지 않은 것은?

① 설문, 아이디어 공모전, 정보사냥 등 의견참여 기회를 제공하는 인터넷 이벤트 프로모션이다.
② 정보제공형 이벤트 프로모션을 진행하기 위해서는 표적시장을 명확히 정하는 것이 중요하다.
③ 다른 인터넷 이벤트 프로모션의 유형에 비해 적극적인 고객참여를 유도할 수 있어 메시지 전달력이 높다.
④ 이벤트 주최자는 해당 인터넷 이벤트 프로모션을 통해 원하는 정보를 더욱 정확하게 얻을 수 있다.
⑤ 고객의 참여 기회가 많으며 이벤트 응모율이 높다.

고객의 참여 기회가 많으며 이벤트 응모율이 높다는 표현은 불특정다수를 대상으로 하는 프로모션 기법으로, 특정 정보를 제공하여 제품의 판매촉진을 자극하는 이벤트 프로모션과는 거리가 멀다.

정답 | 46 ⑤ 47 ③ 48 ④ 49 ⑤ 50 ③ 51 ⑤ 52 ① 53 ⑤

54

기업에 대해 고객이 창출해주는 모든 미래의 경제적 가치를 현재가치로 할인한 것으로 고객에 대한 장기간의 경제적 가치를 설명하는 개념의 약어로 옳은 것은?

① RFM
② CLV
③ CE
④ NPS
⑤ RLC

CLV(Customer Life-Time Value, 고객생애가치)는 고객관계관리(CRM)에서 등장하는 개념으로, 한 고객이 한 기업의 고객으로 존재하는 전체 기간 동안 기업에게 제공할 것으로 추정되는 미래 현금흐름의 현재가치 또는 재무적인 공헌도의 총합계를 의미한다.

55

다음 중 온라인 판매 채널을 추가함으로써 얻을 수 있는 혜택으로 가장 옳지 않은 것은?

① 지역 상권에 제한되지 않고 시장을 확장할 수 있다.
② 더 깊고 넓은 상품구색을 제공할 수 있다.
③ 소비자의 구매 결정에 도움이 되는 더 많은 양의 정보를 제공할 수 있다.
④ 채널 간 갈등을 낮춰 고객에게 통합된 경험을 제공할 수 있다.
⑤ 소비자 구매에 대한 정보를 수집하여 개인 맞춤형 제품을 제공할 수 있다.

유통기업에서 온라인 판매 채널을 추가하는 경우 고객에게 다양한 경험을 제공할 수 있는 장점이 있는 반면 채널 간 갈등을 높이는 이유가 되기도 한다.

56

검색엔진 최적화(SEO: Search Engine Optimization)의 성과지표 중 하나로, 검색엔진을 통해 웹사이트에 유입된 방문자 수치를 의미하는 것으로 옳은 것은?

① 이탈률(Bounce Rate)
② 오가닉 트래픽(Organic Traffic)
③ 페이드 트래픽(Paid Traffic)
④ 평균 세션 시간(Average Session Duration)
⑤ 페이지 로드 시간(Page Load Time)

선지분석
① 이탈률(Bounce Rate, BR): 웹사이트에서 고객이 웹사이트 방문 시 한 페이지만 보고 웹사이트를 이탈하는 비율
③ 페이드 트래픽(Paid Traffic): 검색결과의 가장 상단이나 하단에 노출되는 Google 검색 광고나 Facebook의 스폰서 포스트를 통해 웹사이트로 들어온 방문자를 말한다.
④ 평균 세션 시간(Average Session Duration): 웹사이트 방문자들이 사이트에서 보내는 평균적인 시간을 의미하며, 이는 웹사이트의 성과를 평가하는 데 중요한 지표이다.
⑤ 페이지 로드 시간(Page Load Time): 페이지를 로드하는 데 걸리는 시간으로, 탐색 시작부터 로드 이벤트 시작까지 측정한다.

57

다음 중 마케팅을 위한 소셜미디어의 장점에 대한 설명으로 가장 옳지 않은 것은?

① 소셜미디어는 표적화되고 개별화되어 있다는 장점이 있다.
② 소셜미디어는 상호작용적이어서 소비자의 의견 및 피드백을 얻는 데 이상적인 도구이다.
③ 소셜미디어는 브랜드의 근황 및 활동에 관한 마케팅 콘텐츠를 시의적절하게 제공할 수 있다.
④ 소셜미디어를 활용한 마케팅은 비용이 무료라는 장점이 있다.
⑤ 소셜미디어는 고객의 경험을 형성하고 공유하는 데 적합하다.

소셜미디어 마케팅(SNS 마케팅)은 인스타그램, 유튜브, 페이스북과 같은 다양한 플랫폼에서 스폰서 게시물, 디스플레이광고, 캐러셀광고 등 유료 소셜광고를 제공하며, 광고주는 유기적인 콘텐츠를 강화하여 지속적으로 새로운 캠페인을 만들 필요 없이 도달 범위를 확장할 수 있는 장점이 있다.

58

아래 글상자의 설명에 해당하는 용어로 옳은 것은?

> 일반적으로 빅데이터로부터 정보를 추출하는 방법을 의미한다. 빅데이터와 같은 거대한 자료로부터 특정한 규칙을 발견해 내는 컴퓨터 처리 작업이라고 정의할 수 있다.

① 메모리 컴퓨팅
② 데이터 시각화
③ 데이터 마이닝
④ 텍스트 시각화
⑤ 연관성 분석

데이터 마이닝은 빅데이터로부터 정보를 추출하는 방법으로, 빅데이터와 같은 거대한 자료로부터 특정한 규칙을 발견해 내는 컴퓨터 처리작업을 뜻한다.

관련이론 | 데이터 시각화
데이터 시각화(Data Visualization)는 데이터 분석 결과를 쉽게 이해할 수 있도록 시각적으로 표현하고 전달되는 과정을 말한다. 데이터 시각화의 목적은 그래프나 도표를 통해 정보를 명확하고 효과적으로 전달하는 것이다.

59

상품을 구매할 때, 자신이 고려하는 모든 속성들이 정해놓은 최소한의 기준치를 충족시키는지 여부를 한꺼번에 평가하여 대안을 선택하는 고객 의사결정모형으로 옳은 것은?

① 사전찾기식 모형
② 순차적 제거식 모형
③ 결합식 모형
④ 분리식 모형
⑤ 다속성 선호도 모형

소비자의 구매의사결정 과정 중 '대안의 선택'과 관련된 내용으로, 결합식 모형은 상품을 구매할 때, 자신이 고려하는 모든 속성들이 정해 놓은 최소한의 기준치를 충족시키는지 여부를 한꺼번에 평가하여 대안을 선택하는 모형에 해당한다.

60

다음 중 탐색적 조사에 관한 설명으로 옳은 것은?

① 특정 이슈나 대상에 대한 사전 정보가 적을 때 전반적인 시장환경 및 문제점을 파악하기 위해 수행한다.
② 관심이 있는 특정 상황이나 응답자의 특정 행동에 대한 실태를 파악하고 예측하기 위한 조사이다.
③ 조사대상으로부터 수집한 자료를 분석하여 특정 대상 및 현상을 요약하고 묘사함으로써 드러나지 않은 특성을 구체화할 수 있다.
④ 예측하고자 하는 효과에 대한 가설을 세우고 검증하는 조사로 다양한 가설을 검증해 볼 수 있다.
⑤ 대부분 직접 자료를 수집하여 정량적 인과관계를 분석하기 때문에 상대적으로 시간과 비용을 단축할 수 있다.

탐색조사는 조사하는 문제가 별로 알려지지 않은 경우, 조사자가 통찰과 아이디어를 얻거나 마케팅 의사결정과 관련된 가설설정을 위해 사용된다. 특정 조사설계를 확정하기 전에 예비적으로 수행되는 경향이 많으므로 탄력성이 있어야 하며, 문헌조사, 전문가 의견조사, 케이스 스터디 등을 활용한다.

61

다음 중 가격경쟁을 최소화할 수 있다는 장점과 고객 측면을 전혀 고려하지 않는다는 단점을 동시에 가지고 있는 가격결정 방법으로 가장 옳은 것은?

① 원가기준법
② 목표수익률기준법
③ 경쟁기준법
④ 지각된 가치기준법
⑤ 수요기준법

경쟁자 기준 가격결정은 원가와 상관없이 경쟁자의 경쟁 강도에 따라 가격이 결정되는 방식으로, 입찰(biding)가격방식, 모방가격 결정방식이 있다. 경쟁자 기준 가격결정은 원가기준 가격결정, 소비자 기준 가격결정에 비해 가격경쟁을 최소화할 수 있다는 장점과 고객 측면을 전혀 고려하지 않는다는 단점이 지적된다.

정답 | 54 ② 55 ④ 56 ② 57 ④ 58 ③ 59 ③ 60 ① 61 ③

62

관계지향적 판매방식에 관한 내용으로 가장 옳지 않은 것은?

① 판매보다는 고객 요구를 이해하는 데 초점을 맞춘다.
② 설득, 화술, 가격 조건 등을 통해 신규고객을 확보하고 매출을 늘리고자 노력한다.
③ 제품에 대해 설명하는 데 치중하기보다는 고객의 욕구를 이해하고 문제를 해결하는 데 중점을 둔다.
④ 상호 신뢰와 신속한 반응을 통해 고객과 장기적인 관계를 형성하고자 한다.
⑤ 단기적인 매출은 낮아질 수 있으나, 장기적인 매출은 높아지는 것이 일반적이다.

설득, 화술, 가격 조건 등을 통해 신규고객을 확보하고 매출을 늘리고자 노력하는 것은 판매지향적 판매방식에 해당한다.

63

점포를 구성하는 물리적 환경의 역할에 대한 설명으로 옳지 않은 것은?

① 패키지: 제품의 패키지가 소비자의 감각적 반응에 호소하도록 고안된 것처럼 물리적 환경은 점포의 첫인상을 만들거나 고객의 기대를 설정하는 역할을 한다.
② 편의제공: 환경 내에서 활동하는 사람들의 성과를 돕는 역할을 한다.
③ 사회화: 잘 갖춰진 물리적 환경은 고객과 직원으로 하여금 기대된 역할과 행동을 하도록 돕는다.
④ 차별화: 물리적 환경을 통해서 기업은 경쟁자와 차별화할 수 있고, 이를 통해 의도된 고객 세분화가 가능하다.
⑤ 지표화: 이용 가능한 공간의 크기, 공간 내 사람의 수 등에 대한 객관적 평가를 제공한다.

서비스기업의 물리적 환경의 역할은 패키지 역할, 편의제공, 사회화 역할, 차별화 역할로 구분할 수 있다(이유재, 서비스마케팅 2004). 따라서 지표화는 점포를 구성하는 물리적 환경의 역할에 해당하지 않는다.

64

아래 글상자의 설명 중 격자형 레이아웃의 특징만을 나열한 것으로 가장 옳은 것은?

㉠ 상품진열면적이 넓고 판매공간을 효율적으로 활용할 수 있다.
㉡ 비용이 적게 들며 고객이 익숙해지기 쉬운 레이아웃이다.
㉢ 통로를 기준으로 각 매장 입구들이 서로 연결되어 고객유인이 용이하다.
㉣ 쇼핑의 즐거움을 배가시킬 수 있으며 충동구매를 촉진한다.
㉤ 대부분의 진열기구가 직각상태로 되어있어 딱딱하고 사무적인 분위기를 연출한다.
㉥ 소비자들이 원하는 상품을 찾기 위해 매장에 머무는 시간이 늘어나 전체적인 쇼핑 시간이 길어진다.
㉦ 제품 재고 및 안전관리를 쉽게 할 수 있다.

① ㉠, ㉡, ㉤
② ㉠, ㉡, ㉦
③ ㉠, ㉢, ㉤
④ ㉠, ㉡, ㉤, ㉦
⑤ ㉠, ㉣, ㉤, ㉥

선지분석
㉢ 통로를 기준으로 각 매장 입구들이 서로 연결되어 고객 유인이 용이하다. → 경주로형
㉣ 쇼핑의 즐거움을 배가시킬 수 있으며 충동구매를 촉진한다. → 자유형
㉦ 제품 재고 및 안전관리를 쉽게 할 수 있다. → 특정 레이아웃의 특징은 아님

65

매장 내부인테리어(Interior) 관리에 대한 설명으로 가장 옳지 않은 것은?

① 내부인테리어는 고객의 구매욕구를 적극적으로 유발할 수 있도록 구성한다.
② 내부인테리어 중 향기와 음악은 고객의 기분에 영향을 미친다.
③ 파이프나 배관과 같은 매장의 설비물은 내부인테리어를 구성하는 데 영향을 주지 않는다.
④ 내부인테리어 중 매장의 온도는 고객의 기분에 영향을 미친다.
⑤ 내부인테리어 중 조명시설은 고객의 구매욕구에 영향을 미친다.

파이프나 배관과 같은 매장의 설비물 또한 내부인테리어를 구성하는 요소들에 해당한다.

66

전략적 고객관리(Strategic Account Management)의 특징으로 옳지 않은 것은?

① 전략적 고객관리는 지속가능한 경쟁우위의 원천이다.
② 전략적 고객관리의 관점에서 모든 종업원의 활동과 팀워크가 정렬되는 경우, 종업원의 만족이 증가하고 기업의 생산성과 수익성이 높아질 수 있다.
③ 전략적 고객관리를 통해 일단 성공적으로 정렬된 조직구성원의 노력은 향후 고객의 욕구가 변화하더라도 적은 비용으로 변화시킬 수 있다.
④ 전략적 고객관리를 통해 고객충성도를 높이는 것은 매우 어렵다.
⑤ 전략적 고객관리를 통해 고객수익성을 높일 수 있다.

전략적 고객관리는 고객과의 관계를 장기적으로 구축하고 유지관리하기 위한 것으로 이를 통해 고객충성도를 제고시킬 수 있다.

67

고객관계관리(CRM)를 성공적으로 적용하기 위해서 고려해야 하는 요인으로 옳지 않은 것은?

① 판매자를 중심으로 모든 거래 데이터가 통합되어야 한다.
② 고객 분석을 위한 고객의 상세정보가 수집되어야 한다.
③ 고객의 정의와 고객그룹별 관리 방침이 수립되어야 한다.
④ 고객데이터의 분석 모형 개발 및 모형의 유효성 검증체제가 갖추어져야 한다.
⑤ 고객 분석결과를 활용할 수 있도록 제반 업무절차가 정립되고 시행되어야 한다.

고객관계관리(CRM)는 고객 데이터베이스 분석을 통해 고객과의 장기적 관계를 구축하기 위한 것으로, 이를 성공적으로 적용하기 위해서는 고객정보를 중심으로 모든 거래 데이터가 통합되어야 한다.

68

다음은 마케팅 조사와 관련된 내용이다. 가장 옳지 않은 것은?

① 1차자료는 당면한 조사목적을 달성하기 위하여 조사자가 직접 수집한 자료이다.
② 기술조사는 표적모집단이나 시장의 특성에 관한 자료를 수집·분석하고 결과를 기술하는 조사이다.
③ 2차자료는 당면한 조사목적이 아닌 다른 목적을 위해 과거에 수집되어 이미 존재하는 자료이다.
④ 모든 마케팅 조사에는 2차자료가 반드시 필요하다.
⑤ 심층인터뷰는 조사문제가 불명확할 때 기본적인 통찰과 아이디어를 얻기 위해 실시되는 조사이다.

2차자료는 기존 데이터를 중심으로 한 간접적, 보조적 자료수집방법으로, 수정 및 보완의 필요성이 있으며, 모든 마케팅 조사에서 2차자료가 반드시 필요한 것은 아니다.

정답 | 62 ② 63 ⑤ 64 ④ 65 ③ 66 ④ 67 ① 68 ④

69

아래 글상자에서 설명하는 평가 기법으로 가장 옳은 것은?

> 구매자 입장에서 특정 공급자의 개별품목 혹은 재고관리단위
> (SKU: Stock Keeping Unit) 각각에 관해 평가를 하는 기법

① 상시종업원당 총이익
② 평당 총이익
③ 경로구성원 총자산 수익률
④ 경로구성원 성과평가
⑤ 직접제품이익

구매자 입장에서 특정 공급자의 개별품목 혹은 재고관리단위(SKU: Stock Keeping Unit) 각각에 관해 평가를 하는 기법을 직접제품이익(DPP)이라 한다.

70

다단계 판매의 특징으로 옳지 않은 것은?

① 다단계 판매의 상품구색은 다양하지만, 일반적으로 양호한 품질의 중저가 소비재를 중심으로 구성된다.
② 다단계 판매에서 판매원의 수입은 자신 및 하위 판매원의 판매액을 기초로 책정된다.
③ 다단계 판매는 신규 판매원에게 가입비, 교육비, 상품 구매비 등 과도한 가입비용을 요구한다.
④ 다단계 판매는 강제적인 재고부담이 없다.
⑤ 다단계 판매는 공제조합에 소비자피해보상보험 가입을 의무화하고 있다.

관련이론 | 다단계판매
다단계판매는 제조업자 → 도매업자 → 소매업자 → 소비자의 일반적인 유통경로를 거치지 아니하고, 여러 단계를 거쳐서 판매원이 거래에 참여하는 유통방식이다. 일반적으로 다단계판매는 「방문판매에 관한 법률」상 적법한 판매방식이지만 신규 판매원에게 가입비, 교육비, 상품 구매비 등 과도한 가입비용을 요구하는 등 이를 악용한 폰지사기, 피라미드 판매 등은 불법적인 행태라 할 수 있다.

유통정보

71

유통업체에서 활용하는 판매시점관리 시스템에 대한 설명으로 가장 옳지 않은 것은?

① 유통업체에서는 판매시점관리 시스템을 통해 영업 및 서비스 업무를 효율적으로 처리하고 있다.
② 판매시점관리 시스템은 판매와 관련된 다양한 데이터 수집을 지원해 준다.
③ 유통업체에서는 고객의 개인정보와 판매시점관리 시스템을 통해 확보한 데이터를 활용해서 보다 효율적인 마케팅을 수행할 수 있게 되었다.
④ 판매시점관리 시스템의 스캐너는 바코드로부터 상품에 대한 데이터를 확보하도록 지원하는 입력장치이다.
⑤ 유통업체에서는 판매시점관리 시스템 내의 고객 개인 정보와 구매 이력에 대한 정보를 고객의 사전 승인 없이 제조업체와 공유하여 활용할 수 있게 되었다.

유통업체의 판매시점관리 시스템(POS) 내 고객 개인정보와 구매 이력에 대한 정보는 고객의 사전 동의가 있어야만 제조업체와 공유하여 활용할 수 있다.

관련이론 | 판매시점 정보관리 시스템(POS)
판매시점(Point Of Sales) 정보관리 시스템, 즉 POS는 주로 소매점포의 판매시점에서 수집한 POS 데이터를 통해 재고관리, 제품 생산관리, 판매관리를 효율적으로 하려는 정보 의사소통 방법을 말한다.

72

QR코드에 대한 설명으로 가장 옳지 않은 것은?

① 바코드와 동일한 양의 자료를 표현하려면 QR코드 사각형 모양의 크기가 더 커야 한다.
② QR코드는 일부분이 손상되어도 바코드와 다르게 인식률이 높은 편이다.
③ QR코드는 바코드에 비해 저장할 수 있는 정보의 양이 많다.
④ QR코드는 숫자, 영문자, 한글, 한자 등 다양한 데이터를 처리하는 것이 가능하다.
⑤ QR코드는 360° 어느 방향에서든지 인식이 가능하다.

QR코드 사각형 모양의 크기가 작아도 바코드와 동일하거나 많은 양의 자료를 표현할 수 있다.

73

우리나라는 데이터 이용에 관한 규제 혁신과 개인정보 보호 협치체계 정비의 문제를 해결하기 위해 관련 법을 개정하였다. 아래 글상자에서 데이터 3법에 해당하는 법률들을 모두 나열한 것으로 옳은 것은?

> ⊙ 산업재산 정보의 관리 및 활용 촉진에 관한 법률
> ⓒ 개인정보 보호법
> ⓒ 정보통신망 이용촉진 및 정보보호 등에 관한 법률
> ⓔ 신용정보의 이용 및 보호에 관한 법률
> ⓜ 전자금융거래법

① ⊙, ⓒ, ⓒ
② ⊙, ⓒ, ⓔ
③ ⊙, ⓒ, ⓔ
④ ⓒ, ⓒ, ⓔ
⑤ ⓒ, ⓔ, ⓜ

데이터 3법은 「개인정보 보호법」, 「정보통신망 이용촉진 및 정보보호 등에 관한 법률」(정보통신망법), 「신용정보의 이용 및 보호에 관한 법률」(신용정보법)을 말하며, 특정 개인을 식별할 수 없게 한 정보(가명정보)를 개인의 동의 없이 금융·연구 분야에서 활용할 수 있게 하는 내용을 담고 있다.

74

노나카의 지식변환 4가지 유형과 그 설명이 가장 옳은 것은?

① 사회화(Socialization) – 생각이나 노하우를 언어나 그림 등의 형태로 표현한다.
② 외부화(Externalization) – 사제관계에서의 노하우(Know-How)를 전수받는다.
③ 형식화(Normalization) – 고객분석 내용을 보고 고객 행태 유형을 체득한다.
④ 내면화(Internalization) – 인턴을 하면서 체득한 조직에서의 바른 생활을 블로그에 올려 예비 인턴들에게 공유한다.
⑤ 종합화(Combination) – 형식지에서 형식지를 얻는다.

선지분석

노나카 이쿠지로의 지식변환 4가지 유형을 설명하는 SECI 모형에서
① 생각이나 노하우를 언어나 그림 등의 형태로 표현(암묵지 → 형식지)하는 것은 외재화(외부화, Externalization)이다.
② 사제관계에서의 노하우(Know-How)를 전수 받는 것은 사회화(Socialization)이다.
③ 고객분석 내용을 보고 고객행태 유형을 체득하는 것은 내면화(내부화, Internalization)이다.
④ 인턴을 하면서 체득한 조직에서의 바른 생활을 블로그에 올려 예비 인턴들에게 공유하는 것은 외재화이다.

75

유통업체에서 활용하고 있는 ERP 시스템에 대한 발전순서를 바르게 제시한 것은?

① ERP → Extended ERP → MRP → MRPII
② ERP → Extended ERP → MRPII → MRP
③ MRP → MRPII → ERP → Extended ERP
④ MRP → ERP → Extended ERP → MRPII
⑤ ERP → MRPII → Extended ERP → MRP

생산에 투입되는 자재만을 대상으로 하는 자재소요계획(MRP)이 성공적으로 역할을 수행하게 되자 적용범위를 자재를 포함한 생산자원(또는 제조자원)으로 넓히면서 제조자원계획 MRPII가 등장하였다. 이후 적용범위를 모든 경영자원으로까지 확대하면서 전사적 자원계획 ERP로 발전하였고, 이후 Extended ERP가 등장하였다.
ERP시스템은 기업 내의 제조·물류·회계·인사·재무·판매 등 모든 업무 프로세스를 실시간 정보공유를 바탕으로 통합적으로 지원하여, 효율화와 의사결정의 신속화를 도모한다.

정답 | 69 ⑤ 70 ③ 71 ⑤ 72 ① 73 ④ 74 ⑤ 75 ③

76

글로벌 기업이 공급사슬관리와 관련하여 복잡한 물류체계를 효율적으로 운영하기 위해 추진하는 글로벌 물류전략 중 하나인 지연전략에 대한 설명으로 가장 옳지 않은 것은?

① 지연전략은 재고를 일반적 수준으로 적게 보유할 수 있게 한다.
② 지연전략 이점을 최대한 활용하기 위해서는 중앙집중화를 고려한 제품설계가 필요하다.
③ 지역적 매출량 예측이 전 세계 매출량을 예측하는 것보다 어렵기 때문에 지연전략은 글로벌시장에서 효과적인 전략이다.
④ 지연전략은 재고 유연성을 확보하게 되는데, 그것은 동일한 요소, 모듈 또는 플랫폼이 다양한 종류의 최종제품에서 구현되는 것을 의미한다.
⑤ 지연전략은 공통 플랫폼, 요소 또는 모듈을 이용하여 제품을 디자인하고 최종목적지 또는 고객 요구사항이 알려질 때까지 최종조립을 늦추는 전략이다.

지연(Postponement) 전략은 고객의 정확한 욕구가 파악되는 시점까지 제품의 완성을 연기하고 이를 통해 고객들의 다양한 수요에 유연하게 대응하려는 전략이다. 따라서 지연전략의 이점을 최대한 활용하기 위해서는 소비자의 다양한 욕구를 고려한 분권화된 제품설계가 필요하다.
지연전략은 라벨링(Labeling) 지연, 포장(Packaging) 지연, 조립(Assembly) 지연, 제조(Manufacturing) 지연, 그리고 시간(Time) 지연으로 구분한다. 또한, 형태 지연, 시간 지연 및 장소 지연으로 구분하기도 한다.

77

공급사슬관리를 위한 QR시스템의 특징에 대한 설명으로 가장 옳지 않은 것은?

① QR은 제조업체 중심으로 신속한 대응을 핵심으로 한다.
② Harris et al.(1999)의 연구에 의하면 JIT에서 발전해 QR의 개념이 형성되었고, QR이 발전해 ECR이 형성되었다.
③ QR은 유통업체 및 소매업체를 중심으로 효율적인 고객대응을 위해 1993년 식품, 잡화, 슈퍼마켓 업계에서 출현하였다.
④ QR의 핵심은 생산자 사이에 걸쳐있는 유통경로 상의 제약조건 및 재고를 줄임으로써 제품 공급사슬의 효율성을 극대화하는 데 있다.
⑤ QR의 목적은 IT를 이용하여 조직의 효율성을 높이고 공급사슬 파트너와의 협업과 조화를 통하여 비용을 절감하고, 수익을 창출하는 데 있다.

유통업체 및 소매업체를 중심으로 효율적인 고객대응을 위해 1993년 식품, 잡화, 슈퍼마켓 업계에서 출현한 것은 ECR, 즉 효율적 소비자대응이다.

78

전자서식교환(EDI)은 웹, 클라우드와 결합된 형태로 진화하고 있다. EDI에 관련된 내용으로 가장 옳지 않은 것은?

① 기업 간 전자상거래 서식 또는 공공 서식을 서로 합의된 표준에 따라 표준화된 메시지 형태로 변환해 거래당사자끼리 통신망을 통해 교환하는 방식이다.
② 통신 링크를 통해 한 컴퓨터 애플리케이션에서 다른 컴퓨터 애플리케이션으로 사전 정의된 형식의 전자데이터를 전송하는 방법이다.
③ 웹 EDI 서비스는 전 세계 어디에서나 이용 가능하다는 장점에 비해 고가의 특별한 접속 프로그램이 필요하며 보안에 취약하다는 단점이 있다.
④ EDI는 문서 거래시간의 단축, 자료의 재입력 방지, 업무처리의 오류감소 등의 직접적 효과가 있다.
⑤ EDIFACT는 여러 행정, 상업 및 운송을 위한 전자 자료교환이라는 뜻이다.

전용선(VAN) 기반의 EDI가 최근에는 인터넷 기반의 웹 EDI로 개편되어 xEDI로 활용되고 있다. 인터넷 기반의 EDI의 통신비용은 VAN의 경우보다 매우 저렴하다. 인터넷 기반 EDI에서는 최신 EDI의 사용을 보완하거나 대체가 용이하다.
웹 EDI는 사용자가 특정문서의 구조를 만들어 사용할 수 있기 때문에 타 업무 프로그램과의 연계가 용이하다.

79

아래 글상자의 신규고객 창출 프로세스를 순서대로 나열한 것으로 옳은 것은?

㉠ 잠재고객의 특성 파악	㉡ 잠재고객 확보
㉢ 잠재고객 선별	㉣ 니즈파악과 가치창조
㉤ 가치제안	㉥ 신규고객의 사후관리

① ㉠-㉡-㉢-㉣-㉤-㉥
② ㉠-㉡-㉢-㉤-㉣-㉥
③ ㉠-㉡-㉣-㉢-㉤-㉥
④ ㉠-㉢-㉡-㉣-㉤-㉥
⑤ ㉠-㉢-㉣-㉡-㉤-㉥

CRM을 위해 신규고객을 창출하는 과정은 잠재고객 → 선별고객 → 가능고객 → 최상가능고객 → 신규고객의 순으로 이루어진다. 이후 신규고객을 충성고객으로 만들어 고객생애가치를 높이는 과정을 거친다.

관련이론 | 고객관계관리(CRM)
고객관계관리(CRM)는 신규고객의 확보보다 기존고객의 유지관리가 비용 면에서 효율적이라는 것을 알게 되면서 등장하였다. CRM에서 신규고객을 창출은 잠재고객의 특성 파악하고, 잠재고객을 확보 및 선별한다. 이후 잠재고객의 니즈를 파악하고 가치창조 및 가치제안을 거친다. 그 이후 신규고객의 사후관리가 필요하다.

80

아래 글상자에서 설명하는 전자지갑형 전자화폐로 가장 옳은 것은?

- 결제방식은 메인서버 구동 전자지갑, 재충전 가능함
- 특징으로는 다운로드하지 않는 전자지갑으로 각 사이트의 포인트를 적립하여 현금으로 사용함

① 앤캐시
② 뱅크타운
③ 아이캐시
④ 애니카드
⑤ 사이버패스

앤캐시(N-cash)의 전자화폐 지불 솔루션은 회원들의 모든 전자화폐 계정을 중앙서버에서 일괄 관리하는 형태로 개개인의 지갑을 중앙서버에 맡기는 방식이다. 즉, 회원이 앤캐시 가맹 인터넷 사이트를 통해 물건을 구입하거나 게임, 영화 등 유료 콘텐츠를 이용할 때 클릭 한 번으로 중앙서버에서 이용료 등이 자신의 전자지갑에서 판매자의 전자지갑으로 이체되는 방식이다.

관련이론 | 전자화폐의 유형

1. 전자화폐는 화폐적 가치가 어떻게 저장되었는가에 따라서 IC카드형과 네트워크형으로 나뉜다. IC카드형(오프라인) 전자화폐로는 최초의 전자화폐인 몬덱스(Mondex)와 프로톤(Proton), 그리고 애틀란타 올림픽에서 선보인 비자캐시(VisaCash)와 K-cash, Mybe 등이 있다.
2. 전자상거래에서 주로 이용되는 지급결제수단을 결제형태에 따라 구분하면 액세스(Access)형, 가치저장(Stored value)형으로 구분한다. 액세스형은 계좌이체형, 신용카드형, 전자수표형 등으로 구분하고, 가치저장형은 IC카드형과 네트워크형으로 구분한다.

81

아래 글상자의 OECD 프라이버시 8대 원칙에 대한 설명 중 옳지 않은 것만을 나열한 것은?

- ㉠ 안전성 확보의 원칙(Security Safeguards Principle): 개인정보의 수집은 합법적이고 공정한 절차에 의하여 가능한 한 정보주체에게 알리거나 동의를 얻은 후에 수집되어야 한다.
- ㉡ 정보 정확성의 원칙(Data Quality Principle): 개인정보는 그 이용목적에 부합하는 것이어야 하고, 이용목적에 필요한 범위 내에서 정확하고 완전하며 최신의 상태로 유지해야 한다.
- ㉢ 목적의 명확화 원칙(Purpose Specification Principle): 개인정보는 수집 시 목적이 명확해야 하며, 이를 이용할 경우에도 수집목적의 실현 또는 수집목적과 양립되어야 하고, 목적이 변경될 때마다 명확히 해야 한다.
- ㉣ 이용제한의 원칙(Use Limitation Principle): 개인정보는 정보주체의 동의가 있는 경우나 법률의 규정에 의한 경우를 제외하고는 명확화된 목적 이외의 용도로 공개되거나 이용되어서는 안된다.
- ㉤ 수집 제한의 원칙(Collection Limitation Principle): 개인정보의 분실, 불법적인 접근, 훼손, 사용, 변조, 공개 등의 위험에 대비하여 합리적인 보호장치를 마련해야 한다.

① ㉠, ㉡
② ㉠, ㉢
③ ㉠, ㉤
④ ㉢, ㉣
⑤ ㉣, ㉤

선지분석 |

㉠ 개인정보의 수집은 합법적이고 공정한 절차에 의하여 가능한 한 정보주체에게 알리거나 동의를 얻은 후에 수집되어야 한다는 것은 수집 제한의 원칙(Collection Limitation Principle)이다.
㉤ 개인정보의 분실, 불법적인 접근, 훼손, 사용, 변조, 공개 등의 위험에 대비하여 합리적인 보호장치를 마련해야 한다는 것은 안전성 확보의 원칙(Security Safeguards Principle)이다.

82

아래 글상자에서 설명하는 잠재고객 발굴을 위한 기존고객에 대한 CRM 분석 방법으로 가장 옳은 것은?

> 기존 고객과 비슷한 모습을 지닌 그룹을 찾아내는 방법이다. 현 고객의 가족 상황, 프로필, 계약동기, 상품, 성향, 추세 분석, 인구통계적 자료, 구매의사결정과 의견제시 등을 목적으로 이용되는 분석 방법이다.

① 아웃바운드 분석
② 인바운드 고객분석
③ 하우스 홀딩 분석
④ 현재 고객 구성원 분석
⑤ 캠페인 효과 분석과 최적 고객 추출

기존 고객과 비슷한 모습을 지닌 그룹을 찾아내기 위해 현 고객의 가족상황, 프로필, 성향, 추세 분석, 인구통계적 자료, 구매의사결정과 의견제시 등을 목적으로 이용되는 분석 방법은 하우스 홀딩(House-holding) 분석이다.
인바운드 고객분석은 고객으로부터의 전화 문의, 인터넷 조회, 영업소 방문 등의 내용을 바탕으로 하는 분석이다.
현 고객 구성원 분석은 현재 고객의 성격, 사용실태, 충성도를 분석하는 것이다.

관련이론 | 인바운드 분석
- 인바운드 분석은 기존고객의 피드백이나 불만제기 내용 등을 분석하는 것이다. 기존고객(개인)의 프로파일, 행동 정보, 수익유지 등의 정보분석에 의해 가망고객층을 발굴하는 것은 매우 중요한 고객관계관리 활동이다.
- 세대정보 분석을 통해 기존고객의 가족 중 향후 잠재성이 높은 고객을 발굴한다거나, 기존고객의 구성원을 분석하여 세분화된 기존고객군 중 잠재성이 높은 고객을 발굴할 수 있다.

83

클라우드 컴퓨팅 서비스 지원 수준에 따라 구분된 유형으로 가장 옳은 것은?

① 개인용 컴퓨팅 환경, 클라이언트-서버 환경, 클라우드 컴퓨팅 환경
② IaaS(Infrastructure as a Service), PaaS(Platform as a Service), SaaS(Software as a Service)
③ 플랫폼, 운영체계, 디바이스
④ 운영체계, 응용 소프트웨어, 클라이언트
⑤ 클라우드, 엣지, 디바이스

클라우드 컴퓨팅을 서비스 지원 수준에 따라 구분하면 클라우드를 통해 하드웨어 네트워크 능력을 제공하는 Platform as a Service(PaaS), 클라우드에 애플리케이션들을 제공하는 Software as a Service(SaaS), 하드웨어, 네트워킹, 애플리케이션을 제공하는 Infrastructure as a Service(IaaS)로 구분된다.

84

메타버스를 구현하는 주요 기반 기술과 그 설명이 가장 옳지 않은 것은?

① XR(eXtended Reality) 기술 - 현실과 가상세계를 연결하는 인터페이스로, 현실과 가상세계의 공존을 촉진하고 몰입감 높은 가상융합 공간과 디지털 휴먼 등을 구현하는 데 활용된다.
② 디지털트윈 기술 - 가상세계에 현실세계를 3D로 복제하고 동기화한 뒤 시뮬레이션·가상훈련 등을 통해 지식의 확장과 효과적 의사결정을 지원하는 데 활용된다.
③ 블록체인 기술 - 메타버스 창작물에 대한 저작권 관리, 사용자 신원 확인 및 데이터 프라이버시 보호, 콘텐츠 이용 내역 모니터링 및 저작권료 정산 등을 지원하는 데 활용된다.
④ 인공지능 기술 - 이용자 요구나 수요 변화에 따라 컴퓨팅 자원을 유연하게 배분하여 활용된다.
⑤ 데이터 분석기술 - 실세계 데이터 취득 및 유효성 검증, 데이터 저장·처리·관리 등에 활용된다.

이용자 요구나 수요 변화에 따라 컴퓨팅 자원을 유연하게 배분하여 활용되는 것은 메타버스의 기반 기술 중 클라우드 컴퓨팅(Cloud Computing) 기술이다. 클라우드 컴퓨팅은 대규모 데이터를 저장하고 처리할 수 있는 인프라를 제공하여 메타버스의 복잡한 연산작업을 지원한다.

정답 | 80 ① 81 ③ 82 ③ 83 ② 84 ④

85

아래 글상자의 융합기술 발전 2단계에 부합하는 사례만을 나열한 것으로 가장 옳은 것은?

> 융합기술의 발전단계는 IT기반 융합의 진화수준에 따라 크게 3단계로 구분할 수 있다.
> 1단계는 IT와 산업 간 결합 및 통합으로 기존 기술 및 상품과 서비스의 결합을 통한 신제품, 새로운 서비스를 창출하는 단계이다.
> 2단계는 IT와 이종기술 산업 간 융합을 통해 기존 기술의 한계를 극복하고 새로운 시장을 창출하는 단계이다.
> 3단계는 IT 신기술의 화학적 융합을 통해 미래사회의 요구에 부합하는 신상품 및 새로운 서비스를 창출해 내는 융합기술로 정의할 수 있다.

① IPTV, 휴대형 PC
② IPTV, 휴대형 PC, 지능형 자동차
③ IT 융합건설, 지능형 자동차, 수중에너지 탐사로봇 시스템
④ IT 융합건설, 휴대형 PC, 수중에너지 탐사로봇 시스템
⑤ IPTV, 지능형 자동차, 수중에너지 탐사로봇 시스템

융합기술 발전 2단계(Integration)는 IT와 이종기술 산업 간 융합을 통해 기존 기술의 한계를 극복하고 새로운 시장을 창출하는 단계로 융합건설, 지능형 자동차, 수중에너지 탐사로봇 시스템 등이 사례가 된다.
IPTV, 휴대형 PC 등은 1단계(Combination)이고, 3단계 통섭(Consilience)은 알고 있는 모든 지식과 지혜를 모아 새로운 창조를 하는 것으로 KAIST의 미래 단말기술, MIT의 RFID 기술 등이 사례로 제시되고 있다.

86

아래 글상자에서 설명하는 데이터베이스의 종류로 가장 옳은 것은?

> 모자(母子)집합이라는 레코드 간 구조를 가지며, 자(子)레코드가 복수의 모(母)레코드를 갖는 복잡한 표현도 가능한 데이터베이스로, 표현력은 좋으나 다소 복잡하여 사용이 어렵다.

① RDB(관계형 데이터베이스)
② HDB(계층형 데이터베이스)
③ NoSQL(비정형 데이터베이스)
④ NDB(네트워크 데이터베이스)
⑤ OODB(객체지향형 데이터베이스)

모자(母子)집합이라는 레코드 간 구조를 가지며, 자 레코드가 복수의 모 레코드를 갖는 복잡한 표현도 가능한 데이터베이스는 NDB(Network Database)이다. NDB는 대량의 자료를 망 데이터 형식을 사용하여 저장하고 관리하는 데이터베이스이다.

87

CRM 시스템에 대한 설명으로 가장 옳지 않은 것은?

① CRM 시스템은 신규고객 창출, 기존고객 유지, 기존고객 강화를 위해 이용된다.
② 기업측면에서는 장기적 측면의 고객관계 강화보다는 단기적 측면의 고객관계 강화를 위해 CRM 시스템을 도입하고 있다.
③ CRM 시스템은 다양한 측면의 고객정보를 분석해 고객에 대한 이해도를 높여준다.
④ CRM 시스템은 유통업체의 경쟁우위 창출에 도움을 제공한다.
⑤ CRM 시스템은 고객유지율 개선 및 경영성과 개선을 위해 고객정보를 활용한다.

CRM, 즉 고객관계관리는 개별고객에 대한 상세한 정보를 토대로 그들과의 장기적인 관계를 구축하고 충성도를 높여 고객 생애가치(Customer LTV)를 극대화하려는 것이다. 장기적인 고객관계 형성을 위해 도입하고 있다.
CRM은 신규고객의 확보보다 기존고객의 유지관리가 비용면에서 효율적이라는 것을 알게 되면서 등장하였다. CRM은 다양해지는 고객의 욕구에 유연하게 대처함으로써 수익의 극대화를 추구하려는 것이다.

88

전사적자원관리(ERP)와 관련된 내용으로 가장 옳지 않은 것은?

① ERP의 목적은 통합관점에서의 정보자원관리이다.
② ERP는 회계, 재무, 조달, 프로젝트 관리, 공급망 관리 및 제조 같은 조직의 일상적인 비즈니스 활동을 전사적으로 지원한다.
③ ERP는 여러 비즈니스 프로세스를 한데 묶어 각 프로세스 간 데이터의 흐름을 가능하게 해준다.
④ SaaS ERP는 온프레미스(On-premise) ERP에 비해 초기 착수비용이 상대적으로 적게 소요된다.
⑤ 온프레미스(On-premise) ERP는 SaaS ERP에 비해 즉각적인 확장성과 안정적 운영이 보장된다는 장점이 있다.

SaaS ERP는 온프레미스(On-premise) ERP에 비해 즉각적인 확장성과 안정적 운영이 보장된다는 장점이 있다.

관련이론 | ERP 시스템의 종류
1. 온프레미스(On-premise) ERP: 기업 내 서버를 직접 설치하여 사용하는 전통적인 방식의 ERP이다. 보안과 데이터 관리 측면에서 강점이 있지만, 초기 도입비용이 높고 유지·보수비용으로 인해 비용 부담이 큰 ERP이다.
2. 클라우드(Cloud) ERP: 또는 SaaS ERP는 인터넷을 통해 제공되는 ERP 서비스로, 초기 설치비용이 낮고 빠른 도입이 가능하다. 언제 어디서든, PC나 모바일로 데이터에 접근할 수 있다. 클라우드 ERP는 보안에 취약한 단점이 있다.
3. 하이브리드(Hybrid) ERP: 온프레미스와 클라우드 ERP의 장점을 결합한 시스템으로, 유연성과 맞춤화가 가능하다. 그러나 비용이 높고 복잡한 단점이 있다.

89

아래 글상자의 (   ) 안에 들어갈 용어로 가장 옳은 것은?

> (   )는 클라우드상의 GenAI가 사용자 디바이스 안으로 이동한다는 것 이상의 의미를 가진다. 단기적으로는 사용자의 일상 언어를 잘 이해하는 음성 UI(User Interface), 실시간 통역과 같은 기능 관점에서 GenAI를 활용할 것으로 예상되나, 중장기적으로는 개인화·맞춤화된 GenAI Agent로 진화할 것으로 전망되기 때문이다.

① 온디바이스(On-Device) GenAI
② 규칙 기반(Rule Based) AI
③ 생성형(Generative) AI
④ 딥러닝기반 AI
⑤ 영상지원 AI

온디바이스(On-Device) GenAI는 외부 서버나 클라우드에 연결되어 데이터와 연산을 지원받았던 기존의 클라우드 기반 AI에서 벗어나, 기기 자체에 탑재되어 직접 AI 서비스를 제공하는 기술을 말한다. 이는 통신 상태의 제약을 받지 않으며, 보안성이 높고 정보 처리 속도가 빠르다는 장점이 있다. On-Device AI는 스마트폰, 자율주행자동차, 드론 등의 다양한 기기에 탑재되어 실시간 통화 통역, 위치 인식, 작동 제어 등 여러 기능을 수행할 수 있다.

90

다음 보기에 제시된 4가지 개념을 가치가 낮은 개념에서 높은 개념 순서로 바르게 나열한 것으로 옳은 것은?

① 데이터 → 지혜 → 정보 → 지식
② 데이터 → 지식 → 정보 → 지혜
③ 데이터 → 정보 → 지식 → 지혜
④ 지식 → 데이터 → 정보 → 지혜
⑤ 지혜 → 지식 → 정보 → 데이터

토머스 데이븐포트(Thomas H. Davenport)는 『정보생태학』(Information Ecology)에서 '정보도 그 특성에 따라 데이터, 정보 및 지식으로 계층을 나누어 볼 수 있다'고 주장하였다.
일반적으로, 수집한 자료(Data)를 의사결정에 유용한 형태로 처리한 것은 정보(Information)가 되고, 이러한 정보가 체계화되어 축적되면 지식(Knowledge)이 된다. 한편, 지식이 쌓이면 지혜(Wise)가 된다.

정답 | 85 ③ 86 ④ 87 ② 88 ⑤ 89 ① 90 ③

2024년 2회 기출문제

>> 2024년 8월 24일 시행

유통·물류 일반관리

01

아래 글상자 괄호 안에 알맞은 유통기관이 창출하는 가치를 순서대로 바르게 나열한 것은?

> – 사과를 산지로 직접 가서 구매하는 것이 아니라 집근처 편의점에서 구매하였다면 (㉠)와 관련이 있다.
> – 1인 가구인 A씨가 묶음이 아닌 낱개로 라면을 구매하였다면 (㉡)와 관련이 있다.

① ㉠: 탐색의 가치 ㉡: 거래횟수의 감소
② ㉠: 형태의 가치 ㉡: 탐색의 가치
③ ㉠: 장소의 가치 ㉡: 형태의 가치
④ ㉠: 형태의 가치 ㉡: 거래횟수의 감소
⑤ ㉠: 장소의 가치 ㉡: 탐색의 가치

사과를 산지로 직접 가서 구매하는 것이 아니라 집근처 편의점에서 구매하였다면 장소의 가치(장소적 효용)와 관련이 있으며, 1인 가구인 A씨가 묶음이 아닌 낱개로 라면을 구매하였다면 형태의 가치(형태적 효용)와 관련성이 있다.

02

아래 글상자의 괄호 안에 들어갈 유통의 기능으로 가장 옳은 것은?

> ( )은 유통경로 상에서 수행되는 유통의 기능 중 거래 및 물적 유통이 원활히 이루어지도록 보조하는 것으로 상품을 품질수준에 따라 분류하거나 규격화함으로써 거래 및 물류가 원활히 되도록 하는 기능이다.

① 운송기능
② 보관기능
③ 표준화기능
④ 정보제공기능
⑤ 위험부담기능

유통의 기능 중 상품을 품질수준에 따라 분류하거나 규격화함으로써 거래 및 물류가 원활히 되도록 하는 것은 표준화와 관련된 기능이다.

03

아래 글상자에서 제조업자를 위한 도매상의 기능 설명으로 옳은 것을 모두 고르면?

> ㉠ 시장확대 기능: 제조업자는 합리적인 비용으로 필요한 시장의 커버리지를 유지하기 위해 도매상에게 의존한다.
> ㉡ 재고유지 기능: 도매상들은 제조업자의 재무부담과 막대한 재고보유에 따른 위험을 감소시켜 준다.
> ㉢ 주문처리 기능: 다수의 제조업자들의 제품을 구비한 도매상들이 많은 소매상들의 소량주문을 보다 효율적으로 처리한다.
> ㉣ 시장정보제공 기능: 고객들의 제품이나 서비스에 대한 욕구를 쉽게 파악하여 제조업자에게 정보를 제공한다.
> ㉤ 고객서비스 대행 기능: 제조업자를 대신해 소매상들에게 제품의 교환, 반환, 설치, 보수, 기술적 조언 등의 제공을 통해 생산성을 향상시킨다.

① ㉠
② ㉠, ㉡
③ ㉠, ㉡, ㉢
④ ㉠, ㉡, ㉢, ㉣
⑤ ㉠, ㉡, ㉢, ㉣, ㉤

도매상은 다른 상인에게 재화와 용역을 판매하는 상인으로, 시장확대 기능, 재고유지기능, 주문처리기능, 시장정보기능, 고객서비스 대행기능 등은 도매상의 제조업자에 대한 기능으로 볼 수 있다.

04

아래 글상자 괄호 안에 알맞은 상품군별 유통기구를 순서대로 바르게 나열한 것은?

> - (㉠)은 대규모 생산과 소규모 소비를 하는 일반적인 소비용품인 공산품에 적합한 상품군별 유통기구이다.
> - (㉡)은 최종소비용 농산물 및 수산물과 같은 소규모 생산과 소규모 소비에 적합한 유통기구이다.

① ㉠: 분산형, ㉡: 수집·중개·분산형
② ㉠: 수집·중개·분산형, ㉡: 중개형
③ ㉠: 중개형, ㉡: 수집형
④ ㉠: 수집형, ㉡: 분산형
⑤ ㉠: 분산형, ㉡: 수집형

선지분석
㉠ 분산형은 대규모 생산(생산자 소수)과 소규모 소비(수요자 다수)를 하는 일반적인 소비용품인 공산품에 적합한 상품군별 유통기구이다.
㉡ 수집·중개·분산형은 최종소비용 농산물 및 수산물과 같은 소규모 생산(생산자 다수)과 소규모 소비(수요자 다수)에 적합한 유통기구이다.

05

유통업이 산업전반에 가져오는 경제적 역할에 대한 설명으로 옳지 않은 것은?

① 다양한 소비자의 욕구를 충족시켜줄 수 있는 소비문화를 발전시킨다.
② 유통구조의 효율화를 통한 가격안정에 기여한다.
③ 다양한 유통업을 통해 고용창출 효과를 가져온다.
④ 생산자와 소비자를 연결시켜 주는 역할을 한다.
⑤ 제조업 전체의 경쟁력을 제고시키는 산업발전을 도모한다.

다양한 소비자의 욕구를 충족시켜줄 수 있는 소비문화 발전은 산업 전반이 아니라 소비자에 국한된 표현에 해당한다.
유통업이 산업 전반에 가져오는 경제적 역할에는 가격안정화, 고용창출, 생산자와 소비자 간 매개역할, 제조업 발전 도모 등이 해당한다.

정답 | 01 ③ 02 ③ 03 ⑤ 04 ① 05 ①

06

유통업태의 발전에 관한 이론으로 옳은 것은?

① 아코디언이론이 초점을 두고 있는 부분은 가격과 마진이다.
② 소매차륜이론은 상품믹스에만 초점을 맞추어 설명하는 한계가 있다.
③ 소매수명주기이론은 한 소매기관이 등장해서 사라지는 과정을 진입단계, 발전단계, 쇠퇴단계로 설명한다.
④ 진공지대이론은 소비자는 점포가 제공하는 서비스의 수준과 상품의 가격에 영향을 받는다고 설명한다.
⑤ 변증법적이론은 장점을 가진 새로운 경쟁자가 출현하는 경우 기존의 소매업태는 완전히 모방하는 전략을 취한다고 설명한다.

선지분석
① 아코디언이론이 초점을 두고 있는 부분은 상품계열의 수가 증감함에 있다.
② 소매차륜이론은 가격, 비용, 마진, 서비스 등을 고려한 모형이다.
③ 소매수명주기이론은 한 소매기관이 등장해서 사라지는 과정을 도입기, 성장기, 성숙기, 쇠퇴기로 설명한다.
⑤ 변증법적이론은 정-반-합의 논리에 따라 소매기관의 변화를 설명하는 모형이다.

07

아래 글상자 내용 중 변혁적 리더십과 관련된 내용으로만 나열한 것을 모두 고르면?

㉠ 비전 제시, 자존감 고취
㉡ 안정지향적
㉢ 규정·법규를 강조하고 일탈 행위를 감시
㉣ 개인에 대한 관심과 조언을 제공
㉤ 리더와 멤버는 공동의 목표를 추구

① ㉠, ㉡, ㉢
② ㉠, ㉢, ㉣
③ ㉠, ㉣, ㉤
④ ㉡, ㉢, ㉣
⑤ ㉡, ㉢, ㉣, ㉤

변혁적 리더십은 카리스마, 종업원에게 비전 제시 및 자존감을 고취시키고, 개인에 대한 관심과 조언을 제공한다. 또한, 리더와 멤버는 공동의 목표를 추구한다는 특징을 지닌다.
안정지향적, 규정·법규를 강조하고 일탈 행위 감시 등은 전통적 리더십에 가깝다.

08

풀(Pull) 요인 관련 유통기업들이 글로벌 신규시장으로 진입할 때의 위협요인으로 옳지 않은 것은?

① 통화의 차이가 발생한다.
② 해외정부의 제약조건이 있다.
③ 문화적 차이는 존재하지 않는다.
④ 후진국 진출 시 유통시스템과 기술이 부재하다.
⑤ 경영방식의 차이로 위협요인이 해외에서 수용이 어려울 수도 있다.

문화적 차이가 존재하지 않으면 유통기업들이 글로벌 신규시장으로 진입할 때 위협요인보다는 기회요인에 해당한다.

09

유통산업 구조변화 요인 중 하나인 유통정보시스템 설명으로 옳지 않은 것은?

① 협의의 POS 시스템은 판매시점에서 어떤 상품이 얼마나 판매되었는지 판매정보를 파악 및 관리하는 시스템을 말한다.
② 광의의 POS 시스템은 판매정보뿐만 아니라 발주, 재고, 배송, 매입 등 소매점포 안에서 발생하는 모든 정보를 관리하는 시스템을 말한다.
③ 전자데이터교환은 기업 간에 주문을 하거나 대금청구 또는 결재 등의 다양한 업무를 처리할 때 컴퓨터로 처리할 수 있도록 구조화되어 있다.
④ 데이터마이닝은 데이터베이스나 데이터웨어하우스로부터 고객의 연관성, 구매패턴, 성향 등 유용한 정보들을 추출하는 역할을 한다.
⑤ ERP는 표준화된 양식으로 전자문서교환을 통해 서로 간 처리할 데이터를 교환하는 시스템을 말한다.

표준화된 양식으로 전자문서교환을 통해 서로 간 처리할 데이터를 교환하는 시스템은 EDI에 해당한다.

10

유통산업 구조변화 요인과 관련된 소비자 욕구 및 행태적 변화 설명으로 옳지 않은 것은?

① 소비자의 생활수준이 올라감에 따라 소비자의 구매패턴이 삶의 질을 중요시하고 우선시하는 방향으로 변화되었다.
② 소비자의 욕구에도 점차 다양성과 개성이 나타나게 되었다.
③ 외환위기를 거치게 되면서 낮은 가격이면서 질 좋은 제품을 추구하는 합리적인 가치중심 소비행태가 확산되었다.
④ 합리적인 가치중심 소비형태가 확산되면서 가격이 상대적으로 저렴한 인터넷쇼핑이 각광을 받게 되었다.
⑤ 소비자가 고가의 제품을 구매하는 경향이 나타나면서 고급 소비시장이 만들어졌지만 소비시장의 양극화 현상은 발생되지 않았다.

소비자가 고가의 제품을 구매하는 경향이 나타나면서 고급 소비시장이 형성되었고, 소비시장의 양극화 현상이 발생하고 있다.

11

조직의 집권화와 분권화를 결정하는 요소 중 분권화가 유리하게 되기 위한 조건으로 옳지 않은 것은?

① 의사결정의 중요성이 낮은 경우 분권화가 유리하다.
② 업무의 특성이 정적이고, 유동성의 정도가 낮은 경우 분권화가 유리하다.
③ 조직의 규모가 클 경우 분권화가 유리하다.
④ 소유와 경영이 분리된 기업일 경우 분권화가 유리하다.
⑤ 일관성의 필요가 낮은 경우 분권화가 유리하다.

업무의 특성이 정적이고, 유동성의 정도가 낮은 경우 집권화가 유리하다. 반면, 업무의 특성이 다이나믹하고 유동성이 큰 경우 분권화 조직이 적합하다.

12

아래 글상자에서 설명하는 내용으로 옳은 것은?

> 인터넷, 모바일, 오프라인 매장 등 여러 채널의 결합을 통해 고객의 편의와 기업의 실적을 극대화시키는 유통방식을 말한다.

① POS
② EDI
③ RFID
④ Omni Channel
⑤ SSU

Omni Channel은 인터넷, 모바일, 오프라인 매장 등 여러 채널의 결합을 통해 고객의 편의와 기업의 실적을 극대화시키는 유통방식으로 O2O 시스템을 활용한다.

13

아래 글상자에서 거래비용이론상 거래비용이 높아지는 경우만을 모두 고른 것은?

> ㉠ 거래자의 수가 적은 경우
> ㉡ 거래 당사자 간 정보대칭성이 높은 경우
> ㉢ 거래환경의 불확실성이 높은 경우
> ㉣ 거래특유자산이 많고 수요변동이 큰 경우
> ㉤ 수직적 계열화가 일어난 경우

① ㉡, ㉣
② ㉣, ㉤
③ ㉠, ㉢, ㉣
④ ㉡, ㉢, ㉣
⑤ ㉠, ㉡, ㉢, ㉣, ㉤

㉡ 거래 당사자 간 정보대칭성이 높은 경우, ㉤ 수직적 계열화가 일어난 경우는 거래비용이론상 거래비용을 감소시키는 경우에 해당한다.

관련이론 | Williamson의 거래비용이론
자산의 전속성(비표준화된 자산)이 높을수록, 불확실성이 클수록, 그리고 거래의 빈도가 낮을수록 시장에서의 거래비용이 증가하므로, 수직적 통합을 통해 조직으로 내부화시키는 것이 거래비용을 감소시키는 데 효과적이다.

정답 | 06 ④ 07 ③ 08 ③ 09 ⑤ 10 ⑤ 11 ② 12 ④ 13 ③

14

아래 글상자에서 공통적으로 설명하는 용어로 가장 옳은 것은?

- 조직 내 개인성과의 타당성을 평가할 수 있는 일정한 양식의 관리시스템이다.
- 승진, 추가훈련, 해고 등의 다양한 인사 결정의 기준이 된다.
- 고용 결정의 정당성 및 인사 결정의 법률적 당위성을 제공한다.

① 성과평가
② 직원보상
③ 교육훈련
④ 고용테스트
⑤ 연공서열

성과평가(인사평가)는 조직 내 개인성과의 타당성을 평가할 수 있는 일정한 양식의 관리시스템으로 이를 통해 구성원들의 승진, 임금 등의 보상기준이 된다.

15

전통적 품질관리와 대조되는 식스시그마의 특징으로 가장 옳지 않은 것은?

① 고객만족을 목표로 한다.
② 측정지표로 불량률을 사용한다.
③ 전사적 업무프로세스의 전체 최적화를 적용범위로 삼는다.
④ 외부로 표출된 문제 뿐만 아니라 잠재적 문제까지 중요시한다.
⑤ DMAIC의 실행절차를 활용한다.

6시그마는 정규분포에서 표준편차(시그마)를 측정지표로 하며, 6표준편차에 해당하는 불량이 일어날 수 있는 원인을 근본적으로 제거하는 혁신기법이다. 이는 비용과 시간을 줄이고 고객에게 항시 변함없는 품질을 제공할 수 있는 기반을 마련한다는 획기적인 의미를 지닌다.

구분	기존 품질운동(QC)	6시그마
측정지표	%(불량률)	시그마
목표	제조공정	고객 만족
품질수준	현상의 품질	경영의 질
개선기법	임기응변적 대처	경영 Process 총체적 Design
추진방법	Bottom – Up	Top – Down
적용범위 (개선대상)	제조공정(Miss, Error의 발생 장소)	전사적 업무 Process(구매, Marketing, Service 등 전 부문)
추진자	제조현장 담당자 중심	사내 전문가 중심
기본적 관점	기업 측의 관점	고객만족도

16

재무통제를 유효하게 하기 위한 필요조건으로 옳지 않은 것은?

① 책임의 소재가 명확할 것
② 시정조치를 유효하게 행할 것
③ 업적의 측정이 정확하게 행해질 것
④ 업적평가에는 적절한 기준을 선택할 것
⑤ 계획목표가 관련자 일부에 의해 지지되고 있을 것

계획목표는 상위 관리자층에서 설정되어 기업 구성원들에게 전사적으로 전달되는바, 관련자 일부에 의해 지지되는 경우 재무통제의 유효성이 떨어진다.

17

아래 글상자에서 제조원가 요소를 부과하거나 배부해서 산출하는 원가가산기준법(Cost Plus Basis Method)의 계산구조 설명으로 옳은 것을 모두 고르면?

> ㉠ 직접재료비+직접노무비+직접경비=직접원가
> ㉡ 직접원가+제조간접비=제조원가
> ㉢ 제조원가+판매간접비 및 일반관리비=총원가
> ㉣ 총원가+희망(예정)이익=판매가격

① ㉠
② ㉠, ㉡
③ ㉡, ㉢
④ ㉠, ㉡, ㉢
⑤ ㉠, ㉡, ㉢, ㉣

원가가산기준법(Cost Plus Basis Method)의 계산구조는 다음과 같다.
ⓐ 직접원가=직접재료비+직접노무비+직접경비
ⓑ 제품제조원가=직접원가(ⓐ)+제조간접원가
ⓒ 총원가=제품제조원가(ⓑ)+판매비 및 일반관리비(판관비)
ⓓ 제품가격=총원가(ⓒ)+희망(예정)이익

18

물류합리화를 위한 표준화의 대상에 대한 설명으로 옳지 않은 것은?

① 트럭이나 컨테이너, 철도 같은 운송표준화
② 창고나 랙, 팔레트 같은 보관표준화
③ 하역설비인 컨베이어, 지게차 같은 관리표준화
④ 포장 치수와 같은 포장표준화
⑤ EDI, POS와 같은 정보표준화

하역설비인 컨베이어, 지게차는 하역의 표준화의 대상에 해당한다.

19

아래 글상자의 사례에 해당되는 물류활동으로 가장 옳은 것은?

> A사 배송시 사용했던 포장재나 포장용기를 재활용하기 위해서 수거한다. 즉 과거에는 배송 후 공차(空車)로 복귀했다면 지금은 포장재, 포장용기를 채워서 복귀한다.

① 폐기물류
② 회수물류
③ 사내물류
④ 판매물류
⑤ 반품물류

회수물류는 역물류(Reverse Logistics)의 하나로, 상품의 판매물류에 부수적으로 발생하는 파렛트, 컨테이너 등과 같은 빈 물류 용기(Device)와 판매와 관련하여 발생되는 빈 판매용기의 회수 및 재사용, 재활용을 위한 물류활동을 말한다.

20

아래 글상자의 기업 윤리와 관련된 내용 중에서 CEO가 사원에 대해 주의해야 하는 것만을 바르게 나열한 것은?

> ㉠ 사원차별대우   ㉡ 위험한 노동의 강요
> ㉢ 부당한 인재 스카우트   ㉣ 기술 노하우 절도
> ㉤ 자금횡령   ㉥ 부당한 배당

① ㉠, ㉡
② ㉢, ㉣
③ ㉤, ㉥
④ ㉠, ㉡, ㉢
⑤ ㉠, ㉡, ㉢, ㉤, ㉥

- 경쟁사에 대한 기업윤리위반: ㉢ 부당한 인재 스카우트, ㉣ 기술 노하우 절도
- 주주에 대한 윤리위반: ㉤ 자금횡령, ㉥ 부당한 배당

정답 | 14 ① 15 ② 16 ⑤ 17 ⑤ 18 ③ 19 ② 20 ①

21

적정한 수준의 재고관리를 위해 아래 글상자의 자료를 토대로 발주시점 수량을 계산한 것으로 옳은 것은?

- 과거 1개월(30일 기준)의 판매량: 600개
- 리드타임: 1주 • 발주주기: 7일 • 안전재고: 10개

① 100 ② 190
③ 200 ④ 290
⑤ 300

재주문점(ROP) = 일일수요량 × [리드타임(도달기간) + 발주주기(주문주기)] + 안전재고

$= \frac{600개}{30일} \times (7일 + 7일) + 10개 = 290개$

22

자가창고와 영업창고의 상대적 비교 설명으로 가장 옳은 것은?

구분		자가창고	영업창고
㉠	세금 혜택	특정지역 세금 혜택	감가상각 허용
㉡	위험	기술적 진부화에 따른 위험 낮음	기술적 진부화에 따른 위험 높음
㉢	통제	종업원 및 절차에 대한 직접 책임 통제가 유리	종업원 및 절차에 대해 직접 책임
㉣	초기투자	설비, 창업, 장비, 교육에 대한 투자 없음	설비, 창업, 장비, 교육에 투자
㉤	영업비용	충분한 물량이면 저렴	고비용

① ㉠ ② ㉡
③ ㉢ ④ ㉣
⑤ ㉤

- 자가창고: 기업의 자산으로 매년 감가상각 통해 비용처리, 창고의 기술적 진부화에 따른 리스크 부담, 종업원/절차에 창고 소유기업이 직접 책임, 설비·장비 등에 직접 투자 필요하다.
- 영업창고: 세금혜택, 기술적 진부화 리스크 낮음, 기업의 직접적 책임이나 투자비용 낮다.

23

물류채산분석에 대한 설명으로 가장 옳지 않은 것은?

① 비용상충분석은 이율배반적인 관계가 발생하는 경우 수익을 중심으로 비교하여 선택하는 방법이다.
② 일률적인 계산방식보다 상황에 맞는 계산방식을 활용한다.
③ 물류의 원가로는 미래원가, 실제원가를 사용한다.
④ 총비용접근분석법은 각 비용의 부분적인 절감이 아닌 총액의 관점에서 비용절감에 대해 분석하는 방법이다.
⑤ 개선이나 투자가 필요한 부분을 대상으로 실시한다.

물류채산분석은 현재 실시하고 있는 물류업무에 대한 타당성 분석이나 신규 물류시설에 대한 경제성 분석, 물류개선안에 대한 의사결정 분석기법에 해당한다.

관련이론 | **물류채산분석과 물류원가분석 비교**

구분	물류 채산분석	물류 원가계산
계산목적	물류활동의 의사결정	물류활동의 업적평가
계산대상	특정의 개선안, 투자안	물류업무의 전반
계산기간	개선안의 전(특정) 기간	예산기간(월, 분기, 연도별)
계산시기	의사결정 시 실시	각 예산기별로 실시
계산방식	상황에 따라 상이	항상 일정
계산의 계속성	임시적으로 계산	반복적으로 계산
물류원가의 종류	미래원가, 실제원가	표준원가, 실제원가
할인계산의 유무	할인계산 함	할인계산 안함

물류채산분석을 위한 접근방법

- 비용상충분석(Cost Trade-off Analysis): 물류업무를 추진할 때 이율배반적인 관계가 발생하는 경우 원가의 비교를 중심으로 하여 채산성을 분석하는 방법(부분적 관점)
- 총비용접근분석(Total Cost Approach): 물류 개선에 관해서 요구되는 모든 비용 중에서 각 비용의 부분적인 절감이 아닌 비용총액의 관점에서 어떻게 비용을 절감할 것인가에 대한 종합적 분석방법(전체적 관점)

24

제품에 적합한 운송방식을 선택할 때 고려해야 할 요인들 중 직접적인 특징에 해당되는 것이 아닌 것은?

① 제품의 경제적 진부화
② 제품의 가격
③ 중량, 용적비
④ 고객의 규모
⑤ 제품의 수명

제품에 적합한 운송방식을 선택할 때는 제품의 경제적 진부화, 제품의 가격, 중량, 용적비, 제품의 수명 등을 고려해야 한다.
제품의 운송방식과 고객의 규모와는 거리가 멀다.

25

유통산업발전법(시행 2023.6.28., 법률 제19117호, 2022. 12.27., 타법개정) 상 상점가진흥조합에 대한 지원 내용으로 옳지 않은 것은?

① 점포시설의 표준화 및 현대화
② 상품의 매매·보관·수송·검사 등을 위한 공동시설의 설치
③ 주차장·휴게소 등 공공시설의 설치
④ 판매원의 판매촉진을 위한 공동사업
⑤ 가격표시 등 상거래질서의 확립

「유통산업발전법」 제19조(상점가진흥조합에 대한 지원): 지방자치단체의 장은 상점가진흥조합이 다음의 사업을 하는 경우에는 예산의 범위에서 필요한 자금을 지원할 수 있다.
- 점포시설의 표준화 및 현대화
- 상품의 매매·보관·수송·검사 등을 위한 공동시설의 설치
- 주차장·휴게소 등 공공시설의 설치
- 조합원의 판매촉진을 위한 공동사업
- 가격표시 등 상거래질서의 확립
- 조합원과 그 종사자의 자질향상을 위한 연수사업 및 정보제공
- 그 밖에 지방자치단체의 장이 상점가 진흥을 위하여 필요하다고 인정하는 사업

상권분석

26

넬슨의 입지선정 8원칙에 해당하지 않는 것은?

① 상권의 잠재력
② 입지의 성장가능성
③ 누진적 흡인력
④ 점포업종 간의 배타성
⑤ 부지의 경제성

넬슨(Nelson)은 소매입지선정 8원칙에서 점포업종 간의 배타성이 아니라 양립성(Compatibility)을 주장한다. 양립성은 입지대안 평가의 원칙 중 보충가능성의 원칙(Principle of Compatibility)에 해당하는 것으로 인접한 지역에 위치한 사업들 간에 보충가능성(보완성)이 높을수록 점포의 매출액이 높아지고 상권은 확장된다는 것이다.

관련이론 | 넬슨(Nelson)의 입지선정 8원칙
소매유통학자인 넬슨(Nelson)은 점포의 경영주체가 최대의 이익을 얻을 수 있는 매출액을 확보하기 위하여 어떤 점을 고려할 것인가에 대해 8가지 원칙을 제시하였다. 8가지는 상권의 잠재력, 접근 가능성, 입지의 성장가능성, 중간 저지성, 누적적 흡인력, 양립성, 경쟁 회피성, 부지의 경제성 등이다.

정답 | 21 ④ 22 ⑤ 23 ① 24 ④ 25 ④ 26 ④

27

기존 점포 간의 경쟁이 치열하지 않지만 기존 거주자들의 타 지역에서의 쇼핑정도가 높아 시장확장 잠재력이 커지는 상황에 대해 가장 옳게 설명하고 있는 것은?

① 소매포화지수(IRS)와 시장성장잠재력지수(MEP)가 모두 높은 경우
② 소매포화지수(IRS)와 시장성장잠재력지수(MEP)가 모두 낮은 경우
③ 소매포화지수(IRS)는 높지만 시장성장잠재력지수(MEP)가 낮은 경우
④ 소매포화지수(IRS)는 낮지만 시장성장잠재력지수(MEP)가 높은 경우
⑤ 소매포화지수(IRS)와 시장성장잠재력지수(MEP)는 신규점포 진출의 시장후보를 결정하는데 중요한 지표가 아님

기존 점포 간의 경쟁이 치열하지 않다면 소매포화지수(IRS)가 높다는 것이다. 그리고 기존 거주자들의 타 지역에서의 쇼핑정도가 높아 시장확장 잠재력이 커지는 상황이라면 시장성장잠재력지수(MEP)가 높다는 것이다.

관련이론 | IRS와 MEP

- 소매포화지수(IRS)는 한 지역내 특정 소매업태에 대한 수요를 매장면적의 합으로 나누어 계산한 것으로, 현재상황에서 공급에 대한 수요수준을 나타내며 지수의 값이 클수록 신규점포 개설의 매력도가 높다는 것을 의미한다.

$$IRS = \frac{\text{지역시장의 총가구 수} \times \text{가구당 특정업태에 대한 지출액}}{\text{특정업태에 총매장 면적}}$$

- MEP는 미래의 잠재수요를 총매장면적으로 나눈 값이다. 현재 거주자의 지역 외 구매(Outshopping)가 많은 경우 장래에는 이 지역에서 쇼핑할 가능성이 높고 따라서 시장성장잠재력이 높으므로 MEP는 크게 나타난다.

28

신규점포에 대한 입지후보지 상권을 분석하고자 할 때, 그 상권에 대한 상권범위를 추정하는 데 사용할 수 있는 기법이 아닌 것은?

① 회귀분석(Regression Analysis)
② 체크리스트법(Check-list Method)
③ 유사점포법(Analog Method)
④ 허프(Huff)모델
⑤ 고객분포기법(CST: Customer Spotting Technique)

체크리스트(Checklist)법은 상권의 규모에 영향을 미치는 요인들을 수집하여 이들에 대한 평가결과를 점수화하여 시장잠재력을 측정하는 방법이다. 즉, 특정 상권의 제반특성을 여러 항목으로 구분하여 조사하고, 이를 바탕으로 신규점포의 개설가능성 여부를 평가하는 방법이지만 상권범위를 추정할 수는 없다.

신규점포에 대한 입지후보지 상권을 분석하고자 할 때, 그 상권에 대한 상권범위를 추정하기 위해서는 계량적 기법인 회귀분석(Regression Analysis), 애플바움의 유추법 또는 유사점포법(Analog Method)과 CST 기법, 허프(Huff)모델 등을 사용할 수 있다.

29

프랜차이즈를 통한 출점이 가맹점(Franchisee)인 소매점에게 제공하는 이점으로서 가장 옳은 것은?

① 무임승차
② 규모의 경제
③ 로열티(Royalty) 수입
④ 사업 확장의 용이성
⑤ 개점·운영의 용이성

프랜차이즈를 통해 출점하는 경우 프랜차이즈 본부(Franchisor)가 축적한 노하우를 전수받아 점포를 운영할 수 있어 위험부담이 매우 적다. 또한, 본부가 상권 및 입지분석을 대신해 주므로 개점 및 운영이 용이하다는 것이 장점이다.

30

아래 글상자의 괄호 안에 들어갈 내용으로 가장 옳은 것은?

> 유추법(Analog Method)은 (㉠)을 측정하는 기법으로 (㉡)을 활용하여 (㉢)을 조사할 수 있으며, (㉣)을 수립하는데 이용할 수 있고 (㉤)을 파악하는 데 용이하다.

① ㉠: 상권에 영향을 미치는 요인들
② ㉡: CST(Customer Spotting Technique) Map
③ ㉢: 유사점포의 임대료 수준
④ ㉣: 점포 레이아웃 계획
⑤ ㉤: 소비자들의 점포선택확률

애플바움(W. Applebaum)이 개발한 유추법(Analog Method)은 (㉠ 상권의 규모 또는 예상매출액)을 측정하는 기법으로 (㉡ CST Map)을 활용하여 (㉢ 점포별 상권의 중복상태를 파악하여 점포들 간의 경쟁 정도)를 조사할 수 있으며, (㉣ 점포 확장계획)을 수립하는 데 이용할 수 있고, (㉤ 상권에 영향을 미치는 요인들)을 파악하는 데 용이하다.

관련이론 | CST Map기법
CST(Customer Spotting Technique) Map 기법은 애플바움(W. Applebaum)이 개발한 유추법(Analog Method)에서 상권규모를 측정할 때 사용하는 기법이다. CST Map 기법은 상권의 규모 측정은 물론 고객특성 조사, 광고 및 판촉전략 수립, 경쟁정도의 측정, 점포의 확장계획 등 소매정책의 수립에 유용하게 이용할 수 있다.

31

상권의 특성은 상권의 유형에 따라 서로 다르게 나타난다. 주변환경을 중심으로 상권을 분류할 때 상권의 유형과 일반적인 상권특징에 대한 설명으로 옳지 않은 것은?

① 역세권 상권 – 역세권 상권의 범위는 역을 중심으로 일정한 거리나 이동시간으로 정해져 있지 않으며 역의 규모, 시설 및 기능, 주변 개발상황, 다른 교통수단과의 연계성 등에 따라 다르게 설정될 수 있다.
② 아파트상권 – 점포 공급의 적정성을 판단하기 위해 세대당 상가면적을 검토해야 한다. 다른 단지나 인근 주택가와의 연계성이 높지 않은 경우가 많아 일반적으로 단지규모가 클수록 좋은 입지조건으로 판단한다.
③ 주택가상권 – 단독주택, 다가구 또는 다세대주택 등의 주거형태로 이루어진다. 유동인구 보다는 인근 거주자를 중심으로 소비자가 한정되는 경우가 많고 아파트상권과 달리 근린상업지역에 해당된다.
④ 사무실상권 – 사무실밀집지역에 형성된 상권을 의미하며 지역 내 거주인구가 적고 주로 직장인을 상대하므로 구매 패턴이 일정하고 매출이 점심시간이나 퇴근시간의 짧은 시간에 집중되는데 주말이나 공휴일에 매출이 급감하기도 한다.
⑤ 대학가상권 – 대학교를 중심으로 형성되는 상권으로 대학생을 비롯한 청소년층이 주요 소비자가 되기도 한다. 대학의 학생수나 기숙사의 유무, 교통연계성 등에 따라 상권의 매력도가 달라지며 주중과 주말의 매출차가 큰 경우도 있다.

주택가상권은 아파트상권과 마찬가지로 근린상업지역에 해당한다. 근린상업지역은 「국토의 계획 및 이용에 관한 법률」에 근거하여 근린지역에서의 일용품 및 서비스의 공급을 위하여 국토교통부장관·시·도지사 또는 인구 50만 이상 대도시 시장이 지정하는 지역을 말한다.

관련이론 | 「국토의 계획 및 이용에 관한 법률」상 지역의 분류
「국토의 계획 및 이용에 관한 법률」에서는 용도지역을 도시지역, 관리지역, 농림지역 및 자연환경보존지역으로 구분하고, 도시지역을 주거지역, 상업지역, 공업지역, 녹지지역으로 구분한다. 그리고 상업지역을 중심상업지역, 일반상업지역, 근린상업지역, 유통상업지역 4가지로 구분한다.

정답 | 27 ① 28 ② 29 ⑤ 30 ② 31 ③

32

상권설정에 비교적 간편하게 응용할 수 있는 상권구획모형인 티센다각형(Thiessen Polygon)에 대한 설명 중 옳지 않은 것은?

① 티센다각형의 크기는 경쟁수준과 비례한다.
② 시설 간 경쟁정도를 쉽게 파악할 수 있다.
③ 각 매장이 차별성이 없는 상품을 판매하는 것을 가정한다.
④ 최근접상가 선택가설에 근거하여 상권을 설정한다.
⑤ 하나의 상권을 하나의 매장에만 독점적으로 할당하는 방법이다.

티센 다각형의 크기로 경쟁수준을 알 수 있는데 경쟁수준이 높으면 다각형이 작아진다. 즉, 티센다각형의 크기는 경쟁수준과 반비례한다.

관련이론 | 티센 다각형(Thiessen Polygon) 모형

티센 다각형(Thiessen Polygon) 모형은 상권구획(상권분할) 기법으로서 근접구역법은 소비자들이 유사점포 중에서 선택을 할 때 자신들에게 가장 가까운 점포를 선택한다는 가정을 토대로 소매점포의 매출액을 추정하는 기법이다.

33

공간계획 측면에서 여러 층으로 구성된 백화점의 매장별 위치에 관한 설명으로 가장 옳은 것은?

① 대부분의 고객들이 왼쪽으로 돌기 때문에, 각 층 출입구의 왼편이 좋은 입지이다.
② 고객을 매장으로 유인하기 위해 충동구매 상품을 매장 안 깊숙한 곳에 배치한다.
③ 일반적으로 층수가 높아질수록 매장공간의 가치가 올라간다.
④ 출입구, 중심 통로, 에스컬레이터, 엘리베이터 등에서 가까울수록 유리한 위치이다.
⑤ 백화점 매장 내 입지들의 공간적 가치는 층별 매장구성 변경의 영향은 받지 않는다.

여러 층으로 구성된 백화점에서는 출입구, 중심 통로, 에스컬레이터, 엘리베이터 등에서 가까울수록 유리한 위치이다.

선지분석 |
① 대부분의 고객들이 오른쪽으로 돌기 때문에, 각 층 출입구의 오른편이 좋은 입지이다.
② 고객을 매장으로 유인하기 위해 충동구매 상품은 매장 입구에 배치한다.
③ 일반적으로 층수가 높아질수록 매장공간의 가치가 낮아진다.
⑤ 백화점 매장 내 입지들의 공간적 가치는 층별 매장구성 변경의 영향을 크게 받는다.

34

신규점포에 대한 상권분석에서 전통적인 규범적 모형인 중심지 이론과 관련된 내용으로 가장 옳지 않은 것은?

① 크리스탈러(W. Christaller)가 처음으로 제시하였다.
② 상업중심지의 정상이윤 확보에 필요한 최소한의 수요를 발생시키는 상권범위를 최소수요 충족거리(Threshold)라고 한다.
③ 가장 이상적인 배후상권의 모형은 정육각형이다.
④ 중심지가 수행하는 유통서비스 기능이 지역거주자들에게 제공될 수 있는 최대거리를 중심지 기능의 최대도달거리(Range)라고 한다.
⑤ 한 상권 내에서 특정점포가 끌어들일 수 있는 소비자 점유율은 점포까지의 방문거리에 반비례하고 해당점포의 매력에 비례한다는 가정에서 시작한다.

한 상권 내에서 특정점포가 끌어들일 수 있는 소비자 점유율은 점포까지의 방문거리에 반비례하고 해당점포의 매력에 비례한다는 가정에서 시작하는 것은 허프(D. Huff)의 확률모형이다.

35

상권분석 과정에서 발견할 수 있는 소매점의 상권범위나 상권형태 등과 같은 일반적 상권 특성에 대한 설명으로 가장 옳지 않은 것은?

① 점포 주변의 도로, 경쟁점포, 하천, 지하철역 등의 영향으로 상권의 범위는 확대, 축소, 단절되기도 한다.
② 점포의 규모가 비슷하더라도 업종이나 업태에 따라 점포들의 상권범위는 차이를 보인다.
③ 특정 지역 경쟁점포들 간의 입지조건에 변화가 없어도 상권의 범위는 다양한 영향요인에 의해 유동적으로 변화하기 마련이다.
④ 기존 점포들의 상품구색이 유사해도 판촉활동이나 광고활동의 차이에 따라 점포들 간의 상권범위가 일시적으로 변화한다.
⑤ 점포를 둘러싼 상권의 형태는 대부분 점포를 중심으로 일정거리 이내를 포함하는 동심원의 형태로 나타난다.

상권의 형태는 하천이나 산과 같은 자연 조건, 도로나 대중교통 수단과 같은 교통체계, 점포 규모와 유통업의 형태(업태) 등의 영향을 받기 때문에 동심원 형태가 될 수는 없다. 따라서, 상권은 다양한 형태를 지니므로 흔히 아메바형이라고 불리고 있다.

36

상점을 신축할 때는 용적률(容積率, Floor Area Ratio) 기준을 고려해야 한다. 용적률 산정에서 제외되는 면적이 아닌 것은?

① 지하층 면적
② 그 건물의 부속용도인 지상층 주차 면적
③ 경사지붕 아래에 설치하는 대피공간 면적
④ 초고층 및 준초고층 건축물의 피난안전구역 면적
⑤ 하나의 대지에 건축물이 둘 이상 있는 경우 별도 건물의 면적

용적률(Floor Area Ratio)은 부지 대비 건물 전체의 층별 바닥면적합의 비율이다. 용적률을 산정할 때에는 지하층의 면적, 지상층의 주차용(해당 건축물의 부속용도인 경우만 해당)으로 쓰는 면적, 주민공동시설의 면적, 초고층 건축물의 피난안전구역의 면적은 제외한다.
하나의 대지에 건축물이 둘 이상 있는 경우 별도 건물의 면적은 연면적 산정에 포함된다. 또한, 건축물의 부속용도가 아닌 지상층의 주차용 면적도 연면적 산정에 포함된다.

37

소매점을 운영하려면 영업개시 전에 운영 업종에 대한 인허가를 취득해야 한다. 편의점, 의류매장, 문구점 등 완제품을 판매하는 일반도소매점이 취득해야 하는 인허가에 대한 설명으로서 가장 옳은 것은?

① 영업신고가 필요하다.
② 영업등록이 필요하다.
③ 영업허가가 필요하다.
④ 영업 신고와 등록이 모두 필요하다.
⑤ 사업자등록이 필요하다.

편의점, 의류매장, 문구점 등 완제품을 판매하는 일반도소매점은 사업자등록을 한 후 영업을 시작하면 된다. 일반도소매점은 영업허가나 등록 또는 신고 없이 영업을 할 수 있다.

38

구체적인 입지조건을 평가하는 과정을 통해 점포의 입지결정이 이루어진다. 점포의 입지조건에 대한 일반적 평가로 그 내용이 가장 옳은 것은?

① 점포 출입구 부근에 단차가 없으면 사람과 물품의 출입이 불편해진다.
② 건축선 후퇴(Setback)는 직접적으로 가시성에 부정적인 영향을 미친다.
③ 점포의 형태는 점포의 정면너비에 비해 깊이가 더 크면 바람직하다.
④ 점포면적이 커지면 매출도 증가하는 경향이 있어 규모가 클수록 좋다.
⑤ 점포의 형태는 데드 스페이스(Dead Space) 발생 가능성이 큰 직사각형이 좋다.

건축선 후퇴(Setback)는 인접한 점포에 비하여 눈에 띄기 어렵게 하므로 가시성에 부정적 영향을 미친다. 즉 주로 대로변에서 특정 점포의 건축선이 안쪽으로 들어가면 자동차를 이용하는 소비자의 눈에는 뜨이지 않으므로 가시성이 낮아져 매출에 부정적인 영향을 미친다.

선지분석
① 점포 출입구 부근에 단차가 있으면 사람과 물품의 출입이 불편해진다.
③ 점포의 형태는 점포의 깊이에 비해 정면너비가 더 크면 바람직하다.
④ 점포면적이 크다고 해서 매출이 증가하는 것은 아니다.
⑤ 점포의 형태는 데드 스페이스(Dead Space) 발생 가능성이 적은 직사각형이 좋다.

39

공간균배의 원리에서 제안하는 집심성 점포의 입지로서 가장 옳은 것은?

① 노면 독립입지
② 도시 중심 상업지역
③ 지구 중심 상업지역
④ 근린 중심 상업지역
⑤ 역세권 중심 상업지역

페터(R. M. Fetter)의 공간균배원리에 따라 입지를 구분하면 집심성 입지, 집재성 입지, 산재성 입지 등으로 구분한다. 이중 집심성 입지는 도시의 중심(CBD) 상업지역이나 배후지의 중심지에 입지해야 유리한 점포로, 백화점, 미술품점, 영화관 등을 예로 들 수 있다.

정답 | 32 ① 33 ④ 34 ⑤ 35 ⑤ 36 ⑤ 37 ⑤ 38 ② 39 ②

40

예상매출액을 추정하거나 소매상권의 범위를 파악하기 위해 활용할 수 있는 허프(D. L. Huff) 모형의 개념과 특징에 대한 설명으로 가장 옳지 않은 것은?

① 소비자가 느끼는 특정 점포의 효용은 점포크기와 점포까지의 거리 두 가지 변수만으로 결정된다고 가정한다.
② 점포면적에 대한 민감도와 점포까지의 거리에 대한 민감도는 상권에 따라 달라질 수 있다.
③ 개별 점포의 효용을 추정할 때 소비자와 점포의 물리적 거리를 시간 거리로 대체하여 계산할 수 없다.
④ 특정 점포의 효용이 경쟁점포보다 클수록 그 점포가 선택될 가능성이 높아진다고 가정한다.
⑤ 루스(R. D. Luce)의 선택공리를 바탕으로 하며 많은 상권분석 기법들 중에서 대표적인 확률적 모형이다.

허프(D. Huff)의 확률적 점포선택 모형에서 개별점포의 효용을 추정할 때 소비자와 점포의 물리적 거리는 시간 거리로 대체하여 계산할 수 있다.

관련이론 | 허프(D. Huff)의 확률적 점포선택 모형
허프의 확률적 모형은 소비자의 특정점포에 대한 효용이 점포의 크기와 점포까지의 거리(또는 시간)에 좌우된다는 것이다. 즉, 소비자의 점포에 대한 효용은 점포의 매장이 크면 클수록 증가하고, 점포까지의 거리는 멀수록(또는 시간이 많이 걸릴수록) 감소한다는 것이다.

41

아래 글상자에서 설명하는 입지유형으로 가장 옳은 것은?

- 도시 중심부보다 임대료가 저렴하고 가시성이 크다.
- 고객 스스로 찾아올 수 있도록 서비스와 시설규모가 갖춰진 업종이 적합하다.
- 점포확장이 용이하며 고객의 편의를 제공하는 넓은 주차공간을 확보할 수 있다.

① 편의형 쇼핑센터   ② 산재성 점포 입지
③ 도심입지   ④ 노면독립입지
⑤ 복합용도 개발지역

글상자에서 설명하는 입지유형은 노면독립입지(Isolated Sites)이다.

관련이론 | 노면독립입지(Isolated Sites)
노면독립입지는 다른 업체들과 지리적으로 떨어져서 교외지역에 독립하여 입지하는 것으로 높은 가시성, 낮은 임대료, 직접 경쟁업체의 부재, 고객을 위한 보다 큰 편의성, 넓은 주차공간, 다른 점포와의 시너지효과 부재 등을 특징으로 한다.

42

아래 글상자에서 제시하고 있는 최근 이사한 소비자 C의 사례에 허프(D. L. Huff)의 수정모형을 적용하였을 때, 이사 전에서 후의 소비자 C의 소매지출에 대한 소매단지 A의 점유율 변화로 가장 옳은 것은?

- A와 B 오직 2개인 동일한 규모의 소매단지만을 이용하며, 1회 소매지출은 일정하다.
- 이사 전에는 C의 거주지와 B 사이 거리가 C의 거주지와 A 사이 거리의 2배였다.
- 이사 후에는 C의 거주지와 A 사이 거리가 C의 거주지와 B 사이 거리의 2배가 되었다.

① 5분의 1로 감소한다.
② 4분의 1로 감소한다.
③ 4배 증가한다.
④ 5배 증가한다.
⑤ 변화 없다.

허프(D. L. Huff)의 수정모형은 '소비자가 어느 상업지에서 구매하는 확률은 그 상업 집적의 매장면적에 비례하고 그곳에 도달하는 거리에 반비례한다'는 것이다. 수정 허프 모형에서 점포면적과 이동거리에 대한 소비자의 민감도는 '1'과 '-2'로 고정하여 인식한다.

이사 이전 A의 효용을 1이라고 하면 B의 효용이 $\frac{1}{2^2}=\frac{1}{4}$이었으나, 이사 이후에는 B의 효용에 비해 A의 효용은 $\frac{1}{2^2}=\frac{1}{4}$가 되었다. 따라서 소매단지 A의 점유율은 1에서 $\frac{1}{4}$로 감소하였다.

43

점포개점을 위해 예상매출을 추정하는 방식으로 가장 옳지 않은 것은?

① 인근 경쟁점 또는 유사지역 점포의 평당 매출을 적용하여 추정할 수 있다.
② 자사 점포 및 경쟁점의 객단가를 기초로 한 예상고객수를 감안하여 매출을 추정할 수 있다.
③ 소비자 면접이나 실사를 통해 유사점포 상권범위를 추정한 결과를 이용하여 신규점포의 예상매출을 추정할 수 있다.
④ 유사점포의 상권 구역별 매출액을 적용하여 신규점포의 매출액을 추정한다.
⑤ 유사점포의 기간별 매출실적 추이는 시계열분석을 실시하고 체크리스트를 활용하여 예상 매출액을 추정할 수 있다.

유추법(유사점포법)에 의해 점포개점을 위한 예상매출을 추정하는 경우, 시계열분석을 실시하여 유사점포의 기간별 매출실적 추이를 파악하여 회귀식을 도출한 후 회귀분석을 통해 신규점포의 예상매출액을 추정할 수 있다.

관련이론 | 애플바움(W. Applebaum)의 유추법(Analog Method)
유추법은 상권분석 기법으로 새로운 점포가 위치할 지역에 대한 판매예측에 많이 활용되는 방법이다. 유추법은 자사의 새로운 점포와 특성이 비슷한 유사점포를 선정하여, 그 점포의 상권범위를 추정한 결과를 자사의 새로운 점포에 적용하여 신규입지에서의 매출액(상권규모)을 측정하는 방법이다.

44

가맹사업거래의 공정화에 관한 법률(약칭: 가맹사업법)(법률 제20239호, 2024.2.6., 타법개정) 및 그 시행령에서는 상권과 관련하여 '가맹본부가 가맹계약 갱신과정에서 상권의 급격한 변화 등 대통령령으로 정하는 사유가 발생하여 기존 영업지역을 변경하기 위해서는 가맹점 사업자와 합의하여야 한다.'고 규정하고 있다. 이때 상권의 급격한 변화 등 대통령령으로 정하는 사유가 발생하는 경우에 해당하지 않는 경우는 어느 것인가?

① 재건축, 재개발 등으로 인하여 상권의 급격한 변화가 발생하는 경우
② 신도시 건설 등으로 인하여 상권의 급격한 변화가 발생하는 경우
③ 해당 상권의 거주인구가 현저히 변동되는 경우
④ 해당 상권의 유동인구가 현저히 변동되는 경우
⑤ 가맹본부의 전략변화로 인하여 해당 상품·용역에 대한 수요가 현저히 변동되는 경우

상권의 급격한 변화 등 대통령령으로 정하는 사유가 발생하는 경우는 다음의 4가지이다(시행령 제13조의4, 영업지역 변경사유).
㉠ 재건축, 재개발 또는 신도시 건설 등으로 인하여 상권의 급격한 변화가 발생하는 경우
㉡ 해당 상권의 거주인구 또는 유동인구가 현저히 변동되는 경우
㉢ 소비자의 기호변화 등으로 인하여 해당 상품·용역에 대한 수요가 현저히 변동되는 경우
㉣ ㉠부터 ㉢까지의 규정에 준하는 경우로서 기존 영업지역을 그대로 유지하는 것이 현저히 불합리하다고 인정되는 경우
※ 출제기준에 포함되지 않는 법령에서 출제된 문제입니다.

정답 | 40 ③ 41 ④ 42 ② 43 ⑤ 44 ⑤

45

쇼핑몰의 소매입지로서의 상대적 장점으로 가장 옳지 않은 것은?

① 계획에 의한 입점점포 구성의 강력한 통제
② 입점점포 간 영업시간 등 영업방침의 동질성
③ 강력한 핵점포의 입점이 유발하는 높은 고객흡인력
④ 구색과 기능의 다양성이 창출하는 높은 고객흡인력
⑤ 관리를 통해 유지되는 입점점포들 사이의 낮은 경쟁

쇼핑몰은 쇼핑몰 본부가 입점업체 믹스를 통해 동업종의 점포 간 지나친 경쟁이 일어나지 않게 해주지만 입점점포들 사이의 경쟁이 관리를 통해 유지되는 것은 아니다.
쇼핑몰은 전체적인 측면에서 쇼핑몰 본부가 입점업체의 매장경영 전반에 대해 계획·실행·관리를 해주기 때문에 개별업체들 입장에서는 투자의 위험성이 상대적으로 낮다.

유통마케팅

46

아래 글상자에서 설명하는 시장표적화 전략으로 가장 옳은 것은?

> 이 전략을 사용하는 기업은 여러 세분시장을 표적시장으로 공략하기를 결정하고, 각 세그먼트별로 서로 다른 제품들을 설계한다. 실제로 P사는 6개의 다른 세탁세제 브랜드를 판매하여 슈퍼마켓 매대에서 서로 경쟁하고 있다.

① 대량마케팅(Mass-marketing)
② 차별적 마케팅(Differentiated Marketing)
③ 집중적 마케팅(Concentrated Marketing)
④ 미시마케팅(Micro Marketing)
⑤ 지역마케팅(Local Marketing)

차별적 마케팅(Differentiated Marketing)은 전체 시장 중에서 여러 개의 표적시장을 선정하고 각각의 표적시장에 적합하고 차별화된 제품 및 마케팅 믹스를 개발하는 형태의 마케팅전략이다.

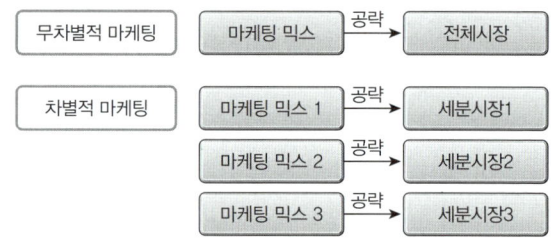

47

시장세분화를 위한 주요 세분화 변수 중 심리묘사적 변수로 가장 옳은 것은?

① 생활양식
② 사용상황
③ 사용률
④ 충성도 수준
⑤ 추구혜택

선지 ②~⑤는 모두 구매행동변수에 해당한다.

관련이론 | 시장세분화를 위한 4가지 변수

기준	구체적인 예	비고
지리적 변수	지역, 인구밀도, 기후, 시·군 규모 등	지역 특성에 맞는 현지화 전략이 필요할 때 사용
인구통계적 변수	연령, 성별, 소득, 직업, 교육 수준, 가족 규모, 가족생활주기, 종교, 세대, 사회계층 등	측정이 용이하므로 가장 많이 사용
심리분석적 변수	생활양식(Life Style), 개성 등	AIO 분석 활용
구매자 행동 변수	• 구매동기 • 구매를 통한 혜택 • 사용빈도(사용률과 사용량) 에 의한 분류 • 상표 애호도 • 비·잠재·신규 사용자(사용자 지위)에 의한 분류 • 제품에 대한 태도	실제 제품이나 제품 속성에 대해 구매자가 가지는 지식, 태도 등에 따른 분류이므로 논리적으로 가장 타당

48

소매업체의 경쟁 우위를 창출하는 요소로 가장 옳지 않은 것은?

① 소매업체의 규모로 인한 비용우위
② 소매업체의 높은 브랜드 인지도에 기반한 공급업체와의 교섭력
③ 높은 고정비 지출에 기반한 신규투자 촉진
④ 독특한 점포 컨셉에 기반한 높은 고객충성도
⑤ 상권 내에서의 좋은 입지의 선점

높은 고정비 지출에 기반한 신규투자 촉진은 단기적으로 기업의 재무상태에 영향을 미쳐 오히려 경쟁력이 저하될 수 있다.

49

소셜 커머스의 한 유형으로서 관심 지역의 서비스 혹은 온라인 상의 상품 및 서비스를 일정 인원 이상이 구입하면 상품가격 할인폭이 높아지는 형태의 비즈니스 모델로 옳은 것은?

① 플래시 세일(Flash Sale)
② 위치기반 소셜 앱(LBS Social Apps)
③ 공동구매(Group Buy)
④ 구매 공유(Purchase Sharing)
⑤ 소셜 큐레이션(Social Curation)

온라인 기반 비즈니스 모델 중 공동구매(Group Buy)는 소셜 커머스의 한 유형으로서 관심 지역의 서비스 혹은 온라인 상의 상품 및 서비스를 일정 인원 이상이 공동구입시 상품가격 할인 폭이 높아지는 형태의 모델이라 할 수 있다.

관련이론 | 플래시 세일(Flash Sale)
플래시 세일(Flash Sale)은 한정된 수량을 일정 시간 동안만 선착순 할인 판매하는 것으로 항상 세일을 하되 입고된 상품이 소진되면 자동적으로 세일이 종료되는 비즈니스 모델이다.

정답 | 45 ⑤ 46 ② 47 ① 48 ③ 49 ③

50

지역경제통합의 유형 중 자유무역지역에 대한 설명으로 가장 옳은 것은?

① 해당 지역 내에 있는 모든 국가 간에 각종 무역장벽을 없애는 반면, 비회원국에 대해서는 각 국가마다 독자적인 무역규제를 하는 통합유형이다.
② 회원국 간에 무역장벽을 없애는 동시에 비회원국에 대해서도 동일한 관세정책을 취하는 통합유형이다.
③ 회원국 간에 재화뿐만 아니라 생산 요소까지 자유로운 이동을 보장하는 통합유형이다.
④ 공통의 통화를 가지고 구성 국가 간의 세율도 동일하게 적용하는 통합유형이다.
⑤ 구성 국가 간에 경제적인 면에서 통합할 뿐만 아니라 나아가 정치적인 측면도 통합하는 통합유형이다.

선지분석

② 회원국 간에 무역장벽을 없애는 동시에 비회원국에 대해서는 독자적인 관세정책을 취하는 통합유형이다.
③ 경제통합은 자유무역지역 → 관세동맹 → 공동시장 → 경제동맹 → 경제통합의 5단계를 거치는데, 회원국 간에 재화뿐만 아니라 생산 요소까지 자유로운 이동을 보장하는 통합유형은 네 번째 단계인 경제동맹에 해당한다.
④, ⑤ 공통의 통화 및 재정·사회·경기안정 정책의 통합을 전제로 한 통합유형은 경제통합으로, 이는 구성 국가 간에 경제적인 면에서 통합할 뿐만 아니라 나아가 정책적인 측면도 통합하는 통합유형에 해당한다.

51

단 하나의 제품만을 출시하기보다는 여러 개의 제품들로 상품라인을 구성하는 전략의 타당성으로서 가장 옳지 않은 것은?

① 고객들의 욕구 이질성
② 고객들의 가격민감도 차이
③ 경쟁자의 시장진입 저지
④ 자기잠식 관리
⑤ 고객들의 다양성 추구 성향

상품계열 확장전략(라인확장)은 단 하나의 제품만을 출시하기보다는 여러 개의 제품들로 상품라인을 구성하는 전략이다. 이는 고객들의 다양한 욕구 충족, 경쟁자의 시장진입 저지 등의 장점을 지니고 있으나, 확장된 신제품이 해당 기업의 기존 제품의 점유율을 빼앗아오는 현상인 자기잠식현상이 발생할 우려가 있다.

52

상품기획 과정에서 상품구색을 계획할 때 직접적으로 고려해야 할 요인으로 가장 옳지 않은 것은?

① GMROI에 대한 상품구색의 영향
② 카테고리 간의 상호보완성
③ 고객의 구매행동에 대한 상품구색의 영향
④ 점포의 물리적 특징
⑤ 기술적 인프라의 수준

상품기획 과정에서 상품구색(Assortment)을 계획할 때 기술적 인프라의 수준은 직접적인 고려요인에 해당하지 않는다.

53

아래 글상자의 괄호 안에 들어갈 용어로 가장 옳은 것은?

(㉠) - 구매자가 특정상품에 관하여 지불할 용의가 있는 최고 가격
(㉡) - 구매자들이 품질을 의심하지 않고 구매할 수 있는 가장 낮은 가격

① ㉠: 준거가격 ㉡: 유보가격
② ㉠: 유보가격 ㉡: 최저수용가격
③ ㉠: 최저수용가격 ㉡: 유보가격
④ ㉠: 준거가격 ㉡: 최저수용가격
⑤ ㉠: 유보가격 ㉡: 준거가격

- 유보가격: 구매자가 어떤 상품에 대하여 지불할 용의가 있는 최고가격을 의미
- 최저수용가격: 구매자들이 품질을 의심하지 않고 구매할 수 있는 최저가격
- 준거가격: 구매자가 가격이 저가인지 고가인지를 판단하는 데 기준으로 삼는 가격

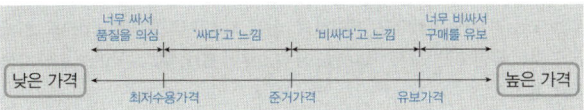

54

소셜미디어에서 광고가 1,000회 노출되는 데 소요되는 광고비용을 지칭하는 용어로 가장 옳은 것은?

① CTR(Click-through Rate)
② CVR(Conversion Rate)
③ CPC(Cost per Click)
④ CPM(Cost per Mille)
⑤ CPA(Cost per Action)

선지분석
① CTR(Click-through Rate): 클릭률, 광고가 발생한 클릭 수를 광고가 게재된 횟수로 나눈 값
② CVR(Conversion Rate): 전환율, 웹사이트 방문자 중에서 원하는 목표를 달성한 비율
③ CPC(Cost per Click): 전환 건수당 비용으로, 총지급 가격을 전환 수로 나눈 값
④ CPM(Cost per Mille): 1,000건당 노출비용으로, 광고를 1,000번 표시하기 위해 지급하는 가격을 말함
⑤ CPA(Cost per Action): 행동 당 비용을 말하며, 사용자가 광고를 클릭한 후 특정 행동(구매, 회원가입 등)을 완료할 때 광고주가 지불하는 비용

55

시장에 도입되는 초기에 제품가격을 낮게 설정하고 점진적으로 가격을 인상하는 방식의 가격설정 전략으로 옳은 것은?

① 종속가격 전략(Captive Pricing Strategy)
② 스키밍 전략(Skimming Pricing Strategy)
③ 침투가격 전략(Penetration Pricing Strategy)
④ 고저가격 전략(High-low Pricing Strategy)
⑤ 상시저가 전략(Everyday Low Price Strategy)

시장에 도입되는 초기에 제품가격을 낮게 설정하고 점진적으로 가격을 인상하는 방식의 가격설정 전략은 시장침투가격이며, 반대로 동비 초기에 가격을 높게 설정하여 이익을 극대화하는 방식을 스키밍 가격전략이라 한다.

56

아래 글상자의 설명을 모두 포함하는 고객데이터로 가장 옳은 것은?

고객관계관리를 위한 이상적인 고객데이터베이스를 구성하기 위해 웹사이트 방문, 매장 내 키오스크를 통한 조사, SNS 페이지에 달린 코멘트, 업체 콜센터와의 통화 등 소매업체와 연결된 모든 상호작용의 기록이 필요하다.

① 거래 정보
② 고객접점 정보
③ 고객선호 정보
④ 인구통계적 정보
⑤ 심리적 정보

고객데이터 중 고객접점 정보는 고객관계관리(CRM)를 위한 이상적인 고객데이터베이스를 구성하기 위해 웹사이트 방문, 매장 내 키오스크를 통한 조사, SNS 페이지에 달린 코멘트, 업체 콜센터와의 통화 등 소매업체와 연결된 모든 상호작용을 기록한 정보라 할 수 있다.

정답 | 50 ① 51 ④ 52 ⑤ 53 ② 54 ④ 55 ③ 56 ②

57

검색엔진 최적화를 위한 키워드 조사에 대한 설명으로 가장 옳지 않은 것은?

① 검색엔진 최적화는 소비자가 어떤 키워드로 검색하는지를 알아내는 것이 중요하다.
② 판매하려는 제품이나 서비스와 관련하여 검색하는 유관 키워드 또한 파악해야 한다.
③ 검색한 소비자가 궁극적으로 얻고자 하는게 무엇인지 고민해야 한다.
④ 키워드는 온라인마케팅 전반에 활용되므로 불특정 다수를 중심으로 조사해야 한다.
⑤ 경쟁기업이 어떤 메시지와 키워드를 사용하는지 경쟁사키워드 조사도 필요하다.

검색엔진 최적화(SEO: Search Engine Optimization)는 검색엔진을 사용자 편의성에 맞추어 최적화하여 검색엔진 상단에 자사의 사이트를 노출시키는 것을 의미하며, 이를 통해 마케팅 효과 및 매출액 제고를 꾀할 수 있다는 장점이 있다. SEO는 특정 키워드검색에 대한 필요성을 느끼는 사용자들이 대상이 된다는 점에서 불특정다수를 대상으로 하는 일반 검색과는 차이점이 있다.

58

유통표준코드에 대한 설명으로 가장 옳지 않은 것은?

① 일반적으로 많이 사용되는 코드는 바코드로, 공통적으로 상품의 코드를 관리하기 위한 국제적으로 표준화된 숫자 기호이다.
② 바코드는 유럽상품코드와 마찬가지로 13개의 숫자로 구성되는데 첫 3자리는 국가코드에 해당된다.
③ 제조업체코드 6자리와 상품코드 3자리는 대한상공회의소 유통물류진흥원(GS1 Korea)에서 고유번호를 부여한다.
④ 상품코드는 제조업체에서 취급하는 상품에 부여하는 코드로, 편의품, 선매품, 전문품에 따라 다른 번호가 부여된다.
⑤ 마지막 한 자리는 체크숫자로 판독오류 방지를 위해 만들어진 코드이다.

제조업체코드(6자리)는 대한상공회의소 유통물류진흥원에서 유통표준코드 회원으로 가입한 업체에게 부여하며, 상품코드(3자리)는 일반적으로 업체코드를 소유한 기업이 자사의 상품에 000부터 001, 002 등 번호를 순차적으로 할당한다.
상품코드는 제조업체에서 취급하는 상품에 부여하는 코드로, 편의품, 선매품, 전문품에 따라 다른 번호가 부여되는 것이 아니다.

관련이론 | 국가코드와 업체코드
- 국가코드(3자리): GS1 본부에서 각 국가에 부여, 대한민국은 880임
- 업체코드(6자리): 대한상공회의소 유통물류진흥원에서 유통표준코드 회원으로 가입한 업체에게 부여함. 업체에서 코드부여 시 편의품, 선매품 등에 따라 다른 번호를 부여하는 것이 아니라 아니라 개별제품별로 000부터 001, 002 등 번호를 순차적으로 매긴다.

59

아래 글상자에서 공통적으로 설명하는 촉진수단으로 가장 옳은 것은?

- 촉진의 총비용이 상대적으로 저렴한 촉진수단에 속한다.
- 다른 촉진 믹스들보다 상대적으로 신뢰성이 높다.
- 메시지에 대한 통제력이 거의 없다.

① 광고
② 인적판매
③ 판매촉진
④ 홍보
⑤ 직접마케팅

촉진의 총비용이 상대적으로 저렴한 촉진수단에 속하며, 다른 촉진 믹스들보다 상대적으로 신뢰성이 높고, 메시지에 대한 통제력이 거의 없다는 특징을 지닌 촉진수단은 홍보 또는 PR(Public Relation)에 해당한다. 반면, 반대적 특징을 갖는 촉진수단은 광고라 할 수 있다.

60

아래 글상자에서 설명하는 로그분석을 위한 측정단위로 가장 옳은 것은?

사이트 내에서 일정 시간 동안 있었던 지속적인 움직임을 하나의 단위로 정해 그 수를 측정한 것이다. 예를 들어, 이것은 사람들이 해당 사이트에 얼마나 자주, 그리고 얼마나 오래 머물렀는지를 나타내는 지표이다.

① 순방문자(Unique User)
② 히트(Hit)
③ 페이지뷰(Page View)
④ 방문자(Visitor)
⑤ 세션(Session)

웹사이트 로그 분석에 있어서 사이트 내에서 일정 시간동안 있었던 지속적인 움직임을 하나의 단위로 정해 그 수를 측정한 것을 세션(Session)이라 한다.

선지분석
② 히트(Hit): 웹서버로부터 어느 한 파일이 요청된 상태를 말하며, 예를 들어 메인 페이지 히트 수가 1,000번이라는 것은 방문자들이 메인 페이지에 접속함으로써 웹서버로부터 파일들이 1,000번 요청되었음을 나타낸다.
③ 페이지뷰(Page View): 방문자(Visitor)가 조회한 페이지의 수를 말한다.

61

매장환경 구성 및 관리에 대한 설명으로 가장 옳지 않은 것은?

① 잠재고객이 무리한 노력을 기울이지 않더라도 상품을 쉽게 찾을 수 있도록 구성해야 한다.
② 누구를 위한 매장이며 무엇을 판매하고 있는지 명확하게 표현하여야 한다.
③ 다층점포의 경우 수직 이동시설과 인접한 공간을 고객 편의공간으로 구성하여 고객편의성을 강화해야 한다.
④ 사고에 대한 사전 예방 시설을 갖추고 사고 조치나 대책이 포함된 작업환경을 마련해야 한다.
⑤ 후방시설의 창고는 판매영역과 구분하여 구역화하고 상품 정리 시 낱개 상품이 보관되지 않도록 한다.

다층점포의 경우 수직 이동시설과 인접한 공간은 접근성으로 인하여 많은 고객의 진출입이 빈번하므로 고객 편의공간으로 적합한 장소라 할 수 없다. 고객 편의시설은 쾌적성이 높은 곳에 배치하는 것이 좋다.

62

인적판매에 대한 설명으로 가장 옳지 않은 것은?

① 인적판매는 고객과 직접적인 커뮤니케이션을 통해 상품을 판매하고 고객과의 관계를 구축하는 일련의 활동이다.
② 인적판매는 광고, 홍보, 판매촉진에 비해 개별적이고 심도 있는 쌍방향 커뮤니케이션이 가능하다.
③ 인적판매는 회사의 궁극적인 목적인 수익창출을 실제로 구현하는 역할을 수행한다.
④ 인적판매는 고객과 직접적인 접점을 형성한다.
⑤ 제조업자가 풀(Pull) 정책을 쓸 경우 가장 적극적으로 활용하는 촉진 수단이다.

제조업자가 풀(Pull) 정책을 쓸 경우 가장 적극적으로 활용하는 촉진수단은 광고라 할 수 있으며, 인적판매는 Push 방식의 대표수단이라 할 수 있다.

정답 | 57 ④ 58 ③, ④ 59 ④ 60 ⑤ 61 ③ 62 ⑤

63

아래 글상자에서 설명하는 기법으로 가장 옳은 것은?

> 마케터는 특정 소비자 세분시장에 초점을 맞춰 해당 고객들을 잘 이해할 수 있는 강력한 도구가 필요한데, 이를 위해 제품 디자인과 커뮤니케이션 의사결정에 영감을 주는 핵심고객의 가상 프로필을 만드는 것이 효과적이다.

① 포지셔닝 매트릭스
② 가치 제안 캔버스
③ 포커스 그룹 인터뷰
④ 구매자 페르소나
⑤ 고객 여정 맵

구매자 페르소나(Persona)는 일반적으로 자사 또는 타사 고객 인사이트를 기반으로 가장 이상적인 고객집단을 가상적으로 표현한 것이다.
페르소나는 고객 및 잠재고객을 더 잘 이해하고 각각의 그룹별 특정 요구사항, 반응 및 관심사에 맞게 컨텐츠를 보다 쉽게 작성할 수 있도록 도움을 준다. 구매자 페르소나가 이상적인 고객을 대표하는 반면, 부정적인 페르소나(Negative Persona)는 고객으로서는 원하지 않는 사람을 나타내며, 제품이나 서비스가 너무 앞서 있는 전문가, 연구·지식 확보를 위해 콘텐츠에만 참여하는 학생, 또는 재구매의 가능성이 별로 없는 고객이 포함될 수 있다.

64

아래 글상자에서 설명하는 용어로 가장 옳은 것은?

> 기업이 보유하고 있는 고객 데이터를 체계적으로 수집·통합·가공·분석하여, 고객 만족도를 높이고, 고객 충성도를 증진시키며, 궁극적으로는 기업의 매출과 수익성 향상을 목적으로 하는 일련의 과정을 의미한다.

① SCM(Supply Chain Management)
② ERP(Enterprise Resource Planning)
③ KMS(Knowledge Management System)
④ BPM(Business Process Management)
⑤ CRM(Customer Relationship Management)

CRM(Customer Relationship Management)은 고객데이터를 기반으로 고객과의 장기적인 관계를 구축하기 위한 일련의 활동을 말한다.

선지분석
① SCM(Supply Chain Management): 공급사슬관리
② ERP(Enterprise Resource Planning): 전사적 자원관리
③ KMS(Knowledge Management System): 지식관리시스템
④ BPM(Business Process Management): 비즈니스 프로세스 관리, 비즈니스 전략 및 프로세스를 발견, 모델링, 분석, 측정, 개선 및 최적화하는 기법을 뜻한다.

65

유통마케팅 조사방법 중 표적집단면접법(FGI)에 대한 설명으로 가장 옳지 않은 것은?

① 소수의 응답자를 대상으로 하나의 장소에서 진행한다.
② 특정 기준에 따라 주제에 관심이 있거나 관련 경험이 있는 소수의 참가자를 선정한다.
③ 응답자들끼리 편하게 대화를 진행하게 한다.
④ 대화가 주제를 벗어나는 경우만 사회자가 최소한 개입한다.
⑤ 조사자와 응답자가 자유롭고 심도있는 질의응답을 진행한다.

조사자와 응답자가 자유롭고 심도있는 질의응답을 진행하는 것은 심층면접법(Depth Interview)에 해당한다.

66

마케팅 조사에 대한 설명으로 가장 옳지 않은 것은?

① 기술 조사(Descriptive Research)는 표적모집단이나 시장의 특성에 관한 자료를 수집·분석하고 결과를 기술하는 조사이다.
② 2차 자료(Secondary Data)는 당면한 조사목적이 아닌 다른 목적을 위해 과거에 수집되어 이미 존재하는 자료이다.
③ 1차 자료(Primary Data)는 당면한 조사목적을 달성하기 위하여 조사자가 직접 수집한 자료이다.
④ 모든 마케팅 조사에는 2차 자료(Secondary Data)가 필수적으로 제시되어야 한다.
⑤ 탐험 조사(Exploratory Research)는 조사문제가 불명확할 때 기본적인 통찰과 아이디어를 얻기 위해 실시되는 조사이다.

마케팅 조사에서 2차 자료(Secondary Data)는 간접적이고 예비적인 조사로, 반드시 실시되고 필수적으로 제시되어야 하는 것은 아니다.

67

유통경로의 성과평가를 위한 항목 중 유통경로의 효과성에 대한 평가항목으로 가장 옳지 않은 것은?

① 고객의 전반적인 만족도
② 신시장 개척 건수 및 비율
③ 중간상의 거래 전환 건수
④ 단위당 총 물류비용
⑤ 클레임(Claim) 건수

유통경로의 목적 달성 여부를 측정하는 효과성(Effectiveness)에 대한 평가항목은 정성적 측면에서 고객만족도가 가장 중요하고, 정량적인 측면에서는 클레임(Claim) 건수, 신시장 개척 건수 및 비율, 중간상의 거래 전환 건수 등이 중요한 지표에 해당한다.
단위당 총 물류비용은 효율성 또는 경제성 측면의 평가항목에 해당한다.

68

격자형(Grid) 레이아웃에 대한 설명으로 옳지 않은 것은?

① 고객들의 주 통로와 직각을 이루고 있는 여러 단으로 구성된 선반들이 평행으로 늘어서 있는 형태의 레이아웃을 의미한다.
② 고객들의 주 통로와 여러 점포들의 입구가 연결되어 있는 형태의 레이아웃을 의미한다.
③ 대형마트, 편의점, 전문점 등 다양한 소매업태에서 주로 활용되고 있다.
④ 상품을 쉽게 찾을 수 있고, 고객들의 질서 있는 이동을 촉진시켜 공간을 효율적으로 사용할 수 있는 장점이 있다.
⑤ 딱딱하고 사무적인 분위기를 연출하는 단점이 있다.

고객들의 주 통로와 여러 점포들의 입구가 연결되어 있는 형태의 레이아웃은 경주로형에 해당한다.

69

상품에 표기되는 유통기한에 대한 설명으로 옳지 않은 것은?

① 일반적으로 유통기한은 '0000년, 00월, 00일까지'로 표시된다.
② 매장에서 판매하는 삼각김밥이나 도시락류 같은 식품은 년, 월, 일, 시까지 표시해야 한다.
③ 유통기한이 서로 다른 제품을 함께 포장했을 때는 그중 가장 짧은 유통기한을 적용하여 표시해야 한다.
④ 가공소금이나 설탕, 아이스크림 같은 빙과류는 유통기한 생략이 가능하다.
⑤ 소매점에서 소분 및 처리해 재포장한 생선, 고기류는 재포장 후 일주일까지를 유통기한으로 표시한다.

해당 문제는 출제 오류로 전항 정답 처리된 문제입니다.

70

점포 구성요소에 관한 내용으로 가장 옳지 않은 것은?

① 점포 입지와 매장 배치의 편리성
② 점포 외관 이미지와 점포 내부 인테리어
③ 목표 소비자의 이미지와 분위기
④ 목표 고객에게 소구하는 상품 구성과 적합한 가격대
⑤ 점포의 기본 설비와 시설, 진열집기 및 디스플레이

점포의 구성요소로서 입지, 매장배치, 내부인테리어 등은 다수의 공중이 이용하는 것이므로 목표 소비자만을 위한 이미지와 분위기 형성은 유통기업 입장에서 부적합한 행위에 해당한다.

정답 | 63 ④ 64 ⑤ 65 ⑤ 66 ④ 67 ④ 68 ② 69 전항 정답 70 ③

유통정보

71

대표적인 반정형데이터로, 웹과 컴퓨터 프로그램에서 용량이 적은 데이터를 교환하기 위해 데이터 객체를 속성(Attribute)과 값(Value)의 쌍 형태로 나열해서 표현하는 형식을 지칭하는 용어로 가장 옳은 것은?

① JSON
② XML
③ API
④ FILES
⑤ LOG

반정형데이터(Semi-structured Data)의 종류에는 HTML, XML, JSON 및 IoT에서 제공하는 센서데이터 등이 있다.
이중 웹과 컴퓨터 프로그램에서 용량이 적은 데이터를 교환하기 위해 데이터 객체를 속성(Attribute)과 값(Value)의 쌍 형태로 나열해서 표현하는 형식을 지칭하는 용어는 JSON이다.

관련이론 | JSON(JavaScript Object Notation)
JSON(JavaScript Object Notation)은 속성-값 쌍(Attribute-value Pairs), 배열 자료형(Array Data Types) 또는 기타 모든 시리얼화 가능한 값(Serializable Value) 또는 키-값 쌍으로 이루어진 데이터 오브젝트를 전달하기 위해 인간이 읽을 수 있는 텍스트를 사용하는 개방형 표준 포맷이다.

72

아래 글상자의 괄호 안에 들어갈 정보기술로 가장 옳은 것은?

- 유통업체 K사는 자체 개발한 데이터 수집·분석시스템 '데멍이'(데이터를 물어다 주는 멍멍이)를 통해 선발주 기술을 최적화해 상품 폐기율을 1% 미만으로 유지하고 있다. '데멍이'는 기존 주문과 일별 상품 판매량, 매출, 고객 행동 데이터, 구매 이력, 성향, 날씨, 요일, 프로모션 등 일평균 수천만 건의 데이터를 기반으로 주문이 지역별로 얼마나 발생할지 예측하는 (   ) 시스템이다.
- (   )(은)는 인간이 정의한 목표의 주어진 집합에 대해 실제 또는 가상 환경에 영향을 미치는 예측, 권장 또는 결정을 내릴 수 있는 기술이다.

① 블록체인
② 무인로봇
③ 인공지능
④ 모빌리티
⑤ 메타버스

인간이 정의한 목표의 주어진 집합에 대해 실제 또는 가상 환경에 영향을 미치는 예측, 권장 또는 결정을 내릴 수 있는 기술은 인공지능(AI)이다.

관련이론 | 인공지능(Artificial Intelligence: AI)
인공지능(Artificial Intelligence: AI)은 인간의 지능으로 할 수 있는 사고, 학습, 자기계발 등을 컴퓨터가 할 수 있도록 하는 방법을 연구하는 기술로서, 컴퓨터가 인간의 지적 행동을 모방할 수 있도록 하는 새로운 기술이다.

73

지식발견 접근방법을 기능에 따라 분류(Classification), 연합(Association), 배열(Sequence), 클러스터(Cluster)로 나눌 경우 아래 글상자의 내용 중에서 배열에 대한 설명을 모두 나열한 것으로 옳은 것은?

> ㉠ 시간적으로 사건들을 관련짓는 데 사용됨
> ㉡ 여러 객체를 그들 사이의 유사성 또는 근접성을 기준으로 그룹을 나눔
> ㉢ 미래에 대한 예측을 나타내는 다양한 감춰진 추세를 발견함
> ㉣ 한 항목이나 사건이 특정 부류나 집합에 속하는지를 정하는 규칙을 찾음
> ㉤ 한 집합의 사건이나 항목을 다른 집합의 사건이나 항목과 연관 짓는 규칙을 찾음

① ㉠, ㉡
② ㉠, ㉢
③ ㉠, ㉣
④ ㉡, ㉢, ㉣
⑤ ㉡, ㉢, ㉤

지식발견 접근방법에서 배열(Sequence)에 대한 설명은 ㉠과 ㉢이다.

선지분석
㉡, ㉣ 분류(Classification)에 대한 설명이다.
㉤ 클러스터(Cluster)에 대한 설명이다.

74

신규고객을 획득하기 위해 CRM시스템의 고객정보를 활용한 분석을 수행하고자 한다. 고객의 전화나 인터넷 게시판을 통한 문의, 영업소 방문 등의 내용을 바탕으로 하는 분석을 지칭하는 용어로 가장 옳은 것은?

① 고객 프로필 분석
② 하우스-홀딩 분석
③ 현재 고객 구성원 분석
④ 인바운드 고객 분석
⑤ 외부 데이터 분석

고객으로부터의 전화 문의, 인터넷 조회, 영업소 방문 등의 내용을 바탕으로 하는 분석은 인바운드 고객 분석이다. 또한, 인바운드 분석은 기존고객의 피드백이나 불만제기 내용 등을 분석하는 것을 포함한다.

75

유통업체에서의 CRM 시스템 활용에 대한 설명으로 옳지 않은 것은?

① 유통업체에서는 CRM 시스템을 활용해서 신규고객 창출, 기존고객 유지, 충성고객 개발에 활용하고 있다.
② 유통업체에서 CRM 시스템은 장기적인 측면보다는 철저하게 단기적인 측면에서 매출 증대를 위해 활용되고 있다.
③ CRM 시스템은 고객 데이터에 대한 다양한 분석을 통해 고객에 대한 이해도를 높여준다.
④ CRM 시스템은 유통업체의 경쟁우위 창출에 도움을 제공한다.
⑤ CRM 시스템은 유통업체의 판매, 서비스, 영업 업무수행에 도움을 제공한다.

고객관계관리(CRM)는 개별고객에 대한 상세한 정보를 토대로 그들과의 장기적인 관계를 구축하고 충성도를 높여 고객 생애가치(Customer LTV)를 극대화하려는 것이다. 장기적인 고객관계 형성을 위해 도입하고 있다. CRM은 신규고객의 확보보다 기존고객의 유지관리가 비용면에서 효율적이라는 것을 알게 되면서 등장하였다. CRM은 다양해지는 고객의 욕구에 유연하게 대처함으로써 수익의 극대화를 추구하려는 것이다.

정답 | 71 ① 72 ③ 73 ② 74 ④ 75 ②

76

판매시점관리시스템에 대한 설명으로 가장 옳지 않은 것은?

① 판매 시점의 정보를 실시간으로 취합해서 관리할 수 있도록 지원하는 시스템이다.
② 유통업체의 경우 인기제품, 비인기 제품의 신속한 파악이 가능하고, 실시간으로 재고 파악이 가능하다.
③ 판매시점에 시스템을 통한 정보 입력으로 처리속도 증진, 오타 및 오류 방지 등의 효과를 얻을 수 있다.
④ 품목별 판매실적, 판매실적 구성비 등 판매시점관리 시스템에 누적된 판매정보로 다양한 분석이 가능하다.
⑤ 상품 판매 정보만 관리하기 때문에 고객분석에는 활용되지 않는다.

판매시점관리시스템(POS)는 상품의 판매정보는 물론 고객정보의 수집과 관리를 통한 고객분석을 기초로 합리적 판촉전략 수립 및 고객 만족도 개선에 활용된다.

관련이론 | 판매시점(Point of Sales) 정보관리 시스템
POS 시스템은 주로 소매점포의 판매시점에서 수집한 POS 데이터를 통해 재고관리, 제품 생산관리, 판매관리를 효율적으로 하려는 정보 의사소통 방법을 말한다.

77

GS1 국제 표준 기구의 3대 사상의 하나인 공유 표준 중에서 아래 글상자에서 설명하는 용어로 가장 옳은 것은?

> 바코드에 입력된 상품 식별코드를 숫자들의 배열 형태가 아닌 웹 주소 형식으로 표시하여 소비자들이 온라인으로 상품 정보를 확인할 수 있도록 한다.

① GS1 Digital Link
② GS1 Web Vocabulary
③ GDM(Global Data Model)
④ GS1 Mobile Ready Hero Images
⑤ GDSN(Global Data Synchronization Network)

GS1 Digital Link는 GS1 식별코드와 속성데이터를 숫자들의 배열 형태가 아닌, URL 주소 형태로 표시하는 표준 방식을 말한다. 코드 배열 형태가 아닌, URL 구문 형태의 디지털 링크는 데이터베이스와 연결된 업무 프로세스뿐 아니라, 웹서비스와의 연계를 통한 내외부 서비스 모델 구현에 장점이 있다.

선지분석 |
② GS1 Web Vocabulary: 검색 결과에서 더 정확하고 상세한 제품정보를 보여줌으로써 제품 판매를 제고할 수 있도록 도와준다.
③ GDM(Global Data Model): 전 세계의 제품 데이터 거래를 단순화하고 조화시켜 원활한 제품 구매를 위해 제품 콘텐츠를 활용하도록 지원한다.
④ GS1 Mobile Ready Hero Images: 웹사이트, 특히 모바일 기기에 제품 이미지를 배치하는 가이드라인을 제공한다.
⑤ GDSN(Global Data Synchronization Network): 거래 파트너 간의 표준화된 제품 정보 전송 및 정보의 지속적인 동기화를 도와주는 정보망이다.

78

아래 글상자의 신규고객 창출 과정을 순서대로 제시한 것으로 가장 옳은 것은?

| ㉠ 잠재고객 | ㉡ 선별고객 | ㉢ 가능고객 |
| ㉣ 최상가능고객 | ㉤ 신규고객 | |

① ㉠ – ㉡ – ㉢ – ㉣ – ㉤
② ㉠ – ㉡ – ㉣ – ㉤ – ㉢
③ ㉠ – ㉢ – ㉡ – ㉣ – ㉤
④ ㉡ – ㉢ – ㉤ – ㉣ – ㉠
⑤ ㉢ – ㉡ – ㉢ – ㉠ – ㉣

CRM을 위해 신규고객을 창출하는 과정은 잠재고객 → 선별고객 → 가능고객 → 최상가능고객 → 신규고객의 순으로 이루어진다. 이후 신규고객을 충성고객으로 만들어 고객생애가치를 높이는 과정을 거친다.
고객관계관리(CRM)는 신규고객의 확보보다 기존고객의 유지관리가 비용면에서 효율적이라는 것을 알게 되면서 등장하였다. CRM은 다양해지는 고객의 욕구에 유연하게 대처함으로써 수익의 극대화를 추구하려는 것이다.

79

QR코드에 대한 설명으로 가장 옳지 않은 것은?

① QR코드는 일본 도요타 자동차의 자회사 덴소 웨이브가 표준화한 기술이다.
② Micro QR코드의 가장 큰 특징은 위치 찾기 심볼이 하나인 것이며, QR코드보다 더 작은 공간에 인쇄할 수 있다.
③ iQR코드는 종래의 QR코드보다 더 많은 정보량을 저장할 수 있다.
④ QR코드는 오류복원 기능을 가지고 있어서 일부 코드가 손상되더라도 데이터를 복원할 수 있다.
⑤ 데이터의 양이 증가해도 QR코드를 구성하는 셀(Cell)은 정해져 있기 때문에 QR코드의 크기는 일정하다.

QR코드의 최소크기는 입력된 데이터의 양(글자 수), 버전정보, 에러보정레벨(CEE Level)에 따라 다르게 출력된다. 데이터의 양이 증가하면 QR코드는 커진다.

80

EDI 도입에 따른 효과에 대한 내용으로 가장 옳지 않은 것은?

① 업무처리 비용 절감
② 표준화와 암호화로 조직 내 또는 조직 간 연결성 낮춤
③ 고객관계의 증진
④ 문서거래시간의 단축
⑤ 업무처리 오류 감소

전자문서교환(EDI)을 도입하면 표준화와 암호화로 조직 내 또는 조직 간 연결성을 높이게 된다.

81

전자상거래에서의 프라이버시 보호행동에 대한 설명으로 가장 옳지 않은 것은?

① 일반적으로 전자상거래 고객들은 프라이버시에 대한 염려가 발생하면, 프라이버시를 보호하려는 행동을 한다. 전자상거래 고객들의 프라이버시 보호에 대한 반응은 정보제공 활동, 개인 활동, 공개 활동으로 구분할 수 있다.
② 전자상거래 고객의 프라이버시 보호에 대한 방어적인 태도는 마케팅 담당자가 감수해야 할 비용을 감소시키고, 기업의 고객관계관리 활동을 보다 효과적으로 촉진되도록 도움을 제공한다.
③ 전자상거래 고객들이 프라이버시에 대한 염려를 회피하기 위한 대표적인 정보제공 활동으로는 개인정보 제공을 거부하는 행동이다.
④ 전자상거래 고객들이 프라이버시에 대한 염려를 회피하기 위한 대표적인 개인 활동으로는 개인정보 제공이 위험하다고 이야기하는 행동이다.
⑤ 전자상거래 고객들이 프라이버시에 대한 염려를 회피하기 위한 대표적인 공개 활동으로는 기업에 직접적으로 불평하는 행동이다.

전자상거래 고객의 프라이버시 보호에 대한 방어적인 태도는 마케팅 담당자가 감수해야 할 비용을 증가시키고, 기업의 고객관계관리(CRM) 활동을 보다 어렵게 만들 수 있다.

정답 | 76 ⑤ 77 ① 78 ① 79 ⑤ 80 ② 81 ②

82

ERP시스템 구축을 위한 라이프사이클을 계획 → 패키지 선정 → 구현 → 유지보수로 구분할 경우 패키지 선정단계에서 이루어지는 활동으로 가장 옳지 않은 것은?

① 시장조사
② 현업 요구사항 분석
③ 레퍼런스 사이트 방문
④ 소프트웨어 데모 및 차이 분석
⑤ 컨피규레이션(Configuration) 결정

ERP시스템 구축을 위한 라이프사이클에서 컨피규레이션(Configuration), 즉 배치 결정은 구현단계에서 이루어지는 활동이다.
ERP시스템의 구축단계는 착수단계 → 분석단계 → 설계단계(패키지 선정) → 구현단계 → 유지보수단계로 구분하기도 한다.

83

U커머스(Ubiquitous Commerce)의 특징 중에서 아래 글상자의 내용에 부합하는 특성으로 가장 옳은 것은?

> 상호 호환성이 보장되어 일반적인 기기로 언제, 어디서나 네트워크에 연결이 가능하다. 즉, 이기종의 모바일 네트워크와 서로 다른 모바일 장치가 융합되어 호환이 된다.

① 보편성   ② 접근성
③ 조화성   ④ 차별성
⑤ 편재성

U커머스(Ubiquitous Commerce)에서 상호 호환성이 보장되어 일반적인 기기로 언제, 어디서나 네트워크에 연결이 가능한 것은 보편성이다.

관련이론 | 유비쿼터스(Ubiquitous) 컴퓨팅 및 U커머스
유비쿼터스(Ubiquitous) 컴퓨팅 및 이에 기초한 U커머스는 마크 와이저(Mark Weiser)에 의해 주장된 것으로 모든 사물에 컴퓨터 칩을 내장하여 상호 의사소통을 통해 보이지 않는 생활환경까지 최적화하는 인간중심의 컴퓨팅 환경과 이에 기초한 상거래를 의미한다.
U커머스 환경은 네트워크로 연결된 세상, 조용한 기술로 눈에 보이지 않는 컴퓨팅환경 구현, 현실세계에서 어디서나 컴퓨터 사용이 가능한 환경, 사용자의 상황에 따라 서비스가 맞추어 지원되는 환경의 특징을 지닌다.

84

고객이 주문한 상품이 목적지에 도착하기까지의 과정에서 고객 만족도 증대를 위해 유통업체가 활용하는 배송 품질 차별화 전략으로 가장 옳은 것은?

① 푸시 전략
② 퍼스트 마일 배송 전략
③ 스마트 로지스틱 전략
④ 라스트 마일 배송 전략
⑤ 공급망 동기화 전략

유통업체가 활용하는 배송 품질 차별화 전략은 라스트 마일 배송 전략이다. 제조업체로부터 출발하여 유통업체에 도착하기까지의 차별화 전략은 퍼스트 마일 배송 전략이다.

85

아래 글상자 설명은 유통업체의 정보시스템 구현과 관련된 설명이다. 괄호 안에 들어갈 개념으로 가장 옳은 것은?

> – ( )은(는) 물리적인 하드웨어의 한계를 넘어, 가상 하드웨어 인프라스트럭처를 구축하는 소프트웨어 시스템 운영에 대한 기술이다.
> – ( )은(는) 한 대의 컴퓨팅 자원을 여러 대의 컴퓨터처럼 운영하거나 또는 여러 대의 컴퓨팅 자원을 한 대의 컴퓨터처럼 운영하는 기술이다.

① 서비스 수준관리   ② 엣지 컴퓨팅
③ 블록체인   ④ 분산 처리
⑤ 가상화 기술

물리적인 하드웨어의 한계를 넘어, 가상 하드웨어 인프라스트럭처를 구축하는 소프트웨어 시스템 운영에 대한 기술은 가상화 기술(Virtualization)이다. 가상화 기술은 기업 ICT 인프라 관리비 절감, 애플리케이션 배포의 용이성, 기존 서버 활용 및 통합 등 많은 장점을 가지고 있고 이를 통해 효율성, 보안, 호환성 향상이라는 과제를 해결할 수 있는 기술이다.

86

오늘날 유통업체에서는 마케팅을 위해서 메타버스를 활용하고 있다. 메타버스에 대한 설명으로 적절하지 않은 것은?

① 가속연구재단(ASF: Acceleration Studies Foundation)은 메타버스 서비스를 정보표현 형태(외부 환경 정보와 개인/개체 중심 정보)와 공간활용 특성(현실공간과 가상공간)에 따라 4가지로 구분하였다.
② 가상현실은 현실 세계에 가상의 정보를 증강하여 서비스를 제공하는 메타버스 유형이다.
③ 라이프로깅은 개인 및 개체들에 대한 현실생활의 정보를 가상세계에 증강하여 정보를 통합 제공하는 메타버스 유형이다.
④ 거울세계는 가상세계에서 외부의 환경정보를 통합하여 서비스를 제공하는 메타버스 유형으로 실제세계의 디지털화라 할 수 있다.
⑤ 가상세계는 가상공간에서 다양한 개인 및 개체들의 정보를 제공하는 메타버스 유형이다.

현실 세계에 가상의 정보를 증강하여 서비스를 제공하는 메타버스 유형은 증강현실이다.

관련이론 | 증강현실(AR: Augmented Reality)
증강현실(AR: Augmented Reality)은 실세계에 3차원 가상물체를 겹쳐 보여주는 기술을 말한다. 즉, 사용자가 눈으로 보는 현실세계에 가상 물체를 겹쳐 보여주는 기술이다. 현실세계에 실시간으로 부가정보를 갖는 가상세계를 합쳐 하나의 영상으로 보여주므로 혼합현실(MR: Mixed Reality)이라고도 한다.

87

인공지능이 비즈니스에서 필요한 이유로 가장 옳지 않은 것은?

① 인공지능은 인간 전문가가 가지는 시간적·공간적 한계를 뛰어넘을 수 있도록 전문지식을 저장하여 상황에 적절한 의사결정을 내리도록 도움을 준다.
② 생성형AI를 활용한 프롬프트 형태의 서비스는 문제 해결에 도움이 되는 정보를 짧은 시간에 얻을 수 있어 업무효율을 높여주는 효과를 얻을 수 있다.
③ 강한 인공지능을 활용한 사례인 알파고, 닥터와슨 등은 인간을 뛰어넘는 결정을 지원하기 때문이다.
④ 약한 인공지능 기술은 특정 분야에 인간의 지능을 흉내내어 신속하게 문제를 해결할 수 있는 방안을 제시해 준다.
⑤ 복잡한 상황에서 빠른 판단과 결정에 도움이 되는 결과를 받을 수 있어 의사결정에 활용할 수 있다.

알파고, 닥터와슨, 인공지능 번역기 등은 약한 인공지능(Weak AI)이다. 약한 인공지능은 특정 작업을 수행할 수 있지만 매우 제한적이다.

정답 | 82 ⑤ 83 ① 84 ④ 85 ⑤ 86 ② 87 ③

88

오늘날 유통업체에서는 클라우드 컴퓨팅 이용이 증가하고 있다. 클라우드 컴퓨팅에서 제공하는 서비스 중에서 사용자가 소프트웨어를 개발할 수 있는 토대를 제공해 주는 서비스 모델로 가장 옳은 것은?

① DaaS
② IaaS
③ NaaS
④ PaaS
⑤ SaaS

클라우드 컴퓨팅에서 제공하는 서비스 중에서 사용자가 소프트웨어를 개발할 수 있는 토대를 제공해 주는 서비스 모델은 PaaS(Platform as a Service)이다.

관련이론 | 클라우드 컴퓨팅(Cloud Computing)

클라우드 컴퓨팅(Cloud Computing)은 이용자의 모든 정보를 인터넷 상의 서버에 저장하고, 이 정보를 각종 IT 기기를 통하여 언제 어디서든 이용할 수 있다는 개념이다. 클라우드 컴퓨팅을 도입하면 기업 또는 개인은 컴퓨터 시스템을 유지·보수·관리하기 위하여 들어가는 비용과 서버의 구매 및 설치 비용, 업데이트 비용, 소프트웨어 구매 비용 등 엄청난 비용과 시간·인력을 줄일 수 있고, 에너지 절감에도 기여할 수 있다.

클라우드 컴퓨팅 서비스 유형은 클라우드를 통해 하드웨어 네트워크 능력을 제공하는 Platform as a Service(PaaS), 클라우드에 애플리케이션들을 제공하는 Software as a Service(SaaS), 하드웨어, 네트워킹, 애플리케이션을 제공하는 Infrastructure as a Service(IaaS)로 구분된다.

89

기업들이 소셜 미디어 플랫폼에서 이루어지는 브랜드, 제품, 산업, 또는 특정 주제와 관련된 온라인 대화, 토론, 언급에 관심을 가지고 데이터 수집·분석을 통해 고객의 니즈를 파악하고 통찰력을 얻는 활동을 수행하고 있다. 이러한 활동을 가리키는 용어로 가장 옳은 것은?

① SNPS(Social Net Promoter Score)
② FGI(Focus Group Interview)
③ 소셜리스닝(Social Listening)
④ 워크숍(Workshop)
⑤ SOV(Share of Voice)

소셜 리스닝(Social Listening)은 소셜 미디어 플랫폼에서 브랜드, 제품, 산업 또는 특정 주제와 관련된 온라인 대화, 토론, 언급에 관심을 갖고 귀기울이는 것을 말한다.

소셜 리스닝의 목적은 고객의 의견, 정서, 선호도 및 동향에 대한 통찰력을 얻는 것이다. 이를 통해 기업은 대상 고객이 브랜드, 제품 및 마케팅 노력을 어떻게 인식하고 있는지 이해할 수 있으며, 정보에 입각한 의사 결정과 전략 개선을 위한 귀중한 정보를 제공받을 수 있다.

90
고객충성도 프로그램 유형의 하나로 아래 글상자에서 설명하는 서비스 제도의 종류로 가장 옳은 것은?

> 상품에 보조적인 서비스, 예를 들면, 반지 구입 시 이름을 새겨주는 서비스 등을 부가시키는 방법으로, 상품 자체에 고객의 기호에 맞는 부가가치를 첨부시키는 서비스 제도이다.

① 공동(Cooperate)
② 머천다이징(Merchandising)
③ 메인터넌스(Maintenance)
④ 컨비니언스(Convenience)
⑤ 프라이비트(Private)

글상자에서 설명하는 서비스 제도는 머천다이징(Merchandising)이다.

관련이론 | 머천다이징(Merchandising)
머천다이징이란 신제품과 관련된 모든 상품화계획을 의미한다. 따라서, 고객의 니즈에 부합하는 신제품의 기획 또는 매입, 매장입지의 선정, 매장에 적합한 제품의 선정, 디스플레이와 같은 실질적인 마케팅활동이 모두 포함된다.

정답 | 88 ④ 89 ③ 90 ②

2024년 1회 기출문제

>> 2024년 6월 4일 시행

유통·물류 일반관리

01
도매상에 대한 설명으로 가장 옳은 것은?

① 소매상을 대신해서 고객에게 제품 설치, 제품 교환 등의 기술지원서비스를 제공한다.
② 소매상에 비해 좁은 상권을 관리하기에 거래 규모가 작다.
③ 제조업체를 대신해서 재고를 보유해 주는 기능을 한다.
④ 제조업체를 위해 신용 및 금융기능을 제공한다.
⑤ 소매상을 위해 시장 확대 기능을 수행한다.

선지분석
① 제품 설치, 제품 교환 등의 기술지원서비스를 제공은 소매상의 고객에 대한 기능에 해당한다.
② 소매상에 비해 넓은 상권을 관리하기에 거래 규모가 크다.
④ 소매상을 위해 신용 및 금융기능을 제공한다.
⑤ 제조업자를 위해 시장 확대 기능을 수행한다.

02
유통경로(Distribution Channel)의 일반적 특성 설명으로 옳지 않은 것은?

① 유통경로는 생산물이 최초의 생산자로부터 최종 소비자에게 이동되는 과정에 참여하는 개인 및 조직의 집합체를 의미한다.
② 유통경로에는 제조업체, 도·소매상 등과 같은 많은 조직이 참여하고 있으며 이들은 상호 의존 관계에 있다.
③ 유통경로는 제품이나 서비스를 고객이 사용 또는 소비하기 위해 필요한 것이다.
④ 유통경로는 구매자의 수요를 충족시키기 위해 판매자가 보유한 제품과 서비스를 공급하는 과정에서 필요한 하나의 연결고리로 이해할 수 있다.
⑤ 유통경로는 개별 기업이 자사의 상품을 시장에 공급하기 위해 사용하는 경로라는 점에서 모든 기업이 이용할 수 있는 각각의 판매경로의 종합체라 할 수 있으며 사회적으로 상품을 유통시키는 유통기관과 동일시된다.

유통경로는 제품이나 서비스가 생산자에서 소비자에 이르기까지 거치게되는 통로 또는 단계를 의미하며, 사회적으로 상품을 유통시키는 유통기관과 동일시되는 것은 아니다.

03
소매업태의 유형에 대한 설명으로 옳지 않은 것은?

① 복합쇼핑몰은 쇼핑을 하면서 여가도 즐길 수 있게 구성된 대규모 상업시설이다.
② 팩토리 아울렛은 제조업체가 직영체제로 운영하는 상설할인 매장이다.
③ 편의점은 고객의 접근성이 높은 지역에 위치하며 고마진, 저회전율을 특징으로 한다.
④ 창고형 할인점은 고객서비스 수준은 최소로 제공하지만 넓은 매장에서 저렴한 가격으로 상품을 제공한다.
⑤ 전문할인점은 특정상품계열에 대해 깊이 있는 상품구색을 갖추고 있다.

편의점은 고객의 접근성이 높은 지역에 위치하며 고마진, 고회전율을 특징으로 한다. 고마진, 저회전율은 백화점, 전문점 등에 해당한다.

04

경로성과를 측정하는 차원 중 투입 대비 산출의 비율로 측정되며, 일정한 산출을 얻기 위해 얼마나 많은 비용이 투입되었는가를 말해줄 수 있는 척도로 옳은 것은?

① 효과성
② 형평성
③ 잠재수요자극
④ 유동성
⑤ 효율성

투입 대비 산출의 비율로 측정되며, 일정한 산출을 얻기 위해 얼마나 많은 비용이 투입되었는가는 효율성(Efficiency)에 대한 설명이며, 효과성(Effectiveness)은 목표의 달성여부를 나타내는 용어에 해당한다.

05

기업이 소비자에게 제품을 직접 판매하는 직접유통이 발생하게 된 이유로 가장 옳지 않은 것은?

① 도매상이 부당한 이윤을 얻고 있다는 생산자의 불만 때문이다.
② 유통 관련 시설이 발달하여 제조업자와 구매자가 쉽게 만날 수 있기 때문이다.
③ 대형할인점처럼 자본력이 크고 보관시설도 충분히 갖춘 파워 리테일러의 성장 때문이다.
④ 시간과 장소의 제약을 극복할 수 있는 온라인 쇼핑이 증가했기 때문이다.
⑤ 유통기관의 비용은 제조업과 달리 고정비가 크고 변동비율이 높기 때문이다.

유통기관의 비용구조는 일반적으로 고정비가 크고, 변동비가 작다.

06

우리나라 유통업체의 영향력과 역할 변화에 대한 설명으로 옳지 않은 것은?

① 유통업체 영향력 증가의 가장 중요한 요인 중 하나는 유통업계의 대형화와 집중화 현상을 들 수 있다.
② 소비자 행동이 대형매장을 찾아 원스톱 쇼핑(One-Stop Shopping)을 추구하는 것처럼 우리나라 유통업체의 영향력과 역할 변화는 대형 유통업체에 유리한 방향으로 발전해왔다.
③ 유통채널의 전통적 구조가 무너지면서 제조업체, 도매업체, 소매업체들은 원래 그들이 가지고 있던 고유 기능만 수행하고 있다.
④ 정보처리기술의 발달은 유통업체들의 정보수집 능력도 키워 주었고 유통업체의 영향력 증대에도 한몫을 하고 있다.
⑤ 유통업체들은 자신들이 지닌 막강한 소비자 데이터를 기반으로 공급업체 및 소비자들과의 관계를 구축해 나감으로써 제조업체에 비해 유리한 고지를 점할 수 있게 되었다.

전통적으로 제조업체, 도매업체, 소매업체들은 비용우위가 있거나 핵심역량에 해당하던 고유 기능만 수행하였으나, 최근 유통환경의 변화로 인하여 유통기관들은 고객서비스 만족 측면에서 광범위하고 다양한 기능들을 수행하고 있다.

정답 | 01 ③ 02 ⑤ 03 ③ 04 ⑤ 05 ⑤ 06 ③

07

아래 글상자의 유통경영환경 내용 중 거시환경에 속하는 것만을 모두 나열한 것은?

㉠ 정부의 규제 및 지원	㉡ 정보기술의 발전
㉢ 브랜드 인지도	㉣ 국민소득증가
㉤ 우수한 직원	

① ㉠, ㉡
② ㉠, ㉡, ㉣
③ ㉠, ㉡, ㉤
④ ㉠, ㉣, ㉤
⑤ ㉠, ㉡, ㉢, ㉣, ㉤

유통경영환경 내용 중 거시환경(Macro Environment)은 STEP이라 불리우는 사회·문화적 환경(S), 기술적 환경(T), 경제적 환경(E), 정치적·법률적·행정적(P) 환경들로 통제할 수 없는 환경을 말한다.

선지분석
㉠: 정치적·법률적 환경(P)
㉡: 기술적 환경(T)
㉣: 경제적 환경(E)

08

물류채산분석에 대한 설명으로 가장 옳은 것은?

① 물류활동의 업적 평가를 위해 실시한다.
② 물류업무의 전반을 계산 대상으로 한다.
③ 항상 일정한 계산방식을 사용한다.
④ 각 예산시기별로 실시한다.
⑤ 임시적으로 계산하며 할인계산을 한다.

물류채산분석은 물류활동에 대한 의사결정을 지원하기 위한 분석으로 상황에 따른 개선안을 제시하는 임시적 활동에 해당한다.

선지분석 | 물류원가계산과 물류채산분석의 비교

구분	물류원가계산	물류채산분석
목적	물류활동의 업적평가	물류활동에 관한 의사결정
대상	물류업무의 전반	특정의 개선안, 대체안
산정방식	항상 일정	상황에 따라 상이
계속성	반복적	임시적
사용원가	실제원가만 대상	특수원가도 대상

09

SWOT분석의 전략적 활용에 대한 일반적인 설명으로 옳지 않은 것은?

① 전사적차원에서 활용할 수도 있고 사업단위차원에서도 활용할 수 있다.
② SO전략의 경우, 기업 내부강점을 이용하여 외부로 확장하는 전략을 활용한다.
③ ST전략의 경우, 기업 내부강점을 활용하되 외부 위협은 회피하는 안정성장전략을 활용한다.
④ WO전략의 경우, 기업 내부약점을 보완하고 외부기회를 활용하는 사업축소전략을 활용한다.
⑤ WT전략의 경우, 기업의 내부약점과 외부위협이 공존하기에 사업철수전략을 고려한다.

WO전략의 경우, 기업 내부약점을 보완하고 외부기회를 활용하는 전략으로 핵심역량강화 또는 전략적 제휴를 고려한다. 한편, 사업축소전략은 WT상황시 활용하는 기법에 해당한다.

SO상황	• 시장의 기회를 활용하기 위해 강점을 적극 활용하는 전략 • 시장기회 선점전략, 시장·제품 다각화 전략
ST상황	• 시장의 위협을 회피하거나 극복하기 위해 강점을 활용하는 전략 • 시장침투 전략, 제품확장 전략
WO상황	• 약점을 극복하거나 제거함으로써 시장의 기회를 활용하는 전략 • 핵심역량 강화전략, 전략적 제휴 등의 전략
WT상황	• 시장의 위협을 회피하고 약점을 최소화하거나 없애는 전략 • 철수, 핵심역량 개발, 전략적 제휴, 벤치마킹 등의 전략

10

기업형 수직적 유통경로시스템에 대한 설명으로 옳지 않은 것은?

① 생산에서 판매에 이르는 시간을 단축시켜 시장환경에 신속하게 대응할 수 있다.
② 내부직원이 아웃소싱업체에 비해 경쟁의식이 떨어질 경우 실적이 저조할 수 있다.
③ 외부업체에게 돌아갈 마진을 내부화함으로써 수익성을 제고시킬 수 있다.
④ 수요가 줄어들거나 경쟁에서 뒤처질 경우 유연하게 대응할 수 있다.
⑤ 회사의 정책이나 전략을 일사불란하게 수행할 수 있다.

기업형 수직적 유통경로시스템은 유통경로상의 전후방 통합을 통해 유통경로 전체의 지배력을 강화하는 것으로, 환경변화에 대하여 유연하게 대응할 수 없다.

11

아래 글상자의 괄호 안에 알맞은 용어로 가장 옳은 것은?

> 기업 내에서 업무가 표준화되어 있는 정도를 나타내는 지표로 업무수행 절차나 방식 등이 매뉴얼이나 지침서 등으로 얼마나 명료하게 나타나 있는지에 따라 (   )의 정도가 정해진다.

① 중앙집권화
② 부문화
③ 지휘계통
④ 공식화
⑤ 업무특화

조직설계의 기본변수로 복잡성, 공식화, 집권화를 말한다. 이중 '공식화'는 조직의 규칙이나 규정 등의 수를 뜻하는 것으로, 조직 내의 직무가 표준화되어 있는 정도를 의미한다. 공식화가 높은 조직일수록 조직의 규칙이나 규정, 직무 등이 표준화되어 있어 이를 수행하기는 용이하나 자율성이 낮아진다는 문제가 있다.
복잡성은 조직의 수직적 또는 수평적 분화의 정도를 뜻하는 것으로 과업을 분할하고 통합시키는 것을 말하며, 집권화는 조직의 의사결정방식이 집중되어 있는지 여부를 의미한다.

12

유통시장 개방에 따른 국내 유통시장의 긍정적 영향에 대한 설명으로 옳지 않은 것은?

① 선진유통기법 도입의 촉진
② 소비자의 선택폭 확대
③ 경쟁촉진에 따른 유통효율성의 제고
④ 영세유통업자의 시장점유율 확대
⑤ 고객서비스 수준의 향상

유통시장 개방에 따라 글로벌 경쟁상황이 실현되기 때문에, 국내의 차별화 우위를 점하지 못하는 영세유통업자의 시장점유율은 점차 축소된다.

13

조달물류를 효율적으로 달성하기 위한 방안 설명으로 옳지 않은 것은?

① 포장의 표준화 추진
② 수송루트의 적정화 도출
③ 협력업체와의 공동화 추진
④ 팔레트 및 용기 등의 규격화 추진
⑤ 공차율 증대 추진과 차량회전율 감소 추진

조달물류(Procurement Logistics)는 원료 또는 부품 공급자로부터 물자의 조달 또는 구매과정에 발생하는 운송, 보관, 하역 등의 물류활동으로 조달물류 상 비용절감과 서비스개선을 그 목표로 한다. 조달물류를 효율화하기 위해서는 공차율(적재함이 비어있는 비율) 감소방안 추진과 차량회전율 증가를 추진해야 한다.

14

기능별 물류비에 대한 설명으로 가장 옳지 않은 것은?

① 운송비는 필요에 따라서 수송비와 배송비로 분류된다.
② 영업소나 지점에서 일어나는 부품의 조립과 관련된 비용은 유통가공비다.
③ 주문처리비 중 수주에 있어서 영업이나 판매상의 계약과정에서 발생하는 비용은 제외한다.
④ 포장비의 경우 물류포장활동에 사용된 비용으로 일반적으로 생산과정에서 발생한 제품의 포장비를 포함한다.
⑤ 하역비를 별도로 구분하지 않을 경우, 물류센터에 부설된 하역설비를 이용한 상·하차비는 보관 및 재고관리비에 포함한다.

「기업물류비 산정지침」 제7조 2항에 따르면 '포장비는 물자 이동과 보관을 용이하게 하기 위하여 실시하는 상자, 골판지, 파렛트 등의 물류포장(최종소비자를 위한 판매포장은 제외)활동에 따른 물류비를 말한다.'라고 규정되어 있다.
일반적으로 생산과정에서 발생한 제품의 포장비는 제품제조원가에 포함된다.

정답 | 07 ② 08 ⑤ 09 ④ 10 ④ 11 ④ 12 ④ 13 ⑤ 14 ④

15

리더십 상황이론에 대한 설명으로 옳지 않은 것은?

① 대표적인 연구자는 피들러(Fiedler)이다.
② 리더와 구성원 간의 관계가 협력적 또는 지원적 인지의 정도로 측정한다.
③ 과업의 구조화 정도가 높고 낮은 정도로 측정한다.
④ 생산에 대한 관심의 높고 낮은 정도로 측정한다.
⑤ 직위가 갖는 권한의 크기로 측정한다.

생산 및 인간에 대한 관심의 높고 낮은 정도로 측정한 이론은 관리격자이론에 해당한다.

관련이론 | F. E 피들러의 리더십 상황이론
F. E 피들러의 리더십 상황이론은
- 집단의 리더-구성원 관계(LMR: Leader-Member Relationship)
- 과업에 대한 목표, 절차, 구체적인 지침을 명확히 하고 있는 정도인 과업 구조화의 정도
- 부하의 상벌에 대해 리더에게 부여하고 있는 권한의 정도인 직위권력 (PP: Position Power)

이상 세 가지의 상황변수를 고려한 이론이다.

16

조직문화에 대한 다양한 분류체계 중 로버트 퀸(Robert Quinn)의 경쟁가치모형에 포함되지 않는 것은?

① 관계지향문화
② 개인지향문화
③ 위계지향문화
④ 혁신지향문화
⑤ 과업/시장지향문화

퀸(Robert Quinn)의 경쟁가치모형은 조직문화의 연구에서 모순적이고 배타적인 다양한 조직문화의 가치요소들을 포괄적으로 분석할 수 있는 틀을 제시한 바 있다. 이에 따르면 조직문화는 공동체형 조직문화(관계형), 혁신지향적 조직문화, 위계형 조직문화, 시장지향형 조직문화로 구분할 수 있다.

	유연성과 재량		
내부지향/ 통합	**공동체형 조직문화 (Clan)** • 지향점: 협력(Collaborative) • 리더십: 촉진자, 멘토, 팀 형성자 • Value drivers: 몰입, 소통, 개발 • 조직 효과성: 몰입, 응집성, 인적자원의 개발 • HRM 전략: 구성원 니즈에 부합되는 사기 평가, 시스템 개선 등으로 응집성과 소통 • Employee champion	**혁신지향적 조직문화 (Adhocracy)** • 지향점: 창의성(Creative) • 리더십: 혁신적 성과, 기업가 • Value drivers: 혁신적 성과, 변혁, 민첩 • 조직 효과성: 변화, 적응력, 유연성 • HRM 전략: 조직변화 기술, 컨설팅과 퍼실리테이션을 통한 조직 리뉴얼 달성 • Change agent	외부지향/ 분화
	위계형 조직문화 (Hierarchy) • 지향점: 통제(Controlling) • 리더십: 조정자, 감시자 • Value drivers: 효율성, 적시성, 일관성 • 조직 효과성: 안정성, 지속성, 예측가능성 • HRM 전략: 전반적인 프로세스 리엔지니어링을 통해 효율적 인프라 구축 • Administration specialist	**시장형 조직문화 (Market)** • 지향점: 경쟁(Competing) • 리더십: 혁신자, 포식자 • Value drivers: 시장 점유율, 목표 성취, 수익 • 조직 효과성: 생산성, 수익성 • HRM 전략: 전략적 리더십의 토대 위에서 HR과 전략 간 alignment를 추구 • Strategic business partner	
	안정과 통제		

17

인사고과와 관련된 설명으로 가장 옳지 않은 것은?

① 인사고과에는 업무수행능력, 근무성적, 자격, 태도 등이 포함된다.
② 근대적 고과방법으로는 평가법, 기록법, 서열법 등이 있다.
③ 서열법은 종업원의 능력과 업적에 대해 순위를 매기는 것이다.
④ 중요사건서술법은 기업의 목표달성에 영향을 주는 중요 사건을 중심으로 고과대상자를 평가하는 것이다.
⑤ 인사고과는 주관적인 판단이나 혈연, 지연, 학연과 같은 요소를 배제해야 한다.

근대적 고과방법(전통적 인사평가방법)에는 서열법, 강제할당법, 쌍대비교법 등이 있으며, MBO(목표기준법), 기록법(중요사건기록법), 평가척도법, 행위기준평가법(BARS) 등은 현대적 인사고과방법에 해당한다.

18

기업의 사회적 책임이 요구되는 이유로 가장 옳지 않은 것은?

① 시장실패를 가져오는 원인 중 하나인 시장의 완전경쟁성
② 기업의 경제활동으로 인해 발생하는 외부불경제효과
③ 정보통신기술과 산업고도화 등과 같은 환경요인 간의 상호작용
④ 규모의 경제를 추구하려 대형화되는 과정에서 발생하는 기업의 영향력 증대
⑤ 기업의 종업원부터 넓게는 지역사회나 정부에까지 미치는 영향력에 상응한 책임

기업의 사회적 책임(CSR)은 기업이 성장뿐만 아니라 환경적, 사회적, 윤리적 문제에 대해 균형을 갖지 못하면 결코 영속성(지속가능경영)을 갖출 수 없다는 것을 의미한다.
시장의 불완전 경쟁성은 시장실패(Market Failure)를 가져오는 이유에 해당한다.

19

아래 글상자의 재고관리비용 중 '재고유지비용'에 해당되는 것만을 나열한 것으로 옳은 것은?

㉠ 기회비용	㉡ 서류작성비
㉢ 통관비	㉣ 창고사용료
㉤ 이자비용	㉥ 재고감손비용

① ㉠, ㉡
② ㉠, ㉢, ㉤
③ ㉡, ㉢, ㉥
④ ㉢, ㉣, ㉤
⑤ ㉣, ㉤, ㉥

재고관리비용에는 주문비용, 재고유지비용, 기회비용으로 구분할 수 있다. 이중 재고유지비용은 재고의 유지관리를 위해 발생하는 창고사용료, 이자비용, 재고감손비용, 감가상각비 등이 있다.
보기 중 ㉡ 서류작성비, ㉢ 통관비는 주문비용에 해당한다.

20

아래 글상자에서 유통경로 상 여러 경로기관의 유통흐름 유형에 대한 설명으로 옳은 것을 모두 고르면?

㉠ 물적 흐름: 생산자로부터 최종소비자에 이르기까지의 제품의 이동
㉡ 소유권 흐름: 유통기관으로부터 다른 기관으로의 소유권의 이전
㉢ 지급 흐름: 고객이 대금을 지급하거나, 판매점이 생산자에게 송금
㉣ 정보 흐름: 유통기관 사이의 정보의 흐름
㉤ 촉진 흐름: 광고, 판촉원 등 판매촉진 활동의 흐름

① ㉠
② ㉠, ㉡
③ ㉠, ㉡, ㉢
④ ㉠, ㉡, ㉢, ㉣
⑤ ㉠, ㉡, ㉢, ㉣, ㉤

㉠은 물적 흐름(물류)에 대한 설명이고, ㉡은 소유권의 흐름 즉, 상적 유통(상류)에 대한 설명이다. ㉢은 현금의 지불흐름, ㉣은 정보흐름, ㉤은 촉진흐름을 설명한다.

21

해상운송 방식 중 부정기선 운송의 특징과 관련된 설명으로 옳지 않은 것은?

① 수요와 공급에 따라 운임이 결정된다.
② 항로 선택이 용이하다.
③ 컨테이너선을 이용하며 제한적으로 여객도 운송한다.
④ 선복의 공급이 물동량 변화에 탄력적이다.
⑤ 용선계약서를 사용한다.

부정기선(Tramper) 운송은 정기적인 노선과 주기를 지니는 컨테이너 정기선(Liner)과 달리, 선박의 수요가 있으면 운송수요가 발생하는 것으로 주로 철광석, 석탄 등 분립체 벌크(Bulk)화물을 대상으로 한다.

22

물류공동화 추진을 어렵게 하는 요인으로 가장 옳지 않은 것은?

① 기업의 영업기밀 유지문제
② 표준적인 서비스 제공으로 인한 자사 고객서비스 우선의 어려움
③ 상품 특성에 따른 특수 서비스 제공 필요성 문제
④ 긴급한 상황에서의 대처능력 문제
⑤ 물류업체 측면에서 본 차량과 기사의 비효율문제

물류공동화를 추진하면 물류업체 측면에서는 차량배차와 기사 활용의 효율성을 극대화할 수 있다는 장점이 있다.

정답 | 15 ④ 16 ② 17 ② 18 ① 19 ⑤ 20 ⑤ 21 ③ 22 ⑤

23

기업의 재무성과 분석을 나타내는 여러 가지 비율에 대한 설명으로 옳지 않은 것은?

① 유동성비율은 단기채무의 지급능력을 측정한다.
② 레버리지비율은 기업의 타인자본 의존도를 나타낸다.
③ 안정성비율은 자산의 물리적인 이용도를 나타낸다.
④ 기업이 생산활동에 사용하고 있는 각종 자원의 능률 및 업적을 평가하는 것은 생산성 비율이다.
⑤ 시장가치비율은 증권시장에서 주식가치를 나타낸다.

자산의 물리적인 이용도를 나타내는 재무지표는 활동성 비율(Activity Ratio)을 뜻하는 것으로 재고회전율, 자산회전율 등으로 나타낸다.
안정성비율은 기업의 안정성을 측정하는 지표로 레버리지비율(부채비율, 이자보상비율), 유동비율 등이 있다.

24

소비자기본법(법률 제19511호, 2023.6.20., 일부개정)에서 제시하고 있는 국가 및 지방자치단체가 소비자 능력향상을 위해 실행하는 내용으로 옳지 않은 것은?

① 소비자의 능력을 향상시키기 위해 방송법에 따른 방송사업을 한다.
② 경제 및 사회의 발전에 따라 소비자의 능력향상을 위한 프로그램을 개발한다.
③ 소비자교육과 학교교육·평생교육을 연계하여 교육적 효과를 높이기 위한 시책을 수립·시행한다.
④ 소비자가 자신의 선택에 책임을 지는 소비생활을 할 수 있도록 교육한다.
⑤ 소비자교육의 방법 등에 관하여 필요한 사항을 산업통상자원부령으로 정한다.

「소비자기본법」 제14조(소비자의 능력 향상)
㉠ 국가 및 지방자치단체는 소비자의 올바른 권리행사를 이끌고, 물품등과 관련된 판단능력을 높이며, 소비자가 자신의 선택에 책임을 지는 소비생활을 할 수 있도록 필요한 교육을 하여야 한다.
㉡ 국가 및 지방자치단체는 경제 및 사회의 발전에 따라 소비자의 능력 향상을 위한 프로그램을 개발하여야 한다.
㉢ 국가 및 지방자치단체는 소비자교육과 학교교육·평생교육을 연계하여 교육적 효과를 높이기 위한 시책을 수립·시행하여야 한다.
㉣ 국가 및 지방자치단체는 소비자의 능력을 효과적으로 향상시키기 위한 방법으로 「방송법」에 따른 방송사업을 할 수 있다.
㉤ ㉠항의 규정에 따른 소비자교육의 방법 등에 관하여 필요한 사항은 대통령령으로 정한다.

25

아래 글상자 내용은 공공창고 3가지 유형에 대한 설명이다. 옳은 것을 모두 고르면?

> ㉠ 공립창고: 창고 부족 문제를 해결하기 위해 정부와 지방자치단체가 항만지역 등에 설립하여 민간에게 그 운영을 위탁한 창고이다.
> ㉡ 관설상옥: 정부나 지방자치단체가 부두 등에 설치하고 민간업자나 일반에 제공하는 창고이다.
> ㉢ 관설보세창고: 「관세법」에 따라서 세관장의 허가를 받아 세관의 감독하에 수출입세를 미납한 상태의 화물을 보관하는 창고이다

① ㉠
② ㉠, ㉡
③ ㉠, ㉡, ㉢
④ ㉠, ㉢
⑤ ㉡, ㉢

공공창고는 창고 유형의 하나로 관공서 또는 공공단체가 공익을 목적으로 소유, 운영하는 창고로 공립창고, 관설(官設)상옥, 관설보세창고가 있다.
• 공립창고: 정부 및 지방자치단체가 항만지대에 건설하고 민간에게 운용을 위탁
• 관설상옥: 정부 및 지방자치단체가 해, 육 연결 화물판매용도로서 부두 또는 안벽에 상층을 설치하고 민간업체 또는 일반에 제공
• 관설보세창고: 관세법에 의거, 창고업자가 세관의 허가를 받아 세관의 감독 하에 관세 미납 화물을 보관하는 창고

상권분석

26

점포를 중심으로 거리에 따라 상권을 구분하면 일반적으로 점포와의 거리가 증가할수록 점포의 영향력이 약화된다. 다음 중 소비자 흡인율이 가장 낮은 지역인 한계상권(Fringe Trading Area)으로 가장 옳은 것은?

① 1차상권
② 2차상권
③ 3차상권
④ 최소수요충족거리
⑤ 상권 분기점

한계상권은 3차상권(Fringe Trading Area)이라고도 하며, 2차상권 외곽을 둘러싼 지역범위로 2차상권에 포함되지 않은 나머지 고객들을 흡인한다. 3차상권의 점포이용고객은 점포로부터 상당히 먼 거리에 위치하며, 고객들이 광범위하게 분산되어 있어 경쟁점포들과 상권중복 또는 상권잠식의 가능성은 매우 낮다.

27

Huff모델을 통해 소비자의 점포선택확률을 계산하고자 할 때 소비자가 선택을 고려하는 점포에 대한 정보들을 활용한다. 다음 중 그 내용에 해당되지 않는 것은?

① 점포의 크기
② 점포의 크기에 대한 민감도 계수
③ 점포까지의 이동 거리 또는 시간
④ 점포들 간의 이동 거리 또는 시간
⑤ 점포까지의 이동거리에 대한 민감도 계수

Huff모델에서 점포까지의 이동 거리와 시간은 소비자들의 점포선택에 영향을 미치는 주요 요인이지만 점포들 간의 이동 거리 또는 시간은 소비자의 점포선택에 아무런 영향을 미치지 않는다.

관련이론 | 허프(D. Huff)의 모형
허프(D. Huff)의 모형에서 소비자의 특정점포에 대한 효용은 점포의 크기와 점포까지의 거리(또는 시간)에 좌우된다는 것이다. 즉, 소비자의 점포에 대한 효용은 점포의 매장이 크면 클수록 증가하고, 점포까지의 거리는 멀수록(또는 시간이 많이 걸릴수록) 감소한다는 것이다. 즉 허프의 모형에서는 점포의 규모, 점포까지의 거리와 시간이 소비자들의 점포선택에 영향을 미치는 주요 요인이다.

28

입지와 상권의 개념을 구분하여 인식할 때 아래 글상자 내용 중 입지의 개념과 평가에 해당되는 것은?

> ㉠ 일정한 위치를 나타내는 주소나 좌표를 가지는 점(Point)으로 표시
> ㉡ 점포를 경영하기 위해 선택한 장소 또는 그 장소의 부지나 점포 주변의 위치적 조건
> ㉢ 일정한 공간적 범위(Boundary)로 표현
> ㉣ 평가항목 – 점포의 면적, 형태, 층수, 층고, 주차장, 도로와 교통망, 임대조건 등
> ㉤ 평가항목 – 주변 거주인구, 유동인구의 양과 질, 경쟁점포의 수, 소비자의 분포 범위 등

① ㉠, ㉡, ㉣
② ㉠, ㉡, ㉤
③ ㉠, ㉢, ㉤
④ ㉡, ㉢, ㉣
⑤ ㉡, ㉢, ㉤

입지(Location)는 점포를 경영하기 위해 선택한 장소 또는 그 장소의 부지와 점포 주변의 위치적 조건을 의미하고, 상권(Trade Area)은 점포를 이용하는 소비자들이 분포하는 공간적 범위 또는 점포의 매출이 발생하는 지역 범위를 의미한다.
㉢과 ㉤은 상권에 대한 설명이다.

정답 | 23 ③ 24 ⑤ 25 ③ 26 ③ 27 ④ 28 ①

29

상권의 개념이나 일반적 특성에 대한 설명으로서 가장 옳지 않은 것은?

① 현재 기존점포를 이용하는 소비자들이 거주하는 지역인 현재상권과 신규점포를 개설할 경우 그 점포를 이용할 가능성이 있는 소비자들의 분포 지역인 잠재상권으로 구분할 수 있다.
② 점포의 소비자들이 거주하는 지역인 거주상권과 점포를 이용하는 점포주변 직장인과 학생 등 비거주 소비자의 생활공간 분포 범위인 생활상권으로 구분할 수 있다.
③ 상권의 공간적 범위는 일정하지 않고, 요일이나 계절과 같은 시간의 흐름, 교통상황, 경제상황 등 다양한 변수의 영향을 받아 유동적으로 변화한다.
④ 소비자가 점포를 선택할 때 행정구역은 중요한 고려요소가 아니기 때문에 점포의 상권범위와 행정구역이 일치하지 않는 경우가 많다.
⑤ 현실에서 특정 점포의 상권은 그 점포를 중심으로 일정한 거리를 한계로 하는 동심원의 형태로 형성되는 것이 일반적이다.

상권의 형태는 하천이나 산과 같은 자연 조건, 도로나 대중교통 수단과 같은 교통체계, 점포 규모와 유통업의 형태(업태) 등의 영향을 받기 때문에 동심원 형태가 될 수는 없다. 따라서, 상권은 다양한 형태를 지니므로 흔히 아메바형이라고 불리고 있다.

30

상권의 계층적 구조 형성에 대한 설명으로 가장 옳지 않은 것은?

① 지역상권 내의 동일업종들 간에는 고객 흡인을 위해 서로 경쟁하게 된다.
② 신규점포 입지 후보지를 선정하려면 우선 지역상권의 특성을 파악해야 한다.
③ 한 점포의 상권은 지역상권, 지구상권, 개별 점포상권을 포함하는데, 각 상권은 해당 점포로부터의 거리적 범위에 따라 명확하게 구분된다.
④ 점포상권은 1차상권, 2차상권, 3차상권으로 구분하는 것이 일반적이다.
⑤ 하나의 지역상권 내에는 여러 지구상권들이 포함된다.

한 점포의 상권(개별 점포상권)은 1차상권, 2차상권, 3차상권(한계상권)을 포함하는데, 각 상권은 아메바 형태를 보이고 있어 해당 점포로부터의 거리적 범위에 따라 구분되는 것은 아니다.

31

CST(Customer Spotting Technique) Map을 통해 알 수 있는 정보로 가장 옳지 않은 것은?

① 점포별 상권의 중복상태를 파악하여 점포들 간의 경쟁 정도를 측정할 수 있다.
② 상권의 규모를 파악하여 1차상권, 2차상권 및 3차상권을 파악할 수 있다.
③ 신규점포가 기존점포 고객을 어느 정도 잠식할 것인지를 파악하여 점포 확장계획을 수립할 수 있다.
④ 상권 내 소비자의 점포선택확률을 계산할 수 있고 각 점포의 예상매출액과 적절한 점포규모를 제공한다.
⑤ 개별 고객을 나타내는 각 점(Spot)에 인구통계적 특성을 속성정보로 부여하여 추가적인 분석을 할 수 있다.

상권 내 소비자의 점포선택확률을 계산할 수 있고 각 점포의 예상매출액과 적절한 점포규모를 제공하는 것은 허프(D. Huff)의 확률모형에 대한 설명이다.

관련이론 | CST(Customer Spotting Technique) Map 기법
CST(Customer Spotting Technique) Map기법은 애플바움(W. Applebaum)이 개발한 유추법(Analog Method)에서 상권규모를 측정할 때 사용하는 기법이다.
CST Map 기법은 상권의 규모 측정은 물론 고객특성 조사, 광고 및 판촉전략 수립, 경쟁정도의 측정, 점포의 확장계획 등 소매정책의 수립에 유용하게 이용할 수 있다.

32

소매점포 상권의 크기를 결정하는 요인으로서 가장 옳지 않은 것은?

① 상권 내 점포 밀집도
② 상권 내 점포들의 업종 연관성
③ 상권 배후지의 인구밀도
④ 점포의 소유 형태
⑤ 점포의 주력 판매상품

소매점포의 상권의 크기는 제시된 내용과 점포주변의 인구분포, 판매하는 상품의 종류, 점포의 입지 및 점포에 대한 접근성에 의해 결정된다. 점포의 소유형태나 종업원의 친절도 등은 상권의 크기와 무관하다.

33

아래 글상자에서 설명하는 입지대안을 평가하기 위한 원칙으로 가장 옳은 것은?

> 고객이 특정 지역에서 다른 지역으로 이동할 때에 고객으로 하여금 자연스럽게 어떤 점포를 방문하도록 하는 입지적 특성과 관련된 원칙으로서, 이동경로에 상업지역, 쇼핑센터 등이 있을 때 적용된다.

① 동반유인원칙(Principle of Cumulative Attraction)
② 접근가능성의 원칙(Principle of Accessibility)
③ 고객차단원칙(Principle of Interception)
④ 보충가능성의 원칙(Principle of Compatibility)
⑤ 점포밀집의 원칙(Principle of Store Congestion)

고객이 특정 지역에서 다른 지역으로 이동할 때에 고객으로 하여금 자연스럽게 어떤 점포를 방문하도록 하는 입지적 특성과 관련된 원칙은 고객차단의 원칙(Principle of Interception)이다.

34

신규점포를 개설할 때 시행하는 점포의 입지조건 평가와 관련한 내용들로 가장 옳지 않은 것은?

① 중앙분리대가 있는 경우 건너편 소비자의 접근성이 떨어지므로 불리하다.
② 점포의 면적이 같다면 일반적으로 정사각형의 점포 보다 도로의 접면의 길이가 깊이보다 긴 장방형 형태의 점포가 유리하다.
③ 차량이 운행하는 도로가 직선이 아니고 굽은 곡선형 도로에서는 커브 안쪽보다는 커브 바깥쪽 입지가 불리하다.
④ 간선도로와 주거지를 연결하는 도로에서 출퇴근 동선이 다른 경우 퇴근 방향의 동선에 인접하는 입지가 유리하다.
⑤ 부지가 접하는 도로의 폭, 보도와 차도의 구별, 일방통행 여부 등 도로의 특성과 구조를 검토해야 한다.

곡선형 커브(Curve)가 있는 도로에서는 안쪽보다 바깥쪽 입지가 유리한 입지이다. 즉 'C'자와 같이 굽은 곡선형 도로의 안쪽에 입지해 있는 점포는 시계성에 있어서 불리하다.

35

폐업 시 반드시 지켜야 할 절차로 옳지 않은 것은?

① 직원 4대보험 상실 신고
② 폐업 후 부가가치세 신고
③ 지급명세서 제출
④ 폐업 후 소득세 신고
⑤ 점포임대차계약 종료증명서 제출

사업을 접고 폐업하는 경우 먼저 폐업 다음 달 25일까지 사업자등록증을 첨부하여 폐업신고서를 세무서에 제출하여야 한다. 그리고 직원을 고용했던 경우 사업장의 탈퇴와 직원 4대보험 상실 신고를 하고 인건비 등의 지급명세서를 제출해야 하며, 폐업 후에는 부가가치세와 종합소득세를 신고·납부하여야 한다.

정답 | 29 ⑤　30 ③　31 ④　32 ④　33 ③　34 ③　35 ⑤

36

지역시장의 매력도를 평가하기 위해 활용하는 소매포화지수(RSI: Retail Saturation Index)와 시장성장잠재력지수(MEP: Market Expansion Potential)에 대한 설명으로 옳은 것은?

① 시장성장잠재력지수에는 소매포화지수의 내용이 어느 정도 내포되어 있다.
② 소매포화지수에 시장성장잠재력이 어느 정도는 반영되어 있다고 볼 수 있다.
③ 소매포화지수와 시장성장잠재력지수가 모두 높은 경우에는 좋은 신규출점 후보지로 볼 수 없다.
④ 시장성장잠재력지수는 특정 지역시장 거주자들이 지역시장 이외의 타 지역에서 구매하는 지출액을 추정하여 계산한다.
⑤ 소매포화지수는 낮은데 시장성장잠재력지수가 높은 경우가 가장 이상적인 소매입지이다.

선지분석
①, ② 소매포화지수는 현재의 잠재수요, 시장성장잠재력지수는 미래의 잠재수요를 기반으로 하므로 두 지수는 상관관계가 없다.
③, ⑤ 소매포화지수와 시장성장잠재력지수가 모두 높은 경우 가장 이상적이고 바람직한 신규출점 후보지이다.

37

상권분석에 관한 주요 이론들에 대한 설명으로 가장 옳지 않은 것은?

① 라일리(Reilly)의 소매인력이론은 두 대도시 사이에 위치한 한 도시의 수요가 두 도시 각각에 유출되는 정도는 두 대도시의 상대적 규모에 비례하고 두 대도시까지의 상대적 거리의 제곱에 반비례한다고 설명한다.
② 컨버스(Converse)는 라일리(Reilly)의 소매인력이론을 수정하여 두 도시 간의 상권분기점을 설명한다.
③ 허프(Huff)의 소매인력이론은 도시 간의 상권경계를 확률적으로 분석한다.
④ 루스(Luce)의 확률적 점포선택모델은 특정 점포에 대한 소비자의 접근가능성과 매력성 평가라는 소비자행동요소를 포함하여 점포선택 행동을 설명한다.
⑤ 크리스탈러(Christaller)의 중심지이론은 소비자들이 유사점포들 가운데 가장 가까운 점포를 선택한다고 가정한다.

소매인력이론은 라일리(Reilly)의 이론으로 도시 간의 상권경계를 기술적으로 분석하는 기술적 모형이다.
허프(Huff)의 확률모형은 소비자들의 점포선택을 설명하는 모형으로 점포의 규모, 점포까지의 거리와 시간이 소비자들의 점포선택에 영향을 미친다는 주장이다.

38

소상공인시장진흥공단은 소상공인 및 소규모 창업자를 위하여 빅데이터를 활용한 상권정보시스템을 광범위하게 운영하고 있다. 이 상권정보시스템을 통하여 제공되는 정보로 옳지 않은 것은?

① 지역 내 소득 및 소비 분석
② 유동 인구 및 경쟁 상황
③ 지역 내 부동산 정보
④ 지역 내 소비자의 라이프스타일 및 브랜드 선호도 분석
⑤ 매출 분석

중소벤처기업부 산하 소상공인시장진흥공단이 운영하는 소상공인 상권정보시스템(sg.sbiz.or.kr)이 제공하는 정보에 지역 내 소비자의 라이프스타일 및 브랜드 선호도 분석은 포함되지 않고 있다.

39

공간균배에 의해 입지유형을 분류할 때 은행이나 가구점처럼 동일업종의 점포들이 모여 있으면 집적효과 또는 시너지효과를 거두는 입지유형으로서 가장 옳은 것은?

① 목적성 입지
② 국지적집중성 입지
③ 집심성 입지
④ 집재성 입지
⑤ 산재성 입지

페터(Fetter)의 공간균배원리에 따라 입지를 구분하면 집심성 입지, 집재성 입지, 산재성 입지 등으로 구분한다.
집재성 입지는 가구점이나 기계기구점처럼 같은 업종의 점포들이 모여 집적효과를 거둘 수 있는 입지이다. 즉, 집재성 입지는 여러 점포가 인접하여 입지하여야 매출을 증대시킬 수 있는데 이를 누적적 흡인력(Cumulative Attraction)의 원칙 또는 동반유인의 원칙이라고 한다.

40

현재시점까지 영업을 지속하고 있는 기존점포의 상권범위를 파악하기 위해 고객이나 거주자들로부터 자료를 수집하여 분석하는 조사기법으로 가장 옳지 않은 것은?

① 점두조사
② gCRM분석
③ 내점객조사
④ 체크리스트법
⑤ 지역표본추출조사

자료를 수집하여 상권범위를 파악하려는 조사기법으로는 점두조사, 내점객조사, 지역표본추출조사와 CST 기법 등이 있다

관련이론 | 체크리스트(Checklist)법
체크리스트(Checklist)법은 상권의 규모에 영향을 미치는 요인들을 수집하여 이들에 대한 평가결과를 점수화하여 시장잠재력을 측정하는 방법이다. 즉, 특정 상권의 제반특성을 여러 항목으로 구분하여 조사하고, 이를 바탕으로 신규점포의 개설가능성 여부를 평가하는 방법이다.

41

상권 범위 내 소비자들이 특정점포를 선택할 확률을 근거로 예상매출액을 추정할 수 있는 상권분석 기법들로 가장 옳은 것은?

① 유사점포법, Huff모델
② 체크리스트법, 유사점포법
③ 회귀분석법, 체크리스트법
④ Huff모델, MNL모델
⑤ MNL모델, 회귀분석법

상권 범위 내 소비자들이 특정점포를 선택할 확률을 근거로 예상매출액을 추정할 수 있는 상권분석 기법은 확률적 모형 중 Huff모델, MNL모델 등이다. 유추법(또는 유사점포법)에 의해서도 예상매출액을 추정할 수 있으나 유추법은 확률적 모형이 아닌 기술적 모형이다.

42

소매점포의 상권분석이나 입지결정에 활용하는 통계분석 중 하나인 회귀분석에 대한 설명으로 가장 옳지 않은 것은?

① 다중회귀분석을 통해 상권과 관련된 많은 영향변수들을 반영하는 정교한 분석이 가능하다.
② 시간의 흐름에 따라 보다 정교하고 정확한 예측이 가능하도록 모델을 개선해 나갈 수 없다.
③ 분석대상과 유사한 상권특성을 가진 점포들의 표본을 충분히 확보하기 어렵다.
④ 매출액과 같은 소매점포의 성과에 대한 다양한 변수들의 상대적인 영향을 분석할 수 있다.
⑤ 독립변수들이 상호관련성이 없다는 가정은 현실성이 없는 경우가 많다.

회귀분석(Regression Analysis)은 기본적으로 일정한 시점에서 독립변수와 종속변수 간의 관계를 분석하는 모형이다. 그러나 시간의 흐름에 따라 새로운 데이터가 주어지면 이를 바탕으로 독립변수의 변경 등 회귀모델의 개선이 가능하다. 따라서 확장성과 융통성이 매우 뛰어난 분석이다.

관련이론 | 회귀분석(Regression Analysis)
종속변수에 영향을 미치는 하나 또는 그 이상의 독립변수를 파악하여 종속변수와 독립변수의 상관관계를 선형관계식(최소자승선)으로 나타내는 방법이다. 이를 통하여 독립변수가 변화할 때 종속변수에 미치는 영향을 파악할 수 있다.

정답 | 36 ④ 37 ③ 38 ④ 39 ④ 40 ④ 41 ④ 42 ②

43

상가건물 임대차보호법(법률 제18675호, 2022.1.4., 일부개정)과 동법 시행령에서는 법의 보호를 받을 수 있는 보증금액의 수준을 규정하고 있다. 이러한 환산보증금을 구하는 계산식으로 옳은 것은?

① 보증금+(월임차료×10)
② 보증금+(월임차료×24)
③ 보증금+(월임차료×60)
④ 보증금+(월임차료×100)
⑤ 보증금+(월임차료×120)

환산보증금은 「상가건물 임대차보호법」에서 보증금과 월세 환산액을 합한 금액을 말한다.
보증금액을 정할 때에는 해당 지역의 경제 여건 및 임대차 목적물의 규모 등을 고려하여 지역별로 구분하여 규정하되, 보증금 외에 차임이 있는 경우에는 그 차임액에 「은행법」에 따른 은행의 대출금리 등을 고려하여 대통령령으로 정하는 비율(100분의 1)을 곱하여 환산한 금액을 포함하여야 한다. (법 제2조 제2항, 시행령 제2조 제3항)

44

점포개점 시 검토해야 할 점포규모와 관련된 내용으로 옳지 않은 것은?

① 상가주택의 점포는 등기부상에 전용면적만 기록된다.
② 아파트나 점포는 등기부상에 전용면적만 기록된다.
③ 업종과 업태를 결정한 다음에 점포규모를 검토한다.
④ 건축물관리대장에는 전용면적만 기록된다.
⑤ 생활정보지 등에 소개되는 점포면적은 대개 공용면적을 포함한 것이다.

건축물관리대장에는 일반건축물대장의 경우 대지면적, 건축면적과 연면적이 기록된다.

관련이론 | 건축물관리대장
건축물관리대장은 건축물의 상황을 명확하게 기록한 장부이다. 건물의 소재, 번호, 종류, 구조, 면적, 소유자의 주소 및 성명 등으로 구분하여 각 항목의 내용이 기재되어 있다.

45

단일점포일 때와는 달리 소매점포가 체인화되는 과정에서는 점포망 전체 차원에서 점포를 추가로 개점하거나 기존 점포를 폐점하는 등 점포망 구성이 중요한 과제가 된다. 이러한 경우 사용할 점포망 분석기법으로 가장 옳은 것은?

① 유사점포법
② 입지할당모델
③ 근접구역법
④ 체크리스트법
⑤ 점포공간매출액비율법

여러 개의 점포를 체인화하여 운영하는 경우 각 점포간의 거리를 고려한 점포망 구성이 중요한 과제가 되는데 이를 설명하는 기법의 하나가 헤스 등(Hess et al)의 입지-할당(Location-Allocation) 모델이다.

관련이론 | 입지-할당(Location-Allocation) 모델
입지-할당 모델은 수요균형 제약조건 하에서 각 구역의 수만큼 점포를 선정하고 점포마다 할당된 기본 공간 단위와 점포 사이의 거리의 합이 최소가 되도록 구역을 설정하는 모형이다.

유통마케팅

46

가격설정 정책 중 관습가격(Customary Price)정책에 대한 설명으로 옳은 것은?

① 1,000원 보다 약간 모자라게 990원으로 가격을 결정 하는 것처럼 고객에게 상품의 가격이 최대한 인하된 가격이라는 인상을 주어 판매량을 증가시키는 것을 말한다.
② 가격이 높을수록 품질의 우수성이나 높은 지위를 상징하는 경우에 사용되는 가격설정 정책을 말한다.
③ 특정 제품군에 대해 오랫동안 같은 가격을 지속적으로 유지함으로써 소비자가 그 가격을 당연한 것으로 받아들이는 것을 말한다.
④ 단일 제품이 아닌 몇 개의 제품을 품질에 따라 1만원, 3만원, 5만원 등과 같이 가격을 설정하는 것을 말한다.
⑤ 고객을 모으기 위해서 특정 제품을 아주 저렴한 가격으로 판매하는 방법을 말한다.

선지분석
①: 단수가격(Odd Pricing) ②: 명성가격전략(Prestige Pricing)
④: 가격대(Price Lining) ⑤: 손실유도가격(Loss Leader Pricing)

47

아래 글상자에서 설명하는 POP(Point-Of-Purchase)진열 방식으로 가장 옳은 것은?

> 소매업자는 계절이나 특별한 이벤트에 따라서 제품을 다르게 진열한다. 발렌타인데이나 크리스마스 혹은 여름의 바캉스 시즌에 특별한 매장을 진열하는 것이 이에 해당한다.

① 구색 진열(Assortment Display)
② 테마별 진열(Theme-setting Display)
③ 패키지 진열(Ensemble Display)
④ 옷걸이 진열(Rack Display)
⑤ 케이스 진열(Case Display)

글상자는 테마별 진열(Theme-setting Display)에 대한 설명으로 다음과 같은 특징을 갖는다.
- 제품을 테마별로 특별한 분위기에 맞추어 진열하는 방식
- 계절(바캉스, 스키 시즌 등)이나 특별한 이벤트(예: 발렌타인데이, 크리스마스)에 따라 제품을 진열
- 판매를 촉진하고 쇼핑을 더욱 즐겁게 함

48

효과적인 시장세분화에 대한 설명으로 옳지 않은 것은?

① 세분화된 각각의 시장은 규모와 구매력 등을 측정할 수 있어야 한다.
② 세분화된 각각의 시장은 수익이 발생할 만큼 충분한 규모를 가져야 한다.
③ 세분화된 시장은 기업이 개발한 마케팅 프로그램을 실행할 수 있는 대상으로 구성되어야 한다.
④ 세분화된 시장은 같은 고객 집단 내에서는 차별적이지만, 서로 다른 고객집단 간에는 동질적인 특성이 존재해야 한다.
⑤ 세분화된 시장은 기업이 효과적으로 접근할 수 있는 대상으로 구성되어야 한다.

세분화된 시장은 같은 고객집단 내에서는 동질적이지만, 서로 다른 고객집단 간에는 이질적인 특성이 존재해야만 한다.

49

수평적 마케팅 시스템(Horizontal Marketing System)에 대한 설명으로 옳지 않은 것은?

① 동일한 경로단계에 있는 둘 이상의 개별 기업들이 함께 협력하는 것이다.
② 효과적인 마케팅 활동을 수행하는데 필요한 자본, 노하우, 마케팅자원 등을 결합한다.
③ 경쟁관계에 있는 기업들로 인해 발생하는 경로 갈등의 문제점을 비경쟁관계에 있는 기업들과의 협력을 통해 해결하기 위한 것이다.
④ 통합을 통해 시너지 효과를 얻으려 하기 때문에 공생적 마케팅(Symbiotic Marketing)이라고도 한다.
⑤ 글로벌 시장에 캔커피와 캔홍차음료의 판매를 위해 코카콜라와 네슬레가 제휴한 경우가 대표적 사례이다.

수평적 마케팅 시스템(Horizontal Marketing System)은 동일한 유통경로상에 있는 2개 이상의 기관들이 각기 독자성을 유지하면서 기업이 가지고 있는 자본, 노하우, 마케팅, 유통망 등의 자원 등을 결합하여 시너지 효과를 얻기 위해 통합 또는 협력하는 시스템을 말한다.

정답 | 43 ④ 44 ④ 45 ② 46 ③ 47 ② 48 ④ 49 ③

50

커뮤니케이션 믹스 전략에 대한 설명으로 옳지 않은 것은?

① 광고는 신문, TV, 인터넷과 같은 비인적 대중매체를 통해 무료로 소비자들과 커뮤니케이션하는 형태이다.
② 판매촉진은 상품의 판매를 촉진시키기 위해 단기적으로 수행되는 방법을 말하며 일반적으로 광고와 인적판매를 보완하는 역할을 한다.
③ 점포분위기는 점포의 물리적 특성들의 조합이라고 할 수 있다.
④ 홍보는 고객과의 관계에서 소매업체의 이미지를 높이는 등 장기적인 효과를 발생시키는 역할을 한다.
⑤ 구전은 고객들 사이에서 주고받는 소매점포의 상품이나 고객서비스 등에 대한 고객의 경험과 평가로 소매점포성과에 영향을 미친다.

광고는 신문, TV, 인터넷과 같은 비인적 대중매체를 통해 유료로 이루어지므로 과대, 과장광고 및 신뢰성의 문제점이 지적되는 커뮤니케이션 형태이다.

51

디지털 마케팅에서 기업 웹사이트나 모바일 앱 등 다양한 고객과의 접점에서 직접적 상호작용을 통해 자체적으로 수집한 자사 데이터를 지칭하는 용어로 옳은 것은?

① 개인식별정보(Personally Identifiable Information)
② 사용자 특성 정보(Demographic Information)
③ 고객 프로파일링(Customer Profiling)
④ 서비스 로그 데이터(Service Log Data)
⑤ 제1자 데이터(First Party Data)

제1자 데이터(First Party Data)는 보통 광고주가 직접 수집한 사용자(User) 및 오디언스 정보를 의미한다. 온라인 광고의 관점에서 제1자 데이터는 보통 쿠키 기반 데이터가 많으며, 웹사이트분석 플랫폼에 의해 수집된 정보, 비즈니스 분석도구에 의한 수집 데이터 또한 모두 제1자 데이터에 해당한다.

관련이론
- 제2자 데이터: 다른 기업이 보유한 데이터로서, 직접적인 경쟁관계가 아닌 경우 파트너십을 통해 고객데이터를 공유하는 경우를 뜻한다.
- 제3자 데이터: 고객 데이터를 수집 및 가공하여 대중에게 공개적으로 판매하는 데이터를 말하며 제3자 데이터의 장점은 제1자, 제2자 데이터에 비해 압도적으로 큰 규모의 고객 데이터에 접근할 수 있다는 것이다.

52

소매점의 성장전략 중 시장침투 전략에 대한 설명으로 옳지 않은 것은?

① 표적시장의 고객에게 더 어필하기 위해 다른 소매믹스를 가진 새로운 소매업태를 선보이는 전략이다.
② 표적고객에 해당하는 고객 중에서 자사의 점포에서 쇼핑하지 않는 고객을 유인하기 위한 전략이다.
③ 기존 고객들이 더욱 자주 점포를 방문하여 더 많은 상품을 구매하도록 유도하는 전략이다.
④ 표적시장에 더 많은 점포를 개설하거나 기존 점포의 영업시간을 보다 늘림으로써 표적고객에 해당하는 범위 내에서 신규 고객을 유인하는 전략이다.
⑤ 충동구매를 유도하는 상품을 진열하여 다른 상품을 끼워팔거나 상품간 교차판매가 이루어지도록 하는 전략이다.

I. Ansoff의 제품-시장확장 그리드에 따르면 시장침투전략은 기존 제품(또는 기존 업태)을 가지고 기존 시장의 고객들에게 어필하는 전략을 말한다. 문제에서처럼 새로운 소매업태를 선보이는 경우 이를 업태개발이라고 한다.

53

아래 글상자에서 설명하는 소매업태의 변천과정 이론으로 가장 옳은 것은?

> 제품구색의 변화에 초점을 맞춘 소매이론으로 소매상은 제품구색이 넓은 소매업태에서 전문화된 좁은 소매업태로 변화되었다가 다시 넓은 제품구색의 소매업태로 변화되어간다.

① 소매업의 수레바퀴가설
② 소매수명주기이론
③ 소매아코디언이론
④ 중심지이론
⑤ 소매중력법칙

소매아코디언이론은 소매점 업태의 진화 과정을 소매점에서 취급하는 상품계열의 수로 설명하는 이론으로, 소매점 업태는 다양한 상품구색을 갖춘 점포로 시작하여 시간이 경과함에 따라 점차 전문화되고 한정된 상품 계열을 취급하는 소매점 형태로 변화하고, 이는 다시 다양하고 전문적인 제품 계열을 취급하는 소매점으로 진화해 가는 것을 가정한다.

54
소매점 머천다이징(MD)의 매입계획에 포함되는 내용으로 가장 옳지 않은 것은?

① 매입자금의 확보
② 공급업체의 선정
③ 매입조건의 검토
④ 영업수행방식의 준비
⑤ 판매가격의 결정

소매점 머천다이징의 매입계획에 해당하지 않는 것에 대한 문제로 매입조건 또는 매입금액과 관련된 내용이 중요하다.
판매가격의 결정은 매입 이후 판매시점에서 고려할 사항에 해당한다.

55
아래 글상자에서 설명하는 용어로 옳은 것은?

> 경쟁제품과 비교하여 소비자들의 마음속에서 차지하고 있는 자사 제품의 기존 위치를 변화시키는 것을 의미한다.

① 시장세분화
② 목표시장선정
③ 포지셔닝
④ 리포지셔닝
⑤ 지각도

리포지셔닝(Repositioning) 또는 재포지셔닝이란 마케팅환경의 변화로 제품의 포지션이 소비자의 욕구와 경쟁 제품에 비추어 보아 적절하지 않은 경우, 자사 제품의 목표 포지션을 재설정하고 적절한 포지션으로 이동시키는 것을 말한다.

56
다음 중 온라인 프로모션의 유형으로 가장 옳지 않은 것은?

① 디스플레이 광고(Display Advertising)
② 검색관련 광고(Search-related Advertising)
③ 트레이드인 광고(Trade-in Advertising)
④ 콘텐츠 스폰서십(Contents Sponsorship)
⑤ 직접 반응 광고(Direct-response Advertising)

온라인 프로모션(촉진방법)에는 이메일 마케팅, 소셜 미디어 마케팅, SEO(검색엔진 최적화), 디스플레이 광고, 콘텐츠 마케팅, 제휴 마케팅 등 다양한 방법이 활용되고 있다. 한편, 트레이드인(Trade-in)은 중고제품 보상프로그램과 관련된 개념으로 행사 모델 제품을 구매한 경우 기존 제품 반납시 추가 보상혜택을 제공하는 것을 말한다.

57
소매업체 대상 판촉프로그램에 대한 설명으로 옳지 않은 것은?

① 리베이트: 진열위치, 판촉행사, 매출실적 등 소매상의 협력 정도에 따라 판매금액의 일정률에 해당하는 금액을 반환해 주는 것을 말한다.
② 가격할인: 일정 기간의 구매량에 대해 가격을 할인해 주는 방법을 말한다.
③ 할증판촉: 일정량 구매 시 동일제품을 무료로 더 제공하는 것을 말한다.
④ 진열장비의 지원: 육가공·냉장음료 등의 보관에 필요한 쇼케이스나 진열보조용구 등을 지원하는 것을 말한다.
⑤ 판촉물지원: 신제품 출시 시 많이 사용하는 방법으로 소비자 홍보를 통한 제품구매를 유도하기 위하여 점포 내의 시식행사나 샘플배포비용을 지원하는 것을 말한다.

신제품 출시 시 많이 사용하는 방법으로 소비자 홍보를 통한 제품구매를 유도하기 위하여 점포 내의 시식행사나 샘플 배포비용을 지원하는 것은 판매촉진(Sales Promotion)에 해당한다.
판촉물지원은 제품구매를 독려하기 위해 제조업체에서 판촉물을 제작하여 이를 소매상에게 지원하는 것을 말한다.

정답 | 50 ① 51 ⑤ 52 ① 53 ③ 54 ⑤ 55 ④ 56 ③ 57 ⑤

58

온라인상의 마케팅 퍼널 모델(Funnel Model)에 대한 설명으로 옳지 않은 것은?

① 온라인상의 마케팅 퍼널 모델은 고객이 웹이나 앱 서비스에 접속한 후 상품을 구매하기까지의 일련의 경로를 단계별로 나누어 시각화한 모델이다.
② 온라인상의 마케팅 퍼널이라는 용어는 상품을 인지하고 구매까지 나아가는 과정에서 단계별로 좁아지는 깔때기 같은 모양에서 비롯되었다.
③ 온라인상의 마케팅 퍼널 모델은 소비자 정보처리 이론을 바탕으로 형성되었다.
④ 온라인상의 마케팅 퍼널은 기존 소비자의 구매 여정을 새롭게 설계하여, 이탈고객을 대상으로 기업이 설계한 방향대로 구매 여정을 최적화하는 프로세스이다.
⑤ 온라인상에서 설계된 퍼널을 통해 기업은 각 단계마다 고객의 전환 및 이탈을 확인할 수 있기 때문에 해당 단계에 적합한 전략들을 수립하는 것이 가능하다.

온라인상의 마케팅 퍼널은 기존 소비자의 구매 여정을 새롭게 설계하는 것이 아니라 신규 고객의 유입시점부터 구매, 재구매까지의 고객행동을 단계별로 세분화함으로써 어느 단계에서 이탈자가 많은지 파악하고, 그에 대한 개선방안을 피드백함에 있다.

관련이론 | 퍼널(Funnel)
'깔때기'를 뜻하며, 상품을 인지하고 구매까지 나아가는 과정에서 유입자의 수가 줄어드는 것이 깔때기 모양을 닮은 데서 기인한 용어이다. 1898년, Elmo Lewis라는 사람이 처음으로 마케팅 퍼널에 대한 개념을 제시했으며, 퍼널 분석은 상품 발견부터 구매, 재구매까지의 고객행동을 세분화해서 파악함으로써 어느 단계에서 이탈자가 많은지 파악하고, 그에 대한 개선방안을 피드백함에 있다.

59

고객관리를 위한 고객분석의 내용으로 옳지 않은 것은?

① 고객세분화 분석을 통한 구매자와 사용자, 잠재고객 파악
② 고객의 구매동기를 분석하여 제품의 특성과 추구목적 이해
③ 고객 구매동기의 변화 가능성과 잠재적 욕구의 파악
④ 미충족된 고객욕구를 파악하여 문제점 및 제품만족도 개선 사항 파악
⑤ 고객서비스 및 접객 방식의 개선 효과 분석을 통해 고객응대에 활용

고객관리는 고객의 구매와 관련된 니즈 파악 및 구매동기 분석 등을 통해 고객의 만족도를 높여 장기적 관계를 구축하는 것이므로, 고객서비스 및 접객 방식의 개선 효과 분석을 통해 고객응대에 활용하는 것과는 거리가 가장 멀다.

60

유통마케팅 조사의 절차 중 조사설계에 해당하는 활동으로 가장 옳지 않은 것은?

① 조사의 성격 규정
② 데이터 수집방법 결정
③ 데이터 수집도구 결정
④ 표본 설정
⑤ 데이터 검증

마케팅조사설계는 마케팅조사의 목적을 달성하기 위한 정보 자료를 수집하고 분석하는 데 있어서의 기본지침으로, 조사 계획 설정 단계에서는 조사문제의 성격을 규명하고 해결을 위하여 수집되어야 할 자료의 종류, 수집방법 및 분석방법, 표본설정 및 표본추출에 관한 계획이 수립되어야 한다.

61

소매점포의 레이아웃 중 아래 글상자의 괄호 안에 들어갈 용어로 가장 옳은 것은?

(㉠) – 고객들의 주통로와 여러 점포들의 입구가 연결되어 있는 형태의 레이아웃
(㉡) – 일정한 규칙 없이 상품이나 점포를 배치함으로써 고객들이 자유롭게 쇼핑할 수 있도록 만들어진 레이아웃

① ㉠: 경주형 레이아웃, ㉡: 자유형 레이아웃
② ㉠: 격자형 레이아웃, ㉡: 자유형 레이아웃
③ ㉠: 격자형 레이아웃, ㉡: 경주형 레이아웃
④ ㉠: 자유형 레이아웃, ㉡: 격자형 레이아웃
⑤ ㉠: 경주형 레이아웃, ㉡: 격자형 레이아웃

경주로형(Racetrack형, Loop형)은 주된 통로를 중심으로 여러 매장 입구가 연결되어 있어 고객들이 여러 매장들을 손쉽게 둘러 볼 수 있도록 배치된 형태의 레이아웃이며, 자유형은 원형, 타원형, U자형 등으로 비품과 통로를 비대칭으로 배치하여 흥미롭고도 자유로운 쇼핑 분위기 속에서 고객의 시선을 끌어 충동구매를 유도하는 배치 형태에 해당한다.

62

다음 촉진 예산 결정 방법 중 상향식 접근방법으로 옳은 것은?

① 가용 예산법(Affordable Method)
② 매출액 비율법(Percentage-of-sales Method)
③ 단위당 고정 비용법(Fixed-sum-per-unit Method)
④ 경쟁자 기준법(Competitive Parity Method)
⑤ 목표 및 과업기준법(Objective and Task Method)

목표 및 과업기준법(Objective and Task Method)은 커뮤니케이션 목표를 달성하기 위해 특별한 업무 수행에 요구되는 예산을 결정짓는 상향식 접근 방식으로 가장 합리적인 촉진 예산결정 방법에 해당한다.

63

상품 로스(Loss)의 발생원인에 대한 설명으로 옳지 않은 것은?

① 상품 로스가 발생하는 원인은 다양하지만 크게 상품 운영상의 문제, 로스 관리상의 문제, 장비 및 시설 문제로 분류할 수 있다.
② 과일과 채소 같은 신선식품의 경우 품질 관리를 위한 유통 과정에서의 폐기로 인해 일반적인 상품보다 로스가 발생할 가능성이 높다.
③ 로스 다빈도 상품에 대한 방지대책 미흡은 로스 관리상의 문제에 속한다.
④ 매입 및 반품에 대한 오류는 상품 운영상의 문제에 속한다.
⑤ 고객 및 직원으로부터 발생하는 도난 사고는 장비 및 시설문제에 속한다.

고객 및 직원으로부터 발생하는 도난 사고는 로스 관리상의 문제와 관련되며, 가치관 정립 미흡에 따른 인간성 로스에 해당한다.

64

소매점의 정량적 성과분석을 위한 관리지수로서 옳지 않은 것은?

① 전월, 전년, 또는 전분기 대비 당월, 금년, 현분기의 실적 증감을 관리하는 신장률 관리
② 매장의 단위면적(평)당 매출액 및 수익 등을 관리하는 평효율 관리
③ 상품에 투자된 자금을 신속하게 회수하여 재고 과다로 인한 자금손실을 방지하는 재고회전율 관리
④ 입점 고객에 대한 신속한 니즈 파악 및 빠른 판매 마무리를 관리하는 노동생산성 관리
⑤ 입점 고객 대비 구매 고객 수 및 고객 1인당 평균 매입액을 관리하기 위한 구매율 객단가 관리

정량적 성과분석을 위한 관리지수는 정량적으로 나타나며, 입점 고객에 대한 신속한 니즈 파악 및 빠른 판매 마무리를 관리하는 노동생산성 관리는 정성적인 성과분석에 해당한다.

정답 | 58 ④ 59 ⑤ 60 ⑤ 61 ① 62 ⑤ 63 ⑤ 64 ④

65

플랫폼 비즈니스전략을 수립할 때 고려해야 할 사항으로 가장 옳지 않은 것은?

① 새로운 비즈니스 모델 및 양질의 콘텐츠가 성공의 핵심 요인이다.
② 규모의 경제로 인해 선두주자는 반드시 성공한다.
③ 초기에 충분한 사용자를 확보하기 위해 빠른 시간 내에 네트워크 효과가 나타나게 해야 한다.
④ 제공 서비스 및 콘텐츠의 품질은 지속적으로 유지되어야 한다.
⑤ 독점적 지위를 이용하여 사용자에게 과다한 부담을 강요하는 것은 장기적으로 해가 될 수 있다.

플랫폼 비즈니스전략을 수립 시 규모의 경제로 인한 비용절감 부분도 중요 요소이지만, 경쟁자들과의 관계에 있어 차별화된 새로운 비즈니스 형태 또는 차별화된 컨텐츠의 개발이 더욱 중요하다.

66

서비스의 소멸성(Perishability)을 극복하기 위한 서비스마케팅으로 가장 옳지 않은 것은?

① 예약 시스템을 활용한 예약제도
② 비수기 할인 등 시즌별 가격 차등화
③ 조조할인 등 시간대별 가격 차등화
④ 고객 후기 및 추천을 활용한 서비스 표준화
⑤ 피크타임 동안 가용능력의 효율성 극대화

소멸성(Perishability)은 서비스 제공과 동시에 소멸한다는 것으로 서비스가의 비저장성을 의미한다.
고객 후기 및 추천을 활용한 서비스 표준화는 서비스의 비표준성에 해당하는 이질성을 극복하기 위한 내용에 해당한다.

67

상품구매와 관련하여 고관여 상황에서 제품들 사이에 차이가 거의 없다고 판단할 경우 주로 나타나는 고객 구매행동으로 옳은 것은?

① 맥락적 구매행동
② 다양성 추구 구매행동
③ 습관적 구매행동
④ 인지부조화 감소 구매행동
⑤ 체계적 구매행동

구분	고관여 수준	저관여 수준
제품 간 큰 차이가 있는 경우	복잡한 구매 행동	다양성 추구 구매 행동
제품 간 차이가 별로 없는 경우	부조화 감소 구매 행동	습관적 구매 행동

68

아래 글상자에서 설명하는 매장 혼잡성 관리 전략으로 옳은 것은?

> A백화점에서는 에스컬레이터 앞에 패션쇼를 보여주는 비디오를 설치하여 고객들의 관심을 끌고 있다.

① 시설의 재배치
② 최대용량 조절
③ 고객 수 통제
④ 직원 수 조절
⑤ 고객의 인식관리

대기 관리를 위한 '고객 인식관리'에 대한 내용이다. 서비스 혼잡장소나 대기시간이 있는 곳에 고객이 무료하게 기다리는 경우 더 길게 느껴지므로 이를 관리하기 위한 프로그램이 '고객 인식관리'라 할 수 있다.

69

CRM 채널관리 이슈 및 기대효과에 관한 내용으로 가장 옳지 않은 것은?

① 기존 고객들만을 대상으로 마케팅을 수행하여 지속적인 경쟁우위를 창출할 수 있다.
② 고객 니즈에 맞는 최적의 채널을 제공하고, 거래비용을 최소화할 수 있는 채널로 고객을 유도할 수 있다.
③ 채널의 정보교환 기능을 활성화하여 고객의 개별 니즈에 부합하는 가치를 창조해야 한다.
④ 채널을 차별화함으로써 발생할 수 있는 채널 간 갈등을 해소해야 한다.
⑤ 고객 행위에 대한 깊은 이해를 바탕으로 고객만족 및 고객애호도를 증대시킬 수 있다.

CRM은 기본적으로 기존 고객의 이탈을 방지하는 프로그램이지만 기존 고객을 창출하기 위해서는 신규고객에 대한 투자가 병행되어야 한다. 따라서 기존 고객들만을 대상으로 마케팅을 수행하여서는 지속적인 경쟁우위를 창출할 수 없다.

70

경쟁 점포와는 차별적으로 자사 점포가 대상으로 하는 고객이 가장 원하는 품종에 중점을 두거나, 가격에 대응하는 상품이나 품질을 차별화하는 방향으로 전개하는 머천다이징으로 옳은 것은?

① 혼합식 머천다이징(Scrambled Merchandising)
② 세그먼트 머천다이징(Segment Merchandising)
③ 선별적 머천다이징(Selective Merchandising)
④ 계획적 머천다이징(Programmed Merchandising)
⑤ 상징적 머천다이징(Symbolic Merchandising)

세그먼트 머천다이징(Segment Merchandising)은 동일한 고객층을 대상으로 하되 경쟁점포와는 다르게 그들 고객이 가장 원하는 제품과 서비스에 중점을 두거나, 고객에게 제시되는 가격대에 대응하는 상품이나 품질을 차별화하는 방향을 전개하는 머천다이징을 말한다.

유통정보

71

지리적, 공간적 제약을 극복하고 어디서 누구와도 연결이 가능하도록 해주는 광역컴퓨팅기술과 관련 있는 기술로 가장 옳지 않은 것은?

① 인터넷 기술
② 미들웨어 기술
③ 분산처리 기술
④ 네트워크컴퓨팅 기술
⑤ 데이터 압축복원 기술

WAN은 분산처리 기술이 필요하지만 데이터 압축복원 기술과는 관련이 없다.

관련이론 | 광역통신망(WAN: Wide Area Network)
광역통신망(WAN: Wide Area Network)은 지리적, 공간적 제약을 극복하고 어디서 누구와도 연결이 가능하도록 해주는 광역컴퓨팅기술이다. WAN은 인터넷과 네트워크컴퓨팅 기술을 기반으로 구축되고, 별도의 미들웨어를 개발해야 한다.

72

유통업체가 수행하는 마케팅 활동 중 소비자가 특정 유형의 개인정보 처리에 대해 구체적이고, 명시적이며, 사전적 동의를 표시하는 별도의 조치를 취한 경우에만 개인정보를 수집해서 활용하는 유형을 의미하는 용어로 가장 옳은 것은?

① 옵트 아웃(opt out)
② 옵트 인(opt in)
③ 옵트 오버(opt over)
④ 옵트 오프(opt off)
⑤ 옵트 온(opt on)

소비자가 특정 유형의 개인정보 처리에 대해 구체적이고, 명시적이며, 사전적 동의를 표시하는 별도의 조치를 취한 경우에만 개인정보를 수집해서 활용하고, 수집을 허용하기 전까지는 데이터 수집을 금지하는 것은 옵트 인(opt in)이다.
반면, 광고성 메일에 대해 수신거부 의사를 전달하면 광고성 메일을 받지 않을 수 있는 것을 나타내는 용어는 옵트 아웃(opt out)이다.

정답 | 65 ② 66 ④ 67 ④ 68 ⑤ 69 ① 70 ② 71 ⑤ 72 ②

73

유통업체에서 ERP 시스템을 도입할 때, 구축 비용에 영향을 미치는 요인으로 옳지 않은 것은?

① ERP 시스템 구축 범위
② 도입하려는 ERP 모듈 수
③ ERP 시스템 이용자 수
④ ERP 시스템 구축 프로젝트 추진 기간
⑤ ERP 데모데이 참여 기업 수

ERP 데모데이 참여 기업 수는 ERP 시스템이 구축된 후 시연회에 참가하는 기업의 수를 말하므로 구축비용과는 관련이 없다.

관련이론 | 전사적 자원계획(ERP)
기업 내의 제조·물류·회계·인사·재무·판매 등 모든 업무 프로세스를 실시간 정보공유를 바탕으로 통합적으로 지원하여, 경영의 효율화와 의사결정의 신속화를 도모하려는 시스템이다. 최근에는 ERP와 공급사슬관리(SCM), 고객관계관리(CRM)의 솔루션을 통합하여 XRP 또는 ERP-II 시스템으로 확장되고 있다.
ERP 시스템의 구축비용은 시스템의 구축 범위, 모듈 수(제조·물류·회계 등 구성요소의 수), 시스템 이용자 수 등과 관련이 있다.

74

유통정보시스템을 구축하려 한다. 구축 단계별 설명으로 가장 옳지 않은 것은?

① 분석 – 최종사용자의 비즈니스 요구사항 분석을 수행한다.
② 설계 – 시스템을 지원하기 위해 필요한 기술적 아키텍처와 서비스 모델을 설계한다.
③ 개발 – 기술적 아키텍처, 데이터베이스, 서비스를 구현한다.
④ 테스팅 – 테스트조건을 구성하고 서비스와 시스템에 대한 테스트를 수행한다.
⑤ 구현 – 시스템 사용자를 지원하기 위한 상담창구를 개설한다.

시스템 사용자를 지원하기 위한 상담창구를 개설하는 것은 유통정보시스템의 구축이 완료된 이후(구현단계 이후) 활용과정에서 필요한 활동이다.
유통정보시스템은 조사, 분석, 설계단계 이후의 단계가 구현단계이다. 구현절차는 다양한 획득, 시험(테스팅), 문서화, 설치 및 전환활동이 포함되고, 시스템의 운영과 활용에 필요한 최종사용자의 훈련도 포함된다.

75

고객 충성도를 강화하기 위한 우수고객우대 프로그램에 대한 설명으로 가장 옳지 않은 것은?

① 유통업체의 우수고객우대 프로그램은 금전적 혜택과 비금전적 혜택을 제공하는데, 최근에는 금전적 혜택을 강화하는 방향으로 진화하고 있다.
② 유통업체의 우수고객우대 프로그램은 자사에서 제공하는 혜택이 자사 상품과 직접적인 관련성을 갖도록 함으로써 자사 상품의 가치를 증진시키는 것이 바람직하다.
③ 유통업체의 우수고객우대 프로그램은 고객의 거래실적이 많을수록 더 많은 혜택을 제공하는 등 고객 등급에 따라 혜택을 차등 제공하는 방식을 채택한다.
④ 유통업체에서 우수고객우대 프로그램을 도입하는 이유는 우수고객의 수익창출 기여도가 매우 높기 때문이다.
⑤ 유통업체의 우수고객우대 프로그램은 우수고객의 유지 및 활성화뿐만 아니라 비우수고객을 우수고객으로 전환시키는 유력한 수단으로 활용된다.

유통업체의 우수고객우대 프로그램은 금전적 혜택과 비금전적 혜택을 제공하는데, 최근에는 비금전적 혜택을 강화하는 방향으로 진화하고 있다.

76

오늘날 유통업체에서는 블록체인 기술을 활용해 정보시스템을 구현하고 있다. 블록체인에 대한 설명으로 가장 옳지 않은 것은?

① 퍼블릭 블록체인은 누구나 참여할 수 있고 모든 참여자의 상호검증을 거치기 때문에 상대적으로 신뢰도가 높은 반면 처리속도가 느리다.
② 프라이빗 블록체인은 서비스 제공자의 승인을 받아야만 참여할 수 있도록 구축되는 형태이다.
③ 한 번 연결된 블록은 수정하거나 삭제하기 어려워 불변성을 가진다.
④ 새로운 블록은 생성되는 동시에 모든 참여자에게 전송되어 공유되므로 참여자들 누구나 볼 수 있어 투명성을 가진다.
⑤ 블록체인은 기존의 분권화된 방식을 탈피한 중앙집중식 방식으로 데이터를 보다 빠르게 처리할 수 있다.

블록체인(Blockchain)은 기존의 중앙집중식 방식을 탈피한 분권화된 방식이다. 블록체인은 중앙시스템이 존재하지 않는 완전한 탈중앙 시스템이며, 분산된 장부는 네트워크에 참여한 각 노드들의 검증과 합의 과정을 거쳐 데이터 일치에 도달하게 된다.

관련이론 | 블록체인(Blockchain)
블록체인(Blockchain)은 분산원장 또는 공공거래장부라고 불리며, 암호화폐로 거래할 때 발생할 수 있는 해킹을 막는 기술에서 출발했다. 다수의 상대방과 거래를 할 때 데이터를 개인 사용자들의 디지털 장비에 저장하여 공동으로 관리하는 분산형 정보기술이다.
블록체인은 중앙시스템이 존재하지 않는 완전한 탈중앙 시스템이며, 장부에 해당되는 블록체인은 누구에게나 공유·공개되어 투명성을 보장하고, 독특한 구조적 특징에 기인하여 데이터의 무결성을 보장하며, 분산된 장부는 네트워크에 참여한 각 노드들의 검증과 합의 과정을 거쳐 데이터 일치에 도달하게 된다.

77

고객관계관리(CRM)를 통해 수집된 자료를 분석하는 마이닝 기법과 그 설명이 가장 옳지 않은 것은?

① 텍스트 마이닝의 주요 분석 기법들로는 주제어 분석, 동시 출현 단어 분석, 토픽 모델링, 감성 분석 등이 있다.
② 오피니언 마이닝은 문서에 나타난 의견의 극성을 분석하는 감성분석이 중요하다.
③ 감성분석의 대표적 예로는 영화 리뷰 분석, 온라인 쇼핑몰의 제품에 대한 구매후기 분석 등이 있다.
④ 웹콘텐츠 마이닝은 웹상에서 사용자가 찾고자 했던 것을 기록하고 있는 웹 서버 로그에서 유용한 정보를 추출하는 과정이다.
⑤ 웹구조 마이닝은 웹사이트의 노드와 연결 구조를 분석하기 위해 그래프 이론을 사용하는 과정이다.

웹상에서 사용자가 찾고자 했던 것을 기록하고 있는 웹 서버 로그에서 유용한 정보를 추출하는 과정은 웹사용 마이닝이다. 웹로그파일분석은 웹사용마이닝의 한 부분이다.

관련이론 | 웹콘텐츠마이닝
웹콘텐츠마이닝은 웹 사이트를 구성하는 페이지 내용 중 유용한 정보를 추출하기 위한 기법이다. 웹콘텐츠마이닝은 텍스트 뿐만 아니라 이미지, 오디오, 비디오, 메타데이터, 유용한 정보들의 추출과 연결들도 그 대상이 된다.

정답 | 73 ⑤ 74 ⑤ 75 ① 76 ⑤ 77 ④

78

EDI(Electronic Data Interchange)와 관련된 설명으로 가장 옳지 않은 것은?

① EDI는 합의된 표준화를 기반으로 통신망을 통해 정보를 교환하는 기술이다.
② EDI는 서류의 내용을 수동으로 옮겨 작성하는데 있어 발생할 수 있는 오류를 최소화시켜 준다.
③ EDI 구성요소의 하나인 네트워크 소프트웨어는 거래기업 간 상호 데이터의 인식이 가능하도록 변환해 주는 기능을 수행한다.
④ EDI 시스템 구축은 종이 없는 업무환경이 가능하도록 지원해 준다.
⑤ 애플리케이션 소프트웨어는 각각의 컴퓨터 간 데이터의 전송을 가능하게 해주는 기능을 제공한다.

거래기업 간 상호 데이터의 인식이 가능하도록 변환해 주는 기능을 수행하는 것은 EDI 구성요소의 하나인 변환 소프트웨어이다.

관련이론 | EDI(Electronic Data Interchange)
EDI의 네트워크 소프트웨어는 거래기업의 컴퓨터 간 상호 통신이 가능하게 하는 기능을 수행한다. 과거에는 VAN 기반이었지만 현재는 인터넷 기반의 XML/EDI가 활용되고 있다.
EDI 시스템은 응용프로그램, 네트워크 소프트웨어, 변환 소프트웨어 등으로 구성된다.

79

데이터의 전략적 활용을 위해 사용하는 비즈니스 애널리틱스(Business Analytics)에 대한 설명으로 가장 옳지 않은 것은?

① 비즈니스 애널리틱스는 조직에서 기존의 데이터를 기초로 최적 또는 현실적 의사결정을 위한 모델링을 이용하도록 지원해준다.
② 비즈니스 애널리틱스는 질의 및 보고와 같은 기본적인 분석 기술과 예측 모델링처럼 수학적으로 정교한 수준의 분석을 지원한다.
③ 비즈니스 애널리틱스는 리포트, 쿼리, 알림, 대시 보드, 스코어 카드뿐만 아니라, 데이터 마이닝 등의 예측 모델링과 같은 진보된 형태의 분석기능도 제공한다.
④ 비즈니스 애널리틱스는 미래 예측을 지원해주는 데이터패턴 분석과 예측 모델을 위한 데이터 마이닝을 통해 고차원 분석기능을 포함하고 있다.
⑤ 비즈니스 애널리틱스는 정보자원을 의사결정에 유용한 지식으로 변환하는 것을 뜻하는 바, 이의 핵심은 발생된 사건에 대해 내부 데이터, 구조화된 데이터, 히스토리컬 데이터만을 단순하게 분석하는 것이다.

과거에 주로 활용되던 비즈니스 인텔리전스(Business Intelligence)는 과거 데이터 및 정형 데이터를 기반으로 무엇이 발생했는지를 분석하여 비즈니스 의사결정을 돕는 도구라고 볼 수 있다.
그러나 비즈니스 애널리틱스(Business Analytics)는 과거뿐만 아니라 현재 실시간으로 발생하는 데이터, 비구조화된 데이터에 대하여 연속적이고 반복적인 분석을 통해 미래를 예측하는 통찰력을 제공하는 데 활용된다.

80

유통업체에서 업무에 활용하고 있는 데이터시각화에 대한 설명으로 가장 옳은 것은?

① 정보 시각화는 데이터를 활용하여 객관적인 사실을 통계표, 그래프, 이미지 등을 통해 요약적으로 표현하여 주어 직관적 통찰력을 높여 준다.
② 인포그래픽은 과학적 현상의 시각화로 컴퓨터 과학의 한 부분인 컴퓨터 그래픽의 하위 집합으로 간주한다.
③ 과학적 시각화는 다량의 정보를 차트, 지도 다이어그램, 로고, 일러스트레이션 등을 활용하여 정적으로 만들어 한눈에 파악할 수 있게 해준다.
④ 인포그래픽은 공학, 통계학, 수학 등을 이용해 데이터 분석기능을 제공하는 통계 분석도구이다.
⑤ 도수분포를 그래프로 나타낸 것은 산포도이다.

정보 시각화(Information Visualization)는 보통 대규모 데이터를 색채, 통계(도표, 그래프 등), 이미지 등을 활용해 요약적으로 표현하는 것을 의미한다.

선지분석
②: 과학적 시각화에 대한 설명이다. 과학적 시각화(Scientific Visualization)는 실험결과나 시뮬레이션 데이터 등 복잡한 데이터를 쉽게 탐색할 수 있도록 3차원 그래픽 기술 등을 활용하여 시각화하는 기술이다.
③: 인포그래픽에 대한 설명이다. 인포그래픽(Infor-graphics)는 인포메이션과 그래픽의 합성어로, 복잡한 수치나 글로 표현되어 있는 다량의 정보를 차트, 지도, 다이어그램, 로고, 일러스트레이션 등을 활용하여 한눈에 파악할 수 있도록 하는 디자인이다.
④: 과학적 시각화에 대한 설명이다.
⑤: 도수분포를 그래프로 나타낸 것은 막대그래프(Bar Chart)이다.

81

유통업체에서 활용하는 간편결제 방식에 대한 설명으로 가장 옳은 것은?

① 온라인과 오프라인 상거래에서 빠르고 간편하게 결제하는 전자결제 서비스이다.
② 스마트워치 기기에 저장된 생체정보, 신용카드 정보 등을 이용하여 결제되는 경우 반드시 2차 인증 수단을 추가로 인증해야 사용할 수 있다.
③ 우리나라는 간편결제 서비스에 활용되는 QR코드 발급 시 개인·신용정보를 포함할 수 있도록 규정하고 위변조 방지 기술을 반드시 적용하도록 하고 있다.
④ 다른 방식의 결제 서비스에 비해 상대적으로 접속 속도가 느리고 복잡하지만 높은 보안성을 확보하고 있다.
⑤ 간편결제 편의성과 안전성을 높이기 위해서 모바일 결제 시 QR코드 방식은 지원하지 않는다.

간편결제(Simple Payment Service)는 스마트폰, 스마트워치 등 기기에 저장된 생체정보, 신용카드 정보 등을 이용하여 바로 결제되기 때문에 추가적인 인증 수단이 필요하지 않다.
간편결제 서비스는 이용자들이 안전하고 쉽고 빠르게 이용할 수 있도록 높은 보안성과 간단한 사용자 인터페이스(UI)를 제공한다.

82

우리나라의 바코드(EAN-13) 인쇄에 대한 내용으로 가장 옳지 않은 것은?

① 바코드는 백색 바탕에 흑색 바코드를 권장하는 등 주로 밝은색 바탕에 어두운색 바를 사용할 것을 권장한다.
② 일반적인 경우 상품 뒷면 오른쪽 아래 사분면에 인쇄하도록 하며 어떠한 판독 방해물도 없도록 한다.
③ 묶음 상품인 경우 개별 상품의 바코드가 반드시 보이도록 하고, 별도의 바코드를 부착한다.
④ 구석, 접지면, 주름진 곳은 피하고, 가능한 매끄러운 면에 인쇄한다.
⑤ 형태가 원통형인 경우 제품을 똑바로 세웠을 때 측면에 인쇄하되 바코드 막대가 지면과 수평이 되도록 인쇄한다.

묶음 상품인 경우 개별 상품의 바코드가 반드시 보이지 않도록 하고, 별도의 바코드를 부착한다.

정답 | 78 ③ 79 ⑤ 80 ① 81 ① 82 ③

83

아래 글상자의 괄호 안에 들어갈 용어로 가장 옳은 것은?

- (㉠)은(는) SCM의 생산스케줄링의 핵심 엔진 중 하나로 활용된다. 제약경영을 통해 공급체인 전체의 최적화를 추구하는 기법이다. SCM을 통한 기업의 비용절감, 시스템 최적화의 목표를 달성하도록 한다.
- (㉡)은(는) 제품의 생산 및 재고에 관한 의사결정을 고객이 아니라 공급자가 수행하도록 하는 방식으로 수요예측의 변동성을 감소시켜주는 효과가 있다.

① ㉠: 제약조건이론(TOC)
　㉡: APS(Advanced Planning and Scheduling)
② ㉠: 제약조건이론(TOC)
　㉡: VMI(Vendor Managed Inventory)
③ ㉠: SCC(Supply Chain Coordinator)
　㉡: APS(Advanced Planning and Scheduling)
④ ㉠: SCC(Supply Chain Coordinator)
　㉡: VMI(Vendor Managed Inventory)
⑤ ㉠: ECR(Efficient Consumer Response)
　㉡: VMI(Vendor Managed Inventory)

SCM의 생산스케줄링의 핵심 엔진 중 하나로 제약경영을 통해 공급체인 전체의 최적화를 추구하는 기법은 골드랫(E. Goldratt)의 제약조건이론(TOC)이다. 제품의 생산 및 재고에 관한 의사결정을 고객이 아니라 공급자가 수행하도록 하는 방식은 공급자주도 재고관리(VMI, Vendor Managed Inventory)이다.

84

유통정보혁명 시대에 있어서 유통업체에 요구되는 발전전략으로 가장 옳지 않은 것은?

① 특화된 고객전략에서 불특정 다수를 위한 고객전략으로의 전환
② 비용중심의 운영전략에서 시간중심의 운영전략으로의 전환
③ 개별 기업중심의 경영체제에서 통합 공급체인 경영체제로의 전환
④ 유통업의 기본개념을 제품유통 위주에서 정보유통 위주의 전략으로의 전환
⑤ 기술우위의 기본개념을 신제품 개발 위주에서 정보시스템 및 네트워크 위주의 전략으로의 전환

과거에는 불특정다수의 고객을 대상으로 하는 마케팅전략이 보편적이었으나, 오늘날의 유통정보혁명 시대에는 특화된 고객전략으로 전환되었다.

85

아래 글상자의 괄호 안에 들어갈 용어로 가장 옳은 것은?

- 온·오프라인에 관계없이 소비자가 이용가능한 모든 채널을 쇼핑의 창구로 유기적으로 연결하여 쇼핑에 불편이 없도록 채널을 통합하는 것을 (㉠), 상거래 형태를 온-오프 연계형이라고 한다.
- 1인 가구 증가 등 개성 있는 소비자들의 다양한 요구에 맞춤형으로 서비스를 제공하는 (㉡) 서비스 수요가 증가하고 있다.

① ㉠: e-마켓플레이스 ㉡: 옴니채널
② ㉠: 오픈마켓 ㉡: 초연결화
③ ㉠: e-온디맨드 ㉡: 옴니채널
④ ㉠: 옴니채널 ㉡: 온디맨드
⑤ ㉠: 오픈마켓 ㉡: 온디맨드

옴니채널은 O2O(Online to Offline) 커머스의 대표적인 사례이다. 이는 소비자가 온라인과 오프라인, 모바일 등 다양한 채널을 넘나들며 상품을 검색하고 구매할 수 있도록 하는 것을 말한다. 즉 각 유통채널의 특성을 결합해 어떤 채널에서든 같은 매장을 이용하는 것처럼 느낄 수 있도록 한 쇼핑환경을 말한다.

관련이론 | 온디맨드(On-demand)
온디맨드(On-demand)는 수요자가 원하는 상품이나 서비스를 바로 공급하는 비즈니스 모델이다. 초기에는 VOD(Video On Demand)와 같이 개인 소비자와 기업 공급자로 시작하였으나 최근에는 모바일의 확산과 O2O 환경의 조성에 따라, 개인 소비자와 개인 공급자 사이에서 새로운 경제 트렌드로 확장되었다. 우버(Uber)와 카카오택시 등이 대표적인 사례이다.

86

QR(Quick Response)코드에 대한 설명으로 옳지 않은 것은?

① QR코드는 삼차원 바코드로, 사진, 영상 등 다양한 정보를 저장할 수 있다.
② QR코드는 바코드와 비교할 때, 많은 용량의 정보를 저장할 수 있다.
③ QR코드는 오류 복원 기능이 있어서 코드 일부가 손상되어도 데이터를 복원할 수 있다.
④ QR코드는 360° 어느 방향에서든지 판독이 가능하다.
⑤ QR코드는 1994년에 일본의 도요타 자동차의 자회사인 덴소 웨이브가 개발하였다.

QR코드는 2차원 코드이므로 360° 어느 방향에서나 빠르게 데이터를 읽을 수 있고, 대용량 데이터의 저장이 가능하며, 고밀도 정보표현이 가능하다. 사진, 영상 등 다양한 정보를 저장할 수 있다.

정답 | 83 ② 84 ① 85 ④ 86 ①

87

아래 글상자에서 설명하는 용어로 가장 옳은 것은?

> 데이터값 삭제, 총계 처리, 데이터 마스킹 등을 통해 개인정보의 일부 또는 전부를 삭제하거나 대체함으로써 다른 정보와 쉽게 결합하여도 특정 개인을 식별할 수 없도록 하는 조치를 일컫는다.

① 데이터 라벨링
② 비식별화
③ 데이터 범주화
④ 실명처리
⑤ 데이터 통합화

글상자는 비식별화(de-Identification)에 대한 설명이다.

관련이론 | 비식별화(de-Identification)
비식별화는 특정 개인을 식별할 수 없도록 개인정보의 일부 또는 전부를 변환하는 일련의 과정 또는 방법을 말한다.
비식별화 방법으로 식별 요소 중 데이터의 일부를 삭제하거나 부분 또는 전부를 다른 값으로 대체하는 가명 처리, 데이터의 종합 값만 보여주고 개별 데이터는 보여주지 않는 총계 처리, 일부 식별 요소를 지우는 데이터 삭제, 데이터의 정확한 값을 감추고 범주 값으로 변환하는 범주화, 중요 식별자가 보이지 않게 하는 프라이버시 마스킹 방법 등이 있다.

88

아래 글상자에서 설명하는 용어로 가장 옳은 것은?

> 디지털 관련 모든 것(All Things about Digital)으로 인해 발생하는 다양한 변화를 동인으로 기업의 비즈니스모델, 전략, 프로세스, 시스템, 조직, 문화 등을 근본적으로 변화시키는 디지털 기반 경영전략 및 경영활동이다.

① 디지털 전환
② 4차 산업혁명
③ BPI(Business Process Innovation)
④ IoT(Internet of Things)
⑤ IoE(Internet of Everything)

제시된 내용은 디지털 전환(Digital Transformation)에 대한 설명이다.
디지털 전환은 일반적으로 기업에서 사물 인터넷(IoT), 클라우드 컴퓨팅, 인공지능(AI), 빅데이터 솔루션 등 정보통신기술(ICT)을 플랫폼으로 구축·활용하여 기존 전통적인 운영 방식과 서비스 등을 혁신하는 것을 의미한다.
디지털 전환은 산업과 사회의 각 부문이 디지털화되는 현상으로, 인터넷, 정보화 등을 뛰어넘는 초연결(Hyper-connectivity) 지능화가 경제·사회 전반에 이를 촉발시키고 있다.
IBM 기업가치연구소는 '기업이 디지털과 물리적인 요소들을 통합하여 비즈니스 모델을 변화시키고, 산업에 새로운 방향을 정립하는 전략'이라고 정의하고 있다.

89

유통업체에서 많이 활용되고 있는 정보기술에 대한 설명으로 가장 옳지 않은 것은?

① HS(Harmonized System)코드는 GS1(Global Standard #1), GTIN(Global Trade Item Number) 표준과 함께 국내 또는 국외로 유통되는 상품을 식별하기 위해 사용되는 유통표준코드이다.
② POS(Point of Sales)시스템을 이용하면 품목별 판매실적과 단품별 판매동향을 파악할 수 있다.
③ RFID(Radio Frequency Identification) 기술은 무선통신을 활용하는 기술이다.
④ RFID(Radio Frequency Identification) 기술은 바코드 기술과 비교해 볼 때, 초기 구축 비용이 많이 발생하는 단점이 있다.
⑤ RFID(Radio Frequency Identification) 기술은 데이터 변환 및 저장이 용이하다.

HS(Harmonized System)코드는 국내 또는 국외로 유통되는 상품을 식별하기 위해 사용되는 유통표준코드가 아니다.
HS코드는 관세, 무역통계 등의 업무를 위한 상품분류체계로 관세협력이사회(CCC)가 제정한 통일 상품명 및 부호체계이다.

90

유통업체에서 마케팅을 위해 활용하고 있는 증강현실(Augmented Reality) 기술에 대한 설명으로 가장 옳지 않은 것은?

① 증강현실 기술은 실제로 존재하는 물리적인 장면에 컴퓨터에 의하여 생성된 가상 장면을 겹쳐 보이게 하는 기술이다.
② 증강현실 기술은 사용자가 현실 세계를 인식하도록 지원하며, 가상 요소와 현실 요소 사이에서의 실시간 상호작용을 가능하게 해준다.
③ 증강현실 기술은 현실 세계의 기반 위에 가상의 사물을 합성하는 방식이기 때문에 사용자가 여전히 현실 세계를 인식할 수 있다.
④ 증강현실 기술은 현실에는 존재하지 않는 속성을 가상현실 기술을 통해 현실 세계에 내재시킴으로써 현실 세계에서는 얻기 어려운 부가적인 정보를 보강하여 제공할 수 있다.
⑤ 증강현실 기술은 이용자의 특정한 요구에 따라 새로운 콘텐츠와 아이디어를 결과로 생성해 내는 인공지능 기술을 지칭한다.

증강현실(AR) 기술이 곧 인공지능(AI) 기술인 것은 아니다. 증강현실 기술과 인공지능 기술은 별개의 것이다.
물론 인공지능 기술을 증강현실 기술에 통합하고 발전시켜 시스템이 자신이 보는 것을 이해하고 해석하며 그에 따라 행동하게 할 수 있다. 예를 들어, AI 지원 AR 시스템은 기계에서 이상 현상을 감지하고 관련 작업자에게 자동으로 경고하거나 실시간으로 생산 파라미터를 조정하여 성능을 최적화할 수 있다.

관련이론 | 증강현실(AR: Augmented Reality)
증강현실(AR: Augmented Reality)은 실세계에 3차원 가상물체를 겹쳐 보여주는 기술을 말한다. 즉, 사용자가 눈으로 보는 현실세계에 가상 물체를 겹쳐 보여주는 기술이다. 현실세계에 실시간으로 부가정보를 갖는 가상세계를 합쳐 하나의 영상으로 보여주므로 혼합현실(MR: Mixed Reality)이라고도 한다.

정답 | 87 ② 88 ① 89 ① 90 ⑤

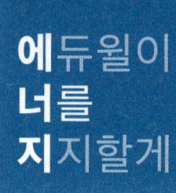

인생은 끊임없는 반복.
반복에 지치지 않는 자가 성취한다.

– 윤태호 「미생」 중

2023년 3회 기출문제

>> 2023년 11월 25일 시행

유통·물류 일반관리

01

특정 업무를 수행하는 데 소요되는 비용이 가장 낮은 유통 경로기관이 해당 업무를 수행하는 방향으로 유통경로의 구조가 결정된다고 설명하는 유통경로구조이론으로 가장 옳은 것은?

① 대리인(agency)이론
② 게임(game)이론
③ 거래비용(transaction cost)이론
④ 기능위양(functional spinoff)이론
⑤ 연기-투기(postponement-speculation)이론

유통경로 결정이론 중 '특정 업무를 수행하는 데 소요되는 비용이 가장 낮은 유통 경로기관'이 '해당 업무를 수행하는 방향'으로 유통경로의 구조가 결정된다고 설명하는 이론은 기능위양(functional spinoff)이론이다.

02

다음의 자료를 토대로 계산한 경제적주문량(EOQ)이 200이라면 연간 단위당 재고유지 비용으로 옳은 것은?

- 연간제품수요량: 10,000개
- 1회당 주문비용: 200원

① 100
② 200
③ 300
④ 400
⑤ 500

$$EOQ = \sqrt{\frac{2 \times D \times C_0}{C_h}}$$

- C_h: 연간 단위재고비용
- C_0: 주문당 소요비용
- D: 연간 수요량

$$200 = \sqrt{\frac{(2 \times 10,000 \times 200)}{C_h}}$$

∴ $C_h = 100$

03

운송에 관한 다음의 설명 중 가장 옳지 않은 것은?

① 해상운송의 경우 최종목적지까지의 운송에는 한계가 있으므로 피시백(fishy back) 복합운송서비스를 제공한다.
② 트럭운송은 혼적화물운송(LTL; less than truckload) 상태의 화물도 긴급 수송이 가능하고 단거리 운송에도 경제적이다.
③ 다른 운송형태에 비해 철도운송은 상대적으로 도착시간을 보증할 수 있다.
④ 항공운송은 고객이 원하는 지점까지의 운송을 위해 피기백(piggy back) 복합운송서비스를 활용한다.
⑤ COFC는 철도의 무개화차 위에 컨테이너를 싣고 운송하는 방식이다.

철도운송은 고객이 원하는 지점까지의 운송을 위해 피기백(piggy back) 복합운송서비스를 활용하며, 항공운송의 경우에는 버디백(birdy back) 방식을 활용한다.

04

자본잉여금의 종류로 옳지 않은 것은?

① 국고보조금 ② 공사부담금
③ 보험차익 ④ 예수금
⑤ 자기주식처분이익

예수금은 부채로 장차 돌려줄 것을 전제로 하고 있는 일시적인 금전으로, 후에 다시 현금으로 반환하여야 하는 것을 말한다.

05

기업이 e-공급망 관리(e-SCM)를 통해 얻을 수 있는 효과로 가장 옳지 않은 것은?

① 고객의 욕구변화에 더욱 신속하게 대응하게 되고 고객만족도가 증가한다.
② 공급자와 구매자 간의 정보 공유로 필요한 물량을 자동으로 보충해서 재고 감축이 가능하다.
③ 거래 및 투자비용을 절감할 수 있다.
④ 공급망 자동화를 통해 전체 주문 이행 사이클 타임의 단축이 가능하다.
⑤ 구매자의 데이터를 분석하여 그들의 개별니즈를 충족시킬 수 있는 표준화된 서비스 제공이 가능해졌다.

e-SCM은 인터넷을 통한 공급사슬관리 방식으로, 구매자의 데이터를 분석하여 그들의 개별 니즈를 충족시킬 수 있는 개별화된 서비스 제공이 가능해졌다.

06

서비스 유통의 형태인 플랫폼 비즈니스(platform business)에 대한 설명으로 가장 옳지 않은 것은?

① 플랫폼을 통해 사람과 사람, 사람과 사물을 연결함으로써 새로운 유형의 서비스가 창출된다.
② 정보통신기술의 발달은 사람 간의 교류를 더 빠르고 효율적으로 실현시키면서 플랫폼 비즈니스 성장에 긍정적인 영향을 미치고 있다.
③ 플랫폼 비즈니스의 구성원은 크게 플랫폼 구축자와 플랫폼 사용자로 나뉜다.
④ 플랫폼은 정보, 제품, 서비스 등 다양한 유형의 거래를 가능하게 해주는 일종의 장터이다.
⑤ 플랫폼 비즈니스 사업자는 플랫폼을 제공해주는 대가를 직접적으로 취할 수 없으므로, 광고 등을 통해 간접적으로 수익을 올리는 비즈니스 모델이다.

플랫폼 비즈니스 모델은 사업자(또는 기업)가 직접 제품 혹은 서비스를 제공하는 것이 아니라 제품 또는 서비스를 제공하는 생산자 그룹과 이를 필요로 하는 사용자 그룹을 연결해 주는 형태의 비즈니스모델을 뜻한다.

07

아래 글상자에서 설명하는 개념으로 옳은 것은?

> 제품에 대한 최종소비자의 수요 변동 폭은 크지 않지만, 소매상, 도매상, 제조업자, 원재료 공급업자 등 공급사슬을 거슬러 올라갈수록 변동 폭이 크게 확대되어 수요예측치와 실제 판매량 사이의 차이가 커지게 된다.

① 블랙스완효과(black swan effect)
② 밴드왜건효과(band wagon effect)
③ 채찍효과(bullwhip effect)
④ 베블렌효과(Veblen effect)
⑤ 디드로효과(Diderot effect)

채찍효과(bullwhip effect)란 소매상, 도매상, 제조업자, 원재료 공급업자 등 공급사슬의 상류로 거슬러 올라갈수록 변동 폭이 크게 확대되어 수요의 왜곡현상이 커지는 것을 의미한다.

정답 | 01 ④ 02 ① 03 ④ 04 ④ 05 ⑤ 06 ⑤ 07 ③

08

제품-시장확장 그리드(product-market expansion grid)에서 기존제품을 가지고 새로운 세분시장을 파악해서 진출하는 방식의 기업성장전략으로 가장 옳은 것은?

① 시장침투전략(market penetration strategy)
② 시장개발전략(market development strategy)
③ 제품개발전략(product development strategy)
④ 다각화전략(diversification strategy)
⑤ 수평적 다각화전략(horizontal diversification strategy)

앤소프(I. Ansoff)의 제품-시장확장 그리드에 따르면 시장개발전략(market development strategy)은 기존제품(또는 서비스)을 가지고 새로운 세분시장을 파악해서 진출하는 방식의 기업성장전략을 말한다.

	기존제품	신제품
기존시장	시장침투전략 (판매노력, 사용량 증대, 고객유인)	제품개발전략 (혁신 제품, 모방적 신제품)
신시장	시장개발전략 (새로운 시장, 새로운 수요자층)	다각화전략 (신규사업, 신제품)

09

유통경로에서 발생하는 각종 힘(power)에 관한 설명으로 가장 옳지 않은 것은?

① 합법력은 법률이나 계약과 같이 정당한 권리에 의해 발생하거나 조직 내의 공식적인 지위에서 발생한다.
② 강제력의 강도는 처벌이 지닌 부정적 효과의 크기에 반비례한다.
③ 정보력은 공급업자가 중요한 정보를 가지고 있다는 인식을 할 경우 발생한다.
④ 준거력은 공급업자에 대해 일체감을 갖는 경우에 발생한다.
⑤ 보상력은 재판매업자가 자신의 보상을 조정할 수 있는 능력을 가지고 있다고 인식할수록 증가한다.

강압적인 힘(강권력)의 강도는 처벌이 지닌 부정적 효과의 크기에 비례하여 작용하는 것이 일반적이다.

10

윤리경영에서 이해관계자가 추구하는 가치이념과 취급해야 할 문제들이 옳게 나열되지 않은 것은?

구분	이해 관계자	추구하는 가치이념	윤리경영에서 취급해야 할 문제들
㉠	지역사회	기업시민	산업재해, 산업공해, 산업폐기물 불법처리 등
㉡	종업원	인간의 존엄성	고용차별, 성차별, 프라이버시 침해, 작업장의 안전성 등
㉢	투자자	공평, 형평	내부자 거래, 인위적 시장조작, 시세조작, 분식결산 등
㉣	고객	성실, 신의	유해상품, 결합상품, 허위 과대광고, 정보은폐, 가짜 상표 등
㉤	경쟁자	기업가치	환경오염, 자연파괴, 산업폐기물 수출입, 지구환경관련 규정위반 등

① ㉠ ② ㉡
③ ㉢ ④ ㉣
⑤ ㉤

이해관계자 중 경쟁자와는 경쟁우위를 다투는 관계로 부당한 인력 유출, 기술노하우 유출 행위 금지 등이 해당한다.

11

아래 글상자에서 설명하는 유통의 형태로 가장 옳은 것은?

- 각 판매지역 별로 하나 또는 극소수의 중간상에게 자사제품의 유통에 대한 독점권을 부여하는 것이다.
- 소비자가 제품 구매를 위해 적극적인 탐색을 하고 쇼핑을 위해 기꺼이 시간과 노력을 아끼지 않는 경우에 적합하다.

① 집중적 유통 ② 개방적 유통
③ 선택적 유통 ④ 전속적 유통
⑤ 중간적 유통

전속적 유통은 각 판매지역별로 하나 또는 극소수의 중간상에게 자사 제품의 유통에 대한 배타적 독점권을 부여하는 형태의 유통커버리지 전략이라 할 수 있다.

12

유통산업이 합리화되는 경우에 나타나는 현상으로 가장 옳지 않은 것은?

① 업무 효율화를 통해 유통업체의 규모가 작아진다.
② 유통경로상 제조업의 협상력이 축소된다.
③ 법률이나 정부의 규제가 늘어난다.
④ 생산지의 가격과 소비자의 구매가격의 차이가 줄어든다.
⑤ 유통경로가 단축되어 유통비용이 절감된다.

유통산업이 합리화되는 경우 유통의 효율성이 증가하여 경로가 단축되고 거래비용이 낮아지는 등 장점이 극대화 된다. 이에 따라 법률이나 정부의 규제 또한 줄어들게 된다.

13

직무기술서와 직무명세서를 비교할 때 직무기술서에 해당되는 내용으로 가장 옳은 것은?

① 작업자의 특성을 평가하여 조직 전략을 효율적으로 달성하기 위한 것이다.
② 속직적 기준으로 직무의 내용을 요약하고 수행에 필요한 정보를 포함한다.
③ 직무명칭, 직무개요, 직무내용 등의 인적요건을 포함한다.
④ 직무내용보다는 인적요건을 중심으로 정리한다.
⑤ 작업자의 지식, 기능, 능력 등의 요소를 포함한다.

직무기술서는 직무명칭, 직무개요, 직무내용 등의 직무적 요건을 포함하는 속직적 성질을 지닌다.

선지분석 |
① 작업자의 특성을 평가하여 조직 전략을 효율적으로 달성하기 위한 것은 직무명세서에 해당한다.
③ 직무명칭, 직무개요, 직무내용 등은 인적요건이 아니라 직무요건에 해당하며, 인적요건은 직무명세서의 내용에 해당한다.
④ 직무내용을 중심으로 정리한다.
⑤ 작업자의 지식, 기능, 능력 등의 요소를 포함하는 것은 직무명세서에 해당한다.

14

유통경영전략의 수립단계를 순서대로 나열한 것으로 가장 옳은 것은?

① 사업포트폴리오분석 – 기업의 사명 정의 – 기업의 목표 설정 – 성장전략의 수립
② 기업의 목표 설정 – 사업포트폴리오분석 – 성장전략의 수립 – 기업의 사명 정의
③ 사업포트폴리오분석 – 기업의 목표 설정 – 기업의 사명 정의 – 성장전략의 수립
④ 기업의 사명 정의 – 기업의 목표 설정 – 사업포트폴리오분석 – 성장전략의 수립
⑤ 성장전략의 수립 – 기업의 목표 설정 – 사업포트폴리오분석 – 기업의 사명 정의

유통경영전략의 수립단계는 다음과 같다.
기업의 사명 정의 → 기업의 목표 설정 → 사업포트폴리오분석 → 성장전략 수립

15

보관을 위한 각종 창고의 유형에 대한 설명으로 가장 옳지 않은 것은?

① 자가 창고의 경우 기업이 자신의 목적에 맞게 맞춤형 창고 설계가 가능하다.
② 영업 창고 요금은 창고 이용에 따른 보관료를 기본으로 하며 하역료를 제외한다.
③ 임대 창고는 영업창고업자가 아닌 개인이나 법인 등이 소유하고 있는 창고를 임대료를 받고 제공하는 것이다.
④ 공공 창고는 공익을 목적으로 건설한 창고로 공립 창고가 한 예이다.
⑤ 관설상옥은 정부나 지방자치단체가 해상과 육상 연결용 화물 판매용도로 제공하는 창고이다.

영업 창고 요금은 창고 이용에 따른 보관료를 기본으로 하며 보관을 위해 수행되는 하역료를 포함한다.

정답 | 08 ② 09 ② 10 ⑤ 11 ④ 12 ③ 13 ② 14 ④ 15 ②

16

아웃소싱을 실시하는 기업이 얻을 수 있는 장점으로 가장 옳지 않은 것은?

① 다른 채널의 파트너로부터 규모의 경제 효과를 얻을 수 있다.
② 분업의 원리를 통해 이익을 얻을 수 있다.
③ 고정비용은 늘어나지만 변동비용을 줄여서 비용 절감 효과를 얻을 수 있다.
④ 아웃소싱 파트너의 혁신적인 혜택을 누릴 수 있다.
⑤ 자사의 기술보다 우월한 기술을 누릴 수 있다.

아웃소싱을 실시하는 경우 위탁기업은 직접 아웃소싱 대상이 되는 작업을 수행하지 않으므로 직접적인 고정비용이 감소하는 반면, 위탁물량이 증가하는 경우 변동비용이 증가할 수 있다.

17

아래 글상자가 설명하는 합작투자 유형으로 옳은 것은?

> 공여기업이 자사의 제조공정, 등록상표, 특허권 등을 수여기업에게 제공하고 로열티 혹은 수수료를 받는 형태이다. 이를 통해, 수여기업은 생산의 전문성 혹은 브랜드를 자체 개발 없이 사용할 수 있다는 이점이 있고, 공여기업은 낮은 위험부담으로 해외시장에 진출할 수 있다는 장점이 있다.

① 계약생산(contract manufacturing)
② 관리계약(management contracting)
③ 라이센싱(licensing)
④ 공동소유(joint ownership)
⑤ 간접수출(indirect exporting)

라이센싱(licensing)은 공여기업이 자사의 제조공정, 등록상표, 특허권 등을 수여기업에게 제공하고 로열티 혹은 수수료를 받는 형태이다. 라이센스 공여기업은 낮은 위험부담으로 해외시장에 진출할 수 있다는 장점이 있으며 라이센스 수여기업은 생산의 전문성이나 브랜드를 자체 개발 없이 사용할 수 있다는 장점이 있다.

18

아래 글상자가 설명하는 리더십의 유형으로 가장 옳은 것은?

> 대인관계와 활동을 통하여 규범적으로 적합한 리더의 행동이 구성원들에게 모범으로 작용하며, 상호 간 명확한 도덕적 기준과 의사소통, 공정한 평가 등을 통해 부하들로 하여금 규범에 적합한 행동을 지속하도록 촉진하는 것이다.

① 변혁적 리더십(transformational leadership)
② 참여적 리더십(participative leadership)
③ 지원적 리더십(supportive leadership)
④ 지시적 리더십(directive leadership)
⑤ 윤리적 리더십(ethical leadership)

윤리적 리더십(ethical leadership)은 대인관계와 활동을 통하여 규범적으로 적합한 리더의 행동이 구성원들에게 모범으로 작용하며, 상호 간 명확한 도덕적 기준과 의사소통, 공정한 평가 등을 통해 부하들로 하여금 규범에 적합한 행동을 지속하도록 촉진하는 것이다.

19

제품에 대한 소유권을 갖고 제조업자로부터 제품을 취득하여 소매상에게 바로 운송하는 한정기능도매상으로 옳은 것은?

① 우편주문도매상(mail-order wholesaler)
② 진열도매상(rack jobber)
③ 트럭도매상(truck wholesaler)
④ 직송도매상(drop shipper)
⑤ 현금무배달도매상(cash-and-carry wholesaler)

직송도매상(drop shipper)은 제품에 대한 소유권을 갖고 제조업자로부터 중공업기계, 목재 등의 제품을 취득하여 소매상에게 바로 운송하는 한정기능도매상을 말한다.

20

대리도매상 중 판매대리인(selling agent)과 제조업자의 대리인(manufacture's agent)의 차이로 옳지 않은 것은?

① 판매대리인은 모든 제품을 취급하지만 제조업자의 대리인은 일부 제품만을 취급한다.
② 판매대리인은 제조업자의 대리인보다 활동범위가 넓고 비교적 자율적인 의사결정이 가능하다.
③ 판매대리인은 제조업자의 시장지배력이 약한 지역에서만 활동하지만 제조업자의 대리인은 모든 지역에서 판매를 한다.
④ 판매대리인은 신용을 제공하지만 제조업자의 대리인은 신용을 제공하지 못한다.
⑤ 판매대리인은 기업의 마케팅 부서와 같은 기능을 수행하는 도매상인 반면 제조업자의 대리인은 장기적인 계약을 통해 제조업자의 제품을 특정 지역에서 판매 대행을 하는 도매상을 말한다.

판매대리인은 제조업자를 대리하여 모든 지역에서 판매를 하는 반면 제조업자의 대리인은 특정 지역에서 판매대행을 수행하는 도매상이다.

21

불공정 거래행위에 해당되지 않는 것은?

① 기존재고상품을 다른 상품으로 교환하면서 기존의 재고상품을 특정매입상품으로 취급하여 반품하는 행위
② 직매입을 특정매입계약으로 전환하면서 기존 재고상품을 특정매입상품으로 취급하여 반품하는 행위
③ 대규모 유통업자가 부당하게 납품업자 등에게 배타적 거래를 하도록 강요하는 경우
④ 정상가격으로 매입한 주문제조상품을 할인행사를 이유로 서류상의 매입가를 낮춰 재매입하고 낮춘 매입원가로 납품대금을 주는 경우
⑤ 직매입 납품업체의 납품과정에서 상품에 훼손이나 하자가 발생한 경우 상품대금을 감액하는 경우

직매입 납품업체의 납품과정에서 상품에 훼손이나 하자가 발생한 경우 상품대금을 감액하거나 반품하는 것은 정당한 권리라 할 수 있다.

22

샤인(Schein)이 제시한 조직문화의 세 가지 수준에서 인식적 수준에 해당되는 것으로 가장 옳은 것은?

① 인지가치와 행위가치로 구분할 수 있는 가치관
② 개개인의 행동이나 관습
③ 인간성
④ 인간관계
⑤ 창작물

샤인(Schein)은 조직문화와 관련하여, 조직구성원의 일반적인 인식수준에 대한 구성요소(가공물, 창조물, 가치관, 기본전제)와 이들 간의 상호작용에 의한 조직문화를 설명하였다. 이 중 인지가치와 행위가치로 구분할 수 있는 가치관이 인식적 수준에 가장 부합한다.

23

공급업자 평가방법 중 각 평가 기준의 중요성을 정확하게 판단할 수 없는 경우에 유용한 평가방법은?

① 가중치 평가방법
② 단일기준 평가방법
③ 최소기준 평가방법
④ 주요기준 평가방법
⑤ 평균지수 평가방법

최소기준 평가방법은 평가 기준에 대한 중요성을 판단하기 어려울 경우 가중치를 사용하지 않고 각 평가 기준별 요구사항을 설정하여 평가하는 방법이다.

정답 | 16 ③ 17 ③ 18 ⑤ 19 ④ 20 ③ 21 ⑤ 22 ① 23 ③

24

소비자기본법(법률 제17799호, 2020.12.29.)에 따라 국가가 광고의 내용이나 방법에 대한 기준을 제한할 수 있는 항목으로 옳지 않은 것은?

① 용도, 성분, 성능
② 소비자가 오해할 우려가 있는 특정용어나 특정 표현
③ 광고의 매체
④ 광고 시간대
⑤ 광고 비용

광고 비용은 광고의 기준에 해당하지 않는다.

관련이론 | 「소비자기본법」 제11조(광고의 기준)
국가는 물품등의 잘못된 소비 또는 과다한 소비로 인하여 발생할 수 있는 소비자의 생명·신 또는 재산에 대한 위해를 방지하기 위하여 다음의 어느 하나에 해당하는 경우에는 광고의 내용 및 방법에 관한 기준을 정하여야 한다.
1. 용도·성분·성능·규격 또는 원산지 등을 광고하는 때에 허가 또는 공인된 내용만으로 광고를 제한할 필요가 있거나 특정내용을 소비자에게 반드시 알릴 필요가 있는 경우
2. 소비자가 오해할 우려가 있는 특정용어 또는 특정표현의 사용을 제한할 필요가 있는 경우
3. 광고의 매체 또는 시간대에 대하여 제한이 필요한 경우

25

상품을 품질수준에 따라 분류하거나 규격화함으로써 거래 및 물류를 원활하게 하는 유통의 기능으로 가장 옳은 것은?

① 보관기능
② 운송기능
③ 정보제공기능
④ 표준화기능
⑤ 위험부담기능

상품을 품질수준에 따라 분류하거나 규격화함으로써 거래 및 물류를 원활하게 하는 유통의 기능은 표준화(standardization)에 해당한다.

상권분석

26

지리정보시스템(GIS)을 이용한 상권분석과 관련한 내용으로 옳지 않은 것은?

① 각 동(洞)별 인구, 토지 용도, 평균지가 등을 겹쳐서 상권의 중첩을 표현할 수 있다.
② 주제도란 GIS소프트웨어를 사용하여 데이터베이스 조회 후 속성정보를 요약해 표현한 지도이다.
③ 버퍼는 점이나 선 또는 면으로부터 특정 거리 이내에 포함되는 영역을 의미한다.
④ 교차는 동일한 경계선을 가진 두 지도레이어를 겹쳐서 형상과 속성을 비교하는 기능이다.
⑤ 위상이란 지리적인 형상을 표현한 지도상의 상대적 위치를 알 수 있는 기능을 부여하는 역할을 한다.

동일한 경계선을 가진 두 지도레이어를 겹쳐서 형상과 속성을 비교하는 기능은 중첩(overlay)이다. 즉, 중첩은 공간적으로 동일한 경계선을 가진 두 지도레이어에 대해 하나의 레이어에 다른 레이어를 겹쳐 놓고 지도 형상과 속성들을 비교하는 기능이다.

27

구조적 특성에 의해 상권을 분류할 때 포켓상권에 해당하는 것으로 옳은 것은?

① 상가의 입구를 중심으로 형성된 상권
② 고속도로나 간선도로에 인접한 상권
③ 대형소매점과 인접한 상권
④ 소형소매점들로 구성된 상권
⑤ 도로나 산, 강 등에 둘러싸인 상권

도로, 산, 강에 둘러싸인 상권은 전형적인 포켓상권이다.
포켓상권(독립상권 또는 항아리상권)은 상권 내 고객이 외부로 유출되지 않아 외부상권의 영향을 거의 받지 않고 자체상권의 이익을 누릴 수 있는 상권이다.

28

중심지체계나 주변환경 등에 의해 분류할 수 있는 상권의 유형에 대한 설명으로 가장 옳지 않은 것은?

① 도심상권은 중심업무지구(CBD)를 포함하며 상권의 범위가 넓고 소비자들의 평균 체류시간이 길다.
② 근린상권은 점포인근 거주자들이 주요 소비자로 생활밀착형 업종의 점포들이 입지하는 경향이 있다.
③ 부도심상권은 간선도로의 결절점이나 역세권을 중심으로 형성되는 경우가 많으며 도시 전체의 소비자를 유인한다.
④ 역세권상권은 지하철이나 철도역을 중심으로 형성되며 지상과 지하의 입체적 상권으로 고밀도 개발이 이루어지는 경우가 많다.
⑤ 아파트상권은 고정고객의 비중이 높아 안정적인 수요 확보가 가능하지만 외부와 단절되는 경우가 많아 외부고객을 유치하는 상권확대 가능성이 낮은 편이다.

부도심상권은 간선도로의 결절점이나 역세권을 중심으로 형성되므로 해당 지구의 소비자를 유인하지만 도시 전체의 소비자를 유인하지는 못한다.

29

소매점포의 상권범위나 상권형태는 소매점포를 이용하는 소비자의 공간적 분포를 나타낸다. 이에 대한 설명으로 가장 옳지 않은 것은?

① 소매점포의 면적이 비슷하더라도 업종이나 업태에 따라 개별점포의 상권범위는 차이가 날 수 있다.
② 동일 점포라도 소매전략에 따른 판촉활동 등의 차이에 따라 시기별로 점포의 상권범위는 변화한다.
③ 상권의 형태는 점포를 중심으로 일정한 거리 간격의 동심원 형태로 나타난다.
④ 동일한 지역에 인접하여 입지한 경우에도 점포 규모에 따라 개별점포의 상권범위는 차이가 날 수 있다.
⑤ 동일한 위치에서 입지조건의 변화가 없고 점포의 전략적 변화가 없어도 상권의 범위는 유동적으로 변화하기 마련이다.

상권의 형태는 하천이나 산과 같은 자연 조건, 도로나 대중교통 수단과 같은 교통체계, 점포 규모와 유통업의 형태(업태) 등의 영향을 받기 때문에 동심원 형태가 될 수 없다. 상권은 다양한 형태를 지니므로 흔히 아메바형이라고 불린다.

30

상권 내의 경쟁점포 분석에 대한 설명으로 가장 옳지 않은 것은?

① 초점이 되는 조사문제를 중심으로 실시한다.
② 조사목적에 맞는 세부조사항목을 구체적으로 정해서 실시한다.
③ 상품구성 분석은 상품구성 기본정책, 상품계열구성, 품목구성을 포함한다.
④ 가격은 조사당시 주력상품 특매상황이라도 실제 판매가격을 분석한다.
⑤ 자사점포의 현황과 비교하여 조사결과를 분석한다.

상권 내 경쟁점포 분석 시 평상시의 일반적인 판매가격을 분석해야 한다.

31

크리스탈러(W. Christaller)의 중심지이론에서 말하는 중심지 기능의 최대 도달거리(the range of goods and services)가 의미하는 것으로 가장 옳은 것은?

① 중심지의 유통서비스 기능이 지역거주자에게 제공될 수 있는 한계거리
② 소비자가 도보로 접근할 수 있는 중심지까지의 최대도달거리
③ 전문품 상권과 편의품 상권의 지리적 최대 차이
④ 상위 중심지와 하위 중심지 사이의 거리
⑤ 상업중심지의 정상이윤 확보에 필요한 수요를 충족시키는 상권범위

최대 도달거리란 중심지가 수행하는 유통서비스기능이 지역거주자들에게 제공될 수 있는 최대(한계)거리를 말한다. 즉 최대 도달거리는 중심지 활동이 제공되는 공간적 한계로, 중심지로부터 어느 재화에 대한 수요가 0이 되는 곳까지의 거리를 의미한다.
한편 상업중심지의 정상이윤 확보에 필요한 최소한의 수요를 발생시키는 상권범위는 최소수요 충족거리(threshold size)이다.

정답 | 24 ⑤ 25 ④ 26 ④ 27 ⑤ 28 ③ 29 ③ 30 ④ 31 ①

32

상권 내 소비자의 소비패턴이나 공간이용실태 등을 조사하기 위해 표본조사를 실시할 때 사용할 수 있는 비확률 표본추출 방법에 해당하는 것으로 가장 옳은 것은?

① 층화표본추출법(stratified random sampling)
② 체계적표본추출법(systematic sampling)
③ 단순무작위표본추출법(simple random sampling)
④ 할당표본추출법(quota sampling)
⑤ 군집표본추출법(cluster sampling)

비확률표본추출법으로는 편의표본추출법, 할당표본추출법, 판단표본추출법 등이 있다. 비확률표본추출법은 통계학적 방법을 쓰지 않고 편의상 혹은 할당에 의해 표본을 추출하는 방법이다.
확률표본추출법으로는 단순임의추출법, 층화표본추출법, 군집표본추출법 등이 있다. 확률표본추출법은 통계적인 방법을 통해 객관적으로 표본을 추출하는 방법으로 확률계산이 가능하고, 오류의 정도(편의)에 대한 추정이 가능하다는 장점이 있다.

33

상권의 질(質)에 대한 설명으로 가장 옳지 않은 것은?

① 소매포화지수(IRS; Index of Retail Saturation)와 시장확장잠재력(MEP; Market Expansion Potentials)이 모두 높은 상권은 좋은 상권이다.
② 상권의 질을 평가하는 정량적 요소로는 통행량, 야간인구, 연령별 인구, 남녀 비율 등이 있다.
③ 상권의 질을 평가하는 정성적 요소로는 통행객의 복장, 소지 물건, 보행 속도, 거리 분위기 등이 있다.
④ 일반적으로 특정 지역에 유사한 단일 목적으로 방문하는 통행객보다는 서로 다른 목적으로 방문하는 통행객이 많을수록 상권의 질은 낮아진다.
⑤ 오피스형 상권은 목적성이 너무 강하므로 통행량이 많더라도 상권의 매력도가 높지 않을 수 있다.

일반적으로 특정 지역에 단일 목적으로 방문하는 통행객보다 서로 다른 목적으로 방문하는 통행객이 많을수록 상권의 질은 높아진다. 또한 특별한 목적을 가지고 있지 않은 사람들이 많이 유입되는 상권의 경우 충동구매품 등 제품의 아이템에 따라 좋은 상권이 될 수 있다.

34

도심으로부터 새로운 교통로가 발달하면 교통로를 축으로 도매, 경공업 지구가 부채꼴 모양으로 확대된다는 공간구조이론으로 가장 옳은 것은?

① 버제스(E.W. Burgess)의 동심원지대이론(concentric zone theory)
② 해리스(C.D. Harris)의 다핵심이론(multiple nuclei theory)
③ 호이트(H. Hoyt)의 선형이론(sector theory)
④ 리카도(D. Ricardo)의 차액지대설(differential rent theory)
⑤ 마르크스(K.H. Marx)의 절대지대설(absolute rent theory)

도시 내부의 공간구조를 설명하는 이론 중 도심으로부터 새로운 교통로가 발달하면 교통로를 축으로 도매, 경공업 지구가 부채꼴 모양으로 확대된다는 공간구조이론은 호이트(H. Hoyt)의 선형이론(sector theory)이다.
선형이론은 1939년 버제스의 동심원 모델을 수정 및 보완하여 제시된 모델로, 도시 내부구조가 도심으로부터 동심원상으로 분포하는 것이 아니라 도심으로부터 방사상으로 전개되는 교통로에 의해 결정된다고 보는 이론이다.

관련이론 | 도시의 공간구조

- 도시 내부의 공간구조는 도시마다 다르게 나타난다. 그러나 학자들은 도시 내부구조의 유사성을 연구하여 이를 설명하려는 이론이나 모형을 제시하였다. 도시 내부구조를 설명하는 이론에는 버제스(Burgess)의 동심원모델, 호이트(Hoyt)의 선형모델, 해리스(Harris)와 울만(Ullman)의 다핵심모델 등이 대표적이다.
- 호이트의 선형이론은 자동차가 보편화되고 교통이 발달하게 되면서 교통로를 따라 지가 분포 패턴이 달라지고 이것이 다시 도시의 토지이용 패턴에 영향을 준다는 것이다.

이 때 상류층의 주거지는 교통이 편리한 주요 교통로를 따라서 가까운 지역에 분포하게 되고 가능하면 공업지역과 멀리 떨어지려는 경향을 가지므로 상류층의 주거지역과 공업지역은 떨어져 있고 그 사이를 중산층 주거지역이나 저소득층 주거지역이 배열되는 형태로 전개된다고 설명한다.

35

인구 9만명인 도시 A와 인구 1만명인 도시 B 사이의 거리는 20km이다. 컨버스의 공식을 적용할 때 도시 B로부터 두 도시(A, B) 간 상권분기점까지의 거리로 옳은 것은?

① 5km ② 10km
③ 15km ④ 20km
⑤ 25km

컨버스(Converse)의 제1법칙에 의하면 A시의 상권의 한계점은
$D(A) = \dfrac{d}{1+\sqrt{\dfrac{P(B)}{P(A)}}}$ 이다.
여기서 d는 두 도시 간의 거리, P(A)와 P(B)는 각 도시의 인구이다.
주어진 자료를 대입하면 A시로부터 분기점까지의 거리는
$D(A) = \dfrac{20km}{1+\sqrt{\dfrac{10,000}{90,000}}} = 15km$이다.
따라서 도시 B로부터 분기점까지의 거리는 20km-15km=5km이다.

36

신규점포의 입지를 결정하는 과정에서 후보입지의 매력도 평가에 활용할 수 있는 회귀분석 모형에 관한 설명으로 가장 옳지 않은 것은?

① 종속변수는 독립변수의 영향을 받는 관계이므로 종속변수와 상관관계가 있는 독립변수를 포함시켜야 한다.
② 회귀분석 모형에 포함되는 독립변수들은 서로 상관관계가 높지 않고 독립적이어야 한다.
③ 성과에 영향을 미치는 독립변수로는 점포 자체의 입지적 특성과 상권 내 경쟁수준 등을 포함시킬 수 있다.
④ 인구 수, 소득수준, 성별, 연령 등 상권 내 소비자들의 특성을 독립변수로 포함시킬 수 있다.
⑤ 2~3개의 표본점포를 사용하면 실무적으로 설명력 있는 회귀모형을 도출하는데 충분하다.

표본이 되는 점포의 수가 충분하지 않으면 회귀분석 결과의 신뢰성이 낮아질 수 있다.

37

상품 키오스크(merchandise kiosks)에 대한 설명으로서 가장 옳지 않은 것은?

① 쇼핑몰의 공용구역에 설치되는 판매공간이다.
② 쇼핑몰 내 일반점포보다 단위면적당 임대료가 낮다.
③ 쇼핑몰 내 일반점포에 비해 임대차 계약기간이 길다.
④ 디스플레이 공간이 넓어 점포 면적에 비해 충분한 창의성을 발휘할 수 있다.
⑤ 쇼핑몰 내 다른 키오스크들과 경쟁이 심화될 가능성이 높다.

키오스크(kiosk)는 주로 쇼핑몰의 공용장소에 제품을 진열하고 판매하는 독립매대를 말하며, 빈 공간을 활용할 수 있어 쇼핑몰 운영자에게 선호되는 점포이다. 키오스크는 일반적으로 쇼핑몰 내 일반점포보다 단위면적당 임대료가 낮고, 임대차 계약기간은 짧다.

정답 | 32 ④ 33 ④ 34 ③ 35 ① 36 ⑤ 37 ③

38

유통산업발전법(법률 제19117호, 2022.12.27.)에서는 필요하다고 인정하는 경우 대형마트에 대한 영업시간 제한이나 의무휴업일 지정을 규정하고 있다. 그 내용으로 가장 옳은 것은?

① 의무휴업일은 공휴일이 아닌 날 중에서 지정하되, 이해당사자와 합의를 거쳐 공휴일을 의무휴업일로 지정할 수 있다.
② 특별자치시장·시장·군수·구청장 등은 매월 하루 이상을 의무휴업일로 지정하여야 한다.
③ 영업시간 제한 및 의무휴업일 지정에 필요한 사항은 해당 지방자치단체장의 명령으로 정한다.
④ 특별자치시장·시장·군수·구청장 등은 오후 11시부터 오전 10시까지의 범위에서 영업시간을 제한할 수 있다.
⑤ 영업시간 제한이나 의무휴업일 지정은 건전한 유통질서 확립, 근로자의 건강권 및 대형점포 등과 중소유통업의 상생발전을 위한 것이다.

선지분석
① 의무휴업일은 공휴일 중에서 지정하되, 이해당사자와 합의를 거쳐 공휴일이 아닌 날을 의무휴업일로 지정할 수 있다.
② 특별자치시장·시장·군수·구청장 등은 매월 이틀을 의무휴업일로 지정하여야 한다.
③ 영업시간 제한 및 의무휴업일 지정에 필요한 사항은 해당 지방자치단체의 조례로 정한다.
④ 특별자치시장·시장·군수·구청장 등은 오전 0시부터 오전 10시까지의 범위에서 영업시간을 제한할 수 있다.

39

입지분석은 지역분석, 상권분석, 부지분석 등의 세 가지 수준에서 실시한다. 경쟁분석을 실시하는 분석수준으로서 가장 옳은 것은?

① 지역분석(regional analysis)
② 부지분석(site analysis)
③ 상권분석(trade area analysis)
④ 지역 및 상권분석(regional and trade area analysis)
⑤ 상권 및 부지분석(trade area and site analysis)

경쟁분석은 상권 내에서의 경쟁관계를 분석하는 것이다. 경쟁분석은 상권 내 위계별 경쟁구조분석, 업태별·업태내 경쟁구조분석, 경쟁 및 보완관계 분석, 잠재경쟁구조분석 등이 포함된다.
경쟁분석은 경쟁점포에 대한 방문조사 외에도 상권내 경쟁점포의 수와 분포 등 다양한 방법이 활용된다.

40

업태에 따른 소매점포의 적절한 입지유형을 설명한 페터(R. M. Fetter)의 공간균배원리를 적용한 것으로 가장 옳지 않은 것은?

① 편의품점 – 산재성 입지
② 선매품점 – 집재성 입지
③ 부피가 큰 선매품의 소매점 – 국부적집중성 입지
④ 전문품점 – 집재성 입지
⑤ 고급고가품점 – 집심성 입지

전문품점은 집심성 입지가 유리하다. 또한 집심성 점포는 도시의 중심(CBD)이나 배후지의 중심지에 입지해야 유리한 점포이다.
페터(R. M. Petter)의 공간균배의 원리에 따르면 시장이 좁고 수요의 교통비 탄력성이 작은 경우에는 집심성 입지, 그리고 시장이 넓고 수요의 교통비 탄력성이 큰 경우에는 산재성 입지 현상이 나타난다.

41

소비자가 원하는 시간과 장소에서 상품을 구입할 수 있게 해야 한다는 의미에서의 상품에 대한 소비자들의 물류요구와 취급하는 소매점 숫자의 관계에 대한 기술로 가장 옳은 것은?

① 물류요구가 높을수록 선택적 유통이 이루어진다.
② 물류요구가 낮을수록 집중적 유통이 이루어진다.
③ 물류요구에 상관없이 전속적 유통이 효율적이다.
④ 물류요구의 크기만으로는 취급하는 소매점 숫자를 알 수 없다.
⑤ 물류요구의 크기는 취급하는 소매점 숫자에 영향을 미치지 않는다.

유통범위(시장 커버리지) 또는 유통집중도(distribution intensity)는 특정지역에서 중간상의 업무를 수행할 소매점포의 수를 의미한다. 유통집중도에 영향을 미치는 요소는 여러 가지이므로 물류요구의 크기만으로는 취급하는 소매점 수를 알기 어렵다. 또한 물류요구가 높을수록 집중적 유통이 바람직하고, 물류요구가 낮으면 전속적 유통이 바람직하다.

42

점포개점을 위한 투자계획의 내용으로서 가장 옳지 않은 것은?

① 자금조달계획
② 자금운용계획
③ 수익계획
④ 비용계획
⑤ 상품계획

소매점 개점을 위한 투자계획은 개점계획을 자금계획과 손익계획으로 계수화한 것이다.
- 자금계획은 자금조달계획과 자금운영계획으로 구성되고, 손익계획은 수익계획과 비용계획으로 구성된다.
- 자금계획은 미래의 현금유입과 현금유출을 보여주는 투자활동 현금흐름표로 요약할 수 있다.
- 손익계획은 매출 및 지출계획에 근거하여 작성한 손익계획서로 요약할 수 있다.

43

도시상권의 매력도에 직접적으로 영향을 미치는 특성으로서 가장 옳지 않은 것은?

① 인구
② 교통망
③ 소득수준
④ 소매단지 분포
⑤ 행정구역 구분

행정구역 구분은 도시상권의 매력도와 관련이 없다.
도시상권의 매력도를 평가할 때는 상권의 수요요인과 공급요인을 고려해야 한다. 이 요인들을 평가하기 위해 소매포화지수(IRS)와 시장성장 잠재력지수(MEP)를 활용할 수 있다.
따라서 그 지역의 현재와 미래의 잠재수요, 매장면적에 영향을 미치는 요인들을 고려해야 한다.

44

상권분석의 주요한 목적으로 가장 옳지 않은 것은?

① 상권범위 설정
② 경쟁점포 파악
③ 빅데이터 축적
④ 예상매출 추정
⑤ 적정임차료 추정

상권조사를 통해 수집한 데이터를 기반으로 하여 상권분석이 이루어지므로 빅데이터 축적이 상권분석의 목적이 될 수는 없다.
상권분석의 일반적인 목적은 점포를 개설할 상권을 선정하거나 기존점포의 활성화를 위한 마케팅 전략을 수립하려는 것이다. 즉 상권의 특성과 가치를 파악하여 업종을 선택하고 매출액을 추정하려는 것이다.

정답 | 38 ⑤ 39 ③ 40 ④ 41 ④ 42 ⑤ 43 ⑤ 44 ③

45

상가건물 임대차보호법(법률 제18675호, 2022.1.4.) 등의 관련 법규에서는 아래 글상자와 같이 상가 임대료의 인상률 상한을 규정하고 있다. 괄호 안에 들어갈 내용으로 옳은 것은?

> 차임 또는 보증금의 증액청구는 청구당시의 차임 또는 보증금의 100분의 (　　)의 금액을 초과하지 못한다.

① 3　　② 4
③ 5　　④ 8
⑤ 10

차임 또는 보증금의 증액청구는 청구당시의 차임 또는 보증금의 100분의 5의 금액을 초과하지 못한다.(「법」제11조, 「시행령」제4조)

유통마케팅

46

통합적 마케팅커뮤니케이션(IMC; Integrated Marketing Communication)에 대한 설명으로 가장 옳지 않은 것은?

① 광고, 판매촉진, PR, 인적판매, 다이렉트 마케팅 등 다양한 촉진믹스들을 활용한다.
② 명확하고 설득력있는 메시지를 일관되게 전달하는 것이 목적이다.
③ 동일한 표적고객에 대한 커뮤니케이션은 서로 동일한 메시지를 전달한다.
④ 서로 다른 촉진믹스들이 수행하는 차별적 커뮤니케이션 역할들을 신중하게 조정한다.
⑤ 모든 마케팅 커뮤니케이션 캠페인들이 동일한 촉진목표를 달성하도록 관리한다.

광고, 판매촉진, PR, 인적판매, 다이렉트 마케팅 등 다양한 촉진믹스들은 각각의 특징을 가지고 있으므로 동일한 촉진 목표를 달성하도록 관리하는 것은 비효율적이다.

47

점포공간을 구성할 경우, 점포에서의 역할을 고려한 각각의 공간에 대한 설명으로 가장 옳지 않은 것은?

① 서비스 공간은 휴게실, 탈의실 등과 같이 소비자의 편의와 편익을 위해 설치하는 곳이다.
② 진열 판매 공간은 상품을 진열하여 주로 셀프 판매를 유도하는 곳이다.
③ 판매 예비 공간은 소비자에게 상품에 대한 정보를 전달하거나 결제를 도와주는 곳이다.
④ 판촉 공간은 판촉상품을 전시하는 곳이다.
⑤ 인적 판매 공간은 판매원이 소비자에게 상품을 보여주고 상담을 하는 곳이다.

판매 예비 공간은 소비자에게 정보를 전달하거나 결제를 도와주는 공간이 아니라 판매를 지원하기 위해 마련한 공간을 의미한다.

48

마케팅믹스 요소인 4P 중 유통(place)을 구매자 관점인 4C로 표현한 것으로 가장 옳은 것은?

① 고객맞춤화(Customization)
② 커뮤니케이션(Communication)
③ 고객문제해결(Customer solution)
④ 편의성(Convenience)
⑤ 고객비용(Customer cost)

마케팅믹스 요소인 4P를 고객의 입장인 4C로 표현하면 다음과 같다.
- Promotion(촉진) → Communication(커뮤니케이션)
- Product(제품) → Customer value(고객 가치증대)
- Place(유통) → Convenience(편의성)
- Price(가격) → Customer cost(고객비용)

49

온라인 광고의 유형에 대한 설명으로 가장 옳지 않은 것은?

① 배너 광고(banner advertising)는 웹페이지의 상하좌우 또는 중간에서도 볼 수 있다.
② 삽입 광고(insertional advertising)는 웹사이트 화면이 바뀌고 있는 동안에 출현하는 온라인 전시 광고이다.
③ 검색 관련 광고(search-based advertising)는 포털사이트에 검색엔진 결과와 함께 나타나는 링크와 텍스트를 기반으로 하는 광고이다.
④ 리치미디어 광고(rich media advertising)는 현재 보고 있는 창 앞에 나타나는 새로운 창에 구현되는 온라인 광고이다.
⑤ 바이럴 광고(viral advertising)는 인터넷 상에서 소비자가 직접 입소문을 퍼트리도록 유도하는 광고이다.

리치미디어 광고(rich media advertising)는 배너 광고에 비해 풍부한 내용을 담을 수 있는 멀티미디어형 광고를 말한다. 리치미디어를 표현하는 방법은 배너, 인터액티브 멀티미디어 등이 있다.

50

브랜드 관리와 관련된 설명으로 가장 옳지 않은 것은?

① 브랜드 자산(brand equity)이란 해당 브랜드를 가졌기 때문에 발생하는 차별적 브랜드 가치를 말한다.
② 브랜드 재인(brand recognition)은 브랜드가 과거에 본인에게 노출된 적이 있음을 알아차리는 것이다.
③ 브랜드 회상(brand recall)이란 브랜드 정보를 기억으로부터 인출하는 것을 말한다.
④ 브랜드 인지도(brand awareness)는 브랜드 이미지의 풍부함을 의미한다.
⑤ 브랜드 로열티(brand loyalty)가 높을수록 브랜드 자산(brand equity)이 증가한다고 볼 수 있다.

브랜드 인지도(brand awareness)는 브랜드 이미지의 풍부함을 의미하는 것이 아니라 소비자가 한 제품 범주에 속한 특정 브랜드를 재인(recognition)하거나 회상(recall)할 수 있는 능력을 의미한다.

51

상품판매에 대한 설명으로 옳지 않은 것은?

① 인적판매는 개별적이고 심도 있는 쌍방향 커뮤니케이션이 가능한 것이 장점이다.
② 판매는 회사의 궁극적 목적인 수익창출을 실제로 구현하는 기능이다.
③ 전략적 관점에서 고객과의 관계를 형성하는 영업을 중요시하던 과거 방식에 비해 판매기술이 고도화되는 요즘은 판매를 빠르게 달성하는 전술적, 기술적 관점이 더욱 부각되고 있다.
④ 판매는 고객과의 커뮤니케이션을 통해 상품을 판매하고, 고객과의 관계를 구축하고자 하는 활동이다.
⑤ 판매활동은 크게 신규고객을 확보하기 위한 활동과 기존고객을 관리하는 활동으로 나눌 수 있다.

전략적 관점에서 과거에는 판매를 빠르게 달성하는 전술적, 기술적 관점이 중요했으나 최근에는 고객과의 관계를 형성하여 장기적인 관계를 구축하는 CRM이 더욱 부각되고 있다.

정답 | 45 ③ 46 ⑤ 47 ③ 48 ④ 49 ④ 50 ④ 51 ③

52

아래 글상자에서 설명하는 머천다이징의 종류로 가장 옳은 것은?

> 소매업, 2차상품 제조업자, 가공업자 및 소재메이커가 수직적으로 연합하여 상품계획을 수립하는 머천다이징 방식이다. 이는 시장을 세분화하여 파악한 한정된 세분시장을 타겟 고객으로 하여 이들에 알맞은 상품화 전략을 전개하는 것이다.

① 혼합식 머천다이징 ② 세그먼트 머천다이징
③ 선별적 머천다이징 ④ 계획적 머천다이징
⑤ 상징적 머천다이징

선별적 머천다이징이란 소매업, 2차상품 제조업자, 가공업자 및 소재메이커가 수직적으로 연합하여 상품계획을 수립하는 머천다이징 방식으로, 시장을 세분화하여 파악한 한정된 세분시장을 타겟 고객으로 하여 이들에 알맞은 상품화 전략을 전개하는 것이다.

53

판매서비스는 거래계약의 체결 또는 완결을 지원하는 거래지원서비스 및 구매과정에서 고객이 지각하는 가치를 향상시키는 가치증진서비스로 구분할 수 있다. 가치증진서비스에 해당되는 것으로 가장 옳은 것은?

① 상품의 구매와 사용 방법에 관한 정보제공
② 충분한 재고 보유와 안전한 배달을 보장하는 주문처리
③ 명료하고 정확하며 이해하기 쉬운 청구서를 발행하는 대금청구
④ 친절한 접객서비스와 쾌적한 점포분위기 제공
⑤ 고객이 단순하고 편리한 방식으로 대금을 납부하게 하는 대금지불

선지분석 |
①, ②, ③, ⑤는 판매서비스 중 거래계약의 체결 또는 완결을 지원하는 거래 지원서비스에 해당되며, 매 과정에서 고객이 지각하는 가치를 향상시키는 가치증진서비스에는 친절한 접객서비스와 쾌적한 점포분위기 제공이 해당된다.

54

전략과 연계하여 성과를 평가하기 위해 유통기업은 균형점수표(BSC; Balanced Score Card)를 활용하기도 한다. 균형점수표의 균형(balanced)의 의미에 대한 설명으로서 가장 옳지 않은 것은?

① 단기적 성과지표와 장기적 성과지표의 균형
② 과거 성과지표와 현재 성과지표 사이의 균형
③ 선행 성과지표와 후행 성과지표 사이의 균형
④ 내부적 성과지표와 외부적 성과지표 사이의 균형
⑤ 재무적 성과지표와 비재무적 성과지표 사이의 균형

균형점수표(균형성과표)의 균형(balanced)은 과거 성과지표와 미래지향적 성과지표 사이의 균형을 고려하는 것이다.

관련이론 | 균형성과표(BSC; Balanced Score Card)
조직의 비전과 경영 목표를 각 사업부문과 개인의 성과측정 지표로 전환해 전략적 실행을 최적화하는 경영관리기법이다. 재무, 고객, 내부 프로세스, 학습·성장 등 4분야에 대해 측정지표를 선정해 평가한 뒤 각 지표별로 가중치를 적용하여 산출한다.

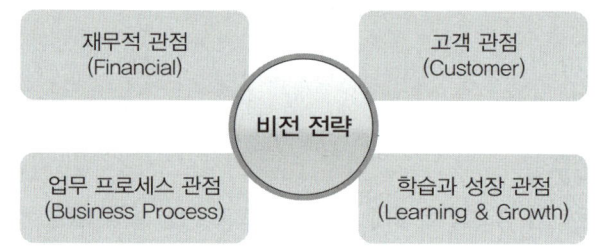

재무적 관점	• 총자산수익률	• 기업의 CF
고객 관점	• 고객만족도	• 시장점유율(M/S)
업무 프로세스 관점	• 성과달성 프로세스	• Value Chain 점검
학습과 성장 관점	• 비재무적 성과측정	• 종업원 만족도

55

사람들은 신제품이나 혁신을 수용하고 구매하는 성향에서 큰 차이를 갖는다. 자신의 커뮤니티에서 여론주도자이며 신제품이나 혁신을 조기에 수용하지만 매우 신중하게 구매하는 집단으로 가장 옳은 것은?

① 혁신자(innovator)
② 조기 수용자(early adopter)
③ 조기 다수자(early majority)
④ 후기 다수자(late majority)
⑤ 최후 수용자(laggard)

조기 수용자(early adopter)는 자신의 커뮤니티에서 여론주도자이며 신제품이나 혁신을 조기에 수용하지만 매우 신중하게 구매하는 집단이다.

선지분석 | **로저스의(Rogers)의 혁신수용이론**
① 혁신 수용자(혁신자): 교육 및 소득수준이 높고, 사회적 활동 활발
② 조기 수용자: 의견 선도자로서 유행에 민감하고 가치표현적 성격이 강하며 관여도 높음
③ 조기 다수자: 신중한 소비자들로 기술 자체에는 관심이 없고 실제적인 문제에 집중
④ 후기 다수자: 신제품 수용에 의심이 많은 집단으로 가격에 민감하고 위험회피형인 보수적 집단
⑤ 최후 수용자: 전통을 고수하는 성향의 소비자층으로 신제품이 완전히 소비자에 의해 수용되어야만 제품 구매

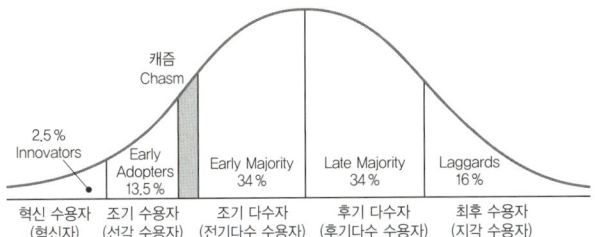

56

표적시장을 수정하거나 제품을 수정하거나 마케팅믹스를 수정하는 마케팅전략을 수행해야 하는 제품수명주기 상의 단계로서 가장 옳은 것은?

① 신제품 출시 이전(以前)
② 도입기
③ 성장기
④ 성숙기
⑤ 쇠퇴기

성숙기(Maturity)는 판매량이 급속하게 증가하다가 정체를 보이는 단계로, 시장성장률이 둔화되는 특징이 나타난다. 제품판매성장률은 점차 감소하고 어느 시점에 이르면 수요는 정체 및 감소하게 되므로 표적시장을 수정하거나 제품을 수정하거나 마케팅믹스를 수정하는 마케팅전략을 수행해야 한다.

57

중고품을 반납하고 신제품을 구매한 고객에게 가격을 할인해 주거나 판매촉진행사에 참여한 거래처에게 구매대금의 일부를 깎아주는 형식의 할인으로 가장 옳은 것은?

① 기능 할인(functional discount)
② 중간상 할인(trade discount)
③ 공제(allowances)
④ 수량 할인(quantity discount)
⑤ 계절 할인(seasonal discount)

공제(allowances)란 일반적으로 중간상인에 대한 판매촉진의 한 방법으로 행해진다. 중고품을 반납하고 신제품을 구매한 고객에게 가격을 할인해 주거나 판매촉진행사에 참여한 거래처에게 구매 대금의 일부를 깎아주는 형식의 할인으로 이루어진다.

정답 | 52 ③ 53 ④ 54 ② 55 ② 56 ④ 57 ③

58

카테고리 매니지먼트에 대한 설명으로 가장 옳지 않은 것은?

① 특정 제품 카테고리의 매출과 이익을 최대화하기 위한 원료공급부터 유통까지의 공급망에 대한 통합적 관리
② 제조업체와 협력을 통해 특정 제품 카테고리를 공동경영하는 과정
③ 제품 카테고리의 효율 극대화를 위한 전반적인 머천다이징 전략과 계획
④ 소매업체와 벤더, 제조업체를 포함하는 유통경로 구성원들 간에 제품 카테고리에 대한 사전 합의 필요
⑤ 고객니즈 변화에 대한 신속한 대응뿐만 아니라 재고와 점포운영비용의 절감 효과 가능

원료공급부터 유통까지의 공급망에 대한 통합적 관리는 공급사슬관리에 해당한다. 한편 카테고리 매니지먼트(CM; Category Management), 즉 카테고리 관리는 특정 제품군을 중심으로 유통업체와 제조업체가 협력을 통해 공동의 수요를 창출해내는 과정을 의미한다. 카테고리 매니지먼트에서는 유통업체와 제조업체 사이에 존재하는 벽을 제거함으로써 신제품 도입, 제품 구색, 각종 촉진전략 등을 최적화하여 궁극적인 소비자 수요를 창출하고자 한다.

59

아래 글상자의 성과측정 지표들 중 머천다이징에서 상품관리 성과를 측정하기 위한 지표들만을 나열한 것으로 옳은 것은?

> ⊙ 총자산수익률(Return On Asset)
> ⓒ 총재고투자마진수익률(Gross Margin Return On Investment)
> ⓒ 재고회전율(Inventory Turnover)
> ⓔ ABC분석(ABC analysis)
> ⓜ 판매추세분석(Sell-through Analysis)

① ⊙, ⓒ
② ⊙, ⓒ, ⓒ
③ ⓒ, ⓒ, ⓔ
④ ⓒ, ⓔ, ⓜ
⑤ ⓔ, ⓜ

성과측정 지표들 중 머천다이징에서 상품관리 성과를 측정하기 위한 지표에는 총자산수익률(Return On Asset), 총재고투자마진수익률(Gross Margin Return On Investment), 재고회전율(Inventory Turnover) 등이 대표적이다.
한편, 상품기획 성과의 측정방법으로는 ABC분석과 판매추세분석(Sell-through Analysis)이 널리 사용된다. 여기서 판매추세분석은 고객의 수요에 부응하기 위해 가격인하가 필요한지 또는 상품을 구입해야 하는 것인지를 결정하기 위해 실제매출과 매출목표를 비교하는 방법이다.

60

유통경로에 대한 촉진 전략 중 푸시전략에 해당하는 것으로 가장 옳지 않은 것은?

① 소매상과의 협력 광고
② 신제품의 입점 및 진열비 지원
③ 진열과 판매 보조물 제공
④ 매장 내 콘테스트와 경품추첨
⑤ 판매경연대회와 인센티브 제공

매장 내 콘테스트와 경품추첨은 소비자를 대상으로 하는 풀전략에 해당한다. 푸시전략은 제조업자가 소비자를 향해 제품을 밀어낸다는 의미로 제조업자 → 도매상, 도매상 → 소매상, 소매상 → 최종 소비자에게 제품을 판매하게 만드는 전략에 해당한다. 또한 인적판매 또는 가격 할인, 수량할인 등 유통상인을 대상으로 하는 판매촉진을 주로 사용한다.

61

아래 글상자에서 제품수명주기에 따른 광고목표 중 도입기의 광고목표와 관련된 광고만을 나열한 것으로 가장 옳은 것은?

> ㉠ 제품 성능 및 이점에 대한 인지도를 높이는 정보제공형 광고
> ㉡ 우선적으로 자사 브랜드를 시장에 알리기 위한 인지도 형성 광고
> ㉢ 제품 선호도를 증가시키고 선택적 수요를 증가시키는 설득형 광고
> ㉣ 여러 제품 또는 브랜드 중 자사 제품을 선택해야 하는 이유를 제공하는 비교 광고
> ㉤ 브랜드를 차별화하고 충성도를 높이는 강화 광고
> ㉥ 자사의 브랜드와 특정 모델, 또는 특정 색이나 사물들과의 독특한 연상을 만드는 이미지 광고
> ㉦ 소비자의 기억 속에 제품에 대한 기억이 남아있을 수 있도록 하는 회상 광고

① ㉠, ㉡
② ㉠, ㉡, ㉤
③ ㉡, ㉢
④ ㉡, ㉢, ㉣
⑤ ㉤, ㉥, ㉦

도입기에는 제품의 인지도를 높이기 위한 무차별 마케팅이 목표이므로 마케팅 초기 사용유도를 위한 강력한 촉진이 필요하다.
성장기에는 설득형 광고가 효과적이고, 성숙기에는 비교 광고 및 브랜드를 차별화하고 충성도를 높이는 강화광고, 독특한 연상을 만드는 이미지 광고가 효과적이다. 쇠퇴기에는 재마케팅을 위한 회상 광고가 효과적일 수 있다.

62

기업과의 관계 진화과정에 따라 분류한 고객의 유형으로 가장 옳지 않은 것은?

① 잠재고객
② 신규고객
③ 기존고객
④ 이탈고객
⑤ 불량고객

고객관계관리(CRM)에 따르면 고객의 발전단계는 잠재고객 → 신규고객 → 단골고객(기존고객) → 옹호고객 → 파트너고객 순으로 발전한다. 이탈고객은 기존고객에서 이탈한 고객이며 불량고객은 노쇼, 블랙리스트 고객 등을 뜻한다. 그 중 불량고객은 고객의 유형에 포함되지는 않는다.

63

'주스 한 잔에 00원' 등과 같이 오랫동안 소비자에게 정착되어 있는 가격을 지칭하는 용어로 가장 옳은 것은?

① 균일가격
② 단수가격
③ 명성가격
④ 관습가격
⑤ 단계가격

관습가격은 비용 상승에도 불구하고 오랜 기간 동안 소비자들이 습관적으로 일정 금액을 지불해 왔기 때문에 기업들이 그에 따라 정착된 가격을 책정하는 전략이다.

64

CRM 전략을 위한 데이터웨어하우스에 대한 설명으로 가장 옳은 것은?

① 조직 내의 모든 사람이 다양하게 이용할 수 있도록 데이터들을 통합적으로 보관·저장하는 시스템이다.
② 의사결정에 필요한 정보를 생산할 수 있도록 다양한 소스로부터 모아서 임시로 정리한 데이터이다.
③ 의사결정에 필요한 데이터를 분석 가능한 형태로 변환하고 가공하여 저장한 요약형 기록 데이터이다.
④ 데이터의 신속한 입력, 지속적인 갱신, 추적 데이터의 무결성이 중시되는 실시간 상세 데이터이다.
⑤ 일정한 포맷과 형식이 없어 사용자가 원하는 작업을 수행할 수 있는 데이터들의 집합이다.

데이터웨어하우스(Data Warehouse)는 사용자의 의사결정을 지원하기 위해 기업이 축적한 많은 데이터를 사용자 관점에서, 주제별로 통합하여 별도의 장소에 저장해 놓은 데이터베이스이다.
데이터웨어하우스는 주제지향성, 통합성(일관성), 비휘발성, 시계열성 접근 가능성의 특징을 지닌다.

정답 | 58 ① 59 ② 60 ④ 61 ① 62 ⑤ 63 ④ 64 ③

65

매장의 상품배치에 관한 제안으로 가장 옳지 않은 것은?

① 가격 저항이 낮은 상품은 고객의 출입이 잦은 곳에 배치한다.
② 충동구매 성격이 높은 상품은 고객을 유인하기 위해 매장의 안쪽에 배치한다.
③ 고객이 꼭 구매하려고 계획한 상품의 경우 위치와 상관없이 움직이는 경향이 있다.
④ 일반적으로 선매품의 경우 매장 안쪽에 배치한다.
⑤ 매장 입구에서 안쪽으로 들어갈수록 가격이 높은 상품을 배치하면 가격저항감을 줄일 수 있다.

충동구매 성격이 높은 상품은 고객을 유인하기 위해 매장 전면에 배치하고, 매장의 안쪽에는 전문품이나 고가품을 배치하여 쇼핑의 쾌적성을 제공해야 한다.

66

고객 편리성을 높이기 위한 점포구성 방안으로서 가장 옳지 않은 것은?

① 고객 이동의 정체와 밀집을 막아 이동을 원활하게 하는 레이아웃 구성
② 자유로운 고객 흐름을 방해하지 않게 양방통행 원칙을 준수하여 통로 설계
③ 원스톱 쇼핑을 위해 다종다양의 상품을 제공하기 위한 스크램블드(scrambled) 머천다이징
④ 상품을 빨리 찾을 수 있게 연관성이 높은 상품군별로 모아 놓는 크로스(cross) 진열
⑤ 면적이 넓은 점포의 경우 휴식을 취할 수 있는 휴식 시설 설치

고객동선은 교차하지 않도록 구성하는 것이 원칙이므로 자유로운 고객 흐름을 방해하지 않기 위해서는 양방통행 보다는 일방통행 통로 설계가 적합하다.

67

CRM(Customer Relationship Management) 실행 순서를 나열한 것으로 가장 옳은 것은?

① 고객니즈분석 – 대상고객선정 – 가치창조 – 가치제안 – 성과평가
② 가치제안 – 가치창조 – 고객니즈분석 – 대상고객선정 – 성과평가
③ 고객니즈분석 – 가치제안 – 대상고객선정 – 가치창조 – 성과평가
④ 가치창조 – 고객니즈분석 – 대상고객선정 – 가치제안 – 성과평가
⑤ 대상고객선정 – 고객니즈분석 – 가치창조 – 가치제안 – 성과평가

CRM(Customer Relationship Management)은 대상고객선정 – 고객니즈분석 – 가치창조 – 가치제안 – 성과평가 순으로 이루어진다.

68

마케팅 조사에 대한 설명으로 가장 옳지 않은 것은?

① 기술조사는 표적모집단이나 시장의 특성에 관한 자료를 수집·분석하고 결과를 기술하는 조사이다.
② 2차 자료는 당면한 조사목적이 아닌 다른 목적을 위해 과거에 수집되어 이미 존재하는 자료이다.
③ 1차 자료는 당면한 조사목적을 달성하기 위하여 조사자가 직접 수집한 자료이다.
④ 마케팅조사에는 정성조사와 정량조사 모두 필수적으로 제시되어야 한다.
⑤ 탐색조사는 조사문제가 불명확할 때 기본적인 통찰과 아이디어를 얻기 위해 실시하는 조사이다.

마케팅조사에는 정성조사와 정량조사 모두 필수적으로 제시되어야 하는 것은 아니다. 다만 정량조사와 정성조사는 양자 간 상호보완적인 효과가 있으므로 조사의 신뢰성을 위해서는 함께 진행되는 것이 좋다.

69

점포의 비주얼 머천다이징 요소로서 가장 옳지 않은 것은?

① 점두, 출입구, 건물 외벽 등의 점포 외장
② 매장 및 후방, 고객 동선, 상품배치 등의 레이아웃
③ 매장 인테리어, 조명, 현수막 등의 점포 내부
④ 진열 집기, 트레이, 카운터 등 각종 집기
⑤ 종업원의 복장, 머리카락, 청결 상태 등의 위생

VMD는 마케팅효과를 극대화하기 위해 특정 상품이나 서비스를 시각적으로 연출하고 관리하는 것으로, 점포의 비주얼 머천다이징 요소에는 색채, 재질, 선, 형태, 공간 등과 점포 내·외부 디자인도 포함되며 핵심 개념은 매장 내 전시를 중심으로 이루어진다. 따라서 매장 및 후방, 고객 동선, 상품배치 등의 레이아웃은 비주얼 머천다이징 요소에는 해당하지 않는다.

70

상품진열에 대한 설명으로 가장 옳지 않은 것은?

① 고객의 오감을 즐겁게 하면서도 찾기 쉽고 선택을 용이하게 하는 진열을 한다.
② 매장 입구에는 구매빈도가 높은 상품위주로 진열한다.
③ 오픈진열을 할 경우 경품 및 행사상품, 고회전상품, 저회전상품 순으로 진열한다.
④ 셀프서비스 판매방식 소매점에서는 소비자가 직접 상품을 선택할 수 있도록 곤돌라 또는 쇼케이스를 이용한 진열 방식의 활용이 일반적이다.
⑤ 엔드진열은 신상품, 행사상품의 효율적 소구를 위해 매장의 빈 공간에 독립적으로 진열하는 방식이다.

엔드진열은 고객들이 이동하는 통로에 직접 매대를 노출시켜 충동구매를 유도하는 전략이다. 따라서 테마 상품 또는 소비자들에게 인지도가 있는 상품을 진열하여 매출액을 극대화시켜야 한다.

유통정보

71

아래 글상자의 괄호 안에 들어갈 용어를 순서대로 바르게 나열한 것으로 가장 옳은 것은?

> 알파고 리(기존 버전 알파고)는 프로 바둑기사들의 기보 데이터를 대량으로 입력받아 학습하는 (㉠)이 필요했다. 반면 알파고 제로는 바둑 규칙 이외에 아무런 사전 지식이 없는 상태에서 인공신경망 기술을 활용하여 스스로 대국하며 바둑 이치를 터득해서 이기기 위한 수를 스스로 생성해낸다. 이렇듯 수많은 시행착오를 통해 최적의 행동을 찾아내는 방식을 (㉡)이라 한다.

① ㉠ 지도학습, ㉡ 비지도학습
② ㉠ 지도학습, ㉡ 준지도학습
③ ㉠ 지도학습, ㉡ 강화학습
④ ㉠ 강화학습, ㉡ 지도학습
⑤ ㉠ 강화학습, ㉡ 준지도학습

기계학습(머신러닝, machine learning)의 알고리즘 유형 중 프로 바둑기사들의 기보 데이터를 대량으로 입력받아 학습하는 것은 지도학습(supervised learning)이고, 수많은 시행착오를 통해 최적의 행동을 찾아내는 방식은 강화학습(reinforcement learning)이다.

관련이론 | 머신러닝(machine learning)의 유형

머신러닝 알고리즘은 학습 시스템에 정보 및 데이터를 입력하는 형태에 따라 크게 세 가지로 나뉜다.

- 지도학습(supervised learning): 입력과 이에 대응하는 미리 알려진 출력(인간 전문가가 제공)을 매핑(mapping)하는 함수를 학습하는 과정이다.
- 비지도학습(unsupervised learning): 출력 없이 입력만으로 모델을 구축하여 학습한다. 일반적으로 데이터마이닝의 대부분의 기법이 이에 해당한다.
- 강화학습(reinforcement learning): 학습자가 행동을 선택하여 행동으로 환경에 영향을 미치고, 이에 대한 피드백으로 보상치를 얻어 학습 알고리즘의 가이드로 사용한다.

정답 | 65 ② 66 ② 67 ⑤ 68 ④ 69 ② 70 ⑤ 71 ③

72

드론의 구성요인에 대한 설명으로 가장 옳지 않은 것은?

① 드론의 항법센서로는 전자광학센서, 초분광센서, 적외선센서 등이 있다.
② 드론 탑재 컴퓨터는 드론을 운영하는 브레인 역할을 하며 드론의 위치, 모터, 배터리 상태 등을 확인할 수 있게 한다.
③ 드론 모터는 드론의 움직임이 가능하도록 지원하고, 배터리는 모터에 에너지를 제공한다.
④ 드론 임무장비는 드론이 비행을 하면서 특정한 임무를 하도록 장착된 관련 장비를 의미한다.
⑤ 드론 프로펠러 및 프레임은 드론이 비행하도록 프레임워크를 제공한다.

드론의 관성측정장치(IMU)는 비행체의 관성(움직임)을 여러 가지 물리적 데이터(속도, 방향, 중력, 가속도)로 계측하는 장치이다. 이 장치는 가속도 센서, 지자기 센서, GPS 센서 등으로 구성된 하나의 통합 유닛이다.
가속도 센서(accelerometer)로는 3차원 공간에서 전후·좌우·상하의 움직임을 감지한다. 지자기 센서(geomagnetic sensor)로는 지구의 자기장을 측정해 드론의 진행 방향을 인식한다. 위성항법장치(GPS) 센서는 위성에서 보내는 신호를 받아 비행체의 현재 위치를 비행 제어부에 알려 주는 장치다.

73

아래 글상자에서 설명하는 용어로 가장 옳은 것은?

> 모든 디바이스가 정보의 뜻을 이해하고 논리적인 추론까지 할 수 있는 지능형 기술로 사람의 머릿속에 있는 언어에 대한 이해를 컴퓨터 언어로 표현하고 이것을 컴퓨터가 사용할 수 있게 만드는 것이다. 이 기술은 웹페이지에 담긴 내용을 이해하고 개인 맞춤형 서비스를 제공받아 지능화된 서비스를 제공하는 웹3.0의 기반이 된다.

① 고퍼(gopher)
② 냅스터(napster)
③ 시맨틱웹(semantic-web)
④ 오페라(opera)
⑤ 웹클리퍼(web-clipper)

제시된 내용은 시맨틱웹으로, 1998년 월드와이드웹(www)의 창시자인 팀 버너스 리(Tim Berners Lee)에 의해 개발되었다.

관련이론 | 시맨틱웹(semantic-web)
시맨틱웹은 인터넷비즈니스와 관련된 네트워크 기술 중 하나이다.
시맨틱웹은 컴퓨터가 스스로 문장이나 문맥 속의 단어의 미묘한 의미를 구분하여 사용자가 원하는 정보를 제공할 수 있는 웹이다. 즉 사람이 읽고 해석하기에 편리하게 설계되어 있는 현재의 웹 대신에 컴퓨터가 이해할 수 있는 형태의 새로운 언어로 표현해 기계들끼리 서로 의사소통을 할 수 있는 지능형 웹이다.

74

공급사슬의 성과지표들 중 고객서비스의 신뢰성 지표로 가장 옳은 것은?

① 평균 재고 회전율
② 약속 기일 충족률
③ 신제품 및 신서비스 출시 숫자
④ 특별 및 긴급 주문을 처리하는데 걸리는 시간
⑤ 납기를 맞추기 위해 요구되는 긴급주문의 횟수

공급사슬의 성과지표들 중 고객서비스의 신뢰성 지표로 가장 중요한 것은 약속 기일 충족률이다. 즉 고객과 약속한 인도일을 어느 정도나 충족했는가 하는 것이다. 따라서 리드타임(lead time)을 단축하면 물류비용은 증가하지만 고객서비스의 개선이 이루어진다.

75

지식경영에 대한 설명으로 가장 옳지 않은 것은?

① 피터 드러커(Peter Drucker, 1954)는 재무 지식뿐만 아니라 비재무 지식을 활용해 경영성과를 측정하는 균형성과표를 제시하였다.
② 위그(Wigg, 1986)는 지식경영을 지식 및 지식관련 수익을 극대화시키는 경영활동이라고 정의하였다.
③ 노나카(Nonaka, 1991)는 지식경영을 형식지와 암묵지의 순환과정을 통해 경쟁력을 확보하는 경영활동이라고 정의하였다.
④ 베크만(Bechman, 1997)은 지식경영을 조직의 역량, 업무성과 및 고객가치를 제고하는 경영활동이라고 정의하였다.
⑤ 스베이비(Sveiby, 1998)는 지식경영을 무형자산을 통해 가치를 창출하는 경영활동이라고 정의하였다.

재무 지식뿐만 아니라 비재무 지식을 활용해 경영성과를 측정하는 균형성과표(BSC; Balanced Score Card)는 카플란과 노튼(Robert Kaplan & David Norton)이 개발하였다.
균형성과표는 재무, 고객, 내부 프로세스, 학습·성장 등 4분야에 대해 측정지표를 선정해 평가한 뒤 각 지표별로 가중치를 적용해 산출한다.

76

웹 2.0을 가능하게 하고 지원하는 기술에 대한 설명으로 가장 옳지 않은 것은?

① 폭소노미(folksonomy)란 자유롭게 선택된 일종의 태그인 키워드를 사용해 구성원들이 함께 정보를 체계화하는 방식이다.
② UCC(User Created Contents)는 사용자들이 웹 콘텐츠의 생산자인 동시에 소비자로서의 역할을 가능하게 하여 참여와 공유를 지원한다.
③ 매시업(mashup)은 웹 콘텐츠를 소프트웨어가 자동적으로 이해하고 처리할 수 있도록 지원하여 정보와 지식의 공유 및 협력을 촉진한다.
④ API(Application Programming Interface)는 응용 프로그램에서 사용할 수 있도록 컴퓨터 운영체제나 프로그래밍 언어가 제공하는 기능을 제어할 수 있도록 만든 인터페이스이다.
⑤ RSS(Rich Site Summary)란 웹공간에서 콘텐츠 공유를 촉진하며, 특정 사이트에서 새로운 정보가 있을 때 자동적으로 받아볼 수 있는 콘텐츠 배급방식이다.

매시업(mash-up)은 웹서비스 업체들이 제공하는 각종 콘텐츠와 서비스를 융합하여 새로운 웹서비스를 만들어내는 것을 의미한다.
매시업 서비스로 가장 유명한 것은 구글 지도와 부동산 정보사이트인 크레이그 리스트(www.craigslist.org)를 결합시킨 하우징맵(www.housingmaps.com)으로, 지도 정보에서 특정 지역을 선택하면 해당 지역의 부동산 매물 정보를 보여주는 서비스를 제공하고 있다.

정답 | 72 ① 73 ③ 74 ② 75 ① 76 ③

77

스튜워트(W. M. Stewart)가 주장하는 물류의 중요성이 강조되는 이유로 가장 옳지 않은 것은?

① 재고비용절감을 위해서는 증가된 주문 횟수를 처리할 새로운 시스템의 도입이 필요하다.
② 소비자의 제품가격 인하 요구는 능률적이며 간접적인 제품 분배경로를 필요로 하게 되었다.
③ 기업은 물류 서비스 개선 및 물류비 절감을 통해 고객에 대한 서비스 수준을 높일 수 있으며, 이는 기업에게 새로운 수요 창출의 기회가 된다.
④ 소비자의 제품에 대한 다양한 요구는 재고 저장단위 수의 증대를 필요로 하며, 이는 다목적 창고 재고 유지, 재고 불균형 등의 문제를 발생시킨다.
⑤ 가격결정에 있어 신축성을 부여하기 위해서는 개별시장으로의 운송에 소요되는 실제 분배비용에 의존하기 보다는 전국적인 평균비용의 산출이 필요하게 되었다.

가격결정에 있어 신축성을 부여하기 위해서는 전국적인 평균비용보다는 개별시장으로의 운송에 소요되는 실제 분배비용에 의존하는 것이 중요하게 되었기 때문이다.

78

POS(Point Of Sale)시스템 도입에 따른 장점으로 가장 옳지 않은 것은?

① 매상등록시간이 단축되어 고객 대기시간이 줄며 계산대의 수를 줄일 수 있다.
② 단품관리에 의해 잘 팔리는 상품과 잘 팔리지 않는 상품을 즉각 찾아낼 수 있다.
③ 적정 재고수준의 유지, 물류관리의 합리화, 판촉전략의 과학화 등의 효과를 가져올 수 있다.
④ POS터미널의 도입에 의해 판매원 교육 및 훈련시간이 짧아지고 입력오류를 방지할 수 있다.
⑤ CPFR(Collaborative Planning, Forecasting and Replenishment)과 연계하여 신속하고 적절한 구매를 할 수 있다.

CPFR은 최근 각광받고 있는 SCM 공급측면 응용기술의 하나로, POS 시스템과는 관련이 없다.

관련이론 | CPFR(Collaborative Planning, Forecasting and Replenishment)
CPFR(협력적 계획, 예측 및 보충 시스템)은 판매·재고 데이터를 소비자 수요예측과 주문관리에 이용하고, 제조업체와 공동으로 생산계획에 반영하는 등 제조업체와 유통업체가 예측·계획·상품보충을 공동으로 운영(협업)하고자 하는 업무 프로세스이다.
CPFR은 소매업자 및 도매업자와 제조업자가 고객서비스를 향상하고 업자들 간에 공급망(SCM)에서의 정보의 흐름을 가속화하여 재고를 감소시키는 경영전략이자 기술이다.

79

빅데이터 분석 기술들 중 아래 글상자에서 설명하는 용어로 가장 옳은 것은?

> 관찰된 연속형 변수들에 대해 두 변수 사이의 모형을 구한 뒤 적합도를 측정해내는 방법으로, 시간에 따라 변화하는 데이터나 변수들의 어떤 영향 및 가설적 실험, 인과관계 모델링 등의 통계적 예측에 이용될 수 있다.

① 감성분석
② 기계학습
③ 회귀분석
④ 텍스트 마이닝(text mining)
⑤ 오피니언 마이닝(opinion mining)

문제의 내용은 회귀분석에 대한 설명이다. 회귀분석(regression analysis)은 하나의 종속변수가 독립변수들에 의해서 어떻게 설명 또는 예측되는지를 알아보기 위해 변수들 간의 관계를 적절한 회귀식으로 표현하는 통계적 방법이다.

80

EDI(Electronic Data Interchange)에 대한 설명으로 가장 옳지 않은 것은?

① EDI는 기업 간에 교환되는 거래서식을 컴퓨터로 작성하고 통신망을 이용하여 직접 전송하는 정보교환방식을 의미한다.
② EDI가 이루어지기 위해서는 거래업체들 간에 서로 교환할 데이터의 형태와 그 데이터를 어떻게 표현할 것인가에 대한 상호합의가 필요하다.
③ EDI를 이용하면 지금까지 종이형태의 문서에 기록하고 서명한 다음, 우편을 통해 전달되던 각종 주문서, 송장, 지불명세서 등이 데이터통신망을 통해 전자적으로 전송되고 처리된다.
④ EDI는 교환되는 거래문서에 대해 통용될 수 있는 표준양식이 정해져야 하며, 이를 통해 전달되는 데이터의 형식이 통일된 후, 이러한 데이터가 일정한 통신표준에 입각해서 상호 간에 교환될 수 있어야 한다.
⑤ 전자문서의 사설표준은 특정 산업분야에서 채택되어 사용되는 표준을 말하며, 사설표준의 대표적인 것에는 국제상품코드관리기관인 EAN(국내의 경우: KAN)이 개발·보급하고 있는 유통부문의 전자문서 국제표준인 EANCOM이 있다.

EANCOM은 사설표준이 아닌 국제표준이다.
EDI 서비스는 1986년 국제연합유럽경제위원회(UN/ECE) 주관으로 프로토콜 표준화 합의가 이루어졌고, 1988년 프로토콜의 명칭을 EDIFACT로 하였으며, 구문규칙을 국제표준(ISO 9735)으로 채택하였다.

81

유통정보혁명의 시대에서 유통업체의 경쟁우위 확보 방안으로 가장 옳지 않은 것은?

① 마케팅 개념측면에서 유통업체는 제품 및 판매자 중심에서 고객 중심으로 변화해야 한다.
② 마케팅 개념측면에서 유통업체는 매스(mass) 마케팅에서 일대일 마케팅으로 변화해야 한다.
③ 마케팅 개념측면에서 유통업체는 기존의 다이렉트(direct) 마케팅에서 푸시(push) 마케팅으로 변화해야 한다.
④ 비즈니스 환경측면에서 유통업체는 전략적 제휴와 글로벌화(globalization)를 추진해야 한다.
⑤ 비즈니스 환경측면에서 유통업체는 제품 및 공정 기술의 보편화로 인해 도래하는 물류 경쟁 시대의 급격한 변화에 대비해야 한다.

오늘날의 유통정보혁명 시대에서 유통업체가 경쟁우위를 확보하기 위해서는 기존의 푸시 마케팅에 상품정보와 고객정보를 결합하여 다이렉트 마케팅으로 변화해야 한다.
다이렉트 마케팅(직접마케팅)은 e-마케팅(인터넷 소매업 또는 인터넷 쇼핑몰), 카탈로그·DM 소매업, 텔레마케팅, 텔레비전 마케팅(TV홈쇼핑) 등을 의미한다.

정답 | 77 ⑤ 78 ⑤ 79 ③ 80 ⑤ 81 ③

82

유통정보시스템의 개념에 대한 설명으로 가장 옳지 않은 것은?

① 물류비용과 재고비용을 감축하여 채널단계에 참여하는 모두가 이익을 얻을 수 있게 한다.
② 유통정보와 프로세스의 흐름을 확보해 시간차로 발생하는 가시성 문제를 최소화하여 시장수요와 공급을 조절해 주고 각 개인이 원하는 제품과 서비스 공급이 원활하도록 지원한다.
③ 유통정보시스템은 경영자가 유통과 관련된 기업의 목표를 달성하기 위한 효율적이고 효과적인 의사결정을 하는데 필요한 정보제공을 위해 설계되어야 한다.
④ 유통거래를 지원하는 정보시스템으로 관련된 기존 시스템의 정보를 추출, 변환, 저장하는 과정을 거쳐 업무 담당자 목적에 맞는 정보만을 모아 관리할 수 있도록 지원해 준다.
⑤ 유통정보시스템은 기업의 유통활동 수행에 필요한 정보의 흐름을 통합하여 전사적 유통을 가능하게 하고 유통계획, 관리, 거래처리 등에 필요한 데이터를 처리하여 유통관련 의사결정에 필요한 정보를 적시에 제공하기 위한 절차, 설비, 인력을 뜻한다.

유통정보시스템(channel information system)은 기업의 유통활동 수행에 필요한 정보의 흐름을 통합하는 기능을 통해 전사적 유통 또는 통합유통을 가능하게 하는 동시에 유통계획, 관리, 거래처리 등에 필요한 데이터를 처리하여 유통 관련 의사결정에 필요한 정보를 적시에 제공하는 정보시스템이다.

83

지식관리시스템에 대한 설명으로 가장 옳지 않은 것은?

① 기업은 고객에게 지속적이고 일관성 있는 정보를 제공하기 위해서 지식관리시스템을 활용한다.
② 기업은 지식네트워킹을 통해서 새로운 제품을 출시할 수 있고 고객에게 양질의 서비스를 제공할 수 있다.
③ 지식을 보유·활용함으로써 제품 및 서비스 가치를 향상시키고 기업의 지속적인 성장에 기여할 수 있다.
④ 기업들은 동종 산업에 있는 조직들의 우수사례(best practice)를 그들 조직에 활용하여 많은 시간을 절약할 수 있다.
⑤ 지식관리시스템은 지식관리 플랫폼으로 고객지원센터 등 기업 내부 지원을 위해 활용되고 있으며, 챗봇, 디지털 어시스트 등 고객서비스와는 거리가 멀다.

지식관리시스템(KMS)은 지식관리 플랫폼으로 고객지원센터 등 기업 내부 지원을 위해 활용되고 있을 뿐만 아니라, 고객서비스를 개선하기 위해 활용된다.

84

아래 글상자의 괄호 안에 들어갈 용어가 순서대로 바르게 나열된 것은?

> 오픈AI는 대화형 인공지능 챗봇 서비스인 ChatGPT를 개발하였다. ChatGPT의 등장은 (㉠)서비스의 대중화를 알리는 첫 시작이라는데 가장 큰 의의가 있다. 기존에는 (㉡) 서비스가 주를 이뤘으나 ChatGPT의 등장으로 이같은 방식의 서비스가 각광받을 것으로 예상된다.

① ㉠ 식별 AI(discriminative AI)
  ㉡ 생성 AI(generative AI)
② ㉠ 강한 AI(strong AI)
  ㉡ 약한 AI(weak AI)
③ ㉠ 생성 AI(generative AI)
  ㉡ 식별 AI(discriminative AI)
④ ㉠ 약한 AI(weak AI)
  ㉡ 강한 AI(strong AI)
⑤ ㉠ 논리적 AI(logical AI)
  ㉡ 물리적 AI(physical AI)

ChatGPT는 생성형 AI(generative AI)이다. 생성형 AI는 텍스트, 오디오, 이미지 등 기존 콘텐츠를 활용해 유사한 콘텐츠를 새롭게 만들어 내는 인공지능(AI) 기술이다. 즉 콘텐츠들의 패턴을 학습해 추론 결과로 새로운 콘텐츠를 만들어내는 것이다.
ChatGPT 이전의 AI는 식별형 AI(discriminative AI)로 외국어의 번역이나 음성 및 화상의 식별에 그치는 수준이었다.

85

바코드와 관련된 용어에 대한 설명으로 가장 옳지 않은 것은?

① ITF-14 바코드는 GS1이 개발한 국제표준바코드로, 물류 단위에 부여된 식별코드를 기계가 읽을 수 있도록 막대 모양으로 표현한 것이다.
② GS1 DataMatrix는 우리나라 의약품 및 의료기기에 사용되는 유일한 의약품표준바코드로, 다양한 추가 정보를 입력하면서도 작은 크기로 인쇄가 가능하다.
③ GS1 응용식별자는 바코드에 입력되는 특수 식별자로 바로 다음에 나오는 데이터의 종류, 예를 들어 GTIN, 일련번호, 유통기한 등을 나타내는 지시자를 의미한다.
④ 내부관리자 코드는 GS1 식별코드 중 하나로 특정 목적을 위해 내부(국가, 기업, 산업)용으로 사용되는 코드로 주로 가변규격상품이나 쿠폰의 식별을 위해 사용된다.
⑤ 국제거래단품식별코드는 국제적으로 거래되는 단품을 식별하기 위해 GS1이 만든 코드로 여기서 거래단품(trade item)이란 공급망 상에서 가격이 매겨지거나 주문 단위가 되는 상품을 지칭한다.

GS1 DataMatrix는 미국에서 개발된 흑백 격자무늬 패턴으로, 정보를 나타내는 매트릭스 형식의 2차원 심볼이다. 다른 GS1 심볼과는 달리 아주 좁은 공간에 많은 정보를 이력 할 수 있어 전세계적으로 의약품과 의료기기 분야에서 널리 활용되고 있다. 우리나라에서도 의약품표준바코드로서 GS1-13와 함께 활용되고 있다.

86

IoT(Internet of Things)에 대한 설명으로 가장 옳지 않은 것은?

① 오늘날 5G 및 기타 유형의 네트워크 플랫폼이 거의 모든 곳에서 빠르고 안정적으로 대량의 데이터 세트를 처리해 주어 IoT 연결성을 높여 주고 있다.
② 연결상태는 24시간 always-on 방식이다.
③ IoT는 보안 및 개인정보 보호 위험, 기술 간 상호운영성, 데이터 과부하, 비용 및 복잡성 등의 이슈가 관리되어야 한다.
④ 서비스 방식은 빠르고 쉽게 찾는 Pull 방식이다.
⑤ ICT 기반으로 주위의 모든 사물에 유무선 네트워크로 연결하여 사람과 사물, 사물과 사물 간에 정보를 교류하고 상호 소통하는 지능적 환경으로 진화하고 있다.

사물인터넷, 즉 IoT(Internet of Things)는 사람과 사물을 빠르고 쉽게 찾아야 하므로 Push 방식을 기본으로 한다.

정답 | 82 ④ 83 ⑤ 84 ③ 85 ② 86 ④

87

아래 글상자에서 설명하는 용어로 가장 옳은 것은?

> 이 개념은 의류산업에서 도입되기 시작하였으며, 소비자 위주의 시장환경에 재고부담을 줄이고 신제품 개발에 도움을 준다. 이것의 기본 개념은 시간 기반 경쟁의 장점을 성취하기 위해 빠르게 대응하는 시스템을 개발하는 것이다.
> 즉, 이것은 생산에서 유통까지 표준화된 전자거래체제를 구축하고, 기업 간의 정보공유를 통한 신속 정확한 납품, 생산·유통기간의 단축, 재고감축, 반품손실 감소 등을 실현하는 정보시스템이다.

① 풀필먼트(fulfillment)
② 신속대응(quick response)
③ 풀서비스(full service)
④ 푸시서비스(push service)
⑤ 최적화(optimization)

문제에 제시된 내용은 오늘날 공급사슬관리(SCM)의 최초형태로 평가되고 있는 신속대응(QR; Quick Response)에 대한 설명이다.
QR은 1980년대 미국의 패션의류산업에서 공급사슬의 상품흐름을 개선하기 위하여 소매업자와 제조업자의 정보공유를 통해 효과적으로 원재료를 충원하고, 제품을 제조하며 유통함으로써 효율적인 생산과 공급체인의 재고량을 최소화시키려는 전략이다. 정확하고 신속하게 고객정보를 획득하여 고객대응속도를 높이고자 개발되었다.

88

스미스, 밀버그, 버크(Smith, Milberg, Burke)는 '개인정보 활용에 따른 프라이버시 침해 우려에 대한 연구'를 통해 개인의 프라이버시 침해 우려 프레임워크를 제시하였다. 이 경우 유통업체의 개인정보 활용 증대에 따라 소비자들에게 발생할 수 있는 프라이버시 침해 우려에 대한 설명으로 가장 옳지 않은 것은?

① 유통업체가 지나치게 많은 개인정보를 수집하는 것에 대한 우려가 나타날 수 있다.
② 유통업체의 정보시스템에 저장된 개인정보에 권한이 없는 부적절한 접근에 대한 우려가 나타날 수 있다.
③ 유통업체에서의 인가받지 못한 개인정보에 대한 이차적 이용에 따른 우려가 나타날 수 있다.
④ 유통업체가 보유하고 있는 개인정보의 의도적 또는 사고적인 오류에 대해 적절하게 보호되고 있는지에 대한 우려가 나타날 수 있다.
⑤ 유통업체가 데이터 3법을 적용하여 개인정보를 활용함에 따라 개인이 자신의 정보에 대한 접근 권한을 차단당하는 상황이 발생할 수 있다는 우려가 나타날 수 있다.

데이터 3법이 시행되어도 개인이 자신의 정보에 대한 접근 권한을 차단당하는 상황이 발생할 수 있는 것은 아니다.
데이터 3법은 「개인정보 보호법」, 「정보통신망 이용촉진 및 정보보호 등에 관한 법률」(정보통신망법), 「신용정보의 이용 및 보호에 관한 법률」(신용정보법)을 말하며, 특정 개인을 식별할 수 없게 한 정보(가명정보)를 개인의 동의 없이 금융·연구 분야에서 활용할 수 있게 하는 내용을 담고 있다.

89

빅데이터는 다양한 유형으로 존재하는 모든 데이터가 대상이 된다. 데이터 유형과 데이터 종류, 그에 따른 수집 기술의 연결이 가장 옳지 않은 것은?

① 정형데이터 - RDB - ETL
② 정형데이터 - RDB - Open API
③ 반정형데이터 - 비디오 - Open API
④ 비정형데이터 - 이미지 - Crawling
⑤ 비정형데이터 - 소셜데이터 - Crawling

반정형데이터(semi-structured data)의 종류에는 HTML, XML, JSON 및 IoT에서 제공하는 센서데이터 등이 있다. 수집기술로는 Open API, Apache Flume, Chukaw 등이 있다. 반정형데이터는 값과 형식이 다소 일관성이 없다.

선지분석

①, ② 정형 데이터(structured data)는 관계형 데이터베이스 관리 시스템(RDBMS)의 고정된 필드에 저장되는 데이터들을 말하는 것으로 데이터의 길이와 형식이 정해져 있어 그에 맞추어 데이터를 저장하게 된다. 정형데이터에는 관계형데이터베이스(RDB), 스프레드 시트, CSV 데이터 등이 있다. 수집기술로는 ETL, FTP(file transfer protocol), API 등이 있다.

④, ⑤ 비정형데이터(unstructured data)는 형태와 구조가 복잡한 이미지, 동영상, 사운드, 텍스트 문서 등 데이터의 형태가 정해져 있지 않은 데이터이다. 수집기술로는 Crawling, RSS, Open API 등이 있다.

90

정부는 수산물의 건강한 유통을 위해 수산물 이력제를 시행하고 있다. 이에 대한 설명으로 가장 옳지 않은 것은?

① 수산물을 수확하는 어장에서 시작하여 소비자의 식탁에 이르기까지 수산물의 유통과정에 대한 정보를 관리하고 공개해서 소비자들이 안전하게 수산물을 선택할 수 있도록 도와주는 제도이다.
② 수산물 이력제의 등록표시는 표준화와 일관성을 위해 바코드로 된 이력추적 관리번호만 사용한다.
③ 식품안전사고를 대비하기 위해 소비자가 구매한 수산물의 유통과정이 투명하게 공개되도록 관리하여 신속한 사고발생 단계 파악 및 조속한 조치가 가능하다.
④ 생산자는 수산물에 대한 품질 및 위생정보를 효과적으로 관리할 수 있고 축적된 정보로 소비패턴 및 니즈 파악이 가능하다.
⑤ 수산물 이력제의 활용은 위생 부분의 국제기준을 준수하여 수산물 관리의 국제 경쟁력을 높여 주는 효과가 있다.

수산물 이력제의 등록표시는 해양수산부가 제정한 표지와 이력추적이 가능하도록 부여된 이력추적관리번호, 이력추적이 가능하도록 생성된 QR코드를 사용하고 있다.

정답 | 87 ② 88 ⑤ 89 ③ 90 ②

2023년 2회 기출문제

>> 2023년 8월 26일 시행

유통 · 물류 일반관리

01

기업윤리의 중요성을 강조하기 위해 취할 수 있는 방법으로 가장 옳지 않은 것은?

① 기업윤리와 관련된 헌장이나 강령을 만들어 발표한다.
② 기업윤리가 기업의 모든 의사결정 프로세스에 반영될 수 있게 모니터링한다.
③ 윤리경영의 지표로는 정성적인 지표가 아닌 계량적인 지표를 활용한다.
④ 조직 내의 문제점을 제기할 수 있는 제도를 활성화한다.
⑤ 윤리기준을 적용한 감사 결과를 조직원과 공유한다.

윤리경영의 지표로는 정성적인 지표뿐만 아니라 정량적인 지표까지 모두 활용하여 평가의 신뢰성을 확보한다.

02

유통경로와 중간상이 필요한 이유에 대한 설명으로 가장 옳지 않은 것은?

① 거래의 일상화를 통해 제반 비용의 감소와 비효율을 개선할 수 있기 때문이다.
② 중간상의 개입으로 공간적, 시간적 불일치를 해소할 수 있기 때문이다.
③ 생산자의 다품종 소량생산과 소비자의 소품종 대량구매 니즈로 인한 구색 및 수량 불일치를 해소할 수 있기 때문이다.
④ 생산자와 소비자 상호간의 정보의 불일치에 따른 불편을 해소해 줄 수 있기 때문이다.
⑤ 중간상을 통해 탐색과정의 효율성을 높일 수 있기 때문이다.

생산자가 소품종 소량생산을 하는 경우, 중간상인은 수합, 분류 및 구색맞춤 기능을 통해 소비자의 다품종 소량구매 니즈를 충족시키고 구색 및 수량 불일치를 해소할 수 있다.

03

아래 글상자에서 설명하는 기업이 글로벌 시장에서 경쟁하기 위한 전략을 괄호 안에 들어갈 순서대로 옳게 나열한 것은?

- (㉠)는 둘 또는 그 이상의 기업들이 맺은 파트너십으로 기술과 위험을 공유한다. 자국에서 생산된 상품만을 허용하는 국가로 진출하기 위한 전략으로 활용할 수 있다.
- (㉡)은(는) 자사의 독자적인 브랜드 이름이나 상표를 부착하여 판매하는 방식으로 제품의 생산은 다른 기업에게 의뢰한다.

① ㉠ 전략적 제휴, ㉡ 위탁제조
② ㉠ 합작투자, ㉡ 위탁제조
③ ㉠ 전략적 제휴, ㉡ 라이선싱(licensing)
④ ㉠ 합작투자, ㉡ 라이선싱(licensing)
⑤ ㉠ 해외직접투자, ㉡ 프랜차이징(franchising)

㉠: 합작투자는 조인트 벤처(joint venture)라고도 하며 해외투자에 있어 독자적인 투자보다는 둘 이상의 기업이 파트너십을 구축하여 리스크를 감소시키는 전략에 해당한다.
㉡: 위탁제조는 주문자 상표 부착방식(OEM)이라고도 한다.

04

경제활동의 윤리적 환경과 조건을 세계 각국 공통으로 표준화하려는 것으로 비윤리적인 기업의 제품이나 서비스를 국제거래에서 제한하는 움직임을 뜻하는 것은?

① 우루과이라운드
② 부패라운드
③ 블루라운드
④ 그린라운드
⑤ 윤리라운드

최근 ESG경영이 화두로 떠오르면서 경제활동의 윤리적 환경과 조건을 세계적으로 표준화하려는 노력들이 이루어지고 있는데, 이를 윤리라운드라고 한다.
참고로 우루과이라운드는 다자간 무역협상을 GATT체제로 해결하려는 노력이고, 블루라운드는 노동, 그린라운드는 친환경과 관련된 세계 각국의 움직임이라 할 수 있다.

05

조직에서 경영자가 목표를 설정할 때 고려해야 할 요소들에 대한 설명으로 가장 옳지 않은 것은?

① 조직의 미션과 종업원의 핵심 직무를 검토한다.
② 목표를 개별적으로 결정하거나 외부의 투입을 고려해서 정한다.
③ 목표 진척사항을 평가하기 위한 피드백 메커니즘을 구축한다.
④ 목표 달성과 보상은 철저하게 분리하여 독립적으로 실행한다.
⑤ 가용한 자원을 평가한다.

목표 달성의 효과성을 달성하기 위해서는 목표 달성과 보상 간의 체계적인 연계관계를 구축하여 실행하는 것이 동기부여 측면에서 적합하다.

06

리더의 행동을 생산에 대한 관심과 사람에 대한 관심을 기준으로 구분하여 연구한 블레이크(Blake)와 무톤(Mouton)의 관리격자연구에 따른 리더십 유형에 대한 설명으로 가장 옳지 않은 것은?

① 중도형(5-5) - 절충에 신경을 쓰기 때문에 때로는 우유부단하게 비칠 수 있다.
② 팀형(9-9) - 팀의 업적에만 관심을 갖는 리더로 부하를 하나의 수단으로 취급할 수 있다.
③ 컨츄리클럽형(1-9) - 부하의 욕구나 동기를 충족시키면 그들이 알아서 수행할 것이라는 전제하에 나타나는 리더십이다.
④ 무관심형(1-1) - 리더는 업무에 대한 지시만 하고 어려운 문제가 생기면 회피한다.
⑤ 과업형(9-1) - 리더 혼자서 의사결정을 하고 관리의 초점도 생산성 제고에 맞춰진다.

팀형(9-9)은 이상형이라고도 하며 팀의 업적과 부하에 대한 관심을 모두 추구하는 리더십 유형에 해당한다.
팀의 업적에만 관심을 갖는 리더로 부하를 하나의 수단으로 취급할 수 있는 유형은 과업지향형(9-1) 리더십에 해당한다.

정답 | 01 ③ 02 ③ 03 ② 04 ⑤ 05 ④ 06 ②

07

기업이 자금을 조달하는 각종 원천에 대한 설명으로 옳지 않은 것은?

① 단기자금 조달을 위해 신용대출을 활용하기도 한다.
② 채권발행의 경우 기업 경영진의 지배력은 유지되는 장점이 있다.
③ 주식 매각의 장점은 주주들에게 주식배당을 할 법적 의무가 없어진다는 것이다.
④ 팩토링은 대표적인 담보대출의 한 형태이다.
⑤ 채권발행은 부채의 증가로 인해 기업에 대한 인식에 악영향을 끼칠 수 있다.

팩토링은 판매기업과 구매기업 간에 발생한 매출채권에 대해 판매기업의 단기적인 현금유동성을 위해 금융기관에서 매출채권을 매입하여 현금을 지급하고, 금융기관은 구매기업으로부터 매출채권을 상환하는 금융방식이다. 따라서 담보물을 맡기고 현금을 차용하는 방식인 담보대출과는 개념이 다르다.

08

에머슨(Emerson, H.)의 직계·참모식 조직(line and staff organization)의 단점에 대한 설명으로 옳지 않은 것은?

① 명령체계와 조언, 권고적 참여가 혼동되기 쉽다.
② 집행부문이 스태프(staff) 부문에 자료를 신속·충분하게 제공하지 않으면 참모 부문의 기능은 잘 발휘되지 못한다.
③ 집행부문의 종업원과 스태프(staff) 부문의 직원 간에 불화를 가져올 우려가 있다.
④ 라인(line)의 창의성을 결여하기 쉽다.
⑤ 명령이 통일되지 않아 전체의 질서적 관리가 혼란스러워지는 경우가 발생할 수 있다.

직계·참모식 조직(line and staff organization)은 라인-스태프조직이라고도 하며, 라인조직의 명령일원화원칙에 전문적 지식을 지닌 스태프의 지원을 결합한 조직형태이다. 따라서 직계·참모식 조직은 원천적으로 라인조직이 기반이므로 명령일원화의 원칙이 적용된다.

09

유통경로의 유형 중 가맹본부로 불리는 경로 구성원이 계약을 통해 생산-유통과정의 여러 단계를 연결시키는 형태의 수직적 마케팅 시스템(Vertical Marketing System)으로 가장 옳은 것은?

① 기업형 VMS
② 위탁판매 마케팅 시스템
③ 복수유통 VMS
④ 프랜차이즈 시스템
⑤ 관리형 VMS

수직적 마케팅 시스템(Vertical Marketing System)은 그 지배력의 강도에 따라 기업형, 계약형, 관리형 VMS로 구분된다. 이 중 계약형 VMS의 대표적인 형태가 가맹본부와 가맹점 간 계약형태로 구성되는 프랜차이즈형 조직이다.

10

유통경로 구조를 결정하는데 있어서 유통경로 커버리지(channel coverage)에 대한 설명으로 옳은 것은?

① 유통경로에서 제조업자로부터 몇 단계를 거쳐 최종소비자에게 제품이 전달되는가와 관련이 있다.
② 제품의 부피가 크고 무거울수록, 부패 속도가 빠를수록 짧은 경로를 선택하는 것이 바람직하다.
③ 특정한 지역에서 하나의 중간상을 전속해 활용하는 전략을 집약적 유통(intensive distribution)이라고 한다.
④ 유통경로 커버리지란 특정지역에서 자사 제품을 취급하는 점포를 얼마나 많이 활용할 것인가를 결정하는 것이다.
⑤ 유통경로를 통제하고자 하는 통제욕구가 강할수록 유통 경로는 짧아진다.

선지분석
① 유통경로 커버리지는 유통집중도(distribution intensity)라고 하며, 특정 지역에서 자사제품을 취급하는 점포의 수가 얼마나 되는지를 의미한다.
② 일반적으로 부패 속도가 빠를수록 짧은 경로를 선택하는 것이 바람직하나, 제품의 부피 또는 무게는 유통경로길이와 무관하다.
③ 특정한 지역에서 하나의 중간상을 전속해 활용하는 전략을 전속적 유통이라고 한다.
⑤ 유통경로의 길이는 제품의 특성, 수요·공급의 특성, 유통비용 등에 따라 결정된다.

11

유통산업의 경제적 의의에 대한 설명으로 가장 옳지 않은 것은?

① 유통산업은 국민 경제적 측면에서 생산과 소비를 연결해주는 기능을 수행한다.
② 유통산업은 국민들로 하여금 상품이나 서비스 소비를 가능하게 함으로써 생활수준을 유지·향상시켜 준다.
③ 유통산업은 국가경제를 순환시키는데 중요한 역할을 담당하고 있다.
④ 우리나라 유통산업은 2010년대 후반 유통시장 개방과 자유화 정책 이후 급속히 발전하여 제조업에 이은 국가 기간산업으로 성장하였다.
⑤ 유통산업은 생산과 소비의 중개를 통해 제조업의 경쟁력을 높이고 소비자 후생의 증진에 큰 기여를 하고 있다.

우리나라 유통산업은 1997년 말 IMF 외환위기로 인해 유통시장이 강제 개방되었고, 최근에는 자유화 정책 이후 급속히 발전하여 제조업에 이은 국가 기간산업으로 성장하였다.

12

물류의 기본적 기능과 관련한 활동에 대한 설명으로 가장 옳지 않은 것은?

① 서로 다른 두 지점 간의 물자를 이동시키는 활동은 수송활동이다.
② 보관활동은 시간적 수급조절기능, 가격조정기능을 수행한다.
③ 상품의 가치 및 상태를 보호하기 위해 적절한 재료와 용기를 사용하는 것은 유통가공활동이다.
④ 수송과 보관 사이에서 이루어지는 물품의 취급활동은 하역활동이다.
⑤ 유통을 촉진시키기 위한 무형의 물자인 정보를 유통시키는 활동은 정보유통활동이다.

상품의 가치 및 상태를 보호하기 위해 적절한 재료와 용기를 사용하는 것은 포장활동이다.

정답 | 07 ④ 08 ⑤ 09 ④ 10 ④ 11 ④ 12 ③

13

조직의 구성원들에게 학습되고 공유되는 가치, 아이디어, 태도 및 행동규칙을 의미하는 용어로 옳은 것은?

① 조직문화(organizational culture)
② 핵심가치(core value)
③ 사명(mission)
④ 비전(vision)
⑤ 조직목표(organizational goals)

조직문화(organizational culture)는 사풍(社風)이라고도 하며, 조직의 구성원들에게 지속적으로 학습되고 공유되는 가치, 아이디어, 태도 및 행동규칙을 의미한다.

14

아래 글상자에서 전통적인 유통채널 구조가 점진적으로 변화하는 과정이 순서대로 옳게 나열된 것은?

> ㉠ 전통시장단계
> ㉡ 제조업체 우위단계
> ㉢ 소매업체 성장단계와 제조업체 국제화단계
> ㉣ 소매업체 대형화단계
> ㉤ 소매업체 국제화단계

① ㉢ - ㉣ - ㉤ - ㉠ - ㉡
② ㉡ - ㉢ - ㉣ - ㉤ - ㉠
③ ㉠ - ㉡ - ㉢ - ㉣ - ㉤
④ ㉤ - ㉠ - ㉡ - ㉢ - ㉣
⑤ ㉣ - ㉤ - ㉠ - ㉡ - ㉢

유통채널 구조가 점진적으로 변화하는 과정은 다음과 같다.
전통시장단계 → 제조업체 우위단계 → 소매업체 성장단계와 제조업체 국제화단계 → 소매업체 대형화단계 → 소매업체 국제화단계

15

유통경로 상 여러 경로 기관들의 유통 흐름 유형에 대한 설명으로 옳은 것은?

구분	유형	내용
㉠	물적 흐름	유통 기관으로부터 다른 기관으로의 소유권의 이전
㉡	소유권 흐름	생산자로부터 최종 소비자에 이르기까지의 제품의 이동
㉢	지급 흐름	고객이 대금을 지급하거나, 판매점이 생산자에게 송금
㉣	정보 흐름	광고, 판촉원 등 판매촉진 활동의 흐름
㉤	촉진 흐름	유통 기관 사이의 정보의 흐름

① ㉠ ② ㉡ ③ ㉢ ④ ㉣ ⑤ ㉤

물적 흐름(물류)	생산자로부터 최종 소비자에 이르기까지의 제품의 이동
소유권 흐름 (상적 흐름, 상류)	유통 기관으로부터 다른 기관으로의 소유권의 이전
지급 흐름	고객이 대금을 지급하거나, 판매점이 생산자에게 송금
정보 흐름	유통 기관 사이의 정보의 흐름
촉진 흐름	광고, 판촉원 등 판매촉진 활동의 흐름

16

유통기업들이 물류에 대한 높은 관심을 가지고 이에 대한 합리화를 적극적으로 검토·실행하고 있는 원인으로 옳지 않은 것은?

① 물류비가 증가하는 경향이 있기 때문이다.
② 생산 부문의 합리화 즉 생산비의 절감에는 한계가 있기 때문이다.
③ 기업 간 경쟁에서 승리하기 위해 물류면에서 우위를 확보하여야 하기 때문이다.
④ 고객의 요구는 다양화, 전문화, 고도화되어 고객서비스 향상이 특히 중요시되기 때문이다.
⑤ 기술혁신에 의하여 운송, 보관, 하역, 포장기술이 발전되었고 정보면에서는 그 발전 속도가 현저하게 낮아졌기 때문이다.

기술혁신에 의하여 운송, 보관, 하역, 포장기술이 발전되고 있으며, IT혁명에 의해 정보기술이 비약적으로 발전되고 있다.

17

아래 글상자에서 설명하는 소매상 유형으로 옳은 것은?

> 일반의약품은 물론 건강기능식품과 화장품, 생활용품, 음료, 다과류까지 함께 판매하는 복합형 전문점

① 상설할인매장
② 재래시장
③ 드럭스토어
④ 대중양판점
⑤ 구멍가게

소매상유형 중 일반의약품은 물론 건강기능식품과 화장품, 생활용품, 음료, 다과류까지 함께 판매하는 복합형 전문점은 드럭스토어(drug store)이다.

18

소매수명주기이론(retail life cycle theory)에서 소매기관의 상대적 취약성이 명백해지면서 시장점유율이 떨어지고 수익이 감소하여 경쟁에서 뒤처지게 되는 단계는?

① 도입기
② 성장기
③ 성숙기
④ 쇠퇴기
⑤ 진입기

쇠퇴기(Decline)는 새로운 기술 개발로 기존 제품에 대한 소비자의 욕구가 변하게 되고 매출액이 감소하는 단계로, 소비자의 대부분은 최후 수용층이다. 쇠퇴기에는 경쟁기업들의 철수로 잔류기업이 시장에서 독점적인 지위를 차지할 수 있고, 쇠퇴기의 진행 속도를 늦출 수 있다면 전략에 따라 많은 이익을 창출할 수도 있다

19

유통산업발전법(법률 제19117호, 2022.12.27., 타법개정)의 제2조 정의에서 기술하는 용어 설명이 옳지 않은 것은?

① 매장이란 상품의 판매와 이를 지원하는 용역의 제공에 직접 사용되는 장소를 말한다. 이 경우 매장에 포함되는 용역의 제공 장소의 범위는 대통령령으로 정한다.
② 임시시장이란 다수(多數)의 수요자와 공급자가 일정한 기간 동안 상품을 매매하거나 용역을 제공하는 일정한 장소를 말한다.
③ 상점가란 일정 범위의 가로(街路) 또는 지하도에 대통령령으로 정하는 수 이상의 도매점포·소매점포 또는 용역점포가 밀집하여 있는 지구를 말한다.
④ 전문상가단지란 같은 업종을 경영하는 여러 도매업자 또는 소매업자가 일정 지역에 점포 및 부대시설 등을 집단으로 설치하여 만든 상가단지를 말한다.
⑤ 공동집배송센터란 여러 유통사업자 또는 물류업자가 공동으로 사용할 수 있도록 집배송시설 및 부대업무시설이 설치되어 있는 지역 및 시설물을 말한다.

공동집배송센터란 여러 유통사업자 또는 제조업자가 공동으로 사용할 수 있도록 집배송시설 및 부대업무시설이 설치되어 있는 지역 및 시설물을 말한다.

정답 | 13 ① 14 ③ 15 ③ 16 ⑤ 17 ③ 18 ④ 19 ⑤

20

조직의 품질경영시스템과 관련한 ISO 9000 시리즈에 대한 설명으로 가장 옳지 않은 것은?

① 제품 자체에 대한 품질을 보증하는 것이 아니라 제품생산과정의 품질시스템에 대한 신뢰성 여부를 판단하는 기준이다.
② 품질경영시스템의 국제화 추세에 능동적으로 대처할 수 있다.
③ 고객만족을 위한 품질경영시스템을 구축할 수 있다.
④ 품질관련부서의 직원을 중심으로 챔피언, 마스터블랙벨트, 블랙벨트, 그린벨트의 자격이 주어진다.
⑤ 의사결정은 자료 및 정보의 분석에 근거한다.

ISO 9000 시리즈는 국제적인 품질경영시스템의 표준을 뜻한다.
품질관련부서의 직원을 중심으로 챔피언, 마스터블랙벨트, 블랙벨트, 그린벨트의 자격이 주어지는 것은 품질관리기법 중 6-시그마에 대한 내용이다.

22

아래 글상자의 괄호 안에 들어갈 경로구성원 간 갈등 관련 용어를 순서대로 나열한 것으로 옳은 것은?

> • (㉠)은(는) 상대방에 대해 적대감이나 긴장을 감정적으로 느끼는 것이다.
> • (㉡)은(는) 상대방의 목표달성을 방해할 정도의 갈등으로, 이 단계에서는 상대를 견제하고 해를 끼치기 위해 법적인 수단을 이용하며 경로를 떠나거나 상대를 쫓아내기 위해 힘을 행사하는 것이다.

① ㉠ 잠재적 갈등, ㉡ 지각된 갈등
② ㉠ 지각된 갈등, ㉡ 갈등의 결과
③ ㉠ 감정적 갈등, ㉡ 표출된 갈등
④ ㉠ 표출된 갈등, ㉡ 감정적 갈등
⑤ ㉠ 갈등의 결과, ㉡ 지각된 갈등

유통경로 구성원 간 갈등은 외부적으로는 부정적 기능을, 내부적으로는 순기능을 하기도 하므로 이를 적정수준으로 관리하는 것이 중요하다.
㉠ 감정적 갈등은 상대방에 대해 적대감이나 긴장을 감정적으로 느끼는 것을 뜻한다.
㉡ 표출된 갈등은 상대방의 목표달성을 방해할 정도의 심각한 갈등상황을 뜻한다.

21

단순 이동평균법을 이용하여 아래 표의 ( ) 안에 들어갈 판매예측치를 계산한 것으로 옳은 것은?(단, 이동평균 기간은 2개월로 함)

구분	1월	2월	3월	4월
판매량	17	19	21	( )

① 17
② 18
③ 19
④ 20
⑤ 23

최근 2개월치인 2월분과 3월분 판매량을 산술평균하면, $\frac{(19+21)}{2}=20$개

23

유통경로상에 가능하면 많은 수의 도매상을 개입시킴으로써 각 경로 구성원에 의해 보관되는 제품의 수량이 감소될 수 있다는 원칙으로 가장 옳은 것은?

① 분업의 원칙
② 변동비 우위의 원칙
③ 총거래수 최소의 원칙
④ 집중준비의 원칙
⑤ 규모의 경제 원칙

중간상의 필요성에 대한 문제로, 집중준비의 원칙(집중저장의 원칙)은 중간상이 제품의 보관 기능을 분담함으로써 사회 전체가 원활한 소비를 위해 저장해야 할 제품의 총량을 줄일 수 있다는 것이다.

24

가맹점이 프랜차이즈에 가입할 때 고려해야 할 점으로 가장 옳지 않은 것은?

① 프랜차이즈가 갖는 투자 리스크를 사전에 검토한다.
② 기존의 점포와 겹치지 않는 입지인지 검토한다.
③ 자신의 가맹점만이 개선할 수 있는 부분을 활용한 차별점을 검토한다.
④ 본사에 지불해야 할 수수료를 고려해야 한다.
⑤ 본부의 사업역량이 충분한지 검토해야 한다.

프랜차이즈는 가맹본부에서 제공하는 표준화된 노하우, 기술, 원료제공 등의 시스템 또는 서비스 제공을 기반하는 시스템이다. 개별 가맹점만이 개선할 수 있는 차별화된 부분을 검토하는 것은 프랜차이즈 계약에 위반되는 사항이다.

25

물류관리의 3S 1L원칙에 해당되는 용어로 옳지 않은 것은?

① Speedy
② Surely
③ Low
④ Safely
⑤ Smart

3S 1L 원칙은 신속하게(Speedy), 확실하게(Surely), 안전하게(Safely), 저렴하게(Low)를 의미한다.

상권분석

26

아래 글상자에서 설명하는 입지대안의 평가 원칙으로 가장 옳은 것은?

> 점포를 방문하는 고객의 심리적, 물리적 특성과 관련된 원칙이다. 지리적으로 인접해 있거나, 교통이 편리하거나, 점포이용이 시간적으로 편리하면 입지의 매력도를 높게 평가한다고 주장한다.

① 고객차단의 원칙
② 동반유인의 원칙
③ 점포밀집의 원칙
④ 접근가능성의 원칙
⑤ 보충가능성의 원칙

접근가능성의 원칙이란 지리적으로 인접해 있거나, 교통이 편리하거나, 점포이용이 시간적으로 편리하면 입지의 매력도를 높게 평가하는 것이다.

관련이론 | 입지의 매력도를 평가하는 원칙(입지대안 평가의 원칙)

- 고객차단의 원칙(principle of intercept)은 고객이 특정지역에서 다른 지역으로 이동할 때에 고객으로 하여금 점포를 방문하도록 하는 입지적 특성이 얼마나 되는지를 평가하는 것이다. 사무실 밀집지역, 상업지역, 쇼핑센터 등이 이에 해당된다.(중간 저지성)
- 동반유인의 원칙(principle of cumulative attraction)은 유사하거나 보충적인 소매업들이 군집하고 있는 경우가 분산되어 있거나 독립되어 있는 경우보다 더 큰 유인잠재력을 가질 수 있다는 원칙이다.(누적적 흡인력)
- 보충가능성의 원칙(principle of compatibility)은 두 개의 사업이 고객을 서로 교환할 수 있는 정도를 의미한다. 이 원칙에 의하면 인접한 지역에 위치한 사업들 간에 보충가능성이 높을수록 점포의 매출액이 높아진다.(양립성)
- 접근가능성의 원칙(principle of accessibility)은 고객의 입장에서 점포를 방문할 수 있는 심리적, 물리적 특성을 의미하는데, 지리적으로 인접해 있거나, 교통이 편리하거나, 시간의 소요가 적은 경우에 점포의 매출이 증대된다는 원칙이다.
- 점포밀집의 원칙(principle of store congestion)은 동반유인이나 보충가능성과는 반대로 지나치게 유사한 점포나 보충할 수 있는 점포들이 밀집되어 있어서 고객의 유인효과를 감소시키는 현상을 의미한다.
- 이용가능성의 원칙(principle of availability)은 그 장소를 임대 또는 매입할 수 있는가 하는 것이다.
- 적합성의 원칙(principle of suitability)은 장소의 규모 또는 구조 등이 개설하려는 소매점포에 적합한가를 의미한다.
- 수용가능성의 원칙(principle of acceptability)은 그 장소를 임대 또는 매입할 만한 충분한 자원이 있는가의 여부이다.

정답 | 20 ④　21 ④　22 ③　23 ④　24 ③　25 ⑤　26 ④

27

중심상업지역(CBD; Central Business District)의 입지특성에 대한 설명 중 가장 옳지 않은 것은?

① 상업활동으로도 많은 사람을 유인하지만 출퇴근을 위해서도 이곳을 통과하는 사람이 많다.
② 백화점, 전문점, 은행 등이 밀집되어 있다.
③ 주차문제, 교통혼잡 등이 교외 쇼핑객들의 진입을 방해하기도 한다.
④ 소도시나 대도시의 전통적인 도심지역을 말한다.
⑤ 대중교통의 중심이며, 도보통행량이 매우 적다.

도심을 의미하는 중심상업지역(CBD)은 대중교통의 중심이므로 교통이 매우 복잡하고 도보 통행량도 다른 지역에 비해 상대적으로 많다.

28

소비자 C가 이사를 하였다. 글상자의 조건을 수정 허프(Huff)모델에 적용하였을 때, 이사 이전과 이후의 소비자 C의 소매지출에 대한 소매단지 A의 점유율 변화로 가장 옳은 것은?

> ㉠ 소비자 C는 오직 2개의 소매단지(A와 B)만을 이용하며, 1회 소매지출은 일정하다.
> ㉡ A와 B의 규모는 동일하다.
> ㉢ 이사 이전에는 C의 거주지와 B 사이 거리가 C의 거주지와 A 사이 거리의 2배였다.
> ㉣ 이사 이후에는 C의 거주지와 A 사이 거리가 C의 거주지와 B 사이 거리의 2배가 되었다.

① 4배로 증가 ② 5배로 증가
③ 4분의 1로 감소 ④ 5분의 1로 감소
⑤ 변화 없음

수정 허프모형은 소비자가 어느 상업지에서 구매하는 확률은 그 상업 집적의 매장면적에 비례하고 그곳에 도달하는 거리에 반비례한다는 것이다. 수정 허프모형에서 점포면적과 이동거리에 대한 소비자의 민감도는 1과 −2로 고정하여 인식한다.
이사 이전 A의 효용을 1이라고 하면 B의 효용이 $\frac{1}{2^2}$이었으나, 이사 이후에 A의 효용은 B의 효용에 비해 $\frac{1}{2^2}$가 되었다. 따라서 소매단지 A의 점유율은 1에서 $\frac{1}{4}$로 감소하였다.

29

둥지내몰림 또는 젠트리피케이션(gentrification)에 관한 내용으로 가장 옳지 않은 것은?

① 낙후된 도심 지역의 재건축·재개발·도시재생 등 대규모 도시개발에 연관된 현상
② 도시개발로 인해 지역의 부동산 가격이 급격하게 상승할 때 주로 발생하는 현상
③ 도시개발 후 지역사회의 원주민들의 재정착비율이 매우 낮은 현상을 포함
④ 상업지역의 활성화나 관광명소화로 인한 기존 유통업체의 폐점 증가 현상을 포함
⑤ 임대료 상승으로 인해 대형점포 대신 다양한 소규모 근린상점들이 입점하는 현상

임대료가 상승하면 기존의 소규모 근린상점들은 밀려나고 높은 임대료를 부담할 수 있는 대형점포나 고급점포들이 들어서게 된다.
젠트리피케이션(gentrification)이란 낙후된 구도심 지역이 활성화되어 중산층 이상의 계층이 유입됨으로써 기존의 저소득층 원주민을 대체하는 현상이다.

30

아래 글상자에서 설명하고 있는 상권분석 기법으로서 가장 옳은 것은?

> 분석과정이 비교적 쉽고 비용이나 시간을 아낄 수 있다. 특정 점포의 상대적 매력도는 파악할 수 있지만, 상권의 공간적 경계를 추정하는 데는 도움을 주지 못한다.

① CST map
② 컨버스(P.D.Converse)의 분기점 분석
③ 티센다각형(thiessen polygon)
④ 체크리스트법
⑤ 허프(Huff)모델

제시된 내용은 상권분석 기법 중 체크리스트법에 대한 설명이다.
관련이론 | 체크리스트(checklist)법
체크리스트법은 상권의 규모에 영향을 미치는 요인들을 수집하여 이들에 대한 평가결과를 점수화하여 시장잠재력을 측정하는 방법이다. 즉, 특정 상권의 제반특성을 여러 항목으로 구분하여 조사하고, 이를 바탕으로 신규점포의 개설가능성 여부를 평가하는 방법이다.
체크리스트법은 상권의 범위에 영향을 미치는 요인을 크게 상권내의 제반입지의 특성, 상권의 고객 특성, 상권의 경쟁구조로 구분하여 분석한다.

31

신규점포에 대한 상권분석 기법이나 이론들은 기술적, 확률적, 규범적 분석방법으로 구분하기도 한다. 다음 중 규범적 분석에 해당되는 것만을 나열한 것은?

① 체크리스트법, 유추법
② 중심지이론, 소매인력법칙
③ 허프(Huff)모델, MNL모형
④ 유추법, 중심지이론
⑤ 소매인력법칙, 허프(Huff)모델

상권분석 기법 중 규범적 모형으로는 크리스탈러의 중심지이론, 레일리의 소매인력법칙, 수정 소매인력법칙 등이 있다.

관련이론 | 상권분석 기법
- 규범적 모형: 중심지이론, 소매인력법칙 등
- 확률적 모형: 허프모형, 루스모형, MNL모형, MCI모형 등
- 서술적(기술적) 방법: 체크리스트법, 유추법, 현지조사법, 비율법 등

32

상권범위의 결정 요인에 대한 설명으로 가장 옳지 않은 것은?

① 상권을 결정하는 요인에는 시간요인과 비용요인이 포함된다.
② 공급측면에서 비용요인 중 교통비가 저렴할수록 상권은 축소된다.
③ 수요측면에서 고가품, 고급품일수록 상권범위가 확대된다.
④ 재화의 이동에서 사람을 매개로 하는 소매상권은 재화의 종류에 따라 비용 지출이나 시간 사용이 달라지므로 상권의 크기도 달라진다.
⑤ 시간요인은 상품가치를 좌우하는 보존성이 강한 재화일수록 상권범위가 확대된다.

비용요인에는 생산비, 운송비, 판매비용 등이 포함된다.
공급측면에서 비용요인 중 운송비(교통비)가 저렴할수록 상권은 확대된다.

33

소매점포의 다른 입지유형과 비교할 때 상대적으로 노면 독립입지가 갖는 일반적인 특징으로 가장 옳지 않은 것은?

① 가시성이 좋다.
② 다른 점포와의 시너지 효과를 기대하기 어렵다.
③ 임대료가 낮다.
④ 주차공간이 넓다.
⑤ 마케팅 비용이 적게 든다.

독립입지의 경우 개점초기에는 소비자들이 그 존재사실을 잘 모르기 때문에 소비자를 점포 내로 유인하기가 어렵다. 소비자들을 점포 내로 유인하기 위해서는 적극적인 광고활동을 해야 하므로 마케팅 비용이 많이 든다.

34

점포의 상권을 설정하기 위한 단계에서의 지역특성 및 입지조건 관련 조사의 내용으로 가장 옳지 않은 것은?

① 유사점포의 경쟁상황 ② 지역의 경제상황
③ 자연적 장애물 ④ 점포의 접근성
⑤ 점포의 예상수요

지역특성 및 입지조건 관련 조사는 지역 및 유사점포의 경쟁상황, 점포의 접근성 등을 조사하는 것으로, 점포의 예상수요는 조사대상이 아니다.

35

아래 글상자에 제시된 신규점포의 개점 절차의 논리적 진행순서로 가장 옳은 것은?

⊙ 상권분석 및 입지선정
⊙ 홍보계획 작성
⊙ 가용 자금, 적성 등 창업자 특성 분석
⊙ 실내 인테리어, 점포꾸미기
⊙ 창업 아이템 선정

① ㉠-㉤-㉢-㉡-㉣
② ㉤-㉠-㉢-㉡-㉣
③ ㉤-㉢-㉠-㉡-㉣
④ ㉢-㉠-㉤-㉡-㉣
⑤ ㉢-㉤-㉠-㉣-㉡

신규점포 개점 절차는 다음과 같다.
가용 자금, 적성 등 창업자 특성 분석 → 창업 아이템 선정 → 상권분석 및 입지선정 → 실내 인테리어, 점포꾸미기 → 홍보계획 작성

정답 | 27 ⑤ 28 ③ 29 ⑤ 30 ④ 31 ② 32 ② 33 ⑤ 34 ⑤ 35 ⑤

36

공간균배의 원리나 소비자의 이용목적에 따라 소매점의 입지유형을 분류하기도 한다. 이들 입지유형과 특성의 연결로서 가장 옳은 것은?

① 적응형입지 – 지역 주민들이 주로 이용함
② 산재성입지 – 거리에서 통행하는 유동인구에 의해 영업이 좌우됨
③ 집재성입지 – 동일 업종끼리 모여 있으면 불리함
④ 생활형입지 – 동일 업종끼리 한곳에 집단적으로 입지하는 것이 유리함
⑤ 집심성입지 – 배후지나 도시의 중심지에 모여 입지하는 것이 유리함

지역주민이 주로 이용하는 것은 생활형입지, 유동인구에 의해 영업이 좌우되는 것은 적응형입지, 동일 업종끼리 모여 있으면 불리한 것은 산재성입지, 동일 업종끼리 한 곳에 집단적으로 입지하는 것이 유리한 것은 집재성입지이다.

37

대지면적에 대한 건축물의 연면적의 비율인 용적률을 계산할 때 연면적 산정에 포함되는 항목으로 가장 옳은 것은?

① 지하층의 면적
② 주민공동시설면적
③ 건축물의 부속용도가 아닌 지상층의 주차용 면적
④ 건축물의 경사지붕 아래에 설치하는 대피공간의 면적
⑤ 초고층 건축물과 준초고층 건축물에 설치하는 피난안전구역의 면적

건축물의 부속용도가 아닌 지상층의 주차용 면적은 연면적 산정에 포함된다.

관련이론 | 용적률(floor area ratio)
용적률은 부지 대비 건물 전체의 층별 바닥면적합의 비율이다. 용적률을 산정할 때에는 지하층의 면적, 지상층의 주차용(해당 건축물의 부속용도인 경우만 해당)으로 쓰는 면적, 주민공동시설의 면적, 초고층 건축물의 피난안전구역의 면적은 제외한다.

38

소매업의 공간적 분포를 설명하는 중심성지수와 관련된 설명으로서 가장 옳지 않은 것은?

① 상업인구는 어떤 지역의 소매판매액을 1인당 평균 구매액으로 나눈 값이다.
② 중심성지수는 상업인구를 그 지역의 거주인구로 나눈 값이다.
③ 중심성지수가 1이라는 것은 소매판매액과 그 지역 내 거주자의 소매구매액이 동일하다는 뜻이다.
④ 중심성지수가 1이라는 것은 해당 지역의 구매력 유출과 유입이 동일하다는 뜻이다.
⑤ 소매 판매액의 변화가 없어도 해당 지역의 인구가 감소하면 중심성지수는 낮아지게 된다.

소매 판매액의 변화가 없어도 해당 지역의 인구가 감소하면 중심성지수는 상승한다.

관련이론 | 중심성지수(centrality index)
중심성지수는 소매업의 공간적 분포를 파악하기 위해 이용되는 개념으로,

중심성지수 = $\dfrac{\text{어떤 지역의 소매인구(상업인구)}}{\text{그 지역의 거주인구}}$ 이다.

여기서 소매인구(상업인구) = $\dfrac{\text{그 지역의 소매판매액}}{\text{1인당 평균구매액}}$ 이다.

따라서 소매판매액에 변화가 없어도 그 지역의 거주인구가 감소하면 중심성지수는 상승한다. 중심성지수는 상업인구가 거주인구와 동일할 때 1이 되고, 상업인구가 많을수록 1보다 큰 값이 된다.

39

허프(Huff)모델보다 분석과정이 단순해서 상권분석에서 실무적으로 많이 활용되는 수정허프(Huff)모델의 특성에 관한 설명으로 가장 옳지 않은 것은?

① 분석을 위해 상권 내에 거주하는 소비자의 개인별 구매행동 데이터를 수집할 필요가 없다.
② 허프(Huff)모델과 같이 점포면적과 점포까지의 거리를 통해 소비자의 점포 선택확률을 계산할 수 있다.
③ 상권분석 상황에서 실무적 편의를 위해 점포면적과 거리에 대한 민감도를 따로 추정하지 않는다.
④ 허프(Huff)모델과 달리 수정허프(Huff)모델은 상권을 세부지역(zone)으로 구분하는 절차를 거치지 않는다.
⑤ 허프(Huff)모델에서 추정해야 하는 점포면적과 이동거리 변수에 대한 소비자의 민감도계수를 '1'과 '-2'로 고정하여 인식한다.

수정허프(Huff)모델도 허프(Huff)모델과 마찬가지로 상권을 세부지역(zone)으로 구분하는 절차를 거친다.

관련이론 | 허프(D. Huff)의 확률모형

허프의 확률모형은 신규점포의 예상매출액 추정에 널리 활용되는 기법이다. 예상매출액을 추정하는 절차는 아래와 같다.

- 신규점포를 포함하여 분석대상지역 내의 점포 수와 규모를 파악하고, 분석대상 지역을 몇 개의 구역으로 나눈 다음 각 구역의 중심지에서 개별 점포까지의 거리를 구한다.
- 각 구역별로 허프 모형의 공식을 활용하여 점포별 이용확률을 계산하고, 각 구역별 소매 지출액에 신규점포의 이용 확률을 곱하여 구역별로 신규점의 예상매출액을 구하고 이를 합산한다.
- 이 모형에서 신규점포의 예상매출액=특정지역의 잠재수요의 총합×특정지역으로부터 계획지로의 흡인율이다. 또한 허프의 모형에서 지역별 또는 상품의 잠재수요=지역별 인구 또는 세대수×업종별 또는 점포별 지출액으로 구할 수 있다.

40

복수의 입지후보지가 있을 때는 상세하고 정밀하게 입지조건을 평가하는 과정을 거치게 된다. 가장 유리한 점포입지를 선택하기 위해 참고할 만한 일반적 기준으로 가장 옳은 것은?

① 건축선 후퇴(setback)는 상가건물의 가시성을 높이는 긍정적인 효과를 가진다.
② 점포 출입구 부근에 단차가 있으면 사람과 물품의 출입이 용이하여 좋다.
③ 점포 부지와 점포의 형태는 정사각형에 가까울수록 소비자 흡인에 좋다.
④ 점포규모가 커지면 매출도 증가하는 경향이 있으므로 점포면적이 클수록 좋다.
⑤ 평면도로 볼 때 점포가 도로에 접한 정면너비가 깊이보다 큰 장방형 형태가 유리하다.

평면도로 볼 때 점포가 도로에 접한 정면너비가 깊이보다 큰 장방형(직사각형) 형태가 유리하다.

선지분석
① 건축선의 후퇴는 상가건물의 가시성을 낮춘다.
② 점포 출입구 부근에 단차가 있으면 사람과 물품의 출입을 방해한다.
③ 점포 부지와 점포의 형태는 직사각형에 가까울수록 소비자 흡인에 좋다.
④ 점포규모가 커지면 매출이 증가할 수 있지만 여러 가지 비용이 증가하게 된다.

41

상가건물 임대차보호법(법률 제18675호, 2022.1.4., 일부개정)은 임대인은 임차인이 임대차기간이 만료되기 6개월 전부터 1개월 전까지 사이에 계약갱신을 요구할 경우 정당한 사유 없이 거절하지 못한다고 규정하면서, 예외적으로 그러하지 아니한 경우를 명시하고 있다. 이 예외적으로 그러하지 아니한 경우로서 가장 옳지 않은 것은?

① 임차인이 2기의 차임액에 해당하는 금액에 이르도록 차임을 연체한 사실이 있는 경우
② 서로 합의하여 임대인이 임차인에게 상당한 보상을 제공한 경우
③ 임차인이 임대인의 동의 없이 목적 건물의 전부 또는 일부를 전대(轉貸)한 경우
④ 임차인이 임차한 건물의 전부 또는 일부를 고의나 중대한 과실로 파손한 경우
⑤ 임차인이 거짓이나 그 밖의 부정한 방법으로 임차한 경우

임차인이 3기의 차임액에 해당하는 금액에 이르도록 차임을 연체한 사실이 있는 경우에는 계약 갱신을 거절할 수 있다.

42

상대적으로 광역상권인 시, 구, 동 등 특정 지역의 총량적 수요를 추정할 때 사용되는 구매력지수(BPI; Buying Power Index)를 계산하는 수식에서 가장 가중치가 큰 변수로서 옳은 것은?

① 전체 지역 대비 특정 지역의 인구비율
② 전체 지역 대비 특정 지역의 가처분소득 비율
③ 전체 지역 대비 특정 지역의 소매업 종사자 비율
④ 전체 지역 대비 특정 지역의 소매매출액 비율
⑤ 전체 지역 대비 특정 지역의 소매점면적 비율

구매력지수를 산출할 때 가장 높은 가중치를 부여하는 변수는 소득(가처분소득)이다. 가중치는 상황에 따라 다르지만 일반적으로 BPI는 다음과 같이 계산된다.
- BPI = 0.5X + 0.3Y + 0.2Z
여기서 가중치가 가장 높은 X는 소득관련변수이다.

관련이론 | 구매력지수(BPI; Buying Power Index)
구매력지수는 소매점포의 입지를 분석할 때 해당 지역시장의 구매력을 측정하는 기준으로, 다음의 세 가지 지표를 이용한다.
- 유효소득(전체의 가처분 소득 중에서 차지하는 그 지역의 가처분 소득 비율)
- 인구(총인구 에서 차지하는 그 지역인구의 비율)
- 소매매출액(전체의 소매매출액에서 차지하는 그 지역의 소매매출액 비율)

43

소매점포의 예상매출을 추정하는 분석방법이나 이론으로 볼 수 있는 것들이다. 가장 연관성이 떨어지는 것은?

① 유추법
② 회귀분석법
③ 허프(Huff)모델
④ 컨버스(P.D. Converse)의 분기점분석
⑤ MNL모형

컨버스(P.D. Converse)의 분기점분석은 두 도시 간 상권의 경계를 파악하는데 활용되는 기법으로 소매점포의 예상매출 분석과는 관계가 없다.

44

소매포화지수(IRS)는 지역시장의 공급대비 수요수준을 총체적으로 측정하기 위해 많이 사용되는 지표의 하나이다. 소매포화지수를 구하는 공식의 분모(分母)에 포함되는 요소로 가장 적합한 것은?

① 관련 점포의 총매출액
② 관련 점포의 총매장면적
③ 관련 점포의 고객 수
④ 관련 점포의 총영업이익
⑤ 관련 점포의 종업원 수

소매포화지수(IRS)는 한 지역내 특정 소매업태에 대한 수요를 매장면적의 합으로 나누어 계산한 것으로, 현재상황에서 공급에 대한 수요수준을 나타내며 지수의 값이 클수록 신규점포 개설의 매력도가 높다는 것을 의미한다.

$$IRS = \frac{\text{지역시장의 총가구수} \times \text{가구당 특정업태에 대한 지출액}}{\text{특정업태의 총매장면적}}$$

45

지리정보시스템(GIS)을 이용한 상권정보시스템 구축과 관련된 내용으로 가장 옳지 않은 것은?

① 개별 상점의 위치정보는 점 데이터로, 토지이용 등의 정보는 면(面) 데이터로 지도에 수록한다.
② 지하철노선, 도로 등은 선(線) 데이터로 지도에 수록하고 데이터베이스(DB)를 구축한다.
③ 고객의 인구통계정보 등은 DB로 구축하여, 표적고객집단을 파악하고 상권경계선을 추정할 수 있게 한다.
④ 주제도 작성, 공간 조회, 버퍼링을 통해 효과적인 상권분석이 가능하다.
⑤ 지리정보시스템에 기반한 상권분석정보는 현실적으로 주로 대규모점포에 한정하여 상권분석, 입지선정, 잠재수요 예측, 매출액 추정에 활용되고 있다.

지리정보시스템(GIS)은 대규모점포의 입지선정은 물론 소규모점포의 입지선정에도 활용되고, 잠재고객 추정에도 활용할 수 있다.
GIS를 기반으로 운영되는 상권정보 및 상권분석 시스템으로는 중소벤처기업부의 소상공인 상권정보시스템(sg.smba.go.kr), 서울시 우리마을가게 상권분석 서비스(golmok.seoul.go.kr) 등이 있다.

유통마케팅

46

다음 중 효과적인 시장세분화를 위한 조건으로 옳은 것을 모두 고른 것은?

㉠ 측정가능성	㉡ 접근가능성
㉢ 실행가능성	㉣ 규모의 적정성
㉤ 차별화 가능성	

① ㉠, ㉡, ㉢, ㉣, ㉤
② ㉠, ㉢, ㉣
③ ㉡, ㉢, ㉤
④ ㉡, ㉣, ㉤
⑤ ㉢, ㉤

효과적인 시장세분화 요건은 다음과 같다.
- 측정가능성: 세분화된 시장의 규모와 구매력 및 세분화 특성이 측정 가능해야 한다.
- 접근 가능성: 소비자가 세분시장에 효과적으로 도달해 이들에 대한 서비스가 가능해야한다.
- 규모의 적정성: 세분된 시장이 충분한 시장성이 있어야 의미 있는 세분화가 될 수 있다.
- 차별화 가능성(내부적으로 동질적, 외부적으로 차별화): 각 세분시장은 마케팅 변수에 대하여 상이한 반응을 보일 만큼 이질적이고 차별화가 가능해야 하며, 세분시장 내의 소비자들은 마케팅 변수에 대하여 동일한 반응을 보여야 한다.

그 외에 신뢰성과 유효타당성, 실행가능성 등이 있다.

정답 | 41 ① 42 ② 43 ④ 44 ② 45 ⑤ 46 ①

47

소매경영에서 공급업체에 대한 평가 시 사용하는 ABC분석에 대한 다음 내용 중에서 옳지 않은 것은?

① 개별 단품에 대해 안전재고 수준과 상품가용성 정도를 결정하는데 사용한다.
② 매출비중이 높더라도 수익성이 떨어지는 상품은 중요시하지 않는 것이 바람직하다.
③ 소매업체들이 기여도가 높은 상품 관리에 집중해야 한다는 관점 하에 활용된다.
④ 소매업체 매출의 80%는 대략 상위 20%의 상품에 의해 창출된다고 본다.
⑤ 상품성과의 척도로는 공헌이익, GMROI(마진수익률), 판매량 등이 많이 활용된다.

ABC분석은 파레토법칙에 기반하여, 가치가 높은 그룹에 더 많은 관리를 집중하는 방법이다.
ABC 분석은 먼저 유통상이 취급하는 상품을 전체 수익에 대한 기여도에 따라 A, B, C로 분류한다. 그 중 A그룹(매출액 또는 기여도 등이 가장 높은 그룹)을 최중점 관리대상으로 선정하여 관리노력을 집중함으로써 관리효과를 높인다.

48

아래 글상자가 공통적으로 설명하는 소매상의 변천과정 가설 및 이론으로 가장 옳은 것은?

- 소매업태가 환경변화에 따라 일정한 주기를 두고 순환적으로 변화한다는 가설
- 저가격, 저비용, 저서비스의 점포 운영방식으로 시장에 진입
- 성공적인 시장진입 이후 동일 유형의 소매점 간에 경쟁이 격화됨에 따라 경쟁우위 확보를 위해 점점 고비용, 고가격, 고서비스의 소매점으로 전환
- 모든 유형의 소매업태 등장과 발전과정을 설명할 수 없다는 한계를 지님

① 자연도태설
② 소매수명주기 이론
③ 소매아코디언 이론
④ 변증법적 이론
⑤ 소매업 수레바퀴가설

소매업 수레바퀴가설은 Malcolm 교수가 1957년 주장한 이론으로, 소매업태들이 처음에는 혁신적인 형태의 저비용, 저가격, 저마진 업태로 출발하여 성장하다가 시간이 지나면서 고비용, 고가격 업태로 변화되어 새로운 개념을 가진 신업태에게 그 자리를 넘기고 시장에서 사라진다는 이론이다.

49

다음 중 소매업체가 점포를 디자인할 때 고려해야 하는 요소로 가장 옳지 않은 것은?

① 표적시장의 니즈를 만족시키기 위한 소매업체의 전략 실행
② 효율적으로 제품을 찾고 구입할 수 있도록 쾌락적 편익 제공
③ 잠재고객 방문 유도 및 방문 고객의 구매율 증가
④ 용이한 점포의 관리 및 유지비용을 절감할 수 있도록 설계
⑤ 점포설계에 있어서 법적·사회적 요건 충족

점포디자인에 있어 효율적으로 제품을 찾고 구입할 수 있도록 하는 것은 경제성을 추구하는 방법이다. 반면 쾌락적 편익을 제공하는 점포디자인은 비용이 많이 발생하므로 서로 성격이 이질적인 디자인 요소를 함께 양립시키는 것은 바람직하지 않다.

50

다음 중 매장의 생산성을 증대시키기 위한 유통계량조사의 내용으로 가장 옳지 않은 것은?

① 매장 1평당 어느 정도의 매출액이 일어나고 있는가를 파악하기 위한 매장생산성 조사
② 투입된 종업원당 어느 정도의 매출액이 창출되는지를 업계 평균과 상호 비교
③ 현재의 재고가 어느 정도의 상품이익을 실현하는지 알기 위한 교차비율 산출
④ 고객수 및 객단가 산출 및 이전 분기 대비 객단가 증가율 비교
⑤ 채산성을 위한 목표 매출 및 달성 가능성을 분석하기 위한 손익분기 매출액 산출

매장의 생산성이란 투입량 대비 산출량 즉, 매장의 효율성(efficiency)을 뜻한다. ①~④ 모두 매장의 생산성을 증대시키기 위한 유통계량조사의 방법에 해당한다.
한편 채산성을 위한 목표 매출 및 달성 가능성 분석은 목표달성과 관련된 효과성(effectiveness)에 대한 조사라 할 수 있다.

51

상시저가전략(EDLP; EveryDay Low Price)과 비교한 고저가격전략(high-low pricing)의 장점으로 가장 옳지 않은 것은?

① 고객의 가격민감도 차이에 기반한 가격차별화를 통해 수익증대가 가능하다.
② 할인행사에 대한 고객 기대를 높이는 효과가 있다.
③ 광고 및 운영비를 절감하는 효과가 있다.
④ 동일 상품을 다양한 고객층에게 판매할 수 있다.
⑤ 제품수명주기의 변화에 따른 가격설정이 용이하다.

고저가격전략(high-low pricing)에는 고가격 및 저가격 제품 각각의 판매촉진을 위한 촉진비용 및 재고관리비용이 커진다는 단점이 있다.

52

다음 중 경로구성원 평가 및 관리와 관련하여 옳지 않은 것은?

① 기업은 좋은 성과를 내고 고객에게 훌륭한 가치를 제공하는 중간상을 파악하여 보상해야 한다.
② 판매 할당액의 달성 정도, 제품 배달시간, 파손품과 손실품 처리 등과 같은 기준에 관해 정기적으로 경로 구성원의 성과를 평가해야 한다.
③ 경로 구성원과의 장기적인 협력관계를 맺기 위해 성과가 좋지 못한 중간상이라도 바꾸지 말아야 한다.
④ 파트너를 소홀히 다루는 제조업자는 딜러의 지원을 잃을 뿐만 아니라 법적인 문제를 초래할 위험이 있다.
⑤ 기업은 경로 구성원이 최선을 다할 수 있도록 지속적으로 관리하고 동기를 부여해야 한다.

유통경로 목표를 달성하기 위해서는 목표와 성과 간의 정확한 평가체계가 중요하다. 따라서 경로 구성원과의 장기적인 협력관계를 맺기 위해 성과가 좋지 못한 중간상이라도 바꾸지 말아야 하는 것은 아니다.

53

아래 글상자가 설명하는 서비스품질을 평가하는 요소로 가장 옳은 것은?

> N사는 고객의 개별적 욕구를 충족시키고자 노력하는 기업으로 포지셔닝하며 고객의 개별 선호에 맞춘 고객 응대를 실천하고 있다. 예를 들어, 양쪽 발 사이즈가 다른 고객에게 사이즈가 각각 다른 두 켤레를 나누어 팔았다. 비록 나머지 짝이 맞지 않은 두 신발을 팔 수 없더라도 고객에게 잊지 못할 감동을 주고 있다.

① 신뢰성(Reliability)
② 확신성(Assurance)
③ 유형성(Tangibility)
④ 공감성(Empathy)
⑤ 응답성(Responsiveness)

PZB의 SERVQUAL 모형 중 공감성(Empathy)이란 고객에게 제공하는 개별적인 배려와 관심, 원활한 의사소통, 고객에 대한 충분한 이해 등을 의미한다.

54

서비스기업의 고객관계관리 과정은 "관계구축 – 관계강화 – 관계활용 – 이탈방지 또는 관계해지"의 단계로 나누어 볼 수 있다. 관계구축 단계의 활동으로서 가장 옳지 않은 것은?

① 교차판매, 묶음판매를 통한 관계의 확대
② 고객의 요구를 파악할 수 있는 시장의 세분화
③ 시장의 요구 수준을 충족시키는 양질의 서비스 개발
④ 기업의 핵심가치제안에 부합하는 표적고객 선정
⑤ 고객 니즈를 충족시키는 차별화된 마케팅 전략 수립

관계구축 단계는 고객과의 장기적 관계구축을 위한 초기단계를 말한다. 그러나 교차판매, 묶음판매를 통한 관계의 확대는 관계구축 이후에 관계를 활용하는 단계에 해당한다.

정답 | 47 ② 48 ⑤ 49 ② 50 ⑤ 51 ③ 52 ③ 53 ④ 54 ①

55

아래 글상자의 괄호 안에 들어갈 용어로 가장 옳은 것은?

> 제조업체가 최종소비자들을 상대로 촉진활동을 하여 이 소비자들로 하여금 중간상(특히 소매상)에게 자사제품을 요구하도록 하는 전략을 (㉠)이라고 한다. 반면에 어떤 제조업체들은 중간상들을 대상으로 판매촉진활동을 하고 그들이 최종 소비자에게 적극적인 판매를 하도록 유도하는 유통전략을 사용하는데, 이를 (㉡) 전략이라고 한다.

① ㉠ 풀전략, ㉡ 푸시전략
② ㉠ 푸시전략, ㉡ 풀전략
③ ㉠ 집중적 마케팅전략, ㉡ 차별적 마케팅전략
④ ㉠ 풀전략, ㉡ 차별적 마케팅전략
⑤ ㉠ 푸시전략, ㉡ 집중적 마케팅전략

관련이론 | Pull전략과 Push전략의 비교

구분	Pull전략	Push전략
전략의 대상	최종소비자	중간상인(도·소매상)
전략의 진행 방향	소비자 → 중간상 → 생산자	생산자 → 중간상 → 소비자
프로모션 방법	광고, 이벤트 행사	인적판매, 인센티브
관여도 및 브랜드충성도	높음	낮음
적용 시장	소비재	산업재

56

다음은 산업 구조분석 방법인 마이클 포터의 5 force model과 시장매력도 간의 관계에 해당하는 내용이다. 가장 옳지 않은 것은?

① 기업들은 새로운 경쟁자들이 시장에 쉽게 들어오지 못하도록 높은 수준의 진입장벽을 구축하기 위해 노력한다.
② 구매자의 교섭력이 높아질수록 그 시장의 매력도는 낮아진다.
③ 산업 구조분석에서 다루어지는 시장매력도는 산업 전체의 평균 수익성을 의미한다.
④ 5 force model은 누가 경쟁자이고 누가 공급자이며 누가 구매자인지 분명하게 구분된다는 것을 가정하고 있다.
⑤ 대체제가 많을수록 시장의 매력도는 높아진다.

대체제가 많다는 것은 경쟁의 정도가 높아진다는 것이다. 따라서 대체재가 많을수록 시장의 매력도(산업수익률)는 낮아지게 된다.

57

마케팅투자수익률(MROI)에 대한 설명으로서 가장 옳지 않은 것은?

① 마케팅투자수익을 마케팅투자비용으로 나눈 값이다.
② 마케팅투자비용의 측정보다 마케팅투자수익의 측정이 더 어렵다.
③ 측정과 비교가 용이한 단일 마케팅성과척도를 사용하는 것이 바람직하다.
④ 고객생애가치, 고객자산 등의 평가를 통해 마케팅투자수익을 측정할 수 있다.
⑤ 브랜드인지도, 매출, 시장점유율 등을 근거로 마케팅투자수익을 측정할 수 있다.

듀퐁에서 고안한 ROI(투자수익률)는 매출액순이익률과 자산회전률이라는 2가지 측정지표를 활용할 수 있는 매우 유용한 성과측정방식이다.
ROI는 다음과 같이 계산한다.

- $ROI = \dfrac{순이익}{(자산)투자액} = \dfrac{순이익}{매출액} \times \dfrac{매출액}{(자산)투자액}$
  $= 매출액순이익률 \times 자산회전률$

58

다음 중 판매촉진에 대한 설명으로 가장 옳지 않은 것은?

① 판매촉진은 고객들로 하여금 즉각적인 반응을 일으킬 수 있고 반응을 쉽게 알아낼 수 있다.
② 판매촉진은 단기적으로 고객에게 대량 또는 즉시 구매를 유도하기 때문에 다른 촉진활동보다 매출 증대를 기대할 수 있다.
③ 판매촉진 예산을 결정할 때 활용하는 가용예산법(affordable method)은 과거의 매출액이나 예측된 미래의 매출액을 근거로 예산을 결정하는 방법을 말한다.
④ 소비자를 대상으로 하는 판매촉진의 유형 중 쿠폰(coupon)은 가격할인을 보장하는 일종의 증서로 지면에 표시된 가격만큼 제품가격에서 할인해 주는 방법이다.
⑤ 중간상의 판매촉진의 유형으로 협동광고는 제조업자가 협동하여 지역의 소매상들이 공동으로 시행하는 광고를 말한다.

판매촉진 예산을 결정할 때 활용하는 방법 중 과거의 매출액이나 예측된 미래의 매출액을 근거로 예산을 결정하는 방법은 매출액 기준법이다.
가용예산법은 운영비용과 이익을 산출한 후에 사용 가능한 금액이 얼마인지에 따라 고객 커뮤니케이션 예산을 설정하는 방법이다.

59

고객관계관리(CRM)와 관련한 채널관리 이슈에 대한 설명으로 가장 옳지 않은 것은?

① 채널은 고객접점으로서 관리되어야 한다.
② 채널의 정보교환 기능을 활성화시켜야 한다.
③ 채널 파트너와의 협업을 관리해야 한다.
④ 채널을 차별화함으로써 발생할 수 있는 채널 간 갈등을 최소화해야한다.
⑤ CRM을 성공적으로 수행하기 위해서 다양한 채널을 독립적으로 운영해야 한다.

CRM을 성공적으로 수행하기 위해서 온·오프라인 상의 다양한 채널을 통합적으로 운영해야 한다.

60

다음 중 소매업이 상품 판매를 효과적으로 전개하기 위해 제공하는 물적·기능적 서비스에 해당하지 않는 것은?

① 포장지, 선물상자의 제공 등과 같은 상품부대물품의 제공 서비스
② 할부판매, 외상 판매 등과 같은 금융적 서비스
③ 전달 카탈로그, 광고 선전 등과 같은 정보 제공 서비스
④ 고객의 선택 편의 및 구매 효율을 높이는 셀프서비스와 같은 시스템적 서비스
⑤ 상품 설명, 쇼핑 상담, 배달 등과 같은 노역 기술 제공 서비스

서비스는 물적/기능적 서비스와 인적서비스로 분류할 수 있다.
물적/기능적 서비스에는 설비/부대물품 이용 편익제공, 셀프 서비스, 자판기 서비스, 정보제공 서비스, 금융적 서비스 등이 있다.
인적 서비스에는 사람의 지식, 기술, 노동제공 관련 서비스 등이 있다.

61

다음 중 제품별 영업조직(product sales force structure)의 장점으로 가장 옳지 않은 것은?

① 제품에 대한 지식과 전문성이 강화된다.
② 특히 다양한 제품계열을 가지고 있는 기업의 경우에 적합하다.
③ 제한된 지역을 순방하므로 상대적으로 영업비용을 줄일 수 있다.
④ 제품별 직접판매이익공헌을 평가하기가 용이하다.
⑤ 소비재 기업보다는 산업재를 취급하는 기업일수록 이런 형태의 조직이 유리하다.

제한된 지역을 순방하므로 상대적으로 영업비용을 줄일 수 있다는 것은 사업부제조직 중 지역별 영업조직의 장점이다.

정답 | 55 ① 56 ⑤ 57 ③ 58 ③ 59 ⑤ 60 ⑤ 61 ③

62

아래 글상자의 내용이 공통적으로 설명하고 있는 CRM 분석 도구로 가장 옳은 것은?

- 사용자가 고객DB에 담겨 있는 다차원 정보에 직접 접근하여 대화식으로 정보를 분석할 수 있도록 지원하는 분석 도구
- 분석을 위해 활용되는 정보는 다차원적으로 최종사용자가 기업의 전반적인 상황을 이해할 수 있게 하여 의사결정을 지원
- 예를 들어 사용자가 자사의 매출액을 지역별/상품별/연도별로 알고 싶을 경우 활용할 수 있는 분석 도구

① 데이터마이닝(data mining)
② 데이터웨어하우징(data warehousing)
③ OLTP(online transaction processing)
④ OLAP(online analytical processing)
⑤ EDI(electronic data interchange)

CRM의 성공적 수행을 위한 데이터의 분석도구로 OLAP와 데이터마이닝이 활용된다. 이 중 OLAP는 데이터웨어하우스 내에 구축된 자료를 대상으로 User의 의사결정에 필요한 분석을 지원하는 기능을 한다. 반면 데이터마이닝은 데이터 속에 숨겨진 데이터 간 관계, 패턴 등을 탐색하여 모형화하는 기능을 한다.

63

아래 글상자의 내용 중 격자형 레이아웃의 장점만을 나열한 것으로 옳은 것은?

- ㉠ 원하는 상품을 쉽게 찾을 수 있다.
- ㉡ 느긋하게 자신이 원하는 상품을 둘러보기에 용이하다.
- ㉢ 충동구매를 촉진시킬 수 있다.
- ㉣ 고객이 쇼핑에 걸리는 시간을 최소화할 수 있다.
- ㉤ 쇼핑의 쾌락적 요소를 배가시킬 수 있다.
- ㉥ 통로 등의 공간이 비교적 동일한 넓이로 설계되어 공간적 효율성을 높일 수 있다.

① ㉠, ㉣, ㉤
② ㉠, ㉣, ㉥
③ ㉡, ㉣, ㉤
④ ㉢, ㉤, ㉥
⑤ ㉣, ㉤, ㉥

㉡, ㉢, ㉤은 자유형 레이아웃(free form lay-out)의 특징이다.

64

고객생애가치 이론에 관한 설명으로 가장 옳은 것은?

① 고객생애가치는 특정 고객으로부터 얻게 되는 이익 흐름의 미래가치를 의미한다.
② 고객 애호도가 높다는 것은 곧 고객생애가치가 높다는 것을 가리킨다.
③ 기업은 고객생애가치를 높이기 위하여 경쟁자보다 더 높은 가치를 제공해 주어야 한다.
④ 올바른 고객생애가치를 산출하기 위해서는 기업의 수입 흐름만 고려하면 된다.
⑤ 고객생애가치는 고객과의 한번의 거래에서 나오는 이익을 의미한다.

선지분석
① 고객생애가치는 특정 고객으로부터 얻게 되는 미래 이익 흐름의 현재가치를 의미한다.
② 고객 애호도가 높다고 해서 고객생애가치가 높은 것은 아니다.
④ 고객생애가치를 산출하기 위해서는 기업의 수입과 비용 흐름을 모두 고려해야 한다.
⑤ 고객생애가치는 고객과의 장기적인 거래에서 나오는 이익을 의미한다.

65

비주얼 머천다이징(VMD, Visual Merchandising)에 대한 설명으로 가장 옳지 않은 것은?

① 비주얼 머천다이징은 상업공간에 적합한 특정의 상품이나 서비스를 조합하고 판매증진을 위한 시각적 연출계획으로 기획하고 상품·선전·판촉 기능을 수행한다.
② 비주얼 머천다이징은 기업의 독자성을 표현하고 타 경쟁점과의 차별화를 위해 상품 진열에 관해 시각적 요소를 반영하여 연출하고 관리하는 전략적인 활동이다.
③ 비주얼 머천다이징의 구성요소인 PP(Point of sale Presentation)는 고객의 시선이 머무르는 곳에 볼거리를 제공하여 상품에 관심을 갖도록 유도하기 위해 활용된다.
④ 비주얼 머천다이징의 구성요소인 IP(Interior Presentation)는 실제 판매가 이루어지는 장소에서 상품구역별로 진열대에 진열하는 방식으로 주로 충동구매 상품을 배치하여 매출을 극대화하기 위해 활용된다.
⑤ 비주얼 머천다이징의 구성요소인 VP(Visual Presentation)는 상점의 컨셉을 부각시키기 위해 쇼윈도 또는 테마 공간 연출을 통해 브랜드 이미지를 표현하기 위해 활용된다.

비주얼 머천다이징의 구성요소인 IP는 Item Presentation의 약자로, 개별상품을 분류, 정리하여 고객으로 하여금 보기 쉽고 선택이 용이하도록 하며 신선한 정보를 제공하도록 진열하는 방식을 의미한다.

66

아래 글상자에서 말하는 여러 효과를 모두 보유하고 있는 마케팅 활동은?

| ㉠ 가격인하 효과 | ㉡ 구매유발 효과 |
| ㉢ 미래수요 조기화 효과 | ㉣ 판매촉진 효과 |

① 쿠폰
② 프리미엄
③ 컨테스트
④ 인적 판매
⑤ 리베이트

쿠폰은 소비자를 대상으로 하는 판매촉진방법으로, 가격인하와 구매유발 효과가 있는 가격형 판매촉진 방법이다.

67

아래 글상자의 설명으로 가장 옳은 것은?

동일한 고객층을 대상으로 하되 경쟁업체와 다르게 그들 고객이 가장 원하는 제품과 서비스에 중점을 두거나 고객에게 제시되는 가격대에 대응하는 상품이나 품질을 차별화하는 방향을 전개하는 머천다이징 유형의 하나이다.

① 혼합식 머천다이징(scrambled merchandising)
② 선별적 머천다이징(selective merchandising)
③ 세그먼트 머천다이징(segment merchandising)
④ 계획적 머천다이징(programed merchandising)
⑤ 상징적 머천다이징(symbol merchandising)

선지분석
① 혼합식 머천다이징: 소매점이 상품의 구색, 즉 구성을 확대하여 가는 유형의 상품화를 의미하며 이는 업태간 경쟁 심화에 의해 강조되고 있다.
② 선별적 머천다이징: 소매업, 2차 상품 제조업자, 가공업자 및 소재 메이커가 수직적으로 연합하여 상품계획을 수립하는 머천다이징 방식으로, 패션 머천다이징에 주로 활용된다.
④ 계획적 머천다이징: 대규모 소매업과 선정된 주요 상품 납품회사 간에 계획을 조정 통합화시켜 머천다이징을 수행하는 것으로, 특히 대규모 소매점의 경우에 일반화되고 있다.
⑤ 상징적 머천다이징: 대형 슈퍼마켓이나 지방의 백화점이 전문점 또는 대형 도시 백화점과의 차별화를 위해 양판품목군 중심의 종합적인 구색을 갖추되 그 중 일부를 자사 점포의 상징으로 구색을 정하여 중점을 두는 형태의 머천다이징을 말한다.

정답 | 62 ④ 63 ② 64 ③ 65 ④ 66 ① 67 ③

68

아래 글상자의 괄호 안에 들어갈 용어로 가장 옳은 것은?

(㉠)은 상품흐름이나 판매를 증진시키기 위해 정상가보다 낮은 가격으로 결정하는 것을 말하며, (㉡)은 특정제품의 가격에 대해 천단위, 백단위로 끝나는 것보다 특정의 홀수로 끝나는 가격을 책정함으로서 소비자로 하여금 더 저렴하다는 느낌을 주기 위한 가격전략이다.

① ㉠ 선도가격(leader pricing)
　㉡ 수량가격(quantity based pricing)
② ㉠ 단수가격(odd pricing)
　㉡ 변동가격(dynamic pricing)
③ ㉠ 선도가격(leader pricing)
　㉡ 단수가격(odd pricing)
④ ㉠ 변동가격(dynamic pricing)
　㉡ 묶음가격(price bundling)
⑤ ㉠ 묶음가격(price bundling)
　㉡ 단수가격(odd pricing)

선도가격(leader pricing)은 상품흐름이나 판매를 증진시키기 위해 정상가보다 낮은 가격으로 결정하는 것을 뜻한다.
단수가격(odd pricing)은 대표적인 심리가격 중 하나로, 특정제품의 가격을 9,999원, 19,999원 등으로 책정하여 소비자로 하여금 더 저렴하다는 느낌을 주기 위한 가격전략이다.

69

소매점의 POS(point of sales)시스템에 대한 설명으로 가장 옳지 않은 것은?

① POS시스템을 통해 소매점별로 수집된 판매 제품의 품목명, 수량, 가격, 판촉 등에 관한 정보를 수집할 수 있다.
② POS시스템은 POS 단말기, 바코드 스캐너, 스토어 콘트롤러(store controller)로 구성되어 있다.
③ POS시스템을 통해 확보한 정보는 고객관계관리(CRM)를 위한 기반 데이터로 활용된다.
④ 전년도 목표 대비 판매량 분석 또는 전월 대비 매출액 변화분석과 같은 시계열 정보를 수집하고 분석하는데 한계가 있다.
⑤ POS시스템을 통해 신제품에 대한 마케팅효과, 판촉효과 등을 분석할 수 있다.

전년도 목표 대비 판매량 분석 또는 전월 대비 매출액 변화분석과 같은 시계열 정보를 수집하고 분석이 가능하다는 점이 POS의 장점이라 할 수 있다.

70

제품수명주기(PLC) 단계 중 성숙기에 이루어지는 판매촉진 전략으로 옳은 것은?

① 상표 전환을 유도하기 위한 판촉을 증대한다.
② 수요확대에 따라 점차적으로 판촉을 감소한다.
③ 매출증대를 위한 판매촉진 활동은 최저 수준으로 감소시킨다.
④ 제품의 인지도 향상을 위한 강력한 판촉을 전개한다.
⑤ 제품 가격을 높이는 대신 짧은 기간에 모든 판촉수단을 활용하는 전략을 실행한다.

성숙기에는 시장이 포화된 상태이고, 경쟁이 치열하다. 따라서 매출액을 증대시키고 시장점유율을 유지하기 위해서는 기존고객의 사용 확대, 경쟁사 고객 유인(상표전환 유도)을 위한 판매촉진 등을 실시하는 것이 중요하다.

유통정보

71
쇼핑몰의 시스템 구성에서 프론트 오피스(front office) 요소로 가장 옳지 않은 것은?

① 상품검색
② 상품등록
③ 상품리뷰
④ 상품진열
⑤ 회원로그인

상품등록은 관리자가 관리툴을 이용하여 관리하는 백 오피스(back office)의 구성요소이다.

관련이론 | 프론트 오피스(front office)
쇼핑몰의 시스템 구성에서 프론트 오피스란 사용자, 즉 고객들이 접하는 부분을 말한다. 회원 로그인, 상품검색 및 상품리뷰 등이 프론트 오피스 요소이다.

72
라이브 커머스(live commerce)에 대한 설명으로 가장 옳지 않은 것은?

① 라이브 스트리밍(live streaming)과 커머스(commerce)의 합성어이다.
② 온라인 상에서 실시간으로 쇼호스트가 상품을 설명하고 판매하는 비즈니스 프로세스이다.
③ 온라인 상에서 소비자와 쇼호스트는 실시간으로 소통이 가능하지만 소비자 간의 대화는 불가능하다.
④ 기존 이커머스(e-commerce)보다 소통과 재미를 더한 진화된 커머스 형태이다.
⑤ 최근 소비자들에게 인기를 얻으면서 급성장하고 있다.

온라인 상의 라이브 커머스에서는 소비자와 쇼호스트 간의 소통 및 대화는 물론 소비자 간의 대화도 실시간으로 자유롭게 이루어진다.

73
오늘날을 제4차 산업혁명 시기로 구분한다. 제4차 산업혁명에 대한 설명으로 가장 옳지 않은 것은?

① 2016 세계경제포럼에서 4차 산업혁명을 3차 산업혁명을 기반으로 디지털, 바이오와 물리학 사이의 모든 경계를 허무는 융합 기술 혁명으로 정의함
② ICT를 기반으로 하는 사물인터넷 및 만물인터넷의 진화를 통해 인간-인간, 인간-사물, 사물-사물을 대상으로 한 초연결성이 기하급수적으로 확대되는 초연결적 특성이 있음
③ 인공지능과 빅데이터의 결합과 연계를 통해 기술과 산업구조의 초지능화가 강화됨
④ 초연결성, 초지능화에 기반하여 기술간, 산업간, 사물-인간 간의 경계가 사라지는 대융합의 시대라고 볼 수 있음
⑤ 4차 산업혁명 시대의 생산요소 토지, 노동, 자본 중 노동의 가치가 토지와 자본에 비해 중요도가 커지는 특징이 있음

과거 1차 산업혁명 시대에는 토지와 노동의 가치가, 2차 산업혁명 시대에는 자본의 가치가 강조되었으나 3차 산업혁명(정보혁명)을 기반으로 한 4차 산업혁명 시대에는 노동의 가치는 낮아지고 기술과 정보 등 새로운 생산요소의 가치가 중요시되고 있다.

관련이론 | 4차 산업혁명
- 제4차 산업혁명은 세계경제포럼의 창시자 중 하나인 클라우스 슈바프(Klaus Schwab)가 2015년에 포린 어페어의 기고글을 통해 주장한 개념이다. 2016년 1월 20일 스위스 다보스에서 열린 세계경제포럼에서도 슈바프 스스로가 또다시 키워드로 제시하여 그 개념이 퍼져나갔다.
- 과학기술적 측면에서 '모바일 인터넷', '클라우드 기술', '빅데이터', '사물인터넷(IoT)' 및 '인공지능(AI)' 등이 주요 변화 동인으로 꼽히고 있다.
- 초연결성(Hyper-Connected), 초지능화(Hyper-Intelligent)'라는 특성을 가진다.
- 과학기술적 측면에서는 이외에도 로봇, 양자암호, 3D 프린팅 등이 변화 동인으로 제시되고 있다.

정답 | 68 ③ 69 ④ 70 ① 71 ② 72 ③ 73 ⑤

74

물류의 효율적 회전을 가능하게 하는 QR 물류시스템의 긍정적 효과로 가장 옳지 않은 것은?

① 신속한 대응 ② 리드타임 증가
③ 안전재고 감소 ④ 예측오류 감소
⑤ 파이프라인 재고 감소

QR 물류시스템, 즉 소비자 욕구 변화에 신속대응(Quick Response)하는 물류시스템이 도입되면 리드타임(lead time)은 크게 감소한다.

관련이론 | QR(Quick Response)
QR은 SCM의 최초형태로, 1980년대 중반 미국의 패션 어패럴 산업에서 등장하였다.
공급망에서의 상품 흐름을 개선하기 위하여 판매업체와 제조업체 사이에서 제품에 대한 정보를 공유함으로써, 제조업체는 보다 효과적으로 원재료를 충원하여 제조하고, 유통함으로써 효율적인 생산과 공급체인 재고량을 최소화시키려는 시스템이다.

75

디지털 공급망을 구현하는데 활용되는 블록체인 스마트 계약(blockchain smart contract) 기술에 대한 설명으로 가장 옳지 않은 것은?

① 특정 요구사항이 충족되면 네트워크를 통해 실시간으로 계약이 실행된다.
② 거래 내역이 블록체인 상에 기록되기 때문에 높은 신뢰도를 형성한다.
③ 블록체인 스마트 계약은 중개자 없이 실행될 수 있기 때문에 상대적으로 거래 비용이 낮다.
④ 블록체인 기록을 뒷받침하는 높은 수준의 암호화와 분산원장 특성으로 네트워크에서 높은 보안성을 확보하고 있다.
⑤ 블록체인을 활용하기 때문에 거래 기록에 대하여 가시성을 확보할 수 없다.

블록체인은 중앙시스템이 존재하지 않는 완전한 탈중앙 시스템이다. 장부에 해당되는 블록체인은 누구에게나 공유·공개되어 투명성을 보장하고, 독특한 구조적 특징에 기인하여 데이터의 무결성을 보장하며, 분산된 장부는 네트워크에 참여한 각 노드들의 검증과 합의 과정을 거쳐 데이터 일치에 도달하게 된다. 따라서 거래 기록에 대해 가시성을 확보할 수 있다.

관련이론 | 블록체인
- 블록체인(blockchain)은 분산원장 또는 공공거래장부라고 불리며, 암호화폐로 거래할 때 발생할 수 있는 해킹을 막는 기술에서 출발했다. 다수의 상대방과 거래를 할 때 데이터를 개인 사용자들의 디지털 장비에 저장하여 공동으로 관리하는 분산형 정보기술이다.
- 블록체인은 비트코인의 기반 기술로, 원장을 금융기관 등 특정 기관의 중앙서버가 아닌 P2P(Peer to Peer, 개인간) 네트워크에 분산해 참가자가 공동으로 기록하고 관리하는 기술이다.
- 블록체인(Block Chain) 기술에서 블록(Block)에는 일정 시간 동안 확정된 거래 내역이 담긴다. 온라인에서 거래 내용이 담긴 블록이 형성되는 것이며, 거래 내역을 결정하는 주체는 사용자다. 이 블록은 네트워크에 있는 모든 참여자에게 전송되고 참여자들은 해당 거래의 타당성 여부를 확인한다. 승인된 블록만이 기존 블록체인에 연결되면서 송금이 이루어진다. 신용 기반이 아니라 시스템으로 네트워크를 구성, 제3자가 거래를 보증하지 않고도 거래 당사자끼리 가치를 교환할 수 있다는 것이 블록체인의 구상이다.

76

경쟁력 있는 수익창출 방안을 개발하는데 활용되는 비즈니스 모델 캔버스를 구성하는 9가지 요인 중에 ㉠ 가장 먼저 작성해야 하는 요인과 ㉡ 마지막으로 작성해야 하는 요인이 있다. 여기서 ㉠과 ㉡에 해당하는 내용으로 가장 옳은 것은?

① ㉠ 가치제안, ㉡ 수익원
② ㉠ 고객관계, ㉡ 고객 세분화
③ ㉠ 수익원, ㉡ 고객 세분화
④ ㉠ 고객 세분화, ㉡ 가치제안
⑤ ㉠ 고객 세분화, ㉡ 비용구조

비즈니스 모델 캔버스를 구성하는 9가지 요인 중에 가장 먼저 작성해야 하는 요인은 고객 세분화이고, 마지막으로 작성해야 하는 요인은 비용구조이다.

관련이론 | 비즈니스 모델 캔버스
비즈니스 모델 캔버스는 크게 인프라(Infrastructure), 제안(Offering), 고객(Customers), 재무(Finances) 4가지 항목으로 나누고, 각 항목의 하위 항목으로 비즈니스 모델 캔버스의 9가지 요소가 포함되어 있다.
- 인프라(Infrastructure): 핵심활동(key activities), 핵심자원(key resources), 핵심파트너(key partners)
- 제안(Offering): 가치제안(value propositions)
- 고객(Customers): 고객 세그먼트, 유통채널, 고객관계
- 재무(Finance): 비용구조, 수익원

77

데이터마이닝 기법과 CRM에서의 활용 용도를 연결한 것으로 가장 옳지 않은 것은?

① 분류 규칙 – 고객이탈 수준 등급
② 군집화 규칙 – 제품 카테고리
③ 순차 패턴 – 로열티 강화 프로그램
④ 연관 규칙 – 상품 패키지 구성 정보
⑤ 일반화 규칙 – 연속 판매 프로그램

다양한 데이터마이닝 기법을 통해 경우에 따라 일반화 시킬 수 있는 규칙을 찾아내는 것이며, 미리 정해진 일반화 규칙은 존재하지 않는다.

78

최근 정부에서 추진하고 있는 다양한 친환경 제품 관련 인증 제도 관련 설명으로 가장 옳지 않은 것은?

① 환경부·한국환경산업기술원에서는 같은 용도의 다른 제품에 비해 제품의 환경성을 개선한 경우 환경표지인증을 해주고 있다.
② 농림축산식품부·국립농산물품질관리원에서는 유기농산물과 유기가공식품에 대한 친환경농축산물인증제도를 운영하고 있다.
③ 국토교통부와 환경부에서는 한국건설기술연구원을 통해 건축이 환경에 영향을 미치는 요소에 대한 평가를 통해 건축물의 환경성능을 인증하는 녹색건축인증제도를 운영하고 있다.
④ 한국산업기술진흥원에서는 저탄소 녹색성장 기본법에 의거하여 유망한 녹색기술 또는 사업에 대한 녹색인증제도를 운영하고 있다.
⑤ 환경부·소비자보호원에서는 소비자들의 알 권리를 위해 친환경 제품에 대한 정보를 제공하는 그린워싱(green washing)제도를 운영하고 있다.

환경부와 공정거래위원회는 이름만 친환경인 그린워싱(green washing) 사업자에 대한 관리를 강화하고 있다.

관련이론 | 그린워싱(green washing)
그린워싱은 환경보호 효과가 없거나 심지어 환경에 악영향을 끼치는 제품을 생산하면서도 친환경적인 것처럼 홍보하는 '위장 친환경'을 말한다.

79

스튜어트(Stewart)의 지식 자산 특성에 대한 설명으로 가장 옳지 않은 것은?

① 지식 자산의 유형으로 고객 자산, 구조적 자산, 인적 자산 등이 있다.
② 대표적인 고객 자산에는 고객브랜드 가치, 기업이미지 등이 있다.
③ 대표적인 인적 자산에는 구성원의 지식, 경험 등이 있다.
④ 대표적인 구조적 자산에는 조직의 경영시스템, 프로세스 등이 있다.
⑤ 구조적 자산으로 외재적 존재 형태를 갖고 있는 암묵적 지식이 있다.

구조적 자산으로 외재적 존재 형태를 갖고 있는 것은 형식적 지식이다. 암묵적 지식(암묵지)은 개인적인 경험에 의해 얻어지는, 말로 표현하기 어려운 직감적인 지식을 말하는 것으로 노하우 등을 의미한다.

80

유통업체에서 고객의 데이터를 활용하여 마케팅에 활용하는 사례로 아래 글상자의 괄호 안에 공통적으로 들어갈 용어로 가장 옳은 것은?

> • (   )은(는) 국민이 자신의 데이터에 대한 통제권을 갖고 원하는 곳으로 데이터를 전송할 수 있는 서비스이다.
> • (   )이(가) 구현되면, 국민은 데이터를 적극적으로 관리·통제할 수 있게 되고, 스타트업 등 기업은 혁신적인 서비스를 창출해 새로운 데이터 산업 생태계가 조성된다.

① 데이터베이스
② 빅데이터 분석
③ 데이터 댐
④ 데이터마이닝
⑤ 마이데이터

국민이 자신의 데이터에 대한 통제권을 갖고 원하는 곳으로 데이터를 전송할 수 있는 서비스는 마이데이터(mydata)이다. 개인이 자신의 정보를 적극적으로 관리·통제하는 것은 물론 이러한 정보를 신용이나 자산관리 등에 능동적으로 활용하는 일련의 과정을 말한다.
마이데이터를 이용하면 각종 기관과 기업 등에 분산되어 있는 자신의 정보를 한꺼번에 확인할 수 있으며, 업체에 자신의 정보를 제공해 맞춤 상품이나 서비스를 추천받을 수 있다. 국내에서는 시범 서비스를 거쳐 2022년 1월 5일부터 전면 시행되었다.

정답 | 74 ② 75 ⑤ 76 ⑤ 77 ⑤ 78 ⑤ 79 ⑤ 80 ⑤

81

아래 글상자에서 설명하는 개념으로 가장 옳은 것은?

> - 걷기에는 멀고 택시나 자가용을 이용하기에는 마땅치 않은 애매한 거리를 지칭한다.
> - 이 개념은 유통업체의 상품이 고객의 목적지에 도착하는 마지막 단계를 의미한다.
> - 유통업체는 고객 만족을 위한 배송품질 향상이나 배송 서비스 차별화 측면에서 이 개념을 전략적으로 활용하고 있다.

① 엔드 투 엔드 공급사슬 ② 고객만족경영
③ 배송 리드타임 ④ 스마트 로지스틱
⑤ 라스트 마일

유통업체의 상품이 고객의 목적지에 도착하는(고객에게 배송되는) 마지막 단계를 의미하는 것은 라스트 마일(last mile)이다.

관련이론 | 라스트 마일 딜리버리(last mile delivery)
라스트 마일 딜리버리는 유통업체들이 고객 만족도를 높이기 위해 서비스 차별화를 하여 배송품질을 상승시키는 것에 주안점을 두면서 생겨난 용어이다. 이는 고객과의 마지막 접점으로, 상품을 받으면서 고객의 만족도가 결정되는 중요한 단계이다.
라스트 마일 딜리버리가 중요한 이유는 고객에게 사용자 경험(UX; User Experience)의 첫 번째 단계이기 때문이다.
이와 반대되는 개념으로, 제조업체에서 물류센터로 물품을 인도하는 물류 프로세스의 가장 첫 단계는 퍼스트 마일(first mile)이라고 한다.

82

아래 글상자에서 설명하는 플랫폼 비즈니스의 두 가지 핵심 특성과 관련한 현상을 순서대로 바르게 나열한 것은?

> ⊙ 플랫폼에 참여하는 이용자들이 증가할수록 그 가치가 더욱 커지는 현상이 나타나고, ⓒ 일정 수준 이상의 플랫폼에 참여하는 이용자를 확보하게 될 경우, 막강한 경쟁력을 확보해서 승자독식의 비즈니스가 가능하게 되는 현상이 나타난다.

① ⊙ 메트칼프의 법칙, ⓒ 티핑 포인트
② ⊙ 파레토의 법칙, ⓒ 롱테일의 법칙
③ ⊙ 네트워크 효과, ⓒ 무어의 법칙
④ ⊙ 규모의 경제, ⓒ 범위의 경제
⑤ ⊙ 학습효과, ⓒ 공정가치선

⊙은 메트칼프(Metcalf)의 법칙에 대한 내용이다. 이는 "네트워크의 가치는 가입자 수에 비례해 증대하고 어떤 시점에서부터 그 가치는 비약적으로 높아진다(The usefulness or utility of a network equal to the square of its number of users)"는 것이다.
ⓒ은 티핑 포인트(tipping point)에 대한 설명이다. 작은 변화들이 어느 정도 기간을 두고 쌓여, 작은 변화가 하나만 더 일어나도 갑자기 큰 영향을 초래할 수 있는 상태가 된 단계 또는 인기가 없던 제품이 갑자기 폭발적인 인기를 끌게 되는 시점이나 계기를 말한다.

관련이론 | 인터넷 경제를 지배하는 법칙
- 파레토(Pareto) 법칙: 20%의 상품이 총 매출의 80%를 창출하고, 20%의 충성스러운 고객들이 총 매출의 80% 차지하며, 결과물의 80%는 조직의 20%에 의하여 생산된다는 이론이다.
- 롱테일(longtail) 법칙(역 파레토법칙): 오랜 기간 동안 적용되어 왔던 파레토(Pareto) 법칙에 반하여 하위 80%가 상위 20% 보다 더 큰 가치를 만든다는 것으로, 2004년 미국의 인터넷 비즈니스 관련 잡지 와이어드(Wired)의 편집장 크리스 앤더슨(Chris Anderson)이 주장한 법칙이다.
- 네트워크 효과(network effect): 특정 상품에 대한 어떤 사람의 수요가 다른 사람들의 수요에 의해 영향을 받는 효과를 말한다. 네트워크 외부효과라고도 하며 밴드웨건 효과(bandwagon effect, 악대차 효과)와 속물 효과(snob effect, 백로 효과)의 두 종류가 있다.
- 무어(Moore)의 법칙: 18개월마다 반도체의 성능은 2배로 증가하나 가격은 불변이라는 법칙을 말한다.

83

고객 수요에 기반한 데이터의 수집과 분석을 통해 고객에게 상황에 따른 다양한 가격을 제시하는 전략을 지칭하는 용어로 가장 옳은 것은?

① 시장침투가격 전략(penetration pricing strategy)
② 초기고가 전략(skimming pricing strategy)
③ 낚시가격 전략(bait and hook pricing strategy)
④ 다이나믹 프라이싱 전략(dynamic pricing strategy)
⑤ 명성가격 전략(prestige pricing strategy)

고객 수요에 기반한 데이터의 수집과 분석을 통해 상황에 따른 다양한 가격을 제시하는 전략은 다이나믹 프라이싱 전략(dynamic pricing strategy) 또는 가변적 가격 전략이다. 이는 동일한 제품 및 서비스에 대한 가격을 시장상황에 따라 탄력적으로 변화시키는 가격전략을 의미한다.

84

아래 글상자의 OECD 개인정보 보호 8원칙 중 옳은 것만을 바르게 나열한 것은?

> ㉠ 정보 정확성의 원칙 – 개인정보는 적법하고 공정한 방법을 통해 수집되어야 한다.
> ㉡ 수집 제한의 원칙 – 이용 목적상 필요한 범위 내에서 개인정보의 정확성, 완전성, 최신성이 확보되어야 한다.
> ㉢ 목적 명시의 원칙 – 개인정보는 수집 과정에서 수집 목적을 명시하고, 명시된 목적에 적합하게 이용되어야 한다.
> ㉣ 안전성 확보의 원칙 – 정보 주체의 동의가 있거나, 법 규정이 있는 경우를 제외하고 목적 외 이용되거나 공개될 수 없다.
> ㉤ 이용 제한의 원칙 – 개인정보의 침해, 누설, 도용 등을 방지하기 위한 물리적, 조직적, 기술적 안전 조치를 확보해야 한다.
> ㉥ 공개의 원칙 – 개인정보의 처리 및 보호를 위한 정책 및 관리자에 대한 정보는 공개되어야 한다.
> ㉦ 책임의 원칙 – 정보 주체의 개인정보 열람/정정/삭제 청구권은 보장되어야 한다.
> ㉧ 개인 참가의 원칙 – 개인정보 관리자에게 원칙 준수 의무 및 책임을 부과해야 한다.

① ㉠, ㉡
② ㉠, ㉧
③ ㉡, ㉣
④ ㉢, ㉥
⑤ ㉤, ㉦

경제협력개발기구(OECD) 개인정보 보호 8원칙에서 ㉠은 수집 제한의 원칙, ㉡은 정보 정확성의 원칙, ㉣은 이용 제한의 원칙, ㉤은 안전성 확보의 원칙, ㉦은 개인 참가의 원칙, ㉧은 책임의 원칙이다.

정답 | 81 ⑤ 82 ① 83 ④ 84 ④

85

아래 글상자의 비즈니스 애널리틱스에 대한 분석과 설명 중 옳은 것만을 고른 것은?

> ㉠ 기술분석(descriptive analytics): 과거에 발생한 일에 대한 소급 분석함
> ㉡ 예측분석(predictive analytics): 특정한 일이 발생한 이유를 이해하는 데 도움을 제공
> ㉢ 진단분석(diagnostic analytics): 애널리틱스를 이용해 미래에 발생할 가능성이 있는 일을 예측함
> ㉣ 처방분석(prescriptive analytics): 성능개선 조치에 대한 대응 방안을 제시함

① ㉠, ㉡
② ㉠, ㉢
③ ㉠, ㉣
④ ㉡, ㉢
⑤ ㉡, ㉣

예측분석(predictive analytics)은 애널리틱스를 이용해 미래에 발생할 가능성이 있는 일을 예측하는 것이다.
진단분석(diagnostic analytics)은 특정한 일이 발생한 이유를 이해하는 데 도움을 제공한다.

86

유통업체에서 활용하는 블록체인 기술 중 하나인 대체불가능토큰(NFT)의 장점으로 가장 옳지 않은 것은?

① 블록체인 고유의 특성을 기반으로 하기 때문에 희소성을 보장할 수 있고, 위조가 어렵다.
② 블록체인 고유의 특성으로 투명성이 보장되며, 추적 가능하다.
③ 부분에 대한 소유권이 인정되어 각각 나누어 거래가 가능하다.
④ 정부에서 가치를 보증해서 안전하게 거래할 수 있다.
⑤ NFT 시장에서 자유롭게 거래할 수 있다.

NFT(Non-Fungible Token, 대체불가능토큰)란 블록체인 기술을 이용해서 디지털 자산의 소유주를 증명하는 가상의 토큰(token)이다. 그림·영상 등의 디지털 파일을 가리키는 주소를 토큰 안에 담음으로써 그 고유한 원본성 및 소유권을 나타내는 용도로 사용된다. 즉, 일종의 가상 진품 증명서라는 의미다.
대체불가능한 토큰은 고유성을 지니며, 동일품이 존재할 수 없는 주민등록증과 비슷하다. NFT는 거래내역을 블록체인에 영구적으로 남김으로써 그 고유성을 보장받는다.

87

각국 GS1 코드관리기관의 회원업체정보 데이터베이스를 인터넷을 통해 연결하여 자국 및 타 회원국의 업체 정보를 실시간으로 검색할 수 있게 해주는 서비스로 가장 옳은 것은?

① 덴소 웨이브(DENSO WAVE)
② 코리안넷
③ 글로벌 바코드 조회서비스(Global Bar-code Party Information Registry)
④ 글로벌 기업정보 조회서비스(Global Electronic Party Information Registry)
⑤ GS1(Global Standard No.1)

각국 GS1 코드관리기관의 회원업체정보 데이터베이스를 인터넷을 통해 연결하여 자국 및 타 회원국의 업체 정보를 실시간으로 검색할 수 있게 해주는 서비스는 글로벌 기업정보 조회서비스(Global Electronic Party Information Registry)이다.

선지분석
① 덴소 웨이브(DENSO WAVE)는 1994년 데이터를 빠르게 읽는 데 중점을 두고 2차원 코드인 QR코드를 개발한 일본회사이다.
② 코리안넷(koreannet.or.kr)은 표준바코드(GS1-13, GS1-14)가 부착된 상품의 상세정보를 표준화시켜 데이터베이스에 등록하고, 이를 제조업체, 물류업체, 유통업체가 인터넷 및 EDI를 통해 실시간으로 활용할 수 있도록 지원하는 전자카탈로그서비스이다.
코리안넷의 주요 기능은 상품정보 및 등록 관리, 유통업체 상품정보 전송, 국내 유통상품 조회, 자사 상품 홍보 등이 있다.
⑤ GS1(Global Standard No.1)은 국제 표준 상품코드 관리 기관이다.

88

아래 글상자의 괄호 안에 들어갈 용어를 순서대로 바르게 나열한 것은?

- (㉠)은(는) 데이터의 정확성과 일관성을 유지하고 전달과정에서 위변조가 없는 것이다.
- (㉡)은 정보를 암호화하여 인가된 사용자만이 접근할 수 있게 하는 것이다.

① ㉠ 부인방지, ㉡ 인증
② ㉠ 무결성, ㉡ 기밀성
③ ㉠ 프라이버시, ㉡ 인증
④ ㉠ 무결성, ㉡ 가용성
⑤ ㉠ 기밀성, ㉡ 무결성

데이터의 정확성과 일관성을 유지하고 전달과정에서 위변조가 없는 것은 무결성(integrity)이다. 즉 무결성은 데이터가 전송 도중 또는 데이터베이스에 저장되어 있는 동안 악의의 목적으로 위·변조되지 않았음을 보장하는 것이다.
정보를 암호화하여 인가된 사용자만이 접근할 수 있게 하는 것은 기밀성(confidentiality)이다.

관련이론 | 전자상거래 보안요건
전자결제시스템이 전자상거래에 이용되기 위해서는 상호인증(authentication), 기밀성(confidentiality), 무결성(integrity) 및 부인방지(non-repudiation) 등의 조건이 갖추어져야 한다.
인증은 사용자 혹은 프로세스에 대한 확인을 의미한다. 통신시스템에서 서명이나 편지의 내용이 실제로 정확한 곳에서 전송되어 오는지 확인하는 것이다. 부인방지는 송수신 당사자가 각각 전송된 송수신 사실을 추후 부인하는 것을 방지하는 서비스다.

89

아래 글상자의 구매-지불 프로세스를 바르게 나열한 것은?

㉠ 재화 및 용역에 대한 구매요청서 발송
㉡ 조달 확정
㉢ 구매주문서 발송
㉣ 공급업체 송장 확인
㉤ 대금 지불
㉥ 재화 및 용역 수령증 수취

① ㉥-㉤-㉣-㉢-㉡-㉠
② ㉠-㉤-㉣-㉢-㉥-㉡
③ ㉠-㉡-㉢-㉣-㉤-㉥
④ ㉠-㉡-㉢-㉥-㉣-㉤
⑤ ㉥-㉤-㉠-㉢-㉣-㉡

주어진 내용의 구매-지불 프로세스는 다음과 같다.
재화 및 용역에 대한 구매요청서 발송 → 조달 확정 → 구매주문서 발송 → 재화 및 용역 수령증 수취 → 공급업체 송장 확인 → 대금 지불

90

기업활동과 관련된 내·외부자료를 영역별로 각기 수집·저장관리하는 경우 자료의 활용을 위해, 목적에 맞게 적당한 형태로 변환하거나 통합하는 과정을 거쳐야 한다. 수집된 자료를 표준화시키거나 변환하여 목표 저장소에 저장할 수 있도록 도와주는 기술로 가장 옳은 것은?

① OLTP(Online Transaction Processing)
② OLAP(Online Analytical Processing)
③ ETL(Extract, Transform, Load)
④ 정규화(Normalization)
⑤ 플레이크(Flake)

수집된 자료를 표준화시키거나 변환하여 목표 저장소에 저장할 수 있도록 도와주는 기술은 ETL(Extract, Transform, Load)이다.
데이터웨어하우징 시스템에서 데이터는 데이터웨어하우스에 입력되고, 내용물은 정보로 변환되며, 정보는 사용자가 이용 가능하도록 해준다. 내·외부 원천으로부터 데이터가 수송되는 영역에서 데이터의 추출(Extraction), 변형(Transformation), 선적(Loading) 등의 프로세스가 일어나는 데 이를 약자로 ETL이라고 한다.

정답 | 85 ③ 86 ④ 87 ④ 88 ② 89 ④ 90 ③

2023년 1회 기출문제

>> 2023년 5월 13일 시행

유통·물류 일반관리

01
수요의 가격탄력성 크기를 결정하는 요인과 관련된 설명으로 가장 옳지 않은 것은?

① 대체재가 있는 경우의 가격탄력성은 크고, 대체재가 없으면 가격탄력성은 작다.
② 소득에서 재화의 가격이 차지하는 비중과 가격탄력성은 반비례한다.
③ 평균적으로 생활필수품인 경우 가격탄력성은 작다.
④ 평균적으로 사치품인 경우 가격탄력성은 크다.
⑤ 재화의 용도가 다양할수록 가격탄력성은 크다.

소득에서 재화의 가격이 차지하는 비중이 큰 경우 이는 사치재에 해당한다. 통상 사치재는 수요의 가격탄력성이 큰 재화이므로 가격과 수요의 가격탄력성은 비례관계에 있다.

02
유통비용을 최소화시킬 수 있는 유통시스템 설계를 위한 유통경로의 길이 결정 시 파악해야 할 요소 중 상품요인과 관련된 것만으로 옳게 나열된 것은?

① 부피, 부패성, 기술적 특성, 총마진
② 고객에 대한 지식, 통제의 욕구, 재무적 능력
③ 비용, 품질, 이용가능성
④ 지리적 분산, 고객밀집도, 고객의 수준, 평균 주문량
⑤ 단위가치, 상품표준화, 비용, 품질

관련이론 | 유통경로 길이 설계 시 결정요인

상품요인	부피, 소멸성(부패성), 표준화 정도, 서비스 정도, 가격 및 단가 등
고객요인	고객 수, 지리적 분산, 구매패턴, 판매방법에 대한 반응성 등
경쟁자요인	지역적 근접성, 판로에 따른 근접성, 재무적 강점
제조업자요인	제품믹스, 유통경로 경험, 마케팅 정책 등
유통업자요인	이용가능성, 제품계열의 수용 정도

03

조직 내에서 일반적으로 발생할 수 있는 갈등의 순기능적 역할에 대한 설명으로 가장 옳지 않은 것은?

① 향후 발생 가능한 갈등을 해결할 수 있는 표준화된 방법을 개발할 수 있다.
② 갈등해결 과정에서 동맹체가 결성되는 경우 어느 정도 경로구성원 간의 힘의 균형을 이룰 수 있다.
③ 경로구성원 간의 의사소통의 기회를 늘림으로써 정보교환을 활발하게 해준다.
④ 고충처리와 갈등 해결의 공식창구와 표준절차를 마련하는데 도움을 준다.
⑤ 유통시스템 내의 자원을 권력 순서대로 재분배하게 해준다.

조직에 있어서 갈등은 외부적으로는 부정적인 측면으로 보일 수 있으나, 내부적으로는 부서 간 힘의 균형을 이루고 의사소통을 공식화하고 표준화시켜 조직 전체를 효율화시키는 순기능으로도 작용한다. 하지만 유통시스템 내 자원을 순서대로 재분배하는 기능으로 작용하지는 않는다.

04

유통산업발전법(법률 제18310호, 2021.7.20. 타법개정)에 의거하여 아래 글상자 괄호 안에 공통적으로 들어갈 단어로 옳은 것은?

- 무점포판매란 상시 운영되는 매장을 가진 점포를 두지 아니하고 상품을 판매하는 것으로서 (   )으로 정하는 것을 말한다.
- 유통표준코드란 상품·상품포장·포장용기 또는 운반 용기의 표면에 표준화된 체계에 따라 표기된 숫자와 바코드 등으로서 (   )으로 정하는 것을 말한다.

① 대통령령
② 중소벤처기업부령
③ 과학기술정보통신부장관령
④ 산업통상자원부령
⑤ 국무총리령

「유통산업발전법」 제2조 제9호(무점포판매)와 동조 제10호(유통표준코드)에 대한 용어의 정의로, 이들은 산업통상자원부령(시행규칙)으로 정한다.

05

아래 글상자의 6시그마 실행 단계를 순서대로 바르게 나열한 것은?

> ㉠ 개선된 상태가 유지될 수 있도록 관리한다.
> ㉡ 핵심품질특성(CTQ)과 그에 영향을 주는 요인의 인과관계를 파악한다.
> ㉢ 현재 CTQ 충족정도를 측정한다.
> ㉣ CTQ를 파악하고 개선 프로젝트를 선정한다.
> ㉤ CTQ의 충족 정도를 높이기 위한 방법과 조건을 찾는다.

① ㉣-㉡-㉢-㉤-㉠
② ㉤-㉣-㉢-㉡-㉠
③ ㉢-㉠-㉡-㉣-㉤
④ ㉣-㉢-㉡-㉤-㉠
⑤ ㉢-㉡-㉠-㉣-㉤

6시그마란 1986년 모토로라에 의해 정립된 품질관리기법으로, 1990년대 GE의 잭웰치가 이를 도입하여 더욱 중요한 품질관리기법으로 자리 잡았다. 6시그마를 실행하기 위한 단계로는 DMAIC이 있으며 다음과 같이 순차적으로 적용된다.

1. Define(정의): 핵심품질특성(CTQ; Critical To Quality)을 파악하는 단계
2. Measure(측정): 현재 CTQ 충족정도를 측정하는 단계
3. Analyze(분석): CTQ와 그에 영향을 주는 요인의 인과관계를 파악하는 단계
4. Improve(개선): CTQ의 충족 정도를 높이기 위한 개선단계
5. Control(통제): 개선된 상태가 유지될 수 있도록 관리하는 단계

정답 | 01 ② 02 ① 03 ⑤ 04 ④ 05 ④

06

동기부여와 관련된 여러 가지 학설에 대한 설명으로 옳지 않은 것은?

① 매슬로우는 인간의 욕구를 생리적 욕구부터 자아실현의 욕구까지 총 5단계로 구분하여 설명하였다.
② 맥클리란드는 성장, 관계, 생존의 3단계로 구분하여 설명하였다.
③ 알더퍼의 경우 한 차원 이상의 욕구가 동시에 동기부여 요인으로 사용될 수 있다고 주장하였다.
④ 허쯔버그의 동기요인에는 승진가능성과 성장가능성이 포함된다.
⑤ 허쯔버그의 위생요인에는 급여와 작업조건이 포함된다.

동기부여이론 중 성장, 관계, 생존의 3단계로 구분하여 설명한 ERG이론을 정립한 학자는 알더퍼(Alderfer)이다. 맥클리란드는 성취욕구이론을 주장하였다.

07

화인 표시의 종류와 설명의 연결이 옳지 않은 것은?

① 품질 표시(quality mark)는 내용품의 품질이나 등급을 표시한다.
② 주의 표시(care mark)는 내용물의 취급상 주의 사항을 표시한다.
③ 목적항 표시(destination mark)는 선적·양륙 작업을 용이하게 하고 화물이 잘못 배송되는 일이 없도록 목적항을 표시한다.
④ 수량 표시(case mark)는 포장 화물 안의 내용물의 총 수량을 표시한다.
⑤ 원산지 표시(origin mark)는 관세법규에 따라 표시하는 수출물품의 원산지를 표시한다.

화인(Marking)이란 수출입화물의 식별을 위해 화물의 포장외관에 주화인, 부화인, 목적항, 중량표시, 화물번호, 원산지, 품질마크, 주의사항 등을 표기하는 것을 말한다. 화인에 수량은 표시되지 않는다.

08

물류합리화 방안의 하나인 포장 표준화에 관한 내용으로 옳지 않은 것은?

① 재료표준화 – 환경대응형 포장 재료의 개발
② 강도표준화 – 품목별 적정 강도 설정
③ 치수표준화 – 표준 팰릿(pallet)의 선정
④ 관리표준화 – 포장재 구매 기준 및 사후 관리 기준 제정
⑤ 가격표준화 – 물류여건에 대응하는 원가 절감형 포장법 개발

물류합리화 방안의 하나인 포장 표준화의 3요소는 규격(치수), 강도, 재료(재질)이다. 최근에는 포장 표준화 3요소에 관리를 포함하여 포장 표준화의 4요소로 구분하고 있다.

09

물류비를 분류하는 다양한 기준 중에서 지급형태별 물류비로만 옳게 나열된 것은?

① 조달물류비, 사내물류비, 역물류비
② 수송비, 보관비, 포장비
③ 자가 물류비, 위탁 물류비
④ 재료비, 노무비, 경비
⑤ 조업도별 물류비, 기타 물류비

「기업물류비산정지침」 제7조에 따라 지급형태별 물류비는 다음과 같이 분류한다.
- 자가물류비는 자사의 설비나 인력을 사용하여 물류활동을 수행함으로써 소비된 비용을 말하며, 다시 재료비, 노무비, 경비, 이자의 항목으로 구분한다.
- 위탁물류비는 물류활동의 일부 또는 전부를 타사에 위탁하여 수행함으로써 소비된 비용을 말하며, 물류자회사 지급분과 물류전문업체 지급분으로 구분한다.

10

제품수명주기 단계 중 성숙기에 사용할 수 있는 마케팅믹스 전략으로 옳지 않은 것은?

① 브랜드와 모델의 다양화
② 경쟁사에 대응할 수 있는 가격
③ 브랜드 차별화와 편익을 강조한 광고
④ 기본 형태의 제품 제공
⑤ 집중적 유통의 강화

기본 형태의 제품 제공은 도입기에 해당하는 전략이다. 성숙기에는 다양한 제품과 브랜드 강화를 통해 경쟁기업과 차별화를 강조해야 한다.

11

제품이 고객에게 인도되기 전에 품질요건이 충족되지 못함으로써 발생하는 품질관리 비용으로 옳은 것은?

① 생산준비비용
② 평가비용
③ 예방비용
④ 내부실패비용
⑤ 외부실패비용

실패비용은 품질이 일정 수준에 미달하여 발생하는 비용이다.
내부실패비용은 폐기물이나 등급 외 불량품 등으로 인해 발생하는 재작업비용이나 생산 공정상에서 발생하는 비용이며, 외부실패비용은 클레임이나 반품 등 제품이 출하된 후에 발생하는 비용이다.

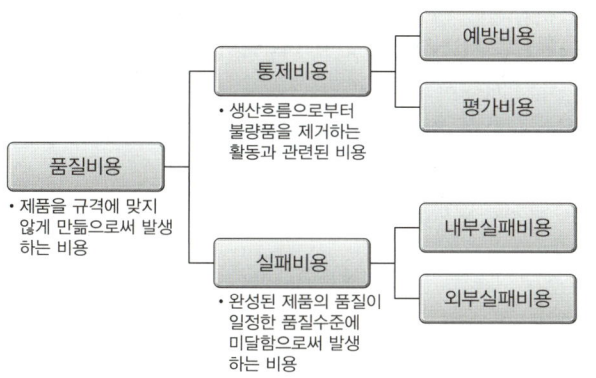

12

소매점에서 발생할 수 있는 각종 비윤리적 행동에 대한 대처방안으로 옳지 않은 것은?

① 소매점의 경우 공적비용과 사적비용의 구분이 모호할 수 있기에 공금의 사적 이용을 방지하기 위해 엄격한 규정이 필요하다.
② 과다 재고, 재고로스 발생을 허위로 보고하지 않도록 철저하게 확인해야 한다.
③ 협력업체와의 관계에서 우월적 지위 남용을 하지 않아야 한다.
④ 회사명의의 카드를 개인적으로 사용하는 행위를 사전에 방지해야 한다.
⑤ 큰 피해가 없다면 근무시간은 개인적으로 조정하여 활용한다.

최근 기업에서 발생하는 비윤리적 행동에 대한 사회적 공감대가 커지고 있다. 공금 또는 회사카드의 사적 유용(도덕적 해이), 허위보고, 우월적 지위의 남용(갑질) 등이 대표적이다. 반면 타당한 범위 내 근무시간의 개인적 조정은 근로자의 권리에 해당한다.

13

아래 글상자 내용 중 글로벌 유통산업 환경변화의 설명으로 옳은 것을 모두 고르면?

> ㉠ 유통시장 개방의 가속화
> ㉡ 주요 소매업체들의 해외 신규출점 증대 및 M&A를 통한 초대형화 추진
> ㉢ 선진국 시장이 포화되어감에 따라 시장 잠재성이 높은 신규시장 발굴에 노력
> ㉣ 대형유통업체들은 해외시장 진출확대를 통해 성장을 도모

① ㉠, ㉡
② ㉠, ㉢
③ ㉠, ㉣
④ ㉡, ㉢, ㉣
⑤ ㉠, ㉡, ㉢, ㉣

유통시장 개방의 가속화, 해외 신규출점 증대 및 M&A를 통한 초대형화 추진, 잠재성이 높은 신규시장 발굴 노력, 대형유통업체들의 해외시장 진출확대 등은 글로벌 유통산업의 주요 환경변화에 해당한다.

정답 | 06 ② 07 ④ 08 ⑤ 09 ③ 10 ④ 11 ④ 12 ⑤ 13 ⑤

14

테일러의 기능식 조직(functional organization)에 대한 단점으로 옳지 않은 것은?

① 명령이 통일되지 않아 전체의 질서적 관리가 문란해지는 경우가 있다.
② 각 관리자가 담당하는 전문적 기능에 대한 합리적 분할이 실제상 용이하지 않다.
③ 일의 성과에 따른 보수를 산정하기 어렵다.
④ 상위자들의 마찰이 일어나기 쉽다.
⑤ 각 직원이 차지하는 직능이 지나치게 전문화되어 그 수가 많아지면 간접적 관리자가 증가된다.

기능식 조직은 부문화의 가장 기본적인 형태로 전체조직을 인사·생산·재무·회계·마케팅 등의 경영기능을 중심으로 부문화한 조직형태이다.
이 조직의 단점은 기업의 규모가 확대됨에 따라 기업 구조가 지나치게 복잡해지면서 기업전체의 의사결정이 지연되는 점, 기업전반의 효율적인 관리/통제가 어려워진다는 점, 최고경영자에게 과다하게 업무가 집중되는 점 등이 있다.
반면 장점으로는 부서별로 분업이 이루어짐에 따라 전문화를 촉진시켜 효율을 향상시키는 점, 관련된 활동을 부서화했기 때문에 개별부서 내의 조정이 용이한 점, 직능별 전문화를 선택하여 성과 측정이 편리하다는 점 등이 있다.

15

유통기업에 종사하는 종업원의 권리로 옳지 않은 것은?

① 일할 권리
② 근무 시간 중에도 사생활을 보호받을 권리
③ 근무시간 이외의 시간은 자유의사에 따라 정치활동을 제외한 외부활동을 자유롭게 할 수 있는 권리
④ 안전한 작업장에서 근무할 수 있도록 요구할 권리
⑤ 노동조합을 결성하고 파업과 같은 단체 행동을 할 수 있는 권리

종업원은 근무시간 이외의 시간에 자유의사에 따라 정치활동을 포함하여 외부활동을 자유롭게 할 수 있는 권리가 보장된다.

16

도매상의 혁신전략과 내용 설명이 옳지 않은 것은?

구분	혁신전략	내용
㉠	도매상의 합병과 매수	기존시장에서의 지위확보, 다각화를 위한 전후방 통합
㉡	자산의 재배치	회사의 핵심사업 강화 목적, 조직의 재설계
㉢	회사의 다각화	유통다각화를 통한 유통라인 개선
㉣	전방과 후방통합	이윤과 시장에서의 지위강화를 위한 통합
㉤	자산가치가 높은 브랜드의 보유	창고 자동화, 향상된 재고관리

① ㉠ ② ㉡
③ ㉢ ④ ㉣
⑤ ㉤

창고 자동화, 향상된 재고관리와 관련된 혁신전략은 자산가치가 높은 브랜드의 보유보다는 생산관리의 효율화 측면과 연관성이 높다.

17

유통경로 기능에 관한 설명으로 옳지 않은 것은?

① 교환과정의 촉진
② 소비자와 제조업체의 연결
③ 제품구색 불일치의 완화
④ 고객서비스 제공
⑤ 경로를 통한 유통기능의 제거

유통경로는 생산자와 소비자를 연결하는 기능을 하는 채널을 뜻한다. 따라서 경로를 통한 유통기능의 제거는 유통경로의 기능이 될 수 없다.

18

아래 글상자에서 설명하는 유통경영조직의 원칙으로 옳은 것은?

> 조직의 공통목적을 달성하기 위하여 각 부문이나 각 구성원의 충돌을 해소하고 조직 제 활동의 내적 균형을 꾀하고, 조직의 느슨한 부분을 조절하려는 원칙

① 기능화의 원칙
② 권한위양의 원칙
③ 명령통일의 원칙
④ 관리한계의 원칙
⑤ 조정의 원칙

유통경영조직의 원칙 중 조정의 원칙이란, 조직 공동의 목표 달성을 위해 집단 전체의 노력을 질서 있게 배열하고, 분화된 여러 부서의 활동들을 통합시키는 것이다.

19

최상위 경영전략인 기업 수준의 경영전략으로 옳지 않은 것은?

① 새로운 시장에 기존의 제품으로 진입하여 시장을 확장하는 시장개발전략
② 기존 시장에 새로운 제품으로 진입하기 위한 제품개발전략
③ 경쟁사에 비해 우수한 품질의 제품을 제공하려는 차별화전략
④ 기존 제품의 품질 향상을 통해 시장점유율을 높이려는 시장침투전략
⑤ 기존 사업과 연관된 다른 사업을 인수하여 고객을 확보하려는 다각화전략

차별화전략, 집중화전략, 원가우위전략 등은 사업부 수준의 전략에 해당한다.
기업 수준의 경영전략에는 앤소프(I. Ansoff)의 제품-시장확장 그리드전략(시장침투전략, 시장개발, 제품개발, 다각화전략), 수직적 통합, 기업 인수합병 등이 있다.

20

마이클 포터의 5가지 세력 모델과 관련한 설명으로 옳지 않은 것은?

① 과업 환경을 분석하는 것으로 이해관계자 분석이라고 할 수 있다.
② 산업 내 기업의 경쟁강도를 파악해야 한다.
③ 신규 진입자의 위험은 잠재적 경쟁업자의 진입 가능성으로 진입장벽의 높이와 관련이 있다.
④ 구매자의 교섭력과 판매자의 교섭력이 주요 요소로 작용한다.
⑤ 상호보완재의 유무가 중요한 경쟁요소로 작용한다.

마이클 포터의 5가지 세력 모델과 관련하여 상호보완재의 유무가 아닌 대체제의 위협이 경쟁요소에 해당한다.

21

아래 글상자 괄호 안에 들어갈 보관 원칙 정의가 순서대로 바르게 나열된 것은?

> • 출입구가 동일한 경우 입출하 빈도가 높은 상품을 출입구에서 가까운 장소에 보관하는 것은 (㉠)의 원칙이다.
> • 표준품은 랙에 보관하고 비표준품은 특수한 보관기기 및 설비를 사용하여 보관하는 것은 (㉡)의 원칙이다.

① ㉠ 유사성, ㉡ 명료성
② ㉠ 위치표시, ㉡ 네트워크 보관
③ ㉠ 회전대응 보관, ㉡ 형상 특성
④ ㉠ 명료성, ㉡ 중량 특성
⑤ ㉠ 동일성, ㉡ 유사성

㉠ 보관의 원칙 중 회전대응 보관의 원칙은 회전률이 높은 상품 즉, 입출하 빈도가 높은 상품을 출입구에서 가까운 장소에 보관하는 것이 유리하다는 원칙이다.
㉡ 형상 특성의 원칙은 보관품의 형상이 박스나 파렛트형태 등 규격이 표준화된 경우 랙(rack)을 이용하고, 형상이 불규칙한 비표준품은 포대나 특수 용기를 이용하여 보관한다는 것이다.

정답 | 14 ③ 15 ③ 16 ⑤ 17 ⑤ 18 ⑤ 19 ③ 20 ⑤ 21 ③

22

도소매 물류서비스에서 고객서비스에 영향을 주는 요인에 대한 설명으로 옳지 않은 것은?

① 일반적으로 품목의 가용성은 발주량, 생산량, 재고비용 등을 측정하여 파악할 수 있다.
② 예상치 못한 특별주문에 대한 대처 능력은 비상조치 능력으로 파악할 수 있다.
③ 사전 주문 수량과 일치하는 재고 보유를 통해 결품을 방지하고 서비스 수준을 높일 수 있다.
④ 신뢰성은 리드타임과 안전한 인도, 정확한 주문이행 등에 의해 결정된다.
⑤ 고객과의 커뮤니케이션을 통해 고객 서비스 수준을 파악할 수 있다.

사전 주문 수량과 일치하는 재고 보유를 하는 경우 이후에 발생 가능한 추가적인 주문에 대응할 수 없으므로 기회비용이 발생할 수 있으며 이는 서비스 수준의 저하를 야기할 수 있다.

23

유통경영환경 분석을 위한 SWOT 분석 방법의 활용에 관한 설명으로 옳지 않은 것은?

① 기회를 최대화하고 위협을 최소화한 기업 자원의 효율적 사용이 목표이다.
② SO 상황에서는 강점을 적극적으로 활용한 시장기회 선점 전략을 구사한다.
③ WT 상황에서는 약점을 보완하기 위해 투자를 대폭 강화한 공격적 전략을 구사한다.
④ WO 상황에서는 약점을 보완하여 시장의 기회를 활용할 수 있는 전략적 제휴를 실시한다.
⑤ ST 상황에서는 시장의 위협을 회피하기 위해 제품 확장전략을 사용한다.

WT 상황은 내부적으로는 약점이 외부적으로는 위협요인이 존재하는 기업환경이므로 위험을 회피하는 보수적인 전략을 취하는 것이 유리하다. 투자를 대폭 강화한 공격적 전략을 구사하는 상황은 SO에 해당한다.

24

증권이나 상품과 같은 기업의 자산을 미리 정해 놓은 기간에 정해 놓은 가격으로 사거나 파는 권리인 옵션과 관련된 설명으로 옳지 않은 것은?

① 행사 가격은 미래에 옵션을 행사할 때 주식을 구입하는 대가로 지불하는 금액이다.
② 매도자는 권리만 가지고 매입자는 의무만을 가지는 전형적인 비대칭적인 계약이다.
③ 일반적으로 무위험이자율이 커질수록 행사가격의 현재가치는 작아진다.
④ 옵션의 종류로는 콜옵션과 풋옵션이 있다.
⑤ 배당금이 클수록 콜옵션의 가격은 낮아진다.

옵션은 조건부청구권으로, 옵션 구입 후 원하는 조건이 성립되는 경우에만 옵션을 행사하므로 일방에게 권리나 의무만 주어지는 비대칭계약에 해당하지는 않는다.

25

모바일 쇼핑의 주요한 특성으로 옳지 않은 것은?

① 스마트폰이 상용화되면서 모바일 쇼핑이 증가하게 되었다.
② 기존의 유통업체들도 진출하는 추세로 경쟁이 치열해졌다.
③ 가격과 함께 쉽고 편리한 구매환경에 대한 중요성도 높아졌다.
④ 스마트폰을 통해 가격을 검색하고 오프라인 매장에서 실물을 보고 구매하는 쇼루밍(showrooming)이 증가하고 있다.
⑤ 정기적인 구매가 이루어지는 생필품은 모바일 쇼핑의 대표적인 판매 품목 중 하나이다.

스마트폰을 통해 가격을 검색하고 오프라인 매장에서 실물을 보고 구매하는 것을 역쇼루밍 또는 웹루밍이라고 한다.

관련이론 | 쇼루밍과 웹루밍

- 쇼루밍(Showrooming): 일반적으로 오프라인 매장에서 상품을 보고 온라인에서 더 저렴한 가격으로 상품을 찾는 경우를 지칭한다.
- 웹루밍(webrooming): 쇼루밍의 반대 현상으로, 제품 정보는 온라인에서 얻고 구매는 오프라인 매장에서 하는 것을 말한다. 역쇼루밍(Reverse Showrooming)이라고도 한다.

상권분석

26
경쟁점포가 상권에 미치는 일반적 영향에 관한 설명으로 가장 옳은 것은?

① 인접한 경쟁점포는 편의품점의 상권을 확장시킨다.
② 인접한 경쟁점포는 편의품점의 매출을 증가시킨다.
③ 인접한 경쟁점포는 선매품점의 상권을 확장시킨다.
④ 산재성입지에 적합한 업종일 때 인접한 경쟁점포는 매출증가에 유리하다.
⑤ 집재성입지에 적합한 업종은 인접한 동일업종 점포가 없어야 유리하다.

선매품(shopping goods)은 가구나 의류처럼 상품의 가격과 품질, 디자인 등을 여러 점포를 통해 비교한 후 구매하는 제품이다. 따라서 선매품점은 여러 점포가 인접하여 입지하여야 매출을 증대시키고 상권을 확장시킬 수 있다.
반면 산재성입지는 분산 입지해야 바람직하므로 산재성입지에 적합한 업종인 경우 인접한 경쟁점포는 매출을 감소시킨다.
집재성입지는 유사업종 또는 동일업종의 점포들이 한 곳에 집단적으로 모여 집적효과 또는 시너지효과를 거두는 입지유형이므로 인접한 동일업종의 점포가 있어야 유리하다.

27
상권을 규정하는 요인에 대한 설명으로 옳지 않은 것은?

① 상권이란 시장지역이라고도 할 수 있으며, 상권을 규정하는 요인에는 시간요인과 비용요인이 있다.
② 시간요인 측면에서 봤을 때, 상품가치를 좌우하는 보존성이 강한 재화일수록 오랜 운송에 견딜 수 있으므로 상권이 확대된다.
③ 재화의 이동에서 사람을 매개로 하는 소매상권은 재화의 종류에 따라 비용이나 시간 사용이 달라지므로 상권의 크기가 달라진다.
④ 비용요인에는 생산비, 운송비, 판매비용 등이 포함되며 비용이 상대적으로 저렴할수록 상권은 축소된다.
⑤ 고가의 제품일수록 소비자는 많은 시간과 비용을 투입하므로 상권의 범위가 넓어진다.

상권을 규정하는 비용요인에는 운송비와 판매비용 등이 포함된다. 이러한 비용이 상대적으로 적을수록 상권의 범위는 확대된다.

28
상권에 대한 일반적인 설명으로 가장 옳지 않은 것은?

① 업종이나 취급하는 상품의 종류는 상권의 범위에 영향을 준다.
② 사회적, 행정적 요인 등의 기준에 의한 확정적 개념이기에 초기 설정이 중요하다.
③ 가격이 비교적 낮고 구매 빈도가 높은 편의품의 경우 상권이 좁은 편이다.
④ 가격이 비교적 높고 수요 빈도가 낮은 전문품의 경우 상권이 넓은 편이다.
⑤ 소자본 상권의 경우 유동인구가 많고 접근성이 높은 곳이 유리하다.

상권은 사회적, 행정적 요인 등의 기준에 의한 확률적 개념이므로 이들 요인이 변화하면 상권의 범위는 변화한다.

29
크기나 정도가 증가할수록 소매점포 상권을 확장시키는 요인으로서 가장 옳은 것은?

① 자연적 장애물
② 인근점포의 보완성
③ 배후지의 소득수준
④ 배후지의 인구밀도
⑤ 취급상품의 구매빈도

인근점포의 보완성이 높아지면 소매점포의 상권은 확장된다. 이는 입지대안 평가의 원칙 중 보충가능성의 원칙(principle of compatibility)에 해당하는 것으로 인접한 지역에 위치한 사업들 간에 보충가능성(보완성)이 높을수록 점포의 매출액이 높아지고 상권은 확장된다. 또한 이는 넬슨(Nelson)의 소매입지의 원칙 중 양립성(compatibility)에 해당한다.

정답 | 22 ③ 23 ③ 24 ② 25 ④ 26 ③ 27 ④ 28 ② 29 ②

30

신규로 소매점포를 개점하기 위한 준비과정의 논리적 순서로서 가장 옳은 것은?

① 소매믹스설계 - 점포계획 - 상권분석 - 입지선정
② 소매믹스설계 - 상권분석 - 입지선정 - 점포계획
③ 점포계획 - 소매믹스설계 - 상권분석 - 입지선정
④ 상권분석 - 입지선정 - 소매믹스설계 - 점포계획
⑤ 상권분석 - 입지선정 - 점포계획 - 소매믹스설계

소매점포를 개점하기 위해서는 상권분석 → 입지선정 → 점포계획 → 소매믹스설계 등의 절차를 거치는 것이 일반적이다.

31

소매점포의 입지는 도로조건 즉, 해당 부지가 접하는 도로의 성격과 구조에 따라 영향을 받는다. 도로조건에 대한 일반적 평가로서 가장 옳지 않은 것은?

① 도로와의 접면 - 가로의 접면이 넓을수록 유리함
② 곡선형 도로 - 곡선형 도로의 커브 안쪽보다는 바깥쪽이 유리함
③ 도로의 경사 - 경사진 도로에서는 상부보다 하부가 유리함
④ 일방통행 도로 - 가시성과 접근성 면에서 유리함
⑤ 중앙분리대 - 중앙분리대가 있는 도로는 건너편 고객의 접근성이 떨어지기 때문에 불리함

일방통행 도로에 위치한 점포는 시계성(가시성, 시인성)과 교통의 접근성에 있어서 불리하다.

32

점포를 이용하는 소비자나 점포 주변 거주자들로부터 자료를 수집하여 현재 영업 중인 점포의 상권범위를 파악하려는 조사기법으로 보기에 가장 적합하지 않은 것은?

① 점두조사
② 내점객조사
③ 체크리스트(checklist)법
④ 지역표본추출조사
⑤ CST(Customer Spotting Techniques)

자료를 수집하여 상권범위를 파악하려는 조사기법으로는 점두조사, 내점객조사, 지역표본추출조사, CST 기법 등이 있다.
체크리스트(checklist)법은 상권의 규모에 영향을 미치는 요인들을 수집하여 이들에 대한 평가결과를 점수화하여 시장잠재력을 측정하는 방법이다. 즉 특정 상권의 제반특성을 여러 항목으로 구분하여 조사하고, 이를 바탕으로 신규점포의 개설가능성 여부를 평가하는 방법이다.

33

점포입지의 매력성에 영향을 미치는 요인들을 상권요인과 입지요인으로 구분할 수 있다. 입지요인으로 가장 옳은 것은?

① 가구 특성
② 경쟁 강도
③ 소득 수준
④ 인구 특성
⑤ 점포 면적

점포 면적은 입지요인에 해당한다.
점포입지의 매력성에 영향을 미치는 요인 중 상권요인은 인구, 자연조건, 교통체계, 유통업의 형태(업태) 등과 관련이 있다.

34

소매입지 유형과 아래 글상자 속의 입지특성의 올바르고 빠짐없는 연결로서 가장 옳은 것은?

> ⊙ 고객흡인력이 강함
> ⓒ 점포인근에 거주인구 및 사무실 근무자가 많음
> ⓒ 점포주변 유동인구가 많음
> ⓔ 대형 개발업체의 개발계획으로 조성됨

① 백화점 - ⊙, ⓒ, ⓔ
② 독립입지 - ⊙, ⓒ, ⓔ
③ 도심입지 - ⊙, ⓒ, ⓔ
④ 교외 대형쇼핑몰 - ⓒ, ⓒ, ⓔ
⑤ 근린쇼핑센터 - ⊙, ⓒ, ⓔ

백화점은 도심이나 도시의 부심에 주로 위치하므로 사무실 근무자와 점포주변 유동인구는 많지만 거주인구는 많지 않다.

35

"유통산업발전법"(법률 제18310호, 2021. 7. 20., 타법개정)이 정한 "전통상업보존구역"에 "준대규모점포"를 개설하려고 할 때 개설등록 기한으로서 옳은 것은?

① 영업 개시 전까지
② 영업 개시 30일 전까지
③ 영업 개시 60일 전까지
④ 대지나 건축물의 소유권 또는 사용권 확보 전까지
⑤ 대지나 건축물의 소유권 또는 사용권 확보 후 30일 전까지

전통상업보존구역에 준대규모점포를 개설하려는 자는 영업을 시작하기 전에 산업통상자원부령으로 정하는 바에 따라 상권영향평가서 및 지역협력계획서를 첨부하여 특별자치시장·시장·군수·구청장에게 등록하여야 한다. (「법 제8조」)

36

소비자가 상권 내의 세 점포 중에서 하나를 골라 어떤 상품을 구매하려고 한다. 세 점포의 크기와 점포까지의 거리는 아래의 표와 같다. Huff모형을 이용할 때, 세 점포에 대해 이 소비자가 느끼는 매력도의 크기가 큰 것부터 제대로 나열된 것은? (단 소비자의 점포크기에 대한 민감도=1, 거리에 대한 민감도 모수=2로 계산)

점포	거리(km)	점포크기(제곱미터)
A	4	50,000
B	6	70,000
C	3	40,000

① A > C > B
② B > A > C
③ B > C > A
④ C > A > B
⑤ C > B > A

수정 허프(D. Huff)모형은 '소비자가 어느 상업지에서 구매하는 확률은 그 상업 집적의 매장면적에 비례하고 그곳에 도달하는 거리에 반비례한다'는 것이다. 주어진 민감도계수 1과 2을 기초로 각 점포에 대한 소비자의 효용을 구하면 다음과 같다.

점포	거리(km)	점포크기(제곱미터)	효용
A	4	50,000	$\frac{50,000}{4^2}=3,125$
B	6	70,000	$\frac{70,000}{6^2}≒1,944$
C	3	40,000	$\frac{40,000}{3^2}≒4,444$

따라서 소비자가 느끼는 매력도(효용)의 순위는 C > A > B 이다.

정답 | 30 ⑤ 31 ④ 32 ③ 33 ⑤ 34 ① 35 ① 36 ④

37

대형마트, 대형병원, 대형공연장 등 대규모 서비스업종의 입지 특성에 대한 아래의 내용 중에서 옳지 않은 것은?

① 대규모 서비스업은 나홀로 독자적인 입지선택이 가능하다.
② 상권 및 입지적 특성을 반영한 매력도와 함께 서비스나 마케팅력이 매우 중요하다.
③ 주로 차량을 이용하는 고객이 많고, 상권범위는 반경 2~3km 이상이라고 볼 수 있다.
④ 경쟁점이 몰려있으면 상호보완효과가 높아지므로 경쟁력은 입지에 의해 주로 정해진다.
⑤ 대규모 서비스업은 유동인구에 의존하는 적응형 입지보다는 목적형 입지유형에 해당한다.

대규모 서비스업종에서 경쟁점들이 몰려있으면 상호보완효과가 높아지므로 경쟁력은 교통수단이나 주차의 편리성 등 서비스나 마케팅력에 의해 결정되는 것이 일반적이다.

38

지리학자인 크리스탈러(W. Christaller)의 중심지이론의 기본적 가정과 개념에 대한 설명으로 옳지 않은 것은?

① 중심지 활동이란 중심지에서 재화와 서비스가 제공되는 활동을 의미한다.
② 중심지에서 먼 곳은 재화와 서비스를 제공받지 못하게 된다고 가정한다.
③ 조사대상 지역은 구매력이 균등하게 분포하고 끝이 없는 등방성의 평지라고 가정한다.
④ 최소요구범위는 생산자가 정상이윤을 얻을 만큼 충분한 소비자들을 포함하는 경계까지의 거리이다.
⑤ 중심지이론은 인간의 각종 활동공간이 어떤 핵을 중심으로 배열되어 있다는 인식에서 비롯되었다.

중심지에서 먼 곳이라도 최대도달거리(the range of goods and services)와 최소수요 충족거리(threshold size)가 일치하면 상권이 형성되고 재화와 서비스가 제공된다.
최대도달거리(the range of goods and services)란 중심지가 수행하는 유통서비스기능이 지역거주자들에게 제공될 수 있는 최대(한계)거리를 말한다. 즉 최대도달거리는 중심지 활동이 제공되는 공간적 한계를 말하는데 중심지로부터 어느 재화에 대한 수요가 0이 되는 곳까지의 거리를 의미한다.

39

대형 쇼핑센터의 주요 공간구성요소에 대한 설명으로서 가장 옳은 것은?

① 지표(landmark) - 경계선이며 건물에서 꺾이는 부분에 해당
② 선큰(sunken) - 길찾기를 위한 방향성 제공
③ 결절점(node) - 교차하는 통로의 접합점
④ 구역(district) - 지하공간의 쾌적성과 접근성을 높임
⑤ 에지(edge) - 공간과 공간을 분리하여 영역성을 부여

쇼핑센터에서 결절점(node)은 교차하는 통로(path)를 연결하며 원형의 내부광장, 교차로, 이벤트 장소가 되는 곳이다.

선지분석

① 지표(landmark)는 길 찾기를 위한 쇼핑센터의 핵점포나 조각물 또는 장식물 등을 말한다.
② 선큰(sunken)은 '가라앉다(sink)'에서 나온 말로 지하 진입부가 외부와 연결돼 있는 곳을 말한다. 지하층의 어두운 공간에 햇빛을 유도해 특별한 조명 없이도 밝은 공간에서 생활할 수 있다는 장점이 있다.
④ 구역(district)은 개인이나 집단이 소유하거나 점유한 곳으로 쇼핑센터 내 매장을 말한다.
⑤ 에지(edge) 또는 가장자리는 영역을 안에 에워싸고 그 영역에서 밖으로 향하는 것으로 파사드(facade), 난간(parapet), 벽면 등에 해당한다.

40

소매점의 상권분석은 점포를 신규로 개점하는 경우에도 필요하지만 기존 점포의 경영을 효율화 하려는 목적으로도 다양하게 활용될 수 있다. 상권분석의 주요 목적으로 보기에 가장 연관성이 떨어지는 것은?

① 소매점의 경영성과를 반영한 점포의 위치이동, 면적확대, 면적축소 등으로 인한 매출변화를 예측할 수 있다.
② 다점포를 운영하는 체인업체가 특정 상권 내에서 운영할 수 있는 적정 점포수를 파악할 수 있다.
③ 소매점을 이용하는 소비자들의 인구통계적 특성들을 파악하여 보다 성공적인 소매전략을 수립하는데 도움을 준다.
④ 소매점을 둘러싸고 있는 상권내외부의 소비자를 상대로 하는 촉진활동의 초점이 명확해질 수 있다.
⑤ 상품제조업체와의 공급체인관리(SCM)를 개선하여 물류비용을 절감할 수 있는 정보를 얻을 수 있다.

상권분석은 제조업체와의 공급체인관리(SCM)나 물류비용의 절감과는 관련이 없다.
상권분석은 점포의 매출이 발생하는 지역범위인 상권을 대상으로 경쟁점포 파악, 상권범위 설정, 예상매출 추정 및 적정임차료 추정 등을 목적으로 분석하는 것이다.

41

점포의 매매나 임대차시 필요한 점포 권리분석을 위해서 공부서류를 이용할 수 있다. 이들 공부서류와 확인 가능한 내용의 연결이 옳지 않은 것은?

① 지적도 – 토지의 모양과 경계, 도로 등을 확인할 수 있음
② 등기사항전부증명서 – 소유권 및 권리관계 등을 알 수 있음
③ 건축물대장 – 건물의 면적, 층수, 용도, 구조 등을 확인할 수 있음
④ 토지초본 – 토지의 소재, 지번, 지목, 면적 등을 확인할 수 있음
⑤ 토지이용계획확인서 – 토지를 규제하는 도시계획 상황을 확인할 수 있음

토지의 소재, 지번, 지목, 면적, 소유자의 주소, 주민등록번호, 성명 등을 확인할 수 있는 부동산 공부서류는 토지대장이다.

42

상권분석 과정에 활용도가 큰 지리정보시스템(GIS)에 관한 설명으로서 가장 옳지 않은 것은?

① 지도작성체계와 데이터베이스관리체계의 결합으로 상권분석의 유용한 도구가 되고 있다.
② 데이터베이스와 함께 활용하기 위해 수치지도보다는 디지털지도가 필요하다.
③ 지도상에 지리적인 형상을 표현하고 데이터의 값과 범위를 지리적인 형상에 할당하고 지도를 확대·축소하는 기능을 위상이라 한다.
④ 빅데이터를 활용하는 지리정보시스템(GIS)과 고객관계관리(CRM)의 합성어인 "gCRM"을 활용하기도 한다.
⑤ 속성정보를 요약하여 표현한 지도를 작성하며, 점, 선, 면의 형상으로 주제도를 작성하기도 한다.

② 지리정보시스템(GIS)에서 데이터베이스와 함께 활용하기 위해 수치지도가 필요하다.
③ 위상(topology)은 지도지능(map intelligence)의 일종이며, 이는 개별 지도형상에 대해 경도와 위도 좌표체계를 기반으로 다른 지도형상과 비교하여 상대적인 위치를 알 수 있는 기능을 부여한다.

정답 | 37 ④ 38 ② 39 ③ 40 ⑤ 41 ④ 42 ②, ③

43

상권분석 과정에서 점포의 위치와 해당 점포를 이용하는 소비자의 분포를 공간적으로 표현할 때 보편적으로 관찰되는 거리감소효과(distance decay effect)에 대한 설명으로 옳지 않은 것은?

① 고객점표(CST) 지도를 이용하면 쉽게 관찰할 수 있다.
② 거리조락현상 또는 거리체증효과라고도 한다.
③ 거리 마찰에 따른 비용과 시간의 증가 때문에 나타난다.
④ 유사점포법, 회귀분석법을 이용하여 확인할 수 있다.
⑤ 점포로부터 멀어질수록 고객의 밀도가 낮아지는 경향을 말한다.

거리감소효과는 거리조락현상 또는 거리체감효과라고도 한다.
거리감소효과(distance-decay effect)는 공간상에서 발생하는 현상이 그 중심에서 멀어질수록 크기나 밀도가 감소하는 현상을 나타내는 개념이다. 예를 들어 서울특별시로부터 멀어짐에 따라 주택가격이 크게 낮아지는 것도 거리감소효과다.
거리감소효과는 도시와 경제지리학에서 매우 중요한 요소 중 하나로 공간적인 파급효과를 이해하는 데 이용되는 개념이다.

44

아래 글상자의 내용에서 말하는 장단점은 어떤 형태의 소매점포 출점에 대한 내용인가?

장점	단점
• 직접 소유로 인한 장기간 영업 • 영업상의 신축성 확보 • 새로운 시설 확보 • 구조 및 설계 유연성	• 초기 고정투자부담이 큼 • 건설 및 인허가기간 소요 • 적당한 부지 확보 어려움 • 점포 이동 등 입지변경 어려움

① 기존건물에 속한 점포임대
② 기존건물 매입
③ 부지매입 건물신축
④ 기존건물의 점포매입
⑤ 신축건물 임대

제시된 장점과 단점을 지닌 점포 투자형태는 점포신축을 위해 부지를 매입하는 것이다.
부지를 매입하여 건물을 신축하는 투자형태는 초기 투자비용은 많이 소요되지만 자산가치가 상승하는 경우가 많다. 또한 점포형태, 진입로, 주차장, 구조 등 하드웨어에 대한 계획을 새롭게 세울 수 있다. 그러나 주변지역(상권)의 환경변화에 빠르게 대응하기가 어렵다는 단점이 있다.

45

확률적으로 매출액이나 상권의 범위를 예측하는 상권분석 기법들에서 이론적 근거로 이용하고 있는 Luce의 선택공리와 관련이 없는 것은?

① 공간상호작용모델(SIM)은 소매점의 상권분석과 입지 의사결정에 이용하는 근거가 된다.
② 특정 선택대안의 효용이 다른 대안보다 높을수록 선택될 확률이 높다고 가정한다.
③ 어떤 대안이 선택될 확률은 그 대안이 갖는 효용을 전체 선택대안들이 가지는 효용의 총합으로 나눈 값과 같다고 본다.
④ 소비자가 어느 점포에 대해 느끼는 효용이 가장 크더라도 항상 그 점포를 선택하지 않을 수 있다고 인식한다.
⑤ Reilly의 소매중력모형, Huff 모형, MNL 모형은 Luce의 선택공리를 근거로 하는 대표적 상권분석 기법들이다.

레일리(Reilly)의 소매중력모형은 상권분석의 규범적 모형에 속하는 것으로 확률적 모형의 근거가 되는 Luce의 선택공리와는 관련이 없다.
루스(R. D. Luce)의 선택공리(Luce choice axiom)에 이론적 근거를 두고 개발된 것은 확률적 점포선택 모형이다. 확률적 점포선택 모형에는 허프(Huff) 모형, MNL 모형 및 MCI 모형 등이 있다.

유통마케팅

46

광고 매체를 선정할 때 고려해야 할 여러 가지 요인에 대한 설명으로 옳지 않은 것은?

① 도달범위(reach)란 일정기간 동안 특정 광고에 적어도 한 번 이상 노출된 청중의 수 또는 비율을 말한다.
② GRP(Gross Rating Points)란 광고효과를 계량화하여 측정하기 위한 기준으로 보통 시청자들의 광고인지도를 중심으로 측정한다.
③ 광고스케줄링이란 일정기간 동안 광고예산을 어떻게 배분하여 집행할 것인가에 대한 결정이다.
④ 도달빈도(frequency)란 일정기간 동안 특정 광고가 한 사람에게 노출된 평균 횟수를 말한다.
⑤ CPRP(Cost Per Rating Points)란 매체비용을 시청률로 나눈 비용이라 할 수 있다.

GRP(Gross Rating Points)는 광고의 총접촉률로, 특정 광고 스케줄에 노출된 총접촉률 또는 중복된 시청자 수를 의미한다.
GRP는 통상적으로 접촉비율$\left(\frac{\text{전체대상}}{\text{광고접촉자}}\right)$에 접촉빈도를 곱하여 계산한다.

47

매장 레이아웃(layout)에 대한 설명으로 가장 옳지 않은 것은?

① 격자형 배치는 고객이 매장 전체를 둘러보고 자신이 원하는 상품을 쉽게 찾을 수 있게 한다.
② 격자형 배치는 다른 진열방식에 비해 공간효율성이 높고 비용면에서 효과적이다.
③ 경주로형 배치는 고객들이 다양한 매장의 상품을 볼 수 있게 하여 충동구매를 유발할 수 있다.
④ 자유형 배치는 규모가 작은 전문매장이나 여러 개의 소규모 전문매장이 있는 대형점포의 배치 방식이다.
⑤ 자유형 배치는 고객들이 주 통로를 지나다니면서 다양한 각도의 시선으로 상품을 살펴볼 수 있다.

자유형 배치는 통로를 따라 원형, 타원형, U자형 등 불규칙한 비대칭 배열을 구성함으로써 쇼핑의 즐거움과 충동구매를 유발한다.

48

전략적 CRM(Customer Relationship Management)의 적용 과정으로서 가장 옳지 않은 것은?

① 정보관리과정
② 전략 개발과정
③ 투자 타당성 평가 과정
④ 가치창출 과정
⑤ 다채널 통합과정

전략적 CRM이란 고객과의 장기적 관계 형성 및 고객생애가치(CLV) 극대화를 달성하기 위해 데이터베이스를 구축하고 다양한 온·오프라인 유통채널을 활용하는 전략을 의미한다. 따라서 투자 타당성과는 거리가 멀다.

49

도매상의 마케팅믹스전략에 관한 설명으로 가장 옳지 않은 것은?

① 소매상이나 제조업자와 마찬가지로 거래규모나 시기에 따른 가격할인 또는 매출증대를 위한 가격인하 등의 가격변화를 시도하기도 한다.
② 제조업자가 제공하는 촉진물과 촉진프로그램을 적극 활용할 뿐만 아니라 자체적인 촉진프로그램의 개발을 통해 고객인 소매상을 유인하여야 한다.
③ 도매상은 소매상에게 제공해야 할 제품구색과 서비스 수준을 결정해야 한다.
④ 도매상은 최종소비자를 대상으로 영업활동을 하는 것이기 때문에 점포와 같은 물리적인 시설에 비용투자를 해야 한다.
⑤ 일반적으로 도매상은 소요비용을 충당하기 위해 원가에 일정비율을 마진으로 가산하는 원가중심가격결정법을 사용한다.

최종소비자를 대상으로 영업활동을 하는 상인은 소매상이다. 도매상은 다른 상인을 대상으로 판매활동을 영위하는 상인이다.

정답 | 43 ② 44 ③ 45 ⑤ 46 ② 47 ⑤ 48 ③ 49 ④

50
소매업체들의 서비스 마케팅 관리를 위한 서비스 마케팅믹스(7P)로 옳지 않은 것은?

① 장소(place)
② 가능 시간(possible time)
③ 사람(people)
④ 물리적 환경(physical evidence)
⑤ 과정(process)

서비스 마케팅믹스(7P)는 마케팅믹스 4P(Product, Price, Place, Promotion)에 서비스와 관련된 3P(People, Process, Physical evidence)를 더한 것을 말한다.

51
머천다이징의 개념에 관한 설명 중 가장 옳지 않은 것은?

① 소매점포가 소비자들의 특성에 적합한 제품들을 잘 선정해서 매입하고 진열하는 것이다.
② 소매업체가 좋은 제품을 찾아서 좋은 조건에 매입해서 진열하는 것과 관련된 모든 것을 말한다.
③ 고객의 니즈를 만족시킬 뿐만 아니라 수요를 적극적으로 창출하기 위한 상품화계획을 의미한다.
④ 제품계획 혹은 상품화활동은 상품의 시장성을 향상시킬 수 있는 계획활동이다.
⑤ 제품 및 제품성과에 대한 소비자들의 지각과 느낌을 상징한다.

머천다이징이란 신제품과 관련된 모든 상품화계획을 의미한다. 따라서 고객의 니즈에 부합하는 신제품의 기획 또는 매입, 매장입지의 선정, 매장에 적합한 제품의 선정, 디스플레이와 같은 실질적인 마케팅활동이 모두 포함된다.

52
구매자들을 라이프 스타일 또는 개성과 관련된 특징들을 근거로 서로 다른 시장으로 세분화하는 것을 지칭하는 개념으로 옳은 것은?

① 지리적 세분화
② 인구통계적 세분화
③ 행동적 세분화
④ 심리묘사적 세분화
⑤ 시장형태의 세분화

라이프 스타일 또는 개성은 심리묘사적 세분화 요인에 해당한다.
지리적 세분화요인은 지역, 기후, 인구밀도 등이 해당하며, 인구통계적 세분화요인에는 연령, 성별, 구성원의 수, 직업, 종교, 교육 등이 해당한다. 또한 행동적 세분화요인에는 애호도, 구매빈도, 사용상황 등이 해당한다.

53
제품믹스(product mix) 또는 제품포트폴리오(product portfolio)의 특성 중에서 "제품라인 내 제품품목(product item)의 수"를 일컫는 말로 옳은 것은?

① 제품믹스의 깊이(product mix depth)
② 제품믹스의 폭(product mix width)
③ 제품믹스의 일관성(product mix consistency)
④ 제품믹스의 길이(product mix length)
⑤ 제품믹스의 구성(product mix composition)

제품라인 내 제품품목(product item)의 수는 제품믹스의 깊이를 의미한다. 제품믹스의 폭은 제품라인의 다양성을 뜻하며, 제품믹스의 길이는 제품믹스의 길이와 깊이의 총합을 말한다.

54

아래 글상자의 (㉠)과 (㉡)에 들어갈 용어로 가장 옳은 것은?

> 유통경로에서의 수직적 통합에는 두 가지 유형이 있다. (㉠)은(는) 제조회사가 도·소매업체를 소유하거나 도매상이 소매업체를 소유하는 것과 같이 공급망의 상류 기업이 하류의 기능을 통합하는 것이다. 반면 (㉡)은 도·소매업체가 제조기능을 수행하거나 소매업체가 도매기능을 수행하는 것과 같이 공급망의 하류에 위치한 기업이 상류의 기능까지 통합하는 것이다.

① ㉠ 후방통합, ㉡ 전방통합
② ㉠ 전방통합, ㉡ 후방통합
③ ㉠ 경로통합, ㉡ 전방통합
④ ㉠ 전략적 제휴, ㉡ 후방통합
⑤ ㉠ 전략적 제휴, ㉡ 경로통합

유통경로의 수직적 통합 중 전방통합이란 제조기업을 중심으로 도매상, 소매상 등 유통기관을 통합하는 것을 의미하고, 후방통합이란 유통기관이 상위의 제조기업 등을 통합하는 것을 의미한다.

55

아래 글상자의 내용과 관련하여 가장 옳지 않은 것은?

> ㉠ 기존 자사 제품을 통해 기존 시장에서 매출액이나 시장점유율을 높이기 위한 전략이다.
> ㉡ 두 개 이상의 소매업체 간의 자원을 공동으로 이용하여 소유권, 통제권, 이익이 공유되는 새로운 회사를 설립할 때 활용하는 전략이다.
> ㉢ 기존의 제품으로 새로운 유통경로를 개척하여 시장을 확장하는 전략이다.

① ㉠은 소매업체의 성장전략 중 시장침투전략에 대한 설명이다.
② ㉠은 자사 점포에서 쇼핑하지 않은 고객을 유인하거나 기존 고객들이 더 많은 상품을 구매하도록 유인하는 전략이다.
③ ㉡은 위험이 낮고 투자가 적게 요구되는 전략이지만, 가맹계약 해지를 통해 경쟁자가 되는 위험을 가지고 있다.
④ ㉡은 소매업체가 해외시장에 진출할 때 활용되는 진입전략 중 하나이다.
⑤ ㉢은 새로운 시장에서 기존 소매업태를 이용하는 성장전략이다.

㉠은 시장침투전략, ㉡은 수평적 통합, ㉢은 시장개발전략에 해당한다. 수평적 통합의 경우 둘 이상의 소매업체가 통합하게 되므로 투자지분 만큼의 위험을 감수해야 한다. 또한 계약해지 시 발생할 수 있는 리스크를 방지하기 위해 정관 또는 계약서 등에 의해 특약사항을 기재한다.

정답 | 50 ② 51 ⑤ 52 ④ 53 ① 54 ② 55 ③

56

로열티 프로그램으로 가장 옳지 않은 것은?

① 구매액에 따라 보너스 점수를 부여하거나 방문 수에 따라 스탬프를 모으게 하는 스탬프 제도
② 상품구매자를 대상으로 여러 혜택을 얻을 수 있는 프로그램에 가입하게 하는 회원제도
③ 20%의 우량고객에 집중해 핵심고객에게 많은 혜택이 부여되는 마케팅 프로그램 기획 및 운영
④ 동일 기업 내 다수의 브랜드의 통합 또는 이종기업 간의 제휴를 통한 통합 포인트 적립 프로그램
⑤ 기업의 자선활동 및 공익프로그램과의 연계를 통한 사회문제해결 및 공유가치 창출 프로그램

⑤는 기업의 사회적 책임(CSR)에서 한 단계 더 발전한 개념인 기업의 공유가치(CSV; Creativity Shared Value)에 대한 설명이다.

57

시각적 머천다이징에 대한 아래의 설명 중에서 가장 옳지 않은 것은?

① 점포 내·외부 디자인도 포함하는 개념이지만 핵심개념은 매장 내 전시(display)를 중심으로 한다.
② 상품과 판매환경을 시각적으로 연출하고 관리하는 일련의 활동을 말한다.
③ 상품과 점포 이미지가 일관성을 유지할 수 있게 진열하는 것이 중요하다.
④ 시각적 머천다이징의 요소로는 색채, 재질, 선, 형태, 공간 등을 들 수 있다.
⑤ 상품의 잠재적 이윤보다는 인테리어 컨셉 및 전체적 조화 등을 고려하여 이루어진다.

시각적 머천다이징(Visual Merchandising)은 점포 내·외부 디자인과 디스플레이(display)를 포함하여 상품과 판매환경을 시각적으로 연출하고 관리하는 개념이다. 상품의 잠재적 이윤뿐만 아니라 인테리어 컨셉 및 전체적 조화 등을 고려하여 이루어진다.

58

아래 글상자의 괄호 안에 들어갈 소매업 발전이론으로 옳은 것은?

> (   )은 소매시스템에서 우세한 소매업태가 취급하는 상품계열수의 측면에서 현대 상업시스템의 진화를 설명하는 이론으로 소매상은 제품구색이 넓은 소매업태에서 전문화된 좁은 제품구색의 소매업태로 변화되었다가 다시 넓은 제품구색의 소매업태로 변화되는 과정을 설명하고 있다.

① 소매아코디언이론(retail accordion theory)
② 소매수명주기이론(retail life cycle theory)
③ 소매차륜이론(the wheel of retailing theory)
④ 변증법적이론(dialectic theory)
⑤ 진공지대이론(vacuum zone theory)

선지분석

② 소매수명주기이론: 소매업태의 발전이 도입기, 성장기, 성숙기, 쇠퇴기 등의 단계를 거친다는 생애주기이론
③ 소매차륜이론: 최초의 소매업태이론으로, 진입단계에서는 저가격, 저서비스, 저마진의 특징을 성장단계에서는 고가격, 고서비스, 고마진의 특징을 보이다가 새로운 소매업태의 등장으로 쇠퇴한다는 이론
④ 변증법적이론: 정-반-합의 모형으로, 서로 다른 경쟁인인 소매업태가 각자의 경쟁우위요인을 수용하여 결국 서로의 특성이 화합된 새로운 소매업태로 발전한다는 이론
⑤ 진공지대이론: 원래의 가격과 서비스 수준을 제공하던 양극단의 점포의 특색이 없어지고 중간영역(진공지대)에 위치하고자 한다는 이론

59

제품에 맞는 판매기법으로 가장 옳지 않은 것은?

① 편의품은 입지 조건에 따라 판매가 크게 좌우되므로 접근이 더 용이하도록 배달서비스 제공을 고려할 필요가 있다.
② 편의품은 보다 풍요로운 생활과 즐거움을 제공하는 제품으로 스타일과 디자인을 강조한다.
③ 선매품의 경우 고객의 질문에 충분히 답할 수 있는 판매원의 교육 훈련이 필요하다.
④ 선매품은 패션성이 강하기 때문에 재고가 누적되지 않도록 시의적절한 판촉을 수행한다.
⑤ 전문품은 전문적이고 충분한 설명을 통해 소비자의 구매의욕을 충분히 자극시켜야 한다.

스타일과 디자인이 강조되는 소비재는 선매품에 해당한다. 편의품은 일상용품으로, 편의성과 실용성이 강조된다.

60

옴니채널(omni-channel)의 특징으로 옳지 않은 것은?

① 독립적으로 운영되던 채널들이 유기적으로 통합되어 서로의 부족한 부분을 메워주는 보완적 관계를 갖는다.
② 채널 간의 불필요한 경쟁은 온·오프라인의 판매실적을 통합함으로써 해결한다.
③ 동일한 제품을 온라인이나 오프라인에 상관없이 동일한 가격과 프로모션으로 구매할 수 있다.
④ 온·오프라인의 재고관리 시스템을 일원화할 수 있다.
⑤ 동일한 기업으로부터 공급받은 제품을 매장별로 독특한 마케팅 프로그램을 활용하여 판매한다.

옴니채널은 ⑤의 설명과는 무관하다.
옴니채널(omni-channel)이란 인터넷, 모바일, 카탈로그, 오프라인 매장 등 다양한 유통채널을 유기적으로 결합해 고객 경험을 극대화하는 쇼핑환경을 뜻한다.

61

고객의 개인정보보호에 관한 내용으로 가장 옳지 않은 것은?

① 고객정보를 제3자에게 제공하거나 제공받은 목적 외의 용도로 이용해서는 안 된다.
② 고객은 개인정보수집, 이용, 제공 등에 대해 동의 철회 및 정정을 요구할 수 있다.
③ SMS 광고 전송 시 전송자의 명칭을 표시하고, 수신거부 의사를 표현할 수 있게 해야 한다.
④ 경품응모권을 통해 수집한 개인정보는 보유 및 이용기간의 제한이 없기 때문에 영구적인 이용이 가능하다.
⑤ 오후 9시부터 아침 8시까지는 별도의 동의 없이 광고를 전송해서는 안 된다.

수집한 개인정보는 보유 및 이용기간의 제한이 없는 것이 아니다. 개인정보와 관련된 개별 법률들에 따르면 통상 3년에서 5년의 보유기간 경과 시 폐기하도록 규정되어 있다.

62

CRM과 eCRM을 비교하여 설명한 내용으로 가장 옳은 것은?

① CRM과 달리 eCRM은 원투원마케팅(one-to-one marketing)과 데이터베이스마케팅 활용을 중시한다
② CRM과 달리 eCRM은 고객 개개인에 대한 차별적 서비스를 실시간으로 제공한다.
③ eCRM과 달리 CRM은 고객접점과 커뮤니케이션 경로의 활용을 중시한다.
④ eCRM과 달리 CRM은 고객서비스 개선 및 거래활성화를 위한 고정고객 관리에 중점을 둔다.
⑤ CRM과 eCRM 모두 데이터마이닝 등 고객행동분석의 전사적 활용을 추구한다.

CRM과 eCRM 모두 ① 원투원마케팅(one-to-one marketing)과 데이터베이스마케팅 활용, ② 고객 개개인에 대한 차별적 서비스를 실시간으로 제공, ③ 고객접점과 커뮤니케이션 경로의 활용 중시, ④ 고객서비스 개선 및 거래활성화를 위한 고정고객 관리에 중점을 두고 있다.

정답 | 56 ⑤ 57 ⑤ 58 ① 59 ② 60 ⑤ 61 ④ 62 ⑤

63

아래 글상자의 조사 내용 중에서 비율척도로 측정해야 하는 요소만을 나열한 것으로 옳은 것은?

㉠ 구매자의 성별 및 직업	㉡ 상품 인기 순위
㉢ 타겟고객의 소득구간	㉣ 소비자의 구매확률
㉤ 충성고객의 구매액	㉥ 매장의 시장점유율

① ㉠, ㉡, ㉢
② ㉢, ㉣, ㉤
③ ㉣, ㉤, ㉥
④ ㉡, ㉣, ㉥
⑤ ㉢, ㉤, ㉥

비율척도는 등간척도가 갖는 특성에 추가적으로 측정값 사이의 비율계산이 가능한 척도로서, 절대 영점이 존재하며 사칙연산이 가능하고 정보의 수준이 가장 높은 척도이다. 일반적으로 구매확률, 매출액, 시장점유율, 소득 등의 측정에 활용된다.
㉠ 구매자의 성별 및 직업은 명목척도, ㉡ 상품 인기 순위는 서열척도, ㉢ 타겟고객의 소득구간은 등간척도(구간척도)를 통해 측정한다.

64

다단계 판매에 대한 설명으로 옳지 않은 것은?

① 고객과 대면접촉을 통해 상품을 판매하는 인적판매의 일종이다.
② 유통마진을 절감시킬 수 있다.
③ 고정 인건비가 발생하지 않는다.
④ 매출 증가에 따라 조직이 비대해지는 단점이 있다.
⑤ 점포 판매에 비해 훨씬 더 적극적으로 시장을 개척해 나갈 수 있다.

다단계 판매법은 소비자가 제품 구매 이후 판매원이 되는 영업방식으로 광고비, 유통마진을 줄여 상품가격이 인하되는 효과를 갖는다. 또한 개인단위의 네트워크조직으로 구성되므로 조직이 비대해지는 단점은 발생하지 않는다.

65

소매업체 입장에서 특정 공급자의 개별품목 또는 재고관리 단위를 평가하는 방법으로 가장 옳은 것은?

① 직접 제품이익
② 경로 구성원 성과평가
③ 평당 총이익
④ 상시 종업원 당 총이익
⑤ 경로 구성원 총자산 수익률

제품별 직접이익 또는 직접 제품이익(DPP; Direct Product Profit)은 소매업체의 제품 성과를 평가하는 중요한 측정 도구 중의 하나이며, 경로구성원이 취급하는 개별 제품의 수익성을 평가하는 지표이다.

66

아래 글상자에서 설명하는 경로 구성원들 간의 갈등이 발생하는 원인으로 가장 옳은 것은?

| 소비자 가격을 책정할 때 대규모 제조업체는 신속한 시장침투를 위해 저가격을 원하지만, 소규모 소매업자들은 수익성 증대를 위해 고가격을 원함으로써 갈등이 발생할 수 있다. |

① 경로 구성원의 목표들 간의 양립불가능성
② 마케팅 과업과 과업수행 방법에 대한 경로 구성원들 간의 의견 불일치
③ 경로 구성원들 간의 현실을 지각하는 차이
④ 경로 구성원들 간의 파워 불일치
⑤ 경로 구성원들 간의 품질 요구 불일치

제조업체는 신속한 시장침투 및 시장점유율 제고를 위해 저가격정책을 선호하는 반면 소매업자 측면에서는 수익성 증대를 위해 고가격정책을 선호한다. 이는 경로구성원들 간 목표불일치에 의한 갈등이라 할 수 있다.

67

원가가산법(cost plus pricing)에 의한 가격책정에 관한 설명으로 가장 옳지 않은 것은?

① 제품의 원가에 일정률의 판매수익률(또는 마진)을 가산하여 판매가격을 결정하는 방법을 말한다.
② 단위당 변동비, 고정비, 예상판매량, 판매수익률을 바탕으로 산출할 수 있다.
③ 예상판매량이 예측 가능한 경우 주로 사용하는 방법이다.
④ 생산자 입장에서 결정되는 가격이므로 소비자에게 최종적으로 전달되는 가격과는 차이가 있다.
⑤ 가격변화가 판매량에 큰 영향을 미치지 않거나 기업이 가격을 통제할 수 있는 경우에 효과적이다.

원가가산법(cost plus pricing)에 의한 가격책정은 예상판매량 예측이 불가능한 경우 주로 사용한다.

68

아래 글상자의 내용에 해당되는 마케팅조사 기법으로 가장 옳은 것은?

> 제품 서비스 등의 대안들에 대한 소비자의 선호 정도로부터, 소비자가 각 속성에 부여하는 상대적 중요도와 속성수준의 효용을 추정하는 분석방법

① t-검증
② 분산 분석
③ 회귀 분석
④ 컨조인트 분석
⑤ 군집 분석

컨조인트 분석은 어떤 제품이나 서비스에 대해서 여러 대안이 있을 경우, 그 대안들에 부여하는 소비자들의 선호도를 조사하고 소비자가 각 속성들에 부여하는 상대적 중요도와 각 속성수준의 효용을 추정하여 신제품 개발 시 활용하는 방법이다. 이는 제품 속성의 중요도 파악 및 시장세분화에 의한 고객 특성 파악을 통해 신제품 아이디어를 도출하고, 가장 선호도가 높은 제품을 결정하기 위한 목적으로 이용된다.

69

매장의 내부 환경요소로 가장 옳지 않은 것은?

① 매장의 입출구와 주차시설
② 매장의 색채와 조명
③ 매장의 평면배치
④ 매장의 상품진열
⑤ 매장의 배경음악 및 분위기

매장의 입출구와 주차시설은 대표적인 매장의 외부 환경요소에 해당한다.

70

종적인 공간효율을 개선시키고 진열선반의 높이가 낮을 때는 위에서 아래로 시선을 유도하는 페이싱 방법으로 가장 옳은 것은?

① 페이스 아웃(face out)
② 슬리브 아웃(sleeve out)
③ 쉘빙(shelving)
④ 행잉(hanging)
⑤ 폴디드 아웃(folded out)

매대나 진열선반에 상품을 올려서 디스플레이하는 방법은 쉘빙(shelving)이다.

선지분석
① 페이스 아웃(face out): 고객들에게 상품의 전면 디자인이 잘 보이도록 진열하는 방식
② 슬리브 아웃(sleeve out): 집어 들기 쉽게 상품의 옆면이 잘 보이도록 진열하는 방법
④ 행잉(hanging): 상품을 걸어서 진열하는 방식
⑤ 폴디드 아웃(folded out): 동일한 품목이지만 색상과 원단 패턴이 다양한 상품에 주로 적용되며, 접은 부분이 정면에 보이도록 진열하는 방법

정답 | 63 ③ 64 ④ 65 ① 66 ① 67 ③ 68 ④ 69 ① 70 ③

유통정보

71
QR코드에 대한 설명으로 가장 옳지 않은 것은?

① 1994년에 일본 덴소웨이브사가 개발했다.
② 숫자와 알파벳 등의 데이터를 담을 수 있다.
③ 오염이나 손상된 데이터를 복원하는 기능이 있다.
④ 국제표준이 정립되지 않아 다양한 국가에서 자체적으로 활용될 수 있다.
⑤ 모바일 쿠폰, 광고, 마케팅 등 다양한 분야에 활용되고 있다.

현재 QR코드는 국제규격이나 국가규격으로 표준화되어 있으며, 누구나 사양을 이용할 수 있다. 2000년에는 국제표준화기구(ISO)의 표준, 2011년에는 바코드의 국제적 표준기관인 GS1이 모바일 전용 국제표준으로 제정하였다.

72
최근 유통분야에서 인공지능 기술의 활용이 증대되면서 유통업무 혁신을 위한 다양한 가능성을 보여주고 있다. 이에 대한 설명으로 가장 옳지 않은 것은?

① 인공지능 기술을 활용하여 유통업체에서 고객의 일상적인 문의사항에 대해 다양한 정보를 다양한 경로로 제공할 수 있다.
② 인공지능 기술은 주문이행 관련 배송경로, 재고파악 등 고객의 주문에 대한 업무와 관련된 최적의 대안을 신속하게 제공해주어 의사결정에 도움을 줄 수 있다.
③ 인공지능 기술을 활용하면 주문 데이터 패턴을 분석해서 정상적이지 않은 거래를 파악하는 등 이상 현상 및 이상 패턴을 추출하는 데 활용될 수 있다.
④ 인공지능 기술은 알고리즘을 이용해 학습 수준이 강화되기 때문에 이용자의 질의에 대한 응답 수준은 갈수록 정교해질 것이다.
⑤ 챗지피티는 사전에 구축된 방대한 양의 학습데이터에서 질의에 적절한 해답을 찾아 질의자에게 빠르게 제시해 주는 인공지능 기술 기반 서비스로 마이크로소프트사가 개발하였다.

인공지능(AI) 기술 기반 서비스인 ChatGPT(챗지피티)는 2022년 OpenAI사가 개발하였다. ChatGPT는 2020년에 OpenAI가 발표한 AI 언어모델 GPT-3의 오류를 개선한 GPT-3.5로, 언어를 학습한 뒤 인간과 자연스러운 대화를 나누고 질문에 대한 답을 내놓는다.

73
데이터 유형 분류와 그 특성에 대한 설명으로 가장 옳지 않은 것은?

① 정형 데이터 – 관계형 데이터베이스 관리 시스템(RDBMS)의 고정된 필드에 저장되는 데이터들이 포함됨
② 정형 데이터 – 데이터의 길이와 형식이 정해져 있어 그에 맞추어 데이터를 저장하게 됨
③ 반정형 데이터 – 문서, 웹문서, HTML 등이 대표적이며, 데이터 속성인 메타데이터를 가지고 있음
④ 반정형 데이터 – JSON, 웹로그 등 데이터가 해당되며, XML 형태의 데이터로 값과 형식이 다소 일관성이 없음
⑤ 비정형 데이터 – 형태와 구조가 복잡한 이미지, 동영상 같은 멀티미디어 데이터가 이에 해당됨

반정형 데이터(semi-structured data)의 종류에는 HTML, XML, JSON 및 IoT에서 제공하는 센서데이터 등이 있다. 수집기술로는 Open API, Apache Flume 등이 있다. 반정형 데이터는 값과 형식이 다소 일관성이 없다.
문서, 웹문서 등은 비정형 데이터(unstructured data)이고, 메타데이터를 가지고 있는 것은 정형 데이터(structured data)이다.

74

CRM을 통해 성공적으로 고객을 관리하고 있음을 추적하기 위해 사용할 수 있는 지표로 가장 옳지 않은 것은?

① 신규 고객 유치율
② 마케팅 캠페인 당 구매 건수
③ 마케팅 캠페인 당 반응 건수
④ 제품 당 신규 판매 기회 건수
⑤ 시스템 다운타임

시스템 다운타임, 즉 시스템을 이용할 수 없는 시간은 CRM의 평가지표와는 아무 관계가 없다.

관련이론 | 고객관계관리(CRM; Customer Relationship Management)

고객관계관리(CRM)는 개별고객에 대한 상세한 정보를 토대로 그들과의 장기적인 관계를 구축하고 충성도를 높여 고객 생애가치(CLV)를 극대화하려는 것이다. 장기적인 고객관계 형성을 위해 도입하고 있다.
CRM은 신규고객의 확보보다 기존고객의 유지관리가 비용면에서 효율적이라는 것을 알게 되면서 등장하였다. CRM은 다양해지는 고객의 욕구에 유연하게 대처함으로써 수익의 극대화를 추구하려는 것이다.

75

최근 개인정보보호 문제가 중요한 이슈로 대두되고 있다. 아래 글상자는 하버드 대학교 버크만 센터에서 제시한 개인정보보호 AI윤리원칙이다. ㉠과 ㉡에 해당하는 각각의 권리로 가장 옳은 것은?

> ㉠ 데이터 컨트롤러(data controller)가 보유한 정보가 부정확하거나 불완전한 경우 사람들이 이를 수정할 권리가 있어야 함
> ㉡ 자신의 개인정보를 삭제할 수 있는 법적 강력력이 있는 권리가 있어야 함

① ㉠ 자기 결정권, ㉡ 정보 열람권
② ㉠ 자기 결정권, ㉡ 정보 정정권
③ ㉠ 정보 삭제권, ㉡ 자기 결정권
④ ㉠ 정보 정정권, ㉡ 정보 삭제권
⑤ ㉠ 정보 열람권, ㉡ 자기 결정권

보유한 정보가 부정확하거나 불완전한 경우 사람들이 이를 수정할 권리는 정보 정정권, 자신의 개인정보를 삭제할 수 있는 법적 강력력이 있는 권리는 정보 삭제권이다.

76

산업혁명에 따른 기업의 비즈니스 환경 변화에 대한 설명으로 가장 옳은 것은?

① 1차 산업혁명 시기에는 컴퓨터와 같은 전자기기 활용을 통해 업무 프로세스 개선을 달성하였다.
② 2차 산업혁명 시기에는 업무 프로세스에 대한 부분 자동화가 이루어졌고, 네트워킹 기능이 프로세스 혁신을 위해 활성화되기 시작하였다.
③ 3차 산업혁명 시기에는 노동에서 분업이 이루어지기 시작하였고, 전문성이 강조되기 시작하였다.
④ 4차 산업혁명 시기에는 전화, TV, 인터넷 등과 같은 의사소통 방식이 기업에서 활성화되었다.
⑤ 4차 산업혁명 시기에는 인공지능과 사물인터넷 등 신기술 이용을 통해 비즈니스 프로세스에 혁신이 이루어졌다.

1차 산업혁명은 18세기 중엽 영국에서 시작된 기술혁신과 사회·경제구조의 변화, 2차 산업혁명은 19세기 말 미국과 독일을 중심으로 진행된 기술혁신을 말한다. 3차 산업혁명은 20세기 중반 컴퓨터, 인공위성, 인터넷의 발명으로 촉진되어 일어난 정보혁명이다.
4차 산업혁명은 2016년 세계경제포럼(WEF)에서 제시된 개념으로, 디지털혁명에 기반하여 물리적 공간, 디지털적 공간 및 생물학적 공간의 경계가 희석되는 기술융합의 시대를 말한다.

선지분석

①, ②와 ④는 3차 산업혁명에 대한 설명이고, ③은 1차 산업혁명에 대한 설명이다.

관련이론 | 4차 산업혁명

- 제4차 산업혁명은 세계경제포럼의 창시자 중 하나인 클라우스 슈밥(Klaus Schwab)이 2016년에 스위스 다보스에서 열린 세계경제포럼에서 키워드로 제시한 개념이다.
- 과학기술적 측면에서 '모바일 인터넷', '클라우드 기술', '빅데이터', '사물인터넷(IoT)' 및 '인공지능(AI)' 등이 주요 변화 동인으로 꼽히고 있다.
- '초연결성(Hyper-Connected)', '초지능화(Hyper-Intelligent)'라는 특성을 가진다.
- 과학기술적 측면에서는 이외에도 로봇, 양자암호, 3D 프린팅 등이 변화동인으로 제시되고 있다.

정답 | 71 ④ 72 ⑤ 73 ③ 74 ⑤ 75 ④ 76 ⑤

77

아래 글상자의 괄호 안에 공통적으로 들어갈 용어로 가장 옳은 것은?

> • ( )은(는) 디지털 기술을 사회전반에 적용하여 전통적인 사회구조를 혁신시키는 것이다. 일반적으로 기업에서 사물인터넷, 클라우드 컴퓨팅, 인공지능, 빅데이터 솔루션 등 정보통신기술을 플랫폼으로 구축·활용하여 기존의 전통적인 운영방식과 서비스 등을 혁신하는 것이다.
> • ( )은(는) 산업과 사회의 각 부문이 디지털화되는 현상으로 인터넷, 정보화 등을 뛰어넘는 초연결(hyper-connectivity) 지능화가 경제·사회 전반에 이를 촉발시키고 있다.

① 디지타이제이션(digitization)
② 초지능화(hyper-intellectualization)
③ 디지털 컨버전스(digital convergence)
④ 디지털 전환(digital transformation)
⑤ 하이퍼인텐션(hyper-intention)

제시된 내용은 디지털 전환(digital transformation)에 대한 설명이다. 디지털 전환은 일반적으로 기업에서 사물 인터넷(IoT), 클라우드 컴퓨팅, 인공지능(AI), 빅데이터 솔루션 등 정보통신기술(ICT)을 플랫폼으로 구축·활용하여 기존 전통적인 운영 방식과 서비스 등을 혁신하는 것을 의미한다.
IBM 기업가치연구소는 '기업이 디지털과 물리적인 요소들을 통합하여 비즈니스 모델을 변화시키고, 산업에 새로운 방향을 정립하는 전략'이라고 정의하고 있다.

78

조직에서 의사결정을 할 때 활용되는 정보와 조직 수준과의 관계에 대한 설명 중 가장 옳지 않은 것은?

① 전략적 수준 - 주로 비구조화된 의사결정이 이루어지며, 내부 정보 외에도 외부 환경과 관련된 정보 등 외부에서 수집된 정보도 다수 활용
② 관리적 수준 - 구조화된 의사결정이 이루어지며, 새로운 공장입지 선정 및 신기술 도입 등과 같은 사항과 관련된 내외부 정보를 주로 다룸
③ 전략적 수준 - 의사결정 시 활용되는 정보의 특성은 미래지향적이며 상대적으로 추상적이고 포괄적인 정보를 주로 다룸
④ 운영적 수준 - 구조화된 의사결정이 이루어지며, 일일 거래 처리와 같이 구체적이고 상세하며 시간에 민감한 정보를 주로 다룸
⑤ 운영적 수준 - 반복적이고 재발성의 특성이 높은 의사결정들이 주로 이루어지며, 효율성에 초점을 두고 활동이 이루어짐

관리적 수준에서는 중간경영자가 수행하는 구조화된 또는 반구조화된 의사결정이 이루어진다. 새로운 공장입지 선정 및 신기술 도입 등과 같은 사항과 관련된 내외부 정보를 주로 다루는 것은 전략적 수준이다.

79

아래 글상자의 괄호 안에 공통적으로 들어갈 용어로 가장 옳은 것은?

> - ( )은(는) 조직의 성과목표 달성을 위해 재무, 고객, 내부프로세스, 학습 및 성장 관점에서 균형 잡힌 성과지표를 설정하고 그 성과를 측정하는 성과관리 기법을 말한다. 매우 논리적이며 지표와 재무적 성과와의 분명한 상관관계를 보이고 있다. 다만 외부 다른 기관의 평가와 비교하는 것은 곤란하다.
> - ( )기반 성과관리시스템은 기관의 미션과 비전을 달성할 수 있도록 전략목표, 성과목표, 관리과제 등을 연계하고, 성과지표를 근거로 목표달성의 수준을 측정해서 관리할 수 있는 IT기반의 성과관리 및 평가시스템을 말한다.

① 경제적 부가가치(economic value added)
② 인적자원회계(human resource accounting)
③ 총자산이익률(return on assets)
④ 균형성과표(balanced score card)
⑤ 투자수익률(return on investment)

조직의 성과목표 달성을 위해 재무, 고객, 내부프로세스, 학습 및 성장 관점에서 균형 잡힌 성과지표를 설정하고 그 성과를 측정하는 성과관리기법은 카플란과 노튼(Kaplan & Norton)에 의해 고안된 균형성과표(BSC; Balanced Score Card)이다.

80

아래 글상자의 괄호 안에 들어갈 용어로 가장 옳은 것은?

> 거래처리시스템으로부터 운영데이터를 모아 주제영역으로 구축한 데이터웨어하우스는 조직 전체의 정보를 저장하고 있어 방대하다. ( )은(는) 특정한 조직이 사용하기 위해 몇몇 정보를 도출하여 사용할 수 있도록 한 사용자 맞춤 데이터 서비스를 지칭한다.

① 데이터마트 ② 데이터윈도우
③ 데이터모델 ④ 데이터스키마
⑤ 그룹데이터모델

방대한 정보를 저장하고 있는 데이터웨어하우스로부터 특정 조직이 사용하기 위해 일부 정보를 도출하여 사용할 수 있도록 한 사용자 맞춤 데이터 서비스는 데이터윈도우(data window)이다.

81

아래 글상자의 기사 내용과 관련성이 높은 정보기술 용어로 가장 옳은 것은?

> B**리테일이 'C*제*토한강점'을 선보였다. C*제*토한강점은 제*토월드에서 한강공원을 검색한 뒤 C*편의점에 입장하면 자체 브랜드(PB) 상품뿐만 아니라 C*제**당과 협업을 통한 일반 제조사 브랜드(NB) 상품을 둘러볼 수 있다.
> 또한 제품 위에 떠 있는 화살표를 선택하면 해당 제품을 손에 쥐는 것도 가능하다. 아바타들은 원두커피 기기에서 커피를 내리거나 한강공원 편의점 인기 메뉴인 즉석조리라면도 먹을 수 있다.

① 가상 에이전트   ② O2O
③ BICON   ④ 아바타 에이전트
⑤ 메타버스

제시된 내용에 해당하는 정보기술은 메타버스(metaverse)이다. 메타버스는 현실세계를 가상의 공간에서 구현하는 플랫폼을 의미하는 개념이며, 가상공간에서도 현실세계와 같은 생활의 모든 분야가 구현되는 세계라는 의미로 사용되고 있다. 가상현실(VR)·증강현실(AR) 기술의 발달과 함께 차세대 인터넷 시대를 주도할 새로운 패러다임으로 떠오르면서 게임, 엔터테인먼트, 음악, 콘텐츠 산업 등을 중심으로 빠르게 확산되고 있다.

정답 | 77 ④ 78 ② 79 ④ 80 ② 81 ⑤

82

산업별 표준화가 반영된 바코드에 대한 설명으로 가장 옳지 않은 것은?

① 보건복지부는 의약품 포장 단위마다 고유번호를 부여하는 '의약품 일련번호 제도'를 시행하고 있다.
② 의약품의 바코드 내에 있는 상품코드(품목코드, 포장단위)는 건강보험심사평가원의 의약품관리종합정보센터에서 부여하는 상품식별번호이다.
③ UDI란 의료기기를 고유하게 식별할 수 있는 체계로 우리나라는 2019년 7월부터 적용되어 현재는 모든 등급의 의료기기에 UDI가 적용되고 있다.
④ 의료기기에 부여되는 UDI코드는 기본 포장(base package)을 대상으로 모두 개별적으로 부여하므로 혼선을 방지하기 위해 상위 포장(higher levels of packages)인 묶음 포장단위에는 별도로 부여하지 않는다.
⑤ GS1 DataBar(데이터바)란 상품식별 기능만 갖는 기존 바코드와 달리 상품식별코드 외 유통기한, 이력코드, 중량 등 다양한 부가정보를 넣을 수 있는 바코드를 지칭한다.

의료기기 표준코드인 UDI코드는 기본 포장을 대상으로 개별적으로 부여하고, 상위 포장인 묶음 포장단위에도 별도로 부여하고 있다. 따라서 동일한 의료기기라도 제품의 포장 단위가 달라지면 별도의 UDI코드를 각각 생성하여 표시하고 등록하여야 한다.
UDI코드는 EAN-13, GS1-128, GS1 datamatrix 등의 형식이 사용되고 있다.

83

아래 글상자의 괄호 안에 공통적으로 들어갈 용어로 가장 옳은 것은?

> • ( )은 중앙 서버없이 노드(node)들이 자율적으로 연결되는 P2P(Peer-to-Peer)방식을 기반으로 각 노드에 데이터를 분산 저장하는 데이터분산처리기술이다.
> • 중앙시스템이 존재하지 않는 완전한 탈중앙 시스템이며, 장부에 해당되는 ( )은 누구에게나 공유·공개되어 투명성을 보장하고, 독특한 구조적 특징에 기인하여 데이터의 무결성을 보장하며, 분산된 장부는 네트워크에 참여한 각 노드들의 검증과 합의 과정을 거쳐 데이터 일치에 도달하게 된다.

① 비트코인
② 비콘
③ 분산블록
④ 블록체인
⑤ 딥러닝

제시된 내용은 블록체인에 대한 설명이다. 블록체인(blockchain)은 분산원장 또는 공공거래장부라고 불리며, 암호화폐로 거래할 때 발생할 수 있는 해킹을 막는 기술에서 출발했다. 다수의 상대방과 거래를 할 때 데이터를 개인 사용자들의 디지털 장비에 저장하여 공동으로 관리하는 분산형 정보 기술이다.
블록체인은 중앙시스템이 존재하지 않는 완전한 탈중앙 시스템이며, 장부에 해당되는 블록체인은 누구에게나 공유·공개되어 투명성을 보장하고, 독특한 구조적 특징에 기인하여 데이터의 무결성을 보장하며, 분산된 장부는 네트워크에 참여한 각 노드들의 검증과 합의 과정을 거쳐 데이터 일치에 도달하게 된다.

관련이론 | 블록체인(blockchain)
• 블록체인은 비트코인의 기반 기술로, 원장을 금융기관 등 특정 기관의 중앙서버가 아닌 P2P(Peer to Peer, 개인간) 네트워크에 분산해 참가자가 공동으로 기록하고 관리하는 기술이다.
• 블록체인은 '블록(Block)'을 잇따라 '연결(Chain)'한 모음을 말한다. 블록체인 기술이 쓰인 가장 유명한 사례는 가상화폐인 '비트코인(Bitcoin)'이다. 즉 비트코인의 기반 기술이 블록체인이다.
• 블록체인 기술에서 블록(Block)에는 일정 시간 동안 확정된 거래 내역이 담긴다. 온라인에서 거래 내용이 담긴 블록이 형성되는 것이다. 거래 내역을 결정하는 주체는 사용자이며, 이 블록은 네트워크에 있는 모든 참여자에게 전송된다. 참여자들은 해당 거래의 타당성 여부를 확인하고, 승인된 블록만이 기존 블록체인에 연결되면서 송금이 이루어진다. 이처럼, 신용 기반이 아니라 시스템으로 네트워크를 구성, 제3자가 거래를 보증하지 않고도 거래 당사자끼리 가치를 교환할 수 있다는 것이 블록체인 구상이다.

84

웹 3.0과 관련된 설명으로 가장 옳지 않은 것은?

① 시맨틱 웹(Semantic Web) – 의미론적인 웹을 뜻하며 기계가 인간들이 사용하는 자연어를 이해하고 상황과 맥락에 맞는 개인 맞춤형 정보를 제공하는 웹
② 온톨로지(Ontology) – 메타데이터들의 집합, 예를 들어 사과를 떠올리면 사과의 색상, 종류 등 관련된 여러 가지 정보를 컴퓨터가 이해하고 처리할 수 있는 정형화된 수단으로 표현한 것
③ 중앙집중화(centralization) – 웹 3.0에서 사용자 간 연결은 플랫폼을 중심으로 연결하여 자유롭게 소통할 수 있도록 지원, 결과적으로 플랫폼이 강력한 권한을 가지게 됨
④ 웹 3.0을 실현하기 위해서는 블록체인, 인공지능, AR·VR, 분산 스토리지 네트워크 등의 기반 기술이 필요, 사용성을 높여야 실효성이 있을 것으로 봄
⑤ 온라인 검색과 요청들을 각 사용자들의 선호와 필요에 따라 맞춰 재단하는 것이 웹 3.0의 목표

웹 3.0은 양방향 상호작용을 바탕으로 누구나 쉽게 활용하고 참여할 수 있는 '개방성' 및 '투명성'을 비롯하여 개인정보를 포함한 대부분의 데이터에 대한 소유권이 웹 개별 이용자에게 부여된다는 측면에서 '독립적'이라는 특징이 있다.
또한 특정 플랫폼이나 정부기관 등의 규제 없이 누구나 참여, 거래 등이 가능하다는 측면에서 '탈중앙화'의 성격을 가진다.
웹 3.0의 주요 기술로는 시맨틱 웹(Semantic Web), 블록체인(BlockChain), 메타버스(Metaverse) 등이 있다.

관련이론 | 웹 3.0의 전개
- Web 1.0인 월드 와이드 웹(WWW)은 사용자가 신문이나 방송처럼 일방적으로 정보를 받는 것이다.
- Web 2.0은 참여, 공유, 개방의 플랫폼 기반으로 정보를 함께 제작하고 공유하는 것이다.
- Web 3.0은 개인화, 지능화된 웹으로 진화하여 개인이 중심에서 모든 것을 판단하고 추론하는 방향으로 개발되고 활용된다. 시맨틱 데이터를 이용하는 인텔리전트 소프트웨어와 같은 Web 3.0 기술은 자료의 보다 효율적인 이용을 위해 채택하며, 소규모로 사용한다.

85

아래 글상자의 괄호 안에 들어갈 용어로 가장 옳은 것은?

> ( )은(는) 전자상거래 이용 고객이 기업에서 발송하는 광고성 메일에 대해 수신거부 의사를 전달하여 더 이상 광고성 메일을 받지 않을 수 있는 것을 말한다.

① 옵트 오프(opt off)
② 옵트 온(opt on)
③ 옵트 인(opt in)
④ 옵트 오버(opt over)
⑤ 옵트 아웃(opt out)

광고성 메일에 대해 수신거부 의사를 전달하면 광고성 메일을 받지 않을 수 있는 것을 나타내는 용어는 옵트 아웃(opt out)이다. 한편 수집을 허용하기 전까지 데이터 수집을 금지하는 것은 옵트 인(opt in)이다.

86

빅데이터의 핵심 특성 3가지를 바르게 나열한 것은?

① 가치, 생성 속도, 유연성
② 가치, 생성 속도, 가변성
③ 데이터 규모, 가치, 복잡성
④ 데이터 규모, 속도, 다양성
⑤ 데이터 규모, 가치, 가변성

빅데이터(big data)는 디지털 환경에서 생성되는 데이터로 그 규모가 방대하고, 생성 주기도 짧고, 형태도 수치 데이터뿐 아니라 문자와 영상 데이터를 포함하는 대규모 데이터를 말한다.
가트너 그룹(Gartner group)은 빅데이터의 특징으로 3V를 제시하고 있다. 3V란 데이터의 양(Volume), 데이터 생성 속도(Velocity), 형태의 다양성(Variety)을 의미한다.

정답 | 82 ④ 83 ④ 84 ③ 85 ⑤ 86 ④

87

아래 글상자에서 설명하는 서비스와 관련된 용어로 가장 옳은 것은?

- 유통데이터를 활용한 다양한 비즈니스 모델을 수행할 수 있도록 지원하기 위해 온라인에서 생산과 소비 유통이 한 곳에서 이루어지는 '양면시장(two-sided market)'개념의 장(場)을 지칭하는 용어이다.
- 비즈니스에서 여러 사용자 또는 조직 간의 관계를 형성하고 비즈니스적인 거래를 형성할 수 있는 정보 시스템 환경으로 자신의 시스템을 개방하여 개인은 물론 기업 모두가 참여하여 원하는 일을 자유롭게 할 수 있도록 환경을 구축하여 참여자들 모두에게 새로운 가치와 혜택을 제공해줄 수 있는 시스템을 의미한다.

① 옴니채널
② 데이터베이스
③ 클라우드 컴퓨팅
④ 플랫폼
⑤ m-커머스

제시된 내용은 클라우드 컴퓨팅(Cloud Computing)에 대한 설명이다. 클라우드 컴퓨팅은 이용자의 모든 정보를 인터넷 상의 서버에 저장하고, 이 정보를 각종 IT 기기를 통하여 언제 어디서든 이용할 수 있다는 개념이다.
클라우드 컴퓨팅을 도입하면 기업 또는 개인은 컴퓨터 시스템을 유지·보수·관리하기 위하여 들어가는 비용과 서버의 구매 및 설치 비용, 업데이트 비용, 소프트웨어 구매 비용 등 엄청난 비용과 시간·인력을 줄일 수 있고, 에너지 절감에도 기여할 수 있다.
클라우드 컴퓨팅 서비스 유형은 클라우드를 통해 하드웨어 네트워크 능력을 제공하는 Platform as a Service(PaaS), 클라우드에 애플리케이션들을 제공하는 Software as a Service(SaaS), 하드웨어와 네트워킹 그리고 애플리케이션을 제공하는 Infrastructure as a Service(IaaS)로 구분된다.

88

아래 글상자는 인증방식 분류에 대한 설명이다. ㉠, ㉡에 해당하는 용어로 가장 옳은 것은?

- ㉠ 전자적 형태의 문서로 어떤 사람을 특정할 수 있는 정보와 공개 키(public key) 전자서명으로 구성된다. 이 인증방식은 일단 증명서를 발급받기만 하면 주기적으로 그것을 갱신하는 것 외에는 특별히 조치할 사항이 없으므로 사용하기 편리하다는 장점이 있다.
- ㉡ 분산원장을 바탕으로 인증 대상이 스스로 신원을 확인하고 본인과 관련된 정보의 제출 범위와 대상 등을 정할 수 있도록 하는 인증방식이다. 인증대상이 자신의 신원 정보(credentials)에 대한 권리를 보다 적극적으로 행사할 수 있는 것이 특징이다.

① ㉠ 비밀번호, ㉡ 분산 ID
② ㉠ 디지털문서, ㉡ 분산 ID
③ ㉠ 비밀번호, ㉡ 디지털문서
④ ㉠ 생체정보, ㉡ 디지털문서
⑤ ㉠ 생체정보, ㉡ 분산 ID

전자적 형태의 문서로 어떤 사람을 특정할 수 있는 정보와 공개 키 전자서명(PKI, public key infrastructure)으로 구성된 인증방식은 디지털문서(디지털 인증서, Digital Certificate)이다.
분산원장을 바탕으로 인증 대상이 스스로 신원을 확인하고 본인과 관련된 정보의 제출 범위와 대상 등을 정할 수 있도록 하는 인증방식은 블록체인 기술을 기반으로 구축한 전자신분증 시스템인 분산 ID(분산 식별자, DID, Decentralized IDentifiers)이다.

89

아래 글상자의 괄호 안에 공통적으로 들어갈 용어로 가장 옳은 것은?

> - ( )은(는) 마이론 크루거(Myron Krueger) 박사에 의해 제시된 개념으로 인조 두뇌공간이라고도 한다.
> - ( )에서는 3차원의 가상공간에서 사용자가 원하는 방향대로 조작하거나 실행할 수 있다.
> - ( )의 특성은 영상물의 실시간 렌더링이 가능하므로 원하는 위치에 원하는 모습을 즉시 생산해낼 수 있다.

① 가상현실
② 증강현실
③ UI/UX
④ 사이버 물리 시스템
⑤ 브레인 컴퓨터 인터페이스

제시된 내용은 가상현실(VR; Virtual Reality)에 대한 내용이다.
가상현실은 어떤 특정한 환경이나 상황을 컴퓨터로 만들어서, 그것을 사용하는 사람이 마치 실제 주변 상황·환경과 상호작용을 하고 있는 것처럼 만들어 주는 인간-컴퓨터 사이의 인터페이스를 말한다.
인공현실(artificial reality), 사이버 공간(cyberspace), 가상세계(virtual worlds), 가상환경(virtual environment), 인공환경(artificial environment) 등이라고도 한다.
사용 목적은 사람들이 일상적으로 경험하기 어려운 환경을 직접 체험하지 않고서도 그 환경에 들어와 있는 것처럼 보여주고 조작할 수 있게 해주는 것이다.

선지분석
② 증강현실(AR; Augmented Reality)은 실세계에 3차원 가상물체를 겹쳐 보여주는 기술을 말한다. 즉 사용자가 눈으로 보는 현실세계에 가상 물체를 겹쳐 보여주는 기술이다. 현실세계에 실시간으로 부가정보를 갖는 가상세계를 합쳐 하나의 영상으로 보여주므로 혼합현실(MR; Mixed Reality)이라고도 한다.
④ 사이버 물리시스템(CPS; Cyber Physical Systems)은 이종 시스템들이 상호 연동되는 초연결 및 사물인터넷(IoT) 실현을 위한 기술로서 센서와 액추에이터를 갖는 물리시스템과 이를 제어하는 컴퓨팅이 강력하게 결합된 네트워크 기반 분산 제어 시스템이다. 기존 임베디드 SW가 주로 휴대폰과 정보가전 등의 운용에 집중된 반면 사이버물리시스템은 무인자동차 및 제조공정 등 자율적인 물리시스템 제어를 목표로 한다. 제4차 산업혁명 시대에는 사이버 물리시스템의 이용이 크게 확대되며 스마트 공장(smart factory), 스마트 그리드(smart grid), 무인자동차 등 광범위한 분야에 응용된다.

90

아래 글상자의 ㉠과 ㉡에 해당되는 용어로 가장 옳은 것은?

> - (㉠)은(는) 종종 잘못된 제품 수요정보가 공급사슬을 통해 한 파트너에서 다른 참여자들에게로 퍼져나가면서 왜곡되고 증폭되는 것을 말한다. 예를 들면 고객과의 최접점에서 어떤 제품의 수요가 약간 증가할 것이라는 정보가 공급사슬의 다음 단계마다 부풀려 전달되어 과도한 잉여재고가 발생하게 되는 현상이다.
> - e-SCM을 구축함으로서 공급사슬의 (㉡)을 확보하여 이러한 현상을 감소시키거나 제거할 수 있게 된다.

① ㉠ 풀현상, ㉡ 가시성
② ㉠ 푸시현상, ㉡ 가시성
③ ㉠ 채찍효과, ㉡ 완전성
④ ㉠ 채찍효과, ㉡ 가시성
⑤ ㉠ 채찍효과, ㉡ 확장성

공급사슬의 상류로 갈수록 변동 폭이 크게 확대되어 수요예측치와 실제 판매량 사이의 차이가 커지게 되는 현상은 채찍 효과(bullwhip effect)이다.
e-SCM을 구축하면 공급사슬의 가시성(visibility)을 확보하여 채찍효과를 해결할 수 있다.

관련이론 | e-SCM
e-SCM을 위해 도입해야 할 정보시스템으로는 데이터마이닝(data mining) 기술, 지속적 상품보충(CRP), 자동발주시스템(CAO), 크로스 도킹(cross docking), 전사적 자원관리(ERP) 등이 있다.

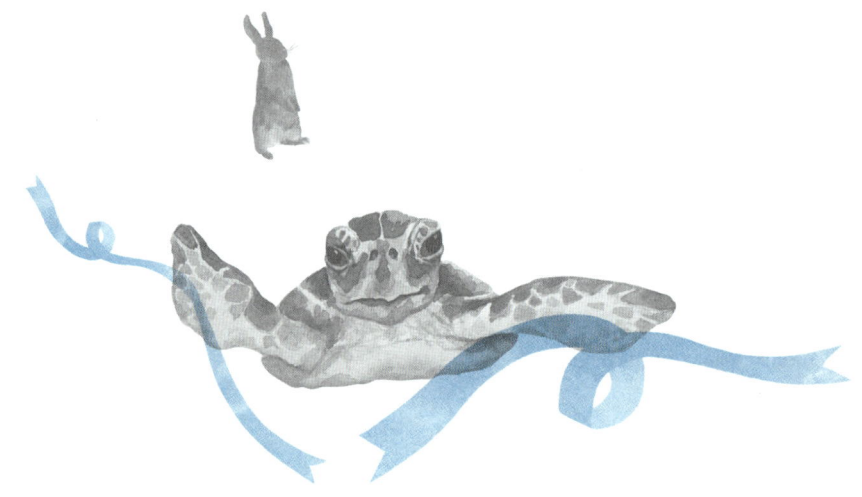

느리더라도 꾸준하면 경주에서 이긴다.

- 이솝(Aesop)

2022년 3회 기출문제

>> 2022년 11월 19일 시행

유통·물류 일반관리

01

국제물류주선업에 관련된 설명으로 가장 옳지 않은 것은?

① 화주에게 운송에 관련된 최적의 정보를 제공하고 물류비, 인력 등을 절감하는 데 도움을 줄 수 있다.
② 일반적으로 선사는 소량화물을 직접 취급하지 않기 때문에 소량화물의 화주들에게는 무역화물운송업무의 간소화와 운송비용 절감의 혜택을 제공할 수 있다.
③ 국제물류주선인은 다수의 화주로부터 위탁받은 화물로 선사에 보다 효과적인 교섭권을 행사하여 유리한 운임률 유도를 통해 규모의 경제 효과를 창출할 수 있다.
④ 안정적 물량 확보를 위해 선사는 국제물류주선인과 계약하는 것보다 일반화주와 직접 계약하는 것이 유리하다.
⑤ NVOCC(Non-Vessel Operating Common Carrier)는 실제운송인형 복합운송인에 속하지 않는다.

국제물류주선업은 화주와 선사와의 거래를 주선하거나 중개·대리하는 사업으로, 당사자 간 직접 거래하는 경우보다 비용절감 및 전문적인 거래를 통해 서비스의 질을 제고할 수 있다.

02

소비자기본법(법률 제17799호, 2020.12.29., 타법개정)에 의한 소비자의 기본적 권리로만 바르게 짝지어진 것은?

> ㉠ 물품 또는 용역을 선택함에 있어서 필요한 지식 및 정보를 제공받을 권리
> ㉡ 합리적인 소비생활을 위하여 필요한 교육을 받을 권리
> ㉢ 사업자 등과 더불어 자유시장경제를 구성하는 주체일 권리
> ㉣ 안전하고 쾌적한 소비생활 환경에서 소비할 권리
> ㉤ 환경친화적인 자원재활용에 대해 지원받을 권리

① ㉠, ㉡, ㉢, ㉣, ㉤
② ㉠, ㉡, ㉢
③ ㉠, ㉡, ㉣
④ ㉡, ㉢, ㉤
⑤ ㉡, ㉣, ㉤

관련이론 | 「소비자보호법」 제4조
소비자는 다음의 기본적 권리를 가진다.
1. 물품 또는 용역(이하 "물품등"이라 한다)으로 인한 생명·신체 또는 재산에 대한 위해로부터 보호받을 권리
2. 물품등을 선택함에 있어서 필요한 지식 및 정보를 제공받을 권리
3. 물품등을 사용함에 있어서 거래상대방·구입장소·가격 및 거래조건 등을 자유로이 선택할 권리
4. 소비생활에 영향을 주는 국가 및 지방자치단체의 정책과 사업자의 사업활동 등에 대하여 의견을 반영시킬 권리
5. 물품등의 사용으로 인하여 입은 피해에 대하여 신속·공정한 절차에 따라 적절한 보상을 받을 권리
6. 합리적인 소비생활을 위하여 필요한 교육을 받을 권리
7. 소비자 스스로의 권익을 증진하기 위하여 단체를 조직하고 이를 통하여 활동할 수 있는 권리
8. 안전하고 쾌적한 소비생활 환경에서 소비할 권리

03

재고관리에 대한 설명으로 가장 옳지 않은 것은?

① 소비자가 원하는 상품을 적시에 제공하기 위하여 소매점은 항상 적절한 양의 재고를 보유해야 할 필요가 있다.
② 재고가 지나치게 많을 경우, 적절한 시기에 처분하기 위해 상품가격을 인하시켜 판매하기 때문에 투매손실이 발생할 수 있다.
③ 재고가 너무 적은 경우 소비자의 수요에 대응할 수 없는 기회손실이 발생할 수 있다.
④ 투매손실이나 기회손실이 발생하지 않도록 하기 위해서 유지해야 하는 적정 재고량은 표준재고이다.
⑤ 재고가 적정 수준 이하가 되면 미리 결정해둔 일정 주문량을 발주하는 방법은 상황발주법이다.

재고가 적정 수준 이하가 되면 미리 결정해둔 일정 주문량을 발주하는 방법은 정량발주법이다.

04

경로 지배를 위한 힘의 원천으로 가장 옳지 않은 것은?

① 보상적 힘
② 협력적 힘
③ 합법적 힘
④ 준거적 힘
⑤ 전문적 힘

프렌치와 레이븐은 권력(힘)의 원천을 공식적 지위에서 나오는 보상적 힘(보상력), 강압적 힘(강권력), 합법적 힘(합법력)과 개인적인 특성에서 나오는 준거적 힘(준거력), 전문적 힘(전문력)으로 구분하였다.

05

산업재와 유통경로에 대한 설명으로 가장 옳지 않은 것은?

① 산업재는 원자재의 저가격협상과 수급연속성, 안정적인 공급경로의 구축이 중요하다.
② 설비품(고정장비)은 구매결정자의 지위가 낮으며 단위당 가격이 낮고 단기적 거래가 많다.
③ 윤활유, 잉크 등과 같은 운영소모품의 거래는 구매 노력이 적게 들기에 구매결정자의 지위나 가격이 낮다.
④ 산업재는 제조업자와 소비자 간의 직접판매가 많고 소비재보다는 경로가 짧고 단순하다.
⑤ 산업재 중 못, 청소용구, 페인트 같은 수선소모품은 소비재 중 편의품과 같은 성격을 갖고 있다.

설비품(고정장비)은 대표적인 산업재로 구매결정자의 협상력이 크고 단기적 거래보다는 장기적 거래가 대부분이다.

06

JIT(Just-in-time)와 JIT(Just-in-time)Ⅱ와의 차이점에 대한 설명으로 가장 옳지 않은 것은?

① JIT는 부품과 원자재를 원활히 공급받는 데 초점을 두고, JITⅡ는 부품, 원부자재, 설비공구, 일반자재 등 모든 분야를 공급받는 데 초점을 둔다.
② JIT가 개별적인 생산현장(plant floor)을 연결한 것이라면, JITⅡ는 공급체인상의 파트너의 연결과 그 프로세스를 변화시키는 시스템이다.
③ JIT는 자사 공장 내의 무가치한 활동을 감소·제거하는 데 주력하고, JITⅡ는 기업 간의 중복업무와 무가치한 활동을 감소·제거하는 데 주력한다.
④ JIT가 풀(pull)형인 MRP와 대비되는 푸시(push)형의 생산방식인 데 비해, JITⅡ는 JIT와 MRP를 동시에 수용할 수 있는 기업 간의 운영체제를 의미한다.
⑤ JIT가 물동량의 흐름을 주된 개선대상으로 삼는 데 비해, JITⅡ는 기술, 영업, 개발을 동시화(synchronization)하여 물동량의 흐름을 강력히 통제한다.

JIT는 푸시(push)형인 MRP와 대비되는 풀(pull)형의 생산방식에 해당한다.

정답 | 01 ④ 02 ③ 03 ⑤ 04 ② 05 ② 06 ④

07

공급사슬관리(SCM)를 위해 활용할 수 있는 지연전략(postponement strategy)에 대한 설명으로 가장 옳은 것은?

① 지연전략은 고객의 수요를 제품설계에 반영하기 위해 완제품의 재고보유 시간을 최대한 연장시키는 전략이다.
② 주문 이전에는 모든 스웨터를 하얀색으로 생산한 후 주문이 들어오면 염색을 통해 수요에 맞춰 공급하는 것은 지리적 지연전략이다.
③ 가장 중요한 창고에 재고를 유지하며, 지역 유통업자들에게 고객의 주문을 넘겨주거나 고객에게 직접 배송하는 것은 제조 지연전략이다.
④ 컴퓨터의 경우, 유통센터에서 프린터, 웹캠 등의 장치를 조립하거나 포장하는 것은 지리적 지연전략이다.
⑤ 자동차를 판매할 때 사운드 시스템, 선루프 등을 설치 옵션으로 두는 것은 결합 지연전략이다.

선지분석
① 지연전략은 고객의 수요를 제품설계에 반영하기 위해 완제품 형태가 아닌 반제품 형태로 제품의 완성을 최대한 지연시키는 전략이다.
② 지연전략 중 제조 지연전략에 대한 설명에 해당한다.
③ 지연전략 중 지리적 지연전략에 대한 설명에 해당한다.
④ 포장·라벨링 지연전략에 대한 설명에 해당한다.

08

경영성과 분석을 위해 글상자 안의 활동성 비율들을 계산할 때 공통적으로 사용되는 요소로 가장 옳은 것은?

- 재고자산회전율
- 고정자산회전율
- 총자산회전율
- 매출채권회전율

① 재고자산
② 자기자본
③ 영업이익
④ 매출액
⑤ 고정자산

모든 회전율 계산 시 분자에 매출액이 계상된다.
- 재고자산회전율 = (매출액/평균재고자산) × 100%
- 고정자산회전율 = (매출액/고정자산) × 100%
- 총자산회전율 = (매출액/총자산) × 100%
- 매출채권회전율 = (매출액/매출채권) × 100%

09

각 점포가 독립된 회사라는 점에서 프랜차이즈 체인방식과 같지만, 조직의 주체는 가맹점이며 전 가맹점이 경영의 의사결정에 참여한다는 차이점이 있는 연쇄점(chain)의 형태로 가장 옳은 것은?

① 정규연쇄점(regular chain)
② 직영점형 연쇄점(corporate chain)
③ 조합형 연쇄점(cooperative chain)
④ 마스터 프랜차이즈(master franchise)
⑤ 임의형 연쇄점(voluntary chain)

각 점포가 독립된 회사라는 점에서 프랜차이즈 체인방식과 같지만, 조직의 주체는 가맹점이며 전체 가맹점이 경영의 의사결정에 참여하는 형태는 임의형 연쇄점에 해당한다.

관련이론 | 임의가맹점형 체인사업의 정의
「유통산업발전법」 제2조6호 체인사업의 종류 중 임의가맹점형 체인사업의 정의는 다음과 같다.
체인본부의 계속적인 경영지도 및 체인본부와 가맹점 간의 협업에 의하여 가맹점의 취급품목·영업방식 등의 표준화사업과 공동구매·공동판매·공동시설활용 등 공동사업을 수행하는 형태의 체인사업

10

아래 글상자의 내용을 6시그마 도입 절차대로 나열한 것으로 가장 옳은 것은?

㉠ 필요성(needs)의 구체화
㉡ 비전의 명확화
㉢ 계획수립
㉣ 계획실행
㉤ 이익평가
㉥ 이익유지

① ㉤ - ㉥ - ㉠ - ㉡ - ㉢ - ㉣
② ㉡ - ㉢ - ㉣ - ㉤ - ㉥ - ㉠
③ ㉢ - ㉣ - ㉤ - ㉥ - ㉠ - ㉡
④ ㉣ - ㉤ - ㉥ - ㉠ - ㉡ - ㉢
⑤ ㉠ - ㉡ - ㉢ - ㉣ - ㉤ - ㉥

6시그마 도입절차는 '필요성(needs)의 구체화 → 비전의 명확화 → 계획수립 → 계획실행 → 이익평가 → 이익유지'의 순으로 진행된다.

11

정량주문법과 정기주문법을 적용하기 유리한 경우에 대한 상대적인 비교로 가장 옳은 것은?

구분	항목	정량주문법	정기주문법
㉠	표준화	전용부품	표준부품
㉡	품목수	적음	많음
㉢	주문량	변경가능	고정
㉣	리드타임	짧다	길다
㉤	주문시기	일정	일정하지 않음

① ㉠ ② ㉡
③ ㉢ ④ ㉣
⑤ ㉤

정량주문법(정량발주법)은 수요가 일정하나 품목수(item)가 많은 표준품을 대상으로 하며, 주문량은 일정하나 주문주기는 부정기적인 특징을 갖는다. 반면 정기주문법은 정량발주법의 특징과 반대의 성격을 갖는다.

12

제품/시장 확장그리드(product/market expansion grid)에서 기존제품을 가지고 새로운 세분시장을 파악해서 진출하는 방식의 기업성장전략으로 가장 옳은 것은?

① 시장침투전략(market penetration strategy)
② 시장개발전략(market development strategy)
③ 제품개발전략(product development strategy)
④ 다각화전략(diversification strategy)
⑤ 수평적 다각화전략(horizontal diversification strategy)

I. Ansoff의 제품/시장확장그리드는 아래와 같은 매트릭스를 구성한다.

	현존제품	신제품
현재시장	시장침투전략	제품개발전략
신시장	시장개발전략	다각화전략

13

공급사슬을 효율적 공급사슬과 반응적 공급사슬로 구분하여 설계할 때 반응적 공급사슬에 대한 특징으로 가장 옳지 않은 것은?

① 리드타임을 적극적으로 단축하려 노력한다.
② 여유생산능력이 높다.
③ 저가격, 일관된 품질이 납품업체 선정기준이다.
④ 제품 혹은 서비스의 다양성을 강조하는 생산전략이다.
⑤ 신속한 납기가 가능할 정도의 재고 투자를 한다.

저가격, 일관된 품질이 납품업체 선정기준인 것은 효율적 공급사슬에 해당한다.

구분	효율적 공급사슬	반응적 공급사슬
주요 목표	최저 가격으로 예측 가능한 수요에 효율적으로 공급	예측 불가능한 수요에 신속하게 대응
제품디자인	비용 최소화를 달성할 수 있는 제품디자인 성과 극대화	제품 차별화를 달성하기 위해 모듈디자인 활용
가격전략	저가격, 저마진	고가격, 고마진
재고전략	높은 재고회전율과 재고최소화	부품 및 완제품 안전재고 유지
생산전략	높은 가동률	유연한 생산능력
공급자 전략	비용과 품질	속도, 유연, 신뢰성, 품질
리드타임 초점	비용 증가 없이 리드타임 단축	비용이 증가되더라도 리드타임 단축

정답 | 07 ⑤ 08 ④ 09 ⑤ 10 ⑤ 11 ④ 12 ② 13 ③

14

아래 글상자의 물류채산분석 회계 내용에 대한 설명으로 가장 옳지 않은 것은?

구분	회계 내용	물류채산분석
㉠	계산목적	물류에 관한 의사결정
㉡	계산대상	특정의 개선안, 대체안
㉢	계산기간	개선안의 전체나 특정 기간
㉣	계산방식	상황에 따라 상이
㉤	계산의 계속성	반복적으로 계산

① ㉠   ② ㉡
③ ㉢   ④ ㉣
⑤ ㉤

물류원가계산과 물류채산분석의 비교

구분	물류원가계산	물류채산분석
목적	물류활동의 업적평가	물류활동에 관한 의사결정
대상	물류업무의 전반	특정의 개선안, 대체안
산정방식	항상 일정	상황에 따라 상이
계속성	반복적	임시적
사용원가	실제원가만 대상	특수원가도 대상

15

프로젝트 조직에 대한 내용으로 가장 옳지 않은 것은?

① 과제 진행에 따라 인력 구성의 탄력성이 존재한다.
② 목적달성을 지향하는 조직이므로 구성원들의 과제해결을 위한 사기를 높일 수 있다.
③ 기업 전체의 목적보다는 사업부만의 목적달성에 더 관심을 기울이게 된다.
④ 해당 조직에 파견된 사람은 선택된 사람이라는 우월감이 조직 단결을 저해하기도 한다.
⑤ 전문가로 구성된 일시적인 조직이므로 그 조직 관리자의 지휘능력이 중요하다.

③은 사업부제 조직의 문제점에 대한 내용이다.
프로젝트 조직은 특정 과업수행을 위해 여러 부서에서 파견된 사람들로 구성되어 과업 해결 시까지만 존재하는 임시적·탄력적 조직으로, 기동성과 환경적응성이 높은 조직형태에 해당하며 수직적인 리더 위주의 상·하관계가 아닌 전문가들 간의 수평적 의사소통을 통해 집단적으로 문제를 해결하는 방식을 취한다.

16

소비재의 유형별로 일반적인 경로목표를 설정할 경우에 대한 설명으로 가장 옳지 않은 것은?

① 편의품의 경우 최대의 노출을 필요로 하기에 개방적 유통을 사용한다.
② 일부 의약품은 고객 편의를 위해 편의점을 통한 개방적 유통을 사용하기도 한다.
③ 이질적 선매품의 경우 품질비교가 가능하도록 유통시킨다.
④ 동질적 선매품의 경우 가격비교가 용이하도록 유통시킨다.
⑤ 전문품은 구매횟수가 정기적인 것이 특징이기에 개방적 유통을 사용한다.

구매횟수가 정기적인 것이 특징이기에 개방적 유통을 사용하는 것은 소비재 중에서 편의품(convenience goods)에 해당한다.

17

A사의 제품은 연간 19,200개 정도가 판매될 것으로 예상되고 있다. 제품의 1회 주문비용은 150원, 제품당 연간 재고유지비가 9원이라고 할 때 경제적주문량(EOQ)으로 가장 옳은 것은?

① 600개
② 650개
③ 700개
④ 750개
⑤ 800개

경제적주문량(EOQ)$=\sqrt{\dfrac{2 \times D \times C_0}{C_h}}$

(D: 연간 수요량, C_0: 주문당 소요비용, C_h: 연간 단위재고비용)
위 식에 문제의 숫자를 대입하면
EOQ$=\sqrt{\dfrac{2 \times 19,200 \times 150}{9}}=800$개

18

아래 글상자의 괄호 안에 들어갈 용어를 순서대로 바르게 나열한 것으로 가장 옳은 것은?

(㉠)은/는 이질적인 생산물을 동질적인 단위로 나누는 과정을 말한다.
(㉡)은/는 이질적인 것을 모으는 과정을 말한다.
(㉢)은/는 동질적으로 모아진 것을 나누는 과정을 말한다.

① ㉠ 배분, ㉡ 집적, ㉢ 구색
② ㉠ 구색, ㉡ 집적, ㉢ 분류
③ ㉠ 분류, ㉡ 구색, ㉢ 배분
④ ㉠ 배분, ㉡ 집적, ㉢ 분류
⑤ ㉠ 집적, ㉡ 구색, ㉢ 분류

유통경로의 분류기능(구색맞춤 기능)

	산개(나눔)	집중(모음)
이질적 생산물	분류(sorting out): 이질적인 것을 동질적 단위로 나누는 과정, 생산자의 표준화 기능	구색(assortment): 이질적인 것을 모두 다시 모으는 단계
동질적 생산물	분배(allocation): 동질적으로 쌓여진 것을 다시 나누는 과정	집적(accumulation): 동질적인 것끼리 다시 모으는 수집기능

19

인플레이션 상황에서 급격한 가격인상 없이 매출과 수익의 손실을 막기 위해 유통기업들이 채택할 수 있는 방법으로 가장 옳지 않은 것은?

① 취급하는 상품의 종류를 재정비하여 재고비용이나 수송비용을 줄인다.
② 생산성이 낮은 인력이나 시설을 정리하고 정보화를 통해 이를 대체한다.
③ 무료설치, 운반, 장기보증 같은 부가적 상품서비스를 줄이거나 없앤다.
④ 포장비를 낮추기 위해 더 저렴한 포장재를 이용한다.
⑤ 절약형 상표, 보급형 상표의 비중을 줄인다.

현재와 같은 인플레이션 상황에서는 물가가 가파르게 상승하므로 매출액 증가를 위해서는 소비자들의 구매를 유도하기 위해 비용절감이 중요하며 절약형 상표, 보급형 상표 등의 비중을 증가시키는 전략이 중요하다.

20

서비스 유통의 형태인 플랫폼 비즈니스(platform business)에 대한 설명으로 가장 옳지 않은 것은?

① 플랫폼을 통해 사람과 사람, 사람과 사물을 연결함으로써 새로운 유형의 서비스가 창출된다.
② 정보통신기술의 발달은 사람 간의 교류를 더 빠르고 효율적으로 실현시키면서 플랫폼 비즈니스 성장에 긍정적인 영향을 미치고 있다.
③ 플랫폼 비즈니스의 구성원은 플랫폼 구축자와 플랫폼 사용자로 크게 나뉜다.
④ 플랫폼은 소식, 물건, 서비스 등 다양한 유형의 콘텐츠 교류가 가능하게 해주는 일종의 장터이다.
⑤ 플랫폼 비즈니스 사업자는 플랫폼을 제공해주는 대가를 직접적으로 취할 수 없으므로, 광고 등을 통해 간접적으로 수익을 올리는 비즈니스 모델이다.

플랫폼 비즈니스 사업자는 플랫폼을 제공해주는 대가를 직접적으로 취할 수 있는 비즈니스 모델에 해당한다.

정답 | 14 ⑤ 15 ③ 16 ⑤ 17 ⑤ 18 ③ 19 ⑤ 20 ⑤

21

수직적 통합이 일어나는 경우 합병하는 회사 측은 현실적으로 여러 문제점에 직면할 수 있는데 이에 대한 설명으로 가장 옳지 않은 것은?

① 분업에 따른 전문화의 이점을 누리기 힘들어진다.
② 유통경로 구성원 간의 관계를 경쟁관계로 바뀌게 한다.
③ 조직의 슬림화로 인해 구성원의 업무량이 증가한다.
④ 통합하려는 기업은 많은 자금을 합병에 투입하게 된다.
⑤ 조직관리에 많은 비용을 소모하게 되어 경기가 좋지 않을 때에는 자금부담이 생길 수 있다.

수직적 통합으로 기업은 전후방 기업들을 모두 흡수하게 되어 규모의 경제를 실현할 수 있게 되므로 조직이 슬림화되는 것과는 거리가 멀다.

22

아래 글상자에서 설명하는 개념으로 옳은 것은?

> 제품에 대한 최종소비자의 수요 변동 폭은 크지 않지만, 소매상, 도매상, 제조업자, 원재료 공급업자 등 공급사슬을 거슬러 올라갈수록 변동 폭이 크게 확대되어 수요예측치와 실제 판매량 사이의 차이가 커지게 된다.

① 블랙 스완 효과(black swan effect)
② 밴드 왜건 효과(bandwagon effect)
③ 채찍 효과(bullwhip effect)
④ 베블렌 효과(Veblen effect)
⑤ 디드로 효과(Diderot effect)

선지분석

① 블랙 스완 효과: 발생가능성은 낮으나 발생 시 글로벌 금융시장을 뒤흔들 수 있는 예상치 못한 큰 사건을 말한다.
② 밴드 왜건 효과: 편승효과라고도 하며, 가수요가 발생하게 되는 원인에 해당한다.
④ 베블렌 효과: 소스타인의 유한계급론에서 비롯된 용어로 물건 가격이 오르는데도 불구하고 오히려 수요가 높아지는 현상을 말한다.
⑤ 디드로 효과: 충동구매와 관련된 용어로 특정 제품을 구매하면 그 제품과 연관되는 소비가 이루어지는 것을 의미한다.

23

파욜(Fayol)의 조직원리에 대한 설명으로 가장 옳지 않은 것은?

① 각각의 종업원들은 오직 한명의 관리자에게 보고한다.
② 최고관리자에게 부여된 의사결정력의 크기는 상황에 따라 변화한다.
③ 마케팅, 재무, 생산 등의 전문적인 분야의 기능들은 통합된다.
④ 조직의 목표는 개인 각각의 목표보다 우선시된다.
⑤ 종업원들은 누구에게 보고해야 하는지 알아야 한다.

마케팅, 재무, 생산 등의 전문적인 분야의 기능들은 통합이 아닌 분업을 통해 전문화를 이루어야 한다.

관련이론 | 조직의 원리

고전학파 경영학자인 H. Fayol은 '경영은 계획하고(planning), 조직하고(organizing), 지휘하고(commanding), 조정하고(coordinating), 통제하는(controlling) 과정'이라고 하였으며, 다음의 14가지 관리원칙을 주장하였다. 권한과 책임의 원칙, 규율의 원칙, 분업의 원칙, 명령통일의 원칙, 명령일원화의 원칙, 공익우선의 원칙, 집권화의 원칙, 보상의 원칙 계층화의 원칙, 질서의 원칙, 공정성의 원칙, 고용안정의 원칙, 주도력의 원칙, 단합의 원칙

24

기업윤리의 중요성을 강조하기 위해 취할 수 있는 방법으로 가장 옳지 않은 것은?

① 기업윤리와 관련된 헌장이나 강령을 만들어 발표한다.
② 기업의 모든 의사결정 프로세스에서 반영될 수 있게 모니터링한다.
③ 윤리경영의 지표로서 정성적인 지표는 적용하기 힘들므로 계량적인 윤리경영지표만을 활용한다.
④ 조직 내의 문제점을 제기할 수 있는 제도를 활성화한다.
⑤ 윤리기준을 적용한 감사 결과를 조직원과 공유한다.

윤리경영의 지표로 최근에는 정량적인 지표뿐만 아니라 질적인 지표인 정성적 윤리경영지표들을 함께 활용한다.

25

아래 글상자의 내용을 이용하여 작업량 접근방식(workload approach)을 통해 확보해야 할 영업조직 규모(영업사원 수)를 계산한 것으로 옳은 것은?

- 거래처: 100개
- 거래처별 연간 방문횟수: 1년에 12회 방문 필수
- 영업사원 1명이 한 해 평균 방문가능 횟수: 100번

① 10명   ② 12명
③ 14명   ④ 18명
⑤ 20명

작업량 접근방식에 따른 영업사원 수 = $\frac{100개\ 거래처 \times 12번/1년}{100번}$ = 12명

상권분석

26

두 도시 A, B의 거리는 12km, A시의 인구는 20만 명, B시의 인구는 5만 명이다. Converse의 상권분기점 분석법에 따른 도시 간의 상권경계는 B시로부터 얼마나 떨어진 곳에 형성되겠는가?

① 3km   ② 4km
③ 6km   ④ 8km
⑤ 9km

컨버스(Converse)의 제1법칙에 의하면 A시 상권의 한계점

$D(A) = \frac{d}{1+\sqrt{\frac{P(B)}{P(A)}}}$ 이다.

여기서 d는 두 도시 간의 거리, P(A)와 P(B)는 각 도시의 인구이다.
주어진 자료를 대입하면 A시로부터 분기점까지의 거리

$D(A) = \frac{12km}{1+\sqrt{\frac{50,000}{200,000}}} = 8km$ 이다.

따라서 B시로부터 분기점까지의 거리는 12km − 8km = 4km이다.

정답 | 21 ③ 22 ③ 23 ③ 24 ③ 25 ② 26 ②

27

국토의 계획 및 이용에 관한 법률(법률 제18310호, 2021. 7. 20., 타법개정)에 의거한 주거 및 교육 환경보호나 청소년 보호 등의 목적으로 오염물질 배출시설, 청소년 유해시설 등 특정시설의 입지를 제한할 필요가 있는 용도지구에 해당하는 것으로 가장 옳은 것은?

① 청소년보호지구
② 보호지구
③ 복합용도지구
④ 특정용도제한지구
⑤ 개발제한지구

주거 및 교육 환경 보호나 청소년 보호 등의 목적으로 오염물질 배출시설, 청소년 유해시설 등 특정시설의 입지를 제한할 필요가 있는 용도지구는 특정용도제한지구이다.

28

입지의사결정 과정에서 점포의 매력도에 영향을 미치는 입지조건 평가에 대한 설명으로 가장 옳지 않은 것은?

① 상권단절요인에는 하천, 학교, 종합병원, 공원, 주차장, 주유소 등이 있다.
② 주변을 지나는 유동인구의 수보다는 인구특성과 이동 방향 및 목적 등이 더 중요하다.
③ 점포가 보조동선보다는 주동선상에 위치하거나 가까울수록 소비자 유입에 유리하다.
④ 점포나 부지형태는 정방형이 장방형보다 가시성이나 접근성 측면에서 유리하다.
⑤ 층고가 높으면 외부가시성이 좋고 내부에 쾌적한 환경을 조성하기 유리하다.

점포의 깊이보다 정면너비가 넓은 장방형이 가시성 확보 등에 유리하다.

29

소비자 K가 거주하는 어느 지역에 아래 조건과 같이 3개의 슈퍼가 있는 경우, Huff모델을 사용하여 K의 이용확률이 가장 높은 점포와 해당 점포에 대한 이용확률을 추정한 것으로 가장 옳은 것은? (단, 거리와 점포면적에 대한 민감도계수가 −2와 3이라고 가정함)

※ 출제 오류로 전체 정답처리 되었습니다.

	A 슈퍼	B 슈퍼	C 슈퍼
거리	10	2	3
점포면적	5	4	6

① C 슈퍼, 57%
② A 슈퍼, 50%
③ B 슈퍼, 50%
④ A 슈퍼, 44%
⑤ B 슈퍼, 33%

수정 허프(D. Huff)모형은 '소비자가 어느 상업지에서 구매하는 확률은 그 상업 집적의 매장면적에 비례하고 그곳에 도달하는 거리에 반비례한다'는 것이다.

주어진 민감도계수 −2와 3을 기초로 각 점포의 효용을 구하면 다음과 같다.

	A 슈퍼	B 슈퍼	C 슈퍼
거리	10	2	3
점포면적	5	4	6
각 매장의 효용	$\frac{5^3}{10^2}=1.25$	$\frac{4^3}{2^2}=16$	$\frac{6^3}{3^2}=24$

• A 슈퍼의 이용확률 = $\frac{1.25}{1.25+16+24} \times 100\% ≒ 3\%$
• B 슈퍼의 이용확률 = $\frac{16}{1.25+16+24} \times 100\% ≒ 39\%$
• C 슈퍼의 이용확률 = $\frac{24}{1.25+16+24} \times 100\% ≒ 58\%$

따라서 이용확률이 가장 높은 점포는 C 슈퍼 58%이다.

30

소매입지를 선정하기 위해 활용되는 각종 지수(index)에 대한 설명으로 가장 옳지 않은 것은?

① 시장포화지수(IRS)는 특정 시장 내에서 주어진 제품계열에 대한 점포면적당 잠재매출액의 크기이다.
② 구매력지수(BPI)는 주로 통계자료의 수집단위가 되는 행정구역별로 계산할 수 있다.
③ 시장확장잠재력지수(MEP)는 지역 내 소비자들이 타지역에서 쇼핑하는 비율을 고려하여 계산한다.
④ 판매활동지수(SAI)는 특정 지역의 총면적당 점포면적 총량의 비율을 말한다.
⑤ 구매력지수(BPI)는 주로 인구, 소매 매출액, 유효소득 등의 요인을 이용하여 측정한다.

SAI(Sales Activity Index)는 다른 지역과 비교한 특정 지역의 1인당 소매매출액을 측정하는 방법으로, 인구를 기준으로 소매매출액의 비율을 계산한다.

31

유추법(analog method)을 통해 신규점포에 대한 수요를 추정하는 과정에 대한 설명으로 가장 옳지 않은 것은?

① 비교점포는 통계분석 대신 주관적 판단을 주로 사용해서 선정한다.
② 신규점포의 수요는 비교점포의 상권정보를 활용해서 산정한다.
③ 비교점포의 상권을 단위거리에 따라 구역(zone)으로 나눈다.
④ 비교점포의 구역별 고객 1인당 매출액을 추정한다.
⑤ 수요예측을 위해 반드시 2개 이상의 비교점포를 선정해야 한다.

애플바움(W. Applebaum)의 유추법(analog method)에서는 하나의 유사점포(비교점포)를 선정하여 이를 통해 신규점포에 대한 수요를 추정한다.

관련이론 | 애플바움의 유추법
유추법은 상권분석 기법으로 새로운 점포가 위치할 지역에 대한 판매예측에 많이 활용되는 방법이다. 유추법은 자사의 새로운 점포와 특성이 비슷한 유사점포를 선정하여, 그 점포의 상권범위를 추정한 결과를 자사의 새로운 점포에 적용하여 신규입지에서의 매출액(상권규모)을 측정한다.

32

주변에 인접한 점포가 없이 큰 길가에 위치한 자유입지인 고립된 점포입지에 관한 설명 중 가장 옳지 않은 것은?

① 대형점포를 개설할 경우 관련상품의 일괄구매(one-stop shopping)를 가능하게 한다.
② 토지 및 건물의 가격이 상대적으로 싸다.
③ 개점 초기에 소비자를 점포 내로 유인하기가 쉽다.
④ 고정자산에 투입된 비용이 적어서 상대적으로 상품가격의 할인에 융통성이 있다.
⑤ 비교구매를 원하는 소비자에게는 매력적이지 않다.

고립된 점포입지는 자유입지(freestanding sites) 또는 독립입지(isolated sites)를 의미한다.
독립입지의 경우 개점초기에는 소비자들이 그 존재사실을 잘 모르므로 소비자를 점포 내로 유인하기가 어렵다. 소비자들을 점포 내로 유인하기 위해서는 적극적인 광고활동을 해야 한다.

33

상가건물 임대차보호법(법률 제18675호, 2022.1.4., 일부개정)에서 규정하는 환산보증금의 계산식으로 가장 옳은 것은?

① 보증금 + (월임차료 × 24)
② 보증금 + (월임차료 × 36)
③ 보증금 + (월임차료 × 60)
④ 보증금 + (월임차료 × 100)
⑤ 보증금 + (월임차료 × 120)

환산보증금은 「상가건물 임대차보호법」에서 보증금과 월세 환산액을 합한 금액을 말한다.
보증금액을 정할 때에는 해당 지역의 경제 여건 및 임대차 목적물의 규모 등을 고려하여 지역별로 구분하여 규정하되, 보증금 외에 차임이 있는 경우에는 그 차임액에 「은행법」에 따른 은행의 대출금리 등을 고려하여 대통령령으로 정하는 비율(1분의 100)을 곱하여 환산한 금액을 포함하여야 한다. (「법」 제2조 제2항, 「시행령」 제2조 제3항)

정답 | 27 ④ 28 ④ 29 전항정답 30 ④ 31 ⑤ 32 ③ 33 ④

34

상권과 관련된 가맹본부와 가맹점 사이의 관계에 대한 설명으로 가장 옳지 않은 것은?

① 가맹계약 체결 시 가맹본부는 가맹점사업자의 영업지역을 설정하여 가맹계약서에 이를 기재하여야 한다.
② 정보공개서는 가맹본부의 재정상태, 임원 프로필, 직영점 및 가맹점 수 등과 같은 정보를 포함한다.
③ 상권의 급격한 변화가 발생하는 경우에는 가맹본부의 경영전략상의 의사결정과정을 통해 기존 영업지역을 합리적으로 변경할 수 있다.
④ 지역 환경에 따라 수익이 다를 수 있으므로 가맹희망자는 개점하려는 지역의 환경과 가맹본부에서 제시한 창업환경의 유사성을 면밀히 검토해야 한다.
⑤ 가맹본부는 가맹계약을 위반하여 가맹계약 기간 중 가맹사업자의 영업지역 안에서 가맹사업자와 같은 업종의 자기 또는 계열회사의 직영점이나 가맹점을 설치하면 안 된다.

상권의 급격한 변화가 발생하는 경우에는 가맹점과 합의하여 가맹계약서를 다시 작성하여야 한다. 가맹본부의 경영전략상의 의사결정과정을 통해 기존 영업지역을 마음대로 변경할 수 있는 것은 아니다.

35

상권 규정 요인에 대한 설명으로 가장 옳지 않은 것은?

① 상권을 규정하는 요인에는 시간요인과 비용요인이 있다.
② 공급측면에서 비용요인이 상대적으로 저렴할수록 상권은 축소된다.
③ 재화의 이동에서 사람을 매개로 하는 소매상권은 재화의 종류에 따라 비용 지출이나 시간 사용이 달라지므로 상권의 크기도 달라진다.
④ 수요측면에서 고가품, 고급품일수록 상권범위가 확대된다.
⑤ 시간요인은 상품가치를 좌우하는 보존성이 강한 재화일수록 상권이 확대된다.

상권을 규정하는 비용요인에는 운송비와 판매비용 등이 포함된다. 이러한 비용이 상대적으로 저렴할수록 상권의 범위는 확대된다.

36

상권의 유형에 대한 설명으로 가장 옳지 않은 것은?

① 도심상권은 중심업무지구(CBD)를 포함하며 상권의 범위가 넓고 소비자들의 평균 체류시간이 길다.
② 근린상권은 점포인근 거주자들이 주요 소비자로 생활밀착형 업종의 점포들이 입지하는 경향이 있다.
③ 부도심상권은 간선도로의 결절점이나 역세권을 중심으로 형성되는 경우가 많으며 도시전체의 소비자를 유인한다.
④ 역세권상권은 지하철이나 철도역을 중심으로 형성되며 지상과 지하의 입체적 상권으로 고밀도 개발이 이루어지는 경우가 많다.
⑤ 아파트상권은 고정고객의 비중이 높아 안정적인 수요 확보가 가능하지만 외부와 단절되는 경우가 많아 외부고객을 유치하는 상권확대가능성이 낮은 편이다.

부도심상권은 간선도로의 결절점이나 역세권을 중심으로 형성되므로 해당 지구의 소비자를 유인하지만 도시전체의 소비자를 유인할 수는 없다.

37

상권분석에서 활용하는 소비자 대상 조사기법 중 조사대상의 선정이 내점객조사법과 가장 유사한 것은?

① 고객점표법
② 점두조사법
③ 가정방문조사법
④ 지역할당조사법
⑤ 편의추출조사법

점두조사법(instore survey)은 점포를 방문한 고객의 주소와 방문횟수 등을 직접 질문을 통해 조사하는 방법으로, 내점객조사와 가장 유사한 방법이다.

38

소매점포의 상권범위나 상권형태는 소매점포를 이용하는 소비자의 공간적 분포를 나타낸다. 이에 대한 설명으로 가장 옳지 않은 것은?

① 소매점포의 면적이 비슷하더라도 업종이나 업태에 따라 개별점포의 상권범위는 차이가 날 수 있다.
② 동일 점포라도 소매전략에 따른 판촉활동 등의 차이에 따라 시기별로 점포의 상권범위는 변화한다.
③ 상권의 형태는 점포를 중심으로 일정한 거리 간격의 동심원 형태로 나타난다.
④ 동일한 지역에 인접하여 입지한 경우에도 점포 규모에 따라 개별 점포의 상권범위는 차이가 날 수 있다.
⑤ 동일한 위치에서 입지조건의 변화가 없고 점포의 전략적 변화가 없어도 상권의 범위는 유동적으로 변화하기 마련이다.

현실에서 상권의 형태는 하천이나 산과 같은 자연 조건, 도로나 대중교통수단과 같은 교통체계, 점포 규모와 유통업의 형태(업태) 등이 영향을 미치기 때문에 어떤 특정한 형태를 갖는 것은 아니다. 상권의 형태는 다양하므로 흔히 아메바형이라고 불리고 있다.

39

소매점의 상권을 공간적으로 구획하는 과정에서 상권의 지리적 경계를 분석할 때 활용할 수 있는 기법이나 도구에 해당하지 않는 것은?

① 내점객 및 거주자 대상 서베이법(survey technique)
② 티센다각형(Thiessen polygon)
③ 소매매트릭스분석(retail matrix analysis)
④ 고객점표법(CST: Customer Spotting Technique)
⑤ 컨버스의 분기점분석(Converse's breaking-point analysis)

상권의 획정을 위하여 상권의 지리적 경계를 분석하는 기법으로는 컨버스(P. Converse)의 분기점분석(수정 소매인력법칙), 애플바움(W. Applebaum)의 고객점표법, 서베이법, 티센 다각형(Thiessen polygon) 모형 등이 있다.

40

다양한 소매점포 유형들 중에서 광범위한 상권범위를 갖는 대형상업시설인 쇼핑센터의 전략적 특성은 테넌트믹스(tenant mix)를 통해 결정된다고 한다. 상업시설의 주요 임차인으로서 시설 전체의 성격을 결정하는 앵커점포(anchor store)에 해당하는 것으로 가장 옳은 것은?

① 마그넷 스토어
② 특수테넌트
③ 핵점포
④ 일반테넌트
⑤ 보조핵점포

앵커점포(anchor store), 즉 정박임차인은 쇼핑센터 가운데서도 매장면적을 최대로 점유하여 간판역할을 하는 핵점포(백화점 등)를 말한다.

41

넬슨(R.L. Nelson)의 소매입지 선정원리 중에서 아래 글상자의 괄호 안에 들어갈 내용을 순서대로 나열한 것으로 가장 옳은 것은?

(㉠)은 동일한 점포 또는 유사업종의 점포가 집중적으로 몰려 있어 집객효과를 높일 수 있는 가능성을 말하며 집재성 점포의 경우에 유리하다.
(㉡)은 상이한 업종의 점포들이 인접해 있으면서 보완관계를 통해 상호 매출을 상승시키는 효과를 발휘하는 것을 의미한다.

① ㉠ 양립성, ㉡ 누적적 흡인력
② ㉠ 양립성, ㉡ 경합의 최소성
③ ㉠ 누적적 흡인력, ㉡ 양립성
④ ㉠ 상권의 잠재력, ㉡ 경합의 최소성
⑤ ㉠ 누적적 흡인력, ㉡ 경합의 최소성

동일하거나 유사한 업종은 서로 멀리 떨어져 있는 것보다 가까이 모여 있는 것이 고객을 유인할 수 있다는 것은 동반유인의 원칙 또는 누적적 흡인력(cumulative attraction)이라고 한다.
두 개 이상의 사업이 고객을 서로 교환할 수 있는 정도를 의미하는 것으로, 이 원칙에 의하면 인접한 지역에 위치한 사업들 간에 보충가능성이 높을수록 점포의 매출액이 높아진다는 것은 보충가능성의 원칙(principle of compatibility) 또는 양립성이라고 한다.

정답 | 34 ③　35 ②　36 ③　37 ②　38 ③　39 ③　40 ③　41 ③

42

상권분석 기법과 관련한 특성을 설명하는 내용으로 그 연결이 가장 옳지 않은 것은?

① 회귀모형은 원인과 결과변수 사이의 관계를 분석하여 원인변수의 영향력을 파악한다.
② 다항로짓(MNL)모형은 점포이미지와 입지특성을 반영하여 상권을 분석할 수 있다.
③ Christaller의 중심지이론은 중심지와 배후지의 관계를 규명하고 중심지체계 및 중심지 공간배열의 원리를 설명한다.
④ 체크리스트법은 소비자의 점포선택 행동을 결정론적이 아닌 확률론적으로 인식한다.
⑤ 유사점포법에서는 상권의 범위와 특성을 파악하기 위하여 CST map을 활용한다.

체크리스트법은 서술적 방법으로 소비자의 점포선택 행동을 결정론적으로 인식한다.

관련이론 | 상권분석 기법
상권분석 방법 중 서술적 방법은 체크리스트법, 유추법, 현지조사법, 비율법 등이 있고, 규범적 모형은 중심지 이론, 소매중력법칙 등이 있다. 확률적 모형은 허프 모형, 루스 모형, MNL 모형, MCI 모형 등이 있다.

43

소매점의 상품구색과 상권 및 입지 특성에 대한 설명 중에서 가장 옳지 않은 것은?

① 편의품 소매점의 상권은 도보로 이동이 가능한 범위 이내로 제한되는 경우가 많다.
② 편의품은 일반적으로 소비자가 점포선택에 구매노력을 상대적으로 덜 기울이기 때문에 주택이나 사무실 등에 가까운 입지가 유리하다.
③ 선매품 소매점은 편의품보다 상권의 위계에서 높은 단계의 소매 중심지나 상점가에 입지하여 넓은 범위의 상권을 가져야 한다.
④ 전문품 소매점의 경우 고객이 지역적으로 밀집되어 있어서 상권의 밀도는 높고 범위는 좁은 것이 특징이다.
⑤ 동일 업종이라 하더라도 점포의 규모나 품목구성에 따라 상권의 범위가 달라진다.

전문품 소매점의 경우는 고객이 넓은 지역에 분포되어 있어 상권의 밀도는 낮고 범위는 넓은 것이 특징이다.
고객이 지역적으로 밀집되어 있어서 상권의 밀도는 높고 범위는 좁은 것이 특징인 것은 편의품 소매점이다.

44

입지조건에 대한 일반적인 평가 중에서 가장 옳은 것은?

① 방사(放射)형 도로구조에서 분기점에 위치하는 것은 불리하다.
② 일방통행로에 위치한 점포는 시계성(가시성)과 교통접근성에 있어서 유리하다.
③ 곡선형 도로의 안쪽입지는 바깥쪽입지보다 시계성(가시성) 확보 측면에서 불리하다.
④ 주도로와 연결된 내리막이나 오르막 보조도로에 위치한 점포는 양호한 입지이다.
⑤ 차량 출입구는 교차로 교통정체에 의한 방해를 피하기 위해 모퉁이에 근접할수록 좋다.

곡선형 커브(curve)가 있는 도로에서는 안쪽보다 바깥쪽 입지가 유리하다. 즉 'C'자와 같이 굽은 곡선형 도로의 안쪽에 입지해 있는 점포는 시계성에 있어서 불리하다.

선지분석
① 방사형 도로는 도심에 위치한 시장이나 기념비적 건물 등을 중심으로 별 모양처럼, 사방에 연결되도록 계획된 도로이다. 방사형 도로는 교통의 흐름에 있어서는 도심집중성이 강하기 때문에 교차점에 가까운 입지가 유리하다.
② 일방통행로에 위치한 점포는 시계성(가시성)과 교통 접근성에 있어서 불리하다.
④ 주도로와 연결된 내리막이나 오르막 보조도로에 위치한 점포는 불리한 입지이다.
⑤ 차량 출입구는 모퉁이에서 먼 곳일수록 좋다.

45

상권 범위 내 소비자들이 특정점포를 선택할 확률을 근거로 예상매출액을 추정할 수 있는 상권분석 기법들로 가장 옳은 것은?

① 유사점포법, Huff모델
② 체크리스트법, 유사점포법
③ 회귀분석법, 체크리스트법
④ Huff모델, MNL모델
⑤ MNL모델, 회귀분석법

상권 범위 내 소비자들이 특정점포를 선택할 확률을 근거로 예상매출액을 추정할 수 있는 상권분석 기법으로는 Huff모델, MNL모델 등이 있다.

유통마케팅

46

유통업 고객관계관리 활동의 성과 평가기준으로서 가장 옳은 것은?

① 시장점유율의 크기
② 판매량의 안정성
③ 고객자산(customer equity)의 크기
④ 고객정보의 신뢰성
⑤ 시장의 다변화 정도

고객자산은 현재의 고객과 잠재적인 고객의 고객생애가치를 현재가치로 할인하여 모두 합한 것으로, 고객관계관리(CRM)의 활동성과 평가기준으로서 가장 중요하다고 할 수 있다.

47

아래 글상자의 설명을 모두 만족하는 유통마케팅조사의 표본추출방법으로 가장 옳은 것은?

- 모집단을 적절한 기준 변수에 따라 서로 상이한 소집단으로 나누고, 각 소집단별로 할당된 숫자의 표본을 단순무작위로 추출한다.
- 기준 변수를 잘 선택할 경우 모집단을 대표하는 표본을 얻을 수 있는 장점이 있다.

① 할당표본추출
② 군집표본추출
③ 판단표본추출
④ 층화표본추출
⑤ 편의표본추출

층화표본추출은 확률적 표본추출법 중 하나로 모집단을 통제변수에 의해 배타적이고 포괄적인 소그룹으로 구분한 다음 각 소그룹별로 표본을 단순무작위로(random) 추출하는 방식이라 할 수 있다.

정답 | 42 ④ 43 ④ 44 ③ 45 ④ 46 ③ 47 ④

48

아래 글상자에서 설명하는 경로구성원의 공헌도 평가기법이 평가하는 요소로 가장 옳은 것은?

> 구매자 입장에서 특정 공급자의 개별품목 혹은 재고관리단위(SKU; Stock Keeping Unit) 각각에 대해 평가하는 기법

① 평당 총이익
② 직접제품이익
③ 경로구성원 종합성과
④ 경로구성원 총자산수익률
⑤ 상시종업원당 총이익

유통업의 성과평가 도구는 크게 유통비용분석, 전략적 수익모형, DPP(Direct Product Profit, 제품별 직접이익) 등을 사용하고 있다.
이 중에서 직접제품이익(DPP)은 경로구성원이 취급하는 제품별 이익성(profitability)을 평가하는 유통경로시스템에 대한 평가방법으로, 손익계산서 상의 매출총이익(총마진)에서 다양한 할인부분을 고려한 직접기타수익을 더하여 조정된 매출총이익을 산정하는 방법이다.

49

유통업체가 활용하는 자체 브랜드(PB: private brand)의 유형으로 가장 옳지 않은 것은?

※ 출제 오류로 전체 정답처리 되었습니다.

① 제조업체 브랜드의 외형이나 명칭을 모방한 저가브랜드
② 가격에 민감한 세분시장을 표적으로 하는 저가 브랜드
③ 제조업체 브랜드와 품질과 가격에서 경쟁하는 프리미엄 브랜드
④ 사용료를 지불한 제조업체 브랜드의 라이센스 브랜드
⑤ 제조업체 브랜드를 모방한 대체품이지만 유통업체 브랜드임을 밝힌 유사 브랜드

제시된 내용 모두 PB의 유형에 해당한다.

50

가격결정방식에 대한 설명으로 가장 옳지 않은 것은?

① 가격 탄력성이 1보다 클 경우 그 상품에 대한 수요는 가격비탄력적이라고 한다.
② 가격을 결정할 때 기업의 마케팅목표, 원가, 시장의 경쟁구조 등을 고려해야 한다.
③ 제품의 생산과 판매를 위해 소요되는 모든 비용을 충당하고 기업이 목표로 한 이익을 낼 수 있는 수준에서 가격을 결정하는 방식을 원가중심 가격결정이라고 한다.
④ 소비자가 제품에 대해 지각하는 가치에 따라 가격을 결정하는 것을 수요중심 가격결정이라고 한다.
⑤ 자사제품의 원가나 수요보다도 경쟁제품의 가격을 토대로 가격을 결정하는 방식을 경쟁중심 가격결정이라고 한다.

가격 탄력성이 1보다 클 경우 그 상품에 대한 수요는 가격탄력적이라고 하며, 이는 가격변화에 대하여 수요가 민감하게 반응함을 나타낸다.

51

프랜차이즈 본부가 직영점을 설치하는 이유로 가장 옳지 않은 것은?

① 본부 직영점들은 프랜차이즈 시스템 내의 다른 점포들에 대한 모델점포로서의 기능을 할 수 있다.
② 직영점들은 프랜차이즈 시스템의 초기에 프랜차이즈 유통망의 성장을 촉진할 수 있다.
③ 본부 직영점을 통해 점포운영상의 문제점들을 직접 피부로 파악할 수 있다.
④ 본부가 전체 프랜차이즈 시스템의 운영에 대해 강력한 통제를 유지할 수 있는 가능성을 높일 수 있다.
⑤ 본부는 가맹점 증가보다 직영점을 통해 가입비, 교육비 등의 수입을 보다 적극적으로 확보할 수 있다.

가입비, 교육비 등의 수입을 보다 적극적으로 확보할 수 있는 것은 가맹점을 증가시켰을 때의 장점이다.

52

고객충성도와 관련된 설명으로 가장 옳지 않은 것은?

① 충성도는 상호성과 다중성이라는 두 가지 속성을 가지고 있다.
② 충성도는 기업이 고객에게 물질적, 정신적 혜택을 제공하고, 고객이 긍정적인 반응을 해야 발생한다.
③ 고객 만족도가 높아지면 재구매 비율이 높아지고, 이에 따라 충성도도 높아진다.
④ 타성적 충성도(inertial loyalty)는 특정 상품에 대해 습관에 따라 반복적으로 나타나는 충성도이다.
⑤ 잠재적 충성도(latent loyalty)는 호감도는 낮지만 반복구매가 높은 경우에 발생하는 충성도이다.

Dick & Basu는 고객충성도의 유형을 진성 충성도, 잠재적 충성도, 타성적 충성도, 비충성도의 4가지로 구분하였다. 이 중 잠재적 충성도는 호감도는 높지만 반복구매가 낮은 경우에 발생하는 충성도라 할 수 있다.

53

효과적인 진열을 위해 활용하는 IP(Item Presentation), PP(Point of Presentation), VP(Visual Presentation)에 대한 설명으로 가장 옳지 않은 것은?

① IP의 목적은 판매포인트 전달과 판매유도이다.
② IP는 고객이 하나의 상품에 대한 구입의사를 결정할 수 있도록 돕기 위한 진열이다.
③ VP의 목적은 중점상품과 테마에 따른 매장 전체 이미지 표현이다.
④ VP는 점포나 매장 입구에서 유행, 인기, 계절상품 등을 제안하기 위한 진열이다.
⑤ PP는 어디에 어떤 상품이 있는가를 알려주는 진열이다.

IP는 상품개발을 기초로 매장의 기본품목별로 분류, 정리하여 보기 쉽고 고르기 쉽게 연출하는 것이다.
판매포인트 전달과 판매유도가 목적인 것은 PP(Point of sale Presentation)이다.

54

매장 배치에 관한 아래의 내용 중에서 옳게 설명된 것은?

① 백화점 등 고급점포는 매장의 효율을 높이기 위해 그리드(grid) 방식의 고객동선 설계가 바람직하다.
② 복합점포매장의 경우, 고가의 전문매장, 가구매장 등은 고층이나 층 모서리에 배치하는 것이 바람직하다.
③ 충동구매를 일으키는 상품은 점포 후면에 진열, 배치하는 것이 바람직하다.
④ 층수가 높은 점포는 층수가 높을수록 그 공간가치가 높아진다.
⑤ 넓은 바닥면적이 필요한 상품은 통행량이 많은 곳에 배치하여야 한다.

복합점포매장의 경우, 고가의 전문매장, 가구매장 등은 고객 동선이 겹치지 않고 편안한 쇼핑이 가능한 고층이나 층 모서리(구석)에 배치하는 것이 합리적이다.

55

산업재에 적합한 촉진수단으로 가장 옳은 것은?

① 광고
② 홍보
③ 인적판매
④ PR
⑤ 콘테스트

광고, PR, 인적판매, 판매촉진 중에서 산업재(B2B)에 가장 적합한 촉진수단은 전문적인 구매를 지원할 수 있는 인적판매이다.

56

유통마케팅 조사 절차의 첫 번째 단계로서 가장 옳은 것은?

① 조사 설계
② 자료 수집
③ 모집단 설정
④ 조사문제 정의
⑤ 조사 타당성 평가

관련이론 | 마케팅 조사 절차
조사문제 정의 및 조사목적 설정 → 마케팅조사계획 설계 → 자료의 수집 → 자료수집분석 → 보고서작성

정답 | 48 ② 49 전항정답 50 ① 51 ⑤ 52 ⑤ 53 ① 54 ② 55 ③ 56 ④

57
브랜드 관리와 관련된 설명으로 가장 옳지 않은 것은?

① 브랜드 자산(brand equity)이란 해당 브랜드를 가졌기 때문에 발생하는 차별적 브랜드 가치를 말한다.
② 브랜드 재인(brand recognition)은 브랜드가 과거에 본인에게 노출된 적이 있음을 알아차리는 것이다.
③ 브랜드 인지도(brand awareness)가 높을수록 브랜드 자산(brand equity)이 증가한다고 볼 수 있다.
④ 브랜드 인지도(brand awareness)는 브랜드 이미지의 풍부함을 의미한다.
⑤ 브랜드 회상(brand recall)이란 브랜드 정보를 기억으로부터 인출하는 것을 말한다.

브랜드 인지도(brand awareness)는 소비자가 한 제품범주에 속한 특정 브랜드를 재인(recognition)하거나 회상할 수 있는 능력을 의미한다.

58
핵심고객관리(key account management)의 대상이 되는 핵심고객의 특징에 대한 설명으로 가장 옳지 않은 것은?

① 대량 구매를 하거나 구매점유율이 높다.
② 구매과정에서 기능적으로 상이한 여러 분야(생산, 배송, 재고 등)의 사람이 관여한다.
③ 지리적으로 분산된 조직단위(상점, 지점, 제조공장 등)를 위해 구매한다.
④ 전문화된 지원과 특화된 서비스(로지스틱스, 재고관리 등)가 필요하다.
⑤ 효과적이고 수익성 높은 거래의 수단으로 구매자와 판매자 간의 일회성 협력관계를 요구한다.

고객관계관리(CRM)에 의하면 핵심고객과는 일회성 협력관계가 아닌 장기적 협력관계를 구축해야한다.

59
소매업체 대상 판촉프로그램에 대한 설명으로 옳지 않은 것은?

① 가격할인이란 일정 기간의 구매량에 대해 가격을 할인해주는 방법을 말한다.
② 리베이트란 진열위치, 판촉행사, 매출실적 등 소매상의 협력 정도에 따라 판매금액의 일정률에 해당하는 금액을 반환해 주는 것을 말한다.
③ 인적지원이란 월 매출이 일정수준 이상인 점포에는 판촉사원을 고정적으로 배치하고 그 외 관리대상이 될 만한 점포에는 판촉사원을 순회시키는 것을 말한다.
④ 소매점 경영지도란 소매상에게 매장연출방법, 상권분석 등의 경영지도를 통해 매출증대를 돕는 것을 말한다.
⑤ 할증판촉이란 소매점이 진행하고 있는 특정 제품 및 세일 관련 광고비용 일부를 부담하는 것을 말한다.

소매점이 진행하고 있는 특정 제품 및 세일 관련 광고비용 일부를 부담하는 것은 협력광고에 해당한다.

60
아래 글상자에서 설명하는 경우에 적용할 수 있는 유통 마케팅전략으로 가장 옳은 것은?

- 자사 제품을 효과적이고 효율적으로 전달할 수 있는 하나의 구매자 세분시장을 찾아낸 경우
- 하나의 세분시장만으로도 기업의 이익목표를 충족시키기에 충분한 경우
- 특정 시장, 특정 소비자 집단, 일부 제품 종류, 특정 지역 등의 시장에 초점을 맞춰 공략하고자 하는 경우

① 시장확대전략 ② 비차별화전략
③ 집중화전략 ④ 차별화전략
⑤ 원가우위전략

특정 세분시장에 대한 집중화전략(focus strategy)은 중소기업과 같이 기업의 자원과 역량이 한정되어 있는 경우, 하나 또는 소수의 작은 시장에서 시장점유율을 늘리기 위해 핵심역량을 하나의 카테고리에 집중하는 전략이다.

61

점포의 매장면적에 관한 설명으로 가장 옳지 않은 것은?

① 점포면적은 매장면적과 비매장면적으로 구분한다.
② 각 상품부문의 면적당 생산성을 고려하여 매장면적을 배분한다.
③ 일반적으로 전체 면적에서 차지하는 매장면적의 비율은 점포의 규모가 클수록 높아진다.
④ 매장면적을 배분할 때는 소비자의 편의성에 대한 요구, 효과적인 진열과 배치 등도 고려해야 한다.
⑤ 전체 면적 중 매장면적의 비율은 고급점포일수록 낮아진다.

일반적으로 점포의 규모가 클수록 매장면적 이외의 편의시설 및 부대시설 면적, 안전을 위한 피난시설 등의 면적이 늘어난다. 따라서 점포가 클수록 전체 면적에서 매장면적이 차지하는 비율은 낮아지는 경향이 있다.

62

제조업자가 중간상들과의 거래에서 사용하는 가격할인 유형 중 판매촉진지원금에 대한 설명으로 옳은 것은?

① 중간상이 제품을 현금으로 구매할 경우 제조업자가 판매대금의 일부를 할인해 주는 것이다.
② 중간상이 제조업자가 일반적으로 수행해야 할 업무의 일부를 수행할 경우 경비의 일부를 제조업자가 부담하는 것이다.
③ 중간상이 제조업자를 대신하여 지역광고를 하거나 판촉을 실시할 경우 지급하는 보조금이다.
④ 중간상이 대량구매를 하는 경우 해주는 현금할인이다.
⑤ 중간상이 하자있는 제품, 질이 떨어지는 제품 등을 구매할 때 지급하는 지원금이다.

판매촉진 지원금은 중간상이 제조업자를 위해 지역광고를 하거나 판촉을 실시할 경우 제조업체가 지원하는 보조금을 말한다.

선지분석 |
①은 현금할인, ②는 광고공제, ④는 수량할인, ⑤는 구매공제에 대한 설명이다.

63

고객생애가치(CLV: Customer Lifetime Value)에 대한 설명으로 가장 옳은 것은?

① 업태에 따라 고객생애가치는 다르게 추정될 수 있다.
② 고객생애가치는 고객과 기업 간의 정성적 관계 가치이므로 수치화하여 측정하기 어렵다.
③ 고객생애가치는 고객이 일생동안 구매를 통해 기업에게 기여하는 수익을 미래가치로 환산한 금액이다.
④ 고객생애가치는 고객점유율(customer share)에 기반하여 추정할 수 있다.
⑤ 고객의 생애가치는 고객의 이용실적, 고객당 비용, 고객 이탈가능성 및 거래기간 등을 통해 추정할 수 있다.

고객 한 사람이 평생 자사의 상품을 구매한다고 가정했을 때의 매출액 혹은 이익을 고객생애가치라고 하며, 고객이 한 기업의 고객으로 존재하는 전체 기간 동안 기업에게 제공할 것으로 추정되는 재무적인 공헌도의 총합계를 말한다. 이는 고객의 이용실적, 고객당 비용, 고객 이탈가능성 및 거래기간 등을 통해 추정할 수 있다.

64

아래 글상자에서 설명하는 가격전략으로 가장 옳은 것은?

> • 동일 상품군에 속하는 상품들에 다양한 가격대를 설정하는 가격전략
> • 소비자가 디자인, 색상, 사이즈 등을 다양하게 비교하는 선매품, 특히 의류품의 경우 자주 활용
> • 몇 개의 구체적인 가격만이 제시되므로 복잡한 가격비교를 하지 않아도 되어 소비자의 상품선택과정이 단순화된다는 장점을 가짐

① 가격계열화전략(price lining strategy)
② 가격품목화전략(price itemizing strategy)
③ 가격단위화전략(price unitizing strategy)
④ 가격구색화전략(price assortment strategy)
⑤ 가격믹스전략(price mix strategy)

가격계열화전략(가격라인결정)은 특정 상품계열 내에서는 사전에 결정된 극소수의 가격대에 해당하는 품목들만을 취급하는 소매전략이다.

정답 | 57 ④   58 ⑤   59 ⑤   60 ③   61 ③   62 ③   63 ⑤   64 ①

65

마이클 포터(Michael Porter)의 5요인모델(5-Forces Model)에 근거한 설명으로 가장 옳지 않은 것은?

① 기존 기업들은 높은 진입장벽의 구축을 통해 시장매력도를 높일 수 있다.
② 구매자의 교섭력이 높아질수록 시장 매력도는 낮아진다.
③ 시장매력도는 산업 전체의 평균 수익성을 의미한다.
④ 경쟁자, 공급자, 구매자가 분명하게 구분되는 것을 가정한다.
⑤ 대체재가 많을수록 시장의 매력도는 높아진다.

마이클 포터(Michael Porter)의 5요인모델(5-Forces Model)에 따르면 대체재가 많을수록 시장의 매력도와 산업수익률은 낮아진다.

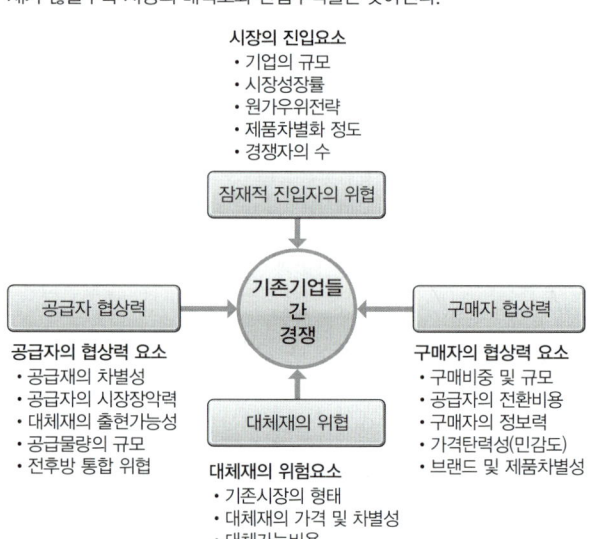

66

상품구색의 다양성(variety)에 대한 설명으로 가장 옳지 않은 것은?

① 취급하는 상품계열의 수가 어느 정도 되는가를 의미한다.
② 취급하는 상품 품목의 수가 얼마나 되느냐와 관련된다.
③ 동일한 성능이나 용도를 가진 상품들을 하나의 상품군으로 취급하기도 한다.
④ 동일한 고객층 또는 동일한 가격대 등을 하나의 상품군으로 취급하기도 한다.
⑤ 전문점은 백화점이나 양판점에 비해 상품구색의 다양성이 한정되어 있다.

기업 전체가 취급하는 상품 품목의 수가 얼마나 되느냐는 제품계열의 길이를 말하며, 특정 제품 카테고리 내에서의 품목 수는 제품믹스의 깊이(전문성)를 의미한다.
상품구색의 다양성(넓이)은 한 점포 내 또는 부문 내에서 취급하는 상품 카테고리 종류의 수를 말하며, 이는 점포가 몇 종류의 상품계열을 취급하는지를 의미한다.

67

업체별 머천다이징의 특징으로 가장 옳지 않은 것은?

① 전문점의 머천다이징은 전문성의 표현과 개성전개, 표적의 명확화를 바탕으로 구성한다.
② 할인점은 저비용, 저마진, 대량판매의 효율성을 바탕으로 구성한다.
③ 선매품점은 계절욕구, 패션지향에 대한 특성과 개성표현이 잘 되도록 구성한다.
④ 백화점은 계절성, 편리성, 친절성을 바탕으로 효율적 판매가 가능하도록 구성한다.
⑤ 슈퍼마켓은 합리적 상품회전율과 상품품목별 효율 중심을 바탕으로 구성한다.

백화점은 고마진, 저회전율 풀서비스를 제공하는 업태로 친절성과 전문성이 강조되지만 편리성과는 거리가 멀다. 편리성은 편의품을 위주로 하는 대형마트에 해당하는 특성이라 할 수 있다.

68

고객관계를 강화하기 위한 고객관리전략으로 가장 옳지 않은 것은?

① 잠재가능고객 파악 및 차별적 프로모션 실행
② 구매 후 고객관리를 통한 관계 심화
③ 고객충성도의 주기적 측정 및 관리
④ 적극적이고 체계적인 불평관리
⑤ 고객이탈을 방지하는 인센티브 제공

고객관계관리는 잠재고객보다도 기존 고객의 이탈을 방지하고 장기적인 관계를 구축하려는 노력에 해당한다고 할 수 있다.

69

판매원의 판매활동에 대한 설명으로 가장 옳지 않은 것은?

① 상품과 대금의 교환을 실현시키는 활동이다.
② 상품의 효용과 가치에 대한 정보를 제공하는 활동이다.
③ 제한된 공간에서 소매점의 이익을 극대화하기 위한 활동이다.
④ 고객이 상품과 서비스를 구매하도록 설득하는 활동이다.
⑤ 대화를 통해 고객의 욕구를 파악하고 그에 부합되는 제품을 추천하는 활동이다.

판매활동은 제한된 공간인 매장뿐만 아니라 외부에서도 이루어질 수 있는 소매점의 이익극대화를 위한 활동이라 할 수 있다.

70

판매 결정을 촉구하는 판매원의 행동기법으로 가장 옳지 않은 것은?

① 두 가지 대안 중 어느 한쪽을 선택하도록 유도한다.
② 제품을 구매함으로써 얻게 되는 여러 이점을 설명한다.
③ 고객이 어느 정도 사고 싶은 마음이 있는지 파악할 수 있는 질문을 한다.
④ 고객에게 어필할 수 있는 주요 이익을 요약 설명한다.
⑤ 구매하지 않아도 된다는 태도를 취하여 소비자를 유혹하는게 아니라는 신뢰감을 갖게 한다.

'구매하지 않아도 된다는 태도를 취하여 소비자를 유혹하는게 아니라는 신뢰감을 갖게 한다'는 내용은 판매 결정 촉구를 통해 구매를 클로징하려는 단계에서 바람직하지 않은 행동에 해당한다.

유통정보

71

인터넷 상거래의 비즈니스 모델 유형별로 세부 비즈니스 모델을 짝지어 놓은 것으로 가장 옳지 않은 것은?

① 소매 모델 – 소비자에게 제품이나 서비스 판매 – 온·오프 병행소매
② 중개 모델 – 판매자와 구매자 연결 – 이마켓플레이스
③ 콘텐츠서비스 모델 – 이용자에게 콘텐츠 제공 – 포털
④ 광고 모델 – 인터넷을 매체로 광고 – 배너광고
⑤ 커뮤니티 모델 – 공통관심의 이용자들에게 만남의 장 제공 – 검색 에이전트

e-마케팅에서 커뮤니티(community)는 방문자들이 다양한 관심사를 토론할 수 있는 가상공동체를 의미하는 것으로 검색 에이전트와는 관계가 없다. e-Marketplace 모델 중 제품 표준화 정도가 낮은 업종의 제조업체가 사업 수행을 위하여 여러 협력업체들과 긴밀한 관계를 유지해야 하며, 가격보다는 서비스 품질을 강조해야 하는 경우에 가장 효과적인 것은 커뮤니티형이다.

정답 | 65 ⑤ 66 ② 67 ④ 68 ① 69 ③ 70 ⑤ 71 ⑤

72

아래 글상자에서 암묵지에 해당하는 내용만을 모두 나열한 것으로 가장 옳은 것은?

㉠ 매뉴얼	㉡ 숙련된 기술
㉢ 조직 문화	㉣ 조직의 경험
㉤ 데이터베이스	㉥ 컴퓨터 프로그램

① ㉠, ㉢, ㉣
② ㉠, ㉢, ㉤
③ ㉡, ㉢, ㉣
④ ㉡, ㉢, ㉣, ㉥
⑤ ㉢, ㉣, ㉤, ㉥

암묵지(tacit knowledge)는 전수하기 어려운 지식, 경험을 통해 체화된 지식, 숙련된 기능 또는 노하우, 말 또는 언어로 표현할 수 없는 주관적인 지식 등의 특성을 지니는 것으로 숙련된 기술, 조직 문화, 조직의 경험 등이 이에 해당한다.

관련이론 | 형식지와 암묵지

폴라니(Michael Polanyi)는 지식을 형식적 지식(explicit knowledge)과 암묵적 지식(tacit knowledge)으로 구분하였다.

형식적 지식(형식지)이란 말, 즉 언어로 표현할 수 있는 명시적·객관적·논리적인 지식을 의미한다.

반면 암묵적 지식(암묵지)은 개인적인 경험에 의해 얻어지는, 말로 표현하기 어려운 직감적인 지식을 말하는 것으로 노하우 등을 의미한다.

73

베스트 오브 브리드(best of breed)전략을 통해 ERP 시스템을 구축할 경우에 대한 설명으로 가장 옳지 않은 것은?

① 상대적으로 낮은 비용으로 시스템을 구축할 수 있다.
② 특정 기능 구현에 있어서 고도의 탁월한 기능성을 발휘함으로써 보다 많은 경쟁우위를 창출하도록 해준다.
③ 별도의 미들웨어 개발 없이 모듈 간 통합을 할 수 있다.
④ 소프트웨어 선택, 프로젝트 관리 및 업그레이드에 더 많은 시간과 자원이 소요된다.
⑤ 고도의 전문성을 지닌 IT자원이 요구된다.

베스트 오브 브리드(best of breed)전략은 동급에서 최고의 전략을 선택하는 것이다. 이 전략을 통해 ERP 시스템을 구축하기 위해서는 별도의 미들웨어를 개발해야 모듈 간 통합이 가능하다. 별도의 미들웨어를 개발해야 하므로 시스템 구축에는 높은 비용이 소요된다.

미들웨어(middleware)는 여러 운영체제(유닉스, 윈도우, z/OS 등)에서 응용 프로그램들 사이에 위치한 소프트웨어를 말한다. 미들웨어는 양 쪽을 연결하여 데이터를 주고받을 수 있도록 중간에서 매개 역할을 한다.

74

데이터의 깊이와 분석차원을 마음대로 조정해가며 분석하는 OLAP(Online Analytical Processing)의 기능으로 가장 옳은 것은?

① 분해(slice & dice)
② 리포팅(reporting)
③ 드릴링(drilling)
④ 피보팅(pivoting)
⑤ 필터링(filtering)

데이터의 깊이와 분석차원을 마음대로 조정해가며 분석하는 OLAP(On-Line Analytical Processing)의 기능은 드릴링(drilling)이다.

선지분석

① 분해(slicing & dicing)는 다차원 모델에서 한 차원을 잘라 보고 동시에 다른 차원을 자르면서 데이터 범위를 좁혀가는 작업 기능이다.
② 리포팅(reporting)은 현재 보고서의 정보를 간단한 대화식 조작을 통해 원하는 형태의 보고서로 나타낼 수 있다.
④ 피보팅(pivoting)은 데이터를 분석하는 차원을 사용자의 니즈에 따라 다양한 기준으로 전환시켜 볼 수 있는 기능이다. 사용자가 원하면 최종적으로 보여지는 보고서의 축을 자유자재로 바꿀 수 있다.
⑤ 필터링(filtering)은 전체 데이터에서 원하는 기준만을 선정하여 그 기준에 해당되는 정보만을 보여주는 기능이다.

75

절차별 모바일 결제 서비스에 대한 내용 중 괄호 안에 들어갈 용어를 순서대로 나열한 것으로 가장 옳은 것은?

절차	From	To
구매요청/지불 정보 전송	고객	쇼핑몰
지불 정보 전송	쇼핑몰	(㉠)
고객 확인 요청/거래 암호 생성, 전송	(㉠)	(㉡)
고객 확인 후 거래 암호 전송	(㉡)	고객
거래 암호 전송	고객	쇼핑몰
대금 정보 전송	쇼핑몰	모바일PG
상품 배송	쇼핑몰	고객
대금 정보 전송	모바일PG	이동통신사
대금 청구	이동통신사	고객
대금 수납	고객	(㉢)
수납 정보/수납 금액 인도	(㉢)	(㉣)
상점 정산	(㉣)	쇼핑몰

	㉠	㉡	㉢	㉣
①	이동통신사	모바일PG	이동통신사	모바일PG
②	이동통신사	모바일PG	모바일PG	이동통신사
③	모바일PG	이동통신사	이동통신사	모바일PG
④	모바일PG	이동통신사	모바일PG	이동통신사
⑤	이동통신사	모바일PG	신용카드사	모바일PG

쇼핑몰이 모바일PG에 지불정보를 전송하면 모바일 PG는 이동통신사에 고객확인을 요청하고, 이동통신사는 고객 확인 후 고객에게 거래암호를 전송한다.
고객에게 대금을 청구하면 고객은 이동통신사에 대금을 납부하고, 이동통신사는 모바일PG에 수납 정보 및 수납금액을 인도한다. 그 후 모바일PG는 쇼핑몰과 정산을 한다.

76

4차 산업혁명에 따라 파괴적인 혁신을 이루는 기하급수기술(exponential technology)로 가장 옳지 않은 것은?

① 3D 프린팅(3D printing)
② 인공지능(artificial intelligence)
③ 로봇공학(robotics)
④ 사물인터넷(internet of things)
⑤ 레거시 시스템(legacy system)

Legacy의 원 뜻은 유산으로 물려받은 것을 의미하는데, 기존에 사용되고 있는 모든 시스템을 레거시라고 한다. 따라서 기업이 새로운 전략 시스템을 도입하면 기존의 것은 모두 레거시 시스템이 되는 것이다.

77

NoSQL에 관련된 내용으로 가장 옳지 않은 것은?

① 화면과 개발로직을 고려한 데이터 셋을 구성하여 일반적인 데이터 모델링이라기보다는 파일구조 설계에 가깝다고 볼 수 있다.
② 데이터 항목을 클러스터 환경에 자동적으로 분할하여 적재한다.
③ 스키마 없이 데이터를 상대적으로 자유롭게 저장한다.
④ 대규모의 데이터를 유연하게 처리할 수 있는 전통적인 관계형 데이터베이스 시스템이다.
⑤ 간단한 API Call 또는 HTTP를 통한 단순한 접근 인터페이스를 제공한다.

NoSQL은 Not Only SQL의 약자로, 빅데이터 처리를 위한 비관계형 데이터베이스 관리시스템(DBMS)이며, 기존의 전통적인 방식의 관계형 데이터베이스와는 다르게 설계된 데이터베이스이다. 또한 테이블 간 조인(Join)연산을 지원하지 않는다.
노에스큐엘(NoSQL)은 테이블-컬럼과 같은 스키마 없이 분산 환경에서 단순 검색 및 추가 작업을 위한 키 값을 최적화한다.

정답 | 72 ③ 73 ①, ③ 74 ③ 75 ③ 76 ⑤ 77 ④

78

유통업체에서 활용하는 비즈니스 애널리틱스(analytics)의 유형에 대한 설명으로 가장 옳지 않은 것은?

① 대시보드(dashboards)는 데이터 분석결과에 대한 이용자 이해도를 높이기 위한 데이터 시각화 기술이다.
② 스코어카드(scorecards)는 데이터베이스로부터 정보를 추출하는 주요 메커니즘이다.
③ 데이터 마이닝(data mining)은 대규모 데이터를 분석하여 숨겨진 상관관계 및 트렌드를 발견하는 기법이다.
④ 리포트(reports)는 비즈니스에서 요구하는 정보를 포맷화하고 조직화하기 위해 변환시켜 표현하는 것이다.
⑤ 알림(alert)은 특정 사건이 발생했을 때 이를 관리자에게 인지시켜주는 자동화된 기능이다.

스코어카드(scorecards)는 단순한 성과표를 말하며, 데이터베이스로부터 정보를 추출하는 주요 메커니즘은 쿼리(queries)이다.

79

아래 글상자의 괄호 안에 들어갈 내용을 순서대로 나열한 것으로 가장 옳은 것은?

	자료	정보	지식
구조화	(㉠)	단위필요	(㉡)
부가가치	(㉢)	중간	(㉣)
객관성	(㉤)	가공필요	(㉥)

	㉠	㉡	㉢	㉣	㉤	㉥
①	어려움	쉬움	적음	많음	객관적	주관적
②	쉬움	어려움	많음	적음	주관적	객관적
③	어려움	쉬움	많음	적음	주관적	객관적
④	쉬움	어려움	적음	많음	객관적	주관적
⑤	어려움	쉬움	적음	많음	주관적	객관적

일반적으로, 수집한 자료(data)를 의사결정에 유용한 형태로 처리한 것을 정보(information)라 하며 이러한 정보가 체계화되어 축적되면 지식(knowledge)이 된다.
자료(data)는 사실(facts) 그 자체이므로 구조화가 쉽고, 부가가치는 적으며, 객관적이다.
지식(knowledge)은 구조화가 어렵고, 부가가치는 많으며, 주관적이다.

80

고객이 기존에 구매한 상품보다 가치가 높고, 성능이 우수한 상품을 추천하는 시스템을 활용하는 것을 지칭하는 용어로 가장 옳은 것은?

① 클릭 앤드 모타르(click and mortar)
② 옴니채널(omnichannel)
③ 서비스 시점(point of service)
④ 크로스 셀링(cross selling)
⑤ 업 셀링(up selling)

업셀링(up selling)은 상향판매 또는 추가판매라고도 하며 특정한 상품 범주 내에서 상품구매액을 늘리기 위해 업그레이드된 단가가 높은 상품의 구매를 유도하는 판매활동의 하나이다.

선지분석
① 클릭 앤드 모타르(click and mortar) 조직은 전자상거래 활동을 수행하면서 현실세계에서는 기본적으로 오프라인 활동을 수행하는 조직이다. 즉 오프라인 활동과 온라인 활동을 병행한다.
② 옴니채널은 O2O(Online to Offline) 커머스의 대표적인 사례이다. 이는 소비자가 온라인과 오프라인, 모바일 등 다양한 채널을 넘나들며 상품을 검색하고 구매할 수 있도록 하는 것을 말한다.
④ 크로스 셀링(cross selling), 즉 교차판매 전략은 한 기업이 여러 제품을 생산하는 경우, 고객의 데이터베이스를 이용하여 기업이 제공하는 다른 제품의 구매를 유도하는 전략이다.

81

아래 글상자가 설명하는 용어로 가장 옳은 것은?

- Ian Foster, Carl Kesselman, Steve Tuecke에 의해 제안된 개념으로 분산 병렬 컴퓨팅의 한 분야로 원거리 통신망(WAN: Wide Area Network)으로 연결된 서로 다른 기종의(heterogeneous) 컴퓨터들을 하나로 묶어 가상의 대용량 고성능 컴퓨터를 구성하는 기술을 지칭한다.
- 거대 데이터 집합 분석과 날씨 모델링 같은 대규모 작업을 수행하는 네트워크로 연결된 컴퓨터 그룹이다.

① 클라우드 컴퓨팅 ② 그리드 컴퓨팅
③ 그린 컴퓨팅 ④ 클러스터 컴퓨팅
⑤ 가상 컴퓨팅

그리드 컴퓨팅은 모든 컴퓨팅 기기를 하나의 초고속 네트워크로 연결하여, 컴퓨터의 계산능력을 극대화한 차세대 디지털 신경망 서비스를 말한다. 일반적으로 그리드 컴퓨팅은 PC나 서버, PDA 등 모든 컴퓨팅 기기를 하나의 네트워크로 연결해, 정보처리 능력을 슈퍼컴퓨터 혹은 그 이상의 수준으로 극대화시키는 것이다. 즉, 분산된 컴퓨팅 자원을 초고속네트워크로 모아 활용한다.

82

유통업체의 지식관리 시스템 구축 및 활용과 관련된 설명으로 가장 옳은 것은?

① 기업은 지식에 대한 유지관리를 위해 불필요한 지식도 철저하게 잘 보존해야 한다.
② 지식관리 시스템을 도입하면 조직 내부의 지식관리에 대한 모든 문제를 해결할 수 있다.
③ 지식관리 시스템 활용에 있어, 직원이 보유한 업무처리 지식에 대한 공유 방지를 위해 철저하게 통제한다.
④ 지식관리 시스템 구축은 단기적 관점에서 경쟁력을 강화하기 위한 프로젝트로 단기 매출 증대에 기여하도록 시스템을 구축해야 한다.
⑤ 성공적인 도입을 위해서 초기에는 소규모로 시스템을 도입하고, 성과가 나타나기 시작하면 전사적으로 지식관리 시스템을 확장하는 것이 유용하다.

지식관리 시스템(KMS)의 성공적인 도입을 위해서 초기에는 소규모로 시스템을 도입하고, 성과가 나타나기 시작하면 전사적으로 지식관리 시스템을 확장하는 것이 유용하다.

관련이론 | **지식관리 시스템(KMS; Knowledge Management System)**
지식관리 시스템은 조직 내의 인적자원들이 축적하고 있는 개별적인 지식을 체계화하여 공유함으로써 기업 경쟁력을 향상시키기 위한 기업정보 시스템을 말한다. 지식관리 시스템이 구축되면 기업과 기업 간 협업이 가속화되어 경쟁우위를 구축할 수 있다.

83

빅데이터 분석과 관련된 설명으로 가장 옳지 않은 것은?

① 텍스트 마이닝(text mining)은 자연어를 분석하고, 자연어 속에 숨겨진 정보를 파악하는 데이터 분석기법이다.
② 오피니언 마이닝(opinion mining)은 특정한 상품 및 서비스에 대한 시장 규모 예측, 고객 구전효과 분석에 활용되는 데이터 분석 기법이다.
③ 소셜 네트워크분석(social network analysis)은 그래프 이론을 활용해서 소셜 네트워크의 연구구조 및 강도를 분석하는 데이터 분석 기법이다.
④ 군집 분석(cluster analysis)은 비슷한 특성을 가지고 있는 데이터를 통합해서 유사한 특성으로 군집화하는 데이터 분석 기법이다.
⑤ 회귀 분석(regression analysis)은 종속변수와 독립변수의 상관관계를 분석하는 데이터 분석 기법이다.

회귀 분석은 종속변수와 독립변수의 상관관계를 분석하는 데이터 분석 기법이지만 빅데이터 분석과는 관계가 없다.

84

아래 글상자의 내용을 의사결정에 활용되는 시뮬레이션 절차대로 바르게 나열한 것으로 가장 옳은 것은?

㉠ 모델 설정	㉡ 문제 규정
㉢ 모형의 타당성 검토	㉣ 시뮬레이션 시행
㉤ 결과 분석 및 추론	

① ㉠-㉡-㉢-㉣-㉤
② ㉠-㉡-㉣-㉢-㉤
③ ㉠-㉢-㉡-㉣-㉤
④ ㉡-㉠-㉢-㉣-㉤
⑤ ㉡-㉠-㉣-㉢-㉤

의사결정에 활용되는 시뮬레이션 절차에서 제일 먼저 할 일은 문제를 규명하는 것이다. 그 다음으로 문제를 해결할 수 있는 대안으로서 모델을 설정하고, 모델의 타당성을 검토한 후, 시뮬레이션을 시행한다. 마지막으로 결과를 분석하고 이를 기초로 추론한다.

정답 | 78 ② 79 ④ 80 ⑤ 81 ② 82 ⑤ 83 ⑤ 84 ④

85

아래 글상자에서 설명하는 내용에 부합하는 용어로 가장 옳은 것은?

> 모든 디바이스가 정보의 뜻을 이해하고 논리적인 추론까지 할 수 있는 지능형 기술로 사람의 머릿 속에 있는 언어에 대한 이해를 컴퓨터 언어로 표현하고 이것을 컴퓨터가 사용할 수 있게 만드는 것이다.

① 고퍼(gopher)
② 냅스터(napster)
③ 시맨틱 웹(semantic-Web)
④ 오페라(opera)
⑤ 웹클리퍼(Web-clipper)

시맨틱 웹은 1998년 월드와이드웹(www)의 창시자인 팀 버너스 리(Tim Berners Lee)에 의해 개발되었다. 인터넷 비즈니스와 관련된 네트워크기술의 하나로, 컴퓨터가 문장이나 문맥 속 단어의 미묘한 의미를 스스로 구분하여 사용자가 원하는 정보를 제공할 수 있는 웹이다.
즉, 사람이 읽고 해석하기에 편리하게 설계되어 있는 현재의 웹 대신에 컴퓨터가 이해할 수 있는 형태의 새로운 언어로 표현해 기계들끼리 서로 의사소통을 할 수 있는 지능형 웹이다.

86

식별코드와 바코드에 대한 설명으로 가장 옳지 않은 것은?

① GS1 표준 상품 식별코드는 전 세계적으로 널리 사용되는 '사실상의(de facto)' 국제 표준이다.
② 상품 식별코드 자체에는 상품명, 가격, 내용물 등에 대한 정보가 포함되어 있다.
③ 바코드는 식별코드를 기계가 읽을 수 있도록 막대 모양으로 표현한 것이다.
④ GTIN은 기업에서 자사의 거래단품을 고유하게 식별하는 데 사용하는 국제표준상품코드이다.
⑤ ITF-14는 GTIN-14코드체계(물류단위 박스)를 표시하는 데 사용되는 바코드 심벌이다.

식별코드는 숫자나 문자(또는 둘의 조합)의 열로, 사람이나 사물을 식별하는 데 활용되나 식별코드 자체에 상품명, 가격, 내용물 등의 정보가 포함되어 있지는 않다.

87

QR 코드에 대한 설명으로 가장 옳지 않은 것은?

① 1994년 일본의 덴소 웨이브(DENSO WAVE)에서 데이터를 빠르게 읽는 데 중점을 두고 개발 보급한 기술이다.
② 360° 어느 방향에서나 빠르게 데이터를 읽을 수 있다.
③ 기존 바코드 기술과 비교할 때, 대용량 데이터의 저장이 가능하고, 고밀도 정보표현이 가능하다.
④ 일부 찢어지거나 젖었을 때 오류를 복원하는 기능이 포함되어 있다.
⑤ 바이너리(binary), 제어 코드를 제외한 모든 숫자와 문자를 처리할 수 있다.

QR 코드는 바이너리(binary), 제어 코드를 포함한 모든 숫자와 문자를 처리할 수 있다.

88

아래 글상자에서 설명하고 있는 용어로 가장 옳은 것은?

> - Robert Kaplan과 David Norton이 재무적 성과, 고객 성과, 프로세스 혁신 성과, 학습 및 성장 성과 등을 기업의 핵심 성공요소로 파악하고 이들 요소를 종합적으로 평가할 것을 제안하였다.
> - 기업의 지적재산에 대한 체계적인 관리와 전략적 활용에 중점을 두고 있다.

① IC Index
② 스칸디아네비게이터
③ 균형성과표
④ 기술요소평가법
⑤ 무형자산모니터

카플란과 노튼(Robert Kaplan, David Norton)이 재무적 성과, 고객 성과, 프로세스 혁신 성과, 학습 및 성장 성과 등을 기업의 핵심 성공요소로 파악하고 이들 요소를 종합적으로 평가할 것을 제안한 것은 균형성과표(BSC; Balanced Score Card)이다.

89

드론의 구성요인에 대한 설명으로 가장 옳지 않은 것은?

① 드론의 항법센서는 전자광학 센서, 초분광 센서, 적외선 센서 등이 있다.
② 탑재 컴퓨터는 드론을 운영하는 브레인 역할을 하는 컴퓨터로 드론의 위치, 모터, 배터리 상태 등을 확인할 수 있다.
③ 드론 모터는 드론의 움직임이 가능하도록 지원하고, 배터리는 모터에 에너지를 제공한다.
④ 드론 임무장비는 드론 비행을 하면서 특정한 임무를 하도록 관련 장비를 장착한다.
⑤ 드론 프로펠러 및 프레임은 드론이 비행하도록 프레임워크를 제공한다.

드론의 관성측정장치(IMU)는 비행체의 관성(움직임)을 여러 가지 물리적 데이터(속도, 방향, 중력, 가속도)로 계측하는 장치다. 이 장치는 가속도 센서, 지자기 센서, GPS 센서 등으로 구성된 하나의 통합 유닛이다.
가속도 센서(accelerometer)로 3차원 공간에서 전후·좌우·상하의 움직임을 감지하고, 자이로스코프(gyroscope)로 회전력을 측정해 롤(roll)·피치(pitch)·요(yaw) 등 비행체의 3축 회전운동을 검출한다.
지자기 센서(geomagnetic sensor)로는 지구의 자기장을 측정해 드론의 진행 방향을 인식한다. 기압계(barometer)나 고도계(altimeter)는 압력 변화를 이용해 비행체의 고도를 측정한다.
위성항법장치(GPS) 센서는 위성에서 보내는 신호를 받아 비행체의 현재 위치를 비행 제어부에 알려 주는 장치다.

90

POS시스템의 특징에 대한 설명으로 가장 옳지 않은 것은?

① SKU별로 상품 정보를 파악할 수 있는 관리시스템으로 상품 판매동향을 파악할 수 있다.
② 모든 거래정보 및 영업정보를 즉시 파악할 수 있으므로 정보의 변화에 즉각 대응할 수 있는 배치(batch)시스템이다.
③ 현장에서 발생하는 각종 거래 관련 데이터를 실시간으로 직접 컴퓨터에 전달하는 수작업이 필요 없는 온라인 시스템이다.
④ 고객과의 거래와 관련된 정보를 POS시스템을 통해 수집할 수 있다.
⑤ POS를 통해 수집된 정보는 고객판촉 활동의 기초자료로 사용할 수 있다.

POS(Point Of Sales)시스템은 소비자에게 판매될 시점의 데이터를 실시간으로 수집할 수 있도록 기능을 지원하는 정보기술이므로 배치(batch) 시스템과는 관계가 없다.

정답 | 85 ③ 86 ② 87 ⑤ 88 ③ 89 ① 90 ②

2022년 2회 기출문제

>> 2022년 8월 20일 시행

유통·물류 일반관리

01
채찍효과(bullwhip effect)를 줄일 수 있는 대안으로 가장 옳지 않은 것은?

① 지나치게 잦은 할인행사를 지양한다.
② S&OP(Sales and Operations Planning)를 활용한다.
③ 공급체인에 소속된 각 주체들이 수요 정보를 공유한다.
④ 항시저가정책을 활용해서 수요변동의 폭을 줄인다.
⑤ 공급체인의 각 단계에서 독립적인 수요예측을 통해 정확성과 효율성을 높인다.

채찍효과는 공급사슬의 상류로 갈수록 수요가 왜곡되는 현상을 뜻하며, 공급체인의 각 단계에서 독립적인 수요예측을 하는 경우 채찍효과가 발생하는 원인이 된다.

02
아래 글상자의 동기부여이론을 설명하는 내용으로 가장 옳은 것은?

> • 맥그리거(D. McGregor)가 제시함
> • 종업원은 조직에 의해 조종되고 동기부여되며 통제받는 수동적인 존재임

① 위생요인에 대해 설명하는 이론이다.
② 인간의 행동을 지나치게 일반화 및 단순화하고 있다는 문제가 있다.
③ 고차원의 욕구가 충족되면 저차원의 욕구를 충족시키기 위해 노력한다.
④ Y형 인간에 대해 기술하고 있다.
⑤ 감독, 급료, 작업조건의 개선은 동기부여 자체와는 관련이 없다.

글상자의 내용은 맥그리거의 XY이론 중 X이론에 대한 설명이다. ①, ⑤는 허츠버그의 2요인이론에 대한 설명이며, ③은 매슬로우의 욕구단계설에 대한 설명이 반대로 되었다. 욕구단계설은 하위 욕구가 충족되면 상위 욕구를 충족하기 위해 노력한다는 것이다.

03

기업이 물류부문의 아웃소싱을 통해 얻을 수 있는 편익에 대한 설명으로 가장 옳지 않은 것은?

① 비용 절감
② 물류서비스 수준 향상
③ 외주 물류기능에 대한 통제력 강화
④ 핵심부분에 대한 집중력 강화
⑤ 물류 전문 인력 활용

아웃소싱은 기업이 수행하는 다양한 경영활동 중 핵심역량을 지닌 분야에 자원을 집중시키고, 이외의 분야에 대해서는 해당분야의 전문 업체에 위탁함으로써 기업의 경쟁력을 높이려는 전략으로 장·단점은 다음과 같다.

장점	• 고정비용 절감 및 환경대응의 유연성 획득 가능 • 규모의 경제 효과(비용절감 및 서비스 수준 상승) • 분업의 원리를 통한 이득
단점	• 아웃소싱업체에 대한 통제력이 없어 리드타임 조절이 어려움 • 자사물류보다 컴플레인에 대한 대처 미흡

04

풀필먼트(fulfillment)에 대한 설명으로 가장 옳지 않은 것은?

① 판매자 입장에서 번거로운 물류에 신경 쓰지 않고 기획, 마케팅 등 본업에 집중할 수 있도록 도와준다.
② 생산지에서 출발해 물류보관창고에 도착하는 구간인 last mile의 성장과 함께 부각되고 있다.
③ e-commerce 시장의 성장으로 소비자들의 소비패턴이 오프라인에서 온라인으로 이동하며 급격히 발달하고 있다.
④ 다품종 소량 상품, 주문 빈도가 잦은 온라인 쇼핑몰에 적합하다.
⑤ 판매상품의 입고, 분류, 재고관리, 배송 등 고객에게까지 도착하는 전 과정을 일괄처리하는 시스템이다.

풀필먼트(fulfillment)란 '주문 이행'을 뜻하는 전자상거래 관련 용어로, 물류센터에서 제품 포장부터 최종 목적지까지 배송하는 일련의 유통과정을 의미한다.
라스트마일 배송(last mile delivery)이란 고객에게 상품을 전달하기 직전의 마지막 거리 또는 순간으로, 최종배송단계를 의미한다.

05

기능식 조직(functional organization)의 단점에 대한 설명으로 가장 옳지 않은 것은?

① 명령이 통일되지 않아 전체적으로 관리가 어려워지는 경우가 있다.
② 각 관리자가 담당하는 전문적 기능에 대한 합리적인 업무분장이 실제로는 쉽지 않다.
③ 책임의 소재가 불명확하고 조직의 모순은 사기를 떨어뜨린다.
④ 일의 성과에 따른 정확한 보수를 가감할 수 없다.
⑤ 각 직원이 차지하는 직능이 지나치게 전문화되어 그 수가 많아지면 간접적 관리자가 증가되어 고정적 관리비가 증가한다.

기능식 조직은 부문화의 가장 기본적인 형태로 전체 조직을 인사·생산·재무·회계·마케팅 등의 공통된 경영기능을 중심으로 부문화한 것이다.
인사·생산·재무·회계·마케팅 등 각 기능별로 성과를 비교·측정할 수 있으며, 이는 기능식 조직의 장점에 해당한다.

정답 | 01 ⑤ 02 ② 03 ③ 04 ② 05 ④

06

아래 글상자에서 JIT와 JITⅡ의 차이점에 대한 설명으로 옳지 않은 것을 모두 고르면?

> ㉠ JIT는 부품과 원자재를 원활히 공급하는 데 초점을 두고, JITⅡ는 부품, 원부자재, 설비공구, 일반자재 등 모든 분야를 대상으로 한다.
> ㉡ JIT가 공급체인상의 파트너의 연결과 그 프로세스를 변화시키는 시스템이라면, JITⅡ는 개별적인 생산현장을 연결한 것이다.
> ㉢ JIT는 자사 공장 내의 무가치한 활동을 감소·제거하는 데 주력하고, JITⅡ는 기업 간의 중복업무와 무가치한 활동을 감소·제거하는 것이다.
> ㉣ JIT가 JIT와 MRP를 동시에 수용할 수 있는 기업 간의 운영체제를 의미한다면, JITⅡ는 푸시(push)형식인 MRP와 대비되는 풀(pull)형식의 생산방식을 말한다.

① ㉠, ㉡　　② ㉠, ㉢
③ ㉡, ㉣　　④ ㉡, ㉢
⑤ ㉠, ㉣

관련이론 | JIT와 JITⅡ의 비교

JIT	JITⅡ
원부자재를 공급받는 데 중점	원부자재, 설비공구 등 모든 분야 공급에 중점
개별적인 생산현장의 연결	SCM상의 파트너들과 연결, 프로세스를 변화시킴
공장 내 무가치한 활동 제거	기업 간의 중복업무, 무가치한 활동 제거
Pull방식	Pull방식과 MRP의 Push방식을 동시에 수용
물동량의 흐름이 주된 개선 대상	기술, 영업, 개발을 동시화하여 물동량을 강력히 통제함

07

기업이 자재나 부품, 서비스를 외부에서 구매하지 않고 자체 생산하는 이유로 가장 옳지 않은 것은?

① 자신들의 특허기술 보호
② 경쟁력 있는 외부 공급자의 부재
③ 적은 수량의 제품은 자체 생산을 통해 자본투자를 정당화할 수 있음
④ 자사의 기존 유휴 생산능력 활용
⑤ 리드타임, 수송 등에 대한 통제 가능성 확대

기업이 부품, 서비스 등을 외부에서 조달하지 않고 자체 생산하는 경우는 대량생산을 통한 규모의 경제를 실현할 수 있는 경우이다. 따라서 적은 수량의 제품은 자체 생산보다는 외부에 위탁 생산하는 것이 바람직하다.

08

물류영역과 관련해 고려할 사항으로 가장 옳지 않은 것은?

① 조달물류: JIT 납품
② 조달물류: 수송루트 최적화
③ 판매물류: 수·배송시스템화를 위한 수·배송센터의 설치
④ 판매물류: 공정재고의 최소화
⑤ 반품물류: 주문예측 정밀도 향상으로 반품을 감소시키는 노력

판매물류란 완제품창고에서 지역거점 및 소비자에게로 전달되는 과정으로, 판매물류의 중요 과제는 물류센터의 입지와 규모의 결정, 적정 서비스 수준과 적정 재고의 유지, 수·배송 정책의 결정 등이다. 공정재고를 최소화해야 하는 것은 물류영역 중 생산물류에서 고려해야 할 사항이다.

09

기업의 사회적 책임의 중요성에 대한 내용으로 가장 옳지 않은 것은?

① 기업의 사회적 책임의 중요성은 자주성의 요구에 있다.
② 기업의 사회적 책임의 중요성은 자유주의 발전에 근거를 두고 있다.
③ 기업의 사회적 책임의 중요성은 기업 자체의 노력에 있다.
④ 사회적 책임의 중요성 내지 필요성은 권력-책임-균형의 법칙에 있다.
⑤ 기업의 사회적 책임은 기업이 당연히 지켜야 할 의무는 포함하지만 이익을 사회에 공유, 환원하는 것은 포함하지 않는다.

기업의 사회적 책임(CSR)은 경제적 책임, 법적 책임, 윤리적 책임, 자선적 책임의 4가지 책임뿐만 아니라 기업이 만들어 낸 이익 중 일부를 사회에 환원하는 기능을 하며, 공유가치창출(CSV)은 처음부터 경제적 가치와 사회적 가치를 동시에 창출하는 방법을 고민하는 방식이라 할 수 있다. 따라서 CSR은 기업이 당연히 지켜야 할 의무뿐만 아니라 자선적 책임을 통해 기업의 이익을 사회에 공유, 환원하는 것을 포함하고 있다.

10

마이클 포터(Michael E. Porter)가 제시한 5가지 세력(force)모형을 이용하여 기업을 분석할 때, 이 5가지 세력에 해당되지 않는 것은?

① 신규 진입자의 위협
② 공급자의 교섭력
③ 구매자의 교섭력
④ 대체재의 위협
⑤ 보완재의 위협

마이클 포터(Michael E. Porter)는 산업과 경쟁을 결정짓는 5세력 모델(five-forces model)을 제시하였다. 포터의 5세력 모델의 목적은 궁극적으로 산업의 수익 잠재력에 영향을 주는 주요 경제적·기술적 세력을 분석하는 것이다.

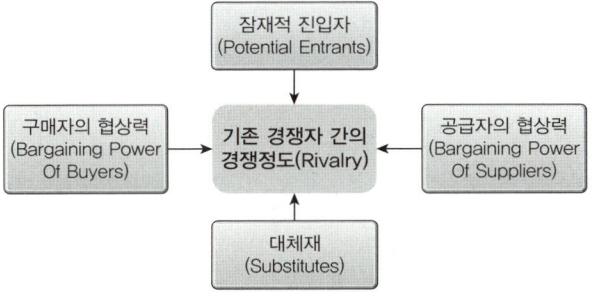

11

유통산업발전법(시행 2021.1.1., 법률 제17761호, 2020.12.29., 타법개정)에서 규정하고 있는 체인사업 중 아래 글상자에서 설명하고 있는 형태로 가장 옳은 것은?

> 체인본부가 주로 소매점포를 직영하되, 가맹계약을 체결한 일부 소매점포에 대하여 상품의 공급 및 경영지도를 계속하는 형태의 체인사업

① 프랜차이즈형 체인사업
② 중소기업형 체인사업
③ 임의가맹점형 체인사업
④ 직영점형 체인사업
⑤ 조합형 체인사업

관련이론 | 「유통산업발전법」 제2조 제6호(체인사업의 종류)

- 직영점형 체인사업: 체인본부가 주로 소매점포를 직영하되, 가맹계약을 체결한 일부 소매점포에 대하여 상품의 공급 및 경영지도를 계속하는 형태의 체인사업
- 프랜차이즈형 체인사업: 독자적인 상품 또는 판매·경영기법을 개발한 체인본부가 상호·판매방법·매장운영 및 광고방법 등을 결정하고 가맹점으로 하여금 그 결정과 지도에 따라 운영하도록 하는 형태의 체인사업
- 임의가맹점형 체인사업: 체인본부의 계속적인 경영지도 및 체인본부와 가맹점 간 협업에 의하여 가맹점의 취급품목·영업방식 등의 표준화사업과 공동구매·공동판매·공동시설활용 등 공동사업을 수행하는 형태의 체인사업
- 조합형 체인사업: 동일업종의 소매점들이 「중소기업협동조합법」 제3조의 규정에 의한 중소기업협동조합을 설립하여 공동구매·공동판매·공동시설활용 등 사업을 수행하는 형태의 체인사업

12

유통기업의 경로구조에 대한 설명으로 옳지 않은 것은?

① 도매상이 제조업체를 통합하는 것은 후방통합이다.
② 유통경로의 수직적 통합을 이루는 방법에는 합작투자, 컨소시엄, M&A 등이 있다.
③ 기업형 수직적 경로구조를 통해 유통경로상 통제가 가능하고 제품 생산, 유통에 있어 규모의 경제를 실현할 수 있다.
④ 기업형 수직적 경로구조는 소유의 규모가 커질수록 환경변화에 신속하고 유연하게 대응할 수 있다.
⑤ 관리형 수직적 경로구조는 독립적인 경로구성원 간의 상호 이해와 협력에 의존하고 있지만 협력을 해야만 하는 분명한 계약상의 의무는 없다.

기업형 수직적 경로구조는 전·후방통합을 통해 유통경로의 지배력이 커지는 장점이 있으나, 유통경로의 규모가 커질수록 환경변화에 신속하고 유연하게 대응할 수 없다는 단점이 있다.

13

기업이 오프라인, 온라인, 모바일 등의 모든 채널을 연결해 고객이 마치 하나의 매장을 이용하는 것처럼 느끼도록 하는 쇼핑 시스템을 지칭하는 것으로 옳은 것은?

① Cross border trade   ② Omni channel
③ Multi channel   ④ Mass customization
⑤ IoT

선지분석
① Cross border trade: 온라인이나 모바일을 통해 해외 고객에게 B2C로 상품을 판매하는 것
③ Multi channel: 오프라인 스토어, 온라인 쇼핑, 모바일 등 다양한 유통경로를 이용하는 전략
④ Mass customization: 대량고객화를 뜻하며, 대량마케팅과 개별고객화를 동시에 추구하는 전략
⑤ IoT(사물인터넷): 인터넷에 연결되어 IoT 애플리케이션이나 네트워크에 연결된 장치, 또는 산업 장비 등의 다른 사물들과 데이터를 공유할 수 있는 수많은 사물
* 멀티채널은 통합적인 이용이 아닌 개별적으로 다양성을 추구하는 반면 옴니채널은 다양한 유통채널들을 통합적으로 활용함

14

임금을 산정하는 방법에 대한 설명으로 가장 옳은 것은?

① 근로자의 성과와 무관하게 근로시간을 기준으로 보상을 지급하는 형태는 성과급제이다.
② 근로자의 성과에 따라 보상을 지급하는 형태는 시간급제이다.
③ 근로자의 입장에서는 시간당 보상액이 일정하고, 사용자 측에서는 임금산정방식이 쉬운 것은 시간급제이다.
④ 작업능률을 자극할 수 있고 근로자에게 소득증대 효과가 있는 것은 시간급제이다.
⑤ 근로자의 노력과 생산량과의 관계가 없을 때 효과적인 것은 성과급제이다.

선지분석
①, ⑤는 시간급제, ②, ④는 성과급제에 대한 설명이다.

15

유통환경분석 시 고려하는 거시환경, 미시환경과 관련된 내용으로 옳지 않은 것은?

① 자본주의, 사회주의 같은 경제체제는 거시환경에 포함된다.
② 어떤 사회가 가지고 있는 문화, 가치관, 전통 등은 사회적 환경으로서 거시환경에 포함된다.
③ 기업과 거래하는 협력업자는 미시환경에 포함된다.
④ 기업이 따라야 할 규범, 규제, 법 등은 미시환경에 포함된다.
⑤ 기업과 비슷한 제품을 제조하는 경쟁회사는 미시환경에 포함된다.

규범, 규제, 법 등은 거시환경 중 정치·법률적 환경에 해당한다.
거시환경은 기업의 외부환경을 의미하는 것으로 유통기업에게 기회요인과 위협요인을 동시에 가져다 줄 수 있는 요소이다. 거시환경은 모든 기업에 공통적으로 영향을 미치는 것으로, 사회·문화적 환경, 기술적 환경, 경제적 환경, 정치·법률적 환경 등을 의미한다.

16

기업이 사용하는 재무제표 중 손익계산서의 계정만으로 옳게 나열된 것은?

① 자산 – 부채 – 소유주 지분
② 자산 – 매출원가 – 소유주 지분
③ 수익 – 매출원가 – 비용
④ 수익 – 부채 – 비용
⑤ 자산 – 부채 – 비용

포괄손익계산서는 일정 회계기간(유량)의 영업실적인 수익과 비용을 기록하여 당해 기간 동안 경영성과를 보여주는 재무제표를 말한다.

선지분석
①, ②, ④, ⑤에 제시된 자산, 부채, 소유주 지분(자본)은 재무상태표 항목에 해당한다.

17

구매관리를 위해 기능의 집중화와 분권화를 비교할 때, 집중화의 장점으로 가장 옳지 않은 것은?

① 구매절차가 간단하고 신속하다.
② 주문 비용을 절감할 수 있다.
③ 자금의 흐름을 통제하기 쉽다.
④ 품목의 표준화가 용이하다.
⑤ 구매의 전문화가 용이하다.

구매관리의 집중화와 분권화에 따른 장·단점

구분	집중화	분권화
장점	• 품목의 표준화가 용이 • 주문비용 절감과 구매단가 인하 • 공급자에 영향을 미칠 수 있는 물량 확보 용이 • 자금 흐름의 통제가 용이 • 구매의 전문화가 용이	• 개별 부서의 니즈 파악이 쉬움 • 구매절차가 간단하고 신속 • 적시조달이 가능
단점	분권화의 장점과 상반됨	집중화의 장점과 상반됨

18

유통의 경제적 의미에 대한 설명으로 가장 옳지 않은 것은?

① 유통을 통해 생산자는 부가가치를 더 높일 수 있고, 소비자에게는 폭넓은 선택의 기회가 주어질 수 있다.
② 유통을 통해 생산과 소비 사이에서 발생할 수 있는 괴리를 줄여서 생산과 소비를 원활하게 연결할 수 있다.
③ 후기산업사회 이후 소비자들의 욕구가 다양해지면서 유통의 경제적 역할이 축소되고 있다.
④ 유통산업은 신업태의 등장, 유통단계의 축소 등과 같은 유통구조 개선을 통해 국가경제에 이바지하고 있다.
⑤ 유통은 일자리 창출에 기여하는 동시에 서비스산업 발전에 중요한 역할을 한다.

후기산업사회 이후 소득이 증가함에 따라 상품의 거래규모가 크게 증가하고, 소비자들의 욕구가 다양해지면서 유통의 경제적 역할이 중요시되고 있다.

19

균형성과표(BSC)에 대한 설명으로 가장 옳지 않은 것은?

① 고객 관점은 고객유지율, 반복구매율 등의 지표를 활용한다.
② 각 지표들은 전략과 긴밀하게 연계되어 상호작용을 한다.
③ 조직의 지속적 생존을 위해 핵심 성공요인이 중요하다.
④ 학습과 성장의 경우 미래지향적인 관점을 가진다.
⑤ 비용이 저렴하지만 재무적 지표만을 성과관리에 적용한다는 한계를 가진다.

균형성과표(BSC; Balanced Score Card)는 캐플란과 노톤에 의해 조직의 목표와 전략을 효율적으로 실행 및 관리하기 위한 경영관리 기법으로 제시되었다. 재무적 관점뿐만 아니라 고객관점, 내부 프로세스 관점, 학습 및 성장 관점 등 4가지 관점의 결합을 통해 균형 있는 성과관리를 추구한다.

정답 | 12 ④ 13 ② 14 ③ 15 ④ 16 ③ 17 ① 18 ③ 19 ⑤

20

종업원들이 자신과 비슷한 위치에 있는 타인과 비교하여 자기가 투입한 노력과 결과물 간의 균형을 유지하려고 하는 이론으로 가장 옳은 것은?

① 강화이론
② 공정성이론
③ 기대이론
④ 목표관리론
⑤ 목표설정이론

아담스(J. S. Adams)의 공정성이론은 개인의 보상체계와 관련하여 페스팅거의 인지부조화 이론을 동기부여와 연관시켜 설명하는 것으로, 자신의 공헌과 보상의 크기를 다른 사람(비교인물)의 투입·산출 비율과 비교함으로써 동기가 유발된다는 이론이다. 비교 결과 투입·산출 비율이 비교대상과 동일하다고 지각하게 될 때는 적극적이고 최선을 다하려 하지만, 그 비율이 낮거나 커서 불공정을 지각하게 되면 불공정 상태를 수정(비교대상 변경, 지각왜곡)하려고 한다는 것이다.

21

연간 재고유지비용과 주문비용의 합을 최소화하는 로트 크기인 경제적 주문량을 계산하는 과정에서 사용하는 가정으로 가장 옳지 않은 것은?

① 수량할인은 없다.
② 각 로트의 크기에 제약조건은 없다.
③ 해당 품목의 수요가 일정하고 정확히 알려져 있다.
④ 입고량은 주문량에 안전재고를 포함한 양이며 시기별로 분할입고된다.
⑤ 리드타임과 공급에 불확실성이 없다.

Harris의 경제적주문량(EOQ) 모형에서 입고되는 물량은 주문량과 동일하고 일시에 입고된다고 가정한다.

22

유통기업의 윤리경영에 대한 설명으로 가장 옳지 않은 것은?

① 건전하고 투명한 경영을 위해 노력한다.
② 협력사와 합리적인 상호발전을 추구한다.
③ 유연하고 수직적인 임원우선의 기업문화를 조성한다.
④ 고객의 만족을 위해 노력한다.
⑤ 사회적 책임을 완수하기 위해 노력한다.

유통기업의 윤리경영이 이루어지려면 계층 상·하 간에 유연하고 수평적인 기업문화를 조성하는 것이 중요하다.

23

소비자기본법(시행 2021.12.30., 법률 제17799호, 2020. 12. 29., 타법개정)상 제8조에서 사업자가 소비자에게 제공하는 물품등으로 인한 소비자의 생명·신체 또는 재산에 대한 위해를 방지하기 위해 지켜야 할 기준을 정해야 할 주체로 옳은 것은?

① 지방자치단체
② 사업자
③ 공정거래위원회
④ 대통령
⑤ 국가

국가는 사업자가 소비자에게 제공하는 물품등으로 인한 소비자의 생명·신체 또는 재산에 대한 위해를 방지하기 위하여 물품등의 성분·함량·구조 등 안전에 관한 중요한 사항, 물품등을 사용할 때의 지시사항이나 경고 등 표시할 내용과 방법, 그 밖에 위해방지를 위하여 필요하다고 인정되는 사항에 관하여 사업자가 지켜야 할 기준을 정하여야 한다.(「소비자기본법」 제8조)

24

아래 글상자에서 설명하는 유통이 창출하는 소비자 효용으로 가장 옳은 것은?

> 탄산음료의 제조사들이 탄산음료의 원액을 제조하여 중간상인 보틀러(bottler)에게 제공하면, 보틀러(bottler)는 탄산음료 원액에 설탕과 감미료를 첨가하여 탄산과 혼합해 병이나 캔에 넣어 소매상에게 판매하고 소비자는 탄산음료를 마시는 혜택을 누릴 수 있다.

① 시간효용
② 장소효용
③ 소유효용
④ 형태효용
⑤ 거래효용

글상자의 내용은 유통이 창출하는 효용 중 형태적 효용(form utility)에 대한 설명이다.

25

유통경로의 설계전략에 영향을 주는 시장의 특성과 관련된 설명으로 가장 옳지 않은 것은?

① 시장밀도는 지리적 영역단위당 구매자의 수를 말한다.
② 시장지리는 생산자와 소비자 사이의 물리적인 거리 차이를 말한다.
③ 제조업체가 직접 채널에 의해 커버할 시장의 크기가 큰 경우에는 많은 소비자와 직접 접촉을 해야 하기 때문에 비용이 증가한다.
④ 시장밀도가 낮으면 한정된 유통시설을 이용해 많은 고객을 상대할 수 있다.
⑤ 시장크기는 시장을 구성하는 소비자의 수에 의해 결정된다.

시장밀도가 높은 경우에 한정된 유통시설을 이용해 많은 고객을 상대할 수 있다.

상권분석

26

분석대상이 되는 점포와의 거리를 기준으로 상권유형을 구분할 때 상대적으로 소비수요 흡인비율이 가장 낮은 지역을 한계상권(fringe trading area)이라고 한다. 일반적으로 한계상권은 다음 중 어느 것에 해당하는가?

① 최소수요충족거리
② 분기점상권
③ 1차 상권
④ 2차 상권
⑤ 3차 상권

한계상권은 3차 상권(fringe trading area)이라고도 하며, 2차 상권 외곽을 둘러싼 지역범위로 2차 상권에 포함되지 않은 나머지 고객들을 흡인한다. 3차 상권의 점포이용고객은 점포로부터 상당히 먼 거리에 위치하며, 고객들이 광범위하게 분산되어 있어 경쟁점포들과 상권중복 또는 상권잠식의 가능성은 매우 낮다.

27

소비자들이 점포를 선택할 때 가장 가까운 점포를 선택한다는 가정을 하며, 상권경계를 결정할 때 티센다각형(Thiessen polygon)을 활용하는 방법으로 가장 옳은 것은?

① 입지할당모델법
② Huff모델법
③ 근접구역법
④ 유사점포법
⑤ 점포공간매출액비율법

티센다각형(Thiessen polygon) 모형은 근접구역법에서 활용하는 모형이다. 상권구획(상권분할) 기법으로서 근접구역법은 소비자들이 유사점포 중에서 선택을 할 때 자신들에게 가장 가까운 점포를 선택한다는 가정을 토대로 소매점포의 매출액을 추정하는 기법이다.

선지분석
① 입지할당모델법: 수요균형 제약조건하에서 각 구역의 수만큼 점포를 선정하고 점포마다 할당된 기본 공간 단위와 점포 사이의 거리의 합이 최소가 되도록 구역을 설정하는 모형
② Huff모델법: 소비자들의 점포 선택과 소매상권의 크기를 예측하는 데 널리 이용되어 온 확률적 점포 선택 모형
④ 유사점포법(유추법): 자사의 신규점포와 특성이 비슷한 유사 점포를 선정하여 그 점포의 상권범위를 추정한 결과를 자사의 신규점포에 적용한 후, 신규입지에서의 매출액(상권규모)을 측정하는 데 이용하는 방법
⑤ 점포공간매출액비율법: 어떤 지역에 입지한 한 소매점의 매출액 점유율은 그 지역의 전체 소매 매장면적에 대한 해당 점포의 매장면적의 비율에 비례할 것이라는 가정하에서 예측하는 방법

정답 | 20 ② 21 ④ 22 ③ 23 ⑤ 24 ④ 25 ④ 26 ⑤ 27 ③

28
소비자의 점포방문동기를 개인적 동기, 사회적 동기, 제품구매 동기로 분류할 수 있다. 이때 다른 항목들과 다른 유형의 동기로서 가장 옳은 것은?

① 사교적 경험
② 기분 전환
③ 자기만족
④ 역할 수행
⑤ 새로운 추세 학습

사교적 경험은 사회적 동기이다.
기분 전환, 자기만족, 역할 수행 및 새로운 추세 학습 등은 개인적 동기에 해당한다.

29
점포를 이용하는 고객 인터뷰를 통해 소비자의 지리적 분포를 확인할 수 있는 방법은?

① 컨버스(Converse)의 소매인력이론
② 아날로그(analog) 방법
③ 허프(Huff)의 소매인력법
④ 고객점표법(Customer Spotting Technique)
⑤ 라일리(Reilly)의 소매인력모형법

점포를 이용하는 고객 인터뷰를 통해 소비자의 지리적 분포를 확인할 수 있는 방법은 고객점표법(Customer Spotting Technique, CST)이다.
고객점표법은 애플바움(W. Applebaum)이 개발한 유추법(analog method)에서 상권규모를 측정할 때 사용하는 기법이다. CST map 기법은 상권의 규모 측정은 물론 고객특성 조사, 광고 및 판촉전략 수립, 경쟁정도의 측정, 점포의 확장계획 등 소매정책의 수립에 유용하게 이용할 수 있다.

30
입지 분석에 사용되는 각종 기준에 대한 내용으로 가장 옳지 않은 것은?

① 호환성: 해당점포를 다른 업종으로 쉽게 전환할 수 있는가?
② 접근성: 고객이 쉽게 점포에 접근할 수 있는가?
③ 인지성: 점포의 위치를 쉽게 설명할 수 있는가?
④ 확신성: 입지분석의 결과를 확실하게 믿을 수 있는가?
⑤ 가시성: 점포를 쉽게 발견할 수 있는가?

점포의 매력도를 평가하는 입지조건의 특성으로는 접근성, 인지성, 가시성, 호환성, 홍보성 등이 제시되고 있다.
확신성이나 신뢰성은 서비스 품질의 구성요소로, 입지조건의 기준에 해당하지 않는다.

31
아래 글상자의 내용은 Huff모델을 적용하여 신규점포 입지를 분석하는 단계들이다. 일반적인 분석과정을 순서대로 나열할 때 가장 옳은 것은?

> ㉠ 점포크기 및 거리에 대한 민감도계수를 추정한다.
> ㉡ 소규모 고객집단 지역(zone)으로 나눈다.
> ㉢ 신규점포의 각 지역(zone)별 예상매출액을 추정한다.
> ㉣ 전체시장 즉, 조사할 잠재상권의 범위를 결정한다.
> ㉤ 각 지역(zone)에서 점포까지의 거리를 측정한다.

① ㉡, ㉤, ㉣, ㉠, ㉢
② ㉣, ㉢, ㉤, ㉠, ㉡
③ ㉠, ㉣, ㉡, ㉤, ㉢
④ ㉣, ㉡, ㉤, ㉠, ㉢
⑤ ㉠, ㉤, ㉡, ㉢, ㉣

Huff모델을 적용하여 신규점포 입지를 분석하기 위해 예상매출액을 추정하는 과정은 다음과 같다. 먼저 전체시장 즉, 조사할 잠재상권의 범위를 결정하고, 전체시장을 소규모 고객집단 지역(zone)으로 나눈다. 그리고 각 지역에서 점포까지의 거리를 측정하고, 점포크기 및 거리에 대한 민감도계수를 추정한다. 마지막으로 신규점포의 각 지역(zone)별 예상매출액을 추정한다.

32

점포를 개점할 경우 전략적으로 고려해야 할 사항들에 대한 설명으로 가장 옳지 않은 것은?

① 경쟁관계에 있는 다른 점포의 규모나 위치도 충분히 검토한다.
② 상품의 종류에 따라 소비자의 이동거리에 대한 저항감이 다르기 때문에 상권의 범위도 달라진다.
③ 개점으로 인해 인접 주민의 민원제기나 저항이 일어날 부분이 있는지 검토한다.
④ 점포의 규모를 키울수록 규모의 경제 효과는 커지기에 최대규모를 지향한다.
⑤ 점포는 단순히 하나의 물리적 시설이 아니고 소비자들의 생활과 직결되며, 라이프스타일에도 영향을 미친다.

점포의 규모가 커지면 상권의 범위는 넓어지므로 규모의 경제 효과를 얻을 수 있다. 그러나 상권의 범위가 넓어지면 경쟁점포가 진입할 수 있으므로 점포가 크다고 해서 반드시 유리한 것은 아니다. 점포의 규모는 상권전략에 맞추어 최적규모를 전제로 하여 설정되어야 한다.

33

A시의 인구는 20만명이고 B시의 인구는 5만명이다. 두 도시 사이의 거리는 15km이다. Converse의 상권분기점 분석법을 이용할 경우 두 도시 간의 상권경계는 A시로부터 얼마나 떨어진 곳에 형성되겠는가?

① 3km
② 5km
③ 9km
④ 10km
⑤ 12km

컨버스(Converse)의 제1법칙에 의하면 A시의 상권의 한계점은
$D(A) = \dfrac{d}{1+\sqrt{\dfrac{P(B)}{P(A)}}}$ 이다.

여기서 d는 두 도시 간의 거리, P(A)와 P(B)는 각 도시의 인구이다. 주어진 자료를 대입하면 A시로부터 분기점까지의 거리는

$D(A) = \dfrac{15km}{1+\sqrt{\dfrac{50,000}{200,000}}} = 10km$ 이다.

34

상가임대차 관계에서 권리금을 산정할 때 근거가 되는 유무형의 재산적 가치로 가장 옳지 않은 것은?

① 거래처
② 상가건물의 위치
③ 영업상의 노하우
④ 영업시설·비품
⑤ 임대료 지불수단

권리금(premium)은 기존 점포의 영업시설·비품 등 유형물이나 거래처, 신용, 영업상의 노하우 또는 점포 위치에 따른 영업상의 이점 등 무형의 재산적 가치에 대한 대가이다. 임대료 지불수단은 권리금 산정의 기초가 되는 재산적 가치와는 아무 관련이 없다.

35

소매점 입지유형 가운데 아파트 단지 내 상가의 일반적 특성으로 가장 옳지 않은 것은?

① 공급면적 변화가 어려워 일정한 고정고객의 확보를 통한 꾸준한 매출이 가능하다.
② 수요 공급 측면에서 아파트 단지 가구수와 가구당 상가면적을 고려해야 한다.
③ 주변지역 거주자의 상가 이용과 같은 활발한 외부 고객 유입이 장점이다.
④ 편의품 소매점의 경우 대형평형보다는 중형평형의 단지가 일반적으로 더 유리하다.
⑤ 관련법규에서는 단지 내 상가를 근린생활시설로 분류하여 관련내용을 규정하고 있다.

아파트상권은 고정고객의 비중이 높아 안정적인 수요 확보가 가능하지만 외부고객을 유치하기는 어렵다. 아파트상권은 대부분 해당 단지를 넘어서지 못하는 한계가 있으며 대형이나 중형 등 평형이 큰 가구일수록 단지 내 상가 이용률이 낮아지는 특징이 있다.

정답 | 28 ① 29 ④ 30 ④ 31 ④ 32 ④ 33 ④ 34 ⑤ 35 ③

36

면적 300m²인 대지에 지하2층 지상5층으로 소매점포 건물을 신축하려 한다. 층별 바닥면적은 각각 250m²로 동일하며 주차장은 지하1, 2층에 각각 200m²와 지상1층 부속용도에 한하는 주차장 면적 50m²로 구성되어 있다. 이 건물의 용적률을 계산하면 얼마인가?

① 300% ② 333%
③ 400% ④ 416%
⑤ 533%

용적률(floor area ratio)은 부지 대비 건물 전체의 층별 바닥면적합의 비율이다. 용적률을 계산할 때 지하층의 바닥면적은 포함시키지 않으며, 또 지상층의 면적 중에서 주차용으로 쓰는 것은 포함시키지 않는다.

$$\therefore 용적률 = \frac{(250m^2 \times 5) - 50m^2}{300m^2} \times 100 = 400\%$$

37

지리정보시스템(GIS)과 관련한 내용으로 가장 옳지 않은 것은?

① 주제도작성, 공간조회, 버퍼링(buffering)을 통해 효과적인 상권분석이 가능하다.
② 점포의 고객을 대상으로 gCRM을 실현하기 위한 기본적 틀을 제공할 수 있다.
③ 지도레이어는 점, 선, 면을 포함하는 개별 지도형상으로 구성되며, 여러 겹의 지도레이어를 활용하여 상권의 중첩(overlay)을 표현할 수 있다.
④ 지도상에서 데이터를 표현하고 특정 공간기준을 만족시키는 지도를 얻는 데이터 및 공간조회 기능이 있다.
⑤ 위상은 어떤 지도형상, 즉 점이나 선 혹은 면으로부터 특정한 거리 이내에 포함되는 영역을 의미하며 면의 형태로 나타나 상권 혹은 영향권을 표현하는 데 사용될 수 있다.

어떤 지도형상, 즉 점이나 선 혹은 면으로부터 특정한 거리 이내에 포함되는 영역을 의미하며, 선의 형태로 표현되는 것은 지도레이어(map layer)이다. 위상(topology)은 지리적인 형상을 표현한 지도상에 데이터의 값과 범위를 할당하여 지도를 확대·축소하는 등의 기능을 한다. 위상은 지도지능(map intelligence)의 일종이며, 이는 개별 지도형상에 대해 경도와 위도 좌표체계를 기반으로 다른 지도형상과 비교하여 상대적인 위치를 알 수 있는 기능을 부여하는 역할을 한다.

38

동선과 관련한 소비자의 심리를 나타내는 대표적 원리로 가장 옳지 않은 것은?

① 최단거리 실현의 법칙: 최단거리로 목적지에 가려는 심리
② 보증실현의 법칙: 먼저 득을 얻는 쪽을 선택하려는 심리
③ 고차선호의 법칙: 넓고 깨끗한 곳으로 가려는 심리
④ 집합의 법칙: 군중심리에 의해 사람이 모여 있는 곳에 가려는 심리
⑤ 안전중시의 법칙: 위험하거나 모르는 길은 가려고 하지 않는 심리

인간심리와 동선과의 관계를 나타내는 법칙으로는 최단거리 실현의 법칙, 보증실현의 법칙, 안전중시의 법칙, 집합의 법칙의 네 가지가 제시되고 있다.

관련이론 | 인간심리와 동선과의 관계를 나타내는 법칙

- 최단거리 실현의 법칙: 사람들은 최단거리로 목적지에 가려고 하며, 멀리 돌아가거나 쓸데없는 일, 손해는 보지 않으려고 한다. 그래서 부동선(후면동선)이 생긴다.
- 보증실현의 법칙: 인간은 득실을 따져 득이 되는 쪽을 선택하며, 목적지를 향하는 경우에는 최초의 횡단보도를 건너 진행한다. 예컨대 역전 로터리 바로 정면에 점포가 있어도 자신이 지금부터 진행하는 방향에 있지 않는 점포로는 가려 하지 않는다.
- 안전중시의 법칙: 인간은 기본적으로 신체의 안전을 지키기 위해 알지 못하는 길은 지나가려고 하지 않는다.
- 집합의 법칙: 인간은 자연적으로 사람들이 모여 있는 곳에 모인다.

39

대표적인 입지조건의 하나인 고객유도시설(Customer Generator)은 도시형 점포, 교외형 점포, 인스토어형 점포 등 점포 유형별로 구분해서 평가한다. 일반적인 인스토어형 점포의 고객유도시설로서 가장 옳지 않은 것은?

① 주차장 출입구 ② 푸드코트
③ 주 출입구 ④ 에스컬레이터
⑤ 간선도로

인스토어형 고객 유도시설은 주 출입구, 주차장 출입구, 계산대, 에스컬레이터 주 통로 등이다. 간선도로는 교외형 고객 유도시설이다.

관련이론 | 고객유도시설
고객유도시설은 고객을 모으는 자석과 같은 역할을 한다고 하여 소매자석 (CG; Customer Generator)이라고도 한다.
도시형 고객유도시설로는 지하철 역(개찰구)이나 대형 소매점 등을 들 수 있다.
교외형 고객유도시설의 대표적인 것은 대형 레저시설이나 대형 소매점, 간선도로, 인터체인지 등이다.

40

입지적 특성에 따라 소매점포 유형을 집심성, 집재성, 산재성, 국부적집중성 점포로 구분하기도 한다. 업태와 이들 입지유형의 연결로서 가장 옳지 않은 것은?

① 백화점-집심성 점포 ② 화훼점-집심성 점포
③ 편의점-산재성 점포 ④ 가구점-집재성 점포
⑤ 공구도매점-국부적집중성 점포

화훼점은 농촌지역에서 생산되어 도시지역에서 판매되는 경우이므로, 같은 업종끼리 어떤 특정 지역의 국부적 중심지에 입지해야 유리한 상점이다. 즉 국부적집중성 점포에 해당한다.

41

신규점포의 예상매출액을 추정할 때 활용하는 애플바움(W. Applebaum)의 유추법(analog method)에 대한 설명으로 옳지 않은 것은?

① 일관성 있는 예측이 중요하므로 소비자 특성의 지역별 차이를 고려하기보다는 동일한 방법을 적용해야 한다.
② 현재 운영 중인 상업시설 중에서 유사점포(analog store)를 선택한다.
③ 과거의 경험을 계량화한 자료를 이용해 미래를 예측하지만 시장요인과 점포특성들이 끊임없이 변화하기 때문에 주관적 판단이 요구된다.
④ 비교대상 점포들의 특성이 정확히 일치하는 경우를 찾기 어려울 뿐만 아니라 특정 환경변수의 영향이 동일하게 작용하지도 않기 때문에 주관적 판단이 요구된다.
⑤ 점포의 물리적 특성, 소비자의 쇼핑패턴, 소비자의 인구통계적 특성, 경쟁상황이 분석대상과 비슷한 점포를 유사점포(analog store)로 선택하는 것이 바람직하다.

애플바움의 유추법에서는 주관적 판단을 통해 유사점포의 매출액으로 새로운 점포의 매출액을 추정해야 하므로 소비자 특성의 지역별 차이를 고려하는 것이 중요하다.

42

"국토의 계획 및 이용에 관한 법률"(법률 제17893호, 2021.1.12., 타법개정)에서 규정하고 있는 용도지역 중 상업지역을 구분하는 유형으로 볼 수 없는 것은?

① 중심상업지역 ② 일반상업지역
③ 근린상업지역 ④ 전용상업지역
⑤ 유통상업지역

「국토의 계획 및 이용에 관한 법률」 시행령에서 상업지역은 중심상업지역, 일반상업지역, 근린상업지역, 유통상업지역으로 세분하고 있다.

정답 | 36 ③ 37 ⑤ 38 ③ 39 ⑤ 40 ② 41 ① 42 ④

43

중심지체계에 의한 상권유형 구분에서 전통적인 도심(CBD) 상권의 일반적 특징으로 가장 옳지 않은 것은?

① 고객흡인력이 강해 상권범위가 상대적으로 넓다.
② 교통의 결절점으로 대중교통이 편리하다.
③ 전통적 도시의 경우에는 주차문제가 심각하다.
④ 상대적으로 거주인구는 적고 유동인구는 많다.
⑤ 소비자들의 평균 체류시간이 상대적으로 짧다.

CBD에서는 다양한 유형의 점포들이 입지하므로 소비자들의 평균 체류시간이 다른 지역에 비해 상대적으로 긴 것이 일반적이다.

44

아래 글상자의 현상과 이들을 설명하는 넬슨(R. N. Nelson)의 입지원칙의 연결로서 옳은 것은?

> ⊙ 식당이 많이 몰려있는 곳에 술집이나 커피숍들이 있다든지, 극장가 주위에 식당들이 많이 밀접하는 현상
> ⓒ 귀금속 상점들이나 떡볶이 가게들이 한 곳에 몰려서 입지함으로써 더 큰 집객력을 갖는 현상

① ⊙ 동반유인 원칙, ⓒ 보충가능성 원칙
② ⊙ 고객차단 원칙, ⓒ 보충가능성 원칙
③ ⊙ 보충가능성 원칙, ⓒ 점포밀집 원칙
④ ⊙ 보충가능성 원칙, ⓒ 동반유인 원칙
⑤ ⊙ 점포밀집 원칙, ⓒ 보충가능성 원칙

넬슨(R. N. Nelson)의 소매입지원칙 중 ⊙은 보충가능성 원칙, ⓒ은 동반유인 원칙에 해당한다.

관련이론 | 넬슨(R. N. Nelson)의 소매입지원칙
넬슨은 점포의 경영주체가 최대의 이익을 얻을 수 있는 매출액을 확보하기 위하여 어떤 점을 고려할 것인가에 대해 8가지 원칙을 제시하였다. 8가지 원칙은 상권의 잠재력, 접근 가능성, 성장 가능성, 중간 저지성, 누적적 흡인력, 양립성, 경쟁 회피성, 용지 경제성이다.

45

제4차 산업혁명의 핵심기술 중의 하나인 빅데이터 기술이 소매 경영과 소매상권분석에 미치는 영향에 관한 설명으로서 가장 옳지 않은 것은?

① 개별적으로 상권분석 능력이 부족한 소규모 소매점포, 창업자들에게 정부 또는 각종 단체에서 빅데이터 기술에 기반한 상권분석 및 입지분석 정보를 제공함으로써 소매경영 개선을 돕는다.
② 신상품 개발이나 고객만족도 향상을 위한 소매믹스 개선에 기여할 수 있다.
③ 소매상권 내에서 표적시장을 구체적으로 파악하는 데 도움을 줄 수 있다.
④ 하나의 상권을 지향하는 개별점포 소유자들의 상권분석에 필수 도구이지만 복수의 상권에 접근하는 체인사업에게는 효과적이지 않다.
⑤ 히트상품 및 데드셀러(dead seller)분석을 통해 재고관리의 효율성을 높일 수 있게 한다.

빅데이터 기술은 하나의 상권을 지향하는 개별점포 소유자들의 상권분석에도 활용하지만 복수의 상권에 접근하는 체인사업에게 더 필수적인 도구이다.

유통마케팅

46

시장세분화 유형과 사용하는 변수들의 연결로서 가장 옳지 않은 것은?

① 행동분석적 세분화: 라이프스타일, 연령
② 지리적 세분화: 인구밀도, 기후
③ 인구통계적 세분화: 성별, 가족규모
④ 심리적 세분화: 개성, 성격
⑤ 인구통계적 세분화: 소득, 직업

시장세분화 변수 중 라이프스타일은 심리적 세분화에 해당하며, 연령은 인구통계적 세분화에 속한다. 행동분석적 세분화에는 추구하는 편익, 사용량, 제품에 대한 태도, 브랜드애호도 등이 있다.

47

소매점포의 공간 분류와 그 용도에 대한 연결이 가장 옳지 않은 것은?

항목	용도
㉠ 고객존	고객용 출입구, 통로 계단
㉡ 상품존	상품매입, 보관 장소
㉢ 직원존	사무실, 종업원을 위한 식당과 휴게실
㉣ 매장존	매장, 고객 휴게실과 화장실, 비상구
㉤ 후방존	물류 공간, 작업 공간

① ㉠
② ㉡
③ ㉢
④ ㉣
⑤ ㉤

매장은 매장존에 해당하지만, 고객 휴게실과 화장실, 비상구 등은 고객존에 해당한다.

48

지속성 상품의 경우 다음 주문이 도착하기 전에 판매 가능한 수량이 없거나 재고가 바닥이 나게 되는 최저 재고물량을 기준으로 주문점을 결정한다. 일일 예상판매량이 5개이고, 리드타임이 7일이며, 예비재고 20개를 유지하고자 할 때 주문점은 얼마인가?

① 15개
② 35개
③ 55개
④ 75개
⑤ 145개

주문점(ROP) = 일일 예상판매량(d) × 리드타임(l) + 안전재고(ss)
= 5개 × 7일 + 20개 = 55개

49

아래 글상자에서 설명하는 용어로 옳은 것은?

주어진 상황에서 특정 대상에 대한 개인의 중요성 및 관련성 지각정도를 의미하는 것으로 고객이 제품 구매결정에 투입하는 시간 및 정보수집 노력과 관련이 높다.

① 판매정보
② 구매동기
③ 구매특성
④ 지각도
⑤ 관여도

관여도(involvement)란 특정 제품에 대한 구매 상황에서 제품에 대한 중요성이나 관심의 정도를 의미한다. 소비자의 구매행동을 이해하기 위해서는 관여도 개념에 대한 이해가 필수적이다.

50

매장에서 비주얼 머천다이징(VMD)을 구성할 때 다양한 방법을 사용할 수 있다. 아래 글상자에서 설명하는 내용의 기법으로 가장 옳은 것은?

- 고객에게 상품의 특성과 장점에 대한 정보를 제공하고 인기상품이나 계절상품 등을 제안하는 역할을 한다.
- 고객의 시선이 닿기 쉬운 곳에 구성하여 고객의 무의식적인 구매충동을 자극하도록 구성한다.
- 고객에게 상품의 콘셉트나 가치를 시각적으로 호소한다.

① 쇼윈도 프레젠테이션
② 파사드 프레젠테이션
③ 비주얼 프레젠테이션
④ 포인트 프레젠테이션
⑤ 아이템 프레젠테이션

VMD(Visual Merchandising)는 시각적으로 소비자의 구매를 유도하는 전략으로 상품의 표현과 관련하여 VP(Visual Presentation), PP(Point of sale Presentation), IP(Item Presentation)로 구분할 수 있다. 이 중 VP는 타 매장과의 차별성으로 고객의 시선을 유도하는 역할로 테마상품에 의한 매장의 메시지를 시각적으로 어필하는 기능을 한다. PP는 분류된 상품에 판매 포인트를 주어 구매를 유도하는 역할을 하며, IP는 상품을 정리하여 보기 편하고 쉽게 선택하도록 한다.

정답 | 43 ⑤ 44 ④ 45 ④ 46 ① 47 ④ 48 ③ 49 ⑤ 50 ③

51

촉진예산을 결정하는 방법에 대한 설명으로 가장 옳지 않은 것은?

① 가용예산법: 기업의 여유 자금에 따라 예산을 결정하는 방법
② 매출액 비율법: 과거의 매출액이나 예측된 미래의 매출액을 근거로 예산을 결정하는 방법
③ 단위당 고정비용법: 고가격 제품의 촉진에 특정 비용이 수반될 때 이를 고려하여 예산을 결정하는 방법
④ 경쟁 대항법: 경쟁사의 촉진 예산 규모를 기반으로 결정하는 방법
⑤ 목표 과업법: 촉진목표를 설정하고 이를 달성하기 위한 과업을 분석하여 예산을 결정하는 방법

촉진예산 책정방식에는 크게 가용예산법, 매출액 비율법, 경쟁 대항법, 목표 과업법이 있으며, 단위당 고정비용법은 해당사항이 없다.

선지분석 |
① 가용예산법: 운영비용과 이익을 산출한 후에 사용 가능한 금액이 얼마인지에 따라 고객 커뮤니케이션 예산을 설정하는 방법
② 매출액 비율법: 예상매출액 중 고정비율로 고객 커뮤니케이션 예산을 설정하는 방식
④ 경쟁 대항법: 경쟁업체의 고객 커뮤니케이션 비용 비율과 시장점유율이 같도록 결정하는 방식
⑤ 목표 과업법: 커뮤니케이션 목표를 달성하기 위해 특별한 업무수행에 요구되는 예산을 결정짓는 방법이며 가장 합리적임

52

아래 글상자에 설명하는 마케팅조사 기법으로 가장 옳은 것은?

다수의 대상(소비자, 제품 등)들을 그들이 소유하는 특성을 토대로 유사한 대상들끼리 집단으로 분류하는 통계 기법

① 분산분석 ② 회귀분석
③ 군집분석 ④ t-검증
⑤ 컨조인트분석

선지분석 |
① 분산분석(ANOVA; Analysis of Variance): 3 이상의 독립적인 집단들 간에 특정 변수의 평균값에 서로 차이가 있는지를 검정하는 통계기법
② 회귀분석: 하나(단순회귀분석) 또는 둘 이상(다중회귀분석)의 독립변수가 특정한 하나의 종속변수에 미치는 영향의 정도와 방향을 파악하기 위해서 사용되는 분석방법
④ t-검증: 두 집단 간의 평균비교를 위해 시행되는 통계분석기법
⑤ 컨조인트분석: 제품을 구매할 때 소비자가 중요시하는 제품 속성의 선호도를 측정하고 각 속성 수준에 대해 소비자들이 부여하는 효용(utility)을 파악하여 최상의 신제품을 개발하는 데 사용하는 방법

53

세분화된 시장들 중에서 매력적인 표적시장을 선정하기 위한 고려사항으로 가장 옳지 않은 것은?

① 경쟁의 측면에서 개별 세분시장 내의 경쟁강도를 살펴보아야 한다.
② 해당 세분시장이 자사의 역량과 자원에 적합한지를 살펴보아야 한다.
③ 선택할 시장들의 절대적 규모를 고려하여 살펴보아야 한다.
④ 자사가 기존에 가지고 있는 마케팅 믹스체계와 일치하는지를 살펴보아야 한다.
⑤ 선택할 시장이 자사가 가지고 있는 목표 및 이미지와 일치하는지 살펴보아야 한다.

세분된 시장들의 절대적 규모를 고려하는 단계는 시장세분화 단계로, 효율적인 세분화를 위해서는 충분한 규모의 시장이 있어야 하나 표적시장선정 단계에서는 상대적인 규모 및 자사의 경쟁력, 내부역량 등을 함께 검토해야 한다.

54
셀프서비스를 활용한 상품판매의 특징으로 가장 옳지 않은 것은?

① 영업시간의 유연성 증가
② 소매점의 판매비용 절감
③ 고객에게 전달되는 상품정보의 정확성 향상
④ 구매과정에 대한 고객의 자기통제력 향상
⑤ 직원의 숙련도와 상관없는 비교적 균일한 서비스제공

셀프서비스 도입은 영업시간의 유연성 증가, 판매비용 절감 등을 도모할 수 있는 장점이 있다. 반면 고객에게 전달되는 상품정보의 정확성 향상은 풀서비스(full service)와 관련된 장점에 해당한다.

55
고객생애가치(CLV: Customer Lifetime Value)에 대한 설명으로 가장 옳지 않은 것은?

① CLV는 어떤 고객으로부터 얻게 되는 전체 이익흐름의 현재가치를 의미한다.
② 충성도가 높은 고객은 반드시 CLV가 높다.
③ CLV를 증대시키려면 고객에게 경쟁자보다 더 큰 가치를 제공해야 한다.
④ CLV 관리는 단속적 거래보다는 장기적 거래관계를 통한 이익에 집중한다.
⑤ 올바른 CLV를 정확하게 산출하려면 수입 흐름뿐만 아니라 고객획득비용이나 고객유지비용같은 비용 흐름도 고려해야 한다.

고객충성도(loyalty)는 애착과 반복구매의 정도에 따라 초우량 로열티, 잠재적 로열티, 타성적 로열티, 비로열티로 구분되며, 잠재적 로열티는 브랜드 충성도는 높으나 반복구매의 정도가 낮은 유형으로 CLV가 높은 유형에 해당하지 않는다. 반면 타성적 로열티는 브랜드에 대한 로열티는 낮으나 반복구매의 정도는 높은 유형으로 CLV는 높아질 수 있다.
따라서 충성도가 높은 고객이 반드시 CLV가 높은 것은 아니다.

56
판매촉진 방법 가운데 프리미엄(premium)의 장점으로 가장 옳지 않은 것은?

① 지속적으로 사용해도 제품 자체 이미지에 손상을 가져오지 않는다.
② 많은 비용을 투입하지 않으면서 신규고객을 확보하는 효과적인 방법이다.
③ 제품에 별도의 매력을 부가함으로써 부족할 수 있는 상품력을 보완할 수 있다.
④ 제품수준이 평준화되어 차별화가 어려운 상황에서 특히 효과적이다.
⑤ 치열한 경쟁상황에서 제품에 대한 주목률을 높여주고 특히 구매시점에 경쟁제품보다 돋보이게 한다.

프리미엄은 소비자를 대상으로 하는 가격형 판촉유형으로 무료로 사은품을 제공하는 인센티브를 활용하기 때문에 비용을 많이 투입하게 된다.

57
소매점에서 제공하는 상품 관련 핵심서비스의 내용으로서 가장 옳은 것은?

① 정확한 대금 청구
② 편리한 환불 방식
③ 친절한 고객 응대
④ 다양한 상품 구색
⑤ 신속한 상품 배달

소매점에서 제공하는 상품과 관련된 핵심서비스이므로 다양한 상품 구색이 이에 해당한다. 나머지 지문은 상품과 관련된 부가적인 서비스에 해당한다.

정답 | 51 ③ 52 ③ 53 ③ 54 ③ 55 ② 56 ② 57 ④

58

생산업체가 경로구성원들의 성과를 평가하는 기준으로서 가장 옳지 않은 것은?

① 경로구성원에 대한 투자수익률
② 유통업체의 영업에서 차지하는 자사제품 판매 비중의 변화
③ 유통업체의 영업에 대한 자사 통제의 허용 정도
④ 환경 변화에 대한 경로구성원의 적응력
⑤ 경로구성원의 재고투자이익률

재고투자이익률(GMROI)은 경로구성원인 소매상이 중요시하는 성과지표에 해당하지만 생산업체가 경로구성원들을 평가하는 기준에는 해당하지 않는다.
※ 재고투자이익률(GMROI)=총이익/평균재고자산

59

단수가격설정정책(odd pricing)에 대한 설명으로 옳은 것은?

① 최대한 인하된 상품 가격이라는 인상을 주어 판매량을 증가시키기 위해 가격을 990원, 1,990원처럼 설정하는 것을 말한다.
② 가격이 높을수록 우수한 품질이나 높은 지위를 상징하는 경우에 주로 사용된다.
③ 캔음료나 껌처럼 오랫동안 같은 가격을 지속적으로 유지함으로써 소비자가 그 가격을 당연하게 받아들이는 것을 말한다.
④ 같은 계열에 속하는 몇 개의 제품 가격을 품질에 따라 1만원, 3만원, 5만원 등으로 설정하는 것을 말한다.
⑤ 고객을 모으기 위해서 특정 제품을 아주 저렴한 가격으로 판매하는 방법이다.

선지분석 |
②는 명성가격정책(prestige pricing), ③은 관습가격정책(custom pricing), ④는 가격계열화(price line pricing), ⑤는 손실유도 가격정책(loss leader pricing)에 대한 설명이다.

60

고객서비스는 사전적 고객서비스, 현장에서의 고객서비스, 사후적 고객서비스로 구분해볼 수 있다. 다음 중 사전적 고객서비스 요소로 가장 옳은 것은?

① 자사의 경영철학에 따라 서비스에 관한 표준을 정하고 조직을 편성하여 교육 및 훈련한다.
② 구매계획이나 공급 여력 등에 따라 발생할지 모르는 재고품절을 방지하기 위해 적정 재고수준을 유지한다.
③ 고객의 주문 상황이나 기호에 맞는 상품의 주문을 위한 정보시스템을 효율적으로 관리·운영한다.
④ 고객의 상품 주문에서부터 상품 인도에 이르기까지 적절한 물류서비스를 공급한다.
⑤ 폭넓은 소비자 선택을 보장하기 위해 가능한 범위 내에서 다양한 상품을 진열하고 판매한다.

관련이론 | 고객서비스의 구성요소

거래 전 요소	거래 중 요소	거래 후 요소
• 문서화된 기업의 제품 정책 • 정책에 대한 고객의 이해 • 조직구조 • 시스템 유연성 • 관리자의 서비스	• 제품의 결품률 • 주문정보 • 주문주기의 요인들 • 물품대체, 교환 • 주문의 편의성 • 선적 지연	• A/S, 설치, 보증, 수리, 변경 • 물품추적 • 클레임 및 고충처리, 반품 • 물품의 일시대체

61

아래 글상자의 사례들에 해당하는 유통경쟁전략으로 가장 옳은 것은?

- A사는 30대 전후의 여성들에게 스포츠웨어를 주로 판매한다.
- B사는 대형 사이즈의 의류를 주력상품으로 판매한다.
- C사는 20대 여성을 대상으로 대중적인 가격대의 상품을 판매한다.
- D사는 가격대와 스타일이 서로 다른 7개의 전문의류점 사업부를 가지고 있다.

① 편의성 증대
② 정보기술의 도입 및 확대
③ 점포 포지셔닝 강화
④ 유통업체 브랜드의 확대
⑤ e-커머스 확대

글상자의 사례들에 해당하는 유통경쟁전략은 포지셔닝(positioning) 강화전략에 해당한다. 포지셔닝 전략은 소비자의 마음 속에 경쟁상표와 비교하여 경쟁우위를 제공하는 위치에 자사상표를 구축하려는 노력을 말하며 기업의 경쟁력과 관련하여 매우 중요하다.

62

과자나 라면 같은 상품들을 정돈하지 않고 뒤죽박죽으로 진열하여 소비자들에게 저렴한 특가품이라는 인상을 주려는 진열방식의 명칭으로 가장 옳은 것은?

① 돌출진열(extended display)
② 섬진열(island display)
③ 점블진열(jumble display)
④ 후크진열(hook display)
⑤ 골든라인진열(golden line display)

점블(jumble)이란 상품 따위들을 아무렇게나 너저분하게 뒤섞는다는 뜻으로, 할인점이나 슈퍼의 한 편에 상품들을 아무렇게나 쌓아 놓아 특가품이라는 인식을 주어 충동구매를 조장하는 진열방법이다. 저가격, 저마진 상품에 적용하는 경우가 많다.

63

다음의 여러 가격결정 방법 중에서 원가중심 가격결정 (cost-oriented pricing) 방법에 해당하지 않는 것은?

① 원가가산법(cost plus pricing)
② 손익분기점 가격결정법(breakeven pricing)
③ 목표이익 가격결정법(target-profit pricing)
④ 지각가치 중심 가격결정법(perceived value pricing)
⑤ 이폭가산법(markup pricing)

기업의 가격결정 방법은 크게 원가기준 가격결정, 소비자기준 가격결정, 경쟁자기준 가격결정으로 구분할 수 있으며, 지각가치 중심 가격결정법은 소비자기준 가격결정 방법에 해당한다.

64

고객관계관리(CRM)에 대한 접근방법으로 가장 옳지 않은 것은?

① 마케팅부서만이 아닌 전사적 관점에서 고객지향적인 전략적 마케팅활동을 수행한다.
② 전사적 자원관리(ERP) 시스템을 통해 고객정보를 파악하고 분석한다.
③ 데이터마이닝 기법을 활용해 고객행동에 내재돼 있는 욕구(needs)를 파악한다.
④ 고객과의 관계 강화를 지속적으로 모색하는 고객중심 비즈니스모델을 수립한다.
⑤ 표적고객에 대한 고객관계 강화에 집중하며 고객점유율 향상에 중점을 둔다.

ERP시스템은 제조기업의 재고관리·물류·회계·인사·재무·판매관리 등 모든 업무를 통합적으로 관리하는 생산관리시스템으로, 고객관계관리(CRM)를 위해 고객정보를 파악하고 분석하는 활동에는 활용되지 않는다.

정답 | 58 ⑤ 59 ① 60 ① 61 ③ 62 ③ 63 ④ 64 ②

65

마케팅 전략수립을 위한 다양한 조사활동 중 1차 자료를 수집하기 위한 조사방식으로 옳지 않은 것은?

① 현장조사 ② 관찰조사
③ 설문조사 ④ 문헌조사
⑤ 실험조사

1차 자료는 현재 직면한 문제를 해결하기 위하여 조사자가 직접 조사·수집한 자료를 말하며, 2차 자료는 이미 공개되어 있는 기존의 모든 자료를 말한다. 2차 자료는 통계청 통계자료, 기 발표된 논문, 신문, 잡지기사, 각종 기관이나 리서치에서 발표한 자료 등이 포함된다. 문헌조사는 2차 자료의 수집방법 중 하나이다.

66

점포의 구성 및 설계에 대한 설명으로 옳지 않은 것은?

① 포스 조닝(POS zoning)은 판매가 이루어지는 마지막 접점이므로 최대한 고객의 체류시간을 늘려야 한다.
② 매장의 주통로는 고객의 편안한 이동을 제공하는 동시에 보조통로들과 잘 연계되게 구성해야 한다.
③ 공간면적당 판매생산성 향상을 고려하여 매장 내의 유휴 공간이 없도록 레이아웃을 구성해야 한다.
④ 동선 폭은 고객의 편의를 고려해 유동성과 체류시간 등의 동선 혼잡도를 예상하여 결정해야 한다.
⑤ 표적고객을 최대한 명확하게 설정하고 상품 관련성을 고려하여 상품을 군집화한다.

포스 조닝(POS zoning)은 계산대에서 판매가 이루어지는 마지막 접점이므로 고객의 체류시간을 짧게 설계하는 것이 핵심 포인트다.

67

마케팅변수를 흔히 제품변수, 가격변수, 유통변수, 촉진 변수로 나누어 4P라고 한다. 다음 중 나머지와는 다른 P에 속하는 변수로서 가장 옳은 것은?

① 시장 커버리지 ② 재고와 보관
③ 점포 위치 ④ 1차 포장과 2차 포장
⑤ 수송

시장 커버리지, 재고와 보관, 점포 위치, 수송은 유통관리(Place)에 해당하지만, 1차·2차 포장은 제품관리(Product) 변수에 해당한다.

68

기업의 성장전략 대안들 가운데 기존시장에서 기존제품으로 점유율을 높여서 성장하려는 전략의 명칭으로 가장 옳은 것은?

① 제품개발전략 ② 시장개척전략
③ 시장침투전략 ④ 전방통합전략
⑤ 다각화전략

기존시장에서 기존제품의 시장점유율을 증가시키는 전략으로, 기존고객의 구매빈도를 증가시키고, 경쟁기업의 고객을 유인하며, 미사용 고객층을 설득하는 방법을 사용한다.

관련이론 | 앤소프(H. I. Ansoff)의 제품-시장 확장그리드

	기존제품	신제품
기존시장	시장침투 전략	제품개발 전략
신시장	시장개발 전략	다각화 전략

69

아래 글상자의 괄호 안에 들어갈 용어를 순서대로 나열한 것으로 가장 옳은 것은?

> 상품의 다양성(variety)은 (㉠)의 수가 어느 정도 되는 지를 의미하며, 상품의 구색(assortment)은 (㉡)의 수를 말한다.

① ㉠ 상품계열, ㉡ 상품품목
② ㉠ 상품형태, ㉡ 상품지원
③ ㉠ 상품품목, ㉡ 상품계열
④ ㉠ 상품지원, ㉡ 상품형태
⑤ ㉠ 상품형태, ㉡ 상품계열

상품의 다양성(variety)은 상품계열의 수가 어느 정도 되는가에 대한 것으로 상품구색의 넓이를 뜻한다. 반면 상품의 구색(assortment)은 상품계열 내의 상품 품목(Item)의 수를 말한다.

70

고객관계 강화 및 유지를 위한 CRM활동으로 가장 옳지 않은 것은?

① 교차판매(cross-selling)
② 상향판매(up-selling)
③ 고객참여(customer involvement)
④ 2차구매 유도(inducing repurchase)
⑤ 영업자원 최적화(sales resource optimization)

고객관계관리는 기존고객의 이탈을 방지하기 위해 고객과의 장기적인 관계를 구축하는 과정으로, 영업자원 최적화는 고객관계관리(CRM) 강화 및 유지를 위한 CRM 활동과는 관련이 없다.

유통정보

71

RFID의 특징에 대한 설명으로 가장 옳지 않은 것은?

① 태그는 데이터를 저장하거나 읽어낼 수 있어야 한다.
② 태그는 인식 방향에 관계없이 ID 및 정보 인식이 가능해야 한다.
③ 태그는 직접 접촉을 하지 않아도 자료를 인식할 수 있어야 한다.
④ 태그는 많은 양의 데이터를 보내고, 받을 수 있어야 한다.
⑤ 수동형 태그는 능동형 태그에 비해 일반적으로 데이터를 보다 멀리까지 전송할 수 있다.

능동형 태그는 자체 배터리에 의해 동력을 전달받으므로 수동형 태그에 비해 일반적으로 데이터를 보다 멀리까지 전송할 수 있다.

72

의사결정시스템에 대한 설명으로 가장 옳지 않은 것은?

① 최고경영층은 주로 비구조적 의사결정에 대한 문제에 직면해 있고, 운영층은 주로 구조적 의사결정에 대한 문제에 직면해 있다.
② 의사결정지원시스템을 이용해 의사결정의 품질을 높이기 위해서는 의사결정지원시스템에서 활용하는 데이터의 품질을 개선해야 한다.
③ 의사결정지원시스템은 수요 예측 문제, 민감도 분석 등에 활용된다.
④ 운영층은 주로 의사결정지원시스템을 이용해 마케팅 계획 설계, 예산 수립 계획 등과 같은 업무를 수행한다.
⑤ 의사결정지원시스템의 의사결정 품질 개선을 위해 딥러닝(deep learning)과 같은 고차원적 알고리즘(algorithm)이 활용된다.

의사결정지원시스템을 이용해 마케팅 계획 설계, 예산 수립 계획 등과 같은 업무를 수행하는 것은 최고경영층이다.

정답 | 65 ④ 66 ① 67 ④ 68 ③ 69 ① 70 ⑤ 71 ⑤ 72 ④

73

소스 마킹과 인스토어 마킹에 관련된 설명으로 가장 옳지 않은 것은?

① 인스토어 마킹은 소분포장, 진열 단계에서 마킹이 이루어진다.
② 소스 마킹은 생산 및 제품 포장 단계에서 마킹이 이루어진다.
③ 소스 마킹은 전 세계적으로 공통 사용이 가능하다.
④ 소스 마킹은 과일이나 농산물에 주로 사용된다.
⑤ 인스토어 마킹은 원칙적으로 소매업체가 자유롭게 표시한다.

대형마트나 슈퍼마켓에서 과일이나 농산물에 주로 사용되는 것은 인스토어 마킹이다.
인스토어 마킹(instore marking)은 소매업체에서 상품 하나하나에 자체적으로 설정한 바코드 마킹을 의미한다. 이는 소스 마킹을 실시할 수 없는 생선·정육·채소나 과일 등 청과물에 제한적으로 사용한다.

74

바코드에 대한 설명으로 가장 옳지 않은 것은?

① 유통업체의 재고관리와 판매관리에 도움을 제공한다.
② 국가표준기관에 의해 관리되고 있다.
③ 컬러 색상은 인식하지 못하고, 흑백 색상만 인식한다.
④ 스캐너 또는 리더기를 이용하여 상품 관련 정보를 간편하게 읽어들일 수 있다.
⑤ 바코드에는 국가코드, 제조업체코드, 상품품목코드 등에 대한 정보가 저장되어 있다.

바코드를 인쇄할 때 흑백 색상뿐만 아니라 컬러 색상으로도 할 수 있다. 바코드 스캐너는 어두운 바와 밝은 스페이스(공간)의 색상을 대조하여 바코드를 판독하므로 검은색, 군청색, 진한 녹색, 진한 갈색의 바에 백색, 군청색, 녹색, 적색 바탕이 가능하다. 다만 바코드 스캐너는 적색계통의 색상을 모두 백색으로 감지하여 백색 바탕에 적색 바코드인 경우 판독이 불가능하다.

75

아래 글상자의 내용을 지칭하는 용어로 가장 옳은 것은?

- 기업이 필요에 따라 단기 계약직이나 임시적으로 인력을 충원하고 그 대가를 지불하는 형태의 경제를 의미
- 맥킨지는 '디지털 장터에서 거래되는 기간제 근로자'라고 정의

① 오프쇼어링(off-shoring)
② 커스터마이징(customizing)
③ 매스커스터마이제이션(masscustomization)
④ 긱 이코노미(gig economy)
⑤ 리쇼어링(reshoring)

기업이 필요에 따라 단기 계약직이나 임시직으로 인력을 충원하고 그 대가를 지불하는 형태의 경제를 긱 이코노미(gig economy)라고 한다.

76

아래 글상자에서 설명하는 내용을 지칭하는 용어로 가장 옳은 것은?

- 기존 데이터베이스 관리도구의 능력을 넘어서 데이터에서 가치있는 정보를 추출하는 기술로, 디지털 환경에서 다양한 형식으로 빠르게 발생하는 대량의 데이터를 다루는 기술임.
- 유통업체에서 보다 탁월한 의사결정을 위해 활용하는 비즈니스 애널리틱스(Business Analytics: BA) 중 하나로 고차원적 의사결정을 지원하는 기술임.

① 리포팅
② 쿼리
③ 스코어카드
④ 대시보드
⑤ 빅데이터

제시된 내용은 빅데이터(Big data)에 대한 설명이다. 빅데이터는 디지털 환경에서 생성되는 데이터로 그 규모가 방대하고, 생성 주기도 짧고, 형태도 수치 데이터뿐 아니라 문자와 영상 데이터를 포함하는 대규모 데이터를 말한다.
가트너(Gartner)에서 제시하는 빅데이터의 특징은 3V로, 데이터의 양(Volume), 데이터 생성 속도(Velocity), 형태의 다양성(Variety)을 의미한다.

77

유통정보시스템 이용에 있어서 정보보안의 주요 목표에 대한 내용으로 가장 옳은 것은?

① 허락받지 않은 사용자가 정보를 변경해서는 안되는 것은 기밀성이다.
② 정보의 소유자가 원치 않으면 정보를 공개할 수 없는 것은 무결성이다.
③ 보낸 이메일을 상대가 읽었는지 알 수 있는 수신 확인 기능은 부인방지 원칙을 잘 반영한 것이다.
④ 웹사이트에 접속하려고 할 때 에러 등 서비스 장애가 일어나는 것은 무결성이 떨어진다고 볼 수 있다.
⑤ 인터넷 거래에 필요한 공인인증서에 기록된 내용은 타인이 조작할 수 없도록 만들어 가용성을 유지해야 한다.

보낸 이메일을 상대가 읽었는지 알 수 있는 수신 확인 기능은 부인방지 원칙을 잘 반영한 것이다. 부인방지(non-repudiation)는 송수신 당사자가 각각 전송된 송수신 사실을 추후 부인하는 것을 방지하는 서비스다.

선지분석
① 기밀성(confidentiality)은 비인가자가 부당한 방법으로 정보를 입수한 경우에도 정보의 내용을 알 수 없도록 하는 서비스다.
② 무결성(integrity)은 데이터가 전송 도중 또는 데이터 베이스에 저장되어 있는 동안 악의의 목적으로 위·변조되지 않았음을 보장하는 것이다.
⑤ 무결성에 해당하는 내용이다.

78

유통업체에서 새로운 비즈니스 모델을 개발하고자 할 때 사용하는 비즈니스 모델 캔버스를 구성하는 요인에 대한 설명으로 가장 옳지 않은 것은?

① 유통채널이란 기업이 고객에게 가치를 전달하는 경로이다.
② 고객 세분화란 고객이 무언가를 수행하는 것을 도움으로써 가치를 창출할 수 있다는 것이다.
③ 핵심자원은 기업이 비즈니스를 수행하는 데 핵심이 되는 중요한 자산이다.
④ 고객관계 구축이란 우량 고객과 비우량 고객을 구분하고, 차별화된 관리방안을 마련하는 것을 의미한다.
⑤ 핵심 파트너십은 비즈니스 생태계에서 원만한 기업관계를 구축하기 위한 핵심역량을 말한다.

고객 세분화(Customer Segments)란 핵심타겟인 고객을 정의하는 것으로, 누구를 위해 가치를 창조하는가, 즉 누가 가장 중요한 고객인가를 정의하는 것이다.

79

스마트폰과 같은 모바일 기기를 이용하는 모바일 쇼핑의 특성으로 가장 옳지 않은 것은?

① 소비자가 직접 능동적으로 필요한 제품을 검색하여 보다 상세하게 정보를 얻을 수 있다는 장점이 있다.
② 모바일 쇼핑은 소비자가 인지-정보탐색-대안평가-구매 등의 구매의사결정을 하나의 매체에서 통합적으로 수행할 수 있는 쇼핑형태이다.
③ 기업은 구매과정을 단순하고 편리하게 구성함으로써 구매단계에 대한 통합적 관리가 가능해진다.
④ 쿠폰, 티켓, 상품권 등을 중심으로 형성되었던 모바일 쇼핑은 의류, 패션잡화, 가전제품, 화장품, 식품, 가구 등 거의 전 부문으로 확산되고 있다.
⑤ 모바일 쇼핑의 활성화에 따라 백화점, 대형마트, 인터넷 쇼핑 등과의 채널별 시장 경계가 명확해지면서 기존에 비해 가격경쟁은 약화되고 있다.

모바일 쇼핑의 활성화에 따라 백화점, 대형마트, 인터넷 쇼핑 등과의 채널별 시장 경계가 약화되면서 기존에 비해 가격경쟁은 강화되고 있다.

정답 | 73 ④ 74 ③ 75 ④ 76 ⑤ 77 ③ 78 ② 79 ⑤

80

EDI 시스템의 사용 이점에 대한 설명으로 가장 옳지 않은 것은?

① 데이터의 입력에 소요되는 시간과 오류를 줄일 수 있다.
② 주문기입 오류로 인해 발생되는 문제점 및 지연을 없앰으로써 데이터 품질을 향상시킨다.
③ 문서 관련 업무를 자동화 처리함으로써 직원들은 부가가치 업무에 집중할 수 있고 중요한 비즈니스 데이터를 실시간으로 추적할 수 있다.
④ EDI는 세계 도처에 있는 거래 당사자와 연계를 촉진시키는 공통의 비즈니스 언어를 제공하기 때문에 새로운 영역 및 시장에 진입을 원활하게 한다.
⑤ EDI는 전자기반 프로세스를 문서기반 프로세스로 대체함으로써 많은 비용을 절약하고 이산화탄소 배출량을 감소시켜 궁극적으로 기업의 사회적 책임을 이행하게 한다.

EDI는 종이문서 기반의 업무처리 프로세스를 전자문서 기반의 프로세스로 대체함으로써 많은 비용을 절약하고 이산화탄소 배출량을 감소시켜 궁극적으로 기업의 사회적 책임을 이행하게 한다.

81

고객관리를 최적화하기 위해 활용되는 비즈니스 인텔리전스(Business Intelligence: BI)에 대한 설명으로 가장 옳지 않은 것은?

① BI는 의사결정자에게 적절한 시간, 적절한 장소, 적절한 형식의 실행가능한 방식으로 정보를 제공한다.
② BI는 사물인터넷 기술을 이용해서 새로운 데이터를 수집하는 기능을 제공한다.
③ BI는 데이터 마이닝이나 OLAP 등의 다양한 분석도구를 사용하여 의사결정에 필요한 정보를 제공한다.
④ BI는 발생된 사건의 내부 데이터, 구조화된 데이터, 히스토리컬 데이터(historical data) 등에 대한 분석기능을 제공한다.
⑤ BI는 분석적 도구를 활용해 경영 의사결정에 필요한 경쟁력 있는 정보와 지식을 제공한다.

비즈니스 인텔리전스(BI)는 새로운 데이터를 수집하는 것이 아니라 주로 기업 내 부서별로 소유하고 있는 데이터를 분석하는 데 중점을 둔다. 즉 기업 내부의 데이터를 통합·분석·접근할 수 있는 도구를 통칭한다.
BI에는 DB 쿼리 및 리포팅을 위한 소프트웨어, 제품군별 판매예측과 같은 요약, 다차원분석, 패턴 등을 파악하는 데이터 마이닝(Data Mining) 등이 있다.

82

일반 상거래와 비교할 때, 전자상거래의 차별화된 특성을 설명한 것으로 가장 옳지 않은 것은?

① 고객과 대화형 비즈니스 모델로의 변이가 가능하다.
② 인터넷 비즈니스는 시간적, 공간적 제약 없이 실시간으로 운영 가능하다.
③ 재고부담을 최소화하면서 기술개발과 마케팅에 더 많은 투자를 한다.
④ 변화에 대한 융통성은 프로세스에 의존하기보다는 유형자산에 의존한다.
⑤ 동시다발적 비즈니스 요소가 성립하며 포괄적 비즈니스 모델에 의한 운영이 가능하다.

전통적인 상거래에서는 점포, 설비 등 유형자산이 중요한 역할을 했지만, 전자상거래는 무점포 거래이므로 변화에 대한 융통성은 주로 프로세스에 의존하고 있다.

83

아래 글상자의 괄호 안에 들어갈 용어를 순서대로 나열한 것으로 가장 옳은 것은?

> - 디지털 뉴딜의 일환으로 (㉠)을 이용한 '유통/물류 이력관리시스템'은 위·변조가 불가하고 정보 공유가 용이하여 입고부터 가공, 포장, 판매에 이르는 과정을 소비자와 공유하는 것이 가능해짐
> - (㉡)는 개인이 자신의 정보에 대한 완전한 통제권을 가지는 비대면 시대에 가장 적합한 기술로 분산원장의 암호학적 특성을 기반으로 한 신뢰된 ID 저장소를 이용하여 제3기관의 통제 없이 분산원장에 참여한 누구나 신원정보의 위조 및 변조 여부를 검증할 수 있도록 지원함

① ㉠ 블록체인, ㉡ DID(Decentralized Identity)
② ㉠ 금융권 공동인증, ㉡ OID(Open Identity)
③ ㉠ 블록체인, ㉡ PID(Personality Identity)
④ ㉠ 블록체인, ㉡ OID(Open Identity)
⑤ ㉠ 공인인증, ㉡ DID(Decentralized Identity)

㉠ 블록체인(Blockchain)은 분산원장 또는 공공거래장부라고 불리며, 암호화폐로 거래할 때 발생할 수 있는 해킹을 막는 기술에서 출발했다. 다수의 상대방과 거래를 할 때 데이터를 개인 사용자들의 디지털 장비에 저장하여 공동으로 관리하는 분산형 정보기술이다.
㉡ DID(Decentralized Identity), 즉 분산 식별자는 블록체인 기술 기반으로 구축한 전자신분증 시스템을 말한다. 분산 식별자(DID)는 개인정보를 제3기관 중앙 서버가 아니라 개인 스마트폰, 태블릿 등 개인 기기에 분산시켜서 관리한다. 위·변조가 불가능한 블록체인상에는 해당 정보의 진위 여부만 기록하며 정보를 매개하는 중개자 없이 본인 스스로 신분을 증명할 수 있다.

84

QR(Quick Response)에 대한 설명으로 가장 옳지 않은 것은?

① QR은 1980년대 중반 미국의 의류업계와 유통업체가 상호 협력하면서 시작되었다.
② QR의 도입으로 기업은 리드타임의 증가, 재고비용의 감소, 판매의 증진 등의 획기적인 성과를 거둘 수 있다.
③ QR이 업계 전반에 걸쳐 확산되기 위해서는 유통업체마다 각각 다르게 운영되고 있는 의류상품에 대한 상품분류체계를 표준화하여야 한다.
④ 미국의 식품업계는 QR에 대한 벤치마킹을 통해 식품업계에 적용할 수 있는 SCM 시스템인 ECR을 개발하였다.
⑤ QR의 핵심은 유통업체가 제조업체에게 판매된 의류에 대한 정보를 매일 정기적으로 제공함으로써 제조업체로 하여금 판매가 부진한 상품에 대해서는 생산을 감축하고 잘 팔리는 상품의 생산에 주력할 수 있도록 하는 데 있다.

QR의 도입으로 기업은 소비자 욕구 변화에 빠르게 대응함으로써 리드타임의 감소, 재고비용의 감소, 판매의 증진 등의 획기적인 성과를 거둘 수 있다.

관련이론 | QR(Quick Response)
QR(신속 대응)은 1980년대 중반 미국의 섬유산업에서 등장한 SCM의 최초 형태로, 정보기술을 이용하여 제품의 납기를 단축시키고 상품을 적시에 적량만큼 공급하기 위한 시스템이다.

정답 | 80 ⑤ 81 ② 82 ④ 83 ① 84 ②

85

빅데이터는 다양한 유형으로 존재하는 모든 데이터가 대상이 된다. 데이터 유형과 데이터 종류, 그에 따른 수집 기술의 연결이 가장 옳지 않은 것은?

① 정형데이터 - RDB - ETL
② 정형데이터 - RDB - Open API
③ 반정형데이터 - JSON - Open API
④ 반정형데이터 - 이미지 - Crawling
⑤ 비정형데이터 - 소셜데이터 - Crawling

반정형데이터의 종류에는 HTML, XML, JSON 및 IoT에서 제공하는 센서 데이터 등이 있다. 수집기술로는 Open API, Apache Flum, Chukaw 등이 있다.

관련이론 | 빅데이터의 유형
정형데이터에는 관계형데이터베이스(RDB), 스프레드 시트, CSV 데이터 등이 있다. 수집기술로는 ETL, FTP(File Transfer Protocol), API 등이 있다.
비정형데이터는 이미지, 동영상, 사운드, 텍스트 문서 등 데이터의 형태가 정해져 있지 않은 데이터로, 수집기술은 Crawling, RSS, Open API 등이 있다.

86

노나카 이쿠지로 교수가 제시한 지식변환 프로세스에서 암묵적 형태로 존재하는 지식을 형식화하여 수집 가능한 데이터로 생성시켜 공유가 가능하도록 만드는 과정을 일컫는 용어로 옳은 것은?

① 공동화(socialization)
② 지식화(intellectualization)
③ 외부화(externalization)
④ 내면화(internalization)
⑤ 연결화(combination)

노나카 이쿠지로의 지식변환 프로세스(SECI 모델)에서 암묵적 형태로 존재하는 지식을 형식화하는 것은 외부화(externalization)이다. 숙련된 기능공의 노하우를 문서화하는 것, 이전에 기록된 적이 없는 구체적 프로세스에 대한 매뉴얼을 작성하는 것 등이 외부화의 사례이다.

87

고객발굴을 위해 CRM시스템의 고객정보를 활용하여 분석을 수행하고자 한다. 고객으로부터 전화 문의, 인터넷 조회, 영업소 방문 등의 내용을 바탕으로 하는 분석을 지칭하는 용어로 가장 옳은 것은?

① 외부 데이터 분석
② 고객 프로필 분석
③ 현재 고객 구성원 분석
④ 하우스-홀딩 분석
⑤ 인바운드 고객 분석

고객으로부터의 전화 문의, 인터넷 조회, 영업소 방문 등의 내용을 바탕으로 하는 분석은 인바운드 고객 분석이다. 또한 인바운드 분석은 기존고객의 피드백이나 불만제기 내용 등을 분석하는 것을 포함한다.

88

공급업체와 구매업체의 재고관리 영역에서 구매업체가 가진 재고 보충에 대한 책임을 공급업체에게 이전하는 전략을 일컫는 용어로 가장 옳은 것은?

① CPP(Cost Per Rating Point)
② ASP(Application Service Provider)
③ CMI(Co-Managed Inventory)
④ ABC(Activity Based Costing)
⑤ VMI(Vender Managed Inventory)

재고관리 영역에서 구매업체가 가진 재고 보충에 대한 책임을 공급업체에게 이전하는 전략은 공급자 주도 재고관리 전략, 즉 VMI(Vender Managed Inventory) 전략이다. 이는 협력적 재고관리(CMI)와 함께 지속적 재고보충(CR, CRP) 전략에 해당한다.

89

CRM시스템을 구축하는 이유에 대한 설명으로 가장 옳지 않은 것은?

① 고객과의 장기적인 관계 형성
② 거래 업무 효율화와 수익 증대
③ 의사결정 향상을 위한 고객에 대한 이해 활성화
④ 우수한 고객서비스 제공 및 확고한 경쟁우위 점유
⑤ 기존고객 유지보다 신규고객 유치 활성화를 통한 비용 절감

CRM은 신규고객의 창출보다 기존고객의 유지에 더 중점을 둔다. 또한 제품판매보다는 고객관계관리에 중점을 두고, 시장점유율보다는 고객점유율에 더 비중을 둔다.

관련이론 | CRM(Customer Relationship Management)
CRM은 신규고객의 확보보다 기존고객의 유지관리가 비용면에서 효율적이라는 것을 알게 되면서 등장하였다. 다양해지는 고객의 욕구에 유연하게 대처함으로써 수익의 극대화를 추구하려는 것이다.
CRM은 개별고객에 대한 상세한 정보를 토대로 그들과의 장기적인 관계를 구축하고 충성도를 높여 고객 생애가치(Customer LTV)를 극대화하려는 것으로, 장기적인 고객관계 형성을 위해 도입하고 있다.

90

아래 글상자의 내용과 관련 있는 용어로 가장 옳은 것은?

- 금융소비자 개인의 금융정보(신용정보)를 통합 및 관리하여 주는 서비스
- 개인데이터를 생산하는 정보주체인 개인이 본인 데이터에 대한 권리를 가지고, 본인이 원하는 방식으로 관리하고 처리하는 패러다임
- 개인데이터의 관리 및 활용 체계를 기관 중심에서 사람 중심으로 전환한 개념

① 마이데이터
② BYOD(Bring Your Own Device)
③ 개인 핀테크
④ 디지털 전환
⑤ 빅테크

제시된 내용은 마이데이터(mydata)에 대한 설명이다. 개인이 자신의 정보를 적극적으로 관리·통제하는 것은 물론 이러한 정보를 신용이나 자산관리 등에 능동적으로 활용하는 일련의 과정을 말한다.

관련이론 | 마이데이터
마이데이터를 이용하면 각종 기관과 기업 등에 분산되어 있는 자신의 정보를 한꺼번에 확인할 수 있으며, 업체에 자신의 정보를 제공해 맞춤 상품이나 서비스를 추천받을 수 있다. 국내에서는 시범 서비스를 거쳐 2022년 1월 5일부터 전면 시행되었다.

정답 | 85 ④ 86 ③ 87 ⑤ 88 ⑤ 89 ⑤ 90 ①

2022년 1회 기출문제

>> 2022년 5월 14일 시행

유통·물류 일반관리

01
아래 글상자에서 설명하는 조직구성원에 대한 성과평가방법으로 옳은 것은?

- 종업원의 성과를 특정 범주로 할당해서 평가하는 방법
  (예) S등급 10%, A등급 30%, B등급 30%, C등급 30%)
- 구성원의 성과가 다양한 분포를 보일 때 효과적임
- 갈등을 피하려고 모두를 관대하게 평가하고자 하는 유혹을 극복할 수 있음

① 행동관찰척도법(BOS: Behavioral Observation Scales)
② 단순서열법(simple ranking method)
③ 쌍대비교법(paired-comparison method)
④ 행위기준고과법(BARS: Behaviorally Anchored Rating Scales)
⑤ 강제배분법(forced distribution method)

강제배분법(forced distribution method) 또는 강제할당법은 사전에 정해 놓은 등급 비율에 따라 피고과자를 강제로 할당하는 방법으로, 피고과자의 수가 많을 때 서열법의 대안으로 주로 사용한다. 관대화 경향이나 중심화 경향같은 규칙적 오류를 방지할 수 있는 장점이 있다.

02
아래 글상자의 괄호 안에 들어갈 중간상이 수행하는 분류 기준으로 가장 옳은 것은?

- (㉠): 이질적인 제품들을 색이나 크기, 용량 등에 따라 상대적으로 동질적인 집단으로 구분하는 활동
- (㉡): 다양한 생산자들로부터 제공되는 제품들을 대규모 공급이 가능하도록 다량으로 구매하여 집적하는 활동
- (㉢): 구매자가 원하는 소규모 판매단위로 나누는 활동

① ㉠ 분류(sorting out), ㉡ 수합(accumulation), ㉢ 분배(allocation)
② ㉠ 구색갖춤(assorting), ㉡ 분류(sorting out), ㉢ 분배(allocation)
③ ㉠ 분배(allocation), ㉡ 구색갖춤(assorting), ㉢ 분류(sorting out)
④ ㉠ 분배(allocation), ㉡ 수합(accumulation), ㉢ 분류(sorting out)
⑤ ㉠ 분류(sorting out), ㉡ 구색갖춤(assorting), ㉢ 수합(accumulation)

선지분석
㉠ 분류(sorting out): 다양한 생산자들로부터 공급된 이질적인 제품들의 색, 크기, 용량, 품질 등에 있어 상대적으로 동질적인 집단으로 구분하는 활동이다.
㉡ 수합(accumulation): 도매상은 소매상을 위해, 소매상은 소비자를 위해 다양한 생산자로부터 제공되는 제품들을 대규모 공급이 가능하도록 다량으로 구매하는 활동이다.
㉢ 분배(allocation): 유통과정상에서 구매자가 원하는 단위로 소비자에게 연속적으로 나누어 제공하는 활동이다.

관련이론 | 구색갖춤(assorting)
중간상이 다양한 생산자들로부터 제품을 구매하여 소비자가 원하는 제품을 구비하는 활동이다.

03

아래 글상자 내용은 조직의 일반원칙 중 무엇에 관한 설명인가?

> 조직의 공통목적을 달성하기 위하여 각 부문이나 각 구성원의 충돌을 해소하고 조직의 제 활동의 내적 균형을 꾀하며, 조직의 느슨(slack)함을 조절하려는 원칙을 말한다.

① 기능화의 원칙(principle of functionalization)
② 위양의 원칙(principle of delegation)
③ 명령통일의 원칙(principle of unity of command)
④ 관리한계의 원칙(principle of span of control)
⑤ 조정의 원칙(principle of coordination)

조정의 원칙은 분업화된 각 업무 사이의 마찰을 해결함으로써 조직의 효율성을 높여야 한다는 원칙이다. H. Fayol의 관리이론에서 관리활동은 계획화 → 조직화 → 지휘 → 조정(coordination) → 통제로 구성된다고 하였다.

04

MRO(Maintenance, Repair, Operation)의 구매 특성에 대한 설명으로 가장 옳지 않은 것은?

① 인력과 비용의 효율성을 위해 구매대행업체를 이용하기도 한다.
② 작업현장에서 임의적인 구매가 많아 이에 대한 통제가 원활하게 이루어지지 않고 있다.
③ 대형장비, 기계 등 기업에서 제품을 생산하는 데 핵심적인 설비를 포함한다.
④ 부정기적인 구매로 인해 수요예측에 따른 전략적 구매계획의 수립이 어렵고, 이에 따라 재고유지비용이 많이 발생한다.
⑤ 적게는 수천 가지에서 많게는 수만 가지 품목을 대상으로 하기 때문에 이를 관리하기 위해 많은 비용이 발생한다.

MRO는 Maintenance(유지), Repair(보수), Operation(운영)의 약자로, 생산활동과는 직접 관련이 없으나 그것을 위한 생산시설의 유지와 보수 등에 필요한 모든 소모성 자재와 간접 재화, 서비스 등을 말한다. 따라서 대형장비, 기계 등 기업에서 제품을 생산하는 데 핵심적인 설비는 MRO에 해당하지 않는다.

05

고객 서비스 특성에 따른 품질평가요소에 대한 설명으로 옳은 것은?

① 유형성(tangibles) : 서비스 장비 및 도구, 시설 등 물리적인 구성
② 신뢰성(reliability) : 고객의 요구에 신속하게 서비스를 제공하려는 의지
③ 반응성(responsiveness) : 지식과 예절 및 신의 등 직원의 능력에 따라 가늠되는 특성
④ 확신성(assurance) : 고객에 대한 서비스 제공자의 배려와 관심의 정도
⑤ 공감성(empathy) : 계산의 정확성, 약속의 이행 등과 같이 정확하고 일관성 있는 서비스 제공

선지분석
② 신뢰성(reliability) : 계산의 정확성, 약속의 이행 등과 같이 정확하고 일관성 있는 서비스 제공
③ 반응성(responsiveness) : 고객의 요구에 신속하게 서비스를 제공하려는 의지
④ 확신성(assurance) : 지식과 예절 및 신의 등 직원의 능력에 따라 가늠되는 특성
⑤ 공감성(empathy) : 고객에 대한 서비스 제공자의 배려와 관심의 정도

정답 | 01 ⑤ 02 ① 03 ⑤ 04 ③ 05 ①

06

아래 글상자에서 회계 내용과 물류원가분석의 특징으로 가장 옳지 않은 것은?

구분	회계 내용	물류원가분석
㉠	계산목적	물류업적의 평가
㉡	계산대상	물류업무의 전반
㉢	계산기간	예산기간(월별, 분기별 등)
㉣	계산방식	항상 일정
㉤	할인의 여부	할인계산 함

① ㉠
② ㉡
③ ㉢
④ ㉣
⑤ ㉤

물류원가분석에서는 할인(discount)을 고려한 원가보다는 표준원가나 실제원가를 이용한다.

계산 목적	물류활동의 업적평가
계산 대상	물류업무의 전반에 걸쳐 사용
계산 기간	예산기간(월, 분기, 연도별)
계산 방식	항상 일정
계산의 계속성	반복적으로 계산
사용원가	표준원가, 실제원가

07

재고, 운송, 고객서비스 등의 상충관계(trade-off)에 대한 설명으로 옳지 않은 것은?

① 재고수준을 낮추게 되면 보관비용이 감소되고 고객서비스 수준도 낮아진다.
② 재고 감소는 주문에 적시 대응하는 조직의 능력을 저하시킨다.
③ 배달을 신속하게 해서 고객서비스 수준을 증가시키는 것은 수송비용 증가를 초래한다.
④ 높은 고객서비스 수준을 지향하는 경우 재고비용과 재고운반비가 증가한다.
⑤ 낮은 배송비용을 지향하는 것은 시간측면에서 고객서비스 수준의 증가를 가져온다.

상충관계(trade-off)란 변수들 간의 상호 이율배반적인 관계를 의미한다. 따라서 낮은 배송비용을 지향하는 것은 시간측면에서 고객서비스 수준의 감소를 가져오게 된다.

08

"유통산업발전법"(시행 2021.1.1., 법률 제17761호, 2020. 12.29., 타법개정)상 유통정보화시책의 내용으로 옳지 않은 것은?

① 유통표준코드의 보급
② 유통표준전자문서의 보급
③ 판매시점 정보관리시스템의 보급
④ 유통산업에 종사하는 사람의 자질 향상을 위한 교육·연수
⑤ 점포관리의 효율화를 위한 재고관리시스템·매장관리시스템 등의 보급

관련이론 | 「유통산업발전법」 제21조(유통정보화시책)
산업통상자원부장관은 유통정보화의 촉진 및 유통부문의 전자거래기반을 넓히기 위하여 다음의 사항이 포함된 유통정보화시책을 세우고 시행하여야 한다.
1. 유통표준코드의 보급
2. 유통표준전자문서의 보급
3. 판매시점 정보관리시스템의 보급
4. 점포관리의 효율화를 위한 재고관리시스템·매장관리시스템 등의 보급
5. 상품의 전자적 거래를 위한 전자장터 등의 시스템의 구축 및 보급
6. 다수의 유통·물류기업 간 기업정보시스템의 연동을 위한 시스템의 구축 및 보급
7. 유통·물류의 효율적 관리를 위한 무선주파수 인식시스템의 적용 및 실용화 촉진
8. 유통정보 또는 유통정보시스템의 표준화 촉진
9. 그 밖에 유통정보화를 촉진하기 위하여 필요하다고 인정되는 사항

09

소매유통회사를 중심으로 PB상품을 강화하고 있는데, 그 이유로 옳지 않은 것은?

① 수익성을 증가시키기 위해서
② 재고를 감소시키기 위해서
③ 소매유통회사의 차별화 수단으로 활용하기 위해서
④ 점포 이미지를 개선하는 데 활용하기 위해서
⑤ 소비자의 구매성향 변화에 적극적으로 대응하기 위해서

유통업체 자체 브랜드를 부착한 상품인 PB(Private Brand)상품은 유통업체의 수익증진, 공급자와의 협상력 강화, 브랜드 차별화, 소비자 변화에 적극 대응하기 위한 목적 등을 위해 최근 강화되고 있는 추세이다.

10

기업 윤리와 관련된 설명으로 옳지 않은 것은?

① 기업은 종업원에게 단순히 돈의 대가로 노동력을 요구하는 것이 아니라, 떳떳한 구성원으로서 헌신과 열정을 이끌어 낼 수 있도록 그들에게 자긍심과 비전을 심어주어야 한다.
② 협력사는 물품을 사오는 대상 이상의 의미를 지니는 장기적으로 협조해야 할 상생의 대상이다.
③ 거래비용의 발생 원인은 기회주의, 제한된 합리성, 불확실성 등이며 교환당사자 간에 신뢰가 부족할 때 거래비용은 작아진다.
④ 도덕적 해이는 도덕적 긴장감이 흐려져서 다른 사람의 이익을 희생한 대가로 자신의 이익을 추구하는 행위이다.
⑤ 대리인비용은 주인이 대리인에게 자신을 대신하도록 할 때 발생하는 비용으로, 주인과 대리인의 이해불일치와 정보 비대칭상황 등의 요인 때문에 발생한다.

거래비용의 발생 원인은 기회주의, 제한된 합리성, 불확실성 등이며 교환당사자 간에 신뢰가 부족할 때 거래비용은 커지게 되고, 거래비용의 합이 수직적 통합비용보다 클 경우 유통경로상 수직적 계열화(통합)가 발생하게 된다.

정답 | 06 ⑤ 07 ⑤ 08 ④ 09 ② 10 ③

11

다음 사례에서 적용된 기법이 다른 하나는?

① 유통업체의 판매, 재고데이터가 제조업체로 전달되면 제조업체가 유통업체의 물류센터로 제품을 배송
② 전자기기의 모듈을 공장에서 생산한 뒤 선박으로 미국이나 유럽으로 보내고 현지에서 각국의 니즈에 맞게 조립
③ 기본적인 형태의 프린터를 생산한 후 해외주문이 오면 그 나라 언어가 기재된 외관을 조립하여 완성
④ 페인트 공장에서 페인트를 만드는 대신에 페인트 가게에서 고객의 요청에 맞게 페인트와 안료비율을 결정하여 최종 페인트로 완성
⑤ 고객들이 청바지 매장에서 신체치수를 맞춰놓고 가면, 일반 형태의 청바지를 고객치수에 맞게 바느질만 완성하여 제품을 완성시킴

①은 공급자주도 재고관리(VMI)에 대한 설명이며, 나머지 지문은 지연전략(postponement strategy)에 대한 내용이다.
지연전략이란 소비자 근처에서 기본적인 모듈상태로 재고를 가지고 있다가 소비자의 개별적인 최종 주문에 따라 맞춤형으로 제조하는 것을 말한다.

12

대한이는 작은 가게를 인수할 것을 고려중이다. 아래 글상자의 내용을 이용해서 3년치 현금유입에 대한 현재가치를 계산한 것으로 옳은 것은?

- 시장조사 결과 1년 후에 3,000,000원, 2년 후에 4,000,000원, 3년 후에 5,000,000원의 현금유입이 발생할 것으로 나타났다.
- 시장이자율은 연간 10%로 가정한다.
- 최종 답은 10,000원의 자리에서 버림하여 구한다.

① 약 9,700,000원
② 약 10,600,000원
③ 약 12,000,000원
④ 약 13,200,000원
⑤ 약 15,000,000원

현금유입의 현재가치 $= \dfrac{C}{(1+r)^t}$

$= \dfrac{3,000,000}{(1+0.1)} + \dfrac{4,000,000}{(1+0.1)^2} + \dfrac{5,000,000}{(1+0.1)^3}$

$\fallingdotseq 9,700,000$원

13

유통경로 성과를 평가하는 차원을 설명하는 아래 글상자에서 괄호 안에 들어갈 단어를 순서대로 나열한 것으로 가장 옳은 것은?

- (㉠): 하나의 경로시스템이 표적시장에서 요구하는 서비스 산출을 얼마나 제공하였는가를 측정하는 것에 중점을 두는 목표지향적 성과기준
- (㉡): 유통시스템에 의해 제공되는 혜택이 여러 세분시장에 어느 정도 골고루 배분되는지를 측정하는 성과기준
- (㉢): 일정한 비용에 의해 얼마나 많은 산출이 발생하였는가를 측정하는 기준

① ㉠ 형평성, ㉡ 효율성, ㉢ 효과성
② ㉠ 효과성, ㉡ 형평성, ㉢ 효율성
③ ㉠ 형평성, ㉡ 효과성, ㉢ 효율성
④ ㉠ 효과성, ㉡ 효율성, ㉢ 형평성
⑤ ㉠ 효율성, ㉡ 형평성, ㉢ 효과성

㉠ 효과성(effectiveness): 하나의 경로시스템이 표적시장에서 요구하는 서비스 산출을 얼마나 제공하였는가를 측정하는 것에 중점을 두는 목표지향적 성과기준
㉡ 형평성(equity): 유통시스템에 의해 제공되는 혜택이 여러 세분시장에 어느 정도 골고루 배분되는지를 측정하는 성과기준
㉢ 효율성(efficiency): 일정한 비용에 의해 얼마나 많은 산출이 발생하였는가를 측정하는 기준

14

유통경로를 설계할 때 유통경로 흐름과 소요되는 각종 비용의 예를 짝지은 것으로 가장 옳지 않은 것은?

① 물적유통 – 보관 및 배달 관련 비용
② 촉진 – 광고, 홍보, 인적판매 비용
③ 협상 – 시간 및 법적 비용
④ 재무 – 보험 및 사후관리 비용
⑤ 위험 – 가격보증, 품질보증 관련 비용

유통경로 설계 시 발생하는 비용 중 재무비용에는 자금조달에 따른 이자비용이 대표적이며, 보험비용은 위험을 헷지(hedge)하려는 비용에 해당한다.

15

범위의 경제와 관련된 설명으로 가장 옳지 않은 것은?

① 한 기업이 다양한 제품을 동시에 생산함으로써 비용상 우위를 누리는 것을 말한다.
② 하나의 생산과정에서 두 개 이상의 생산물이 생산되는 경우에 발생한다.
③ 기업은 생산량을 증대하여 단위당 비용의 하락을 통해 이익을 얻을 수 있다.
④ 한 제품을 생산하는 과정에서 부산물이 생기는 경우에 나타날 수 있다.
⑤ 제조업체에게 비용절감 효과를 가져올 수 있다.

범위의 경제(economies of scope)는 한 기업이 다양한 제품을 동시에 결합하여 생산함으로써 비용을 절감하는 행위를 말한다. 따라서 기업이 생산량을 증대하여 단위당 비용을 감소시키는 규모의 경제(economies of scale)와는 차이가 있다.

16

유통경영의 외부환경을 분석하기 위해 포터의 산업분석을 활용할 경우에 대한 설명으로 가장 옳지 않은 것은?

① 기존 경쟁자들 간의 경쟁 정도를 확인해야 한다.
② 공급자의 협상능력이 클수록 산업전반의 수익률이 증가하여 시장 매력도가 높아진다.
③ 생산자입장에서 소매상의 힘이 커질수록 가격결정에서 불리하다.
④ 외부환경이 미치는 영향은 기업에 따라 기회 또는 위협으로 작용한다.
⑤ 대체재의 유무에 따라 산업의 수익률이 달라진다.

M. Porter의 산업구조 분석모형에 따르면, 공급자의 협상능력이 클수록 산업전반의 수익률이 감소하여 시장의 매력도는 떨어진다.

17

치열해지는 기업 간 경쟁에 따른 전통적 비즈니스에서 글로벌 비즈니스로의 변화로 가장 옳지 않은 것은?

① 고객만족에서 고객을 즐겁게 하는 것으로 변화
② 이익 지향에서 이익 및 사회 지향으로 변화
③ 선행적 윤리에서 사후 비판에 대응하는 반응적 윤리로 변화
④ 제품 지향에서 품질 및 서비스 지향으로 변화
⑤ 경영자에 대한 초점에서 고객에 대한 초점으로 변화

전통적 비즈니스에서 글로벌 비즈니스로 변화하며 고객만족 가치를 중시하고, ESG(환경, 사회공헌, 기업투명성 제고) 도입과 선행적 윤리 및 서비스 등을 지향하고 있다.

18

재무, 생산소요계획, 인적자원, 주문충족 등 기업의 전반적인 업무 프로세스를 통합·관리하여 정보를 공유함으로써 효율적인 업무처리가 가능하게 하는 경영기법으로 가장 옳은 것은?

① 리엔지니어링
② 식스시그마
③ 아웃소싱
④ 벤치마킹
⑤ 전사적자원관리

재무, 생산소요계획, 인적자원, 주문충족 등 기업의 전반적인 업무 프로세스를 통합·관리하여 정보를 공유함으로써 효율적인 업무처리를 가능하게 하는 경영기법은 전사적자원관리(ERP)이다.

선지분석
① 리엔지니어링은 업무의 기초부터 혁신적으로 재설계하는 것을 말한다.
② 식스시그마는 품질경영 측면에서 3.4PPM을 달성하려는 활동을 의미한다.
③ 아웃소싱은 핵심역량 이외의 비핵심역량의 외주를 말한다.
④ 벤치마킹은 선두그룹의 장점을 모방하여 추월하려는 전략을 말한다.

정답 | 11 ① 12 ① 13 ② 14 ④ 15 ③ 16 ② 17 ③ 18 ⑤

19

6시그마(6 Sigma)를 추진할 경우 각 단계별 설명으로 가장 옳지 않은 것은?

① 정의 – 고객의 요구사항과 CTQ(Critical To Quality)를 결정한다.
② 측정 – 프로세스 측정 방법을 결정한다.
③ 분석 – 결함의 발생 원인을 규명한다.
④ 개선 – 제품이나 서비스의 공정능력을 규명한다.
⑤ 관리 – 지속적인 관리를 실시한다.

식스시그마 DMAIC의 개념

단계	내용
정의 (Define)	고객들의 요구사항과 품질의 중요영향요인(CTQ; Critical To Quality), 즉 고객만족을 위해 개선해야 할 중요부분을 인지하고 이를 근거로 개선작업을 수행할 프로세스를 선정하는 단계
측정 (Measure)	CTQ에 영향을 미치는 프로세스에 대하여 그 업무과정에서 발생하는 결함을 측정하는 단계
분석 (Analyze)	결함의 형태와 발생 원인을 조사하여 중요한 직접적 및 잠재적 변동원인을 파악하는 단계
개선 (Improve)	결함의 원인을 제거하여 문제나 프로세스를 개선하는 단계
통제 (Control)	개선효과 분석, 개선프로세스의 지속방법을 모색하는 단계

20

수요예측을 위해 사용하는 각종 기법 중 그 성격이 다른 하나는?

① 판매원 추정법: 판매원들이 수요추정치를 작성하게 하고 이를 근거로 예측하는 기법
② 시장조사법: 인터뷰, 설문지, 면접법 등으로 수집한 시장 자료를 이용하여 예측하는 기법
③ 경영자판단법: 경영자 집단의 의견, 경험을 요약하여 예측하는 기법
④ 시계열 분석: 종속변수의 과거 패턴을 이용해서 예측하는 기법
⑤ 델파이법: 익명의 전문가 집단으로부터 합의를 도출하여 예측하는 기법

시계열(time series) 분석은 시간에 따라 변화하는 어떤 현상을 일정한 시간 간격으로 관찰할 때 얻어지는 일련의 관측치를 통한 수요예측을 말한다. 즉, 과거의 역사적 수요에 입각하여 미래의 수요를 예측하는 방법을 총칭한다. 한편, 종속변수와 독립변수가 상관관계를 가질 때, 독립변수가 변화함에 따라 종속변수가 어떻게 변화하는가를 규명하는 방법은 회귀분석이다.

21

다양한 재고와 관련된 설명으로 가장 옳지 않은 것은?

① 성수기와 비수기의 수요공급차이에 대응하기 위한 재고는 예상재고이다.
② 총재고 중에서 로트의 크기에 따라 직접적으로 변하는 부분은 리드타임재고이다.
③ 안전재고는 각종 불확실성에 대처하기 위해 보유하는 여분의 재고이다.
④ 주기재고의 경우 주문 사이의 시간이 길수록 재고량이 증가한다.
⑤ 수송재고는 자재흐름체계 내의 한 지점에서 다른 지점으로 이동 중인 재고를 말한다.

총재고 중에서 로트의 크기에 따라 직접적으로 변하는 부분은 주기재고에 해당한다.

관련이론 | 재고의 종류
- 주기재고: 총재고 중 로트의 크기에 따라 변하는 부분을 말한다.
- 안전재고: 수요, 리드타임, 부품공급 등의 불확실성으로 인한 고객서비스 차질과 결품으로 발생하는 기회비용을 예방하기 위한 재고를 말한다.
- 예상재고: 수요와 공급의 불규칙성에 대응하기 위한 재고를 말한다. 부품의 공급이 고르지 않거나 예측 가능한 계절적 수요의 패턴이 있다면 예상재고를 비축하게 된다.
- 수송재고: 자재흐름상 한 거점에서 다른 거점으로 이동 중인 재고를 말한다.

22

식품매장을 중심으로 주목받고 있는 그로서란트(grocerant)에 대한 설명으로 가장 옳지 않은 것은?

① 매장에서 판매하는 식재료를 이용해 고객에게 메뉴를 제안하고 즉시 제공하는 장점이 있다.
② 식재료 쇼핑에 외식 기능을 더해 소매와 외식의 경계를 없앤 서비스이다.
③ 제철 식재료와 추천상품을 제안하는 등 다양한 방식으로 운영할 수 있다.
④ 그로서리(grocery)와 레스토랑(restaurant)의 합성어이다.
⑤ 오프라인과 경쟁하기 위한 온라인 쇼핑몰의 차별화 요소로 각광받고 있다.

그로서란트(grocerant)란 그로서리(grocery)와 레스토랑(restaurant)의 합성어로 식재료 쇼핑에 외식 기능을 더한 오프라인 식품매장 서비스를 의미한다.

23

아래 글상자의 사례에 해당하는 유통경영전략으로 가장 옳은 것은?

> 식품회사인 미국의 A사와 유럽의 B사는 140여 개 해외시장에서 상대방의 제품을 각자의 유통망에서 유통시키고 있다. 예를 들어, 미국 외의 지역에서는 A사의 대표적인 시리얼 브랜드가 B사의 유통망을 통해 공급되는 유통경영전략을 사용하고 있다.

① 복합경로 마케팅전략
② 제품개발전략
③ 인수합병전략
④ 전략적 경로제휴전략
⑤ 다각화전략

전략적 제휴란 기업 간 협력형태의 하나로, 각 기업들이 보유한 경쟁우위 요소를 바탕으로 상호 협력관계를 유지하는 것을 말한다.
전략적 경로제휴전략은 서로 다른 기업이 자사의 유통망 이외에 전략적 제휴를 맺은 타 기업의 유통망을 함께 이용하는 전략을 말한다.

24

아래 글상자에서 설명하고 있는 리더십 유형으로 가장 옳은 것은?

> • 구성원들의 기본적 가치, 믿음, 태도 등을 변화시켜서 조직이 기대하는 것보다 더 높은 수준의 성과를 스스로 추구하도록 만드는 리더십을 의미한다.
> • 리더와 구성원 간의 원활한 상호작용을 통해 구성원을 긍정적으로 변화시켜 성과를 내는 데 집중한다.

① 거래적 리더십
② 변혁적 리더십
③ 상황적 리더십
④ 지시형 리더십
⑤ 위임형 리더십

리더와 구성원 간의 원활한 상호작용을 통해 구성원을 긍정적으로 변화시켜 성과를 내는 데 집중하여 더 높은 수준의 성과를 스스로 추구하도록 만드는 리더십은 변혁적 리더십에 해당한다. 이는 리더의 비전 제시를 통한 카리스마, 하급자에 대한 개별적 배려, 영감적 동기부여가 중요 요소에 해당한다.

25

장소의 편의성이 높게 요구되는 담배, 음료, 과자류 등과 같은 품목에 일반적으로 이용되는 유통채널의 유형으로 가장 옳은 것은?

① 전속적 유통채널(exclusive distribution channel)
② 독립적 유통채널(independent distribution channel)
③ 선택적 유통채널(selective distribution channel)
④ 집중적 유통채널(intensive distribution channel)
⑤ 대리점 유통채널(agent distribution channel)

담배, 음료, 과자류 등과 같은 품목은 대표적인 편의품(convenience goods)으로, 편의품의 경우 유통경로정책 중 집중적(집약적, 개방적) 유통채널을 활용한다.

정답 | 19 ④ 20 ④ 21 ② 22 ⑤ 23 ④ 24 ② 25 ④

상권분석

26
권리금에 대한 설명으로 가장 옳지 않은 것은?

① 때로는 권리금이 보증금보다 많은 경우도 있다.
② 시설 및 상가의 위치, 영업상의 노하우 등과 같은 다양한 유무형의 재산적 가치에 대한 양도 또는 사용료로 지급하는 것이다.
③ 권리금을 일정 기간 안에 회복할 수 있는 수익성이 확보될 수 있는지를 검토해야 한다.
④ 신축건물인 경우 주변 상권의 강점을 반영하는 바닥권리금의 형태로 나타나기도 한다.
⑤ 임차인이 점포의 소유주에게 제공하는 추가적인 비용으로 보증금의 일부이다.

권리금은 임차인이 임대인(점포의 소유주) 또는 직전 임차인에게 보증금과 차임 이외에 별도로 지급하는 금전 등의 대가로, 보증금과는 별개이다.

관련이론 | 상가건물 임대차보호법에 따른 권리금의 정의
1. 권리금(premium)은 기존 점포의 영업시설·비품 등 유형물이나 거래처, 신용, 영업상의 노하우 또는 점포 위치에 따른 영업상의 이점 등 무형의 재산적 가치에 대한 대가이다.
2. 권리금은 바닥권리금, 영업권리금, 시설권리금으로 나뉜다. 바닥권리금은 말 그대로 상권과 입지를 말하며, 역세권이나 유동인구가 많은 곳일수록 바닥권리금이 높다. 영업권리금은 사업자가 얼마나 많은 단골을 확보했는지의 여부에 따라 결정된다. 시설권리금은 감가상각 후 남은 시설의 가치를 말한다.

27
상권 유형별 개념과 일반적 특징을 설명한 내용으로서 가장 옳은 것은?

① 역세권상권은 지하철이나 철도역을 중심으로 형성되는 지상과 지하의 입체적 상권으로서, 저밀도 개발이 이루어지는 경우가 많다.
② 부도심상권의 주요 소비자는 점포 인근의 거주자들이어서, 생활밀착형 업종의 점포들이 입지하는 경향이 있다.
③ 부도심상권은 보통 간선도로의 결절점이나 역세권을 중심으로 형성되는바, 도시 전체의 소비자를 유인한다.
④ 도심상권은 중심업무지구(CBD)를 포함하며, 상권의 범위가 넓고 소비자들의 체류시간이 길다.
⑤ 아파트상권은 고정고객의 비중이 높아 안정적인 수요 확보가 가능하고, 외부고객을 유치하기 쉬워서 상권 확대가능성이 높다.

선지분석 |
① 역세권상권은 높은 지가로 인해 건물이 고층화되는 등 고밀도 개발이 이루어지는 경우가 많다.
② 아파트상권에 대한 내용이다.
③ 부도심상권은 도시 전체의 소비자를 유인하지는 못한다.
⑤ 역세권상권에 대한 내용이다.

28
소매점의 입지 선정을 위한 공간분석의 논리적 순서로서 가장 옳은 것은?

① 개별점포(site)분석 – 지구상권(district area)분석 – 광역지역(general area)분석
② 광역지역(general area)분석 – 개별점포(site)분석 – 지구상권(district area)분석
③ 지구상권(district area)분석 – 광역지역(general area)분석 – 개별점포(site)분석
④ 광역지역(general area)분석 – 지구상권(district area)분석 – 개별점포(site)분석
⑤ 개별점포(site)분석 – 광역지역(general area)분석 – 지구상권(district area)분석

상권을 설정하고 입지를 선정하는 순서는 다음과 같다. 먼저 가장 넓은 범위의 지역상권을 정하고, 지역상권의 범위 내에서 지구상권을 정한 후, 개별점포상권(지점상권)을 결정하는 것이 일반적이다. 상권을 설정한 후에는 그 상권의 범위에서 입지를 선정한다.

29

아래 글상자의 왼쪽에는 다양한 상권분석 기법들의 특성이 정리되어 있다. 이들 특성과 관련된 상권분석 기법들을 순서대로 정리한 것으로 가장 옳은 것은?

분석내용 및 특성	상권분석 기법
두 도시 간의 상권경계지점	( )
점포이미지 등 다양한 점포특성 반영	( )
Newton의 중력모형을 수용한 초기모형	( )
소비자의 점포선택은 결정론적이 아님	( )
육각형 형태의 배후지 모양	( )

㉠ 다항로짓(MNL) 모형
㉡ Huff 모형
㉢ Converse 모형
㉣ Christaller의 중심지이론
㉤ Reilly의 소매중력 모형

① ㉠, ㉤, ㉡, ㉢, ㉣
② ㉢, ㉣, ㉤, ㉡, ㉠
③ ㉤, ㉡, ㉠, ㉣, ㉢
④ ㉣, ㉤, ㉢, ㉠, ㉡
⑤ ㉢, ㉠, ㉤, ㉡, ㉣

두 도시 간 상권의 경계를 정하는 것은 ㉢ Converse 모형, 점포이미지 등 다양한 점포특성을 반영하는 것은 ㉠ 다항로짓(MNL) 모형, Newton의 중력모형을 수용한 초기모형은 ㉤ Reilly의 소매중력 모형, 소비자의 점포선택은 결정론적이 아니고 확률적인 것은 ㉡ Huff 모형, 육각형 형태의 배후지 모양은 ㉣ Christaller의 중심지이론이다.

30

비교적 넓은 공간인 도시, 구, 동 등의 상권분석 상황에서 특정지역의 개략적인 수요를 측정하기 위해 사용되고 있는 구매력지수(BPI: Buying Power Index)를 계산하는 과정에서 필요한 자료로 가장 옳지 않은 것은?

① 부분 지역들의 인구수(population)
② 전체 지역의 인구수(population)
③ 부분 지역들의 소매점면적(sales space)
④ 부분 지역들의 소매매출액(retail sales)
⑤ 부분 지역들의 가처분소득(effective buying income)

구매력지수(BPI)에 매장면적은 반영되지 않는다.

관련이론 | 구매력지수
구매력지수(BPI; Buying Power Index)는 소매점포의 입지를 분석할 때 해당 지역시장의 구매력을 측정하는 기준이다. BPI는 세 가지 지표를 이용하여 측정하고, 이는 ㉠ 유효소득(전체의 가처분소득 중에서 차지하는 그 지역의 가처분소득 비율)과 ㉡ 인구(총인구에서 차지하는 그 지역인구의 비율), 그리고 ㉢ 소매매출액(전체의 소매매출액에서 차지하는 그 지역의 소매매출액 비율)이다.

31

아동용 장난감 소매업체가 출점할 입지를 선정하기 위해 새로운 지역의 수요를 분석할 때 고려해야 할 요인으로 가장 옳지 않은 것은?

① 인구 증감
② 인구 구성
③ 가구 규모
④ 가구 소득
⑤ 가족 생애주기

아동용 장난감 소매업체는 목적점포(Destination Stores)로, 점포 위치가 상업 중심지 밖에 있더라도 소비자가 그 점포만을 위하여 이동할 용의가 있는, 즉 매장 자체가 목적지가 되는 점포이며 고객이 스스로 찾아올 수 있는 점포이다. 따라서 아동용 장난감 소매업체가 출점 입지를 선정할 때 해당 지역의 가구 규모는 크게 중요하지 않다.

정답 | 26 ⑤ 27 ④ 28 ④ 29 ⑤ 30 ③ 31 ③

32

입지를 선정할 때 취급상품의 물류비용을 고려할 필요성이 가장 낮은 도매상 유형으로 옳은 것은?

① 직송도매상(drop shipper)
② 판매대리점(selling agents)
③ 제조업체 판매사무소(manufacturer's branches)
④ 일반잡화도매상(general merchandise wholesaler)
⑤ 전문도매상(specialty wholesaler)

직송도매상(drop shipper)은 제조업자로부터 제품을 구매하여 제품의 소유권을 가지고 있지만 재고를 직접 유지하지 않는 도매상이다. 재고를 제조업자가 보유하므로 물류비용을 고려할 필요성이 낮고, 일반관리비와 인건비를 줄일 수 있다. 주로 건축자재나 목재, 석탄과 같은 원자재를 취급한다.

33

가장 다양한 업태의 소매점포를 입주시키는 쇼핑센터 유형으로 옳은 것은?

① 파워 쇼핑센터   ② 아웃렛 쇼핑센터
③ 쇼핑몰 지역센터   ④ 네이버후드 쇼핑센터
⑤ 패션/전문품 쇼핑센터

가장 다양한 업태의 소매점포를 입주시키는 쇼핑센터 유형은 쇼핑몰 지역센터 또는 복합쇼핑몰이다.

관련이론 | 복합쇼핑몰
유통산업발전법상 복합쇼핑몰은 용역의 제공 장소를 제외한 매장면적의 합계가 3천제곱미터 이상인 점포의 집단으로서 쇼핑, 오락 및 업무 기능 등이 한 곳에 집적되고, 문화·관광 시설로서의 역할을 한다. 또한 1개의 업체가 개발·관리 및 운영하는 점포의 집단을 말하며, 가장 다양한 소매점포가 집적된 쇼핑센터 유형에 해당한다.

34

일정 요건을 갖춘 판매시설에 대한 교통영향평가의 실시를 정한 법률로서 옳은 것은?

① 도로법(법률 제17893호, 2021. 1. 12., 타법개정)
② 유통산업발전법(법률 제17761호, 2020. 12. 29., 타법개정)
③ 도시교통정비 촉진법(법률 제17871호, 2021. 1. 5., 일부개정)
④ 지속가능 교통물류 발전법(법률 제18563호, 2021. 12. 7., 일부개정)
⑤ 국토의 계획 및 이용에 관한 법률(법률 제17893호, 2021. 1. 12., 타법개정)

교통영향평가란 해당 사업의 시행에 따라 발생하는 교통량·교통흐름의 변화 및 교통안전에 미치는 영향을 조사·예측·평가하고 그와 관련된 각종 문제점을 최소화할 수 있는 방안을 마련하는 행위를 말하는 것으로, 「도시교통정비 촉진법」에 규정되어 있다.

35

입지 분석에 사용되는 각종 이론들에 대한 설명 중 가장 옳지 않은 것은?

① 공간상호작용모델은 소비자 구매행동의 결정요인에 대한 이해를 통해 입지를 결정한다.
② 다중회귀분석은 점포성과에 영향을 주는 요소의 절대적 중요성을 회귀계수로 나타낸다.
③ 유추법은 유사점포에 대한 분석을 통해 입지후보지의 예상매출을 추정한다.
④ 체크리스트법은 특정입지의 매출규모와 입지비용에 영향을 줄 요인들을 파악하고 유효성을 평가한다.
⑤ 입지분석이론들은 소매점에 대한 소비자 점포선택 행동과 소매상권의 크기를 설명한다.

다중회귀분석은 종속변수(결과변수)인 '점포성과'에 영향을 주는 요소 즉, 여러 독립변수들의 변화를 통해 종속변수의 결과를 예측하는 기법이다. 다중회귀분석에서는 독립변수가 둘 이상이므로 회귀계수는 상대적 중요성을 나타낸다.

36

점포 개점을 위한 경쟁점포의 분석에 관한 설명으로 가장 옳지 않은 것은?

① 1차 상권 및 2차 상권 내의 주요 경쟁업체를 분석하고 필요할 경우 3차 상권의 경쟁업체도 분석한다.
② 점포 개설을 준비하고 있는 잠재적인 경쟁업체가 있다면 조사에 포함시킨다.
③ 목적에 맞는 효과적인 분석을 위해 동일 업태의 점포에 한정해서 분석한다.
④ 경쟁점포의 상품 구색 및 배치에 대해서도 분석한다.
⑤ 상권의 계층 구조를 고려하여 분석한다.

점포 개점을 위한 경쟁점포의 분석 시에는 동일 업태의 점포뿐만 아니라 유사업종 또는 장래 경쟁자가 될 수 있는 업종 등을 종합적으로 분석해야 한다.

37

주거지역과 상업지역에서 업종을 변경하거나 점포를 확장하려 할 경우 용도변경 신청을 해야 하는 경우가 있다. 이때 하수도법, 주차장법 등 매우 많은 법률의 적용을 다르게 받게 되어 업종변경이나 확장이 어려울 수도 있다. 이와 관련된 행정 처리 절차로서 가장 옳은 것은?

① 용도 변경 신청 – 신고필증 교부 – 공사 착수 – 건축물대장 변경 – 사용 승인
② 용도 변경 신청 – 신고필증 교부 – 건축물대장 변경 – 공사 착수 – 사용 승인
③ 용도 변경 신청 – 사용 승인 – 신고필증 교부 – 공사 착수 – 건축물대장 변경
④ 용도 변경 신청 – 신고필증 교부 – 건축물대장 변경 – 사용 승인 – 공사 착수
⑤ 용도 변경 신청 – 신고필증 교부 – 공사 착수 – 사용 승인 – 건축물대장 변경

사용 승인을 받아 사용 중인 건축물의 용도를 변경하려면 사안에 따라 허가 또는 신고, 건축물대장 기재 내용에 대한 변경절차를 밟아야 한다. 「건축법」에서 정하고 있는 시설군 및 용도분류 9개 항목(1. 자동차 관련, 2. 산업 등 시설, 3. 전기통신, 그 밖의 시설군)에서 상위시설군으로 바꾸려는 경우에는 허가, 하위시설군으로 바꾸려는 경우에는 신고해야 한다. 신고사항인 경우 용도변경을 신청하고 신고필증을 받은 후 공사에 착수한다. 그리고 사용 승인을 받아 건축물대장 기재 내용을 변경하는 절차에 따른다.

38

상권에 대한 일반적인 설명으로 가장 옳지 않은 것은?

① 상권의 범위는 점포의 업종이나 업태와 관련이 있다.
② 소매상권의 크기는 판매하는 상품의 종류에 따라 달라진다.
③ 상권은 행정구역과 일치하지 않는 경우가 많다.
④ 상권의 범위는 고정적이지 않고 변화하므로 유동적이다.
⑤ 점포가 소재하는 위치적, 물리적인 조건을 의미한다.

점포가 소재하는 위치적, 물리적인 조건은 상권과는 관련이 없고, 입지(location)와 관련이 있다.

39

아래 글상자에 기술된 절차에 따르는 상권분석기법을 널리 알린 사람으로 가장 옳은 것은?

㉠ 자기가 개점하려는 점포와 유사한 기존 점포를 선정한다.
㉡ 기존의 유사점포의 상권범위를 결정한다.
㉢ 전체 상권을 몇 개의 단위 지역으로 나누고, 각 지역에서의 유사점포의 매출액을 인구수로 나누어 각 지역 내의 1인당 매출을 구한다.
㉣ 자기가 입지하려는 지역의 인구수에다 앞에서 구한 1인당 매출을 곱하여 각 지역에서의 예상 매출액을 구한다.

① 레일리(W. Reilly)
② 컨버스(P. Converse)
③ 허프(D. Huff)
④ 넬슨(R. L. Nelson)
⑤ 애플바움(W. Applebaum)

애플바움(W. Applebaum)의 유추법(analog method)은 자사의 새로운 점포와 특성이 비슷한 유사점포를 선정 후, 그 점포의 상권범위를 추정한 결과를 자사의 새로운 점포에 적용하여 신규입지에서의 매출액(상권규모)을 측정하는 방법이다.

정답 | 32 ① 33 ③ 34 ③ 35 ② 36 ③ 37 ⑤ 38 ⑤ 39 ⑤

40

입지의 시계성(視界性)은 점포의 매출과 밀접한 관련이 있다. 시계성에 관한 설명으로 가장 옳지 않은 것은?

① 입지의 시계성은 기점, 대상, 거리, 주체의 4가지 관점에서 평가한다.
② 시계성이 양호한 정도는 어디에서 보이는가에 따라 달라진다.
③ 점포의 위치와 함께 간판의 위치와 형태도 시계성 확보에 중요하다.
④ 차량으로부터의 시계성은 외측(아웃커브)보다 내측(인커브)의 경우가 더 좋다.
⑤ 차량의 속도가 빨라질수록 내측(인커브) 점포의 시계성은 더 나빠진다.

일반적으로 점포의 경우 주거용 건물과 달리 차량으로부터의 시계성은 내측(인커브)보다 외측(아웃커브)의 경우가 더 좋다.

41

사람들은 점포가 눈앞에 보여도 간선도로를 횡단해야 하는 경우 그 점포에 접근하지 않으려는 경향을 보인다. 이런 현상에 대한 설명으로 가장 옳은 것은?

① 최단거리로 목적지까지 가고자 하는 최단거리 추구의 원칙
② 득실을 따져 득이 되는 쪽을 선택하려는 보증실현의 원칙
③ 위험하거나 잘 모르는 길을 지나지 않으려는 안전추구의 원칙
④ 사람이 운집한 곳을 선호하는 인간집합의 원칙
⑤ 동선을 미리 예상하고 진행하지만 상황에 맞추어 적응하는 목적추구의 원칙

위험하거나 잘 모르는 길을 지나지 않으려는 것은 안전추구의 원칙이다.

선지분석
① 최단거리 추구의 원칙: 사람들은 최단거리로 목적지에 가려고 한다. 멀리 돌아가거나 쓸데없는 일, 손해는 보지 않으려고 하기 때문에 부동선(후면 동선)이 생긴다.
② 보증실현의 원칙: 인간은 득실을 따져 득이 되는 쪽을 선택하며, 목적지를 향하는 경우에는 최초의 횡단보도를 건너 진행한다. 예컨대 역전 로터리 바로 정면에 점포가 있어도 자신이 지금부터 진행하는 방향에 있지 않는 점포로는 가려 하지 않는다.
④ 인간집합의 원칙: 인간은 자연적으로 사람들이 모여 있는 곳에 모인다.

42

입지선정을 위해서는 도시공간 구조상에서의 동선(動線)에 대한 이해가 필요하다. 동선에 대한 아래 글상자의 설명 중에서 옳지 않은 설명들만을 바르게 짝지은 것은?

> ㉠ 화물차 통행이 많은 도로는 자석(anchor)과 자석을 연결하는 동선상에 있다고 할 수 있다.
> ㉡ 동선이란 사람들이 집중하는 자석(anchor)과 자석을 연결하는 흐름을 말한다.
> ㉢ 주동선이란 자석(anchor)과 자석을 잇는 가장 기본이 되는 선을 말한다.
> ㉣ 경제적 사정으로 많은 자금이 필요한 주동선에 입지하기 어려운 점포는 부동선(副動線)을 중시한다.
> ㉤ 복수의 자석(anchor)이 있는 경우 동선을 부동선(副動線)이라 한다.

① ㉠, ㉡
② ㉠, ㉤
③ ㉡, ㉣
④ ㉢, ㉣
⑤ ㉢, ㉤

㉠ 버스나 승용차의 통행이 많은 도로는 자석(anchor)과 자석을 연결하는 동선상에 있다고 할 수 있다. 그러나 화물차 통행이 많은 도로는 동선상에 있다고 할 수 없다.
㉤ 복수의 자석이 있는 경우의 동선은 복수동선(유희동선)이라고 한다.

43

아래 글상자의 업종들에 적합한 점포의 입지조건을 공간균배의 원리에 의해 구분할 때 일반적으로 가장 적합한 것은?

> 백화점, 고급음식점, 고급보석상, 미술품점, 영화관

① 집심(集心)성 점포
② 집재(集在)성 점포
③ 산재(散在)성 점포
④ 국부(局部)성 집중성 점포
⑤ 국부(局部)성 집재성 점포

백화점, 미술품점, 영화관 등은 공간균배의 원리에 의해 구분할 때 대표적인 집심성 점포이다. 집심성 점포는 도시의 중심(CBD)이나 배후지의 중심지에 입지해야 유리한 점포이다.

관련이론 | 페터(R. M. Petter)의 공간균배의 원리
경쟁관계에 있는 점포 상호 간에는 공간을 서로 균배(균등하게 나눔)한다는 것으로, 한 점포가 입지한 후 또 다른 점포가 입지하는 경우 어느 곳에 입지하는 것이 유리한가를 설명하는 이론이다.

44

소매점의 입지와 상권에 대한 설명으로 가장 옳은 것은?

① 입지 평가에는 점포의 층수, 주차장, 교통망, 주변 거주인구 등을 이용하고, 상권 평가에는 점포의 면적, 주변 유동인구, 경쟁점포의 수 등의 항목을 활용한다.
② 상권을 강화한다는 것은 점포가 더 유리한 조건을 갖출 수 있도록 점포의 속성들을 개선하는 것을 의미한다.
③ 상권은 점포를 경영하기 위해 선택한 장소 또는 그 장소의 부지와 점포 주변의 위치적 조건을 의미한다.
④ 입지는 점포를 이용하는 소비자들이 분포하는 공간적 범위 또는 점포의 매출이 발생하는 지역 범위를 의미한다.
⑤ 상권은 일정한 공간적 범위(boundary)로 표현되고 입지는 일정한 위치를 나타내는 주소나 좌표를 가지는 점(point)으로 표시된다.

선지분석 |
① 주변 거주인구는 상권 평가 항목, 점포의 면적은 입지 평가 항목이다.
② 입지를 강화하는 것에 대한 설명이다.
③ 입지에 대한 설명이다.
④ 상권에 대한 설명이다.

45

아래 글상자에서처럼 월매출액을 추정하려 할 때 괄호 안에 들어갈 용어로 가장 옳은 것은?

> 월매출액 = (㉠)×1일 평균 내점객수×월간 영업일수

① 상권 내 점포점유율
② 회전율
③ 내점율
④ 실구매율
⑤ 객단가

객단가는 고객(내점객) 1인당 평균구매액으로, 매출액을 고객수(내점객수)로 나누어 산출한다.
월매출액 = 객단가×1일 평균 내점객수×월간 영업일수

관련이론 | 매출액 추정 방식
상권분석에서 필요로 하는 예상매출액 추정 오차를 줄이기 위해 매출액 추정에 다양한 방식이 활용된다.
- 객단가를 기초로 산출하는 방식
  매출액 = 고객수×객단가 또는
  매출액 = 내점객수×매출률×평균단가×구입개수
- 종업원 1인당 매출액을 기초로 산출하는 방식
  매출액 = 종업원 1인당 매출액×종업원 수
- 상품회전율을 중심으로 산출하는 방식
  매출액 = 재고금액×상품회전율
- 평당 연간 매출액을 기초로 산출하는 방식
  매출액 = 평당 연간판매액×점포면적

정답 | 40 ④ 41 ③ 42 ② 43 ① 44 ⑤ 45 ⑤

유통마케팅

46
고객별 수익과 비용을 고려한 고객관계관리에서 개별고객의 수익성을 평가하는 기준 중 하나인 고객평생가치(CLV: Customer Lifetime Value)를 추정하는 데 필요한 정보로서 가장 옳지 않은 것은?

① 충성도
② 고객확보비용
③ 평균총마진
④ 평균구매금액
⑤ 관계 유지 기간

고객충성도(loyalty)는 애착과 반복구매의 정도에 따라 초우량 로열티, 잠재적 로열티, 타성적 로열티, 비로열티로 구분되며, 잠재적 로열티는 브랜드 충성도는 높으나 반복구매의 정도가 낮은 유형으로 CLV가 높은 유형에 해당하지 않는다.
반면 타성적 로열티는 브랜드에 대한 로열티는 낮으나 반복구매의 정도는 높은 유형으로 CLV는 높아질 수 있다.
즉 충성도가 높다고 하여 고객생애가치가 높은 것은 아니므로 CLV 추정 시 고객충성도는 중요 고려요소에 해당하지 않는다.

47
서비스 실패의 회복 과정에서 고객이 지각하는 다양한 유형의 공정성은 고객 만족에 영향을 미친다. 종업원 행동의 영향을 받는 공정성 유형으로서 가장 옳은 것은?

① 법적 공정성
② 절차적 공정성
③ 산출적 공정성
④ 결과적 공정성
⑤ 상호작용적 공정성

아담스의 공정성이론에 의하면 공정성은 분배적 공정성, 절차적 공정성, 상호작용적 공정성으로 구분되며, 이 중에서 고객이 종업원 행동에 영향을 받는 공정성 유형은 상호작용적 공정성이라 할 수 있다.

48
CRM의 적용을 통해 수행성과를 개선할 수 있는 분야로서 가장 옳지 않은 것은?

① 고객이탈에 대한 조기경보시스템 운영
② 다양한 접점의 고객정보의 수집 및 분석
③ 유통기업 재무 활동의 자동화 및 효율화
④ 영업 인력의 영업활동 및 관리의 자동화
⑤ 서비스 차별화를 위한 표적고객의 계층화

유통기업 재무 활동의 자동화 및 효율화는 CRM의 적용을 통한 수행성과 개선과는 관련성이 없다.
고객관계관리(CRM)는 고객에 대한 정보를 활용하여 기존고객과의 관계를 강화하고 고객이탈을 방지하며 고객생애가치(CLV)를 극대화하는 것을 말한다.

49
소비자 판매촉진(consumer sales promotion)에 대한 설명으로 옳지 않은 것은?

① 소비자의 직접구매를 유도하는 데 효과적이다.
② 판매촉진은 가격판촉과 비가격판촉으로 나눌 수 있다.
③ 판매촉진은 광고에 비해 단기적인 성과를 얻을 때 유용하다.
④ 판매촉진의 예로는 할인, 쿠폰, 선물, 시제품 배포 등이 있다.
⑤ 소비자뿐만 아니라 기업과 관련된 이해관계자들을 대상으로 한다.

판매촉진은 소비자와 중간상인을 대상으로 하는 것으로 구분할 수 있으며, 이 중 소비자 판매촉진(consumer sales promotion)은 쿠폰, 현금환불 등의 가격형 판매촉진과 프리미엄, 샘플링, 시연 등의 비가격 판매촉진을 통해 소비자만을 대상으로 하는 것을 말한다.

50
매장외관(exterior) 관리에 대한 설명으로 가장 옳지 않은 것은?

① 매장의 외관은 기업의 이미지에 매우 중요한 영향을 미치므로 사전에 면밀히 계획되어야 한다.
② 매장의 외관은 매장의 이미지를 상징적으로 표현할 수 있도록 디자인되어야 한다.
③ 매장 입구는 입구의 수, 형태, 그리고 통로를 고려해서 설계해야 한다.
④ 매장의 외관은 플래노그램(planogram)을 통해 효과성을 평가해야 한다.
⑤ 매장의 외관을 꾸미는 데 있어서 중요한 목적은 고객의 관심을 유발하는 것이다.

플래노그램은 매장 외관이 아니라 점포 매장 내 상품의 종류 및 상품별 배치 방법을 통하여 매장의 수익성을 극대화시킬 수 있도록 시스템으로 만든 매장 내 진열관리 프로그램(지침서)이다.

51
아래 글상자에서 설명하는 용어로 옳은 것은?

> 판매사원이 제품을 판매할 때 고객과 장기 지향적인 관계를 유지하기 위해 고객의 필요와 욕구에 초점을 두고 고객이 만족스러운 구매결정을 할 수 있도록 마케팅 컨셉을 수행하는 판매행동을 말한다.

① 고객지향적 판매행동
② 제품지향적 판매행동
③ 판매지향적 판매행동
④ 관리지향적 판매행동
⑤ 시스템지향적 판매행동

고객지향적 판매행동은 판매사원이 제품을 판매할 때 고객과 장기 지향적인 관계를 유지하기 위해 고객의 필요와 욕구에 초점을 두고 고객이 만족스러운 구매결정을 할 수 있도록 마케팅 컨셉을 수행하는 판매행동을 말한다.

52
EAN(유럽상품) 코드에 대한 설명으로 가장 옳지 않은 것은?

① 소매점 POS시스템과 연동되어 판매시점관리가 가능하다.
② 첫째 자리는 국가코드로 대한민국의 경우 880이다.
③ 두 번째 자리는 제조업체 코드로 생산자가 고유번호를 부여한다.
④ 체크숫자는 마지막 한자리로 판독오류 방지를 위해 만들어진 코드이다.
⑤ 국가, 제조업체, 품목, 체크숫자로 구성되어 있다.

EAN 코드에서 둘째 자리는 제조업체 코드로, 생산자가 아니라 대한상공회의소 유통물류진흥원에서 고유번호를 부여하고 있다.

53
아래 글상자는 유통경로상 갈등을 초래하는 원인을 설명한 것이다. 이러한 갈등의 원인으로 가장 옳은 것은?

> 프랜차이즈 가맹본부가 가맹점 매출의 일정비율을 로열티로 받고 있는 경우에 가맹본부의 목표는 가맹점 매출의 극대화가 되지만, 가맹점의 목표는 매출이 아닌 수익이기 때문에 갈등이 발생할 가능성이 커진다.

① 추구하는 목표의 불일치
② 역할에 대한 인식 불일치
③ 현실에 대한 인식 불일치
④ 품질요구의 불일치
⑤ 경로파워 불일치

유통경로의 갈등은 경로구성원들 간 추구하는 목표의 불일치, 영역에 대한 의견 불일치, 지각의 불일치 등에 의해 발생한다. 글상자에서 가맹본부의 목표는 가맹점 매출의 극대화가 되지만, 가맹점의 목표는 매출이 아닌 수익이기 때문에 발생하는 갈등은 경로구성원들 간 추구하는 목표의 불일치에 의한 것이라 할 수 있다.

정답 | 46 ① 47 ⑤ 48 ③ 49 ⑤ 50 ④ 51 ① 52 ③ 53 ①

54

아래 글상자는 표적시장 범위에 따른 표적시장 선정 전략에 대한 내용이다. 설명이 옳은 것만을 모두 나열한 것은?

> ㉠ 비차별적 마케팅 전략은 세분시장 간 차이를 무시하고 전체시장 혹은 가장 규모가 큰 대중시장을 표적으로 하나의 제공물을 제공하는 것이다.
> ㉡ 집중적 마케팅 전략은 여러 세분시장을 표적시장으로 선정하고, 각 세분시장별로 서로 다른 시장제공물을 개발하는 전략이다.
> ㉢ 차별적 마케팅 전략은 큰 시장에서 작은 점유율을 추구하는 대신 하나 혹은 소수의 작은 세분시장 또는 틈새시장에서 높은 점유율을 추구하는 전략이다.

① ㉠
② ㉠, ㉡
③ ㉡, ㉢
④ ㉠, ㉢
⑤ ㉠, ㉡, ㉢

㉡ 차별적 마케팅 전략: 여러 세분시장을 표적시장으로 선정하고, 각 세분시장별로 서로 다른 시장제공물을 개발하는 전략이다.
㉢ 집중적 마케팅 전략: 큰 시장에서 작은 점유율을 추구하는 대신 하나 혹은 소수의 작은 세분시장 또는 틈새시장에서 높은 점유율을 추구하는 전략이다.

55

점포의 환경관리에 대한 설명으로 가장 옳지 않은 것은?

① 매장 내 농축산품 작업장 바닥높이는 매장보다 높게 하여 물이 바닥에 고이지 않게 한다.
② 화장실은 물을 사용하는 공간으로 확실한 방수공사가 필요하며 주기적으로 관리한다.
③ 주차장은 도보나 자전거로 내점하는 보행자와 가능한 한 겹치지 않도록 동선을 설계한다.
④ 매장진열의 효율성을 위해 매장 집기 번호대로 창고 보관 상품을 보관한다.
⑤ 간판, 포스터, 게시판, POP 등의 진열이 고객의 동선을 방해하지 않도록 관리한다.

일반 공산품과 달리 농축산품 작업장은 물이 다른 매장에 흘러갈 수 있으므로, 배수 측면에서 바닥높이는 매장보다 낮게 설계되어야 한다.

56

아래 글상자의 괄호 안에 들어갈 용어로 가장 옳은 것은?

> 문제를 강하게 인식하여 구매동기가 형성된 소비자는 문제를 해결해 줄 수 있는 대안들에 대한 정보를 찾게 된다. 필요한 정보가 소비자의 기억 속에 이미 저장되어 있는 경우에는 (㉠)만으로 충분하지만, 그렇지 않은 경우에는 (㉡)을 하게 된다.

① ㉠ 외적 탐색, ㉡ 내적 탐색
② ㉠ 단기 기억, ㉡ 장기 기억
③ ㉠ 내적 탐색, ㉡ 외적 탐색
④ ㉠ 장기 기억, ㉡ 내적 탐색
⑤ ㉠ 단기 기억, ㉡ 외적 탐색

소비자의 구매의사결정 5단계 중 정보탐색 단계에서 필요한 정보가 소비자의 기억 속에 이미 저장되어 있는 경우에는 내적탐색을 하게 되고, 정보가 없는 경우에는 외적탐색을 수행하게 된다.

57

제조업자가 중간상들과의 거래에서 흔히 사용하는 가격할인의 형태에 대한 설명으로 가장 옳은 것은?

① 현금할인 – 중간상이 일시에 대량구매를 하는 경우 구매량에 따라 주어지는 현금할인
② 거래할인 – 중간상이 제조업자를 위한 지역광고 및 판촉을 실시할 경우 이를 지원하기 위한 보조금 지급
③ 판매촉진지원금 – 제조업자의 업무를 대신 수행한 것에 대한 보상으로 경비의 일부를 제조업자가 부담
④ 수량할인 – 제품을 현금으로 구매하거나 대금을 만기일 전에 지불하는 경우 판매대금의 일부를 할인
⑤ 계절할인 – 제품판매에 계절성이 있는 경우 비수기에 제품을 구매하는 중간상에게 제공되는 할인

선지분석 |
① 수량할인 – 중간상이 일시에 대량구매를 하는 경우 구매량에 따라 주어지는 현금할인
② 판매촉진지원금 – 중간상이 제조업자를 위한 지역광고 및 판촉을 실시할 경우 이를 지원하기 위한 보조금 지급
③ 중간상공제 – 제조업자의 업무를 대신 수행한 것에 대한 보상으로 경비의 일부를 제조업자가 부담
④ 현금할인 – 제품을 현금으로 구매하거나 대금을 만기일 전에 지불하는 경우 판매대금의 일부를 할인

58

상품연출이라고도 불리는 상품진열이 가지는 고객 서비스 관점의 의미로 가장 옳지 않은 것은?

① 진열은 빠른 시간에 상품을 찾을 수 있게 해주는 시간 절약 서비스이다.
② 진열은 상품선택 시 다른 상품과의 비교를 쉽게 해주는 비교서비스이다.
③ 진열은 상품종류를 쉽게 식별하게 해주는 식별서비스이다.
④ 진열은 상품이 파손 없이 안전하게 보관되도록 하는 보관서비스이다.
⑤ 진열은 무언의 커뮤니케이션으로 상품정보를 제공해주는 정보서비스이다.

상품연출을 수행하는 진열(display)은 소비자에게 제품을 알리고 소비자의 구매의욕을 자극하여 제품을 판매할 목적으로 이루어지는 활동이며, 상품이 파손 없이 안전하게 보관되도록 하는 보관서비스와는 관련이 없다.

59

면도기의 가격은 낮게 책정하고 면도날의 가격은 비싸게 책정한다든지, 프린터의 가격은 낮은 마진을 적용하고 프린터 카트리지나 다른 소모품의 가격은 매우 높은 마진을 적용하는 등의 가격결정 방식으로 가장 옳은 것은?

① 사양제품 가격책정(optional product pricing)
② 제품라인 가격책정(product line pricing)
③ 종속제품 가격책정(captive product pricing)
④ 부산물 가격책정(by-product pricing)
⑤ 이중부분 가격결정(two-part pricing)

종속제품 가격결정 방식(captive product price)은 본체와 함께 사용해야 하는 보완재의 가격을 책정하는 가격전략으로, 최근에는 제품시장이 성숙단계로 진입함에 따라 주제품을 저렴하게 판매하고, 반복 구매하는 종속제품을 비싸게 판매하는 전략이다.

60

레이아웃의 영역에 해당하지 않는 것은?

① 상품 및 집기의 배치와 공간의 결정
② 집기 내 상품 배치와 진열 양의 결정
③ 출입구와 연계된 주통로의 배치와 공간 결정
④ 상품품목을 구분한 보조통로의 배치와 공간 결정
⑤ 상품 계산대의 배치와 공간결정

집기 내 상품 배치와 진열 양의 결정은 레이아웃과는 무관하다. 점포레이아웃이란 고객이 매장을 자유롭고 효율적으로 이동할 수 있고, 판매되는 제품의 노출을 효율적으로 하여 점포의 생산성을 높이는 점포의 설계를 의미한다.

61

아래 글상자에서 RFM 기법에 대한 설명으로 옳은 것을 모두 나열한 것은?

> ㉠ 재무적인 가치 측정뿐만 아니라 관계 활동에 대한 질적 측면도 함께 고려한 고객가치 평가 모형이다.
> ㉡ 최근 구매시점, 구매빈도, 구매금액의 3가지 지표를 바탕으로 계량적으로 측정한다.
> ㉢ RFM의 개별 요소에 대한 중요도가 산업에 따라 다를 수 있으므로 중요도에 따라 다른 가중치를 적용하여 측정한다.
> ㉣ 고객세그먼트에 따라 차별적 마케팅을 하거나 고객평가를 통해 등급을 부여하여 관리할 수 있다.
> ㉤ 사용하기에는 편리하지만 개별 고객별 수익기여도를 직접적으로 측정하지 못한다는 한계점을 갖는다.

① ㉠, ㉡, ㉤
② ㉠, ㉢, ㉣
③ ㉠, ㉡, ㉢, ㉣
④ ㉠, ㉡, ㉣, ㉤
⑤ ㉠, ㉡, ㉢, ㉣, ㉤

RFM(Recency Frequence Monetary) 분석은 고객구매의 최근성, 구매빈도 및 구매량을 이용하여 고객의 로열티를 측정하는 방법으로, ㉠~㉤ 모두 RFM 기법에 대한 내용이다.

정답 | 54 ① 55 ① 56 ③ 57 ⑤ 58 ④ 59 ③ 60 ② 61 ⑤

62

마케팅통제(marketing control)에 대한 설명으로 가장 옳지 않은 것은?

① 마케팅목표를 달성하기 위해 마케팅전략과 계획을 마케팅 활동으로 전환시키는 과정이다.
② 마케팅전략 및 계획의 실행결과를 평가하고, 마케팅목표가 성취될 수 있도록 시정 조치하는 것이다.
③ 마케팅계획의 실행과정에서 예상치 않은 일들이 발생하기 때문에 지속적인 마케팅통제가 필요하다.
④ 운영통제(operating control)는 연간 마케팅계획에 대비한 실제성과를 지속적으로 확인하고 필요할 때마다 시정 조치하는 것이다.
⑤ 전략통제(strategic control)는 기업의 기본전략들이 시장기회에 잘 부응하는지를 검토하는 것이다.

마케팅 통제(marketing control)는 마케팅절차 중 마지막 단계로 마케팅 전략과 계획의 실행결과를 측정 및 평가하고 피드백하는 통제절차이다.
마케팅 목표를 달성하기 위해 마케팅 전략과 계획을 마케팅 활동으로 전환시키는 과정은 마케팅 실행 단계라고 할 수 있다.

63

쇼루밍(showrooming) 소비자의 특징에 대한 설명으로 가장 옳은 것은?

① 주된 구매동기는 제품을 즉시 수령하고, 반품을 더 쉽게 하기 위함이다.
② 온라인에서만 구매하는 온라인 집중형 소비자이다.
③ 오프라인 점포에서 제품을 살펴본 후 온라인에서 저렴한 가격으로 구입하려 한다.
④ 오프라인 상점에서만 직접 경험하고 구매하려는 오프라인 집중형 소비자이다.
⑤ 온라인에서 쇼핑을 즐기지만 정작 구매는 오프라인에서 한다.

쇼루밍은 O2O에서 일반적으로 오프라인 매장에서 상품을 보고 온라인에서 더 저렴한 가격으로 상품을 찾는 경우를 지칭한다. 반면 역쇼루밍은 제품 정보는 온라인에서 얻고, 구매는 오프라인 매장에서 하는 쇼루밍의 반대 현상으로, 웹루밍이라고도 한다.

64

설문조사를 위한 표본추출 방법 중 확률적 표본추출에 해당하는 것은?

① 편의표본추출
② 단순무작위 표본추출
③ 판단표본추출
④ 할당표본추출
⑤ 자발적 표본추출

편의표본추출, 할당표본추출, 판단표본추출법은 비확률적 표본추출법이다.

관련이론 | 확률표본추출 방법

확률표본추출 방법	내용
단순무작위 표본추출	각 표본이 동일하게 선택될 확률을 가지도록 선정된 표본목록의 각 표본에 일련번호를 부여하고 난수표를 이용하여 무작위로 추출하는 방식
층화표본추출방식	모집단을 통제변수에 의해 배타적이고 포괄적인 소그룹으로 구분한 다음 각 소그룹별로 단순무작위로(random) 추출하는 방식
군집표본추출방식	모집단을 동질적인 여러 소그룹으로 나눈 다음 특정 소비 그룹을 표본으로 선택하고 그 소그룹 전체를 조사하거나 일부를 표본추출하는 방식

65

유통마케팅 목표달성을 위해 자금을 효율적으로 지출하는지를 확인할 수 있는 유통마케팅 성과평가 분석으로 가장 옳은 것은?

① 시장점유율 분석
② 자금유지율 분석
③ 고객만족도 분석
④ ROI 분석
⑤ 경로기여도 분석

유통마케팅 목표달성을 위해 자금을 효율적으로 지출하는지를 확인할 수 있는 대표적인 재무적 지표는 투자수익률(ROI) 또는 재고총수익률(GMROI)이다.

66

소매 마케팅전략 수립을 위해 필요한 소매믹스(Retailing mix)로 옳지 않은 것은?

① 소매가격 책정
② 점포입지 선정
③ 유통정보 관리
④ 소매 커뮤니케이션
⑤ 취급상품 결정

소매믹스(Retailing mix)는 고객의 구매 욕구를 만족시키고 구매의사결정에 영향을 주기 위해 소매상이 활용하는 전략으로, 여기에는 입지, 상품, 커뮤니케이션, 가격, 인적자원 등이 해당한다.

67

아래 글상자의 사례를 통해 계산한 A상품의 연간 상품 회전율(rate of stock turnover)로 옳은 것은?

- 가격: 1천 원
- 평균 재고량: 약 200개
- 연간매출액: 1백만 원

① 5회
② 10회
③ 13회
④ 15회
⑤ 20회

연간 상품 회전율=매출액/연평균 상품재고액
= 1백만 원/(200개×1천 원)=5회

68

유통목표설정에 대한 설명으로 가장 옳지 않은 것은?

① 유통경로상에서 소비자들이 기대하는 서비스 수준에 근거하여 유통목표를 설정한다.
② 유통목표는 포괄적인 유통관리를 위해 개념적으로 서술되어야 한다.
③ 기업 전체의 장기목표를 반영하여 유통목표를 설정해야 한다.
④ 유통목표는 언제까지 달성하겠다는 시한을 구체적으로 명시해야 한다.
⑤ 유통목표는 목표달성도를 확인하기 위해 측정 가능해야 한다.

유통목표(goal)는 개념적 서술이 아니라 기업 전체의 목표와 연계하여 구체적이고 측정가능하며 계층화시켜 설정하여야 한다.

69

선발주자의 이점 또는 선점우위효과(first mover advantage)로 가장 옳지 않은 것은?

① 경험곡선효과
② 규모의 경제효과
③ 기술적 불확실성 제거효과
④ 시장선점에 따른 진입장벽 구축효과
⑤ 전환비용에 의한 진입장벽 구축효과

기업의 선점우위효과는 시장에 최초로 진입함으로써 얻을 수 있는 유·무형의 이익으로 통상 전환비용에 의한 진입장벽 구축효과, 규모의 경제효과 및 경험곡선 효과 등이 있다.

정답 | 62 ① 63 ③ 64 ② 65 ④ 66 ③ 67 ① 68 ② 69 ③

70
아래 글상자에서 설명하는 벤더를 일컫는 말로 가장 옳은 것은?

> 소매업자들이 특정 카테고리 내에서 특별히 선호하는 벤더를 일컫는다. 카테고리 내의 다른 브랜드나 벤더를 대신하여 소매업체를 위한 카테고리 전문가의 역할을 하며 소매업체와 일종의 파트너 관계를 확보, 유지하는 브랜드 또는 벤더이다.

① 1차 벤더(primary vendor)
② 리딩 벤더(leading vendor)
③ 스마트 벤더(smart vendor)
④ 카테고리 캡틴(category captain)
⑤ 카테고리 플래너(category planner)

카테고리 캡틴(category captain)은 리테일러가 특정 카테고리 내에서 선호하는 특정 공급업체를 의미한다. 이들을 통하여 소매점은 구매협상의 노력이 절감되고, 고객 정보획득을 통한 소비자 욕구의 이해 증대로 해당 카테고리 전반의 수익이 증진된다.

유통정보

71
효과적인 공급사슬관리를 위해 활용할 수 있는 정보기술로 가장 옳지 않은 것은?

① EDI
② POS
③ PBES(Private Branch Exchange Systems)
④ CDS(Cross Docking Systems)
⑤ RFID(Radio-Frequency IDentification)

PBES(Private Branch Exchange Systems), 즉 구내전화교환망은 엑스트라넷(extranet)을 기반으로 하는 SCM과는 관련이 없는 과거의 전화교환 시스템이다.
SCM이 효율적으로 활용되기 위해서는 EDI에 기반을 둔 POS가 구축되어야 한다. SCM을 위한 정보시스템으로는 지속적 상품보충(CRP), 자동발주시스템(CAO), 크로스 도킹(Cross Docking), 전사적 자원관리(ERP) 등이 있다.

72
산업혁명 발전과정을 설명한 것으로 가장 옳은 것은?

① 1차 산업혁명 시기에는 전자기기의 활용을 통한 업무 생산성 개선이 이루어졌다.
② 2차 산업혁명 시기에는 전력을 활용해 대량생산 체계를 구축하기 시작하였다.
③ 3차 산업혁명 시기에는 사물인터넷과 인공지능 기술이 업무처리에 활용되기 시작하였다.
④ 4차 산업혁명 시기에는 업무처리에 인터넷 활용이 이루어지기 시작하였다.
⑤ 2차 산업혁명 초기에는 정보통신기술을 통한 데이터수집과 이를 분석한 업무처리가 이루어지기 시작하였다.

①, ④, ⑤는 정보화 사회로의 진입을 포함하는 3차 산업혁명의 특징이고, ③은 현재 진행되고 있는 4차 산업혁명에 대한 내용이다.

73

공급사슬관리의 변화 방향에 대한 설명으로 가장 옳지 않은 것은?

① 재고 중시에서 정보 중시 방향으로 변화하고 있다.
② 공급자 중심에서 고객 중심으로 변화하고 있다.
③ 거래 중시에서 관계 중시 방향으로 변화하고 있다.
④ 기능 중시에서 프로세스 중시 방향으로 변화하고 있다.
⑤ 풀(pull) 관행에서 푸시(push) 관행으로 변화하고 있다.

공급사슬관리(SCM)는 과거의 푸시(push) 관행에서 소비자 주문 또는 구매를 근거로 하는 풀(pull) 관행으로 이행하였다. SCM의 운영전략인 CRP, CPFR 등은 모두 풀 전략이다.

74

아래 글상자에서 제시하는 지식관리 시스템 구현 절차를 순서대로 바르게 나열한 것으로 가장 옳은 것은?

> ㉠ 지식관리 시스템 구현에 대한 목표를 설정한다. 예를 들면, 지식관리 시스템을 통해 해결해야 하는 문제를 명확하게 정의한다.
> ㉡ 지식기반을 창출한다. 예를 들면, 고객의 니즈를 만족시킬 수 있도록 베스트 프랙티스(best practice) 등을 끊임없이 개발해서 지식관리 시스템에 저장한다.
> ㉢ 프로세스 관리팀을 구성한다. 예를 들면, 최상의 지식관리 시스템에서 지식 활용이 이루어질 수 있도록 프로세스를 구축한다.
> ㉣ 지식 활용 증대를 위한 업무처리 프로세스를 구축한다. 예를 들면, 지식관리 시스템에서 고객과 상호작용을 활성화하기 위해 전자메일, 라이브채팅 등 다양한 커뮤니케이션 도구 활용이 가능하도록 구현한다.

① ㉠-㉡-㉢-㉣
② ㉣-㉢-㉡-㉠
③ ㉢-㉣-㉡-㉠
④ ㉠-㉡-㉣-㉢
⑤ ㉠-㉢-㉡-㉣

지식관리 시스템을 구현하기 위해서는 먼저 문제를 정의(필요성을 인식)한 후 목표를 설정하고, 프로세스를 구축한다. 다음에는 지식기반을 창출·공유·저장한 후 지식활용을 위한 업무처리 프로세스를 구축한다.

75

RFID 태그에 대한 설명으로 가장 옳지 않은 것은?

① RFID 태그는 QR 코드에 비해 근거리 접촉으로 정보를 확보할 수 있다.
② RFID 태그는 동시 복수 인증이 가능하다.
③ 배터리를 내재한 RFID 태그는 그렇지 않은 태그에 비해 성능이 우월하다.
④ RFID 태그 가격이 지속적으로 하락하고 있어 기업의 유통 및 물류 부분에서의 활용 가능성이 높아지고 있다.
⑤ RFID 태그는 바코드와 비교할 때, 오염에 대한 내구성이 강하다.

RFID, 즉 무선주파수 인식은 전파를 이용하므로 QR 코드에 비해 원거리 접촉으로 정보를 확보할 수 있고, 물체를 통과하여 정보를 수신할 수 있다는 장점이 있다.

76

사물인터넷 통신기술을 활용해 마케팅을 하고자 할 때, 아래 글상자의 설명에 해당하는 기술로 가장 옳은 것은?

> • 선박, 기차 등에서 위치를 확인하는 데 신호를 보내는 기술이다.
> • RFID, NFC 방식으로 작동하며 원거리 통신을 지원한다.
> • 모바일 결제 서비스와 연동하여 간편 결제 및 포인트 적립에 활용된다.

① 비콘(Beacon)
② 와이파이(Wi-Fi)
③ 지웨이브(Z-Wave)
④ 지그비(ZigBee)
⑤ 울트라와이드밴드(Ultra Wide Band)

비콘(Beacon)은 블루투스 기반으로 근거리 내에 감지되는 스마트 기기에 각종 정보와 서비스를 제공할 수 있는 무선통신 장치이다. 좁은 의미에서는 IT 기술 기반의 위치 인식 및 통신기술을 사용하여 다양한 정보와 데이터를 전송하는 근거리 무선통신 장치를 말한다.

정답 | 70 ④ 71 ③ 72 ② 73 ⑤ 74 ⑤ 75 ① 76 ①

77

데이터 마이그레이션(migration) 절차에 대한 설명으로 가장 옳지 않은 것은?

① 데이터 운반은 외부로부터 유입된 데이터를 기업 표준으로 변환하는 작업이다.
② 데이터 정제는 데이터를 ERP시스템에서 사용할 수 있도록 수정하는 작업이다.
③ 데이터 수집은 새로운 데이터를 디지털 포맷으로 변환하기 위해 모으는 작업이다.
④ 데이터 추출은 기존의 레거시 시스템과 데이터베이스에서 데이터를 꺼내는 작업이다.
⑤ 데이터 정제는 린 코드번호, 의미없는 데이터, 데이터 중복 및 데이터 오기(misspellings) 등 부정확한 데이터를 올바르게 고치는 작업이다.

외부로부터 유입된 데이터를 기업 표준으로 변환하는 작업은 데이터 변환이다.

관련이론 | 데이터 마이그레이션
데이터 마이그레이션(migration)은 데이터베이스의 검색 성능이 향상되도록 데이터의 사용 빈도에 따라 데이터의 저장 공간이나 저장 형태를 조정하는 것을 말한다. 데이터 마이그레이션의 3가지 기본 단계는 데이터 추출 → 데이터 변환 → 데이터 로드이다.

79

아래 글상자의 ㉠에 들어갈 기술로 가장 옳은 것은?

- 유통업체에서는 판매 시점 상품관리를 위한 데이터의 입력 및 작업 보고서에 대한 자동 입력을 위해서 (㉠) 기술을 활용하고 있다.
- 유통업체에서 일 단위 및 월 단위 업무 마감 처리를 자동화하기 위해서 (㉠) 기술을 활용하고 있다.
- (㉠) 기술은 유통업체의 단순하고 반복적인 업무를 체계화해서 소프트웨어로 구현하여 일정한 규칙에 의해 자동화된 프로세스를 따라 업무를 수행하도록 되어 있다.

① IPA(Intelligent Process Automation)
② ETL(Extraction Transformation Loading)
③ RPA(Robotic Process Automation)
④ ETT(Extraction Transformation Tracking)
⑤ VRC(Virtual Reality Construction)

문제의 내용은 RPA(Robotic Process Automation)에 대한 설명이다. RPA, 즉 로보틱 처리 자동화는 사람이 컴퓨터로 하는 반복적인 업무를 로봇 소프트웨어를 통해 자동화하는 기술을 말한다.

78

공급자 재고관리(VMI)의 목적으로 가장 옳지 않은 것은?

① 비즈니스 가치 증가
② 고객서비스 향상
③ 재고 정확성의 제고
④ 재고회전율 저하
⑤ 공급자와 구매자의 공급사슬 운영의 원활화

공급자 주도 재고관리, 즉 VMI(Vendor Managed Inventory)는 유통업체가 제조업체(공급자)에 판매와 재고에 관한 정보를 제공하면 제조업체가 이를 토대로 과거 데이터를 분석하고 수요를 예측하여 상품의 적정 납품량을 결정하는 시스템이다. VMI를 도입하면 적정재고의 유지를 통해 재고가 감소하므로 재고회전율은 높아진다.

80

거래 단품을 중복 없이 식별하는 역할을 하는 GTIN(국제거래단품식별코드) 및 GTIN 관련 데이터는 대개 고정데이터이지만, 때로는 기본 식별 데이터 외에 더 세부적이고 상세한 상품 정보를 제공해야 할 때도 있다. 이 경우 사용되는 가변 데이터로 가장 옳지 않은 것은?

① 유통기한
② 일련번호
③ 로트(lot) 번호
④ 배치(batch) 번호
⑤ 성분 및 영양정보

GTIN에서 기본 식별 데이터(업체코드, 상품코드, 체크디지트) 외에 추가정보를 표시하기 위해 응용식별자(AI; Application Identifiers)를 사용하고 있다. 이를 통해 추가할 수 있는 데이터는 배치번호, 로트번호, 생산일자, 최적유통일자, 일련번호, 물류단위 입수, 상품수량 및 위탁화물번호 등이며 성분 및 영양정보는 해당하지 않는다.

81

아래 글상자의 ㉠에 들어갈 용어로 가장 옳은 것은?

- 데이터 기반으로 상품의 입고부터 고객주문 및 배송까지 제공하는 일괄처리 서비스인 (㉠)(이)가 유통산업 최대 화두로 등장하였다.
- (㉠)(이)란 물류를 필요로 하는 판매자들을 대상으로 상품 보관 및 재고관리, 고객이 상품 주문 시 선별, 포장, 배송, 반품 및 고객대응까지 일괄적으로 처리하는 서비스를 지칭한다.
- 최근 국내 물류·유통 시장은 (㉠)의 각축전이 되고 있다. 국내시장에서도 쿠팡, CJ대한통운, 네이버, 신세계 등 탑플레이어들이 (㉠) 서비스 확대에 총력을 기울이고 있다. SSG 닷컴의 경우 주문부터 상품분류, 포장, 출고 등 유통 全 주기를 빅데이터 등 신기술 기반으로 통합 관리하는 (㉠) 시스템으로 온라인 주문에 신속한 대응을 하고 있다고 한다.

① 풀필먼트　　② 로지틱스
③ 데이터마이닝　　④ 풀서포트
⑤ 풀브라우징

풀필먼트(Fullfillment) 서비스는 상품이 고객에게 판매되는 단계에서 하나의 물류업체가 여러 물류기능들을 통합하여 제공하는 서비스이다. 이를 통해 유통단계가 획기적으로 단축되어 당일배송이나 새벽배송 등의 서비스가 가능해진다.

82

기업의 강점, 약점과 같은 내부 역량과 기회, 위협과 같은 외부 가능성 사이의 적합성을 평가하기 위해 사용되는 도구로 분석범위를 내부뿐만 아니라 외부까지 확장시켜 보다 넓은 상황 분석을 할 경우 활용되는 전략적 분석 도구로 가장 옳은 것은?

① PEST　　② ETRIP
③ STEEP　　④ 4FACTOR
⑤ SWOT

기업의 강점(S), 약점(W)과 같은 내부 역량과 기회(O), 위협(T)과 같은 외부 가능성 사이의 적합성을 평가하기 위해 사용되는 전략적 분석 도구는 SWOT 분석이다.

83

A유통은 입고부터 판매까지 제품의 정보를 관리하고자 정보시스템을 구축하려고 결정하였다. A유통은 전문업체인 B사를 선정하여 사업기간 6개월로 계약을 체결하였다. B사는 A유통의 정보시스템 구축을 위해 일련의 활동계획을 수립하였다. 사업 착수 후 분석단계에 포함되는 활동으로 가장 옳은 것은?

① 데이터베이스 설계　　② 단위테스트 수행
③ 사용자매뉴얼 작성　　④ 요구사항 정의
⑤ 인수테스트 수행

유통정보 시스템(CIS)은 기획단계(분석단계) → 개발단계 → 기술적 구현단계 → 적용단계를 거쳐 구축된다. 분석단계에서는 시스템 요구사항을 정의한다.

84

지역별 점포를 운영하고 있는 유통기업이 사용하는 판매시점관리를 지원하는 POS시스템에서 획득한 데이터의 관리 및 활용에 대한 설명으로 가장 옳지 않은 것은?

① 고객이 제품을 구매한 정보를 관리한다.
② 상품 판매동향을 분석하여 인기제품, 비인기제품을 파악할 수 있다.
③ 타 점포와의 상품 판매동향 비교·분석에 활용할 수 있다.
④ 개인의 구매실적, 구매성향 등에 관한 정보를 관리한다.
⑤ 기회손실(자점취급, 비취급)에 대한 분석은 어렵다.

여러 지역에 점포를 운영하는 경우 POS시스템에서 획득한 데이터를 이용하여 자기 점포에서 취급하는 상품이나 취급하지 않는 상품에 대해 결품으로 인한 판매기회 상실 등 기회손실을 분석할 수 있다.

정답 | 77 ① 78 ④ 79 ③ 80 ⑤ 81 ① 82 ⑤ 83 ④ 84 ⑤

85

아래 글상자의 내용이 설명하고 있는 ⊙에 들어갈 용어로 가장 옳은 것은?

> - 기업 간의 거래에 관한 데이터(각종 서류양식)를 표준화하여 컴퓨터통신망을 통해 거래 당사자의 컴퓨터 사이에서 직접 전송신호로 주고받도록 지원하는 기술로 최근 클라우드 컴퓨팅 (⊙) 서비스가 등장하였다.
> - 클라우드 기반의 (⊙) 서비스 업체인 A사는 코로나19로 인해 온라인 쇼핑몰을 통한 주문량이 폭주하면서 그동안 수작업으로 진행하던 주문 수발주 업무의 실수가 많이 발생하고, 업무 담당자들은 재택 근무를 하면서 업무가 지연되거나 공백이 발생하는 경우가 많아 이런 문제를 보완하기 위해서 본 사의 서비스 도입 문의가 늘어나고 있다고 밝혔다.

① Beacon
② XML
③ O2O
④ EDI
⑤ SaaS

기업 간의 거래에 관한 데이터(각종 서류양식)를 표준화하여 컴퓨터통신망을 통해 거래 당사자의 컴퓨터 사이에서 직접 전송신호로 주고받도록 지원하는 기술은 EDI(전자문서교환)이다.

86

A사는 전자상거래 서비스를 위해 기존의 시스템을 고도화하였다. 웹 서비스뿐만 아니라 모바일 서비스도 구축하였다. 모바일 채널은 웹으로 개발하였다. 모바일 웹에 대한 설명으로 가장 옳지 않은 것은?

① 모바일 기기에 관계없이 모바일 웹 사이트에 접속이 가능하다.
② 모바일 웹은 컨텐츠나 디자인을 변경할 때 웹 표준에 맞춰 개발하기 때문에 OS별로 수정할 필요가 없다.
③ 단말기의 카메라, GPS 또는 각종 프로세싱 능력을 활용한 서비스 이용 시 앱보다 훨씬 효과적이다.
④ 모바일 웹은 데스크톱용 웹 브라우저와 기능적으로 동일한 수준의 브라우저 설치와 실행이 가능하다.
⑤ URL을 통해 접속한다.

단말기의 카메라, GPS 또는 각종 프로세싱 능력을 활용한 서비스 이용 시에는 모바일 웹보다는 앱이 더 효과적이다.

87

인터넷 기반의 전자상거래를 위협하는 요소와 그 설명이 가장 옳지 않은 것은?

① 바이러스 – 자체 복제되며, 특정 이벤트로 트리거 되어 컴퓨터를 감염시키도록 설계된 컴퓨터 프로그램
② 트로이 목마 – 해킹 기능을 가지고 있어 인터넷을 통해 감염된 컴퓨터의 정보를 외부로 유출하는 것이 특징
③ 애드웨어 – 사용자의 동의 없이 시스템에 설치되어서 무단으로 사용자의 파일을 모두 암호화하여 인질로 잡고 금전을 요구하는 악성 프로그램
④ 웜 – 자체적으로 실행되면서 다른 컴퓨터에 전파가 가능한 프로그램
⑤ 스파이웨어 – 이용자의 동의 없이 또는 이용자를 속여 설치되어 이용자 몰래 정보를 빼내거나 시스템 및 정상 프로그램의 설정을 변경 또는 운영을 방해하는 등의 악성행위를 하는 프로그램

애드웨어(adware)는 인터넷 광고주들이 컴퓨터 사용자의 동의 없이 광고를 보여줄 수 있도록 하는 것을 말한다.

88

QR코드를 활용하는 간편 결제 방식에 대한 설명으로 가장 옳지 않은 것은?

① QR코드는 다양한 방향에서 스캔·인식이 가능하고 일부 훼손되더라도 오류를 정정하여 정상적으로 인식할 수 있는 장점이 있다.
② 소비자가 모바일 앱으로 가맹점에 부착된 QR코드를 스캔하여 결제처리하는 방식을 고정형이라 한다.
③ 결제 앱을 통해 소비자가 QR코드를 생성하고, 가맹점에서 QR리더기(결제 앱 또는 POS단말기)로 읽어서 결제처리하는 것을 변동형이라 한다.
④ 고정형 QR은 가맹점 탈퇴·폐업 즉시 QR코드를 파기한 후 가맹점 관리자에게 신고해야 한다.
⑤ 변동형 QR은 개인이 별도의 위·변조 방지 특수필름 부착이나 잠금장치 설치 등의 조치를 취해야 한다.

QR코드 결제표준에 따르면 개인이 별도의 위·변조 방지 특수필름 부착이나 잠금장치 설치 등의 조치를 취해야 하는 것은 고정형 QR이다.
변동형 QR은 보안성 기준을 총족한 앱을 통해서만 발급이 가능하다.

89

데이터 내에 포함된 개인 정보를 식별하기 어렵게 하는 조치를 비식별화라 한다. 이에 대한 설명으로 가장 옳지 않은 것은?

① 정형데이터는 개인정보 비식별 조치 가이드라인의 대상데이터이다.
② 비식별화를 위해 개인이 식별가능한 데이터를 삭제처리하는 방법이 있다.
③ 성별, 생년월일, 국적, 고향, 거주지 등 개인특성에 대한 정보는 비식별화 대상이다.
④ 혈액형, 신장, 몸무게, 허리둘레, 진료내역 등 신체 특성에 대한 정보는 비식별화 대상이다.
⑤ JSON, XML 포맷의 반정형데이터는 개인정보 비식별화 대상이 아니다.

빅데이터가 활용되면서 JSON, XML 포맷의 반정형데이터도 개인정보 비식별화 대상에 포함된다.
비식별화(de-Identification)는 특정 개인을 식별할 수 없도록 개인정보의 일부 또는 전부를 변환하는 일련의 과정 또는 방법을 말한다. 비식별화된 개인정보는 웹, SNS, 의료 기록 등 빅데이터 수집·분석 과정에서 재식별화(re-identification)될 수 있으므로 엄격한 관리가 필요하다.

90

데이터, 지식, 정보에 대한 설명으로 가장 옳지 않은 것은?

① 일반적으로 데이터에서 정보를 추출하고, 정보에서 지식을 추출한다.
② 1차 데이터는 이미 생성된 데이터를 의미하고, 2차 데이터는 특정한 목적을 달성하기 위해 직접적으로 고객으로부터 수집한 데이터를 의미한다.
③ 일반적으로 정보는 이전에 수집한 데이터를 재가공한 특성을 갖고 있다.
④ 암묵적 지식은 명확하게 체계화하기 어려운 지식을 의미한다.
⑤ 지식창출 프로세스에는 공동화, 표출화, 연결화, 내면화가 포함된다.

2차 데이터는 이미 생성된 데이터를 의미하고, 1차 데이터는 특정한 목적을 달성하기 위해 직접적으로 고객으로부터 수집한 데이터를 의미한다.

정답 | 85 ④ 86 ③ 87 ③ 88 ⑤ 89 ⑤ 90 ②

에듀윌이
너를
지지할게

ENERGY

우리가 인생을 돌이켜 볼 때
뼈저리게 후회하는 것은
활짝 열려 있는데도
들어가 보지 못한 문이다.

– 스테판 M.폴란(Stephen Pollan), 〈2막〉

2021년 3회 기출문제

>> 2021년 11월 06일 시행

유통·물류 일반관리

01

공급자 주도형 재고관리(VMI: Vendor Managed Inventory)에 대한 내용으로 옳은 것은?

① VMI는 공급자가 고객사를 위해 제공하는 가치향상 서비스 활동이다.
② VMI는 생산 공정의 효율적 관리를 위해 우선순위계획, 능력계획, 우선순위 통제관리, 능력 통제관리 등을 수행하는 생산관리시스템이다.
③ VMI에서는 고객사가 재고를 추적하고, 납품 일정과 주문량을 결정한다.
④ VMI를 활용하면 공급자는 재고관리에 소요되는 인력이나 시간 등 비용절감효과를 얻을 수 있다.
⑤ CMI(Co-Managed Inventory)보다 공급자와 고객사가 더 협력적인 형태로 발전한 것이 VMI이다.

① VMI는 공급자가 고객사를 위해 제공하는 중요한 정보 관련 서비스 활동이다.
VMI(Vendor Managed Inventory)는 CMI와 더불어 CRP(Continuous Replenishment Planning, 지속 상품 보충)의 한 종류로 공급자에 의한 재고관리시스템을 뜻한다.

02

직무분석과 직무평가에 대한 설명으로 옳지 않은 것은?

① 직무분석이란 과업과 직무를 수행하는 데 요구되는 인적 자질에 의해 직무의 내용을 정의하는 공식적 절차를 말한다.
② 직무분석에서 직무요건 중 인적 요건을 중심으로 정리한 문서를 직무기술서라고 한다.
③ 직무분석은 효과적인 인적자원관리를 위해 선행되어야 할 기초적인 작업이다.
④ 직무평가는 직무를 일정한 기준에 의거하여 서로 비교함으로써 상대적 가치를 결정하는 체계적인 활동을 말한다.
⑤ 직무평가는 직무의 가치에 따라 공정한 임금 지급 기준, 합리적인 인력의 확보 및 배치, 인력의 개발 등을 결정할 때 이용된다.

직무분석에서 직무요건 중 인적 요건을 중심으로 정리한 문서를 직무명세서라고 한다.

관련이론 | 직무기술서와 직무명세서 비교

구분	직무기술서	직무명세서
목적	인적자원관리의 일반적인 목적을 위해 작성	인적자원관리의 구체적이고 특정한 목적을 위해 세분화하여 작성
작성 유의사항	직무 내용과 직무요건에 동일한 비중을 두고, 직무 자체의 특성을 중심으로 정리	직무 내용보다는 직무요건을, 또한 직무요건 중에서도 인적 요건을 중심으로 정리
포함되는 내용	직무명칭, 직무개요, 직무내용, 장비·환경·작업 활동 등 직무 요건	직무 명칭, 직무 개요, 작업자의 지식·기능·능력 및 기타 특성 등 인적 요건
특징	속직적 기준, 직무 행위의 개선점 포함	속인적 기준, 직무 수행자의 자격 요건 명세서

03

조직문화에 대한 설명으로 옳지 않은 것은?

① 한 조직의 구성원들이 공유하는 가치관, 신념, 이념, 지식 등을 포함하는 종합적인 개념이다.
② 특정 조직 구성원들의 사고 판단과 행동의 기본 전제로 작용하는 비가시적인 지식적, 정서적, 가치적 요소이다.
③ 조직 구성원들이 공통적으로 생각하는 방법, 느끼는 방향, 공통의 행동 패턴의 체계이다.
④ 조직 외부 자극에 대한 조직 전체의 반응과 임직원의 가치 의식 및 행동을 결정하는 요인을 포함한다.
⑤ 다른 기업의 제도나 시스템을 벤치마킹하는 경우 그 조직문화적 가치도 쉽게 이전된다.

조직문화는 그 조직만의 고유한 가치관과 분위기 등을 담은 사풍(社風)을 의미하는 것으로, ⑤ 타기업의 것을 벤치마킹한다고 해서 타기업의 조직문화가 쉽게 이전될 수 있는 것은 아니다.

04

유통경로 구조를 결정하기 위해 체크리스트법을 사용할 때 고려해야 할 요인들에 대한 설명으로 옳지 않은 것은?

① 재무적 능력이나 규모 등의 기업요인
② 시장규모와 지역적 집중도 등의 시장요인
③ 제품의 크기와 중량 등의 제품요인
④ 경영전문성이나 구성원 통제 등에 대한 기업요인
⑤ 구매빈도와 평균 주문량 등의 제품요인

체크리스트법은 경로구조 결정시 경로구성원들의 마케팅 능력 및 소비자의 유통 서비스에 대한 요구(Needs)를 구체화한 요인들(시장요인, 제품요인, 기업요인, 경로구성원 등)을 고려하여 경로의 길이를 결정한다. 이 중 ⑤ 제품요인은 제품의 크기와 중량, 종류 등이 고려해야 할 요소에 해당한다.

관련이론 | 체크리스트법 사용 시 고려해야 할 요인

시장요인	시장규모, 지역적 집중도, 구매빈도
기업요인	기업규모, 재무적 능력, 경영전문성, 통제에 대한 욕망
경로구성원 요인	마케팅 기능 수행 의지, 수행하는 서비스의 수와 품질, 구성원 이용비용
환경요인	환경적 고려요인의 수
제품요인	기술적 복잡성, 제품의 크기와 중량 등

05

유통경영환경에 대한 설명으로 옳지 않은 것은?

① 거시환경은 모든 기업에 공통적으로 영향을 미치는 환경이다.
② 과업환경은 기업의 성장과 생존에 직접적 영향을 미치는 환경으로 기업이 어떤 제품이나 서비스를 생산하는가에 따라 달라진다.
③ 인구분포, 출생률과 사망률, 노년층의 비율 등과 같은 인구통계학적인 특성은 사회적 환경으로 거시환경에 속한다.
④ 제품과 종업원에 관련된 규제 및 환경 규제, 각종 인허가 등과 같은 법과 규범은 정치적, 법률적 환경으로 과업환경에 속한다.
⑤ 경제적 환경은 기업의 거시환경에 해당된다.

④ 제품과 종업원에 관련된 규제 및 환경 규제, 각종 인허가 등과 같은 법과 규범은 정치적, 법률적 환경으로 거시적 환경(STEP)에 속한다.
과업환경은 공급자, 소비자, 경쟁자, 언론매체, 지역사회, 협력업체, 정부 등을 의미한다. 미시적 환경은 내부경영환경과 과업환경을 함께 이야기하며, 기업의 경영활동에 직접적인 영향을 미친다. 소비자, 경쟁자, 공급자 및 종업원 등이 미시적 환경을 구성한다.

관련이론 | 거시적 환경(STEP 분석)

- 사회·문화적 환경(Social & culture environment)
  사회를 구성하고 있는 개인의 행위에 영향을 미치는 집단이나, 문화·가치관·전통 내지 관습 등과 같은 사회제도 및 사회적 태도 등을 말한다.
- 기술적 환경(Technical environment)
  기술은 기업의 다양한 활동에 직·간접적인 변화를 초래하는 여러 종류의 기술적 변혁 및 발명으로 기업 활동에 크게 영향을 미치며, 외부적으로는 시장의 형태에도 영향을 준다.
- 경제적 환경(Economic environment)
  기업의 모든 활동과 간접적으로 연결되어 있는 모든 경제적 시스템으로서, 재화 및 서비스의 생산과 분배에 관한 지역·국가·국제적 상태 또는 여건을 의미한다.
- 정치·법률적 환경(Political environment)
  사기업의 활동은 국가가 규정하는 법적인 범위에서 행해져야 하므로 국가의 제도 및 법적 규범, 그리고 이를 산출하는 정치적 과정은 기업의 지위와 생산활동에 직·간접적인 영향을 미친다.

정답 | 01 ① 02 ② 03 ⑤ 04 ⑤ 05 ④

06

기업 내에서 일어날 수 있는 각종 윤리상의 문제들에 대한 설명으로 가장 옳지 않은 것은?

① 다른 이해당사자들을 희생하여 회사의 이익을 도모하는 행위는 지양해야 한다.
② 업무 시간에 SNS를 통해 개인 활동을 하는 것은 업무 시간 남용에 해당되므로 지양해야 한다.
③ 고객을 위한 무료 음료나 기념품을 개인적으로 사용하는 것은 지양해야 한다.
④ 회사에 손해를 끼칠 수 있는 사안이라면, 중대한 문제라 해도 공익 제보를 하는 것은 지양해야 한다.
⑤ 다른 구성원들에게 위협적인 행위나 무례한 행동을 하는 것은 지양해야 한다.

④ 회사에 중대한 손해를 끼칠 수 있는 사안이라도 공익을 위한 일이라면 제보를 하는 것이 바람직하다.

07

중간상이 있음으로 인해 각 경로구성원에 의해 보관되는 제품의 총량을 감소시킨다는 내용이 의미하는 중간상의 필요성을 나타내는 것으로 가장 옳은 것은?

① 효용 창출의 원리
② 총거래수 최소의 원칙
③ 분업의 원리
④ 변동비 우위의 원리
⑤ 집중 준비의 원리

집중 준비의 원리(집중 저장의 원리)는 중간상이 존재함으로써 사회 전체가 원활한 소비를 위해 저장해야 할 제품의 총량을 줄일 수 있다는 것이다. 이는 도매상의 존재 이유를 설명하는 원리이다.

선지분석
② 총거래수 최소의 원칙: 유통경로에서 중간상이 없다면 생산자와 소비자가 직접 거래하여야 하므로 거래수가 많아지지만 중간상이 개입하면 거래수가 감소하므로 거래비용도 감소한다.
③ 분업의 원리: 유통경로 상에서 수행되는 다양한 기능에도 분업의 원리가 적용된다. 즉, 주문, 촉진, 금융, 정보 수집 등의 기능을 중간상들이 분담하여 수행하면 유통기능의 효율성이 높아져 전체 유통비용은 감소하고 상품의 가격도 낮아질 수 있게 된다.
④ 변동비 우위의 원리: 유통업은 제조업에 비해 변동비 비중이 크기 때문에 생산자가 제조와 유통을 통합하는 것보다 분리하여 역할을 분담하는 것이 비용 측면에서 효율적이다.

08

최근 유통시장 변화에 대해 기술한 내용으로 옳지 않은 것은?

① 신선 식품 배송에 대한 수요가 증가하고 있다.
② 외식업체들은 매장에 설치한 키오스크를 통해 주문을 받음으로써 생산성을 높이고 고객의 이용 경험을 완전히 바꾸는 혁신을 시도하고 있다.
③ 온라인 쇼핑 시장의 성장세가 두드러지면서 유통업체의 배송 경쟁이 치열해지고 있다.
④ 가공·즉석 식품의 판매는 편의점 매출에 긍정적인 영향을 주었다.
⑤ 상품이 고객에게 판매되는 단계마다 여러 물류회사들이 역할을 나누어 서비스를 제공하는 풀필먼트 서비스를 통해 유통 단계가 획기적으로 단축되고 있다.

⑤ 풀필먼트(Fullfillment)는 물류 전문업체가 판매자 대신 주문에 맞춰 제품을 선택하고 포장한 뒤 배송까지 담당하는 서비스이다. 즉, 주문한 상품이 물류 창고를 거쳐 고객에게 배달 완료되기까지의 전 과정을 일괄 처리하는 물류의 전 과정이라 할 수 있다.
e커머스에서 매우 핵심적인 서비스인 풀필먼트 서비스는 1999년 아마존이 최초로 도입했고, 우리나라의 경우 2014년 쿠팡이 로켓배송을 통해 도입하였다.

09

아래 글상자의 ㉠, ㉡, ㉢에서 설명하는 유통경로의 효용으로 옳게 짝지어진 것은?

> ㉠ 소비자가 제품이나 서비스를 구매하기에 용이한 곳에서 구매할 수 있게 함
> ㉡ 소비자가 제품을 소비할 수 있는 권한을 갖는 것을 도와줌
> ㉢ 소비자가 원하는 시간에 제품과 서비스를 공급받을 수 있게 함

① ㉠ 시간효용, ㉡ 장소효용, ㉢ 소유효용
② ㉠ 장소효용, ㉡ 소유효용, ㉢ 시간효용
③ ㉠ 형태효용, ㉡ 소유효용, ㉢ 장소효용
④ ㉠ 소유효용, ㉡ 장소효용, ㉢ 형태효용
⑤ ㉠ 장소효용, ㉡ 형태효용, ㉢ 시간효용

㉠ 장소효용: 소비자가 제품이나 서비스를 구매하기에 용이한 곳에서 구매할 수 있게 함
㉡ 소유효용: 소비자가 제품을 소비할 수 있는 권한을 갖는 것을 도와줌
㉢ 시간효용: 소비자가 원하는 시간에 제품과 서비스를 공급받을 수 있게 함

10

아웃소싱과 인소싱을 비교해 볼 때 아웃소싱의 단점을 설명한 것으로 옳지 않은 것은?

① 부적절한 공급업자를 선정할 수 있는 위험에 노출된다.
② 과다 투자나 과다 물량 생산의 위험이 높다.
③ 핵심 지원 활동을 잃을 수도 있다.
④ 프로세스 통제권을 잃을 수도 있다.
⑤ 리드타임이 장기화될 수도 있다.

과다 투자나 과다 물량 생산의 위험이 높은 것은 아웃소싱이 아니라 직접 비핵심 부분에 투자하는 인소싱에 해당한다.

관련이론 | 아웃소싱의 장·단점

장점	단점
• 상호 간 제휴를 통한 상호 win-win 효과 • 비용절감 및 핵심역량에 대한 집중 가능 • 인력 채용 및 노동조합의 문제해결 가능	• 부적절한 공급업자를 선정할 가능성 • 핵심 지원 활동을 잃을 우려 • 프로세스 통제권의 상실 • 리드타임의 장기화 • 근로자의 고용 불안 및 근로 조건 악화 우려 • 이직률 상승 및 서비스의 질적 저하 • 소속감 결여 및 충성도 하락

11

아래 글상자에서 설명하는 동기부여 이론으로 옳은 것은?

> • 봉급, 근무 조건, 작업 안전도와 같은 요인들은 불만을 없앨 수는 있으나 만족을 증대시키지 못한다.
> • 성취욕, 우수한 업적에 대한 인정, 문제 해결 지원 등은 직원들의 만족감을 증대시킬 뿐만 아니라 우수한 실적을 계속 유지하는 데 큰 영향을 준다.

① 매슬로(Maslow)의 욕구단계 이론
② 맥그리거(Mcgregor)의 XY이론
③ 앨더퍼(Alderfer)의 ERG이론
④ 허츠버그(Herzberg)의 두 요인이론
⑤ 피들러(Fiedler)의 상황적합성이론

허츠버그는 인간에게는 상호 독립적인 두 종류의 욕구 범주가 존재하고, 이들이 인간의 행동에 각기 다른 방법으로 영향을 미친다고 주장, 이를 2요인이론(두 요인이론)이라고 한다.
직무 불만족과 관련한 요인을 위생 요인 또는 환경요인이라고 하고, 직무 만족을 유발시키는 요인을 동기 요인이라고 한다.

정답 | 06 ④ 07 ⑤ 08 ⑤ 09 ② 10 ② 11 ④

12

물류의 상충(Trade Off) 관계에 대한 설명으로 가장 옳지 않은 것은?

① 기업의 물류 합리화는 상충관계의 분석이 기본이 된다.
② 기업 내 물류 기능과 타 기능 간의 상충관계 역시 효율적 물류관리를 위해 고려해야 한다.
③ 제조업자와 운송업자 및 창고업자 등 기업 조직과 기업 외 조직 간의 상충관계 또한 고려해야한다.
④ 상충관계에서 발생하는 문제점을 극복하기 위해서는 물류 흐름을 세분화하여 부분 최적화를 달성해야 한다.
⑤ 배송센터에서 수배송 차량의 수를 늘릴 경우 고객에게 도착하는 배송 시간은 짧아지지만 물류비용은 증가하는 경우는 상충관계의 사례에 해당한다.

상충관계는 부분 최적화가 아닌 물류 합리화 측면에서 접근할 문제에 해당한다.
Trade-off는 상충관계 또는 이율배반적 관계라고 하며, 물류와 관련하여 재고 비율을 높이면 재고 관련 비용은 증가하지만 수송비용은 하락하는 관계가 그 예이다. 또는 JIT 수·배송을 실시하는 경우 운송비는 많이 발생하지만 고객서비스는 상승하는 관계 등도 그렇다.

13

식품위생법(법률 제18363호, 2021.7.27., 일부개정) 상, 아래 글상자의 ( )안에 들어갈 용어로 옳게 나열된 것은?

- (㉠)(이)란 식품, 식품 첨가물, 기구 또는 용기·포장에 존재하는 위험요소로서 인체의 건강을 해치거나 해칠 우려가 있는 것을 말한다.
- (㉡)(이)란 식품 또는 식품첨가물을 채취·제조·가공·조리·저장·소분·운반 또는 판매하거나 기구 또는 용기·포장을 제조·운반·판매하는 업(농업과 수산업에 속하는 식품 채취업은 제외한다)을 말한다.

① ㉠ 합성품 ㉡ 식품이력추적관리
② ㉠ 화학적 합성품 ㉡ 공유주방
③ ㉠ 위해 ㉡ 영업
④ ㉠ 식품위생 ㉡ 영업자
⑤ ㉠ 위험요소 ㉡ 집단급식소

식품위생법 제2조(용어의 정의)
- (위해)란 식품, 식품첨가물, 기구 또는 용기·포장에 존재하는 위험요소로서 인체의 건강을 해치거나 해칠 우려가 있는 것을 말한다.
- (영업)이란 식품 또는 식품첨가물을 채취·제조·가공·조리·저장·소분·운반 또는 판매하거나 기구 또는 용기·포장을 제조·운반·판매하는 업(농업과 수산업에 속하는 식품 채취업은 제외)을 말한다.

14

신용 등급이 낮은 기업이 자본을 조달하기 위해 발행하는 것으로 높은 이자율을 지급하지만 상대적으로 높은 위험을 동반하는 채무 수단으로 가장 옳은 것은?

① 변동 금리채
② 연속 상환채권
③ 정크본드
④ 무보증채
⑤ 보증채

정크본드(Junk Bond, 쓰레기 채권)는 과거에는 신용 등급이 높았지만 경영 악화나 실적 부진으로 신용 등급이 급격하게 낮아졌을 때 그 기업이 발행했던 채권을 말한다. 하위 등급 채권 또는 열등채라고도 부른다. 정크본드는 이율은 높게 설정되어 있지만 그만큼 일반적으로 신용 등급 설정이 낮고 원금 손실이 일어날 위험성이 높다.
이와 반대로, 신용 등급이 높고 원금 손실이 일어날 위험성이 낮은 채권으로 소버린본드(Sovereign Bond)가 있다.

15

리더십에 대한 설명으로 가장 옳지 않은 것은?

① 민주적 리더십은 종업원이 더 많은 것을 알고 있는 전문직인 경우에 효과적이다.
② 독재적 리더십은 긴박한 상황에서 절대적인 복종이 필요한 경우에 효과적이다.
③ 독재적 리더십은 숙련되지 않거나 동기부여가 안 된 종업원에게 효과적이다.
④ 독재적 리더십은 자신의 지시를 따르게 하기 위해 경제적 보상책을 사용하기도 한다.
⑤ 자유방임적 리더십은 종업원에게 신뢰와 확신을 보여 동기요인을 제공한다.

Kurt Lewin, Lippitt, White은 독재형(전제형), 민주형, 방임형의 3가지 기본적인 리더십 유형을 제시하였다.
이 중 민주적 리더십은 리더가 종업원에게 위양하는 권한 내에서 종업원이 자율적인 활동을 할 수 있도록 종업원의 재량을 인정하는 리더십을 뜻한다.

16

앤소프(Ansoff, H. I.)의 성장 전략 중 아래 글상자에서 설명하는 전략으로 가장 옳은 것은?

> - 기존 제품을 전제로 새로운 시장을 개척함으로써 성장을 도모하려는 전략을 말한다.
> - 가격이나 품질면에서 우수한 자사제품을 새로운 세분시장에 배치함으로써 시장 확대가 이루어지도록 하는 전략이다.

① 시장침투 전략 ② 제품개발 전략
③ 시장개발 전략 ④ 코스트 절감 전략
⑤ 철수 전략

- 시장개발 전략: 기존 제품으로 새로운 시장을 탐색, 잠재 소비자 집단 발견이 중요
- 시장침투 전략: 기존고객 구매빈도 증가, 미사용 고객 및 경쟁사 고객 유인 → 시장점유율의 확대, 마케팅 강화
- 제품개발 전략: 현재의 제품을 대체할 신제품개발
- 다각화 전략: 신제품으로 새로운 시장을 공략하는 전략으로 관련, 비관련 다각화가 있음

구분	기존 제품	신규 제품
기존시장	시장침투 전략 (판매 노력, 사용량 증대, 고객 유인)	제품개발 전략 (혁신 제품, 모방적 신제품)
신규시장	시장개발 전략 (새로운 시장, 새로운 수요자층)	다각화 전략 (신규 사업, 신제품)

관련이론 | 기업 다각화의 목적
- 시너지효과 창출, 범위의 경제 실현(관련 사업)
- 기업 성장의 추구 및 새로운 기회 포착
- 위험의 분산 목적: 경기 상황 및 사업 수명주기의 변화에 따른 위험 분산
- 시장 지배력의 확보: 규모의 경제 또는 범위의 경제 실현에 따른 시장 지배력 강화

17

도매상과 관련된 내용으로 옳지 않은 것은?

① 과일, 야채 등 부패성 식품을 공급하는 트럭도매상은 한정기능 도매상에 속한다.
② 한정상품 도매상은 완전기능 도매상에 속한다.
③ 현금무배달 도매상은 거래대상 소매상이 제한적이기는 하지만 재무적인 위험을 질 염려는 없다는 장점이 있다.
④ 직송도매상은 일반 관리비와 인건비를 줄일 수 있다는 장점이 있다.
⑤ 몇 가지의 전문품 라인만을 취급하는 전문품 도매상은 한정기능 도매상에 속한다.

전문품 도매상은 완전기능 도매상에 속한다.
한정기능 도매상은 유통기능 중 소수의 기능에 전문화되어 있고 소매상 고객에게 제한된 서비스만을 제공하는 도매상이다.

관련이론 | 완전기능 도매상의 종류
- 일반상품 도매상: 서로 간에 관련성이 없는 다양한 제품을 취급
- 한정상품 도매상: 서로 간에 관련성이 있는 제품들을 몇 가지 동시에 취급
- 전문품 도매상: 불과 몇 가지의 전문품 라인만을 취급
- 산업재 유통업자: 상인 도매상의 한 유형으로 소매상보다는 제조업자에게 제품을 판매

정답 | 12 ④ 13 ③ 14 ③ 15 ① 16 ③ 17 ⑤

18

제3자물류에 대한 설명으로 가장 옳은 것은?

① 거래 기반의 수발주 관계
② 운송, 보관 등 물류 기능별 서비스 지향
③ 일회성 거래 관계
④ 종합물류서비스 지향
⑤ 정보 공유 불필요

제3자물류란 화주가 그와 대통령령으로 정하는 특수 관계에 있지 아니한 물류 기업에 물류활동의 일부 또는 전부를 위탁하는 것을 의미한다. ①, ②, ③, ⑤는 물류아웃소싱에 대한 설명이다.

관련이론 | 제3자물류 vs 물류아웃소싱

구분	제3자물류	물류아웃소싱
화주와의 관계	전략적 제휴, 계약 기반	수·발주 관계, 거래 기반
관계의 특징	협력적 관계	일시적 관계
서비스의 범위	종합물류서비스 지향	운송, 보관 등 기능별 서비스 지향
정보 공유	필수적	불필요
도입 결정 권한	최고 경영자	중간 관리자
관리 형태	통합 관리형	분산 관리형
운영 기간	중장기	단기, 일시

19

보관 효율화를 위한 기본적인 원칙과 관련된 설명으로 가장 옳지 않은 것은?

① 위치 표시의 원칙 – 물품이 보관된 장소와 랙 번호 등을 표시함으로써 보관 업무의 효율을 기한다.
② 중량 특성의 원칙 – 물품의 중량에 따라 보관 장소의 높낮이를 결정한다.
③ 명료성의 원칙 – 보관된 물품을 시각적으로 용이하게 식별할 수 있도록 보관한다.
④ 회전 대응 보관의 원칙 – 물품의 입출고 빈도에 따라 장소를 달리해서 보관한다.
⑤ 통로 대면 보관의 원칙 – 유사한 물품끼리 인접해서 보관한다.

⑤는 동일성 및 유사성의 원칙에 대한 설명이다.
통로 대면 보관의 원칙은 창고 내에서 제품의 입고와 출고를 용이하게 하고 효율적으로 보관하기 위해 통로를 마주보게 보관함으로써 창고 내의 흐름을 원활하게 하기 위한 원칙이다.

20

유통산업의 다양한 역할 중 경제적, 사회적 역할로 가장 옳지 않은 것은?

① 생산자와 소비자 간 촉매 역할을 한다.
② 고용을 창출한다.
③ 물가를 조정한다.
④ 경쟁으로 인해 제조업의 발전을 저해한다.
⑤ 소비 문화의 창달에 기여한다.

④ 유통은 상적유통기능 및 물적유통기능, 유통조성기능 등을 통해 사회적 효용을 창출하고, 고용을 증가시키는 등 제조업을 발전시키는 데 일조하고 있다.

21

경로 성과를 평가하기 위한 척도의 예가 모두 올바르게 연결된 것은?

① 양적 척도 – 단위당 총 유통비용, 선적비용, 경로 과업의 반복화 수준
② 양적 척도 – 신기술의 독특성, 주문 처리에서의 오류수, 악성 부채 비율
③ 양적 척도 – 기능적 중복 수준, 가격 인하 비율, 선적 오류 비율
④ 질적 척도 – 경로 통제 능력, 경로 내 혁신, 재고 부족 방지비용
⑤ 질적 척도 – 시장 상황 정보의 획득 가능성, 기능적 중복 수준, 경로 과업의 반복화 수준

선지분석
① 경로과업의 반복화 수준 – 질적 척도
② 신기술의 독특성 – 질적 척도
③ 기능적 중복 수준 – 질적 척도
④ 재고 부족 방지비용 – 양적 척도

22

아래 글상자에서 공통적으로 설명하고 있는 유통경영전략 활동으로 가장 옳은 것은?

> - 유통경영전략 실행 과정에서 많은 예상치 않은 일들이 발생하기 때문에 지속적으로 실시되어야 한다.
> - 유통경영 목표가 성취될 수 있도록 성과를 측정하고 성과와 목표 사이의 차이가 발생한 원인을 분석하고 시정 조치를 취한다.
> - 성과에 대한 철저한 분석과 시정조치 없이, 다음번에 더 나은 성과를 기대하기 어렵다.

① 유통마케팅 계획 수립
② 유통마케팅 실행
③ 유통마케팅 위협·기회 분석
④ 유통마케팅 통제
⑤ 유통마케팅 포트폴리오 개발

유통경영 목표 달성을 위해 성과를 측정하고 성과와 목표 사이의 차이가 발생한 원인을 분석해 시정조치하는 것은 ④ 유통마케팅의 통제기능에 해당한다.

23

기업의 의사결정 기준을 경제적 이익에 근거한 기업가치인 경제적 부가가치를 중심으로 하는 사업 관리기법으로 가장 옳은 것은?

① 상생기업경영
② 크레비즈
③ 가치창조경영
④ 펀 경영
⑤ 지식경영

가치창조경영(value based management)은 기업의 의사결정 기준을 회계상의 매출과 이익 중심에서 벗어나 경제적 이익에 근거한 기업 가치 중심으로 하는 사업 관리기법을 의미한다.

24

제품의 연간수요량은 4,500개이고 단위당 원가는 100원이다. 또한 1회 주문비용은 40원이며 평균 재고 유지비는 원가의 25%를 차지한다. 이 경우 경제적 주문량(EOQ)으로 가장 옳은 것은?

① 100단위
② 110단위
③ 120단위
④ 1,000단위
⑤ 1,200단위

$$EOQ = \sqrt{\frac{2 \times 연간수요량 \times 주문당 소요비용}{연간단위 재고비용}} = \sqrt{\frac{2 \times 4,500 \times 40}{100 \times 0.25}} = 120$$

정답 | 18 ④ 19 ⑤ 20 ④ 21 ⑤ 22 ④ 23 ③ 24 ③

25

공급사슬관리(SCM)의 실행과 관련한 설명으로 가장 옳지 않은 것은?

① 공급업체와 효과적인 커뮤니케이션이 적시에 이루어져야 한다.
② 장기적으로 강력한 파트너십을 구축한다.
③ 각종 정보기술의 효과적인 활용보다 인적 네트워크의 활용을 우선시한다.
④ 경로 전체를 통합하는 정보시스템의 구축이 중요하다.
⑤ 고객의 가치와 니즈를 이해하고 만족시킨다.

③ SCM은 공급망을 정보시스템으로 통합하고 이를 통해 발생하는 정보를 실시간 공유해 물류의 효율화를 제고하기 위한 것으로, 각종 정보기술의 효과적인 활용이 인적 네트워크의 활용보다 우선시한다.

27

수정 Huff 모델의 특성과 관련한 설명 중 가장 옳지 않은 것은?

① 수정 Huff 모델은 실무적 편의를 위해 점포 면적과 거리에 대한 민감도를 따로 추정하지 않는다.
② 점포 면적과 이동 거리에 대한 소비자의 민감도는 '1'과 '-2'로 고정하여 인식한다.
③ HuffF 모델과 같이 점포 면적과 점포까지의 거리 두 변수만으로 소비자들의 점포 선택 확률을 추정할 수 있다.
④ 분석 과정에서 상권 내에 거주하는 소비자의 개인별 구매 행동 데이터를 활용하여 예측의 정확도를 높인다.
⑤ Huff 모델보다 정확도는 낮을 수 있지만, 일반화하여 쉽게 적용하고 대략적 추정을 가능하게 한 것이다.

④ 수정 Huff 모델은 점포 면적과 점포까지의 거리만 고려하므로 소비자의 개인별 구매 행동 데이터는 활용할 필요가 없다.

관련이론 | Huff 모델

Huff 모델은 특정 점포의 매력도(Attraction)를 점포의 크기만으로 측정하는 데 문제가 있다. 이에 따라 Huff 이후의 수정 모델들은 점포 크기 이외에 점포의 이미지 관련 변수, 대중교통 수단의 이용 가능성 등 점포의 매력도에 영향을 미치는 여러 변수들을 추가하여 예측력을 개선하고 있다.
수정 Huff 모델은 소비자가 어느 상업지에서 구매하는 확률은 그 상업 집적의 매장 면적에 비례하고 그곳에 도달하는 거리의 제곱에 반비례한다는 것을 공식화한 것이다.

상권분석

26

상가 건물이 지하1층, 지상 5층으로 대지 면적은 300㎡이다. 층별 바닥 면적은 각각 200㎡로 동일하며 주차장은 지하 1층에 200㎡와 지상 1층 내부에 100㎡로 구성되어 있다. 이 건물의 용적률은?

① 67% ② 233%
③ 300% ④ 330%
⑤ 466%

용적률(Floor Area Ratio)은 부지 대비 건물 전체의 층별 바닥 면적 합의 비율이다. 용적률을 계산할 때 지하층의 바닥 면적은 포함시키지 않으며, 또 지상 층의 면적 중에서 주차용으로 쓰는 것은 포함시키지 않는다.
용적률=(200×5)-100㎡ / 300㎡=300%이다.

28

소매점포의 상권범위나 상권 형태를 설명한 내용 중에서 가장 옳지 않은 것은?

① 현실에서 관찰되는 상권의 형태는 점포를 중심으로 일정 거리 이내를 포함하는 원형으로 나타난다.
② 상품구색이 유사하더라도 판촉활동이나 광고활동의 차이에 따라 점포들 간의 상권범위가 달라진다.
③ 입지조건과 점포의 전략에 변화가 없어도 상권의 범위는 다양한 영향 요인에 의해 유동적으로 변화하기 마련이다.
④ 동일한 지역시장에 입지한 경우에도 점포의 규모에 따라 개별점포의 상권범위는 차이를 보인다.
⑤ 점포의 규모가 비슷하더라도 업종이나 업태에 따라 점포들의 상권범위는 차이를 보인다.

① 현실에서 상권의 형태는 하천이나 산과 같은 자연조건, 도로나 대중교통 수단과 같은 교통체계, 점포 규모와 유통업의 형태(업태) 등이 영향을 미치기 때문에 어떤 특정한 형태를 갖는 것은 아니다. 상권의 형태는 다양하므로 흔히 아메바형이라고 불리고 있다.

29

지역시장의 수요잠재력을 총체적으로 측정할 수 있는 지표로 많이 이용되는 소매포화지수(IRS)와 시장성장잠재력지수(MEP)에 대한 설명으로 옳지 않은 것은?

① IRS는 한 지역시장 내에서 특정 소매업태의 단위 매장 면적당 잠재수요를 나타낸다.
② IRS가 낮으면 점포가 초과 공급되어 해당 시장에서의 점포 간 경쟁이 치열함을 의미한다.
③ IRS의 값이 클수록 공급보다 수요가 상대적으로 많으며 시장의 포화 정도가 낮은 것이다.
④ 거주자의 지역외구매(Outshopping) 정도가 낮으면 MEP가 크게 나타나고 지역시장의 미래 성장가능성은 높은 것이다.
⑤ MEP와 IRS가 모두 높은 지역시장이 가장 매력적인 시장이다.

④ MEP는 미래의 잠재수요를 총매장 면적으로 나눈 값이다. 거주자의 지역외구매 정도가 낮으면 MEP는 작게 나타나고 지역시장의 미래 성장가능성은 낮다.

30

현 소유주의 취득일과 매매 과정, 압류, 저당권 등의 설정, 해당 건물의 기본 내역 등이 기록되어 있는 공부 서류로 가장 옳은 것은?

① 등기사항전부증명서   ② 건축물대장
③ 토지대장   ④ 토지이용계획확인서
⑤ 지적도

① 현 소유주의 취득일과 매매 과정, 압류, 저당권 등의 설정, 해당 건물의 기본 내역 등이 기록되어 있는 공부 서류는 등기사항전부증명서이다.

31

글상자 안의 내용이 설명하는 상권 및 입지분석 방법으로 가장 옳은 것은?

> 소매점포의 매출액을 예측하는 데 사용되는 간단한 방법의 하나이다. 어떤 지역에 입지한 한 소매점의 매출액 점유율은 그 지역의 전체 소매매장 면적에 대한 해당 점포의 매장 면적의 비율에 비례할 것이라는 가정하에서 예측한다.

① 체크리스트법   ② 유사점포법
③ 점포공간매출액비율법   ④ 확률적상권분석법
⑤ 근접구역법

점포공간매출액비율법(매장면적비율법)은 상권 내 동일 업종의 총 매장 면적에서 해당 점포의 매장 면적이 차지하는 비율을 이용하여 해당 점포의 매출액을 추정하는 방식이다.

정답 | 25 ③   26 ③   27 ④   28 ①   29 ④   30 ①   31 ③

32

상권을 구분하거나 상권별 대응 전략을 수립할 때 필수적으로 이해하고 있어야 할 상권의 개념과 일반적 특성을 설명한 내용 중에서 가장 옳지 않은 것은?

① 1차 상권이 전략적으로 중요한 이유는 소비자의 밀도가 가장 높은 곳이고 상대적으로 소비자의 충성도가 높으며 1인당 판매액이 가장 큰 핵심적인 지역이기 때문이다.
② 1차 상권은 전체 상권 중에서 점포에 가장 가까운 지역을 의미하는데 매출액이나 소비자의 수를 기준으로 일반적으로 약 60% 정도까지를 차지하지만 그 비율은 절대적이지 않다.
③ 2차 상권은 1차 상권을 둘러싸는 형태로 주변에 위치하여 매출이나 소비자의 일정 비율을 추가로 흡인하는 지역이다.
④ 3차 상권은 상권으로 인정하는 한계(Fringe)가 되는 지역 범위로, 많은 경우 지역적으로 넓게 분산되어 위치하여 소비자의 밀도가 가장 낮다.
⑤ 3차 상권은 상권 내 소비자의 내점 빈도가 1차 상권에 비해 높으며 경쟁점포들과 상권 중복 또는 상권 잠식의 가능성이 높은 지역이다.

3차 상권의 점포 이용 고객은 점포로부터 상당히 먼 거리에 위치하며, 고객들이 광범위하게 분산되어 있어 경쟁점포들과 상권 중복 또는 상권 잠식의 가능성은 매우 낮다.
3차 상권(Fringe Trading Area)은 한계 상권이라고도 하며, 2차 상권 외곽을 둘러싼 지역 범위로 2차 상권에 포함되지 않은 나머지 고객들을 흡인한다.

33

상가건물 임대차보호법(약칭: 상가임대차법)(법률 제17471호, 2020. 7. 31, 일부개정)에서 규정하는 임차인의 계약 갱신 요구에 대한 정당한 거절 사유에 해당하지 않는 것은?

① 임차인이 3기의 차임액에 해당하는 금액에 이르도록 차임을 연체한 사실이 있는 경우
② 임차인이 임대인의 동의 없이 목적 건물의 전부 또는 일부를 전대(轉貸)한 경우
③ 임차인이 임차한 건물의 전부 또는 일부를 고의나 중대한 과실로 파손한 경우
④ 서로 합의하여 임대인이 임차인에게 상당한 보상을 제공한 경우
⑤ 최초의 임대차 기간을 포함한 전체 임대차 기간이 5년을 초과한 경우

「상가건물 임대차보호법」 제10조1항은 임대인은 임차인이 임대차 기간이 만료되기 6개월 전부터 1개월 전까지 사이에 계약 갱신을 요구할 경우 정당한 사유 없이 거절하지 못한다라고 규정하고 있다.
이 규정 적용의 예외로 ⑤는 해당되지 않는다.

34

일반적으로 인간은 이익을 얻는 쪽을 먼저 선택하고자 하는 심리가 있어서 길을 건널 때 처음 만나는 횡단보도를 이용하려고 한다는 법칙으로 가장 옳은 것은?

① 안전우선의 법칙
② 집합의 법칙
③ 보증실현의 법칙
④ 최단거리 실현의 법칙
⑤ 주동선 우선의 법칙

길을 건널 때 처음 만나는 횡단보도를 이용하려고 한다는 것은 보증실현의 법칙이다.
보증실현의 법칙에 따르면 인간은 득실을 따져 득이 되는 쪽을 선택한다. 예컨대 역전 로터리 바로 정면에 점포가 있어도 자신이 지금부터 진행하는 방향에 있지 않은 점포로는 가려 하지 않는다.

선지분석
① 안전 우선의 법칙: 인간은 기본적으로 신체의 안전을 지키기 위해, 알지 못하는 길은 지나가려고 하지 않는다.
② 집합의 법칙: 인간은 자연적으로 사람들이 모여 있는 곳에 모인다.
④ 최단거리 실현의 법칙: 사람들은 최단거리로 목적지에 가려고 한다. 멀리 돌아가거나 쓸데없는 일, 손해보는 일은 하지 않으려고 한다. 그래서 부동선(후면 동선)이 생긴다.

35

아래 글상자는 소비자에 대한 점포의 자연적 노출 가능성인 시계성을 평가하는 4가지 요소들을 정리한 것이다. 괄호 안에 들어갈 용어를 나열한 것으로 가장 옳은 것은?

| (㉠): 어디에서 보이는가? |
| (㉡): 무엇이 보이는가? |
| (㉢): 어느 정도의 간격에서 보이는가? |
| (㉣): 어떠한 상태로 보이는가? |

① ㉠ 거리, ㉡ 주제, ㉢ 기점, ㉣ 대상
② ㉠ 거리, ㉡ 대상, ㉢ 기점, ㉣ 주제
③ ㉠ 대상, ㉡ 거리, ㉢ 기점, ㉣ 주제
④ ㉠ 기점, ㉡ 대상, ㉢ 거리, ㉣ 주제
⑤ ㉠ 기점, ㉡ 주제, ㉢ 거리, ㉣ 대상

시계성을 평가할 때 어디에서 보이는가는 기점, 무엇이 보이는가는 대상, 어느 정도의 간격에서 보이는가는 거리, 어떠한 상태로 보이는가는 주제에 관한 내용이다.

36

상권분석을 위해 활용하는 지리정보시스템(GIS)의 기능 중 공간적으로 동일한 경계선을 가진 두 지도 레이어들에 대해 하나의 레이어에 다른 레이어를 겹쳐 놓고 지도 형상과 속성들을 비교하는 기능으로 옳은 것은?

① 버퍼(Buffer)
② 위상
③ 주제도 작성
④ 중첩(Overlay)
⑤ 프레젠테이션 지도작업

공간적으로 동일한 경계선을 가진 두 지도 레이어들에 대해 여러 레이어를 겹쳐 놓고 지도 형상과 속성들을 비교하는 기능은 중첩(Overlay)이다.

37

상권분석을 위한 데이터를 소비자를 대상으로 직접 수집하는 방법의 하나로서, 내점객 조사법과 조사 대상의 특성이 가장 유사한 것은?

① 그룹인터뷰조사법
② 편의추출조사법
③ 점두조사법
④ 지역할당조사법
⑤ 가정방문조사법

점두조사법(Instore Survey)은 점포를 방문한 고객의 주소와 방문 횟수 등을 직접 질문을 통해 조사하는 방법으로, 내점객 조사와 가장 유사하다.

38

대형 상업시설인 쇼핑센터의 전략적 특성은 테넌트믹스(Tenant Mix)를 통해 결정된다. 앵커점포(Anchor Store)에 해당하는 점포로서 가장 옳은 것은?

① 핵점포
② 보조 핵점포
③ 대형 테넌트
④ 일반 테넌트
⑤ 특수 테넌트

앵커스토어, 즉 정박 임차인은 쇼핑센터 가운데서도 매장 면적을 최대로 점유하여 간판역할을 하는 핵점포(예를 들면 백화점과 같은 점포)를 말한다.

정답 | 32 ⑤ 33 ⑤ 34 ③ 35 ④ 36 ④ 37 ③ 38 ①

39

한 지역의 소매시장의 상권 구조에 영향을 미치는 다양한 요인들에 대한 설명으로 가장 옳지 않은 것은?

① 인구의 교외화 현상은 소비자와 도심 상업 집적과의 거리를 멀게 만들어 상업 집적의 교외 분산화를 촉진한다.
② 대중교통의 개발은 소비자의 거리 저항을 줄여 소비자의 이동 거리를 증가시킨다.
③ 자가용차 보급은 소비자를 전방위적으로 자유롭게 이동할 수 있게 하여 상권 간 경쟁 영역을 축소시킨다.
④ 교외형 쇼핑센터의 건설은 자가용차를 이용한 쇼핑의 보급과 함께 소비자의 쇼핑 패턴과 상권 구조를 변화시킨다.
⑤ 소비자와 점포 사이의 거리는 물리적 거리, 시간 거리, 심리적 거리를 포함하는데, 교통수단의 쾌적함은 심리적 거리에 영향을 미친다.

③ 자가용차 이용으로 소비자가 여러 도시를 자유롭게 이동할 수 있어 소매상의 시장 범위가 비약적으로 확대된다. 따라서 상권 간 경쟁 영역은 확대된다.

40

소규모 소매점포의 일반적인 상권 단절 요인으로 가장 옳지 않은 것은?

① 강이나 하천과 같은 자연 지형물
② 왕복 2차선 도로
③ 쓰레기 처리장
④ 공장과 같은 C급지 업종시설
⑤ 철도

② 도로는 보통 왕복 6차선 이상인 경우 상권 단절이 이루어진다. 4차선 도로인 경우만 해도 횡단보도를 이용하는 데 별 거리낌이 없지만 6차선 도로인 경우에는 횡단보도가 있어도 건너가기를 꺼려하기 때문이다.

41

상권분석 방법 중 애플바움(W. Applebaum)이 제안한 유추법에 대한 설명으로 가장 옳지 않은 것은?

① 유사한 점포의 상권 정보를 활용하여 신규점포의 상권 규모를 분석한다.
② 유사 점포는 점포 특성, 고객 특성, 경쟁 특성 등을 고려하여 선정한다.
③ 고객스포팅기법(CST)을 활용하여 유사 점포의 상권을 파악한다.
④ 유사 점포의 상권을 구역화하고, 회귀분석을 통해 구역별 매출액을 추정한다.
⑤ 유사 점포의 상권 구역별 매출액을 적용하여 신규점포의 매출액을 추정한다.

④ 유추법에 의한 상권분석 절차는 자사(신규)점포의 입지조건 파악 → 유사 점포 선정 → 출점 예상 상권을 소규모 지역(Zone)으로 구분 → 신규점포의 각 지역(Zone)별 예상 매출액 분석 → 신규점포의 예상 총매출액 추정이다. ④ 유추법은 회귀분석을 통해 구역별 매출액을 추정하는 것이 아니다.

관련이론 | 애플바움(W. Applebaum)의 유추법(Analog Method)
• 유추법은 상권분석기법으로 새로운 점포가 위치할 지역에 대한 판매 예측에 많이 활용되는 방법이다. 유추법은 자사의 새로운 점포와 특성이 비슷한 유사 점포를 선정하여, 그 점포의 상권범위를 추정한 결과를 자사의 새로운 점포에 적용하여 신규입지에서의 매출액(상권 규모)을 측정하는 방법이다.
• 상권 규모를 측정할 때 사용하는 기법은 고객 스포팅(CST) 맵 기법이다.

42

중심상업지역(CBD: Central Business District)의 일반적 입지 특성에 대한 설명으로 가장 옳지 않은 것은?

① 대중교통의 중심이며 백화점, 전문점, 은행 등이 밀집되어 있다.
② 주로 차량으로 이동하므로 교통이 매우 복잡하고 도보 통행량이 상대적으로 적다.
③ 일부 중심상업지역은 공동화(空洞化) 되었거나 재개발을 통해 새로운 주택 단지가 건설된 경우도 있다.
④ 상업활동으로 많은 사람을 유인하지만 출퇴근을 위해서 통과하는 사람도 많다.
⑤ 소도시나 대도시의 전통적인 도심지역에 해당되는 경우가 많다.

② 중심상업지역(CBD)은 교통이 매우 복잡하고 도보 통행량도 다른 지역에 비해 상대적으로 많다.

43

점포의 위치인 부지 특성에 대한 일반적인 설명으로 가장 옳지 않은 것은?

① 건축용으로 구획 정리를 할 때 한 단위가 되는 땅을 획지라고 한다.
② 획지 중 두 개 이상의 도로가 교차하는 곳에 있는 경우를 각지라고 한다.
③ 각지는 상대적으로 소음, 도난, 교통 등의 피해를 받을 가능성이 높다는 단점이 있다.
④ 각지는 출입이 편리하여 광고효과가 높다.
⑤ 각지에는 1면 각지, 2면 각지, 3면 각지, 4면 각지 등이 있다.

⑤ 각지(Corner Lot)는 둘 이상의 도로에 접하고 있는 획지를 말하며, 접면하는 각의 수에 따라 2면 각지, 3면 각지, 4면 각지로 나눌 수 있다.

44

아래 글상자의 상황에서 활용할 수 있는 분석 방법으로 가장 옳은 것은?

- 다수의 점포를 운영하는 경우 소매점포 네트워크 설계
- 신규점포를 개설할 때 기존 네트워크에 대한 영향 분석
- 기존점포의 재입지 또는 폐점 여부에 관한 의사결정

① 레일리 모형
② 회귀분석 모형
③ 입지배정 모형
④ 시장점유율 모형
⑤ MCI 모형

두 개 이상의 점포를 운영하는 경우 소매점포 네트워크의 설계, 신규점포 개설 시 기존 네트워크에 대한 영향을 분석하고, 기존점포의 재입지 또는 폐점 의사결정 등의 상황에서 유용하게 활용될 수 있는 분석 방법은 입지배정 모형이다.

45

점포의 매출액에 영향을 미치는 요인은 크게 입지 요인과 상권 요인으로 구분할 수 있다. 이 구분에서 입지 요인으로 가장 옳지 않은 것은?

① 고객유도 시설 - 지하철 역, 학교, 버스 정류장, 간선도로, 영화관, 대형 소매점 등
② 교통 - 교통수단, 교통비용, 신호등, 도로 등
③ 시계성 - 자연적 노출성, 고객유도 시설, 간판, 승용차의 주행 방향 등
④ 동선 - 주동선, 부동선, 복수 동선, 접근 동선 등
⑤ 규모 - 인구, 공간범위 등

⑤ 인구, 공간범위 등은 상권 요인에 해당한다. 상권 요인은 자연조건, 교통체계, 점포의 규모와 유통업의 형태(업태) 등과 관련이 있다.

정답 | 39 ③ 40 ② 41 ④ 42 ② 43 ⑤ 44 ③ 45 ⑤

유통마케팅

46
고객에 대한 판매자의 바람직한 이해로서 가장 옳지 않은 것은?

① 고객별로 기업에 기여하는 가치 수준이 다르다.
② 고객은 기업에게 다른 고객을 추가로 유인해주는 주체이기도 하다.
③ 고객은 제품과 서비스의 개선을 위한 제언을 제공한다.
④ 고객은 제품 또는 서비스로부터 더 많은 가치를 얻기 위해 기업과 경쟁한다.
⑤ 고객의 범주에는 잠재적으로 고객이 될 가능성이 있는 가망고객들도 포함될 수 있다.

④ 고객은 제품 또는 서비스로부터 더 많은 가치를 얻기 위해 기업과 경쟁하는 주체라기보다는 기업의 매출에 기여하는 주체이다. 최근에는 프로슈머 기능을 통해 기업의 생산에 조언하는 역할도 하고 있다.

관련이론 | 프로슈머(Prosumer)
생산자(Producer)와 소비자(Consumer)의 합성어로 제품개발에 직·간접적으로 참여하는 소비자를 말한다.

47
유통목표의 달성 성과를 평가하기 위한 방법으로 옳지 않은 것은?

① 소비자 기대치와 비교
② 경로구성원 간 갈등 비교
③ 업계 평균과 비교
④ 경쟁사와 비교
⑤ 사전 목표와 비교

② 경로구성원 간 갈등 비교는 목표달성 평가와는 거리가 멀다.
유통기업의 성과평가 도구는 크게 재무적 방법과 마케팅적 방법, 유통경로에 대한 평가 방법 등을 사용하고 있다. 여기에는 소비자 기대치와 비교, 업계 평균과 비교, 경쟁사와의 비교, 사전 목표 대비 성과와의 비교 등이 있다.

관련이론 | 유통 성과평가 방법
- 재무적 방법: 회계 자료를 기초로 한 재무비율 분석(전략적 수익모형)이 주를 이룬다.
- 마케팅적 방법: 고객들로부터 수집된 데이터를 기초로 유통 성과를 측정하는 것이다. 고객만족도, 고객 획득률, 고객생애가치 등 측정하는 것으로 재무적 방법의 보완적 방법으로 활용한다.

48
응답자들이 제공하기 꺼리는 민감한 정보를 수집하는 조사 방법으로 가장 옳은 것은?

① 관찰조사
② 우편 설문조사
③ 온라인 서베이
④ 개인별 면접
⑤ 표적집단 면접

① 관찰법은 응답자의 행동과 태도를 직접 조사자가 관찰하고 기록함으로써 정보를 수집하는 방법이다. 이는 많은 시간과 비용이 발생하지만 응답자가 마케팅조사 시 응답 의도에 신경을 쓸 필요가 없으며, 조사자와 응답자 사이의 의사소통 과정에서 발생할 수 있는 잠재적인 조사 오류도 제거할 수 있는 장점이 있다.
따라서 응답자들이 제공하기 꺼리는 민감한 정보를 수집하기 위해서는 응답자들을 직접 관찰하는 방법이 질문지법이나 면접법보다 효과적이다.

49
몇몇 인기 상품의 가격을 인상한 다음 판매 감소를 겪고 있는 소매점의 경영자 A는 빠르게 그리고 효율적으로 판매 하락을 초래한 상품을 찾아내려고 한다. 다음 중 A가 사용할 조사 방법으로서 가장 옳은 것은?

① 외부 파트너를 활용한 조사
② 내부 판매 실적 자료의 활용
③ 명품회사의 마케팅 첩보 입수
④ 경쟁자의 전략에 관한 정보의 수집
⑤ 명성이 높은 마케팅조사 회사를 통한 조사

② 내부적으로 POS(판매시점관리시스템)를 이용하면 가격 상승에 따른 판매 실적이 저조한 품목을 쉽게 찾아낼 수 있다.
①,③,④,⑤는 외부 마케팅조사자들을 이용한 자료수집 방법이다.

50

"이미 판매한 제품이나 서비스와 관련이 있는 제품이나 서비스를 추가로 판매하는 것"을 의미하는 용어로 가장 옳은 것은?

① 교차판매
② 유사판매
③ 결합판매
④ 묶음판매
⑤ 상향판매

교차판매(Cross-Selling)는 기존고객과의 지속적이고 장기적인 관계를 유지하고 나아가 확대시키는 마케팅활동으로서, 특정 상품 구매 이외의 보완 관계에 있는 관련 상품도 구매하도록 유도하는 전략을 의미한다.

51

서비스스케이프(Servicescape)에 대한 설명으로 가장 옳지 않은 것은?

① 서비스스케이프의 품질 수준을 측정하기 위해 서브퀄(SERVQUAL)모델이 개발되었다.
② 서비스스케이프를 구성하는 요인 중 디자인 요소는 내부 인테리어와 외부 시설(건물 디자인, 주차장 등)을 포함한다.
③ 서비스스케이프를 구성하는 요인 중 주변적 요소는 매장(점포)의 분위기로서 음악, 조명, 온도, 색상 등을 포함한다.
④ 서비스스케이프를 구성하는 요인 중 사회적 요소는 종업원들의 이미지, 고객과 종업원 간의 상호 교류를 포함한다.
⑤ 서비스스케이프가 소비자 행동에 미치는 영향을 설명하는 포괄적인 모형들은 일반적으로 자극 - 유기체 - 반응(stimulus-organism-response)의 프레임워크를 기초로 한다.

① 서비스스케이프는 서비스기업이 인위적으로 조성한 서비스 환경으로 SERVQUAL과는 관계가 없다.
자연적 또는 사회적 환경 요소를 제외한 의도적으로 조성한 물리적 환경만이 서비스스케이프로 정의되고 있으며, 서비스스케이프의 구성요소로는 내·외부의 주변 요소, 공간 배치 및 기능성, 표지판 및 상징물 등이 있다.

관련이론 | SERVQUAL 모형
서비스 품질의 측정 방법으로 가장 일반화된 모형이다. 서비스 품질 측정 도구로서 서비스기업이 고객의 기대와 평가를 이해하는 데 활용된다. 서비스 품질 평가 영역을 총 5가지 차원(RATER)으로 구분하였고 각 차원별로 문항을 구성하여 고객만족도 평가 설문지를 활용하면 그 결과값이 척도화되어 비교가 간편하다.

52

고객관계관리(CRM, Customer Relationship Management)에 대한 설명으로 가장 옳지 않은 것은?

① 고객에 대한 정보를 활용하여 고객관계를 구축하고 강화시키기 위한 것이다.
② 고객의 고객생애가치(Customer Lifetime Value)를 극대화하는 데 활용되고 있다.
③ 기존 우량고객과 유사한 특징을 지닌 유망 고객을 유치하기 위해 활용되고 있다.
④ 기존에 구매하던 제품과 관련된 다른 제품들의 구매를 유도하는 업셀링(Up-Selling)을 통해 고객관계를 강화하는 것이다.
⑤ 고객의 지출을 증가시켜 소비점유율(Share of Wallet)을 높이는 데 활용되고 있다.

④ 기존에 구매하던 제품과 관련된 다른 제품들의 구매를 유도하는 기법은 크로스셀링(Cross-Selling)에 해당한다.
업셀링은 기존 고객에게 이전에 구매한 제품보다 고급화된 신상품을 구매하도록 유도하는 마케팅전략이다.

정답 | 46 ④ 47 ② 48 ① 49 ② 50 ① 51 ① 52 ④

53

아래 글상자에서 설명하는 머천다이징 전략으로 가장 옳은 것은?

> - 식료품 종류만 취급하던 슈퍼마켓에서 가정용품을 함께 취급함
> - 약국에서 의약품과 함께 아기 기저귀 등의 위생용품과 기능성 화장품을 동시에 판매함
> - 책을 판매하는 서점에서 오디오, 가습기 등의 가전제품을 함께 판매함

① 크로스 머천다이징(Cross Merchandising)
② 탈상품화 머천다이징 (Decommodification Merchandising)
③ 스크램블드 머천다이징(Scrambled Merchandising)
④ 선택적 머천다이징(Selective Merchandising)
⑤ 집중적 머천다이징(Intensive Merchandising)

스크램블드 머천다이징은 소매상이 소비자 입장에서 상품 품목을 고려하여 취급 상품을 조합하여 재편성하는 것을 말한다. 문제에서 식료품점에서 가정용품을 함께 취급하거나 약국에서 의약품과 위생용품을 함께 판매하는 것은 소비자 입장을 고려한 판매전략인 스크램블드 머천다이징에 해당한다.

관련이론 | 머천다이징 전략

- 가격중심 머천다이징: 적정가격으로 유통함에 있어서 전략적으로 저가격을 수단으로 표적고객을 공략하는 전략이다. 대형마트, 카테고리킬러 등에서 저가 공급에 중점을 두는 방식으로 상품계획, 구매, 재고관리에 이르기까지 집중적인 관리가 요구된다.
- 크로스 머천다이징: 상품의 분류에 구애받지 아니하고 관련성이 있는 상품들을 한데 모아 진열함으로써 판매액을 향상시키는 방법을 의미한다.
- 인스토어 머천다이징: 소매점포가 자신의 독자적인 콘셉트를 토대로 하여 상품을 구색하고 판매하는 것을 의미한다.
- 리스크 머천다이징: 제조업체와 체결한 반품 불가라는 특정 조건에 따라 상품 전체를 구매하는 것을 의미한다.

54

단품관리(Unit Control)의 효과로서 가장 옳지 않은 것은?

① 매장 효율성 향상
② 결품 감소
③ 과잉 재고의 감소
④ 명확한 매출 기여도 파악
⑤ 취급상품의 수 확대

단품관리의 기대효과는 다음과 같다.
- 매장 효율성 향상: 상품 하나하나가 관리되므로 인기 상품이나 재고비용이 발생하는 비인기상품들을 자연스럽게 구분하여 제거해 나갈 수 있다.
- 품절(결품) 방지: 상품이 팔리는 것에 따라 매대 할당이 이루어지므로 자연적으로 품절로 인한 손실 방지가 가능하다.
- 매장 면적관리에 따른 생산성 증가: 품목별로 진열 면적이 어느 정도인지 계산이 가능해짐에 따라 부문별 진열 면적 할당이 가능해지고, 매장 면적관리와 매장 활용의 생산성이 증가한다.
- 책임 소재의 명확성: 개별 단품관리가 가능해짐에 따라 단품별 매출액 기여도 증감에 따른 책임 소재가 명확해진다.

55

상품믹스를 결정할 때는 상품믹스의 다양성, 전문성, 가용성 등을 따져보아야 한다. 이에 대한 설명으로 옳지 않은 것은?

① 다양성이란 한 점포 내에서 취급하는 상품 카테고리 종류의 수를 말한다.
② 가용성을 높이기 위해서는 특정 단품에 대해 품절이 발생하지 않도록 재고를 보유하고 있어야 한다.
③ 전문성은 특정 카테고리 내에서의 단품의 수를 의미한다.
④ 상품믹스를 전문성 위주로 할지, 다양성 위주로 할지에 따라 소매업태가 달라진다.
⑤ 다양성이 높을수록 점포 전체의 수익성은 높아진다.

⑤ 다양성이 높다는 것은 제품 믹스의 폭이 넓다는 것으로 업태 전략상 박리다매형 저가전략을 쓰는 대형마트나 슈퍼마켓의 전략에 해당한다. 이는 다양한 구색을 통해 소비자의 다양한 구매 기호를 만족시키려는 것으로 다양성이 높아질수록 관리비용이 더 커져 수익성에는 오히려 마이너스가 될 수 있다.

56

아래 글상자에서 설명하고 있는 ㉠ 소매상에 대한 소비자 기대와 ㉡ 소매점의 마케팅믹스를 모두 옳게 나타낸 것은?

> ㉠ 소비자는 소매점에서 구매 이외의 제품 지식 또는 친교 욕구를 충족하고 싶어함
> ㉡ 목표고객의 라이프 스타일을 연구하여 이에 부응하는 상품을 개발하고 확보하며 관리하는 활동

① ㉠ 서비스   ㉡ 정보와 상호작용
② ㉠ 촉진   ㉡ 상품
③ ㉠ 정보와 상호작용 ㉡ 머천다이징
④ ㉠ 입지   ㉡ 서비스
⑤ ㉠ 점포 분위기   ㉡ 공급업자 관리

㉠은 정보와 상호작용, ㉡은 머천다이징(상품화계획)에 해당한다.

57

아래 글상자의 내용 중 협동광고(Cooperative Advertising)가 상대적으로 중요한 촉진수단으로 작용하는 상품들을 나열한 것으로 가장 옳은 것은?

> ㉠ 구매빈도가 높지 않은 상품
> ㉡ 상대적으로 고가의 상품
> ㉢ 인적서비스가 중요한 상품
> ㉣ 상표 선호도가 높은 상품
> ㉤ 충동구매가 높은 상품
> ㉥ 개방적 경로를 채택하는 상품

① ㉠, ㉡, ㉢
② ㉡, ㉢, ㉥
③ ㉢, ㉣, ㉤
④ ㉣, ㉤, ㉥
⑤ ㉢, ㉣, ㉥

협동광고란 상품을 제공하는 제조기업과 유통업자가 공동으로 비용을 부담하여 하는 광고를 의미한다. 이는 상대적으로 고가의 상품에 적합하고 구매빈도수가 적은 전문품에 알맞은 촉진수단이다.

58

점포 배치 및 디자인과 관련된 설명으로 옳지 않은 것은?

① 자유형 점포 배치는 특정 쇼핑 경로를 유도하지 않는다.
② 경주로형 점포 배치는 고객들이 다양한 매장의 상품을 볼 수 있게 하여 충동구매를 유발하려는 목적으로 활용된다.
③ 격자형 점포 배치는 소비자들의 제품 탐색을 용이하게 하고 동선을 길게 만드는 장점이 있다.
④ 매장의 입구는 고객들이 새로운 환경을 둘러보고 적응하는 곳이므로 세심하게 디자인해야 한다.
⑤ 매장 내 사인물(Signage)과 그래픽은 고객들의 매장 탐색을 돕고 정보를 제공한다.

③ 소비자들의 제품 탐색을 용이하게 하고 동선을 길게 만드는 장점이 있는 점포의 레이아웃 방법은 경주로형(루프형)이다.

관련이론 | 매장 레이아웃 유형

- 격자형 레이아웃(그리드형 배치): 동일하게 규격화된 내부 비품들을 사용하기 때문에 비용을 절감할 수 있는 반복적인 직사각 형태의 배치를 하여 공간의 효율성을 극대화할 수 있다. 기둥이 많고 기둥 간격이 좁은 상황에서도 설비비용을 절감할 수 있으며, 통로 폭이 동일하므로 건물 전체에서의 필요 면적이 최소화된다.
- 자유형 레이아웃: 원형, 타원형, U자형 등으로 비품과 통로를 비대칭하게 배치하여 흥미롭고도 자유로운 쇼핑 분위기로 고객의 충동구매를 유도하고 고객의 시선을 끄는 배치 형태이다. 규모가 작은 전문 매장이나 여러 개의 작은 매장들이 있는 대형점포에 주로 사용한다.
- 부띠끄형 레이아웃: 자유형 레이아웃에서 파생된 것으로 백화점 등에서 주로 사용한다.

정답 | 53 ③ 54 ⑤ 55 ⑤ 56 ③ 57 ① 58 ③

59
유통마케팅 투자수익률에 대한 설명으로 가장 옳은 것은?

① 정성적으로 측정할 수 있는 마케팅효과만을 측정한다.
② 마케팅 투자에 대한 순이익과 총이익의 비율로써 측정한다.
③ 마케팅활동에 대한 투자에서 발생하는 이익을 측정한다.
④ 고객의 획득과 유지 등 마케팅의 고객 관련 효과를 고려하지 않는다.
⑤ 판매액, 시장점유율 등 마케팅 성과의 표준 측정치를 이용해 평가할 수는 없다.

선지분석
① 정성적 뿐만 아니라 정량적 측면도 고려해야 한다.
② 마케팅에 투자된 비용 대비 순이익 또는 총이익 비율로 측정한다.
④ 고객의 획득과 유지 등 마케팅의 고객 관련 효과를 고려해야 한다.
⑤ 판매액, 시장점유율 등 마케팅 성과의 표준 측정치를 이용해 평가할 수 있다.

60
마케팅 커뮤니케이션 수단들에 대한 설명으로 가장 옳지 않은 것은?

① 신뢰성이 높은 매체를 통한 홍보(Publicity)는 고객의 우호적 태도를 형성하기 위한 좋은 수단이다.
② 인적판매는 대면 접촉을 통하기 때문에 고객에게 구매를 유도하기에 적절한 도구이다.
③ 판매촉진은 시험적 구매를 유발하는 데 효과적인 도구이다.
④ 광고의 목적은 판매를 촉진하기 위한 것이라면, 홍보는 이미지와 대중 관계를 향상시키는 데 목적이 있다.
⑤ 광고는 시간과 공간의 제약은 없으나 다른 커뮤니케이션 수단들에 비해 노출당 비용이 많이 소요된다는 단점이 있다.

⑤ 광고는 시간적, 공간적 제약이 있으나 다른 매체와 비교해 고객 1인당 비용이 높지 않다.

관련이론 | 프로모션 방법 간 비교

구분	소구 방법	비용	장점	단점
광고	감성적	보통	• 신속한 메시지 전달 • 도달범위 넓고, 효과가 지속적	• 광고효과 측정이 곤란 • 정보의 양이 제한
PR (홍보)	감성적	무료	• 신뢰성이 높음 • 비용적인 부담 없음	• 통제가 어려움 • 효과가 간접적
판매 촉진	이성적	비교적 고가	• 즉각적 매출 효과 • 충동구매 유발 가능	• 효과의 지속성 짧음 • 장기적으로 부정적 효과
인적 판매	이성적	고가	• 고객 대면으로 피드백 높음 • 탄력적인 대응 가능 • 정보 수집	• 높은 비용 부담 • 촉진의 속도가 다소 느림

61
아래 글상자의 내용은 상품수명주기에 따른 경로관리 방법을 기술한 것이다. 세부적으로 어떤 수명주기 단계에 대한 설명인가?

> ㉠ 충분한 제품 공급을 위해 시장 범위 역량을 지닌 경로구성원을 확보
> ㉡ 통제가 성장을 방해하는 것이 아니라는 점을 경로구성원에게 확신시킴
> ㉢ 경쟁 제품들의 경로구성원 지원 현황 조사 및 감시

① 도입기 ② 성장기
③ 성숙기 ④ 쇠퇴기
⑤ 재도약기

글상자의 내용은 개방적 유통전략이 필요한 성장기에 해당한다.

관련이론 | 상품수명주기의 각 단계별 특징
- 도입기: 제품이 시장에 소개되어 소비자들이 처음 접하는 시기로, 수요가 적어 모든 마케팅활동의 목표는 제품에 대한 인지도를 높이는 데 있다.
- 성장기: 급속한 제품수요의 증가와 매출액 증대 등으로 시장 성장이 가속화되지만 이에 따라 경쟁자들의 등장으로 경쟁이 치열해진다.
- 성숙기: 판매량이 급속하게 증가하다가 정체를 보이는 단계로서 시장성장률이 둔화된다.
- 쇠퇴기: 새로운 기술 개발로 기존 제품에 대한 소비자의 욕구가 변하게 되고 매출액이 감소하는 단계로, 소비자의 대부분은 최후 수용층이다.

62

편의점이 PB상품을 기획하는 이유로 가장 옳지 않은 것은?

① 편의점은 대형마트나 슈퍼마켓보다 비싸다는 점포 이미지를 개선시킬 수 있다.
② PB상품이 NB상품에 비해 점포차별화에 유리하다.
③ 소량 구매 생필품 중심으로 PB상품을 개발하여 매출을 높일 수 있다.
④ PB상품이 중소 제조업체를 통해 납품될 경우, NB상품을 공급하는 대형 제조업체에 비해 계약조건이 상대적으로 유리할 수도 있다.
⑤ NB상품 보다 수익률은 낮지만 가격에 민감한 소비자 욕구에 부응할 수 있다.

⑤ PB상품은 NB상품보다 원가가 낮고 상대적으로 마진율은 높게 책정되며, NB상품보다 다소 낮은 가격에 제공되므로 충성도가 높고 가격에 민감한 소비자 욕구에 부응할 수 있다.

관련이론 | NB상품 VS PB상품

NB상품	PB상품
제조업자브랜드	유통업체 자체 제작 브랜드
PB상품 대비 고가	NB상품 대비 저가
판매 경로 개척이 필요	판매 경로 확보

63

병행수입 상품에 대한 설명으로 가장 옳지 않은 것은?

① 상표 등 지적재산권의 보호를 받는 상품이다.
② 미국에서는 회색시장(Grey Market) 상품이라고 부른다.
③ 제조업자나 독점 수입업자의 동의 없이 수입한 상품이다.
④ 외국에서 적법하게 생산되었기 때문에 위조 상품이 아니다.
⑤ 수입업자들은 동일한 병행 상품에 대해 서로 다른 상표를 사용해야 한다.

⑤ 수입업자들은 동일한 병행수입 상품에 대해 서로 다른 상표를 사용해야 할 의무나 책임이 없다.

관련이론 | 회색시장

- 유통업자가 제조업자 또는 수입국의 공식 수입업자의 동의 없이 외국에서 적법하게 제조된 물품을 직접 구매해서 국내에 저가로 판매하는 시장을 의미한다.
- 합법적 시장과 암시장의 중간에 있는 시장 형태로 병행상품(Parallel Goods)이 거래되는 병행수입시장을 총칭해서 회색시장이라 칭한다.
- 대형마트 등에 의한 병행수입 확대는 공식 수입업체가 가격을 인하하는 긍정적 효과도 있다.
- 공식 수입업체와는 달리 A/S 및 보증 등 서비스 품질에 문제가 있다.
- 제조업체와 유통업자, 소비자 간의 신뢰관계에 문제가 발생할 수 있다.

64

옴니채널(Omni Channel) 소매업에 대한 설명으로서 가장 옳은 것은?

① 세분시장별로 서로 다른 경로를 통해 쇼핑할 수 있게 한다.
② 동일한 소비자가 점포, 온라인, 모바일 등 다양한 경로를 통해 쇼핑할 수 있게 한다.
③ 인터넷만을 활용하여 영업한다.
④ 고객에게 미리 배포한 카달로그를 통해 직접 주문을 받는 소매업이다.
⑤ 인포머셜이나 홈쇼핑채널 등 주로 TV를 활용하여 영업하는 소매업이다.

② 라틴어의 모든 것을 뜻하는 옴니(Omni)와 상품의 유통경로인 채널(Channel)이 합성된 단어이다. 옴니채널전략은 인터넷, 모바일, 카탈로그, 오프라인 매장 등 다양한 유통채널을 유기적으로 결합해 고객 경험을 극대화하는 판매촉진전략을 뜻한다.

정답 | 59 ③ 60 ⑤ 61 ② 62 ⑤ 63 ⑤ 64 ②

65

구매시점광고(POP)에 대한 설명으로 가장 옳지 않은 것은?

① 구매하는 장소에서 이루어지는 광고로서 판매촉진활동에 대한 효과 측정이 용이하다.
② 스토어 트래픽을 창출하여 소비자의 관심을 끄는 역할을 한다.
③ 저렴한 편의품을 계산대 주변에 진열해 놓는 활동을 포함한다.
④ 판매원을 돕고 판매점에 장식 효과를 가져다주는 역할을 한다.
⑤ 충동적인 구매가 이루어지는 제품의 경우에는 더욱 강력한 소구 수단이 된다.

① POP광고는 구매하는 장소에서 이루어지는 광고로서 판매촉진활동에 대한 효과 측정이 곤란하다는 단점이 있다.

66

공산품 유통과 비교한 농산물 유통의 특징으로서 가장 옳지 않은 것은?

① 보관 시설 등이 잘 갖추어지지 않은 경우 작황에 따른 가격 등락폭이 심하게 나타난다.
② 보관 및 배송 등에 소요되는 유통비용이 상대적으로 더 크다.
③ 부패하기 쉽기 때문에 적절한 보관과 신속한 배송 등이 더 중요하다.
④ 크기, 품질, 무게 등에 따라 표준화하고 등급화하기가 더 힘들다.
⑤ 가격변동이나 소득변동에 따른 수요변화가 더 탄력적이다.

⑤ 가격변동이나 소득변동에 따른 수요변화가 더 탄력적인 것은 대체재가 많은 공산품에 해당한다. 농산품은 필수재로 가격상승 또는 하락에 대해 상대적으로 비탄력적으로 반응한다. 반면 공산품은 표준화된 제품으로 수요의 가격탄력도가 농산품에 비해 크다고 할 수 있다.

67

상품의 진열 방식 중 상품들의 가격이 저렴할 것이라는 기대를 갖게 하는데 가장 효과적인 진열방식은?

① 스타일, 품목별 진열
② 색상별 진열
③ 가격대별 진열
④ 적재 진열
⑤ 아이디어 지향적 진열

적재 진열은 창고형 마트와 같은 곳에서 통조림, 라면 등을 높이 쌓아 놓고 파는 방식으로 가격이 저렴할 것이라는 기대심리를 자극한다.

선지분석 |
⑤ 아이디어지향적 진열: 시범적으로 실제 사용처와 유사하게 배치했을 때 어떻게 보일지를 상호 보완되는 품목들과 함께 진열하여 고객들의 구매 욕구를 높이는 진열 방식

68

다음 중에서 새로운 소매업태가 나타나게 되는 이유를 설명하는 이론으로 가장 옳지 않은 것은?

① 소매수명주기 이론
② 수레바퀴 이론
③ 소매아코디언 이론
④ 소매인력 이론
⑤ 변증법적 이론

레일리의 소매인력 이론은 상권의 범위 설정과 관련된 이론이다.
소매수명주기 이론, 소매수레바퀴이론, 소매아코디언 이론, 변증법적 이론 등은 소매업태 발전이론이다.

선지분석 |
① 소매수명주기 이론: 한 소매기관이 출현하여 사라지기까지 일반적으로 도입기, 성장기, 성숙기, 그리고 쇠퇴기를 거친다는 생애주기 이론이다.
② 수레바퀴 이론: 소매업태의 변화 과정을 '진입단계 → 성장단계 → 쇠퇴단계'로 구분하여 설명한 이론이다.
③ 소매아코디언 이론: 소매점 업태의 진화 과정을 소매점에서 취급하는 상품계열의 수로 설명한다. 발전 과정상의 상품 계열의 구색 수의 확대 → 수축 → 확대되어 가는 과정의 양태가 아코디언 모양과 같다고 하여 붙여진 이론이다.
⑤ 변증법적 이론: 두 개의 서로 다른 경쟁적인 소매업태가 출현하여 하나의 새로운 소매업태로 합해진다는 이론이다.

69

매장 외관인 쇼윈도(Show Window)에 대한 설명 중 가장 옳지 않은 것은?

① 매장 외관을 결정짓는 요소 중 하나로 볼 수 있다.
② 돌출된 형태의 쇼윈도의 경우 소비자를 입구 쪽으로 유도하는 효과가 있다.
③ 지나가는 사람들의 시선을 끌어 구매욕구를 자극하는 효과가 있다.
④ 설치 형태에 따라 폐쇄형, 반개방형, 개방형, 섀도박스(Shadow Box)형이 있다.
⑤ 제품을 진열하는 효과는 있으나 점포의 이미지를 표현할 수는 없다.

⑤ 쇼윈도우는 제품을 진열하는 효과가 있으며, 점포의 이미지 또한 연출할 수 있다.

70

다음 중 모든 구매자들에게 단일의 가격을 책정하는 것이 아닌 개별 고객의 특징과 욕구 및 상황에 맞추어 계속 가격을 조정하는 가격전략은?

① 초기 고가격전략
② 시장침투 가격전략
③ 세분시장별 가격전략
④ 동태적 가격전략
⑤ 제품라인 가격전략

모든 구매자들에게 단일의 가격을 책정하는 것이 아닌 개별 고객의 특징과 욕구 및 상황에 맞추어 계속 가격을 조정하는 가격전략은 ④ 동태적 가격전략이다.

유통정보

71

아래 글상자의 (   ) 안에 들어갈 용어로 가장 옳은 것은?

> 소비자의 구매 패턴 변화는 유통산업 구조에 변화를 가져와, 옴니채널(Omni Channel)에서 온라인 상거래의 범위를 오프라인으로 확장한 서비스를 제공하는 (   ) 방식의 사업 모델이 활발히 적용되고 있다.

① O2O(Online to Offline)
② O2O(Online to Online)
③ O2M(One to Multi spot)
④ O2M(One to Machine)
⑤ O2C(Online to Customer)

옴니채널(Omni Channel)에서 온라인(Online) 상거래의 범위를 오프라인(Offline)으로 확장한 서비스를 제공하는 방식은 O2O(Online to Offline)이다. 옴니채널은 O2O(Online to Offline) 커머스의 대표적인 사례이다. 이는 소비자가 온라인과 오프라인, 모바일 등 다양한 채널을 넘나들며 상품을 검색하고 구매할 수 있도록 하는 것을 말한다. 즉, 각 유통채널의 특성을 결합해 어떤 채널에서든 같은 매장을 이용하는 것처럼 느낄 수 있도록 한 쇼핑환경을 말한다.

정답 | 65 ① 66 ⑤ 67 ④ 68 ④ 69 ⑤ 70 ④ 71 ①

72

유통업체가 POS(Point Of Sales) 시스템을 도입하여 얻을 수 있는 효과로 가장 옳지 않은 것은?

① 상품 계산을 위해 판매원이 상품정보를 등록하는 시간을 단축하여 고객 대기 시간 단축 가능
② 판매원의 수작업에 의한 입력 누락, 반복 입력 등과 같은 입력 오류 감소
③ 자동발주시스템(EOS: Electronic Order System)과 연계하여 주문관리, 재고관리, 판매관리의 정보를 통한 경영활동 효율성 확보
④ 신속한 고객정보의 수집과 관리를 통해 합리적 판촉전략 수립 및 고객만족도 개선
⑤ 경쟁 유통업체의 제품 구성 및 판매동향분석을 통한 경쟁력 제고

⑤ POS(Point of Sales) 시스템은 이를 도입한 소매점포에서 활용하는 것으로, 경쟁 유통업체의 제품 구성 및 판매동향은 알 수 없기에 활용할 수 없다.
POS, 즉 판매 시점 정보 관리시스템은 주로 소매점포의 판매 시점에서 수집한 POS 데이터를 통해 효율적으로 재고관리, 제품 생산관리, 판매관리를 하는 데 활용된다.

73

아래 글상자에서 설명하고 있는 용어를 나열한 것으로 가장 옳은 것은?

- ㉠는 유행에 관심이 많고 소비를 놀이처럼 즐기는 사람을 지칭하는 용어이다. 생산적인 소비자를 일컫는 프로슈머(Prosumer)에서 한 단계 진화하여 참여와 공유를 통해 개인의 만족과 집단의 가치를 향상시키는 능동적인 소비자를 말한다. 필립 코틀러(Philip Kotler)의 '사회 구조가 복잡해지고 물질적으로 풍요로워질수록 소비자는 재미를 추구한다.'는 주장을 반영한 소비 형태이다.
- ㉡는 에너지를 소비도 하지만 생산도 하는 사람을 지칭하는 용어이다. 스마트 그리드가 구축되면 일반 가정이나 사무실에서도 소형 발전기, 태양광, 풍력 등을 이용한 신재생 에너지를 생산하고 사용한 후 여분을 거래할 수 있다.

① ㉠ 모디슈머   ㉡ 스마트너
② ㉠ 플레이슈머   ㉡ 스마트너
③ ㉠ 플레이슈머   ㉡ 에너지 프로슈머
④ ㉠ 트랜드슈머   ㉡ 에너지 프로슈머
⑤ ㉠ 트랜드슈머   ㉡ 스마트 프로슈머

㉠ 유행에 관심이 많고 소비를 놀이처럼 즐기는 사람은 플레이슈머(Playsumer), ㉡ 에너지를 소비도 하지만 생산도 하는 사람은 에너지 프로슈머(Energy Prosumer)이다.
한편 창의성을 가지고 있는 소비자를 크리슈머(Cresumer)라고 하는데, 미래학자인 앨빈 토플러(A. Toffler)가 정보화 사회에서 생산자인 동시 소비자인 프로슈머(Prosumer)와 함께 제시한 개념이다.

74
아래 글상자의 ㉠, ㉡에 해당되는 각각의 용어로 가장 옳은 것은?

> 전통적인 경제학에서 기업의 생산활동은 ㉠이 주로 적용된다고 가정하고 있다. 정보화 사회에 들어서면서 컴퓨터 산업을 포함한 정보통신 산업 분야에서는 이러한 현상이 적용되지 않는다. 오히려 ㉡이 적용되고 있다. 브라이언 아서 교수는 농업이나 자연 자원을 많이 소모하는 대량생산 체제에서는 ㉠이 지배하고, 첨단 기술의 개발과 지식중심의 생산 체제에서는 반대로 ㉡이 지배한다고 주장하였다.

① ㉠ 수확체증의 법칙, ㉡ 수확불변의 법칙
② ㉠ 수확체증의 법칙, ㉡ 수확체감의 법칙
③ ㉠ 수확체감의 법칙, ㉡ 수확불변의 법칙
④ ㉠ 수확체감의 법칙, ㉡ 수확체증의 법칙
⑤ ㉠ 수확불변의 법칙, ㉡ 수확체감의 법칙

㉠ 전통적인 경제학에서 기업의 생산활동을 지배하는 법칙은 수확체감의 법칙이다. ㉡ 그러나 오늘날 디지털 경제에서는 생산요소의 투입량을 증가시킬 때 그 생산요소의 추가적인 한 단위의 투입이 발생시키는 추가적인 산출량의 크기(한계 생산)가 점점 증가하는 수확체증의 법칙이 나타나고 있다.

75
EDI 시스템에 대한 설명으로 가장 옳지 않은 것은?

① EDI 시스템은 데이터를 효율적으로 교환하기 위해 전자문서 표준을 이용해 데이터를 교류하는 시스템이다.
② EDI 시스템은 기존 서류 작업에 비해 문서의 입력 오류를 줄여주는 장점이 있다.
③ EDI 시스템은 국제 표준이 아닌, 기업 간 상호 협의에 의해 만들어진 규칙을 따른다.
④ EDI 시스템은 종이 문서 없는 업무 환경을 구현해 주는 장점이 있다.
⑤ EDI 시스템은 응용프로그램, 네트워크 소프트웨어, 변환 소프트웨어 등으로 구성된다.

③ EDI 서비스는 1986년 국제연합유럽경제위원회(UN/ECE) 주관으로 프로토콜 표준화 합의가 이루어졌고, 1988년 프로토콜의 명칭을 EDIFACT로 하였으며, 구문 규칙을 국제표준(ISO 9735)으로 채택하였다.

76
QR코드의 장점으로 가장 옳지 않은 것은?

① 작은 공간에도 인쇄할 수 있다.
② 방향에 관계없는 인식능력이 있다.
③ 바코드에 비해 많은 용량의 정보를 저장할 수 있다.
④ 훼손에 강하며 훼손 시 데이터 복원력이 매우 좋다.
⑤ 문자나 그림 등의 이미지가 중첩된 경우에도 인식률이 매우 높다.

QR코드는 네 모서리 중 세 곳에 위치한 위치 검출 패턴을 이용해서 360도 어떤 방향에서든지 데이터를 읽을 수 있다. 그러나 ⑤ 문자나 그림 등의 이미지가 중첩된 경우에는 인식률이 낮아지는 단점이 있다.

77
아래 글상자에서 설명하는 용어로 가장 옳은 것은?

> • 끌어모음이라는 뜻과 꼬리표라는 의미의 합성어이다.
> • 특정 단어 앞에 '#'을 사용하여 그 단어와 관련된 내용물을 묶어 주는 기능이다.
> • SNS에서 마케팅을 위해 활발하게 이용된다.

① 스크롤링(Scrolling)
② 롱테일의 법칙(Long Tail Theory)
③ 크롤링(Crawling)
④ 해시태그(Hashtag)
⑤ 둠스크롤링(Doomscrolling)

선지분석
① 스크롤링: 컴퓨터나 스마트폰에서 모니터의 화면에 나타난 내용을 상하 또는 좌우로 움직이는 일을 말한다.
② 롱테일의 법칙: 하위 80%가 상위 20%보다 나은 가치를 창출한다는 법칙
③ 크롤링: 무수히 많은 컴퓨터에 분산 저장되어 있는 문서를 수집하여 검색 대상의 색인으로 포함시키는 기술을 말한다.
⑤ 둠스크롤링: 불행을 뜻하는 '둠(doom)'과 스마트폰 또는 컴퓨터 화면을 아래위로 움직이는 '스크롤링(scrolling)'을 합친 신조어로, 암울한 뉴스만을 강박적으로 확인하는 행위를 말한다.

정답 | 72 ⑤ 73 ③ 74 ④ 75 ③ 76 ⑤ 77 ④

78

데이터마이닝에서 사용하는 기법과 그에 대한 설명으로 가장 옳지 않은 것은?

① 추정 – 연속형이나 수치형으로 그 결과를 규정, 알려지지 않은 변수들의 값을 추측하여 결정하는 기법
② 분류 – 범주형 자료이거나 이산형 자료일 때 주로 사용하며, 이미 정의된 집단으로 구분하여 분석하는 기법
③ 군집화 – 기존의 정의된 집단을 기준으로 구분하고 이와 유사한 자료를 모으고, 분석하는 기법
④ 유사통합 – 데이터로부터 규칙을 만들어내는 것으로 어떠한 것들이 함께 발생하는지에 대해 결정하는 기법
⑤ 예측 – 미래의 행동이나 미래 추정치의 예측에 따라 구분되는 것으로 분류나 추정과 유사 기법

③ 데이터마이닝의 분석기법 중 군집화(Clustering)는 데이터 중에서 유사한 특성을 가진 것들을 몇 개의 집단으로 그룹화하여, 각 집단의 성격을 파악함으로써 데이터 전체의 구조에 대해 이해할 수 있다. 이 때문에 다른 데이터마이닝 기법을 사용하기 전 선행 작업으로 사용된다.

79

아래 글상자의 괄호 안에 공통적으로 들어갈 용어로 가장 옳은 것은?

> 데이터 수집과 활용을 통해 데이터 경제를 가속화하기 위한 대책으로 2020년 정부가 발표한 디지털 뉴딜 사업에는 (　　)에 대한 계획이 포함되어 있다. (　　)은(는) 우리나라의 유무형 자산이나 문화유산, 국가행정정보 등의 공공정보를 데이터화하여 수집·보관하고, 필요한 곳에 사용할 수 있도록 하는 것이다.

① 데이터 댐
② 국가DW
③ 빅데이터프로젝트
④ 대한민국AI
⑤ 디지털 트윈

데이터 댐은 디지털 뉴딜 사업에 포함된 10대 대표 과제 중 하나이다. 데이터 댐은 데이터 경제를 활성화, 가속화시키기 위해 전 사업 분야를 5G, AI와 융합하는 것을 목표로 한다.

80

오늘날 공급사슬관리는 IT의 지원 없이 작동할 수 없다. 공급사슬관리에 일어난 주요 변화로 옳지 않은 것은?

① 공급자 중심에서 고객 중심으로 – 비용보다는 유연한 대응력 즉 민첩성이 핵심 요인
② 풀(pull) 관행에서 푸시(push) 관행으로 – 생산 풀로부터 소비자 주문 또는 구매를 근거로 하는 푸시관행으로 이동
③ 재고에서 정보로 – 실질 수요에 대한 더 나은 가시성 확보가 중요
④ 운송과 창고관리에서 엔드투엔드 파이프라인관리가 강조 – 가시성과 시간단축 중요
⑤ 기능에서 프로세스로 – 급변하는 환경에 다기능적이고 시장지향적인 프로세스에 초점

② 공급사슬관리(SCM)는 과거의 생산 푸시(push) 방식 관리에서 소비자 주문 또는 구매를 근거로 하는 풀(pull) 방식 관리로 변화하였다. SCM의 운영 전략인 CRP, CFPR 등은 모두 풀 전략이다.

81

국가종합전자조달 사이트인 나라장터를 전자상거래 거래주체별 모델로 구분하였을 때 가장 옳은 것은?

① B2B
② G2B
③ G4C
④ B2C
⑤ C2C

공공구매, 즉 정부와 기업 간 거래에 이용하는 전자상거래 유형은 G2B이다. 우리나라의 사례로는 조달청이 운영하는 나라장터(국가종합전자조달시스템, g2b.go.kr)가 있다.

82

대칭키 암호화 방식에 해당되지 않는 것은?

① IDEA(International Data Encryption Algorithm)
② SEED
③ DES(Data Encryption Standard)
④ RSA(Rivest Shamir Adleman)
⑤ RC4

④ 공개키(비대칭키) 방식의 암호 알고리즘은 창안자 세 사람 이름을 연결하여 RSA(Rivest Shamir Adleman)라고 한다.

관련이론 | 공개키 암호화 방식의 특징 및 장·단점

공개키 암호화 방식은 암호화 및 복호화를 할 때 다른 키를 사용하기 때문에 비대칭이라고 한다. 비대칭키 암호화 방식은 평문을 가진 자가 A의 공개키로 암호화하면 그 암호문을 수신한 사람은 암호화시킬 때 사용한 A의 공개키를 풀기 위해 A의 개인키를 사용하여 복호화시킨 뒤 원래의 평문내용을 볼 수 있는 방식이다.

장점	• 상대적으로 키 변화의 빈도가 적고, 네트워크 사용자가 증가해도 상대적으로 관리해야 하는 키의 개수가 적다. • 키 관리가 용이하고 안전성이 뛰어나므로 전자서명이나 신분 인증 프로토콜 등에 적용이 용이하다.
단점	• 암호화와 복호화 시 많은 시간이 소요되어 비밀키 암호화 방식보다 느리다. • 상대적으로 키 분배가 어렵다.

83

공급사슬관리를 위한 정보기술로 적절성이 가장 낮은 것은?

① VMI(Vendor Managed Inventory)
② RFID(Radio-Frequency Identification)
③ PBES(Private Branch Exchange Systems)
④ EDI(Electronic Data Interchange)
⑤ CDS(Cross Docking Systems)

PBES(Private Branch Exchange Systems), 즉 구내 전화 교환망은 엑스트라넷(Extranet)을 기반으로 하는 SCM과는 관련이 없는 예전의 전화교환 시스템이다.
SCM이 효율적으로 활용되기 위해서는 EDI에 기반을 둔 POS가 구축되어야 한다. 한편 SCM을 위한 정보시스템으로는 지속적 상품보충(CRP), 자동발주시스템(CAO), 크로스 도킹(Cross Docking), 전사적자원관리(ERP) 등이 있다.

84

지식경영을 위한 자원으로써 지식을 체계화하기 위해 다양한 분류 방식을 활용해 볼 수 있다. 다음 중 분류 방식과 그 내용에 대한 설명으로 가장 옳지 않은 것은?

① 도서관형 분류 - 알파벳/기호로 하는 분류
② 계층형 분류 - 대분류·중분류·소분류로 분류
③ 인과형 분류 - 원인과 결과 관계로 분류
④ 요인분해형 분류 - 의미 네트워크에 기반하여 공간적으로 의미를 구성
⑤ 시계열적 분류 - 시계열적으로 과거, 현재, 미래의 사상, 의의의 변화를 기술

④ 의미 네트워크에 기반하여 공간적으로 의미를 구성하는 것은 네트워크형 분류이다.

85

빅데이터의 핵심 특성 3가지를 가장 바르게 제시한 것은?

① 가치, 가변성, 복잡성
② 규모, 속도, 다양성
③ 규모, 가치, 복잡성
④ 가치, 생성 속도, 가변성
⑤ 규모, 가치, 가변성

IT 분야 리서치기업 가트너(Gartner)에서 제시하는 빅데이터의 특징은 3V로 요약하는 것이 일반적이다. 즉 데이터의 양(Volume), 데이터 생성 속도(Velocity), 형태의 다양성(Variety)을 의미한다. 최근에는 가치(Value)나 복잡성(Complexity)을 덧붙이기도 한다.

정답 | 78 ③ 79 ① 80 ② 81 ② 82 ④ 83 ③ 84 ④ 85 ②

86

고객관리를 위해 인터넷 쇼핑몰을 운영하는 A사는 웹로그 분석을 실시하고 있다. 아래 글상자의 ( ) 안에 들어갈 용어로 가장 옳은 것은?

> 방문자가 웹 브라우저를 통해 웹사이트에 방문할 때 브라우저가 웹 서버에 파일을 요청한 기록을 시간과 IP 등의 정보와 함께 남기는데 이것을 ( )라고 한다. 이 로그는 웹사이트의 트래픽에 대한 가장 기초적인 정보를 제공하며 서버로부터 브라우저에 파일이 전송된 기록이므로 Transfer Log라고도 한다.

① 리퍼럴 로그(referrer log)
② 에이전트 로그(agent log)
③ 액세스 로그(access log)
④ 에러 로그(error log)
⑤ 호스트 로그(host log)

액세스 로그(access log)는 방문자가 특정 사이트에 접속할 때부터 나갈 때까지 사용자의 아이디, 웹사이트 방문 경로 및 방문 시간, 웹사이트에서 수행한 작업 내용 등 모든 행적을 기록하고 있다.
방문객이 웹 사이트에 방문하게 되면 웹 서버에는 액세스 로그, 에러 로그, 리퍼럴 로그, 에이전트 로그 등의 자료가 파일 형태로 기록된다.
액세스 로그는 누가 어떤 것을 읽었는지를, 에러 로그는 오류가 있었는지를, 리퍼럴 로그는 경유지 사이트와 검색 엔진 키워드 등의 단서를, 에이전트 로그는 웹 브라우저의 이름, 버전, 운영 체계(OS), 화면 해상도 등의 정보를 제공한다.

관련이론 | 웹 로그, 웹 로그 분석
- 웹 로그(Web log): 웹 사이트에 방문한 고객의 흔적(log), 즉 누가, 언제, 무엇을, 어디서, 어떤 경로로, 어떤 페이지를 방문했는지 등을 말한다. 웹 로그는 고객의 성향을 파악할 수 있다.
- 웹 로그 분석(Weblog analysis): 웹 사이트의 방문객이 남긴 자료를 근거로 웹의 운영 및 방문 행태에 대한 정보를 분석하는 것이다. 이를 웹마이닝이라고 한다.

87

유통업체의 관리문제를 해결하기 위해 활용되는 의사결정지원시스템 모델 중 수학적 모형으로 작성하여 그 해를 구함으로써 최적의 의사결정을 도모하는 수리계획법의 예로 가장 옳지 않은 것은?

① 시뮬레이션(Simulation)
② 목표계획법(Goal Programming)
③ 선형계획법(Linear Programming)
④ 정수계획법(Integer Programming)
⑤ 비선형계획법(Non-Linear Programming)

의사결정지원시스템(DSS) 모델 중 기술적(Descriptive) 의사결정에 사용되는 것은 시뮬레이션 모델로, 수리계획법에는 해당하지 않는다. 예측 모델, 최적화 모델 등과 함께 의사결정 지원 시스템의 분석적인 모델이다.

88

파일 처리 시스템과 비교하여 데이터베이스 시스템의 특징을 설명한 것으로 가장 옳지 않은 것은?

① 특정 응용 프로그램을 활용해 개별 데이터를 생성하고 저장하므로 데이터를 독립적으로 관리할 수 있다.
② 조직 내 데이터의 공유를 통해 정보자원의 효율적 활용이 가능하다.
③ 데이터베이스에 접근하기 위해 인증을 거쳐야 하기에 불법적인 접근을 차단하여 보안관리가 용이하다.
④ 프로그램에 대한 데이터 의존성이 감소하게 됨으로써 데이터의 형식이나 필드의 위치가 변화해도 응용프로그램을 새로 작성할 필요가 없다.
⑤ 표준화된 데이터 질의어(SQL)를 이용하여 필요한 데이터에 쉽게 접근하고 정보를 생성할 수 있다.

특정 응용 프로그램을 활용해 개별 데이터를 생성하고 저장하므로 데이터를 독립적으로 관리할 수 있는 것은 파일처리 시스템의 특징이다.

89

디지털 시대의 경영환경 특징으로 가장 옳지 않은 것은?

① 무형의 자산보다 유형의 자산이 중시된다.
② 지식상품이 부상하고 개인의 창의력이 중시된다.
③ 정보의 전달 속도가 빨라 제품수명주기가 단축된다.
④ 기술발전 속도가 빠를 뿐만 아니라 사업범위가 글로벌화 되어 경쟁이 심화된다.
⑤ 기업 간 경쟁이 심화되어 예측이 어려워짐으로써 복잡계시스템으로서의 경영이 요구된다.

① 디지털 경제에서는 자산의 의미가 유형자산에 국한되지 않고 지적재산권이나 지식자산 등과 같은 무형자산으로까지 확대되고 있다.

90

전자금융거래 시 간편결제를 위한 QR코드 결제 표준에 대한 내용으로 가장 옳지 않은 것은?

① 고정형 QR 발급시 별도 위변조 방지 조치(특수필름부착, 잠금장치 설치 등)를 갖추어야 한다.
② 변동형 QR은 보안성 기준을 충족한 앱을 통해 발급하며 위변조 방지를 위해 1분 이내만 발급이 유지되도록 규정한다.
③ 자체 보안기능을 갖추어야 하며 민감한 개인·신용정보 포함을 금지하고 있다.
④ 고정형 QR은 소상공인 등이 QR코드를 발급·출력하여 가맹점에 붙여두고, 소비자가 모바일 앱으로 QR코드를 스캔하여 결제처리하는 방식이다.
⑤ 가맹점주는 가맹점 탈퇴·폐업 즉시 QR코드 파기 후 가맹점 관리자에게 신고해야 한다.

② 금융위원회가 제정한 「QR코드 결제 표준」(2018)에서 변동형 QR은 위변조 방지를 위해 3분 이내에만 발급이 유지되도록 규정하고 있다.

관련이론 | 「QR코드 결제 표준」
금융위원회는 소비자와 가맹점이 편리하고 안전하게 결제를 이용할 수 있도록 모바일 간편결제를 위한 「QR코드 결제 표준」(2018)을 제정·공표하였다. 「QR코드 결제 표준」은 제로페이 뿐 아니라 전자금융거래 전반에 활용될 수 있도록 결제의 범용성·간편성·보안성을 강화하였다.

2021년 2회 기출문제

>> 2021년 8월 21일 시행

유통·물류 일반관리

01
운송 수단을 결정하기 전에 검토해야 할 사항에 대한 설명으로 가장 거리가 먼 것은?

① 운송할 화물이 일반 화물인지 냉동 화물인지 등의 화물의 종류
② 운송할 화물의 중량과 용적
③ 화물의 출발지, 도착지와 운송 거리
④ 운송할 화물의 가격
⑤ 운송할 화물이 보관된 물류 센터의 면적

주요 운송 수단으로는 철도, 트럭, 해상 운송, 파이프라인, 항공 등이 있으며 이러한 운송 수단을 결정하는 요소로는 ① 화물의 종류, ② 운송 대상 화물의 중량과 용적(부피), ③ 화물의 운송 거리, ④ 대상 화물의 가격(가치), 운송의 신속성, 복합 운송 여부 등이 있다.

02
SCM 관리기법 중 JIT(Just In Time)에 대한 내용으로 옳은 것은?

① JIT는 생산, 운송 시스템의 전반에서 재고 부족으로 인한 위험요소를 제거하기 위해 안전 재고 수준을 최대화한다.
② JIT에서 완성품은 생산과정품(Work In Process)에 포함시키지만 부품과 재료는 포함시키지 않는다.
③ 구매 측면에서는 공급자의 수를 최대로 선정하여 호혜적인 작업 관계를 구축한다.
④ 수송 단위가 소형화되고 수송 빈도가 증가하므로 수송 과정을 효과적으로 점검, 통제하는 능력이 중요하다.
⑤ 창고 설계 시 최대 재고의 저장에 초점을 맞추는 것이지 재고 이동에 초점을 맞추는 것은 아니다.

SCM 관리기법 중 JIT(적시재고시스템)는 생산관리시스템으로 고객의 주문이 들어오면 생산이 시작되는 Pull 시스템이다.
④ JIT는 소량 주문에 의한 다빈도 운송이 특징이다. 따라서 수송 과정을 효과적으로 통제할 수 있는 능력이 필요하다.

선지분석 |
① JIT는 무재고 시스템을 지향하므로 안전 재고 수준을 최소화한다.
② JIT에서는 완성품뿐만 아니라 생산 과정에 원료와 부품도 포함시킨다.
③ JIT는 공급자 수를 최소화하여 그들과 장기적이고 긴밀한 협조 체제를 구축한다.
⑤ JIT는 무재고 시스템을 지향하므로 창고 설계 시 최대 재고는 고려하지 않는다.

03

운송에 관련된 내용으로 옳지 않은 것은?

① 해상 운송은 최종 목적지까지의 운송에는 한계가 있기 때문에 피시백(Fishy Back) 복합 운송서비스를 제공한다.
② 트럭 운송은 혼적 화물 운송(LTL: Less than Truckload) 상태의 화물도 긴급 수송이 가능하고 단거리 운송에도 경제적이다.
③ 다른 수송 형태에 비해 철도 운송은 상대적으로 도착 시간을 보증할 수 있는 정도가 높다.
④ 항공 운송은 고객이 원하는 지점까지의 운송을 위해 버디백(Birdy Back) 복합 운송서비스를 활용할 수 있다.
⑤ COFC는 철도의 유개 화차 위에 컨테이너를 싣고 수송하는 방식이다.

⑤ 철도의 유개 화차 위에 컨테이너를 싣고 수송하는 방식은 TOFC(Trailer On Flat Car) 방식이다. COFC(Container On Flat Car)는 화차 위에 지게차나 크레인을 이용하여 컨테이너만 싣는 방식을 뜻한다.

04

ROI에 대한 내용으로 옳지 않은 것은?

① 투자에 대한 이익률이다.
② 순자본(소유주의 자본, 주주의 자본 혹은 수권자본)에 대한 순이익의 비율이다.
③ ROI가 높으면 제품 재고에 대한 투자가 총이익을 잘 달성했다는 의미이다.
④ ROI가 낮으면 자산의 과잉 투자 등으로 인해 사업이 성공적이지 못하다는 의미이다.
⑤ ROI가 높으면 효과적인 레버리지 기회를 활용했다는 의미로도 해석된다.

ROI가 높다라는 것은 투자한 자본에 대비한 총이익이 일정 수준이상 달성했다는 의미이다. 반면 ③의 제품 재고에 대한 투자가 총이익을 잘 달성했다는 의미는 ROI(투자이익률)가 아니라 GMROI(재고투자 총이익률)에 대한 설명이다.

05

아래 글상자는 포장설계의 방법 중 집합 포장에 대한 설명이다. ⊙과 ⓒ에서 설명하는 용어로 가장 옳은 것은?

> ⊙ 수축 필름의 열수축력을 이용하여 파렛트와 그 위에 적재된 포장 화물을 집합 포장하는 방법
> ⓒ 주로 생선, 식품, 청과물 등을 1개 또는 복수로 트레이에 올려 그 주위를 끌어당기면서 얇은 필름으로 덮어 포장하는 방법

① ⊙ 밴드결속, ⓒ 테이핑
② ⊙ 테이핑, ⓒ 슬리브
③ ⊙ 쉬링크, ⓒ 스트레치
④ ⊙ 꺽쇠·물림쇠, ⓒ 골판지상자
⑤ ⊙ 접착, ⓒ 슬리브

⊙ Shrink(쉬링크, 수축): 수축 필름의 열수축력을 이용하여 파렛트와 그 위에 적재된 포장화물을 집합포장하는 방법
ⓒ Stretch(스트레치, 늘리기): 주로 생선, 식품, 청과물 등을 1개 또는 복수로 트레이에 올려 그 주위를 끌어당기면서 얇은 필름으로 덮어 포장하는 방법

06

도·소매 물류를 7R을 활용하여 효과적으로 관리하는 방법에 대한 설명으로 가장 옳지 않은 것은?

① 적절한 품질의 제품을 적시에 제공해야 한다.
② 최고의 제품을 저렴한 가격으로 제공해야 한다.
③ 좋은 인상으로 원하는 장소에 제공해야 한다.
④ 적정한 제품을 적절한 양으로 제공해야 한다.
⑤ 적시에 원하는 장소에 제공해야 한다.

7R의 Right Price는 ② 저렴한 가격이 아닌 적정한 가격이다.

관련이론 | 도소매물류의 7R(Right)
① Right Quality(적정한 품질)
② Right Quantity(적정한 수량)
③ Right Commodity(적정한 제품)
④ Right Time(적정한 납기)
⑤ Right Place(적정한 구매처 = 거래처)
⑥ Right Price(적정한 가격)
⑦ Right Impression(적정한 인상)

정답 | 01 ⑤ 02 ④ 03 ⑤ 04 ③ 05 ③ 06 ②

07

기업이 외부 조달을 하거나 외주를 주는 이유로 옳지 않은 것은?

① 비용 상의 이점
② 불충분한 생산 능력 보유
③ 리드타임, 수송, 창고비 등에 대한 높은 통제 가능성
④ 전문성 결여로 인한 생산 불가능
⑤ 구매 부품의 품질 측면의 우수성

③ 기업이 외부 조달을 하면 리드타임, 수송, 창고비 등에 대한 통제 가능성이 줄어든다.

관련이론 | 물류아웃소싱의 장점 및 단점

장점	· 고정비용 절감 및 환경 대응의 유연성을 획득 가능 · 규모의 경제 효과를 향유(비용 절감 및 서비스 수준 상승) · 분업의 원리를 통한 이득
단점	· 아웃소싱 업체에 대한 통제력이 없어 리드타임 조절이 곤란 · 자사 물류보다 컴플레인에 대한 대처가 미흡

08

인적자원관리에 관련된 능력주의와 연공주의를 비교한 설명으로 옳지 않은 것은?

구분	능력주의	연공주의
㉠ 승진 기준	직무 중심 (직무능력 기준)	사람 중심 (신분 중심)
㉡ 승진 요소	성과, 업적, 직무 수행, 능력 등	연령, 경력, 근속년수, 학력 등
㉢ 승진 제도	직계 승진 제도	연공 승진 제도
㉣ 경영 내적 요인	일반적으로 전문직종의 보편화(절대적은 아님)	일반적으로 일반직종의 보편화(절대적은 아님)
㉤ 특성	승진관리의 안정성/객관적 기준 확보 가능	승진관리의 불안정/능력평가의 객관성 확보가 힘듦

① ㉠
② ㉡
③ ㉢
④ ㉣
⑤ ㉤

㉤ 능력주의는 승진 관리가 불안정하고 능력평가의 객관성 확보가 힘든 반면 연공주의는 승진 관리가 안정적이며 객관적 기준 확보가 가능하다.

관련이론 | 직능급 vs 연공급

직능급 (능력주의)	직능급은 직무수행 능력에 따라 임금의 격차를 만드는 체계이다. 직능급은 능력에 따라 개인의 임금이 결정된다는 점에서 종업원의 불평 해소, 능력 자극으로 유능한 인재 확보 등의 장점이 있다.
연공급 (연공주의)	연공급은 임금이 개인의 근속연수·학력·연령 등 인적요소를 중심으로 변화하는 것으로 생활급적 사고원리에 따른 임금체계로 고용의 안정화 및 노동력의 정착화, 노동자 생활보장으로 기업에 대한 귀속의식 제고의 장점이 있다.

09

포트폴리오 투자 이론에 관련된 설명으로 옳지 않은 것은?

① 포트폴리오란 투자자들에 의해 보유되는 주식, 채권 등과 같은 자산들의 그룹을 말한다.
② 포트폴리오 수익률은 개별 자산의 수익률에 투자 비율을 곱하여 모두 합한 값이다.
③ 포트폴리오 가중치는 포트폴리오의 총가치 중 특정 자산에 투자된 비율을 말한다.
④ 체계적 위험은 주식을 발행한 각 기업의 경영 능력, 발전 가능성, 수익성 등의 변동 가능성으로 개별 주식에만 발생하는 위험이다.
⑤ 비체계적 위험은 분산투자로 어느 정도 제거가 가능한 위험이다.

④ 체계적 위험은 시장위험이라고도 하며, 개별 기업에서 발생하는 위험이 아니라 시장 전체와 관련된 위험에 해당한다. 이는 분산투자를 하더라도 피할 수 없는 위험이다. 시장위험은 시장의 변동성을 의미한다. 즉 경제의 전반적인 상황, 조세제도의 변화, 국제 유가의 등락 등에 의한 것으로 분산 불가능 위험이라고도 한다.

10

조직 내에서 이루어지는 공식, 비공식적인 의사소통의 유형과 그 설명이 가장 옳지 않은 것은?

① 개선 보고서와 같은 상향식 의사소통은 하위 계층에서 상위 계층으로 이루어진다.
② 태스크포스(Task Force)와 같은 하향식 의사소통은 전통적 방식의 소통이다.
③ 다른 부서의 동일 직급 동료 간의 정보교환은 수평식 의사소통이다.
④ 인사부서의 부장과 품질보증팀의 대리 간의 의사소통은 대각선 방식의 의사소통이다.
⑤ 비공식 의사소통 채널의 예로 그레이프바인(grape vine)이 있다.

② 태스크포스는 프로젝트 조직의 한 형태로 수평적 의사결정이 이루어지는 임시적, 탄력적 조직이다. 반면 하향식 의사소통은 라인조직과 같은 전통적 조직의 소통 방식에 해당한다.

관련이론 | 프로젝트 조직
기업환경의 동태적 변화, 기술혁신의 급격한 진행에 맞추어 구체적인 특정 프로젝트(project) 별로 나누어 형성된 조직 형태이다.
- 특정 과업 수행을 위해 여러 부서에서 파견된 사람들로 구성되어 과업 해결 시까지만 존재하는 임시적·탄력적 조직. 기동성과 환경 적응성이 높은 조직
- 전문가들 간의 집단문제 해결 방식(수평적 의사결정)을 통한 임무 수행. 목표지향적인 특징

11

아래의 글상자에서 설명하고 있는 동기부여 전략으로 옳은 것은?

- 자신의 업무와 관련된 목표를 상사와 협의하여 설정하고 그 과정과 결과를 정기적으로 피드백한다.
- 구체적인 목표가 동기를 자극하여 성과를 증진시킨다.
- 목표가 완성되었을 경우 상사와 함께 평가하여 다음 번 목표 설정에 활용한다.

① 목표관리이론
② 직무충실화이론
③ 직무특성이론
④ 유연근로제
⑤ 기대이론

① 목표에 의한 관리(MBO: Management By Objectives)는 드러커 & 맥그리거가 주장한 이론으로, 측정 가능한 비교적 단기 목표 설정 과정에 평가자인 상급자와 하급자가 협의를 통하여 목표를 설정하고 설정된 목표와 실적을 주기적으로 평가하는 관리기법을 의미한다.

선지분석 |
② 직무충실화이론: 직무 성과가 경제적 보상보다도 개인의 심리적 만족에 달려 있다는 전제하에 직무수행의 내용과 환경을 재설계하는 방법
③ 직무특성이론: 직무 특성이 직무 수행자의 성장 욕구 수준에 부합될 때 긍정적인 동기 유발효과를 초래하게 된다는 동기부여 이론
⑤ 기대이론: 기대이론에서의 동기부여의 정도는 유의성(행위가 가져다주는 보상의 정도)과 기대감(행위를 통해 보상을 얻을 수 있는 가능성)에 의해 결정된다고 함

12

서로 다른 제품을 각각 다른 생산설비를 사용하는 것보다 공동의 생산설비를 이용해서 생산한다면 보다 효과적이라는 이론으로 옳은 것은?

① 규모의 경제
② 분업의 원칙
③ 변동비 우위의 법칙
④ 범위의 경제
⑤ 집중화 전략

범위의 경제는 2가지 이상의 생산물을 따로따로 독립된 기업에서 생산하는 것보다 한 기업이 동시에 생산하는 것이 더 유리한 경우, 즉 비용이 적게 드는 경우를 가리킨다.

관련이론 | 범위의 경제가 나타나는 경우
- 버스와 트럭, 냉장고와 에어컨처럼 성격이 유사한 결합 생산물의 경우
- 생산 시설이나 유통망을 공동으로 사용할 수 있는 경우 등

정답 | 07 ③ 08 ⑤ 09 ④ 10 ② 11 ① 12 ④

13

유통경영전략 계획 수립에 대한 설명으로 가장 옳지 않은 것은?

① 기업수준의 전략 계획 수립은 조직의 목표 및 역량과 변화하는 마케팅 기회 간의 전략적 적합성을 개발·유지하는 과정을 말한다.
② 기업수준의 전략 계획 수립은 기업 내에서 이루어지는 다른 모든 계획 수립의 근간이 된다.
③ 기업수준의 전략 계획 수립 과정은 기업 전반의 목적과 사명을 정의하는 것으로 시작된다.
④ 기업수준의 전략 계획이 실현될 수 있도록 마케팅 및 기타 부서들은 구체적 실행 계획을 수립한다.
⑤ 기업수준의 전략 계획은 기능별 경영전략과 사업수준별 경영전략을 수립한 후 전략적 일관성에 맞게 수립해야 한다.

⑤ 기업수준의 전략 계획은 절차상 가장 상위의 전략으로 최우선적으로 수립해야 하며, 이후에 순차적으로 사업수준별 경영전략, 기능별 경영전략이 일관성 있게 수립해야 한다.

14

유통경로에서 발생하는 각종 현상에 관한 설명으로 가장 옳지 않은 내용은?

① 유통경로의 같은 단계에 있는 경로구성원 간의 경쟁을 수평적 경쟁이라고 한다.
② 제조업자는 수직적 마케팅 시스템을 통해 도소매상의 판매 자료를 공유함으로써 효율적 재고관리, 경로 전반의 조정 개선 등의 이점을 얻을 수 있다.
③ 가전제품 도매상과 대규모로 소매상에 공급하는 가전 제조업자와의 경쟁은 업태 간 경쟁이다.
④ 이미지, 목표고객, 서비스 등 기업전략의 유사성 때문에 수평적 경쟁이 생기는 경우도 많다.
⑤ 유통기업은 수직적 경쟁을 회피하기 위해 전방통합, 후방통합을 시도하기도 한다.

③은 수직적 경쟁에 해당한다.

관련이론 | 업태 간 경쟁과 수평적 경쟁

업태 간 경쟁	동일한 경로상의 서로 다른 유형을 가진 기업들 간의 경쟁 예 할인점과 편의점 간의 경쟁
수평적 경쟁	유통경로에서 동일한 경로 수준에 있는 유통기관 간의 경쟁 예 백화점과 백화점 간의 경쟁

15

기업의 과업환경에 속하지 않는 것은?

① 경쟁 기업
② 고객
③ 규제 기관
④ 협력업자
⑤ 인구통계학적 특성

기업의 미시적 환경은 내부경영환경과 과업환경을 말하며, 기업의 경영활동에 직접적인 영향을 미친다. 특히 과업환경은 소비자, 경쟁자, 공급자 및 정부, 대중 등을 말한다. ⑤ 인구통계학적 특성은 사회·문화적 환경에 속한다.

16

기업의 이해관계자별 주요 관심사에 관한 설명으로 옳지 않은 것은?

구분	이해관계자	이해관계자의 관심사
㉠	기업주/경영자	기업 평판, 경쟁력
㉡	종업원	임금과 근무 조건, 복리후생 제도, 채용 관행과 승진 제도
㉢	노동조합	허위 정보, 과대 광고, 폭리, 유해 상품
㉣	소비자/고객	제품의 안전성, 적정가격, 서비스 수준과 품질 보장
㉤	유통업체/거래처	입찰과 납품 시 합법적 행위, 대금 결제의 합법성

① ㉠
② ㉡
③ ㉢
④ ㉣
⑤ ㉤

㉢ 노동조합은 종업원의 권익 증진을 대변하는 역할을 하는 조직이다. 허위 정보, 과대광고, 폭리 등은 노동조합의 주 관심사가 아니다.

17

청소년보호법(법률 제17761호, 2020.12.29., 타법 개정)상, 청소년유해약물에 포함되지 않는 것은?

① 주류
② 담배
③ 마약류
④ 고카페인 탄산음료
⑤ 환각물질

「청소년보호법」상 고카페인 탄산음료는 청소년유해약물에 포함되지 않는다.
「청소년보호법」 제2조 청소년유해약물

> 청소년에게 유해한 것으로 인정되는 다음의 약물을 말한다.
> • 「주세법」에 따른 주류
> • 「담배사업법」에 따른 담배
> • 「마약류 관리에 관한 법률」에 따른 마약류
> • 「화학물질관리법」에 따른 환각물질
> • 그 밖에 중추신경에 작용하여 습관성, 중독성, 내성 등을 유발하는 등 여성가족부 장관이 고시한 것

18

'재고를 어느 구성원이 가지는가에 따라 유통경로가 만들어진다'라고 하는 유통경로 결정 이론과 관련한 내용으로 옳지 않은 것은?

① 중간상이 재고의 보유를 연기하여 제조업자가 재고를 가진다.
② 유통경로의 가장 최후 시점까지 제품을 완성품으로 만들거나 소유하는 것을 미룬다.
③ 자전거 제조업자가 완성품 조립을 미루다가 주문이 들어오면 조립하여 중간상에게 유통시킨다.
④ 특수산업용 기계 제조업자는 주문을 받지 않는 한 생산을 미룬다.
⑤ 다른 유통경로구성원이 비용우위를 갖는 기능은 위양하고 자신이 더 비용우위를 갖는 일은 직접 수행한다.

'재고를 어느 구성원이 가지는가에 따라 유통경로가 만들어진다'라고 하는 유통경로 결정 이론은 연기-투기이론에 해당하며, ①~④는 모두 연기-투기이론에 대한 설명이다.
⑤는 기능위양이론을 설명한 것이다.

관련이론 | 기능위양이론
유통기관은 비용우위를 갖는 마케팅 기능들만을 수행하고, 나머지 마케팅 기능은 다른 경로구성원들에게 위양한다는 이론이다. 예를 들어 자원의 제약을 받는 중소기업이 경쟁이 치열한 제품시장에 진입할 경우 전문적 능력을 지닌 중간상에게 마케팅 기능의 일부를 위임하는 것이 바람직하지만, 기업 규모가 커지게 되면 직접 유통기능을 수행하는 것이 더 효과적이다.

19

상인 도매상은 수행기능의 범위에 따라 크게 완전기능 도매상과 한정기능 도매상으로 구분한다. 완전기능 도매상에 해당되는 것으로 옳은 것은?

① 현금으로 거래하며 수송 서비스를 제공하지 않는 현금 무배달 도매상
② 제품에 대한 소유권을 가지고 제조업자로부터 제품을 취득하여 소매상에게 직송하는 직송도매상
③ 우편을 통해 주문을 접수하여 제품을 배달해주는 우편주문 도매상
④ 서로 관련이 있는 몇 가지 제품을 동시에 취급하는 한정상품 도매상
⑤ 트럭에 제품을 싣고 이동판매하는 트럭 도매상

④ 완전기능 도매상 중 서로 관련이 있는 몇 가지 제품을 동시에 취급하는 도매상은 한정상품 도매상이다.

관련이론 | 완전기능 도매상
제품의 소유권을 획득하고 판매와 촉진 외에도 경영자문, 시장정보제공, 위험부담, 금융, 운송, 보관, 수량조절, 구매와 구색갖춤 등 제조업자가 도매에게 기대하는 유통과 관련된 거의 모든 기능을 수행하는 도매상이다.
• 일반상품 도매상: 서로 관련성이 없는 다양한 제품을 취급
• 한정상품 도매상: 서로 관련성이 있는 제품 몇 가지를 동시에 취급
• 전문품 도매상: 불과 몇 가지의 전문품 라인만을 취급
• 산업재 유통업자: 상인도매상의 한 유형으로 소매상보다는 제조업자에게 제품을 판매

정답 | 13 ⑤ 14 ③ 15 ⑤ 16 ③ 17 ④ 18 ⑤ 19 ④

20

소비자기본법(법률 제17290호, 2020.5.19., 타법개정) 상, 소비자중심경영의 인증 내용으로 옳지 않은 것은?

① 소비자중심경영인증의 유효기간은 그 인증을 받은 날부터 1년으로 한다.
② 소비자중심경영인증을 받은 사업자는 대통령령으로 정하는 바에 따라 그 인증의 표시를 할 수 있다.
③ 소비자중심경영인증을 받으려는 사업자는 대통령령으로 정하는 바에 따라 공정거래위원회에 신청하여야 한다.
④ 공정거래위원회는 소비자중심경영인증을 신청하는 사업자에 대하여 대통령령으로 정하는 바에 따라 그 인증의 심사에 소요되는 비용을 부담하게 할 수 있다.
⑤ 공정거래위원회는 소비자중심경영을 활성화하기 위하여 대통령령으로 정하는 바에 따라 소비자중심경영 인증을 받은 기업에 대하여 포상 또는 지원 등을 할 수 있다.

① 「소비자기본법」 제20조의 2에 따르면 소비자중심경영인증의 유효 기간은 그 인증을 받은 날부터 2년으로 한다.

21

최근 국내외 유통산업의 발전 상황과 트렌드로 옳지 않은 것은?

① 제품설계, 제조, 판매, 유통 등 일련의 과정을 늘려 거대한 조직을 만들어 복잡한 가치사슬을 유지하고 높은 재고비용을 필요로 하는 가치사슬이 중요해졌다.
② 소비자의 구매 패턴 등을 담은 빅데이터를 기반으로 생산과 유통에 대한 의사결정이 이루어지고 있다.
③ 글로벌 유통기업들은 무인점포를 만들고, 시범적으로 드론 배송서비스를 시작하였다.
④ 디지털 기술 및 다양한 기술이 융합됨에 따라 온라인 플랫폼을 통하여 개인화된 제품으로 변화된 소비자 선호에 대응할 수 있게 되었다.
⑤ VR/AR 등을 이용한 가상 스토어에서 물건을 살 수 있다.

① 최근 유통산업의 발전 상황은 제품 설계, 제조, 판매, 유통 등 일련의 가치사슬관리를 통해 조직의 복잡성을 줄이고, 비용절감 및 가치사슬의 효율화를 추구하고 있다.

22

중간상이 행하는 각종 분류기능 중 ⊙과 ⓒ에 들어갈 용어로 옳은 것은?

> • (⊙)은/는 생산자들에 의해 공급된 이질적인 제품들을 크기, 품질, 색깔 등을 기준으로 동질적인 집단으로 나누는 기능을 의미한다.
> • (ⓒ)은/는 동질적인 제품을 소규모 단위로 나누는 기능을 의미한다.

① ⊙ 수합(Accumulation), ⓒ 등급(Sort Out)
② ⊙ 등급(Sort out), ⓒ 분배(Allocation)
③ ⊙ 분배(Allocation), ⓒ 구색(Assortment)
④ ⊙ 구색(Assortment), ⓒ 수합(Accumulation)
⑤ ⊙ 수합(Accumulation), ⓒ 분배(Allocation)

관련이론 | 유통경로의 구색 형성
- 분류 또는 등급 분류(Sorting Out): 다양한 생산자들로부터 공급된 이질적 제품들의 색, 크기, 용량, 품질 등에 있어 상대적으로 동질적인 집단으로 구분하는 것
- 집적 또는 수합(Accumulation): 도매상은 소매상들을 위해, 소매상들은 소비자들을 위해 다양한 생산자들로부터 제공되는 제품을 대규모 공급이 가능하도록 다량으로 구매하여 모으는 활동
- 분배 또는 배분(Distribution): 유통과정상에서 도매상은 소매상이 원하는 단위로 소매상에게, 소매상은 소비자가 원하는 단위로 소비자에게 연속적으로 나누어 제공하는 것
- 구색 갖춤(Assorting): 중간상이 다양한 생산자들로부터 제품을 구매하여 소비자가 원하는 제품을 구비하는 것

23

유통산업의 개념 및 경제적 역할에 대한 설명으로 가장 옳지 않은 것은?

① 유통산업이란 도매상, 소매상, 물적 유통 기관 등과 같이 유통기능을 수행·지원하는 유통기구들의 집합을 의미한다.
② 우리나라의 경우 1960년대 이후 주로 유통산업 부문 중심의 성장을 이루었으나, 1980년대 이후에는 제조업의 육성과 활성화가 중요 과제가 되었다.
③ 유통산업은 국민경제 및 서비스산업 발전에 파급효과가 크고 성장잠재력이 높은 고부가가치 산업으로 평가되고 있다.
④ 유통산업은 경제적으로 일자리 창출에 크게 기여하고 있는 산업이며 서비스산업 발전에도 중요한 역할을 하고 있다.
⑤ 유통산업은 모바일 쇼핑과 같은 신업태의 등장, 유통단계의 축소 등의 유통구조의 개선으로 상품거래비용과 소매가격하락을 통해 물가안정에도 기여하고 있다.

② 우리나라의 경우 1960년대 이후 주로 제조업의 육성과 활성화가 중심을 이루었으나, 1980년대 이후에는 유통산업 부문의 중심적 성장이 중요 과제가 되었다.

24

마이클 포터(Michael Porter)의 산업구조분석모형(5-forces model)에 대한 설명으로 옳지 않은 것은?

① 공급자의 교섭력이 높아질수록 시장 매력도는 높아진다.
② 대체재의 유용성은 대체재가 기존 제품의 가치를 얼마나 상쇄할 수 있는지에 따라 결정된다.
③ 교섭력이 큰 구매자의 압력으로 인해 자사의 수익성이 낮아질 수 있다.
④ 진입장벽의 강화는 신규 진입자의 진입을 방해하는 요소가 된다.
⑤ 경쟁기업간의 동질성이 높을수록 암묵적인 담합가능성이 높아진다.

① 공급자의 교섭력이 높아질수록 시장 매력도는 낮아진다.

관련이론 | M. Porter의 5세력의 분석

기존 경쟁자들 간의 경쟁 정도	산업에 참여하고 있는 기업의 수가 적을수록, 즉 산업의 경쟁 정도가 낮을수록 그 산업의 전반적인 수익률은 상대적으로 높아지게 되며, 경쟁 정도가 높을수록 산업의 수익률은 낮아지게 된다.
잠재적 진입자의 위험	진입장벽이 낮아 새로운 기업의 진입이 용이하다면, 그 산업 내에서 높은 가격을 받을 수 없기 때문에 수익률은 낮아지게 된다.
대체재의 위협	대체재의 가능성이 높으며 가격이 낮고 성장성이 클수록 이윤폭이 제한되고 시장침투의 위험이 크므로 산업의 수익률은 낮아진다.
구매자의 협상력	구매자 집단의 교섭 능력이 클수록 기업의 제품에 대한 소비자들의 지속적인 구매력이 낮아지기 때문에 산업의 수익률은 낮아진다.
공급자의 협상력	공급자 집단의 교섭(협상)능력이 클수록 제품 가격과 품질에 영향력을 미침으로써 소비자들의 지속적인 구매력이 낮아지기 때문에 산업의 수익률은 낮아지게 된다.

25

중간상의 사회적 존재 타당성에 대한 설명 중 그 성격이 다른 하나는?

① 제조업은 고정비가 차지하는 비율이 변동비보다 크다.
② 제조업자가 중간상과 거래하여 사회적 총 거래수가 감소한다.
③ 유통업은 고정비보다 변동비의 비율이 높다.
④ 중간상이 배제되고 제조업이 유통의 역할을 통합하는 것이 비용 측면에서 이점이 크지 않다.
⑤ 제조업체가 변동비를 중간상과 분담함으로써 비용면에서 경쟁우위를 차지할 수 있다.

①, ③, ④, ⑤는 모두 변동비 우위의 원칙에 대한 내용이고, ②는 총거래수 최소화의 원칙에 대한 내용이다.

정답 | 20 ① 21 ① 22 ② 23 ② 24 ① 25 ②

상권분석

26
소매점 개점을 위한 투자계획에 관한 설명으로 가장 옳지 않은 것은?

① 투자계획은 개점계획을 자금계획과 손익계획으로 계수화한 것이다.
② 자금계획은 자금 조달 계획과 자금 운영계획으로 구성된다.
③ 손익계획은 수익 계획과 비용 계획으로 구성된다.
④ 자금계획은 투자활동 현금흐름표, 손익계획은 연도별 손익계산서로 요약할 수 있다.
⑤ 물가 변동이 심하면 경상 가격 대신 불변 가격을 적용하여 화폐 가치 변동을 반영한다.

④ 자금계획은 미래의 현금 유입과 현금 유출을 보여주는 투자활동 현금흐름표로 요약할 수 있다. 그러나 손익계획은 매출 및 지출 계획에 근거하여 작성한 손익계획서로 요약할 수 있다.
손익계산서는 일정 기간 동안의 전체적인 수익과 비용을 나타내고 그 차액인 순이익을 보여주는 것으로 사후적으로 작성된다. 따라서 투자계획을 수립할 때 손익계산서는 알 수 없다.

27
아래 글상자 속의 설명에 해당하는 상업입지로서 가장 옳은 것은?

> 주로 지방 중소도시의 중심부에 형성되는 커뮤니티형 상점가이다. 실용적인 준선매품 소매점 및 가족형 음식점들이 상점가를 형성하며, 대부분의 생활기능을 충족시킨다.

① 거점형 상업입지
② 광역형 상업입지
③ 지역중심형 상업입지
④ 지구중심형 상업입지
⑤ 근린형 상업입지

③ 지방 중소도시의 중심부에 형성되는 커뮤니티형 상점가는 지역중심형 상업입지이다.
④ 지구중심형 상업입지는 도시 주변 지역의 중심부에 형성되는 상점가 형태의 상업입지이다.(지역중심형과 지구중심형의 경계가 모호하고 모두 근린형 상업입지보다는 다양한 상품을 제공하는 점에서는 차이가 없다.)

28
점포를 개점할 때 고려해야 할 전략적 사항에 대한 설명으로 옳지 않은 것은?

① 점포는 단순히 하나의 물리적 시설이 아니고 소비자들의 생활과 직결되며, 라이프스타일에도 영향을 미친다.
② 상권의 범위가 넓어져서 규모의 경제를 유발할 수 있기 때문에, 점포의 규모는 클수록 유리하다.
③ 점포 개설로 인해 인접 주민 또는 소비자단체의 민원제기나 저항이 일어나지 않도록 사전에 대비하여야 한다.
④ 취급하는 상품의 종류에 따라 소비자의 이동 거리에 대한 저항감이 다르기 때문에 상권의 범위가 달라진다.
⑤ 경쟁관계에 있는 다른 점포의 규모나 위치를 충분히 검토하여야 한다.

② 점포의 규모가 커지면 상권의 범위는 넓어진다. 그러나 상권의 범위가 넓어지면 경쟁점포가 진입할 수 있으므로 점포가 크다고 해서 반드시 유리한 것은 아니다. 점포의 규모는 상권 전략에 맞추어 최적 규모를 전제로 하여 설정되어야 한다.

29
상권 설정이 필요한 이유로 가장 옳지 않은 것은?

① 지역 내 고객의 특성을 파악하여 상품구색과 촉진의 방향을 설정하기 위해
② 잠재수요를 파악하기 위해
③ 구체적인 입지계획을 수립하기 위해
④ 점포의 접근성과 가시성을 높이기 위해
⑤ 업종 선택 및 업태 개발의 기본 방향을 확인하기 위해

④ 점포의 접근성과 가시성은 상권 설정이 아니라 입지 선정과 관련이 있다. 상권 설정은 그 지역에 거주하는 고객의 구매력을 추정하고, 점포에서 판매하는 상품에 대한 예상 매출액(잠재수요)을 구하는 데 필요한 기본적인 데이터를 제공하며, 판촉활동의 범위를 결정하는 데 있어서도 필수적인 데이터를 제공한다. 점포를 개설할 때는 상권을 먼저 설정한 후, 기존 경쟁점포의 상권을 파악해야 한다.

30

현재 "상가건물 임대차보호법"(법률 제17471호, 2020. 7. 31.) 등 관련 법규에서 규정하고 있는 상가 임대료의 인상률 상한(청구당시의 차임 또는 보증금 기준)으로 옳은 것은?

① 3% ② 4%
③ 5% ④ 7%
⑤ 9%

「상가건물 임대차보호법」 제11조, 시행령 제4조
차임 또는 보증금의 증액 청구는 청구 당시의 차임 또는 보증금의 100분의 5의 금액을 초과하지 못한다.

31

입지 후보지에 대한 예상 매출액을 계량적으로 추정하기 위한 상권분석기법이 아닌 것으로만 짝지어진 것은?

① 유사점포법(Analog Method), 허프 모델(Huff Model)
② 허프 모델(Huff Model), 체크리스트법(Checklist Method)
③ 티센다각형(Thiessen Polygon)모형, 체크리스트법(Checklist Method)
④ 회귀분석(Regression Analysis)모형, 허프 모델(Huff Model)
⑤ 다항로짓 모델(Multinomial Logit Model), 유사점포법(Analog Method)

티센다각형 모형은 두 도시 간 상권의 경계를 파악하는 데 활용되는 기법이다.
체크리스트법은 상권의 범위에 영향을 미치는 요인을 크게 상권 내의 제반 입지의 특성, 상권의 고객 특성, 상권의 경쟁구조로 구분하여 분석하므로 예상 매출액을 추정할 수는 없다.

32

소매점의 입지와 상권에 대한 설명으로 가장 옳은 것은?

① 입지평가에는 점포의 층수, 주차장, 교통망, 주변 거주 인구 등을 이용하고, 상권평가에는 점포의 면적, 주변 유동인구, 경쟁점포의 수 등의 항목을 활용한다.
② 입지는 점포를 이용하는 소비자들이 분포하는 공간적 범위 또는 점포의 매출이 발생하는 지역 범위를 의미한다.
③ 상권은 점포를 경영하기 위해 선택한 장소 또는 그 장소의 부지와 점포 주변의 위치적 조건을 의미한다.
④ 입지를 강화한다는 것은 점포가 더 유리한 조건을 갖출 수 있도록 점포의 속성들을 개선하는 것을 의미한다.
⑤ 입지는 일정한 공간적 범위(Boundary)로 표현되고 상권은 일정한 위치를 나타내는 주소나 좌표를 가지는 점(Point)으로 표시된다.

①은 입지평가와 상권평가의 설명이 바뀌었다.
②는 상권에 대한 설명이다.
③은 입지에 대한 설명이다.
⑤ 일정한 공간적 범위로 표현되는 것은 상권이고, 일정한 위치를 나타내는 주소나 좌표를 가지는 점으로 표시되는 것은 입지이다.

33

시계성 관점에서 상대적으로 좋은 입지에 대한 설명으로 가장 옳지 않은 것은?

① 차량 이용보다는 도보의 경우에 더 먼 거리에서부터 인식할 수 있게 해야 한다.
② 간판은 눈에 띄기 쉬운 크기와 색상을 갖춰야 한다.
③ 건물 전체가 눈에 띄는 것이 효과적이다.
④ 교외형인 경우 인터체인지, 대형 교차로 등을 기점으로 시계성을 판단한다.
⑤ 주차장의 진입로를 눈에 띄게 하는 것도 중요하다.

① 시계성 관점에서 속도를 고려한다면 도보 이용보다는 차량의 경우에 더 먼 거리에서부터 인식할 수 있게 해야 한다.

정답 | 26 ④ 27 ③, ④ 28 ② 29 ④ 30 ③ 31 ③ 32 ④ 33 ①

34

지도 작성 체계와 데이터베이스 관리 체계의 결합으로 상권분석의 유용한 도구가 되고 있는 지리정보시스템(GIS)의 기능에 대한 설명으로 옳은 것은?

① 버퍼(Buffer) – 지도상에서 데이터를 조회하여 표현하고, 특정 공간 기준을 만족시키는 지도를 얻기 위해 조회 도구로써 지도를 사용하는 것이다.
② 주제도(Thematic Map) 작성 – 속성 정보를 요약하여 표현한 지도를 작성하는 것이며, 면, 선, 점의 형상으로 구성된다.
③ 위상 – 지리적인 형상을 표현한 지도상에 데이터의 값과 범위를 할당하여 지도를 확대·축소하는 등의 기능이다.
④ 데이터 및 공간 조회 – 어떤 지도 형상, 즉 점이나 선 혹은 면으로부터 특정한 거리 이내에 포함되는 영역을 의미하며, 면의 형태로 나타나 상권 혹은 영향권을 표현하는 데 사용될 수 있다.
⑤ 프레젠테이션 지도 작업 – 공간적으로 동일한 경계선을 가진 두 지도 레이어들에 대해 하나의 레이어에 다른 레이어를 겹쳐 놓고 지도 형상과 속성들을 비교하는 기능이다.

② GIS 소프트웨어를 사용하여 데이터베이스를 조회하고 속성 정보를 요약하여 표현한 지도를 주제도라고 한다.

선지분석
① 버퍼는 지도에서 관심 대상을 지정한 범위만큼 경계를 짓는 것으로, 면으로 표시된다.
③ 위상(Topology)은 개별 지도 형상에 대해 경도와 위도 좌표 체계를 기반으로 다른 지도 형상과 비교하여 상대적인 위치를 알 수 있는 기능을 부여하는 역할을 한다.
④는 지도레이어(Map Layer)에 대한 설명이다.
⑤는 중첩(Overlay)에 대한 설명이다.

35

동일하거나 유사한 업종은 서로 멀리 떨어져 있는 것보다 가까이 모여 있는 것이 고객을 유인할 수 있다는 입지평가의 원칙으로 옳은 것은?

① 보충 가능성의 원칙
② 점포 밀집의 원칙
③ 동반 유인의 원칙
④ 고객 차단의 원칙
⑤ 접근 가능성의 원칙

동일하거나 유사한 업종은 서로 멀리 떨어져 있는 것보다 가까이 모여 있는 것이 고객을 유인할 수 있다는 것은 동반 유인의 원칙 또는 누적적 흡인력(Cumulative Attraction)이라고 한다.

관련이론 | 입지의 매력도를 평가하는 원칙(입지 대안평가의 원칙)
- 고객 차단의 원칙: 입지가 고객이 특정지역에서 다른 지역으로 이동할 때에 고객으로 하여금 점포를 방문하도록 하는 입지적 특성이 얼마나 되는지를 평가하는 것이다. 이러한 특성을 가지고 있는 지역으로 평가되는 입지는 사무실 밀집지역, 상업지역, 쇼핑센터 등이다(중간 저지성).
- 동반 유인의 원칙: 유사하거나 보충적인 소매업이 군집하고 있는 경우가 분산되어 있거나 독립되어 있는 경우보다 더 큰 유인 잠재력을 가질 수 있다는 원칙이다(누적적 흡인력).
- 보충 가능성의 원칙: 두 개의 사업이 고객을 서로 교환할 수 있는 정도를 의미하는데, 이 원칙에 의하면 인접한 지역에 위치한 사업들 간에 보충 가능성이 높을수록 점포의 매출액이 높아진다(양립성).
- 접근 가능성의 원칙: 고객의 입장에서 점포를 방문할 수 있는 심리적, 물리적 특성을 의미하는데, 지리적으로 인접해 있거나, 교통이 편리하거나, 시간의 소요가 적은 경우에 점포의 매출이 증대된다는 원칙이다.
- 점포 밀집의 원칙: 동반 유인이나 보충 가능성과는 반대로 지나치게 유사한 점포나 보충할 수 있는 점포들이 밀집되어 있어서 고객의 유인 효과를 감소시키는 현상을 의미한다.
- 이용 가능성의 원칙: 그 장소를 임대 또는 매입할 수 있는가 하는 것이다.
- 적합성의 원칙: 장소의 규모 또는 구조 등이 개설하려는 소매점포에 적합한가를 의미한다.
- 수용 가능성의 원칙: 그 장소를 임대 또는 매입할 만한 충분한 자원이 있는가의 여부이다.

36

한 도시 내 상권들의 계층성에 대한 설명으로 가장 옳지 않은 것은?

① 지역상권은 보통 복수의 지구상권을 포함한다.
② 지역상권은 대체로 도시의 행정구역과 일치하기도 한다.
③ 일반적으로 점포상권은 점포가 입지한 지구의 상권보다 크지 않다.
④ 같은 지구 안의 점포들은 특성이 달라도 상권은 거의 일치한다.
⑤ 지방 중소도시의 지역상권은 도시 중심부의 지구상권과 거의 일치한다.

④ 동일한 상업지구에 입지하더라도 점포의 규모 및 취급 상품의 구색에 따라 개별점포의 상권의 범위는 달라질 수 있다.

37

페터(R. M. Petter)의 공간균배의 원리에 대한 내용으로 가장 옳지 않은 것은?

① 경쟁점포들 사이의 상권 분배 결과를 설명한다.
② 상권 내 소비자의 동질성과 균질 분포를 가정한다.
③ 상권이 넓을수록 경쟁점포들은 분산입지한다.
④ 수요의 교통비 탄력성이 클수록 경쟁점포들은 집중입지한다.
⑤ 수요의 교통비 탄력성이 0(영)이면 호텔링(H. Hotelling) 모형의 예측 결과가 나타난다.

④ 공간균배 원리에 따르면 시장이 좁고 수요의 교통비 탄력성이 작은 경우에는 집심적 입지, 그리고 시장이 넓고 수요의 교통비 탄력성이 큰 경우에는 분산입지(산재성입지) 현상이 나타난다.

관련이론 | 공간균배의 원리
페터(R. M. Petter)의 공간균배의 원리는 경쟁관계에 있는 점포 상호 간에 공간을 서로 균배(균등하게 나눔)한다는 것이다. 한 점포가 입지한 후 또 다른 점포가 입지하는 경우 어느 곳에 입지하는 것이 유리한가를 설명하는 이론이다.

38

상권분석은 지역분석과 부지분석으로 나누어진다. 다음 중 지역분석의 분석 항목 만으로 구성된 것은?

① 기후·지형·경관, 용도지역·용적률, 기존 건물의 적합성, 금융 및 조세 여건
② 인구 변화 추세, 기후·지형·경관, 도로망·철도망, 금융 및 조세 여건
③ 용도지역·용적률, 기존 건물의 적합성, 인구 변화 추세, 도로망·철도망
④ 인구 변화 추세, 민원 발생의 소지, 토지의 지형·지질·배수, 금융 및 조세 여건
⑤ 민원 발생의 소지, 용도지역·용적률, 도로망·철도망, 공익 설비 및 상하수도

점포의 개설을 위한 입지분석은 넓은 범위에서 시작하여 범위를 좁혀나가는 것이 바람직하다. 따라서 지역분석을 한 후 지구분석, 그리고 점포의 부지에 대해 부지분석을 해야 한다. 지역분석(Regional Analysis)은 가장 넓은 범위를 대상으로 하므로 ②의 항목 등이 포함된다.
용도지역·용적률, 기존 건물의 적합성, 토지의 지형·지질·배수 등은 부지분석의 항목에 해당된다.

정답 | 34 ② 35 ③ 36 ④ 37 ④ 38 ②

39

지역시장의 매력도를 분석할 때 소매포화지수(IRS)와 시장성장잠재력지수(MEP)를 활용할 수 있다. 입지후보가 되는 지역시장의 성장가능성은 낮지만, 시장의 포화정도가 낮아 기존점포 간의 경쟁이 치열하지 않은 경우로서 가장 옳은 것은?

① 소매포화지수(IRS)와 시장성장잠재력지수(MEP)가 모두 높은 경우
② 소매포화지수(IRS)는 높지만 시장성장잠재력지수(MEP)가 낮은 경우
③ 소매포화지수(IRS)는 낮지만 시장성장잠재력지수(MEP)가 높은 경우
④ 소매포화지수(IRS)와 시장성장잠재력지수(MEP)가 모두 낮은 경우
⑤ 소매포화지수(IRS)와 시장성장잠재력지수(MEP)만으로는 판단할 수 없다.

② 소매포화지수(IRS)가 높으면 잠재수요가 커서 기존점포 간의 경쟁이 치열하지 않은 경우이다. 반면 시장성장잠재력지수(MEP)가 낮은 경우 이 지역시장의 성장 가능성은 낮은 것으로 평가한다.
소매포화지수(IRS, RSI)는 특정지역시장의 현재 잠재수요를 총체적으로 측정할 수 있는 지표이고, 시장성장잠재력지수(MEP)는 미래의 시장성장잠재력을 나타내는 지표이다. 따라서 IRS가 높고 MEP가 클수록 현재와 미래 모두 매우 매력적인 시장이라고 할 수 있다.

관련이론 | 소매포화지수와 시장성장잠재력지수
- 소매포화지수는 한 지역 내 특정 소매업태에 대한 수요를 매장 면적의 합으로 나누어 계산한 것으로, 현재 상황에서 공급에 대한 수요 수준을 나타내며 지수의 값이 클수록 신규점포 개설의 매력도가 높다는 것을 의미한다.
- 지역시장의 수요 잠재력을 총체적으로 측정할 수 있는 지표로 많이 이용되는 것이 소매포화지수(IRS: Index of Retail Saturation)이다.
- 이를 공식으로 나타내면 다음과 같다.

$$IRS = \frac{\text{지역시장의 총가구수} \times \text{가구당 특정 업태에 대한 지출액}}{\text{특정 업태의 총 매장 면적}}$$

- MEP는 미래의 잠재수요를 총 매장 면적으로 나눈 값이다. 현재 거주자의 지역외구매(Outshopping)가 많은 경우 장래에는 이 지역에서 쇼핑할 가능성이 높고 따라서 시장성장잠재력이 높으므로 MEP는 크게 나타난다.

40

일반적인 백화점의 입지와 소매전략에 관한 설명으로 가장 옳지 않은 것은?

① 입지조건에 따라 도심 백화점, 터미널 백화점, 쇼핑센터 등으로 구분할 수 있다.
② 대상 지역의 주요 산업, 인근 지역 소비자의 소비 행태 등을 분석해야 한다.
③ 선호하는 브랜드를 찾아다니면서 이용하는 소비자가 존재함을 인지해야 한다.
④ 상품구색의 종합화를 통한 원스톱 쇼핑보다 한 품목에 집중해야 한다.
⑤ 집객력이 높은 층을 고려한 매장배치나 차별화가 중요하다.

④ 백화점은 다양한 유형의 상품과 깊이 있는 구색을 갖추어 놓고, 세심한 고객서비스를 제공하는 소매점포이다. 따라서 상품구색의 종합화를 통해 고객들이 원스톱 쇼핑을 할 수 있도록 해야 한다. 한 품목에 집중해야 하는 것은 전문점이다.

41

업종 형태와 상권과의 관계에 대한 아래의 내용 중에서 옳지 않은 것은?

① 동일 업종이라 하더라도 점포의 규모나 품목의 구성에 따라 상권의 범위가 달라진다.
② 선매품을 취급하는 소매점포는 보다 상위의 소매 중심지나 상점가에 입지하여 넓은 범위의 상권을 가져야 한다.
③ 전문품을 취급하는 점포의 경우 고객이 지역적으로 밀집되어 있으므로 상권의 밀도는 높고 범위는 좁은 특성을 갖고 있다.
④ 상권의 범위가 넓을 때는, 상품품목 구성의 폭과 깊이를 크게 하고 다목적구매와 비교구매가 용이하게 하는 업종·업태의 선택이 필요하다.
⑤ 생필품의 경우 소비자의 구매거리가 짧고 편리한 장소에서 구매하려 함으로 이런 상품을 취급하는 업태는 주택지에 근접한 입지를 취하는 것이 좋다.

③ 전문품을 취급하는 점포의 경우 고객이 지역적으로 분산되어 있으므로 상권의 밀도는 낮고 범위는 넓은 특성을 갖고 있다.
고객이 지역적으로 밀집되어 있어 그 상권의 밀도가 높고 범위는 좁은 특성을 가지는 것은 편의품을 취급하는 점포의 경우이다.

42

상권조사 및 분석에 관한 설명으로서 가장 옳지 않은 것은?

① 유추법을 활용해 신규점포의 수요를 예측할 수 있다.
② 고객스포팅기법(CST)을 활용하여 상권의 범위를 파악할 수 있다.
③ 이용 가능한 정보와 상권분석 결과의 정확성은 역U자(즉, ∩)형 관계를 갖는다.
④ 동일한 결론을 얻는 데 적용한 분석기법이 다양할수록 분석 결과의 신뢰도가 높다.
⑤ 회귀분석을 통해 복수의 변수들 각각이 점포수요에 미치는 영향을 추정할 수 있다.

③ 이용 가능한 정보가 많이 주어질수록 상권분석의 정확성은 높아진다. 따라서 이용 가능한 정보와 상권분석의 정확성은 비례관계를 갖는다.

43

쇼핑센터의 공간 구성요소들 중에서 교차하는 통로를 연결하며 원형의 광장, 전이 공간, 이벤트 장소가 되는 것은?

① 통로(Path)
② 결절점(Node)
③ 지표(Landmark)
④ 구역(District)
⑤ 에지(Edge)

결절점은 쇼핑센터에서 교차하는 통로를 연결하며 원형의 내부 광장, 교차로, 이벤트 장소가 된다.

선지분석
① 통로는 복도나 수직 동선을 의미한다.
③ 지표는 길 찾기를 위한 쇼핑센터의 핵점포나 조각물 또는 장식물 등을 말한다.
④ 구역은 개인이나 집단이 소유하거나 점유한 곳으로 쇼핑센터 내 매장을 말한다.
⑤ 에지 또는 가장자리는 영역을 안에 에워싸고 그 영역에서 밖으로 향하는 것으로 파사드(Facade), 난간(Parapet), 벽면 등에 해당한다.

44

크리스탈러(Christaller)의 중심지이론과 관련된 설명으로 가장 옳지 않은 것은?

① 중심지란 배후지의 거주자들에게 재화와 서비스를 제공하는 상업기능이 밀집된 장소를 말한다.
② 배후지란 중심지에 의해 서비스를 제공받는 주변지역으로서 구매력이 균등하게 분포하고 끝이 없이 동질적인 평지라고 가정한다.
③ 중심지기능의 최대 도달거리(도달범위)는 중심지에서 제공되는 상품의 가격과 소비자가 그것을 구입하는 데 드는 교통비에 의해 결정된다.
④ 도달범위란 중심지 활동이 제공되는 공간적 한계를 말하는데 중심지로부터 어느 재화에 대한 수요가 0이 되는 곳까지의 거리를 의미한다.
⑤ 상업 중심지의 정상이윤 확보에 필요한 최소한의 수요를 발생시키는 상권범위를 최대수요 충족거리라고 한다.

⑤ 상업 중심지의 정상 이윤 확보에 필요한 최소한의 수요를 발생시키는 상권범위를 최소수요 충족거리라고 한다.

45

빅데이터의 유용성이 가장 높은 상권분석의 영역으로 가장 옳은 것은?

① 경쟁점포의 파악
② 상권범위의 설정
③ 상권 규모의 추정
④ 고객 맞춤형 전략의 수립
⑤ 점포입지의 적합성 평가

④ 고객 맞춤형 전략을 수립하기 위해서는 개별 고객에 대한 다양한 정보가 필요하므로 빅데이터의 유용성이 가장 높은 영역으로 볼 수 있다.

정답 | 39 ② 40 ④ 41 ③ 42 ③ 43 ② 44 ⑤ 45 ④

유통마케팅

46
유통마케팅 성과평가에 대한 설명으로 가장 옳지 않은 것은?

① 유통마케팅 성과측정 방법은 크게 재무적 방법과 마케팅적 방법으로 나눌 수 있다.
② 재무적 방법은 회계 데이터를 기초로 성과를 측정한다.
③ 마케팅적 방법은 주로 고객들로부터 수집된 데이터를 이용하여 성과를 측정한다.
④ 마케팅적 방법은 과거의 성과를 보여주지 못하지만 미래를 예측할 수 있다는 장점이 있다.
⑤ 재무적 방법과 마케팅적 방법을 상호보완적으로 활용하여 측정하는 것이 효과적이다.

④ 유통업의 성과평가 도구로는 크게 재무적 방법과 마케팅적 방법 등을 사용하고 있다. 재무적 방법과 마케팅적 방법을 병행하여 사용하여야 신뢰성 있는 평가 결과를 도출할 수 있다.

관련이론 | 유통마케팅 성과측정 방법
- 재무적 방법: 회계 자료를 기초로 한 평가 방법으로 재무제표를 이용하여 과거의 성과를 평가할 수 있는 기법
- 마케팅적 방법: 고객들로부터 수집된 데이터를 토대로 과거의 성과를 보여주고 미래의 성과를 예측하는 기법

47
아래 글상자의 상황에서 A사가 선택할 수 있는 분석 방법으로 가장 옳은 것은?

> 공기청정기를 판매하는 A사는 다양한 판매촉진을 통해 매출 부진에서 벗어나고자 한다.
> 가격 인하와 할인 쿠폰 행사 그리고 경품 행사가 매출 향상에 효과적인가를 판단하기 위해 각 판촉 방법당 5개 지점의 자료를 표본으로 선정하여 판촉 유형이 매출에 미치는 효과 여부에 관한 조사를 실시하기로 했다.

① 요인분석(Factor Analysis)
② 회귀분석(Regression Analysis)
③ 다차원척도법(MDS, Multi-Dimensional Scaling)
④ 표적집단면접법(FGI, Focus Group Interview)
⑤ 분산분석(ANOVA, Analysis Of Variance)

분산분석(ANOVA)은 3 이상의 독립적인 집단들 간에 특정 변수의 평균값에 서로 차이가 있는지를 검정하는 통계기법에 해당한다.

선지분석
① 요인분석: 변수들 간의 상관 관계를 고려하여 내재된 유사 요인들을 추출해 내는 분석 방법
② 회귀분석: 하나(단순 회귀분석) 또는 둘 이상(다중회귀분석)의 독립변수가 특정한 하나의 종속변수에 미치는 영향의 정도와 방향을 파악하기 위해서 사용되는 분석 방법
③ 다차원척도법: 제품의 특성에 대하여 소비자들이 인지하고 있는 상태를 그래프상의 여러 차원으로 표시해 시각적으로 포지션을 파악하는 기법
④ 표적집단면접법은 고객의 구매 행동에 대한 내면적 동기나 심리를 파악하기 위해 6~12명의 패널을 모아놓고 조사하는 방법

48
촉진믹스에 대한 설명으로 옳지 않은 것은?

① 광고는 커뮤니케이션을 위한 직접적인 비용을 지불한다는 점에서 홍보(Publicity)와 구분된다.
② 인적판매는 소비자 유형별로 개별화된 정보를 전달할 수 있다.
③ 인적판매의 경우 대체로 타 촉진믹스에 비해 고비용이 발생한다.
④ 판매촉진의 주된 목적은 제품에 대한 체계적이고 설득력 있는 정보를 제공하는 것이다.
⑤ 광고는 제품 또는 서비스 정보의 비대면적 전달 방식이다.

④ 판매촉진의 주된 목적은 감성적 소구를 통해 충동구매를 발생시키기 위한 것이 크다. 제품에 대한 체계적이고 설득력 있는 정보제공은 인적판매의 방법에 해당한다.

49

아래 글상자는 로열티(고객충성도)의 유형을 설명하고 있다. ㉠, ㉡, ㉢에 들어갈 용어를 순서대로 나열한 것으로 옳은 것은?

- (㉠): 그냥 예전부터 하던 대로 습관화되어 반복적으로 특정 제품을 구매하는 경우
- (㉡): 반복 구매 정도는 낮지만 호감의 정도는 높아 다소의 노력을 기울여서라도 특정 제품이나 브랜드를 구입하는 경우
- (㉢): 특정 제품에 대한 애착과 호감의 수준이 높고 반복 구매가 빈번하게 발생하며 때로 긍정적 구전을 하는 경우
- 비로열티(No Loyalty): 어떤 차선책을 찾을 수 없어 특정 제품을 반복적으로 선택하는 경우

① ㉠ 잠재적 로열티, ㉡ 초우량 로열티, ㉢ 타성적 로열티
② ㉠ 초우량 로열티, ㉡ 타성적 로열티, ㉢ 잠재적 로열티
③ ㉠ 타성적 로열티, ㉡ 잠재적 로열티, ㉢ 초우량 로열티
④ ㉠ 잠재적 로열티, ㉡ 타성적 로열티, ㉢ 초우량 로열티
⑤ ㉠ 초우량 로열티, ㉡ 잠재적 로열티, ㉢ 타성적 로열티

관련이론 | 로얄티의 종류(애착·반복 구매의 정도)
- 타성적 로열티: 잠재적 로얄티와는 반대로 브랜드에 대한 심리적 애착의 정도는 낮으나 반복 구매의 정도는 높은 경우의 충성도
- 잠재적 로열티: 브랜드에 대한 소비자의 애착의 정도는 높으나 지속적인 반복 구매는 이루어지지 않는 충성도
- 초우량 로열티: 자사의 제품 브랜드나 서비스에 대해 높은 심리적 애착과 지속적인 반복 구매가 이루어지는 고객에게 보이는 강한 충성도
- 비로열티: 브랜드에 대한 심리적 애착의 정도와 지속적 반복 구매 정도가 낮은 유형으로, 상표전환이 빠른 고객층이 가지는 충성도

50

고객서비스에 대한 설명으로 가장 옳지 않은 것은?

① 고객서비스는 고객에게 만족스러운 쇼핑 경험을 제공하기 위해 소매업체가 수행하는 일련의 활동과 프로그램을 의미한다.
② 고객서비스는 소비자들이 구매한 상품에서 느낄 수 있는 가치를 증진시킨다.
③ 소매업체는 보다 많은 단기적 이익을 추구하려는 전술적 관점에서 고객서비스를 제공한다.
④ 좋은 고객서비스는 경쟁사가 모방하기 어렵고 고객들이 점포를 다시 찾게 만드는 전략적 이점을 제공한다.
⑤ 훌륭한 고객서비스 제공을 통해 점포들은 상품을 차별화하고 고객충성도를 구축하며 지속가능한 경쟁우위를 확보하려고 한다.

③ 소매업체의 고객서비스 제공은 전략적 측면에서 장기적 관계 구축을 통한 이익을 추구하려는 경향이 강하다.

51

판매원의 고객서비스와 판매업무활동에 대한 설명으로 가장 옳지 않은 것은?

① 판매원의 판매업무활동은 고객에게 상품에 대한 효용을 설명함으로써 구매 결정을 내리도록 설득하는 것을 의미한다.
② 개별 소비자의 구매 성향에 맞게 고객서비스를 조정하는 고객화 접근법(Customization)은 최소화된 비용으로 고객을 설득시킬 수 있는 직접적 판매활동이다.
③ 전체 고객 집단에 대하여 동일한 고객서비스를 제공하는 것을 표준화 접근법(Standardization)이라 한다.
④ 판매업무활동의 마지막 단계는 고객의 니즈에 부합하면서 판매가 만족스럽게 이루어지도록 하는 판매 종결(Closing)기능이다.
⑤ 고객으로부터 얻은 정보를 기업에게 전달하는 역할도 판매업무활동의 하나이다.

② 최소화된 비용으로 고객을 설득 시킬 수 있는 직접적 판매활동은 표준화 접근법에 해당한다. 고객화 접근법은 개별 소비자 각각의 구매 성향에 맞게 서비스를 조정하는 전략으로 비용이 많이 든다.

정답 | 46 ④ 47 ⑤ 48 ④ 49 ③ 50 ③ 51 ②

52

성공적인 고객관계관리(CRM)의 도입과 실행을 위해 고려해야 할 사항으로 옳지 않은 것은?

① 고객을 중심으로 모든 거래 데이터를 통합해야 한다.
② 고객의 정의와 고객 그룹별 관리 방침을 수립해야 한다.
③ 고객관계관리는 전략적 차원이 아닌 단순 정보기술 수준에서 활용해야 한다.
④ 고객분석에 필요한 고객의 상세 정보를 수집해야 한다.
⑤ 고객분석 결과를 활용할 수 있도록 제반업무절차를 정립하고 시행해야 한다.

③ 고객관계관리(CRM)는 마케팅 인식에 있어서 종전의 기업 중심적 마케팅 사고에서 벗어나 데이터베이스를 기초로 한 개별 고객의 욕구를 파악하여 맞춤형 서비스를 제공함으로써 고객생애가치(CLV)를 극대화시킬 수 있는 마케팅전략에 해당한다.

관련이론 | CRM 실행 시 고려사항
- 기존고객이 이탈하지 않도록 유지관리에 중점을 둔다.
- 단기적인 이익 창출보다 장기적인 고객 생애가치 극대화를 통한 이익 창출에 중점을 둔다.
- 기업의 마케팅 성과지표가 시장점유율 향상보다는 고객점유율(이용률) 향상에 있다.
- 기존고객과의 관계를 충성도 높은 옹호자에서 동반자 관계로 확장시킨다.
- 고객충성도가 높은 애호고객의 구전을 통한 신규고객을 창출한다.
- CRM의 관심 영역으로 고객 확보와 고객 발굴(교차판매, 상향판매)의 내용을 포함한다.

53

고객관계관리(CRM)에 기반한 마케팅 활동으로 가장 옳지 않은 것은?

① 비용을 최소화할 수 있는 고객확보 활동
② 고객과의 신뢰를 쌓아가는 전략적 마케팅 활동
③ 수익성 높은 고객의 분류 및 표적화 마케팅
④ 중간상을 배제한 고객과의 직접적·개별적 커뮤니케이션
⑤ 교차판매와 상향판매의 기회 증대 및 활용

CRM에 기반한 마케팅 활동의 종류에는 다음과 같은 활동들이 있다.
- 비용을 최소화할 수 있는 고객확보활동
- 고객과의 신뢰를 쌓아가는 전략적 마케팅 활동
- 수익성 높은 고객의 분류 및 표적 마케팅
- 고객충성도를 통한 교차판매와 상향판매의 기회 증대
- 데이터마이닝을 통한 고객분석

54

아래 글상자 ㉠, ㉡, ㉢에 들어갈 용어로 옳은 것은?

> 일반적으로 소비자는 어떤 상품을 살 때, 과거 경험이나 기억, 외부에서 들어온 정보 등에 의해 특정 가격을 떠올리게 되는데 이를 (㉠)이라 한다. 또한, 소비자마다 최하 얼마 이상 최고 얼마 미만의 가격이라면 사겠다고 생각하는 범위가 존재하는데 이를 (㉡)이라 한다. 그러나 항상 이렇게 합리적인 방식으로 가격에 반응하지는 않는다. 소비자는 디자이너 명품 의류나 주류, 시계와 같은 제품에 대해서는 가격을 품질이나 지위의 상징으로 여기는 경우가 있다. 따라서 소비자가 지불 가능한 가장 높은 가격을 유지하는 전략을 (㉢) 전략이라 한다.

① ㉠ 준거 가격, ㉡ 할증 가격, ㉢ 수요점화 가격 수준
② ㉠ 준거 가격, ㉡ 명성 가격, ㉢ 할증 가격
③ ㉠ 준거 가격, ㉡ 명성 가격, ㉢ 수요점화 가격 수준
④ ㉠ 준거 가격, ㉡ 수요점화 가격 수준, ㉢ 명성 가격
⑤ ㉠ 할증 가격, ㉡ 준거 가격, ㉢ 수요점화 가격 수준

㉠ 구매자가 가격이 저가인지 고가인지를 판단하는 기준으로 삼는 가격을 준거가격이라 한다.
㉡ 소비자의 소득 수준에 따라 최하 얼마 이상 최고 얼마 미만의 가격이라면 사겠다고 생각하는 범위가 존재하는데 이를 수요점화 가격 수준이라 한다.
㉢ 명성가격은 고가의 제품은 고품질을 지닐 것이라는 소비자 인식을 이용하는 고가격전략으로 가격-품질연상효과를 이용한 전략에 해당한다.

55
아래 글상자 보기 중 머천다이저(MD)가 상품을 싸게 구매할 수 있는 일반적인 상황을 모두 고른 것은?

> ㉠ 주문을 많이 하는 경우
> ㉡ 반품 없이 모두 직매입하는 경우
> ㉢ 현찰로 물품 대금을 지불하는 경우
> ㉣ 경쟁업체들이 취급하지 못하는 제조업체 제품(NB)들을 매입하는 경우

① ㉠, ㉡
② ㉠, ㉢
③ ㉠, ㉣
④ ㉠, ㉡, ㉢
⑤ ㉠, ㉡, ㉢, ㉣

㉣은 희소성이 있는 제품들이기 때문에 높은 가격에 매입하는 경우가 일반적이다.

56
다음 중 머천다이징(Merchandising)을 뜻하는 의미로 가장 옳은 것은?

① 상품화계획
② 상품구매계획
③ 재고관리계획
④ 판매활동계획
⑤ 물류활동 계획

① 미국 AMA의 정의에 따르면 머천다이징(MD)이란 수요에 적합한 상품 또는 서비스를 알맞은 시기와 장소에서 적정가격으로 유통시키기 위한 일련의 상품화계획(상품관리)이라고 한다.

57
제품구색의 변화에 초점을 맞춘 소매업태 이론으로서, 소매상은 제품구색이 넓은 소매업태에서 전문화된 좁은 구색의 소매업태로 변화되었다가 다시 넓은 구색의 소매업태로 변화되어 간다고 설명하는 이론으로 가장 옳은 것은?

① 소매수명주기 이론
② 소매변증법이론
③ 소매아코디언 이론
④ 소매차륜이론
⑤ 소매진공이론

③ 소매아코디언 이론은 소매점 업태의 진화 과정을 소매점에서 취급하는 상품계열의 수로 설명하는 이론이다. 그 발전 과정상의 상품 계열의 구색 수의 확대 – 수축 – 확대되어 가는 과정의 양태가 아코디언 모양과 같다고 하여 붙여진 이론이다.

58
아래 글상자에서 수직적 경쟁과 관련하여 옳은 내용만을 모두 나열한 것은?

> ㉠ 유통경로상의 서로 다른 경로 수준에 위치한 경로구성원 간의 경쟁을 의미한다.
> ㉡ 유사한 상품을 판매하는 서로 상이한 형태의 소매업체 간 경쟁을 뜻한다.
> ㉢ 자체 상표(PB) 확산으로 발생하는 유통업체와 제조업체와의 경쟁도 수직적 경쟁에 포함된다.
> ㉣ 체인 간의 경쟁, 협동조합과 프랜차이즈 간의 경쟁도 수직적 경쟁에 포함된다.
> ㉤ 수직적 경쟁이 치열해질수록 횡적/수평적 관계로 경쟁을 완화하려는 욕구가 커진다.

① ㉠, ㉡, ㉢
② ㉡, ㉢, ㉤
③ ㉠, ㉢, ㉤
④ ㉡, ㉢, ㉣
⑤ ㉢, ㉣, ㉤

㉡은 업태별 경쟁에 대한 설명에 해당한다.
㉣은 수평적 경쟁 형태에 포함된다.

관련이론 | 유통경쟁의 형태
- 수직적 경쟁: 유통경로 상의 다른 경로 위치에 있는 경로구성원들 간의 경쟁 및 갈등을 말한다.
- 수평적 경쟁: 유통경로 단계가 같은 기업 간의 경쟁을 말한다. 예를 들면, 같은 대형마트 간의 경쟁 또는 백화점 간의 경쟁을 들 수 있다.
- 업태 간 경쟁: 최근 유통환경의 변화에 따른 경쟁양상이라고 할 수 있다. 예를 들면, 같은 소매 유통라인에 있는 대형마트와 재래시장 또는 대형마트와 백화점과의 경쟁관계가 대표적이라 할 수 있다.
- 경로시스템 간 경쟁(VMS 또는 HMS): 경로시스템 간 경쟁은 수직적 마케팅시스템(VMS) 또는 수평적 마케팅시스템(HMS)과 같은 시스템 간의 경쟁을 의미한다. 프랜차이즈시스템과 조합형시스템 간의 경쟁을 예로 들 수 있다.

정답 | 52 ③   53 ④   54 ④   55 ④   56 ①   57 ③   58 ③

59

다음 중 온·오프라인(O2O) 유통전략을 실행한 결과의 사례로서 가장 옳지 않은 것은?

① 온라인 몰을 통해서 구매한 식품을 근처 오프라인 매장에서 원하는 시간에 집으로 배송 받음
② 모바일 앱을 통해 영화·TV프로그램 등의 콘텐츠를 구매하고 TV를 통해 시청함
③ PC나 모바일 앱으로 상품을 주문한 후 원하는 날짜 및 시간에 점포에 방문하여 픽업함
④ 온라인을 통해 구매한 제품에 대해 환불을 신청한 후 편의점을 통해 제품 반품함
⑤ 모바일 지갑 서비스를 통해 쿠폰을 다운받아 매장에서 결제할 때 사용함

②는 온라인을 통해 콘텐츠를 구입하고 온라인으로 서비스를 이용하는 것으로 O2O에 해당하지 않는다.

관련이론 | O2O(Online to Offline)
O2O는 온라인으로 상품이나 서비스 주문을 받아 오프라인으로 해결해주는 서비스 행위를 의미한다. 마케팅 관점에서는 온라인 쇼핑몰 마케팅을 오프라인으로 돕는 모든 활동이며 온라인에서 소비자의 구매를 유도하고, 오프라인 상점으로 불러내는 것을 의미한다.

60

최근 우리나라에서 찾아볼 수 있는 소매경영환경의 변화로 가장 옳지 않은 것은?

① 소비자의 편의성(Convenience) 추구 증대
② 중간상 상표의 매출 증대
③ 온라인채널의 비약적 성장
④ 하이테크(Hi-Tech)형 저가 소매업으로의 시장통합
⑤ 파워 리테일러(Power Retailer)의 영향력 증대

④ 최근 우리나라 유통환경은 하이테크에서 하이터치형으로 변화하고 있다.

관련이론 |
- 하이터치형(High Touch): 제한된 제품 계열에 대한 철저한 관리를 특징으로 하며 고도로 집중화되고 전문화된 소매업태이다.
- 하이테크형(Hi Tech): 대형점포와 진열·보관 기술 및 셀프서비스 노하우를 바탕으로 한 소매업태이다.

61

엔드 진열(End Cap Display)에 대한 설명으로 가장 옳지 않은 것은?

① 진열된 상품의 소비자들에 대한 노출도가 높다.
② 소비자들을 점내로 회유시키는 동시에 일반 매대로 유인하는 역할을 한다.
③ 생활 제안 및 계절 행사 등을 통해 매력적인 점포라는 인식을 심어줄 수 있다.
④ 상품 정돈을 하지 않으므로 작업 시간이 절감되고 저렴한 특가품이라는 인상을 준다.
⑤ 고마진 상품진열대로서 활용하여 이익 및 매출을 높일 수 있다.

엔드 진열은 고객들이 이동하는 통로에 직접 매대를 노출시켜 충동구매를 유도하는 전략이다. 테마 상품 또는 소비자들에게 인지도가 있는 상품을 진열하여 매출액을 극대화시키는 진열 방법이다. 따라서 ④ 상품 정돈을 하지 않아 특가품이라는 인상을 준다는 표현은 엔드매대 진열과 관계가 없는 표현에 해당한다.

62

중간상을 비롯한 유통경로구성원들에게 제공하는 판매촉진 방법으로 옳지 않은 것은?

① 중간상 가격 할인 ② 협력 광고
③ 판매원 교육 ④ 지원금
⑤ 충성도 프로그램

중간상 가격 할인, 협력 광고, 판매원 교육, 지원금 제도 등은 중간상에 대한 제조기업의 판매촉진 방법에 해당하지만, ⑤ 충성도 프로그램은 소비자에 대한 판매촉진 방법에 해당한다.

63

레이아웃의 유형 중 격자형 점포배치(Grid Layout)가 갖는 상대적 특성으로 가장 옳지 않은 것은?

① 비용 대비 효율성이 매우 높다.
② 공간의 낭비를 크게 줄일 수 있다.
③ 심미적으로 가장 우수한 배열은 아니다.
④ 고객의 충동구매를 효과적으로 자극한다.
⑤ 같은 면적에 상대적으로 더 많은 상품을 진열할 수 있다.

④에서 고객의 충동구매를 효과적으로 자극하는 것은 자유형 레이아웃에 해당한다.
격자형 레이아웃은 동일하게 규격화된 내부 비품들을 사용하기 때문에 비용을 절감할 수 있는 형태의 반복적인 직사각 형태의 배치를 통해 공간의 효율성을 극대화하는 그리드형 배치로, 기둥이 많고 기둥 간격이 좁은 상황에서도 설비비용을 절감할 수 있는 특징을 지닌다.

64

아래 글상자에서 공통적으로 설명하는 가격전략은?

> ㉠ A대형마트에서는 비누와 로션 등을 3개씩 묶어서 판매함
> ㉡ 초고속 인터넷과 IPTV를 따로 가입할 때보다 함께 가입하면 할인된 가격으로 제공

① 종속제품 가격전략(Captive Product Pricing)
② 부산물 가격전략(By-Product Pricing)
③ 시장침투 가격전략(Market-Penetration Pricing)
④ 묶음제품 가격전략(Product-Bundle Pricing)
⑤ 제품라인 가격전략(Product Line Pricing)

묶음제품 가격전략은 기본적인 제품과 선택사양, 서비스 등 보완관계에 있는 제품들을 묶어서 하나의 할인된 가격으로 제시하는 것을 의미한다.

선지분석

① 종속제품 가격전략: 본체와 함께 사용해야 하는 보완재의 가격을 책정하는 가격전략으로, 주제품을 저렴하게 판매하고, 반복 구매하는 종속 제품을 비싸게 판매하는 전략이다.

정답 | 59 ② 60 ④ 61 ④ 62 ⑤ 63 ④ 64 ④

65

유통시장을 세분화할 때 세분화된 시장이 갖추어야 할 요건으로 가장 옳지 않은 것은?

① 세분화된 시장의 크기나 규모, 구매력의 정도가 측정 가능해야 함
② 세분시장별 수익성을 보장하기 위한 시장성이 충분해야 함
③ 마케팅 활동을 통해 세분화된 시장의 소비자에게 효과적으로 접근할 수 있어야 함
④ 자사가 세분화된 시장에서 높은 경쟁우위를 갖고 있어야 함
⑤ 세분시장별 효과적인 마케팅믹스가 개발될 수 있어야 함

선지분석
① 측정가능성: 세분화된 시장의 규모와 구매력 및 세분화 특성이 관리자에 의해 측정 가능해야 한다.
② 충분한 규모의 시장: 마케팅전략에 있어서 효과적인 세분화를 정립하는 이유는, 매출액 증대를 위한 이윤극대화이므로 세분시장 자체의 충분한 시장성이 전제되어야 의미 있는 세분화 작업이 될 수 있다.
③ 접근가능성: 상품을 구매하는 대상인 소비자가 세분시장에 효과적으로 도달해 이들에 대한 서비스가 가능해야 한다.
⑤ 내부적으로 동질적, 외부적으로 이질적: 개개 세분시장은 마케팅 변수에 대하여 상이한 반응을 보일 만큼 이질적이어야 하지만, 세분시장 내의 소비자들은 마케팅 변수에 대하여 동일한 반응을 보여야 한다.

66

점포구성에 대한 설명으로 가장 옳지 않은 것은?

① 점포는 상품을 판매하는 매장과 작업장, 창고 등의 후방으로 구성된다.
② 점포를 구성하는 방법, 배치 방법을 레이아웃이라 한다.
③ 점포구성 시 고객의 주동선, 보조 동선, 순환 동선 모두를 고려해야 한다.
④ 점포 레이아웃 안에서 상품을 그룹핑하여 진열 순서를 결정하는 것을 조닝(Zoning)이라 한다.
⑤ 명확한 조닝 구성을 위해 외장 출입구 및 점두 간판의 설치 위치를 신중하게 결정해야 한다.

⑤ 조닝은 그룹핑한 품목을 어느 위치에 배치할 것인가를 결정하고, 그룹핑한 제품군을 ABC분석에 따른 매출액과 연관성 등에 따라 공간적인 할당을 정하는 절차로, 외장 출입구 및 점두 간판의 설치 위치와는 관련성이 없다.

67

다음 중 자체 상표(Private Brand) 상품의 장점으로 가장 옳지 않은 것은?

① 다른 곳에서는 구매할 수 없는 상품이기 때문에 차별화된 상품화 가능
② 유통기업이 누릴 수 있는 마진폭을 상대적으로 높게 책정 가능
③ 유통 단계를 축소시킴으로써 비교적 저렴한 가격으로 판매 가능
④ 유통기업이 전적으로 권한을 갖기 때문에 재고소요량, 상품회전율 등의 불확실성 제거 가능
⑤ 유사한 전국 상표 상품 옆에 저렴한 자체 상표 상품을 나란히 진열함으로써 판매촉진 효과 획득 가능

④ 유통기업이 전적으로 권한을 갖고는 있으나, 재고소요량, 상품회전율 등은 통제 불가능한 요소이므로 그에 따르는 불확실성은 제거가 곤란하다.

68
아래 ㉠과 ㉡에 들어갈 성장전략으로 알맞게 짝지어진 것은?

	기존제품	신제품
기존시장	㉠	
신시장		㉡

① ㉠ 시장침투 전략, ㉡ 제품개발 전략
② ㉠ 시장침투 전략, ㉡ 다각화 전략
③ ㉠ 시장개발 전략, ㉡ 제품개발 전략
④ ㉠ 시장개발 전략, ㉡ 다각화 전략
⑤ ㉠ 수직적 통합전략, ㉡ 신제품 전략

관련이론 | 앤소프(I. Ansoff)의 제품·시장확장 그리드

	기존제품(업태)	신제품(업태)
기존시장	㉠ 시장침투	제품개발(업태개발)
신시장	시장개발	㉡ 다각화

69
다음 중 판매를 시도하기 위해 고객에게 다가가는 고객 접근 기술로 가장 옳지 않은 것은?

① 고객에게 명함을 전달하며 공식적으로 접근하는 상품혜택 접근법
② 판매하고자 하는 상품을 고객에게 제시하며 주의와 관심을 환기시키는 상품 접근법
③ 고객의 관심과 흥미를 유발시켜 접근해 나가는 환기 접근법
④ 고객에게 가치 있는 무언가를 무료로 제공하면서 접근하는 프리미엄 접근법
⑤ 이전에 구매한 상품에 대한 정보제공이나 조언을 해주며 접근하는 서비스 접근법

① 고객에게 명함을 전달하며 공식적으로 접근하는 방법은 자칫 고객에게 부담을 느끼게 하여 판매에 실패할 수 있다.

70
다음 중 각 상품수명주기에 따른 관리전략을 연결한 것으로 옳지 않은 것은?

① 도입기 – 기본 형태의 상품 출시
② 성장기 – 상품 확대, 서비스 향상
③ 성숙기 – 브랜드 및 모델의 통합, 품질 보증의 도입
④ 쇠퇴기 – 경쟁력 없는 취약상품의 철수
⑤ 쇠퇴기 – 재활성화(Reactivation)

③ 성숙기에는 브랜드와 모델을 다양화하고 깊이를 추구해야 하는 전략이 중요하다. 한편, 품질 보증의 도입은 성장기에 유용한 전략에 해당할 수 있다.

유통정보

71
아래 글상자에서 설명하는 기능으로 가장 옳은 것은?

> A사는 온라인과 오프라인 매장을 동시에 운영하는 코스메틱 유통회사이다. 따라서 창고환경(온도, 습도 등)과 제품재고에 대한 실시간 상황관리가 무엇보다 중요하다고 판단하였다. 창고관리시스템을 구축할 때, 실시간으로 창고환경과 물품별 재고현황 등을 한 화면에서 파악할 수 있도록 하였다.

① 시스템자원관리 ② 주문처리집계
③ 항온항습센서 ④ 재고관리통계
⑤ 대시보드

창고관리시스템(WMS)에서 창고환경과 물품별 재고현황 등을 실시간으로 한 화면에서 파악할 수 있도록 하는 사용자 인터페이스(UI) 기능을 하는 것은 ⑤ 대시보드(Dashboard)이다.
웹(web)에서 대시보드는 하나의 화면에서 다양한 정보를 중앙 집중적으로 관리하고 찾을 수 있도록 하는 사용자 인터페이스(UI) 기능이다. 대시보드를 이용하면 웹 페이지뿐 아니라 문서와 미디어, 메시지 등 여러 콘텐츠를 한꺼번에 관리할 수 있다.

정답 | 65 ④ 66 ⑤ 67 ④ 68 ② 69 ① 70 ③ 71 ⑤

72

4차 산업혁명 시대에는 다양한 인공지능 알고리즘을 활용해 혁신적인 유통 솔루션이 개발되고 있다. 유통 솔루션 개발에 활용되는 다음의 알고리즘 중 딥러닝이 아닌 것은?

① CNN(Convolutional Neural Network)
② DBN(Deep Belief Network)
③ RNN(Recurrent Neural Network)
④ LSTM(Long Short-Term Memory)
⑤ GA(Genetic Algorithm)

GA(Genetic Algorithm), 즉 유전 알고리즘은 생물의 진화를 모방하여 문제를 해결하는 진화 연산의 대표적인 방법이다.

관련이론 | 딥러닝(Deep Learning)
컴퓨터가 여러 데이터를 이용해 마치 사람처럼 스스로 학습할 수 있도록 하기 위해 인공신경망(ANN: Artificial Neural Network)을 기반으로 구축한 기계 학습기술을 말한다.
딥러닝은 인간의 두뇌가 수많은 데이터 속에서 패턴을 발견한 뒤 사물을 구분하는 정보처리 방식을 모방해 컴퓨터가 사물을 분별하도록 기계를 학습시킨다.
딥러닝은 분류를 통한 예측이 핵심이다. 인공신경망이론 기반으로 인간의 뉴런과 유사한 입출력 계층 및 복수의 은닉 계층을 활용하는 학습 방식을 택하고 있으며, 복잡한 비선형 문제를 해결하는데 효과적이다. 딥페이스와 같은 얼굴인식 알고리즘이 대표적인 예이다.

73

전형적인 조직구조는 피라미드와 유사하며 조직수준별로 의사결정, 문제 해결, 기회 포착에 요구되는 정보 유형이 각기 다르다. 조직구조를 3계층으로 구분할 때, 다음 중 운영적 수준에서 이루어지는 의사결정과 관련된 정보 활용 사례로 가장 옳지 않은 것은?

① 병가를 낸 직원이 몇 명인가?
② 코로나19 이후 향후 3년에 걸친 고용 수준 변화와 기업에 미치는 영향은?
③ 이번 달 온라인 쇼핑몰 구매자의 구매후기 건수는?
④ 지역별 오늘 배송해야 하는 주문 건수는?
⑤ 창고의 제품군별 재고 현황은?

② 현재 진행 중에 있는 코로나19 이후 향후 3년에 걸친 고용 수준 변화와 기업에 미치는 영향은 정보시스템의 도움 없이 예측을 해야 하는 내용이므로 전략적 수준에서 이루어지는 의사결정과 관련이 있다.

74

전자상거래에서 거래되는 제품들의 가격인하요인으로 가장 옳지 않은 것은?

① 신디케이트 판매
② 경쟁 심화에 따른 가격유지의 어려움
③ 최저 가격 검색 가능
④ 인터넷 판매의 낮은 경비
⑤ 사이트의 시장점유율 우선의 가격 설정

① 신디케이트(Syndicate) 판매는 가격상승요인으로 작용한다.
기업결합의 한 유형인 신디케이트는 동일 시장 내의 여러 기업이 출자하여 공동판매회사를 설립하고 일원적으로 판매하는 조직을 말한다. 따라서 공동의 이익을 높이기 위해 가격을 높게 유지하는 것이 일반적이다.

75

아래 글상자의 ( ) 안에 들어갈 내용을 순서대로 나열한 것으로 가장 옳은 것은?

	자료	정보	지식
구조화	(㉠)	단위 필요	(㉡)
부가가치	(㉢)	중간	(㉣)
객관성	(㉤)	가공 필요	(㉥)
의사결정	관련 없음	객관적 사용	주관적 사용

① ㉠ 어려움, ㉡ 쉬움, ㉢ 적음, ㉣ 많음, ㉤ 객관적, ㉥ 주관적
② ㉠ 쉬움, ㉡ 어려움, ㉢ 적음, ㉣ 많음, ㉤ 객관적, ㉥ 주관적
③ ㉠ 어려움, ㉡ 쉬움, ㉢ 많음, ㉣ 적음, ㉤ 주관적, ㉥ 객관적
④ ㉠ 쉬움, ㉡ 어려움, ㉢ 많음, ㉣ 적음, ㉤ 주관적, ㉥ 객관적
⑤ ㉠ 어려움, ㉡ 쉬움, ㉢ 적음, ㉣ 많음, ㉤ 주관적, ㉥ 객관적

일반적으로, 수집한 자료를 의사결정에 유용한 형태로 처리한 것을 정보라고 하고, 이러한 정보가 체계화되어 축적되면 지식이 된다.
자료는 사실 그 자체이므로 구조화가 쉽고, 부가가치는 적으며, 객관적이다. 의사결정에는 직접 활용할 수 없다.
지식은 구조화가 어렵고, 부가가치는 많으며, 주관적이므로 의사결정에서도 주관적으로 사용된다.

76

A사는 기업 활동에 관련된 내외부 자료를 관리 영역별로 각기 수집·저장관리하고 있다. 관리되고 있는 자료를 한 곳에 모아 활용하기 위해서, 자료를 목적에 맞게 적당한 형태로 변환하거나 통합하는 과정을 거쳐야 한다. 수집된 자료를 표준화시키거나 변환하여 목표저장소에 저장할 수 있도록 도와주는 기술로 가장 옳은 것은?

① ETL(Extract, Transform, Load)
② OLAP(Online Analytical Processing)
③ OLTP(Online Transaction Processing)
④ 정규화(Normalization)
⑤ 플레이크(Flake)

수집된 자료를 표준화시키거나 변환하여 목표저장소에 저장할 수 있도록 도와주는 기술은 ETL(Extract, Transform, Load)이다. ETL은 자료의 추출, 변환, 적재의 약자이다.

선지분석
②, ③ 거래 정보와 이벤트 정보를 수납하고 사전에 정의된 비즈니스 규칙에 따라 정보를 처리하고, 저장하고, 새로운 정보로 갱신하는 것은 OLTP(On-Line Transaction Processing), 즉 온라인 거래 처리이다. OLAP(Online Analytical Processing), 즉 온라인 분석처리는 OLTP에 상대되는 개념이다. OLAP 분석을 위해 활용되는 정보의 형태는 다차원적이다. 다차원 정보는 사용자들에 의해 이해되는 기업의 실제 차원(기간, 제품, 부서, 지역 등)을 반영하는 정보이다. 정보의 다차원성은 OLAP 시스템을 다른 시스템과 구분하는 가장 중요한 개념이다. 그러므로 OLAP를 다른 용어로 표현한다면 다차원 분석이라 할 수 있다.
④ 데이터베이스 정규화(Normalization)는 테이블 내에 데이터의 중복저장으로 인해 발생할 수 있는 문제를 해결하기 위한 방법이다. 데이터베이스 정규화의 목표는 이상이 있는 관계를 재구성하여 작고 잘 조직된 관계를 생성하는 것에 있다. 정규화의 목적은 하나의 테이블에서의 데이터의 삽입, 삭제, 변경이 정의된 관계들로 인하여 데이터베이스의 나머지 부분들로 전파되게 하는 것이다.

77

아래 글상자의 ( ) 안에 공통적으로 들어갈 용어로 가장 옳은 것은?

> • ( )는 창의성을 가지고 있는 소비자를 의미하며, 미국의 미래학자 앨빈 토플러가 '제3의 물결'이라는 저서에서 제시한 용어이다.
> • ( )는 기업의 신상품 개발과 디자인, 판매 등의 활동에 적극적으로 개입하는 소비자를 의미한다.

① 파워 크리에이터(Power Creator)
② 크리슈머(Cresumer)
③ 얼리어답터(Early Adopter)
④ 에고이스트(Egoist)
⑤ 창의트레이너(Kreativitäää)

창의성을 가지고 있는 소비자를 크리슈머(Cresumer)라고 한다. 미래학자인 앨빈 토플러(A. Toffler)가 정보화사회의 소비자인 프로슈머(Prosumer)와 함께 제시한 개념이다.

선지분석
① 파워 크리에이터: 유명 블로거, 유투브 스타 등 새로운 제품 정보를 다른 사람보다 먼저 접하고 구매하는 소비자
③ 얼리어답터: 제품의 수용(Adoption)이 다른 사람에 비해 빠르게, 일찍(Early) 발생하는 사람들을 칭하는 말

정답 | 72 ⑤ 73 ② 74 ① 75 ② 76 ① 77 ②

78

GS1 표준 식별코드에 대한 설명으로 가장 옳지 않은 것은?

① 식별코드는 숫자나 문자(또는 둘의 조합)의 열로, 사람이나 사물을 식별하는데 활용
② 하나의 상품에 대한 GS1 표준 식별코드는 전 세계적으로 유일
③ A아이스크림(포도맛)에 오렌지맛을 신규상품으로 출시할 경우 고유 식별코드가 부여되어야 함
④ 상품의 체적정보 또는 총중량의 변화가 5% 이하인 경우 고유 식별코드를 부여하지 않음
⑤ 상품 홍보 또는 이벤트를 위해 특정 기간을 정하여 판매하는 경우는 고유 식별코드를 부여하지 않음

⑤ 상품 홍보 또는 이벤트를 위해 특정 기간을 정하여 판매하는 경우에는 고유 식별코드를 부여해야 한다.
GS1 표준 식별코드로 대표적인 것은 GTIN(Global Trade Item Number)이다. GTIN 코드는 국제거래단품 식별코드를 말한다. 거래 단품이란 공급체인 상에서 가격이 매겨지거나 주문 단위가 되는 상품을 말하며, 소비자에게 판매되는 모든 낱개 상품뿐만 아니라 묶음 상품, 기업 간 주문 단위로 이용되는 상자 단위도 거래 단품의 범주에 포함된다.

79

아래 글상자의 (   ) 안에 들어갈 용어로 가장 옳은 것은?

> e-CRM은 단 한 명의 고객까지 세분화하여 고객의 개별화된 특성을 파악하고 이들 고객에게 맞춤 서비스를 제공하는 데 목적을 두고 구현한다. 이를 위해 다양한 정보를 수집하고 분석하여 활용하는데, 고객이 인터넷을 서핑하면서 만들어내는 고객의 (   )는 고객의 성향을 파악할 수 있는 훌륭한 정보가 된다.

① 웹 로그(Web Log)
② 웹 서버(Web Server)
③ 웹 사이트(Web Site)
④ 웹 서비스(Web Service)
⑤ 웹 콘텐츠(Web Contents)

웹 로그(Web Log)는 웹 사이트(Web Site)에 방문한 고객의 흔적(Log), 즉 누가, 언제, 무엇을, 어디서, 어떤 경로로, 어떤 페이지를 방문했는지 등을 말한다. 웹 로그를 통해 고객의 성향을 파악할 수 있다

관련이론 | 웹로그 분석

웹로그 분석(Weblog Analysis)은 웹 사이트의 방문객이 남긴 자료를 근거로 웹의 운영 및 방문 행태에 대한 정보를 분석하는 것이다. 이를 웹 마이닝이라고 한다.
방문객이 웹 사이트에 방문하게 되면 웹 서버에는 액세스 로그, 에러 로그, 리퍼럴 로그, 에이전트 로그 등의 자료가 파일 형태로 기록된다.
액세스 로그는 누가 어떤 것을 읽었는지를, 에러 로그는 오류가 있었는지를, 리퍼럴 로그는 경유지 사이트와 검색 엔진 키워드 등의 단서를, 에이전트 로그는 웹 브라우저의 이름, 버전, 운영 체계(OS), 화면 해상도 등의 정보를 제공한다.

선지분석

② 웹 서버(Web Server)는 웹 콘텐츠를 저장하거나 처리하는 컴퓨터 또는 소프트웨어를 말한다. 일반적으로 웹 서버가 되는 컴퓨터에 설치되는 소프트웨어를 말한다.

80

전자상거래 용어에 대한 해설로 가장 옳은 것은?

① 온라인 쇼핑몰 - 컴퓨터 등과 정보통신 설비를 이용하여 재화와 서비스를 거래할 수 있도록 설정된 가상의 영업장
② 모바일 앱 - 모바일 기기의 인터넷 기능을 통해 접속하는 각종 웹사이트 중 모바일환경을 고려하여 설계된 모바일 전용 웹사이트
③ 모바일 웹 - 스마트폰, 스마트 패드 등 스마트 기기에 설치하여 사용할 수 있는 응용 프로그램
④ 종합몰 - 하나 혹은 주된 특정 카테고리의 상품군만을 구성하여 운영하는 온라인 쇼핑몰
⑤ 전문몰 - 각종 상품군 카테고리를 다양하게 구성하여 여러 종류의 상품을 구매할 수 있는 온라인 쇼핑몰

선지분석

②는 모바일 웹(Mobile Web), ③은 모바일 앱(Mobile App)에 대한 설명이다.
④는 전문몰, ⑤는 종합몰에 대한 설명이다.

81

유통업체에서 비즈니스 애널리틱스(Business Analytics)의 유형에 대한 설명으로 가장 옳지 않은 것은?

① 리포트(Reports)는 비즈니스에서 요구하는 정보를 포맷화하고, 조직화하기 위해 변환시켜 표현하는 것이다.
② 쿼리(Queries)는 데이터베이스로부터 정보를 추출하는 주요 매커니즘이다.
③ 알림(Alert)은 특정 사건이 발생했거나, 이를 관리자에게 인지시켜주는 자동화된 기능이다.
④ 대시보드(Dashboards)는 데이터 분석결과에 대한 이용자 이해도를 높이기 위한 데이터 시각화 기술이다.
⑤ 스코어카드(Scorecards)는 숨겨진 상관관계 및 트렌드를 발견하기 위해 대규모 데이터를 분석하는 통계적 분석이다.

⑤ 숨겨진 상관관계 및 트렌드를 발견하기 위해 대규모 데이터를 분석하는 통계적 분석은 데이터마이닝(Data Mining) 또는 텍스트 마이닝(Text Mining)이다.
비즈니스 애널리틱스(Business Analytics)는 경영활동의 효율성을 높이기 위하여 지원하는 기업 솔루션으로, 과거 데이터 분석 위주의 비즈니스 인텔리전스(BI)에 통계 기반의 예측기능을 부가한 솔루션으로 비즈니스 문제를 더욱 빠르고 정확하게 해결하도록 한다.

관련이론 | 비즈니스 애널리틱스(BA)

최근 비즈니스 인텔리전스(BI)를 넘어 비즈니스 애널리틱스(BA)가 중요시되고 있다.
BI가 과거 데이터 및 정형 데이터를 기반으로 무엇이 발생했는지를 분석하여 비즈니스 의사결정을 돕는 도구라면, BA는 과거뿐만 아니라 현재 실시간으로 발생하는 데이터에 대하여 연속적이고 반복적인 분석을 통해 미래를 예측하는 통찰력을 제공하는 데 활용된다.

82

수집된 지식을 컴퓨터와 의사결정자가 동시에 이해할 수 있는 형태로 표현하기 위해 갖추어야 할 조건으로 가장 옳지 않은 것은?

① 추론의 효율성
② 저장의 복잡성
③ 표현의 정확성
④ 지식획득의 용이성
⑤ 목적달성에 부합되는 구조

② 지식을 컴퓨터와 의사결정자가 동시에 이해할 수 있는 형태로 표현하기 위해서는 단순한 형태로 저장되어야 한다.

83

아래 글상자에서 설명하는 인터넷 서비스의 종류로 가장 옳은 것은?

> 네트워크상의 시스템 사용자가 자기 시스템의 자원에 접속하는 것처럼 원격지에 있는 다른 시스템에 접속할 수 있게 지원하는 서비스이다.
> 세계 어느 지역의 컴퓨터든지 그 컴퓨터가 인터넷에 연결만 되어 있으면 일정한 조건 충족 시 시간이나 공간의 제약 없이 접속할 수 있다.

① FTP(File Transfer Protocol)
② Gopher
③ Telnet
④ Usenet
⑤ E-Mail

제시된 인터넷 서비스의 내용은 Telnet(telecommunication network)에 대한 설명이다. 먼 곳에 있는 컴퓨터를 인터넷을 통해 접속하여 자신의 컴퓨터처럼 사용할 수 있게 해주는 원격 접속 서비스다.

선지분석 |

① FTP(File Transfer Protocol), 즉 파일전송규약은 인터넷을 통해 한 컴퓨터에서 다른 컴퓨터로 파일을 전송할 수 있도록 하는 방법과 프로그램을 의미한다.
② 고퍼(Gopher)는 정보의 내용을 주제별이나 종류별로 구분하여 메뉴로 구성, 메뉴 방식으로 사용할 수 있는 인터넷 정보검색 서비스를 말한다. 인터넷에 익숙하지 않은 사용자라도 제공되는 메뉴만 따라가면 쉽게 원하는 정보를 찾을 수 있게 해주는 서비스이다.
④ Usenet(User Network), 즉 사용자 네트워크는 전자게시판의 일종으로 특정한 주제나 관심사에 대해 의견을 게시하거나 관련 분야에 대한 그림, 동영상, 실행파일, 데이터파일 등의 자료를 등록할 수 있는 토론 시스템이다.

정답 | 78 ⑤ 79 ① 80 ① 81 ⑤ 82 ② 83 ③

84

RFID 도입에 따른 제조업자 측면에서의 이점으로 가장 옳지 않은 것은?

① 재고 가시성
② 노동 효율성
③ 제품 추적성
④ 주문 사이클 타임의 증가
⑤ 제조자원 이용률의 향상

④ 주문 사이클 타임(OCT: Order Cycle Time)은 제조업자 측면에서 파악한 리드타임(Lead Time)이다. RFID가 도입되면 재고관리가 쉬워지므로 주문 사이클 타임은 감소한다.

85

아래 글상자에서 공통적으로 설명하는 개념으로 가장 옳은 것은?

- 공급사슬 네트워크의 복잡성을 설명하는 개념으로, 공급사슬 네트워크의 특정한 부분에서 하나의 이벤트가 발생하면, 공급사슬 네트워크의 다른 부분에서 예측하지 못했던 문제가 발생한다는 것을 설명해 준다.
- 공급사슬 혼동 현상을 설명해 주는 용어로, 아마존강 유역 어딘가에서 나비가 날개를 펄럭이면, 수천 마일 떨어진 곳에서 허리케인이 만들어질 수 있다는 개념이다.

① 파레토의 법칙(Pareto's Principle)
② 기하급수 기술(Exponential Technology)
③ 메트칼프의 법칙(Law of Metcalfe)
④ 규모의 경제(Economy of Scale)
⑤ 나비효과(Butterfly Effect)

나비효과는 나비의 날갯짓처럼 작은 변화가 추후 큰 사건 또는 큰 변화를 일으킨다는 이론이다.

86

아래 글상자에서 설명하는 유통 정보시스템으로 가장 옳은 것은?

미국의 패션 어패럴 산업에서 공급망에서의 상품 흐름을 개선하기 위하여 판매업체와 제조업체 사이에서 제품에 대한 정보를 공유함으로써, 제조업체는 보다 효과적으로 원재료를 충원하여 제조하고, 유통함으로써 효율적인 생산과 공급체인 재고량을 최소화시키려는 시스템이다.

① QR(Quick Response)
② ECR(Efficient Consumer Response)
③ VMI(Vendor Management Inventory)
④ CPFR(Collaborative Planning, Forecasting and Replenishment)
⑤ e-프로큐어먼트(e-Procurement)

위의 내용은 1980년에 등장한 QR(Quick Response)에 대한 설명이다. QR은 SCM의 최초 형태로 평가된다.

87

아래 글상자의 괄호 안에 공통적으로 들어갈 용어로 가장 옳은 것은?

( )은(는) 시간 경과에 의해 질이 떨어지거나 소실될 우려가 있는 자료를 장기 보존하는 것이다. 전산화된 자료라 해도 원본자료는 고유성을 띠며, 손실시 대체가 불가능하다.
( ) 구축의 목적은 기록을 보존하는 것에서 나아가 다양한 기록정보 콘텐츠를 구축, 공유, 활용하기 위함이다.

① 디지털 아카이브
② 전자문서교환
③ 크롤링
④ 클라우드저장소
⑤ 기기그리드

디지털 아카이브(digital archive)는 문화유산 및 아날로그 정보를 디지털화하여 모아 놓은 시스템 또는 디지털상에 조성된 데이터 저장고를 의미한다.

선지분석
③ 웹 크롤링(Web Crawling)은 웹 페이지의 내용 중 원하는 데이터만 추출하는 기법을 말한다. 필요한 정보를 수집하고 이를 색인해 정리하는 기능을 수행하며 주로 검색엔진에서 사용한다.

88

노나카의 SECI모델을 근거로 아래 글상자의 내용 중 외재화(Externalization)의 사례를 모두 고른 것으로 가장 옳은 것은?

> ㉠ 실무를 통한 학습
> ㉡ 숙련된 기능공의 지식
> ㉢ 숙련된 기능공의 노하우의 문서화
> ㉣ 형식적 지식을 통합하는 논문 작성
> ㉤ 이전에 기록된 적이 없는 구체적 프로세스에 대한 매뉴얼 작성

① ㉠, ㉡
② ㉡, ㉣
③ ㉢, ㉤
④ ㉠, ㉢, ㉤
⑤ ㉡, ㉣, ㉤

㉢, ㉤은 외재화, ㉠과 ㉡은 사회화(Socialization), ㉣은 결합화(Combination)에 해당된다.
외재화는 개인이나 집단의 암묵지가 공유되거나 통합되어 그 위에 새로운 지가 만들어지는 프로세스이다. 이는 암묵지가 형식지로 전환되는 과정이며 희소가치가 있는 지식이나 노하우는 형식지 형태로 외재화하여 다른 사람들이 쉽게 공유할 수 있도록 하여야 한다.

관련이론 | 지식 변환 양식

노나카의 SECI 모델에서 지식 변환 양식은 사회화(Socialization) ⇨ 외재화(Externalization) ⇨ 종합화(Combination) ⇨ 내재화(Internalization)의 과정을 거치는데 암묵지와 형식지가 서로 변환되는 과정이다.
즉, 암묵지가 암묵지로, 그리고 암묵지가 형식지로, 형식지가 형식지로, 형식지가 암묵지로 변화하는 과정이다.

89

e-비즈니스 모델별로 중점을 두어야 할 e-CRM의 포인트에 관한 설명 중 가장 거리가 먼 것은?

① 서비스 모델의 경우 서비스차별화나 서비스 이용 행태 정보제공을 고려한다.
② 상거래 모델의 경우 유사 커뮤니티에 대한 정보제공을 고려한다.
③ 정보제공 모델의 경우 맞춤 정보제공에 힘쓴다.
④ 커뮤니티 모델의 경우 회원관리 도구 제공에 힘쓴다.
⑤ 복합 모델의 경우 구성하는 개별 모델에 적합한 요소를 찾아 적용시킨다.

② 유사 커뮤니티에 대한 정보제공을 고려하는 것은 정보제공 모델이다.

90

POS시스템에 대한 설명으로 가장 옳지 않은 것은?

① POS시스템은 유통업체에서 소비자의 상품구매 과정에서 활용되는 판매관리시스템이다.
② POS시스템으로부터 얻은 데이터는 유통업체에서 판매전략 수립에 활용된다.
③ POS시스템에서 바코드의 정보를 인식하는 스캐너(Scanner)는 출력장치이다.
④ POS시스템은 시간별, 주기별, 계절별 상품의 판매 특성을 파악하는 데 도움을 제공한다.
⑤ 제조업체는 유통업체로부터 협조를 얻어 POS시스템으로부터 얻은 데이터를 공유할 수 있고, 이를 통해 제품 제조전략을 수립하는 데 도움을 제공한다.

③ 유통매장에서 이용하는 POS시스템에서 광학 스캐너는 아날로그 신호를 읽을 수 있는 입력장치이다.

정답 | 84 ④　85 ⑤　86 ①　87 ①　88 ③　89 ②　90 ③

2021년 1회 기출문제

>> 2021년 5월 15일 시행

자동채점

유통·물류 일반관리

01

두 가지 이상의 운송 수단을 활용하는 복합 운송의 결합 형태 중 화물 차량과 철도를 이용하는 시스템으로 옳은 것은?

① 버디백 시스템(Birdy Back System)
② 피기백 시스템(Piggy Back System)
③ 피시백 시스템(Fishy Back System)
④ 스카이쉽 시스템(Sky-Ship System)
⑤ 트레인쉽 시스템(Train-Ship System)

피기백(Piggy Back) 시스템: 화물이 적재된 트레일러나 화물 트럭을 평판화차 위에 실어 운송하는 복합운송 방식으로 TOFC(Trailer On Flat Car) 방식이다.

선지분석
① 버디백 시스템: 트럭과 항공기 간의 복합 운송 방식
③ 피시백 시스템: 선박과 트럭 간의 복합 운송 방식
④ 스카이쉽 시스템: 항공기와 선박 간의 복합 운송 방식
⑤ 트레인쉽 시스템: 철도 화차와 선박 간의 복합 운송 방식

02

아래 글상자 ㉠과 ㉡에서 공통적으로 설명하는 품질관리비용으로 옳은 것은?

> ㉠ 제품이 고객에게 인도되기 전에 품질 요건에 충족하지 못함으로써 발생하는 비용
> ㉡ 재작업비용, 재검사비용, 불량 부품으로 인한 생산 중단 비용

① 예방비용(Prevention Costs)
② 평가비용(Appraisal Costs)
③ 내부실패비용(Internal Failure Costs)
④ 외부실패비용(External Failure Costs)
⑤ 생산준비비용(Setup Costs)

실패비용은 품질이 일정 수준에 미달하여 발생하는 비용이다. ③ 내부실패비용은 폐기물이나 등급 외 불량품 등으로 인해 발생하는 재작업비용이나 생산 공정상에서 발생하는 비용을 뜻한다.
외부실패비용은 클레임이나 반품 등 제품이 출하된 후에 발생하는 비용이다.

03

기업에서 사용할 수 있는 수직적 통합전략의 장점과 단점에 대한 설명으로 가장 옳지 않은 것은?

① 조직의 규모가 지나치게 커질 수 있다.
② 관련된 각종 기능을 통제할 수 있다.
③ 경로를 통합하기 위해 막대한 비용이 필요할 수 있다.
④ 안정적인 원재료 공급 효과를 누릴 수 있다.
⑤ 분업에 의한 전문화라는 경쟁우위 효과를 누릴 수 있다.

⑤ 수직적 통합을 하면 분업을 통한 전문성의 장점을 상실할 수도 있다.

관련이론 | 수직적 통합의 장·단점

장점	• 안정적인 원료 공급 및 유통망 확보가 가능함 • 유통경로 전반에 걸친 지배력이 강화되며, 규모의 경제 발생
단점	• 조직 규모의 비대화로 환경 변화에 대한 유연성이 떨어짐 • 초기 투자비용이 많이 발생함 • 분업을 통한 전문성의 장점을 상실할 수도 있음

04

아래 글상자 ㉠과 ㉡에서 설명하는 직무평가(Job Evaluation) 방법으로 옳은 것은?

> ㉠ 직무 가치나 난이도에 따라 사전에 여러 등급을 정하여 놓고 그에 맞는 등급으로 평가
> ㉡ 직무등급법이라고도 함

① 서열법(Ranking Method)
② 분류법(Classification Method)
③ 점수법(Point Method)
④ 요소비교법(Factor Comparison Method)
⑤ 직무순환법(Job Rotation Method)

관련이론 | 직무평가 방법의 구분

비양적 방법	직무수행에 있어서 난이도 등을 기준으로 포괄적 판단에 의하여 직무의 가치를 상대적으로 평가하는 방법
	기법: 서열법, 분류법
양적 방법	직무분석에 따라 직무를 기초적 요소 또는 조건으로 분석하고 이들을 양적으로 계측하는 분석적 판단에 의하여 평가하는 방법
	기법: 점수법, 요소비교법

05

자본구조에 관련하여 타인자본 중 단기 부채로 옳지 않은 것은?

① 지급어음   ② 외상매입금
③ 미지급금   ④ 예수금
⑤ 재평가적립금

단기 부채는 1년 이내에 갚아야 하는 채무로, 유동성 부채를 의미한다. 한편, ⑤ 재평가적립금은 자본 계정에 해당하는 항목이다.

관련이론 | 부채의 구분

유동부채	단기금융부채(단기차입금 등), 매입채무(외상매입금, 지급어음), 단기차입금, 미지급금(선수금, 예수금), 기타유동부채 등
비유동부채	장기금융부채(사채, 장기차입금), 장기성매입채무, 장기충당부채, 이연법인세대, 기타비유동부채 등

06

재고관리 관련 정량주문법과 정기주문법의 비교 설명으로 옳지 않은 것은?

구분	정량주문법	정기주문법
㉠ 표준화	표준 부품을 주문할 경우	전용 부품을 주문할 경우
㉡ 품목수	많아도 된다	적을수록 좋다
㉢ 주문량	고정되어야 좋다	변경 가능하다
㉣ 주문 시기	일정하지 않다	일정하다
㉤ 구매 금액	상대적으로 고가 물품에 사용	상대적으로 값싼 물품에 사용

① ㉠   ② ㉡
③ ㉢   ④ ㉣
⑤ ㉤

정량주문법(정량발주법, Q시스템)은 현재의 재고량을 파악해 재고수준이 ROP(재주문시점)에 도달하면 미리 일정량을 주문하는 시스템으로 가격이 낮은 B급 제품에 적합한 시스템이다.
정기주문법(P시스템)은 재고량이 특정 수준을 유지하도록 적정량을 재주문하는 방법으로 상대적으로 고가인 A급 제품에 적합한 시스템이다.

정답 | 01 ②   02 ③   03 ⑤   04 ②   05 ⑤   06 ⑤

07

Formal 조직과 Informal 조직의 특징 비교 설명으로 옳지 않은 것은?

구분	Formal 조직	Informal 조직
㉠	의식적·이성적·합리적·논리적으로 편성	자연발생적·무의식적·비논리적으로 편성
㉡	공통 목적을 가진 명확한 구조	공통 목적이 없는 무형 구조
㉢	외형적·제도적 조직	내면적·현실적 조직
㉣	불문적·자생적 조직	성문적·타의적 조직
㉤	위로부터의 조직	밑으로부터의 조직

① ㉠
② ㉡
③ ㉢
④ ㉣
⑤ ㉤

㉣ Formal 조직(공식적 조직)은 목표를 달성하기 위해 공식적인 권한으로부터 형성된 집단으로 성문적·타의적인 조직이지만, Informal 조직(비공식적 조직)은 불문적·자생적 조직이다.

08

유통기업은 각종 전략 이외에도 윤리적인 부분을 고려해야 하는데, 이러한 윤리와 관련된 설명으로 가장 옳지 않은 것은?

① 윤리적인 것은 나라마다, 산업마다 다를 수 있다.
② 윤리는 개인과 회사의 행동을 지배하는 원칙이라 할 수 있다.
③ 회사의 윤리 강령이라도 옳고 그름을 살펴서 판단해야 한다.
④ 윤리는 법과 달리 처벌 시스템이 존재하지 않으므로 간과해도 문제가 되지 않는다.
⑤ 윤리적인 원칙은 시간의 흐름에 따라 변할 수도 있다.

④ 윤리는 법과 달리 처벌 시스템이 존재하지 않으므로 간과해도 문제가 되지 않는 것이 아니라 더 높은 수준의 도덕적인 규범을 요구한다. 최근 기업의 사회적 책임(CSR) 및 ESG 경영 관련 지표가 기업 평가에 반영되는 이유이기도 한다.

09

아래 글상자 내용은 기업이 사용하는 경영혁신 기법에 대한 설명이다. (   )안에 들어갈 용어로 가장 옳은 것은?

> (   )(은)는 기업이 통합된 데이터에 기반해 재무, 생산 소요 계획, 인적자원, 주문 충족 등을 시스템으로 구축하여 관리하는 것을 말한다. 이 기법은 전반적인 기업의 업무 프로세스를 통합·관리하여 정보를 공유함으로써 효율적인 업무 처리가 가능하게 한다.

① 리엔지니어링
② 아웃소싱
③ 식스시그마
④ 전사적자원관리
⑤ 벤치마킹

전사적자원관리(ERP)는 생산, 판매, 구매, 인사, 재무, 물류 등 통합 데이터를 기반으로 기업 업무를 관리하는 정보시스템을 의미한다. 이는 모든 정보가 발생 시점에서 실시간으로 데이터 베이스화되고 각 부서가 공유할 수 있도록 하는 대표적인 기업 혁신 전략이라 할 수 있다.

10

제3자물류가 제공하는 혜택으로 옳지 않은 것은?

① 여러 기업들의 독자적인 물류 업무 수행으로 인한 중복 투자 등 사회적 낭비를 방지할 뿐만 아니라 수탁업체들의 경쟁을 통해 물류 효율을 향상시킬 수 있다.
② 유통 등 물류를 아웃소싱함으로써 리드타임의 증가와 비용의 절감을 통해 고객 만족을 높여 기업의 가치를 높일 수 있다.
③ 기업들은 핵심 부문에 집중하고 물류를 전문업체에 아웃소싱하여 규모의 경제 등 전문화 및 분업화 효과를 극대화할 수 있다.
④ 아웃소싱을 통해 제조·유통업체는 자본비용 및 인건비 등이 절감되고, 물류업체는 규모의 경제를 통해 화주기업의 비용을 절감해 준다.
⑤ 경쟁력 강화를 위해 IT 및 수송 등 전문업체의 네트워크를 활용하여 비용절감 및 고객서비스를 향상시킬 수 있다.

② 제3자물류는 화주 기업은 핵심기능인 제조에 전념하고 비핵심부분인 물류 파트는 물류 전문 기업에 위탁하는 것으로, 제3자물류를 통해 아웃소싱하는 경우 리드타임 감소와 비용절감을 동반하지만 고객만족도는 화주 기업이 직접 하는 경우보다 높지 못한 경우가 발생할 수도 있다.

11

유통환경분석의 범위를 거시환경과 미시환경으로 나누어 볼 때 그 성격이 다른 하나는?

① 경제적 환경
② 정치, 법률적 환경
③ 시장의 경쟁환경
④ 기술적 환경
⑤ 사회문화적 환경

거시환경은 개별 기업이 통제할 수 없는 환경으로 사회·문화적 환경(S), 기술적 환경(T), 경제적 환경(E), 정치·법적환경(P)을 의미한다. 반면 ③ 시장의 경쟁환경은 미시환경에 해당한다.

12

아래 글상자 ㉠과 ㉡에서 설명하는 유통경로 경쟁으로 옳게 짝지어진 것은?

> ㉠ 동일한 경로 수준 상의 서로 다른 유형을 가지는 기업들 간 경쟁
> ㉡ 하나의 마케팅 경로 안에서 서로 다른 수준의 구성원들 간 경쟁

① ㉠ 수직적 경쟁, ㉡ 수평적 경쟁
② ㉠ 업태 간 경쟁, ㉡ 수직적 경쟁
③ ㉠ 경로 간 경쟁, ㉡ 수평적 경쟁
④ ㉠ 업태 간 경쟁, ㉡ 경로 간 경쟁
⑤ ㉠ 수직적 경쟁, ㉡ 경로 간 경쟁

㉠ 업태 간 경쟁: 동일한 경로수준 상의 서로 다른 유형을 가지는 기업들 간 경쟁으로, 수퍼마켓과 편의점 간의 경쟁을 예로 들 수 있다.
㉡ 수직적 경쟁: 하나의 마케팅 경로 안에서 서로 다른 수준의 구성원들 간 경쟁으로, 도매상과 소매상 간의 경쟁 또는 생산자와 소매상 간의 경쟁이 있을 수 있다.

13

팬먼(Penman)과 와이즈(Weisz)의 물류아웃소싱 성공전략에 관한 설명으로 옳지 않은 것은?

① 아웃소싱이 성공하려면 반드시 최고경영자의 관심과 지원이 필요하다.
② 아웃소싱의 궁극적인 목표는 현재와 미래의 고객 만족에 있음을 잊지 말아야 한다.
③ 지출되는 물류비용을 정확히 파악하여 아웃소싱 시 비용절감효과를 측정해야 한다.
④ 아웃소싱의 가장 큰 장애는 인원감축 등에 대한 저항이므로 적절한 인력관리로 사기 저하를 방지해야 한다.
⑤ 아웃소싱의 목적이 기업 전체의 전략과 일치할 필요는 없으므로 기업의 전사적 목적이 차별화에 있다면 아웃소싱의 목적은 비용절감에 두는 효율적 전략을 추진해야 한다.

⑤ 물류아웃소싱을 하는 경우 아웃소싱의 목적은 기업 전체의 전략과 일치해야 한다.

관련이론 | 팬먼과 와이즈의 물류아웃소싱의 성공요건
- 물류아웃소싱은 기업전략과 일치해야 한다.
- 물류아웃소싱의 성공은 CEO의 관심과 지원이 필요하다.
- 물류아웃소싱의 목표는 비용절감 및 고객만족에 있다.
- 인원 감축에 대한 저항이 있으므로 적절한 인력관리전략으로 구성원들의 사기 저하를 방지해야 한다.

정답 | 07 ④ 08 ④ 09 ④ 10 ② 11 ③ 12 ② 13 ⑤

14

아래 글상자에서 공통적으로 설명하는 유통경로의 특성으로 옳은 것은?

> ⊙ 우리나라는 도매상이 매우 취약하고 제조업자의 유통 지배력이 매우 강하다.
> ⓒ 미국의 경우 광활한 국토를 가지고 있어 제조업자가 자신의 모든 소매업체를 관리하는 것이 어려워 일찍부터 도매상들이 발달했다.
> ⓒ 각국의 특성에 따라 고유한 형태의 유통경로가 존재한다.

① 유통경로의 지역성
② 유통경로의 비탄력성
③ 유통경로의 표준성
④ 유통경로의 집중성
⑤ 유통경로의 탈중계 현상

① 미국의 경우 도매상 발달의 사례와 각국의 특성에 따라 고유한 형태의 유통경로가 존재하는 것은 유통경로의 지역성과 관련된 사례에 해당한다.

15

아래 글상자 ⊙과 ⓒ에 해당하는 유통경로가 제공하는 효용으로 옳게 짝지어진 것은?

> ⊙ 24시간 영업을 하는 편의점은 소비자가 원하는 시점 어느 때나 제품을 구매할 수 있도록 함
> ⓒ 제조업체를 대신해서 신용 판매나 할부 판매를 제공함

① ⊙ 시간 효용, ⓒ 형태 효용
② ⊙ 장소 효용, ⓒ 시간 효용
③ ⊙ 시간 효용, ⓒ 소유 효용
④ ⊙ 소유 효용, ⓒ 시간 효용
⑤ ⊙ 형태 효용, ⓒ 소유 효용

관련이론 | 유통의 효용
- 시간 효용: 보관을 통해 적절한 시기에 구매할 수 있도록 함
- 장소 효용: 운송을 통해 적절한 장소에서 구매욕구를 충족시켜 줌
- 소유 효용: 제조업체를 대신하여 신용 판매나 할부 판매를 제공
- 형태 효용: 유통가공행위를 통해 소비자가 원하는 형태 및 수량으로 공급함. 이때의 가공은 원천적인 성질의 변형이 아닌 형태의 변형을 의미

16

식품위생법 [시행2021.1.1.](법률제17809호, 2020.12.29., 일부개정) 상에서 사용되는 각종 용어에 대한 설명으로 옳은 것은?

① "식품"이란 의약을 포함하여 인간이 섭취할 수 있는 가능성이 있는 제품을 말한다.
② "식품첨가물"에는 용기를 살균하는 데 사용되는 물질도 포함된다.
③ "집단급식소"란 영리를 목적으로 다수의 대중이 음식을 섭취하는 장소를 말한다.
④ "식품이력추적관리"란 식품이 만들어진 후 소비자에게 전달되기까지의 과정을 말한다.
⑤ "기구"란 음식을 담거나 포장하는 용기를 말하며 식품을 생산하는 기계는 포함되지 않는다.

선지분석 | 식품위생법 제2조(용어의 정의)
① "식품"이란 모든 음식물(의약으로 섭취하는 것은 제외)을 말한다.
③ "집단급식소"란 영리를 목적으로 하지 아니하면서 특정 다수인에게 계속하여 음식물을 공급하는 장소를 말한다.
④ "식품이력추적관리"란 식품을 제조·가공단계부터 판매단계까지 각 단계별로 정보를 기록·관리하여 그 식품의 안전성 등에 문제가 발생할 경우 그 식품을 추적하여 원인을 규명하고 필요한 조치를 할 수 있도록 관리하는 것을 말한다.
⑤ "기구"에는 식품을 생산하는 기계도 포함된다.

17

아래 글상자에 제시된 내용을 활용하여 경제적 주문량을 고려한 연간 총재고비용을 구하라. (기준 : 총재고비용=주문비+재고유지비)

> 연간 부품 수요량 1,000개 1회 주문비: 200원
> 단위당 재고 유지비: 40원

① 500원 ② 1,000원
③ 2,000원 ④ 3,000원
⑤ 4,000원

EOQ(경제적 주문량)
$$= \sqrt{\frac{2 \times 연간수요량(D) \times 1회주문비용(O)}{단위당재고유지비용(C_h)}} = \sqrt{\frac{2 \times 1,000개 \times 200원}{40원}} = 100개$$

- 연간 주문횟수 = 1,000개/100개 = 10회,
  ∴ 주문비용 = 200원 × 10회 = 2,000원
- 평균재고 = EOQ/2 = 100개/2 = 50개,
  ∴ 재고유지비 = 40원 × 50개 = 2,000원
∴ 총재고비용 = 주문비용 + 재고유지비용 = 2,000원 + 2,000원
  = 4,000원

18

아래 글상자 ㉠, ㉡, ㉢에 해당하는 중간상이 수행하는 분류 기준으로 옳게 짝지어진 것은?

> ㉠ 구매자가 원하는 소규모 판매 단위로 나누는 활동
> ㉡ 다양한 생산자들로부터 제공되는 제품들을 대규모 공급이 가능하도록 다량으로 구매하여 집적하는 활동
> ㉢ 이질적인 제품들을 색, 크기, 용량, 품질 등에 있어 상대적으로 동질적인 집단으로 구분하는 활동

① ㉠ 분류(Sorting Out), ㉡ 수합(Accumulation),
   ㉢ 분배(Allocation)
② ㉠ 분류(Sorting Out), ㉡ 구색 갖춤(Assorting),
   ㉢ 수합(Accumulation)
③ ㉠ 분배(Allocation), ㉡ 구색 갖춤(Assorting),
   ㉢ 분류(Sorting Out)
④ ㉠ 분배(Allocation), ㉡ 수합(Accumulation),
   ㉢ 분류(Sorting Out)
⑤ ㉠ 구색 갖춤(Assorting), ㉡ 분류(Sorting Out),
   ㉢ 분배(Allocation)

유통경로의 구색 형성
㉠ 분배 또는 배분(Distribution): 유통과정상에서 도매상은 소매상이 원하는 단위로 소매상에게, 소매상은 소비자가 원하는 단위로 소비자에게 연속적으로 나누어 제공하는 것이다.
㉡ 집적 또는 수합(Accumulation): 도매상은 소매상들을 위해, 소매상들은 소비자들을 위해 다양한 생산자들로부터 제공되는 제품들을 대규모 공급이 가능하도록 다량으로 구매하여 모는 활동을 의미한다.
㉢ 분류 또는 등급 분류(Sorting Out): 다양한 생산자들로부터 공급된 이질적 제품들의 색, 크기, 용량, 품질 등에 있어 상대적으로 동질적인 집단으로 구분하는 것이다.

관련이론 | 구색 갖춤(Assorting)
중간상이 다양한 생산자들로부터 제품을 구매하여 소비자가 원하는 제품을 구비하는 것이다.

19

아래 글상자 ㉠과 ㉡에서 설명하는 제조업체가 부담하는 유통비용으로 옳게 짝지어진 것은?

> ㉠ 제조업체가 유통업체에 신제품 납품 시 진열대 진열을 위해 지원하는 비용
> ㉡ 유통업체가 하자있는 상품, 생산된 지 오래된 상품, 질이 떨어지는 상품 등을 구매할 때 이를 보상하기 위해 지급하는 비용

① ㉠ 리베이트, ㉡ 사후 할인
② ㉠ 물량비례 보조금, ㉡ 거래 할인
③ ㉠ 머천다이징 보조금, ㉡ 현금 할인
④ ㉠ 신제품 입점비, ㉡ 상품 지원금
⑤ ㉠ 외상 수금비, ㉡ 소매점 재고 보호 보조금

㉠ 신제품 입점비: 제조업체가 유통업체에 신제품 납품 시 진열대 진열을 위해 지원하는 비용
㉡ 상품 지원금: 유통업체가 하자있는 상품, 생산된 지 오래된 상품, 질이 떨어지는 상품 등을 구매할 때 이를 보상하기 위해 지급하는 비용

관련이론 | 제조업자가 중간상들과의 거래에서 사용하는 촉진전략
현금 할인, 거래 할인, 판매촉진 지원금(물량비례 보조금, 머천다이징 보조금, 리스팅보조금, 리베이트), 수량 할인, 상품 지원금 등

정답 | 14 ① 15 ③ 16 ② 17 ⑤ 18 ④ 19 ④

20

유통산업의 환경에 따른 유통경로의 변화를 다음의 다섯 단계로 나누어 볼 때 순서대로 나열한 것으로 옳은 것은?

> ㉠ 크로스 채널: 온, 오프라인의 경계가 무너지면서 상호 보완됨
> ㉡ 멀티 채널: 온, 오프라인의 다양한 채널에서 구매 가능하나 각 채널은 경쟁관계임
> ㉢ 듀얼 채널: 두 개 이상의 오프라인 점포에서 구매 가능
> ㉣ 싱글 채널: 하나의 오프라인 점포에서 구매
> ㉤ 옴니채널: 다양한 채널이 고객의 경험 관리를 중심으로 하나로 통합됨

① ㉠ - ㉡ - ㉢ - ㉣ - ㉤
② ㉡ - ㉤ - ㉣ - ㉠ - ㉢
③ ㉢ - ㉠ - ㉡ - ㉤ - ㉣
④ ㉣ - ㉢ - ㉡ - ㉠ - ㉤
⑤ ㉤ - ㉣ - ㉡ - ㉢ - ㉠

유통경로의 발전 순서: 하나의 유통 채널만 사용(싱글 채널) → 두 개 이상의 오프라인 점포 활용(듀얼 채널) → 경쟁관계인 2개 이상인 온, 오프라인을 활용(멀티 채널) → 온, 오프라인의 융·복합(크로스 채널) → 다양한 채널이 고객 경험 관리를 중심으로 통합(옴니채널)

21

유통에 관련된 내용으로 옳지 않은 것은?

① 제품의 물리적 흐름과 법적 소유권은 반드시 동일한 경로를 통해 이루어지고 동시에 이루어져야 한다.
② 유통경로는 물적 유통경로와 상적 유통경로로 분리된다.
③ 물적 유통경로는 제품의 물리적 이전에 관여하는 독립적인 기관이나 개인들로 구성된 네트워크를 의미한다.
④ 물적 유통경로는 유통목표에 부응하여 장소 효용과 시간 효용을 창출한다.
⑤ 상적 유통경로는 소유 효용을 창출한다.

① 제품의 물리적 흐름인 물류와 법적 소유권과 관련된 상류는 반드시 동일한 경로를 통해 이루어지는 것은 아니다.

22

자사가 소유한 자가 창고와 도, 소매상이나 제조업자가 임대한 영업 창고를 비교한 설명으로 가장 옳지 않은 것은?

① 충분한 물량이 아니라면 자가 창고 이용비용이 저렴하지 않은 경우도 있다.
② 자가 창고의 경우 기술적 진부화에 따른 위험이 있다.
③ 영업 창고를 이용하면 특정지역의 경우 세금 혜택을 받는 경우도 있다.
④ 영업 창고를 이용하는 경우 초기 투자비용이 높은 것이 단점이다.
⑤ 영업 창고의 경우 여러 고객을 상대로 하므로 규모의 경제가 가능하다.

④ 영업 창고는 초기에 창고를 자비로 마련하지 않아도 되기에 초기 투자비용이 적다는 장점이 있다.

관련이론 | 자가 창고와 영업 창고

- 자가 창고: 기업이(장기간) 직접 소유 및 운영하며, 자사상품을 보관하는 창고

장점	• 자사상품의 보관 특징에 맞는 보관이 가능, 입·출고 시간 등의 제약이 적음 • 높은 전문성, 낮은 변동비가 장점에 해당
단점	높은 초기 투자비용(고정비), 입지 변경의 유동성이 작고, 수요 변동에 대한 보관 공간의 탄력적 대응이 곤란함

- 영업 창고: 원하는 기간 동안 보관료를 받고 공간과 설비, 운영을 임차하는 창고

장점	낮은 투자비, 입지 변경의 용이성, 수요 변동에 대한 보관 공간의 탄력적 대응 가능
단점	자사상품의 보관 특징에 맞추기 곤란, 입·출고 시간과 요일의 제약, 낮은 전문성, 높은 비용

23

UNGC(UN Global Compact)는 기업의 사회적 책임에 대한 지지와 이행을 촉구하기 위해 만든 자발적 국제협약으로 4개 분야의 10대 원칙을 핵심으로 하고 있다. 4개 분야에 포함되지 않는 것은?

① 반전쟁(Anti-War)
② 인권(Human Rights)
③ 노동규칙(Labour Standards)
④ 환경(Environment)
⑤ 반부패(Anti-Corruption)

UNGC는 기업활동에 있어서 ② 친인권, ③ 노동 차별 반대, ④ 친환경, ⑤ 반부패 등의 4개 분야에 걸쳐 10대 원칙 준수를 핵심으로 한다.

24

유통경로에서 발생하는 유통의 흐름과 관련된 각종 설명 중 가장 옳지 않은 것은?

① 소비자에 대한 정보인 시장 정보는 후방흐름기능에 해당된다.
② 대금 지급은 소유권의 이전에 대한 반대급부로 볼 수 있다.
③ 소유권이 없는 경우에도 상품에 대한 물리적 보유가 가능한 경우가 있다.
④ 제조업체, 도·소매상은 상품 소유권의 이전을 통해 수익을 창출한다.
⑤ 제조업체가 도매상을 대상으로, 소매상이 소비자를 대상으로 하는 촉진전략은 풀(Pull) 전략이다.

⑤ 제조업체가 도매상을 대상으로, 소매상이 소비자를 대상으로 하는 촉진전략은 푸시(Push)전략이다.

25

물류활동에 관련된 내용으로 옳지 않은 것은?

① 반품물류: 애초에 물품 반환, 반품의 소지를 없애기 위한 전사적 차원에서 고객요구를 파악하는 것이 중요하다.
② 생산물류: 작업 교체나 생산 사이클을 단축하고 생산 평준화 등을 고려한다.
③ 조달물류: 수송 루트 최적화, JIT 납품, 공차율 최대화 등을 고려한다.
④ 판매물류: 수배송 효율화, 신선 식품의 경우 콜드체인화, 공동 물류센터 구축 등을 고려한다.
⑤ 폐기물류: 파손, 진부화 등으로 제품, 용기 등이 기능을 수행할 수 없는 상황이거나 기능수행 후 소멸되어야 하는 상황일 때 그것들을 폐기하는데 관련된 물류활동이다.

③ 조달물류란 원재료 등이 공급자로부터 제조업자의 자재 창고로 운송되어 생산 공정에 투입되기 이전까지의 물류활동을 의미한다. 조달물류에서는 공차율 최소화를 목표로 해야하며 리드타임과 재고관리, 운송체제, 품질과 정확성 유지 등을 고려해야 한다.

선지분석
① 반품물류: 판매된 제품의 반품에 따른 물류활동
② 생산물류: 자재 창고에서의 출고로부터 제품 창고에 입고되기까지의 물류활동
④ 판매물류: 제품 창고에서 지역 거점 및 소비자에게로 전달되기까지의 물류활동
⑤ 폐기물류: 제품 및 포장용 용기나 수송용 용기·자재 등을 폐기하기 위한 물류활동

정답 | 20 ④ 21 ① 22 ④ 23 ① 24 ⑤ 25 ③

상권분석

26
권리금에 대한 설명 중에서 옳지 않은 것은?

① 해당 상권의 강점 등이 반영된 영업권의 일종으로, 점포의 소유자에게 임차인이 제공하는 추가적인 비용으로 보증금의 일부이다.
② 상가의 위치, 영업상의 노하우, 시설 및 비품 등과 같은 다양한 유무형의 재산적 가치에 대한 양도 또는 이용에 대한 대가로 지급하는 금전이다.
③ 권리금을 일정 기간 안에 회복할 수 있는 수익성이 확보될 수 있는지를 검토하여야 한다.
④ 신축 건물에도 바닥 권리금이라는 것이 있는데, 이는 주변 상권의 강점을 반영하는 것이라고 볼 수 있다.
⑤ 권리금이 보증금보다 많은 경우가 발생하기도 한다.

① 권리금(Premium)은 임차인이 임대인(점포의 소유자)과 직전 임차인에게 보증금과 차임 이외에 별도로 지급하는 금전 등의 대가로 보증금과는 별개이다.

관련이론 | 「상가건물 임대차보호법」의 정의
법에서는 "권리금이란 임대차 목적물인 상가 건물에서 영업을 하는 자 또는 영업을 하려는 자가 영업시설·비품, 거래처, 신용, 영업상의 노하우, 상가 건물의 위치에 따른 영업상의 이점 등 유형·무형의 재산적 가치의 양도 또는 이용 대가로서 임대인, 임차인에게 보증금과 차임 이외에 지급하는 금전 등의 대가를 말한다"고 정의하고 있다. (상가건물 임대차보호법 제10조의3)
권리금은 그동안 관행적으로만 인정되어 왔으나 2015년 「상가 건물임대차보호법」이 개정되면서 법률 규정으로 포함되었다.

27
상권분석에 필요한 소비자 데이터를 수집하는 조사기법 중에서 내점객 조사법과 조사 대상이 유사한 것으로 가장 옳은 것은?

① 편의추출조사법
② 점두(店頭)조사법
③ 지역할당조사법
④ 연령별 비율할당조사법
⑤ 목적표본조사법

② 점두조사법은 점포를 방문한 고객의 주소와 방문 횟수 등을 직접 질문을 통해 조사하는 방법으로, 내점객조사와 가장 유사한 방법이다.
점포를 방문한 소비자를 대상으로 상권분석에 필요한 자료를 수집하는 방법으로는 점포 앞을 지나는 사람들을 대상으로 실시하는 점두조사법과 점포 안에 들어온 내점객을 대상으로 하는 내점객조사법 등이 있다.

28
정보기술의 발전이 유통 및 상권에 미친 영향으로 가장 옳지 않은 것은?

① 메이커에서 소매업으로의 파워 시프트(Power Shift) 현상 강화
② 중간 유통 단계의 증가 및 배송 거점의 분산화
③ 메이커의 영업 거점인 지점, 영업소 기능의 축소
④ 수직적 협업 체제 강화 및 아웃소싱의 진전
⑤ 편의품 소비재 메이커의 상권 광역화

② 정보통신기술(ICT)이 발전하여 전자거래(e-Commerce)가 확산되면 중간 유통 단계가 축소되어 도매상의 역할이 크게 감소하고 배송 거점은 집약화된다.

29

상권분석 및 입지 선정에 활용하는 지리정보시스템(GIS)에 대한 설명으로서 가장 옳지 않은 것은?

① 개별 상점이나 상점가의 위치정보를 점(點) 데이터로, 토지 이용 등의 정보는 면(面) 데이터로 지도에 수록한다.
② 지하철 노선이나 도로 등은 선(線) 데이터로 지도에 수록하고 데이터베이스를 구축한다.
③ 상점 또는 상점가를 방문한 고객을 대상으로 인터뷰조사를 하거나 설문조사를 하여 지도 데이터베이스 구축에 활용한다.
④ 라일리, 컨버스 등이 제안한 소매인력모델을 적용하는 경우에도 정확한 위치정보를 얻을 수 있는 지리정보시스템의 지원이 필요하다.
⑤ 백화점, 대형마트 등의 대규모 점포의 입지 선정 등에 활용될 수 있으나, 편의점 등 소규모 연쇄점의 입지 선정이나 잠재고객 추정 등에는 활용 가능성이 높지 않다.

⑤ 지리정보시스템(GIS)은 대규모 점포의 입지 선정은 물론 소규모 점포의 입지 선정에도 활용되고, 잠재고객 추정에도 활용할 수 있다. 중소벤처기업부의 소상공인 상권정보시스템(sg.smba.go.kr), 서울시 우리마을가게 상권분석서비스(golmok.seoul.go.kr) 등은 GIS를 기반으로 운영되는 상권정보 및 상권분석시스템이다.

30

상권에 대한 설명으로 가장 옳지 않은 것은?

① 재화의 이동에서 사람을 매개로 하는 소매상권은 재화의 종류에 따라 그 사람의 비용이나 시간 사용이 달라지므로 상권의 크기가 달라진다.
② 고가품, 고급품일수록 소비자들은 구매활동에 보다 많은 시간과 비용을 부담하려 하므로 상권범위가 확대된다.
③ 도매상권은 사람을 매개로 하지 않기에 시간 인자의 제약이 커져서 상권의 범위가 제한된다.
④ 보존성이 강한 제품은 그렇지 않은 제품에 비해 상권이 넓어진다.
⑤ 상권범위를 결정하는 비용 인자(因子)에는 생산비, 운송비, 판매비용 등이 포함되며 그 비용이 상대적으로 저렴할수록 상권은 확대된다.

③ 도매상은 소매상을 상대로 영업을 하므로 상권의 범위는 소매상에 비해 훨씬 넓은 것이 일반적이다.

31

「교육환경 보호에 관한 법률」(약칭: 교육환경법)(법률 제17075호, 2020. 3. 24., 일부개정)에서 정한 초·중·고등학교의 "교육환경 절대보호구역"에서 영업할 수 있는 업종으로 가장 옳은 것은?

① 여관
② PC방
③ 만화가게
④ 담배가게
⑤ 노래연습장

「교육환경 보호에 관한 법률」에서 정한 초·중·고등학교의 교육환경 절대보호구역은 학교출입문으로부터 직선거리 50m까지인 지역, 상대보호구역은 학교경계 등으로부터 직선거리 200m까지인 지역 중 절대보호구역을 제외한 지역이다. 29개 금지행위가 규정되어 있는데, 담배자판기는 금지행위에 포함되지만 담배가게는 아니다.

32

소매점 상권의 크기에 영향을 미치는 주요 요인을 모두 나열한 것으로 가장 옳은 것은?

┌─────────────────────────┐
│ ㉠ 소매점의 이미지 │
│ ㉡ 기생점포(Parasite Store)의 입지 │
│ ㉢ 소매점의 규모 │
│ ㉣ 소매점의 접근성 │
│ ㉤ 경쟁점포의 입지 │
└─────────────────────────┘

① ㉠, ㉡, ㉢, ㉣, ㉤
② ㉡, ㉢, ㉣, ㉤
③ ㉠, ㉡, ㉢
④ ㉡, ㉣, ㉤
⑤ ㉠, ㉢, ㉣, ㉤

목적점포(Destination Stores)는 그 점포가 일반적인 상업 중심지 밖에 있더라도 소비자가 그 점포만을 방문하기 위하여 이동할 용의가 있는, 즉 매장 자체가 목적지가 되는 점포이다. 그러나 ㉡ 기생점포는 목적점포를 방문한 후 찾는 점포이므로 기생점포의 입지는 소매상권의 크기에 아무런 영향을 미치지 않는다.

정답 | 26 ① 27 ② 28 ② 29 ⑤ 30 ③ 31 ④ 32 ⑤

33

크리스탈러(W. Christaller)의 중심지이론은 판매자와 소비자를 "경제인"으로 가정한다. 그 의미로서 가장 옳은 것은?

① 판매자와 소비자 모두 비용 대비 이익의 최대화를 추구한다.
② 소비자는 거리와 상관없이 원하는 제품을 구매하러 이동한다.
③ 판매자는 경쟁을 회피하려고 최선을 다한다.
④ 소비자는 구매여행의 즐거움을 추구한다.
⑤ 소비자는 가능한 한 상위 계층 중심지에서 상품을 구매한다.

① 경제인은 최소의 비용으로 최대의 편익을 추구하는 인간을 의미한다. 따라서 판매자와 소비자 모두는 비용 대비 이익의 최대화, 또는 이익 대비 비용의 최소화를 추구한다.

34

상권 측정을 위한 '상권 실사'에 관한 설명으로서 가장 옳지 않은 것은?

① 항상 지도를 휴대하여 고객이 유입되는 지역을 정확하게 파악하는 것이 바람직하다.
② 요일별, 시간대별로 내점 고객의 숫자나 특성이 달라질 수 있으므로, 상권 실사에 이를 반영해야 한다.
③ 내점하는 고객의 범위를 파악하는 것이 목적이므로 상권범위가 인접 도시의 경계보다 넓은 대형 교외 점포에서는 도보 고객을 조사할 필요가 없는 경우도 있다.
④ 주로 자동차를 이용하는 고객이 증가하고 있는바, 도보보다는 자동차 주행을 하면서 조사를 실시하는 것이 더 바람직하다.
⑤ 기존점포의 고객을 잘 관찰하여 교통수단별 내점 비율을 파악하는 것이 중요하다.

④ 자동차를 이용하는 고객이 증가하고 있다고 해도 도보 고객이 더 큰 비중을 차지하므로 도보 고객을 대상으로 조사를 실시하는 것이 더 바람직하다.

35

허프(Huff)의 수정 모델을 적용해서 추정할 때, 아래 글상자 속의 소비자 K가 A지역에 쇼핑을 하러 갈 확률로서 가장 옳은 것은?

> A지역의 매장 면적은 100평, 소비자 K로부터 A지역까지의 거리는 10분 거리, B지역의 매장 면적은 400평, 소비자 K로부터의 거리는 20분 거리.

① 0.30 ② 0.40
③ 0.50 ④ 0.60
⑤ 0.70

수정 허프(D. Huff) 모형에 따르면 소비자가 어느 상업지에서 구매하는 확률은 그 상업 집적의 매장 면적에 비례하고 그곳에 도달하는 거리의 제곱에 반비례한다. 이를 기초로 각 지역의 효용을 구하면 다음과 같다.

	A 지역	B 지역
거리	10분	20분
매장 면적	100평	400평
각 매장의 효용	$\frac{100}{10^2}=1$	$\frac{400}{20^2}=1$

따라서 A매장의 이용 확률=1/2=50%
B매장의 이용 확률=1/2=50%이다.

36

매력적인 점포입지를 결정하기 위해서는 구체적인 입지조건을 평가하는 과정을 거친다. 점포의 입지조건에 대한 일반적 평가로서 그 내용이 가장 옳은 것은?

① 점포 면적이 커지면 매출도 증가하는 경향이 있어 점포 규모가 클수록 좋다.
② 건축선 후퇴(Setback)는 직접적으로 가시성에 긍정적인 영향을 미친다.
③ 점포 출입구 부근에 단차가 없으면 사람과 물품의 출입이 용이하여 좋다.
④ 점포 부지와 점포의 형태는 정사각형에 가까울수록 소비자 흡인에 좋다.
⑤ 평면도로 볼 때 점포의 정면 너비에 비해 깊이가 더 클수록 바람직하다.

③ 점포 출입구에 단차(고저차)를 없애야 사람과 물품의 출입이 용이해진다.

선지분석 |
① 점포 건물은 시장 규모에 따라 적정한 크기가 있다. 일정 규모 수준을 넘게 되면 규모의 증가에도 불구하고 매출은 증가하지 않을 수 있다.
② 건축선 후퇴는 타 점포에 비하여 눈에 띄기 어렵게 하므로 가시성에 부정적 영향을 미친다.
④ 점포 내의 진열장 등이 직사각형인 경우가 많아 점포 부지가 정사각형이면 직사각형인 경우에 비해 죽은 공간이 많이 발생한다. 따라서 부지의 2면 이상이 도로에 접한 직사각형이 바람직하다.
⑤ 건물 너비와 깊이에서 점포의 정면 너비가 깊이보다 넓은 형태(장방형)가 가시성 확보 등에 유리하다.

37

여러 층으로 구성된 백화점의 매장 내 입지에 관한 설명으로 가장 옳은 것은?

① 고객이 출입하는 층에서 멀리 떨어진 층일수록 매장공간의 가치가 올라간다.
② 대부분의 고객들이 왼쪽으로 돌기 때문에, 각 층 입구의 왼편이 좋은 입지이다.
③ 점포 입구, 주 통로, 에스컬레이터, 승강기 등에서 가까울수록 유리한 입지이다.
④ 층별 매장의 안쪽으로 고객을 유인하는 데 최적인 매장배치 유형은 자유형 배치이다.
⑤ 백화점 매장 내 입지들의 공간적 가치는 층별 매장구성 변경의 영향은 받지 않는다.

선지분석 |
① 고객이 출입하는 층에서 멀리 떨어지면 매장공간의 가치는 낮아진다.
② 대부분의 고객들이 오른쪽으로 돌기 때문에, 각 층 입구의 오른편이 좋은 입지이다.
④ 층별 매장의 안쪽으로 고객을 유인하는 데 최적인 매장배치 유형은 경주로(Racetrack)형 배치이다.
⑤ 백화점 매장 내 입지들의 공간적 가치는 층별 매장구성 변경의 영향을 크게 받는다.

38

소매점은 상권의 매력성을 고려하여 입지를 선정해야 한다. 상권의 매력성을 측정하는 소매포화지수(IRS: Index of Retail Saturation)와 시장성장잠재력지수(MEP: Market Expansion Potential)에 대한 설명으로 가장 옳은 것은?

① IRS는 현재 시점의 상권 내 경쟁 강도를 측정한다.
② MEP는 미래 시점의 상권 내 경쟁 강도를 측정한다.
③ 상권 내 경쟁이 심할수록 IRS도 커진다.
④ MEP가 클수록 입지의 상권 매력성은 낮아진다.
⑤ MEP보다는 IRS가 더 중요한 상권 매력성지수이다.

소매포화지수(IRS, RSI)는 특정지역시장의 현재의 잠재수요를 총체적으로 측정할 수 있는 지표이고, 시장성장잠재력지수(MEP)는 미래의 시장확장 잠재력을 나타내는 지표이다. 따라서 IRS가 높고 MEP가 클수록 현재와 미래 모두 매우 매력적인 시장이라고 할 수 있다.

선지분석 |
② MEP는 미래 시점의 성장 잠재력을 측정한다.
③ 상권 내 경쟁이 심할수록 IRS는 작아진다.
④ MEP가 클수록 입지의 상권 매력성은 높아진다.
⑤ MEP와 IRS 모두 중요한 지표로 무엇이 더 중요하다고 판단할 수 없다.

정답 | 33 ① 34 ④ 35 ③ 36 ③ 37 ③ 38 ①

39

소비자에 대한 직접적 조사를 통해 점포 선택 행동을 분석하는 확률 모델들에 대한 설명으로 가장 옳은 것은?

① 점포에 대한 객관적 변수와 소비자의 주관적 변수를 모두 반영할 수 있는 방법에는 MNL모델과 수정 Huff 모델이 있다.
② 공간 상호작용 모델의 대표적 분석 방법에는 Huff 모델, MNL 모델, 회귀분석, 유사점포법 등이 해당된다.
③ Huff 모델과 달리 MNL 모델은 일반적으로 상권을 세부 지역(Zone)으로 구분하는 절차를 거치지 않는다.
④ Luce의 선택 공리를 바탕으로 한 Huff 모델과 달리 MNL 모델은 선택 공리와 관련이 없다.
⑤ MNL 모델은 분석 과정에서 집단별 구매 행동 데이터 대신 각 소비자의 개인별 데이터를 수집하여 활용한다.

선지분석
① MNL 모델과 수정 Huff 모델 모두 점포에 대한 객관적 변수만 반영한다.
② 회귀분석, 유사점포법(유추법)은 공간 상호작용 모델에 해당하지 않는다.
③ 두 모델 모두 상권을 소규모의 세부 지역으로 나누는 절차를 거친다.
④ Huff 모델과 MNL 모델 모두의 선택 공리와 관련있는 확률적 모형이다.

40

점포의 입지조건을 평가할 때 핵심적 요소가 되는 시계성은 점포를 자연적으로 인지할 수 있는 상태를 의미한다. 시계성을 평가하는 4가지 요소들을 정리할 때 아래 글상자 ㉠과 ㉡에 해당되는 용어로 가장 옳은 것은?

> ㉠ 보도나 간선 도로 또는 고객유도 시설 등에 해당되는 것으로 어디에서 보이는가?
> ㉡ 점포가 무슨 점포인가를 한눈에 알 수 있도록 하는 것으로서, 무엇이 보이는가?

① ㉠ 거리 - ㉡ 주제
② ㉠ 거리 - ㉡ 대상
③ ㉠ 거리 - ㉡ 기점
④ ㉠ 기점 - ㉡ 대상
⑤ ㉠ 기점 - ㉡ 주제

시계성을 평가하는 4가지 요소 중 어디에서 보이는가는 기점을, 무엇이 보이는가는 대상을 나타낸다.

41

생산구조가 다수의 소량 분산생산구조이고 소비구조 역시 다수에 의한 소량 분산 소비구조일 때의 입지 특성을 설명한 것으로 옳은 것은?

① 수집기능의 수행이 용이하고 분산기능 수행도 용이한 곳에 입지한다.
② 분산기능의 수행보다는 수집기능의 수행이 용이한 곳에 입지한다.
③ 수집기능과 중개(仲介) 기능이 용이한 곳에 입지한다.
④ 수집기능의 수행보다는 분산기능의 수행이 용이한 곳에 입지한다.
⑤ 수집기능과 분산기능보다는 중개기능의 수행이 용이한 곳에 입지한다.

① 생산구조와 소비구조가 모두 다수의 소량 분산구조이면 수집과 분산기능 모두 용이한 곳에 입지하는 것이 바람직하다.

42

대형 소매점을 개설하기 위해 대지 면적이 1,000m²인 5층 상가 건물을 매입하는 상황이다. 해당 건물의 지상 1층과 2층의 면적은 각각 600m²이고 3~5층 면적은 각각 400m²이다. 단, 주차장이 지하1층에 500m², 1층 내부에 200m², 건물 외부(건물 부속)에 300m² 설치되어 있다. 건물 5층에는 100m²의 주민 공동시설이 설치되어 있다. 이 건물의 용적률로 가장 옳은 것은?

① 210%
② 220%
③ 240%
④ 260%
⑤ 300%

용적률(Floor Area Ratio)은 부지 대비 건물 전체의 층별 면적합의 비율이다. 용적률을 계산할 때 지하층의 바닥 면적은 포함시키지 않으며, 또 지상층의 면적 중에서 주차용으로 쓰는 것은 포함하지 않는다.

용적률 = $\dfrac{(600 \times 2 + 400 \times 3 - 200 - 100)m^2}{1,000m^2} \times 100\% = 210\%$

43

상권 유형별로 개념과 일반적 특징을 설명한 내용으로서 가장 옳은 것은?

① 부도심 상권의 주요 소비자는 점포 인근의 거주자들이어서, 생활밀착형 업종의 점포들이 입지하는 경향이 있다.
② 역세권 상권은 지하철이나 철도역을 중심으로 형성되는 지상과 지하의 입체적 상권으로서, 저밀도 개발이 이루어지는 경우가 많다.
③ 부도심 상권은 보통 간선 도로의 결절점이나 역세권을 중심으로 형성되는바, 도시 전체의 소비자를 유인하지는 못하는 경우가 많다.
④ 도심 상권은 중심업무지구(CBD)를 포함하며, 상권의 범위가 넓지만 소비자들의 체류 시간은 상대적으로 짧다.
⑤ 아파트 상권은 고정고객의 비중이 높아 안정적인 수요 확보가 가능하고, 외부 고객을 유치하기 쉬워서 상권 확대 가능성이 높다.

선지분석

①은 근린 상권에 대한 설명이다.
② 역세권 상권은 고밀도 개발이 이루어지는 경우가 많다.
④ 도심 상권에서는 소비자들의 체류 시간이 길다.
⑤ 아파트 상권은 외부 고객을 유치하기 어려워 상권 확대 가능성이 낮다.

44

소매점포상권의 분석기법 가운데 하나인 Huff 모델의 특징으로서 가장 옳은 것은?

① Huff 모형은 점포이미지 등 다양한 변수를 반영하여 상권분석의 정확도를 높일 수 있다.
② 개별점포의 상권이 공간상에서 단절되어 단속적이며 타점포상권과 중복되지 않는다고 가정한다.
③ 개별 소비자들의 점포 선택 행동을 확률적 방법 대신 기술적 방법(Descriptive Method)으로 분석한다.
④ 상권 내 모든 점포의 매출액 합계를 추정할 수 있지만, 점포별 점유율은 추정하지 못한다.
⑤ 각 소비자의 거주지와 점포까지의 물리적 거리는 이동 시간으로 대체하여 분석하기도 한다.

⑤ Huff 모형에서 소비자의 점포까지의 이동 거리는 소요 시간으로 대체하여 계산하기도 한다.

선지분석

① Huff 모형은 특정 점포의 매력도(attraction)를 점포의 크기만으로 측정하는 데 한계가 있다.
② 허프(D. Huff) 모형은 소매상권이 연속적이고 중복적인 공간이라는 관점에서 고객이 특정 점포를 선택할 확률은 점포 크기에 비례하고 점포까지의 거리에 반비례한다는 것이다.
④ Huff 모형은 점포별 점유율을 추정할 수 있는 모형이다.

45

아래 글상자의 상권분석 방법들 모두에 해당되거나 모두를 적용할 수 있는 상황으로서 가장 옳은 것은?

- 컨버스의 분기점 분석
- CST(Customer Spotting Technique) map
- 티센다각형(Thiessen Polygon)

① 개별 소비자의 위치 분석
② 소비자를 대상으로 하는 설문조사의 실시
③ 상권의 공간적 경계 파악
④ 경쟁점의 영향력 파악
⑤ 개별점포의 매출액 예측

컨버스의 분기점 분석, CST map 기법, 티센다각형은 모두 두 도시 간 상권의 경계를 파악하는 데 활용되는 기법이라는 공통점이 있다.

정답 | 39 ⑤ 40 ④ 41 ① 42 ① 43 ③ 44 ⑤ 45 ③

유통마케팅

46
회계데이터를 기초로 유통마케팅 성과를 측정하는 방법으로 옳은 것은?

① 고객만족도 조사
② 고객 획득률 및 유지율 측정
③ 매출액 분석
④ 브랜드 자산 측정
⑤ 고객생애가치 측정

유통마케팅의 성과평가를 하기 위해서는 크게 재무적 방법과 마케팅적 방법을 활용할 수 있다. 그 중 ③ 매출액 분석은 회계 데이터를 기초로 한 재무적 방법이다.
마케팅적 방법은 고객만족도, 고객획득률, 고객생애가치 등의 측정이 해당되며, 재무적 방법과 보완적으로 활용한다.

47
유통마케팅조사 과정 순서로 가장 옳은 것은?

① 조사 목적 정의 – 조사설계 – 조사 실시 – 데이터 분석 및 결과 해석 – 전략 수립 및 실행 – 실행 결과 평가
② 조사 목적 정의 – 조사 실시 – 조사설계 – 데이터 분석 및 결과 해석 – 전략 수립 및 실행 – 실행 결과 평가
③ 조사 목적 정의 – 조사설계 – 조사 실시 – 전략수립 및 실행 – 데이터분석 및 결과 해석 – 실행 결과 평가
④ 조사 목적 정의 – 실행 결과 평가 – 전략 수립 및 실행 – 조사 실시 – 데이터 분석 및 결과 해석 – 대안 선택 및 실행
⑤ 조사 목적 정의 – 조사 실시 – 데이터 분석 및 결과 해석 – 조사설계 – 전략 수립 및 실행 – 실행 결과 평가

유통마케팅 조사 절차는 마케팅문제의 정의로부터 시작되며 그 절차는 다음과 같다.
마케팅 조사목적 정의 – 조사 설계 – 조사 실시 – 데이터분석 및 결과해석 – 전략수립 및 실행 – 실행결과 평가

48
아래 글상자 ㉠과 ㉡에 해당되는 용어로 가장 옳은 것은?

> ㉠은(는) 미래 수요를 예측하는 질적 예측 방법의 하나이다. 불확실한 특정 문제(특정 기술의 개발 가능성, 새로운 소비 패턴의 출현 가능성 등)에 대해 여러 전문가의 의견을 되풀이해 모으고, 교환하고, 발전시켜 수요를 예측한다.
> ㉡은(는) 시간의 경과에 따라 일정한 간격을 두고 동일한 현상을 반복적으로 측정하여 각 기간에 일어난 변화에 대한 추세를 예측하는 방법이다.

① ㉠ 투사법   ㉡ 시계열분석
② ㉠ 패널조사법   ㉡ 사례유추법
③ ㉠ 투사법   ㉡ 수요확산모형분석
④ ㉠ 델파이법   ㉡ 시계열분석
⑤ ㉠ 사례유추법   ㉡ 수요확산모형분석

㉠ 매입을 위한 수요 예측 기법에는 질적 예측 기법으로 시장조사법, 경영자 판단법, 전문가에게 의견을 묻는 델파이법 등이 있다.
㉡ 과거의 어떤 현상을 계량적 자료와 시간의 흐름을 통해 미래를 예측하는 시계열분석법으로 이동평균법, 지수평활법 등이 있다.

49

아래 글상자의 (   ) 안에 들어갈 용어로서 가장 옳은 것은?

> (   )은(는) 기업 내부의 경영혁신을 유도하는 전략의 하나이다. 고객이 제품이나 서비스를 소비하는 전 과정에서 무엇을 보고 느끼며, 어디에 가치를 두고, 어떠한 상호작용 과정을 통해 관계를 형성하는지 등을 총체적으로 이해함으로써 고객에게 차별화된 가치를 제공하는 고객 중심 경영의 핵심을 말한다.

① 로열티 프로그램   ② 고객 마일리지 프로그램
③ 고객 불만 관리   ④ 공유 가치 경영
⑤ 전사적 고객경험관리

전사적 고객경험관리는 기업 전체가 제품 및 서비스와 관련한 고객 경험을 체계적으로 관리하는 것을 말한다. 즉 정보 탐색, 구매, 사용, 사용 후 평가 단계에 이르기까지 고객과 브랜드가 만나는 모든 접점에서 차별화된 고객 경험을 제공하는 마케팅전략이다.

50

상품판매에 대한 설명으로 옳지 않은 것은?

① 판매는 고객과의 커뮤니케이션을 통해 상품을 판매하고, 고객과의 관계를 구축하고자 하는 활동이다.
② 판매활동은 크게 신규고객을 확보하기 위한 활동과 기존고객을 관리하는 활동으로 나누어진다.
③ 인적판매는 다른 커뮤니케이션 수단에 비해 고객 1인당 접촉비용은 높은 편이지만, 개별적이고 심도 있는 쌍방향 커뮤니케이션이 가능하다는 장점을 가지고 있다.
④ 과거에는 전략적 관점에서 고객과 관계를 형성하는 영업을 중요시 하였으나, 판매 기술이 고도화되면서 이제는 판매를 빠르게 달성하는 기술적 판매 방식이 더욱 부각되고 있다.
⑤ 판매는 회사의 궁극적 목적인 수익 창출을 실제로 구현하는 기능이다.

④ 과거에는 판매를 빠르게 달성하는 기술적 판매 방식을 더욱 중요시하였으나 최근에는 전략적 관점에서 고객과 관계를 형성하는 영업을 중요시 하고 있다.

51

영업사원의 역할 및 관리에 대한 설명으로 가장 옳지 않은 것은?

① 영업사원은 제품과 서비스의 판매를 위해 구매 가능성이 높은 고객을 개발, 확보하고 접촉하는 역할을 수행한다.
② 영업사원에 대한 보상 체계는 성과에 따른 커미션을 중심으로 구성되는 경우가 많다.
③ 다른 직종의 업무에 비해 독립적으로 업무를 수행하는 경향이 있다.
④ 영업사원이 확보한 고객정보는 회사의 소유이므로 동료 영업사원들과의 협업을 위해 자주 공유한다.
⑤ 영업 분야 전문인으로서의 역할과 조직 구성원으로서의 역할 간 갈등이 발생할 수 있다.

④ 영업사원이 확보한 고객정보는 기업의 데이터로 영업사원과 회사가 공유 가능하지만 최근 개인정보보호법의 강화로 고객정보를 동료 영업사원들과 공유하는 것은 불법적인 행위가 되었다.

52

고객 가치를 극대화하기 위한 고객관계관리(CRM)의 중심 활동으로 가장 옳지 않은 것은?

① 신규고객 확보 및 시장점유율 증대
② 고객수명주기 관리
③ 데이터마이닝을 통한 고객분석
④ 고객 가치의 분석과 계량화
⑤ 고객 획득/유지 및 추가 판매의 믹스 최적화

기본적으로 고객관계관리(CRM)는 기존고객의 생애가치(CLV)를 극대화하여 고객 이탈을 방지하는 동시에 신규고객의 창출도 중요하게 다룬다. 이를 위해 ① 신규고객 확보 및 시장점유율 증대가 아닌 고객점유율의 증대가 중요한 지표에 해당한다.

정답 | 46 ③ 47 ① 48 ④ 49 ⑤ 50 ④ 51 ④ 52 ①

53

아래 글상자에서 설명하는 가격정책으로 옳은 것은?

> ㉠ 제조업체가 가격을 표시하지 않고 최종 판매자인 유통업체가 가격을 책정하게 하여 유통업체 간 경쟁을 통해 상품 가격을 전반적으로 낮추기 위한 가격정책
> ㉡ 실제 판매가보다 부풀려서 가격을 표시한 뒤 할인해주는 기존의 할인 판매 폐단을 근절하기 위한 가격정책

① 오픈 프라이스(Open Price)
② 클로즈 프라이스(Close Price)
③ 하이로우 프라이스(High-Low Price)
④ EDLP(Every Day Low Price)
⑤ 단위가격표시제도(Unit Price System)

선지분석
② 클로즈 프라이스: 주식시장이 마칠 때의 종가를 의미한다.
③ 하이로우 프라이스: 고저가격전략은 촉진용 상품을 대량구매하여 일부는 가격 인하용으로 판매하여 저가격 이미지를 구축하고, 일부는 정상가격으로 판매하여 높은 이윤을 달성하고자 하는 가격정책으로 백화점 등에서 활용되고 있는 가격전략이다.
④ EDLP: 연중 상시 저가로 판매하는 전략으로 규모의 경제, 전략적인 물류비의 감소 및 상품의 빠른 회전율을 통해서 사용이 가능한 가격전략이다.
⑤ 단위가격표시제도: 물가 안정 대책의 하나로 제조회사별로 각 제품의 용기 크기와 가격이 다른 모든 공산품에 대하여 g, ml, cc당 단위 가격을 표시하도록 하는 제도이다.

54

유명 브랜드 상품 등을 중심으로 가격을 대폭 인하하여 고객을 유인한 다음, 방문한 고객에 대한 판매를 증진시키고자 하는 가격결정 방식은?

① 묶음가격결정(Price Bundling)
② 이분가격결정(Two-Part Pricing)
③ 로스리더가격결정(Loss Leader Pricing)
④ 포획가격결정(Captive Pricing)
⑤ 단수가격결정(Odd Pricing)

로스리더가격결정은 일반 판매가보다 훨씬 저렴한 가격으로 판매하여 고객들을 매장 안으로 유도한 뒤 그 고객들에게 다른 상품을 판매하여 이득을 얻으려는 소매가격전략을 말한다.

선지분석
① 묶음가격: 기본적인 제품과 선택 사양, 서비스 등 보완관계에 있는 제품들을 묶어서 하나의 가격으로 제시하는 것을 의미한다.
② 이분가격: 소비자가 재화를 구매하는 경우 1차적으로 기본비용을 지불하고 추가적인 사용량에 따라 2차적인 가격을 지불하도록 하는 가격결정법이다.
④ 포획가격: 본체와 함께 사용해야 하는 보완재의 가격을 책정하는 가격전략으로, 주제품을 저렴하게 판매하고, 반복 구매하는 종속 제품을 비싸게 판매하는 전략이다.
⑤ 단수가격: 화폐 단위 이하로 가격을 책정함으로써 상대적으로 가격을 저렴하게 지각시키는 방법이다. 예컨대, 100,000원보다는 99,900원으로 표기하는 것을 말한다.

55
아래 글상자에서 설명하는 단품관리 이론으로 옳은 것은?

> 품목별 진열량을 판매량에 비례하게 하면 상품의 회전율이 일정화되어 품목별 재고의 수평적인 감소가 같아진다는 이론

① 풍선효과(Ballon) 이론
② 카테고리(Category) 관리 이론
③ 20 : 80 이론
④ 채찍(Bullwhip) 이론
⑤ 욕조마개(Bathtub) 이론

욕조마개(Bathtub)는 욕조의 물이 빠지지 않고 욕조 안의 물을 수평적으로 유지시켜주는 역할을 한다. 여기에 착안하여, 품목별 진열량을 판매량에 비례하게 하면 상품의 회전율이 일정하게 되어 품목별 재고의 수평적인 감소가 같아지는 원리를 욕조마개이론이라 한다. 즉, 품목별 진열량을 판매량에 비례하게 하면 상품의 회전율이 일정화되어 품목별 재고의 수평적인 감소가 같아진다는 이론이다. 단품관리 이론이라고도 한다.

56
소비자의 구매 동기는 부정적인 상태를 제거하려는 동기와 긍정적인 상태를 추구하려는 동기로 나뉘어진다. 아래 글상자 내용 중 부정적인 상태를 제거하려는 동기로만 짝지어진 것으로 가장 옳은 것은?

> ㉠ 새로운 제품(브랜드)의 사용 방법을 습득하고 싶은 동기
> ㉡ 필요할 때 부족함 없이 사용하기 위해 미리 구매해 놓으려는 동기
> ㉢ 제품(브랜드) 사용 과정에서 즐거움을 느끼고 싶은 동기
> ㉣ 제품(브랜드)을 구매하고 사용함으로써 자긍심을 느끼고 싶은 동기
> ㉤ 당면한 불편을 해결해 줄 수 있는 제품(브랜드)을 탐색하려는 동기

① ㉠, ㉡
② ㉠, ㉢
③ ㉡, ㉢
④ ㉡, ㉤
⑤ ㉢, ㉣

부정적인 상태를 제거하기 위한 동기 중 ㉡ 재고의 결품 방지를 위한 미리 구매해 놓으려는 동기와 ㉤ 현재 당면한 불편을 해결하기 위한 동기가 가장 크게 작용한다.

57
상품믹스에 대한 설명으로 가장 옳지 않은 것은?

① 상품믹스(Product Mix)란 기업이 판매하는 모든 상품의 집합을 말한다.
② 상품믹스는 상품계열(Product Line)의 수에 따라 폭(Width)이 정해진다.
③ 상품믹스는 평균 상품 품목(Product Item)의 수에 따라 그 깊이(Depth)가 정해진다.
④ 상품믹스의 상품계열이 추가되면 상품 다양화 또는 경영 다각화가 이루어진다.
⑤ 상품믹스의 상품 품목이 증가하면 상품 차별화의 정도가 약해지게 된다.

⑤ 상품믹스의 상품 품목이 증가하면 상품 차별화의 정도가 약화되는 것이 아니라 상품믹스의 깊이가 깊어져 전문성이 강화되고 차별성이 높아진다.

정답 | 53 ① 54 ③ 55 ⑤ 56 ④ 57 ⑤

58

아래의 글상자 안 ㉠과 ㉡에 해당하는 소매업 변천 이론으로 옳은 것은?

> ㉠은(는) 소매업체가 도입기, 초기 성장기, 가속 성장기, 성숙기, 쇠퇴기 단계를 거쳐 진화한다는 이론이다.
> ㉡은(는) 제품구색이 넓은 소매업태에서 전문화된 좁은 제품구색의 소매업태로 변화되었다가 다시 넓은 제품구색의 소매업태로 변화되어간다는 이론이다.

① ㉠ 자연도태설(진화론), ㉡ 소매아코디언 이론
② ㉠ 소매아코디언 이론, ㉡ 변증법적 과정
③ ㉠ 소매수명주기 이론, ㉡ 소매아코디언 이론
④ ㉠ 소매아코디언 이론, ㉡ 소매업수레바퀴 이론
⑤ ㉠ 소매업수레바퀴 이론, ㉡ 변증법적 과정

㉠ 소매수명주기 이론은 한 소매기관이 출현하여 사라지기까지 일반적으로 도입기, 성장기, 성숙기, 그리고 쇠퇴기를 거친다는 생애주기 이론이다.
㉡ 소매아코디언 이론은 소매점 업태는 다양한 상품구색을 갖춘 점포로 시작하여 시간이 경과함에 따라 점차 전문화되고 한정된 상품 계열을 취급하는 소매점 형태로 변화하고, 이는 다시 다양하고 전문적인 제품 계열을 취급하는 소매점으로 진화해 가는 것을 가정하는 이론이다.

59

점포 내 레이아웃관리를 위한 의사결정의 순서로 가장 잘 나열된 것은?

① 판매방법 결정 – 상품배치 결정 – 진열용 기구 배치 – 고객 동선 결정
② 판매방법 결정 – 진열용 기구배치 – 고객 동선 결정 – 상품배치 결정
③ 상품배치 결정 – 고객동선 결정 – 진열용 기구 배치 – 판매방법 결정
④ 상품배치 결정 – 진열용 기구 배치 – 고객 동선 결정 – 판매방법 결정
⑤ 상품배치 결정 – 고객 동선 결정 – 판매방법 결정 – 진열용 기구 배치

점포 레이아웃은 고객이 매장을 자유롭고 효율적으로 이동할 수 있고, 판매되는 제품의 노출을 효율적으로 하여 점포의 생산성을 높이는 점포의 설계를 의미한다.
레이아웃관리를 위한 의사결정은 상품배치 결정 – 고객동선 결정 – 판매방법 결정 – 진열용 기구배치 순으로 결정된다.

60

아래 글상자에서 설명하는 소매점의 포지셔닝 전략으로 옳은 것은?

> ㉠ 더 높은 비용에 더 많은 가치를 제공하는 전략으로 시장 크기는 작으나 수익률은 매우 높음
> ㉡ 미국의 Nieman Marcus, Sax Fifth Avenue, 영국의 Harrods 백화점의 포지셔닝 전략

① More for More 전략
② More for the Same 전략
③ Same for Less 전략
④ Same for the Same 전략
⑤ More for Less 전략

① 최상의 제품을 만들고 그에 상응하는 높은 가격을 매기는 전략은 More for More 전략이다.

선지분석
② More for the Same 전략: 좋은 품질의 제품을 상대적으로 매력적인 가격대로 판매하는 전략
③ Same for Less 전략: 같은 품질의 제품을 더 낮은 가격으로 제공하는 전략
⑤ More for Less 전략: 더 좋은 품질과 혜택의 제품을 더 저렴한 가격으로 판매하는 전략

61

소매점에 대한 소비자 기대 관리에 대한 설명으로 옳지 않은 것은?

① 입지 편리성을 판단할 때 소비자의 여행 시간보다 물리적인 거리가 훨씬 더 중요하다.
② 점포 분위기는 상품구색, 조명, 장식, 점포 구조, 음악의 종류 등에 영향을 받는다.
③ 소비자는 상품 구매 이외에도 소매점을 통해 친교나 정보 획득과 같은 욕구를 충족하고 싶어한다.
④ 소비재는 소비자의 구매 노력에 따라 편의품, 선매품, 전문품으로 구분할 수 있다
⑤ 신용 정책, 배달, 설치, 보증, 수리 등의 서비스는 소비자의 점포 선택에 영향을 준다.

① 소비자가 입지 편리성 또는 접근성을 판단할 때 물리적인 거리도 중요하지만 소비자의 여행 시간이 훨씬 더 중요한 요소에 해당한다.

62

유통업체에 대한 판촉 유형 중 가격 할인에 대한 설명으로 가장 옳지 않은 것은?

① 정해진 기간 동안에 일시적으로 유통업체에게 제품 가격을 할인해 주는 것이다.
② 일정 기간 동안 유통업체가 구입한 모든 제품의 누적 주문량에 따라 할인해 준다.
③ 유통업체로 하여금 할인의 일부 또는 전부를 소비자 가격에 반영하도록 유도한다.
④ 정기적으로 일정 기간 동안 실시하며, 비정기적으로는 실시하지 않는 것이 보통이다.
⑤ 수요 예측력이 있으며 재고 처리 능력을 보유한 유통업체에게 유리한 판촉 유형이다.

② 가격 할인이란 모든 제품이 아니라 한정된 수량의 특정 제품에 대해서 제조업자 측에서 특별 할인하는 것이다. 가격 할인은 이러한 점을 강조하여 상품 구매와 연결시키는 촉진전략을 뜻한다.

63

아래 글상자에서 설명하는 점포 레이아웃 형태로 옳은 것은?

> ⊙ 기둥이 많고 기둥 간격이 좁은 상황에서도 점포 설비비용을 절감할 수 있음
> ⓒ 통로 폭이 동일해서 건물 전체 필요 면적이 최소화된다는 장점이 있으며 슈퍼마켓 점포 레이아웃에 많이 사용됨

① 격자형 레이아웃　　② 자유형 레이아웃
③ 루프형 레이아웃　　④ 복합형 레이아웃
⑤ 부띠끄형 레이아웃

격자형(그리드형) 레이아웃은 동일하게 규격화된 내부 비품들을 사용하기 때문에 비용을 절감할 수 있는 반복적인 직사각 형태의 배치를 하여 공간의 효율성을 극대화할 수 있다. 기둥이 많고 기둥 간격이 좁은 상황에서도 설비비용을 절감할 수 있으며, 통로 폭이 동일하므로 건물 전체에서의 필요 면적이 최소화된다.

선지분석
② 자유형 레이아웃: 원형, 타원형, U자형 등으로 비품과 통로를 비대칭하게 배치하여 흥미롭고도 자유로운 쇼핑 분위기로 고객의 충동구매를 유도하고 고객의 시선을 끄는 배치 형태이다. 규모가 작은 전문 매장이나 여러 개의 작은 매장들이 있는 대형점포에 주로 사용한다.
③ 루프형 레이아웃: 경주로형이라고도 하며, 주된 통로를 중심으로 여러 매장 입구가 연결되어 있어 고객들이 여러 매장들을 손쉽게 둘러 볼 수 있도록 배치된 형태를 말한다.
⑤ 부띠끄형 레이아웃: 자유형 레이아웃에서 파생된 것으로 백화점 등에서 주로 사용한다.

64

고객생애가치(CLV, Customer Lifetime Value)에 대한 설명으로 옳은 것은?

① 고객생애가치는 인터넷 쇼핑몰 보다는 백화점을 이용하는 고객들을 평가하는 데 용이하다.
② 고객생애가치는 고객과 기업 간의 정성적 관계 가치이므로 수치화하여 측정하기 어렵다.
③ 고객생애가치는 고객점유율(Customer Share)에 기반하여 정확히 추정할 수 있다.
④ 고객생애가치는 고객이 일생동안 구매를 통해 기업에게 기여하는 수익을 현재가치로 환산한 금액을 말한다.
⑤ 고객생애가치는 고객의 이탈률과 비례 관계에 있다.

선지분석
① 고객생애가치는 백화점보다 실시간 구매정보의 평가가 용이한 인터넷 쇼핑몰 고객들을 평가하는 데 더 용이하다.
② 고객생애가치는 고객의 구매 금액과 구매빈도를 중심으로 측정하므로 정량적 관계 가치이므로 수치화하여 측정한다.
③ 고객생애가치는 고객점유율이 중요하지만 한 고객이 처음 구매시점부터 자사고객으로 있을 것으로 예상되는 기간까지의 재무적 가치를 현재가치화 한 금액을 추정하는 것이므로 정확한 추정은 용이하지 않다.
⑤ 고객 이탈률이 낮아야 고객생애가치가 증가한다.

정답 | 58 ③　59 ⑤　60 ①　61 ①　62 ②　63 ①　64 ④

65

유통경로 상의 수평적 갈등의 사례로서 가장 옳은 것은?

① 도매상의 불량상품 공급에 대한 소매상의 불평
② 납품업체의 납품기일 위반에 대한 제조업체의 불평
③ 소매상이 무리한 배송을 요구했다는 택배업체의 불평
④ 제조업체가 재고를 제때 보충하지 않았다는 유통업체의 불평
⑤ 다른 딜러가 차량 가격을 너무 낮게 책정했다는 동일 차량회사 딜러의 불평

수평적 갈등은 동일 수준의 경로에 있는 구성원간의 갈등을 의미한다. 따라서 딜러들 간의 갈등인 ⑤가 수평적 갈등에 해당한다.
일반적으로 유통경로 갈등의 원인은 경로구성원들 간의 목표 불일치, 영역에 대한 의견 불일치 및 현실 인식의 차이(지각의 불일치) 등에 의해 발생한다. 문제에서 ①~④는 모두 유통경로 상 수직적 갈등에 대한 사례에 해당한다.

관련이론 | 수직적 갈등
유통경로 상의 다른 경로 위치에 있는 경로구성원들 간의 경쟁 및 갈등을 말한다.

66

유형별 고객에 대한 설명으로 옳지 않은 것은?

① 고객이란 기업의 제품이나 서비스를 구매하거나 이용하는 소비자를 말한다.
② 이탈고객은 기업의 기준에 의해서 더 이상 자사의 제품이나 서비스를 이용하지 않는 것으로 정의된 고객을 말한다.
③ 내부고객은 조직 내부의 가치 창조에 참여하는 고객으로서 기업의 직원들을 의미한다.
④ 비활동 고객은 자사의 제품이나 서비스를 구매한 경험도 향후 자사의 고객이 될 수 있는 가능성도 없는 고객을 말한다.
⑤ 가망고객은 현재 고객은 아니지만 광고, 홍보를 통해 유입될 가능성이 높은 고객을 말한다.

④ 비활동 고객이란 원래는 자사의 고객이었으나 일정 기간 자사의 제품이나 서비스를 구매하지 않고 있는 고객을 말한다. 비활동 고객이 계속하여 구매하지 않으면 이탈고객으로 분류된다.

67

점포설계의 목적과 관련된 설명으로 가장 옳지 않은 것은?

① 점포는 다양하고 복잡한 모든 소비자들의 욕구와 니즈를 충족할 수 있도록 설계해야 한다.
② 점포는 상황에 따라 상품구색 변경을 수용하고 각 매장에 할당된 공간과 점포 배치의 수정이 용이하도록 설계하는 것이 좋다.
③ 점포는 설계를 시행하고 외관을 유지하는데 드는 비용을 적정 수준으로 통제할 수 있도록 설계해야 한다.
④ 점포는 고객 구매 행동을 자극하는 방식으로 설계해야 한다.
⑤ 점포는 사전에 정의된 포지셔닝을 달성할 수 있도록 설계해야 한다.

① 점포는 다양하고 복잡한 모든 소비자들의 욕구와 니즈를 충족할 수 있도록 설계하기는 어렵기 때문에 일반적인 고객들이 공통적으로 요구하는 수준에서 이루어진다.

68

유통업체의 업태 간 경쟁(Intertype Competition)을 유발시키는 요인으로 가장 옳지 않은 것은?

① 소비자 수요의 질적 다양화
② 생활 필수품의 범위 확대
③ 정보기술의 발달
④ 품목별 전문 유통기업의 등장
⑤ 혼합 상품화(Scrambled Merchandising) 현상의 증가

업태 간 경쟁은 동일한 경로 수준에서 다른 형태의 기업 간 경쟁을 의미한다. ④ 품목별 전문 유통기업의 등장은 판매하는 제품의 종류에 관한 문제로 업태 내에서 발생하는 업종별 경쟁에 해당한다고 할 수 있다.

69

매장 내 상품진열의 방법을 결정할 때 고려해야 할 요인으로서 가장 옳지 않은 것은?

① 상품들 간의 조화
② 점포 이미지와의 일관성
③ 개별 상품의 물리적 특성
④ 개별 상품의 잠재적 이윤
⑤ 보유한 진열 비품의 활용 가능성

⑤ 보유한 진열 비품의 활용가능성은 고려사항에 해당하지 않는다. 매장 내 상품진열과 관련해서 상품의 기획 의도, 상품의 잠재적 이윤뿐만 아니라, 상품과 인테리어와의 전체적 조화 등을 중점적으로 고려하여야 한다. 특히 일관성과 전체적인 조화가 가장 중요하다 할 수 있다.

70

아래 글상자 ㉠과 ㉡에 들어갈 알맞은 용어는?

> 상품관리 시 품목 구성에서 결정해야 할 중요한 사항으로 (㉠)와(과) (㉡)의 설정이 있다. (㉠)은(는) 취급 가격의 범위를 말하는데 최저 가격부터 최고 가격까지의 폭을 의미한다. (㉡)은(는) 중점을 두는 가격의 봉우리를 지칭하는데 고급품의 가격대, 중급품의 가격대 등 (㉠) 가운데 몇 가지를 설정하는 것이다.

① ㉠ 상품의 폭   ㉡ 상품의 깊이
② ㉠ 상품의 깊이   ㉡ 상품의 폭
③ ㉠ 가격   ㉡ 마진
④ ㉠ 프라이스 라인   ㉡ 프라이스 존
⑤ ㉠ 프라이스 존   ㉡ 프라이스 라인

㉠ 프라이스 존(Price Zone)은 상품의 가격에 있어서 상한선과 하한선 간의 폭을 말하며, 가격대라고도 한다.
㉡ 프라이스 라인(Price Line)은 하나의 상품 가격대 내에서의 가격의 종류를 설정하는 것을 의미한다.

유통정보

71

CRM 시스템에 대한 설명으로 가장 옳지 않은 것은?

① 신규고객 창출, 기존고객 유지, 기존고객 강화를 위해 이용된다.
② 기업에서는 장기적인 고객관계 형성보다는 단기적인 고객관계 형성을 위해 도입하고 있다.
③ 다양한 측면의 정보 분석을 통해 고객에 대한 이해도를 높여준다.
④ 유통업체의 경쟁우위 창출에 도움을 제공한다.
⑤ 고객 유지율과 경영성과 모두를 향상시키기 위해 정보와 지식을 활용한다.

② 고객관계관리(CRM)는 개별 고객에 대한 상세한 정보를 토대로 그들과의 장기적인 관계를 구축하고 충성도를 높여 고객생애가치(CLV)를 극대화하려는 것이다. 장기적인 고객관계 형성을 위해 도입하고 있다.

72

정보 단위에 대한 설명으로 옳지 않은 것은?

① 기가바이트(GB)는 바이트(B)보다 큰 단위이다.
② 테라바이트(TB)는 기가바이트(GB)보다 큰 단위이다.
③ 테라바이트(TB)는 메가바이트(MB)보다 큰 단위이다.
④ 메가바이트(MB)는 킬로바이트(KB)보다 큰 단위이다.
⑤ 기가바이트(GB)는 페타바이트(PB)보다 큰 단위이다.

페타바이트(PB)는 기가바이트(GB)보다 큰 단위이다.
1KB = 1024B, 1MB = 1024KB, 1GB = 1024MB, 1TB = 1024GB, 1PB = 1024TB이다.

정답 | 65 ⑤ 66 ④ 67 ① 68 ④ 69 ⑤ 70 ⑤ 71 ② 72 ⑤

73

충성도 프로그램에 대한 설명으로 옳지 않은 것은?

① 유통업체에서 운영하는 충성도 프로그램은 고객들의 구매 충성도를 높이기 위해 운영되는 단발성 프로그램이다.
② 유통업체 고객의 충성도는 다양한데, 대표적인 충성도에는 행동적 충성도와 태도적 충성도가 있다.
③ 유통업체 고객의 행동적 충성도의 대표적인 사례로는 고객의 반복구매가 있다.
④ 유통업체 고객이 특정한 상품에 대해 애착을 형성하거나 우호적 감정을 갖는 것을 태도적 충성도라고 한다.
⑤ 유통업체에서 가지고 있는 충성도 강화 프로그램은 사전에 정해진 지침에 의해 운영된다.

① 유통업체에서 운영하는 충성도 프로그램은 고객들의 구매 충성도를 높여 고객생애가치를 극대화하기 위해 지속적이고 장기적으로 운영된다.

74

유통업체들은 정보시스템 운영을 효율화하기 위해 ERP 시스템을 도입하고 있는데 ERP 시스템의 발전순서를 나열한 것으로 옳은 것은?

| ㉠ ERP | ㉡ Extended ERP |
| ㉢ MRP | ㉣ MRP II |

① ㉢ - ㉣ - ㉠ - ㉡
② ㉢ - ㉠ - ㉣ - ㉡
③ ㉢ - ㉡ - ㉠ - ㉣
④ ㉠ - ㉣ - ㉢ - ㉡
⑤ ㉠ - ㉡ - ㉢ - ㉣

전사적자원관리(ERP: Enterprise Resource Planning) 시스템은 1960년대의 자재소요계획(MRP: Material Requirements Planning)이 1980년대의 제조자원계획(MRP II: Manufacturing Resources Planning)으로 확장되고, 이후 전사적 자원으로 확대되어 구축되었다.
ERP 시스템은 기업 내의 제조·물류·회계·인사·재무·판매 등 모든 업무 프로세스를 실시간 정보 공유를 바탕으로 통합적으로 지원하여, 효율화와 의사결정의 신속화를 도모한다.

75

사물인터넷 유형을 올인원 사물인터넷과 애프터마켓형 사물인터넷으로 구분할 경우 보기 중 애프터마켓형 사물인터넷 제품으로 가장 옳은 것은?

① 스마트 TV
② 스마트 지갑
③ 스마트 냉장고
④ 스마트 워치
⑤ 크롬 캐스트(Chrome Cast)

크롬 캐스트(Chrome Cast)는 구글(Google)이 만든 멀티미디어 스트리밍 어댑터로 애프터마켓형 사물인터넷(IoT)에 해당한다.
애프터마켓은 물건을 판매한 후에 발생하는 여러 가지 수요에 기초하여 형성되는 시장이다. 가전제품의 애프터서비스, 자동차 수리, 가옥의 보수·관리를 위한 시장 등이 이에 해당된다.

76

아래 글상자에서 설명하는 기술로 옳은 것은?

> ㉠ A사는 행정안전부와 협약을 통해 이 기술을 이용하여 긴급구조 활동에 지원하기로 하였으며, 재난 발생으로 고립된 지역에 의약품 키트를 긴급물품으로 지원하기로 하였다. 독일 제작업체와 합작해 도입한 '○○스카이도어'이다.
> ㉡ B사는 2019년 4월 이것에 대해 미국 FAA로부터 사업허가를 승인받았다. 버지니아와 블랙스버그의 외곽 지역에서 이 기술을 이용하여 기업에서 가정으로 상품을 실어 나르는 상업 서비스를 개시할 수 있게 되었다. 이 승인은 2년간 유효하며, 조종사 1인당 동시에 가능한 조정대수는 최대 5대로 제한되고 위험물질은 실을 수 없다.

① GPS
② 드론
③ 핀테크
④ DASH
⑤ WING

보기는 드론(Drone)을 통한 배송서비스에 대한 설명이다. 드론은 무선 전파로 조종할 수 있는 무인 항공기다. 카메라, 센서, 통신시스템 등이 탑재돼 있으며 25g부터 1,200kg까지 무게와 크기도 다양하다. 드론은 군사용도로 처음 생겨났지만 최근엔 고공 촬영과 고객이 주문한 상품의 배달 등으로 그 사용 범위가 확대되고 있다.

77

전자상거래를 이용하는 고객들이 기업에서 발송하는 광고성 메일에 대해 수신거부 의사를 전달하면, 고객들은 광고성 메일을 받지 않을 수 있는데 이를 적절하게 설명하는 용어로 옳은 것은?

① 옵트아웃(opt out)
② 옵트인(opt in)
③ 옵트오버(opt over)
④ 옵트오프(opt off)
⑤ 옵트온(opt on)

광고성 메일에 대해 수신거부 의사를 전달하면 광고성 메일을 받지 않을 수 있는 것을 나타내는 용어는 옵트아웃(Opt Out)이다. 한편 수집을 허용하기 전까지 데이터 수집을 금지하는 것은 옵트인(Opt In)이다.

78

유통업체와 제조업체들이 환경에 해로운 경영활동을 하면서, 마치 친환경 경영활동을 하고 있는 것처럼 광고하는 경우를 설명하는 용어로 옳은 것은?

① 카본 트러스트(Carbon Trust)
② 자원 발자국(Resource Footprint)
③ 허브 앤 스포크(Hub and Spoke)
④ 그린워시(Greenwash)
⑤ 친환경 공급사슬(Greenness Supply Chain)

그린워시(Greenwash)는 기업이 실제로는 환경에 위해되는 물질을 배출하면서 친환경적인 이미지 광고 등을 통해 녹색 이미지로 포장하는 것을 말한다. Green과 Whitewash의 합성어로 녹색 분칠이라고 번역하기도 한다.

79

아래 글상자의 (　　)안에 공통적으로 들어갈 공급사슬관리 개념으로 가장 옳은 것은?

⊙ (　　)은(는) 조직들이 시장의 실질적인 수요를 예측함과 동시에 비용 효과적인 방법으로 대응하는 전략이다.
⊙ (　　)의 목표는 조직들이 최소 재고를 유지하면서, 정시 배송을 통한 가장 높은 수준의 소비자 만족을 가능하게 하는 것이다.
ⓒ (　　)의 핵심은 단일 계획에 의한 실행으로 조직의 경영 목표를 달성하기 위한 계획을 정립하고 판매, 생산, 구매, 개발 등 조직 내의 모든 실행이 동기화되어야 한다.

① S&OP(Sales and Operations Planning)
② LTM(Lead Time Management)
③ VMI(Vendor Managed Inventory)
④ DF(Demand Fulfillment)
⑤ SF(Supply Fulfillment)

S&OP(Sales and Operations Planning), 즉 판매·운영계획은 기업의 수요와 공급을 일치시켜 불필요한 재고를 최소화하여 고객만족과 수익성 향상을 이루려는 전략이다. 통합비즈니스 관리 프로세스의 하나로, SCM에서 채찍효과를 방지하기 위한 한 가지 방법이다.

정답 | 73 ① 74 ① 75 ⑤ 76 ② 77 ① 78 ④ 79 ①

80

전자자료교환(EDI)에 대한 설명으로 가장 옳지 않은 것은?

① 전용선 기반이나 텍스트 기반의 EDI 서비스는 개방적 인터넷 환경으로 인해 보안상 취약성이 높아 웹기반 서비스 불가하며, 2022년 서비스가 예정이다.
② EDI 서비스는 기업 간 전자상거래 서식 또는 공공 서식을 서로 합의된 표준에 따라 표준화된 메시지 형태로 변환해 거래 당사자끼리 통신망을 통해 교환하는 방식이다.
③ EDI 서비스는 수작업이나 서류 및 자료의 재입력을 하지 않게 되어 실수 및 오류를 방지하며 더 많은 비즈니스 문서를 보다 정확하고 보다 빨리 공유하고 처리할 수 있다.
④ EDI 시스템의 기본 기능에는 기업의 수주, 발주, 수송, 결제 등을 처리하는 기능이 있으며, 상업 거래 자료를 변환, 통신, 표준 관리 그리고 거래처 관리 등으로 활용할 수 있다.
⑤ EDI 서비스는 1986년 국제연합유럽경제위원회(UN/ECE) 주관으로 프로토콜 표준화 합의가 이루어졌고, 1988년 프로토콜의 명칭을 EDIFACT로 하였으며, 구문규칙을 국제표준(ISO 9735)으로 채택하였다.

① 전용선(VAN) 기반의 EDI가 최근에는 인터넷 기반의 웹 EDI로 개편되어 xEDI로 활용되고 있다. 인터넷 기반의 EDI의 통신비용은 VAN의 경우보다 매우 낮다. 인터넷 기반 EDI에서는 최신 EDI의 사용을 보완하거나 대체가 용이하다.

81

POS(Point of Sale) 시스템의 구성기기 중 상품명, 가격, 구입처, 구입 가격 등 상품에 관련된 모든 정보가 데이터베이스화되어 있으며, 자동으로 판매 파일, 재고 파일, 구매 파일 등을 갱신하고 기록하여, 추후 각종 통계 자료 작성 시에 사용 가능케 하는 기기로 가장 옳은 것은?

① POS 터미널
② 바코드 리더기
③ 바코드 스캐너
④ 본부 주 컴퓨터
⑤ 스토어 컨트롤러

스토어 컨트롤러(Store Controller)는 매장 내의 POS 터미널과 연결되어 모든 거래정보를 기록하는 컴퓨터이다.
스캐너에 의해 자동판독된 상품코드와 거래 관련 자료가 스토어 컨트롤러로 보내지면, 스토어 컨트롤러는 데이터베이스와 되어 있는 상품 마스터 파일을 검색하여 상품명, 가격 등을 POS 터미널로 다시 보내준다.

82

e-SCM을 위해 도입해야 할 주요 정보기술로 가장 옳지 않은 것은?

① 의사결정을 지원해주기 위한 자료 탐색(Data Mining) 기술
② 내부 기능부서 간의 업무통합을 위한 전사적자원관리(ERP)시스템
③ 기업내부의 한정된 일반적인 업무활동에서 발생하는 거래자료를 처리하기 위한 거래처리시스템
④ 수집된 고객 및 거래데이터를 저장하기 위한 데이터웨어하우스(Data Warehouse)
⑤ 고객, 공급자 등의 거래 상대방과의 거래 처리 및 의사소통을 위한 인터넷 기반의 전자상거래(e-Commerce) 시스템

e-SCM을 위해 도입해야 할 정보시스템으로 대표적인 것은 데이터마이닝(Data Mining) 기술, 지속적 상품보충(CRP), 자동발주시스템(CAO), 크로스도킹(Cross Docking), 전사적자원관리(ERP) 등이다. ③ e-SCM은 공급사슬 상의 기업들과 긴밀한 협업을 해야 하므로 거래처리시스템(TPS)과 직접적인 관련은 없다.

83
바코드 기술과 RFID 기술에 대한 설명으로 옳지 않은 것은?

① 유통업체에서는 바코드 기술을 판매관리에 활용하고 있다.
② 바코드 기술은 핀테크 기술에 결합되어 다양한 모바일 앱에서 활용되고 있다.
③ 바코드 기술을 대체할 기술로는 RFID(Radio Frequency IDentification) 기술이 있다.
④ RFID 기술은 바코드에 비해 구축비용이 저렴하지만, 보안 취약성 때문에 활성화되고 있지 않다.
⑤ RFID 기술은 단품관리에 활용될 수 있다.

④ RFID 기술은 바코드에 비해 많은 구축비용이 소요되지만, 보안성이 높아 사용 범위가 크게 확대되고 있다. 또한 RFID를 도입하면 상품의 이동 과정을 실시간으로 추적할 수 있고, 화물의 도난 및 손실을 예방할 수 있다.

84
아래 글상자에서 설명하는 기술로 옳은 것은?

> 인간을 대신하여 수행할 수 있도록 단순 반복적인 업무를 알고리즘화하고 소프트웨어적으로 자동화하는 기술이다. 물리적 로봇이 아닌 소프트웨어프로그램으로 사람이 하는 규칙기반(rule based) 업무를 기존의 IT 환경에서 동일하게 할 수 있도록 구현하는 것이다.
> 2014년 이후 글로벌 금융사를 중심으로 확산되었으며, 현재는 다양한 분야에서 일반화되는 추세이다.

① RPA(Robotic Process Automation)
② 비콘(Beacon)
③ 블루투스(Bluetooth)
④ OCR(Optical Character Reader)
⑤ 인공지능(Artificial Intelligence)

위의 내용은 RPA(Robotic Process Automation)에 대한 설명이다. RPA, 즉 로보틱 처리 자동화는 사람이 컴퓨터로 하는 반복적인 업무를 로봇 소프트웨어를 통해 자동화하는 기술을 말한다.

85
QR(Quick Response) 도입으로 얻는 효과로 가장 옳지 않은 것은?

① 기업의 원자재 조달에서부터 상품이 소매점에 진열되기까지 총 리드타임 단축
② 낮은 수준의 재고와 대응 시간의 감소가 서로 상충되어 프로세싱 시간 증가
③ 정확한 생산계획에 의한 생산관리로 낮은 수준의 재고 유지 가능
④ 전표 등을 EDI로 처리하여 정확성 및 신속성 향상
⑤ 기업 간 정보 공유를 바탕으로 소비동향을 분석, 고객 요구를 신속하게 반영하는 것이 가능

② QR을 도입하면 재고 수준을 낮추면서도 소비자의 욕구 변화에 대한 대응 시간도 감소시킬 수 있고 프로세싱 시간도 단축된다.

86
POS(Point of Sale) 시스템에 대한 설명으로 옳지 않은 것은?

① 유통업체에서는 POS시스템을 도입함으로써 업무처리 속도를 개선하고, 업무에서의 오류를 줄일 수 있다.
② 유통업체에서는 POS시스템의 데이터를 분석함으로써 중요한 의사결정에 활용할 수 있다.
③ 유통업체에서는 POS시스템을 통해 얻은 시계열 자료를 분석함으로써 판매 상품에 대한 추세 분석을 할 수 있다.
④ 유통업체에서는 POS시스템을 도입해 특정 상품을 얼마나 판매하였는가에 대한 정보를 얻을 수 있다.
⑤ 고객의 프라이버시 보호를 위해 바코드로 입력된 정보와 고객정보의 연계를 금지하고 있어 유통업체는 개인 고객의 구매내역을 파악할 수 없다.

⑤ 고객의 프라이버시는 보호하지만 바코드로 입력된 정보와 고객정보가 연계되어 유통업체는 다양한 의사결정에 POS 데이터를 활용할 수 있다.

정답 | 80 ① 81 ⑤ 82 ③ 83 ④ 84 ① 85 ② 86 ⑤

87

아래 글상자 내용은 패턴 발견과 지식을 의사결정 및 지식 영역에 적용하기 위한 지능형 기술에 대한 설명이다. ( )안에 적합한 용어로 옳은 것은?

( )(은)는 자연 언어 등의 애매함을 정량적으로 표현하기 위하여 1965년 미국 버클리대학교의 자데(L. A. Zadeh) 교수에 의해 도입되었다. 이는 불분명한 상태, 모호한 상태를 참 혹은 거짓의 이진 논리에서 벗어난 다치성으로 표현하는 논리 개념으로, 근사치나 주관적 값을 사용하는 규칙들을 생성함으로써 부정확함을 표현할 수 있는 규칙 기반기술(rule-based technology)이다.

① 신경망
② 유전자 알고리즘
③ 퍼지 논리
④ 동적계획법
⑤ 전문가시스템

제시된 내용은 퍼지 논리(Fuzzy Logic)에 대한 설명이다. 퍼지 논리는 개념(Concept)이 적용되거나 적용되지 않는 상황 사이에 분명한 경계가 존재하지 않을 때, 애매 모호한 상황을 여러 근삿값으로 구분지어 놓는 논리를 말한다.

88

지식 관리에 대한 설명으로 옳지 않은 것은?

① 명시적 지식은 쉽게 체계화할 수 있는 특성이 있다.
② 암묵적 지식은 조직에서 명시적 지식보다 강력한 힘을 발휘하기도 한다.
③ 명시적 지식은 경쟁기업이 쉽게 모방하기 어려운 지식으로 경쟁우위 창출에 기반이 된다.
④ 암묵적 지식은 사람의 머릿속에 있는 지식으로 지적자본(Intellectual Capital)이라고도 한다.
⑤ 기업에서는 구성원의 지식공유를 활성화하기 위하여 인센티브(Incentive)를 도입한다.

③ 경쟁기업이 쉽게 모방하기 어려운 지식으로 경쟁우위 창출에 기반이 되는 것은 암묵적 지식(Implicit Knowledge), 즉 암묵지이다.
폴라니(Michael Polanyi)는 지식을 형식적 지식(Explicit Knowledge)과 암묵적 지식(Tacit Knowledge)으로 구분하였고, 이로부터 지식경영의 개념이 등장하기 시작하였다.
형식적 지식(형식지)이란 말, 즉 언어로 표현할 수 있는 명시적·객관적·논리적인 지식을 의미한다. 반면 암묵적 지식(암묵지)은 개인적인 경험에 의해 얻어지는, 말로 표현하기 어려운 직감적인 지식을 말하는 것으로 노하우 등을 의미한다.

89

전자서명이 갖추어야 할 특성으로 가장 옳지 않은 것은?

① 서명한 문서의 내용을 변경할 수 없어야 한다.
② 서명자가 자신이 서명한 사실을 부인할 수 없어야 한다.
③ 서명은 서명자 이외의 다른 사람이 생성할 수 없어야 한다.
④ 서명은 서명자의 의도에 따라 서명된 것임을 확인할 수 있어야 한다.
⑤ 하나의 문서의 서명을 다른 문서의 서명으로 사용할 수 있어야 한다.

⑤ 전자서명(Digital Signature, Electronic Signature)은 하나의 문서의 서명을 다른 문서의 서명으로 사용할 수 없어야 한다(재사용 불가).

관련이론 | 전자서명의 기본 조건
- 위조 불가: 합법적인 서명자만이 서명문을 생성할 수 있어야 한다.
- 서명자 인증: 전자서명의 서명자를 불특정 다수가 검증할 수 있어야 한다.
- 재사용 불가: 전자문서의 서명을 다른 전자문서의 서명으로 사용할 수 없어야 한다.
- 변경 불가: 서명된 문서는 내용을 변경할 수 없기 때문에 데이터가 변조되지 않았음을 보장하는 무결성을 만족시켜준다.
- 부인 방지: 서명자가 나중에 서명한 사실을 부인할 수 없어야 한다.

90

유통업체에서 지식관리시스템 활용을 통해 얻을 수 있는 효과로 옳지 않은 것은?

① 동종 업계의 다양한 우수 사례를 공유할 수 있다.
② 지식을 획득하고, 이를 보다 효과적으로 활용함으로써 기업 성장에 도움을 받을 수 있다.
③ 중요한 지식을 활용해 기업 운영에 있어 경쟁력을 확보할 수 있다.
④ 지식 네트워크를 구축할 수 있고, 이를 통해 새로운 지식을 얻을 수 있다.
⑤ 의사결정을 위한 정보를 제공해주는 시스템으로 의사결정권이 있는 사용자가 빠르게 판단할 수 있게 돕는다.

⑤는 의사결정지원시스템(DSS: Decision Support System)에 대한 설명이다. 지식관리시스템(KMS: Knowledge Management System)은 조직 내의 인적자원들이 축적하고 있는 개별적인 지식을 체계화하여 공유함으로써 기업 경쟁력을 향상시키기 위한 기업정보시스템을 말한다. 지식관리시스템이 구축되면 기업과 기업 간 협업이 가속화되어 경쟁우위를 구축할 수 있다.

정답 | 87 ③ 88 ③ 89 ⑤ 90 ⑤

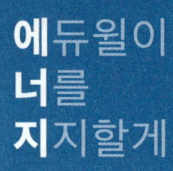

마음을 위대한 일로 이끄는 것은 오직 열정,
위대한 열정뿐이다.

– 드니 디드로(Denis Diderot)

2020년 3회 기출문제

>> 2020년 11월 01일 시행

자동채점

유통·물류 일반관리

01
기업이 물류 합리화를 추구하는 이유로 가장 옳지 않은 것은?

① 생산비 절감에는 한계가 있기 때문이다.
② 물류비는 물가 상승에 따라 매년 증가하는 경향이 있기 때문이다.
③ 물류 차별화를 통해 기업이 경쟁우위를 확보할 수 있기 때문이다.
④ 물류에 대한 고객의 요구들은 동일, 단순하여 고객에게 동일한 서비스를 제공할 수 있기 때문이다.
⑤ 각종 기법과 IT에 의해 운송, 보관, 하역, 포장 기술이 발전할 수 있기 때문이다.

물류 합리화는 물류비 절감 및 서비스의 질적 향상을 도모하기 위한 것이다.
④ 최근 전자상거래 발달 및 소화물 운송시장이 커지면서 물류 서비스에 대한 고객들의 요구는 다양화, 복잡화되고 있다. 이에 기업들은 다품종 소량운송 및 다빈도 배송 등의 서비스의 필요성이 더욱 커지고 있다.

02
물류 공동화의 효과로 가장 옳지 않은 것은?

① 수송물의 소량화
② 정보의 네트워크화
③ 차량 유동성 향상
④ 수·배송 효율 향상
⑤ 다빈도 소량배송에 의한 고객서비스 확대

① 물류 공동화로 인해 다수의 화주들의 물동량을 한데 모아 한꺼번에 운송할 수 있게 되어 운송물은 대량화되고 환경적인 측면에서도 장점이 발생하고 있다.

관련이론 | **물류 공동화의 목적**
- 물자를 대량으로 처리하여 물류비 절감
- 인력 부족에 대한 대응
- 수송 및 배송 효율의 향상
- 중복 투자의 감소

03
한 품목의 연간 수요가 12,480개이고, 주문비용이 5천원, 제품 가격이 1,500원, 연간 보유비용이 제품 단가의 20%이다. 주문한 시점으로부터 주문이 도착하는 데에는 2주가 소요된다. 이때 ROP(재주문점)는? (1년을 52주, 1주 기준으로 재주문하는 것으로 가정)

① 240개 ② 480개
③ 456개 ④ 644개
⑤ 748개

주어진 자료를 통해서는 일반적인 재주문점으로 풀기가 어렵다. 따라서 주어진 자료를 통해, 1주 기준으로 재주문한다는 가정에 따라 주간 수요량은 $\frac{12,480}{52주}$=240개가 된다.

∴ 재주문점(ROP)=주간 수요×리드타임=240개×2주=480개

04

화주 기업과 3자 물류업체와의 관계에 대한 설명으로 옳지 않은 것은?

① 물류 업무에 관한 의식 개혁 공유
② 전략적 제휴에 의한 물류 업무 파트너십 구축
③ 정보의 비공개를 통한 효율적인 물류 업무 개선 노력
④ 주력 부문에 특화한 물류 차별화를 통해 경쟁우위 확보 의지 공유
⑤ 화주기업의 물류 니즈에 기반한 물류 업체의 서비스 범위 협의

③ 제3자물류를 이용하는 경우 화주와 제3자물류업체 간에는 필수적으로 영업 관련 정보를 공유하므로 자연스럽게 효율적인 물류 업무 개선 노력이 이루어진다.

05

조직 내 갈등의 생성 단계와 설명으로 가장 옳지 않은 것은?

① 잠재적 갈등: 갈등이 존재하지 않는 상태를 의미한다.
② 지각된 갈등: 상대방에 대해 적대감이나 긴장감을 지각하는 것을 말한다.
③ 감정적 갈등: 상대방에 대해 적대감이나 긴장을 감정적으로 느끼는 상태를 말한다.
④ 표출된 갈등: 갈등이 밖으로 드러난 상태를 의미한다.
⑤ 갈등의 결과: 갈등이 해소되었거나 잠정적으로 억제되고 있는 상태를 말한다.

① 잠재적 갈등이란 갈등이 존재하지 않는 상태를 의미하는 것이 아니고, 갈등이 발생할 수 있는 구성원 간의 갈등 발생 환경은 조성되어 있으나 아직 드러나지 않은 상태를 뜻한다. 갈등은 내부적으로는 역기능뿐만 아니라 순기능의 역할도 있으므로 적정 수준으로 관리하는 것이 중요하다.

06

물류와 관련된 고객서비스 항목들에 대한 설명 중 가장 옳지 않은 것은?

① 주문 인도 시간은 고객이 주문한 시점부터 상품이 고객에게 인도되는 시점까지 시간을 의미한다.
② 정시주문충족률을 높이면 재고 유지비, 배송비가 감소하여 전체적인 물류비는 감소하게 된다.
③ 최소 주문량을 낮출수록 고객의 만족도는 높아지지만 다빈도 운송으로 인해 운송비용은 증가한다.
④ 주문의 편의성을 높이기 위해서 주문처리시스템, 고객정보시스템의 구축이 필요하다.
⑤ 판매 이후의 신속하고 효과적인 고객 응대는 사후 서비스 수준과 관련이 있다.

② 정시주문충족률을 높이면 재고 보유를 많이 해야 하므로 재고 유지비용이 증가하고, 주문 시마다 배송이 이루어져야 하므로 배송비 또한 증가하여 전체 물류비는 증가하게 된다.

정답 | 01 ④ 02 ① 03 ② 04 ③ 05 ① 06 ②

07

공급사슬관리에 관련된 내용으로 옳지 않은 것은?

① Lean은 많은 생산량, 낮은 변동, 예측 가능한 생산환경에서 잘 적용될 수 있다.
② Agility는 수요의 다양성이 높고 예측이 어려운 생산환경에서 잘 적용될 수 있다.
③ 재고 보충 리드타임이 짧아 지속적 보충을 하는 경우는 Kanban을 적용하기 힘들다.
④ 수요 예측이 힘들고 리드타임이 짧은 경우는 QR이 잘 적용될 수 있다.
⑤ 적은 수의 페인트 기본 색상 재고만을 보유하고 소비자들에게 색깔 관점에서 커스터마이즈된 솔루션을 제공하는 것은 Lean/Agile 혼합전략의 예가 된다.

③ 재고 보충 리드타임이 짧아 지속적 보충을 하는 경우 JIT(Just In Time)에서 활용하는 칸반시스템(Kanban)을 적용하기가 매우 용이하다. 칸반은 적시 재고 시스템인 JIT 시스템의 생산 통제 수단으로, 낭비 요인인 재고, 잉여 활동, 대기 시간 등을 제거하고 적시에 필요한 제품을 필요한 수량만큼 생산하기 위한 목적으로 활용된다.

08

아래 글상자에서 인적자원관리 과정에 따른 구성 내용으로 옳지 않은 것은?

구분	과정	구성 내용
㉠	확보관리	계획, 모집, 선발, 배치
㉡	개발관리	경력관리, 이동관리
㉢	평가관리	직무분석, 인사고과
㉣	보상관리	교육훈련, 승진관리
㉤	유지관리	인간관계관리, 근로조건관리, 노사 관계관리

① ㉠
② ㉡
③ ㉢
④ ㉣
⑤ ㉤

④ 교육훈련, 승진관리는 개발관리와 관련된다.

관련이론 | 인적자원관리 활동의 내용

과정	구성 내용
확보관리	계획, 모집, 선발, 배치
개발관리	경력관리, 이동관리, 교육훈련, 승진관리
평가관리	직무분석, 인사고과
보상관리	임금관리와 복지후생관리
유지관리	인간관계관리, 근로조건관리, 노사관계관리

09

재무통제(Financial Control)를 유효하게 행하기 위한 필요조건 설명으로 옳지 않은 것은?

① 책임의 소재가 명확할 것
② 시정조치를 유효하게 행할 것
③ 업적의 측정이 정확하게 행해질 것
④ 업적 평가에는 적절한 기준을 선택할 것
⑤ 계획 목표를 CEO의 의사결정에만 전적으로 따를 것

⑤ 계획 목표를 CEO의 의사결정에만 전적으로 따른다는 것은 재무통제를 유효하게 행하기 위한 필요조건에 해당하지 않는다.

10

기업의 경쟁전략 중 조직규모의 유지 및 축소 전략으로 옳지 않은 것은?

① 다운사이징 ② 집중화전략
③ 리스트럭처링 ④ 영업양도전략
⑤ 현상유지전략

② 집중화전략은 특정 시장, 지역, 소비자를 집중적으로 공략하는 것으로 조직규모의 유지 및 축소 전략에 해당하지 않는다.

선지분석
① 다운사이징은 조직규모를 축소시키는 기업전략이다.
③ 리스트럭처링은 기업의 구조를 개선하는 전략이다.
④ 영업양도전략은 영업부문을 매도하여 현금을 유보하고 조직을 축소시키는 전략이다.
⑤ 현상유지전략은 조직규모를 기존 상태로 유지하는 전략이다.

11

아래 글상자에서 설명하는 시스템으로 가장 옳은 것은?

> 기존의 개별적인 자동화 기술 및 시스템을 하나의 생산 시스템으로 통합하여 다품종 소량생산 방식에 있어서의 융통성과 대량생산에서의 높은 생산성을 동시에 달성하고자 하는 제조 시스템을 말하며, 이 시스템의 기술을 가장 효과적으로 적용할 수 있는 분야는 자동차 분야이다.

① 전사적 품질관리시스템 ② 전사적 품질경영시스템
③ 적시생산시스템 ④ 유연제조시스템
⑤ 공급체인 관리시스템

유연제조시스템(FMS; Flexible Manufacturing System)은 컴퓨터 코딩을 통해 생산라인을 자동 제어함으로써 변화하는 작업 스케줄에 신속하게 대응할 수 있는 시스템을 일컫는다.

12

맥킨지 사업 포트폴리오 분석은 산업 매력도와 사업 경쟁력 차원으로 구분할 수 있는데 이 경우 사업 경쟁력 평가 요소에 포함되지 않는 것은?

① 시장점유율, 관리 능력, 기술 수준
② 제품 품질, 상표 이미지, 생산 능력
③ 시장점유율, 상표 이미지, 원가 구조
④ 산업성장률, 기술적 변화 정도, 시장규모
⑤ 유통망, 원자재 공급원의 확보

④ 산업성장률, 기술적 변화 정도, 시장규모 등은 산업 매력도에 해당한다.

관련이론 | 포트폴리오 분석의 평가 요소

산업 매력도 평가 요소	시장규모, 산업성장률, 산업의 평균 수익률, 경쟁의 정도, 진입장벽 및 철수 장벽, 산업의 전반적 수급 상황, 기술적 변화 정도 등
사업 경쟁력 평가 요소	시장점유율, 관리능력, 기술수준, 제품의 품질, 상표 이미지, 생산 능력, 원가 구조, 유통망, 원자재 공급원의 확보 등

13

유통경로 성과를 측정하는 변수 중 정량적 측정 변수로 가장 옳지 않은 것은?

① 새로운 세분시장의 수, 악성 부채 비율
② 상품별, 시장별 고객 재구매 비율
③ 브랜드의 경쟁력, 신기술의 독특성
④ 손상된 상품 비율, 판매 예측의 정확성
⑤ 고객 불평 건수, 재고 부족 방지비용

③ 브랜드의 경쟁력, 신기술의 독특성 등은 구체적인 수치로 측정하기 어려운 정성적(qualitative) 측정 변수에 해당한다.

정답 | 07 ③ 08 ④ 09 ⑤ 10 ② 11 ④ 12 ④ 13 ③

14

아래 글상자 내용은 유통경로의 필요성에 관한 것이다. ㉠~㉤에 들어갈 용어를 순서대로 옳게 나열한 것은?

- 총 거래수 (㉠) 원칙: 유통경로에서는 중간상이 개입함으로써 단순화, 통합화됨
- (㉡)의 원리: 유통경로 상 수행되는 수급 조절, 수배송, 보관, 위험 부담 등을 생산자와 유통기관이 (㉡)하여 참여함
- (㉢) 우위의 원리: 유통 분야는 (㉣)가 차지하는 비중이 (㉤)보다 크므로 제조와 유통의 역할을 분담하는 것이 비용 측면에서 유리

	㉠	㉡	㉢	㉣	㉤
①	최대	통합	변동비	고정비	변동비
②	최대	분업	변동비	고정비	변동비
③	최대	통합	고정비	변동비	고정비
④	최소	분업	변동비	변동비	고정비
⑤	최소	분업	고정비	변동비	고정비

① ①
② ②
③ ③
④ ④
⑤ ⑤

- 총 거래 수 최소화의 원칙: 유통경로에서 중간상이 없다면 생산자와 소비자가 직접 거래하여야 하므로 거래 수가 많아지지만 중간상이 개입하면 거래 수가 감소하므로 거래비용도 감소한다.
- 분업의 원리: 주문, 촉진, 금융, 정보 수집 등의 기능을 중간상들이 분담하여 수행하면 유통기능의 효율성이 높아져 전체 유통비용은 감소하고 상품의 가격도 낮아질 수 있게 된다.
- 변동비 우위의 원리: 유통업은 제조업에 비해 변동비 비중이 크기 때문에 생산자가 제조와 유통을 통합하는 것보다 분리하여 역할을 분담하는 것이 비용 측면에서 효율적이다.

15

유통경영전략을 수립하기 위한 환경분석 중 내부 환경요인 분석에서 활용되는 가치사슬모형(Value Chain Model)에 대한 설명으로 옳은 것은?

① 기업 활동을 여러 세부 활동으로 나누어 활동 목표 수준과 실제 성과를 분석하면서 외부 프로세스의 문제점과 개선 방안을 찾아내는 기법이다.
② 기업의 가치는 보조 활동과 지원 활동의 가치 창출 활동에 의해 결정된다.
③ 핵심프로세스에는 물류 투입, 운영·생산, 물류 산출, 마케팅 및 영업, 인적자원관리 등이 포함된다.
④ 지원 프로세스에는 기업 인프라, 기술 개발, 구매 조달, 서비스 등이 포함된다.
⑤ 기업 내부 단위 활동과 활동들 간 연결고리 문제점 및 개선 방안을 체계적으로 찾는 데 유용한 기법이다.

관련이론 | 가치사슬모형
- 기업 활동을 여러 세부 활동으로 나누어 활동 목표 수준과 실제 성과를 분석하면서 내부 프로세스의 문제점과 개선 방안을 찾아내는 기법이다.
- 기업의 가치는 주된 활동의 가치 창출 활동에 의해 결정된다.
- 핵심 프로세스에는 물류 투입, 운영·생산, 물류 산출, 마케팅 및 영업, 서비스 활동 등이 포함된다.
- 지원 프로세스에는 기업 인프라 구조, 기술 개발, 구매 조달, 인적자원관리 등이 포함된다.

16

유통경로 구조를 결정하는 데 여러 가지 고려해야할 요인들을 반영하여 중간상을 결정하는 방법인 체크리스트법에 대한 연결 요인 중 가장 옳은 것은?

① 시장요인 – 제품 표준화
② 제품요인 – 기술적 복잡성
③ 기업요인 – 시장규모
④ 경로구성원요인 – 재무적 능력
⑤ 환경요인 – 통제에 대한 욕망

관련이론 | 체크리스트법에서 고려할 요인들

시장요인	시장규모, 지역적 집중도, 구매빈도
제품요인	기술적 복잡성
기업요인	기업규모, 재무적 능력, 경영전문성, 통제에 대한 욕망
경로구성원요인	마케팅 기능 수행의지, 수행하는 서비스의 수와 품질, 구성원 이용비용
환경요인	환경적 고려요인의 수

17

아래 글상자에서 설명하는 한정기능 도매상으로 옳은 것은?

> • 제조업자로부터 제품을 구매한 도매상이 제조업자로 하여금 제품을 물리적으로 보유하도록 한 상태에서 고객들에게 제품을 판매하여 전달하는 역할을 함
> • 주로 목재나 석탄과 같은 원자재를 취급함

① 현금판매–무배달 도매상(Cash and Carry Wholesaler)
② 트럭 도매상(Truck Wholesaler)
③ 직송 도매상(Drop Shipper)
④ 선반 도매상(Rack Jobber)
⑤ 우편 주문 도매상(Mail Order Wholesaler)

직송 도매상은 주로 목재나 석탄과 같은 원자재를 취급하며, 소매상의 주문을 받으면 해당 상품을 생산자가 직접 그 소매상에게 배송하도록 한다.

18

아래 글상자에서 소매상의 분류 기준과 해당 내용으로 옳은 것은?

구분	분류 기준	내용
㉠	일정한 형태의 점포 유무에 따라	점포 소매상, 자판기 등의 무점포 소매상 (온라인 매장 제외)
㉡	마진 및 회전율에 따라	다양성 고–저, 구색 고–저
㉢	상품 다양성, 구색에 따라	독립 소매기관, 체인 등
㉣	소유 및 운영 주체에 따라	회전율 고–저, 마진율 고–저
㉤	고객에게 제공되는 서비스 수준에 따라	완전 서비스, 한정 서비스, 셀프 서비스 등

① ㉠
② ㉡
③ ㉢
④ ㉣
⑤ ㉤

관련이론 | 소매상의 분류 기준

분류 기준	내용
일정 형태의 점포 유무에 따라	점포 소매상, 자판기 등의 무점포 소매상(온라인 매장 포함), 온라인 쇼핑몰 등
마진 및 회전율에 따라	고회전–저마진율, 저회전–고마진율, 고회전–고마진율
상품 다양성, 구색에 따라	다양성 고–저, 구색 고–저 등
소유 및 운영 주체에 따라	독립 소매기관, 체인 등
고객에게 제공되는 서비스 수준에 따라	완전 서비스, 한정 서비스, 셀프 서비스 등

정답 | 14 ④ 15 ⑤ 16 ② 17 ③ 18 ⑤

19

조직 내 갈등 수준과 집단 성과 수준에 관한 그래프이다. 해석한 것으로 옳은 것은?

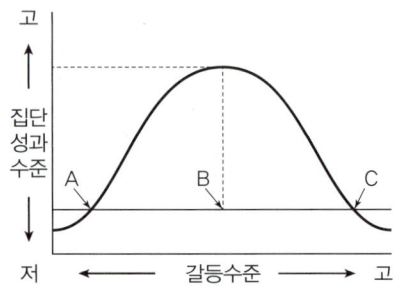

① 조직에서 갈등 수준과 성과는 항상 정비례 관계이다.
② A에서 갈등은 순기능을 나타내고 있다.
③ C에서 갈등은 순기능을 나타내고 있으며 조직의 내부 수준은 혁신적이며 생동적이다.
④ 갈등은 조직 구성원이나 부서 간의 경쟁을 통하여 구성원들이 서로 경쟁하는 결과만 야기하므로 동기부여에 기여하기 어렵다.
⑤ 경영자는 적당한 갈등 수준을 유지하며 갈등의 순기능을 최대화하도록 노력할 필요가 있다.

선지분석
① 그래프에 따르면 조직에서 갈등 수준과 성과는 비례와 반비례 관계 모두에 해당한다.
② A는 갈등 수준이 낮으나 집단 성과 수준도 낮으므로 순기능이라고 할 수 없다.
③ C는 갈등 수준이 높고 집단 성과 수준도 낮으므로 역기능을 나타내고 있다.
④ 어느 정도의 갈등은 내부적으로는 동기부여에 긍정적 영향을 미치며 이는 관리의 대상이 된다.

20

아래 글상자의 ㉠~㉡에 들어갈 용어를 순서대로 나열한 것으로 옳은 것은?

- (㉠)란 물류활동의 범위 내에서 물류 조업도의 증감과 관계없이 발생하거나 소비되는 비용이 일정한 물류비를 말한다.
- (㉡)란 생산된 완제품 또는 매입한 상품을 판매 창고에서 보관하는 활동부터 고객에게 인도될 때까지의 물류비를 말한다.

① ㉠ 자가물류비, ㉡ 위탁물류비
② ㉠ 위탁물류비, ㉡ 자가물류비
③ ㉠ 물류고정비, ㉡ 판매물류비
④ ㉠ 물류변동비, ㉡ 사내물류비
⑤ ㉠ 사내물류비, ㉡ 판매물류비

㉠ 고정비(fixed cost)는 조업도(물동량)의 증감과 관계없이 발생되는 비용으로, 변동비와 반대되는 성격을 지닌다.
㉡ 판매물류비는 아웃바운드 물류(outbound logistics)에 의해 생산 이후부터 판매되는 과정 중에 발생되는 물류비용을 뜻한다.

21

수배송 물류의 기능으로 옳지 않은 것은?

① 분업화를 촉진시킨다.
② 재화와 용역의 교환기능을 촉진시킨다.
③ 대량 생산과 대량 소비를 가능하게 하여 규모의 경제를 실현시킨다.
④ 문명 발달의 전제조건이 되기는 하나 지역 간 국가 간 유대를 강화시키지는 못한다.
⑤ 재화의 생산, 분배 및 소비를 원활하게 하여 재화와 용역의 가격을 안정시켜 주는 기능을 한다.

④ 수배송 물류의 기능으로 국제물류의 활성화가 있다. 국제물류의 활성화에 따라 지역 간, 국가 간 유대는 더욱 강화된다.

22

기업이 직면하게 되는 경쟁환경의 유형에 대한 설명 중 가장 옳지 않은 것은?

① 할인점과 할인점 간의 경쟁은 수평적 경쟁이다.
② 할인점과 편의점 간의 경쟁은 업태 간 경쟁이다.
③ 제조업자와 도매상 간의 경쟁은 수직적 경쟁이다.
④ [제조업자 – 도매상 – 소매상]과 [제조업자 – 도매상 – 소매상]의 경쟁은 수직적 마케팅 시스템 경쟁이다.
⑤ 백화점과 백화점 간의 경쟁은 협력업자 경쟁이다.

⑤ 백화점과 백화점 간의 경쟁은 수평적 경쟁에 해당된다.

관련이론 | 업태 간 경쟁과 수평/수직적 경쟁

업태 간 경쟁	동일한 경로상의 서로 다른 유형을 가진 기업들 간의 경쟁 예) 할인점과 편의점 간의 경쟁
수평적 경쟁	유통경로에서 동일한 경로 수준에 있는 유통기관 간의 경쟁 예) 백화점과 백화점 간의 경쟁
수직적 경쟁	하나의 마케팅 경로 안에서 서로 다른 수준의 구성원들 간 경쟁 예) 도매상과 소매상 간의 경쟁 또는 생산자와 소매상 간의 경쟁

23

아래 글상자 A씨의 인터뷰 사례에 관계된 이론에 대해 기술한 것으로 옳지 않은 것은?

> 저는 자원봉사자로서 병원 호스피스로 몇 년간 봉사했어요. 임종을 기다리는 환자에게 성경도 읽어주고 찬송가도 불러주며 그들의 손발이 되어 주는 게 기뻤죠. 그러다가 얼마 전부터 다른 병원에서 하루에 십 만원씩 받는 간병인으로 채용되었어요. 환자를 돌보는 것은 예전과 같은데 이상하게도 더 이상 예전과 같은 행복감을 느낄 수가 없어요.

① 인간이 행동 원인을 규명하려는 심리적 속성인 자기귀인(Self-Attribution)에 근거한 인지 평가 이론이다.
② 외적 동기화가 된 사람들은 과제 수행을 보상의 획득이나 처벌 회피와 같이 일정한 목적을 달성하기 위한 수단으로 여긴다.
③ 외적인 보상에 의해 동기 유발되어 있는 경우에 급여 지급 같은 내적 동기를 도입하게 되면 오히려 동기 유발 정도가 감소한다는 내용이다.
④ 재미, 즐거움, 성취감 등 때문에 어떤 행동을 하는 것은 내재적 동기에 근거한 것이다.
⑤ 보상 획득, 처벌, 회피 등 때문에 어떤 행동을 하는 것은 외재적 동기에 근거한 것이다.

③ Deci의 인지평가론에 따르면 내적 보상에 의해 동기 유발되어 있는 경우에 급여 지급 같은 외적 보상을 도입하게 되면 오히려 동기 유발 정도가 감소한다.

정답 | 19 ⑤ 20 ③ 21 ④ 22 ⑤ 23 ③

24

기업의 가치를 하락시키지 않도록 하기 위해 새로운 투자로부터 벌어들여야 하는 최소한의 수익률을 의미하는 용어로 가장 옳은 것은?

① 투자수익률 ② 재무비율
③ 자본비용   ④ 증권수익률
⑤ 포트폴리오

자본비용이란 기업이 조달한 자금에 대해 투자자가 요구하는 최소한의 필수 수익률을 의미한다. 채권자가 회사채에 대해 요구하는 수익률을 타인자본비용이라 하고, 기업이 주식을 발행하였을 때 발행주식에 대하여 투자자가 요구하는 수익률을 자기자본비용이라고 한다. 일반적으로 타인자본비용과 자기자본비용을 가중치를 고려한 가중평균자본비용(WACC)을 산정하게 되며, 자기자본비용이 타인자본비용 보다는 높게 책정된다.

25

물류의 원가를 배분하는 기준에 대한 설명으로 옳지 않은 것은?

① 많은 수익을 올리는 부문에 더 많은 원가를 배분한다.
② 공평성을 기준으로 배분한다.
③ 원가대상 산출물의 수혜 기준으로 배분한다.
④ 자원 사용의 원인이 되는 변수를 찾아 인과관계를 기준으로 배분한다.
⑤ 대상의 효율성을 기준으로 배분한다.

⑤ 공평성은 원가 배분 기준에 포함되지만 대상의 효율성은 원가 배분 기준에 포함되지 않는다.

상권분석

26

소매점의 입지 대안을 확인하고 평가할 때 의사결정의 기본이 되는 몇 가지 원칙들이 있다. 아래 글상자의 설명과 관련된 원칙으로 옳은 것은?

> 고객의 입장에서 점포를 방문하기 용이한 심리적, 물리적 특성이 양호하여야 한다는 원칙으로 교통이나 소요시간과 관련된 원칙이다.

① 가용성의 원칙(Principle of Availability)
② 보충 가능성의 원칙(Principle of Compatibility)
③ 고객 차단의 원칙(Principle of Interception)
④ 동반 유인 원칙(Principle of Cumulative Attraction)
⑤ 접근 가능성의 원칙(Principle of Accessibility)

접근 가능성의 원칙: 고객의 입장에서 점포를 방문할 수 있는 심리적, 물리적 특성을 의미하는데, 지리적으로 인접해 있거나, 교통이 편리하거나, 시간의 소요가 적은 경우에 점포의 매출이 증대된다는 원칙이다.

관련이론 | **입지의 매력도를 평가하는 원칙(입지 대안평가의 원칙)**
- 고객 차단의 원칙: 입지가 고객이 특정지역에서 다른 지역으로 이동할 때에 고객으로 하여금 점포를 방문하도록 하는 입지적 특성이 얼마나 되는지를 평가하는 것이다. 이러한 특성을 가지고 있는 지역으로 평가되는 입지는 사무실 밀집지역, 상업지역, 쇼핑센터 등이다(중간 저지성).
- 동반 유인의 원칙: 유사하거나 보충적인 소매업들이 분산되어 있거나 독립되어 있는 경우보다 군집하고 있는 경우가 더 큰 유인 잠재력을 가질 수 있다는 원칙이다(누적적 흡인력).
- 보충 가능성의 원칙: 두 개의 사업이 고객을 서로 교환할 수 있는 정도를 의미하는데, 이 원칙에 의하면 인접한 지역에 위치한 사업들 간에 보충 가능성이 높을수록 점포의 매출액이 높아진다(양립성).
- 점포 밀집의 원칙: 동반 유인이나 보충 가능성과는 반대로 지나치게 유사한 점포나 보충할 수 있는 점포들이 밀집되어 있어서 고객의 유인 효과를 감소시키는 현상을 의미한다.
- 이용 가능성의 원칙: 그 장소를 임대 또는 매입할 수 있는가 하는 것이다.
- 적합성의 원칙: 장소의 규모 또는 구조 등이 개설하려는 소매점포에 적합한가를 의미한다.
- 수용 가능성의 원칙: 그 장소를 임대 또는 매입할 만한 충분한 자원이 있는가의 여부이다.

27

아래 글상자는 입지의 유형을 점포를 이용하는 소비자의 이용 목적에 따라 구분하거나 공간균배에 의해 구분할 때의 입지 특성들이다. 아래 글상자의 ㉠, ㉡, ㉢에 들어갈 용어를 순서대로 나열한 것으로 옳은 것은?

- (㉠): 고객이 구체적 구매 의도와 계획을 가지고 방문하므로 단순히 유동인구에 의존하기 보다는 상권 자체의 고객 창출 능력에 의해 고객이 유입되는 입지유형
- (㉡): 유사 업종 또는 동일 업종의 점포들이 한 곳에 집단적으로 모여 집적 효과 또는 시너지효과를 거두는 입지유형
- (㉢): 도시의 중심이나 배후지의 중심지 역할을 하는 곳에 점포가 위치하는 것이 유리한 입지유형

① ㉠ 생활형 입지, ㉡ 집심성 입지, ㉢ 집재성 입지
② ㉠ 적응형 입지, ㉡ 산재성입지, ㉢ 집재성 입지
③ ㉠ 집심성 입지, ㉡ 생활형 입지, ㉢ 목적형 입지
④ ㉠ 목적형 입지, ㉡ 집재성 입지, ㉢ 집심성 입지
⑤ ㉠ 목적형 입지, ㉡ 집재성 입지, ㉢ 국지적 집중성 입지

㉠ 도심의 고급 귀금속점처럼 고객이 구체적인 구매 의도와 구매계획을 가지고 방문하는 입지유형은 목적형 입지이다. 목적형 입지는 단순히 유동인구에 의존하기보다는 상권 자체의 고객 창출 능력에 의해 고객이 유입되는 입지유형이다.
㉡은 집재성 입지, ㉢은 집심성 입지에 대한 설명이다.

관련이론 | 입지의 구분
입지는 주요 대상 고객의 유형에 따라 유동인구 중심의 적응형, 목적 구매 고객 중심의 목적형, 주민 중심의 생활형 등으로 분류할 수 있다.
입지를 공간균배의 원리에 따라 집심성 입지, 집재성 입지, 산재성입지 등으로 구분한다.

28

아래 글상자는 Huff 모델을 활용하여 어느 지역 신규 슈퍼마켓의 예상 매출액을 추정하는 과정을 설명하고 있다. ㉠, ㉡, ㉢에 들어갈 용어로 가장 옳은 것은?

신규점포가 각 지역(Zone)으로부터 얻을 수 있는 예상 매출액은 각 지역(Zone) 거주자의 신규점포에 대한 (㉠)에다 각 지역(Zone)의 (㉡) 및 (㉢) 슈퍼마켓 지출비(특정기간)를 곱하여 구해진다.

① ㉠ 방문 빈도 ㉡ 가구 수 ㉢ 일인당
② ㉠ 방문 빈도 ㉡ 가구 수 ㉢ 가구당
③ ㉠ 쇼핑 확률 ㉡ 가구 수 ㉢ 일인당
④ ㉠ 쇼핑 확률 ㉡ 인구 수 ㉢ 가구당
⑤ ㉠ 쇼핑 확률 ㉡ 인구 수 ㉢ 일인당

Huff의 확률 모델에서 각 점포의 예상 매출액
= 각 점포의 쇼핑 확률 × 특정지역의 인구 수 × 일인당 지출액이다.

관련이론 | Huff 모델에서의 예상 매출액 추정 절차
신규점포를 포함하여 분석 대상 지역 내의 점포 수와 규모를 파악하고, 분석 대상 지역을 몇 개의 구역으로 나눈 다음 각 구역의 중심지에서 개별점포까지의 거리를 구한다.
각 구역별로 허프 모델의 공식을 활용하여 점포별 이용 확률을 계산하고, 각 구역별 소매 지출액에 신규점포의 이용 확률을 곱하여 구역별로 신규점포의 예상 매출액을 구하고 이를 합산한다.
이 모형에서 (신규점포의 예상 매출액=특정지역의 잠재수요의 총합×특정지역으로부터 계획지로의 흡인율)이다. 또한 허프의 모형에서 지역별 또는 상품의 잠재수요=지역별 인구 또는 세대수×업종별 또는 점포별 지출액으로 구할 수 있다.

정답 | 24 ③ 25 ⑤ 26 ⑤ 27 ④ 28 ⑤

29

아래의 상권분석 및 입지분석의 절차를 진행 순서대로 배열한 것으로 옳은 것은?

> ㉠ 상권분석 및 상권의 선정
> ㉡ 상권 후보지의 선정
> ㉢ 입지 후보지의 선정
> ㉣ 입지분석 및 입지의 선정
> ㉤ 점포 활성화를 위한 전략 수립

① ㉠ - ㉡ - ㉣ - ㉢ - ㉤
② ㉠ - ㉡ - ㉢ - ㉣ - ㉤
③ ㉤ - ㉠ - ㉡ - ㉢ - ㉣
④ ㉡ - ㉠ - ㉢ - ㉣ - ㉤
⑤ ㉤ - ㉡ - ㉢ - ㉠ - ㉣

상권분석 및 입지분석의 절차는 ㉡ 상권 후보지의 선정 - ㉠ 상권분석 및 상권의 선정 - ㉢ 입지 후보지의 선정 - ㉣ 입지분석 및 입지의 선정 - ㉤ 점포 활성화를 위한 전략 수립의 단계로 진행한다.

30

상권분석기법 중 유추법(Analog Method)에 대한 설명으로 가장 옳지 않은 것은?

① 신규점포의 판매 예측에 활용되는 기술적 방법이다.
② 유사 점포의 판매 실적을 활용하여 신규점포의 판매를 예측한다.
③ 기존점포의 판매 예측에도 활용할 수 있다.
④ 유사 점포는 신규점포와 동일한 상권 안에서 영업하고 있는 점포 중에서만 선택해야 한다.
⑤ CST(Customer Spotting Technique) 지도를 활용하여 신규점포의 상권 규모를 예측한다.

④ 유사 점포를 선정하는 것은 예상 매출액을 추정하려는 것이므로, 신규점포와 동일한 상권이 아니라도 비슷한 규모의 상권이라면 유사 점포를 선정할 수 있다.

관련이론 | 애플바움의 유추법(Analog Method)
상권분석기법으로 신규점포가 위치할 지역에 대한 판매 예측에 많이 활용되는 방법이다.
자사의 새로운 점포와 특성이 비슷한 유사 점포를 선정하여, 그 점포의 상권범위를 추정한 결과를 자사의 새로운 점포에 적용하여 신규입지에서의 매출액(상권 규모)을 측정한다. 상권 규모를 측정할 때는 고객 스포팅(CST) 맵기법을 활용한다.
유추법에 의한 상권분석 절차는 자사(신규)점포의 입지조건 파악 → 유사 점포 선정 → 출점예상 상권을 소규모지역(zone)으로 구분 → 신규점포의 각 지역(zone)별 예상 매출액 분석 → 신규점포의 예상총매출액 추정이다.

31

소매입지를 선택할 때는 상권의 소매포화지수(RSI)와 시장확장잠재력(MEP)을 함께 고려하기도 한다. 다음 중 가장 매력적이지 않은 소매상권의 특성으로 옳은 것은?

① 높은 소매포화지수(RSI)와 높은 시장확장잠재력(MEP)
② 낮은 소매포화지수(RSI)와 낮은 시장확장잠재력(MEP)
③ 높은 소매포화지수(RSI)와 낮은 시장확장잠재력(MEP)
④ 낮은 소매포화지수(RSI)와 높은 시장확장잠재력(MEP)
⑤ 중간 소매포화지수(RSI)와 중간 시장확장잠재력(MEP)

② 낮은 소매포화지수(RSI)와 낮은 시장확장 잠재력(MEP)인 경우 가장 매력적이지 않은 소매상권이다.
소매포화지수(IRS, RSI)는 특정지역시장의 현재의 잠재수요를 총체적으로 측정할 수 있는 지표이고, 시장확장 잠재력(MEP)은 미래의 시장확장 잠재력을 나타내는 지표이다. 따라서 RSI가 높고 MEP가 클수록 현재와 미래 모두 매우 매력적인 시장이라고 할 수 있다.

32

특정지역에 다수의 점포를 동시에 출점시켜 매장 관리 등의 효율을 높이고 시장점유율을 확대하는 전략으로 가장 옳은 것은?

① 다각화 전략
② 브랜드 전략
③ 프랜차이즈 전략
④ 도미넌트 출점전략
⑤ 프로모션 전략

④ 도미넌트 상권 전략은 하나의 특정 상권에 여러 개의 점포를 개설하여 시장점유율을 확대하려는 전략을 의미한다. 주로 스타벅스와 같은 커피전문점이나 파리바게트 등의 외식산업 프랜차이즈 업체에서 사용하고 있다.

관련이론 | 도미넌트(Dominant) 출점전략
도미넌트 출점전략의 장점으로는 물류 및 점포관리의 효율성 증대, 상권 내 시장점유율의 확대, 경쟁점의 진입 차단, 브랜드 인지도 개선 및 마케팅효과 개선 등을 들 수 있다. 그러나 자기잠식, 즉 제살 깎아먹기와 같은 문제가 발생할 수 있고, 단위 점포의 매장 면적을 키우기 어렵다.

33

점포 신축을 위한 부지 매입 또는 점포 확장을 위한 증축 등의 상황에서 반영해야 할 공간적 규제와 관련된 내용들 중 틀린 것은?

① 건폐율은 대지 면적에 대한 건축 연면적의 비율을 말한다.
② 대지에 건축물이 둘 이상 있는 경우에는 이들 건축 면적의 합계로 건폐율을 계산한다.
③ 대지 내 건축물의 바닥 면적을 모두 합친 면적을 건축 연면적이라 한다.
④ 용적률 산정에서 지하층·부속용도에 한하는 지상 주차용 면적은 제외된다.
⑤ 건폐율은 각 건축물의 대지에 여유 공지를 확보하여 도시의 평면적인 과밀화를 억제하려는 것이다.

① 건폐율(Building Coverage)은 대지 면적에 대한 건축 면적의 비율을 말한다. 건폐율을 산정할 때 대지 면적은 1층만의 면적을 말하므로 지상층의 주차용으로 쓰는 건축 면적은 포함되지만 지하층의 면적, 초고층 건축물의 피난안전구역의 면적은 제외한다.
한편 부지 대비 건물 전체의 층별 면적합의 비율은 용적률이다. 용적률을 계산할 때 지하층의 바닥 면적은 포함시키지 않으며, 또 지상 층의 면적 중에서 주차용으로 쓰는 것은 포함시키지 않는다.

34

정보기술의 발달과 각종 데이터의 이용 가능성이 확대되면서 지도 작성 체계와 데이터베이스 관리 체계의 결합체인 지리정보시스템(GIS)을 상권분석에 적극 활용할 수 있는 환경이 조성되고 있다. 아래 글상자의 괄호 안에 적합한 GIS 관련 용어로 가장 옳은 것은?

> • GIS를 이용한 상권분석에서 각 점포에 대한 속성 값 자료는 점포 명칭, 점포 유형, 매장 면적, 월매출액, 종업원 수 등을 포함할 수 있다.
> • 이 때 면, 선, 점의 형상들을 구성하는 각 점의 x-y 좌표값들은 통상적으로 경도와 위도 좌표 체계를 기반으로 작성되는데 우수한 GIS 소프트웨어는 대체로 (　　)을/를 포함하고 있다.
> • (　　)은/는 지도지능(Map Intelligence)의 일종이며, 이는 개별 지도 형상에 대해 경도와 위도 좌표 체계를 기반으로 다른 지도 형상과 비교하여 상대적인 위치를 알 수 있는 기능을 부여하는 역할을 한다.

① 버퍼(Buffer)
② 레이어(Layer)
③ 중첩(Overlay)
④ 기재단위(Entry)
⑤ 위상(Topology)

⑤ 위상은 지도지능(Map Intelligence)의 일종이며 개별 지도 형상에 대해 경도와 위도 좌표체계를 기반으로 다른 지도 형상과 비교하여 상대적인 위치를 알 수 있는 기능을 부여한다.

선지분석 |
① 버퍼: 지도에서 관심대상을 지정한 범위만큼 경계짓는 것으로, 면으로 표시된다.
② 지도 레이어: 어떤 지도 형상, 즉 점이나 선 혹은 면으로부터 특정한 거리 이내에 포함 되는 영역을 의미하며, 선의 형태로 표현되는 것이다.
③ 중첩: 공간적으로 동일한 경계선을 가진 레이어를 겹쳐 놓고 지도 형상과 속성들을 비교하는 기능이다.

정답 | 29 ④　30 ④　31 ②　32 ④　33 ①　34 ⑤

35

아래 글상자의 내용 가운데 상권 내 경쟁관계를 분석할 때 포함해야 할 내용만을 모두 고른 것으로 옳은 것은?

> ㉠ 주변 동종 점포와의 경쟁관계 분석
> ㉡ 주변 이종 점포와의 경쟁구조 분석
> ㉢ 잠재적 경쟁구조의 분석
> ㉣ 상권 위계별 경쟁구조 분석
> ㉤ 주변 동종 점포와의 보완관계 분석

① ㉠
② ㉠, ㉡
③ ㉠, ㉡, ㉢
④ ㉠, ㉡, ㉢, ㉣
⑤ ㉠, ㉡, ㉢, ㉣, ㉤

상권 내 경쟁관계의 분석에는 위에 제시된 내용이 모두 포함된다. 경쟁분석은 위계별 경쟁구조 분석, 업태별, 업태 내 경쟁구조 분석, 경쟁 및 보완관계 분석, 잠재 경쟁구조 분석 등이 포함된다.
특히 잠재 경쟁구조 분석을 위해서는 업태 내 경쟁분석과 업태별 경쟁분석, 위계별 경쟁구조 분석, 경쟁·보완관계 분석이 모두 시행되어야 한다.
경쟁분석은 경쟁점포에 대한 방문 조사 외에도 상권 내 경쟁점포의 수와 분포 등 다양한 방법이 활용된다.

③ 양립성(Compatibility)은 상호보완관계에 있는 업종의 점포가 서로 인접하면 고객의 유입(고객 흡인력)을 증가시킬 수 있다는 것으로, 보충 가능성의 원칙이라고도 한다.
양립성은 인접한 서로 다른 소매점포 간에 고객을 서로 주고받을 수 있는 능력을 말한다. 예를 들면 보완재(Complimentary Goods)의 성격이 강한 상품을 판매하는 소매점들이 인근에 자리 잡을 경우 각 소매점들은 고객을 서로 주고받으면서 매상을 높일 수 있게 된다.

관련이론 | 넬슨의 소매입지의 원칙
넬슨(R. E. Nelson)은 점포의 경영 주체가 최대의 이익을 얻을 수 있는 매출액을 확보하기 위하여 어떤 점을 고려할 것인가에 대해 8가지 원칙을 제시하였다. 8가지는 상권의 잠재력, 접근 가능성, 성장 가능성, 중간 저지성, 누적적 흡인력, 양립성, 경쟁 회피성, 용지 경제성이다.

36

넬슨(Nelson)은 소매점포가 최대 이익을 확보할 수 있는 입지의 선정과 관련하여 8가지 소매입지 선정 원칙을 제시했다. 다음 중 그 연결이 옳지 않은 것은?

① 경합의 최소성 – 해당 점포와 경쟁관계에 있는 점포의 수가 가장 적은 장소를 선택하는 것이 유리함
② 상권의 잠재력 – 판매하려는 상품이 차지할 시장점유율을 예측하고 점포 개설비용을 파악하여 분석한 종합적 수익성이 높은 곳이 유리함
③ 양립성 – 업종이 같은 점포가 인접해서 상호보완관계를 통해 매출을 향상시킬 수 있음
④ 고객의 중간유인 가능성 – 고객이 상업지역에 들어가는 동선의 중간에 위치하여 고객을 중간에서 차단할 수 있는 입지가 유리함
⑤ 집적 흡인력 – 집재성 점포의 경우 유사한 업종이 서로 한 곳에 입지하여 고객흡인력을 공유하는 것이 유리함

37

공동 주택인 아파트 단지 내 상가의 일반적 상권 특성과 거리가 먼 것은?

① 상가의 수요층이 단지 내 입주민들로 제한되어 매출 성장에 한계가 있는 경우가 많다.
② 관련 법규에서는 단지 내 상가를 근린생활 시설로 분류하여 관련 내용을 규정하고 있다.
③ 상가의 연면적과 단지의 세대수를 비교한 세대당 상가 면적을 고려해야 한다.
④ 일반적으로 중소형 평형보다는 높은 대형 평형 위주로 구성된 단지가 유리하다.
⑤ 기존 상가에서 업종을 제한하여 신규점포의 업종 선택이 자유롭지 못한 경우가 있다.

④ 아파트 단지 상권에서 대형 평형 위주로 구성된 단지의 경우 단지 내 상가보다는 외부에서 구매하는 성향이 매우 높으므로 불리하다.

38

점포가 위치하게 될 건축 용지를 나눌 때 한 단위가 되는 땅의 형상이나 가로(街路)와의 관계를 설명한 내용 중 옳은 것은?

① 각지 – 3개 이상의 가로각(街路角)에 해당하는 부분에 접하는 토지로 3면 각지, 4면 각지 등으로 설명함
② 획지 – 여러 가로에 접해 일조와 통풍이 양호하며 출입이 편리하고 광고홍보효과가 높음
③ 순획지 – 획지에서도 계통이 서로 다른 도로에 면한 것이 아니라 같은 계통의 도로에 면한 각지
④ 삼면 가로 각지 – 획지의 삼면에 계통이 다른 가로에 접하여 있는 토지
⑤ 각지 – 건축용으로 구획 정리를 할 때 단위가 되는 땅으로 인위적, 행정적 조건에 의해 다른 토지와 구별되는 토지

④ 삼면 가로 각지 또는 3면 각지는 획지의 삼면에 계통이 다른 가로에 접하여 있는 토지를 말한다.

선지분석 |
① 각지(Corner Lot)는 둘 이상의 도로에 접하고 있는 획지를 말하며, 접면하는 각의 수에 따라 2면 각지, 3면 각지, 4면 각지로 나눌 수 있다.
② 획지는 인위적(인위적인 경계)·자연적(산·하천 등)·행정적(지목·지번 등) 조건에 의해 다른 토지와 구별되는 가격 수준이 비슷한 토지를 말한다.
여러 가로에 접해 일조와 통풍이 양호하며 출입이 편리하고 광고 홍보효과가 높은 것은 각지이다.
⑤ 건축용으로 구획 정리를 할 때 한 단위가 되는 땅은 획지이다.

39

임차한 건물에 점포를 개점하거나 폐점할 때는 임차권의 확보가 매우 중요하다. 「상가건물 임대차보호법」(법률 제17490호, 2020. 9. 29., 일부개정)과 관련된 내용으로 옳지 않은 것은?

① 「상법」(법률 제17362호, 2020. 6. 9., 일부개정)의 특별법이다.
② 기간을 정하지 않은 임대차는 그 기간을 1년으로 본다.
③ 임차인이 신규 임차인으로부터 권리금을 회수할 수 있는 권한을 일부 인정한다.
④ 법 규정에 위반한 약정으로 임차인에게 불리한 것은 그 효력이 없는 강행 규정이다.
⑤ 상가 건물 외에 임대차 목적물의 주된 부분을 영업용으로 사용하는 경우에도 적용된다.

① 「상가건물 임대차보호법」은 민법의 특별법이다. 이 법 제1조 법의 목적에 "이 법은 상가건물 임대차에 관하여 「민법」에 대한 특례를 규정하여 국민 경제생활의 안정을 보장함을 목적으로 한다"고 하였다.

40

소매점포의 입지분석에 활용하는 회귀분석에 관한 설명으로 가장 옳지 않은 것은?

① 소매점포의 성과에 영향을 미치는 다양한 요소들의 상대적 중요도를 파악할 수 있다.
② 분석에 포함되는 여러 독립변수들끼리는 서로 관련성이 높을수록 좋다.
③ 점포 성과에 영향을 미치는 영향 변수에는 상권 내 경쟁 수준이 포함될 수 있다.
④ 점포 성과에 영향을 미치는 영향 변수에는 점포의 입지 특성이 포함될 수 있다.
⑤ 표본이 되는 점포의 수가 충분하지 않으면 회귀분석 결과의 신뢰성이 낮아질 수 있다.

② 모형에 포함되는 독립변수들이 서로 관련성이 높은 경우 다중공선성(Multicollinearity) 문제가 발생하여 분석 결과가 의미 없을 수 있다. 따라서 독립변수를 선정할 때는 서로 관련성이 없거나 낮은 변수를 선택해야 한다.

정답 | 35 ⑤ 36 ③ 37 ④ 38 ④ 39 ① 40 ②

41

소매점포의 입지조건을 평가할 때 점포의 건물구조 등 물리적 요인과 관련한 일반적 설명으로 옳지 않은 것은?

① 점포 출입구에 단차를 만들어 사람과 물품의 출입을 용이하게 하는 것이 좋다.
② 건축선 후퇴는 타 점포에 비하여 눈에 띄기 어렵게 하므로 가시성에 부정적 영향을 미친다.
③ 점포의 형태가 직사각형에 가까우면 집기나 진열선반 등을 효율적으로 배치하기 쉽고 데드 스페이스가 발생하지 않는다.
④ 건물 너비와 깊이에서 점포의 정면 너비가 깊이보다 넓은 형태(장방형)가 가시성 확보 등에 유리하다.
⑤ 점포 건물은 시장규모에 따라 적정한 크기가 있다. 일정 규모 수준을 넘게 되면 규모의 증가에도 불구하고 매출은 증가하지 않을 수 있다.

① 단차는 고저차 또는 높낮이차를 말한다. 점포 출입구에 단차를 없애야 사람과 물품의 출입이 용이하다.

42

입지의 분석에 사용되는 주요 기준에 대한 설명으로 가장 옳지 않은 것은?

① 신뢰성 – 입지분석의 결과를 믿을 수 있는 정도를 의미한다.
② 접근성 – 고객이 점포에 쉽게 접근할 수 있는 정도를 의미한다.
③ 인지성 – 고객에게 점포의 위치를 쉽게 설명할 수 있는 정도를 의미한다.
④ 가시성 – 점포를 쉽게 발견할 수 있는 정도를 의미한다.
⑤ 호환성 – 해당 점포가 다른 업종으로 쉽게 전환할 수 있는 정도를 의미한다.

점포의 매력도를 평가하는 입지조건의 특성으로는 접근성, 인지성, 가시성, 호환성 및 홍보성 등이 제시되고 있다.
신뢰성은 입지조건의 기준에 해당하지 않는다.

43

일반적인 권리금에 대한 설명으로 가장 옳지 않은 것은?

① 시설 권리금은 실내 인테리어 및 장비 및 기물에 대한 권리 금액을 말한다.
② 단골고객을 확보하여 상권의 형성 과정에 지대한 공헌을 한 대가는 영업 권리금에 해당된다.
③ 시설 권리금의 경우 시설에 대한 감가상각은 통상적으로 3년을 기준으로 한다.
④ 영업 권리금의 경우 평균적인 순수익을 고려하여 계산하기도 한다.
⑤ 영업 권리금의 경우 지역 또는 자리 권리금이라고도 한다.

⑤ 지역 또는 자리 권리금은 바닥 권리금을 말한다.

관련이론 | 권리금
권리금은 바닥 권리금, 영업 권리금, 시설 권리금으로 나뉜다. 바닥 권리금은 말 그대로 상권과 입지를 말하며, 역세권이나 유동인구가 많은 곳일수록 바닥 권리금이 높다. 영업 권리금은 사업자가 얼마나 많은 단골을 확보했는지의 여부에 따라 결정된다. 시설 권리금은 감가상각 후 남은 시설의 가치를 말한다.

44

서로 떨어져 있는 두 도시 A, B의 거리는 30km이다. 이 때 A시의 인구는 8만명이고 B시의 인구는 A시 인구의 4배라고 하면 도시 간의 상권 경계는 B시로부터 얼마나 떨어진 곳에 형성되겠는가? (Converse의 상권 분기점 분석법을 이용해 계산하라.)

① 6km   ② 10km
③ 12km ④ 20km
⑤ 24km

컨버스의 제1법칙에 의하면 규모가 작은 A시의 상권의 한계점

$D(A) = \dfrac{d}{1+\sqrt{\dfrac{P(B)}{P(A)}}}$ 이다. 여기서 d는 두 도시 간의 거리, P(A)와 P(B)는 각 도시의 인구이므로 인구가 적은 A시로부터 분기점까지의 거리 D(A)는

$\dfrac{30km}{1+\sqrt{\dfrac{320,000}{80,000}}} = 10km$ 이다. 따라서 B시로부터의 거리는 20km이다.

다른 풀이 방법으로는 B도시의 인구가 A도시의 4배이므로 $\sqrt{4} : \sqrt{1}$, 즉 2:1이 된다. 따라서 상권의 경계는 B시로부터 20km 떨어진 곳에 형성된다.

45

특정 지점의 소비자가 어떤 점포를 이용할 확률을 추정할 때 활용하는 수정 Huff 모델에 관한 설명 중 옳지 않은 것은?

① 점포 면적과 점포까지의 이동 거리 등 두 변수만으로 소비자들의 점포 선택 확률을 추정한다.
② 실무적 편의를 위해 점포 면적과 이동 거리에 대한 민감도를 따로 추정하지 않는다.
③ 점포 면적과 이동 거리에 대한 소비자의 민감도는 '1'과 '-2'로 고정하여 추정한다.
④ 점포 면적과 이동 거리 두 변수 이외의 다른 변수들을 반영할 수 없다는 점에서 Huff 모델과 다르다.
⑤ Huff 모델보다 정확도가 낮을 수 있지만 일반화하여 쉽게 적용하고 대략적 계산이 가능하게 한 것이다.

④ Huff 모델은 특정 점포의 매력도를 점포의 크기만으로 측정하는 데 문제가 있다. 이에 따라 이후의 수정 모델들은 점포 크기 이외에 점포의 이미지 관련 변수, 대중교통 수단의 이용 가능성 등 점포의 매력도에 영향을 미치는 여러 변수들을 추가하여 예측력을 개선하고 있다.
수정 Huff 모델은 일본의 통산성이 고안하여 상업 조정에 실제로 이용되고 있는데 이는 소비자가 어느 상업지에서 구매하는 확률은 그 상업 집적의 매장 면적에 비례하고 그곳에 도달하는 거리의 제곱에 반비례한다는 것을 공식화한 것이다.

유통마케팅

46

아래 글상자에서 설명하고 있는 유통마케팅조사의 표본추출 유형으로 옳은 것은?

- 모집단이 상호 배타적인 집단으로 나누어진다.
- 조사자는 나누어진 배타적인 집단들 중 면접할 몇 개 집단을 표본으로 추출한다.
- 확률 표본추출 중 한 유형이다.

① 단순 무작위표본　　② 층화 확률표본
③ 판단표본　　　　　④ 군집표본
⑤ 할당표본

확률표본추출 모형은 ①, ②, ④이고, 그 중 모집단을 배타적인 집단들로 나눈 뒤 그 중 면접할 집단을 선발하는 방식은 ④ 군집표본추출 방식이다.

관련이론 | 확률적 표본추출
조사 대상이 표본으로 추출될 확률을 미리 알고 실행되는 표본추출 방법이다. 따라서 추출된 표본의 대표성이 인정되어 분석 결과를 일반화할 수 있는 방식이다.

확률표본추출 방법	내용
단순 무작위표본추출 방식	각 표본이 동일하게 선택될 확률을 가지도록 선정된 표본 목록의 각 표본에 일련번호를 부여하고 난수표를 이용하여 무작위로 추출하는 방식
층화표본추출 방식	모집단을 통제 변수에 의해 배타적이고 포괄적인 소그룹으로 구분한 다음 각 소그룹별로 단순 무작위로 추출하는 방식
군집표본추출 방식	모집단을 동질적인 여러 소그룹으로 나눈 다음 특정 소비 그룹을 표본으로 선택하고 그 소그룹 전체를 조사하거나 일부를 표본추출하는 방식

정답 | 41 ① 42 ① 43 ⑤ 44 ④ 45 ④ 46 ④

47

고객관리에 대한 설명으로 옳지 않은 것은?

① 일반적으로 새로운 고객을 획득하는 것보다 기존고객을 유지하는데 드는 비용이 더 높다.
② 고객과 지속적으로 좋은 관계를 유지하는 것은 기업 경영의 중요 성공 요소 중 하나이다.
③ 경쟁자보다 더 큰 가치를 제공하여야 고객 획득률을 향상시킬 수 있다.
④ 효과적인 애호도 증진 프로그램 등을 통해 고객 유지율을 향상시킬 수 있다.
⑤ 제품과 서비스에 대한 고객만족도를 높임으로써 고객 유지율을 향상시킬 수 있다.

① 고객관계관리(CRM)는 기존고객의 이탈을 방지하기 위한 프로그램이라고 할 수 있다. 원가적인 측면에서 새로운 고객을 획득하는 것보다 기존고객을 유지하는 데 드는 비용이 더 적다.

48

고객에 대한 원활한 판매서비스를 위해 판매원이 보유해야 할 필수적 정보들로 옳지 않은 것은?

① 기업에 대한 정보
② 제품에 대한 정보
③ 판매 조직구조에 대한 정보
④ 고객에 대한 정보
⑤ 시장과 판매 기회에 대한 정보

③ 기업, 제품, 고객, 시장 및 판매 기회에 대한 정보는 판매원 수준에서 보유해야 할 정보이고, 판매 조직구조에 대한 정보는 마케팅관리자 수준에서 보유해야 할 정보이다.

49

가격에 관한 설명으로 가장 옳지 않은 것은?

① 마케팅 관점에서 가격은 특정 제품이나 서비스의 소유 또는 사용을 위한 대가로 교환되는 돈이나 기타 보상을 의미한다.
② 대부분의 제품이나 서비스는 돈으로 교환되고, 지불 가격은 항상 정가나 견적 가치와 일치한다.
③ 기업 관점에서 가격은 총수익을 변화시키므로 가격 결정은 경영자가 직면한 중요하고 어려운 결정 중의 하나이다.
④ 소비자 관점에서 가격은 품질, 내구성 등의 지각된 혜택과 비교되어 순가치를 평가하는 기준으로 사용된다.
⑤ 가격 결정 방법에는 크게 수요 지향적 접근 방법, 원가 지향적 접근 방법, 경쟁 지향적 접근 방법 등이 있다.

② 대부분의 제품이나 서비스는 그 지불 가격이 항상 정가나 견적 가치와 일치할 수는 없다. 가격은 마케팅믹스 4P 중 가장 탄력적인 요인으로 기업의 정책 및 경제적 상황 등을 반영하여 유동적으로 결정되기 때문이다.

50

가격탄력성은 가격 변화에 따른 수요 변화의 탄력적인 정도를 나타낸다. 가격탄력성에 대한 설명으로 가장 옳지 않은 것은?

① 고려할 수 있는 대안의 수가 많을수록 가격탄력성이 높다.
② 대체재의 이용이 쉬울수록 가격탄력성이 높다.
③ 더 많은 보완적인 재화, 서비스가 존재할수록 가격탄력성이 높다.
④ 가격 변화에 적응하는데 시간이 적게 드는 재화가 가격탄력성이 높다.
⑤ 필수재보다 사치품의 성격을 갖는 경우가 가격탄력성이 높다.

③ 보완재가 아닌 대체재가 더 많이 존재할수록 수요의 가격탄력성은 높아진다. 이밖에도 사치재에 해당할수록, 기간의 장단과 관련해서는 장기일수록 가격탄력성은 높아진다.

51

상품관리의 기본적 개념에 대한 설명으로 옳지 않은 것은?

① 거의 모든 상품들은 유형적인 요소와 무형적인 요소를 함께 가지고 있으며, 흔히 유형적인 상품을 제품이라 부르고 무형적 상품을 서비스라고 한다.
② 대부분의 상품들은 단 한가지의 편익만 제공하는 것이 아니라 여러 가지 편익을 동시에 제공하기 때문에 상품을 편익의 묶음이라고 볼 수 있다.
③ 고객 개개인이 느끼는 편익의 크기는 유형적 상품에 집중되어 객관적으로 결정된다.
④ 일반적으로 회사는 단 하나의 상품을 내놓기보다는 여러 유형의 상품들로 상품 라인을 구성하는 것이 고객 확보에 유리하다.
⑤ 상품 라인 내 어떤 상품을, 언제, 어떤 상황 하에서 개발할 것인지 계획하고, 실행하고, 통제하는 것이 상품관리의 핵심이다.

③ 고객 개개인이 느끼는 제품에 대한 편익의 크기는 핵심적 상품에 집중되고 주관적으로 결정된다.

52

소매업체의 상품구색에 관한 설명으로 가장 옳지 않은 것은?

① 다양성은 상품구색의 넓이를 의미한다.
② 다양성은 취급하는 상품 카테고리의 숫자가 많을수록 커진다.
③ 전문성은 상품구색의 깊이를 의미한다.
④ 전문성은 각 상품 카테고리에 포함된 품목의 숫자가 많을수록 커진다.
⑤ 상품 가용성은 다양성에 반비례하고 전문성에 비례한다.

⑤ 상품 가용성은 다양성에 비례하고 전문성에 반비례한다.
상품 가용성은 고객의 수요인 주문에 대응할 수 있는 기업의 상품 대응 능력으로 주문 내용 품목과 재고 수량의 충족 정도를 의미한다.

관련이론 | 제품 믹스의 차원
- 제품 믹스의 넓이(Width): 기업이 보유한 제품라인의 수
- 제품 믹스의 길이(Length): 각 제품라인을 구성하는 품목의 총수
- 제품 믹스의 깊이(Depth): 제품라인 내의 각 제품이 제공하는 품목수
- 제품 믹스의 일관성(Consistency): 다양한 제품라인의 최종 용도, 생산요건, 유통경로 등과 얼마나 밀접하게 관련되어 있는지 정도

53

아래 글상자의 서비스 마케팅 사례의 원인이 되는 서비스 특징으로 가장 옳은 것은?

> 호텔이나 리조트는 비수기 동안 고객을 유인하기 위해 저가격 상품 및 다양한 부가 서비스를 제공한다.

① 서비스 무형성 ② 서비스 이질성
③ 서비스 비분리성 ④ 서비스 소멸성
⑤ 서비스 유연성

④ 서비스는 제공 즉시 사용되지 않으면 존재하지 않으므로 재고 형태로 저장할 수 없는 성질을 서비스 소멸성이라고 한다. 비수기 동안 수요 발생이 없으므로 저가격전략 및 다양한 부가적인 서비스 제공으로 수요를 자극해야 한다.

관련이론 | 서비스의 특징
- 무형성: 서비스를 제공받기 전에는 서비스의 형태나 가치를 파악하거나 평가하기가 어렵다는 것으로 서비스 품질 평가를 어렵게 하는 요인이다.
- 비분리성: 서비스는 생산과 소비가 동시에 일어나므로 유형 제품과 달리 누리거나 즐길 뿐 가질 수는 없다는 것이다(생산과 소비의 동시성).
- 소멸성: 서비스는 제공 시 즉시 사용되지 않으면 존재하지 않으므로, 재고 형태로 저장할 수 없는 성질을 가진다는 것이다(비저장성).
- 이질성: 서비스는 제공 주체마다 상이하고 비표준적이며 가변적이므로 고객에게 제공하는 서비스의 표준화가 어렵다.

정답 | 47 ① 48 ③ 49 ② 50 ③ 51 ③ 52 ⑤ 53 ④

54

아래 글상자에서 설명하고 있는 소매상의 변천과정과 경쟁을 설명하는 가설이나 이론으로 옳은 것은?

> 기존 업태에 비해 경쟁우위를 갖는 새로운 업태가 시장에 진입하면, 치열한 경쟁 과정에서 이들은 각자의 경쟁우위 요인을 상호 수용하게 된다. 이에 따라 결국 서로의 특성이 화합된 새로운 소매업태가 생성된다.

① 소매수명주기 이론
② 소매수레바퀴 이론
③ 소매아코디언 이론
④ 자연도태 이론
⑤ 변증법적 이론

변증법적 이론은 두 개의 서로 다른 형태의 경쟁 업태가 출현하여 하나의 새로운 소매업태로 합해진다는 소매업태 발전이론이다.

선지분석
① 소매수명주기 이론: 한 소매기관이 출현하여 사라지기까지 일반적으로 도입기, 성장기, 성숙기, 그리고 쇠퇴기를 거친다는 생애주기이론
② 소매수레바퀴 이론: 소매업태의 변화 과정을 진입단계 → 성장단계 → 쇠퇴단계로 구분하여 설명한 이론
③ 소매아코디언 이론: 소매점 업태의 상품구색 수가 확대 → 수축 → 확대되어 가는 과정의 양태가 아코디언 모양과 같다고 하여 붙여진 이론

55

상시저가 전략(EDLP: EveryDay Low Price)과 비교했을 때 고저가격전략(High-Low Pricing)이 가진 장점으로 옳지 않은 것은?

① 고객의 지각 가치를 높이는 효과가 있다.
② 일부 품목을 저가 미끼 상품으로 활용할 수 있어 고객을 매장으로 유인할 수 있다.
③ 광고 및 운영비를 절감하는 효과가 있다.
④ 고객의 가격 민감도 차이를 이용하여 차별 가격을 통한 수익 증대를 추구할 수 있다.
⑤ 다양한 고객층을 표적으로 할 수 있다.

고저가격전략은 같은 상품을 다른 이미지로 구축하기 위해서 광고 및 운영비가 추가로 들 수 있다. 고저가격전략의 특징은 다음과 같다.
• 동일한 상품으로 다양한 특성의 고객층에게 소구(appeal)할 수 있다.
• 기대하지 않았던 가격 인하는 고객을 유인하는 요인이 된다.
• 초기의 고가격은 고객들에게 고품질과 서비스를 전달할 수 있다.
• 고가격 및 저가격 제품 각각의 판매촉진을 위한 촉진비용 및 재고관리비용이 커진다.

관련이론 | 상시저가 전략(EDLP: Every Day Low Price)
규모의 경제, 전략적인 물류비의 감소 및 상품의 빠른 회전율을 통해서 사용이 가능한 가격전략이다. 특징은 다음과 같다.
• 경쟁자들과의 지나친 가격경쟁에서 다소 자유로울 수 있다.
• 가격 변동이 적고 예측 가능성이 있어 카탈로그의 변경이 적게 들고 이로 인해 촉진비용이 감소한다.
• 안정적인 수요 예측으로 평균 재고가 감소하고 회전율이 향상되어 이익이 커진다.
• 광고비용이 감소되고 회전율이 높아 이익이 증가한다.

56

아래 글상자는 유통구조에 변화를 일으키고 있는 현상에 대한 설명이다. (   ) 안에 들어갈 단어로 옳은 것은?

> (   ) 증가로 인해 대형마트의 방문 횟수가 줄어들고 근거리에서 소량의 필요한 물품만 간단히 구입하는 경향이 늘어나고 있다. 그 결과 근처 편의점이나 기업형 슈퍼마켓 방문 횟수를 증가시킬 수 있다.

① 웰빙(well-being) 추구
② 1인 가구
③ 소비 양극화
④ 소비자 파워(consumer power)
⑤ 소비 트레이딩 업(trading up)

1인 가구의 증가로 소량 물품을 구매하는 편의점 또는 SSM(기업형 슈퍼마켓)의 방문이 증가하고 있다. 이는 사회·문화적 환경의 변화라 볼 수 있다.

57

소매점의 판매촉진의 긍정적 효과로 옳지 않은 것은?

① 즉시적인 구매를 촉진한다.
② 흥미와 구경거리를 제공한다.
③ 준거 가격을 변화시킬 수 있다.
④ 소비자의 상표 전환 또는 이용 점포 전환이 가능하다.
⑤ 고객의 데이터베이스를 구축할 수 있다.

준거 가격은 구매자가 가격이 저가인지 고가인지를 판단하는 데 기준으로 삼는 가격이다. 기업은 판매촉진활동으로 구매자 개별의 준거가격을 변화시키기는 쉽지 않다.

58

유통마케팅조사 방법 중 대규모 집단을 대상으로 체계화된 설문을 통해 자료를 수집하는 대표적인 서베이 기법으로 옳은 것은?

① HUT(Home Usage Test)
② CLT(Central Location Test)
③ A&U조사(Attitude and Usage Research)
④ 패널조사(Panel Survey)
⑤ 참여관찰조사(Participant Observation)

A&U 조사(서베이 조사)는 가장 널리 이용되는 마케팅조사의 하나로, 조사원들이 표본으로 선정된 응답자들로부터 설문지 등을 이용해 조사 목적과 관련된 정보를 수집·분석하는 것이다.

59

광고의 효과를 측정하는 중요한 기준의 하나가 도달(Reach)이다. 인터넷 광고의 도달을 측정하는 기준으로 가장 옳은 것은?

① 해당 광고를 통해 이루어진 주문의 숫자
② 사람들이 해당 웹사이트에 접속한 총 횟수
③ 해당 웹사이트에 접속한 서로 다른 사람들의 숫자
④ 해당 웹사이트에 접속할 가능성이 있는 사람들의 숫자
⑤ 해당 웹사이트에 접속한 사람들이 해당 광고를 본 평균 횟수

광고의 도달범위(reach)는 1회 이상 광고에 접촉한 개인이나 세대의 수를 의미한다.

60

유통경로상에서 판촉(Sales Promotion) 활동이 가지는 특성에 대한 설명으로 가장 옳지 않은 것은?

① 판촉활동은 경쟁기업에 의해 쉽게 모방되기에 지속적 경쟁우위를 가져오기는 어렵다.
② 판촉활동은 단기적으로 소비자에게는 편익을 가져다주지만, 기업에게는 시장 유지비용을 증가시켜 이익을 감소시키기도 한다.
③ 판촉활동은 장기적으로 기업의 이미지를 개선하는데 큰 도움이 된다.
④ 경쟁 기업의 촉진활동을 유발하여 시장에서 소모적 가격경쟁이 발생할 수 있다.
⑤ 단기적으로는 매출액 증대가 가능하나 장기적으로는 매출에 부정적인 영향을 미칠 수 있다.

③ 판촉활동은 단기적이고 즉각적인 매출 효과를 가져오는 촉진 기법에 해당한다.

정답 | 54 ⑤ 55 ③ 56 ② 57 ③ 58 ③ 59 ③ 60 ③

61

아래 글상자에서 설명하는 머천다이징(Merchandising) 유형으로 옳은 것은?

- 소매상 자신의 책임 하에 상품을 매입하고 이에 대한 판매까지 완결짓는 머천다이징 정책을 의미
- 판매 후 남은 상품을 제조업체에 반품하지 않는다는 전제로 상품 전체를 사들임
- 제조업체와 특정한 조건 하에서의 매입이 이루어질 수 있기 때문에 제조업체로부터 가격적인 프리미엄(가격 할인)도 제공받을 수 있음

① 크로스 머천다이징(Cross Merchandising)
② 코디네이트 머천다이징(Coordinate Merchandising)
③ 날씨 머천다이징(Weather Merchandising)
④ 리스크 머천다이징(Risk Merchandising)
⑤ 스크램블드 머천다이징(Scrambled Merchandising)

④ 반품 불가라는 위험요인을 전제하는 머천다이징 기법을 리스크 머천다이징이라고 한다.
한편, 크로스 머천다이징은 연관 상품을 진열하여 판매하는 기법이고, 스크램블드 머천다이징은 소비자의 기호에 적합하게 제품을 재조합 또는 재진열하는 머천다이징 기법을 의미한다.

62

고객관계관리(CRM) 프로그램에서 사용하는 고객 유지 방법에 대한 설명으로 가장 옳지 않은 것은?

① 다빈도 구매자 프로그램: 마일리지 카드 등을 활용하여 반복 구매 행위를 자극하고 소매업체에 대한 충성도를 제고할 목적으로 사용하는 방법
② 특별 고객서비스: 수익성과 충성도가 높은 고객을 개발하고 유지하기 위해서 높은 품질의 고객서비스를 제공하는 방법
③ 개인화: 개별 고객 수준의 정보 확보와 분석을 통해 맞춤형 편익을 제공하는 방법
④ 커뮤니티: 인터넷상에서 고객들이 게시판을 통해 의사소통하고 소매업체와 깊은 관계를 형성하는 커뮤니티를 운영하는 방법
⑤ 쿠폰 제공 이벤트: 신제품을 소개하거나 기존 제품에 대한 새로운 자극을 만들기 위해 시험적으로 사용할 수 있는 양만큼의 제품을 제공하는 방법

⑤ 신제품을 소개하거나 기존 제품에 대한 새로운 자극을 만들기 위해 시험적으로 사용할 수 있는 양만큼의 제품을 제공하는 방법은 샘플(sample) 제공이다.

63

소비자가 점포 내에서 걸어다니는 길 또는 궤적을 동선(動線)이라고 한다. 이러한 동선은 점포의 판매전략 수립에 매우 중요한 고려 요소이다. 동선에 대한 일반적 설명으로 옳지 않은 것은?

① 소매점포는 고객동선을 가능한 한 길게 유지하여 상품의 노출기회를 확보하고자 한다.
② 고객의 동선은 점포의 레이아웃에 크게 영향받는다.
③ 동선은 직선적 동선과 곡선적 동선으로 구분되는데, 백화점은 주로 직선적 동선을 추구하는 레이아웃을 하고 있다.
④ 동선은 상품탐색에 용이해야 하고 각 통로에 단절이 없어야 한다.
⑤ 동선은 상품을 보기 쉽고 사기 쉽게 해야하고 시선과 행동에 막힘이 없게 해야 한다.

③ 백화점의 동선 또는 레이아웃은 직선적인 것보다는 자유롭고 비대칭적인 자유형 레이아웃을 선호한다.

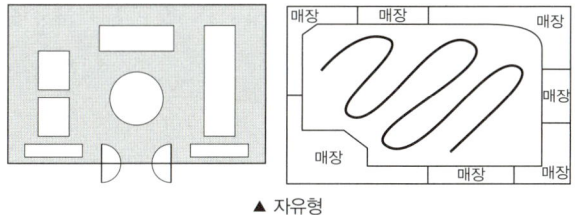

▲ 자유형

64

소매점에서 사용하는 일반적인 상품 분류 기준으로 옳지 않은 것은?

① 소비패턴을 중심으로 한 분류
② TPO(Time, Place, Occasion)를 중심으로 한 분류
③ 한국표준상품분류표를 중심으로 한 분류
④ 대상 고객을 중심으로 한 분류
⑤ 상품의 용도를 중심으로 한 분류

③ 한국표준상품분류표를 중심으로 한 분류는 정부, 통계청 등 산업별 생산품목을 통계 조사할 목적으로 활용할 때 적용하는 분류법에 해당한다.

65

상품들을 상품계열에 따라 분류하여 진열하는 방식으로 특히 슈퍼마켓이나 대형할인점에서 주로 채택하는 진열 방식은?

① 분류진열(Classification Display)
② 라이프스타일별 진열(Lifestyle Display)
③ 조정형 진열(Coordinated Display)
④ 주제별 진열(Theme Display)
⑤ 개방형 진열(Open Display)

분류진열(Classification Display)은 고객들의 쇼핑 편의성을 높이기 위해 상품계열에 따라 분류하여 진열하는 방식으로 특히 슈퍼마켓이나 대형할인점에서 주로 채택하는 진열 방식에 해당한다.

66

제조업체의 촉진전략 중 푸시(Push) 전략에 대한 설명으로 옳지 않은 것은?

① 최종소비자 대신 중간상들을 대상으로 하여 판매촉진 활동을 하는 것이다.
② 소비자를 대상으로 촉진할 만큼 충분한 자원이 없는 소규모 제조업체들이 활용할 수 있는 촉진전략이다.
③ 제조업체가 중간상들의 자발적인 주문을 받기 위해 수행하는 촉진전략을 말한다.
④ 가격 할인, 수량 할인, 협동 광고, 점포 판매원 훈련 프로그램 등을 활용한다.
⑤ 판매원의 영향이 큰 전문품의 경우에 효과적이다.

푸쉬 전략은 생산자가 인적판매 또는 장려금 지원 등의 방법을 통해 유통상인들을 밀어내는 강제성이 포함된 촉진 방식에 해당한다.

정답 | 61 ④ 62 ⑤ 63 ③ 64 ③ 65 ① 66 ③

67

소매점이 사용하는 원가지향 가격 설정정책(Cost-Oriented Pricing)의 장점으로 가장 옳은 것은?

① 마케팅 콘셉트에 가장 잘 부합한다.
② 이익을 극대화하는 가격을 설정한다.
③ 가격 책정이 단순하고 소요시간이 짧다.
④ 시장 상황을 확인할 수 있는 근거 자료를 활용한다.
⑤ 재고유지단위(SKU)마다 별도의 가격 설정 정책을 마련한다.

③ 가격결정 방법은 원가를 기준한 방식과 소비자들의 지각된 가치를 기준하는 방식, 경쟁자를 고려한 방식 등이 있다. 이 중 원가기준 가격결정방식(=원가+적정 이윤)이 가장 간편한 방식에 해당한다.

68

공급업체와 소매업체 간에 나타날 수 있는 비윤리적인 상업 거래와 관련된 설명으로 옳지 않은 것은?

① 회색시장: 외국에서 생산된 자국 브랜드 제품을 브랜드 소유자 허가 없이 자국으로 수입하여 판매하는 것
② 역청구: 판매가 부진한 상품에 대해 소매업체가 공급업체에게 반대로 매입을 요구하는 것
③ 독점 거래 협정: 소매업체로 하여금 다른 공급업체의 상품을 취급하지 못하도록 제한하는 것
④ 구속적 계약: 소매업체에게 구매를 원하는 상품을 구입하려면 사고 싶지 않은 상품을 구입하도록 협정을 맺는 것
⑤ 거래 거절: 거래하고 싶은 상대방과 거래하고 싶지 않은 상대방을 구분하는 경우에 발생

역청구는 소매상이 공급업체로부터 발생한 수량 차이에 대해 대금을 공제해 주는 것을 뜻한다. 판매가 부진한 상품에 대해 소매업체가 공급업체에게 반대로 매입을 요구하는 것은 역매입을 말한다.

69

아래 글상자에서 설명하는 촉진수단에 해당하는 것으로 옳은 것은?

- 뉴스기사, 스폰서십, 이벤트 등을 활용한다.
- 다른 촉진수단보다 현실감이 있고 믿을 수 있다는 특징이 있다.
- 판매 지향적인 커뮤니케이션이 아니기 때문에 판매원을 기피하는 가망고객에게도 메시지 전달이 용이하다.

① 광고
② 판매촉진
③ 인적판매
④ PR(Public Relations)
⑤ SNS 마케팅

④ 뉴스기사, 스폰서십, 이벤트 등을 활용하고, 다른 촉진수단(특히, 광고와 비교)보다 현실감이 있고 믿을 수 있다는 특징을 가진 촉진 방법은 PR(홍보 포함)을 뜻한다.

70

유통경로의 성과평가 방법 중 재무성과를 평가하기 위해 사용되는 지표로 가장 옳지 않은 것은?

① 순자본 수익률
② 자기자본 이익률
③ 매출액 증가율
④ 부가가치 자본 생산성
⑤ 재고 회전율

④ 유통경로의 성과평가 방법 중 재무성과를 평가하기 위해 사용되는 지표는 전략적 수익모형이라 하며, 이들은 성장성 비율(매출액 증가율 등), 수익성 비율(자본이익률 등), 유동성 비율, 활동성 비율(재고 회전율 등), 레버리지 비율(부채 비율) 등 재무비율 분석과 관련된 비율을 의미한다.

유통정보

71
물류활동의 기본 기능 중에서 유통효용의 하나인 형태효용을 창출해 내는 것으로 가장 옳은 것은?

① 보관기능
② 운송기능
③ 정보기능
④ 수·배송기능
⑤ 유통가공기능

⑤ 형태 효용을 창출하는 것은 유통가공기능이다. 유통가공은 제품을 소비자가 원하는 양으로 분할해서 구매할 수 있도록 소분하여 재포장하고 라벨링하는 과정 등을 포함한다.
생산 과정을 통해 획득된 제품의 사용 가치는 유통경로에 의해 추가적인 효용, 즉 소유 효용, 형태 효용, 시간 및 장소 효용이 부가됨으로써 그 가치가 상승하고 거래가 이루어진다.

72
아래 글상자의 내용을 근거로 암묵지에 대한 설명만을 모두 고른 것으로 가장 옳은 것은?

> ㉠ 구조적이며 유출성 지식이다.
> ㉡ 비구조적이며 고착성 지식이다.
> ㉢ 보다 이성적이며 기술적인 지식이다.
> ㉣ 매우 개인적이며 형식화가 어렵다.
> ㉤ 주관적, 인지적, 경험적 학습에 관한 영역에 존재한다.

① ㉠, ㉢, ㉣
② ㉠, ㉢, ㉤
③ ㉡, ㉣, ㉤
④ ㉠, ㉢, ㉣, ㉤
⑤ ㉡, ㉢, ㉣, ㉤

구조적이며 유출성 지식, 보다 이성적이며 기술적인 지식 등은 형식지의 특성이다. 형식지는 제품 사양, 문서, 데이터베이스, 매뉴얼, 화학식 등의 공식, 컴퓨터 프로그램 등의 형태로 표현된다.
암묵지는 전수하기 어려운 지식, 경험을 통해 체화된 지식, 숙련된 기능 또는 노하우, 말 또는 언어로 표현할 수 없는 주관적인 지식 등의 특성을 지닌다.

관련이론 | 형식지와 암묵지
형식적 지식(형식지)이란 말, 즉 언어로 표현할 수 있는 명시적·객관적·논리적인 지식을 의미한다. 반면 암묵적 지식(암묵지)은 개인적인 경험에 의해 얻어지는, 말로 표현하기 어려운 직감적인 지식을 말하는 것으로 노하우 등을 의미한다.

73
디지털 데이터들 중 비정형 데이터의 예로 옳지 않은 것은?

① 동영상 데이터
② 이미지 데이터
③ 사운드 데이터
④ 집계 데이터
⑤ 문서 데이터

④ 집계 데이터는 정형 데이터이다. 정형 데이터는 데이터 모델 또는 스키마를 따르며 주로 테이블 형식으로 저장되고, ERP, CRM 시스템과 같은 기업의 정보시스템에서 자주 생성된다.

74
아래 글상자는 고객 가치에 대한 개념과 구성하는 요소들을 보여주는 공식이다. 각 요소들에 대한 설명으로 옳지 않은 것은?

> ㉠ 고객 가치 = $\dfrac{\text{지각된 이익}}{\text{총소유비용}}$
> ㉡ 고객 가치 = $\dfrac{(\text{품질} \times \text{서비스})}{(\text{비용} \times \text{시간})}$

① 고객 가치의 총소유비용은 구매의사결정에 중요한 영향을 미친다.
② 고객 가치의 구성요소로서 품질은 제안된 기능, 성능, 기술명세 등이다.
③ 고객 가치의 구성요소로서 서비스는 고객에게 제공되는 유용성, 지원, 몰입 등이다.
④ 고객 가치의 구성요소로서 비용은 가격 및 수명주기 비용을 포함한 고객의 거래비용이다.
⑤ 고객 가치의 구성요소로서 시간은 고객이 제품을 지각하고 구매를 결정하는데까지 걸리는 시간이다.

⑤ 고객 가치의 구성요소로서 시간은 고객에게 고객이 원하는 서비스를 제공할 때까지 걸리는 시간이다.

정답 | 67 ③ 68 ② 69 ④ 70 ④ 71 ⑤ 72 ③ 73 ④ 74 ⑤

75

정보통신 기술의 발전과 이에 따른 의식의 변화로 나타난 유통산업의 변화 현상과 가장 거리가 먼 것은?

① 브랜드 가치 증대
② 퓨전(fusion) 유통
③ 소비자의 주권 강화
④ 채널 간의 갈등 감소
⑤ 디지털 유통의 가속화

최근 멀티채널, 옴니채널 등이 확산됨에 따라 채널 간의 갈등은 증가되는 추세를 보이고 있다.

선지분석
② 퓨전 유통은 유통업태 간의 컨버전스를 의미하는 것으로 확산추세를 보이고 있다.

76

아래 글상자 괄호에 들어갈 용어로 가장 옳은 것은?

> ( )은(는) 배송 상품에 대한 정보를 담고 있는 것으로, 배송상자 안에 들어 있거나, 배송상자 밖에 부착되어 있다. 여기에는 배송 상품의 품목과 수량 등이 기재되어 있다.

① 패킹 슬립(Packing slip)
② 인보이스(Invoice)
③ 송금통지서(Remittance advice)
④ 선하증권(Bill of Lading)
⑤ ATP(Available To Promise)

패킹 슬립은 포장된 상품의 내용·출하지 등을 기재하여 첨부하는 서류를 말한다.

선지분석
② 인보이스는 송장으로 발송인이 수하인에게 보내는 거래상품명세서를 말한다.
⑤ ATP는 언제든지 고객의 주문에 대응할 수 있는 재고를 말한다.

77

아래 글상자의 내용은 인먼(W. H. Inmon)이 정의한 데이터 웨어하우징에 대한 개념이다. 괄호에 들어갈 수 있는 단어로 옳지 않은 것은?

> 경영자의 의사결정을 지원하는 ( )이고, ( )이고, ( )이며, ( )인 데이터의 집합

① 통합적(Integrated)
② 비휘발성(Nonvolatile)
③ 주제 중심적(Subject-Oriented)
④ 일괄 분석처리(Batch-Analytical Processing)
⑤ 시간에 따라 변화적(Time-Variant)

W. H. Inmon은 데이터웨어하우스를 경영자의 의사결정을 지원하는 주제 중심적이고 통합적이며, 비휘발성이고, 시간에 따라 변화하는 데이터의 집합이라 정의하였다.

관련이론 | 데이터웨어하우스(Data Warehouse)
데이터웨어하우스는 수년간 기업 활동을 통해 발생된 기업 내부 데이터와 기업 활동을 위해 축적된 외부 데이터를 의사결정에 필요한 주제 영역별로 통합하여 다양한 방법으로 데이터를 분석·활용하기 위한 통합정보시스템이다.
신속하고 즉각적인 의사결정을 위해서는 과거의 장기에 걸친 데이터가 필요한데 이를 해결해 주는 것이 데이터웨어하우스이다.

78

상품판매를 위한 애널리틱스에 대한 설명으로 옳지 않은 것은?

① 프로파일링(Profiling)은 고객들의 나이, 지역, 소득, 라이프스타일(Lifestyle)에 대한 분석을 통해 고객군을 선정하고, 차별화하는 기능이다.
② 세분화(Segmentation)란 유사한 제품과 서비스 또는 유사한 고객군으로 분류하는 기능이다.
③ 개별화(Personalization)란 인구통계학적 특성, 구매 기록 등과 같은 데이터에 기반해 상품판매를 위한 개인화된 시장을 만들어 판매를 지원하는 기능이다.
④ 가격결정(Pricing)은 고객들의 구매 수준, 생산 비용 등을 고려해 상품판매를 위한 적절한 가격을 결정하는 기능이다.
⑤ 연관성(Association)은 현재 상품판매 데이터를 이용해 미래에 판매될 상품에 대하여 모델링하는 기능을 의미한다.

⑤ 데이터마이닝 과정에서 연관성(Association)은 예컨대 시리얼을 구입한 고객의 70%가 우유를 구입한다는 등의 현상을 찾아내는 것이다. 따라서 데이터마이닝 기법 중 연관성분석은 데이터 안에 존재하는 품목 간의 연관성 규칙을 발견하려는 것이다.

79

B2B의 대표적인 수행 수단으로 활용되는 정보기술인 EDI에 대한 설명으로 가장 옳지 않은 것은?

① EDI 사용은 문서 거래 시간의 단축, 자료의 재입력 방지, 업무 처리의 오류 감소 등의 직접적 효과가 있다.
② EDI 표준전자문서를 컴퓨터와 컴퓨터 간에 교환하는 전자적 정보전달 방식이다.
③ 웹 EDI는 사용자가 특정 문서의 구조를 만들어 사용할 수 있기 때문에 타 업무 프로그램과의 연계가 용이하다.
④ 웹 EDI는 복잡한 EDI 인프라 구축 없이도 활용 가능하다.
⑤ 기존 EDI에 비해 웹 EDI의 단점은 전용선 서비스 기반이라 구축 비용이 높다는 것이다.

⑤ 기존 VAN 기반의 EDI에 비해 웹 EDI, 즉 최근 활용되고 있는 인터넷 기반의 EDI의 통신비용은 VAN의 경우보다 매우 낮다. 인터넷 기반 EDI에서는 최신 EDI의 사용을 보완하거나 대체가 용이하다.

80

아래 글상자의 괄호에 들어갈 용어로 옳은 것은?

> (   )는 전자상거래에서 지불이 원활하게 이루어지도록 지원하는 대행 서비스이다. 이는 일반적으로 전자상거래에서 판매자를 대신하는 계약을 맺고 구매자가 선택한 은행, 신용카드 회사 및 통신사업자 등으로부터 대금을 지급받아 일정액의 수수료를 받고 판매자에게 지급해주는 서비스를 의미한다.

① 전자지불 게이트웨이
② Ecash
③ 가상화폐대행서비스
④ EBPP(Electronic Bill Presentment and Payment)
⑤ 전자화폐발행서비스

① 전자지불 게이트웨이(Payment Gateway)는 전자지불 프로토콜인 SET(Secure Electronic Transaction)의 구성요소이다.

정답 | 75 ④ 76 ① 77 ④ 78 ⑤ 79 ⑤ 80 ①

81

공급사슬관리 성과측정을 위한 SCOR(Supply Chain Operation Reference) 모델은 아래 글상자의 내용과 같이 5가지의 기본관리 프로세스로 구성되어지는데 이 중 ㉠에 해당되는 내용으로 가장 옳은 것은?

> 계획 – 조달 – (㉠) – 인도 – 반환

① 제품 반송과 관련된 프로세스
② 재화 및 용역을 조달하는 프로세스
③ 완성된 재화나 용역을 제공하는 프로세스
④ 조달된 재화 및 용역을 완성 단계로 변환하는 프로세스
⑤ 비즈니스 목표 달성을 위한 수요와 공급의 균형을 맞추는 프로세스

SCOR(Supply Chain Operation Reference) 모델은 SCM의 성과측정을 위한 대표적인 도구이다. SCOR 모델의 표준화를 위한 관리 프로세스는 공급사슬을 계획(Plan), 조달(Source), 제조(Make), 배송(Deliver), 반품(Return)의 다섯 가지 관리 프로세스로 구분하여 주요 성과지표들을 공급사슬 전체의 목적에 부합하도록 하는 것이다. 세 번째 단계는 제조(Make)로 조달된 재화 및 용역을 완성 단계로 변환하는 프로세스를 의미한다.

82

지식관리시스템 지식이 시간의 흐름에 따라 역동적으로 개선되기 때문에 6단계의 사이클을 따르는데 이에 맞는 주기 단계가 가장 옳은 것은?

① 지식 생성 – 정제 – 포착 – 관리 – 저장 – 유포
② 지식 생성 – 정제 – 포착 – 저장 – 관리 – 유포
③ 지식 생성 – 정제 – 저장 – 관리 – 포착 – 유포
④ 지식 생성 – 포착 – 정제 – 저장 – 관리 – 유포
⑤ 지식 생성 – 포착 – 정제 – 관리 – 저장 – 유포

지식관리시스템(KMS)는 정보기술을 활용하여 암묵지를 형식지화하여 조직의 지식공유체계를 구축하려는 것이다. 지식관리 프로세스의 단계는 지식의 창출 → 지식의 포착 → 지식의 정제 → 지식의 저장 → 지식의 관리 → 지식의 유포 6단계로 구분한다.

83

다음은 데이터웨어하우스를 구축하고, 사용자에게 필요에 맞는 정보를 제공해 주는 데이터마트를 구축한 개념도이다. 그림의 (가)에 해당하는 기술 용어로 가장 옳은 것은?

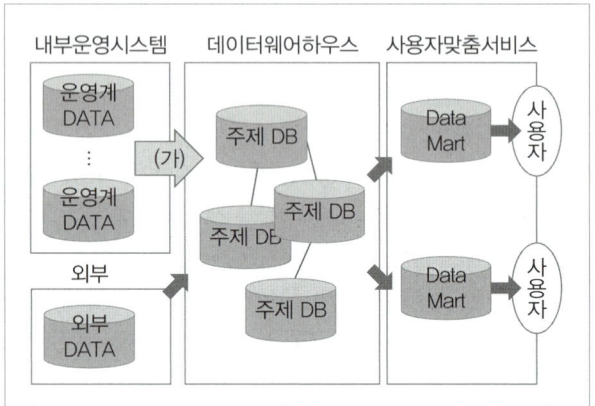

① Classify
② Multi-D(Demension)
③ IC(Integration Cycle)
④ STAR(Simple Target Apply Regular)
⑤ ETL(Extraction Transformation Loading)

데이터 웨어하우징 시스템에서 데이터는 데이터웨어하우스에 입력되고, 내용물은 정보로 변환되며, 정보는 사용자가 이용 가능하도록 해준다. 내·외부 원천으로부터 데이터가 수송되는 영역에서 데이터의 추출(Extraction), 변형(Transformation), 선적(Loading) 등의 프로세스가 일어나는 데 이를 약자로 ETL이라고 한다.

84

아래 글상자의 내용에 부합되는 용어로 가장 옳은 것은?

- 시간기반 경쟁의 장점을 성취하기 위해 빠른 대응 시스템을 개발하는 것이다.
- 시스템의 프로세싱 시간이 빨라짐으로서 총 리드타임이 줄어든다는 효과를 내게 된다.
- 베네통의 경우 시장판매정보를 빠르게 피드백하는 유통시스템으로 신속한 대응을 달성하였다.

① RFID
② ECR
③ VMI
④ JIT
⑤ QR

위의 글상자는 QR(Quick Response) 시스템에 대한 설명이다. QR은 고객의 욕구 변화에 신속하게 대응하는 방식으로 풀(Pull) 방식에 해당한다. 공급체인상의 재고를 최소화하려는 전략이다.

관련이론 | QR

QR은 1980년대 미국의 섬유산업에서 공급사슬의 상품흐름을 개선하기 위하여 소매업자와 제조업자의 정보공유를 통해 효과적으로 원재료를 충원하고, 제품을 제조하고, 유통함으로써 효율적인 생산과 공급체인의 재고량을 최소화 시키려는 전략으로, 보다 정확하고 신속한 고객정보를 획득하여 고객대응 속도를 높이고자 개발되었다.

85

노나카(Nonaka)의 지식 변환 유형에 대한 설명으로 옳지 않은 것은?

① 사회화 – 최초의 유형으로 개인 혹은 집단이 주로 경험을 공유함으로써 지식을 전수하고 창조한다.
② 사회화 – 암묵지에서 암묵지를 얻는 과정이다.
③ 외부화 – 개인이나 집단의 암묵지가 공유되거나 통합되어 그 위에 새로운 지가 만들어지는 프로세스이다.
④ 종합화 – 개인이나 집단이 각각의 형식지를 조합시켜 새로운 지를 창조하는 프로세스이다.
⑤ 내면화 – 형식지에서 형식지를 얻는 과정이다.

⑤ 내면화(Internalization)는 형식지에 대한 학습을 통해 자신만의 암묵지를 생성하는 과정이다.

관련이론 | 노나카의 지식 변환 유형

지식경영의 중요성을 강조하고, SECI 모델을 제시한 학자는 노나카 이쿠지로(Ikujiro Nonaka)이다. 노나카의 SECI모델에서 지식 변환 양식은 사회화(Socialization, 공동화) → 외재화(Externalization, 표출화) → 종합화(Combination, 연결화) → 내재화(Internalization, 내면화)의 과정을 거치는데 암묵지와 형식지가 서로 변환되는 과정이다.

즉, 암묵지가 암묵지로, 그리고 암묵지가 형식지로, 형식지가 형식지로, 형식지가 암묵지로 변환하는 과정이다. 4가지 지식 변환과정은 순차적으로 진행되며 밀접하게 연결되어 있다.

86

정보기술의 발전으로 인한 기업들의 경쟁 원천 환경 변화로 가장 옳지 않은 것은?

① 제품수명주기가 단축되고 있다.
② 고객의 요구가 다양해지고 있다.
③ 독특한 질적 차이를 중시하는 추세로 변화하고 있다.
④ 국가 간의 시장 장벽이 높아지고 있으며, 이로 인해 시장 확대의 기회가 어려워지고 있다.
⑤ 소비자의 요구에 맞는 제품을 신속하게 생산할 수 있는 시간경쟁이 가속화되고 있다.

④ 정보기술의 발전으로 국가 간의 시장 장벽이 낮아지고 있으며, 이로 인해 시장 확대의 기회가 많아지고 무역규모가 크게 확대되고 있다.

정답 | 81 ④ 82 ④ 83 ⑤ 84 ⑤ 85 ⑤ 86 ④

87

가트너(Gartner)에서 제시한 빅데이터의 3대 특성으로 가장 옳은 것은?

① 데이터 규모, 데이터 생성속도, 데이터 다양성
② 데이터 규모, 데이터 가변성, 데이터 복잡성
③ 데이터 규모, 데이터 다양성, 데이터 가변성
④ 데이터 생성속도, 데이터 가변성, 데이터 복잡성
⑤ 데이터 생성속도, 데이터 다양성, 데이터 복잡성

빅데이터의 특징은 3V로 데이터 규모(Volume), 데이터 생성 속도(Velocity), 데이터 다양성(Variety)을 의미한다. 최근에는 가치(Value)나 복잡성(Complexity)을 덧붙이기도 한다.

88

아래 글상자 괄호에 들어갈 용어로 가장 옳은 것은?

> 노나카(Nonaka)에 의하면, 조직의 케이퍼빌리티(Capability)와 핵심역량(Core Competency)은 조직의 본질적 능력, 표면적으로 나타나는 경쟁력의 토대가 되는 무형의 지적 능력을 말한다고 한다.
> 기업의 능력을 확대해 나가기 위해서 최고경영자는 조직의 학습을 촉진시켜 나가야 한다. 이러한 개념을 (㉠)이라 하고, 이를 보급시키는데 힘쓴 피터 셍게(Peter M. Senge)는 (㉡) 사고를 전제로 하여 개인의 지적 숙련, 사고모형, 비전의 공유, 팀학습의 중요성을 주장하였다.

① ㉠ 학습조직, ㉡ 자율적
② ㉠ 시스템학습, ㉡ 자율적
③ ㉠ 학습조직, ㉡ 인과적
④ ㉠ 학습조직, ㉡ 시스템적
⑤ ㉠ 시스템학습, ㉡ 인과적

기업의 능력을 확대해 나가기 위해서 최고경영자는 조직의 학습을 촉진시켜 나가야 한다. 이러한 개념을 ㉠ 학습조직이라 하고, 이를 보급시키는데 힘쓴 피터 셍게(Peter M. Senge)는 ㉡ 시스템적 사고를 전제로 하여 개인의 지적 숙련, 사고모형, 비전의 공유, 팀학습의 중요성을 주장하였다.

89

아래 글상자는 공급사슬관리를 위한 제조업체의 구매 – 지불 프로세스의 핵심 기능이다. 프로세스 흐름에 따라 순서대로 나열한 것으로 옳은 것은?

> ㉠ 구매주문서 발송
> ㉡ 대금 지불
> ㉢ 재화 및 용역 수령증 수취
> ㉣ 공급업체 송장 확인
> ㉤ 조달 확정
> ㉥ 재화 및 용역에 대한 구매요청서 발송

① ㉥ → ㉤ → ㉣ → ㉢ → ㉡ → ㉠
② ㉠ → ㉤ → ㉣ → ㉢ → ㉥ → ㉡
③ ㉠ → ㉡ → ㉢ → ㉣ → ㉤ → ㉥
④ ㉠ → ㉤ → ㉣ → ㉢ → ㉡ → ㉥
⑤ ㉥ → ㉤ → ㉠ → ㉢ → ㉣ → ㉡

공급사슬관리를 위한 제조업체의 구매–지불 프로세스는 ㉥ 재화 및 용역에 대한 구매요청서 발송 → ㉤ 조달 확정 → ㉠ 구매주문서 발송 → ㉢ 재화 및 용역 수령증 수취 → ㉣ 공급업체 송장 확인 → ㉡ 대금 지불의 순서이다.

90

소비자가 개인 또는 단체를 구성하여 상품의 공급자나 생산자에게 가격, 수량, 부대 서비스 조건을 제시하고 구매하는 역경매의 형태가 일어나는 전자상거래 형태로 가장 옳은 것은?

① B2B
② P2P
③ B2C
④ C2C
⑤ C2B

⑤ 소비자가 개인 또는 단체를 구성하여 상품의 공급자나 생산자를 대상으로 하여 역경매(Reverse Auction) 형태로 이루어지는 전자상거래의 형태는 C2B(Consumer to Business)이다.

정답 | 87 ① 88 ④ 89 ⑤ 90 ⑤

2020년 추가시행 기출문제

>> 2020년 8월 8일 시행

유통·물류 일반관리

01

아래 글상자의 ㉠, ㉡에서 설명하는 물류 영역을 순서대로 나열한 것 중 가장 옳은 것은?

> ㉠ 물류의 최종 단계로서 제품을 소비자에게 전달하는 일체의 수·배송 물류활동
> ㉡ 파손 또는 진부화 등으로 제품이나 상품, 또는 포장 용기를 소멸시키는 물류활동

① ㉠ 판매물류, ㉡ 회수물류
② ㉠ 최종물류, ㉡ 반품물류
③ ㉠ 판매물류, ㉡ 폐기물류
④ ㉠ 생산물류, ㉡ 반품물류
⑤ ㉠ 조달물류, ㉡ 회수물류

- 순물류(forward logistics): 조달물류, 생산물류, 사내물류, 판매물류
- 역물류(reverse logistics): 환경친화적 물류가 중시되면서 반품, 회수, 폐기물류도 중요 물류영역임
- ㉠ 판매물류: 제품 창고에서 지역 거점 및 소비자에게로 전달되기까지의 물류활동
- ㉡ 폐기물류: 제품 및 포장용 용기나 수송용 용기·자재 등을 폐기하기 위한 물류활동

02

SCM상에서 채찍효과(Bullwhip Effect)를 방지하기 위한 방법으로 옳지 않은 것은?

① EDI(Electronic Data Interchange) 활용
② 벤더와 소매업체 간의 정보교환
③ VMI(Vendor Managed Inventory) 활용
④ 일괄 주문(Order Batching) 활용
⑤ S&OP(Sales and Operations Planning) 활용

④ 채찍효과란 공급사슬에서 반복적으로 발생하는 수요의 왜곡현상이다. 채찍효과의 발생 원인은 다단계 수요 예측, 긴 리드타임, 결품 방지를 위한 과잉 주문, 일괄 주문 등이 있다. 이를 해결하기 위해서는 업체들 간 정보를 공유하고 짧은 리드타임을 가지며 일괄 주문보다는 실시간 주문을 해야 한다.

관련이론 | 채찍효과의 발생원인

채찍효과 발생원인	발생원인의 설명	해결방법
다단계 수요예측 (= 중복된 수요예측)	기업의 전통적인 수요예측 관행이 경로 주체별로 시장에서 소비자들의 실제수요가 아닌 각 개별주체에게 수주되어 들어온 주문량에 근거해서 예측	단일 수요예측을 할 수 있도록 해야 하며, 이를 위해서 정보공유 및 정보집중이 중요
긴 리드타임 (Lead Time)	리드타임이 길어지거나 변동이 있으면 수요변동의 작은 변화도 안전재고와 재주문점에 변동을 초래	SCM 구축을 통해 주문 리드타임과 정보리드타임을 감소
공급사슬상 분배의 문제 (= 결품방지를 위한 과잉주문)	특정제품에 대한 수요 폭증으로 제조업체는 일정하게 도·소매업체별로 제품을 할당할 수밖에 없고, 유통기관은 차후 유사상황을 대비해서 실수요보다 더 많은 양을 과잉주문	반품제약을 엄격히 하거나 제품할당시에 수요를 과거 판매 또는 주문실적에 의해 공급
일괄주문 처리방식 (order batching)	일반적으로 주문은 일정 수준의 제품이 판매될 때까지 기다렸다 일시에 주문을 하게 되므로, 특정 시점에서 수요가 급격히 증가하는 현상 발생	유통기관들의 주문시점을 고루 분배하고, 일괄주문보다는 실시간 주문처리 필요

정답 | 01 ③ 02 ④

03

JIT와 JITⅡ의 차이점에 대한 설명으로 옳지 않은 것은?

① JIT는 부품과 원자재를 원활히 공급받는데 초점을 두고, JITⅡ는 부품, 원부자재, 설비공구, 일반자재 등 모든 분야를 대상으로 한다.
② JIT는 개별적인 생산현장(Plant Floor)을 연결한 것이라면, JITⅡ는 공급체인(Supply Chain)상의 파트너의 연결과 그 프로세스를 변화시키는 시스템이다.
③ JIT는 기업 간의 중복업무와 가치없는 활동을 감소·제거하는데 주력하는 반면, JITⅡ는 자사 공장 내의 가치없는 활동을 감소·제거하는데 주력한다.
④ JIT는 푸시(Push)형인 MRP와 대비되는 풀(Pull)형의 생산방식인데 비해, JITⅡ는 JIT와 MRP를 동시에 수용할 수 있는 기업 간의 운영체제를 의미한다.
⑤ JIT가 물동량의 흐름을 주된 개선대상으로 삼는데 비해, JITⅡ는 기술, 영업, 개발을 동시화(Synchronization) 하여 물동량의 흐름을 강력히 통제한다.

③ JITⅡ는 기업 간의 중복 업무와 가치없는 활동을 감소·제거하는데 주력한다.

관련이론 | JIT와 JITⅡ와의 비교

JIT	• 원·부자재 공급받는 데 중점 • 개별적인 생산 현장의 연결 • 공장 내 무가치한 활동 제거 • Pull 방식 • 물동량의 흐름이 주된 개선 대상
JITⅡ	• 원·부자재, 설비 공구 등 모든 분야 공급에 중점 • SCM 상의 파트너들과 연결, 프로세스 변화시킴 • 기업 간의 중복 업무, 무가치한 활동 제거 • Pull 방식과 MRP의 Push 방식을 동시 수용 • 기술, 영업, 개발을 동시화하여 물동량을 강력히 통제함

04

아래 글상자에서 설명하는 한정서비스 도매상의 종류로 옳은 것은?

> 주로 석탄, 목재, 중장비 등의 산업에서 활동한다. 이 도매상은 고객으로부터 주문을 접수한 후, 고객이 원하는 조건과 배달 시간에 맞춰 고객에게 직접 제품을 운반할 수 있는 제조업체를 찾는다.

① 현금거래도매상(Cash-and-Carry Wholesalers)
② 트럭도매상(Truck Jobbers)
③ 직송도매상(Drop Shipper)
④ 진열도매상(Rack Jobber)
⑤ 판매대리인(Sales Agent)

직송 도매상: 소매상 고객으로부터 주문이 왔을 때, 해당 상품을 생산자가 직접 구매자에게 배송하도록 중개하는 도매상으로 재고를 보유하거나 운송하는 기능을 수행하지 않는다. 취급 품목은 물류비용이 큰, 부피가 크고 무포장 상품인 목재, 석탄, 중기계 등이 있다.

05

아래 글상자의 구매 관련 공급자 개발 7단계 접근법이 옳은 순서로 나열된 것은?

> ㉠ 주요 공급원 파악
> ㉡ 주요 제품과 서비스 파악
> ㉢ 기능 간 팀 구성
> ㉣ 공급자와 주요과제 합의
> ㉤ 공급자 CEO와의 대면
> ㉥ 세부적인 합의
> ㉦ 진행 상황 점검 및 전략 수정

① ㉣ - ㉤ - ㉥ - ㉦ - ㉠ - ㉡ - ㉢
② ㉤ - ㉥ - ㉦ - ㉠ - ㉡ - ㉢ - ㉣
③ ㉥ - ㉦ - ㉠ - ㉡ - ㉢ - ㉣ - ㉤
④ ㉦ - ㉠ - ㉡ - ㉢ - ㉣ - ㉤ - ㉥
⑤ ㉡ - ㉠ - ㉢ - ㉤ - ㉣ - ㉥ - ㉦

구매 관련 공급자개발 7단계
㉡ 주요 제품과 서비스 파악 → ㉠ 주요 공급원 파악 → ㉢ 기능 간 팀 구성 → ㉤ 공급자 CEO와의 대면 → ㉣ 공급자와 주요과제 합의 → ㉥ 세부적인 합의 → ㉦ 진행상황 점검 및 전략 수정

06

아래 글상자의 내용은 기사를 발췌한 것이다. ( ) 안에 공통적으로 들어갈 용어로 가장 옳은 것은?

> 제목: ( ) 환상에서 벗어난 기업들의 생산기지 철수
> ( )은 국내에서 얻는 것보다 상당히 낮은 가격에 해외에서 제품, 원재료를 만들거나 구매할 수 있는 기회를 제공하는 것을 말한다. 그러나 낮은 품질, 높은 운송비용이 ( )을 통해 얻어지는 비용우위를 저해함에 따라 일부 자국 제조업체들은 생산 기지를 다시 자국으로 옮기는 중이다.

① 리쇼링(Re-Shoring)
② 오프쇼링(Off-Shoring)
③ 지연(Postponement) 전략
④ 기민성(Agility) 생산 방식
⑤ 린(Lean) 생산 방식

오프쇼링은 기업이 생산 기지를 규제가 약하고 임금 수준이 낮은 외국으로 옮기는 것을 의미한다. 반대로 리쇼링은 생산기지를 다시 국내로 옮기는 것을 의미한다.

07

아래 글상자에서 설명하는 조직구성원에 대한 성과평가 방법으로 옳은 것은?

> ㉠ 종업원 전체 범주 중 특정 범주로 할당해서 성과를 평가하는 방법
> ㉡ S등급 10%, A등급 30%, B등급 30%, C등급 30% 등으로 평가함
> ㉢ 구성원의 성과가 다양한 분포를 보일 때 가장 효과적인 평가 방법이며, 갈등을 피하고자 모두를 관대하게 평가하고자 하는 유혹을 극복할 수 있음

① 단순서열법(Simply Ranking)
② 강제배분법(Forced Distribution Method)
③ 쌍대비교법(Paired-Comparison Method)
④ 행위기준고과법(BARS: Behaviorally Anchored Rating Scale)
⑤ 행동관찰척도법(BOS: Behavioral Observation Scale)

강제배분법 또는 강제할당법은 사전에 정해 놓은 비율에 따라 피고과자를 강제로 할당하는 방법으로 피고과자의 수가 많을 때 서열법의 대안으로 주로 사용한다. 관대화 경향이나 중심화 경향과 같은 규칙적 오류를 방지할 수 있는 장점이 있다.

관련이론 | 인사고과 방법

전통적 고과기법	서열법, 강제할당법, 평정척도법, 대조법, 등급할당법, 표준인물 비교법, 성과기준고과법, 기록법, 직무보고법
현대적 고과기법	중요사건서술법, 인적평정센터법, 목표에 의한 관리(MBO), 행위기준고과법, 자기고과법, 토의식 고과법

정답 | 03 ③ 04 ③ 05 ⑤ 06 ② 07 ②

08

인적자원관리(HRM)의 글로벌화 과정을 5단계로 나누어 볼 수 있다. 아래 글상자에서 5단계 중 글로벌(Global) 단계에서 각 HRM 과업을 수행하는 방안으로 가장 옳지 않은 것은?

구분	HRM의 과업	글로벌(Global) 단계에서의 수행 방안
㉠	해외 자회사의 인재	자회사 인재의 다국적화
㉡	본사의 인재	본사 인재의 다국적화 및 글로벌 로테이션
㉢	처우	글로벌 처우 기준의 확립
㉣	능력 개발	글로벌 연구 프로그램의 실시
㉤	본사-자회사 관계	파견 위주의 관계

① ㉠ ② ㉡
③ ㉢ ④ ㉣
⑤ ㉤

⑤ 글로벌 인적자원관리를 위해서는 본사-자회사 간에 파견 위주의 관계가 아닌 순환적인 인사 교류가 이루어져야 한다.

09

아래 글상자에서 설명하는 조직구조로 옳은 것은?

> ㉠ 권한과 책임의 소재와 한계가 분명하며 의사결정에 신속을 기할 수 있음
> ㉡ 관리자는 부하 직원에게 강력한 통솔력을 발휘할 수 있음
> ㉢ 업무가 의사결정자의 독단으로 처리될 수 있으며, 조직 바깥의 전문적 지식이나 기술이 활용되기 어려움

① 라인 조직 ② 라인-스태프 조직
③ 프로젝트 조직 ④ 매트릭스 조직
⑤ 네트워크 조직

라인 조직은 전통적 조직 형태로 권한과 책임이 명확하고, 조직의 목표 달성을 위하여 상급자의 명령 체계가 수직적으로 하급자에게 전달되는 조직 형태로 군대식 조직(하향식 의사결정)에 가깝다.

선지분석
② 라인-스태프 조직: 조직에서 주된 역할을 수행하는 라인과 라인을 지원하고 최고경영자를 보좌하는 스태프를 결합한 조직
③ 프로젝트 조직: 기업환경의 동태적 변화, 기술혁신의 급격한 진행에 맞추어 구체적인 특정 프로젝트 별로 나누어 형성된 조직
④ 매트릭스 조직(행렬조직): 급변하는 새로운 환경 변화에 적극적으로 대처하기 위해 시도된 조직
⑤ 네트워크 조직: 자사가 지닌 핵심역량의 강화에 주력하고, 비핵심 역량은 네트워크상의 다른 기업들과 전략적 제휴 또는 아웃소싱을 통해 유지되는 기업 조직

10

포터(M. Porter)의 가치사슬 분석에 의하면 기업활동을 본원적 활동과 보조적 활동으로 구분할 수 있는데, 이 중 보조적 활동에 속하지 않는 것은?

① 경영혁신 ② 서비스 활동
③ 인적자원관리 ④ 조달 활동
⑤ 기술 개발

서비스 활동은 본원적 활동이다. 보조적 활동은 조달·기술 개발·인사·기업 하부 구조(재무·기획) 등 현장 활동을 지원하는 제반 업무를 의미한다.

11

기업수준의 성장전략에 관한 설명으로 가장 옳지 않은 것은?

① 기존시장에서 경쟁자의 시장점유율을 빼앗아 오려는 것은 다각화전략이다.
② 신제품을 개발하여 기존시장에 진입하는 것은 제품개발전략이다.
③ 기존 제품으로 새로운 시장에 진입하여 시장을 확대하는 것은 시장개발전략이다.
④ 기존시장에 제품계열을 확장하여 진입하는 것은 제품개발전략이다.
⑤ 기존 제품으로 제품 가격을 내려 기존시장에서 매출을 높이는 것은 시장침투전략이다.

① 기존시장에서 경쟁자의 시장점유율을 빼앗는 것은 시장침투전략이다.

관련이론 | 앤소프(Ansoff, H. I.)의 성장 전략

구분	기존 제품	신규 제품
기존시장	시장침투전략 (판매 노력, 사용량 증대, 고객 유인)	제품개발전략 (혁신 제품, 모방적 신제품)
신규 시장	시장개발전략 (새로운 시장, 새로운 수요자층)	다각화전략 (신규 사업, 신제품)

12

유통경로 상에서 기업이 현재 차지하고 있는 위치의 다음 단계를 차지하고 있는 경로구성원을 자본적으로 통합하는 경영전략을 설명하는 용어로 옳은 것은?

① 전방통합(Forward Integration)
② 아웃소싱(Outsourcing)
③ 전략적제휴(Strategic Alliance)
④ 합작투자(Joint Venture)
⑤ 후방통합(Backward Integration)

① 생산자 위치에서 유통망을 통합하는 것을 전방통합이라 하며 원료 등의 안정적 조달을 도모하는 것을 후방통합이라 한다. 이 둘을 합쳐 수직적 통합이라 한다.

관련이론 | 전방통합과 후방통합

전방통합	마케팅 경로상의 유통 시스템에 대한 소유나 통제를 강화하는 것 예) 제조업자가 소매상을 통합하는 경우
후방통합	마케팅 경로상의 공급 시스템에 대한 소유나 통제를 강화하는 것 예) 제조업자가 원료공급자를 통합, 소매상이 제조업자를 통합하는 경우

13

손익계산서 상의 비용항목들이 각 유통경로별 경로 활동에 얼마나 효율적으로 투입되었는지를 측정하여 유통경영전략에 따른 유통경로별 수익성을 측정하는 방법으로 옳은 것은?

① 유통비용분석(Distribution Cost Analysis)
② 전략적 이익모형(Strategic Profit Model)
③ 직접제품수익성(DPP: Direct Product Profit)
④ 경제적 부가가치(EVA: Economic Value Added)
⑤ 중간상 포트폴리오 분석(Dealer Portfolio Analysis)

유통비용분석은 손익계산서 상의 비용 항목들이 각 유통경로별 경로 활동에 얼마나 효율적으로 투입되었는지를 측정하여 유통경로별 수익성을 측정하는 방법이다.

선지분석

② 전략적 이익모형: 다양한 재무비율들 간의 상호 관련성을 분석. 자기자본이익률(ROE)을 통해 순이익률, 자산회전율, 레버리지 비율 등을 통해 유통경로의 전략적 수익성을 평가하는 모델
③ 직접제품수익성: 재고투자순이익률(GMROI), 판매면적당 순이익률(GMROS)과 더불어 유통기업의 전략적 성과를 평가하는 기법
④ 경제적 부가가치: 기업 전체와 사업부의 성과측정 방식으로, EVA는 세후 영업이익에서 그 이익을 발생시키기 위해 사용된 자금을 형성하는데 들어간 비용(총자본비용)을 뺀 값
⑤ 중간상 포트폴리오 분석: 중간상의 특정 제품군에서의 매출성장률과 그 제품군에 대한 중간상 매출액 중 자사제품의 시장점유율이라는 두 개의 차원 상에서 거래 중간상들의 상대적 위치를 토대로 각 중간상에 대한 투자전략을 결정하는 기법

정답 | 08 ⑤ 09 ① 10 ② 11 ① 12 ① 13 ①

14

아래 글상자와 같이 소매점경영전략 변화에 지대한 영향을 준 환경요인으로 가장 옳은 것은?

> ㉠ A커피 프랜차이즈 업체는 매장 안에서는 머그잔을 활용하고 있으며 전체 매장의 플라스틱 빨대는 종이빨대로 교체하였음
> ㉡ B대형마트는 일회용 비닐봉투 사용이 금지되어 장바구니 사용을 장려하는 게시물을 부착하고 홍보함
> ㉢ C대형마트는 중소유통업과의 상생 발전을 위해 2주에 한 번 휴점함

① 경제적 환경
② 법률적 환경
③ 사회·문화적 환경
④ 기술적 환경
⑤ 인구통계적 환경

㉠, ㉡은 정부의 행정적인 조치에 관한 내용이며, ㉢은 정부의 방침과 법률(유통산업발전법)에 근거하여 규제되고 있는 내용에 해당하는 거시적 환경 중에서 정치·법률적 환경에 해당한다.

15

아래 글상자에서 특정 산업의 매력도를 평가하는 요인으로 옳게 고른 것은?

> ㉠ 기존 경쟁 기업의 숫자
> ㉡ 고정비용과 관련된 진입장벽 높이 정도
> ㉢ 차별화의 정도
> ㉣ 철수 장벽의 유무
> ㉤ 해당 산업의 성장률

① ㉠
② ㉠, ㉡
③ ㉠, ㉡, ㉢
④ ㉠, ㉡, ㉢, ㉣
⑤ ㉠, ㉡, ㉢, ㉣, ㉤

GE-맥킨지 모형에 따르면 산업의 매력도를 평가하는 요인은 다음과 같다.
- 제품 시장의 크기
- 시장성장률
- 수익률
- 경쟁 치열 정도
- 요구되는 기술수준
- 인플레이션 취약성과 제품 시장에 대한 기술적, 사회적, 정치적, 법·제도적 영향 등

16

아래 글상자의 비윤리적인 행위와 관련된 내용으로 옳지 않은 것은?

> 정보 비대칭이 있는 상황에서 한 경제 주체가 다른 경제 주체에 대해 이익을 가로채거나 비용을 전가시키는 행위를 말한다.

① 보험 가입자가 보험에 가입한 후 고의 또는 부주의로 사고 가능성을 높여 보험금을 많이 받아내서 보험 회사에게 피해를 줌
② 자신이 소속된 공기업이 고객만족도 내부 조작을 하였다는 사실을 감사원에 제보함
③ 대리인인 경영자가 주주의 이익보다는 자신의 이익을 도모하는 방향으로 내린 의사결정
④ 채권자에게 기업의 재정 상태나 경영 실적을 실제보다 좋게 보이게 할 목적으로 기업이 분식회계를 진행함
⑤ 재무회계팀 팀장이 기업의 결산 보고서를 확인하고 공식적으로 발표되기 전에 자사 주식을 대량 매수함

② 자신이 소속된 공기업이 고객만족도 내부 조작을 하였다는 사실을 감사원에 제보하는 것은 내부 고발에 해당하는 것으로 내부 고발자는 법에 의해 보호를 받는다.

17

"전통시장 및 상점가 육성을 위한 특별법"(법률 제 16217호, 2019.1.8. 일부개정)에 의해 시행되고 있는 '온누리상품권'에 대한 설명으로 옳지 않은 것은?

① 온누리상품권은 중소벤처기업부 장관이 발행한다.
② 온누리상품권의 종류, 권면 금액, 기재 사항 등 발행에 필요한 사항은 대통령령으로 정한다.
③ 온누리상품권의 유효 기간은 발행일로부터 3년이다.
④ 개별 가맹점(또는 환전 대행 가맹점)이 아니면 온누리상품권을 금융 기관에서 환전할 수 없다.
⑤ 개별 가맹점은 온누리상품권 결제를 거절하거나 온누리상품권 소지자를 불리하게 대우하면 안된다.

③ 온누리상품권의 유효 기간은 발행일로부터 5년이다.

18

아래 글상자에서 설명하는 연쇄점(Chain)의 형태로 옳은 것은?

> ㉠ 같은 업종의 소매점들이 공동 매입을 도모하려고 결성한 체인 조직
> ㉡ 일부 기능을 체인 본사에 위탁하여 프랜차이즈시스템을 갖추고 영업하기도 함
> ㉢ 경영의 독립성과 연쇄점화로 얻는 이득을 동시에 획득

① 정규 연쇄점(Regular Chain)
② 직영점형 연쇄점(Corporate Chain)
③ 임의형 연쇄점(Voluntary Chain)
④ 마스터 프랜차이즈(Master Franchise)
⑤ 조합형 체인(Cooperative Chain)

임의형 연쇄점(임의 가맹점형 체인사업)은 체인본부의 계속적인 경영 지도 및 체인본부와 가맹점 간 협업에 의하여 가맹점의 취급 품목·영업 방식 등의 표준화 사업과 공동 구매·공동 판매·공동 시설 활용 등의 공동 사업을 수행하는 체인 사업을 뜻한다.

19

소매상을 위한 도매상의 역할로 가장 옳지 않은 것은?

① 다양한 상품구색의 제공
② 신용의 제공
③ 시장의 확대
④ 컨설팅서비스 제공
⑤ 물류비의 절감

시장 확대는 제조업자를 위한 도매상의 역할에 해당한다.

관련이론 | 소매상을 위한 도매상의 기능
- 소매상에게 상품을 공급하는 기능
- 구색 편의 및 소분판매 기능
- 신용 및 금융 편의 제공 기능
- 소매상 지원 기능(기술 지원, 서비스 제공 등)

20

유통경로의 길이(Channel Length)가 상대적으로 긴 제품으로 가장 옳은 것은?

① 비표준화된 전문품
② 시장 진입과 탈퇴가 자유롭고 장기적 유통비용이 안정적인 제품
③ 구매빈도가 낮고 비규칙적인 제품
④ 생산자 수가 적고 생산이 지역적으로 집중되어 있는 제품
⑤ 기술적으로 복잡한 제품

② 시장 진입과 탈퇴가 자유롭고 장기적 유통비용이 안정적인 제품의 경우 많은 중간상이 개입하므로 유통경로의 길이가 상대적으로 길다.

정답 | 14 ② 15 ⑤ 16 ② 17 ③ 18 ③ 19 ③ 20 ②

21

유통환경의 변화에 따라 발생하고 있는 현상으로 가장 옳지 않은 것은?

① 소매업체는 온라인과 오프라인 채널을 병행해서 운영하기도 한다.
② 모바일을 이용한 판매 비중이 높아지고 있다.
③ 1인 가구의 증가에 따라 대량구매를 통해 경제적 합리성을 추구하는 고객이 증가하고 있다.
④ 단순 구매를 넘어서는 쇼핑의 레저화, 개성화 추세가 나타나고 있다.
⑤ 패키지 형태의 구매보다 자신의 취향에 맞게 다양한 상품을 구입하는 경향이 나타나고 있다.

③ 최근 1인 가구의 증가에 따라 소포장 소량 구매를 하는 소비자가 크게 증가하고 있는 추세이다.

22

주요 운송 수단의 상대적 특성에 대한 설명으로 가장 옳지 않은 것은?

① 해상 운송은 원유, 광물과 같이 부패성이 없는 제품을 운송하는데 유리하다.
② 철도 운송은 부피가 크거나 많은 양의 화물을 운송하는데 경제적이다.
③ 항공 운송은 신속하지만 단위 거리당 비용이 가장 높다.
④ 파이프라인 운송은 석유나 화학 물질을 생산지에서 시장으로 운반해주는 특수 운송 수단이다.
⑤ 육상 운송은 전체 국내 운송에서 차지하는 비율이 크지 않다.

⑤ 우리나라에서는 전체 국내 운송 중 육상 운송이 차지하는 비율이 90% 정도로 가장 크다. 그 중 도로 운송(공로 운송) 비중이 절대적이다.

23

아래 글상자는 소매점의 경쟁력 강화를 위한 한 유통물류 기법에 대해 설명하고 있다. 해당 유통물류 기법으로 가장 옳은 것은?

> 고객이 원하는 시간과 장소에 필요한 제품을 공급하기 위한 물류 정보시스템이다. 수입 의류의 시장 잠식에 대응하기 위해, 미국의 패션 의류업계가 섬유업계, 직물업계, 의류 제조업계, 의류 소매업계 간의 제휴를 바탕으로 리드타임의 단축과 재고 감축을 목표로 개발·도입한 시스템이다.

① QR(Quick Response)
② SCM(Supply Chain Management)
③ JIT(Just-In-Time)
④ CRM(Customer Relationship Management)
⑤ ECR(Efficient Consumer Response)

QR은 수입의류의 증가로 경쟁력을 잃은 미국의 패션의류업체들이 경쟁력을 회복시키기 위한 전략으로 수입의류가 가지는 가격경쟁력에 대하여 고객서비스에 초점을 둔 것이다.

선지분석 |
② SCM: 원재료의 공급자로부터 고객까지 이르는 물류를 하나의 가치사슬 관점에서 파악하여 필요한 정보가 원활히 흐르도록 지원하는 시스템
③ JIT: 도요타 자동차에서 개발한 방식으로 낭비 요인들을 제거하고, 공급업자와의 장기적 협력관계를 통해 고객 주문이 들어옴과 동시에 생산이 시작되는 시스템
④ CRM: 기존의 기업 중심이 아닌 소비자 중심의 고객서비스를 중시하는 고객관계관리 방법
⑤ ECR: 효율적으로 소비자에 대응하는 관련업체들의 공동 전략

24

아래 글상자에서 설명하는 종업원 보상 제도는?

> ⊙ 특별한 조건으로 종업원에게 자사 주식의 일부를 분배하는 집단 성과급의 한 유형
> ⓒ 종업원들이 조직의 의사결정에 어느 정도 참여할 수 있게 할 수 있으며, 조직에 대한 애착과 자부심을 가질 수 있게 하는 보상제도

① 이익배분제(Profit Sharing)
② 종업원지주제(Employee Stock Ownership Plan)
③ 판매수수료(Commissions)
④ 고과급(Merit Pay)
⑤ 표준시간급(Standard Hour Plan)

종업원지주제는 종업원에게 자사 주식을 분배하고 조직 의사결정에 참여권을 제공하여 주인의식을 고취시키는 역할을 한다.

25

다음 표를 토대로 한 보기 내용 중 옳지 않은 것은?

재고 품목	연간 수량 가치 비율	누적 비율	분류
a	52.62	52.62	A
b	26.86	79.48	A
c	8.22	87.71	B
d	5.48	93.19	B
e	2.47	95.65	B
f	2.03	97.68	C
g	1.05	98.73	C
h	0.92	99.65	C
i	0.28	99.93	C
j	0.07	100.00	C

① 롱테일 법칙을 재고관리에 활용한 것이다.
② 재고를 중요한 소수의 재고 품목과 덜 중요한 다수의 재고 품목을 구분하여 차별적으로 관리하는 기법이다.
③ 연간 수량 가치를 구하여 연간 수량 가치가 높은 순서대로 배열, 연간 수량 가치의 70~80%를 차지하는 품목을 A로 분류하였다.
④ A품목의 경우 긴밀한 관리가 필요하고 제품 가용성이 중요하다.
⑤ C품목의 경우 주문 주기가 긴 편이다.

① 문제의 표는 ABC분석에 기초한 재고관리 자료로 파레토법칙, 즉 20:80 법칙에 기초하고 있다.
롱테일 법칙은 파레토법칙의 반대 개념으로 80%의 사소한 다수가 20%의 핵심 소수보다 뛰어난 가치를 창출한다는 이론이다. 위의 내용은 A그룹이 70~80%의 가치를 보이므로 롱테일법칙이 아닌 ABC 분석을 활용했다고 볼 수 있다.

정답 | 21 ③ 22 ⑤ 23 ① 24 ② 25 ①

상권분석

26
소매상권을 분석하는 기법을 규범적 분석과 기술적 분석으로 구분할 때, 나머지 4가지와 성격이 다른 하나는?

① Applebaum의 유추법
② Christaller의 중심지이론
③ Reilly의 소매중력법칙
④ Converse의 무차별점 공식
⑤ Huff의 확률적 공간상호작용 이론

Applebaum의 유추법(Analog Method)은 체크리스트법, 현지 조사법, 비율법 등과 함께 기술적 방법(Descriptive Method)에 해당한다.
중심지이론, 소매중력법칙 및 컨버스의 무차별점 공식은 규범적 모형(Normative Methods)에 해당한다. Huff의 확률적 공간상호작용 이론은 확률적(Probabilistic Methods) 모형이다.

27
소비자들이 유사한 인접 점포들 중에서 선택하는 상황을 전제로 상권의 경계를 파악할 때 간단하게 활용하는 티센 다각형(Thiessen Polygon) 모형에 대한 설명으로 옳지 않은 것은?

① 근접 구역이란 어느 점포가 다른 경쟁점포보다 공간적인 이점을 가진 구역을 의미하며 일반적으로 티센 다각형의 크기는 경쟁 수준과 역의 관계를 가진다.
② 두 다각형의 공유 경계선상에 위치한 부지를 신규점포 부지로 선택할 경우 이곳은 두 곳의 기존점포들로부터 최대의 거리를 둔 입지가 된다.
③ 소비자들이 가장 가까운 소매시설을 이용한다고 가정하며, 공간독점 접근법에 기반한 상권구획 모형의 일종이다.
④ 소매점포들이 규모나 매력도에 있어서 유사하다고 가정하며 각각의 티센 다각형에 의해 둘러싸인 면적은 다각형 내에 둘러싸인 점포의 상권을 의미한다.
⑤ 다각형의 꼭짓점에 있는 부지는 기존점포들로부터 근접한 위치로 신규점포 부지로 선택 시 피하는 것이 유리하다.

⑤ 다각형의 꼭짓점에 있는 부지는 기존점포들로부터 멀리 떨어져 있는 위치로 신규점포 부지로 선택하는 것이 유리하다.

관련이론 | 티센 다각형(Thiessen Polygon) 모형
- 상권구획(상권 분할) 기법으로서 소비자들이 유사 점포 중에서 선택을 할 때 자신들에게 가장 가까운 점포를 선택한다는 가정을 토대로 소매점포의 매출액을 추정하는 기법이다.
- 티센 다각형 모형은 하나의 상권을 하나의 매장에만 독점적으로 할당하는 공간독점 접근법에 기반한 상권구획 모형의 일종으로 신규점포의 입지 가능성을 판단하기 위한 상권범위 예측에 사용될 수 있다.
- 티센 다각형은 상권에 대한 기술적이고 예측적인 도구로 사용될 수 있다.
- 소비자들이 유사한 점포들 중에서 점포를 선택할 때는 가장 가까운 점포를 선택한다고 가정한다(최근접상가 선택가설). 소매점포들이 규모나 매력도에 있어서 유사하다고 가정한다.
- 티센의 다각형으로 경쟁 수준을 알 수 있는데 경쟁 수준이 높으면 다각형이 작아진다.
- 티센 다각형은 점으로부터 연산에 의해 생성되는 다각형으로, 이 다각형은 다각형 내의 어떠한 위치에서도 다각형 내부에 위치한 한 점까지의 거리가 다른 다각형 내에 위치한 거리보다 가깝도록 다각형의 경계가 설정된다. 따라서 상권 분할 등에 많이 사용된다.

28
소매점의 입지 대안을 확인하고 평가할 때 의사결정의 기본이 되는 몇 가지 원칙들이 있다. 아래 글상자가 설명하는 원칙으로 옳은 것은?

> 유사하거나 관련 있는 소매상들이 군집하고 있는 것이, 분산되어 있거나 독립되어 있는 것보다 더 큰 유인력을 가질 수 있다.

① 접근 가능성의 원칙(Principle of Accessibility)
② 수용 가능성의 원칙(Principle of Acceptability)
③ 가용성의 원칙(Principle of Availability)
④ 동반 유인 원칙(Principle of Cumulative Attraction)
⑤ 고객 차단의 원칙(Principle of Interception)

유사하거나 보완적인 소매업체들이 분산되어 있거나 독립되어 있는 경우보다 군집하여 있는 경우가 더 큰 유인 잠재력을 가질 수 있다는 원칙은 동반 유인의 법칙이다.

29

소매점포의 입지 선정 과정에서 광역 또는 지역시장의 매력도를 비교 분석할 때 특정지역의 개략적인 수요를 측정하기 위해 구매력지수(BPI: Buying Power Index)를 이용하기도 한다. 구매력지수를 산출할 때 가장 높은 가중치를 부여하는 변수로 옳은 것은?

① 인구수
② 소매점 면적
③ 지역 면적(상권 면적)
④ 소매 매출액
⑤ 소득(가처분소득)

구매력지수를 산출할 때 가장 높은 가중치를 부여하는 변수는 ⑤ 소득(가처분소득)이다. 가중치는 상황에 따라 다르지만 일반적으로 BPI는 아래와 같이 계산된다. 즉 BPI=0.5X+0.3Y+0.2Z이다. 여기서 가중치가 가장 높은 X가 소득 관련 변수이다.

관련이론 | 구매력지수
구매력지수(BPI)는 소매점포의 입지를 분석할 때 해당 지역시장의 구매력을 측정하는 기준이다. 구매력지수는 세 가지 지표를 이용하여 측정한다. 그것은 유효 소득(전체의 가처분소득 중에서 차지하는 그 지역의 가처분소득 비율)과 인구(총인구에서 차지하는 그 지역인구의 비율), 그리고 소매 매출액(전체의 소매 매출액에서 차지하는 그 지역의 소매 매출액 비율)이다.

30

A시의 인구는 20만명이고 B시의 인구는 5만명이다. 두 도시가 서로 15km의 거리에 떨어져 있는 경우, 두 도시 간의 상권경계는 A시로부터 얼마나 떨어진 곳에 형성되겠는가? Converse의 상권분기점 분석법을 이용해 계산하라.

① 3km
② 5km
③ 9km
④ 10km
⑤ 12km

컨버스(Converse)의 제1법칙에 의하면
규모가 작은 A도시의 상권의 한계점 $D(A)=\dfrac{d}{1+\sqrt{\dfrac{P(B)}{P(A)}}}$ 이다.

여기서 d는 두 도시 간의 거리, P(A)와 P(B)는 각 도시의 인구이다. 주어진 자료를 대입하면 인구가 많은 A시로부터 분기점까지의 거리
$D(A)=\dfrac{15km}{1+\sqrt{\dfrac{50,000}{200,000}}}=10km$ 이다.

다른 풀이로 두 도시의 인구비를 이용하여 구하는 방법이 있다. A도시의 인구가 B도시의 4배이므로 $\sqrt{4}:\sqrt{1}$, 즉 2:1이 되므로 상권의 경계는 A시로부터 10km, B시로부터 5km 떨어진 곳에 형성된다.

31

입지유형별 점포와 관련한 설명으로 가장 옳은 것은?

① 집심성 점포: 업무의 연계성이 크고 상호 대체성이 큰 점포끼리 한 곳에 입지한다.
② 집재성 점포: 배후지의 중심부에 입지하며 재화의 도달 범위가 긴 상품을 취급한다.
③ 산재성 점포: 경쟁점포는 상호 경쟁을 통하여 공간을 서로 균등히 배분하여 산재한다.
④ 국부적 집중성 점포: 동업종끼리 특정지역의 국부적 중심지에 입지해야 유리하다.
⑤ 공간균배의 원리: 수요탄력성이 작아 분산입지하며 재화의 도달범위가 일정하다.

④ 페터(R.M. Fetter)의 공간균배의 원리에 의하면 국부적 집중성 점포는 같은 업종끼리 어떤 특정지역의 국부적 중심지에 입지해야 유리한 상점이다. 농기구점, 어구점, 비료 상점 등이 이에 해당한다.

선지분석 |
①은 집재성, ②는 집심성, ③은 공간균배의 원리, ⑤는 산재성 점포에 대한 설명이다.

32

소매점의 입지유형 중 부도심 소매중심지(SBD: Secondary Business District)에 대한 설명으로 가장 옳지 않은 것은?

① 도시 규모의 확장에 따라 여러 지역으로 인구가 분산, 산재되어 생긴 지역이다.
② 근린형 소매 중심지이다.
③ 주된 소매업태는 슈퍼마켓, 일용 잡화점, 소규모 소매점 등이 있다.
④ 주간에는 교통 및 인구 이동이 활발하지만 야간에는 인구 격감으로 조용한 지역으로 변한다.
⑤ 주거지역 도로변이나 아파트 단지 상점가 등의 형태를 갖추고 있다.

④ 주간에는 교통 및 인구 이동이 활발하지만 야간에는 인구 격감으로 조용한 지역으로 변화하는 곳은 중심상업지역(CBD)이다.

정답 | 26 ① 27 ⑤ 28 ④ 29 ⑤ 30 ④ 31 ④ 32 ④

33

자금의 조달에 어려움이 없다고 가정할 때, 가맹본부가 하나의 상권에 개점할 직영 점포의 숫자를 결정하는 가장 합리적인 원칙은?

① 상권 내 경쟁점포의 숫자에 비례하여 개점한다.
② 한계이익이 한계비용보다 높으면 개점한다.
③ 자사 직영점이 입점한 상권에는 개점하지 않는다.
④ 자기 잠식을 고려하여 1상권에 1점포만을 개점한다.
⑤ 자사 가맹점의 상권이라도 그 가맹점의 허락을 받으면 개점한다.

② 점포 하나를 개점할 때 총이익의 증가분이 한계이익이고, 총비용의 증가분이 한계비용이다. 따라서 한계이익이 한계비용보다 크면 점포를 개점하는 것이 유리하고, 반면 한계비용이 크면 점포를 개점하지 말아야 한다.

34

이새봄씨가 사는 동네에는 아래 표와 같이 이용 가능한 슈퍼마켓이 3개가 있다. Huff 모델을 이용해 이새봄씨의 슈퍼마켓 이용 확률이 가장 큰 점포와 그 이용 확률을 구하라. (단, 거리와 점포 크기에 대한 민감도는 −3과 2로 가정하자. 거리와 매장 면적의 단위는 생략)

	A 슈퍼	B 슈퍼	C 슈퍼
거리	2	4	2
점포 면적	6	8	4

① A 슈퍼 60%
② B 슈퍼 31%
③ A 슈퍼 57%
④ B 슈퍼 13%
⑤ C 슈퍼 27%

수정 허프(D. Huff) 모형은 소비자가 어느 상업지에서 구매하는 확률은 그 상업 집적의 매장 면적에 비례하고 그곳에 도달하는 거리의 제곱에 반비례한다는 것이다. 이를 기초로 각 점포의 효용을 구하면 다음과 같다.

	A 슈퍼	B 슈퍼	C 슈퍼
거리	2	4	2
점포 면적	6	8	4
각 점포의 효용	$\frac{6^2}{2^3}=4.5$	$\frac{8^2}{4^3}=1$	$\frac{4^2}{2^3}=2$

A점포의 이용 확률=4.5/7.5=60%, B점포의 이용 확률=1/7.5=13%, C점포의 이용 확률=2/7.5=27%이다.

35

중심지이론에 관한 내용으로 가장 옳지 않은 것은?

① 상권 중심지의 최대 도달거리가 최소 수요 충족거리보다 커야 상업시설이 입점할 수 있다.
② 소비자는 유사 점포 중에서 하나를 선택할 때 가장 가까운 점포를 선택한다고 가정한다.
③ 어떤 중심지들 사이에는 계층적 위계성이 존재한다.
④ 인접하는 두 도시의 상권의 규모는 그 도시의 인구에 비례하고 거리의 제곱에 반비례한다.
⑤ 상업중심지로부터 상업 서비스 기능을 제공 받는 배후 상권의 이상적인 모양은 정육각형이다.

④는 중심지이론과는 관련이 없으며 레일리(Reilly)의 소매인력법칙이나 수정 허프(D. Huff)모형 등에서 상권 및 점포 간의 경계를 설명하는 내용과 관련이 있다.

관련이론 | 중심지이론
크리스탈러의 중심지이론에서 중심지가 한 지역 내에서 단 하나 존재한다면 가장 이상적인 배후 상권의 형상은 원형으로 형성된다.
상업중심지로부터 중심지 기능(또는 상업 서비스 기능)을 제공받을 수 있는 가장 이상적인 배후 상권의 모양은 정육각형이며, 정육각형의 형상을 가진 배후 상권은 중심지 기능의 최대 도달거리와 최소 수요 충족거리가 일치하는 공간 구조이다.

36

제품 및 업종 형태와 상권과의 관계에 대한 설명으로 옳지 않은 것은?

① 식품은 대부분 편의품이지만, 선물용 식품은 선매품이고 식당이 구매하는 일부 식품은 전문품일 수 있다.
② 선매품을 취급하는 소매점포는 편의품보다 상위의 소매 중심지나 상점가에 입지하여 더 넓은 범위의 상권을 가져야 한다.
③ 소비자는 생필품을 구매 거리가 짧고 편리한 장소에서 구매하려 하므로 생필품을 취급하는 점포는 주택지에 근접한 입지를 선택하는 것이 좋다.
④ 전문품을 취급하는 점포의 경우 고객이 지역적으로 밀집되어 있으므로 그 상권은 밀도가 높고 범위는 좁은 특성을 가진다.
⑤ 동일 업종이더라도 점포의 규모나 품목구성에 따라 점포의 상권범위가 달라진다.

④ 고객이 지역적으로 밀집되어 있어 그 상권의 밀도가 높고 범위는 좁은 특성을 가지는 것은 편의품을 취급하는 점포의 경우이다. 전문품의 경우 고객의 지리적 분포가 넓으므로 상권의 밀도는 낮고, 범위는 가장 넓다.

37

경쟁점포에 대한 조사 목적에 따른 조사 항목으로 가장 옳지 않은 것은?

① 시장 지위 – 경쟁점포의 시장점유율, 매출액
② 운영 현황 – 종업원 접객 능력, 친절도
③ 상품력 – 맛, 품질, 가격경쟁력
④ 경영 능력 – 대표의 참여도, 종업원 관리
⑤ 시설 현황 – 점포 면적, 인테리어

② 경쟁점포 조사 항목 중 운영 현황에 해당하는 것은 객단가, 종업원의 수, 일 고객수 등이다. 종업원 접객 능력, 친절도 및 대기 시간 등은 서비스 항목에 해당한다.

관련이론 | 경쟁점포 분석 항목
분포와 개요, 시장 지위, 전략, 시설 현황, 운영 현황, 상품력, 서비스 및 경영 능력 등의 항목으로 구분하여 실시한다.

38

「상가건물 임대차보호법」(법률 제15791호, 2018.10.16., 일부개정) 제10조1항은 '임대인은 임차인이 임대차기간이 만료되기 6개월 전부터 1개월 전까지 사이에 계약 갱신을 요구할 경우 정당한 사유 없이 거절하지 못한다'라고 규정하고 있다. 이 규정 적용의 예외로서 옳지 않은 것은?

① 임차인이 3기의 차임액에 해당하는 금액에 이르도록 차임을 연체한 사실이 있는 경우
② 임차인이 거짓이나 그 밖의 부정한 방법으로 임차한 경우
③ 서로 합의하여 임대인이 임차인에게 상당한 보상을 제공한 경우
④ 임차인이 임대인의 동의하에 목적 건물의 전부 또는 일부를 전대(轉貸)한 경우
⑤ 임차인이 임차한 건물의 전부 또는 일부를 고의나 중대한 과실로 파손한 경우

④ 임차인이 임대인의 동의 없이 목적 건물의 전부 또는 일부를 전대(轉貸)한 경우 이 규정을 적용하지 않는다.

정답 | 33 ② 34 ① 35 ④ 36 ④ 37 ② 38 ④

39

아래 글상자는 체크리스트(Checklist)법을 활용하여 특정 입지에 입점할 점포의 상권 경쟁구조의 분석 내용을 제시하고 있다. 분석 내용과 사례의 연결이 옳은 것은?

> ㉠ 업태 간 경쟁구조 분석 ㉡ 보완 및 경쟁관계 분석
> ㉢ 위계별 경쟁구조 분석 ㉣ 잠재적 경쟁구조 분석
> ㉤ 업태 내 경쟁구조 분석

① ㉠ – 동일 상권 내 편의점들 간의 경쟁관계
② ㉡ – 상권 내 진입 가능한 잠재 경쟁자와의 경쟁관계
③ ㉢ – 도시의 도심, 부도심, 지역중심, 지구 중심 간의 경쟁관계
④ ㉣ – 근접한 동종점포간 보완 및 경쟁관계
⑤ ㉤ – 백화점, 할인점, SSM, 재래시장 상호 간의 경쟁관계

선지분석 |
① 동일 상권 내 편의점들 간의 경쟁관계는 ㉤ 업태 내 경쟁구조 분석.
② 상권 내 진입 가능한 잠재경쟁자와의 경쟁관계는 ㉣ 잠재적 경쟁구조 분석.
④ 근접한 동종점포간 보완 및 경쟁관계는 ㉡ 보완 및 경쟁관계 분석.
⑤ 백화점, 할인점, SSM, 재래시장 상호 간의 경쟁관계는 ㉠ 업태 간 경쟁구조 분석에 해당한다.

관련이론 | 경쟁분석
경쟁분석은 경쟁점포에 대한 방문 조사 외에도 상권 내 경쟁점포의 수와 분포 등 다양한 방법이 활용된다. 경쟁분석은 위계별 경쟁구조 분석, 업태별, 업태 내 경쟁구조 분석, 경쟁 및 보완관계 분석, 잠재 경쟁구조 분석 등이 포함된다. 특히 잠재 경쟁구조 분석을 위해서는 업태 내 경쟁분석과 업태별 경쟁분석, 위계별 경쟁구조 분석, 경쟁·보완관계 분석이 모두 시행되어야 한다.

40

대도시 A, B 사이에 위치하는 중소도시 C가 있을 때 A, B가 C로부터 끌어들일 수 있는 상권 규모를 분석하기 위해 레일리(W. Reilly)의 소매인력법칙을 활용할 수 있다. 이 때 꼭 필요한 정보로 옳지 않은 것은?

① 중소도시 C에서 대도시 A까지의 거리
② 중소도시 C에서 대도시 B까지의 거리
③ 중소도시 C의 인구
④ 대도시 A의 인구
⑤ 대도시 A, B 사이의 분기점

대도시 A, B 사이의 상권의 분기점은 소매인력법칙을 통해 구할 수 있다. 레일리(Reilly)의 소매인력법칙은 두 도시 간 상권의 경계를 분석하려는 이론으로, 상권의 흡인력은 두 도시의 크기(인구 수)에 비례하고 두 도시로부터의 거리의 제곱에 반비례한다는 것이다. 따라서 필요한 정보는 중소도시 C에서 대도시 A, B까지의 거리와 두 도시의 인구이다.

41

점포입지나 상권에 관한 회귀분석에 관한 설명으로 가장 옳지 않은 것은?

① 점포의 성과에 대한 여러 변수들의 상대적인 영향력 분석이 가능하다.
② 상권분석에 점포의 성과와 관련된 많은 변수들을 고려할 수 있다.
③ 독립변수들이 상호 관련성이 없다는 가정은 현실성이 없는 경우가 많다.
④ 분석 대상과 유사한 상권특성을 가진 점포들의 표본을 충분히 확보하기 어렵다.
⑤ 시간의 흐름에 따라 회귀 모델을 개선해 나갈 수 없어 확장성과 융통성이 부족하다.

⑤ 회귀분석은 시간의 흐름에 따라 새로운 데이터가 주어지면 이를 바탕으로 독립변수의 변경 등 회귀 모델의 개선이 가능하다. 따라서 확장성과 융통성이 매우 뛰어난 분석이다.

관련이론 | 회귀분석(Regression Analysis)
회귀분석은 종속변수에 영향을 미치는 하나 또는 그 이상의 독립변수를 파악하여 종속변수와 독립변수의 상관 관계를 선형관계식(최소 자승선)으로 나타내는 방법이다. 이를 통하여 독립변수가 변화할 때 종속변수에 미치는 영향을 파악할 수 있다.

42

상권이나 점포입지를 분석할 때는 고객의 동선을 파악하는 것이 중요하다. 인간 심리와 동선과의 관계를 설명하는 일반 원리로 가장 옳지 않은 것은?

① 최단거리 실현의 법칙 ② 집합의 법칙
③ 안전중시의 법칙 ④ 보증 실현의 법칙
⑤ 규모 선호의 법칙

인간 심리와 동선과의 관계를 나타내는 법칙으로 최단거리 실현의 법칙, 보증실현의 법칙, 안전중시의 법칙, 집합의 법칙 등 네 가지가 제시되고 있다.

관련이론 | 인간 심리와 동선과의 관계를 나타내는 법칙
- 최단거리 실현의 법칙: 사람들은 최단거리로 목적지에 가려고 한다. 멀리 돌아가거나 쓸데없는 일, 손해는 보지 않으려고 한다. 그래서 부동선(후면동선)이 생긴다.
- 보증 실현의 법칙: 인간은 득실을 따져 득이 되는 쪽을 선택한다. 목적지를 향하여 최초의 횡단보도를 건너 진행한다. 예컨대 역전 로터리 바로 정면에 점포가 있어도 자신이 지금부터 진행하는 방향에 있지 않는 점포로는 가려 하지 않는다.
- 안전중시의 법칙: 인간은 기본적으로 신체의 안전을 지키기 위해, 알지 못하는 길은 지나가려고 하지 않는다.
- 집합의 법칙: 인간은 자연적으로 사람들이 모여 있는 곳에 모인다.

43

지역시장의 소매포화지수(Index of Retail Saturation)에 대한 설명으로 가장 옳은 것은?

① 해당 지역시장의 구매력을 나타낸다.
② 다른 지역과 비교한 해당 지역시장의 1인당 소매 매출액을 나타낸다.
③ 해당 지역시장의 특정 소매업태에 대한 수요와 공급의 현재 상태를 나타낸다.
④ 해당 지역시장 거주자들이 다른 지역시장에서 구매하는 쇼핑 지출액도 평가한다.
⑤ 해당 지역시장의 특정 제품이나 서비스에 대한 가계소비를 전국 평균과 비교한다.

소매포화지수(IRS)는 한 지역 내 특정 소매업태에 대한 수요를 매장 면적의 합으로 나누어 계산한 것으로, 현재 상황에서 공급에 대한 수요 수준을 나타내며 지수의 값이 클수록 신규점포 개설의 매력도가 높다는 것을 의미한다.

44

입지 개발 방법에 따라 각 점포 특성을 고려한 소매점포의 입지로서 가장 옳지 않은 것은?

① 표적시장이 유사한 선매품점은 서로 인접한 입지가 좋다.
② 표적시장이 유사한 보완 점포는 서로 인접한 입지가 좋다.
③ 표적시장이 겹치는 편의점은 서로 상권이 겹치지 않아야 한다.
④ 쇼핑몰의 핵점포 중 하나인 백화점은 쇼핑몰의 한 가운데 입지해야 한다.
⑤ 근린쇼핑센터 내의 기생점포는 핵점포에 인접한 입지가 좋다.

핵점포(Anchor Stores)란 소매 단지 안으로 고객을 유인하는 역할을 담당하는 입점 점포를 가리킨다. ④ 백화점이 핵점포라면 쇼핑몰 내 어디에 위치해도 상관이 없다.

45

상권 내에서 분석 대상이 되는 점포의 상대적 매력도를 파악할 수는 있으나 예상 매출액을 추정할 수는 없는 방법으로 가장 옳은 것은?

① 유사점포법 ② MNL 모델
③ 허프모델 ④ 회귀분석법
⑤ 체크리스트법

체크리스트법은 상권의 범위에 영향을 미치는 요인을 크게 상권 내의 제반 입지의 특성, 상권의 고객 특성, 상권의 경쟁구조로 구분하여 분석하므로 예상 매출액을 추정할 수는 없다.
체크리스트법은 상권의 규모에 영향을 미치는 요인들을 수집하여 이들에 대한 평가 결과를 점수화하여 시장 잠재력을 측정하는 방법이다. 즉 특정 상권의 제반 특성을 여러 항목으로 구분하여 조사하고, 이를 바탕으로 신규점포의 개설 가능성 여부를 평가하는 방법이다.

정답 | 39 ③ 40 ⑤ 41 ⑤ 42 ⑤ 43 ③ 44 ④ 45 ⑤

유통마케팅

46
개별 고객의 관계 가치에 대한 RFM 분석의 설명으로 가장 옳지 않은 것은?

① R은 Recency의 약자로서 고객이 가장 최근에 기업과 거래한 시점을 말한다.
② F는 Friendly의 약자로서 고객이 기업을 친근해하고 선호하는 정도를 말한다.
③ M은 Monetary의 약자로서 고객이 기업에서 구매하는 평균 금액을 말한다.
④ 분석을 위해서 표본고객에게 R, F, M의 척도에 따라 등급을 부여한다.
⑤ 일반적으로 일정한 기간 내에 한번 이상 거래한 고객을 대상으로 분석한다.

② 개별 고객의 관계 가치에서 RFM 분석은 최근에 방문했는지(Recency), 매장 방문 빈도수(Frequency), 평균 구매 금액(Monetary)을 분석하는 것이다.

47
단기적 관점의 거래 중심 마케팅보다는 관계 중심 마케팅의 성과평가기준으로 가장 옳지 않은 것은?

① 고객 자산
② 고객충성도
③ 고객점유율
④ 시장점유율
⑤ 고객생애가치

④ 관계 중심 마케팅은 고객관계관리(CRM)를 의미하며, CRM에서는 시장점유율보다는 고객점유율을 중시한다.

48
조사에서 해결해야 할 문제를 명확하게 정의하고 마케팅전략 및 믹스 변수의 효과 등에 관한 가설을 설정하기 위해, 본 조사 전에 사전 정보를 수집할 목적으로 실시하는 조사로서 가장 옳은 것은?

① 관찰적 조사(Observational Research)
② 실험적 조사(Experimental Research)
③ 기술적 조사(Descriptive Research)
④ 탐색적 조사(Exploratory Research)
⑤ 인과적 조사(Causal Research)

④ 본 조사 전에 사전 정보를 수집하거나 예비적 타당성을 검토하기 위해 탐색적 조사를 실시한다. 탐색적 조사는 사례 연구, 문헌조사, 전문가 의견조사, 면접법 등을 이용한다.

49
다른 판촉 수단과 달리 고객과 직접적인 접촉을 통하여 상품과 서비스를 판매하는 인적판매의 장점으로 가장 옳지 않은 것은?

① 고객의 판단과 선택을 실시간으로 유도할 수 있다.
② 정해진 시간 내에 많은 사람들에게 접근할 수 있다.
③ 고객의 요구에 즉각적으로 대응할 수 있다.
④ 고객이 될 만한 사람에게만 초점을 맞추어 접근할 수 있다.
⑤ 고객에게 융통성 있게 대처할 수 있다.

② 인적판매는 직접 대면을 통해 1:1로 이루어진다. 따라서 정해진 시간 내에 다수를 상대로 수행하기는 어렵다는 단점이 있다.

50

종속 가격(Captive Pricing)결정에 적합한 제품의 묶음으로 옳지 않은 것은?

① 면도기와 면도날
② 프린터와 토너
③ 폴라로이드 카메라와 필름
④ 케이블TV와 인터넷
⑤ 캡슐커피기계와 커피캡슐

④ 케이블TV와 인터넷은 종속가격이 아닌 묶음가격에 해당한다.
종속제품가격 또는 노획가격은 본체와 함께 사용해야 하는 보완재의 가격을 책정하는 전략이다. 최근에는 제품 시장이 성숙단계에 접어 들어감에 따라 주제품을 저렴하게 판매하고, 반복 구매하는 종속제품을 비싸게 판매하는 전략이 활용된다.

51

"100만원대"라고 광고한 컴퓨터를 199만원에 판매하는 가격정책으로서 가장 옳은 것은?

① 가격 라인 결정
② 다중 가격 결정
③ 단수 가격 결정
④ 리베이트 결정
⑤ 선도 가격 결정

단수 가격 결정은 화폐 단위 이하로 가격을 책정함으로써 상대적으로 가격을 저렴하게 지각시키는 방법이다. 예컨대, 100,000원보다는 99,900원으로 표기하는 것을 말한다.

52

상품의 코드를 공통적으로 관리하는 표준상품분류 중 유럽 상품코드(EAN) 대한 설명으로 가장 옳지 않은 것은?

① 소매점 POS시스템과 연동되어 판매시점관리가 가능하다.
② 첫 네자리가 국가코드로 대한민국의 경우 8800이다.
③ 두번째 네자리는 제조업체 코드로 한국유통물류진흥원에서 고유번호를 부여한다.
④ 국가, 제조업체, 품목, 체크숫자로 구성되어 있다.
⑤ 체크 숫자는 마지막 한자리로 판독 오류 방지를 위해 만들어진 코드이다.

② 유럽상품코드(EAN)는 13자리로 구성되며, 첫 세자리는 국가코드로 대한민국은 880으로 시작한다.

53

상품진열 방법과 관련된 설명 중 가장 옳지 않은 것은?

① 서점에서 고객의 주의를 끌기 위해 게시판에 책의 표지를 따로 떼어 붙이는 것은 전면 진열이다.
② 의류를 사이즈별로 진열하는 것은 아이디어 지향적 진열이다.
③ 벽과 곤돌라를 이용해 고객의 시선을 효과적으로 사로잡을 수 있는 방법은 수직적 진열이다.
④ 많은 양의 상품을 한꺼번에 쌓아 놓는 것은 적재 진열이다.
⑤ 여름을 맞아 바다의 파란색, 녹음의 초록색, 열정의 빨간색 등으로 제품들을 구분하여 진열하는 것은 색상별 진열이다.

② 의류를 사이즈별로 진열하는 것은 품목별 진열에 해당한다.
아이디어 지향적 진열은 시범적으로 실제 사용처와 유사하게 배치했을 때 어떻게 보일지를 고려하여 상호 보완되는 품목들과 함께 진열해 고객들의 구매욕구를 높이는 매장 진열 방식이다.

정답 | 46 ② 47 ④ 48 ④ 49 ② 50 ④ 51 ③ 52 ② 53 ②

54

어떤 표준적 상품을 비교적 염가로 판매하여 고객들을 매장 안으로 유도하고, 그 고객들에게 다른 상품을 판매함으로서 이익을 얻으려는 가격정책으로 옳은 것은?

① 가격선도제(Price Leadership)
② 로스리더(Loss Leader)
③ 묶음가격(Price Bundling)
④ 특별할인가정책(Special discount)
⑤ 차별가격(Price Discrimination)

로스리더정책은 일반적으로 미끼 상품, 특매품, 유인 상품 등을 통한 소매 가격전략을 의미한다. 소매기업에서 기회비용을 고려하여 특정 제품의 가격을 낮춰 염가 판매하는데, 이를 통해 재고를 감소시키고 점포에 고객을 불러들여 호객 행위를 도모한다. 후에 주력 상품을 팔기 위한 일종의 우회 전략에 해당한다.

55

고정 고객을 확보하는 방안과 관련된 내용으로 가장 옳지 않은 것은?

① 신규고객 10%의 창출보다 기존고객 10%의 이탈을 막는 것이 더 중요하다.
② 고정 고객을 확보하면 불특정 다수의 고객과 거래하는 것보다 수익성이 높다.
③ 고객 고정화는 결국 시장점유율을 높여 기업의 시장 내 위치를 강화한다.
④ 고객 고정화를 통해 업셀(Up-Sell), 다운셀(Down-Sell), 크로스셀(Cross-Sell) 등의 시스템 판매(System Selling)를 추구할 수 있다.
⑤ 팬클럽제도, 회원제도, 고객 등급화 등이 모두 고객 고정화와 관련된다.

③ 기존고객을 장기적 관계(고정 고객화)로 구축하기 위한 고객관계관리(CRM)에 대한 문제로 고객 고정화를 위해서는 시장점유율이 아니라 고객점유율을 극대화시켜야 한다.

56

기업이 활용할 수 있는 차별화전략의 유형별로 요구되는 역량에 대한 설명으로 가장 옳지 않은 것은?

① 기술 위주 차별화: 고객이 선호하는 유용한 기술을 개발할 수 있는 능력
② 규모 위주 차별화: 규모의 경제를 활용할 수 있는 사업 규모를 가질 수 있는 능력
③ 유통 위주 차별화: 경쟁사보다 우월하게 좋은 제품을 다양하게 만들어 낼 수 있는 능력
④ 시장 위주 차별화: 고객들의 요구와 선호도를 파악하여 만족시킬 수 있는 능력
⑤ 의사소통 위주 차별화: 고객들에게 제품과 서비스를 효과적으로 알릴 수 있는 능력

③ 경쟁사보다 우월하게 좋은 제품을 다양하게 만들어 낼 수 있는 능력은 제품 위주 차별화에 해당한다.

57

머천다이징(Merchandising)은 좁은 의미(협의) 또는 넓은 의미(광의)로 정의할 수 있다. 협의의 머천다이징의 의미로서 가장 옳은 것은?

① 상품화계획 수립
② 판매활동계획 수립
③ 재고관리계획 수립
④ 상품 확보 계획 수립
⑤ 상품구매계획 수립

① 미국 머천다이징협회(AMA)의 정의에 따르면 머천다이징이란 수요에 적합한 상품 또는 서비스를 알맞은 시기와 장소에서 적정가격으로 유통시키기 위한 일련의 방법 또는 상품화계획이다.

58
소비자를 대상으로 하는 판매촉진 방법 중 쿠폰과 비교한 리베이트의 특징으로 가장 옳은 것은?

① 쿠폰보다 처리비용(Handling Costs)이 더 낮다.
② 소매업체에게 처리비용을 지불할 필요가 없다.
③ 저가 상품에서도 쿠폰만큼의 판촉효과가 나타난다.
④ 제조업체를 대신해 소매업체가 소비자에게 가격 할인을 제공한다.
⑤ 소비자는 리베이트에 따른 소매가격의 인하를 잘 지각하지 못한다.

② 쿠폰과 달리 리베이트는 소매업체에게 처리비용을 지불할 필요가 없다. 리베이트는 구매 시점이 아닌 구매 이후에 가격을 인하시켜 환불해 주는 제도이다. 쿠폰과 리베이트는 모두 소비자를 대상으로 하는 판매촉진 방법인 동시에 가격형 촉진에 해당한다.

59
유통업체의 상황에 따른 타당한 촉진수단의 짝(Pair)으로 가장 옳지 않은 것은?

① 온라인 쇼핑몰에서 고객을 유인할 때 – 현저한 가격 할인의 제공
② 고객의 내점을 증가시키고 싶을 때 – 특매 상품(Loss Leader)의 제공
③ 고객충성도를 강화할 때 – 가격민감도가 높은 고객이 선호하는 내구재를 활용
④ 표적 고객의 파악을 위해 데이터베이스를 구축하고 싶을 때 – 회원카드 발행
⑤ 고객 집단과 매출의 관계가 파레토법칙을 따를 때 – 단골고객 우대 프로그램 활용

③ 제품 또는 브랜드에 대한 충성도(Loyalty)가 높은 고객은 가격민감도가 상대적으로 낮다.

60
아래 글상자에서 제조업자의 중간상을 대상으로 한 푸쉬 전략의 예로 옳은 것을 모두 고르면?

| ㉠ 협동 광고 | ㉡ 수량 할인 |
| ㉢ 프리미엄 | ㉣ 판매원 훈련 프로그램 |

① ㉠, ㉡, ㉢
② ㉠, ㉡, ㉣
③ ㉠, ㉢, ㉣
④ ㉡, ㉢, ㉣
⑤ ㉠, ㉡, ㉢, ㉣

관련이론 | 판매촉진의 유형
- 소비자 대상 비가격 판매촉진수단: 프리미엄, 샘플링, 콘테스트, 시연회, 경품 제공 등
- 소비자 대상 가격 판매촉진 방법: 쿠폰, 현금 할인(리펀드), 리베이트, 수량 할인 등
- 중간상 대상 판매촉진: 공제(Allowance), 수량할인, 후원금, 협동 광고, 박람회, 판매원 교육 훈련 지원 등

61
엔드매대에 진열할 상품을 선정하기 위한 점검 사항으로 가장 옳지 않은 것은?

① 주력 판매가 가능한 상품의 여부
② 시즌에 적합한 상품의 여부
③ 대량 판매가 가능한 상품의 여부
④ 새로운 상품 또는 인기 상품의 여부
⑤ 전체 매장의 테마 및 이미지를 전달할 수 있는 상품의 여부

엔드매대는 3면에서 상품을 고객에게 노출시킬 수 있는 매대로서 주로 계절 상품, 주력 상품, 캠페인 상품 등 대량으로 판매가 기대되는 상품들이 진열된다. 따라서 ⑤ 전체 매장의 이미지를 전달하는 상품 진열에는 부적합하다.

정답 | 54 ② 55 ③ 56 ③ 57 ① 58 ② 59 ③ 60 ② 61 ⑤

62

아래 글상자에서 ㉠이 설명하는 비주얼 머천다이징(Visual Merchandising) 요소로 옳은 것은?

(㉠)은(는) 판매 포인트를 연출하기 위해 벽면이나 집기류의 상단 등 고객의 시선이 자연스럽게 닿는 곳에 상품의 포인트를 알기 쉽게 강조하여 보여주는 것을 말한다.

① VMP(Visual Merchandising Presentation)
② VP(Visual Presentation)
③ PP(Point of sale Presentation)
④ IP(Item Presentation)
⑤ SI(Store Identity)

PP(Point of sale Presentation)는 고객의 시선이 많이 머무르는 곳에 보기 좋게 구색, 분류된 상품의 판매 포인트를 보여주는 것으로서 판매를 유도하는 기능을 한다.

선지분석
② VP(Visual Presentation): 상점 포털의 이미지화 작업으로 점포의 분위기 연출과 테마의 종합 표현으로 고객에게 점포와 상품 이미지를 높이는 역할을 한다.
④ IP(Item Presentation): 개별 상품을 분류, 정리하여 고객으로 하여금 보기 쉽고 선택이 용이하도록 신선한 정보를 제공하여 진열하는 기법을 의미한다.

63

효과적인 POP광고에 대한 설명 중 가장 옳지 않은 것은?

① 소비자들에게 충동구매를 이끌어낼 수 있다.
② 벽면과 바닥을 제외한 모든 공간을 활용할 수 있어 매우 효과적이다.
③ 계산대 옆에 설치하여 각종 정보나 이벤트를 안내하기에 효과적이다.
④ 계절적인 특성을 살려 전체적인 분위기를 연출하기에 효과적이다.
⑤ 소비자의 주목을 끌 수 있어 효과적이다.

② 구매시점광고(POP 광고)는 소비자들이 구매 시점에 구매욕구에 영향을 미치는 표지판, 모빌, 장식판, 현수막, 선반광고, 제품의 모조품, 벽면 전시나 진열, 포스터, 천장, 바닥광고, 점포 내 음성 광고 등을 말한다. POP광고는 소비자에게 이성적인 설득이 아닌 충동구매욕구를 자극하는 마케팅 기법에 해당한다.

64

점포설계 구성요소에 대한 설명으로 옳지 않은 것은?

① 점포 외장: 점두, 출입구 결정, 건물 외벽 등
② 점포 내부 인테리어: 벽면, 바닥, 조명, 통로, 집기, 비품 등
③ 진열: 구색, 카트, 포스터, 게시판, POP 등
④ 레이아웃: 상품배치, 고객 동선, 휴게 공간, 사무실 및 지원 시설 등
⑤ 조닝: 매장의 집기, 쇼케이스, 계산대 등의 매장 내 배치

조닝(Zoning)은 그룹핑한 품목을 어느 위치에 배치할 것인가를 결정하고, 그룹핑한 제품군을 ABC분석에 따른 매출액과 연관성 등에 따라 공간적인 할당을 정하는 절차를 말한다.

65

점포를 설계하기 위해서 점검해야 할 사항으로 가장 옳지 않은 것은?

① 많은 고객을 점포로 들어오게 할 수 있는가?
② 매장의 객단가를 높일 수 있는가?
③ 적은 인원으로 매장 환경을 유지할 수 있는가?
④ 검수 및 상품 보충과 같은 작업이 원활하게 이루어질 수 있는가?
⑤ 고객 동선과 판매원 동선을 교차시켜 상품 노출을 극대화할 수 있는가?

⑤ 레이아웃의 원칙으로 고객이 편안하고 자유롭게 쇼핑할 수 있도록 하고 혼잡도를 줄이기 위해서 고객 동선과 종업원의 동선은 교차하는 지점이 가능한 한 발생하지 않도록 구성해야 한다.

66

상품 카테고리의 수명주기단계에서 상품구색의 깊이를 확장하는 전략을 적용하는 것이 가장 옳은 단계는?

① 도입기 ② 성장기
③ 성숙기 ④ 쇠퇴기
⑤ 재활성화기

③ 제품의 수명주기 중 상품구색의 다양성(넓이)을 확장하는 경우는 성장기의 전략이고, 성숙기에는 치열한 경쟁이 종료된 시점으로 상품구색의 전문성(깊이)이 중요하게 된다.

67

대형마트에 대한 영업시간 제한과 의무휴업일 지정에 대한 법규의 내용을 소개한 것으로 옳지 않은 것은?

① 영업시간 제한과 의무휴업일 지정은 광역시 및 도 단위로 이루어진다.
② 특별자치시장·시장·군수·구청장은 매월 이틀을 의무휴업일로 지정하여야 한다.
③ 중소유통업과의 상생발전, 유통질서 확립, 근로자의 건강권을 위한 것이다.
④ 의무휴업일은 공휴일 중에서 지정하되 이해당사자와 합의를 거쳐 공휴일이 아닌 날도 지정할 수 있다.
⑤ 준대규모점포에 대하여도 영업시간 제한 및 의무휴업을 명할 수 있다.

① 영업시간 제한과 의무휴업일 지정은 특별자치시, 시, 군, 구 단위로 이루어진다.(유통산업발전법 제12조의 2)

68

아래의 설명과 관련된 서비스 수요 관리전략으로 가장 옳은 것은?

- 스키 리조트는 여름을 대비하여 물보라 썰매장이나 골프장 같은 다양한 부대 시설을 갖추어 놓는다.
- 호텔은 비수기에 대비하여 기업 단위의 연수 고객을 유치하기 위해 노력한다.
- 업무 지구에 있는 호프집은 점심 시간에 직장인들을 위한 점심 식사를 제공한다.

① 수요재고화 전략 ② 수요조절 전략
③ 가용능력변화 전략 ④ 가용능력고정 전략
⑤ 목표시장 다변화 전략

수요조절 전략은 수요 관리전략 중 하나로 수요 예측이 가능하고 기업의 고객 수요 이동 능력이 높은 경우에 적용할 수 있는 전략에 해당한다.

관련이론 | **수요조절 전략**

		수요의 예측 가능성	
		예측불능	예측가능
기업의 고객수요 이동능력	높음	수요재고화 전략	수요조절 전략
	낮음	가용능력변화 전략	가용능력고정 전략

정답 | 62 ③ 63 ② 64 ⑤ 65 ⑤ 66 ③ 67 ① 68 ②

69

아래의 글상자는 원가가산 가격결정을 위한 원가 구조와 예상 판매량이다. 원가가산 가격결정 방법에 의해 책정한 가격으로 옳은 것은?

> 고정비: 1,000,000원
> 단위당 변동비: 500원
> 예상 판매량: 1,000개
> 판매가 대비 마진율: 20%

① 875원　　　　② 3,000원
③ 1,875원　　　④ 7,500원
⑤ 1,125원

원가가산 가격결정은 총비용에 사전에 결정된 목표 이익을 가산함으로써 가격을 결정하는 것이다. 먼저 총생산량을 추정한 후 고정비용과 변동비용을 산출하여, 여기에 목표 이익을 합산한 다음 이 값을 총생산량으로 나누어 가격을 결정한다.

- 단위당 원가 = $\dfrac{\text{총변동비}+\text{총고정비}}{\text{예상 생산량}}$ = 단위당 변동비 + 단위당 고정비

- 적정가격 = $\dfrac{\text{단위당 원가}}{1-\text{마진율}}$ = $\dfrac{\text{단위당 변동비}+\text{단위당 고정비}}{1-\text{마진율}}$

  = $\dfrac{500+\dfrac{1,000,000}{1,000개}}{1-0.2}$ = 1,875원

70

다음 중 격자형 레이아웃의 장점에 해당하는 것은?

① 시각적으로 고객의 주의를 끌어 개별 매장의 개성을 표출할 수 있다.
② 매장의 배치가 자유로워 고객의 충동구매를 유도할 수 있다.
③ 주동선, 보조 동선, 순환 통로, 설비 표준화로 비용이 절감된다.
④ 고급 상품 매장이나 전문점 같이 고객서비스를 강조하는 매장에서 주로 활용한다.
⑤ 의류 상품에 적합한 레이아웃으로 쇼핑의 즐거움을 배가시킬 수 있다.

①,②,④,⑤는 자유형 레이아웃에 대한 설명이고, 격자형 레이아웃은 다른 레이아웃에 비해 비용절감 및 공간 효율성이 높은 배치에 해당한다.

관련이론 | **그리드형(격자형, Grid형)의 특징**
- 효율적으로 공간을 활용해야 하는 대형 할인마트나 편의점, 드럭스토어 등에서 쉽게 볼 수 있는 유형이다.
- 동일하게 규격화된 내부 비품들을 사용하기 때문에 반복적인 직사각 형태의 배치가 공간의 효율성을 극대화시키고 비용 또한 절감시킨다.
- 기둥이 많고 기둥 간격이 좁은 상황에서도 설비비용을 절감할 수 있으며, 통로폭이 동일하므로 필요 면적이 최소화된다.
- 쇼케이스, 진열대, 곤돌라 등 진열기구가 직각 상태로 되어 있다.
- 동일 제품을 반복 구매하는 경향이 높은 소매점에서 주로 활용한다.

유통정보

71
아래 글상자의 괄호에 들어갈 용어로 가장 옳은 것은?

( )은(는) 공공거래 장부로 불리는 데이터 분산처리 기술로서 네트워크에 참여하는 모든 사용자가 모든 거래내역 등의 데이터를 분산·저장하는 기술을 지칭한다. DHL은 물류분야의 ( )의 역할을 i) 신속, 간결한 국제무역 물류, ii) 공급사슬 내에서의 투명성과 추적가능성, iii) 스마트 계약으로 인한 물류업의 프로세스 자동화로 규정하고 있다. Unilever, Wal-Mart가 도입하여 제품추적성, 안전성 확보를 도모한 사례가 있다.

① 드론(Drone)
② 블록체인(Blockchain)
③ 핀테크(FinTech)
④ EDI(Electronic Data Interchange)
⑤ 비트코인(Bitcoin)

블록체인(Blockchain)은 분산원장 또는 공공거래장부라고 불리며, 암호화폐로 거래할 때 발생할 수 있는 해킹을 막는 기술에서 출발했다. 다수의 상대방과 거래를 할 때 데이터를 개인 사용자들의 디지털 장비에 저장하여 공동으로 관리하는 분산형 정보기술이다.
또한 블록체인은 비트코인의 기반 기술로, 원장을 금융기관 등 특정 기관의 중앙서버가 아닌 P2P(Peer to Peer·개인간) 네트워크에 분산해 참가자가 공동으로 기록하고 관리하는 기술이다.

선지분석
① 드론은 무선전파로 조종할 수 있는 무인 항공기다. 카메라, 센서, 통신시스템 등이 탑재돼 있으며 25g부터 1,200kg까지 무게와 크기도 다양하다.
③ 핀테크(FinTech)는 Finance(금융)와 Technology(기술)의 합성어로, 금융과 IT의 융합을 통한 금융서비스 및 산업의 변화를 통칭한다. 금융서비스의 변화로는 모바일, SNS, 빅데이터 등 새로운 IT기술 등을 활용하여 기존 금융기법과 차별화된 금융서비스를 제공하는 기술기반 금융서비스 혁신이 대표적이며 최근 사례는 모바일뱅킹과 앱카드 등이 있다.
④ EDI는 전자문서교환이다.
⑤ 비트코인은 블록체인 기술에 기반하여 만들어진 가상화폐이다.

72
자기의 수요를 예측하여 해당하는 양을 주문하고자 할 때, 수요정보의 처리과정에서 왜곡현상이 나타날 수 있다. 소비자에게 판매될 시점의 데이터를 실시간으로 수집할 수 있도록 기능을 지원하는 정보기술로 가장 옳은 것은?

① POS(Point Of Sales) 시스템
② IoT(Internet of Things)
③ BYOD(Bring Your Own Device)
④ ONO(Online and Offline)
⑤ JRE(Java Runtime Environment)

소비자에게 판매되는 시점의 데이터를 실시간으로 수집할 수 있도록 기능을 지원하는 정보기술은 ① POS시스템(판매시점 정보 관리시스템)이다.

선지분석
② IoT(Internet of Things)는 사물인터넷으로, 현실세계의 사물들과 가상세계를 네트워크로 상호 연결해 사람과 사물, 사물과 사물 간 언제 어디서나 서로 소통할 수 있도록 하는 미래 인터넷 기술이다. 유무선 네트워크에서의 엔드디바이스(end-device)는 물론, 인간, 차량, 교량, 각종 전자장비, 문화재, 자연환경을 구성하는 물리적 사물 등이 모두 이 기술의 구성요인에 포함된다.
③ BYOD(Bring Your Own Device)는 개인이 보유한 스마트기기를 회사 업무에 활용하는 것을 의미한다. 즉 회사 업무에 직원들 개인 소유의 태블릿 PC, 스마트폰, 노트북 등의 정보통신 기기를 활용하는 것을 일컫는 것으로, 2009년 인텔이 처음 도입하였다. BYOD 업무 환경을 조성하면 직원들이 업무용과 개인용으로 구분하여 여러 기기를 가지고 다녀야 하는 불편이 없어 생산성 향상, 회사의 기기 구입비용을 줄일 수 있는 등의 효과가 있다.

정답 | 69 ③ 70 ③ 71 ② 72 ①

73

아래 글상자의 내용을 근거로 경영과학 관점의 의사결정 과정을 순차적으로 나열한 것으로 가장 옳은 것은?

㉠ 실행	㉡ 문제의 인식
㉢ 모형의 구축	㉣ 자료의 수집
㉤ 실행 가능성 여부 평가	㉥ 변수의 통제 가능성 검토
㉦ 모형의 정확도 및 신뢰도 검정	

① ㉡ - ㉢ - ㉣ - ㉤ - ㉥ - ㉦ - ㉠
② ㉡ - ㉢ - ㉣ - ㉥ - ㉤ - ㉦ - ㉠
③ ㉡ - ㉣ - ㉥ - ㉢ - ㉦ - ㉤ - ㉠
④ ㉡ - ㉣ - ㉥ - ㉦ - ㉢ - ㉤ - ㉠
⑤ ㉡ - ㉣ - ㉦ - ㉤ - ㉢ - ㉥ - ㉠

의사결정은 문제를 인식하고 대안을 제시한 뒤, 각 대안을 평가한 후, 최선의 대안을 선택하는 실행에 옮기는 순으로 이루어진다.
경영학적 관점에서는 문제의 인식 → 자료의 수집 → 변수의 통제 가능성 검토 → 모형의 구축 → 모형의 정확도 및 신뢰도 검정 → 실행 가능성 여부 평가 → 실행의 순으로 이루어진다.

74

이동성과 접근성을 기반으로 한 모바일 컴퓨팅의 특징으로 가장 옳지 않은 것은?

① 개인화
② 편리성
③ PC의 보편화
④ 접속의 즉시성
⑤ 제품과 서비스의 지역화

③ 모바일 컴퓨팅(Mobile Computing)은 휴대전화나 노트북 등을 이용하여 이동하면서도 이동 중에 손쉽게 컴퓨터에 접속하여 이메일이나 데이터를 주고받을 수 있는 것을 의미한다. 최근 PC보다는 스마트폰을 활용한 모바일 컴퓨팅이 보편화되고 있다.

75

(주)대한전자의 상품 A의 연간 판매량은 60,000개이다. 또한, 주문한 상품 A가 회사에 도착하기 까지는 10일이 소요되며, 상품 A의 안전 재고량은 3,000개이다. (주)대한전자는 연간 300일을 영업할 경우, 상품 A에 대한 재주문점의 크기를 구한 값으로 옳은 것은?

① 2,000개
② 3,000개
③ 4,000개
④ 5,000개
⑤ 6,000개

④ 재주문점의 계산식은 [1일 수요량×리드타임+안전 재고]이며 이를 문제에 반영하면 200개×10일+3,000개=5,000개가 된다.

관련이론
1일 수요량은 계산식은 [연간 판매량/영업일 수]이므로 60,000개/300일=200개이다.

76

데이터웨어하우스(Data Warehouse)의 특성으로 옳지 않은 것은?

① 데이터웨어하우스 내의 데이터는 주제 지향적으로 구성되어 있다.
② 데이터웨어하우스 내의 데이터는 시간의 흐름에 따라 시계열적으로 저장된다.
③ 데이터웨어하우스 내의 데이터는 거래 및 사건의 흐름에 따라 체계적으로 저장된다.
④ 데이터웨어하우스는 다양한 정보시스템의 데이터의 통합 관리를 지원해준다.
⑤ 데이터웨어하우스는 데이터마트(Data Mart)의 하위 시스템으로 특정 이용자를 위해 디자인된 특화된 데이터베이스이다.

⑤ 데이터마트(Data Mart)는 데이터웨어하우스의 하위 시스템(또는 부분 집합)으로 특정 이용자를 위해 디자인된 특화된 데이터베이스이다. 즉 데이터마트는 제품 관리자가 항시 확인해야 하는 데이터를 요약하거나 매우 집중화시켜 제품 관리자 집단을 위한 개별적인 데이터베이스를 제공한다.
데이터마트는 데이터웨어하우스에 비해 낮은 비용으로 구축할 수 있으며, 주로 전략적 사업단위나 부서를 위해 설계된 작은 규모의 데이터웨어하우스이다.

77

웹언어에 대한 설명으로 옳지 않은 것은?

① CGI는 서버와 외부 데이터, 응용 프로그램 간의 인터페이스 정의
② XML은 HTML과 달리 규정된 태그만 사용하는 것이 아닌 사용자가 원하는 태그를 만들어 응용 프로그램에 적용 가능
③ XML은 다른 목적의 마크업 언어를 만드는 데 사용되는 다목적 마크업 언어
④ HTML, XML 순으로 발전하고 SGML은 HTML, XML 단점을 보완하여 등장
⑤ 마크업언어는 웹 서버에 저장된 문자, 그림, 표, 음성, 동영상 등을 모두 포함한 문서를 클라이언트가 다운로드받아 웹 브라우저에서 표현

④ XML(eXtensible Markup Language)은 표준 SGML과 HTML의 장점을 취하여 사용하기 쉽고 편리하게 만든 마크업 언어이다.
XML은 데이터를 저장하고 전달할 목적으로 고안된 것으로, 사용자가 사용할 태그를 정의하여 사용할 수 있다. 또한 서로 다른 시스템 간 다양한 종류의 데이터를 쉽게 교환할 수 있도록 한다.

78

전자상거래 지능형 에이전트가 일반 소프트웨어 프로그램과는 다른 특징에 대한 설명으로 가장 옳지 않은 것은?

① 추론 능력을 갖추고 있어 스스로 문제를 해결할 수 있다.
② 컴퓨터를 작동시키거나 이용하여 업무를 처리할 수 있다.
③ 사용자가 관여하지 않아도 스스로 어떤 목표를 달성하기 위해 일을 완수할 수 있다.
④ 통신능력을 확장하여 다른 에이전트 프로그램 또는 외부 세계와 협동하여 일을 수행할 수 있다.
⑤ 필요에 따라 어떤 일을 수행하는 중에 다른 에이전트 프로그램 또는 외부 세계와 통신할 수 있다.

② 인공지능 스피커, 자율주행 자동차와 같은 지능형 에이전트(Intelligent Agent)는 컴퓨터를 작동하지 않고도 스스로 업무를 처리하고 문제를 해결할 수 있다.
인공지능(AI)을 가진 인공물을 지능형 에이전트라고 한다. 지능형 에이전트는 센서를 이용하여 주변 환경을 탐지하고 지각하며 자율적으로 동작하는 장치 또는 프로그램, 또는 컴퓨터 하드웨어를 포함한 컴퓨팅 시스템이나 로봇을 가리키기도 한다.

정답 | 73 ③ 74 ③ 75 ④ 76 ⑤ 77 ④ 78 ②

79

아래 글상자의 ( ) 안에 공통적으로 들어갈 용어로 가장 옳은 것은?

> ( )은 전자상거래 환경에서 다양한 고객정보, 구매 정보 등 폭넓은 데이터를 정교한 빅데이터 분석을 활용해 상품과 서비스에 대한 개선사항을 지속적으로 분석하고, 분석 결과를 사업화에 반영하는 지속가능 마케팅 방법이다. ( )은 데이터 지표로 말하는 신개념 마케팅 활동이다.

① 피싱(Phishing)
② 파밍(Pharming)
③ 바이럴 마케팅(Viral Marketing)
④ 그로스해킹(Growth Hacking)
⑤ 스미싱(Smishing)

그로스해킹은 성장(Growth)과 해킹(Hacking)의 합성어로 한정된 예산으로 빠른 성장을 해야하는 스타트업들에게 효과적인 마케팅 기법을 의미한다. 고객의 취향을 파악하고, 더 효과적으로 고객에게 접근해 저비용으로 최고의 광고 효용을 추구하는 마케팅기법이다. 온라인 마케팅의 한 종류로, 창의성, 분석적인 사고, SNS 등을 활용하여 높은 성장세를 이끌어내는 새로운 마케팅 기법이다.

선지분석

① 피싱(Phishing)은 개인정보를 탈취하기 위해 금융관련 사이트나 구매 사이트 등과 동일하거나 유사한 형태의 웹사이트를 만들고 이를 사칭하여 중요정보를 남기도록 유도하는 형태의 공격기법이다.
② 파밍(Pharming)은 사용자들로 하여금 진짜 사이트로 오인하여 접속하도록 유도한 뒤에 개인정보를 훔치는 컴퓨터 범죄이다. 즉 웹링크가 목적지 주소를 사칭하는 다른 주소의 웹으로 연결해 주는 것이다.
③ 바이럴 마케팅(Viral Marketing)은 이메일이나 다른 전파 가능한 매체(블로그, 카페 등)를 통해 자발적으로 어떤 기업이나 기업의 제품을 홍보하기 위해 널리 퍼뜨리는 마케팅 기법으로, 컴퓨터 바이러스처럼 확산된다고 해서 이러한 이름이 붙었다. 바이러스 마케팅이라고도 한다.
⑤ 스미싱(Smishing)은 SMS와 피싱(Phishing)의 합성어로, 휴대폰의 텍스트 메시지를 이용해 바이러스를 주입시켜 개인 정보를 빼내거나 다른 휴대폰으로 바이러스를 확산시키는 새로운 해킹 기법을 말한다.

80

아래 글상자의 괄호에 들어갈 용어를 순서대로 나열한 것으로 가장 옳은 것은?

> 전자상거래는 소비자와의 쇼핑을 위한 접점이 통합되는 추세이다. 오프라인의 연계형인 온–오프 통합추세로 모바일쇼핑, TV쇼핑, 콜센터 등이 모두 소비자의 욕구를 채집하는 채널로 사용된다. 인터넷이든 모바일이든 오프라인 매장이든 간에 소비자가 이용가능한 모든 채널을 쇼핑의 창구로 유기적으로 연결하여 쇼핑에 불편이 없도록 하는 것이다. 이러한 채널의 통합을 (㉠), 상거래형태를 (㉡)(이)라 한다.

① ㉠ 옴니채널(Omni Channel)
  ㉡ 비콘(beacon)
② ㉠ O2O(Online to Offline)
  ㉡ 비콘(beacon)
③ ㉠ One채널(One Channel)
  ㉡ ONO(Online and Offline)
④ ㉠ 옴니채널(Omni Channel)
  ㉡ O2O(Online to Offline)
⑤ ㉠ One채널(One Channel)
  ㉡ BYOD(Bring Your Own Device)

④ O2O(Online to Offline) 커머스의 대표적인 사례는 옴니채널이다. 이는 소비자가 온라인과 오프라인, 모바일 등 다양한 채널을 넘나들며 상품을 검색하고 구매할 수 있도록 하는 것을 말한다. 즉, 각 유통채널의 특성을 결합해 어떤 채널에서든 같은 매장을 이용하는 것처럼 느낄 수 있도록 한 쇼핑환경을 말한다.

81

바코드마킹과 관련된 설명 중에서 가장 옳은 것은?

① 제조업체가 생산시점에 바코드를 인쇄하는 것은 인스토어마킹이다.
② 소매상이 자신의 코드를 부여해 부착하는 것은 소스마킹이다.
③ 소스마킹은 생산시점에서 저렴한 비용으로 바코드 부착이 가능하다.
④ 인스토어마킹은 업체간 표준화가 되어 있다.
⑤ 인스토어마킹은 동일상품에 동일코드가 지정될 수 있다.

③ POS시스템에서 바코드 심벌을 포장이나 용기의 인쇄와 동시에 인쇄하는 것을 소스 마킹(Source Marking)이라고 한다. 소스 마킹은 제조업체가 제품을 생산·출하 시에 이루어진다.

선지분석
① 제조업체가 생산시점에 바코드를 인쇄하는 것은 소스마킹이다.
② 소매상이 자신의 코드를 부여해 부착하는 것은 인스토어마킹이다.
④ 업체 간 표준화되어 있다는 것은 소스마킹이다.
⑤ 동일 상품에 동일코드가 지정될 수 있는 것은 소스마킹이다.

82

바코드(Bar Code)에 포함된 정보로 옳지 않은 것은?

① 국가식별코드　② 제조업체코드
③ 상품품목코드　④ 체크디지트
⑤ 제조일시

⑤ 제조일시는 바코드에 포함된 정보가 아니다. 국제표준 바코드인 GS1-13 코드는 국가식별코드 3자리에 제조업체코드, 상품품목코드, 체크디지트 1자리의 순서로 구성되어 있다.

83

아래의 그림은 조달청에서 제공하는 서비스 화면이다. 협상에 의한 계약 전 과정에 대하여 사업발주를 위한 제안요청서 작성부터 평가, 사업관리 등 사업의 처음부터 끝까지 서비스하는 시스템 명칭으로 가장 옳은 것은?

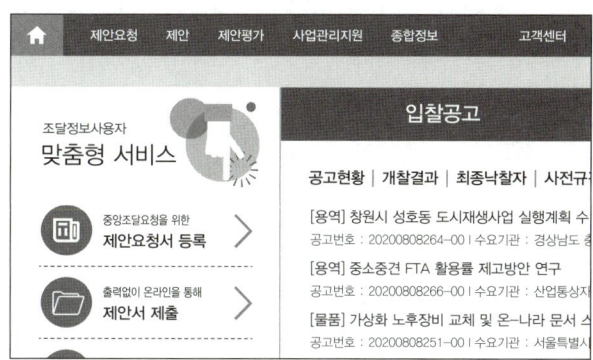

① e-담합감시정보시스템　② e-온라인평가시스템
③ e-협업시스템　④ e-정보공유시스템
⑤ e-발주시스템

제시된 내용은 조달청의 e-발주시스템(rfp.g2b.go.kr)에 대한 설명이다. e-발주시스템은 공공기관의 제안요청서(RFP) 작성부터, 계약 후 사업관리에 이르기까지 정보화사업 전 과정을 온라인으로 통합관리하는 시스템으로 2015년부터 구축·운영되고 있다.

84
유통업체의 QR 물류시스템(Quick Response Logistics Systems) 도입효과로 가장 옳지 않은 것은?

① 공급사슬에서 효과적인 재고관리를 가능하게 해준다.
② 공급사슬에서 상품의 흐름을 개선한다.
③ 공급사슬에서 정보공유를 통해 제조업체의 효과적인 제품 생산활동을 지원한다.
④ 공급사슬에서 정보공유를 통해 유통업체의 효과적인 상품판매를 지원한다.
⑤ 공급사슬에서 제조업의 원재료 공급방식이 풀(pull) 방식에서 푸시(push) 방식으로 개선되었다.

⑤ QR 물류시스템(Quick Response Logistics Systems)은 고객욕구 변화에 신속하게 대응하는 방식으로 풀(Pull) 방식에 해당한다.

관련이론 | QR
QR은 SCM의 초기 형태로 1980년대 미국의 섬유산업에서 공급사슬의 상품흐름을 개선하기 위해 개발되었다. 소매업자와 제조업자의 정보공유를 통해 효과적으로 원재료를 충원하고, 제품을 제조하고, 유통함으로써 효율적인 생산과 공급체인의 재고량을 최소화시키려는 전략으로, 보다 정확하고 신속한 고객정보를 획득하여 고객대응속도를 높이는 것을 목표로 한다.

85
기업들이 지식관리시스템을 구축하는 이유에 대한 설명으로 가장 옳지 않은 것은?

① 기업들은 최선의 관행, 즉 베스트 프랙티스(Best Practice)를 공유할 수 있다.
② 기업들은 노하우 활용을 통해 제품과 서비스의 가치를 개선할 수 있다.
③ 기업들은 경쟁우위를 창출하기 위한 지식을 용이하게 활용할 수 있다.
④ 기업들은 경영혁신을 위한 적절한 지식을 적절히 포착할 수 있다.
⑤ 기업들은 기업과 기업간 협업을 줄이고, 독자 경영을 할 수 있다.

⑤ 지식관리시스템이 구축되면 기업과 기업 간 협업이 가속화되어 경쟁우위를 구축할 수 있다.
지식관리시스템(KMS: Knowledge Management System)은 조직 내의 인적자원들이 축적하고 있는 개별적인 지식을 체계화하여 공유함으로써 기업경쟁력을 향상시키기 위한 기업정보시스템을 말한다.

86
POS(Point Of Sales) 시스템으로부터 획득한 정보에 대한 설명으로 가장 옳지 않은 것은?

① 상품분류체계의 소분류까지 업태별, 지역별 판매금액 구성비
② 상품분류체계의 소분류를 기준으로 해당 단품의 월별 판매금액
③ 품목의 자재 조달, 제조, 유통채널 이동 이력 관련 정보
④ 품목의 현재 재고정보
⑤ 제조사별 품목별 판매 순위

③ POS시스템은 판매 시점 정보 관리시스템으로 품목의 자재 조달, 제조, 유통채널 이동 이력 관련 정보는 POS시스템을 통해 얻을 수 있는 정보가 아니다.

87
조직의 혁신적 성과향상을 도모하기 위해 비즈니스 프로세스 재설계(Business Process Reengineering)를 전략적으로 선택한다. 이에 대한 설명으로 옳지 않은 것은?

① 현재의 비즈니스 프로세스를 AS IS PROCESS라고 한다.
② 미래의 비즈니스 프로세스를 TO BE PROCESS라고 한다.
③ BPR은 점진적인 프로세스 개선을 통한 성과창출을 목표로 한다.
④ 기업에서는 ERP 시스템을 구축하기 위한 사전 작업으로 BPR을 추진한다.
⑤ BPR은 비용, 품질, 시간 등 조직의 성과를 혁신적으로 향상시키는 것을 목표로 한다.

③ 마이클 해머(M. Hammer)가 주장한 BPR은 비용, 품질, 서비스, 속도와 같은 핵심적 성과에서 극적인 향상을 이루기 위하여 기업 업무 프로세스를 근본적으로 다시 생각하고 혁신적으로 재설계 하는 것을 의미한다. BPR, 즉 업무재설계는 경영혁신기법의 하나로서, 기업의 활동이나 업무의 전반적인 흐름을 분석하고, 경영 목표에 맞도록 조직과 사업을 최적으로 다시 설계하여 구성하는 것이다.

88

기업에서의 지식경영의 중요성을 강조하고, SECI 모델(Socialization, Externalization, Combination, Internalization Model)을 제시한 연구자는?

① 노나카 이쿠지로(Ikujiro Nonaka)
② 빌 게이츠(Bill Gates)
③ 로버트 캐플런(Robert Kaplan)
④ 마이클 포터(Michael Porter)
⑤ 마이클 해머(Michael Hammer)

① 지식경영의 중요성을 강조하고, SECI 모델을 제시한 학자는 노나카 이쿠지로(Ikujiro Nonaka)이다. 노나카의 SECI모델에서 지식 변환 양식은 사회화(Socialization, 공동화) → 외재화(Externalization, 표출화) → 종합화(Combination, 연결화) → 내재화(Internalization, 내면화)의 과정을 거친다.

89

바코드(Bar Code)에 대한 설명으로 옳지 않은 것은?

① EAN-8(단축형 바코드)은 단축형 상품식별코드(GTIN-8)를 나타낼 때 사용하는 바코드이다.
② 기존 상품과 중량 또는 규격이 다른 경우 새로운 상품으로 간주하고 새로운 상품식별코드를 부여한다.
③ 바코드 스캐너는 적색계통의 색상을 모두 백색으로 감지하여 백색바탕에 적색 바코드인 경우 판독이 불가능하다.
④ 바코드 높이를 표준 규격보다 축소할 경우 인식이 불가능하다.
⑤ 해당 박스에 특정 상품 입수개수가 다르다면 새로운 표준물류식별코드를 부여한다.

④ 바코드는 표준규격의 200%까지 확대, 80%까지 축소가 가능하다. 바코드 높이를 축소해도 스캐너가 인식할 수 있다.

90

아래 글상자에서 설명하는 e-비즈니스 간접 수익 창출 방식으로 가장 옳은 것은?

> 네트워크에 의한 수확체증 효과를 얻을 수 있는 가장 빠른 방법으로, 멀티미디어 기술을 이용해 밀접한 관련이 있거나 인지도가 높은 웹사이트에 자사의 광고를 끼워 넣은 형태이다.

① 프로그램 무상 배포   ② 스폰서십
③ 무료메일 제공   ④ 제휴 프로그램
⑤ 배너 광고

⑤ 멀티미디어 기술을 이용해 밀접한 관련이 있거나 인지도가 높은 웹사이트에 자사의 광고를 끼워 넣은 형태는 배너 광고이다.
배너 광고는 인터넷 사이트에서 볼 수 있는 막대 모양의 광고를 말한다. 인터넷 사용자가 급속히 늘어나면서 인터넷 이용자들에게 노출되기 위한 새로운 광고 형태이다. 인터넷 사용자가 배너 광고를 클릭하면 관련 사이트로 자동적으로 이동하게 되어 있으며, 광고료는 일반적으로 사이트 방문자수, 회원 수, 배너 광고 클릭 수 등을 기준으로 결정된다.

정답 | 84 ⑤ 85 ⑤ 86 ③ 87 ③ 88 ① 89 ④ 90 ⑤

2020년 2회 기출문제

>> 2020년 6월 21일 시행

유통·물류 일반관리

01

물류관리를 위한 정보기술에 대한 내용으로 옳지 않은 것은?

① 기업 내 부서 간 정보 전달을 통한 전사적정보관리를 위해 EDI 기술이 보편적으로 사용된다.
② 바코드 기술의 상품에 대한 표현 능력의 한계, 일괄 인식의 어려움, 물류량 급증 시 대처 능력의 저하 등 문제점을 해결할 수 있는 기술이 RFID이다.
③ DPS는 표시 장치와 응답을 일체화시킨 시스템으로, 창고, 배송 센터, 공장 등의 현장에서 작업지원 시스템으로 활용되고 있다.
④ OCR은 광학 문자 인식으로 팩스를 통해 정보를 보낸 경우 이를 컴퓨터의 스캐닝이 문자를 인식하여 이것을 컴퓨터에 입력하는 기술로 활용될 수 있다.
⑤ 사전에 가격표찰에 상품의 종류, 가격 등을 기호로 표시해두고, 리더 등으로 그것을 읽어 판매정보를 집계하는데 사용되는 기술은 POS이다.

①은 전사적자원관리(ERP)에 대한 설명이다. EDI는 기업 간 정보 교환에 사용되는 유통 정보기술에 해당한다.

02

물류아웃소싱 성공 전략에 대한 설명으로 옳지 않은 것은?

① 물류아웃소싱이 성공하려면 반드시 최고경영자의 관심과 지원이 필요하다.
② 지출되는 물류비용을 정확히 파악하여 아웃소싱 시 비용절감 효과를 측정해야 한다.
③ 물류아웃소싱의 궁극적인 목표는 현재와 미래의 고객만족에 있음을 잊지 말아야 한다.
④ 물류아웃소싱의 기본 목표는 물류비용절감을 통한 효율성의 향상에만 있으므로 전체 물류 시스템을 효율성 위주로 개편할 필요가 있다.
⑤ 물류아웃소싱의 목적은 기업 전체의 전략과 조화로워야 한다.

④ 물류아웃소싱에서 물류비용절감을 통한 효율성만 추구한다는 것은 틀린 표현이다.
물류아웃소싱의 기본 목표는 물류비용절감을 통한 효율성의 향상과 고객서비스의 개선이다.

03

정량주문법과 정기주문법의 비교 설명으로 옳지 않은 것은?

구분	항목	정량주문법	정기주문법
㉠	리드타임	짧은 편이 낫다	긴 편이 낫다
㉡	표준화	표준 부품이 좋다	전용 부품이 좋다
㉢	품목수	많아도 된다	적을수록 좋다
㉣	주문 시기	일정하지 않다	일정하다
㉤	구매 금액	큰 편이 좋다	적은 편이 좋다

① ㉠
② ㉡
③ ㉢
④ ㉣
⑤ ㉤

일반적으로 정량주문법(정량 발주법, Q 방식)은 기본적으로 주문량에 큰 변동이 없는 표준품에 적용되는 반면, 정기주문법(P 방식)은 계절 상품이나 특정 기간에 수요가 많은 중요 물품에 적용된다는 특징이 있다. 따라서 ㉤의 구매 금액 부분은 설명이 상호 바뀌어야 한다.

구분	정기주문 시스템(P 방식)	고정량주문 시스템(Q 방식)
개념	정기적으로 소요된 양을 발주	발주점에 이르면 일정량을 자동으로 발주
발주 주기	정기	부정기
발주량	부정량 (최대 재고량 – 현재 재고량)	정량 (경제적 주문량)
수요 정보	신뢰성 높은 정보 필요	과거 실적으로 예측
재고의 성격	활동 재고 + 안전 재고(多)	활동 재고
대상 품목 및 구매 금액	금액 및 기여도가 높은 A급 제품	금액 및 기여도 측면에서 B급 제품

04

실제 소비자 주문의 변화 정도는 적은데 소매상과 도매상을 거쳐 상위단계인 제조업체에 전달되는 변화의 정도는 크게 증폭되는 효과를 설명하는 용어로 가장 옳은 것은?

① ABC효과
② 채찍효과
③ 베블런효과
④ 바넘효과
⑤ 후광효과

채찍효과란 공급사슬(Supply Chain)에서 반복적으로 발생하는 수요의 왜곡 현상을 말한다. 일반적으로 공급업자, 제조업자, 유통 기관, 소매업자 간 정보 공유가 되지 않아서 재고가 과다하게 발생하여 문제가 발생한다.

05

물적 유통 관리에 대한 설명으로 옳지 않은 것은?

① 상품을 적절한 시기에 맞추어 운반해야 하므로 어떤 운송 수단을 이용하느냐가 비용과 상품의 상태, 기업의 이익에도 영향을 준다.
② 물적 유통 관리를 합리화하게 되면 고객서비스 수준을 증가시킬 수 있다.
③ 인건비 상승 때문에 나타나는 인플레 환경 하에서도 물적 유통 관리를 통해 원가 절감을 할 수 있다.
④ 소비자 욕구가 다양화됨에 따라, 보다 많은 종류의 상품을 재고로 보유하기 위한 경우 효율적인 물적 유통 관리가 필요하다.
⑤ 상품의 운송이나 보관에는 하역 작업이 따르게 되는데, 물류비용 중 가장 큰 비율을 차지하는 활동이 하역이다.

⑤ 물류비용 중 가장 적은 비율을 차지하는 활동이 하역이다. 물류비의 비중은 운송비(60%) > 보관비(20%) > 포장비(7%) > 하역비(5%) > 기타비용 순이다.

정답 | 01 ① 02 ④ 03 ⑤ 04 ② 05 ⑤

06

식스시그마의 실행 단계를 순서대로 나타낸 것으로 가장 옳은 것은?

① 정의 – 분석 – 개선 – 통제 – 측정
② 정의 – 측정 – 분석 – 개선 – 통제
③ 측정 – 분석 – 정의 – 통제 – 개선
④ 측정 – 정의 – 통제 – 분석 – 개선
⑤ 분석 – 정의 – 측정 – 통제 – 개선

② 식스시그마의 품질 개선 작업과정인 DMAIC는 정의(Define), 측정(Measurement), 분석(Analysis), 개선(Improvement), 통제(Control) 5단계를 의미한다.

07

마음이 약한 김과장은 팀원들의 인사고과를 전부 보통으로 평가하였다. 이와 관련된 인사고과의 오류로 가장 옳은 것은?

① 후광효과
② 관대화 경향
③ 가혹화 경향
④ 중심화 경향
⑤ 귀인상의 오류

문제에서 김과장이 팀원 전부를 평균점을 준 것은 ④ 중심화 경향에 해당한다.
인사고과의 오류는 상관관계적 오류와 분포적 오류로 구분할 수 있다. 상관관계적 오류에는 후광효과(Halo Effect), 상동적 태도(Stereotypes), 투사, 대비효과 등이 있다.
관대화 경향, 중심화 경향, 가혹화(혹독화) 경향, 범위 제한 등은 분포적 오류에 해당한다.

08

아래 글상자에서 경영전략 수립을 위한 환경분석 중 전략과제의 도출 순서가 옳게 나열된 것은?

⊙ 사업 종류, 사업 영역, 경쟁상황, 최고 경영층의 방향에 관한 자료를 준비한다.
ⓒ 외부 환경에 대하여 경제적, 상황적, 정치적, 인구통계학적, 제품과 기술, 시장과 경쟁의 6가지 요인에 관하여 기회와 위협을 평가하고 정리한다.
ⓒ 외부 환경에 있어서 장래에 대한 평가와 예측을 준비한다.
ⓔ 내부 조직의 강약점을 관리와 조직, 운영, 재무, 마케팅 등의 측면에서 도출한다.
ⓜ 외부의 기회와 위협, 조직의 강점과 약점을 상호 연계하여 전략 대안을 개발한다.
ⓑ 전략 대안 중에서 전략적 선택을 한다.

① ⓜ – ⓑ – ⊙ – ⓒ – ⓒ – ⓔ
② ⓑ – ⊙ – ⓒ – ⓒ – ⓔ – ⓜ
③ ⊙ – ⓒ – ⓒ – ⓔ – ⓜ – ⓑ
④ ⓒ – ⓒ – ⓔ – ⓜ – ⓑ – ⊙
⑤ ⓒ – ⓔ – ⓜ – ⓑ – ⊙ – ⓒ

문제는 경영전략 중 사업 기회 포착을 위한 SWOT 분석의 절차에 대한 내용이다. SWOT 분석을 위해서는 필요한 자료를 수집하여 준비한 후, 외부환경분석을 통해 기회(O)와 위협(T)요인을 파악한다. 이후 내부역량분석을 통해 강점(S)과 약점(W)을 파악한 후 현재 처해 있는 상황을 확인하고 마지막으로 전략 대안 중 전략적 선택을 한다.

09

권력의 원천과 그 내용에 대한 설명 중 가장 옳지 않은 것은?

① 강압적 권력은 권력 행사자가 권력 수용자를 처벌할 수 있다고 생각한다.
② 합법적 권력은 일반적으로 비공식적 지위에서 나온다고 볼 수 있다.
③ 보상적 권력은 급여 인상, 승진처럼 조직이 제공하는 보상에 의해 권력을 가지게 된다.
④ 전문적 권력은 특정 분야나 상황에 대한 높은 지식이 있을 때 발생한다.
⑤ 준거적 권력은 다른 사람이 그를 닮으려고 할 때 생기는 권력이다.

② 합법적 권력은 일반적으로 개인에게 주어진 공식적 지위에서 나온다.

관련이론 | 권력의 원천

유통경로의 권력	권력 또는 영향력의 내용
보상적 권력	경로구성원 B에 대하여 공급자 A가 보상을 제공할 수 있는 능력
강압적 권력 (강권적 권력)	경로구성원 B가 A의 영향력 행사에 대해 따르지 않은 경우 B를 처벌할 수 있는 A의 능력 또는 힘
전문적 권력	공급자 A가 지닌 특별한 지식이나 기술, 신뢰 등이 경로구성원 B에게 미치는 영향력
준거적 권력	상대방 A가 매력이 있기 때문에 A가 B에 대하여 갖게 되는 영향력 또는 힘
합법적 권력	경로구성원 B의 행위를 강제할 수 있다고 인식되는 A의 인식된 권리

10

프랜차이즈 유통사업 시스템에 대한 내용으로 옳지 않은 것은?

① 본부가 자본을 투입하여 매장을 직접 운영하고, 가맹점은 기술과 노하우를 제공하여 빠른 속도로 사업이 전개될 수 있도록 한다.
② 본부 방침에 변경이 있을 경우 가맹점은 그 의사결정에 참여하기 힘들다.
③ 가맹점과 본부간의 계약이 본부의 의사를 따라야 하는 종속계약이기 때문에 계약내용에 대하여 가맹점 희망자의 요구사항이나 조건 등을 반영하기 힘들다.
④ 불리한 조건의 가맹계약을 체결하여 계약해지 시 가맹점이 손해를 입는 경우가 발생할 수 있다.
⑤ 본부 사세가 약화되는 경우 본부로부터 지도와 지원을 충분히 받기 어려워진다.

① 가맹점인 프랜차이지가 자본을 투입하여 매장을 직접 운영하고, 가맹본부(본사)인 프랜차이저는 기술과 노하우를 제공하여 빠른 속도로 사업이 전개될 수 있도록 하는 시스템이 프랜차이즈 시스템이다.

11

자본구조(Capital Structure)에서 타인자본(부채)의 하나인 장기부채(고정부채)의 종류로 옳지 않은 것은?

① 사채
② 예수금
③ 외국차관
④ 장기차입금
⑤ 장기성지급어음

단기부채는 1년 이내에 갚아야 하는 채무로 유동부채를 의미한다. ② 예수금은 유동부채이다.

관련이론 | 유동부채와 비유동부채

유동부채	단기금융부채(단기차입금 등), 매입채무(외상매입금, 지급어음), 단기차입금, 미지급금(선수금, 예수금), 기타유동부채 등
비유동부채	장기금융부채(사채, 장기차입금), 장기성매입채무, 장기충당부채, 이연법인세대, 기타 비유동부채 등

정답 | 06 ② 07 ④ 08 ③ 09 ② 10 ① 11 ②

12

아래 글상자에서 경영 조직 관련 사업부제(Operating Division)의 장점으로 옳지 않은 것은?

> ㉠ 사업부의 객관적인 이익이 사업부의 모든 의사결정의 기준이 되게끔 하기 위해 의사결정의 합리성을 높인다.
> ㉡ 각 사업부는 자기 완결성과 독립성을 가지므로 시장이나 기술 등의 환경 변화에 대해 기민한 적응력을 가진다.
> ㉢ 사업부제는 목표가 뚜렷하고 자기 완결성을 가지며 사업부장에 결정 권한이 위양되어 신제품 등의 혁신율을 높일 수 있다.
> ㉣ 각 사업부의 자주성이 너무 지나치면 사업주 상호 간의 조정이나 전사적·통일적 활동이 장려되는 장점도 있다.
> ㉤ 사업부제는 사내 대체 가격과 기피 선언권의 원칙에 의해 시장 가격 경제의 구조를 기업 내부에 도입할 수 있어 경쟁 시점의 가격에 의해 자동적으로 사업부의 능률이 체크된다.

① ㉠
② ㉡
③ ㉢
④ ㉣
⑤ ㉤

㉣ 사업부제 조직에서는 각 사업부의 자주성이 너무 지나치면 사업부 상호 간의 조정이나 전사적·통일적 활동이 어려워지는 단점이 있다.

13

아래 글상자에서 서술된 경영은 무엇에 대한 내용 설명인가?

> 기업의 의사결정 기준을 경제적 이익에 근거한 기업 가치, 즉 경제적 부가가치를 중심으로 하는 사업 관리기법을 말한다. 기업 가치가 강조되기도 하며, 경제적 부가가치를 지표로 하기도 한다.

① 펀경영
② 크레비즈
③ 지식경영
④ 가치창조경영
⑤ 전략적 기업 경영

④ 가치창조경영이란 기업의 의사결정 기준을 회계적 이익 중심에서 경제적 부가가치에 근거하여 사업을 관리하는 기법을 의미한다.

선지분석
① 펀경영: 사내 근무환경을 재미있고 활력 넘치게 만드는 경영 방식
② 크레비즈: 새로운 것을 만들어 내거나 발상을 전환하는 사업
③ 지식경영: 지식을 활용하여 핵심 역량을 강화하고 기업 가치를 증대시키는 경영

14

한 유통업체에서는 A상품을 연간 19,200개 정도 판매할 수 있을 것으로 예상하고 있다. A상품의 1회 주문비가 150원, 연간 재고유지비는 상품 당 16원이라고 할 때 경제적주문량(EOQ)은?

① 600개
② 650개
③ 700개
④ 750개
⑤ 800개

$$EOQ = \sqrt{\frac{2 \times \text{연간수요량} \times \text{1회당 재고 주문비용}}{\text{1단위당 연간 재고 유지비용}}}$$
$$= \sqrt{\frac{2 \times 19{,}200 \times 150}{16}} = 600개$$

15

아래 글상자의 내용과 같은 마케팅 제휴(Marketing Alliance) 전략을 설명하는 용어는?

> ㉠ 햄버거 가게에서 해피밀 세트를 구입하면 디즈니 캐릭터가 그려진 장난감을 제공
> ㉡ 아이스크림 가게에서 아이스크림 세트를 구입 시 스누피 캘린더 북 제공

① 촉진 제휴(Promotional Alliance)
② 로지스틱스 제휴(Logistics Alliance)
③ 가격 제휴(Price Alliance)
④ 유통 제휴(Distributional Alliance)
⑤ 서비스 제휴(Service Alliance)

㉠, ㉡은 마케팅 요소 4P 중 ① 촉진(Promotion)과 관련된 것으로, 소비자를 대상으로 하는 비가격형 촉진 제휴 중 프리미엄에 해당한다.

16

Ansoff의 제품/시장확장 그리드에서 신제품으로 기존시장에 침투하는 전략은?

① 시장침투(Market Penetration) 전략
② 시장개발(New Market Development) 전략
③ 제품개발(Product Development) 전략
④ 다각화(Diversification) 전략
⑤ 통합화(Integration) 전략

관련이론 | Ansoff의 제품-시장확장 그리드

구분	기존 제품	신규 제품
기존시장	시장침투 전략 (판매노력, 사용량 증대, 고객유인)	제품개발 전략 (혁신 제품, 모방적 신제품)
신규시장	시장개발 전략 (새로운 시장, 새로운 수요자층)	다각화 전략 (신규사업, 신제품)

17

어떤 두 가지 생산품을 각각의 기업에서 생산하는 것보다 한 기업에서 여러 품목을 동시에 생산하는 것이 비용이 적게 들어 더 유리한 경우를 가리키는 용어로 가장 옳은 것은?

① 손익분기점
② 범위의 경제
③ 규모의 경제
④ 경로 커버리지 효과
⑤ 구색 효과

범위의 경제(economies of scope)는 어떤 두 가지 이상의 생산물을 따로따로 독립된 기업에서 생산하는 것보다 한 기업이 동시에 생산하는 것이 단위당 생산비용이 적게 드는 경우를 가리킨다. 범위의 경제는 관련 사업으로 다각화를 하는 경우에 얻을 수 있다.

18

유통환경을 구성하는 요소들에 대한 설명 중 가장 옳지 않은 것은?

① 경제적 환경은 원재료 수급에서부터 제품 판매에 이르기까지 기업의 모든 경제적 활동과 연계되어 있다.
② 기술적 환경은 하루가 다르게 변화 추세가 가속화되고 있다.
③ 법률적 환경의 경우 규정의 변화에 따라 적응해 가야 한다.
④ 사회적 환경은 가치관과 문화 등으로 구성되어 획일적이기에 순응해야 한다.
⑤ 경제적 환경 중 국가의 경제 정책은 기업에게 직접적인 영향을 미치게 된다.

④ 사회적 환경은 사회구성원의 가치관, 문화, 인구통계적 특성, 소비자주의 등으로 구성되어 나라마다, 집단마다 매우 다양하고 차별적인 양상을 보이고 있어 올바른 이해와 적절한 대응이 필요하다.

정답 | 12 ④ 13 ④ 14 ① 15 ① 16 ③ 17 ② 18 ④

19

아래 글상자 내용은 기업의 사회적 책임이 요구되는 이유를 설명한 것이다. (   )에 들어갈 용어로 가장 옳은 것은?

> 경제 활동에는 근본적으로 대가가 수반된다. 소비자는 상품을 구입할 때 판매자에게 대금을 지불한다. 그러나 가끔씩 이러한 경제활동이 아무런 대가 없이 제 3자에게 이익을 주거나 손해를 끼치는 경우를 (   )(이)라 한다.

① 시장 실패
② 외부효과
③ 감시비용
④ 잔여 손실
⑤ 대리인 문제

외부효과란 경제 주체의 행위가 다른 경제 주체들에게 기대되지 않는 혜택이나 손해를 발생시키는 효과를 뜻한다.

선지분석
① 시장 실패: 시장이 자원을 최적으로 분배하지 못함으로써 발생하는 시장의 결함
③ 감시비용: 주주 측면에서 경영자를 감시함에 따라 발생하는 비용
④ 잔여 손실: 감시비용과 확증비용의 지출에도 불구하고 대리인의 의사결정이 주주의 최적 의사결정과 일치하지 않아 발생하는 주주의 재산적 손실
⑤ 대리인 문제: 기업의 주인인 주주와 수탁자인 전문경영자 간의 관계에 있어 대리인이 정보의 비대칭을 이용하여 개인적인 이익 또는 단기적인 결과에만 집착한 결과 기업 전체에 손실을 입히는 현상

20

독자적인 상품 또는 판매·경영 기법을 개발한 체인본부가 상호·판매방법·매장 운영 및 광고 방법 등을 결정하고, 가맹점으로 하여금 그 결정과 지도에 따라 운영하도록 하는 형태의 체인사업으로 옳은 것은?

① 직영점형 체인사업
② 프랜차이즈형 체인사업
③ 임의 가맹점형 체인사업
④ 조합형 체인사업
⑤ 유통업상생발전협의회 체인사업

유통산업발전법 제2조 6호
- 직영점형 체인사업: 체인본부가 주로 소매점포를 직영하되, 가맹계약을 체결한 일부 소매점포에 대하여 상품의 공급 및 경영 지도를 계속하는 형태의 체인사업
- 프랜차이즈형 체인사업: 독자적인 상품 또는 판매·경영 기법을 개발한 체인본부가 상호·판매방법·매장운영 및 광고 방법 등을 결정하고 가맹점으로 하여금 그 결정과 지도에 따라 운영하도록 하는 형태의 체인사업
- 임의 가맹점형 체인사업: 체인본부의 계속적인 경영 지도 및 체인본부와 가맹점 간 협업에 의하여 가맹점의 취급 품목·영업 방식 등의 표준화사업과 공동구매·공동판매·공동시설활용 등 공동사업을 수행하는 형태의 체인사업
- 조합형 체인사업: 동일 업종의 소매점들이 「중소기업협동조합법」 제3조의 규정에 의한 중소기업협동조합을 설립하여 공동구매·공동판매·공동시설 활용 등 사업을 수행하는 형태의 체인사업

21

최근 국내외 유통산업의 동향과 추세에 대한 설명으로 옳지 않은 것은?

① 소비 양극화에 따라 개인 가치에 부합하는 상품에 대해서는 과도한 수준의 소비가 발생하고 관심이 적은 생필품은 저가격 상품을 탐색하는 성향이 증가하고 있다.
② 소비자의 멀티채널 소비 증가로 유통업체의 옴니채널 구축이 가속화되고 있다.
③ 복합쇼핑몰, 카테고리 킬러 등 신규업태가 탄생하고 업태 간 경계가 모호해지고 있다.
④ 업태 간 경쟁 심화에 따라 이익보다는 매출에 초점을 둔 경쟁이 심화되고 있다.
⑤ 모바일과 IT기술 확산에 따른 리테일테크(Retail+Tech) 발달이 가속화 되고 있다.

④ 최근 국내외 유통산업에서는 업태 간의 경쟁이 심화되고 있다. 이에 따라 매출보다는 이익을 창출하고 유지하는 것이 중요하게 되었다.

22

수직적 유통경로에 관한 설명 중 가장 옳지 않은 것은?

① 전체 유통비용을 절감할 수 있다.
② 높은 진입장벽을 구축할 수 있어 새로운 기업의 진입을 막을 수 있다.
③ 필요한 자원이나 원재료를 보다 안정적으로 확보할 수 있다.
④ 마케팅 비용을 절감하고 경쟁기업에 효율적으로 대응할 수 있다.
⑤ 동일한 유통경로상에 있는 기관들이 독자성은 유지하면서 시너지 효과도 얻을 수 있다.

⑤ 동일한 유통경로상에 있는 기관들이 독자성은 유지하면서 시너지 효과도 얻을 수 있는 것은 수평적 유통경로에 해당된다.

23

아래 글상자 ㉠~㉡에 들어갈 단어가 옳게 나열된 것은?

(㉠)은/는 이질적인 생산물을 동질적인 단위로 나누는 과정을 말하는데 통상적으로 생산자가 직접 수행하며 흔히 생산자의 표준화 기능이라고도 한다.
(㉡)은/는 동질적으로 쌓여진 것을 다시 나누는 과정이며 중계 기구라 불리는 중간 상인들이 이 기능을 수행한다. 이런 중계 기구를 중계 도매상이라 한다.

① ㉠ 집적 ㉡ 분류(등급)
② ㉠ 배분 ㉡ 구색
③ ㉠ 구색 ㉡ 분류(등급)
④ ㉠ 분류(등급) ㉡ 배분
⑤ ㉠ 구색 ㉡ 배분

㉠ 분류 또는 등급(Sorting Out): 이질적인 것을 동질적 단위로 나누는 과정
㉡ 배분 또는 분배(Allocation): 수합된 동질적 제품들을 구매자가 원하는 소규모 단위로 나누는 것

구분	산개(나눔)	집중(모음)
이질적 생산물	분류(sorting out) 이질적인 것을 동질적 단위로 나누는 과정, 생산자의 표준화 기능	구색(assortment) 이질적인 것을 모두 다시 모으는 단계
동질적 생산물	분배(allocation) 동질적으로 쌓여진 것을 다시 나누는 과정	집적(accumulation) 동질적인 것끼리 다시 모으는 수집기능

24

아래 글상자 내용 중 소비자를 위한 소매상의 기능으로 옳은 것을 모두 고르면?

㉠ 새로운 고객 창출
㉡ 상품 선택에 소요되는 비용과 시간을 절감할 수 있게 도와줌
㉢ 소매 광고, 판매원 서비스, 점포 디스플레이 등을 통해 상품 관련 정보를 제공
㉣ 할부 판매
㉤ 재고 유지
㉥ 배달, 설치

① ㉠, ㉡
② ㉡, ㉢, ㉤
③ ㉢, ㉤, ㉥
④ ㉡, ㉣, ㉤, ㉥
⑤ ㉡, ㉢, ㉣, ㉥

㉠, ㉤은 제조업자를 위해 수행하는 소매상의 기능에 해당한다.

25

아래의 글상자 내용 중 프레드릭 허츠버그(Frederick Herzberg)가 제시한 2요인이론이 동기요인으로 파악한 요인들만 옳게 나열한 것은?

㉠ 일 그 자체 ㉡ 감독 ㉢ 작업 환경
㉣ 책임감 ㉤ 동료와의 관계 ㉥ 연봉
㉦ 직업 안정성 ㉧ 승진 ㉨ 회사 규정

① ㉡, ㉢, ㉥
② ㉠, ㉣, ㉧
③ ㉣, ㉤, ㉧
④ ㉦, ㉧, ㉨
⑤ ㉤, ㉥, ㉦

관련이론 | 허츠버그의 2요인 이론

위생요인	동기요인
· 임금, 복리후생(㉥) · 지위 · 대인관계(상사, 동료관계)(㉤) · 감독(㉡) · 회사의 정책(㉨) · 작업환경의 개선(㉢)	· 책임, 성취감(㉣) · 상사 · 동료의 인정 · 성장과 발전 가능성 · 직무 그 자체의 의미(㉠) · 도전적 과제의 부여 · 권한의 확대 및 승진(㉧)

정답 | 19 ② 20 ② 21 ④ 22 ⑤ 23 ④ 24 ⑤ 25 ②

상권분석

26
소매업태들은 주력 상품에 따라 서로 다른 크기의 상권을 확보할 수 있는 입지를 선정한다. 필요로 하는 상권 크기가 커지는 순서에 따라 소매업태들을 가장 옳게 배열한 것은?

① 대형마트<백화점<명품전문점
② 대형마트<명품전문점<백화점
③ 백화점<대형마트<명품전문점
④ 명품전문점<대형마트<백화점
⑤ 명품전문점<백화점<대형마트

상권의 크기와 범위는 편의품점, 선매품점, 전문품점의 순서로 커진다. 따라서 상권의 크기는 대형마트<백화점<명품전문점의 순서로 커진다. 상권의 크기는 이외에도 경쟁점포와의 거리, 취급 상품의 종류, 점포에 대한 접근성 및 점포의 입지에 따라 달라진다.

27
아래의 내용 중에서 중심업무지역(CBD: Central Business District)의 입지 특성에 대한 설명으로 옳지 않은 것은?

① 대중교통의 중심이며 백화점, 전문점, 은행 등이 밀집되어 있다.
② 주로 차량으로 이동하여 교통이 매우 복잡하고 도보 통행량은 상대적으로 많지 않다.
③ 상업 활동으로 많은 사람을 유인하지만 출퇴근을 위해서 이곳을 통과하는 사람도 많다.
④ 소도시나 대도시의 전통적인 도심지역을 말한다.
⑤ 접근성이 높고 도시 내 다른 지역에 비해 상주인구가 적다.

② 중심상업지역(CBD)은 주로 차량으로 이동하여 교통이 매우 복잡하고 도보 통행량도 다른 지역에 비해 상대적으로 많다.

28
중심성지수는 전체 상권에서 지역이 차지하는 중심성을 평가하는 한 지표이다. 중심성지수에 대한 설명으로 가장 옳지 않은 것은?

① 한 지역의 거주인구에 대한 소매인구의 비율이다.
② 지역의 소매 판매액이 커지면 중심성지수도 커진다.
③ 지역의 소매인구는 소매업에 종사하는 거주자의 숫자이다.
④ 다른 여건이 변하지 않아도 거주인구가 감소하면 중심성지수는 커진다.
⑤ 중심성지수가 클수록 전체 상권 내의 해당지역의 중심성이 강하다고 해석한다.

③ 지역의 소매인구는 1인당 평균 구매액에 대한 그 지역의 소매 판매액의 비중을 의미한다.
중심성지수는 소매업의 공간적 분포를 파악하기 위해 이용되는 개념으로
중심성지수 = $\dfrac{\text{어떤 지역의 소매인구}}{\text{그 지역의 거주 인구}}$ 이다.
여기서 소매인구 = $\dfrac{\text{그 지역의 소매판매액}}{\text{1인당 평균구매액}}$ 이다.

29
입지의 매력도 평가 원칙 중 유사하거나 보완적인 소매업체들이 분산되어 있거나 독립되어 있는 경우보다 군집하여 있는 경우가 더 큰 유인 잠재력을 가질 수 있다는 원칙으로 가장 옳은 것은?

① 보충가능성의 원칙 ② 고객차단의 원칙
③ 동반유인의 법칙   ④ 접근가능성의 원칙
⑤ 점포밀집의 원칙

③ 유사하거나 보완적인 소매업체들이 분산되어 있거나 독립되어 있는 경우보다 군집하여 있는 경우가 더 큰 유인잠재력을 가질 수 있다는 원칙은 동반유인의 법칙이다.

선지분석

① 보충가능성의 원칙: 두 개의 사업이 고객을 서로 교환할 수 있는 정도를 의미하며 인접한 지역에 위치한 사업들 간에 보충가능성이 높을수록 점포의 매출액이 높아진다(양립성).
② 고객차단의 원칙: 입지가 고객이 특정지역에서 다른 지역으로 이동할 때에 고객으로 하여금 점포를 방문하도록 하는 입지적 특성이 얼마나 되는지를 평가하는 것이다. 이러한 특성을 가지고 있는 지역으로 평가되는 입지는 사무실 밀집 지역, 상업지역, 쇼핑센터 등이다(중간 저지성).
④ 접근가능성의 원칙: 고객의 입장에서 점포를 방문할 수 있는 심리적, 물리적 특성을 의미하는데, 지리적으로 인접해 있거나, 교통이 편리하거나, 시간의 소요가 적은 경우에 점포의 매출이 증대된다는 원칙이다.
⑤ 점포밀집의 원칙: 동반유인이나 보충가능성과는 반대로 지나치게 유사한 점포나 보충할 수 있는 점포들이 밀집되어 있어서 고객의 유인효과를 감소시키는 현상을 의미한다.

30

소매점포의 부지(Site)를 선정할 때 고려해야 할 가장 중요한 기준으로 옳은 것은?

① 부지의 고객 접근성
② 부지의 주요 내점객
③ 점포의 가시성
④ 점포의 수익성
⑤ 점포의 임대료

①~⑤는 모두 부지를 선정할 때 고려해야 할 요인들이다. 이 중 가장 중요한 요인은 ④ 점포의 수익성이고, 나머지는 점포의 수익성에 영향을 미치는 요인들이다.

31

주변 환경에 따라 분류한 상권 유형별로 설명한 상대적 특징으로 가장 옳지 않은 것은?

① 대학가 상권의 경우 가격에 민감하며 방학 동안 매출이 급감한다.
② 역세권 상권의 경우 주부 및 가족단위 중심의 소비 행동이 이루어진다.
③ 백화점이나 대형마트는 쾌적한 쇼핑환경이 중요하다.
④ 오피스 상권은 점심시간이나 퇴근 시간에 유동인구가 많다.
⑤ 번화가 상권은 요일과 시간대에 관계없이 높은 매출을 보인다.

② 주부 및 가족 단위 중심의 소비 행동이 이루어지는 것은 주택가 상권이다. 역세권 상권은 많은 유동 인구가 있고, 신속한 서비스로 다양한 요구에 대응할 수 있다.

관련이론 | 역세권

역세권은 철도역과 그 주변지역을 말하며(「역세권의 개발 및 이용에 관한 법률」), 보통 철도(지하철)를 중심으로 500미터 반경 내외의 지역을 말한다. 또한 지하철이나 철도역을 중심으로 형성되어 있어 교통의 결절점 역할을 수행하는 경우가 많고, 지상과 지하 부지를 입체적으로 연계하여 고밀도 개발이 이루어지는 경우가 많다.

32

상권 및 입지에 대한 아래의 내용 중에서 옳지 않은 것은?

① 상권의 성격과 업종의 성격이 맞으면 좋지 않은 상권에서도 좋은 성과를 올릴 수 있다.
② 상권이 좋아야 좋은 점포가 많이 모여들고 좋은 점포들이 많이 모여들면 상권은 더욱 강화된다.
③ 소매점을 개점하기 위해서는 점포 자체의 영업 능력도 중요하지만 상권의 크기나 세력도 매우 중요하다.
④ 동일한 상업 지구에 입지하더라도 규모 및 취급 상품의 구색에 따라 개별점포의 상권의 범위는 달라질 수 있다.
⑤ 지구상권을 먼저 정하고 지역상권을 정하는 것이 일반적인 순서이다.

⑤ 상권을 선정할 때는 가장 넓은 범위의 지역상권을 먼저 정하고 지역상권의 범위 내에서 지구상권을 정한 후 개별점포상권을 결정하는 것이 일반적인 순서이다.

33

상권을 표현하는 다양한 기법 중에서 소비자의 점포선택 등확률선(Isoprobability Contours)을 활용하기에 가장 적합한 상권분석 방법은?

① 회귀분석(Regression Analysis)
② 허프모델(Huff Model)
③ 유사점포법(Analog Method)
④ 체크리스트법(Check List)
⑤ 컨버스의 상권분기점(Breaking Point) 모형

② 점포선택 등확률선은 점포 선택 확률이 동일한 두 점포의 배합점을 연결한 선으로 확률적 모형에서 활용한다. 확률적 모형은 허프모형, 루스모형, MNL모형, MCI모형 등이 있다.

정답 | 26 ① 27 ② 28 ③ 29 ③ 30 ④ 31 ② 32 ⑤ 33 ②

34

아래의 글상자에서 설명하는 쇼핑센터의 공간 구성요소로서 가장 옳은 것은?

- 하나의 열린 공간으로 상업시설에 도입시킬 수 있으며, 여유 공간의 창출로 상가의 가치를 높여줄 수 있다.
- 지치기 쉬운 쇼핑센터 이용자의 체류 시간을 연장하기 위한 휴식공간으로 활용 가능하다.
- 구조에 따라 이벤트 장소로 사용할 수 있어 문화적, 오락적 이벤트를 개최할 수 있다.
- 보통 동선으로 동시에 사용하기도 하며 보이드(Void)와 적절하게 조화될 경우 훨씬 경쟁력을 갖춘 상가가 될 수 있다.

① 통로(Path)
② 테난트(Tenant)
③ 지표(Landmark)
④ 데크(Deck)
⑤ 선큰(Sunken)

쇼핑센터 이용자의 휴식공간으로 활용하기도 하고, 이벤트 장소로 사용할 수 있는 쇼핑센터의 공간 구성요소는 데크이다.

관련이론 | 공간 구조 용어
- 보이드는 홀이나 계단 등 주변에 동선이 집중하는 공간에 설치하는 오픈 스페이스(Open Space)를 말한다.
- 선큰(Sunken)은 가라앉다(Sink)에서 나온 말로 지하 진입부가 외부와 연결돼 있는 곳을 말한다. 일반적으로 지하층은 습기가 차기 마련인데 선큰 설계를 적용하면 바람의 유입이 많아져 한결 쾌적한 공기를 누릴 수 있다. 또한 어두운 공간에 햇빛을 유도해 특별한 조명 없이도 밝은 공간에서 생활할 수 있다는 장점도 있다.

35

소매상권에 대한 아래의 내용 중에서 옳지 않은 것은?

① 신호등의 위치, 좌회전로의 존재, 접근로의 경사도 등도 점포에 대한 접근성에 영향을 미칠 수 있다.
② 경관이 좋고 깨끗하다든지, 도로 주변이 불결하다든지 하는 심리적 요소도 상권범위에 영향을 미친다.
③ 특정 상권 내 고객들의 소득 수준이 증가할수록 고객들의 해당 상권 이용 빈도는 높아진다.
④ 상권의 구매력은 상권 내의 가계 소득 수준과 가계 숫자의 함수로 볼 수 있다.
⑤ 상권분석을 통해서 촉진활동 등 기본적 마케팅 활동의 방향을 파악할 수 있다.

③ 특정 상권 내 고객들의 소득 수준이 증가할수록 해당 상권을 벗어나 소비하는 경향이 있으므로 고객들의 해당 상권 이용 빈도는 낮아진다.

36

상권 내 관련 점포들이 제공하는 서비스에 대한 고객들의 구체적인 만족 또는 불만족 요인들을 파악하는 조사 방법으로 가장 옳은 것은?

① 상권에 대한 관찰조사
② 심층 면접을 통한 정성 조사
③ 설문조사를 통한 정량 조사
④ 상권에 대한 일반 정보의 수집
⑤ 조사 자료에 근거한 상권 지도의 작성

② 서비스에 대한 고객들의 구체적인 만족 또는 불만족 요인들을 파악하기 위해서는 심층 면접을 통한 정성 조사가 가장 바람직하다.

37

상권을 분석할 때 이용하는 공간상호작용 모형(SIM: Spatial Interaction Model)에 해당하는 내용으로 옳지 않은 것은?

① 레일리(Reily)의 소매 중력법칙과 회귀분석 모델은 대표적인 SIM이다.
② 한 점포의 상권범위는 거리에 반비례하고 점포의 유인력에 비례한다는 원리를 토대로 한다.
③ 접근성과 매력도를 교환하는 방식으로 대안 점포들을 비교하고 선택한다고 본다.
④ 소비자의 실제 선택 자료를 활용하여 점포 매력도와 통행 거리와 관련한 모수(민감도) 값을 추정한다.
⑤ 허프 모델과 MNL 모델은 상권 특성을 세밀하게 반영하는 SIM들이다.

① 공간상호작용 모형 중 대표적인 것은 허프(Huff) 모형과 MNL 모형이다. 공간상호작용이라는 개념은 지리학에서 유래된 것으로, 공간상의 지점들 간 모든 종류(사람, 물품, 돈 등)의 흐름을 뜻한다.
공간상호작용 모델에서는 점포 매출에 영향을 미치는 통행 거리 등 영향 변수의 민감도 계수가 상황에 따라 변화할 수 있다고 가정한다.

38

지리정보시스템(GIS)의 활용으로 과학적 상권분석의 가능성이 높아지고 있는데 이와 관련한 설명으로 적합하지 않은 것은?

① 컴퓨터를 이용한 지도 작성(Mapping)체계와 데이터베이스관리체계(DBMS)의 결합이라고 볼 수 있다.
② GIS는 공간 데이터의 수집, 생성, 저장, 검색, 분석, 표현 등 상권분석과 연관된 다양한 기능을 기반으로 한다.
③ 대개 GIS는 하나의 데이터베이스와 결합된 하나의 지도 레이어(Map Layer)만을 활용하므로 강력한 공간 정보 표현이 가능하다.
④ 지도 레이어는 점, 선, 면을 포함하는 개별 지도 형상(Map Features)으로 주제도를 표현할 수 있다.
⑤ gCRM이란 GIS와 CRM의 결합으로 지리정보시스템(GIS) 기술을 활용한 고객관계관리(CRM) 기술을 가리킨다.

③ GIS는 여러 겹의 지도 레이어를 활용하여 상권의 중첩(Overlay)을 표현할 수 있다.
GIS는 컴퓨터를 이용한 지도 작성 체계와 데이터베이스 관리체계(DBMS)의 결합이다. 지리정보시스템(GIS: Geographical Information System)은 각종 지리적 자료를 수집·저장·분석·출력할 수 있는 컴퓨터 응용 시스템이다. 즉 GIS는 지리 정보를 컴퓨터를 이용해 작성·관리하고, 여기서 얻은 지리 정보를 기초로 데이터를 수집·분석·가공하여 지형과 관련되는 모든 분야에 적용하기 위해 설계된 종합 정보시스템을 말한다.

39

인구 20만명이 거주하고 있는 a도시와 30만명이 거주하고 있는 b도시 사이에 인구 5만명이 거주하는 c도시가 있다. a와 c도시 사이의 거리는 10km이고 b와 c도시간 거리는 20km이다. c도시 거주자들이 a, b도시에서 쇼핑한다고 할 때 레일리(Reilly)의 소매중력법칙을 활용하여 a도시에서의 구매 비율을 계산한 값으로 가장 옳은 것은?

① 약 25% ② 약 43%
③ 약 57% ④ 약 6%
⑤ 약 73%

레일리(Reilly)의 소매인력법칙은 상권의 흡인력은 두 도시의 크기(인구 수)에 비례하고 두 도시로부터의 거리의 제곱에 반비례한다는 것이다. 따라서
$\frac{R_b}{R_a} = \frac{P_b}{P_a} \times (\frac{D_a}{D_b})^2 = \frac{30만명}{20만명} \times (\frac{1}{2})^2 = \frac{3}{8}$ 이다. 따라서 a도시와 b도시에 흡인되는 비율은 $\frac{8}{11} : \frac{3}{11}$, 즉 73% : 27%이다.

40

상업지 주변의 도로나 통행 상황 등 입지조건과 관련된 설명으로 가장 옳지 않은 것은?

① 유동인구의 이동경로상 보행경로가 분기되는 지점은 교통 통행량의 감소를 보이지만 합류하는 지점은 상업지로 바람직하다.
② 지하철역에서는 승차객 수보다 하차객 수가 중요하며 일반적으로 출근 동선보다는 퇴근동선일 경우가 더 좋은 상업지로 평가된다.
③ 상점가에 있어서는 상점의 가시성이 중요하므로 도로와의 접면 너비가 큰 점포가 유리하다고 볼 수 있다.
④ 건축 용지를 갈라서 나눌 때 한 단위가 되는 땅을 각지라고 하며 가로(街路)에 접면하는 각의 수에 따라 2면 각지, 3면 각지 등으로 불린다.
⑤ 2개 이상의 가로(街路)에 접하는 각지는 일조와 통풍이 양호하며 출입이 편리하고 광고 선전의 효과가 높으나 소음이 심하며 도난과 재해의 위험이 높을 수 있다.

④ 건축용으로 구획 정리를 할 때 한 단위가 되는 땅을 획지라고 한다.

관련이론 | 각지(Corner Lot)
둘 이상의 도로에 접하고 있는 획지를 말하며, 접면하는 각의 수에 따라 2면 각지, 3면 각지, 4면 각지로 나눌 수 있다.
특히 상업용 부동산은 도로와 접면 부분이 넓을수록 그 가치가 높다. 즉 2개 이상의 가로에 접하면 출입의 편리, 뛰어난 접근성, 진열한 상품의 광고 선전 효과가 좋아 유리하다. 또한 일조와 통풍 조건도 양호하다.

정답 | 34 ④ 35 ③ 36 ② 37 ① 38 ③ 39 ⑤ 40 ④

41

소매상권에 대한 중요한 이론 중의 하나인 소매인력 이론에 대한 설명으로 옳지 않은 것은?

① 소매인력 이론은 고객은 경쟁점포보다 더 가깝고 더 매력적인 점포로 끌려간다는 가정하에 설명을 전개한다.
② 소매인력 이론은 중심지이론에서 말하는 최근 거리가설이 적용되기 어려운 상황이 있을 수 있다고 본다.
③ 도시간의 상권 경계를 밝히는 것을 목적으로 한다.
④ Converse의 무차별점 공식은 두 도시 간의 상대적인 상업적 매력도가 같은 점을 상권 경계로 본다.
⑤ 고객분포도표(Customer Spotting Map)를 작성하는 것이 궁극적인 목표이다.

⑤ 고객분포도표는 유추법과 관련되는 개념이다. 유추법(Analog Method)은 상권분석기법으로 새로운 점포가 위치할 지역에 대한 판매 예측에 많이 활용되는 방법이다. 유추법은 자사의 새로운 점포와 특성이 비슷한 유사 점포를 선정하여, 그 점포의 상권범위를 추정한 결과를 자사의 새로운 점포에 적용하여 신규입지에서의 매출액(상권 규모)을 측정한다. 이때 상권 규모를 측정하기 위해 고객 스포팅(CST) 맵 기법을 활용한다.

42

점포개점에 있어 고려해야 할 법적 요소와 관련된 설명 중 가장 옳지 않은 것은?

① 용도지역이 건축 가능한 지역인지 여부를 관련 기관을 통해 확인한다.
② 학교시설보호지구 여부와 거리를 확인한다.
③ 건폐율이란 부지 대비 건물 전체의 층별 면적합의 비율을 말한다.
④ 용적률이란 부지면적에 대한 건축물의 연면적의 비율로 부지 대비 총 건축 가능 평수를 말한다.
⑤ 용도지역에 따라 건폐율과 용적률은 차이가 발생하기도 한다.

③ 건폐율(Building Coverage)은 대지 면적에 대한 건축 면적의 비율을 말한다. 건폐율을 산정할 때 대지 면적은 1층만의 면적을 말하므로 지상층의 주차용으로 쓰는 건축 면적은 포함되지만 지하층의 면적, 초고층 건축물의 피난안전구역의 면적은 제외한다.
한편 부지 대비 건물 전체의 층별 면적합의 비율은 용적률이다. 용적률을 계산할 때 지하층의 바닥 면적은 포함시키지 않으며, 또 지상층의 면적 중에서 주차용으로 쓰는 것은 포함시키지 않는다.

43

둥지내몰림 또는 젠트리피케이션(Gentrification)에 관한 내용으로 가장 옳지 않은 것은?

① 낙후된 도심지역의 재건축·재개발·도시재생 등 대규모 도시개발에 부수되는 현상
② 도시개발로 인해 지역의 부동산 가격이 급격하게 상승할 때 주로 발생하는 현상
③ 도시개발 후 지역사회의 원주민들의 재정착비율이 매우 낮은 현상을 포함
④ 상업지역의 활성화나 관광명소화로 인한 기존 유통업체의 폐점 증가 현상을 포함
⑤ 임대료 상승으로 인해 대형점포 대신 다양한 소규모 근린상점들이 입점하는 현상

⑤ 젠트리피케이션은 임대료 상승에 따라 소규모 근린상점들은 밀려나고 대신 높은 임대료를 부담할 수 있는 대형점포나 고급 점포들이 들어서는 것이다.

44

유통가공을 수행하는 도매업체의 입지 선정에는 공업입지 선정을 위한 베버(A. Weber)의 "최소비용이론"을 준용할 수 있다. 총물류비만을 고려하여 이 이론을 적용할 때, 원료지향형이나 노동지향형 대신 시장지향형입지를 택하는 것이 유리한 조건으로 가장 옳은 것은?

① 유통 가공으로 중량이 감소되는 경우
② 부패하기 쉬운 완제품을 가공·생산하는 경우
③ 제품 수송비보다 원료 수송비가 훨씬 더 큰 경우
④ 미숙련공을 많이 사용하는 노동집약적 유통 가공의 경우
⑤ 산지가 국지적으로 몰려 있는 편재원료의 투입 비중이 높은 경우

② 베버(A. Weber)의 최소비용 이론에 따르면 원료의 중량보다 제품의 중량이 더 큰 업종이나 부패하기 쉬운 완제품을 가공·생산하는 경우에는 시장 지향형 입지를 선택해야 한다.

45

소매점포의 상권과 제공하는 유통 서비스의 상호관계에 대한 설명으로 가장 옳지 않은 것은?

① 최소 판매 단위가 작을수록 상권의 크기는 줄어든다.
② 공간적 편리성에 대한 소비자의 요구가 강할수록 상권의 크기는 축소된다.
③ 일반적으로 오프라인 점포보다 온라인 점포의 배달 시간이 길다.
④ 상품구색의 전문성이 클수록 점포의 상권은 좁아진다.
⑤ 상품구색의 다양성이 클수록 더 넓은 상권이 필요하다.

④ 상품구색의 전문성이 클수록 먼 거리에서도 기꺼이 쇼핑하러 찾아오므로 점포의 상권은 넓어진다.

유통마케팅

46

소매상은 점포 특성에 맞게 상품구색의 폭(좁음, 넓음)과 깊이(얕음, 깊음)를 결정해야 한다. 아래 글상자에서 소매점 유형과 상품구색을 타당하게 연결한 항목만을 모두 옳게 고른 것은?

⊙ 편의점 – 좁고 얕은 구색
ⓒ 전문점 – 좁으나 깊은 구색
ⓒ 소규모 종합점 – 넓으나 얕은 구색
ⓔ 백화점 – 넓고 깊은 구색

① ㉠, ㉡
② ㉢, ㉣
③ ㉠, ㉡, ㉢
④ ㉡, ㉢, ㉣
⑤ ㉠, ㉡, ㉢, ㉣

상품구색의 폭(넓이)은 제품계열의 다양성을 나타내고, 깊이는 제품계열의 전문성을 나타내는 용어이다. 편의점이 가장 좁고 얕은 구색을 보이며 백화점이 가장 넓고 깊은 구색을 보인다.

47

도·소매업체들의 유통경로 수익성 평가에 활용되는 전략적 이익모형(Strategic Profit Model)의 주요 재무 지표에 해당하지 않는 것은?

① 순매출이익률
② 총자산회전율
③ 레버리지비율
④ 투자수익률
⑤ 총자본비용

유통경로의 성과평가 방법 중 재무 성과를 평가하기 위해 사용되는 지표는 전략적 이익모형(전략적 수익모형)이라 한다. 이들은 수익성 비율(자본이익률 등), 유동성 비율, 활동성 비율(재고회전율 등), 레버리지 비율(부채 비율) 등 재무비율 분석과 관련된 비율을 의미한다. 한편 ⑤ 총자본비용은 타인자본비용과 자기자본비용의 합을 뜻하는 것으로 전략적 수익모형에 해당하는 지표가 아니다.

48

아래 글상자에서 설명하는 유통마케팅 자료 조사기법으로 옳은 것은?

- 소비자의 욕구를 파악하기 위한 기법의 하나로 개발되었다.
- 기본적인 아이디어는 어떤 소매점포이든 몇 개의 중요한 서비스 기능(속성)을 가지고 있으며, 각 기능(속성)은 다시 몇 개의 수준이나 값들을 가질 수 있다는 것이다.
- 개별 속성의 각 수준에 부여되는 선호도를 부분 가치라 하고, 이 부분 가치를 합산함으로써 개별 고객이 여러 개의 대안들 중에서 어느 것을 가장 선호하게 될지를 예측할 수 있다.

① 컨조인트분석
② 다차원척도법
③ 요인분석
④ 군집분석
⑤ 시계열 분석

컨조인트분석은 소비자의 욕구를 파악하거나 신제품의 컨셉을 개발하려는 경우에 사용되는 기법이다. 이는 어떤 제품이나 서비스에 대해서 여러 대안이 있을 경우, 그 대안들에 부여하는 소비자들의 선호도를 측정하여 소비자가 각 속성들에 부여하는 상대적 중요도와 각 속성 수준의 효용을 측정하여 신제품개발 시 활용하는 방법이다.

정답 | 41 ⑤ 42 ③ 43 ⑤ 44 ② 45 ④ 46 ⑤ 47 ⑤ 48 ①

49

다음 중 판매사원의 상품판매 과정의 7단계를 순서대로 나열한 것으로 가장 옳은 것은?

① 가망고객 발견 및 평가 → 사전 접촉(사전 준비) → 설명과 시연 → 접촉 → 이의 처리 → 계약(구매 권유) → 후속 조치
② 가망고객 발견 및 평가 → 사전 접촉(사전 준비) → 설명과 시연 → 이의 처리 → 접촉 → 계약(구매 권유) → 후속조치
③ 가망고객 발견 및 평가 → 사전 접촉(사전 준비) → 접촉 → 설명과 시연 → 이의 처리 → 계약(구매 권유) → 후속조치
④ 사전 접촉(사전 준비) → 가망고객 발견 및 평가 → 접촉 → 설명과 시연 → 이의 처리 → 계약(구매 권유) → 후속조치
⑤ 사전 접촉(사전 준비) → 가망고객 발견 및 평가 → 접촉 → 설명과 시연 → 이의 처리 → 후속조치 → 계약(구매 권유)

상품판매과정의 7단계
가망고객 발견 및 평가 → 사전준비 → 고객접촉 → 설명과 시연(demonstration) → 이의처리 → 구매권유(계약) → 후속조치

50

다음 중 마케팅믹스 요소인 4P 중 유통(Place)을 구매자의 관점인 4C로 표현한 것으로 옳은 것은?

① 고객비용(customer cost)
② 편의성(convenience)
③ 고객문제해결(customer solution)
④ 커뮤니케이션(communication)
⑤ 고객맞춤화(customization)

관련이론 | 기업 중심적 마케팅믹스(4P) VS 고객 중심적 마케팅믹스(4C)
4P: 제품(Product), 가격(Price), 장소(Place), 촉진(Promotion)
4C: 고객(Customer Value), 비용(Cost), 편의(Convenience), 소통(Communication)

51

CRM(Customer Relationship Management)과 대중 마케팅(Mass Marketing)의 차별적 특성으로 옳지 않은 것은?

① 목표고객 측면에서 대중 마케팅이 불특정 다수를 대상으로 한다면 CRM은 고객 개개인을 대상으로 하는 일대일 마케팅을 지향한다.
② 커뮤니케이션 방식 측면에서 대중 마케팅이 일방향 커뮤니케이션을 지향한다면 CRM은 쌍방향적이면서도 개인적인 커뮤니케이션이 필요하다.
③ 생산 방식 측면에서 대중 마케팅은 대량 생산, 대량 판매를 지향했다면 CRM은 다품종 소량 생산 방식을 지향한다.
④ CRM은 개별 고객에 대한 상세한 데이터베이스를 구축해야만 가능하다는 점에서 대중 마케팅과 두드러진 차이를 보인다.
⑤ 소비자 욕구 측면에서 대중 마케팅은 목표고객의 특화된 구매욕구의 만족을 지향하는 반면 CRM은 목표고객들의 동질적 욕구를 만족시키려고 한다.

⑤ 대중 마케팅(매스 마케팅)은 목표 고객들의 동질적 욕구를 만족시키는 표준화된 서비스를 지향하며, CRM은 목표 고객의 특화된 구매욕구를 만족시키는 1:1마케팅(개별 고객맞춤형)을 지향한다.

관련이론 | CRM과 매스 마케팅의 비교

구분	매스마케팅	CRM
추구하는 목적	단기적 기업 이익극대화	장기적인 고객생애가치 극대화
의사소통 방향	일방적 의사소통	상호간 Feed-Back
마케팅 대상	불특정 다수	개별 고객 (1:1)
마케팅 특징	대량 마케팅	고객지향적 마케팅
성과평가 지표	시장점유율	고객점유율
촉진수단	푸쉬(Push) 마케팅	풀(Pull) 마케팅
욕구충족	동질적 욕구 충족 (표준화 마케팅)	개인별 욕구 충족 (개인화 마케팅)

52

가격 결정 방법 및 가격전략과 그 내용의 연결로 옳지 않은 것은?

① 원가 기반 가격 결정 – 제품 원가에 표준 이익을 가산하는 방식
② 경쟁 중심 가격 결정 – 경쟁사 가격과 비슷하거나 차이를 갖도록 결정
③ 목표수익률 가격 결정 – 초기 투자 자본에 목표 수익을 더하여 가격을 결정하는 방식
④ 가치 기반 가격 결정 – 구매자가 지각하는 가치를 가격 결정의 중심 요인으로 인식
⑤ 스키밍 가격 결정 – 후발주자가 시장침투를 위해 선두기업보다 낮은 가격으로 결정

스키밍 가격은 초기 고가격전략을 의미하며, 시장침투 가격은 초기 저가격 전략을 말한다.

53

아래 글상자는 제품수명주기 중 어느 단계에 대한 설명이다. 이 단계에 해당하는 상품관리전략으로 가장 옳지 않은 것은?

> 최근 기술 발전의 속도가 매우 빠르고 소비자들의 욕구와 취향도 급변하는 관계로 많은 제품들이 이 시기에 도달하는 시간이 짧아지는 반면 이 기간은 길어지고 있다. 이 단계에서는 매출액 증가가 둔화되면서 시장 전체의 매출액이 정체되는 시기이다. 다수의 소비자들의 구매가 종료되어 가는 시점이어서 신규 수요의 발생이 미미하거나 신규 수요와 이탈 수요의 규모가 비슷해져서 전체 시장의 매출규모가 변하지 않는 상태이다. 또한 경쟁 강도가 심해지면서 마케팅 비용은 매우 많이 소요되는 시기이기도 하다.

① 기존 제품으로써 새로운 소비자의 구매 유도
② 기존 소비자들의 소비량 증대
③ 기존 제품의 새로운 용도 개발
④ 기존 제품 품질 향상과 신규 시장개발
⑤ 제품 확장 및 품질 보증 도입

지문에 제시된 수명주기는 매출액이 정체되는 시기인 성숙기에 대한 설명이다. ⑤는 성장기에 대한 설명이다.

54

아래 글상자에서 설명하는 가격전략으로 가장 옳은 것은?

> 소매점 고객들의 내점 빈도를 높이고, 소비자들이 소매점포 전체의 가격이 저렴하다는 인상을 가지도록, 브랜드 인지도가 있는 인기 제품을 위주로 파격적으로 저렴한 가격에 판매하는 가격전략이다.

① 상품묶음(Bundling) 가격전략
② EDLP(Every Day Low Price) 가격전략
③ 노세일(No Sale) 가격전략
④ 로스리더(Loss Leader) 가격전략
⑤ 단수가격(Odd-Pricing) 전략

로스리더 가격전략은 일반적으로 미끼 상품, 특매품, 유인 상품 등을 통한 소매가격전략을 의미한다. 소매기업에서 기회비용을 고려하여 특정 제품의 가격을 낮춰 판매하는데, 이를 통해 재고를 감소시키고 점포에 고객을 불러들여 호객 행위를 도모한다. 후에 주력 상품을 팔기 위한 일종의 우회 전략인 것이다.

55

아래 글상자의 사례에서 설명하고 있는 유통업체 마케팅의 환경요인으로 가장 옳은 것은?

> 월마트(Walmart)와 같은 할인점들뿐만 아니라 아마존(Amazon)과 같은 온라인 업체들도 가전제품을 취급하자, 가전제품 전문점이었던 베스트바이(Best buy)는 배달 및 제품 설치(On-Home Installation) 같은 신규 서비스를 실시하며 고객의 가치를 높이기 위해 노력하고 있다.

① 사회·문화 환경
② 경쟁 환경
③ 기술 환경
④ 경제 환경
⑤ 법 환경

② 유통기업의 거시적 마케팅 환경은 모든 기업에 공통적으로 영향을 미치며, 스스로 통제할 수 없는 환경인 사회·문화적 환경, 기술적 환경, 경제적 환경, 법·정치적 환경, 외부 경쟁 환경 등을 말한다. 문제에서는 오프라인 소매업체인 월마트와 온라인 소매업체인 아마존, 전문할인점 등 경쟁자들에 대한 경쟁 환경을 설명하고 있다.

정답 | 49 ③ 50 ② 51 ⑤ 52 ⑤ 53 ⑤ 54 ④ 55 ②

56
제조업체의 중간상 촉진활동으로 옳지 않은 것은?

① 프리미엄
② 협동광고
③ 중간상광고
④ 판매원 인센티브
⑤ 소매점 판매원 훈련

프리미엄은 소비자 대상 비가격 판매촉진수단에 해당한다.
- 소비자 대상 비가격 판매촉진수단: 프리미엄, 샘플링, 콘테스트, 시연회, 경품 제공 등
- 소비자 대상 가격 판매촉진수단: 쿠폰, 현금할인(리펀드), 리베이트, 수량할인 등
- 중간상 대상 판매촉진수단: 공제(allowance), 후원금, 협동광고, 박람회, 교육훈련지원 등

57
아래 글상자는 마케팅과 고객관리를 위해 필요한 고객정보들이다. 다음 중 RFM(Recency, Frequency, Monetary) 분석법을 사용하기 위해 수집해야 할 고객정보로 옳은 것은?

> ㉠ 얼마나 최근에 구매했는가?
> ㉡ 고객과의 지속적인 관계를 유지하는 동안 얻을 수 있는 총수익은 얼마인가?
> ㉢ 일정 기간 동안 얼마나 자주 자사제품을 구매했는가?
> ㉣ 일정 기간 동안 고객이 자사제품을 얼마나 정확하게 상기하는가?
> ㉤ 일정 기간 동안 얼마나 많은 액수의 자사제품을 구매했는가?

① ㉠, ㉡, ㉢
② ㉡, ㉣, ㉤
③ ㉡, ㉢, ㉤
④ ㉢, ㉣, ㉤
⑤ ㉠, ㉢, ㉤

RFM 분석은 ㉠ 최근성, ㉢ 구매빈도 및 ㉤ 구매량을 이용하여 고객의 로열티를 측정하는 방법이다.

58
촉진믹스 전략 가운데 푸시(Push) 전략에 대한 설명으로 옳지 않은 것은?

① 제조업체가 최종 소비자들을 대상으로 촉진믹스를 사용하여 이들이 소매상에게 제품을 요구하도록 하는 전략이다.
② 푸시 전략 방법에서 인적판매와 판매촉진은 중요한 역할을 한다.
③ 판매원은 도매상이 제품을 주문하도록 요청하고 판매지원책을 제공한다.
④ 푸시 전략은 유통경로구성원들이 고객에게까지 제품을 밀어내도록 하는 것이다.
⑤ 수요를 자극하기 위해서 제조업체가 중간상에게 판매촉진 프로그램을 제공한다.

① 푸시 전략은 제조업자가 유통상인들을 대상으로 하는 촉진전략을 의미하며, 주로 인적판매와 판매장려금 지원 등의 방법을 활용한다.

59
다양화되고 개성화된 소비자들의 기본 욕구에 대처하기 위해 도입된 것으로서, 제조업체의 입장 대신 소비자의 입장에서 상품을 다시 분류하는 머천다이징으로 가장 옳은 것은?

① 크로스 머천다이징
② 인스토어 머천다이징
③ 스크램블드 머천다이징
④ 리스크 머천다이징
⑤ 카테고리 머천다이징

③ 스크램블드 머천다이징은 소매상에서 상품 품목을 소비자 입장에서 고려하여 취급 상품을 조합하고 재편성하는 것을 의미한다.

60

POP광고에 대한 설명으로 옳지 않은 것은?

① POP광고는 판매원 대신 상품의 정보(가격, 용도, 소재, 규격, 사용법, 관리법 등)를 알려 주기도 한다.
② POP광고는 매장의 행사 분위기를 살려 상품판매의 최종 단계까지 연결시키는 역할을 수행해야 한다.
③ POP광고는 청중을 정확히 타겟팅하기 좋기 때문에 길고 자세한 메시지 전달에 적합하다.
④ POP광고는 판매원의 도움을 대신하여 셀프 판매를 가능하게 한다.
⑤ POP광고는 찾고자 하는 매장 및 제품을 안내하여 고객이 빠르고 편리하게 쇼핑을 할 수 있도록 도와 주어야 한다.

③ POP광고(구매시점 광고)는 소비자의 이성적인 구매가 아닌 충동적이고 비이성적인 구매를 조장하는 방법으로 길고, 자세한 메시지가 아닌 자극적이고 현란한 광고 방법이 적합하다.

61

아래 글상자의 ⊙과 ⓒ에서 설명하는 진열 방식으로 옳은 것은?

> ⊙ 주통로와 인접한 곳 또는 통로 사이에 징검다리처럼 쌓아 두는 진열 방식으로 주로 정책 상품을 판매하기 위해 활용됨
> ⓒ 3면에서 고객이 상품을 볼 수 있기 때문에 가장 눈에 잘 띄는 진열 방식으로 가장 많이 팔리는 상품들을 진열할 때 많이 사용됨

① ⊙ 곤도라진열   ⓒ 엔드진열
② ⊙ 섬진열   ⓒ 벌크진열
③ ⊙ 측면진열   ⓒ 곤도라진열
④ ⊙ 섬진열   ⓒ 엔드진열
⑤ ⊙ 곤도라진열   ⓒ 벌크진열

⊙ 섬진열(island display): 사방이 고객을 향하게 배치하는 진열법으로, 매장 내에 하나의 진열대만을 독립되게 진열하는 방법
ⓒ 엔드진열(end cap): 고객들이 이동하는 통로에 직접 매대를 3면으로 노출시켜 충동구매를 유도하는 전략으로, 테마 상품 또는 소비자들에게 인지도가 있는 상품을 진열을 극대화시키는 진열방법

62

소매점의 공간, 조명, 색채에 대한 설명으로 가장 옳지 않은 것은?

① 레일조명은 고객 쪽을 향하는 것보다는 상품을 향하는 것이 좋다.
② 조명의 색온도가 너무 높으면 고객이 쉽게 피로를 느낄 수 있다.
③ 벽면에 거울을 달거나 점포 일부를 계단식으로 높이면 실제 점포보다 넓어 보일 수 있다.
④ 푸른색 조명보다 붉은색 조명 위에 생선을 진열할 때 더 싱싱해 보인다.
⑤ 소매점 입구에 밝고 저항감이 없는 색을 사용하면 사람들을 자연스럽게 안으로 끌어들일 수 있다.

④ 신선함을 보이기 위해 생선 진열은 푸른색 조명을 이용하며, 육류는 붉은색 조명을 이용한다.

63

아래 ⊙과 ⓒ을 설명하는 용어들의 짝으로 옳은 것은?

> ⊙ 특정 상품을 가로로 몇 개 진열하는가를 의미하는 것으로, 소비자 정면으로 향하도록 진열된 특정 상품의 진열량
> ⓒ 점포 레이아웃이 완료된 후 각 코너별 상품군을 계획하고 진열 면적을 배분하는 것

① ⊙ 조닝   ⓒ 페이싱
② ⊙ 페이싱   ⓒ 조닝
③ ⊙ 레이아웃   ⓒ 조닝
④ ⊙ 진열량   ⓒ 블록계획
⑤ ⊙ 진열량   ⓒ 페이싱

- 페이싱(Facing): 상품이 소비자에게 노출되는 페이스의 수를 페이싱이라고 부르며 페이스(Face)는 상품이 진열을 통해 소비자에게 정면으로 보여지는 것을 의미한다.
- 조닝(Zoning): 그룹핑한 품목을 어느 위치에 배치할 것인가를 결정하고, 그룹핑한 제품군을 ABC분석에 따른 매출액과 연관성 등에 따라 공간적인 할당을 정하는 절차이다.
- 그룹핑(Grouping): 개별상품 중에서 공통점이 있는 품목이나 관련 상품끼리 묶는 과정으로서, 고객의 쇼핑관점에서 상품의 탐색과 선택 시 의사결정 기준을 생각해서 구성한다. 그 후에 상품의 배치를 결정한다.

정답 | 56 ① 57 ⑤ 58 ① 59 ③ 60 ③ 61 ④ 62 ④ 63 ②

64

소매업태 발전에 관한 이론 및 가설에 대한 옳은 설명들 만을 모두 묶은 것은?

> ⊙ 아코디언 이론: 소매기관들이 처음에는 혁신적인 형태에서 출발하여 성장하다가 새로운 개념을 가진 신업태에게 그 자리를 양보하고 사라진다는 이론
> ⓒ 수레바퀴(소매차륜) 이론: 소매업태는 다양한 제품계열을 취급하다가 전문적·한정적 제품계열을 취급하는 방향으로 변화했다가 다시 다양한 제품계열을 취급하는 형태로 변화하는 과정을 반복한다는 이론
> ⓒ 변증법적과정 이론: 두 개의 서로 다른 경쟁적인 소매업태가 하나의 새로운 소매업태로 합성된다는 소매업태의 혁신 과정 이론
> ⓔ 소매수명주기 이론: 한 소매기관이 출현하여 초기 성장 단계, 발전 단계, 성숙 단계, 쇠퇴 단계의 4단계 과정을 거쳐 사라지는 소매수명주기를 따라 변화한다는 이론

① ㉠, ㉡
② ㉡, ㉢
③ ㉢, ㉣
④ ㉠, ㉡, ㉢
⑤ ㉠, ㉡, ㉢, ㉣

㉠ 소매아코디언 이론: 소매점 업태는 다양한 상품구색을 갖춘 점포로 시작하여 시간이 경과함에 따라 점차 전문화되고 한정된 상품 계열을 취급하는 소매점 형태로 변화하고, 이는 다시 다양하고 전문적인 제품 계열을 취급하는 소매점으로 진화해 간다는 이론
㉡ 소매수레바퀴(차륜) 이론: 소매업태들이 처음에는 혁신적인 형태의 저비용, 저가격, 저마진 업태로 출발하여 성장하다가 시간이 지나면서 고비용, 고가격 업태로 변화되어 새로운 개념을 가진 신업태에게 그 자리를 양보하고 사라진다는 이론

65

충동구매를 유발하려는 목적의 점포 레이아웃 방식으로 가장 옳은 것은?

① 자유형 레이아웃(Free Flow Layout)
② 경주로식 레이아웃(Race Field Layout)
③ 격자형 레이아웃(Grid Layout)
④ 부티크형 레이아웃(Boutique Layout)
⑤ 창고형 레이아웃(Warehouse Layout)

자유형 배치는 원형, 타원형 등 비품과 통로를 비대칭으로 배치하여 고객의 시선을 끌고 흥미롭고도 자유로운 쇼핑을 유도하여 충동구매를 유발하려는 배치 형태로, 규모가 작은 전문 매장이나 여러 개의 작은 매장들이 있는 대형점포에 주로 사용된다.

66

중간상 포트폴리오 분석에 대한 설명으로 옳지 않은 것은?

① 경제성장률로 조정된 중간상의 이익성장률과 특정 제품군에 대한 중간상의 매출액 중 자사제품 매출액의 점유율이라는 두 개의 차원으로 구성된다.
② 공격적인 투자 전략은 적극적이며 급속한 성장을 보이는 중간상에게 적용한다.
③ 방어 전략은 성장 중이면서 현재 자사와 탄탄한 거래 관계를 가지는 중간상에게 적용하는 거래 전략이다.
④ 전략적 철수 전략을 사용하는 경우 제조업자들은 중간상에게 주던 공제를 줄이는 것이 바람직하다.
⑤ 포기 전략은 마이너스 성장률과 낮은 시장점유율을 보이는 중간상에게 적용한다.

① 중간상 포트폴리오는 중간상의 특정 제품군에서의 매출성장률과 그 제품군에 대한 중간상 매출액 중 자사제품의 점유율이라는 두 개의 차원상에서 거래 중간상들의 상대적 위치를 토대로 각 중간상에 대한 투자 전략을 결정하는 기법을 뜻한다. 중간상 포트폴리오의 대표적인 분석 방법에는 BCG 매트릭스가 있다.

67

다음 중 포지셔닝 전략에 대한 설명으로 가장 옳지 않은 것은?

① 경쟁자와 차별화된 서비스 속성으로 포지셔닝 하는 방법은 서비스 속성 포지셔닝이다.
② 최고의 품질 또는 가장 저렴한 가격으로 서비스를 포지셔닝 하는 것을 가격 대 품질 포지셔닝이라 한다.
③ 여성 전용 사우나, 비즈니스 전용 호텔 등의 서비스는 서비스 이용자를 기준으로 포지셔닝 한 예이다.
④ 타깃 고객 스스로 자신의 사용용도에 맞출 수 있도록 서비스를 표준화·시스템화한 것은 표준화에 의한 포지셔닝이다.
⑤ 경쟁자와 비교해 자사의 서비스가 더 나은 점이나 특이한 점을 부각시키는 것은 경쟁자 포지셔닝 전략이다.

④는 서비스 용도에 의한 포지셔닝 전략에 해당한다.

관련이론 | 서비스 포지셔닝의 유형

서비스 용도	서비스를 제공하는 궁극적인 용도가 무엇인지를 강조하여 포지셔닝 하는 방법
신뢰성 및 확신성	고객에게 제공하는 정책적인 서비스의 신뢰성 및 확신성을 토대로 포지셔닝 하는 전략
서비스 등급	서비스 등급이 높기 때문에 높은 가격을 매길 수 있다는 측면을 강조
서비스 속성	차별화된 특정 서비스 속성이나 분야로 포지셔닝 하는 방법
경쟁자	경쟁자의 서비스와 직접 비교해 자사의 서비스가 더 나은 점이나 특출난 점을 부각시켜 포지셔닝 하는 방법으로, 동종업계 1위임을 부각시킴
서비스 이용자	비즈니스 전용 호텔 또는 백화점의 여성 전용 주차장 등 서비스 이용자를 기준으로 한 포지셔닝

68

다음 글상자에서 공통으로 설명하는 도매상으로 옳은 것은?

- 가장 전형적인 도매상
- 완전 서비스 도매상과 한정 서비스 도매상으로 나누어짐
- 자신들이 취급하는 상품의 소유권을 보유하며 제조업체 또는 소매상과 관련없는 독립된 사업체

① 제조업자 도매상
② 브로커
③ 대리인
④ 상인 도매상
⑤ 수수료 상인

상인 도매상(Merchant Wholesaler)은 자신이 취급하는 제품에 대한 소유권을 가지는 독립된 사업체로서 가장 전형적인 형태의 도매상이다. 상인 도매상은 거래 고객에게 제공하는 서비스의 정도에 따라 크게 완전 서비스 도매상과 한정 서비스 도매상으로 구분된다.

69

할인가격정책(High/Low Pricing)에 대한 상시저가정책(EDLP: Every Day Low Price)의 상대적 장점으로 가장 옳지 않은 것은?

① 재고의 변동성 감소
② 가격변경 빈도의 감소
③ 평균 재고수준의 감소
④ 판매인력의 변동성 감소
⑤ 표적시장의 다양성 증가

표적시장의 다양성 증가는 High-Low Price의 장점이다.

관련이론 | EDLP(상시저가정책)
EDLP는 획기적인 물류비용 감소 및 상품의 빠른 회전율을 통해 가능한 가격전략으로 다음과 같은 장점이 있다.
- 경쟁자들과의 가격경쟁에서 비교적 자유로움
- 가격 변동이 적고 예측가능성이 있어 카탈로그의 변경이 적어 촉진비용이 감소
- 안정적인 수요의 예측으로 회전율 향상 및 이익 증대
- 광고비용의 감소로 이익 증대
- 결품 방지 및 재고관리 개선 효과

정답 | 64 ③ 65 ① 66 ① 67 ④ 68 ④ 69 ⑤

70

유통업체 브랜드(PB)에 대한 설명으로 가장 옳지 않은 것은?

① PB는 유통업체의 독자적인 브랜드명, 로고, 포장을 갖는다.
② PB는 대규모 생산과 대중매체를 통한 광범위한 광고를 수행하는 것이 일반적이다.
③ 대형마트, 편의점, 온라인 소매상 등에서 PB의 비중을 증가시키고 있다.
④ PB를 통해 해당 유통업체에 대한 고객충성도를 증가시킬 수 있다.
⑤ 유통업체는 PB 도입을 통해 중간상마진을 제거하고 추가이윤을 남길 수 있다.

② 대규모 생산과 대중매체를 통한 광범위한 광고를 수행하는 것은 NB(제조업체 상표)라고 할 수 있다.

관련이론 | NB 제품과 PB 제품

NB 제품	PB 제품
제조업자브랜드	유통업체 자체 제작 브랜드
PB 제품 대비 고가	NB 제품 대비 저가
판매 경로 개척이 필요	판매 경로 확보

유통정보

71

유통정보 분석을 위해 활용되는 데이터 분석기법으로 성격이 다른 것은?

① 협업적 필터링(Collaborative Filtering)
② 딥러닝(Deep Learning)
③ 의사결정나무(Decision Tree)
④ 머신러닝(Machine Learning)
⑤ 군집분석(Clustering Analysis)

군집분석을 제외한 나머지 ①, ②, ③, ④는 분류와 예측을 통해 데이터를 분석하는 기법이다.
데이터마이닝의 분석기법 중 군집분석은 데이터 중에서 유사한 특성을 가진 것들을 몇 개의 집단으로 그룹화하여 각 집단의 성격을 파악함으로써 데이터 전체의 구조에 대해 이해한다.

72

4차 산업혁명 시대에 유통업체의 대응 방안에 대한 설명으로 옳지 않은 것은?

① 유통업체들은 보다 효율적인 유통업무 처리를 위해 최신 정보기술을 활용하고 있다.
② 유통업체들은 상품에 대한 재고관리에 있어, 정보시스템을 도입해 효율적으로 재고를 관리하고 있다.
③ 유통업체들은 온라인과 오프라인을 연계한 융합기술을 이용한 판매 전략을 활용하고 있다.
④ 유통업체들은 보다 철저한 정보보안을 위해 통신 네트워크로부터 단절된 상태로 정보를 관리한다.
⑤ 유통업체들은 고객의 온라인 또는 오프라인 시장에서 구매 상품에 대한 대금결제에 있어 핀테크(FinTech)와 같은 첨단 금융기술을 도입하고 있다.

④ 4차 산업혁명 시대에는 사물인터넷(IoT)을 기반으로 수집되는 모든 정보들이 네트워크로 연결되어 있어 철저한 정보보안이 중요하다. 통신 네트워크로부터 단절된 상태에서 정보를 관리할 수는 없다.

73

고객충성도 프로그램에 대한 설명으로 가장 옳지 않은 것은?

① 충성도 프로그램으로는 마일리지 프로그램과 우수고객 우대 프로그램 등이 있다.
② 충성도에는 행동적 충성도와 태도적 충성도가 있다.
③ 충성도 프로그램은 단기적 측면보다는 장기적 측면에서 운영되어야 유통업체가 고객경쟁력을 확보할 수 있다.
④ 충성도 프로그램을 운영하는 데 있어, 우수고객을 우대하는 것이 바람직하다.
⑤ 충성도 프로그램 운영에 있어 비금전적 혜택보다는 금전적 혜택을 제공하는 것이 유통업체측면에서 보다 효율적이다.

⑤ 충성도 프로그램 운영에 있어 금전적 혜택보다는 판매원 서비스, 신용 서비스, 판매서비스 등 비금전적 혜택을 제공하는 것이 보다 효율적이다.

74

QR(Quick Response)의 효과에 대한 설명으로 가장 옳지 않은 것은?

① 거래업체 간 정보 공유 체제가 구축된다.
② 제품 조달이 매우 빠른 속도로 이루어진다.
③ 고객 참여를 통한 제품 기획이 이루어진다.
④ 제품 공급체인의 효율성을 극대화할 수 있다.
⑤ 제품 재고를 창고에 저장해 미래 수요에 대비하는 데 도움을 제공한다.

⑤ QR(Quick Response), 즉 신속 대응은 고객의 욕구 변화에 빠르게 대응하는 전략으로 공급체인상의 재고를 최소화하려는 전략이다.

75

CRM 활동을 고객관계의 진화 과정으로 보면, 신규고객의 창출, 기존고객의 유지, 기존고객의 활성화 등으로 구분되는데, 다음 중 기존고객 유지 활동의 내용으로 가장 옳지 않은 것은?

① 직접반응광고
② 이탈방지 캠페인
③ 맞춤 서비스의 제공
④ 해지방어전담팀의 운영
⑤ 마일리지프로그램의 운용

① 직접반응광고는 신규고객의 창출을 위한 활동이다. 직접반응광고(Direct Response Advertising)는 반응 수단과 반응 경로를 통해 소비자의 행동을 즉각 유인하려 하는 광고이다. 따라서 광고의 목적은 즉각적이고 직접적인 소비자의 반응 행동이 된다.

76

아래 글상자에서 설명하는 인터넷 마케팅의 가격전략 형태로 가장 옳은 것은?

> 소비자가 원하는 사양의 제품과 가격을 제시하면 여기에 부응하는 업체들 간의 협상을 통해 소비자는 가장 적합한 가격을 제시하는 업체와 매매가 이루어지는 역경매가 대표적인 사례로 소비자 중심의 가격 설정 모델이다.

① 무가화
② 무료화
③ 역가화
④ 유료화
⑤ 저가화

③ 저가격전략(저가화 전략)의 하나인 역가화에 대한 설명이다. 역가화는 제품의 가격을 소비자가 결정하는 시스템으로 역경매(Reverse Auction, C2B)와 같은 역시장(Reverse Market)의 등장에 따라 도입된 가격 결정 시스템이다.

77

고객관계관리를 위한 성과 지표에 대한 설명으로 가장 옳지 않은 것은?

① 신규 캠페인 빈도는 마케팅 성과를 측정하기 위한 지표이다.
② 고객 불만 처리 시간은 서비스 성과를 측정하기 위한 지표이다.
③ 고객유지율은 판매 성과를 위한 성과지표이다.
④ 신규 판매자 수는 판매 성과를 측정하기 위한 지표이다.
⑤ 캠페인으로 창출된 수익은 마케팅 성과를 측정하기 위한 지표이다.

기업이 CRM의 성과를 추적하고 관리하기 위해 사용할 수 있는 지표를 크게 판매성과지표, 고객서비스지표, 마케팅지표로 구분할 때 신규고객 유치율, 기존고객 유지율, 고객만족도 수준 등은 마케팅지표에 해당된다.

정답 | 70 ② 71 ⑤ 72 ④ 73 ⑤ 74 ⑤ 75 ① 76 ③ 77 ③

78

e-비즈니스 유형과 주요 수익 원천이 옳지 않은 것은?

① 온라인 판매 – 판매 수익
② 검색서비스 – 광고료와 스폰서십
③ 커뮤니티 운영 – 거래수수료
④ 온라인 광고 서비스 – 광고 수입
⑤ 전자출판 – 구독료

③ 커뮤니티 운영의 수익원천은 구독료, 판매수익, 거래비용, 제휴수수료, 광고비 등의 하이브리드 수익 모델에 의존하고 있다. 커뮤니티(페이스북, 트위터, 링크트인, 핀터레스트 등) 운영은 유사한 관심사를 가진 사람들이 거래하고(판매 및 구매), 관심사, 사진, 비디오 등을 공유하고, 관심사에 대한 관련 정보를 교환한다.

79

POS(Point of Sales) System 도입에 따른 제조업체의 효과에 대한 설명으로 가장 옳지 않은 것은?

① 경쟁 상품과의 판매 경향 비교
② 판매 가격과 판매량의 상관 관계
③ 기후 변동에 따른 판매동향분석
④ 신제품·판촉 상품의 판매 경향 파악
⑤ 상품구색의 적정화에 따른 매출 증대

⑤ 상품구색의 적정화에 따른 매출 증대는 POS시스템 도입에 따라 소매업체가 얻는 효과이다.

80

전자상거래 판매 시스템에 대한 설명으로 가장 옳은 것은?

① 상향판매(Up Selling)는 고객들이 구매하고자 하는 제품에 대해, 보다 저렴한 상품을 고객들에게 제시해주는 마케팅 기법이다.
② 역쇼루밍(Reverse-Showrooming)은 고객들이 특정 제품을 구매하고자 할 때, 보다 다양한 마케팅 정보를 제공해주는 마케팅 기법이다.
③ 교차판매(Cross Selling)는 고객들이 저렴한 제품을 구매하는데 도움을 제공한다.
④ 옴니채널(Omni-Channel)은 온라인과 오프라인 채널을 통합함으로써 보다 개선된 쇼핑환경을 고객들에게 제공해준다.
⑤ 프로슈머(Prosumer)는 전문적인 쇼핑을 하는 소비자를 의미한다.

선지분석

① 업셀링(Up-Selling)은 상향판매 또는 추가 판매라고도 하며 특정한 상품 범주 내에서 상품 구매액을 늘리기 위해 업그레이드된 단가가 높은 상품의 구매를 유도하는 판매활동의 하나이다.
② 쇼루밍(Showrooming)은 매장에서 제품을 살펴본 뒤 온라인과 같은 다른 유통경로를 사용해 제품을 구매하는 사람들의 행동을 말한다. 역쇼루밍(Reverse Showrooming)은 온라인에서 상품의 각종 정보를 검색하고 비교한 후 오프라인 매장을 직접 방문해 구매하는 방식을 말한다. 최근 쇼루밍과 역쇼루밍의 확대에 따라 온·오프라인을 통합해 소비자와의 접점을 확대하는 O2O(Online to Offline) 옴니채널 방식의 마케팅전략이 중요시되고 있다.
③ 교차판매(Cross Selling)는 한 기업이 여러 제품을 생산하는 경우, 고객의 데이터베이스를 이용하여 기업이 제공하는 다른 제품의 구매를 유도하는 전략이다. 교차판매비율을 증가시키는 방법으로는 관련이 있는 제품을 패키지로 묶어 싸게 판매하는 전략(묶음가격)을 사용한다.
⑤ 프로슈머(Prosumer)는 소비자인 동시 생산자로 미래 정보화 사회의 소비자를 토플러(A. Toffler)가 지칭한 것이다. 정보기술의 발전으로 소비자의 목소리가 커져서 프로슈머가 등장하였다.

81

바코드(Bar Code)에 대한 설명으로 가장 옳지 않은 것은?

① 바코드는 바와 스페이스로 구성된다.
② 바코드는 상하좌우로 4곳에 코너 마크가 표시되어 있다.
③ 바코드는 판독기를 통해 바코드를 읽기 위해서는 바코드의 시작과 종료를 알려주기 위해 일정 공간의 여백을 둔다.
④ 바코드 시스템은 체계적인 재고관리를 지원해준다.
⑤ 바코드 시스템 구축은 RFID 시스템 구축과 비교해, 구축 비용이 많이 발생한다.

⑤ 바코드 시스템의 구축비용은 RFID 시스템에 비해 매우 적게 든다. 소규모 편의점에서 쉽게 구축할 정도로 적은 비용이 소요된다.

82

RFID의 작동 원리에 대한 설명으로 가장 옳지 않은 것은?

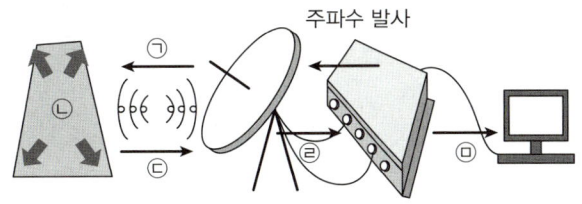

① ㉠ - 리더에서 안테나를 통해 발사된 주파수가 태그에 접촉한다.
② ㉡ - 무선신호는 태그의 자체 안테나에서 수신한다.
③ ㉢ - 태그는 주파수에 반응하여 입력된 데이터를 안테나로 전송한다.
④ ㉣ - RF 필드에 구성된 안테나에서 무선 신호를 생성하고 전파한다.
⑤ ㉤ - 리더는 데이터를 해독하여 Host 컴퓨터로 전달한다.

㉣에서 안테나는 전송받은 데이터를 변조하여 리더로 전달한다.

관련이론 | RFID의 작동 원리
RFID의 작동 원리는 다음과 같다.
칩과 안테나로 구성된 태그에 활용 목적에 맞는 정보를 입력하고 박스, 파렛트, 자동차 등에 부착한다.
게이트, 계산대, 톨게이트 등에 부착된 리더에서 안테나를 통해 발사된 주파수가 태그에 접촉한다. 리더는 데이터를 해독하여 호스트 컴퓨터로 전달한다.
태그는 주파수에 반응하여 입력된 데이터를 안테나로 전송한다.
안테나는 전송받은 데이터를 변조하여 리더로 전달한다.
리더는 데이터를 해독하여 Host 컴퓨터로 전달한다.

정답 | 78 ③ 79 ⑤ 80 ④ 81 ⑤ 82 ④

83

지식의 창조는 암묵지를 어떻게 활성화, 형식지화하여 활용할 것인가의 문제라고 볼 수 있다. 암묵지와 형식지를 활용한 지식창조 프로세스 순서대로 나타낸 것으로 가장 옳은 것은?

① 표출화 – 내면화 – 공동화 – 연결화
② 표출화 – 연결화 – 공동화 – 내면화
③ 연결화 – 공동화 – 내면화 – 표출화
④ 공동화 – 표출화 – 연결화 – 내면화
⑤ 내면화 – 공동화 – 연결화 – 표출화

노나카의 SECI모델에서 지식 변환 양식은 사회화(Socialization, 공동화) → 외재화(Externalization, 표출화) → 종합화(Combination, 연결화) → 내재화(Internalization, 내면화)의 과정을 거친다.

84

인스토어 마킹(Instore Marking)과 소스 마킹(Source Marking)에 대한 설명으로 가장 옳은 것은?

① 인스토어 마킹은 부패하기 쉬운 농산물에 적용할 수 있다.
② 인스토어 마킹을 통해 바코드를 붙이는 데 있어, 바코드에는 국가식별코드, 제조업체코드, 상품품목코드, 체크디지트로 정형화되어 있어, 유통업체가 자유롭게 설정할 수 없기에 최근 인스토어마킹은 거의 이용되지 않고 있다.
③ 제조업체의 경우 인스토어 마킹에 있어, 국제표준화기구에서 정의한 공통표준코드를 이용한다.
④ 소스 마킹은 유통업체 내의 가공센터에서 마킹할 수 있다.
⑤ 소스 마킹은 상점 내에서 바코드 프린트를 이용해 바코드 라벨을 출력하기 때문에 추가적인 비용이 발생한다.

① 인스토어 마킹은 소스 마킹을 실시할 수 없는 생선·정육·채소나 과일 등 부패하기 쉬운 청과물에 대해 소매업체의 매장 내에서 마킹한다.

85

지식 포착 기법에 대한 설명으로 가장 옳지 않은 것은?

① 인터뷰 – 개인의 암묵적 지식을 형식적 지식으로 전환하는 데 사용하는 기법이다.
② 현장관찰 – 관찰대상자가 문제를 해결하는 행동을 할 때 관찰, 해석, 기록하는 프로세스이다.
③ 스캠퍼 – 비판을 허용하지 않는다는 가정으로 둘 이상의 구성원들이 자유롭게 아이디어를 생산하는 비구조적 접근방법이다.
④ 스토리 – 조직학습을 증대시키고, 공통의 가치와 규칙을 커뮤니케이션하고, 암묵적 지식의 포착, 코드화, 전달을 위한 뛰어난 도구이다.
⑤ 델파이 방법 – 다수 전문가의 지식포착 도구로 사용되며, 일련의 질문서가 어려운 문제를 해결하는 데 대한 전문가의 의견을 수렴하기 위해 사용된다.

③ 비판을 허용하지 않는다는 가정 하에 둘 이상의 구성원들이 자유롭게 아이디어를 생산하는 비구조적 접근 방법은 브레인스토밍이다.

관련이론 | 스캠퍼(SCAMPER)
스캠퍼는 체크리스트 기법을 발전시킨 것이다. 기존의 것에 대체하기, 조합하기, 적용하기, 수정·확대·축소하기, 다른 용도로 사용하기, 제거하기, 재배치하기와 같은 7가지 질문을 하여 새로운 아이디어를 떠올리는 데 도움을 준다.
스캠퍼 기법은 7가지 질문의 형태를 미리 정해 놓고 문제를 해결하므로 브레인스토밍보다 좀 더 구체적이고 실행 가능한 대안을 도출할 수 있다

86

판매 시점정보 관리시스템(POS)의 설명으로 가장 옳지 않은 것은?

① 물품을 판매한 시점에 정보를 수집한다.
② RFID 기술이 등장함에 따라 상용화되어 도입되기 시작한 시스템이다.
③ 상품이 얼마나 팔렸는가, 어떠한 상품이 팔렸는가 등의 정보를 수집·저장한다.
④ 개인의 구매실적, 구매성향 등에 관한 정보를 수집·저장한다.
⑤ 업무 처리 속도 증진, 오타 및 오류 방지, 점포의 사무 단순화 등의 단순이익 효과를 얻을 수 있다.

② 바코드에 기반을 둔 판매 시점정보 관리시스템(POS)이 도입된 후에 RFID 기술이 등장하였다.

87

온라인(모바일 포함)·오프라인을 넘나들면서 제품의 정보를 수집하여 최적의 제품을 찾아내는 소비자를 일컫는 용어로 가장 옳은 것은?

① 멀티쇼퍼(Multi-shopper)
② 믹스쇼퍼(Mix-shopper)
③ 크로스쇼퍼(Cross-shopper)
④ 엑스쇼퍼(X-shopper)
⑤ 프로슈머(Prosumer)

온라인과 오프라인을 자유롭게 넘나들며 쇼핑을 즐기는 소비자들을 크로스쇼퍼(Cross-shopper)라고 한다.

88

NoSQL의 특성으로 가장 옳지 않은 것은?

① 페타바이트 수준의 데이터 처리 수용이 가능한 느슨한 데이터 구조를 제공하므로서 대용량 데이터 처리 용이
② 데이터 항목을 클러스터 환경에 자동적으로 분할하여 적재
③ 정의된 스키마에 따라 데이터를 저장
④ 화면과 개발로직을 고려한 데이터 셋을 구성하여 일반적인 데이터 모델링이라기보다는 파일구조 설계에 가까움
⑤ 간단한 API Call 또는 HTTP를 통한 단순한 접근 인터페이스를 제공

③ 노에스큐엘(NoSQL)은 테이블-컬럼과 같은 스키마 없이 분산 환경에서 단순 검색 및 추가 작업을 위한 키 값을 최적화한다. 빅데이터 처리를 위한 비관계형 데이터베이스 관리시스템(DBMS)이다.
NoSQL은 Not Only SQL의 약자이며, 비관계형 데이터 저장소로 기존의 전통적인 방식의 관계형 데이터베이스와는 다르게 설계된 데이터베이스이다. NoSQL은 테이블간 조인(Join)연산을 지원하지 않는다. Key-value, Document Key-value, column 기반의 NoSQL이 주로 활용되고 있다.

89

보안에 대한 위협요소별 사례를 설명한 것으로 가장 옳지 않은 것은?

① 기밀성 - 인가되지 않은 사람의 비밀정보 획득, 복사 등
② 무결성 - 정보를 가로채어 변조하여 원래의 목적지로 전송하는 것
③ 무결성 - 정보의 일부 또는 전부를 교체, 삭제 및 데이터 순서의 재구성
④ 기밀성 - 부당한 환경에서 정당한 메시지의 재생, 지불 요구서의 이중제출 등
⑤ 부인방지 - 인가되지 않은 자가 인가된 사람처럼 가장하여 비밀번호를 취득하여 사용하는 것

⑤ 부인 방지(Non-Repudiation)는 송수신 당사자가 각각 전송된 송수신 사실을 추후 부인하는 것을 방지하는 서비스다.

선지분석 | 전자상거래 보안 요건
전자결제시스템이 전자상거래에 이용되기 위해서는 상호인증, 기밀성, 무결성 및 부인방지 등의 조건이 갖추어져야 한다.
인증은 사용자 혹은 프로세스에 대한 확인을 의미한다. 통신시스템에서 서명이나 편지의 내용이 실제로 정확한 곳에서 전송되어 오는지 확인하는 것이다. 부인방지는 송수신 당사자가 각각 전송된 송수신 사실을 추후 부인하는 것을 방지하는 서비스다.

90

아래 글상자의 내용을 근거로 유통정보시스템의 개발절차를 순차적으로 나열한 것으로 가장 옳은 것은?

㉠ 필요 정보에 대한 정의
㉡ 정보 활용 목적에 대한 검토
㉢ 정보 활용 주체에 대한 결정
㉣ 정보제공 주체 및 방법에 대한 결정

① ㉠ - ㉡ - ㉢ - ㉣
② ㉠ - ㉢ - ㉡ - ㉣
③ ㉠ - ㉣ - ㉡ - ㉢
④ ㉡ - ㉠ - ㉣ - ㉢
⑤ ㉡ - ㉢ - ㉠ - ㉣

유통정보시스템은 먼저 정보 활용 목적을 명확히 하고, 정보 활용 주체를 결정한 후 필요정보를 정의한다. 그리고 정보의 제공 주체 및 방법을 결정한 후 이에 맞는 적정한 수준의 시스템을 개발한다.

정답 | 83 ④ 84 ① 85 ③ 86 ② 87 ③ 88 ③ 89 ⑤ 90 ⑤

에듀윌이
너를
지지할게
ENERGY

당신이 인생의 주인공이기 때문이다.
그 사실을 잊지마라.
지금까지 당신이 만들어온 의식적
그리고 무의식적 선택으로 인해
지금의 당신이 있는 것이다.

– 바바라 홀(Barbara Hall)

여러분의 작은 소리
에듀윌은 크게 듣겠습니다.

본 교재에 대한 여러분의 목소리를 들려주세요.
공부하시면서 어려웠던 점, 궁금한 점,
칭찬하고 싶은 점, 개선할 점, 어떤 것이라도 좋습니다.

에듀윌은 여러분께서 나누어 주신 의견을
통해 끊임없이 발전하고 있습니다.

에듀윌 도서몰 book.eduwill.net
- 부가학습자료 및 정오표: 에듀윌 도서몰 → 도서자료실
- 교재 문의: 에듀윌 도서몰 → 문의하기 → 교재(내용, 출간) / 주문 및 배송

꿈을 현실로 만드는
에듀윌

공무원 교육
- 선호도 1위, 신뢰도 1위! 브랜드만족도 1위!
- 합격자 수 2,100% 폭등시킨 독한 커리큘럼

자격증 교육
- 8년간 아무도 깨지 못한 기록 합격자 수 1위
- 가장 많은 합격자를 배출한 최고의 합격 시스템

직영학원
- 직영학원 수 1위
- 표준화된 커리큘럼과 호텔급 시설 자랑하는 전국 20개 학원

종합출판
- 온라인서점 베스트셀러 1위!
- 출제위원급 전문 교수진이 직접 집필한 합격 교재

어학 교육
- 토익 베스트셀러 1위
- 토익 동영상 강의 무료 제공

콘텐츠 제휴·B2B 교육
- 고객 맞춤형 위탁 교육 서비스 제공
- 기업, 기관, 대학 등 각 단체에 최적화된 고객 맞춤형 교육 및 제휴 서비스

부동산 아카데미
- 부동산 실무 교육 1위!
- 상위 1% 고소득 창업/취업 비법
- 부동산 실전 재테크 성공 비법

학점은행제
- 99%의 과목이수율
- 16년 연속 교육부 평가 인정 기관 선정

대학 편입
- 편입 교육 1위!
- 최대 200% 환급 상품 서비스

국비무료 교육
- '5년우수훈련기관' 선정
- K-디지털, 산대특 등 특화 훈련과정
- 원격국비교육원 오픈

에듀윌 교육서비스 **공무원 교육** 9급공무원/소방공무원/계리직공무원 **자격증 교육** 공인중개사/주택관리사/감정평가사/노무사/전기기사/경비지도사/검정고시/소방설비기사/소방시설관리사/사회복지사1급/건축기사/토목기사/직업상담사/전기기능사/산업안전기사/위험물산업기사/위험물기능사/유통관리사/물류관리사/행정사/한국사능력검정/한경TESAT/매경TEST/KBS한국어능력시험/실용글쓰기/IT자격증/국제무역사/무역영어 **어학 교육** 토익 교재/토익 동영상 강의 **세무/회계** 전산세무회계/ERP정보관리사/재경관리사 **대학 편입** 편입 교재/편입 영어·수학/경찰대/의치대/편입 컨설팅/면접 **직영학원** 공무원학원/소방학원/공인중개사 학원/주택관리사 학원/전기기사 학원/편입학원 **종합출판** 공무원·자격증 수험교재 및 단행본 **학점은행제** 교육부 평가인정기관 원격평생교육원(사회복지사2급/경영학/CPA) **콘텐츠 제휴·B2B 교육** 교육 콘텐츠 제휴/기업 맞춤 자격증 교육/대학 취업역량 강화 교육 **부동산 아카데미** 부동산 창업CEO/부동산 경매 마스터/부동산 컨설팅 **국비무료 교육(국비교육원)** 전기기능사/전기(산업)기사/소방설비(산업)기사/IT(빅데이터/자바프로그램/파이썬)/게임그래픽/3D프린터/실내건축디자인/웹퍼블리셔/그래픽디자인/영상편집(유튜브) 디자인/온라인 쇼핑몰광고 및 제작(쿠팡, 스마트스토어)/전산세무회계/컴퓨터활용능력/ITQ/GTQ/직업상담사

교육문의 **1600-6700** www.eduwill.net

• 2022 소비자가 선택한 최고의 브랜드 공무원·자격증 교육 1위 (조선일보) • 2023 대한민국 브랜드만족도 공무원·자격증·취업·학원·편입·부동산 실무 교육 1위 (한경비즈니스) • 2017/2022 에듀윌 공무원 과정 최종 환급자 수 기준 • 2023년 성인 자격증, 공무원 직영학원 기준 • YES24 공인중개사 부문, 2025 에듀윌 공인중개사 이영방 합격서 부동산학개론 (2024년 11월 월별 베스트) 그 외 다수 교보문고 취업/수험서 부문, 2020 에듀윌 농협은행 6급 NCS 직무능력평가+실전모의고사 4회 (2020년 1월 27일~2월 5일, 인터넷 주간 베스트) 그 외 다수 Yes24 컴퓨터활용능력 부문, 2024 컴퓨터활용능력 1급 필기 초단기끝장(2023년 10월 3~4주 주별 베스트) 그 외 다수 인터파크 자격서/수험서 부문, 에듀윌 한국사능력검정시험 2주끝장 심화 (1, 2, 3급) (2020년 6~8월 월간 베스트) 그 외 다수 • YES24 국어 외국어사전 영어 토익/TOEIC 기출문제/모의고사 분야 베스트셀러 1위 (에듀윌 토익 READING RC 4주끝장 리딩 종합서, 2022년 9월 4주 주별 베스트) • 에듀윌 토익 교재 입문~실전 인강 무료 제공 (2022년 최신 강좌 기준/1092강) • 2023년 종강반 중 모든 평가항목 정상 참여자 기준, 99% (평생교육원, 사회교육원 기준) • 2008년~2023년까지 약 220만 누적수강학점으로 과목 운영 (평생교육원 기준) • 에듀윌 국비교육원 구로센터 고용노동부 지정 "5년우수훈련기관" 선정 (2023~2027) • KRI 한국기록원 2016, 2017, 2019년 공인중개사 최다 합격자 배출 공식 인증 (2024년 현재까지 업계 최고 기록)

YES24 수험서 자격증 경제/금융/회계/물류 유통관리사 베스트셀러 1위
(2022년 2~12월, 2023년 3~4월, 6~12월, 2024년 3~4월, 6~11월 월별 베스트)
2023, 2022, 2021 대한민국 브랜드만족도 유통관리사 교육 1위 (한경비즈니스)
2020, 2019 한국브랜드만족지수 유통관리사 교육 1위 (주간동아, G밸리뉴스)

에듀윌
불합격은 없다! 시리즈

공인중개사	주택관리사	7·9급공무원	검정고시	산업안전기사	손해평가사
공기업NCS	스포츠지도사	전기기사	전기기능사	한국사능력검정시험	전산세무회계
대기업직무적성	KBS한국어능력시험	사회복지사	컴퓨터활용능력	토익	위험물산업기사
위험물기능사	ERP정보관리사	건설안전기사	조리기능사	소방설비기사	대기환경기사
수질환경기사	직업상담사	제과·제빵기능사	한경TESAT	건축기사	경비지도사
지게차운전기능사	굴착기운전기능사	유통관리사	일반상식	SMAT	운전면허
매경TEST	물류관리사	맞춤형화장품 조제관리사	네일미용사	피부미용사	일반(헤어)미용사
메이크업미용사	ITQ/GTQ	데이터자격검정	정보처리기사	정보처리기능사	IT실용
한국실용글쓰기	TOPIK한국어능력시험	Toki국어능력인증시험	상공회의소한자	초등문해력	일력
떡제조기능사	화물운송종사	CS리더스관리사	사회조사분석사	국제무역사	무역영어
전산응용건축제도기능사	소방안전관리자	부사관	ROTC·학사장교	사회통합프로그램	

고객의 꿈, 직원의 꿈, 지역사회의 꿈을 실현한다

에듀윌 도서몰
book.eduwill.net
- 부가학습자료 및 정오표: 에듀윌 도서몰 > 도서자료실
- 교재 문의: 에듀윌 도서몰 > 문의하기 > 교재(내용, 출간) / 주문 및 배송